JN436817

마하트마 간디의 도덕·정치사상 3

비폭력 저항과 사회변혁

나남
nanam

나남신서 1863

마하트마 간디의 도덕·정치사상 3

비폭력 저항과 사회변혁

2018년 1월 15일 발행
2018년 1월 15일 1쇄

엮은이_ 라가반 이예르
옮긴이_ 허우성
발행자_ 趙相浩
발행처_ (주) 나남
주소_ 10881 경기도 파주시 회동길 193
전화_ (031) 955-4601 (代)
FAX_ (031) 955-4555
등록_ 제 1-71호(1979.5.12)
홈페이지_ http://www.nanam.net
전자우편_ post@nanam.net

ISBN 978-89-300-8863-3
ISBN 978-89-300-8941-8 (세트)
책값은 뒤표지에 있습니다.

마하트마 간디의 도덕·정치사상 3

비폭력 저항과 사회변혁

라가반 이예르 엮음 | 허우성 옮김

나남
nanam

The Moral and Political Writings of Mahatma Gandhi : Non-Violent Resistance and Social Transformation
First Edition, Volume 3

Copyright ⓒNavajivan Trust, Ahemdabad-380 014, India 1987.
Compilation ⓒRaghavan N. Iyer 1987.
All rights reserved.

Korean Translation Copyright ⓒ 2015 by Nanam Publishing House Co., Ltd.
Korean translation rights arranged with Oxford University Press
through EYA(Eric Yang Agency).

이 책의 한국어판 저작권은 EYA(에릭양 에이전시)를 통한 Oxford University Press사와의 독점계약으로 '(주) 나남'이 소유합니다. 저작권법에 의하여 한국 내에서 보호받는 저작물이므로 무단전재 및 복제를 금합니다.

일러두기

1. 영어 원전(*The Moral and Political Writings of Mahatma Gandhi*)에는 산스크리트어나 구자라트어 등이 나올 경우 그 해당 글의 말미에 미주의 형식으로 영어로 설명되어 있다. 한글 역《마하트마 간디의 도덕·정치사상》에서는 간략한 미주의 경우 각주로 처리했다. 〈용어해설〉에 등장하는 산스크리트어나 힌디어에 대한 간단한 설명도 각주로 처리하여 손쉬운 이해를 돕고자 했다.

2. 영어 원전을 번역하는 데 결정하기 어려웠던 문제의 하나는 존칭의 사용 여부였다. 편지에서 상대방이 간디를 바푸(아버지)로 부르는 경우 비칭체(卑稱體)를 사용했고 그 이외의 경우에는 경어체를 썼다. 연설이나 강연의 경우 모두 경어체로 처리했다. 여기에 'I'의 번역에 어려움이 있었다. 정중한 호칭을 요구하는 집단으로 추정되는 경우에만 '저'를 사용하고 대부분은 '나'를 유지했다. 독자와 문답을 주고받는 글은 질문과 답변을 모두 경어체로 처리했다.

3. 주와 〈용어해설〉에 대한 원칙은 다음과 같다. 원주는 따로 표시하지 않았고 역주는 〔역주〕로 표시했다. 단 원주를 역주로 보충해야 할 경우 각각 〔원주〕, 〔역주〕라는 말로 갈라서 표시했다. 서양인의 경우 그 인물이 누구인지 확인할 목적으로만 주를 간략하게 달았다. 인도 근대사나 간디와 관련이 깊은 인물이나 지명에 대해서는 보다 상세한 주를 달았다. 영어 원전 각 권의 말미에 〈용어해설〉이 붙어 있는데 내용상 대동소이하다. 그래서 역자는 공통의 〈용어해설〉을 만들어 각 권의 말미에 붙였다.

4. 영어 원전의 편집자는 모든 글에 대해서 그것이 최초로 쓰이거나 발표된 장소와 일시를 밝혀 두었다. 그것들이 분명한 경우(주로 편지에 해당)에는 편집자가 괄호 없이 그것을 밝혀 두고 있고, 추정치의 경우에는 괄호를 사용하고 있다. 역자도 그것을 따랐다.

5. 산스크리트어를 영어 알파벳으로 표기할 때 영어 원전을 따라서 일체의 발음 구별 부호를 생략했다.

6. 역자는 《간디전집》(*CWMG*, 90권)을 담고 있는 《마하트마 간디 전자책》(*Mahatma Gandhi E-book*, 전 98권, Mumbai, Gandhi Book Centre, 1999)을 입수할 수 있었다. 그래서 그 전자책을 번역 원전과 비교하기도 하고 그곳의 주를 참조하여 번역에 반영하기도 했다. 따라서 번역에서 언급된 《간디전집》은 모두 전자책을 본 것이지만, 전자책이 《간디전집》에 기초한 것이므로 간단히 《전집》으로 표기한다. 각 글의 말미에 전자책 《전집》 내의 출전을 밝혔으며, '《전집》 ○ : ○○'의 형식은 권과 번호를 나타낸다. 다만 《마하트마 간디의 도덕 · 정치사상》 1권, 2권, 3권의 엮은이 서문에 나오는 출전은 전부 《간디전집》(*CWMG*) (90권)을 가리킨다.

약어표기

CWMG 《간디전집》(*The Collected Works of Mahatma Gandhi*, 90권), 인도 정부 출판국
CW 전집 사무실 공문서 보관소, 뉴델리
G. 원래 구자라트어로 쓴 것이거나 말한 것
GN 간디 기념관과 도서관, 뉴델리
H. 원래 힌디어로 쓴 것이거나 말한 것
Hu. 원래 힌두스타니어로 쓴 것이거나 말한 것
MMU 이동용 축소 복사 필름, 간디 기념 재단과 박물관, 뉴델리
SN 사바르마티 박물관, 아메다바드
SWMG 《마하트마 간디의 연설과 저서》(*Speech and Writings of Mahatma Gandhi*), 나테산, 마드라스

해설의 글

현대사의 조명탄 간디*

함석헌

간디는 현대 역사에 있어서 하나의 조명탄(照明彈)입니다. 캄캄한 밤에 적전상륙을 하려는 군대가 강한 빛의 조명탄을 쏘아 올리고 공중에서 타는 그 빛의 비쳐 줌을 이용하여 공격 목표를 확인하여 대적을 부수고 방향을 가려 행진을 할 수 있듯이 20세기의 인류는 자기네 속에서 간디라는 하나의 위대한 혼을 쏘아 올렸고, 지금 그 타서 비치고 있는 빛 속에서 새 시대의 길을 더듬고 있습니다. 그의 탄생 1백 년을 기념하는 의미는 "그 빛 속에 걸어서 넘어짐을 면하자"는 데, "그 빛을 믿어 빛의 아들이 되자"는 데 있습니다.

그렇습니다. 그는 분명히 인류가 인류 속에서 쏘아 올린 혼이었습니다. 그가 있기 위해서는 인도 5천 년의 종교문명과 유럽 5백 년의 과학발달과 아시아·아프리카의 짓눌려 고민하는 20억 넘는 유색인종이 필요했습니다. 그러나 모든 위대하고 아름다운 혼이 그랬듯이, 그도 고통과 시련 없이는 되어 나올 수 없었습니다.

---

* 이 글은 〈주간조선〉 1969년 10월 5일자와 《咸錫憲全集》 7(《간디自敍傳》, 한길사, 1993)에 실린 글임을 밝혀 둔다. 또한 옮기는 과정에서 표준어 규정에 의거하여 약간의 수정을 가하였다.

그를 다듬기 위해서는 대영제국의 가혹한 3백 년 식민지 정치가 있어야 했고, 인류 역사에서 가장 부끄럼인 보어전쟁과, 두 차례의 세계대전이 있어야 했습니다. 그를 낳은 것도 인류지만 그를 못살게 학대한 것도 인류입니다. 어려서부터 숨을 거두는 때까지 그의 일생의 표어는 '참'이었는데, 이 참의 사람을 인간들은 얼마나 학대했나 보십시오. 어려서 동무와 같이 놀면 동무 아이들이 못살게 굴었지, 학교에 가면 선생이 괴롭혔지, 유학을 가겠다 할 때는 문중이 파문을 했고, 공부를 다 하고 변호사가 된 때는 영국 관리가 멸시를 했습니다. 인도에서 살 수 없어 남아프리카로 가면, 거기서 백인이 학대를 했고, 인도 독립을 위해서 돌아와 활동하면 영국 정부가 잡아 감옥으로 보냈습니다. 그 대영제국을 물리치고 나니 회교도가 시기하고 미워하지, 회교도를 또 감화시키고 나니, 이번은 남 아닌 힌두교도가 쏘아 죽였습니다.

그러나 그는 폭발하는 혼이었습니다. 누르면 누를수록 더 일어섰습니다. 그는 비겁을 가장 큰 죄로 알았습니다. 뺏으면 뺏을수록 커졌습니다. 그는 사랑을 모든 선의 근본으로 여겼습니다. 민족주의가 박해하면 민족을 초월해 인도주의에 오르고 인종차별의 업신여김을 당하면 인종을 초월해 세계에 올라갔으며, 종파주의 설움을 당하면, 모든 종교를 초월해 우주에 섰습니다. 크다크다 못해 다시 더 용납될 수가 없이 됐을 때 그는 폭발하는 조명탄이 되어 공중에서 타올라, 그 빛 속에 내 편과 대적을 다 비치게 됐습니다.

재미있습니다. 어제까지 그를 못살게 굴다가 쏘아 죽인 인간들이 한번 죽고 나면, 오늘은 그 숭배자가 됐습니다. 그가 원탁회의를 하러 가는 것을 싫어해서 "그 한 절반 벌거벗은 몸의 중놈을 우리 폐하께 뵙게 한단 말이냐" 하고 반대했던 저 처칠조차도 부의를 보내지 않을 수 없었으니 놀랍지 않습니까? 그러나 놀라운 것은 그것만이 아닙니다. 지금은 피 흐르는 칼을 엇메고 발밑에 민중을 짓밟고 서는 군국주의자들까지 간디 1백년제라고 떠들게 됐으니 어찌합니까?

모순이람 모순이고, 익살이람 참 익살입니다. 그러니 그만큼 위대합니다. 진리이기 때문입니다. 조명탄은 양쪽에 다 같이 빛이 되듯이, 참 속에는 옳은 것 그른 것이 다 같이 서는 것이고, 사랑 안에는 선한 것 악한 것이 다 하나로 살 수 있습니다. 간디를 이해 못하기는 고사하고 그의 정신을 분명히 반대하는 무리들조차도 그를 존경하(는 척하)지 않을 수 없는 것은, 그의 비쳐 주는 길이, 어쩔 수 없이 인류 역사가 나가야 하는 필연의 방향이기 때문입니다.

그 길이 무슨 길입니까? 비폭력 반항의 길입니다. 평화의 길입니다. 간디는 자기 일생을 진리에 대한 실험이라고 했습니다. 그는 희생봉사의 일생을 통해서 이것을 인류 앞에 실지 증거해 놓았습니다. 남아프리카에서 자기 동족에게까지 의심을 받아가며 몇 번을 죽을 뻔하면서 20년 세월이 들어서 마침내 이겼고, 아프리카에서 얻은 것을 밑천으로 해서 인도 본토에서 30년에 가까운 세월을 싸워서 마침내 피흐름이 없이 "이 곳은 당신들이 있을 곳이 아닙니다"라는 한마디로 3백 년 해먹던 대영제국을 몰아내고 아직도 주리고 헐벗음을 벗어나지 못한 인도 민족을 인류 행진의 선봉으로 내세웠습니다. 정치는 반드시 문명의 전부도, 제일 중요한 부분도 아닙니다. 오늘 유럽과 미국에 가서 인도 젊은이들이 어떻게 자부심을 가지고 대로를 활보하는가 보십시오. 이것은 오로지 간디의 비폭력 반항에서 온 것입니다.

어째서 그렇게 됐습니까? 폭력으로 경쟁하는 정치의 시대가 지나갔기 때문입니다. 현대는 고민하는 시대입니다. 고민의 원인은 전쟁을 할 수도 아니할 수도 없는 데 있습니다. 이때까지 전쟁은 자연의 법칙으로 알았습니다. 그러나 그것은 자연의 법칙이 아니라 지배자들이 일부러 만들어내고 선전한 결과라는 것이 밝혀졌습니다. 또 무기의 발달은 전쟁을 이기고 짐의 구별 없이 다 망해 버리게 하는 정도로 파괴적인 것으로 만들었습니다. 그리해서 이날까지의 습관으로 하면 전쟁을 해야만 될 듯하나 현실로는 할 수 없는 딜레마에 빠졌습니다. 이때에 있어서 비폭력 반항은 오직 하나의 길입니다. "싸움은 만물의 아버지"라는 말은 이제는 지나간 말입니다. 협동이야말로 생물진화의 진리라는 것을 과학적으로 밝히고 있습니다. 물론 싸움이 부분으로 없는 것은 아닙니다. 생명은 관대한 것이어서 제 시대를 잃어버린 것도 쓸어버리지 않고 남겨 둡니다.

오늘이 파충류의 시대는 아니지만 도마뱀 따위가 남아 있습니다. 인류의 문명이 더 높아진 후일에도, 군인이란 지나간 시대의 찌꺼기가 상당한 시간을 남아 있을지 모릅니다. 그러나 그들의 시대는 지나가고 있습니다. 지나가고 쓰레기통에 들어갈 것을 알기 때문에 지금 단말마적인 발악을 해보는 것이 오늘의 현상입니다. 형장으로 나가는 사형수는 마구 처먹는 법입니다.

또 설혹 싸움이 없어질 수 없는 법칙이라 가정을 하더라도 도저히 폭력으로는 싸울 수 없어졌습니다. 싸운다면 정신의 힘으로 하는 수밖에 없습니다. 그런데 정신의 힘이란 사랑과 참으로만 기를 수 있는 것입니다. 그렇기 때문에 비폭력이야말로 할 수 있는 단 하나의 길이라는 것입니다.

비폭력 반항은 하나의 조직적인 사랑입니다. 사랑이 생명의 원리인 것은 인간이 안 지 오랩니다. 우리나라 옛날 종교인 선도의 핵심은 평화주의입니다. 전쟁 정복의 얘기 없이 나라의 시작을 말하는 단군부터 그렇고, 고구려에서 온달로, 백제에서 검도령으로, 신라에서 처용으로 대표되는 사상이 다 그것입니다. 중국에서 하면 황제, 노자 장자 공자 맹자 묵자의 근본사상은 다 평화주의에 있습니다. 아힘사 곧 생명을 해하지 않음을 핵심원리로 삼는 인도 사상은 언제부터인지도 알 수 없으리 만큼 오랩니다. 예수는 다시 말할 필요도 없고 그보다 거의 8백 년이나 앞서 살았던 이사야 때 벌써 높은 평화주의가 나타나 있습니다.

이렇듯이 사랑이야말로 살리는 원리인 것을 안 것은 퍽 오랩니다. 아마 원시적인 가족 사이에서 벌써 발달됐을 것입니다. 그러나 그것은 주로 개인적인 것이었지 단체적인 것이 아니었습니다. 생활이 비교적 단순하던 때는 인간관계도 자연적으로 되는 정도였으므로 사회는 개인적인 도덕활동만으로도 되어갈 수 있었습니다. 그러나 과학이 발달하고 그것을 실생활에 적용함에 따라서 인간 사이의 교통이 굉장히 잦아졌고 사회는 거기 따라서 점점 더 동적인, 조직적인 것이 됐습니다. 이제 정치는 결코 공자 예수가 있던 때의 유가 아닙니다. 한마디로 지배자는 아주 조직적인 악을 행하게 됐습니다. 그러므로 인심이 천심이라던 논법으로는 도저히 악의 세력을 물리칠 수가 없어졌습니다. 그렇기 때문에 사회악과 싸우는 것을 사명으로 하는 종교가조차도 개인으로는 살인하는 것이 죄요, 자기희생을 하는 것이 최고의 선이나 단체적으로 전쟁을 해도 살인이 아니요, 민족적으로 자기희생은 할 수 없는 것이라고 내놓고 가르치게까지 됐습니다. 그러나 아무도 거기 시원치 못한 것이 있는 것을 부인할 수는 없습니다. 여기에 현대종교가 무력해진, 정치가 극도의 현실주의로 타락된 큰 원인이 있습니다.

그런데 여기서 큰 새 빛을 들어 비춰 준 것이 간디입니다. 간디의 한 사랑이나, 참은 새것이랄 것 없습니다. 해묵은 진리입니다. 그것을 실행하는 방법이 달라졌습니다. 위에서 조직적인 선이라고 한 것은 그 뜻입니다. 이 의미에서 간디는 역사상에 새 큰길을 열었습니다.

그는 조직적인 악에는 조직적인 사랑으로 대항할 것과 그렇게 하면 반드시 이기는 것을 증명했습니다. 개인에서와 마찬가지로 단체에 있어서도 죽음으로써 사는 것이 진리라는 것을 보여주었습니다.

문명은 발달하는데, 하면 할수록 어디를 보아도 광명이 없습니다. 빠져나갈 길이 없습니다. 어느 철학도 어느 사상도 핵무기 앞에서 큰 말을 할 수 없어졌습니다. 말하는 이가 있다면 오직 하나 간디뿐입니다. 이리 가면 산다 합니다. 그 길은 곧 스스로 세상 죄의 값인 고난을 자기 등에 짐으로써 너와 나를 다 살리자는 비폭력 반항의 길입니다. 그것을 단체로써 하자는 것입니다. 압박받는 대중이 아무런 무기가 없어도 이 조직된 사랑의 공세를 취할 때 무너지지 않을 악의 요새는 하나도 없다는 것입니다.

어떤 사람은 제 2차 세계대전 이후의 세계 형편을 보고 간디정신에 대해서 비판하려고 합니다. 그러나 그것은 잘못입니다. 참나무는 빨리 자라지 않습니다. 단기로서는 역사적인 인간은 못됩니다. 믿음이 우리를 구원할 것입니다. 인간은 인간입니다. 악하기도 하지만 선하기도 합니다. 문제를 스스로 제출한 것이 인간이면, 인간은 또 해결하고야 말 것입니다. 자멸할 수 없는 것이야말로 인간입니다. 정신은 물질을 이기고야 말 것입니다. 간디정신은 이기고야 말 것입니다. 간디정신은 간디의 것이 아닙니다. 우주의 정신이요, 하나님의 말씀이기 때문입니다. 그의 위대는 어린애 같은 겸손한 믿음에 있었습니다.

마하트마 간디의 도덕·정치사상 3

비폭력 저항과 사회변혁

차 례

I

서 문*

사탸그라하와 사르보다야는 마하트마 간디가 현대 정치사상에 기여한 것 중에서 가장 의미 있고 가장 혁명적인 것이었다. 사탸와 아힘사 곧 진리와 비폭력이라는 근본적인 두 개념은 세계 여러 주요 종교·철학 전통에도 있다. 하지만 간디의 독창성은 진리와 비폭력을 이론과 실천의 양 분야에서 혼합한 그의 방식에 있었다. 사탸그라하와 사르보다야 즉 비폭력 저항과 보편적 복지(*universal welfare*)라는 두 교의는, 인간의 완전가능성에 대한 그의 근본적 전제에서 도출된 논리적 귀결이기도 하고 정치활동과 사회개혁의 분야에서 간디의 실험이 반복되고 성숙해진 결과이기도 하다. 절대적 가치들은 결코 공리주의 토대에서 지지할 수 없다고 해도, 그 가치들을 고수하는 일은 바람직한 결과를 낼 수 있고, 그 결과는 편리라는 말로 찬양할 수도 있다. 간디는 신앙 또는 심지어 전면적 확신이란 말을 빌려서 사탸를 논하면서, 아힘사를 결과와 관계없는 하나의 강령으로 종종 주창했다. 아힘사가 때때로 구체적 이익을 낼 수 있었음에도 말이다.

* 이 '서문'은 엮은이 라가반 이예르(Raghavan Iyer)의 글이다.

사탸그라하 교의가 사탸와 아힘사를 사회와 정치 방면에 포괄적으로 적용하는 것이기 때문에, 이 교의는 사탸와 아힘사라는 두 개의 형이상학적 개념에 대한 의무론적(*deontic*) 논리를 불가피하게 반영한다. 한편에서 보면 사탸그라하는 윤리적 명령이다. 즉, 우리가 사탸그라하를 사회적 갈등에 적절하게 적용하지 않으면서, 아힘사를 고수한다고 주장하는 것은 정당하지 못하고, 사탸를 고수한다고 주장하는 것은 더더욱 정당하지 못하다. 이런 의미에서 사탸그라하는 '진리의 힘', 즉 사회복지의 증진을 겨냥하는 진리의 빛나는 권능을 의미한다. 하지만 이와 동시에 사탸그라하는 양심에 효과적으로 호소함으로써 불의(*injustice*)와 불의에 수반되는 적개심에 맞서는 것이므로, 그것은 행동을 위한 정책이면서 사회개혁을 위한 자극제이다. 이런 의미에서 그것은 '비폭력 저항'이다. 사탸그라하의 이 두 측면은 단일 관점이 갖고 있는 불가분의 양면이다. 왜냐하면 진리의 힘은 초월적이며 내면적인 의미에서 정의를 부단히 목격하고, 그 힘은 때와 장소를 가리지 않고 불의에 저항해야 하기 때문이다. 빛이 자신의 존재로 어둠을 제한하고 어둠을 분명히 보여주듯이, 사탸그라히(진리파지자)는 자신의 고통을 통해서 자기 주변의 불의를 드러낸다. 그리고 빛이 아무것도 파괴하지 않으면서 그림자를 물리치듯이, 사탸그라히는 불의를 행하는 자를 해치지 않고 불의를 해소한다.

간디는 남아프리카에서 최초기 운동 시절 '수동적 저항'(*passive resistance*)이라는 말을 사용했지만 이에 만족하지 않았다. 불멸의 혼 — 본질적으로 신성한 존재(*sat*) 안에 근거하는 혼 — 에 내재하는 도덕적 힘, 깨어난 양심에 의해서 저절로 풀려난 힘, 그리고 이성의 안내를 받아서 고질적인 사회적 불평거리를 드러내려는 힘은 절대로 수동적인 것이 아니다. '수동적'이란 말은 영적 의지의 결핍과 정치적 주도권의 결핍을 의미한다. 수동적 저항은 흔히 힘이 전혀 없는 자들의 최후 수단이었다. '수동적 저항'이란 말 속에 함축된 심리적인 원한(*resentment*)이 정치적 나약함과 결합하는 일은, 간디의 불변의 확신과 근본적으로 배치되는 것이었다. 간디는 민중들이 무기나 투표권이 없어서가 아니라 윤리적 방향 감각(*ethical direction*)이 없기 때문에 정치적으로 나약하다고 생각했다. 무기와 투표권은 결코 도덕적 혼란을 대체할 수 없다. 간디는 착취적인 사회구조의 폐지를 위해서 전념하는 진지한 혁명가에게 공감할 수는 있었다. 하지만 그는 단순한 파괴에는 아무런 이점이 없다고 생각했다. 그는 한 무리의 잘못된 통치자와 강압적 수단을 다른 무리의 권력 추구자들로 대체하는 일에도 관심이 없었다. 자발적인 사회운동가들이 사회개혁을 위한 건설적 실험들을 도입하는 가운데 사탸와 아힘사에 충성함으로써 힘을 얻을 수 있다면, 그들은 견고하게 뿌리내린 여러 세력에 도전할 만큼 충분한 권위를 대중의 지지에서 끌어낼 것이다.

간디의 입장에서 보면, 단기간의 사회개혁이 변화를 가져오긴 하지만, 그 변화는 개인이나 기관의 윤리적 품격을 반드시 고양시킨다고 볼 수 없고, 따라서 실패할 것이었다. 사탸그라하는 사회를 변화시키는 방법으로서 만인의 복지를 향상시키려는 시도이고, 민중과 정부의 근본적 개조를 주도하려는 시도이다. 사탸그라하는 조급한 시간제한 없이 판단되어야 한다. 수년 안에 침식당하거나 전복될 극적인 변화보다, 참되고 영속적인 선—수십 년 동안 눈에 띄지 않는 선—을 위한 토대를 마련하는 것이 더 좋다. 그래서 간디는 사탸그라하에 참여한 사람들의 수보다는 질에 더 큰 관심이 있었다. 그는 대중이 영령 인도에서 사탸그라히가 된다면, 스와라즈 곧 자치는 1년 안에 획득될 수 있다고까지 주장했다. 그리고 간디는 모범적인 사탸그라히가 단

한 사람이라도 있다면, 미묘한 변화가 결국 생겨날 것이고, 충동적 열광과 잠재적 폭력에 기초를 둔 대규모 시위보다 훨씬 멀리까지 영향을 미칠 것임을 확신했다. 사탸와 아힘사의 영속적인 합금과는 달리, 위선과 폭력의 산물은 사람의 기운을 꺾을 뿐 아니라 오래가지 못한다.

간디는 사탸그라하가 사회안녕을 위해서 생각될 수 있는 힘 가운데 가장 강력한 것이라는 점을 굳게 믿었다. 그래서 그것은 가장 위험하기도 하므로, 우리는 현명한 분별력으로써 사용해야 한다. 간디는 또한 사탸그라하가 조심스럽게 사용되어야 할 필요성을 인정하고, 사람 수 자체는 중요하지 않다고 생각하면서, 비폭력 저항을 규제할 엄격한 예비 조건을 강조하였다.[1] 그런 이유로 그는 성공적인 효과를 낳고 있는 사탸그라하 운동조차도 의도가 불순하다는 이유로 중지시켰다. 그는 대적들이 난관에 봉착해 있을 때 그것을 이용하려고 들지도 않았다. 사탸그라하는 공리주의의 언어(*utilitarian terms*)로 파악할 수 없다. 그러나 올바르게 이해하고 적절하게 실행하면 그 효과는 예측 가능하고 정확할 것이다. 기간만이 주요 변수로 남는다. 승리에 필요한 시간은 참여한 사탸그라히들의 수와 질에 달려 있다. 간디에게 있어서 실패란 난공불락의 사탸그라하의 실패가 아니라, 불순한 동기나 부정확한 적용에 의해서 초래되는 것이다.

"지극히 순결한 혼의 힘을 완벽하게 발휘하는 것은 즉각적인 구원을 가져오기"[2] 때문에, 사탸그라히는 사탸그라하 실천을 위한 선행 조건들을 충분히 소화할 필요가 있고, 그 조건들을 만족시키는 도덕

---

1 자세한 논의는 Iyer, Raghavan N., 《마하트마 간디의 도덕·정치사상》(*The Moral and Political Thought of Mahatma Gandhi*, Oxford University Press, 1973) 11장을 볼 것.

2 "수동적 저항의 이론과 실제", 〈인디언 오피니언〉 제50호, 1914. 12. 1.

적 용기와 정치적 의지를 배양해야 한다. 사탸그라히는 자신이 열등한 지위나 예속된 지위에서 출발한다고 여기지 않는다. 그의 자세는 자유인의 자세이다. "사탸그라히는 진정으로 두려움이 없어진 사람이기 때문에 다른 사람들에게는 불가능할 정도로 자유를 향유한다."[3] 그의 무외(無畏)는 무제한이다. 무외가 모든 비합리적인 불안의 뿌리, 즉 죽음에 대한 뿌리 깊은 공포를 분쇄했기 때문이다. 사탸그라히는 죽음에 대한 각오를 통해서 박탈과 고통에 직면하도록 자신을 준비시킨다. 물론, 그가 죽기를 원하는 것은 결코 아니다. 이 점에서 그는 소크라테스를 닮았다. 그는 부유하든 가난하든 부에 대해서 무관심하다. 진리에 대한 충성이 일체의 우상숭배를 금지하기 때문이다. 이와 유사하게, 그는 끈끈한 애정의 결속이 진리에 대한 공언(公言)을 가리지 않도록 가족 간의 애착을 재평가한다. 그는 공식적으로 압제를 포기하고, 압제당하기를 거부하며, 다른 사람들의 변덕스런 선언에 의해서 성공과 실패를 판단하는 일도 자제한다. 그러나 진실한 사탸그라하를 실행함으로써 얻는 자유는 지고의 만족을 보증해 주지만, 그것은 결코 쉽게 얻어지지 않는다. "강한 물리력을 가진 자들은 드물다. 진리에서 힘을 얻는 자들은 더 드물다."[4]

사탸그라하가 본질적으로 개인적이며 내면적인 뿌리에 속한다는 사실로부터 간디는 이상적인 사탸그라히의 이미지를 상술하게 되었고, 이 이상형에서 보다 넓은 사탸그라하 운동의 성격을 도출하게 되었다. 사탸그라하에 기초를 둔 사람은, 어떤 운동을 하더라도 도

3 〔원주〕 "사탸그라하의 비밀", 〈인디언 오피니언〉, 1908. 2. 22. 〔역주〕 《마하트마 간디의 도덕·정치사상》 권3, 9번 참조.

4 〔원주〕 "누가 사탸그라하를 행할 수 있는가?", 〈인디언 오피니언〉, 1909. 5. 29. 〔역주〕 《마하트마 간디의 도덕·정치사상》 권3, 11번 참조.

덕적 규약을 상세하게 숙지할 것이다. 무례한 행위와 함께 심한 말은 허용되지 않는다. 사탸그라히들이 명확하게 지적할 수 있는 일련의 불의에 반대할 때, 그들은 '권력의 중독'에 대해서도 저항해야 하는데, 권력의 중독을 도덕적 권위와 혼동해서는 안 된다. 그들은 관리들이 불의의 흔적이 조금도 없는 의무를 수행할 수 있도록 도와야 한다. 그들은 대적과 비판자들에게도 결코 욕설하지 말아야 하고, 손쉽게 굴종을 받아들여서도 안 된다. 그들은 오직 최소한의 도움을 요청하거나 기대해야 하고, 대신 사회적 여건을 향상시키는 일에서는 지역사회를 돕는 일에 자신들의 자유 시간을 사용해야 한다. 사탸그라히들은 시민불복종이 법과 사람에 대한 존경심에서 비롯되었으며, 공공질서에는 아무런 위협을 주지 않는다는 점을 증명하면서, 받는 것보다 많은 것을 줌으로써 일반 대중의 선의를 획득해야 한다. 하나의 이상으로서 사탸그라하의 실행은 거의 불가능하게 보일지라도, 실제의 가족생활에서는 익숙한 관행이다. 가족 구성원들은 종종 어수선한 상황, 심지어 부당한 상황까지도 유쾌하게 견딘다. 우리는 자발적인 고통을 통해서 둔감하고 이기적인 사람들을 놀라울 정도로 개심시킬 수도 있다.

사람들이 공언한 도덕원리를 무조건 고수하면서 행동하는 경우에만, —그 고수가 불완전하다고 하더라도—간디는 그런 원리에 기초를 둔 저항의 진실성이 유지된다고 인정했다. 의도와 행동 사이에 어떤 간극이 있다면, 그것으로 인해서 시민저항자는 표리부동하다거나 위선자라는 비난을 받을 수 있다. 시민불복종이 그 이름에 합당하려면, 사탸그라히는 자신이 아무리 공격을 받는다고 해도 억압자에게 어떠한 분노나 폭력도 느낄 수 없어야 한다. 그의 시민불복종이 불의가 존재한다는 증거라고 한다면, 체포에 저항하지 않는 것은 법에 대한 충성심을 증명하는 것이다. 간디는 타협의 여지없이 불의를 비난했지만, 결코 행위자를 판단하려고 하지 않았다. 억압자와 피억압자가 모두 부당한(*unjust*) 제도의 희생자라는 점을 알았기 때문이다. 이런 측면에서 보복 금지는 시민불복종을 지도하는 원리였다. 간디는 연금술적 비유를 통해서 비폭력 저항을 정당화했다.

> 나의 무저항은 다른 차원에서는 능동적 저항이다. 악에 대한 무저항은 저항 일체의 부재를 의미하는 것이 아니며, 악으로 저항하는 것이 아니라 선으로 저항하는 것을 의미한다. 그래서 저항은 보다 높은 차원으로, 절대적으로 효과가 있는 차원으로 옮겨진다.[5]

구체적인 맥락이 다르면 사탸그라하는 달리 표현되어야 할 것이다. 그러나 그 차이가 진리와 비폭력에 반대되는 절차와 원리를 사용하는 것을 결코 정당화할 수 없었다. 사탸그라하의 이론적 토대는 보편적으로 적용되기 때문에, 사탸그라하의 효과에 대해서 미리 그 한계를 설정할 수는 없다. 올바른 장소에서, 올바른 일을 할 수 있는 올바른 사람이 누군지에 대해서 우리는 항상 성숙한 판단을 내려야 한다. 간디는 모든 사람들이 사탸그라하를 배울 수 있지만, 가정에서나 공공 분야에서 그것을 실제로 실천할 수 있는 자는, 적절한 준비와 훈련을 갖춘 열렬한 사탸그라히들로 엄격히 제한된다는 점을 알았다. 내면적으로 미처 준비가 되어 있지 않은 대중에게 불의 시련을 겪게 하는 일은, 그들을 폭력 곧 두라그라하(*duragraha*)로 유혹하여 진리라는 대의에 배신하도록 만드는 일에 불과하다.

간디는 시민저항(*civil resistance*)의 각 행위가 가지는 순결과 엄정함에 대해서 부단히 관심을 쏟았지만 이것이 때때로 그의 추종자들을

---

5 "빌헬름 바르텐버그(Wilhelm Wartenberg)에게 보낸 편지", 《전집》 권30, 513면.

좌절시켰다. 그는 폭력의 가능성을 감지하면 그 운동을 중지시켰기 때문이다. 만일 사탸그라히가 두려움 없이 자유롭게 행동한다면, 시민저항운동의 대상이 되는 사람들 역시 자유롭게 대응할 것이다. 사탸그라하가 다른 사람에게 공포(*fear*)를 일으킨다면, 공포를 느낀 희생자는 감지된 위협에 대해서 강력하게 대응할 것이다. 공포를 느낄 이유가 없는 정부나 기관만이 정중하게 대응할 것이다. 그래서 간디는 인간 사이에서 일어나는 모든 상호작용 속의 공포를 몰아내야 할 필요성을 인정했다. 그리고 시민저항자들이 이슈를 강력하게 제시하고 있으므로, 공포를 몰아낼 책무는 그들에게 있었다. 그러나 사탸그라히 자신이 공포를 몰아내기 전 그의 대적을 공포에서 벗어나게 하는 일은 거의 불가능하다. 간디는 공포를 추방하는 가장 확실한 방법은 고통을 주는 것보다 고통을 기꺼이 겪을 준비가 잘되어 있음을 보여주는 것이라고 느꼈다. 심리적인 것이든 물리적인 것이든, 모든 유형의 강요는 사탸그라히의 전략에서 배제되어야 한다.

시민불복종(*civil disobedience*)에는 많은 유형의 불순종이 있지만, 시민불복종의 가장 중대한 활용은 특정 법률에 대해서 도덕적 근거를 내세워 의도적으로 도전하는 일이다. 간디에게 "시민불복종은 시민의 고유 권리이다. 시민이 그것을 포기한다면 인간이기를 그만두는 것이다."[6] 이와 같은 기초적인 권리의 외연은, 불의와 허위에 연루되는 일—그것들이 아무리 공공기관들의 명령이라고 해도—에 저항하는 개인의 의무와 같다. 간디는 국가(*the State*)가 인간과는 달리 혼이 없고, 양심의 인도를 받지 않는다고 생각했다. 국가는 기껏해야 복잡한 사회관계망 내부에서 외면적 순종을 끌어내기 위해서 법

6 〔원주〕 "시급한 이슈", 〈영 인디아〉, 1922. 1. 5. 〔역주〕 《마하트마 간디의 도덕·정치사상》 권 3, 41번 참조.

적 권위를 갖는 노력을 대표할 뿐이다. 한 개인은 궁극성과 무오류성을 가질 수 없다. 그와 마찬가지로 국가들 역시 그런 것들이 없다.

간디는 법률에 대한 공개적 도전을 둘러싸고 있는 강력한 세력들을 염두에 두고, 공적 이익을 위한 개인적 시민불복종조차도 포괄적인 준비 이후에 최후의 수단으로만 실행해야 한다고 생각했다. 간디는 대규모 시민불복종이 소수 지도자들에 의해서만 추진된다면, 진정한 시민불복종의 모습일 수 없다고 생각했다. 그것은 광범위하게 확산된 도덕적 고뇌에 대한 자연스런 반응으로서 일어나야 한다. 그런 경우에도 시민불복종이 범죄적 불복종과 폭력에 굴복하는 경우가 있다. 간디에게 시민불복종은 불의에 대한 들뜨거나 감정적인(*emotive*) 반응이 아니라, 고요한 성찰 그리고 다른 사람들에게 이익을 주려는 분명한 결심과 함께 시도되어야 할 엄숙한 일이었다.

비협조를 통한 사타그라하 운동은 여전히 조심스런 준비가 필요하지만, 대중이 가장 잘 실천할 수 있다. 비협조는 개인들이 충성을 철회하는 것과 다양한 공공기관이 제공하는 도움을 포기하는 것을 말한다. 비협조는 작위와 특권의 거부, 정부기관이 후원하는 학교에서 아동들을 자퇴시키는 것, 입법에의 참여 거부, 그리고 민사분쟁에서 공적인 법적 절차를 사적인 중재로 대체하는 것 등의 조처들을 포함할 수 있다. 이 반응들 중 어느 것도 특정 법률에 대한 도전이나 폐지를 포함하고 있지는 않다. 시민불복종이 국가 권위와의 직접적인 대결을 의미하기도 하지만, 비협조는 악으로부터 혼을 분리함으로써 그 혼을 정화하는 자발적 노력을 포함하기 때문이다. 간디는 비협조 내부에 있는 자기정화의 요소를 자존심(*self-respect*)을 유지하는 것과 동일시했으므로, 그 안에는 부정적(否定的)인 것이 전혀 없다고 생각했다. 간디는 비협조가 정부와 기관들을 마비시킬 수 있는 외적인 능력을 갖고 있으며, 게다가 사회의 기관들을 개혁하고 갱생시킬 수 있는 진리의 힘을 방출하기 위한 치료법이라고 믿었다.

간디는 건설적 프로그램을 사탸그라하의 체계적 실천을 위해서 없어서는 안 될 긍정적 요소로 보았다. 건설적 프로그램은 비폭력적 자치 체계를 위한 선결 조건, 장기간에 걸쳐서 충족될 선결 조건이며, 그것이 없다면 정치력이나 형식적 독립이 거짓으로 들통나고 말 것이다. 건설적 프로그램은 다음 여러 사업을 위한 개인적이며 집단적인 노력을 포함한다. 다양한 종교 집단 간의 일치, 불가촉천민제도와 같은 사회적 악습의 폐지, 농촌교육과 재건에 관련된 프로그램들, 생산과 분배의 집중 배제, 건강과 위생 및 식사법 향상을 위한 기획들, 지방 수공업의 촉진, 그리고 일반적으로 말해서 공동선의 촉진을 위해서 만인이 동참하는 협업이 그 사업에 포함된다.

> 나는 진리와 비폭력을 34년 동안 부단히 실험해왔는데, 비폭력이 육체노동과 연결되어 있지 않고 이웃과의 일상적인 접촉에서 그 표현을 얻지 못한다면, 비폭력은 유지될 수 없다고 확신하게 되었다. 이것이 건설적 프로그램이다.[7]

간디는 건설적 프로그램이 비폭력 에너지의 광대한 저수지를 생성할 수 있을 뿐만 아니라, 도덕적 권위의 바탕 심지어 정치력의 바탕이 될 수 있다고 생각했다. 그는 외면적 정치적 목적을 위해서 사용되는 에너지의 대부분이 실상 낭비되고 있다고 생각하고, 그 에너지

---

7 〔역주〕 "실천 중의 아힘사", 〈하리잔〉, 1940. 1. 27. 이 인용은 본 《마하트마 간디의 도덕·정치사상》 권3, 94번의 말미에 실려 있는데, 영문을 비교해 보면 약간의 차이가 있다. 왜 그런 차이가 발생했는지 알 수 없다. 본 《마하트마 간디의 도덕·정치사상》의 편집자 겸 이 서문의 필자인 이예르가 이 구절을 인용할 때 육체노동 앞에서 '의도적인'이란 단어를 빠뜨렸다.

가 사회개혁과 공공봉사라는 엄청난 프로젝트를 추구하는 진지한 사탸그라히들에 의해서 훨씬 더 잘 사용될 수 있다고 생각했다. 시민불복종 및 다른 형태의 저항이 사회 개선을 도모할 수는 있지만, 그것들이 일반적이고 지속적인 사회 향상을 위한 견고한 토대나 경제적 · 사회적 · 도덕적 자유의 완전 실현을 위한 견고한 토대를 확립할 수는 없었다. 간디는 효율성을 위해서라면 노동 분업이 가능하다는 것을 인정하면서도, 이른바 정치적 프로그램과 건설적 프로그램의 첨예한 분리를 거부했다. 그는 건설적 프로그램과 효과적인 저항을 현명하게 결합하면, 사탸그라하가 모든 형태의 엘리트 정치를 근원에서부터 전복할 것이라고 생각했다. 그는 명성도 권력도 주지 않는다고 무시했던 사업에 전념하라고 건설적 프로그램의 자원봉사자들에게 촉구했다. 그는 투옥을 자초했던 저항자들을 건설적 프로그램에 단순히 헌신하는 사람들보다 높이 평가하지 않았다. 간디에게 모든 정치적 사업은 건설적 프로그램 안에 포함되는 것이었고, 그 장점은 지속적인 사회변혁의 관점에서만 판단될 수 있었다.

간디에게 자유(*freedom*)는 사회계약에 의해서 허용된 조건도 아니고 당연한 특권도 아니었다. 자유는 개인의 도덕적 자치(*moral autonomy*)에 기초를 둔 것이므로 타인에게 양도할 수 없는 것이었다. 더구나 그는 자유를 사회적 필수품으로 간주했고, 그 필수품의 뿌리는 개인의 정신에서 떼어낼 수 없다고 보았다. 최소한 어느 정도 깨어난 개인의 양심에 기초한 사회만이 스스로 오랫동안 지탱할 수 있다. 자유는 인간 본성 고유의 특성이면서 진정한 스와라즈 곧 자치이다. 스와라즈의 사회적 제도적 측면은 개인적 측면에 아주 크게 의존한다. 그래서 스와라즈가 개인과 집단에 동등하게 열려 있다고 해도, 그 첫걸음은 개인의식(*individual consciousness*) 속에 있다. 국민적 자치(*national self-rule*)

를 육성하고 유지하기 위해서는 개인적 자치와 마찬가지로 동일하게 엄격한 선결 조건이 충족되어야 한다. "그래서 우리가 획득할 외면적 자유는 특정 순간 우리가 성장하여 도달한 내면적 자유에 정확히 비례하여 성취될 것이다."[8] 촌락과 인류 전체 사이에 존재하는 중간적 구조들 중에서, 간디는 다양한 유형들의 자발적 결사(*voluntary association*)가 가능하다고 보았다. 하지만 그는 그 연속물 중에서 국민국가(*nation-state*)를 필수적 일원으로 볼 수 없었다. 국민국가들이 주권과 특수 지위를 주장하지만, 그것들은 결코 신성불가침한 것이 아니다.

모든 단계의 집단행동에서 실현되는 자유의 수준은 자신감 있는 자치와 다른 집단들과 결사체들 사이의 비폭력적 협력, 이 두 함수로 결정된다. 간디는 하나의 정치 집단이 실현한 스와라즈 곧 자치와, 도덕적 지도자와 사회개혁자로 등장한 개인들의 스와라즈 사이에 미묘한 상호연관성이 존재한다고 생각했다. 개별적 인간만이 진리의 힘을 행사할 수 있는 도덕적 행위자(*moral agents*)이기 때문에, 집단적인 스와라즈에 대한 모든 관념들은 부차적이고 개인적 성장의 총합을 반영한다. 집단적 권위와 집단적 행위자는 깨달은 개인들에게 스와라즈를 부여할 수도 없고, 개인들의 스와라즈를 막을 수도 없다. 집단적 권위와 행위자가 스와라즈의 의미와 내용을 지시하는 것은 정당하지 못하다. 하지만 사회·정치 기관들은 개인들이 자신들의 스와라즈를 실현할 수 있도록 고취하는 분위기를 만들어 줄 수는 있다.

완전한 의미의 스와라즈는 온갖 속박에서 완전히 벗어나는 자유를 의미한다. 그리고 간디에게 그것은 목샤 곧 해탈과 동일시될 수 있었다. 그러나 사람이 자신의 무지의 범위를 점차 자각하는 만큼 지식을

8 〔원주〕 메모, 〈영 인디아〉, 1928. 11. 1. 〔역주〕《마하트마 간디의 도덕·정치사상》 권 3, 100번 참조.

얻을 수 있는 것과 같이, 스와라즈의 경우에도 우리는 스와라즈의 성취를 이상(理想)과 비교하여 정직하게 가늠할 수 있는 만큼 얻을 수 있다. 이것은 개인적 차원에서 스와라즈가 필연적으로 자각과 의식적인 선택을 포함하기 때문에 가능하다. 사탸그라히는 무외를 얻었을 때에만, 스스로 선택한다는 착각을 버리면서[9] 이지적이며 책임 있는 선택을 할 수 있고, 반응자(*reactor*)가 아니라 행위자(*actor*)가 될 수 있다. 간디는 "스와라즈는 죽음에 대한 공포를 버리는 것"[10]이라고 쓴 적이 있었다. 냉정한 자기평가, 부단한 자기정화, 지속적인 자제, 점진적 자아실현, 그리고 점증하는 스와데시 곧 자립(*self-reliance*), 이런 것들에 대한 능력과 스와라즈는 필연적으로 연결되어 있다. 간디는 자신의 형이상학적 가정 그리고 무지한 농민들과 지낸 장기간의 경험을 통해서, 도덕적 향상과 사회적 원기회복(*rejuvenation*)이 상호의존적이라는 점, 그리고 개인적 발전과 국민적 발전을 동시에 촉진할 수 있다는 점을 확신했다.

개인적 스와라즈와 국민적 스와라즈(*national swaraj*)의 필연적인 연관 때문에, 자치는 어떤 형태의 착취와도 양립할 수 없다. 간디에게 우리가 아는 상식은 "당신이 스와라즈를 요구하면, 당신 자신만이 아니라 당신의 이웃을 위해서도 원해야 할 것"[11]이라고 명령하는 것이다. 자유로운 개인의 특성인 스와라즈는 지역사회 스와라즈를 위한 토대이고, 지역사회 스와라즈는 다시 국민적 스와라즈의 토대가 되고, 이것은 다시 사탸와 아힘사에 헌신하고 있는 세계에서 범지구적 스와라즈, 보편적인 라마라즈야 곧 황금시대를 위한 토대가 될 것이다.

---

9 〔역주〕 무외를 성취하지 않은 사람의 선택은 착각에 불과하다는 의미일 것.

10 〔원주〕 "죽음에 대한 공포", 〈영 인디아〉, 1927. 10. 13. 〔역주〕 《마하트마 간디의 도덕 · 정치사상》 권 3, 107번 참조.

11 "촌락 일꾼들 집회에서의 연설, 나그푸르", 〈하리잔〉, 1935. 3. 1.

스와라즈를 이룩하는 과정에 논리적 순서가 존재하지만, 피라미드식 위계질서 내부에 발생하는 의존적 구도가 갖고 있는 고유의 착취에 대해서는, 스와데시 덕분에 점점 증대하는 상호의존이 대항할 수 있다. 자치는 자립(*self-reliance*)을 시사하므로, 점점 확대되는 원환 내부에 있는 각 단위는 그 자체의 도덕적 가치 위에 서야 하고, 힘을 다른 단위들에게 주어야 한다. 흡혈귀를 닮은 유령 같은 존재인 중앙집권적 정부는 촌락 공화국의 반중앙집권적인 연방 앞에서 사라져야 한다.

> 수많은 촌락으로 이뤄지는 이런 구조에서는, 끝없이 확장되는 원주들이 존재하지만 상승하는 원주는 결코 없을 것입니다. 생명은 밑바닥에 의해서 지탱되는 정점을 가진 피라미드는 아닐 것입니다. 생명은 바다와 같은 원인데 그 중심에는 개인이 있습니다. 그 개인은 촌락을 위해서 언제든 죽을 각오가 되어 있고, 촌락은 촌락들의 집단을 위해서 죽을 각오가 되어 있습니다. 결국 전체가 복수의 개인들로 구성되는 하나의 생명이 될 것입니다. 여기에서 개인들은 자만에 빠져 결코 공격적이지 않고 늘 겸손하며, 하나의 통일적 단위가 되어서 바다와 같이 광대하고 장엄한 원환을 공유하게 될 것입니다.
>
> 따라서 가장 외곽에 있는 원주가 내부에 있는 원을 짓밟기 위해서 힘을 행사하지 않을 것이고, 내부에 있는 모든 원들에 힘을 줄 것이고, 그것들로부터 자신의 힘을 얻어낼 것입니다. 사람들은 이것이 너무 유토피아적이어서 조금도 고려할 가치가 없다고 반박하며 나를 조롱할 수도 있을 것입니다. 유클리드 점은 우리가 인위적으로 그려낼 수 없지만 불멸의 가치를 지닌다면, 내 그림도 살아가는 인류를 위해서 나름의 가치를 지닐 것입니다. 비록 그 그림의 완전한 모습은 절대 실현할 수 없을지언정 인도로 하여금 이 참된 그림을 위해서 살도록 해봅시다.[12]

12 〔원주〕"독립", 〈하리잔〉, 1946. 7. 28. 〔역주〕《마하트마 간디의 도덕·정치사상》 권3, 104번 참조.

간디는 독립 곧 국민적 스와라즈를 위한 투쟁을 이상적 스와라즈라는 보다 넓은 관점에서 보았다. 그는 독립을 위한 독립에는 거의 관심이 없었다. 간디가 믿기에 인도는 국민적 자치를 통해서만 국제적 협력과 전지구적 상호의존을 위한 능동적 챔피언이 될 수 있었다. 영국의 통치는 인도인 수백만 명을 노예로 만들어 버렸고, 인도인들이 인류의 보편적 스와라즈에 중대한 기여를 하지 못하도록 막아 버렸다. 간디는 외국인의 통치가 피통치자들의 기운을 꺾어 버린다는 이유로 모든 유형의 외국인 통치가 지속되는 것을 단호히 거절했다. 피억압자들은 자신들의 정당한 소망이 지속적으로 좌절당하는 것을 보면서, 제국의 불법에 간접적으로 공모(共謀)한다는 사실을 견뎌야만 했다. 간디는 하지만 정치적 독립만을 중시할 수 없었다. 그는 진정한 스와라즈는 개인과 촌락의 차원에서만 생성될 수 있다고 느꼈다. 개인 스와라즈가 자기정화의 부단한 과정을 포함하듯이, 국민적 스와라즈는 국민의 자기정화—사회적 악폐의 폐지, 경제적 착취의 제거, 종교 차이의 초월, 영적 재생의 개시, 내적 구조의 근본적 재구성 그리고 사회제도 전체의 포괄적 개혁—를 요구한다. 간디는 제국주의 통치를 혹평하면서도, 진정한 스와라즈를 실현하기 위해서 인도인 자신들이 극복해야 하는 약점들을 적시(摘示)했다.

스와데시 곧 자립은 간디에게 스와라즈의 핵심적 일부였다. 아힘사가 비록 논리적으로 사탸에 의존하고 있지만, 사탸와 아힘사가 절대적 가치로 간주될 수 있듯이, 스와데시도 논리적으로 스와라즈에서 도출된다. (자치가 개인에 내재하는 진리를 표현하는 것이므로) 스와라즈는 사탸에서 도출될 수 있고, (완전한 비폭력이 완전한 자립을 요구하므로) 스와데시는 아힘사에서 도출될 수 있다. 일상생활에서는 스와데시가 실현된 스와라즈를 가능하기 위한 잣대를 제공한다고 하지만, 스와라즈는 정당성을 입증하는 원리로서 스와데시에 선행한다. 스와라즈가 개인과 국민의 목표라면 스와데시는 집단의 힘이다. 간디는 자립이라는 말이 '단호한 개인주의'(*rugged individualism*)와 같은 낭만주의적 관념을 가리키는 것이 아니라, 능동적인 힘을 가리킨다고 했는데, 이 힘은 '자조'(自助, *self-help*), '자기의존'(*self-dependence*)과 같은 말에 부분적으로밖에 드러나지 못한다고 했다. 그는 영어 표현인 '자립'(*self-reliance*)을 선호했는데, 그 표현은 스스로 할 수 있는 것을 하려는 노력을 의미하면서도 상호부조를 위한 여지를 충분히 남겨 두기 때문이다. 간디는 궁극적으로 윤리적 자기개혁과 만인의 복지를 위해서 일하는 것을 구별하지 않았다.

사탸그라히의 자유는 이기심과 애타주의를 과장하여 대조하던 일이 사그라진 사실에서 드러난다. 이런 대조는 유아론(*attavada*) 곧 '개별성(*separateness*)이라는 극단적인 이단설'에 기초를 둔 것이었다. 《바가바드 기타》가 명하고 있는 사심 없는 봉사(*anasakti yoga*)에서는, 타인들의 욕구에 봉사하는 것은 자아의 핵심적 본성을 양육하는 것과 어울린다. 이런 종교적 입장은 '지역 소비를 위해서 될 수 있는 한 많이 생산하고, 나머지는 생필품과 교환하시오'라는 경제적 프로그램으로 옮겨질 수 있다. 간디는 생필품을 얻는 것 정도는 인정했지만, 엄격히 요구되는 것 이상은 인정하지 않았다. 소비자 경제(*consumer economics*)는 대규모 빈곤을 촉진했을 뿐만 아니라 사회적 질병이었다. 그래서 스와데시는 정치적 맥락에서는 '애국'이 될 수 있었고, 윤리적 맥락에서는 '다르마'가 될 수 있었다. 간디는 이 두 맥락을 합치고 그 맥락 속에서 새로운 차원을 제시했다. "스와데시는 봉사이다. 그리고 우리가 그 본성을 이해한다면, 우리 자신·가족·조국·세계에 동시에 이익을 줄 수 있을 것이다."[13] 간디는 스와라즈를 위한 장기간의 투쟁에서, 건설적 프로그램의 주장, 판차야트의 활성화, 신교육 곧 나이 탈림(*nai talim*)[14]을 실시하는 토착적 기관의 발전, 그리고 물레 곧 차르카의 사용을 통한 촌락산업의 부흥, 이런 것들을 통해서 스와데시 원리를 부단히 강조하려고 했다. 간디는 이들 프로그램 하나하나를 그 자체의 장점에 근거하여 옹호하면서도, 스와데시의 체계적 적용 없이 인도 스와라즈는 항구적인 토대를 가질 수 없을 것임을 끈질기게 주장했다.

비폭력의 원리를 사탸 곧 진리의 원리와 관련하여 검토해야 하듯이, 스와데시 역시 개별적으로 적용하는 경우에도 사탸와 관련하여 검토해야 한다. 그런 판단은 사람이 자기반성과 정신적인 정화를 일상적으로 도모할 준비가 되어 있는 한 스스로 자체를 수정할 수 있다. 스와데시를 얻는 구체적인 방도를 가늠하는 경우에도 스와라즈 곧 진정한 자유의 이상에 대한 충성의 잣대로 해야 한다. 스와데시를 통해서 스와라즈를 추구하는 일은 아힘사를 통해서 사탸를 추구하는 일과 마찬가지로, 각자의 양심과 경험에 근거한 개인적 판단이 요구되는 사안이다. 인생의 일정 부분이 스와라즈와 무관하다고 본다면, 스와라즈는 스와데시를 통해서 얻을 수는 없을 것이다. 간디는 인생을 분리되고 분절된 구획으로 나누기를 거부했다. 그리고 그는 단 하나의 장기적 목표를 향하여 우리를 인도해가는 다른 태도들과 수단들 사이의 상호의존성을 존중하는 개방적 접근법을 꾸준히 추구했다.

간디는 아힘사를 수단으로 삼는 사탸 개념을 통해서 사탸그라하에 대한 복잡한 교의를 만들어냈다. 사탸를 공동 목표로 삼고 있는 아힘

---

13 〔원주〕 "스와데시 대 외래의 것", 〈나바지반〉, 1927. 6. 19. 〔역주〕《마하트마 간디의 도덕·정치사상》 권 3, 165번 참조.

14 〔역주〕 기초교육으로 번역되기도 한다.

사에 대한 그의 관념은 사르보다야 곧 비폭력적 사회주의(*non-violent socialism*)의 교의를 전개할 수 있게 했다. 자기의존이 올바로 이해되고 실현된다면, 비폭력적 사회개혁을 위한 중대한 지렛대가 될 것이다. "자립(*self-dependence*)은 자존심과 영적 훈련에 도움이 되는 한, 그리고 도움이 되는 만큼만 필요한 이상이다."[15] 자립은 그것 자체로 목적은 아니다. 왜냐하면 도덕적·영적 갱생을 통해서 책임지는 사람들은 사회생활의 깊숙한 곳에 새로운 충동을 일깨울 수 있는 선동자(*quickeners*)가 되기 때문이다. 간디에게 비록 사회개혁을 위한 상세한 계획이 없었을지라도, 그는 자신의 정치적 비전의 한복판에 라마라즈야(*Ramarajya*)의 이상을 품고 있었고, 아힘사가 문명화된 삶을 위한 보편적 기준으로서 결국 범지구적 동의를 얻어낼 것이라고 확신했다. 이 확신은 대의를 위해서 있는 힘을 다해서 노력하는 수백만 명이 내뿜는 마술적 힘에 대한 신앙과 함께, 직관적이긴 하지만 분명한 방향 감각을 그에게 주었다.

사르보다야는 권력 배분에 근거하고 있으며, 사회적인 덕이 분파적 이익에 도덕적으로 우선한다는 분명한 인정과 결합되어 있다. 경쟁은 화합(*concord*)에 자리를 내줘야 한다. 이런 변화가 효과적이려면, 그 변화가 사회적·정치적 관점에서 보아서 문명화된 세계의 영적 요청으로서, 그리고 모든 인류에게 결국 이익을 가져다줄 혁명적 사업으로서 이해되어야 한다. 개개 구도자에게 대우주에 해당되는 사회 전체는 상호책임의 개념이 지지할 수 없는 것이라면 모든 것을 포기할 수 있어야 한다. 그래서 이 점을 실제적 언어로 표현하면, 남보다 먼저 진리와 비폭력을 목격하는 사람들은, 사회생활의 축을 권리에 대한 공격적인 강조로부터 책무(*obligations*)에 대한 능동적 관심으로 바

---

15 〔원주〕 "우리의 무력감", 〈영 인디아〉, 1929. 3. 21. 〔역주〕 《마하트마 간디의 도덕·정치사상》 권 3, 101번 참조.

꿔야 한다는 것을 모범 사례를 통해서 가르칠 의무가 있다. 그들은 우정의 정신을 구현해야 하는데, 이 정신은 사람의 수준을 높이거나 낮추는 것과 전혀 관계없다. 왜냐하면 각자의 다르마가 자신에게 고유하기 때문이다. 그들은 빈곤을 초래하는 물질적·심리적 착취 역시 포기해야 한다. 사르보다야의 주창자들은 기술 시대(*technological age*)의 혁신성을 거부할 필요는 없지만, 혼 없는 기계화와 시시한 기계 장치를 멀리해야 한다.

상품의 생산·보존·분배는 몸 안에서 피가 순환하는 것으로 비유될 수 있다. 일반적으로 말해서, "한 지점에서의 충혈(充血)은 몸에 해롭다. 이와 마찬가지로 부가 한 장소에 집중하는 것도 나라의 파멸을 초래할 것이다."[16] 간디는 이 유기체적 은유를 사용하면서 의미가 잘 잡히지 않는 집단적 복지(*collective welfare*) 관념을 근본적으로 재구성하는 꿈을 꾸었다. 그는 공리주의자들과는 달리 최대 다수의 최대 선이라는 원리를 수용하지 않으려고 했다. 대신 그는 집단적 복지라는 보다 상승적(相昇的, *synergistic*) 개념을 옹호했는데, 이와 같은 집단적 복지에서는 가장 낮고 가장 비천한 사람들의 고통은, 가장 풍요한 사람들의 복리로 간주되는 것과 불가피하게 상호작용하게 되어서 그와 같은 풍요가 가진다는 이른바 사회적 가치를 완전히 부정하게 된다. 그는 집단적 사회복지에서는 그 사슬 전체가 가장 약한 고리만큼 약해진다고 보았다. 간디는 동시에 개인이 가진 지적·경제적·사회적·정치적 지위가 사회복지에 대해서 개인이 할 수 있는 기여를 원칙적으로 제한하지 않는다고 생각했다. 개인이 충분한 자원을 소유하게 되면, 그것은 탐욕을 넘어서서 봉사하는 데 도움이 될 것임

---

16 〔원주〕 "사르보다야", 〈인디언 오피니언〉, 1908. 6. 20. 〔역주〕《마하트마 간디의 도덕·정치사상》 권 3, 180번 참조.

이 분명하지만 말이다. 간디는 사르보다야 원리에 기초를 둔 경제학, 부의 흐름을 현명하게 규제하려는 진정한 과학으로서의 경제학이 전개되는 것을 찬성했다. 간디는 건강한 부의 흐름을 정의의 용어로 규정하고, 경제적 교환 정의를 위한 표준으로서 다음과 같은 원리, 즉 "노동자가 받는 정당한(*just*) 임금은 그 노동자가 오늘 우리에게 제공하는 노동과 같은 것을 필요로 하는 경우, 그 노동을 확보할 수 있는 것이어야 한다"[17]는 원리를 제안했다.

간디는 모든 형태의 착취를 부정하고, 만인을 만인의 복지를 위해서 자신을 희생시키는 자로 공평하게 간주하면서, 우주의 희생제의적 도덕 질서(리타, *ṛta*)에 부합하도록 부를 재분배하는 토대를 놓고자 했다. 하지만 사람 사이에서 물질적·정신적 자원의 분배가 불평등하므로, 간디는 사람들이 자원의 소유자로서가 아니라 수탁자(*trustee*)로서 행동한다면, 자신들을 사회 내에 있는 모든 동료들의 동업자로 간주할 수 있을 것이라고 믿었다. 간디는 개인의 손에 의해서 대규모의 부가 순환되는 현상에 대해서 반대하지는 않았지만, 이 현상이 도덕적 유혹과 영적인 시험을 포함하고 있어서, 무소유에 대한 의도적 서약과 신탁 원리의 자의식적 채용이 필요할 것이라고 경고했다. 그는 모든 개인에게 진리와 비폭력을 기준으로 삼고 사르보다야의 책무에 따른 양심의 법정에서 자신의 상황을 성찰하기를 권유했다. 그와 같은 생산수단과 목적을 근본적으로 재정의하는 것은 사회를 근본적으로 개혁하는 토대가 될 수 있을 것이다.

사르보다야 신봉자는 소비·부·일에 대한 자신의 태도를 혁명적으로 변화시킴에 따라서 솟구치는 개인적 기대를 역전시킬 수 있었고 가난에서 오는 불행을 완화할 수 있었다. 간디는 지성인들과 그들의 이론

17 〈인디언 오피니언〉, 1908. 7. 4.

이 수고하는 대중의 운명을 고양시킬 수 있을 것이라고 믿지 않았다. 특권계급의 사람들의 삶, 심지어 탁상공론의 혁명가들의 삶은 실제로 너무나 자주 세련된 위선에 근거하고 있었다. 그래서 간디는 정치적 일꾼들에게 자신들을 건설적 프로그램에 전념할 것, '생계를 위한 노동'에 참여할 것, 다리드라나라얀 곧 빈자들의 모습으로 나타나신 신에게 봉사하기 위해서 일신상의 안락을 철저하게 희생할 것을 권유했다.

간디는 개인이 사르보다야 원리를 몸소 구현(*incarnate*)한다면, 그가 스와다르마(자신의 다르마)를 수행하는 과정에서 봉사를 위한 수많은 기회를 찾을 것임을 알았다. 누구든 자신이 맡은 책무의 직접적인 영역에서 야즈냐의 정신 곧 희생정신을 기를 수 있을 것이다. 간디에게 보편적 봉사의 길은 희생양 없는 비폭력적 사회주의, 다시 말해서 사회의 모든 계급 간의 상호신뢰감에 뿌리내리고 있는 비폭력적 사회주의를 의미한다. 사르보다야 곧 비폭력적 사회주의는 사회복지라는 이름하의 불가피한 계급전쟁이나 폭력적 재산몰수도 요구하지 않는다. 자본주의·사회주의·공산주의가 모두 제각기 그 안에 폭력이 널리 퍼져 있다는 점에서, 그리고 그것들은 인간이 이기적이라는 엄격한 가정에 기초를 두고 있다는 점에서 유사하다고 간디는 역설했다. 그는 재산의 무소유라는 마르크스적 이상을 찬양할 수도 있었다. 하지만 그는 인간의 삶과 역사에 대한 마르크스의 협소한 해석을 받아들일 수가 없었다. 소수의 핵심 혁명 분자들이 대중을 정치화하고 그들을 지정된 억압자들과 대결하게 함으로써 사회질서를 꾸준하고 살갑게 변혁시킬 수 있다는 주장도 그는 받아들이려고 하지 않았다.

간디는 역사적 불가피성에 대한 교의적 이즘이나 도그마를 갖는 대신, 규율과 실천을 개인적으로 통합하는 일에 본격적으로 착수했다. 그는 심정과 혼의 사회주의에 대해서 말했다. 그리고 간디는 사회개량에 기여하는 개인의 능력이, 희생적 행위(*anasakti yoga*)를 통해서 성취되는 영적 힘과 도덕적 권위와 직접적인 상관관계에 있다는 점을 확신했다.

> 개인의 몸에 있는 지체들이 평등하듯이 사회의 구성원들도 평등하다. 그것이 사회주의이다. 그 안에서는 왕자와 농민, 부자와 가난한 자, 고용주와 종업원들은 모두 동일한 지위에 있다. 종교의 용어로 말하자면 사회주의에는 이원성이 없다. 그것은 완전한 단일성이다. … 이 사회주의는 수정처럼 순수하다. 따라서 그것을 얻기 위해서는 수정같이 투명한 방법이 필요하다. 불순한 방법은 불순한 목표로 끝날 것이다.[18]

간디는 국가 권력(*State power*)에 그것이 능동적 폭력으로 타락하는 확고한 성향이 있다는 점을 깊이 우려했다. 하지만 그는 동시에 사람이 전체주의적 국가(*the Leviathan*)를 위해서 개인의 도덕적 책임감을 포기함으로써, 자신의 인간성을 부정하거나 자신의 혼을 상실해서는 안 된다는 점에 대해서 깊은 관심을 쏟았다. 인간적인 삶과 보편적 복지를 위한 책임이라는 무거운 짐은 개인의 양심에 놓여 있다. 그런데 한 개인이 사회계약, 법적 주권, 암묵적 동의나 법치라는 명목하에 이 책임의 일부만이라도 포기할 수 있다고 상정하는 것은 위험천만한 망상이다. 도덕적 행위자는 어떤 이유에서건 한 정치제도가 만든 법률의 일반 체계, 선언과 프로그램에 무조건 동의할 수는 없다. 보편적 복지(*sarvodaya*)를 위해서 봉사하는 개인의 자유는, 국가 권위의 모든 주장에 맞서서 원칙적으로 영원히 보존되어야 한다. 이렇게

18 〔원주〕 "누가 사회주의자인가?", 〈하리잔〉, 1947. 7. 13. 〔역주〕《마하트마 간디의 도덕 · 정치사상》 권 3, 280번 참조.

함으로써만 사회는 진리의 힘이 주는 재생의 영향력에 대해서 영원히 보장받을 수 있다. 간디에게 궁극적인 정치 이상은 다음과 같다.

> 계몽된 무정부 상태(*anarchy*)에서는 각자가 모두 자신의 통치자가 될 것이다. 그는 자신의 행위가 이웃의 복리를 방해하지 않게끔 처신할 것이다. 그와 같은 이상적인 상태에서는 하등의 정치제도도 없고, 따라서 정치력도 없다.[19]

제도화된 폭력의 세상에서 이와 같이 국가 없는 사회(*stateless society*)는 비록 실현가능성이 희박한 이상이지만, 이런 노선에서의 진정한 진보는 용기 있는 자비와 냉정한 결심을 품은 남녀들—자신들 안에서 지혜와 힘의 씨앗을 찾고 있는 자들—의 사적이며 강력한 결단에 의존한다.

> 유클리드가 직선은 폭이 없다고 정의했지만, 어느 누구도 그와 같은 선을 그리는 데 성공하지 못했으며 앞으로도 결코 성공하지 못할 것이다. 하지만 우리는 그와 같은 직선을 상정하기만 해도 기하학에서 진보할 수 있을 것이다. 이것은 모든 이상에 대해서도 사실이다.… 유일한 길은 그것을 믿는 사람들이 모범을 보이는 것이다.[20]

우리가 간디와 같은 선구자들의 지속적인 타당성을 인정하는 일은 우리 자신 안에 성장을 위한 잠재력을 일깨우는 것이다. 그 힘의 내면적 근원에 한 번만 접촉하면, 개인과 사회의 재생을 위한 긴 여행이 시작된다. 신앙은 공포를 반복하여 이길 수 있는데 시련의 시기에 특히 그러하다.

---

19 〔원주〕 "계몽적 무정부 상태—정치적 이상"(H.) 〈사르보다야〉, 1939. 1. 〔역주〕 《마하트마 간디의 도덕·정치사상》 권3, 285번 참조.

20 〔원주〕 "국민회의 장관들과 아힘사", 〈하리잔〉, 1946. 9. 15. 〔역주〕 《마하트마 간디의 도덕·정치사상》 권3, 287번 참조.

II

사탸그라하

비폭력 저항

1. 수동적 저항

1) 수동적 저항의 논리

> 국가가 불가피하다는 원리는 신의 법칙에 불복하는 사람들에게만 적용된다. 그들은 세속의 이익을 위해서 타협 불가능한 것에 대해서 타협하려고 노력한다. 하지만 예수의 가르침이 완성되어서 구원을 가져올 것이라고 진지하게 믿는 기독교도는 이 원리에 아무런 중요성도 부여할 수 없다.
>
> 톨스토이

데이비드 소로[1]는 위대한 작가·철학자·시인, 게다가 가장 실천적인 사람이었다. 즉, 그는 스스로 실천할 각오가 되어 있지 않는 것은 아무것도 가르치지 않았다. 그는 미국이 낳은 사람 중에서 가장 위대하고 가장 도덕적인 사람 중의 하나였다. 노예제 폐지운동의

1 〔역주〕 1817～1862.

시절, 그는 “시민불복종의 의무에 대하여”라는 유명한 논문을 썼으며, 자신의 원리와 고통받는 인류를 위해서 교도소로 갔다. 그래서 그의 논문은 고통을 통해서 축성(祝聖)받았다. 더구나 그것은 만세(萬世)를 위해서 쓰였다. 그 예리한 논리는 반박될 수 없다. 그동안 아시아의 수동적 저항자들이 말없이 고통을 당해왔는데, 이제야 그 고통이 문명세계 전체에 알려지게 되었다. 그런데 10월 — 그들이 지독한 유혹에 빠지는 달 — 의 마지막 주 우리는 소로의 논문에서 다음과 같이 발췌하여 게재한다. 원전은 30면이 좀 넘는 소책자인데, 런던 플릿가 44번지의 아더 C. 피필드 씨가 아름다운 ‘단순한 살림’ 시리즈 제3권으로 출판한 것이다.

발췌

나는 ‘가장 적게 다스리는 정부가 최선이다’라는 모토를 마음 깊이 받아들인다. 그리고 나는 사람들이 그 모토를 보다 재빨리 체계적으로 실행하는 것을 보고 싶다. 그것이 수행되면, 결국 ‘전혀 다스리지 않는 정부가 최선이다’라는 말이 될 것이고, 나는 이 말도 믿고 있다. 사람들이 그것에 대해서 준비를 갖출 때, 그들은 그런 정부를 가질 수 있을 것이다. 정부는 잘해야 편리일 뿐. 하지만 대부분의 정부는 늘 불편하고, 모든 정부는 때때로 불편하다.

결국 권력이 민중의 손에 들어간 후 다수파(*a majority*)가 장기간 다스릴 수 있는 실제적 이유는, 그들이 대체로 올바른 편에 있기 때문도 아니고 소수에게 아주 공평해서도(*fairest*) 아니다. 그들이 물리적으로 최강자이기 때문이다. 그러나 다수가 지배하는 정부라고 해도 그것이 모든 경우 정의에 근거한다고 할 수는 없다. 그 정의가 단지 인간이 이해한 정도에 불과한데도 말이다.

수동적 저항자들을 위하여, 〈인디언 오피니언〉,
1907. 10. 26 ; 《전집》 7 : 221

2) 수동적 저항과 자기고통

〔요하네스버그〕, *1910. 8. 3*

안녕하십니까?

상원에서 앰프실 경이 제출한 수동적 저항 투쟁에 관한 법안에 대해서 귀하가 기고한 사설의 잘못을 제가 지적해도 괜찮겠습니까?

귀하는 정부가 성직자·변호사·의사 등에게 허가를 내준 뒤 더 이상 허가를 거부했을 때 수동적 저항이 시작되었다고 말하고 있습니다. 1907년 수동적 저항이 시작되었을 때 성직자·의사·변호사들의 문제는 공개적으로 논의되기 전이었고, 수동적 저항이 실제 일어났을 때 그것은 우리 인도인 공동체의 요구를 용인하지 않음으로써 저질러진 정부의 불의를 분명히 보여주기 위해서 일어난 것입니다. 패트릭 던컨 씨가 지적한 대로 우리의 요구는 변하지 않았습니다. 저는 이런 점을 귀하에게 상기시켜 드리고 싶습니다. 영령 인도인들은 이민에 대해서 법률 앞의 평등(*equality in the eye of the law*)을 항상 요구했지만 아시아인의 무제한적 이주를 요구한 적은 없습니다. 저는 추방된 영령 인도인들이 자신들의 주소를 제공하는 것을 대규모로 거부한 적이 없었음을 역설하는 바입니다. 사실상 아시아 국(局)은 그들 대부분의 주소를 알고 있고, 그들 가운데 많은 사람이 교육받은 자들이기 때문에 그들과 관련된 주소 증명은 불필요합니다. 귀하는 수동적 저항자들이 트란스발 교도소에서 일어났다는 가혹한 여러 처사 가운데 단 한 건도 입증하지 못했다고 발언했습니다. 심각한 식사 문제가 정부와 대중의 뚜렷한 현안이었는데, 이제야 그 고충이 부분적으로 해소되었다는 점을 감사하는 마음으로 저는 말할 수 있게 되었습니다. 이 점을 귀하와 대중이 알아주었으면 좋겠습니다. 일반적 의미로 범죄자가 아닌 수동적 저항자들이 형사처벌을 받는 것, 다시 말해서 수감자들의 일상적인 권리가 유보되는 디프크룹(Diepkloof)[2] 지역에서와 같이 형사처벌을 받는 것 자체가 제 견해로는 가혹한 처사의 의심 없이 명백한 사례라고 생각합니다.

귀하는 사설에서 영령 인도인들이 그들의 적법한 요구 사항에 대해서 허락을 받을 목적 이외의 다른 목적을 위해서 수동적 저항을 지속한다고 적고 있습니다. 그에 대한 답변으로 저는, 합당한 명분이 없다면 세속적 재산의 상실을 포함하여 곤고(困苦), 기아, 그리고 친지로부터의 이별을 겪을 사람이 이 세상에 그리 많지 않다는 점만을 말씀드립니다. 우리의 공동체 요구 사항이 허용된다면, 그것은 수동적 저항에 대한 응답으로서가 아니라 본질적으로 정당하기(*just*) 때문에 허용되어야 한다는 귀하의 말씀에 흔쾌히 동의합니다. 그러나 수동적 저항이 정의를 행하는 강력한 정부에 방해가 되어서는 안 된다는 점에 대해서 귀하가 동의하기를 바랍니다. 귀하는 수동적 저항이 강제를 의미한다고 생각하는 것 같습니다. 제 소견으로는 우리의 공동체가 겪었던 자기고통, 수동적 저항이라는 말로도 표출된 자기고통은 청원 등의 방법을 다 사용하고 난 뒤에 실행되었습니다. 그 저항의 목적은 우리 공동체가 예민하게 느끼고 있고 분개하고 있는(*resented*) 고충 사항에 관심을 끌기 위한 것입니다.

그럼 이만

M. K. 간디

인도인 수동적 저항자들(〈랜드 데일리 메일〉(*Rand Daily Mail*)에 보낸 답변),

〈랜드 데일리 메일〉, 1910. 8. 6 ; 〈인디언 오피니언〉, 1910. 8. 6 ; 《전집》 11 : 108

2 〔역주〕 남아프리카 소에토 지역의 지명.

3) 진리의 힘의 사용과 범위

〔1914. 7. 11 이전〕[3]

이 기념호가 출판되었을 때면 나는 실제로 모국에 도착하지는 않더라도 피닉스에서 아주 멀리 가 있을 것이다. 하지만 나는 나의 가장 내밀한 생각을 여러분에게 남기고 싶은 마음에 이 호외를 발간한다. 수동적 저항(*Passive Resistance*)이 없다면, 풍부한 사례를 담고 있으면서도 중요한 〈인디언 오피니언〉지의 이번 호외도 없었을 것이다. 이 주간지는 지난 11년 동안 아주 겸허하고 겸손한 태도로 나의 동포와 남아프리카에 봉사하고자 노력해왔는데, 그들은 가장 중대한 단계를 포함한 시기를 겪어야 했을 것이다. 이 주간지는 수동적 저항의 흥기와 성장을 기록해왔고, 이 저항은 세계적인 주목을 받아왔다. 수동적 저항이라는 말은 지난 8년 동안 벌여온 인도인 사회의 활동을 가리키는 데 적합하지 않다. 그것의 인도 자국어 상당어구[4]를 영어로 옮기면 진리의 힘이 된다. 톨스토이는 그것을 혼의 힘이나 사랑의 힘으로도 불렀는데, 그 말은 옳다. 이 힘은 극단까지 밀고가면 금전적 도움이나 다른 물질적 도움에서 독립하게 된다. 물론 이 힘은 그 초보적인 모습에서도 물리력(*physical force*) 곧 폭력에서 독립해 있다. 폭력은 이 위대한 영혼의 힘을 부정하는 것이므로, 폭력을 전면적으로 피하는 사람들만이 영혼의 힘을 기르거나 발휘할 수 있다. 그것은 집단이나 개인에 의해서도 사용될 수 있는 힘이며 가사에서나 정치의 문제에서도 사용될 수 있다. 그 힘이 보편적으로 적용 가능하다는 사실은 그것의 항구성과 무적의 성격을 증명하는 것이고, 그 힘은 남녀노소 모두 사용할 수 있다.

---

3 간디는 1914년 7월 11일 피닉스를 출발해서 인도로 가는 도중이었다.

4 Satyagraha.

영혼의 힘이 폭력에 대해서 폭력으로 맞설 수 없는 약자들만 사용할 수 있는 힘이라는 주장은 순전한 거짓이다. 이런 미신은 그 영어 표현이 불완전하기 때문에 일어난다. 스스로 약하다고 여기는 사람들은 이 힘을 활용할 수 없다. 자신 안에 수성(獸性)보다 우월한 것이 존재하고, 수성은 언제나 그 우월한 것에 질 수밖에 없다는 점을 깨달은 자만이 효과적으로 수동적 저항자(*Passive Resister*)가 될 수 있다. 빛이 어둠을 몰아내듯이, 이 영혼의 힘은 폭력을, 그래서 모든 폭정과 불의를 몰아낸다. 정치에서 이 힘을 사용하는 것은, 민중이 피지배에 대해서 의식적 무의식적으로 동의하는 한에 있어서만, 민중의 정부가 가능하다는 불멸의 격률에 근거한다. 우리는 1907년의 트란스발 아시아인법이 우리를 지배하기를 바라지 않았고, 그 법은 이 강력한 힘 앞에 사라져야 했다. 우리가 이 법에 복종하라는 소명을 받았을 때 우리에게는 두 개의 길이 열려 있었다. 하나는 폭력을 사용하는 것이고, 다른 하나는 그 법이 규정한 대로 처벌받음으로써, 통치자들이나 입법자들의 동정의 심금(*the sympathetic chord*)을 울릴 만큼 충분히 긴 시간 동안 우리 속의 혼의 힘을 끌어내어 보이는 길이다. 우리가 추구하는 것을 얻는 데는 오랜 시간이 걸렸다. 그 이유는 우리의 수동적 저항이 가장 완전한 유형이 아니었기 때문이다.

모든 수동적 저항자들은 혼이 발휘하는 힘의 완전한 가치를 다 아는 것도 아니고, 확신을 갖고 항상 폭력을 금하는 사람들이 우리에게 있는 것도 아니다. 이 힘의 사용은 가난을 받아들일 것을 요구한다. 우리가 스스로 먹고 입는데 필요한 자금의 보유 여부에 대해서 무관심해야 한다는 의미에서 그러하다. 지난 투쟁 기간 동안 모든 수동적 저항자들이 그 정도까지 갈 준비가 되어 있지 않았다. 설혹 준비가 된 사람이 있었다고 해도 말이다. 어떤 자들은 명목상으로만 수동적 저항자였다. 그들은 확신도 없었고, 때로는 복합적인 동기를 갖고, 더러는 불순한 동기를 갖고 있었다. 어떤 사람들은 투쟁하는 동안 강력하게 감시하는 감독이 없을 때는 기꺼이 폭력을 사용하기도 했다. 그래서 투쟁이 연장되었다. 가장 순수한 혼의 힘을 완전하게 발휘하면 즉각적인 구제(*instantaneous relief*)를 낳을 수 있기 때문이다. 이와 같은 혼의 힘을 발휘하기 위해서, 개인의 혼을 장기간 훈련하는 것이 절대 필요하다. 따라서 수동적 저항자는 완전히는 아니더라도 거의 완전한 인간이 되도록 해야 한다. 우리는 갑자기 그런 사람이 될 수 없다. 내 주장이 옳다면(나는 옳다고 믿고 있지만), 마음속에 수동적 저항의 정신이 크면 클수록 우리는 더 좋은 사람이 될 것이다. 따라서 그 힘의 사용은 내가 보기에 논박의 여지가 없다. 그리고 그 힘이 보편화되면 사회적 이상을 혁명적으로 바꿀 것이고, 전제정치(*despotisms*)와 점증하는 군사주의(*militarism*)를 제거할 것이다. 서구의 여러 국가(*nations*)는 전제정치와 군사주의 아래에서 신음하면서 죽음 직전까지 억눌리고 있고, 이것들이 동양의 여러 국가까지도 삼켜 버릴 염려가 있다.

과거의 투쟁이 가능한 한 완전한 수동적 저항자가 되려는 과업에 헌신하려는 인도인들을 단 몇 사람이라도 배출했다면, 그들은 자신들에게 가장 진정한 의미의 봉사를 했을 것이고, 인류 전체에게도 그렇게 했을 것이다. 이렇게 본다면 수동적 저항은 가장 고귀하고 가장 좋은 교육이다. 그 저항은 아동들이 통상적 문자교육을 받은 후 시작할 것이 아니라 그것에 선행되어야 한다. 아동이 알파벳을 쓰고 세속적 지식을 배우기 전, 혼이 무엇이고 지식이 무엇이며 사랑이 무엇인지, 그리고 혼 안에 어떤 힘이 있는지를 알아야 한다는 것을 그 누구도 부정해서는 안 된다. 인생의 투쟁에서 증오를 사랑으로, 허위를 진실로, 폭력을 자기고통으로 쉽게 이길 수 있다는 점을 아동들은 배워야 하고 이것이 참교육의 핵심이어야 한다. 나는 투쟁 후반기 처음에는 톨스토이 농장에서 다음에는 피닉스에서 이런 방향으로 힘이 자라는 데까지 아동들을 훈련시켰는데, 그 이유는 이와 같은 진리의 힘을 느꼈기 때문이다. 내가 인도로 출발하는 이유 가운데 하나는, 수동적 저항자로서 나의 불완전성을 더 깨닫고 — 내가 이미 부분적으로는 깨닫고 있지만 — 따라서 나 자신을 완전하게 하기 위함이다. 나는 내가 완전에 가장 가까이 접근할 수 있는 일이 아마도 인도에서 일어날 가능성이 가장 높다고 믿기 때문이다.

수동적 저항의 이론과 실제, 〈인디언 오피니언〉 50호,
1914. 12. 1 ; 《전집》 14 : 195

4) 혼의 힘이 가진 효능

모티하리, *1917. 6. 11*

사랑하는 에스더[5]에게,

나는 오늘 하루 여기에 있네. 내가 역으로 가는 동안 자네의 소책자[6]를 받았다네. 그것은 내가 연전에 남아프리카에서 가장 행복했던 순간을 상기시켜 주었다네. 나는 수년 전 서너 명의 아주 절친한 기독교도 친구들과 함께 있을 때 그 소책자를 읽었다네. 누군가가 이와 같은 거룩한 책을 쓴다면 나는 이제 보다 나은 안목으로 그 책을 볼 수 있을 것 같은데, 그런 안목을 갖고 오늘 다시 그 책을 읽었다네. 나에게 진리와 사랑은 교환 가능한 용어라네. 수동적 저항에 해당되는 구자라트어가 진리의 힘이란 사실을 자네는 모를 것이네. 나는 수동적 저항을 진리의 힘, 사랑의 힘, 또는 혼의 힘 등 여러

5 〔역주〕 Menon, Esther Faering(1889~1962) : 덴마크 선교사. 간디를 사랑했던 여성 중의 하나.

6 〈고린도서〉 13장.

가지로 정의해왔다네. 그러나 말만으로는 아무 소용도 없다네. 우리가 해야 할 일은 모든 장소에 널려 있는 증오의 한복판에서 사랑의 삶을 살아가는 것이네. 그리고 우리에게 사랑의 효능에 대한 불굴의 믿음이 없다면 그런 삶을 살아갈 수 없다네. 2백~3백 년 전 미라바이라는 위대한 여왕이 살았는데, 여왕은 남편과 모든 것을 버리고 절대적인 사랑의 삶을 살았다네. 그녀의 남편은 마침내 그 여왕의 귀의자가 되었다네. 우리는 아슈람에서 그녀가 지은 훌륭한 찬송을 종종 부른다네. 아슈람에 오게 되면 그 찬송을 들을 것이고 조만간 부르기도 할 것이네.

자네의 귀한 선물에 감사를 표한다네. 나는 그 책에 들어 있는 어떤 생각이 필요하다네.

사랑으로,
안녕, 바푸가

추신 사랑에 대한 시를 석 달 동안 매일 읽으라는 드러먼드의 처방을 따를 작정이네.[7]

에스더 패링에게 보낸 편지, 《내 사랑하는 아이》(*My Dear Child*), 13~14면 ; 《전집》 15 : 356

5) 종교와 정치에서의 수동적 저항 〔*1917. 9. 16* 이전〕

사타난드 바부 님께,
폴락 씨가 수동적 저항에 대해서 질의하는 당신의 편지를 나에게 보내왔습니다만, 나는 당신의 질의에 대해서 아주 간단하게 대답할 시간밖에 없습니다. 내가 생각하는 수동적 저항은 혼의 힘이고 본질적

7 헨리 드러먼드(Henry Drummond)가 지은 《이 세상에서 가장 위대한 일》(*The Greatest Thing in the World*).

으로 하나의 종교 원리입니다. 그래서 수동적 저항의 범위는 온갖 종류의 잘못을 다 수용합니다. 그것은 세상 자체만큼이나 오래된 힘입니다. 인생의 지도 원리가 종교였던 프라흘라드 · 다니엘 · 예수 · 미라바이, 그리고 다른 사람들의 행위를 보십시오. 남아프리카의 인도인들은 이 힘을 다소 사용해 보았는데, 그들은 다른 힘을 전부 배제하고 오로지 이 힘을 사용한 정도만큼 성공을 거두었습니다.

당신의 두 번째 질문은 이런 생각의 기원이 누구인가 하는 것입니다. 내가 이 표현에 부여하는 의미를 고려해 본다면, 그 질문에 대한 대답은 필요 없습니다. 하지만 정치 무대에서 수동적 저항을 사용한 것에 관한 한, 그 생각은 나에게서 시작했다고 말해도 좋을 것입니다. 나는 그것에 대해서 아무것도 몰랐습니다만, 톨스토이가 제 관심을 그쪽으로 이끌었습니다.

하원이 통과시킨 교육법과 클리포드 박사[8] 등이 제의했던 이른바 수동적 저항에 대해서 논쟁이 있었을 때, 윈스턴 처칠[9] 씨는 수동적 저항이 영국 헌법하에서 완벽하게 합헌적이라고 말했습니다. 스뮈츠 장군도 우리의 수동적 저항에 대해서 이와 유사한 선언을 했습니다. 선언을 한 시기는 그 당시 막 종결되었던 유럽 철도 파업과 관련하여 9명의 영국인이 추방되었을 때인데 그때 화이트사이드 상원의원이 나의 추방을 요구했습니다.

나는 이 자리에서 당장 헌법 전문 법률가의 말을 들먹일 수는 없습니다.

---

8 〔역주〕 John Clifford(1836~1923) : 영국의 비국교도 목사, 자유주의 정치가. 1902년의 교육 법안에 대항하여 납세 거부를 통해서 '수동적 저항'운동을 이끌었다. 《전집》 권 16, 21면 참조.

9 〔역주〕 처칠이 식민차관(1905~1908)을 맡고 있던 1906년, 간디는 영국 정부에 탄원하기 위해서 영국에 갔을 때 그를 처음 만났다. 《전집》 권 16, 22면 참조.

당신의 다섯 번째 질문은 역사적 전례가 필요합니다. 이것은 제 2번 문단에서 대답했습니다.

당신의 여섯 번째 질문, 즉 수동적 저항이 헌법적 조치에 속하는지의 여부에 대한 질의는 대답이 필요 없습니다. 대답을 지체해서 미안합니다. 나는 9월 16일까지는 아메다바드에 머물 것이고, 그다음 비하르로 떠날 준비를 할 것입니다.

사타난드 보세에게 보낸 편지, SN 6385 ;《전집》16 ; 14

6) 비폭력과 수동적 저항

뉴델리, *1947. 11. 29*

사랑하는 믿는 자여![10]

당신은 수동적(*passive*) 저항과 비폭력(*non-violent*) 저항 사이의 근본적인 차이점을 파악한 것으로 봅니다. 두 형태 모두 저항이긴 하지만, 만일 당신의 저항이 저항자가 약하다는 의미에서 수동적인 것이라면 아주 커다란 대가를 치러야 합니다. 유럽은 나사렛 예수의 지혜로 가득한 대담하고 용감한 저항을, 마치 그것이 약자들의 저항인 양 생각하여 수동적 저항으로 오인했습니다. 처음 신약성서를 읽었을 때 나는 네 복음서에 그려진 예수에 대해서 어떤 수동적 태도와 약함도 감지하지 못했는데, 톨스토이의 《복음서들의 조화》와 그의 유사한 다른 글을 읽으면서 그 의미가 더 분명해졌습니다. 서양은 예수를 수동적 저항자로 간주했으므로 비싼 대가를 치르지 않았습니까? 기독교 국가들은 구약성서와 역사적・반(半)역사적 기록 안에 묘사된 전쟁들조차 수치스럽게 만들어 버린 전쟁들에 책임이

10 〔역주〕《전집》권 97, 416면에 따르면 이 편지는 'Dear Bakti'라는 호칭으로 시작하는데, 간디 자신이 수신자 프리바 부인을 그렇게 부른 것이다.

있습니다. 나는 현대이든 고대이든 역사에 대해서 매우 피상적인 지식을 갖고 있으므로, 내 말에 잘못이 있다면 수정해 주십시오.

나의 개인적 경험을 두고 말한다면, 우리는 수동적 저항을 통해서 정치적 자유를 얻었다는 것이 분명합니다. 그 수동적 저항에 대해서 서양에 사는 당신과 당신의 훌륭한 부군[11]과 같이 평화를 사랑하는 자들이 열광하고 있지만, 우리가 범했던 무의식적인 과오에 대해서, 더 잘 표현한다면 내가 수동적 저항을 비폭력 저항으로 오인한 일에 대해서, 우리는 날마다 비싼 대가를 치르고 있습니다. 내가 만일 그런 과오를 범하지 않았더라면, 우리는 약한 사람이 자신의 약한 형제를 비인간적으로 막 죽이는 수치스런 장면을 보지 않아도 되었을 것입니다.

나는 다음과 같은 일을 바라고 기도할 따름입니다. 즉, 이 피의 바다가 곧 끝나고 아마도 저 불가피한 살육으로부터 새롭고도 강건한 인도가 일어나기를, 그 인도는 호전적인 나라도 아니고, 비열하게 서양의 모든 극악무도한 모습을 모방하지 않으며, 서양이 주는 것 중에 최선의 것을 배우고 아시아와 아프리카의 희망이 될 뿐만 아니라 앓고 있는 전 세계의 희망이 되는 새로운 인도입니다. 그리고 나는 인도와 세계 곳곳에 있는 모든 친구들이 나와 함께 그러한 인도를 바라고 그 인도를 위해서 기도하기를 원합니다.

나는 이것이 요행을 바라는 것임을 고백하지 않을 수 없습니다. 왜냐하면 우리는 오늘날 군대의 이름으로, 또한 순전한 물리력이 함의하는 모든 것의 이름으로 맹세하고 있기 때문입니다. 우리의 정치가들은 거의 두 세대 이상 영국 치하의 막대한 군비에 대해서 맹렬하게 비난을 퍼부어왔습니다. 그러나 이제 정치적 노예 상태에서 자유

11 〔역주〕 Edmond Privat. 간디는 그를 '아난드'(至福) 라고 불렀다. 《전집》 권 97, 416면 참조.

로워졌음에도 불구하고 우리의 군비는 증가했고 더 증가할 우려가 있습니다. 그런데도 우리가 이런 일을 자랑스러워하다니! 우리의 의회에서 그것을 반대하는 목소리를 단 한 번도 들을 수 없습니다. 하지만 서양의 허식이라는 광기와 그것에 대한 헛된 모방에도 불구하고, 나와 많은 사람의 가슴에는, 인도가 이 죽음의 무도에서도 생존할 것이라는 희망, 그리고 1915년 이래 32년 동안의 지속적인 비폭력 훈련 — 그 훈련이 아무리 불완전하다고 해도 — 이후 인도는 인도에 응당 귀속되어야 할 도덕적 위상을 차지하게 될 것이라는 희망이 사라지지 않고 있습니다.

에드몽 프리바 부인에게 보낸 편지,
〈하리잔〉, 1947. 12. 2 ; 《전집》 93 : 373 (일부)

7) 약자들의 수동적 저항

뉴델리, *1948. 1. 1*

한 유럽인 친구와 간디지 사이의 다음 편지를 일반인의 정보를 위해서 게재한다. 유럽인 친구가 다음과 같이 적었다.

> 나는 당신의 존경할 만한 작품(《황금칼》)에 대한 로이 워커의 긴장감 도는 얘기를 면밀히 공부했습니다. 그런 다음 나는 평생에 걸친 당신의 비폭력 투쟁 덕분에 인도 지도자들과 대중에 관한 한 당신의 무한한 헌신이 성공해왔다는 점에 만족했습니다. 그리고 영국이 적어도 외견상 선의와 우정의 정신으로 인도에서 철수했다는 사실은, 비폭력의 진가를 인정하는 것이 더 이상 당신 나라에만 국한되지 않는다는 희망을 입증하는 것 같았습니다. 폭력의 두터운 벽에 최초의 균열이 생기기 시작한 것 같고, 인류의 전망은 그 어느 때보다 밝아 보입니다.
>
> 그만큼 조지 Ll. 데이비스의 〈평화뉴스〉지의 최종판 보도에 따르

면, 당신의 최근 고백은 실망스런 것이었습니다. 나는 당신이 오늘 당신 마음에 있는 저 어두운 절망을 이전에는 결코 경험해 본 적이 없다는 보도를 접하고, 마음속 아주 깊은 곳까지 슬퍼졌습니다. 신이 사람에게 요구하는 것은 성공이 아니라 진리와 사랑임이 분명합니다. 그런데 폭력에 깊이 빠져 버린 인류가, 당신과 소수의 당신 친구들이 오랫동안 보여주었던 혼의 힘과 자기희생에 복종하지 않는 광경을 우리가 지켜보는 것은 슬픈 일입니다.

나는 당신이 나에 비해서 훨씬 유리한 위치에서 사물의 본성을 간파할 수 있다는 사실은 기꺼이 인정합니다만, 당신의 영웅적인 노력이 인류에게 헛된 것이 될 것이라는 점, 그리고 당신이 지치지 않고 주변에 골고루 뿌린 씨앗—당신의 말과 당신 자신이 모범이 되어서—이 허비될 것이라는 점은 믿을 수 없습니다.

당신은 인류 구원을 위해서 유일한 길이라고 느낀 일에 전 생애를 바쳤습니다. 일이 어떻게 되든, 나는 내 개인으로는 (그리고 내가 침묵하는 수백만 명의 사람들을 위해서 말하고 있음을 확신하고 있지만) 그런 일을 한 당신에게 깊은 감사의 마음을 표현하는 일을 당연한 의무라고 느낍니다. (《전집》 권98, 부록 1)

간디지의 대답은 다음과 같다.

나는 당신이 언급하는 그 보고서를 읽지 못했습니다. 하여간 내가 무엇을 말했다고 해도, 그것은 어떤 의미에서든 아힘사의 실패를 말하는 것이 아닙니다. 그것은 내가 아힘사로 오인하고 있었던 것이 아힘사가 아니라, 아주 먼 의미에서조차도 결코 아힘사로 불릴 수 없는 약자들의 수동적 저항이라는 것을 조기에 인정하지 못했던 실패를 가리킵니다. 오늘날 인도에서 진행중인 대량 살육의 분쟁은 약자들이 30년 동안 활동하는 가운데서 풀려나온 에너지의 직접적인 결과입니다. 따라서 세계 전 지역에서 현재 분출되는 폭력을 바라보는 적절한 태도는, 강자가 활용할 수 있는 무적의 비폭력 기술이 아직 완전히 발견된 것은 아니라는 점을 인정하는 것입니다. 단 한 돈의 무게를 지닌 비폭력의 힘이라도 허비되는 법은 없습니다. 그래서 나는 내가 영웅적이면서 동시에 명백한 비폭력을 조금이라도 현시했다는 믿음으로 자신에게 아첨해서도 안 되고, 당신과 같은 친구들 누구에게라도 그런 믿음을 갖도록 해서도 안 됩니다. 나는 한순간의 중지 없이 그 방향으로 항해하고 있다는 것만을 주장하고 싶습니다. 이 고백은 비폭력에 대한 당신의 믿음을 강화할 것이고, 당신 그리고 당신과 같은 친구들이 그 길을 따라서 행동하도록 고무하고야 말 것입니다.

아힘사는 절대 실패하지 않는다, 〈하리잔〉, 1948.1.11 ;《전집》98 : 150

2. 사탸그라하와 그 범위

8) 진리에 봉사하는 일에서의 승리

> 프리투의 아들이여, 평등심으로 행과 불행, 득과 실, 성공과 실패를 대하고, 참전하시오. 그럼으로써 그대는 어떤 죄도 범하지 않을 것이오.[12]

우리가 믿기에 트란스발 인도인들은 완전히 승리했다. 그들은 16개월 동안 분투했고 인도인 사회의 모든 분파들이 단결했다. 남아프리카 전역의 인도인들이 분기(奮起)했다. 그들의 교도소 가기의 서약은 충족되었다. 그리고 예상 밖의 속도로 해결되었다. 수감 기간이 종료되기 전 교도소의 문이 열린 것은 기적이었다. 우리는 세계사에서 이런 종류의 사례를 자주 볼 수 없을 것이다. 정부는 인도인 사회에

12 《바가바드 기타》 2 : 38.

커다란 신뢰를 부여했고, 동등한 무게의 막중한 책임감도 부여했다. 인도인 사회의 요구, 즉 그 법이 그들에게 적용되어서는 안 된다는 요구가 수용되었다. '그 법이 그들에게 적용되어서는 안 된다'는 말은 조심스럽게 이해될 필요가 있다. 1906년 9월 그 법에 복종하지 않겠다는 서약이 실시되었다. 당시에는 그 법에의 복종이 유일한 이슈였다. 1907년 7월 당시 그 법률에 부수적인 규제들은 존재하지 않았다. 정부는 인도인 자신들이 자유의지로, 즉 법에 의한 강제 없이 그 법의 목적을 충족시킨다는 조건으로 그 법을 인도인들에게 적용하지 않는다고 이제 약속했다. 이 조건은 자발적인 등록을 의미한다. 인도인 사회는 스스로 등록하겠다고 여러 차례 제안한 바 있다. 그런데 정부는 마침내 그 제안을 수용했고, 자발적으로 등록하는 자들에게는 새 법을 적용하지 않겠다고 약속했다. 이것은 그 법이 파업 방해자에게만 유효하다는 것을 의미한다. 그 대안으로 만인에게 적용될 수 있는 다른 법이 있을 수 있다.

그 운동이 시작되자, '국가의 법은 불가침이다', '그것은 벽에 머리를 박는 것과 같다', '정부가 법에 서너 개의 수정을 가한다면 그 법은 괜찮을 것이다', '정부에 저항하는 것은 미친 짓이다' 등을 주장했던 연약한 심성의 인도인들이 많이 있었다. 이런 식으로 주장했던 사람들은 쿠다-이슈와르 신을 거의 믿지 못했고, 돈이나 다른 비천한 유혹에 마음이 흔들렸다. 동일한 법률이 이제 무너져 내리려고 한다. 그 법이 아직 폐기되지는 않았지만, 수감된 인도인들은 그 법이 폐기될 것이라는 보증과 함께 석방되었다. 모든 신문들은 예외 없이 놀랐다. 백인들도 놀란 나머지 말문을 닫았고 어떻게 이런 일이 일어났는지 의아해했다.

우리는 이것을 진리의 승리로 간주한다. 우리는 그 투쟁의 과정에서 모든 인도인들이 진리를 고수했다고 주장하지는 않겠다. 캠페인 기간 동안 자신의 이익에 대해서 생각한 사람이 없었다고 주장하는 것도 아니다. 하지만 이것이 진리를 위한 투쟁이었다는 점, 대부분의 투쟁가들이 진리에 대해서 깊이 생각하면서 싸웠다는 점은 단언할 수 있다. 그 때문에 그토록 놀라운 결과가 생긴 것이다. 진리는 신이다. 또는 신은 진리와 다름없다. 우리는 모든 종교에서 이런 생각을 발견한다. 진리 곧 신에 봉사하는 사람들은 절대 패배하지 않는다는 말은 신의 법칙이다. 진리를 추구하는 사람들이 때때로 실패한 것처럼 보일 수 있지만, 그것은 찰나적 모습에 불과하다. 실제로 그들은 패배하지 않았다. 우리가 원하는 대로 결과가 나오지 않을 때, 우리는 실패했다고 생각하는 경향이 있지만, 우리에게 패배로 보이는 것이 승리 자체인 경우가 흔히 있다. 역사에는 그런 사례가 수천 가지나 있다. 우리가 일정한 정도의 진리를 갖고 어떤 결과를 위해서 있는 힘을 다해서 노력했지만 결국 실패했다면, 비난의 대상은 진리가 아니라 우리 자신이다. 특정한 결과가 우리에게 유익하지 않다면, 우리가 아무리 그 결과를 원하더라도 신은 그것을 우리에게 허락하지 않을 것이다. 그 때문에 우리는 위에서 《기타》의 한 구절을 인용했다. 그 구절은 우리가 평등심(*equal mind*)을 갖고서 행불행과 득실을 겪더라도 계속 투쟁해야 한다고 말하고 있다. 그렇게 한다면 우리는 어떤 죄도 짓지 않을 것이다. 이것은 유서 깊은 해결책이다. 우리가 그 열쇠를 가진다면, 가장 단단한 자물쇠도 열 수 있을 것이다. 이런 방식으로 싸우는 자는 오직 신의 이름으로만 싸울 것이고, 성공과 실패에 대해서 아무 생각도 하지 않을 것이다. 그는 진리에 봉사한다는 위대한 과업을 위해서 그리고 신의 이름으로 자신의 의무를 수행한다는 위대한 과업을 위해서 서약한 것이다. 결과 자체는 전능하신 주님의 손안에 있다.

이것은 진리를 위한 승리이면서, 동시에 사탸그라하를 위한 승리이기도 하다. 모든 인도인들은 이제는 사탸그라하 곧 수동적 저항이 무오류의 치유책임을 확신할 것이다. 그것은 가장 위험한 질병을 치유할 수 있다. 우리의 성공은 적어도 하나의 결과, 즉 우리가 사탸그라하를 완전히 사용할 것이라는 결과로 안내할 것이다. 사탸그라하만이 적절한 경우에 활용될 것이고, 민중은 단결할 것이다. 사탸그라하가 적용될 수 없는 악들도 존재한다는 점을 깨달아야 한다. 우리가 능동적으로 행동하기를 요구받는 상황에서만 사탸그라하는 효과를 거둘 것이다. 예를 들면, 정부가 토지 구입을 허용하지 않는다면 사탸그라하는 아무 소용이 없다. 하지만 정부가 어떤 보도(步道)를 따라서 걷는 일을 허용하지 않거나, 우리에게 원주민 거주지역으로 이주하라고 요구하거나 교역을 금지한다면, 사탸그라하를 벌일 수 있다. 누군가가 우리에게 우리 종교를 범하라고 하거나 인간성을 모독하는 일을 하라고 요구한다면, 우리는 사탸그라하라는 매우 귀중한 약을 조제할 수 있을 것이다. 하지만 치유책이 효험이 있으려면 준수해야 할 조건이 하나 있다. 즉, 우리가 집단적으로 고난을 받아들일 각오가 되어 있어야 한다.

어떤 사람들은 이 모든 것들이 공허한 얘기라고 느낄 수도 있다. 거기에 언급할 만한 승리가 뭐 있겠는가? 여기에서 우리는 지문(指紋)을 찍는 문제에 대해서 양보하고 있다. 나는 이런 식으로 논의하는 자들이 사태의 본질을 올바르게 인식하지 못할까 봐 염려된다. 이것은 지문에 대한 투쟁이 아니었다. 일단 그 법이 폐기되면, 우리가 10개 손가락의 지문을 주더라도 해로울 것이 없다. 지문을 찍는다는 일은 그것 자체로 불명예스런 일이 아니다. 하지만 새로운 법 아래에서 행해지는 일이라면 그것이 무엇이든 반대할 만하다. 하나의 몸짓으로서 또는 우리의 자유의사로 친구의 구두를 닦는 일은 굴욕(*humiliation*)이 아니다. 하지만 그렇게 하라는 명령을 받은 뒤 공포심에서 구두를 닦는 일은 우리 자신을 머슴으로 취급하는 행동일 것이다. 다시 말해서, 어떤 특정한 일의 선악은 맥락에 의존한다. 우리의 운동이 10개의 지문을 찍은 일에 대한 반대운동이라고 잘못 생각하는 인도인들이 많이 있다. 그러나 그런 인도인들은 법이 강제하지 않을 때 10개의 지문을 찍는 일은 굴욕적인 일이 아님을 상기해야 할 것이다. 그렇게 하는 일은 우리의 서약을 범하는 것이 아님이 분명하다. 이 글을 쓰고 있는 순간에도 지문채취의 요구가 해결된 것은 아니다. 그것을 요구하지 않도록 우리는 온갖 노력을 기울이고 있다. 하지만 민중을 위해서 그 문제를 올바른 관점에서 제시하는 것은 우리의 의무이다. 지문을 요구하든 말든 그것은 어떤 어려움도 낳지 않을 것이다. 단지 이 운동의 목표에 대해서 올바르게 이해하는 것이 필수적이다.

진리의 승리(G.), 〈인디언 오피니언〉, 1908. 2. 8 ; 《전집》 8 : 70

9) 사탸그라하와 무외(無畏)

트란스발 인도인들이 사탸그라하의 비밀을 파악하지 못함에 따라서 상당한 오해가 있었던 것으로 보인다. 따라서 저 추악한 법률에 대한 우리 승리의 맥락에서 사탸그라하에 대해서 좀더 생각해 보는 일이 필수적이다. 사탸그라하의 진정한 의미를 아는 자들은 승리의 의미에 대해서 추호도 의심해서는 안 된다.

사탸그라히(진리파지자)는 진정으로 두려움이 없어진 사람이기 때문에 다른 사람들에게는 불가능할 정도로 자유를 향유한다. 일단 그의 마음에서 공포가 제거되면, 타인의 노예가 되는 것에 절대로 동의하지 않을 것이다. 그는 이런 심리 상태를 얻은 뒤에는 어떤 독단적인 행동에도 결코 순종하지 않을 것이다.

그런 의미의 사탸그라하는 정부에 대항해서만 아니라 필요하다면 사회에 대항해서도 실행될 수 있고 실행되어야 한다. 정부만큼이나 사회도 잘못하는 경우가 종종 일어난다. 그때 사회에 대항하여 사탸그라하를 사용하는 것이 우리의 의무이다. 우리가 이미 고(故) 소로 씨의 책[13]을 요약하여 소개한 바 있지만, 그는 자신의 동포들이 노예교역에서 잘못을 범했다고 생각하고 그들에게 저항했다. 위대한 루터는 혼자서 자신의 동포에게 도전했는데, 오늘날 독일이 자유를 향유하는 것은 그의 덕분이다. 그리고 갈릴레오도 사회에 대항했다. 사람들은 그를 죽이려고 결심했다. 그들이 원한다면 자신을 죽일 수 있을 것이지만, 그는 조금도 기죽지 않고, 그럼에도 불구하고 지구가 태양 주위를 돈다는 것은 사실이라고 그들에게 말했다. 오늘날 우리는 모두 지구가 둥글며 24시간마다 그 축을 중심으로 자전한다고 알고 있다. 콜럼버스는 선원들을 마주보고 진정한 사탸그라히처럼 행동했다. 그들은 긴 항해로 탈진하여 "우리는 결코 미국에 도착하지 못할 것이오. 돌아갑시다. 그렇지 않으면 당신을 죽일 것이오"라고 선언했다. 콜럼버스는 "죽는 것은 두렵지 않다. 하지만 우리가 며칠은 더 항해를 계속해야 한다"고 냉정하게 답했다. 그들은 미국을 발견했고, 콜럼버스는 영원한 명성을 얻었다.

이와 같은 놀라운 치유책이 사탸그라하이다. 정부가 그 법안을 폐기하지 않는다면 무엇이 일어날지에 대해서 우리가 겁에 질려서 물으면, 우리는 우리의 사탸그라하의 결점을 드러내거나, 우리가 사탸그라하 무기를 상실한 뒤 거세된 듯이 말하는 꼴이 될 것이다. 그러나 사탸그라하는 우리로 하여금 자유롭게 하고 독립적임을 느끼도록 한다. 그래서 우리는 두려워할 것이 아무것도 없다. "이 모든 것은

13 〔역주〕《시민불복종의 의무》를 지칭한다. 《전집》 권 8, 152면 참조.

사탸그라히 간디 (1913)

남아프리카에서 사탸그라히로서 활동하던 당시에 간디의 모습이다. 사탸그라히는 평화와 사랑의 정신으로 진리를 추구하며 진심으로 비폭력을 굳게 지킴으로써 악에 동참하는 것을 거부하는 사람을 뜻한다.

한가한 얘기다. 당신이 무엇을 하든 캠페인을 다시 시작할 수 없을 것이다. 단 한 번으로 족하다." 이런 식으로 얘기하는 사람들도 있다. 하지만 우리가 투쟁을 재개할 수 없는 것이 사실이라면, 우리가 그것을 시작했다는 것 자체가 헛된 일이 되고 말 것이다.

이제 우리의 견해를 정당화해 보자. 우리는 우리가 보통 어떤 것을 획득할 때 특정한 방법을 사용했다면, 그것을 유지할 때도 같은 방법을 사용해야 한다는 것을 안다. 힘으로 획득한 것은 힘으로만 유지될 수 있다. 호랑이는 먹잇감을 힘으로 잡고 힘으로 유지한다. 강제로 교도소에 수감된 사람들은 힘으로 붙들려 있다. 왕이 무력을 사용하여 얻은 영토는 무력으로 지켜질 것이다. 하지만 사랑으로 얻은 것은 사랑으로서만 지켜질 것이다. 자신의 자궁 안에 있던 아기에 대해서 커다란 사랑을 느낀 어머니는 이후에 동일한 사랑으로 아기를 키울 것이다. 어린아이를 처벌하는 것은 무력 사용으로 해석되어서는 안 된다. 어머니가 어떤 이유로 애를 그만 사랑했기 때문에 애를 완전히 잃어버린 사례들도 있다. 이와 마찬가지로 우리가 사탸그라하로 얻은 것은 오직 사탸그라하를 통해서만 지켜낼 수 있다. 우리가 사탸그라하를 포기하면 그것으로 얻었던 것도 잃을 것은 당연하다. 더구나 사탸그라하로 얻은 것을 물리력을 통해서 유지할 수는 없을 것이다. 인도인들이 사탸그라하를 통해서 얻은 승리의 열매를 힘으로 유지하려 한다고 가정해 보자. 만약 인도인들이 힘을 사용한다면, 그들이 단번에 분쇄될 것이라는 점은 삼척동자도 알 수 있다. 마찬가지로 우리가 사탸그라하를 버리고 예전에 하던 방식을 지속한다면, 우리는 얻은 것을 잃게 될 것이다.

이 사례들은 사탸그라하가 실제로는 마음의 태도라는 점을 보여준다. 사탸그라하의 마음 경지(*satyagrahic state of mind*)에 도달한 사람은, 언제, 어느 장소에서나, 어떤 조건하에서도 그가 반대하는 것이 정부든 민중이든 이방인이든 친구든 친척이든 항상 승자가 될 수 있을 것이다.

우리가 인도에서 정부와의 관계에서만 아니라 대인관계에서도 불쌍하고 겁 많은 종족으로 살아가고 있는 이유는, 우리가 사탸그라하의 경이(驚異)를 제대로 평가하지 않기 때문이다. 우리나라에는 분명히 사악한 습속들이 존속하고 있는데, 주된 이유는 우리에게 사탸그라하 정신이 없기 때문이다. 우리는 어떤 습속들이 나쁘다는 것을 잘 알면서도, 겁이나 나태, 또는 타인들에 대한 당치도 않는 고려 때문에 그것들을 종식시키기 위해서 거의 아무 일도 하지 않는다.

결론을 내리기 전 최근의 사례에 대해서 말해 보자. 백인들이 프리토리아 시청사에서 반인도집회를 열고 있을 때, 우리를 지지해 준 사람은 오직 네 사람의 백인뿐이었다. 1천 명에게 대들었던 사람들은 저들 4명뿐이었다. 그러나 이 네 사람은 군중들이 일제히 퍼붓는 욕설에 대항하여 자신들의 견해를 용감하게 피력했다. 결국 그들의 사탸그라하는 그 집회의 중요성을 상당히 감소시키고, 그것을 야수들의 집회로 만들어 버렸다.

우리는 모든 인도인들이 이런 생각을 조심스럽게 따를 것을 강력히 요청한다. 그러한 생각을 따르는 자들은 우리가 거둔 성공의 진정한 본성을 배울 것이고, 인도인 사회가 직면해야 할 과업을 그들이 감당할 수 있음을 알게 될 것이다.

사탸그라하의 비밀(G.), 〈인디언 오피니언〉, 1908. 2. 22 ; 《전집》 8 : 81

10) 사탸그라하라는 용어 선택

특정 영어 단어들에 상당하는 최선의 구자라트어를 고르면 이에 대해서 상을 주겠다는 우리의 제의에 응답하여 몇몇 응모가 들어왔지만, 유감스럽게도 거의 대부분이 쓸모없는 것이었다. 오직 네 사람만이 수고스럽게도 제안을 보냈다. 그래서 우리 독자들은 〈인디언 오피니언〉 지에서 사용되는 언어나 구자라트어에 대해서 거의 관심이 없는 것 같았다. 그들 중 한 사람은 '수동적 저항'(*passive resistance*)이 프라트유파야(*pratyupaya*)로 옮겨질 수 있다고 말했다. 그는 그 말이 모든 일에 대해서 수동적인 상태, 모든 가능한 대책을 강구하는 상태를 의미한다고 설명했지만 단어와 설명 모두 소용이 없었다. 프라트유파야는 대책(*counter-measure*)을 의미한다. 그래서 악에 대해서 선을 내세우는 것이 프라트유파야가 될 수 있지만, 문제를 해결하기 위해서 힘을 사용하는 것 역시 프라트유파야가 될 수 있다. 수동적 저항이란 물리력이 아니라 내적 힘으로 악에 저항하는 일이다. 주어진 설명은 무지를 드러내고 있다. 수동적 저항자라고 해서 일어나는 모든 일에 수동적으로 남아 있을 수가 없다. 다시 말해서, 그는 모든 사악한 일에 대해서 항상 내면적 힘을 발휘해야 한다. 수동적 저항에 대한 또 다른 상당어구는 카슈타딘 프라티바르탄(*kashtadhin prativartan*)[14]이었다. 여기에서 프라티(*prati*)는 불필요하고 반감을 드러낼 뿐이다. 그것은 언어에 대한 무지를 드러내고 있다. 카슈타딘 바르탄은 그 안에 수동적 저항의 의미를 시사하고는 있다. 하지만 그것은 너무 큰 말이어서 완전한 의미를 전달하지는 못한다. 세 번째 말이 드리다 프라티파크샤

---

14 'prativartan'은 '저항', 'kashtadhin prativartan'은 고생에 순종함으로써 저항하는 것을 말한다.

(*dridha pratipaksha*)[15]이다. 프라트유파야처럼 이 말 역시 우리가 수동적 저항에 부여하는 의미를 전달하지 못한다. 그 말을 우리에게 보내준 사람은 '시민불복종'에 상당하는 용어도 보내주었다. 그 말은 깊은 생각 없이 보낸 것으로 보였다. 제안된 단어는 사탸나다르(*satyanadar*)였다. 그 의미는 오히려 정반대의 것으로, '진리에의 불복', 즉 진리에 대한 저항을 의미한다.

시민불복종은 허위에 대한 불복이다. 그것은 그 방식에 있어서 '진실'하면 '시민적인'(*civil*) 것이 된다. 시민적이란 말은 수동적이란 말도 포함한다. 그래서 우리가 현재 사용할 수 있는 단어는 오직 하나이다. 그것이 사탸그라하이다. 이 단어를 제안했던 사람[16]은 그의 이름이 발표되기를 원치 않았고 상금도 바라지 않았다. 그는 상금을 경시해서가 아니라 어떤 방식으로든 이 주간지와 관계가 있으므로 상금을 받고 싶지 않아했다.

우리가 이렇게 논평을 가하는 것은 이유가 있기 때문이다. 경쟁을 위해서 제안을 보내주었던 사람들은, 자신들이 만든 단어들의 의미를 유의하여 생각해 보았어야 했다. 그들은 수동적 저항의 의미도 꼭 이해했어야 했다. 어떤 말이 자신의 머리에 떠오른다고 해서 그것을 제안하는 것은, 자신의 언어를 모독하고(*insult*) 자신을 조롱하는 일이다. 더구나 수동적 저항에 상당하는 어구를 찾는 일에 이런 방식으로 무분별하게 행동함으로써, 우리는 사탸그라하라고 불렀던 운동의 기초를 이루는 원칙 자체를 위반하고 있다. 우리가 어떻게

---

15 dridha pratipaksha는 저항에 있어서의 견강불발.

16 그는 마간랄 간디이다. 그는 수동적 저항의 상당어구로서 사다그라하(*Sadagraha*)를 제안했다. 그것을 간디가 satyagraha로 바꾼 것이다. 《남아프리카에서의 사탸그라하》 12장을 볼 것.

그런 일을 참을 수 있겠는가? 세 사람의 경쟁자들과 우리의 다른 독자들 모두 미래에는 자신들의 시도에 더 많이 수고하기를, 그들 자신을 위해서도 그리고 그들이 도모하는 사업을 위해서도 다른 사람의 인정을 받기를 우리는 원한다.

수동적 저항에 대한 구자라트 상당어(G.),
〈인디언 오피니언〉, 1908. 3. 7 ; 《전집》 8 : 95

11) 사탸그라히와 진정한 힘

트란스발의 사탸그라하 운동은 상당히 오래 지속되었고, 그것이 진행되는 방식을 통해서 우리는 수많은 일을 보고 배울 수 있었다. 많은 사람이 그것에 대해서 개인적 경험을 얻었으며, 모든 사람들이 이런 종류의 투쟁에는 패배의 여지가 없다는 것 정도는 깨달았다. 우리가 실패하는 경우, 그 실패가 사탸그라히(진리파지자)의 어떤 결점 탓이지 사탸그라하 그 자체의 무효력 때문이 아니라는 점을 알게 되었다. 이 요점은 조심스럽게 파악될 필요가 있다. 그런 규칙은 신체적 싸움에서는 적용될 수 없다. 두 군대가 전투를 벌일 때, 한쪽이 패배한다고 해서 패한 군인들이 열등한 전투력을 가졌기 때문이라고 할 수는 없다. 전투원들의 사기는 높았지만, 다른 면이 부족해서 패배했을 수도 있다. 예를 들면, 한편이 다른 편에 비해서 더 좋은 무기를 가질 수도 있고, 전장에서 더 좋은 위치를 차지했을 수도 있고, 우월한 기술력을 구사했을 수도 있다. 물리적 싸움에서 한편의 승리나 패배를 설명해 주는 많은 외부 요인이 있다. 그러나 그런 요인들은 사탸그라하 전투를 싸우는 자들에게는 어떤 난관도 제공하지 않는다. 그들 자신의 결점만이 그들을 방해할 뿐이다. 더구나 일반적인 싸움에서는 패배한 편에 속했던 사람들은 모두 패배당했다고

사탸그라하 운동 (1913)
차별적인 남아프리카 법에 저항하는 사탸그라하 운동은 간디의 구속을 기점으로 더욱 크게 번졌다. 사진은 폴크스루스트 국경에서 멈춰 선 사탸그라하 운동 행렬이다.

간주되어야 하고, 그들 역시 실제로 그렇게 생각한다. 사탸그라하는 한 사람의 승리가 전체 구성원의 승리를 의미하는 것으로 간주될 수도 있고, 자기편 전체가 패배했다고 해도 자기 스스로 항복하지 않는 자에게는 패배가 아니다. 예를 들면, 트란스발 전투에서 대다수 인도인들이 추악한 법령에 순종한다고 해도, 항복하지 않고 견디는 자는 진정한 승리자일 것이다. 그가 스스로 항복하지 않았다는 사실은 남아 있기 때문이다.

사정이 이러하다면, 우리는 누가 그런 훌륭한 전투—어떤 패배도 인정하지 않는 전투—오직 하나의 결과만을 가져올 전투에서 싸울 수 있을지에 대해서 반드시 탐구해야 한다. 그 탐구를 하게 되면 우리는 트란스발 캠페인이 낳은 결과의 일부를 이해할 수 있고, 이런 종류의 캠페인이 다른 곳에서 또는 다른 경우에, 어떻게 누구에 의해서 벌어질 수 있을지를 결정할 수도 있다.

우리가 사탸그라하의 의미를 탐구할 때, 최초의 조건은 이런 종류의 투쟁에 참여하기를 원하는 사람은 누구든 진리에 대한 특별한 존경을 보여주는 일이다. 그는 진실성(*truthfulness*)에서 흘러나오는 힘을 가져야 한다. 다시 말한다면, 그런 사람은 진리에만 의존해야 할 것이다. 사람은 두 세계에 있는 최선의 것을 모두 취할 수는 없는 법이다. 따라서 두 세계에 있는 최선의 것을 가지려고 하는 자는 두 세계[17]의 압력 아래에서 분쇄되고 말 것이다. 사탸그라하는 피리처럼 연주할 수 있는 당근이 아니다.[18] 사탸그라하가 그렇다고 생각하는 자, 즉 그가 연주할 수 있다면 연주하고 그것이 불가능하면 그것을 물어뜯을 수 있다고 생각하는 자는, 결국 자기 자신을 잃고 말 것이다. 사탸그라하가 물리력이 부족한 사람들에 의해서만, 또는 물리력을 사용할 수 없어서 사탸그라하 이외에 다른 것을 생각할 수 없는 사람들에 의해서만 사용될 수 있다고 상정하는 것은 터무니없는 일이다. 그런 견해를 가진 자는 투쟁의 의미가 무엇인지 모른다고 할 수 있다. 사탸그라하는 물리력보다 강력한데, 물리력은 전자에 비교하면 지푸라기같이 무가치하다. 물리력은 본질적으로 그런 힘을 가진 사람이 자신의 신체에 대한 아무 고려 없이 전쟁터에서 싸울 수 있다는 것을 의미한다. 즉, 그는 공포가 없다. 사탸그라히 역시 자신의 육신에 대해서 전혀 고려하지 않는다. 공포는 그를 조금도 건드릴 수 없다. 바로 그 때문에 그는 어떤 물리적 무기로도 무장하지 않고, 죽음에 대한 두려움 없이 최후까지 계속 저항한다. 이것은 사탸그라히가 물리력에 의존하고 있는 사람보다 더 많은 용기를 가져

17 물리력과 도덕적 설득.

18 이것은 구자라트어 격언을 가리키는 것으로, 사람이 성공하든 실패하든 그 사람이 이익을 얻을 수 있는 행동 노선을 의미한다.

야 한다는 점을 의미한다. 그러므로 사탸그라히가 가장 먼저 필요로 하는 것은 진리추구와 진리에 대한 신앙이다.

그는 부에 대해서 무관심해야 한다. 부와 진리는 항상 충돌해왔고 시간의 마지막까지 그럴 것이다. 우리는 부에 집착하는 자들이 진리에 충직할 수 없다는 것을 트란스발 인도인들의 많은 사례에서 확인한 바 있다. 이것은 사탸그라히가 부를 도무지 가질 수 없음을 의미하는 것은 아니다. 그는 부를 소유할 수 있지만, 부를 신으로 만들 수 없다. 사람이 진리를 추구하는 일과 일관되게 돈을 가질 수 있다면 돈을 가져도 괜찮다. 그렇지 않다면, 사람은 한줌의 흙덩이를 버리듯이 그것을 버리는 일에 한순간이라도 주저해서는 안 된다. 그런 태도를 기르지 못한 자는 그 누구라도 사탸그라하를 실천할 수 없다. 더구나 지배자들에게 대항하여 사탸그라하를 실천해야 할 의무가 있는 땅에서는 사탸그라히가 부를 소유할 가망은 거의 없다. 왕의 권력은 한 개인에게는 쓸모없는 것일 수 있다. 그러나 그 권력은 그 개인의 재산에 손댈 수 있고, 재산을 빼앗아갈지도 모른다는 그의 공포심을 갖고 장난칠 수 있다. 왕은 재산몰수와 신체적 위해를 갖고 자신의 신민을 협박함으로써 그들을 자신의 뜻에 굴복시킨다. 그래서 폭군 아래에서 부를 유지하고 축적할 수 있는 자들은 대부분 그의 폭정에 스스로 공모자가 되는 자들뿐이다. 사탸그라히는 스스로 폭정에 가담할 수 없으므로, 그는 그런 상황에서는 가난 속에서도 스스로 부자라고 생각하며 만족해야 한다. 그가 어떤 부를 소유한다면, 다른 나라에서 그것을 보유해야 할 것이다.

사탸그라히는 가족의 집착에서 떨어져 나가야 할 의무가 있다. 이것은 실행하기가 아주 어렵다. 그러나 이름에 어울리는 사탸그라하의 실천은 칼날 위를 걷는 것과 같다. 가족의 집착에서 떨어져 나가는 것은 결국 가족에게도 도움이 된다는 점이 입증될 것이다. 다른 가족 구성원들도 사탸그라하의 부름을 느낄 것이고, 그런 부름을 느낀 사람들은 일체의 다른 욕망을 갖지 않을 것이기 때문이다. 재산의 몰수나 수감 등의 고통에 직면할 때도, 사람은 자기 가족의 장래에 대해서 염려할 필요가 없다. 우리에게 이(*teeth*)를 주신 분이 먹을 음식 역시 주실 것이기 때문이다. 그분이 뱀·전갈·호랑이·늑대와 같이 위험한 짐승에게도 먹을 것을 주시는 분이라면, 인간에게 무심하실 것 같지 않다. 우리가 갈망하는 것은 한 근의 조나 한줌의 옥수수가 아니라 미각의 쾌락이고, 추위를 견딜 수 있게 하는 의복이 아니라 수놓은 비단으로 지은 의복이다. 우리가 이와 같이 쉬지 않는 갈망을 모두 버린다면, 자신의 가족을 부양할 수단에 대해서는 어떠한 불안도 느낄 필요가 없다.

이와 관련하여, 물리력을 사용한다고 해도 이런 물건들의 많은 부분이 희생되어야 한다는 점은 가슴에 새겨 둘 만한 일이다. 사람은 기갈(飢渴)을 감내하고 한서(寒暑)를 견디고, 가족 유대를 희생하고, 금전적 손실을 견뎌야 한다. 보어인들은 물리력을 사용했을 때 이 모든 일을 겪었다. 그들이 펼쳤던 물리적 저항과 진리에 기초를 둔 우리의 저항 사이에 있는 가장 큰 차이점은, 그들의 게임은 도박의 성격이 있다는 점이다. 더구나 물리력은 그들을 자만하게 만들었다. 그들의 부분적 성공은 종전의 처지를 망각하게 했다. 그들은 치명적인 적수에 대해서 치명적인 무기를 가지고 싸우고, 치명적인 폭군처럼 우리를 몰아댔다. 사탸그라히가 전투에서 승리할 때, 그의 성공은 자신과 다른 사람들에게 이익을 줄 수밖에 없다. 사탸그라히는 진리에 충성하면 결코 폭군이 될 수 없다.

우리는 이와 같은 탐구 끝에 종교에 진실한 신앙을 가진 사탸그라히만이 사탸그라하를 벌일 수 있다는 결론을 마침내 얻어냈다. '입술에는 라마의 이름, 겨드랑이에는 칼',[19] 이것은 결코 신앙이 아니다. 종교의 이름으로 말하면서 그것이 가르치는 것과 정반대로 행하는 것은 결코 종교가 아니다. 그러나 진실한 종교를 가지고 라마 신을 믿는 자는 사탸그라하를 벌일 수 있다. 다시 말해서, 만사를 신에게 맡겨 두는 자는 이 세상에서 패배를 절대로 모를 것이다. 사람들이 그들이 패배했다고 말한다고 해서 실제로 패배한 것은 아니다. 마찬가지로 사람들이 우리의 성공을 믿는다고 해서 우리가 성공했다고 주장할 수는 없다. 이 사안에 대해서는 더 이상의 논의가 있을 수 없다. 여러분이 그 차이를 안다면, 그것을 알 수 있을 것이고, 모른다면 모를 것이다.

이것이 사탸그라하의 진정한 본성이다. 트란스발 인도인들은 그 본성을 부분적으로 이해했다. 그렇다면 실천에 있어서도 부분적으로 충실했을 것이다. 그렇다고 해도 우리는 돈으로 살 수 없는 감미로움을 맛볼 수 있었다. 사탸그라하를 위해서 모든 것을 희생한 사람은 모든 것을 획득한다. 그는 만족 속에서 살아가기 때문이다. 만족은 행복이다. 이것 이외의 행복을 알고 있는 자가 도대체 있었을까? 이것을 제외한 다른 일체의 행복은 모두 신기루이다. 우리가 그런 행복에 가까이 다가갈수록 그것은 더 뒤로 물러선다.

우리는 모든 인도인들이 이 문제를 이런 식으로 생각하고, 스스로 사탸그라히가 되기를 바란다. 우리가 사탸그라하 무기의 사용법을 배운다면, 불의에서 발생하는 일체의 난관을 헤쳐나가기 위해서 그것을 사용할 수 있을 것이다. 그 무기는 바로 여기 남아프리카에서만 유용한 것이 아니라, 우리나라에서 더욱 유용할 것이다. 우리는 그

---

19 힌디어 격언.

진정한 본성을 알아야 하는데, 이 일은 쉬우면서도 어렵다. 강한 물리력을 가진 자들은 드물다. 진리에서 힘을 얻는 자들은 더 드물다.

누가 사탸그라하를 행할 수 있는가(G.),
〈인디언 오피니언〉, 1909. 5. 29 ; 《전집》 9 : 210

12) 사탸그라하를 위한 준비

1916. 7. 27

간단히 말하자면, 사탸그라하의 의미는 삶의 원리에 대한 모색에 있습니다. 우리는 우리의 투쟁이 이런 모색을 해온 것이라는 점에 대해서 그 누구에게도 많이 말하지 않았습니다. 우리가 그렇게 말했다면, 거기에 있던 사람들이 우리를 비웃고 말았을 것입니다. 우리는 운동의 부차적인 목표만을 알렸는데, 그 목표란 그곳의 정부가 우리를 비천하고 저질이라고 여기면서 나라로부터 우리를 추방하는 법을 제정했다는 점, 그래서 우리가 이런 법에 도전하여 스스로 용감하다는 점을 보여주는 것이 옳음을 알리는 일이었습니다. 정부가 유색인은 노란 모자를 써야 한다는 법률을 통과시켰다고 가정해 봅시다. 실제로 이와 같은 법률이 유대인을 대상으로 로마에서 제정된 적이 있습니다. 정부가 그런 식으로 우리를 대하고, 우리를 모욕하는 것으로 보이는 법을 제정했다면, 우리는 복종하지 않을 것임을 정부에게 분명히 보여주어야 했습니다. 어떤 아이가 자신의 아버지에게 "터번을 뒤집어서 둘러 보세요"라고 말한다면, 그 아버지는 아이가 자신을 놀리면서 웃고 싶다는 것으로 이해하고, 얼른 아이의 명령에 복종합니다. 그러나 다른 사람이 무자비한 동기에서 같은 말을 한다면, 그는 "여보시오. 내 목이 붙어 있는 한 나를 이런 식으로 모욕할 수는 없을 것이오. 당신이 내 목을 먼저 치시오. 그런 뒤에 당신이 원하는 대로 내 터번을 두르게 할 수 있을 것이오" 라고 분명히 말할 것입니다.

그곳 정부는 유사한 방식으로 인도인들을 천하다고 여기며, 그들을 노예로 대접하기를 원했고, 가능한 한 그들의 입국을 막으려고 했습니다. 그리고 이 목적을 염두에 두고, 정부는 새로운 법을 제정하기 시작했는데, 인도인들의 이름을 별도의 명부에 기재하게 하고, 도둑이나 강도처럼 지문을 찍게 하고, 특정한 장소에 한정해서 살도록 하고, 그들의 활동을 일정 지역 내에 제한하고, 특정 길만을 걷도록 규칙을 만들며, 열차에 특정 칸에만 승차하도록 하고, 인도의 기혼여성들이 혼인증명서를 제시하지 못하면 정식 부인이 아니라 첩인 양 다루고, 1인당 45루피의 1년 세금을 징세하는 등의 법을 제정했습니다. 질병은 흔히 인간의 몸에서 여러 방식으로 자신을 표출합니다. 이 경우의 질병은 앞서 설명한 대로, 남아프리카 정부의 사악한 목적이었고, 위에 언급한 일체의 규칙과 규제들은 그 목적이 취하는 다양한 방식이었습니다. 그래서 우리는 이것들에 대항하여 싸울 준비를 해야 했습니다.

불의에 대항하여 싸우는 방식에는 두 가지가 있습니다. 하나는 불의를 범하는 자의 머리를 부수는 것인데, 그 과정에서 여러분 자신의 머리를 부수게 될 것입니다. 세상의 모든 강자들은 이 길을 받아들입니다. 어디를 가든 사람들은 전쟁을 벌이고 있고, 수백만의 사람들이 살상당합니다. 그 결과는 한 국가의 진보가 아니라 쇠퇴입니다. 전선에서 돌아온 군인들은 제 정신을 잃고 반(反)사회적 활동에 탐닉합니다. 또 다른 사례를 들 필요는 없을 것입니다. 보어전쟁의 경우 영국인들이 마페킹(Mafeking)에서 승리를 거두었을 때, 영국 전체 특히 런던이 열광하여 모든 사람들이 여러 날 동안 주야로 춤만 추었답니다. 그들은 사악함과 야단법석에 한껏 탐닉했고, 술집이라는 술집에 술 한 방울 남겨 두지 않았습니다. 〈타임스〉지는 이에 대해서 논평하면서 지난 수일이 어떻게 흘러갔는지를 기술할 말이 없다 하고, '영국이 기뻐 날뛰었다'(*amafficking, a-Mafeking*)'[20]라는 말밖에 할 수 없었습니다. 자만이 승리국을 심술궂게 만들고 말았습니다. 그 나라는 사치스런 삶의 방식으로 빠져들었습니다. 그 후에 당분간은 평화가 지배했다고 말할 수 있을 것입니다. 하지만 잠시 후, 전쟁의 씨앗이 부서진 것이 아니라, 1천 배나 더 많은 양분을 받아들이고 그만큼 더 강력해졌다는 점을 점점 깨닫게 될 것입니다. 전쟁에서 승리했다고 행복해진 나라는 없었고 앞으로도 없을 것입니다. 국가는 그런 식으로 부흥할 수 없고 더욱더 타락하고 말 것입니다. 사실상, 그 국가를 찾아온 것은 패배이지 승리가 아닙니다. 그리고 우리의 행위나 목표가 옳지 못했다면, 그것은 교전국 쌍방에게 재앙을 가져올 것입니다.

그러나 우리가 불의와 싸우는 데 다른 방법을 사용하면 우리가 저지른 실수는 우리에게만 고통을 주고 다른 편은 완전히 건재(健在)하는 결과를 낳을 것입니다. 그 방법이 사탸그라하입니다. 그 방법을 활용하는 사람은 다른 사람의 머리통을 부술 필요가 없습니다. 자신의 머리통만 부서지게 할 수는 있습니다. 그는 온갖 고초를 당하면서 스스로 죽을 각오를 해야 합니다. 남아프리카 정부의 극악무도한

---

20 〔원주〕 마페킹이 구제된 일에 즈음하여 런던 군중들이 광분하였다(1900. 5. 17). 〔역주〕 마페킹(Mafeking)의 현재 이름은 마피켕(Mahikeng). 국제적 승인을 받지 못한 보푸타츠와나 공화국에 있는 도시. 1885년에 영국군 전초지로 세워진 이곳의 수비대는 로버트 베이든 파웰 대령(나중에 '경'이 됨)의 지휘를 받았는데 보어전쟁(남아프리카 전쟁) 중 보어인에게 포위당했다(1899. 10. 12~1900. 5. 17). 활기찬 잉글랜드인은 이곳의 딱한 처지를 몹시 동정했고 나중에 위기에서 벗어났다는 소식을 접하자 런던에서는 크게 기뻐하여 'maffick'('기뻐 날뛰다'라는 뜻)라는 말이 생겨났다. 이 대목에서 간디는 그것을 말하고 있다.

법률에 대항하여 우리가 선택했던 방법은 바로 이것이었습니다. 우리는 매우 모욕적인 법률에 절대 복종할 수 없다는 점을 상기 정부에게 분명히 밝혔습니다. 손바닥 둘이 없다면 박수를 칠 수 없고, 싸움을 만드는 두 사람이 없다면 싸움이 있을 수 없습니다. 이와 유사하게, 지배자와 피지배자의 요소가 없다면 국가가 있을 수 없습니다. 우리가 우리 자신을 당신의 신민(臣民)으로 간주하는 한, 당신은 우리의 군주이며 정부입니다. 우리가 신민이 아니면 당신은 군주가 아닙니다. 당신이 정의와 사랑으로 우리를 통제하려고 노력한다면, 우리는 당신의 통제를 허용할 것입니다. 하지만 당신이 등 뒤에서 우리를 가격하고자 한다면, 우리는 그것을 허용하지 않을 것입니다. 다른 사안들에서 당신이 무엇을 하든, 우리와 관련 있는 법률에 대해서는 우리의 의견을 물어보아야 합니다. 만일 당신이 우리를 믿지 않고 사악한 방법으로 억압하기 위해서 여러 법률을 제정한다면, 이런 법률들은 법률서만 장식할 따름입니다. 우리는 절대로 그것들에 복종하지 않을 것입니다. 당신이 바라는 대로 처벌을 우리에게 내리십시오. 우리는 그것을 감내할 것입니다. 우리를 교도소로 보내시오. 그러면 우리는 그곳을 천국으로 여기며 살 것입니다. 우리에게 단두대에 오르라고 요구하십시오. 그러면 웃으면서 오를 것입니다. 당신이 좋을 대로 우리에게 고통을 퍼부으십시오. 그러면 우리는 조용히 그것을 감내하고, 당신 몸의 터럭 하나 건드리지 않을 것입니다. 우리는 기꺼이 죽을 것이고 당신 몸에 손도 대지 않을 것입니다. 그러나 우리 뼛속에 생명이 있는 한, 우리는 절대로 당신의 자의적인 법률을 준수하지 않을 것입니다.

그것은 모두 요하네스버그에서 어느 일요일 저녁에 시작되었습니다. 나는 그때 헴찬드라(Hemchandra)라는 신사와 함께 작은 언덕 위에 앉아 있었습니다. 그날의 기억이 너무나 생생하여 마치 어제의 일과 같습니다. 내 옆에 정부 유인물이 놓여 있었는데, 그것은 인도인과 관련된 법조문을 싣고 있었습니다. 나는 그것을 읽어가면서 분노(*rage*)로 치를 떨었습니다. 정부는 도대체 우리를 어디로 몰아가려고 하는 것입니까? 그때 바로 그 자리에서 나는 상기 법률을 실은 정부 유인물의 해당 부분을 번역했고, 그 아래에 "나는 결코 이 법률이 나를 지배하도록 내버려 두지 않을 것이다"라고 썼습니다. 이것을 게재하기 위해서 피닉스에 소재한 〈인디언 오피니언〉지에 즉시 보냈습니다. 나는 그때 단 한 사람의 인도인이라도 자신들이 보여주었던 미증유의 영웅적 행위를 할 수 있으리라는 것, 또한 사탸그라하 운동이 보여주었던 대로 기세를 올리게 되리라는 것을 꿈에도 몰랐습니다.

나는 당장 나의 견해를 동포들에게 알렸고, 많은 동포가 사탸그라하를 시작할 각오가 되어 있음을 선언했습니다. 최초의 투쟁에서 사람들은 우리가 며칠만 고생하면 목적을 달성할 것이라는 기대를 갖고 참여했습니다. 두 번째 투쟁에서 처음에는 아주 소수의 사람들만이 참가했으나 나중에는 더욱더 많은 사람이 동참했습니다. 그 뒤 고칼레 씨가 방문했을 때 남아프리카 정부는 해결하겠다고 약속했고, 투쟁은 끝났습니다. 나중에 정부는 약속 지키기를 거부하고 우리를 배반했습니다. 그 때문에 세 번째 사탸그라하 투쟁이 불가피해졌습니다. 당시 고칼레는 사탸그라하에 몇 사람이나 참가할 것 같은가, 하는 질문을 나에게 했습니다. 나는 30명에서 60명 정도일 것이라는 답을 써서 보내드렸습니다. 하지만 실제로 그 정도도 참가하지 않았습니다. 우리 가운데 오직 16명만이 그 도전을 받아들였습니다. 우리는 정부가 그 극악무도한 법률을 폐기하거나 다른 종류의 해결책을 내놓기 전까지 온갖 처벌을 받아들일지언정 복종하지는 않을 것이라고 굳게 결심했습니다. 우리는 많은 동료 투사를 얻으리라고 전혀 희망하지 않았습니다. 그러나 한 사람이라도 자기 이익을 돌보지 않고 진리와 나라를 위해서 자신을 흔쾌히 바치는 것은 언제나 효과적입니다. 그 운동에 금방 2만 명의 사람들이 참가했습니다. 교도소에는 그들을 수용할 공간이 없었고, 인도의 피가 들끓었습니다. 많은 사람은 하딩 경이 관여하지 않았다면 타협이 불가능했을 것이라고 말합니다. 그러나 이들은 하딩 경이 관여한 이유를 물어보는 일을 망각했습니다. 캐나다 거주 인도인들의 고통이 남아프리카 인도인들의 고통보다 훨씬 더 컸습니다. 왜 하딩 경은 그곳에서 자신의 좋은 직책을 사용하지 않았습니까? 어디에 수천 명의 남녀의 영적인 힘이 집결되었습니까? 어디에 수많은 남녀가 자신들의 생명을 내놓으려고 갈망했겠습니까? 불가능한 일이 도대체 무엇입니까? 하딩 경은 중재하는 것 이외에는 달리 길이 없었습니다. 그는 오직 중재를 수용하는 일에 그의 지혜를 보여주었을 뿐입니다.

나중에 전개된 일은 여러분이 잘 아는 일입니다. 남아프리카 정부는 우리와 협상하지 않을 수 없었습니다. 이 모든 것은 우리가 다른 사람에게 상처를 입히지 않고, 혼의 힘 곧 사탸그라하만을 통해서 모든 것을 얻을 수 있음을 보여줍니다. 무기를 들고 싸우는 자는 무기와 타인의 도움에 의존해야 합니다. 그는 곧은 길을 버리고 굽은 길을 찾아야 합니다. 사탸그라히가 자신의 투쟁에서 받아들이는 길은 직선이고, 다른 사람에게 도움을 청할 필요가 없는 길입니다. 필요하다면, 그는 혼자서도 싸울 수 있습니다. 그 경우 결과를 보게 되기까지 좀 지체될 수 있다는 점도 사실입니다. 만약 내가 남아프리카의 싸움에서 실제로 내가 가졌던 수만큼의 많은 동지를 가질 수 없었다면, 여러분은 오늘 여러분 가운데 있는 나를 보지 못하게 되었을 것입니다. 아마 내 인생 전체가 그곳에서 투쟁하는 데 소진되고 말았을 것입니다. 그렇다고 해도 그것이 어떻다는 말입니까? 이미 확보된 이득이 도착하는 데 좀 지체될 뿐입니다. 사탸그라하 전투를 위해서 사람은 자신을 준비하기만 하면 됩니다. 우리는 엄격하게 자기통제를 해야 합니다. 이런 준비를 위해서 숲 속과 동굴에서 살아야 한다면, 우리는 그렇게 해야 할 것입니다.

이런 준비 과정에 드는 시간이 허비되었다고 생각해서는 안 됩니다. 그리스도는 세상에 봉사하기 위해서 외부로 나가기 전 그의 사명에 대한 준비를 위해서 광야에서 40일을 보냈습니다. 붓다도 역시 그런 준비를 위해서 수년을 보냈습니다. 그리스도와 붓다가 이런 준비를 하지 않았다면, 지금 우리가 아는 그들의 모습은 없었을 것입니다. 이와 비슷하게, 우리가 진리와 인류에 봉사하는 데 이 몸을 쓰기 위해서는, 독신생활·비폭력·진리와 같은 덕을 양성함으로써 우리 혼을 먼저 고양해야 합니다. 그럴 때만 우리는 우리가 나라를 위해서 진정으로 봉사하는 데 적합한 자격을 갖추었다고 말할 수 있습니다.

간단히 말하면, 사탸그라하 투쟁의 목적은 비겁한 이에게 사내다움을 주입하고, 참으로 인간적인 덕을 계발(啓發)하는 것이었으며, 그 사탸그라하가 일어난 장소는 남아프리카 정부에 대항하는 수동적인 저항이었습니다.

〈남아프리카에서의 사탸그라하의 비밀〉에 대한 연설,
사탸그라하 아슈람, 아메다바드(H.), 람찬드라 바르마
(Ramchandra Varma), 《마하트마 간디》; 《전집》 15 : 179

13) 혼의 힘과 타파스야 〔*1917. 9. 2* 무렵〕

'수동적 저항'이란 말로 지칭되는 힘과 니슈크리야 프라티로다(*nishkriya pratirodha*)라는 힌디어로 지칭되는 힘은, 원래의 영어 구절에 의해서나 그 힌디어 역어에 의해서 잘 설명되는 것은 아니다. 그 정확한 묘사는 '사탸그라하'(*satyagraha*)이다. 사탸그라하는 1908년 남아프리카에서 태어났다. 남아프리카에서 우리 동포가 자신들의 고충을 해결하기 위해서 불러냈던 힘을 가리키는 말이, 우리 인도의 어떤 언어에도 없었다. 대신 '수동적 저항'(*passive resistance*)이라는 영어 표현이 있어서 우리는 그것을 계속 사용했다. 하지만 이 독특한 힘을 설명할 수 있는 단어의 필요성을 점점 강하게 느껴서 적절한 단어를 생각해 내는 자에게는 상을 주기로 결정했다. 구자라트어를 말하는[21] 한 신사가 '사탸그라하'를 제안했는데, 우리는 그것이 최선이라고 판단했다.

'수동적 저항'은 영국의 여성참정권 운동의 이념을 전달하고 있다. 이 여성들이 가옥에 불을 지른 일이 '수동적 저항'으로 불리었고, 그들이 교도소에서 단식하는 것도 그렇게 불리었다. 그것이 '수동적 저항'이 될 수도 있지만 사탸그라하는 아니었다. 사람들은 '수동적 저항'에 대해서 약자의 무기라고 불렀지만, 이 글이 주제로 삼고 있는 힘은 강자만이 사용할 수 있다. 이 힘은 '수동적' 저항이 아니다. 그것은 강력한 활동을 진실로 요구한다. 남아프리카에서 벌인 운동은 수동적인 것이 아니라 능동적인(*active*) 것이었다. 남아프리카 인도인들은 진리(*Truth*)가 그들의 목적이고, 진리가 항상 승리할 것이라고 믿었고, 목적에 대한 확고한 신념을 갖고 진리를 끈질기게 고수했다. 그들은 이와 같은 진리 고수가 반드시 수반하는 모든 고통을 견

---

21 〔역주〕 자료에는 '힌디어를 말하는'으로 되어 있다. 《전집》 권 16, 10면 참조.

뎌냈다. 그들은 죽음에 이르기까지 진리를 포기할 수 없다고 확신하면서 죽음에 대한 공포를 털어냈다. 진리의 명분을 위해서라면 교도소는 그들에게 궁궐이었고 교도소문은 자유를 향하는 통로였다.

사타그라하란 무엇인가?[22]

사탸그라하(진리파지)는 물리력이 아니다. 사탸그라히(진리파지자)는 적수에게 고통을 가하지 않으며 적수의 파멸을 구하지도 않는다. 사탸그라히는 소형화기를 절대로 사용하지 않는다. 사탸그라하를 사용할 때는 어떤 악의도 없다.

사탸그라하는 순수한 혼의 힘이다. 진리는 혼의 실체 바로 그것이다. 바로 그 때문에 이 힘은 사탸그라하로 불린다. 혼은 지식을 얻으며, 그 혼 속에서 사랑의 불꽃이 탄다. 어떤 사람이 무지하여 우리에게 고통을 준다면, 우리는 사랑을 통해서 그의 마음을 얻을 것이다. '비폭력은 지고의 다르마다'[23]라고 하는 것은 사랑이 가진 힘의 증거이다. 비폭력은 잠자는 상태이고, 그것이 깨어나면 사랑이 된다. 세계는 사랑에 의해서 지배되고 지속된다. 영어에 '힘이 정의다'(*Might is Right*)라는 말이 있다. 그리고 적자생존(*the survival of the fittest*)의 교리도 있다. 이 두 관념은 모두 위의 원리에 모순된다. 둘 가운데 어느 것도 전적으로 옳은 것은 없다. 악의가 주요 동기였다면 세상은 예전에 망했을 것이다. 그랬다면 내가 이 글을 쓸 기회를 갖지 못했을 것이고, 독자들의 희망이 충족되지도 못했을 것이다. 우리는 오로지 사랑 덕분에 살아 있다. 우리 자신이 이 말의 증거이다. 그러나 지금 우리는 현대 서양문명에 눈멀어서 우리의 고대문명을 망각했고, 무기의 힘을 숭배하게 되었다.

---

22 〔역주〕《전집》 권 16, 10면에 따라서 소제목을 단다.

23 Ahimsa Paramo Dharmah.

무기 숭배[24]

우리는 비폭력 원리를 잊고 있다. 그 원리가 모든 종교의 핵심이다. 무기의 교리는 반(反)종교(*irreligion*)를 대표한다. 유혈의 전쟁이 유럽을 휩쓰는 것은 바로 이 교리가 횡행하기 때문이다.

인도에서도 우리는 무기 숭배를 본다. 툴시다스의 위대한 저작 안에서도 그런 것이 있다. 그러나 혼의 힘이 지고의 힘이란 사실은 모든 책에 나타나 있다.

라마와 라바나[25]

라마는 혼을 대변하고, 라바나는 혼이 아닌 것(*the non-soul*)을 대변한다. 라바나의 강력한 물리력은 라마의 혼이 가진 힘에 비교하면 아무것도 아니다. 라바나의 10개의 머리는 라마에게 지푸라기와 같다. 라마는 요기이며 자아와 자만을 정복했다. 그는 '유복과 역경에서도 한결같이 평온하고', '집착도 탐욕도 지위에 대한 중독도 없다.' 이 말은 사타그라하에서 최고의 경지를 대변한다. 인도의 하늘에 사탸그라하의 깃발이 다시 펄럭이게끔, 그것을 게양하는 것이 우리의 의무이다. 우리가 사탸그라하에 의지한다면, 우리는 우리의 정복자 영국인들을 정복할 수 있고, 우리의 엄청난 혼의 힘 앞에 절하게 만들 수 있다. 그러한 결말은 전 세계에 도움이 될 것이다.

인도가 무력에 있어서 영국이나 유럽과 견줄 수 없음은 분명하다. 영국인들은 전쟁 신을 숭배하고, 그들 모두가 무기의 소지자가 될 수 있으며, 지금 그런 사람이 늘어가고 있다. 그렇지만 수억의 인도인은 결코 무기를 소지할 수 없다. 그들은 비폭력의 종교를 그들 자신의 것으로

---

24 〔역주〕《전집》 권 16, 11면에 따라서 소제목을 단다.

25 〔역주〕《전집》 권 16, 11면에 따라서 소제목을 단다.

만들었다. 바르나아슈라마 제도가 인도에서 사라지는 일은 불가능하다.

바르나아슈라마(*varnashrama*)의 길[26]

바르나아슈라마의 길은 필연적 자연법칙이다. 인도는 그것을 신중하게 사용함으로써 많은 이익을 얻는다. 인도에 거주하는 무슬림과 영국인조차도 이 제도를 어느 정도 준수했다. 인도 외부에서도 사람들은 자각 없이 그것을 따른다. 바르나아슈라마 제도가 인도에 존재하는 한, 인도인 모두가 무기를 들 수는 없다. 인도에서 최고의 자리는 브라마나 다르마(*brahmana dharma*) 곧 혼의 힘이 차지하고 있다. 무장한 투사조차도 브라만(*Brahmin*: 네 카스트 중 하나)에게 순종한다. 이런 습속이 지배하는 한, 우리가 무력에서 서구와 동등해지기를 바라는 것은 헛된 일이다.

사탸그라하는 우리의 카마데누(*Kamadhenu*)[27]이다. 그것은 사탸그라히와 그의 적수 양쪽 모두에게 선을 가져다준다. 그것은 항상 승리한다. 예를 들면, 하리슈찬드라(Harishchandra)는 사탸그라히였다. 프라흘라드도 사탸그라히였고, 미라바이도 사탸그라히였다. 다니엘, 소크라테스, 그리고 프랑스 포병대의 포화 속에 자신들을 내던진 아랍인들 모두가 사탸그라히였다. 우리는 이런 사례들에서 다음과 같은 사실을 알게 된다. 사탸그라히는 육신에 대한 공포가 없다는 것, 자신이 생각하는 진리를 포기하지 않는 것, '패배'라는 단어가 그의 사전에 없다는 것, 대적의 파멸을 원하지 않는다는 것, 그리고 분노를 적수에

---

26 〔역주〕《전집》 권 16, 11면에 따라서 소제목을 단다. 《전집》의 이 부분에서는 'varnashrama' 대신 'varnashram'이 사용되고 있다. 일반명사와 고유명사의 경우 모두, 간디는 마지막 'a'를 종종 탈락시키고 있다. 그리고 그것이 현대 인도 언어들의 특징이라고 한다.

27 원하는 것은 뭐든 준다는 신화적 소.

게 표출하지 않고 그를 위해서 자비심만을 가진다는 것 등이다.

사탸그라히는 다른 사람이 가담하기를 기다리지 않고, 자신이 가진 자산에만 의존하며 자신을 던져서 전투에 임한다. 그는 때가 오면 다른 사람들도 그럴 것이라고 믿는다. 그의 실천이 계율이다. 사탸그라하는 공기처럼 무소부재하며 다른 사람에게 전염된다. 이는 남녀노소 모든 사람들이 사탸그라히가 될 수 있음을 의미한다. 아무도 사탸그라히 군대에서 배제되지 않는다. 사탸그라히는 어느 누구에게도 전제(專制)를 행하지 않는다. 그는 물리력의 사용 앞에 정복당하지 않고, 어느 누구도 가격하지 않는다. 어느 누구라도 그리고 거의 모든 상황에서 사탸그라하를 활용할 수 있다.

역사적 증거[28]

사람들은 사탸그라하를 지지할 만한 역사적 증거를 요구한다. 역사는 대부분의 경우 무력 행동의 기록이다. 자연스런(*natural*) 행동은 거의 기록되지 않는다. 오직 진기한(*uncommon*) 행동만이 우리를 놀라게 한다. 사탸그라하는 언제나 모든 상황에서 사용되어 왔다. 아버지와 아들, 남편과 아내는 한쪽이 상대방을 향해서 부단히 사탸그라하를 사용한다. 아버지가 화를 내어 아들을 벌할 때, 아들은 무기를 들어 반격하지 않고 그에게 순종함으로써 아버지의 분노를 잠재운다. 아들은 아버지의 부당한 통치(*unjust rule*)에 굴종하기를 거부하지만, 부당한 아버지에게 불복했을 때 아버지가 내릴 수 있는 처벌을 견딘다. 이와 유사하게 우리는 정부의 부당한 통치를 거부하고 그 통치에 수반되는 처벌을 수용함으로써, 그 통치로부터 우리 자신들을 해방시킬 수 있다. 우리는 정부에 대해서 악의(*malice*)

---

28 〔역주〕《전집》권 16, 12면에 따라서 소제목을 단다.

를 품지 않는다. 우리가 정부가 가진 공포를 잠재울 때, 그리고 우리가 정부 관료들에게 무장 공격을 가하기를 원치 않고 그들을 권력에서 몰아내려고 하지 않으며 그들의 불의만을 제거하려고 할 때, 그들은 당장 우리의 의지에 굴복할 것이다.

'우리는 왜 어떤 통치를 부당하다고 여겨야 하는가?'라는 질문이 제기되었다. 그런 의문을 스스로 품을 때 우리는 재판관의 기능을 자임하고 있는 것이다. 그것은 사실이다. 그러나 이 세상에서 우리는 언제나 스스로 재판관인 것처럼 행동해야 한다. 그 때문에 사탸그라히는 적수들을 무기로 가격하지 않는다.[29] 그는 자기편에 진리가 있다면 성공할 것이고, 자신의 생각이 잘못이라면 잘못에 상응하는 결과가 주어질 것이다.

그들은 묻는다. 한 사람만 불의를 직면하는 것이 뭐가 좋은가, 하고. 그는 처벌받을 것이고 파괴될 것이고, 옥중에서 번민하며 지내거나 교수형으로 요절할 수 있는 것이 아닌가. 이것은 타당한 반론이 아니다. 역사는 모든 개혁이 한 사람에게서 비롯되었음을 보여준다. 고행(*tapasya*) 없이 열매를 얻기란 어렵다. 사탸그라하에서 겪어야 할 고통은 가장 순수한 형태의 고행이다. 고행이 열매를 맺을 수 있을 때만 우리는 열매를 얻는다. 이 사실에 따르면 고행이 불충분한 경우 그 열매는 늦게 열릴 것이다. 예수 그리스도의 고행은 무한한 것이었지만, 유럽의 필요에는 불충분한 것이었다. 유럽은 그리스도를 인정하지 않았다. 무지한 탓에 유럽은 그리스도의 순수한 삶의 방식을 무시했다. 수많은 그리스도들(*Christs*)이 유럽이라는 끔찍한 제단에 자신들을 제물로 바쳐야 할 것이다. 그때 비로소 유럽 대륙

---

29 〔역주〕 이 대목은 분노하는 대신 재판관처럼 행동하라는 세네카(Seneca)의 충고를 상기시킨다.

은 자각할 수 있을 것이다. 그러나 예수는 이 그리스도들 가운데 언제나 첫째로 남을 것이다. 그는 그 씨앗의 파종자였고, 그래서 그의 씨앗은 추수를 거두는 공적을 가질 것이다.

문맹의 농민에게 사탸그라하를 교육하는 일[30]

문맹이며 무지한 민중을 한 상태에서 다른 상태로 변화시키는 일이 매우 힘들기 때문에, 무지한 농민들에게 사탸그라하를 교육하는 것은 아주 불가능하지는 않더라도 매우 어려운 일이고, 위험으로 가득한 일이라고들 한다. 이 두 가지 논의 모두 어리석은 것이다. 인도 민중은 사탸그라하 훈련을 받기에 아주 적합하다. 인도는 다르마에 대한 지식을 갖고 있고, 다르마의 지식이 있는 곳에 사탸그라하는 매우 간단한 일이다. 인도 민중은 귀의(*devotion*)의 감로주를 들이켰다. 이 위대한 민중은 신앙이 넘치고 있다. 그런 민중을 사탸그라하라는 올바른 길로 지도하는 일은 조금도 어려운 문제가 아니다. 어떤 자들은 민중이 일단 사탸그라하에 관여하게 되면, 나중 단계에서는 무기를 들어야 할지도 모른다는 공포를 갖고 있다. 이런 공포는 허구이다. 사탸그라하(진리의 把持)의 길로부터 아사탸그라하(허위의 파지)로의 전환은 불가능하다. 무력 행위를 믿는 일부의 사람들이 사탸그라히들의 조직에 침투함으로써 그들을 호도하고 나중에는 무기를 들게 하는 일은 물론 가능할 것이다. 이것은 모든 기획에서 가능한 일이다. 하지만 사탸그라하를 다른 활동에 비교한다면, 그런 일이 사탸그라하에서 발생할 가능성은 적다. 왜냐하면 그들의 동기가 곧 드러날 것이고, 민중이 무기를 들 준비가 아직 되어 있지 않을 때, 그들을 그 끔찍한 길로 인도하는 것은 거의 불가능할 것이기 때문이다.

---

30 〔역주〕《전집》 권 16, 13면에 따라서 소제목을 단다.

사탸그라하의 힘은 무기의 힘을 정면에서 반대한다. 어둠이 빛 속에 거할 수 없듯이, 혼 없는 무력 행위는 혼의 힘이 태양처럼 빛나는 광휘 속으로 들어갈 수 없다. 수많은 파탄인은 사탸그라하의 모든 규칙들을 준수하면서 남아프리카의 사탸그라하에 참여했다.

사탸그라히가 되기 위해서는 많은 고통이 수반되는데 전체 민중이 이런 고통을 감내하지 않으려 한다고들 한다. 이와 같은 반대는 타당하지 않다. 일반 민중은 항상 고귀한 사람들의 발자국을 따라간다. 사탸그라히 지도자를 양성하는 일이 어렵다는 점은 의심할 나위가 없다. 우리의 경험에 따르면, 한 사람의 사탸그라히는 무력 행위를 믿는 사람보다 많은 덕, 즉 자제와 무외(無畏) 등의 덕이 필요하다. 무기를 든 자의 위대함은 무기의 우수성에 있는 것도, 그의 신체적 기량에 있는 것도 아니다. 그것은 그의 결의와 죽음에 직면한 무외에 달려 있다. 고든 장군은 대영제국의 강력한 전사(戰士)였다. 그를 기념하여 건립한 상을 보면, 그는 손에 작은 막대기 하나만을 들고 있다. 그것은 전사의 힘이 무기에 의해서가 아니라 마음의 굳은 결의에 의해서 가늠된다는 점을 보여준다. 사탸그라히는 무기를 소지한 자에게 필요한 결의보다 수백만 배나 더 강한 결의가 필요하다. 그와 같은 사람의 출현은 당장 인도의 구원을 가져올 것이다. 인도만이 아니라 전 세계도 그의 출현을 고대하고 있다. 그동안 우리는 사탸그라하를 통해서 가능한 한 많은 토대를 준비할 수 있을 것이다.

사탸그라하의 사용[31]

현 상황에서 우리는 사탸그라하를 어떻게 사용할 수 있을까? 자유를 위한 투쟁에서 우리가 왜 사탸그라하로 가야 하는가? 우리는 모

31 〔역주〕《전집》 권 16, 14면에 따라서 소제목을 단다.

두 씩씩한 기상(*manliness*)을 죽이는 죄를 범하고 있다. 우리의 학식 있는 애니 베전트가 구금되어 있는 한, 그것은 우리의 인간성에 대한 모독이다. 우리는 사탸그라하를 통해서 어떻게 그녀의 석방을 성공시킬 수 있을까? 정부는 정부가 선의에서 행동했고, 그녀를 구금할 만한 충분한 근거가 있다고 말할 수도 있을 것이다. 하지만 민중은 여하튼 그녀가 자유를 박탈당하고 있다는 사실에 대해서 불행을 느낀다. 애니 베전트는 무력 행위를 통해서 해방될 수 없다. 어떤 인도인도 그러한 행위를 인정하지 않을 것이다. 우리는 탄원(*petitions*)이나 그와 비슷한 것을 제출하는 것으로 그녀의 자유를 확보할 수 없다. 많은 시간이 흘렀다. 우리는 아주 겸손하게 정부에, 만일 우리가 정한 시간까지 애니 베전트 여사가 석방되지 않는다면, 우리 모두가 그녀의 길을 따를 수밖에 없음을 알려줄 것이다. 우리 모두가 그녀의 모든 행위를 좋아한다고는 할 수 없다. 하지만 우리는 그녀의 행위 가운데 '안정된 정부'(*established Government*)나 기득권자를 위협하는 어떤 행위도 찾을 수 없다. 그래서 우리 역시 그녀의 행동에 참여하고 같은 운명을 요구한다. 다시 말하자면 우리도 수감을 자초할 것이다. 우리 국회의원들도 정부에 탄원하고, 수용되지 않으면 그들의 자리를 사임할 수 있다. 스와라즈를 위해서도 사탸그라하는 반드시 성공하는 무기이다. 사탸그라하는 우리가 원하는 것이 진리라는 것, 우리가 진리를 얻을 자격이 있다는 것, 그리고 우리가 그 진리를 위해서 죽음에 이르기까지 일할 것임을 의미한다.

더 이상 말할 것은 없다. 진리만이 승리할 것이다. 진리보다 상위의 다르마는 존재하지 않는다. 진리는 언제나 승리한다. 우리는 신에게 우리가 사탸그라하를 따름으로써 이 거룩한 땅에 다르마 통치를 가져올 수 있도록, 그리고 우리나라가 만인이 따르는 모범이 될 수 있도록 기도한다.

사탸그라하 - 수동적 저항이 아니다(H.),
람찬드라 바르마, 《마하트마 간디》; 《전집》 16 : 5

14) 사탸그라하와 대중적 각성

〔*1917. 9. 2*〕

바이슈리 샹카를랄 님께,

당신은 사탸그라하에 대한 나의 생각을 알고 싶어 합니다. 여기에 그 생각들을 간단히 적어 보냅니다.

'수동적 저항'(*passive resistance*)이라는 영어 구절은 내가 논의하고 싶은 힘(*power*)을 나타내지 못합니다. '사탸그라하'가 올바른 단어입니다. 사탸그라하는 혼의 힘이고 무력에 반대되는 것입니다. 그것은 본질적으로 윤리적 무기이므로, 윤리적 삶의 길에 경도되어 있는 자들만이 그것을 현명하게 사용할 수 있습니다. 프라흘라드와 미라바이 등의 사람들이 사탸그라히였습니다. 모로코 전투 당시 아랍인들은 프랑스인의 대포 세례를 받고 있었습니다. 아랍인들은 자신들이 오직 종교를 위해서 싸운다고 믿었습니다. 자신들의 생명에 개의치 않고 그들은 '야 알라'(*Ya Allah*)[32]를 외치며 프랑스인 대포를 향해서 돌진했습니다. 이런 판국에 상대를 죽이기 위해서 반격해야 할 이유가 없었습니다. 프랑스인 포병들은 아랍인들에게 대포 쏘는 일을 거부하고, 그들의 모자를 내던지며, 환희의 외침과 더불어 용감한 아랍인들을 포옹하러 달려 나갔습니다. 이것은 사탸그라하와 그것이 거둘 수 있는 성공 사례입니다. 아랍인들은 의도적으로 선택한 사탸그라히(진리 파지자)는 아니었습니다. 그들은 강한 충동의 압박감 아래에서 죽을

32 신에 영광.

각오를 한 것이지, 그들 심정 속에 사랑이 있었던 것은 아니었습니다.

사탸그라히는 악의를 전혀 품지 않고, 분노 속에서 자신의 생명을 내놓지 않습니다. 오히려 그가 스스로 고통당할 힘이 있기 때문에 '적'에게나 억압자에게 복종하기를 거부합니다. 그에게는 용기가 있고, 관대하며 자비로운 본성(*nature*)이 있습니다. 이맘 핫산(Imam Hassan)과 후세인(Hussain)[33]은 소년에 불과했습니다. 그들은 자신들에게 불의가 행해졌음을 느꼈습니다. 그들은 항복을 요구받자 거부했고, 이것이 죽음을 의미한다는 것을 그때 알았습니다. 하지만 그들이 불의에 항복하면, 그들의 사내다움을 더럽히고 그들의 종교를 배반하게 될 것이었습니다. 이런 상황에서 그들은 죽음의 포옹에 순종했습니다. 이 두 훌륭한 청년의 목이 전쟁터에 내걸렸습니다. 내 생각에 이슬람은 그 위대함을 칼의 힘을 통해서가 아니라, 전적으로 이 파키르(무슬림 고행 수행자)들의 자기희생을 통해서 얻었습니다. 다른 사람에게 칼을 사용하지 않고, 다른 사람으로 하여금 자신의 목을 베도록 허용하는 것은 군인다움입니다. 어떤 사람이 자신이 살인죄를 범했다는 점, 그가 잘못을 쭉 저질러왔다는 점을 깨닫게 되면, 그 살인자는 그 이후 영원히 죄책감을 느낄 것입니다. 하지만 피해자는 죽음을 자초하는 일에 있어서 잘못을 범했다고 해도 오직 승리만을 거둘 것입니다.

사탸그라하는 비폭력의 길입니다. 따라서 이 길은 언제 어디에서나 정당하고 정말로 올바른 길입니다. 무기의 힘은 폭력이고, 각 종교에서 폭력으로 규탄받고 있습니다. 무기 사용을 주창하는 자들도

33 〔원주〕 알리와 그의 처 파티마(예언자 마호메트의 딸)에서 태어난 아들들. 그들은 야지드(칼리프, 680~683)의 권위를 인정하기를 거부했다. 후세인은 야지드에 대항하여 봉기했지만, 카르발라에서 패배당하고 죽임을 당하였다. 〔역주〕 간디가 종종 언급하는 이 두 사람은 시아파 형성의 중심인물이었다. 인도에서 시아 무슬림은 소수파이다.

거기에 여러 제한을 둡니다. 사탸그라하에는 아무 제한이 없습니다. 제한이 있다면 그것은 사탸그라히가 가진 고행(*tapascharya*) 곧 자발적 고통에 대한 능력에 따라서 가해집니다.

그와 같은 사탸그라하의 적법성(*legality*)에 대해서 문제를 제기하는 것은 분명히 무용한 일입니다. 하지만 그것은 사탸그라히가 정할 일입니다. 참관자들은 사건 이후 사탸그라하를 판단할 수 있습니다. 세계가 유쾌하지 않은 시선으로 그것을 본다고 해도 한 사람의 사탸그라히를 저지할 수 없을 것입니다. 사탸그라하가 시작되어야 할지의 여부는 어떤 수학적 규칙으로 결정되는 것이 아닙니다. 패배와 성공의 기회를 저울질해 보고, 스스로 승리를 확신하고 난 다음에야 사탸그라하를 시작할 수 있다고 믿는 사람은, 매우 영리한 정치가나 똑똑한 사람일지언정 결코 사탸그라히는 될 수 없습니다. 사탸그라히는 자발적으로 행동하기 때문입니다.

사탸그라하와 무기, 둘 다 아주 오래전부터 사용되어 왔습니다. 우리는 그것들이 현존하는 경전 안에서도 찬양되고 있음을 봅니다. 그중 하나는 다이비 삼파드(*daivi sampad* : 신성한 도구)이고, 다른 하나는 아수리 삼파드(*asuri sampad* : 악마적 도구)입니다.[34] 옛날 인도에서는 둘 가운데 다이비 삼파드가 훨씬 강력했으리라고 우리는 믿고 있습니다. 이것은 우리가 오늘날도 품고 있는 이상입니다. 유럽은 아수리 삼파드의 우세를 가장 뚜렷하게 보여주는 사례입니다.

앞에서 말한 힘의 두 유형은 모두 약한 것보다는 강한 것이 더 바람직합니다. 약한 것을 더 간단하고 적절한 말로 표현하자면 '비겁'일 것입니다. 이 중 어느 하나라도 없으면, 스와라즈 곧 진정한 대중적 자각은 불가능합니다. 두 유형 가운데 어느 하나를 이용하여 얻는 것이

34 《바가바드 기타》 16 : 3~4.

아니면 참된 스와라즈일 수 없습니다.[35] 그와 같은 스와라즈는 민중에게 아무 영향력이 없습니다. 대중적 각성은 힘이 없거나 씩씩한 기상이 없다면 생길 수 없습니다. 지도자들로 하여금 그들이 좋아하는 바를 말하게 하고, 정부로 하여금 최선을 다하도록 합시다. 그들과 우리, 즉 쌍방 모두가 사탸그라하의 힘을 강화하지 않는다면, 폭력적 수단들이 자동적으로 늘어나게 될 것입니다. 그것들은 모든 땅에 자라는 잡초와 같습니다. 사탸그라하의 수확물은 노력할 각오나 모험정신을 거름으로 하여 얻을 수 있습니다. 더구나 잡초를 뽑아내지 않으면 묘목이 잡초 속에 쉽게 파묻혀 버리듯이, 우리가 고행으로 그 땅에 잡초가 나지 못하도록 하지 않는다면, 그리고 자비심으로 이미 자라난 잡초를 뽑아내지 않는다면, 폭력의 잡초는 계속해서 자라날 것입니다.

정부의 독재로 간주되는 것을 목격하고 낙담이나 분노로 내몰린 청년들이 있습니다. 우리는 사탸그라하의 도움으로 그들의 마음을 얻을 수 있고, 사탸그라하라는 다이비 삼파드를 강화하기 위해서 그들의 용기·담력·고통을 견디는 능력을 활용할 수 있을 것입니다. 그러므로 사탸그라하가 가능한 한 신속하게 확산되는 것은 매우 바람직한 일입니다. 이것은 치자나 피치자 모두에게 이익을 주는 일입니다. 사탸그라히는 정부나 그 어떤 사람도 괴롭히기를 원치 않습니다. 그는 충분한 심사숙고 없이는 한 걸음도 떼지 않을 것입니다. 그는 절대로 건방지지 않을 것입니다. 결과적으로 그는 '보이콧'으로부터는 언제나 떨어져 있지만, 스와데시 서약을 의무 사항으로서 굳건히 지킬 것입니다. 그는 오직 신만을 두려워하므로, 어떤 다른 권력

35 〔역주〕 참된 스와라즈가 다이비 삼파드 즉 사탸그라하로 얻어진다는 것은 이해할 수 있다. 하지만 강력한 무기 즉 아수리 삼파드로 얻어진 스와라즈도 참된 것일까? 강한 사탸그라하를 강조한 대목으로 이해해야 할까?

애니 베전트(Annie Besant, 1847~1933)
영국의 여성 사회개혁가. 국제신지학회 종신회장으로서 재직하면서 인도의 사회개혁과 교육향상을 위해서 힘썼다.

(*power*) 도 그를 협박할 수 없습니다. 그는 처벌이 무서워서 의무를 완수하지 않고 그대로 두는 법은 없을 것입니다.

학덕 있는 애니 바이[36]와 그녀의 동료들을 석방시키기 위해서 사탸그라하를 활용하는 것이 우리의 의무임을 내가 새삼 말씀드릴 필요는 없습니다. 우리가 그녀의 모든 행동 또는 특정 행동에 대해서 찬성하고 있는지의 여부는 다른 문제입니다. 내 나름으로는 일부 행위에 대해서는 분명 찬성할 수 없습니다. 그럼에도 불구하고 정부가 그녀를 수감한 일은 큰 잘못이고 불의의 행동입니다. 물론 나는 정부가 그것을 실수로 생각하지 않는다는 것을 알고 있습니다. 민중이 그녀의 석방을 바라는 것이 잘못일 수 있습니다. 정부는 그 자체의 빛을 따라서 행동했던 것입니다. 민중이 자신들의 분노의 감정(*outraged feelings*) 을 표출하기 위해서 무엇을 할 수 있습니까? 고통이 견딜 만한 경우에는 탄원 등의 방식이 유효할 수 있습니다. 그 고통을 참을 수 없을 때

36 Annie Besant.

사탸그라하 이외의 치유책은 없습니다. 민중이 고통을 참을 수 없다고 할 때, 그것이 참을 수 없음을 깨달은 사람들만이 애니 바이의 석방을 얻기 위해서 그들이 가진 모든 것, 즉 심신과 재산 모두를 바칠 수 있을 것입니다. 이것은 대중의 감정(*popular feeling*)이 강력히 드러난 모습일 것입니다. 그와 같이 위대한 자기희생 앞에서는 제왕의 권력도 뒤로 물러설 수밖에 없을 것임이 나의 부동의 신앙입니다. 민중은 곧 있을 몬터규[37] 씨의 도착을 감안해 분명히 자신들의 감정을 자제할 수 있을 것입니다. 그것은 그의 정의감(*sense of justice*)에 대한 신뢰의 표현입니다. 그가 도착하기 전 그녀가 석방되지 않는다면, 우리의 의무는 사탸그라하를 벌이는 것입니다. 우리는 정부를 자극하거나 방해하고 싶지는 않습니다. 사탸그라하를 벌임으로써 우리는 우리의 상처받은 감정(*our injured feelings*)의 강도를 표현하고, 그럼으로써 정부에 봉사하는 것입니다.

〈사탸그라하에 대한 생각〉에 대해서 샹카를랄에게 보낸 편지(G.),
〈구자라티〉(*Gujarati*), 1917. 9. 2 ; SN 6373 ; 《전집》 16 : 4

15) 사탸그라히들에 대한 지침들

나디아드, 사탸그라하 캠프, *1918. 4. 17*

1 자원자들은 이것이 사탸그라하 운동이므로, 모든 경우에 진리를 준수할 것을 명심해야 한다.

2 사탸그라하에서는 원한(*rancour*)을 품을 여지가 전혀 없다. 이는 사탸그라히는 하인에서부터 주지사에 이르기까지 그 누구에 대해서도 거친 말을 해서는 안 된다는 것을 의미한다. 어떤 사람이 거친 말을 한다면, 그를 중지시키는 것이 자원자들의 의무이다.

---

37 E. S. Montagu(1879~1924) : 인도장관(1917~1922).

3 사탸그라하에 무례(*rudeness*)가 들어갈 곳은 없다. 우리를 자신들의 적수라고 생각하고 있는 자들에게도 완전한 예의가 지켜져야 한다. 촌민들에게도 같은 행위를 하도록 가르쳐야 한다. 무례는 우리의 대의명분에 상처를 줄 수 있고 투쟁이 부당하게 연장되게도 할 수 있다. 자원자들은 이 문제에 대해서 지극히 세심한 주의를 기울여야 하고, 예의범절에서 나오는 이익의 사례들, 그리고 무례에서 나오는 불이익의 사례들을 자신들의 마음속에 될 수 있는 한 많이 그려 보고, 그것들을 민중에게 설명해 주어야 한다.

4 자원자들은 이것이 성전(*holy war*)임을 명심해야 한다. 우리가 그 전쟁을 개시하지 않았으면, 우리는 우리의 다르마를 지킬 수 없었을 것이다. 그리고 종교적 삶을 사는 데 필수적인 모든 규칙들이 여기에서도 준수되어야 한다.

5 우리는 권력에 대한 중독을 반대한다. 즉, 권위 자체에 반대하는 것이 아니라 법률을 맹목적으로 적용하는 것에 반대한다. 이 차이점을 절대로 간과해서는 안 된다. 그래서 관리들이 자신들의 다른 일을 하는 것을 도와주는 것이 우리의 의무이다.

6 우리는 집안의 다툼에서 지켜야 하는 것과 같은 원리를 여기에 적용해야 할 것이다. 우리는 정부와 민중을 하나의 대가족으로 생각해야 하고, 그 생각에 따라서 행동해야 할 것이다.

7 우리는 우리와 다른 견해를 가진 자들을 배척하거나 경멸해서는 안 된다. 우리는 오직 예의 바른 행동에 의해서만 그들의 마음을 얻도록 결의해야 할 것이다.

8 우리는 영리하고자 하면 안 된다. 언제나 솔직하고 직선적이어야 한다.

9 자원자들이 촌락에 머물러 있을 때, 촌민들에게 최소한의 봉사를 요구해야 한다. 걸어서 갈 수 있는 곳이면 자동차 이용을 피해야

한다. 우리는 가장 단순한 음식을 제공받겠다고 강하게 말해야 한다. 그들로 하여금 진미(珍味)를 준비하지 못하도록 막는 일은 우리가 행하는 봉사에 기품을 더 보탤 수 있을 것이다.

10 자원자들이 촌락 안에서 돌아다닐 때 민중의 경제적 처지와 교육의 결핍을 살펴서, 한가한 시간에 그들을 향상시키도록 노력해야 한다.

11 할 수만 있다면, 그들은 촌락 아동들에게 가르칠 수 있는 기회를 만들어야 할 것이다.

12 촌민들이 건강 규칙을 범한 것이 눈에 띄면, 자원자들은 그 사실을 촌민들에게 환기시켜 주어야 할 것이다.

13 자원자들은 어디서건 사람들이 다투고 있는 것을 보면, 다툼에서 그들을 구하도록 노력해야 한다.

14 자원자들은 민중이 한가할 때, 사탸그라하를 장려하는 책을 그들에게 크게 읽어 주어야 한다. 자원자들은 프라흘라드와 하리슈찬드라 등의 사람들의 얘기를 크게 읽어 줄 수 있을 것이다. 민중은 서양과 이슬람 문헌에서 발견되는 순수 사탸그라하의 사례들에 대해서도 친숙해져야 한다.

15 언제 어느 경우에도 무기의 사용을 사탸그라하에서 허용해서는 안 된다. 이 투쟁에서는 최고 유형의 비폭력이 유지되어야 한다는 점을 결코 망각해서는 안 된다. 사탸그라하는 자발적인 고통을 통해서 억압에 대항하여 싸우는 것을 의미한다. 여기에 다른 사람 누구에게도 고통을 주는 일이 있을 수 없다. 사탸그라하는 언제나 성공적이다. 그것은 절대로 패배할 수 없다. 모든 자원자들로 하여금 이것을 스스로 이해하게 하고, 그런 다음 민중에게 설명하게 하자.

모한다스 카람찬드 간디

지원자들에 대한 지침들(G.), 《케다 사탸그라하》
(*Kheda Satyagraha*) ; 《전집》 16 : 299

16) 사탸그라하 법칙

〔1919. 4. 25〕

나는 첫 번째 전단(傳單)에서 이 시리즈의 나중 호에서 사탸그라하의 의미를 고려해 보겠다고 암시했다. 나는 이제 사탸그라하의 의미를 검토할 시간이 도래했다고 느낀다. 이 단어는 수년 전 새롭게 만들어진 말이지만, 그것이 나타내는 원리는 태고의 것이다. 진리를 고수하는 것과 그런 고수에서 도출되는 힘, 이것이 사탸그라하의 문자적 의미이다. 현재 벌어지고 있는 운동에서, 우리는 사탸그라하를 일종의 힘의 의미로 사용하고 있다. 우리는 롤래트 법의 모습으로 나타난 악을 물리치기 위해서 사탸그라하 곧 진리를 고수함으로써 생성된 힘을 사용해왔다. 종교의 공리들 가운데 하나는, 진리 이외의 종교는 존재하지 않는다는 것이다. 또 다른 공리는 종교가 사랑이라는 것이다. 그리고 종교가 하나밖에 있을 수 없다면, 거기에서 진리가 사랑이고 사랑이 진리라는 점이 도출된다. 좀더 반성해 보면 우리는 진리에 토대를 둔 행위가 사랑 없이는 불가능하다는 점을 발견할 수 있을 것이다. 그렇다면 진리의 힘은 사랑의 힘이다. 우리는 악을 행하는 자에게 악의(*ill will*)를 품음으로써 악을 교정할 수 없다. 이것은 이해하기가 어렵지 않다. 이해하기가 매우 쉽다. 우리의 수천 가지 행동을 추진하는 힘은 진리 곧 사랑이다. 부자와 부부 관계, 우리 가족관계는 주로 진리 곧 사랑에 의해서 인도된다. 그래서 우리는 이 관계들을 조정하기 위해서 의식중 무의식중에 사탸그라하를 적용한다.

우리는 과거의 삶을 회고해 보면, 우리 가족에 영향을 주는 1천 가지 행동 중 999 가지에서 진리의 지배를 받고 있다는 점, 우리가 우리 행위에서 일반적으로 허위나 악의를 사용한다고 말하는 것이 옳지 않다는 점을 알 수 있을 것이다. 이익이 상충할 경우에만 분노나 악의 등의 허위(*untruth*)가 발생하고, 그럴 때 우리는 우리 사이에서 독소만을 보게 된다. 좀더 깊이 생각해 보면 우리는 가정 내 관계에 적용돼야 할 표준이, 치자와 피치자, 사람과 사람 사이에 관계를 조정하기 위해서도 적용되어야 한다는 점을 알게 될 것이다. 가정 내 유대를 인정하지 않는 사람들은 비록 모습은 인간의 몸을 지녔지만, 짐승이나 야만인들과 아주 유사한 것으로 간주되어야 할 것이다. 그들은 사탸그라하 법칙을 절대로 몰랐다. 가정 내의 유대와 그 유대에서 오는 책무를 인정하는 자들은 어느 정도 짐승의 경지를 벗어난 사람임이 분명하다. 그러나 누군가 그들을 추궁한다면, 그들은 "우리가 우리 가족의 이익을 보호하는 한 우주 전체가 멸망한다고 해도 무슨 상관이냐?"라고 말할 것이다. 그래서 그들의 사탸그라하 수준은 바다의 물 한 방울보다 적다.

남녀 사람들이 한 단계 더 올라가게 되면 사랑의 법칙 곧 사탸그라하 법칙을 가정에서 마을까지 연장할 것이다. 사탸그라하 법칙을 지역의 삶에 적용할 때, 즉 그 지역에 살고 있는 사람들이 증오 대신 사랑으로 자신들의 관계를 조정할 때, 짐승의 삶으로부터 다시 한 단계 올라간 경지에 도달한다. 힌두스탄에 있는 우리가 사탸그라하 법칙을 지역과 지역을 묶어 주는 힘으로 인정할 때, 그리고 수백만 힌두스탄인들이 상대방을 형제자매로 대접할 때, 우리는 짐승의 상태에서 한 걸음 더 진전한 것이다.

오늘날 지상의 어디에서도 사람들은 사탸그라하 적용에 있어서 국가의 단계(*the nation stage*)를 넘어서지는 못한다. 하지만 실제로, 국가와 국가 사이의 이익이 충돌할 이유도 없고, 저 위대한 법칙의 작동을 정지시킬 이유도 없다. 우리가 일상적인 행동에 대해서 반성하지 않는 일반적인 습관을 버린다면, 그리고 우리가 유통 중인 동전을 받아들이는 것과는 달리, 지방의 풍속과 습관을 당연지사로 인정하지 않는다면, 우리는 우리가 다른 국가들에 대해서 악의를 품는 만큼, 그리고 조금이라도 생명을 무시하는 만큼, 우리가 사탸그라하 곧 사랑의 법을 무시하고 있다는 사실, 수성(獸性, *the brute nature*)에서 여전히 자유롭지 않다는 사실을 즉각 알게 될 것이다. 그러나 우리 자신에게서 수성을 전적으로 제거하는 것을 제외하고 따로 종교가 있을 수 없다. 모든 종교적 분파와 지파들, 모든 교회와 사원들, 이것들은 우리로 하여금 사탸그라하의 보편성을 인정할 수 있게 해 주는 수단이 되는 만큼 유용하다. 인도에서 우리는 과거 오랜 세월 동안 이 가르침 속에서 훈련받았다. 바로 그 이유 때문에 우리는 전 우주를 한 가족으로 간주하라는 가르침을 받았다. 나는 사탸그라하 법칙에 복종함으로써 완전한 국가적 삶(*full national life*)을 사는 것이 가능하다는 사실뿐만 아니라, 사탸그라하 곧 진실한 종교적 삶 없이는 완전한 국가적 삶이 불가능하다는 사실을 내 경험을 바탕으로 주장하고 싶다. 다른 국가를 상대로 전쟁을 벌이는 국가는 삶의 위대한 법칙을 어느 정도 무시해왔다. 나는 인도가 이 진리를 전 세상에 전파할 수 있을 것이라는 신앙을 절대로 버리지 않을 것이고, 모든 남녀 인도인들 — 그들이 힌두교도, 이슬람교도, 파시교도, 기독교도, 유대인과 관계없이 — 이 꺾을 수 없는 신앙을 나와 함께 공유하기를 원한다.

M. K. 간디

사탸그라하 : 그 의미, 〈사탸그라하〉(전단 시리즈) No.6,
간디 기념 박물관, 뉴델리(H. S. L. 폴락 호의로) ; 《전집》 17 : 410

17) 사탸그라하, 포기, 훈련

봄베이, *1919. 5. 20*

여러분의 편지는 여기저기로 돌아다니다 오늘에야 내 손에 들어왔습니다. 여러분이 나의 서명을 탐내는 것은 잘못이라고 생각합니다. 나의 신체적 조건이 지금과 같다면 나는 모든 편지에 서명할 수도 없고 그것들을 구술할 수도 없습니다.

인도가 사탸그라하의 진정한 본성을 이해할 수 없는 한, 여러분이 제기한 의심은 일어날 수밖에 없으니 인내심을 가져야 합니다.

사탸그라하는 일단 시작했다면, 그 목적을 달성하고서야 종결됩니다. 때때로 그것이 종결된 듯이 보이는 때도 있지만, 사실상 그것은 종결되지 않았습니다. 사탸그라하가 두라그라하(*duragraha*)[38]와 혼동될 때, 그것을 중지하는 것이 진정한 사탸그라하를 출발시키는 방식입니다. 사탸그라하는 미묘한 것이어서, 우리가 그 일부라도 이해하려면 경험과 부단한 반성이 있어야 합니다. 내가 오늘 사태를 보건대, 법률에 대한 불복종의 형태로 하는 사탸그라하는 7월에 시작할 것으로 보입니다. 하지만 상황에 따라서 그보다 더 일찍 재개할 수도 있습니다.

사탸그라하가 취하는 어떤 모습들은 아마 여러 차례 중지되어야 할 것입니다. 단식과 그 밖의 종교적 수행에 어떤 힘이 있을지 여러분에게 설명하는 일은 어느 정도까지는 가능하지만 그 이상은 불가능하다고 여깁니다. 여러분이 이만큼의 세월 동안 계속 단식을 해왔고—나는 여러분이 그랬다고 확신하지만—여러분의 단식에 사탸그라하가 조금이라도 있었다면, 여러분은 여러분이 한 말 가운데 어떤 것은 말할 엄두조차 내지 않았을 것이기 때문입니다. 여러분이 과거에 준수해왔던 단식과 호니먼(Horniman)을 위한 일요일 단식 사이에 아무 차이점을 찾을 수가 없었다면, 나는 여러분이 자신들을 기만했다고 말할 수밖에 없습니다. 나는 사탸그라하에 있는 결점에 비례하여 우리의 투쟁이 분명히 장기화될 것이라는 확고한 견해를 가지고 있습니다. 물건은 포기했지만 그것에 대한 욕망이 사라지지 않았다면 진정

38 사탸그라하의 오용.

한 포기가 아닙니다. 직장마저 희생했던 사람들 가운데 그 결과로 얻은 것이 아무것도 없다고 생각하는 자가 있다면, 모두가 그 일을 헛되이 한 것입니다. 포기할 수밖에 없어서 직장을 포기한 자만이 진정으로 포기한 것입니다. 직장을 포기했던 사람들은 그렇게 한 일에 대해서 불행이 아니라 행복을 느꼈어야 했습니다. 그런데 그들이 그렇게 느끼지 않았다는 것을 알 수 있습니다. 바로 그 때문에 여러분은 여러분이 트리샨쿠(*Trishanku*)[39]의 입장에 처해 있다고 여기는 것입니다.

여러분은 내가 사탸그라하를 위해서 좋은 기회를 제공해야 한다고 말하는데 그런 나는 도대체 누구입니까? 사탸그라히는 언제나 자기 자신이 주인입니다. 여러분은 나와 더불어 여러 일을 논의할 수 있습니다. 어떤 단체가 사탸그라하 운동을 벌일 때, 개인들은 그 단체의 규율에 따라야 한다는 것은 분명히 진실입니다. 그러나 한 사람이 일단 사탸그라히가 되었다면 그는 사탸그라하를 실천할 기회를 언제든 갖게 될 것입니다. 의심과 공포로 그득한 사람들이 어떻게 사탸그라히로 간주될 수 있습니까? 사탸그라히가 된다는 것은 칼날 위를 걷는 것과 같습니다.

내가 하는 이 말에도 불구하고 내가 여러분의 의심을 푸는 데 성공하지 못했다면, 나는 인내를 당부할 수밖에 없습니다. 만약 여러분이 사탸그라하가 결국 수감을 초래하는 것만을 의미한다고 생각한다면, 어떤 법이라도 범해서 교도소에 갈 수 있을 것입니다. 사람이 만일 이런 식으로 사탸그라하를 실천할 수 있다면, 모든 수감자들이 다 사탸그라히입니다.

도덕법(*moral law*)을 범하지 않으면서 충분한 이유를 갖고 어떤 법률에 공손하게(*civilly*) 불복할 경우에만, 사탸그라하가 있을 수 있습

39 신화적 인물, 하늘과 땅 사이 중간에 머물렀던 자이다.

니다. 내가 만일 그런 길을 여러분에게 보여줄 수 있으려면, 나 자신이 사탸그라하를 실천해야 합니다.

모한다스 간디

수라트의 사탸그라히들에게 보낸 편지(G.),
《마하데브바이니 일기》 권 5 ; 《전집》 18 : 45

18) 자기고통과 고요한 도덕혁명

라부르눔 가(街), 봄베이, *1919. 8. 20*

The Editor
The Times of India

안녕하십니까?

당신은 내가 펜실베이니아인[40]이 나에게 한 선의의 충고에 대해서 답장하는 것을 아마 허락해 주실 것입니다. 나는 '펜실베이니아인'이 갖고 있는 견해를 많은 영국인도 정직하게 갖고 있다는 사실을 알고 있고, 사탸그라하에 관련된 오해의 일부를 제거할 기회를 준 데 대해서 그에게 감사드립니다.

'펜실베이니아인'은 그의 저명한 동포인 아브라함 링컨의 사례를 나에게 추천해 주셨습니다. 나는 링컨의 말 가운데 다음 구절을 내 인생에서 실천하기 위해서 최선을 다해왔습니다.

> 옳은 것(*right*)이 힘(*might*)이라는 신앙을 갖도록 합시다. 그리고 그 신앙 안에서 우리의 의무에 대해서 우리가 이해한 대로 끝까지 그것을 과감하게 수행하도록 합시다.[41]

---

40 펜실베이니아 출신 한 사람이 〈타임스 오브 인디아〉지에 보낸 공개서한에서, 간디에게 사회교육과 세입개혁을 부단히 선전함으로써 사회개량을 위해서 노력해 달라고 호소한 바 있다.

41 1860년 2월 27일 뉴욕시 쿠퍼협회에서 링컨이 행한 연설의 결론 부분이다.

'펜실베이니아인'은 '도덕혁명'(*moral revolution*)을 강조하고 있는데 그것은 옳은 일입니다. 사탸그라하는 다른 것이 아니라 바로 그것입니다. 시민적 저항은 사탸그라하의 필수적인 부분이지만 전부는 아닙니다. 그 기초적 의미는 '모든 손해에도 불구하고 진리를 고수하는 것'입니다. 종신(終身) 사탸그라히(*life-satyagrahis*)는 진리를 절대 고수하겠다는 서약, 그리고 비폭력·가난·순결에 대한 서약을 반드시 지켜야 합니다. 펜실베이니아인이 기획한 프로그램 전체를 실제로 실시하고 있는 기관이 현존합니다.[42] 영국과 미국 친구들이 그 기관을 방문한 바 있습니다. 나는 펜실베이니아인에게 그곳을 방문하고 그것을 대중에게 보도하라고 권합니다. 그는 그곳에서 다음과 같은 사실을 알게 될 것입니다. 자신이 속한 신분과 관계없이 모든 남녀들이 완전한 평등(*perfect equality*)이라는 조건에서 살아간다는 점, 문맹자들은 일상의 노역이 허락하는 범위 내에서 문자교육을 받는다는 점, 그리고 교육받은 구성원들이 곡괭이와 삽 들기를 주저하지 않는다는 점이 그런 사실들입니다. 그는 그곳의 재소자들이 농사일 이외에 물레질과 베짜기 기술을 배울 의무가 있음을 알게 될 것입니다. 그가 그것에 대한 과거의 기록을 검토해 보면 다음과 같은 사실도 알게 될 것입니다. 즉, 구성원들이 유행성 독감이 유행할 때 주변의 마을 주민들을 의약으로 도왔다는 점, 양곡을 빈곤자들에게 배분하는 일에서 기아위원회를 도왔다는 점, 그들이 가난한 직조공들이 짠 직물에 대비하여 동위원회에 수천 루피를 배분하고, 나라의 생산고를 제고했다는 점, 구성원들의 노동을 통해서, 전날 아무것도 벌지

42 〔원주〕 이것은 간디가 1915년 사바르마티에 설립한 사탸그라하 아슈람을 지칭하는 것이 분명하다. 〔역주〕 텍스트에는 1919년으로 되어 있으나 연보에 따라서 1915년으로 고친다.

못했던 여러 여성이 여가 시간에 면화에서 실을 빼냄으로써 매일 잔돈 몇 푼을 벌 수 있게 해 준다는 점을 알게 될 것입니다. 짧게 말하자면, 펜실베이니아인 자신이 묘사한 포괄적 프로그램 내의 여러 항목이 사탸그라히들의 최대 능력만큼 실천되고 있음을 알게 될 것입니다. 이것이 우리 사이에 진행되고 있는 조용한 도덕혁명입니다. 그 혁명은 선전 때문에 고통을 당하고 있습니다. 나는 종신 사탸그라히들에 의해서 수행되고 있는 건설적인 사업을 대중 앞에 제시했습니다만, 망설임이 없었던 것은 아니었습니다.

내가 알기로는 사탸그라하의 도래가 수많은 아나키스트를 피에 굶주린 교리에서 분리시켰다는 사실을 나는 덧붙이고 싶습니다. 아나키스트들은 다음 사실들을 알게 되었습니다. 즉, 비밀결사와 암살과 같은 방법은 이 불행한 나라에 오직 군사적·경제적 부담만을 가져왔다는 것, 그런 피에 굶주린 교리가 범죄 수사국의 사슬을 더욱 조이게 했다는 것, 그리고 그 교리가 그 교리에 의해서 타락한 수백 명의 청소년들의 사기를 꺾고 파멸시켰다는 것이 바로 그런 사실들입니다. 사탸그라하는 막 떠오르는 세대들에게 새로운 희망, 개방된 길, 그리고 인생에서 겪게 되는 대부분의 질병에 대한 무오류의 치유책을 제시했습니다. 그것은 그 세대를 불멸하며 무적의 힘으로 무장을 시켰는데, 이 힘은 누가 발휘하더라도 해를 입지 않을 것입니다. 사탸그라하는 인도 청년들에게 자기고통이 경제적·정치적·영적 구원을 위한 유일하게 확실한 길이라고 말하고 있습니다.

사탸그라하는 대부분 '악에 대한 저항'과 '시민적 협조'(*civil assistance*)입니다. 그러나 그것은 때때로 '시민적 저항'이기도 해야 합니다. 여기에서 나는 '펜실베이니아인'의 또 다른 유명한 동포 헨리 소로의 도움을 청하는 바입니다. 그는 묻습니다.

> 시민은 단 한순간이라도, 아니면 아주 적은 정도로, 그의 양심을 입법자들에게 양보해야 할까요?

그는 대답합니다.

> 나는 우리가 먼저 인간(*men*)이 된 이후 신민(*subjects*)이 되어야 한다고 생각합니다. 옳음(*the right*)에 대한 존경심만큼 법에 대한 존경심을 기르는 것은 바람직하지 않습니다.[43]

나는 소로의 입장을 공격할 수 없다고 생각합니다. 유일한 질문은 양심의 권리(*rights*)를 입증하기 위해서 적용할 수 있는 대책에 대한 질문입니다. 유행하고 있는 대책은 당신의 양심에 상처를 입히고자 하는 자들에게 폭력을 가하는 대책입니다. 소로는 자신이 쓴 불멸의 글에서 폭력이 아니라, 시민불복종(*civil disobedience*)이 진정한 대책임을 보여주고 있습니다.

시민불복종을 준수하는 저항자는 불복종의 결과로서 고통을 당할 것입니다. 다니엘이 메데스와 페르시아인들의 율법에 불복했을 때, 그것이 시민불복종이었고, 존 번연도 시민불복종을 벌였고, 까마득한 예전부터 인도에서 라이야트(*raiyat* : 인도 농민)들이 했던 것도 시민불복종입니다. 그것은 우리 존재(*our being*)의 법칙입니다. 폭력이 인간 속에 있는 짐승의 법칙이라면, 자기고통 곧 시민저항은 우리 안에 있는 인간(*the man in us*)의 법칙입니다. 질서가 잘 잡힌 국가(*a well-ordered State*)에서 시민저항을 실천할 기회는 드뭅니다. 그러나 그런 기회가 왔을 때, 그것은 무엇보다도 명예 곧 양심을 최고로 여기는 자에게는 피할 수 없는 의무가 됩니다. 롤래트 법안은 우리 가

---

43 《시민불복종》, 1849.

운데 수천 명의 양심에 영향을 주는 입법입니다. 나는 그 사안과 관련하여 영국 정부로부터 시민저항을 삼가라는 요청을 받는 대신, 한 국민의 자존심에 상처를 입히고 이구동성의 반대를 일으킨 법안을 철회해 달라는 호소를 영국인들이 자국 정부에 해 주기를 정중하게 제안하는 바입니다.

이만 총총

M. K. 간디

〈타임스 오브 인디아〉(*The Times of India*)에 보낸 편지, 1919. 8. 22 ; 〈영 인디아〉, 1919. 8. 23 ; 《전집》 18 : 231

19) 사타그라하와 사회진보 〔*1919. 9. 11*〕

나는 사탸그라하에 대해서 많이 쓰고 말했다. 그럼에도 불구하고 우리 자신들과 영국인들 가운데 여전히 많은 오해가 팽배해 있다. 그래서 반복의 위험이 있긴 하지만 그것에 대해서 말하는 것이 필요하다고 생각한다.

'사탸그라하'라는 단어는 특정 양식의 행동을 묘사하기 위해서 남아프리카에서 만들어졌다. 그곳에서 우리의 형제들이 참여했던 위대한 투쟁은 처음에는 구자라트어로도 '수동적 저항'으로 알려졌었다. 내가 영국인 청중들에게 이 투쟁에 대해서 한 번 연설한 적이 있었다. 그 행사의 영국인 의장은 무력한 인도인들이 투표권도 없고 무기도 없어서 '수동적 저항'을 할 수밖에 없다고 보았다. 의장은 내 친구였다. 그는 아주 진솔하게 자신의 견해를 피력했지만, 나는 모욕감을 느꼈다. 나는 남아프리카 인도인들이 벌였던 투쟁이 절대로 그들의 약함의 표현이 아니라는 점을 사실로 알고 있었다. 그곳 공동체는 의도적으로 특별한 유형의 투쟁을 선택했다. 내가 연설할 차례가 되자, 나는 친구의 생각을 수정해 주었고, 남아프리카 인도인들이 벌였던 투쟁은 약자로서 수행한 것이 결코 아니라는 점, 그리고 그 투쟁의 방식 안에 군인이 필요로 하는 것보다 더 큰 용기를 보았다는 점을 설명했다.

내가 바로 그 투쟁과 관련하여 영국에 있을 때, 나는 여자 여성참정권론자들이 건물에 방화하고, 채찍으로 관리들을 공격하는 것을 보았는데, 그들은 이런 종류의 투쟁 역시 수동적 저항으로 묘사하고 있었고 대중도 그렇게 알고 있었다. 남아프리카에서 진행된 투쟁에서는 그런 공격이 들어갈 여지가 전혀 없었다.

따라서 나는 남아프리카에서의 투쟁을 수동적 저항이라고 묘사하는 데 큰 위험이 있음을 느꼈다. 남아프리카에 있을 때 나는 통용할 수 있는 영어 단어 하나를 생각해내지 못했다. 앞서 언급했던 영국인 집회에서, 나는 우리의 투쟁을 묘사하기 위해서 '혼의 힘'이란 표현을 사용했다. 하지만 나는 우리의 투쟁을 지칭하기 위해서 그 단어를 줄곧 사용할 용기가 없었다. 지적인 영국인 친구들 역시 '수동적 저항'이란 표현이 부적절하다는 것을 깨달았지만, 나에게 다른 표현을 제시하지는 못했다. '시민저항'(*civil resistance*)이 그 투쟁을 완벽하게 표시한다. 그 말은 겨우 며칠 전에야 우연히 떠올랐는데, 그것을 영어로 사용해 보았다. '시민저항'은 사탸그라하(*satyagraha*)보다 덜 풍부하지만 '시민불복종'보다는 더 넓은 의미를 지닌다.

더구나 나는 우리의 투쟁 안에 진리와 정의가 있다는 점, 그리고 우리가 사용하는 힘이 폭력이 아니라 혼의 힘이었다는 점을 남아프리카에서 알았다. 아무리 작은 힘이라고 해도 그것은 여전히 혼의 힘이었다. 우리는 동물이 그 힘을 사용하는 것을 본 적이 없다. 그 이외에도 진리에는 그 진리를 통해서 흘러가는 혼의 에너지가 언제나 존재한다. 따라서 우리는 남아프리카에서의 투쟁을 사탸그라하라고 묘사하기 시작했다.

사탸그라하란 말의 기원이 순수라는 이념에 있다고 단언하더라도 그것은 조금도 과장이 아닐 것이다. 우리는 이제 사탸그라하가 단순히 법에 대한 시민불복종이 아님을 이해할 수 있을 것이다. 그것은 종종 그런 불복종을 벌이지 않는 것일 수도 있다. 그러나 우리가 시민불복종을 행하는 것을 의무로 느끼고, 행하지 않는 것을 씩씩한 기상에 흠이 되고 혼의 타락이라고 느낄 때, 사탸그라하는 바로 그런 불복종일 것이다. 그러한 사탸그라하는 정부에 대항해서만이 아니라 사회에 대항해서도 사용될 수 있을 것이다. 그것은 부부 사이, 부자 사이, 그리고 친구 사이에서도 사용될 수 있다. 한 마디로, 이 귀중한 무기는 모든 분야의 거의 모든 개혁을 위해서 사용될 수 있다. 그것은 그것을 발휘하는 자, 그것이 발휘되는 대상이 되는 자 양자 모두를 신성하게 만든다(*sanctify*). 사탸그라하의 정당한 사용은 불리한 결과를 절대로 갖고 오지 않을 것이다. 항상 성공만을 가져다줄 것이다. 만일 민중이 사탸그라하의 이름을 빌려서 두라그라하를 사용하여 불쾌한 결과가 따라온다고 해도, 사탸그라하를 비난해서는 안 된다.

그런 사탸그라하는 사람들이 알든 모르든 가정에서 흔히 사용되고 있다. 즉, 만일 아들이 아버지가 부당하다(*unjust*)고 느꼈을 때, 그는 그런 불의에 굴복하지는 않지만, 아버지가 자신에게 내리는 처벌을 즐거운 마음으로 감당해야 한다. 그리고 이런 방식으로 아들은 아버지가 아무리 강경하다고 하더라도 그의 마음을 얻는 데, 그리고 그로부터 정의를 얻어내는 데 결국 성공할 것이다. 그러나 현재 우리는 타성의 노예인지라 이런 법칙을 가정의 영역 외부에 적용하기를 망설인다. 따라서 나는 사회적 정치적 사안들에 사탸그라하를 적용하는 것을 새로운 실험으로 보았던 것이다. 작고한 톨스토이는 나에게 보낸 편지에서 그것이 새로운 실험이라는 사실에 대해서 나로 하여금 주목하게 한 최초의 사람이었다.

많은 사람은 사탸그라하가 종교와 관련된 사항에서만 사용될 수 있을 것이라고 믿는다. 나의 폭넓은 경험은 사실이 그와 정반대임을 입증한다. 우리는 사탸그라하를 종교 이외의 다른 영역에 적용함으로써 종교를 그 영역 안에 도입하고, 그렇게 함으로써 실제로 더 빨리 성공할 수 있고, 지속적인 위선으로부터 우리 자신을 구원할 수 있다.

나는 가장 눈에 띄지 않는 몇몇 경제학 법칙이 사탸그라하 안에 작동한다는 사실을 확고하게 믿고 있다. 이런 의미에서 나는 사탸그라하가 실제적인 방법이라고 믿는다. 사탸그라하는 위에서 말한 대로 새로운 방법이기 때문에 민중이 이해하기 어렵고, 바로 그 때문에 그것을 수용하는 데 일정한 시간이 걸릴 수 있다. 그 이외에도 우리가 최선의 결과를 위해서 일할 때 어느 정도 시간이 걸린다는 점이 뭐 그리 놀라운가? 사탸그라하가 인도에서 일상적인 방법이 될 때, 지금으로서는 시간이 많이 드는 정치적 경제적 개혁이 훨씬 단시간 내 달성될 수 있을 것이고, 통치자와 피치자들 사이의 거리와 상대방에 대한 불신이 사라지고 그 자리에 사랑과 신뢰가 성장할 것이다. 우리는 같은 일이 사회의 다른 부문 간에서도 적용될 수 있음을 확신할 수 있을 것이다.

사탸그라하의 방법을 민중 사이에 널리 확산시키기 위해서 오직 한 가지 일이 필요하다. 지도자들이 순수한 모습의 사탸그라하를 이해하고 민중 앞에 제시한다면, 민중은 쉽사리 반응할 것임을 나는 확신한다. 사탸그라하를 올바르게 이해하기 위해서, 우리는 진리와 비폭력에 대한 신앙을 가져야 할 것이다. 진리를 정의(定義)할 필요는 없다. 나는 이 맥락에서 비폭력에 대해서 자로 잰 듯한 아주 정확한 해석을 요구하지 않는다. 우리는 어떤 사람들에게 정의(正義)를 보여 달라고 바랄 수 있다. 그러나 그들에게 악의를 품어서는 안 된다. 우리는 우리 목적을 추구하기 위해서 그들에게 폭력을 행사하거나, 그들을 다치게 해서는 안 된다. 우리는 결심을 굳건히 지키면서 예의를 통해서만 우리의 목적을 추구해야 한다. 이것이 내가 여기에서 말하는 비폭력의 의미 전체이고, 그 정도의 비폭력은 이러한 개혁을 이루는 데 필수적이다.

민중이 사탸그라하를 수용하기만 하면 우리의 모든 행위는 새로운 모습을 취할 것이다. 우리는 큰 야단법석, 너무나 많은 폼 잡는 연설, 청원, 결의, 그리고 약삭빠른 행위를 하지 않아도 될 것이다. 개인적으로 말하자면, 나는 사탸그라하 안에서 우리나라의 사회적 · 경제적 · 정치적 진보를 보고 있는데, 이런 진보는 다른 데서는 전혀 볼 수 없다.

사탸그라하(G.), 《산즈 바르트만》(*Sanj Vartman*),
1919. 9. 11 ; 〈나바지반〉, 1919. 9. 14 ; 《전집》 18 : 277

20) 사탸그라하의 요체

라호르, *1920. 1. 25*

○○[44] 씨에게

나는 사탸그라하 교의에 대해서 논리적 · 영적 내용을 완전히 전개하기 전에 이미 사탸그라하를 서구인들이 이해하고 실천했던 수동적 저항과 구별했습니다. 나는 흔히 '수동적 저항'과 '사탸그라하'를 동의어로 사용했습니다. 그러나 사탸그라하 교의가 진전되자, '수동적 저항'이라는 표현은 동의어로도 사용할 수 없게 되었습니다. 그 표현

44 수신자의 이름을 판독할 수가 없다.

이 여자 여성참정권론자의 경우처럼 폭력을 수용하게 되었고, 약자의 무기로 널리 인정을 받게 되었기 때문입니다. 더구나 수동적 저항은 모든 경우에 진리를 완전히 고수하는 것을 반드시 의미하지 않게 되었습니다. 그래서 그것은 세 가지 핵심 사항에서 사탸그라하와 다릅니다. 사탸그라하는 강자의 무기이고 어떤 경우에도 폭력을 용납하지 않습니다. 그것은 항상 진리를 고수합니다. 이제 나는 그 차이점을 아주 분명히 해명했다고 생각합니다.

귀하의 신실한 친구

마단팔리에게(P. O.)

편지, SN 7071 ; 《전집》 19 : 199

21) 사탸그라히 수감자들의 행위

앞 장[45]의 끝 부분에서 나와 친구 몇몇이 제기한 논의는 숙고해 볼 만 한 가치가 있다. 저렇게 많은 사람이 사탸그라하를 정직하게 믿고 있고, 수천 명이 교도소로 갔던 1921년과 22년 그들이 사탸그라하를 일관성 있게 수행했던 것만 보아도 말이다.

첫 사례(1921년의 사례)에서 교도소 외부에서조차도 정부를 당황하게 만드는 것이 우리의 목적은 아니었다. 우리는 우리의 행위가 정당하기만 하면 정부가 당황하더라도 신경 쓰지 않을 것이다. 우리의 비협조는 정부를 당황하게 만들었는데 다른 어떤 것도 정부를 그렇게 만들 수는 없다. 그러나 우리는 변호사로서 또는 지방의회 의원으로서 비협조를 실천하고 있는데, 그것이 우리의 의무이기 때문이다. 다시 말해서, 우리는 비협조가 통치자들을 기쁘게 해 주었다는 사실을 알게 되더라도 비협조를 그만두지 않을 것이다. 그리고 우리

45 〔역주〕 나의 교도소 경험 - 6(1926. 5. 22)을 볼 것. 《전집》 권 28, 101면.

가 그렇게 신경을 쓰지 않는 것은, 비폭력이 궁극적으로 우리 자신에게 이익이 된다고 믿기 때문이다. 그러나 교도소 내에서 그와 같은 비협조가 있어서는 안 된다. 우리가 교도소에 들어온 것은 이기적인 목적을 위해서가 아니다. 우리는 정부의 판단에 의해서 죄인으로 간주되었으므로 교도소에 잡혀 들어간 것이다. 그래서 우리의 일은 모범적인 방식으로, 즉 그들이 기대하고 있는 방식으로 행동함으로써 그들을 계몽해야 하는 일이다. 이는 교도소 외부에서 우리가 법정 · 학교 · 지방의회 · 작위 등을 피함으로써, 그리고 그것들이 가져다준다는 의심스런 이익 없이 우리가 일할 준비가 되어 있다는 점을 보여줌으로써, 그들을 계몽하는 일과 마찬가지이다.

우리 모두가 그것을 자각하든 말든 비협조의 방법은 심정 깊이 감동을 주고 이성에 호소하는 과정인데, 이것은 난폭한 태도(*rowdyism*)로써 놀라게 하는 과정과는 다르다. 난폭한 태도는 비폭력운동에 들어갈 여지가 없다.

나는 사탸그라히 수감자들을 전쟁 포로와 자주 비교해 보았다. 일단 적에 의해서 생포되면, 전쟁 포로는 적에 대해서 친구처럼 행동해야 한다. 전쟁 포로가 적을 속이는 일은 명예롭지 못한 일로 간주될 것이다. 사탸그라히 수감자가 전쟁 포로처럼 행동해야 한다는 나의 이 태도는, 정부가 사탸그라히 수감자들을 전쟁 포로로 간주하지 않는다고 하더라도 조금도 영향을 받지 않을 것이다. 우리가 전쟁 포로처럼 행동한다면 우리는 당장 존경받을 수 있을 것이다. 우리는 교도소를 중립적 기관—우리가 어느 정도까지는 협조할 수 있고, 아니 협조해야 하는 중립적 기관—으로 만들어야 한다.

이와 달리 우리가 만일 교도소 규칙을 의도적으로 범하고, 동시에 처벌과 엄격함에 대해서 불평한다면, 우리는 일관성도 자존심도 없는 사람이 된다. 예를 들면, 우리는 수색에 대해서 저항하거나 불평해서도 안 되며, 동시에 금지품을 담요나 옷 안에 숨겨 두어서도 안 될 것이다. 내가 알기로 사탸그라하 안에는 우리가 특별한 경우에도 허위를 말하거나 다른 기만적 행위를 하도록 만드는 일은 없다.

우리가 교도관들의 삶을 불편하게 만드는 경우 정부는 평화를 청원할 수밖에 없을지도 모른다고 우리가 말할 때, 우리는 정부를 미묘하게 칭찬하거나 아니면 정부 당국자들을 천치바보로 간주하는 것이다. 우리가 교도관들의 삶을 불편하게 만들어도 정부가 침묵으로 방관하고 우리의 정신을 분쇄하기 위해서 적절한 처벌을 내리기를 망설일 때, 우리는 약간의 칭송을 할 수 있다. 다시 말하자면, 우리가 교도 행정관들에게 충분한 이유를 제공했음에도 그들이 심한 처벌을 내리지 않을 만큼 사려 깊고 인간적이라고 우리는 간주할 수 있다. 하지만 실정은 어떠한가? 그들은 품위 따위에 대해서 전혀 아랑곳하지 않고, 특별한 상황에서는 허용된 처벌만이 아니라 허용되지 않은 처벌까지 내릴 것이고, 현재 역시 그렇게 하고 있다.

그러나 우리가 만일 사탸그라히의 의무로 정직과 위엄을 갖고 일관되게 행동했다면, 우리는 정부의 모든 반대를 무마(撫摩)했을 것이라는 점, 그리고 수많은 수감자가 완벽하게 명예로운 행동을 보였다면, 최소한 정부를 수치스럽게 만들어(*shamed*) 고귀하고 무구한 사람들을 수없이 많이 수감한 일이 자신의 과오였다고 고백하게 만들 수 있었을 것이라는 점은 심사숙고에서 나온 나의 확신이다. 우리의 비폭력은 폭력의 가장(假裝)이었다는 것이 그들의 주장이 아닌가? 그래서 우리는 난폭하게 될 때마다 그들의 손아귀에서 놀아나는 것이 아닌가?

그래서 내 생각으로 우리는 사탸그라히로서 수감자가 되었을 때 다음과 같은 사항을 지켜야 한다.

1 아주 사려 깊은 정직함으로 행동해야 한다.
2 교도관들의 행정에 협조해야 한다.
3 모든 합당한 규율에 복종함으로써 동료 수감자들에게 모범을 보여야 한다.
4 수감자들 중에서 가장 비천한 자들이 얻지 못하는 것이고, 건강상의 이유로 우리에게 꼭 필요하지 않는 것이라면, 어떤 호의나 특권을 요구해서는 안 된다.
5 우리가 필요한 것이라면 반드시 요구해야 하고, 얻지 못한다고 해도 짜증을 내서는(*irritated*) 안 된다.
6 할당된 모든 과업을 최선을 다해서 수행해야 한다.

위에서 언급한 행동이야말로 정부의 입장을 불편하게 하고 유지할 수 없게 한다. 정부 당국자들은 신념이 없고 그런 드문 사태에 대한 준비도 없어서, 정직에 대해서 정직으로 맞서기가 어려울 것이다. 그들은 난폭한 태도를 예상하고 두 배로 난폭한 태도로 맞서려고 한다. 그들은 정부를 부정하는(*anarchical*) 범죄는 다룰 수 있지만, 비폭력에 대해서는 그것에 순종하는 길 이외에 달리 다룰 수 있는 방도를 찾지 못했다.

사탸그라히의 수감 배후에는 그가 고통에 겸손하게 순종함으로써 고통을 경감할 수 있다는 예상이 있다. 그가 정당한 명분(*just cause*)을 위해서 묵묵히 당하는 고통은 그 자체로 가치가 있고, 칼의 덕보다 무한히 더 위대하다는 점을 그는 믿는다. 그것은 그들의 태도가 우리의 자존심에 상처를 가하려고 할 때, 우리가 저항하지 말아야 한다는 것을 의미하지는 않는다. 예를 들면, 관리들이 우리에게 욕설하거나 그들이 흔히 그러하듯이 음식을 우리에게 던져 주기라도 한다면 우리는 죽음에 이를 때까지 저항해야 한다. 모욕(*insult*)과 욕설은 관리의 의무가 결코 아니다. 따라서 우리는 그것들에 대해서 저항해야 한다. 그러나 수색은 교도소 규칙의 일부이기 때문에 저항해서는 안 된다.

내가 묵묵히 겪는 고통에 대해서 언급했다고 해서, 사탸그라히와 같은 죄 없는 수감자들을 기결수와 같은 부류에 넣은 일에 대한 소요(*agitation*)가 일체 없어야 한다는 것은 아니다. 수감자로서 우리는 어떤 호의를 요구해서는 안 된다는 것뿐이다. 우리는 다른 기결수들과 함께 사는 일에 만족해야 하고, 그들 사이에 도덕적 개혁을 도모할 기회를 환영하기조차 해야 한다. 하지만 우리는 정부가 가장 자연스런 구별을 인정할 만큼 스스로 문명화되기를 기대할 수는 있다.

나의 교도소 경험 - 7, 〈영 인디아〉, 1924. 6. 5 ; 《전집》 28 : 51

22) 형식과 내용

사바르마티 아슈람, *1926. 5. 31*

사랑하는 친구에게,

당신의 편지를 받았습니다. 당신의 투쟁을 충분히 인정합니다. 하지만 당신이 겪는 굴욕이 당신을 순결하게 할 수 있다면, 오직 당신을 순결하게 하는 만큼 당신의 동료에게 이익이 될 것이라는 점에 대해서 아무 의심이 없습니다. 나의 비폭력은 다른 차원에서 활성화된 저항입니다. 악에 대한 무저항은 전혀 저항하지 않음을 의미하는 것이 아니라, 악에 대해서 악으로 저항하는 것이 아니라 선(*good*)으로 저항하는 것을 의미합니다. 그래서 저항은 보다 높은 경지로, 절대적으로 효험이 있는 경지로 이전됩니다.

그래서 우리가 자본주의에 저항한다고 하더라도, 자본주의에서 통용되는 무기가 아니라 완전히 새로운 무기를 갖고 해야 합니다. 만일 종업원들이 자신들 안에 있는 힘을 자각한다면, 그들이 오늘날 그러하듯이 단순히 형식만을 바꾸는 것이 아니라 내용을 근본적으로 바꿀 것입니다. 그리고 이와 같은 바람직한 개혁을 위해서는 내부에서 힘이 생겨나야 합니다. 우리는 다른 사람들이 시작하기를 기다릴 필요가 없습니다. 단 한 사람이 시작하더라도 결국 그 제도를 파괴하는 데 충분할 것입니다. 그러나 나는 그가 그 파괴에 이를 때까지 소외와 그보다 더 심한 것을 감내해야 할지도 모른다는 것, 이것이 바로 거의 모든 개혁가들의 운명이란 것을 기탄없이 고백하겠습니다.

귀하의 신실한 친구

Wilhelm Wartenberg, Esq.
Hamburg 23
Bitterstr 134 II
Germany

빌헬름 바르텐버그에게 보낸 편지,
SN 12471 ; 《전집》 35 : 386

23) 사탸그라히를 위한 규칙들

사탸그라하는 글자 뜻대로 하면 진리를 고수하는 것을 의미한다. 이 고수는 진리의 주창자를 무적의 힘으로 무장시킨다. 이 힘이나 세력은 사탸그라하라는 말에 함축되어 있다. 사탸그라하는 진실한 것이라면, 부모, 아내 또는 아이들, 통치자, 동료 시민들, 심지어 전 세계에 대항하여 펼칠 수 있다.

이와 같이 보편적인 힘(*universal force*)이라면 친척과 이방인, 남녀노소, 친구와 원수를 구별하지 않을 것은 당연하다. 그런 식으로 활용되는 힘이 물리력일 수 없다. 그 안에는 폭력이 들어갈 여지가 없다. 그래서 보편적으로 적용할 수 있는 유일한 힘은 아힘사 곧 사랑의 힘이다. 그것은 다른 말로 하면 혼의 힘이다.

사랑은 다른 사람이 아니라 그 자체를 태운다. 그래서 사탸그라히 곧 시민저항자는 죽음에 이르기까지 즐겁게 고통을 감내한다.

그래서 여기에서 시민저항자는 기존의 규칙이 갖고 있는 목적을 달성하기 위해서 진력을 다하면서도, 단 한 사람의 영국인에게 신구의(身口意)로 의도적인 상해를 입히지 않아야 한다는 결론이 도출된다. 여기에 나는 사탸그라하에 대해서 꼭 필요한 설명을 간단히 하겠는데, 이것은 아마 독자들이 다음의 규칙들을 이해하고 제대로 평가하게 해줄 수 있을 것이다.

개인으로 준수해야 할 규칙

1 사탸그라히 곧 시민저항자는 어떤 분노도 품어서는 안 된다.

2 그는 적수의 분노를 견뎌야 한다.

3 그는 분노를 견디면서 적수의 공격을 감내해야 하고 결코 보복하지 말아야 한다. 하지만 그는 처벌이나 그와 유사한 것이 두려운 나머지, 분노에서 나온 명령 따위에 굴복하지는 않을 것이다.

4 당국자들이 시민저항자를 체포하려고 할 때, 그는 그 체포에 자발적으로 순응해야 한다. 그리고 시민저항자의 재산이 있는 경우 당국이 그 재산을 몰수한다고 할 때, 재산 압류나 몰수에 대해서도 저항하지 않아야 한다.

5 시민저항자가 신탁자로서 맡은 재산이 있다면, 그것을 내놓기를 거부해야 한다. 비록 그것을 방어하는 데 생명을 잃을지라도 말이다. 하지만 그는 결코 보복하지 않을 것이다.

6 보복하지 않는다는 것은 욕설(*swearing*)과 저주(*curse*)도 하지 않는다는 말이다.

7 따라서 시민저항자는 대적을 결코 모욕하지 않는다. 그래서 그는

아힘사 정신에 어긋나는 구호에, 새롭게 만들어진 많은 구호에 결코 가담하지 않는다.

8 시민저항자는 영국 국기에 대해서 경례하지 않지만, 그 국기나 영국인 관리나 인도인 관리들을 모욕하지 않는다.

9 투쟁 도중 누구라도 관리를 모욕하거나 공격한다면, 시민저항자는 목숨을 걸고라도 그런 모욕이나 공격으로부터 관리를 보호해야 한다.

수감자로서 준수해야 할 규칙

10 시민저항자는 수감자로서 교도관에게 예의 바르게 행동해야 하고, 자존심에 거스르지 않는 범위 내에서 교도소의 모든 규율들을 준수해야 할 것이다. 예를 들면, 그는 교도관에게 보통의 방식으로 경례하며(*salaam*), 모욕적인 손의 움직임을 금지해야 하고, '사르카르[46]에 승리' 등과 같은 구호를 외치지 말아야 한다. 그는 깨끗하게 조리되고 깨끗하게 주어지는 음식, 자신의 종교에 반하지 않는 음식은 받아들이되, 모욕적으로 주어지거나 불결한 그릇에 담긴 음식을 받아들이는 것은 거부해야 한다.

11 시민저항자는 일반 죄수와 자신을 구별해서는 안 되고, 자기 자신을 나머지 사람들보다 우월하다고 생각해서도 결코 안 되고, 자기 몸의 건강과 좋은 상태를 유지하는 데 꼭 필요하지 않은 편의는 어떤 것도 요청해서는 안 된다. 그러나 신체적 또는 영적 복리에 필요한 편의라면 요청할 자격이 있다.

12 시민저항자는 자신의 자존심에 아무 해도 끼치지 않는 편의의 결핍을 이유로 단식해서는 안 된다.

---

46 정부.

하나의 단위로서 지켜야 할 규칙들

13 시민저항자는 본인의 기호와 관계없이, 저항자 단체의 지도자들이 내리는 모든 명령에 기꺼이 복종해야 할 것이다.

14 명령이 첫눈에 그에게 모욕적으로 보이거나, 해롭거나 또는 어리석어 보이는 것이라고 해도, 그는 일단 그 명령을 수행한 후에 고위 당국자에게 항의해야 할 것이다. 그가 단체에 가입하기 전에는 그 단체가 그를 만족시킬 만한 것인가를 결정할 자유가 있지만, 일단 그 단체에 가입하고 난 다음에는, 그 규율이 진저리나는 것이든 그렇지 않든 그것에 복종하는 것이 의무이다. 그 단체의 에너지 총합이 단원에게 부적절하거나 부도덕한 것으로 보일 때, 그는 단체와의 관계를 끊을 권리가 있다. 하지만 그 안에 있을 때에는, 그 규율을 어길 권리가 전혀 없다.

15 어떤 시민저항자라고 해도 자신의 부양가족의 생계비를 기대해서는 안 된다. 만일 그런 것이 제공된다고 해도 그것은 아주 우연일 것이다. 시민저항자는 부양가족을 신의 보살핌에 맡겨 둬야 한다. 수십만의 사람이 자신들의 생명을 포기하는 일반적인 전쟁에서도, 생계비를 미리 제공할 수는 없다. 그렇다면 사탸그라하에서는 더더욱 그렇지 않겠는가? 그러한 때 거의 아무도 굶어 죽지는 않았다는 것이 보편적인 경험이다.

집단 간의 싸움에 필요한 규칙들

16 시민저항자라면 누구라도 의도적으로 집단 간의 분쟁의 원인이 되어서는 안 된다.

17 그와 같은 분쟁이 발생하게 되면, 그는 편을 들어서는 안 되고 분명히 옳은 편만을 도와야 할 것이다. 그는 힌두교도로서 무슬

림들과 다른 사람들에게 관대해야 하고, 힌두교도들의 공격으로부터 비힌두교도를 구해 주는 데 자신을 바쳐야 할 것이다. 그리고 비힌두교들이 힌두교도를 공격한다면, 그는 보복에 참여해서는 안 되고 힌두교도를 보호하는 데 자신의 생명을 바쳐야 할 것이다.

18 그는 집단 간의 분쟁을 일으킬 만한 일체의 경우를 최선을 다해서 피해야 한다.

19 사탸그라히들의 행진이 있을 경우, 그들은 특정 집단의 종교적 정서(*religious susceptibilities*)를 해칠 만한 일을 해서는 안 되고, 그러한 정서를 해칠 만한 행진에 참가해서도 안 된다.

사탸그라하의 규칙들(G.), 〈나바지반〉, 1930. 2. 23 ;
〈영 인디아〉, 1930. 2. 27 ; 《전집》 48 : 354

24) 순수한 사탸그라하

사하르사, *1934. 4. 2*

이 성명서는 사탸그라하 아슈람의 재소자들과 준재소자들과의 개인적 대화에서 영감을 얻은 것인데, 이들은 방금 출옥했고, 라젠드라 바부 사건으로 내가 비하르로 보냈던 자들이었다. 이 성명서는 특히 오래전부터 사귀어온 귀한 친구와의 대화에서 얻은 뜻깊은 정보 때문에 작성한 것이기도 한데, 이 친구는 교도소의 과업을 수행하기를 주저하고, 할당된 과업보다는 사적으로 공부하기를 더 좋아하는 자였다. 이것은 분명 사탸그라하 규칙에 반대되는 것이었다. 이 일은 내가 아주 사랑한 그 친구의 결함보다 내 자신의 결함을 절절히 깨닫게 해 주었다. 그 친구는 내가 그의 약점을 알고 있을 것으로 생각했다고 말했다. 나는 눈이 멀었다. 지도자의 맹목은 용서할 수 없다. 나는 내가 당분간 시민저항에서 활동하는 유일한 대표자로 남아 있어야 한다는 점을 당장 깨달았다.

지난 7월 푸나에서 열린 비공식 대회 주간에 나는 다음과 같은 내용을 선언한 바 있다. 즉, 나는 많은 개인적 시민저항자를 환영할 것이지만, 사탸그라하 메시지를 살려 놓기 위해서는 단 한 사람이라도 충분하다는 점을 말이다. 나는 인간의 심정에 대해서 많이 공부하고 난 다음 이제 푸르나(완전한) 스와라즈를 얻는 방법으로서 시민저항이 성공하기 위해서는, 현 상황에서 다른 사람이 아니라 오직 나 자신이 당분간 시민저항의 책임을 져야 한다는 결론에 도달했다.

나는 사탸그라하가 그 전파 과정에서 오염되었기에 대중이 그 메시지를 완전히 받아들이지 못했다고 느낀다. 영적인 도구의 사용은 비영적인 매체에 의해서 가르칠 경우, 영적인 도구가 갖는 힘이 손상당한다는 것이 나에게 분명해졌다. 영적인 메시지는 스스로 전파한다. 하리잔 시찰여행 도중 내가 목격한 대중의 반응은, 내가 의도하고 있었던 것을 아주 강력하게 보여주는 최근의 사례였다. 대중의 당당한 반응은 자발적인 것이었다. 일꾼 자신들도 그들 자신이 접촉한 적이 없었던 엄청난 규모의 대중이 보이는 주목과 열정에 놀랐다.

사탸그라하는 순수하게 영적인 무기이지만 세속적인 목적으로 보이는 것에도 사용될 수 있고, 지도자만 그 무기가 영적이라는 점을 알기만 하다면 그 영성(*spirituality*)을 이해하지 못하는 남녀에 의해서도 사용될 수 있다. 모든 사람들이 수술용 도구를 사용할 수는 없다. 많은 사람의 배후에 그 도구의 사용법을 지도해 주는 전문가가 있다면 그들은 그것을 사용할 수 있을 것이다. 나는 사탸그라하의 전문가가 되어가는 과정에 있다. 나는 자신의 과학에 완전히 도통한 전문 외과의보다 훨씬 더 조심스러울 필요가 있다. 나는 여전히 겸손한 구도자이다. 사탸그라하 과학은 바로 그 본성상 그 생도에게 자신 앞의 단 한 걸음 이상 볼 수 있도록 허락하지 않는다.

아슈람 재소자들과의 대담 결과 나는 반성하게 되었고, 내가 모든 국민회의 의원들에게 스와라즈를 위한 시민저항을 유보하도록 권고해야 한다는 결론에 도달하게 되었다. 이와 같은 시민저항은 특정한 고충과는 구별되는 것이다. 그들은 시민저항을 나에게 맡겨 두어야 한다. 내가 살아 있을 때, 나의 지도하에서만 다른 사람들이 그 저항운동을 재개할 수 있을 것이다. 어떤 사람이 나타나서 내가 그 과학을 아는 것보다 더 잘 안다고 주장하고, 사람들 사이에 자신감을 고취한다면 그때는 별개의 문제이다. 나는 이 견해를 사탸그라하의 저자 겸 창시자로서 제시한다. 따라서 직접 주어지거나 간접적으로 추론된 나의 충고를 듣고 스와라즈를 위한 시민저항으로 몰려든 모든 사람들은, 시민저항을 부디 단념하길 바란다. 나는 이것이 자유를 위한 인도의 투쟁을 위해서 최선의 길임을 단단히 확신하는 바이다.

나는 인류가 손에 든 무기들 가운데 가장 위대한 이 무기에 대해서 정말로 진지하다. 사탸그라하야말로 폭력이나 전쟁의 완전한 대체물이라고 주장되고 있다. 그래서 그것은 이른바 '테러리스트'와, 국가 전체를 무기력하게 만듦으로써 '테러리스트'를 근절하려고 하는 통치자들 쌍방의 마음에 도달하도록 고안된 것이다. 그러나 수많은 사람이 벌였던 무감각한 시민저항은—그 결과가 아무리 거창한 것이었다고 해도—테러리스트와 통치자계급 가운데 그 어느 누구의 심정도 감동시키지 못했다. 순수한 사탸그라하라면 그것은 쌍방의 심정을 감동시켜야 한다. 이 주장의 진리를 검증하기 위해서, 사탸그라하는 그때마다 유자격자 한 사람에게 국한될 필요가 있다. 그런 시도는 한 번도 없었다. 이제 그런 시도를 해야 한다.

독자들은 사탸그라하를 단순한 시민저항으로 오인해서는 안 될 것이다. 그것은 시민저항보다 포괄적이다. 그것은 진리에 대한 가차(假借) 없는 추구, 그리고 진리추구가 진리를 추구하는 사람에게 부여하는 힘을 의미한다. 그 추구는 엄밀하게 비폭력적인 방법을 통해서만 가능하다.

이번에 풀려난 시민저항자들은 무엇을 해야 할까? 그들은 부름이 올 때마다 그 부름에 응할 준비가 되어 있다면, 자기부정과 자발적 가난이란 기술 그리고 이 두 기술이 갖고 있는 아름다움을 배워야 한다. 그들은 국가를 세우기 위해서 다음과 같은 여러 활동에 종사해야 한다. 즉, 개인적인 물레질과 수직을 통한 카다르(수직의 천)의 확산, 모든 분야에 있는 다른 사람에 대해서 나무랄 데 없는 개인적 행동을 보임으로써 집단 간의 심정 일치를 확산시키는 것, 우리 자신 속에 박혀 있는 불가촉천민제도 일체의 추방, 술 중독자와 인간적인 접촉을 함으로써, 그리고 일반적으로 개인적 순결을 양성함으로써 완전 금주와 완전 마약금지를 확산시키는 것 등이 그런 활동이다. 가난한 사람들의 잣대로 보면, 이런 활동은 생계비를 제공해 준다. 이와 같은 잣대가 걸맞지 않다고 생각하는 사람들은, 국가적 중요성을 지닌 소규모의 비조직적 산업 안에서 보다 높은 급료를 주는 자리를 찾아야 할 것이다. 우리는 시민저항이 법과 권위에 대해서 자발적으로 복종해야 할 의무를 알고 수행하는 자들을 위한 것임을 이해해야 할 것이다.

이 성명서를 발표함에 있어서 내가 국민회의의 기능을 전복하는 것이 결코 아님을 말해야 할 필요는 거의 없으리라. 나의 성명서는 사탸그라하라는 사안에 있어서 나로부터 지침을 구하는 자들에 대한 충고에 불과하다.

언론에 대한 성명서, CW 9137, 1934. 4. 2 ; 《전집》 63 : 383

25) 사탸그라하의 근본 전제

우트만자이, *1938. 10. 14*

수년간 학생으로 국민회의의 비폭력 행위를 추종해오다가 종내 국민회의에 참여했던 존경할 만한 투고자 한 사람이, 명징한 논의로 여러 가지 의심을 분명히 표현했다. 그 논의가 나에게 도움이 되지만, 여기서 다시 재론할 필요는 없다. 그는 세 가지 근본 전제들을 제시하고, 인도는 어떤 경우에도 이 전제들을 거의 충족시킬 수 없음을 주장하고 있다. 그는 우리가 영국인들과 그럭저럭 지내고 있는데 그 이유가 영국인들은 소수이지만 자유(*liberty*)를 사랑하는 자들이고, 독재자라면 자행할 일들을 다소 계몽된 그들의 민주적 본능(*democratic instinct*)이 그렇게 하지 못하도록 막고 있기 때문이라고 한다.

비폭력이 이와 같은 제한을 모두 가지고 있다면, 별로 가치가 없거나 폭력을 포함한 다른 대책이 가질 만한 정도의 가치밖에 없다. 그러나 나는 비폭력을 폭정(*tyranny*)에 대항하는 절대로 실패 없는 대책으로 제시한 바 있다. 비폭력에 제한들이 있긴 하지만, 그 제한들은 모두 사용자에게 적용 가능하고, 따라서 사용자의 통제 아래 있다.

제시된 근본 전제는 다음과 같다.

1 자유(*freedom*)를 위한 욕구와 요구에 있어서 민중의 완전 일치
2 민중은 하나의 전체로서 비폭력 교의를 그 모든 함의까지 완전히 이해하고 소화하는 일, 그 결과로 복수로든 자기방어의 수단으로든 폭력을 가하고 싶은 자연적 본능을 통제하는 일, 그리고(셋 중에서 다음이 가장 중요한 일이다)
3 군중이 겪는 고통에 대한 목격이 침략자의 심정을 녹일 것이고, 그로 하여금 폭력의 길을 단념하게 유도할 것이라는 절대적 믿음.

비폭력이라는 치유책을 적용하기 위해서 완전 일치가 반드시 불가결한 조건은 아니다. 만일 그랬다면, 그 치유책은 특별한 가치를 조금도 지니지 못할 것이다. 완전 일치는 청구만 하면 곧 자유를 가져다줄 것이기 때문이다. 내가 〈영 인디아〉지 칼럼과 본지 칼럼에서 진실한 사탸그라히들이 단 몇 명만 있더라도 우리에게 자유를 가져오는 데 충분할 것이라고 반복하여 말하지 않았던가? 나는 현대전 훈련을 받은 군인들의 군대보다 더 작은 사탸그라히들의 군대가 필요하다는 입장을 견지해왔고, 그 비용은 여러 국가가 무장하는 데 쏟아붓는 엄청난 액수에 비하면 미미한 정도일 것이다.

두 번째 전제도 필수적인 것은 아니다. 거대한 군중이 사탸그라하 교리의 완전한 함의를 전부 소화해야 한다면, 그들에 의한 사탸그라하는 불가능할 것이다. 나 스스로 모든 함의를 소화했다고도, 심지어 알았다고도 주장할 수 없다. 군대에서 한 사람의 군인이 군사학 전체를 아는 것은 아니다. 그와 마찬가지로 한 사람의 사탸그라히 역시 사탸그라하 과학의 전체를 알지는 못한다. 그가 사령관을 신뢰하고 그의 지도를 정직하게 따르고, 이른바 적수에 대해서 악의를 품지 않고 죽음을 당할 각오만 되어 있다면 그것으로 족하다.

세 번째 전제는 충족되어야 한다. 나는 그것을 달리 표현하고 싶지만 결과는 대체로 동일할 것이다.

내 친구는 세 번째 전제에 대한 역사적 정당성이 없다고 말한다. 그는 아소카 왕을 있을 수 있는 예외로 꼽고 있다. 하지만 내 목적을 위해서는 아소카의 사례는 불필요하다. 나는 내 지식으로는 역사적 전례를 제시할 수 없음을 인정한다. 그래서 내가 그 실험의 고유성을 주장할 수밖에 없다고 한 것이다. 나는 우리가 가정 내에서 심지어 친족 내에서 하고 있는 일의 비유를 들면서 논의했다. 인류(*humankind*)는 하나의 큰 가족이다. 사랑이 충분히 강력하게 표현됐다면 그것은 모든 인류에게 적용되어야 한다. 개인이 난폭자와의 관계에서 성공했다면, 개인의 집단이 난폭자의 집단을 상대로 하여 성공하지 못하겠는가? 우리가 만일 영국인들을 상대로 하여 성공한다면, 아니 성공에 대한 신앙을 확대하기만 하면 우리는 보다 덜 도야(陶冶)되고, 덜 자유주의적 심성을 지닌 국민들(*less liberally minded nations*)을 상대하여 성공할 희망이 있다고 믿을 것이다. 우리가 순수 비폭력적인 노력으로 영국인들을 상대로 성공한다면, 다른 국민들을 상대로 성공을 거둘 수밖에 없다고 나는 생각한다. 이것은 우리가 비폭력으로 자유를 얻을 수 있다면, 우리가 동일한 무기를 사용함으로써 자유를 지킬 수도 있을 것이라고 말하는 것과 동일하다. 우리가 그런 신앙에까지 이르지 못했다면, 우리의 비폭력은 단순한 편법에 불과하며 합금일 뿐 순금이 아니다. 첫째, 우리는 의심스런 비폭력으로는 결코 자유를 얻을 수 없을 것이고, 둘째, 우리가 자유를 얻는다고 해도 침략자에 대항하여 이 나라를 방어할 준비가 전혀 되어 있지 않다는 점을 발견할 것이다. 우리가 비폭력의 궁극적인 효과에 대해서 의심한다면, 국민회의가 정책을 바꾸어서 국민을 무장 훈련시키는 일이 훨씬 나을 것이다. 국민회의와 같은 대규모 조직체는 그 자체를 이해하지 못하고 민중을 잘못된 믿음으로 이끌게 되면, 자신의 책무에 진실하지 못하게 된다. 그것은 비겁한 행위일 것이다. 내가 전에도 말했듯이, 우리가 우리의 신앙을 비폭력에 고정시키지 못한다고 하여 반드시 폭력적이 되는 것은 아니다. 우리가 가면을 던져 버리고 자연스럽게 되면, 비폭력은 완벽하게 고귀한 길로 수용될 수 있을 것이다. 지난 17년 동안 배운 교훈은 아직 내버릴 것이 아니다.

이제 나는 사탸그라하의 근거가 되는 근본 전제들이 무엇인가에 대해서 나 자신의 견해를 밝힐 차례이다.

1 사탸그라히들은 서로 정직해야 한다.

2 그들은 사령관을 따르도록 자신들의 심정을 훈련해야 한다. 여기에 어떤 심리적 유보가 있어서는 안 된다.

3 그들은 모든 것을 잃을 각오가 되어 있어야 한다. 여기에는 그들의 개인적 자유(*personal liberty*)와 단순히 그들의 소유물·토지·현금 등만이 아니라 가족들의 자유와 소유물도 포함된다. 그들은 총탄과 대검을 기꺼이 대면할 각오가 되어 있어야 하고, 심지어 고문에 의해서 천천히 오는 죽음을 당할 각오까지 되어 있어야 한다.

4 그들은 '적수'에 대해서나 자신들 사이에서 생각·말·행위에 있어서 폭력적이어서는 안 된다.

무엇이 근본 전제들인가?, 〈하리잔〉, 1938. 10. 22[47]

26) 사탸그라하의 중지와 재개

세가온, *1939. 2. 21*

사탸그라히(진리파지자)는 장군과 같이 싸움을 위한 시간과 장소를 항상 스스로 택할 것입니다. 우리는 대의명분(*cause*)을 살릴 만한 모든 다른 수단들이 막힐 경우를 대비하여 사탸그라하를 마련해 놓아야 합니다. 무력을 동원한 전쟁에서도 중지와 후퇴는 공인된 책략입니다.

합법적이고 평화로우며 건설적인 활동을 하는데도 사람들이 체포된다면, 운동의 중지는 수감을 각오해야 합니다. 이 활동이 시민불복종은 아닙니다. 여러분이 중지를 연장하겠다고 결정하는 것은 현명합니다. 여러분이 그 운동을 중지함으로써 잃은 것은 아무것도 없었습니다. 상황이 그것을 다시 요구하고, 여러분에게 사탸그라하의 재개를 강제할 충분한 이유가 있을 때, 그 재개를 방해할 것은 아무것도 없을 것입니다.

하이데라바드 주 의회 대표에게 한 담화,[48] 〈더 힌두〉, 1939. 2. 22 ; 《전집》 75 : 129

47 〔역주〕《전집》에서 확인 불가능.

48 대표단은 주 국민회의가 사탸그라하의 중지를 좀더 연장하기로 했다는 결정을 간디에게 일러 주었다.

27) 사탸그라하에서의 적시성(適時性)과 냉정

델리, *1939. 3. 15*

사탸그라하는 시민불복종으로 시작하고 그것으로 끝나는 것이 아닙니다. 사탸그라하의 핵심인 타파스차르야(고행)를 좀더 많이 합시다. 이렇게 생각하여 운동을 중지한다면 어떤 것도 결코 이 운동에 해를 입히지 않을 것입니다. 우리가 적수의 예상대로 행동하지 않고, 일체의 감정 분출도 자제하고 그가 보낸 군다(깡패)들에 의한 잔인한 공격에 우리 자신을 맡기면, 그 적수는 자신의 포대(砲臺)가 쓸모없어진다는 것을 알게 될 것입니다. 우리는 그 적수의 도전적이고 억압적인 모든 조치(措置)들에 대해서, 비겁하다는 비난을 들을 위험이 있음에도 불구하고, 냉정함과 모범적 자기규제(*self-restraint*)로 응수해야 합니다. 우리 안에 비겁이 조금도 없다면 우리는 안전할 것입니다. 우리의 행위는 궁극적으로 드물게 용기 있는 행위로 간주될 것입니다.

그동안 우리는 사태들이 어떻게 전개되는지 주목해야 합니다. 몇몇 주가 채택한 것으로 보이는 테러리스트의 방법들을 감안하면서, 나는 그 운동을 진행할 새로운 계획을 생각하고 있습니다. 우리는 평화로운 시민들을 공격하기 위해서 고용된 깡패들을 무용지물로 만드는 기술을 발전시켜야 합니다.

유능한 장수는 항상 자신이 정한 때와 장소에서 싸움을 벌입니다. 그는 이런 면에서 언제나 주도권을 쥐고 있고, 그것이 적수의 손에 들어가는 것을 허용치 않습니다.

사탸그라하 운동에서 싸움의 방식과 책략 등의 선택은 상황의 요구에 따라서 결정될 것입니다. 우리가 선택할 수 있는 책략에는 전진과 후퇴가 있고, 시민저항을 전개할 것인가 아니면 건설적인 사업과 순수하게 사심 없는 인간주의적 봉사를 통해서 비폭력의 힘을 조직할 것인가가 포함되어 있습니다. 사탸그라히는 흥분이나 낙담에 빠지지 않고 자신 앞에 어떤 계획이 주어지든 냉정한 결의로 그것을 수행해야 합니다.

사탸그라히에게는 오직 한 가지 목표, 즉 자신의 의무가 무엇이든 그것을 수행하면서 자신의 목숨을 내놓는 목표가 있을 뿐입니다. 그것은 그가 성취할 수 있는 최고의 경지입니다. 이와 같이 훌륭한 사탸그라히 군인들을 배후에 둔 대의명분은 절대 패배하지 않습니다.

트라방코르에 대해서 필리포저(Philipose)와 토론함,
〈하리잔〉, 1939. 5. 27 ;《전집》75 : 230

28) 종교적인 사탸그라하

1939. 3. 16

여러 가지 동기를 섞는 일은 어떤 종류의 사탸그라하에서도 해롭습니다만, 종교적 사탸그라하에서는 전혀 용납될 수 없습니다. 감춰진 정치적 목표나 세속적 목표를 진작시키기 위한 가장(假裝)이나 방편으로서 종교적 사탸그라하를 사용하거나, 사용을 허락하는 일은 치명적입니다.

종교적 성격의 사탸그라하에서는 수단만이 아니라 목표에서도 오염되지 않은 순수함이 본질 자체입니다. 그런 운동의 지도자는 깊이 영적인 삶을 사는 사람이어야 합니다만, 기혼자든 미혼자든 브라마차리(순결수행자 또는 청정행자)가 바람직합니다. 그는 그 운동이 목표로 삼는 특정한 종교적 규율을 믿는 자, 실천자여야 합니다. 실제로 그와 같은 운동에 참가하는 모든 사람들이 그래야 합니다. 지도자는 반드시 사탸그라하 과학에 정통한 자여야 합니다. 진리와 아힘사는 그의 발언을 통해서 빛나야 합니다. 그의 모든 행위는 철저하게 투

명해야 합니다. 그의 무기고에는 외교와 음모가 들어설 여지가 없습니다. 그와 같은 사탸그라하에서는 아힘사와 신에 대한 절대적 믿음이 불가결의 조건입니다.

종교적인 사탸그라하에서는 공격성, 시위적 성격, 쇼가 들어설 여지가 없습니다. 이 운동의 참가자들은 다른 종교의 고백자들이 갖는 종교적 확신과 종교적으로 민감한 정서를 동등하게 존중하고 배려해야 합니다. 그들의 시야에 아주 조금이라도 편협함이 있다면 그것이 적수의 손에서는 몇 배로 확대될 가능성이 있습니다.

종교적 사탸그라하는 무엇보다도 자기정화의 과정입니다. 그것은 단순한 숫자와 외부의 도움을 경멸합니다. 이것들이 사탸그라히의 자기정화에 아무 보탬도 되지 않기 때문입니다. 대신, 그 사탸그라하는 모든 기운의 원천이신 신에게 전적으로 의존합니다. 그래서 종교적 사탸그라하는 신에게 진실한 사람의 지도 아래에서 가장 훌륭하게 성공할 것입니다. 이 신의 사람은 자신의 순수한 삶, 지극히 비이기적인 사명, 넓은 시야를 통해서 심지어 적수로부터 존경과 사랑을 자아낼 수 있는 사람입니다.[49]

하이데라바드 아르야 사마즈 지도자들과의 토론,
〈하리잔〉, 1939. 5. 27 ; 《전집》 75 : 235

---

49 피아렐랄은 다음과 같이 덧붙였다. "약간 뒤에 도착한 아가타 해리슨 양은 물었다. … '간디지, 진정한 사탸그라하가 절대로 보복을 야기할 수 없다는 것이 사실입니까?' 라고. '그렇습니다' 하고 간디는 대답했다. '진정한 사탸그라하는 영적인 운동입니다. 그래서 그것은 사람 속에 있는 최악의 것(*the worst*)이 아니라 최선의 것(*the best*)만을 일으킬 수 있을 따름입니다.'

29) 사탸그라하와 세계 평화

세바그람, *1941. 3. 29*

학살이 초래하는 이 보편적인 파멸의 한복판에서, 나는 절대 무해한 투쟁, 그러면서도 위대한 가능성을 품고 있는 투쟁을 하고 있다는 점에 대해서 내 마음 깊은 곳에서 나날이 신앙이 커지고 있음을 느낀다.

내가 책임지고 있는 이 운동에서 내가 나 자신만을 대변한다면 헛된 운동이 되고 말 것이다. 내가 내 신앙에 진실하다면, 나는 만족할 수 있을 것이다. 하지만 세계 평화에 관한 한, 그 노력이 현재의 맥락에서는 부적절하다고 판명될 것이다. 현세대가 살아 있는 동안 그들이 바라던 결과를 얻기 위해서는, 우리나라의 상당 부분이 그 노력 배후에 있다는 확실한 증명이 반드시 있어야 한다. 그런 증명이 가능하기 위해서는 더 많은 일이 일어나야 한다. 현재의 운동은 그런 방향으로 가는 진심어린 시도이다.

사람은 정직한 시도만 할 수 있다. 사탸그라하 운동에서 신이 결과를 주시는 분이라는 얘기는 문자 그대로 진실이다. 그래서 나를 붙들어 준 것이 신앙이고, 다른 사탸그라히를 붙들어 줘야 할 것도 신앙이다. 우리는 그 싸움을 시작했을 뿐이다. 진정한 검증과 진정한 고통은 이제 올 것이다. 이 길고도 힘든 투쟁에서는 양이 아니라 오로지 질이 중요하다는 점을 천 번이라도 반복하련다. 이 투쟁에서는 증오를 위한 여지가 없으며, 위장을 위한 여지는 더구나 없다.

내가 이 투쟁의 창시자이긴 하지만, 나는 그것을 통해서만 영구적인 세계 평화를 희망할 수 있다는 점을 감히 말하고자 한다. 평화는 전쟁을 통해서 결코 오지 않는다.

세계 평화의 유일한 길(H.), 〈더 힌두〉, 1941. 5. 6 ;
〈사르보다야〉, 1941. 5 ; 《전집》 80 : 251

30) 사탸그라하와 무력 저항

푸나, *1946. 3. 6*

친구 한 사람이 사탸그라히가 군다(깡패)들에게 강탈당하는 일을 막자면 무엇을 해야 할지에 대해서 부드럽게 물어왔다. 그가 사탸그라하의 비밀을 이해했다면 그런 질문을 하지 않았을 것이다.

자신이 옳다(*right*)고 간주하는 것을 위해서 혼자서라도 자신의 생명을 내놓는 일이 바로 사탸그라하의 핵심이다. 어떤 사람도 그 이상은 할 수 없을 것이다. 만일 사람이 칼로 무장한다면 몇 사람의 목을 벨 수는 있지만, 결국 더 우세한 힘에 굴복하거나 싸우다가 죽어야 할 것이다. 사탸그라히의 칼은 사랑과 그 사랑에서 나오는 부동의 견고함이다. 그는 그에 맞서는 수백 명의 깡패들을 형제로 간주하여 그들을 죽이려고 애쓰는 대신 그들의 손에 죽기를, 그럼으로써 살기를 선택할 것이다.

이것은 올곧고 간단하다. 그러나 어떻게 사탸그라히 단 한 사람이 대규모의 군중 속에서 성공할 수 있을까? 수백 명의 깡패들이 봄베이 시에서 방화와 약탈을 하며 날뛰고 있었다. 한 사람의 사탸그라히는 바닷속의 물 한 방울과 같다. 투고자는 그런 식으로 논의하고 있다.

한 사람의 사탸그라히는 혼자든 아니면 많은 사람 속에 있든 관계없이 위험으로부터 절대로 도망치지 않을 것, 이것이 내 대답이다. 그는 싸우다가 죽는 한이 있더라도 그의 의무를 완전히 수행할 것이다. 동일한 일이 무력 전투에서도 타당하다. 그것은 보다 더 큰 힘으로 사탸그라하에 적용될 것이다. 더구나 한 사람의 희생은 수많은 사람의 희생을 불러일으키고 큰 결과를 낼 수도 있을 것이다. 이런 가능성은 언제나 존재한다. 하지만 사람은 결과를 욕심내는 유혹에 빠지는 것을 조심스럽게 피해야 한다. 여기에서 나는 가능성만을 지적하고 있다. 아무도 결과를 유혹으로 생각하지 말았으면 좋겠다.

나는 이 시대에 모든 남녀들이 자기방어의 기술(*the art of self-defence*)을 배워야 한다고 믿는다. 서양에서 자기방어는 무기로 한다. 각 성인은 일정 기간 동안 군사훈련을 위해서 징집된다. 사탸그라하 훈련은 연령이나 성별에 관계없이 만인을 위한 것이다. 이 훈련에서 더 중요한 부분은 정신적인 것이지 신체적인 것이 아니다. 정신 훈련에는 강요가 있을 수 없다. 주위 환경이 마음에 영향을 미치는 것은 분명하지만, 그렇다고 해서 그것이 강요를 정당화할 수는 없다.

여기에서 다음과 같은 점이 도출된다. 가게점원 · 무역업자 · 공장직공 · 노동자 · 농민 · 서기, 한 마디로 모든 사람들은 사탸그라하의 필수적 훈련을 받아야 하고 그것을 각자의 의무로 간주해야 한다.

사탸그라하는 무력 저항보다 항상 우월하다. 이 말은 논의가 아니라 실연(實演)에 의해서만 효과적으로 입증될 수 있다. 그것은 강자를 장식하는 무기이지 결코 약자를 장식할 수 없다. 약하다는 말은 마음과 영혼의 약함을 말하는 것이지 육신의 약함을 말하는 것은 아니다. 약자를 장식할 수 없다는 그 한계는 찬양해야 할 성질이지 한탄해야 할 약점은 아니다.

사탸그라하의 여러 한계 중 다음 한계도 이해해야 한다. 그것은 잘못된 대의명분을 위해서 사탸그라하를 절대로 사용할 수 없다는 것이다.

사탸그라하 조(組)는 각 마을에, 도시에서는 각 가구(街區)별로 조직될 수 있다. 각 조는 조직자들에게 잘 알려진 사람들로 구성되어야 한다. 이 점에서 사탸그라하는 무력 방어와는 다르다. 국가는 무력 방어를 위해서 모든 사람들의 군무를 징발한다. 사탸그라하 조를 위해서는 아힘사와 사탸를 믿는 사람들만 자격이 있다. 그리하여 조직자들은 참여한 조원들에 대해서 상세히 알고 있어야 한다.

깡패의 소행에 직면한 사탸그라하(G.), 〈하리잔〉, 1946. 3. 17 ; 《전집》 90 : 57

31) 사탸그라하 전투들

뉴델리, *1947. 6. 12*

나는 지금이 전환기임을 압니다. 그리고 우리는 역사의 페이지를 넘겨보면 혁명이 있을 때마다 그와 같은 비인간적인 일이 일어났음을 압니다. 하지만 나는 역사를 바꾸기를 원했습니다. 예를 들면, 우리는 아힘사와 진리의 힘을 갖고서 60년간 사탸그라하 투쟁을 해왔고, 상상을 초월하는 결과를 얻었습니다. 나는 동일한 방식으로 군인을 잘 사용하기를 원하고 있고, 그들이 어떻게 나름의 방식으로 나라에 봉사하는지 알고 싶습니다. 그런데 내가 원하는 것은 이것이지만, 민중은 다른 것을 원합니다. 그것에 대해서 우리는 무엇을 해야 할까요? 오직 그분의 의지만이 진실로 이길 것입니다. 내가 과학은 오늘날 오용되고 있고 악마적으로 사용되고 있다고 말해도, 그 말은 과장이 아닙니다. 아힘사를 제외하고 과학에 맞설 수 있는 것은 없습니다. 나는 그것에 대해서 추호의 의심이 없습니다.

군인들에게 한 연설(G.), 《비하르 파츠히 딜히》
(*Bihar Pachhi Dilhi*), 127면 ; 《전집》 95 : 245

32) 사탸그라하와 이기(利己, *Selfishness*)

뉴델리, *1947. 10. 3*

형제자매 여러분,

나는 사탸그라하가 우리나라 곳곳에서 진행되고 있음을 봅니다. 사람들이 사탸그라하라고 말하는 것이 사탸그라하인지 아니면 두라그라하인지 참으로 우려됩니다. 사람들이 말은 이렇게 하면서 행동은 정반대로 하는 것이 우리나라의 실정입니다. 오늘날 우체국이나 전신국에 소속되어 있든, 또는 철도나 인도 주정부에 소속되어 있든, 모든 고용인들은 그들이 사탸그라하를 실시하려는 장소마다 그것이 진리를 대변하는지 아니면 허위를 대변하는지를 검토해 보아야 할 것입니다. 사탸그라하가 허위를 위한 것이라면 그것을 실시할 필요가 없고, 그것이 진리를 위한 것이라면 그것은 어떤 상황에서도 반드시 실시되어야 합니다. 이기적 동기를 갖고 한 일은 무엇이든 사탸그라하로 불릴 수 없습니다. 그것은 허위를 고수하는 것과 같습니다. 나는 사탸그라하의 여러 조건을 설명한 적이 있습니다. 나는 두 가지 사항이 사탸그라하에 핵심적이라고 말했습니다. 첫째는 우리가 고수하고 있는 것이 진리여야 하고, 둘째는 우리의 고수가 반드시 비폭력적이어야 한다는 것입니다.

오늘날 사탸그라하를 수행하고 있는 자들은 적절한 성찰과 함께 행동해야 합니다. 근본적인 사항이 진리가 아니라면, 그리고 강하게 요구하는 과정에서 폭력을 사용하게 된다면, 사탸그라하를 포기하는 편이 나을 것입니다. 우리가 하는 일이 해로운 것이고 두라그라하며 거짓이라면, 그리고 도저히 얻을 수 없는 것을 우리 스스로 계속 요구한다면, 그런 요구를 함에 있어서 우리는 비폭력적일 수 없음을 여러분에게 말씀드리는 바입니다. 이것은 비폭력일 수 없고 폭력일 뿐입니다. 어떤 사람이 부당한 요구를 하면서 동시에 비폭력적이라고 주장하는 일은 불가능합니다.

만약 내가 난민캠프를 책임지는 자라면, 나는 캠프에서 살아가는 사람들에게 그들 스스로 그곳을 청결하게 해야 한다고 말할 것입니다. 그들이 거기서 카드놀이나 주사위 놀이, 도박을 하거나 아니면 그저 빈둥빈둥 놀아야 합니까? 나는 그들에게 음식과 물이 충분치 않다는 것을 압니다. 그러나 그들이 그 이유를 들어서 모든 일을 거부한다면, 그들은 악의 먹이가 되고 말 것입니다. 그리고 그 캠프들 안에는 그저 대여섯 명 정도의 사람이 있는 것이 아니라 수천 명의 사람이 살고 있습니다. 그들이 언제 자신들의 집으로 돌아갈 수 있을지 말할 수 있는 자는 아무도 없습니다. 우리는 그들을 위해서 반드시 음식을 공급해 줄 것입니다. 하지만 그들에게 그 음식을 주는 대신 적어도 무슨 일이든 시키십시오. 그들은 캠프 청소를 시작할 수 있고, 그다음으로 그들에게 물레질, 직조, 목수일, 대장장이의 일, 재단업 등의 일을 제안할 수 있습니다. 그들이 인도에서 할 수 있는 일은 많이 있습니다. 이 민중은 어제 백만장자였을 수도 있지만, 오늘은 그 백만금을 잃었습니다. 그런 일은 세상에서 흔히 일어납니다. 그렇다면 새롭게 출발해야 하고 일을 해야 합니다. 누가 과거 한때 백만장자였으니 일을 할 수 없다고 한다면, 우리의 모든 계획은 수포로 돌아갈 것입니다. 그렇게 되면 우리는 성공할 수 없습니다. 나는 정말로 조심스런 태도로 우리가 그런 식으로는 진행할 수 없다고 말씀드리고 싶습니다.

우리가 무슨 일을 수행하든, 그 일은 모든 면에서 이상(理想)이 되어야 합니다. 그 일은 청결해야 하고 겉만 번지르르해서는 안 됩니다. 사람들이 스스로 일을 하면, 난관이 대부분 해결될 가능성이 있다는 것을 여러분에게 말씀드리는 바입니다. 그리고 우리가 우리 일에 몰두하면 우리의 분노도 잦아들 것입니다. 우리 심정 속에 있는 복수심도 사라질 것입니다. 선성(善性, *goodness*)이란 악을 악으로 인정하고 그것을 선의(*goodwill*)로 맞서는 데 있습니다. 우리나라의 선도 거기에 있습니다. 우리는 누구에게도 상처를 주지는 않을 것이고, 우리 자신들이 신고(辛苦)를 겪음으로써 다른 사람들을 행복하게 만들도록 노력할 것입니다. 우리가 그렇게 한다면, 우리는 인도의 선을 위해서만 아니라 세계의 선을 위해서 행동하는 것이 됩니다. 오늘날 세계는 인도가 어떻게 행동하고 있는지를 주시하고 있습니다. 지금이야말로 우리를 시험하는 진정한 순간입니다. 우리는 독립을 얻었습니다. 이제 우리는 무엇을 해야 합니까?

기도모임에서의 연설(H.), 《프라르타나 프라바찬》(*Prarthana Pravachan*) 권 1, 374~376면; 《전집》 97 : 31

33) 신앙의 확고부동

뉴델리, 비를라 하우스, *1947. 10. 22*

질문 우리가 만일 평생 동안 아힘사 준수에 필수적인 조건들을 따르지 않는다면, 우리는 어떻게 위기의 순간 아힘사를 위한 기운을 찾을 수가 있습니까? 당신은 우리가 평화를 유지해야 한다고 말하지만 어떻게 평화가 유지될 수 있습니까?

간디지 나는 이런 아힘사가 반숙(半熟, *half-baked*)이라고 말했습니다. 신이 내 눈을 씌우개로 가렸을 수도 있습니다. 하지만 우리가 행복하기 위해서, 다시 말하자면 모든 사람들이 스스로 행복하고 다른 사람들이 행복한 것을 보기 위해서, 다른 길이 존재하지 않는다는 점에 대해서 나는 점점 깊이 확신하고 있습니다. 사람이 자신이 잘못을 범한 것을 알고 단 한순간도 지체하지 않고 그것을 교정하기 시작한다면, 그는 우뚝 올라설 수 있습니다. 그러나 잘못을 감추려고 노력하고 그것을 갖가지 방식으로 얼버무리려 한다면, 그는 자신의 인격을 타락시키고 자신의 다르마를 배신하게 됩니다. 이보다 더 큰 죄악은 없습니다.

평화주의자들은 왜 자신들을 다른 사람에게서 분리시키려고 하지 않습니까? 그들은 다른 사람으로부터 떨어져서 인생을 새롭게 꾸려갈 수 있습니다. 그렇게 하면 그들의 입장은 더욱 강해질 것입니다. 떨어져 살아가는 일은 그들의 신앙도 검증할 것입니다. 그러나 그들

비를라 하우스 기도모임 (1947)
간디는 매일 비를라 하우스에서 기도모임을 이끌었다. 그는 집단기도는 신을 믿는 자의 사회적 의무이며 집단의 영혼을 정결하게 해준다고 믿었다.

은 행동하지 않은 채 그대로 있어서는 안 됩니다. 나에 대해서 말하자면, 나는 철저히 외톨이가 되더라도 내 원리를 고수할 것입니다. 왜냐하면 이것이 우리가 대결하고 있는 끔찍한 폭력과 싸우는 유일한 비폭력의 길이기 때문입니다. 동포들이 나에게 동의하지 않을 수도 있습니다. 그러나 그것은 비폭력이 효과적이지 못하다고 믿는 이유가 될 수 없습니다. 진짜 이유는 나 자신의 결함일 것입니다. 사탸그라히의 신앙이 산과 같이 확고부동하다면, 그는 그의 길만이 진실임을 입증할 수 있어야 합니다.

기독교도와의 대담(G.),
《딜히만 간디지》(*Dilhiman Gandhiji*)
권 1, 131~132면 ; 《전집》 97 : 123

34) 감출 것이 없다[50]

1947. 10. 27

우리에게 아주 작은 거짓이라도 있으면 우리는 그것을 감추려 든다. 그러나 사탸그라히는 만인에게 봉사하고자 하므로 그의 심정에 아무것도 감출 것이 없다. 그렇다면 숨길 것이 뭐가 있겠는가? 나는 그[51]가 어떤 일을 해야 할 입장에 있지 않다는 것을 알고 있다. 하지만 그가 내 메시지를 진나에게 전달해 줄 수는 있을 것이다. 그가 나를 속임으로써 무엇을 얻겠는가? 나는 신구의(身口意)에 있어서 힌두교도를 사랑하는 만큼 이슬람교도, 파시교도, 유대인 그리고 모든 인류를 사랑한다.

마누 간디[52]에게 보낸 메모(G.),
Dilhiman Gandhiji 권1, 153면 ; 《전집》 97 : 152

35) 충성과 사탸그라하

뉴델리, *1947. 11. 28*

한 친구가 며칠 전 내셔널리즘을 종교보다 우월한 것으로 여기는 견해 — 이따금 표명되는 견해 — 에 동조하는지 나에게 물었다. 나는 이 둘이 서로 다른 것이고 다른 것들 사이에는 비교가 있을 수 없다고 했다. 하나는 그 자체의 관점에서 보면 다른 것과 동등하다. 자신의 내셔널리즘을 그의 종교만큼이나 귀하게 여기는 사람이라면, 그 누구라도 하나를 위해서 다른 것을 팔아넘길 수 없을 것이다. 그에

---

50 〔역주〕 수신자는 수흐라와르디가 간디에게 도움이 아니라 해를 끼칠지 모른다는 두려움을 표명했다. 《전집》 권98, 170면.

51 H. S. Suhrawardy.

52 〔역주〕 간디 종손녀. 1946년 12월에서 이듬해 2월까지 진행되었던 순결 실험 상대이기도 했다. Rajmohan Gandhi, *Mohandas: A True Story of a Man, his People and an Empire*, Viking by Penguin Books, 2006, pp. 572~578 참조.

게 양자 모두 똑같이 귀한 것이다. 그는 카이사르의 것을 카이사르의 것으로, 신의 것은 신의 것으로 돌리는 사람이다. 그리고 카이사르가 자신의 한계를 망각하고 그 한계를 넘어간다면, 신의 사람은 자신의 충성을 다른 카이사르에게 바치지 않을 것이고, 그러한 한계 초월에 따른 권리 침해를 다루는 방도를 강구할 것이다. 이 난관의 연습이 사탸그라하를 낳았다.

아주 적합한 예를 하나 들어 보겠다. 나에게 어머니·아내·딸이 있다고 해 보자. 이 세 사람은 모두 나름대로 나에게 똑같이 귀중하다. 어떤 사람이 아내를 지키기 위해서 어머니와 딸을 버려야 한다고 생각하는 것은 야비한 잘못이다. 그 반대의 일을 하려고 해서도 안 될 것이다. 그리고 이 세 여성 중에 자신의 한계를 범하는 자가 있다면, 사탸그라하 법칙은 그가 이 세 힘들 사이의 평형을 회복하는 데 도움이 될 것이다.

비교는 불가능하다, 〈하리잔〉, 1947. 12. 7 ; 《전집》 97 : 365

3. 시민불복종

36) 양심과 법

상·하원이 사망한 처의 자매와 결혼하는 것을 합법화하는 법안을 통과시켰는데, 그 일이 기성 교회 성직자를 일종의 수동적 저항자로 만들 것처럼 보인다. 캔터베리 대주교는 비록 그와 같은 결합이 이 땅의 국법에 의해서는 현재 합법적인 것으로 간주되지만, 성직자에게 사망한 처의 자매와 결혼하는 것을 축복하지 말라고 요청하는 성명서를 오늘 발표했다.

〈데일리 프레스〉

우리는 사망한 처의 자매와 결혼하는 것이 올바른 방향으로의 개혁인지의 여부에 대한 논쟁에 빠질 생각은 조금도 없다. 주어진 상황에서 수동적 저항이 가장 인정받고 있는 시정책 중의 하나임을 보여주기 위해서, 그리고 그것이 법을 준수하고(*law-abiding*) 평화를 지키는 사람들이 자신들의 양심에 폭력을 행사하지 않으면서 수용할 수 있는 유일한 방도임을 보여주기 위해서, 우리는 위에 언급된 해외 전보(電報)를 인용했다. 성직자들에게 양심이 있다면, 수동적 저항이란 그들이 수용해야 할 방도이며 특정 입법에 대한 저항으로 비칠 것이다. 영령 인도인들이 트란스발에서 보여주었던 수동적 저항과 캔터베리 대주교가 충고하고 있는 수동적 저항 사이에 아무 유사성이 없다고 반박하는 사람도 있을 수 있다. 우리는 그런 사람에게 다음과 같이 이의를 제기할 것이다. 즉, 캔터베리 대주교가 사망한 처의 자매 구제 법안을 무시하는 것이 합법적(*lawful*)이라면, 영령 인도인들이 아시아인 등록 법안(Asiatic Registration Act)에 복종을 유보하는 일은 그보다 더욱 합법적이라고. 만일 성직자들이 결혼식 주례를 거부함으로써 그 법을 인정하지 않을 경우 그 행위에 대한 형벌을 그 법이 정해 두지 않았다면, 그 법을 수용하는 것은 그들에게 이중으로 의무가 될 것이다. 그러나 대주교는 의도적으로 반대의 충고를 하고 있는데 그보다 상위의 법, 즉 양심이 명하는 법을 끌어들이고 있었던 것이다. 옳든 그르든 대주교 각하는 성경에 그런 혼인에 대한 근거가 없고, 따라서 그 법이 신의 율법을 어겼다고 믿고 있다. 그리고 그 법을 찬성하는 일은 성직자로서 비종교적이다. 다시 말해서, 대주교는 소로가 했던 말, 즉 우리는 신민(*subjects*)이 되기 전에 인간(*men*)이 되어야 한다는 말, 또한 아무리 큰 힘이나 다수 대중의 지지를 받는 법률이 있다고 해도 양심은 그 법률에 맹목적으로 복종해야 할 책무를 우리에게 부과하지 않았다는 말을 인정했던 것이다.

트란스발 거주의 영령 인도인들도 그런 태도를 취한다. 그들은 법을 지키는 자들이다. 그런데 그들의 양심은 아시아인법이 그들의 인간성을 비하하고(*degrading*) 그들의 종교에 모욕적이었기 때문에 그것을 거부했다. 그들이 이제 아시아인법 아래에서 등록을 인정하기를 거부한다고 해도, 그들이 여태 향유해왔던 증명서로부터 아무것도 빼앗지 못할 것이다. 우리가 수동적 저항의 원리를 견강부회할 수도 있다. 하지만 법에 복종하는 원리 역시 견강부회할 수 있다. 소로가 미국 정부에 대해서 아래와 같이 말한 적이 있는데, 그의 말보다 더 적절하게 분계선을 그을 수 있는 말은 없다.

> 누군가가 이 정부가 그 항구로 수입해온 외래 상품에 관세를 부과한다는 이유로 나쁜 정부라고 나에게 말한다면, 나는 그 정부에 대해서 아무 법석을 일으키지 않을 가능성이 매우 높다. 외래품 없이도 살아갈 수가 있기 때문이다. 모든 기계는 마찰(摩擦)을 일으킨다. 그런데 기계는 마찰이라는 악을 벌충할 만큼 이익을 준다. 어쨌든 그런 마찰에 대해서 법석을 일으키는 것은 커다란 악이다. 그러나 거꾸로 마찰이 그 기계를 장악하게 될 때, 그리고 억압과 강도질이 횡행하게 될 때, 나는 그런 기계를 더 이상 갖지 말자고 제안할 것이다.

영령 인도인들의 아시아인 등록 법안은 악이 약간 들어 있는 것, 소로의 말을 빌려 말한다면, 단순히 마찰을 좀 일으키는 기계가 아니다. 그 법은 법제화한 악(*evil legalized*)이거나 마찰을 그 안에 안고 있는 기계와의 마찰 자체를 의미한다. 그와 같은 악에 항거하는 것은 거룩한 의무로서 누구든 그것을 무시하면 벌을 받게 된다. 그리고 캔터베리 대주교의 경우와 마찬가지로 영령 인도인들의 경우에도, 아시아인 등록 법안에 복종해야 할지 아니면 무슨 대가를 치르더라도 복종하지 말아야 할지를 결정하는 것은 그들의 양심이다. 이미 그들의 양심이 그렇게 결정했다.

시민불복종의 의무에 대하여,
〈인디언 오피니언〉, 1907. 9. 7 ; 《전집》 7 : 147

37) 불복종의 처벌에 순종함

〔모티하리〕, *1917. 4. 18*

간디 씨는 이달 18일 수요일 지역 치안판사 앞에 출석했다. 그는 아래에 인쇄된 성명서를 낭독했다. 그는 유·무죄에 대해서 답변하라는 요청을 받았는데, 이 사건이 불필요하게 장기화될 가능성이 있다는 점을 알고 유죄를 인정했다. 판사는 처벌을 내리지 않고 오후 3시까지 판결을 연기했다. 그러는 동안 간디는 감독관과 지역 치안판사를 연이어서 만나도록 요청받았다. 그 결과 그는 촌민들을 만나러 외출하지 않을 것에 동의했고, 그의 사명에 대한 정부 당국자들의 의견에 대해서 정부로부터 지침을 얻기로 했다. 그러자 사건은 4월 21일 토요일까지 연기되었다.

본인은 본 법정의 허락을 받아서 어떻게 형법소송법 제 144조 하의 명령에 불복하는 것으로 보이는 중대한 행동을 하게 되었는지를 해명하는 간략한 성명서를 내고 싶습니다. 본인의 소견으로, 그것은 지방 행정당국과 본인 사이의 의견 차이에 대한 문제입니다. 나는 인도주의적이고 국민적인 봉사를 할 동기를 갖고 입국했습니다. 나는 농민들(료츠)을 도와 달라는 간곡한 초청에 응해서 여기에 왔습니다. 농민들은 인디고 농장주들에 의해서 공정한 대접을 못 받고 있음(*not being fairly treated*)을 역설했습니다. 본인은 그 문제에 대해서 공부하지 않고서는 어떤 도움을 줄 수 없었습니다. 그래서 본인은 행정당국

(가능한 경우에) 과 농장주들의 도움을 받아서 그 문제를 배우기 위해서 왔습니다. 다른 동기는 없었습니다. 그리고 본인이 여기에 오는 일이 어떤 식으로든 공공의 평화를 해치거나 생명의 손실을 일으킬 수 있다는 말은 믿을 수 없습니다. 본인은 그런 문제들에 대해서 상당한 경험이 있다고 주장하는 바입니다. 하지만 행정당국은 달리 생각했던 모양입니다. 본인은 당국자들의 어려운 점을 충분히 이해하고 있습니다. 그리고 본인은 당국자들이 자신들이 얻은 정보에 따라서 일을 처리할 수밖에 없다는 점 역시 인정합니다. 법을 준수하는 시민(*law-abiding citizen*)으로서, 본인의 최초의 본능은 과거에도 그러했듯이 본인에게 내려진 명령에 복종하는 것입니다. 그러나 본인이 여기에서 그 명령에 복종하게 되면 본인은 본인이 돌봐 주어야 할 사람들에 대한 나의 의무감(*sense of duty*)에 손상을 주고 말 것입니다. 본인은 오직 저들 가운데 남아 있음으로써만 그들에게 당장 봉사할 수 있다고 느낍니다. 그래서 본인은 자발적으로 이 일을 그만둘 수 없었습니다. 이와 같이 의무가 충돌하는 가운데 본인은 본인을 그들로부터 떼어내려는 책임을 행정당국에게 돌릴 수밖에 없었습니다.

본인은 인도의 공공생활에서 본인과 같은 위치에 있는 사람이라면 모범을 보이는 일에서 지극히 조심스러워야 한다는 사실을 충분히 인식하고 있습니다. 우리와 같이 복잡한 헌법 아래에서 살아가고 있는 자로서, 본인과 유사한 상황에 처해 있으면서 자존심이 있는 사람에게 열려 있는 유일하게 안전하고 명예로운 길은, 본인이 하기로 결정했던 일을 하는 것, 즉 불복종에 대한 처벌에 대해서 항의 없이 순종하는 일이라는 것을 본인은 확고하게 믿고 있습니다. 본인이 감히 이 성명서를 발표하는 이유는 본인에게 주어질 처벌에 대해서 어떤 식으로든 정상을 참작해 달라는 것이 아닙니다. 그 이유는 본인이 본인에게 주어진 명령을 무시한 것이 사법적 권위를 존중하지 않아서가 아니라, 우리 존재의 보다 고차적인 법 즉 양심의 소리에 순종했기 때문이라는 점을 밝히기 위해서입니다.

법정 성명서, 〈더 리더〉(*The Leader*), 1917. 4. 22 ; 《전집》 15 : 276

38) 시민불복종과 대규모 사탸그라하

봄베이, *1919. 4. 18*

내가 시민불복종의 일시 중시를 권고하는 데 슬픔이 없는 것은 아닙니다. 내가 일시 중지를 권고하는 이유는 지금 불복종의 효능에 대한 신앙이 적어서가 아니라, 가능하다면 그 어느 때보다도 큰 신앙을 갖고 있기 때문입니다. 중지를 요구한 것은 사탸그라하 법칙에 대한 나의 시각 때문입니다. 내가 대규모 운동을 시작했을 때, 미안한 일이지만 나는 악의 힘을 과소평가했습니다. 나는 이제 잠시 멈추고 이 상황을 어떻게 가장 잘 타개할 것인지를 성찰해야 합니다. 그러나 내가 그러는 동안, 아메다바드와 비람감의 비극을 자세하게 살펴보니, 사탸그라하는 폭도들의 폭력과 아무 관련이 없다는 점, 그리고 폭도들이 치켜든 위해의 깃발 주위에 많은 사람이 모여든 것은 주로 아나수야바이와 나 자신에 대한 사랑 때문이라는 점을 확신하게 되었다고 말하고 싶습니다. 정부는 현명하지 못하게도 내가 델리로 들어가지 못하게 막았고, 그래서 나로 하여금 정부의 명령을 불복하도록 강요하고 말았습니다. 만일 그렇게 하지 않았다면 아메다바드와 비람감이 지난주의 공포에서 자유로웠을 것임을 나는 확신합니다. 다른 말로 한다면, 사탸그라하는 그 폭동의 원인도 아니고 기회도 아니었습니다. 그밖에 뭔가가 있었다면, 사탸그라하의 존재는 종전에 있었던 무법의 요소들의 대한 억제책이었습니다. 그것이 아주 부드러운 억제책이었다고 해도 말입니다. 펀자브에서 발생한 사건에 대해서 말씀드리면, 그것은 사탸그라하 운동과 무관하다는 점이 인정됩니다.

남아프리카와의 비교[53]

남아프리카에서 사탸그라하 투쟁 도중, 수천 명의 인도인 계약 노동자가 파업했습니다. 이것은 사탸그라하 파업이었으므로 전적으로 평화적이고 자발적이었습니다. 그 파업이 진행되고 있는 동안 유럽 광부들과 철도 고용원 등이 파업을 선언했습니다. 유럽인 파업자들과 공동전선을 펴자는 제의가 나에게 들어왔습니다. 나는 사탸그라히로서 단 한순간의 생각 없이 그 제의를 거절했습니다. 나는 한 걸음 더 나아가서, 우리의 파업이 폭력과 무기 사용을 특별한 방법으로 여기는 유럽인들의 파업과 동일 부류로 취급될까 봐 두려워서 우리 파업을 중지시켰습니다. 그 순간부터 남아프리카 유럽인들은 사탸그라하를 명예롭고 정직한 운동으로 — 스뮈츠 장군의 말을 빌리면 합헌적 운동(*constitutional movement*)으로 — 인정하게 되었습니다. 나는 이 중요한 순간에도 그 정도의 일은 할 수 있습니다. 내가 만일 나 자신이 벌인 행동이, 영국인과 인도인의 관계를 악화시킬 만한 폭력을 부추기는 호기로 사탸그라하가 사용되는 것을 허용한다면, 나는 사탸그라하에 대해서 진실하지 못하게 됩니다. 따라서 우리의 사탸그라하는 이제 당국자들이 질서를 회복하고 무법(*lawlessness*)을 억제하도록 사탸그라히로서 우리에게 가능한 모든 방법으로 그들을 부단히 도와야 합니다. 우리가 군중들(*masses*)로 하여금 사탸그라하의 근본 원리를 고수하게 하는 일에 성공한다면, 우리는 우리 앞에 진행되는 비극을 잘 활용할 수 있을 것입니다.

---

53 〔역주〕《전집》 권 17, 444면에 따라서 소제목을 단다.

사탸그라하는 수많은 가지를 지닌 보리수나무와 같습니다. 시민불복종이 그 가지들 가운데 하나입니다. 사탸(진리)와 아힘사(비폭력)는 함께 부모에 해당하는 원줄기를 이루는데, 여기에서 수없이 많은 가지가 모두 뻗쳐 나옵니다. 우리는 쓰디쓴 경험을 통해서 무법의 분위기에서도 시민불복종이 잘 수용되고 있음을 보았습니다. 시민불복종을 훌륭하게 생성해내는 유일한 원천인 사탸와 아힘사는 거의 존경을 받지 못했습니다. 그렇다면 우리의 과업은 헤라클레스적 과업입니다. 그러나 우리는 움츠려 들어서는 안 됩니다. 우리는 두려움 없이 사탸와 아힘사 교리를 확산시켜야 하고, 오직 그런 다음 대규모 사탸그라하를 착수할 수 있을 것입니다. 그러기 전에는 착수할 수 없습니다.

롤래트 법[54]

롤래트 법안에 대한 내 태도는 불변입니다. 나는 롤래트 법안이 현재 소요의 여러 원인 가운데 하나라고 실제 느끼고 있습니다. 하지만 과열된 분위기에서 내가 이 원인들을 검토할 수는 없습니다. 이 해명서의 주요하고도 유일한 목적은 모든 사탸그라히들에게 시민불복종을 일시적으로 중지하기를 권유하고, 질서 회복을 위해서 정부에게 효과적으로 협조하기를 권유하며, 설교와 실천으로 위에서 언급한 두 개의 근본 원리를 고수하도록 권유하는 일입니다.

시민불복종의 중지에 대해서 언론에 발표한 성명서,
〈더 힌두〉, 1919. 4. 21 ;《전집》17 : 402

54 〔역주〕《전집》 권 17, 445면에 따라서 소제목을 단다.

39) 대규모 시민불복종

시민불복종이 전인도 국민회의위원회 전원의 입에서 나오고 있다. 본격적으로 한 번도 해보지 않았으면서, 모든 사람들이 오늘날 우리의 질병에 대한 최상의 치료책이라는 오해를 갖고 그것을 매력적으로 느끼고 있는 것 같다. 나는 우리가 시민불복종에 필요한 분위기를 만들어낼 수 있다면, 그것이 최상의 치료책이 될 수 있을 것이라고 분명히 확신한다. 개인들의 시민불복종이 유혈사태로 확실히 나가는 경우를 예외로 한다면 개개인의 차원에서 그런 분위기는 언제든지 가능할 것이다. 나는 이런 예외가 있을 수 있다는 점을 사탸그라하를 실시하는 날 발견했다. 그러나 그렇다고 해도, 우리가 감히 무시할 수 없는 부름, 어떤 대가를 치르더라도 응해야 하는 부름이 올 수도 있다. 유혈의 가능성이 분명히 있다고 할지라도 국가가 제정한(*State-made*) 모든 법률에 대한 복종을 거부해야 할 때가 나에게 오고 있음을 분명히 알 수 있다. 그 부름의 무시가 신의 부정을 의미한다면, 시민불복종은 엄중한 의무가 된다.

대규모 시민불복종의 토대는 다르다. 그것은 평온한 분위기에서만 시도될 수 있다. 그것은 연약의 평온함(*calmness*)이 아니라 힘의 평온함이며, 무지의 평온함이 아니라 지적 평온함이다. 개인적인 시민불복종에서는 다른 사람을 대신할 수 있고 흔히 대신한다. 대규모 시민불복종은 개인들이 그들의 불복종에서 개인적 이득을 예상한다는 점에서 이기적일 수 있고 흔히 이기적이다. 그래서 남아프리카에서 칼렌바흐와 폴락은 다른 사람 대신 시민불복종을 행하였다. 그들이 얻을 것은 아무것도 없었다. 수천 명의 사람이 그 불복종에 참가했는데, 그 이유는 그들이 개인적 이득—이를테면, 비계약 노동자들은 그들 자신과 그들의 처 그리고 성년이 된 자식들에게 매년 부과된 인두세 철폐라는 개인적 이득—을 예상했기 때문이다. 대규모 시민불복종의 경우 저항자들이 그 가르침의 작용을 이해하기만 하면, 그것으로 족하다.

나는 남아프리카에서 약 2천~3천 명의 남성들과 상당수의 여성들과 함께 금지구역 안으로 행진해 들어가다 체포되었는데[55] 그곳은 실제 아무도 살지 않는 시골의 한 지역이었다. 우리 편에는 수명의 파탄인들과 다른 사람들이 포함되어 있었는데, 모두 건장한 신체의 소유자들이었다. 그것은 남아프리카 정부가 우리의 운동에 부여했던 가치에 대한 최대의 증거이다. 그들은 우리가 결연한 태도를 보이더라도 전혀 무해하다는 것을 알았다. 그 건장한 체구의 사람들이 나를 체포하러 온 사람들을 박살내려고 했다면 그것은 아주 쉬운 일이었을 것이다. 그러나 그렇게 하는 일은 가장 비겁한 일 가운데 하나일 뿐 아니라, 그들 자신의 맹세에 대한 반역적인 위반이 되었을 것이며, 자유를 위한 투쟁을 무너뜨리고 모든 인도인들이 남아프리카로부터 강제 추방당할 것을 의미했을 것이다. 그들은 폭도들이 아니었다. 그들은 훈련받은 군인들이었고, 무엇보다 좋은 것은 비무장이었다. 나는 그들로부터 분리되었지만, 그들은 해산하지도 후퇴하지도 않았다. 그들은 목적지까지 행진했고 한 사람도 빠짐없이 모두 체포·구금되었다. 내가 아는 한, 이것은 훈련과 비폭력의 사례이고 역사에 그 전례가 없는 것이다. 그와 같은 자제(*restraint*)가 없었다면, 나는 여기에서 대규모 시민불복종이 성공할 것이라는 희망을 가질 수 없었을 것이다.

우리는 누군가가 체포될 때마다 거대한 시위를 통해서 정부를 위압

55 간디는 '위대한 행진'의 날, 남녀 성인들과 아동들을 트란스발로 인도하다가 1913년 11월 6일 팜포드에서 체포되었다.

하겠다는 생각은 버려야 한다. 이와는 반대로 우리는 비협조자(*non-cooperator*)로 살면서 체포를 정상적인 조건으로 취급해야 한다. 전쟁에 나가는 군인들이 죽음을 구하듯이, 우리는 체포와 수감을 구해야 하기 때문이다. 우리는 수감을 피함으로써가 아니라 환영함으로써 정부의 반대를 격파하려고 한다. 이와 같은 우리의 각오는 대규모 집단으로 체포되고 수감당할 준비가 되어 있음을 보여줌으로써 나타날 것이다. 그렇다면 시민불복종은 단 한 사람의 비무장 경관에게라도 복종하겠다는 우리의 바람을 단호히 드러낸다. 우리의 승리는 도살장에 끌려가는 양처럼 수천 명씩 교도소로 인도되어 가는 데 있다. 이 세상의 양들이 자진해서 갔다면, 그들은 아주 옛날에 도살자의 칼날에서 자신들을 구해냈을 것이다. 다시 말하지만 우리의 승리는 아무 잘못을 범하지 않았음에도 수감되는 데 있다. 우리가 결백하면 할수록, 우리의 힘은 강대해지고 우리의 승리는 신속하게 획득될 것이다.

그러나 실상을 말하자면, 정부는 비겁하고 우리는 수감을 두려워한다. 정부는 교도소에 대한 우리의 공포를 이용한다. 우리 남녀들이 만일 교도소를 건강을 위한 휴양지로 환영한다면, 우리는 사랑하는 사람들을 남아프리카 동포들이 각하의 호텔이라고 불렀던 교도소에 넣는 일에 대해서 걱정하지 않을 것이다.

우리는 너무 오랫동안 국가 법률에 정신적으로 불복해왔고, 몰래 그것을 피해나갔으므로, 한순간에 시민불복종에 적합할 수 없었다. 불복종이 시민답기 위해서는 개방되고 비폭력적이어야 한다.

완전한 시민불복종은 평화로운 반란 상태이고, 국가가 제정한 일체의 법률에 복종하기를 거부하는 것이다. 그것은 분명히 무장반란보다도 더 위험한 일이다. 왜냐하면 시민저항자들이 극도의 고난을 당할 각오가 되어 있다면 시민불복종은 결코 진압당할 수 없기 때문이다.

시민불복종은 죄 없이 당하는 고통의 절대적 효과에 대한 무조건적 믿음에 근거한다. 시민저항자는 소리 없이 교도소에 감으로써 평온한 분위기를 보장한다. 악을 행하는 자는 저항이 없다면 악행에 대해서 권태를 느낄 것이다. 희생자가 일체의 저항을 보이지 않는다면, 모든 쾌락(*pleasure*)은 사라질 것이다. 적어도 민중의 대표자들은 그와 같은 대규모 과업에 착수하기 전, 성공적인 시민불복종이 가져야 할 조건들을 완전히 파악해야 한다. 가장 신속한 치유책들은 그 안에 언제나 최대의 위험을 안고 있으므로 그것들을 다루는 데 최고의 기술이 필요하다. 외제 직물에 대해서 성공적 불매운동을 벌이려면 우리가 어떤 정부도 저항할 수 없을 만큼 대규모로 시민불복종을 시작할 수 있는 분위기를 만들어야 한다고 나는 확신한다. 그렇기 때문에 나는 대규모 시민불복종을 시작하지 못해서 안달난 사람들에게, 인내와 스와데시에 결연하게 집중할 것을 강하게 권고하는 바이다.

시민불복종, 〈영 인디아〉, 1921. 8. 4 ; 《전집》 24 : 26

40) 권위, 자유, 책임

우리는 앞으로 몇 주일 동안 인도의 일부 지역에 시민불복종이 아주 순조롭게 진행되는 것을 볼 수 있을 것이다. 우리나라는 부분적이며 개인적 시민불복종의 사례들에 익숙해져 있다. 완전한 시민불복종은 그 안에 폭력의 요소가 없는 반란이다. 철저한 시민저항자는 국가의 권위를 간단히 무시하며, 국가의 부도덕한 법률 전체(*every unmoral state law*)를 무시하는 무법자가 된다. 예를 들면, 세금납부를 거부할 수 있고, 일상적 교류에서 국가의 권위를 인정하기를 거부할 수도 있다. 군인들에게 할 말이 있을 때는 불법침입이라는 법에 순종하기를 거부하고 군대 막사에 들어갈 것을 주장할 수 있다. 피켓들기의 방법에 대한 제한사항에 복종하기를 거부하고, 제한 구역에서 피켓들기를 할 수 있다. 이러한 모든 일을 하면서 그는 결코 무력을 사용하지 않고, 무력이 자신에 대해서 사용될 경우 결코 저항하지 않는다. 사실상, 그는 수감과 자신을 향한 여타 무력의 사용을 초청하는 편이다. 그가 그렇게 초청하는 이유는, 그가 향유하는 듯한 신체의 자유가 그에게 참을 수 없는 부담이 되기 때문이며, 그가 그렇게 하는 시점은 부담이 된다는 사실을 확인한 순간이다. 그는 다음과 같이 스스로 주장한다. 즉, 한 국가는 시민이 국가의 법규에 복종하는 한에서만 그에게 개인적 자유(*personal freedom*)를 허락한다고.

국법에 대한 복종은 시민이 개인적 자유(*personal liberty*)를 위해서 지불하는 대가이다. 그래서 전면적으로 부당한(*unjust*) 국가, 또는 대체로 부당한 국가에 바치는 복종은 자유를 얻기 위한 부도덕한 교환이다. 국가의 사악한 본성을 자각한 시민은 국가의 묵인을 먹고 살아가는 일에 만족하지 못한다. 그래서 그가 스스로 도덕적으로 위반하지 않으면서도 국가로 하여금 자신을 체포하라고 강하게 요구하는 동안, 그는 그의 신념을 공유하지 않는 다른 사람들에게 사회의 골칫거리로 비친다. 이렇게 보면, 시민저항은 한 영혼의 고뇌(*a soul's anguish*)를 가장 강력하게 표현하는 것이고 사악한 국가(*evil state*)의 지속에 대한 웅변의 항의이다. 모든 개혁의 역사는 이런 것이 아닐까? 개혁가들은 사악한 실천과 연관된 무해한 상징마저도 내던져 버린 것이 아닐까? 그래서 동료들의 혐오를 불러일으키기도 했지만 말이다.

일단의 사람들이 자신들이 여태 몸담고 살아왔던 국가를 포기한다고 선언할 때, 그들은 자신들의 정부를 수립한 것과 거의 다름없다. 내가 '거의'라고 표현한 것은 국가가 그들에게 반대할 때 그들이 무력을 사용할 지점까지는 가지 않기 때문이다. 국가가 분리된 그들의 존재를 인정하지 않는 한, 달리 말하면 그들의 의지에 굴종하지 않는 한, 그들의 '사업'은 개인 사업과 마찬가지로 국가에 의해서 폐쇄되거나 파괴되고 만다. 그래서 남아프리카의 3천 명의 인도인들은 트란스발 이민법에 불복하여 트란스발 정부에 적법한 통고를 한 후, 1914년 트란스발 국경을 넘었으니 자신들을 체포하라고 정부에게 강요했다. 정부는 인도인들에게 폭력을 선동하려고도 했고 그들을 복종시키려고도 했지만 모두 실패하게 되자 그들의 요구에 응했다. 그래서 일단의 시민저항자들은 군인에게 부과된 모든 훈련을 받아야 하는 군대와 같다. 그들의 삶은 일반 군인들이 갖고 있는 흥분과 같은 것이 결여되어 있어서 오히려 더 어렵다. 시민저항 군대는 보복의 정신(*the spirit of retaliation*)에서 자유롭다. 그래서 그 군대는 정염에서 자유롭거나 자유로워야 하기 때문에 최소한의 군인들을 요구하고 있다. 실제로 완벽한 시민저항자가 단 한 사람이 있다고 해도, 그는 잘못(*Wrong*)에 대한 옳음(*Right*)의 투쟁에서 승리하기에 충분하다.

따라서 전인도 국민회의위원회는 각 지역 국민회의위원회의 책임 아래에서 시민불복종을 재가했지만, 나는 지역위원회가 '책임'이란 말을 합당하게 강조하여, 가벼운 마음으로 그 불복종을 시작하지 않기를 희망한다. 모든 조건에는 그에 대한 완전한 결과가 주어져야 한다. 힌두·무슬림 일치, 비폭력, 스와데시, 불가촉천민제도의 폐지를 언급한 것은, 그것들이 아직도 우리의 국민적 삶의 일부가 되지 못했음을 의미한다. 한 개인이나 집단이 힌두·무슬림 일치에 대해서 여전히 어떤 의혹이 있다면, 우리의 삼중 목표를 획득하는 데 필수적인 비폭력에 대해서 여전히 어떤 의심이 있다면, 스와데시를 그 완전한 형태로 아직 실행하고 있지 않다면, 그리고 그 집단 속의 힌두교도가 여전히 불가촉천민제도라는 독소를 자신들 안에 갖고 있다면, 그 집단이나 개인은 시민불복종을 위해서 아직 준비가 되지 않은 것이다. 한 지역에서 실험이 진행되는 동안에는 기다리고 지켜보는 것이 실제로 최선이다. 군대의 비유로 되돌아간다면, 지켜보며 기다리는 팀들은 현재 실제로 싸우고 있는 팀만큼이나 실제로 협동하고 있다.

실험이 진행되는 동안 개인적 시민불복종을 동시에 실행해야 할 유일한 경우는, 정부가 조용한 스와데시의 실천조차도 막을 때이다. 그래서 만일 물레질을 가르치거나 그것을 조직하는 전문 물레질꾼에게 금지 명령이 떨어진다면, 그 명령은 그 자리에서 무시되어야 하고, 그 전문가 선생은 수감을 자초해야 한다. 그러나 모든 다른 면에서 보면, 그리고 내가 현재 판단할 수 있는 한에 있어서, 인도의 한 지역이 국가의 부도덕한 법률 일체에 대해서 공격적으로 그리고 고의적으로 최대한의 힘을 내어 위반하는 동안, 인도의 다른 모든 지역들은 모든 명령과 지침에 유의하고 그것들을 존중하는 것이 최선일 것이다. 인도의 단 한 지역에서라도 폭력이 발생한다면 그것은 그 실험을 당연히 손상시킬 것이고 심지어 실험 자체를 중단시킬 수도 있다. 실험 지역 내에서 사람들이 수감되거나 총알받이가 되거나 아니면 당국자들에 의해서 나쁜 대접을 받더라도, 다른 지역들은 동요 없이 침착하게 남아 있어야 한다. 벌어질 수 있는 모든 상황에서 그들이 훌륭하게 해내기를 우리는 기대해 마지않는다.

중대한 이슈, 〈영 인디아〉, 1921. 11. 10 ; 《전집》 25 : 34

41) 시민불복종의 권리와 사용법

정부가 우리나라에 제기한 이슈들이 첫 번째 자리를 차지한다면, 스와라즈 · 킬라파트 · 펀자브, 이 세 가지가 두 번째 자리를 차지하고 있다. 우리가 목표를 향해서 한 걸음이라도 진보하려면 먼저 자유 언론(*free speech*)의 권리와 자유 결사(*free association*)의 권리를 유효한 것으로 만들어야 한다. 정부는 가능한 측면 공격을 통해서 우리를 죽이려고 할 것이다. 자유 언론과 자유 결사의 문제에서 패배를 수용하는 것은 재앙을 자초하는 일이다. 비폭력 활동이 정부의 생존을 위협한다고 해서, 정부가 이 나라의 비폭력 활동을 파괴하도록 내버려 둔다면 온건주의자들의 사업마저도 정지되고 말 것이다. 그래서 일반 대중의 이익을 위해서 우리는 목숨 걸고 이 기초적인 권리들(*elementary rights*)을 방어해야 한다. 토호국왕을 환영하는 일, 자발적 단체들의 해산, 그리고 우리의 성장에 바람직하다고 여기는 활동의 포기, 정부는 이런 일을 우리에게 강요해서는 안 된다.

이 기초적인 권리들을 방어하는 가장 안전하고 가장 신속한 방법은 규제를 무시하는 것이다. 우리는 빗발처럼 퍼붓는 총탄 속에서도 진리(*the Truth*)를 말해야 한다. 총칼 앞에서도 단결해야 한다. 이런 기본권(*fundamental right*)들을 얻기 위해서는 어떤 대가도 비싸지 않다. 이 점에 대해서 타협·교섭·회의가 있을 수 없다. 해산통지와 금지령을 철회하고, 비폭력 활동 때문에 수감된 자 전원을 석방하지 않는다면 어떤 회의나 해결도 있을 수 없다. 우리가 자유로운 남녀 인간으로 살 수 없다면 기꺼이 죽어야 할 것이다.

나는 시민불복종이 시민의 고유 권리(*inherent right*)라는 점을 모든 사람들에게 설득할 수 있기를 원한다. 시민이 그것을 포기한다면 인간이기를 그만두는 것이다. 시민불복종 다음에 무정부 상태로 이어진 경우는 없다. 범죄적 불복종(*criminal disobedience*)은 무정부 상태로 이어질 수 있다. 개개의 국가는 무력으로 범죄적 불복종을 진압한다. 그렇게 하지 않는다면 국가는 사라지고 말 것이다. 그러나 시민불복종을 진압하는 일은 양심을 투옥하려는 시도이다. 시민불복종은 힘과 순수를 향해서만 나아간다. 시민저항자는 결코 무기를 사용하지 않으므로, 기꺼이 여론의 목소리를 경청하는 국가에는 해롭지 않다. 그러나 시민저항자는 독재국가(*autocratic State*)에는 해롭다. 그가 국가에 저항하고 있는 그 사안에 대해서 여론을 끌어들여서 그 국가의 붕괴를 초래하기 때문이다. 그래서 국가가 무법이거나 부패했을 때(부패한 것은 무법인 것과 마찬가지인데), 시민불복종은 거룩한 의무가 된다. 그리고 그러한 국가와 거래하는 시민은 그 국가의 부패나 무법(*lawlessness*)을 공유하는 것이다.

그래서 특정한 법령이나 법과 관련하여 시민불복종을 적용하는 지혜에 대해서는 우리가 질문을 던질 수 있다. 그리고 연기(延期)와 주의를 충고할 수도 있다. 하지만 시민불복종의 권리 자체를 질문해서는 안 된다. 그것은 생득권(*birthright*)으로서 그것을 포기하면 자신의 자존심을 포기하게 된다.

시민불복종의 권리를 주장하는 바로 그 순간 시민불복종의 사용은 가능한 모든 제한규정에 의해서 보호받아야 한다. 단 하나의 폭력이나 일반적 불법이라도 일어나지 않도록 모든 가능한 조처가 마련되어야 한다. 불복종을 행하는 경우 그 불복종의 범위뿐만 아니라 지역 역시 최소한의 필요에 의해서 제한되어야 한다. 그래서 현재의 경우 공격적인 시민불복종은 자유 언론과 자유 결사의 권리 옹호에 국한되어야 한다. 다시 말해서, 비협조는 비폭력으로 남아 있는 한 방해나 훼방 없이 지속되도록 허용되어야 한다. 이와 같은 입장이 확보될 때, 킬라파트 · 펀자브 · 스와라즈의 해결을 위한 대표자 회의를 소집할 수 있을 것이다. 그러나 그때까지는 아니다.

시급한 이슈, 〈영 인디아〉, 1922. 1. 5 ; 《전집》 25 : 189

42) 시민불복종의 실행

우리는 종종 〈나바지반〉지에서 시민불복종이 우리가 원수로 간주하는 사람이나 우리를 원수로 간주하는 사람을 대상으로 실행할 수 있을 뿐만 아니라, 친구나 어른들에 대해서도 실행할 수 있다고 말해왔다. 이제 이것을 국민회의에 적용할 때이다. 당연히 실현해야 할 헌법상의 변화는 본지 이번 호의 다른 곳에서 서술한 바 있다. 하지만 보통의 경우 국민회의위원회(*the Congress Committee*)는 그런 변화를 일으킬 자격을 부여받지 못한다. 그런 변화는 오직 헌법을 개정함으로써만 가능하다. 국민회의만 그것을 개정할 권한이 있다. 그 권한이 국민회의위원회에게 있는 것은 아니다. 그 위원회가 그것을 하기 위해서는 비상한 힘을 사용해야 했을 것이다. 그런 힘의 사용은 법에 대한 '시민불복종'이라고도 불릴 수 있을 것이다. 상황이 발생하면 모든 사람과 모든 조직이 그것을 실행할 권리를 가질 뿐만 아니라, 그렇게 하는 것이 사람과 조직의 의무가 될 수도 있다.

내가 제안한 개혁들의 필요성을 우리가 인정한다면, 이제 시민불복종은 우리의 의무이다. 이 사안은 국민회의 회기 중에 분명 논의되어야 할 것이다. 원사(原絲)를 구매하는 대신 기부를 받도록 허용하는 규정은 당연히 무효화되어야 한다. 원사를 기부받는다고 해서 물레질에 이득이 되는 것도 아니고, 반대로 그것은 위선과 거짓의 증가를 낳기 때문이다. 만일 국민회의위원회가 이와 같이 꼭 필요한 개정을 하지 않는다면, 자체의 의무에서 실패했다고 간주될 수 있을 것이다. 왜냐하면 대중이 서너 달을 낭비할 것이기 때문이다. 만약 데슈반두가 죽지 않고 버컨헤드 경이 연설을 하지 않았다면, 이 주제에 관해서 의견의 차이가 발생할 여지가 있었을 것이다. 하지만 이제 그럴 여지는 남아 있지 않다. 국민회의위원회의 일부 위원들은 그렇게 당장 개정해야 할 필요성을 인정하지 않을 수도 있다. 그 경우에 그들은 시민불복종을 실행할 권리가 없다. 따라서 국민회의위원회가 만장일치는 아니더라도 그에 가까운 일치에 의해서 그런 개정을 할 수 있다고 나는 진술했던 것이다.

그와 같은 개정을 해야 할 필요성이 시민불복종을 실행할 만한 충분한 근거는 아니다. 시민불복종의 대상이 되는 사람들도 그 불복종에 의해서 이득을 얻어야 하기 때문이다. 위에서 언급한 개정이 국민회의의 이익만을 위해서 필요한 경우이기 때문에 이러한 조건은 전면적으로 충족된다. 두 번째 조건은 그런 불복종을 실행하는 사람은 악의를 품어서는 안 된다는 것이다. 이것은 시민불복종이라는 이름 안에 이미 함축되어 있다. '시민다움'(*civility*)은 모든 악의에 반대되기 때문이다. 더구나 우리는 국민회의가 잘해나가기를 원하고 있을 뿐인데 어떻게 악의가 있을 수 있을까? 내가 이 글을 쓰는 목적은 어느 누구라도 자신의 의사에 반하여 헌법이 실제로 개정되어야 한다고 선언하지 않도록 하는 데 있다. 이런 사안에 있어서도 모든 당사자들은 독자적인 판단을 내려야 할 것이다. 헌법 개정의 필요성을 인정하면서도 이런 식으로 국민회의위원회가 헌법 개정을 하게 되면 얻는 것보다 잃는 것이 더 많다고 느끼는 자들은 위원회의 개정에 대해서 의무상 반대해야 할 것이다.

시민불복종은 다른 사람들이 우리에게 그렇게 하라고 요구한다고 해서 실행될 수 있는 것도 아니고 그렇게 실행되어서도 안 된다. 그것은 우리에게 적합할 때만 실행되어야 한다. 그럴 경우에만 그 이름에 어울리고, 그것을 실행할 가치가 있다. 그 이유는 인간이란 스스로 확신이 없는 일을 실행할 힘을 가지지 못한 존재이기 때문이다. 그리고 시민불복종운동이 성공하기 위해서는 오로지 개인의 힘에만 의존하기 때문이다.

이 글을 쓰는 주요 목적은 시민불복종이 실행될 수 있는 주변 상황을 묘사하기 위해서이다. 나는 스스로 이 주제에 대해서 전문가라고 여기고 시민불복종을 나 자신의 독자적인 발견물로 생각하고 있으며, 불복종의 적용가능성과 불복종의 한계를 때때로 보여주는 것을 나의 다르마(의무)로 간주한다. 헌법이 개정되든 말든 나는 아무 관심이 없다. 하지만 모든 사람들이 자신의 독자적인 판단을 사용하지 않는다면, 헌법 개정은 해로울 것으로 본다. 이 비판은 나의 추종자로 자처하는 사람들에게 특히 적용되어야 한다. 나는 맹목적 숭배에 동의하지 않으며 아주 반대한다. 스와라즈는 맹목적 숭배로 확보될 수 없다. 확보된다고 해도 유지될 수 없다. 따라서 나는 나의 '추종자들'을 끌어내어 그들의 지성을 발휘하게 하고 싶다. 우리가 위에서 말한 대로 지성적으로 헌법 개정을 하고 그것을 정직하게 실행한다면, 나는 대단히 좋은 결과가 따를 것이라고 기대한다.

국민회의 내부의 시민불복종(G.),
〈나바지반〉, 1925. 8. 2 ; 《전집》 32 : 157

43) 힘의 시험

아메다바드, *1930. 1. 22*

간디지 이 나라는 힘에 대한 위대한 시험을 눈앞에 두고 있습니다. 일은 이제 전적으로 영국 정부에 달려 있습니다. 우리는 영국으로부터 완전 분리(*complete secession*)를 숙고하기 위해서가 아니면, 지금이나 장차 어떤 집회에도 참가하지 않을 것이기 때문입니다. 우리가 완전 분리 이하의 어떤 것을 받아들일 수 있는 시간은 지나갔습니다.

우리가 영국과의 기존의 관계를 완전히 단절하기 위해서 투쟁하고 있다는 것을 세상은 당연히 알고 있어야 합니다. 우리는 그 목표가 성취될 때까지 쉴 수 없을 것입니다.

우리는 지금 막 시작했습니다. 당신은 이 나라 방방곡곡에서 수백만의 우리 백성들이 오두막에서 쉬지 않고 물레질하는 것을 볼 수 있을 것입니다. 이것은 외국에서 직조된 직물에 대한 거국적 불매운동을 의미하고, 산업에서 영국이 차지하고 있던 주도적 위치—이것이 당신네 영국 군인들이 이 나라에 주둔하는 핵심 이유인데—가 조만간 종결되는 것을 의미합니다.

시민불복종이라는 십자군 전쟁 수행에 대해서 자신이 세운 계획의 상세한 점을 개괄적으로 설명해 달라는 부탁을 받고, 간디는 다음과 같이 대답했다.

간디지 나는 그 운동이 어떤 형태를 취할지에 대해서 아직 확신이 없습니다. 나는 여기까지 왔습니다. 나는 내가 은둔하는 동안 파괴를 야기하지 않거나 유혈을 낳지 않는 시민저항, 하지만 내가 원하는 만큼의 인상을 주기에 충분한 크기의 시민저항에 대한 계획을 수립하고 싶습니다. 그것이 내가 여기에서 하고 있는 일의 전부입니다. 이것을 제외한다면 당신이 아시다시피 나는 지금 물레질을 하고 있습니다.

이 대목에서 그는 조심스런 준비가 필요하다는 점에 대해서 긴 이론적 설명으로 빠져 들어갔다. 그는 다가오는 혁명에서 이 최초로 내딛는 발걸음의 성공을 보장해 줄 만한 바로 그 순간이 도달했는지에 대해서 확신이 없었다. 그러나 그 성공, 바로 그 첫걸음에서 성공한 정도가 그에게 하나의 지침이 될 것이다. 그는 다음과 같이 계속 설명했다.

간디지 그와 같은 운동을 지도하는 사람이 추종자들의 목소리에 계속 동조하는 것은 절대로 필수적입니다. 그래서 그는 외부의 영향에 대해서는 면역이 되어 있어야 하고, 내부의 움직임에 대해서는 아주 작은 일이라도 민감해야 합니다.

나는 간디에게 그가 취하려는 극단적인 조처를 피할 수 없는 것은 아닌지 물었다. 그는 피할 수 있다고 금방 대답하고, 영국 정부가 아주 작은 몸짓이라도 보인다면, 그것이 기적을 낳을 것이라고 말했을 때, 나는 그가 생각하는 몸짓이 무엇인지 물었다. 그는 대답했다.

간디지 그것은 영국 정부와 영국 국민의 진실한 모든 몸짓이거나 또는 우리 사이에서 일어나는 갑작스럽고 자발적이며 건전한 연합인데, 이 연합은 그것 자체로 단순히 영국민의 주목만이 아니라 세계의 주목을 끌 수 있을 만큼 충분한 압력을 행사할 수 있을 것입니다.

질문 그것은 물론 극단주의자들과의 연합을 의미하겠지만 영국으로부터 어떤 종류의 몸짓을 말합니까?

간디지 영국 내각이 내일 '우리는 인도의 독립 계획을 숙고하고 진전시킬 준비가 되어 있다'고 말하고, 그와 같은 계획을 수립하기에 우호적 분위기를 창출한다고 해봅시다. 물론 그 내각은 능히 그럴 수 있습니다. 그렇게 되면 그것은 시민불복종을 위한 더 이상의 준비를 자동적으로 막을 것입니다.

질문 제안된 원탁회의는 이 점에 대해서 충분히 토의하도록 당신에게 기회를 주지 않았습니까?

그는 약간 강한 어조로 다음과 같이 대답했다.

간디지 아닙니다. 결코 아닙니다. 왜냐하면 믿을 만한 소식통으로부터 내가 듣고 이해한 바는, 원탁회의의 구도가 현재의 정부 형태보다 무한히 작은 정부 형태와 자치령의 지위, 이 양자 사이에 있는 무엇이라도 논의하도록 겨냥하고 있기 때문입니다. 예를 들면, 책임 있는 전직 관리들은 인도 민중이 여태 누려왔던 권력, 그리고 지금 누리고 있는 권력을 박탈해야 한다는 주장을 폅니다. 이 비판자들은 우리가 그 권력을 누릴 만한 자격이 없음을 스스로 증명해 보였다고 실제 제안하고 있기 때문입니다. 그래서 그와 같은 원탁회의, 완전한 자유(*full freedom*)에 대한 인도의 능력조차 의심하는 원탁회의는 나에게 아무 가치가 없습니다. 그래서 내가 그 회의에 참석하는 일은 전적으로 불가능합니다. 나는 인도가 어느 정도의 권력을 누려야 하느냐를 논의하지 않고, 오직 완전 독립의 계획(*scheme of complete independence*) 수립을 위한 여러 방도와 방법만을 논의하기로 작정한 회의에만 참석할 수 있습니다. 현재로서 내가 참석을 고려할 수 있는 회의는 이런 것밖에 없습니다.

나는 이 시점에서 간디에게 그의 방법이 영국 정부를 대경실색케 하여 그 정부를 자신의 요구에 굴복시킬 수 있다고 진지하게 믿고 있는지 단도직입적으로 물었다.

간디지 그것은 모두 민중의 반응에 달려 있습니다. 나는 자신 있지만 분명치는 않습니다. 나는 나의 계획을 수립할 시간이 성숙했다고 생각합니다. 내가 내 주변의 어둠을 꿰뚫어볼 수 없는 이유는 바로 내 자신의 한계 때문입니다.

다시 말해서, 내 주변의 분위기는 억압적이고, 내가 통제하기 어려울 폭력의 세력이 부상하고 있음은 분명한 사실입니다.

그러나 내가 말한 대로, 내가 지지하고 있는 진정한 비폭력은 이런 세력을 우회하고 이런 세력을 극복할 수 있을 것입니다. 그러나 나 자신이 불완전한 도구이기에 이런 상황에 어울리는 비폭력의 적절한 모습을 파악하지 못할 수도 있습니다. 우리가 맨 먼저 거세해야 할 세력은 이 땅을 위협하고 있는 바로 이 협박적인 폭력의 힘입니다.

간디는 여기에서 시민불복종이 자신이 지지할 수 있는 행동의 극단이라는 점을 강조하고, 그것이 비폭력의 한계임을 선언했다. 그는 폭력 프로그램에는 결코 연루되지 않을 것이다. 그는 그다음의 질문에 대해서 대답했다.

간디지 극단주의자들의 힘은 오늘날 그리 큰 편은 아니지만 성장하고 있습니다.

질문 극단주의자들에 대한 통제가 불가능해지고 유혈에 대한 책임이 그들에게, 결국 당신에게 돌아가게 된다고 가정해 봅시다. 그러면 어떻게 됩니까? 그럴 경우 영국 정부는 영국의 대중이 요구하는 행동을 부득이 취할 수밖에 없게 되고, 정부가 사람들과 당신을 체포한다고 가정해 봅시다. 그렇게 되면 어떻게 됩니까?

간디는 근엄하게 대답했다.

간디지 나는 체포가 두렵지 않습니다. 영국 정부가 과거에 그랬듯이 폭력의 통치로 몰아가는 것은 그들의 재량에 달려 있습니다. 그렇다면 그 결과가 무엇이 될지 나는 말할 수 없습니다. 하지만 그런 조치는 내 생각으로는 순전히 어리석은 것일 뿐입니다.

질문 아주 가까운 미래에 대한 당신의 견해는 무엇입니까?

간디지 나처럼 낙관적인 사람에게 아주 가까운 미래는 대단히 밝습니다. 그러나 내가 찬성과 반대를 계산하고 상황에 대한 셈에 들어간다면, 나는 그 문제가 해결 불가능하다고 고백할 수밖에 없습니다. 무슨 일이 일어날지 나는 모릅니다. 나는 사전에 계획 전체를 알고, 시간표에 따라서 일하고, 확신을 갖고 결과를 예상할 수 있다고 고백하는 장군과 같은 행복한 입장에 있지 않습니다.

그러나 나는 당신에게 이 만큼은 보증할 수 있습니다. 즉, 인도에서 힘의 시험이 지금 진행중이고, 결과는 전적으로 영국 정부에 달려 있다는 점을.

그들이 추구할 수 있는 길은 두 가지입니다. 하나는 전전긍긍하는 예전의 방식으로 다이어 장군식, 무시무시함, 광폭한 억압으로 나가고, 그런 다음 무정부 상태로 나가는 길입니다. 다른 하나는 과거의 죄를 반성하고 회개하고 자신의 발걸음을 되돌리는 현자의 길입니다. 희망을 가집시다.

〈데일리 익스프레스〉와의 대담, 〈더 서치라이트〉
(*The Searchlight*), 1930. 12. 12 ; 《전집》 48 : 255

44) 시민불복종과 자유를 위한 투쟁

내가 알고 있는 많은 영국 친구들에게, 아니 그보다 더 많은 수의 내가 알지 못하는 영국 친구들에게 생사를 건 투쟁으로 끝날 수도 있는 이번 일의 전야에, 나는 한마디 말을 하지 않을 수 없다. 자존심이 있는 국민회의 의원들이, 제안된 원탁회의에 참석할 가능성을 믿어 보려고 나는 나도 모르게 노력해왔다. 나는 그 가능성에 대해서 의심을 품고 있었는데, 이유는 국민회의가 분명히 국내에서 가장 대표적인 조직이긴 하지만, 자신의 입장을 옹호할 만한 적절한 힘이 그 배후에 없다는 점을 내가 알고 있기 때문이다. 만일 영국 정부와 국민들이 관대한 마음을 통해서건 세계여론의 압박에 의해서건 자치령의 지위를 즉각 허락하기로 결정할 것, 그리고 상이한 그룹들이 선호하는 주제를 논의하기 위해서가 아니라 자치령 지위의 헌법 내용을 정하기 위해서 회의를 소집할 것, 이런 두 사항이 보장된다면 국민회의는 인도를 대표하여 원탁회의에 참석할 수 있을 것이다. 부왕은 그런 보장은 할 수 없다는 점을 아주 분명히 밝혔다. 사실이 그러하다면, 국민회의는 그 회의에 참석할 수 없을 것이다. 이와 같은 국민회의의 태도는 국민회의가 과거에 한 선언과 국민적 이익 — 국민회의가 국민적 이익을 맡아 있는 주요 수탁자라고 주장되지만 — 에 부합한다. 그러나 다음과 같은 질문이 제기될 수 있다. 국민의회가 이런 상황에서 대표단을 파견할 수 없었다고 가정하면, 자치령의 지위에서 독립으로 나갈 필요성은 어디에 있었던가? 그 대답은 명백하다. 조직을 이뤄 살아가는 인간이 존경을 받고 성장할 수 있으려면, 명예심을 가져야 하고 약속을 지켜야 한다. 그런데 국민의회는 1929년 12월 31일까지 자치령의 지위가 획득되지 않는다면, 국민회의 강령을 인도의 독립을 요구하는 것으로 변경하겠다고 캘커타에서 약속한 바 있다. 그런데 그 자치령의 지위는 오지 않았고, 아주 가까운 장래에 도래할 것이라는 확실한 전망도 전혀 없다. 그래서 국민회의가 '자살하지' 않을 것이라면, 당면 목표는 자치령의 지위가 아니라 완전 독립임을 선언하는 것 이외에 다른 길은 없었다.

그런데 독립을 원하는 데 본질적으로 잘못된 것이 뭐가 있는가? 나는 모든 국가가 독립하겠다는 양도할 수 없는 권리를 선언하는 것에 대해서 진지한 영국인들이 반대하는 일을 이해할 수 없다. 진지한 영국인들조차도 인도가 자유롭게 되는 것을 원치 않는다고 상정해야 할까?

어떤 자들은 "하지만 너희는 독립하기에 적합하지 않다"라고 말하기도 한다. 적합성 여부를 판단하는 것은 분명 우리 자신이다. 그리고 우리가 적합하지 않음을 인정한다고 해도, 독립을 열망하는 일, 나날이 우리 자신을 더 적합하게 만들려고 하는 시도는 잘못도 아니고 비도덕적이지도 않다. 우리가 무력감을 느끼는 교육을 받는 한, 그리고 우리가 서로 싸우지 않도록 또는 이웃들에 포식당하지 않도록 영국의 총칼에 의존하는 교육을 받는 한, 우리는 적합한 자질을 갖출 수 없다. 우리가 만일 내전이나 외침(外侵)의 고난을 겪어야 한다면, 자유를 위해서 투쟁했던 국가들에 그런 일은 새로운 것이 아니다. 영국은 이런 것들을 모두 겪었다. 결국 자유는 온실에서 성장하는 것이 아니다.

인도의 복지를 진지하게 갈망하는 영국 친구들에게는 자유를 위한 인도의 투쟁에서, 그리고 인도의 입장에서 인도를 돕는 길이 열려 있다. 인도에 필요한 것은 인도가 가장 잘 안다. 완전 독립은 오만한 고립이나 모든 도움을 거만하게 경멸하는 것을 의미하지 않는다. 그러나 그것은 아무리 경미하고 잘 은폐된 속박이라고 해도 영국에 의한 속박으로부터의 완전한 단절을 의미하는 것이 사실이다. 그래서 즉각적인 독립의 요구를 거부하는 것은 원탁회의를 고안해 낸 사람들의 선의에 대해서 매우 강한 의심을 자아내게 한다. 사람들은 인도 최대의 국민당[56]이 비독립국의 위치나 속수무책의 착취의 과정에 더 이상 굴복하지 않을 것임을 분명히 이해해야 한다. 그 국민당은 이 이중의 저주로부터 자유롭게 되기 위해서 온갖 위험을 감수할 것이다.

시민불복종이 갖고 있는 분명한 위험에도 불구하고, 나는 모든 비

56 〔역주〕 국민회의를 지칭하는 것으로 보인다.

폭력적 세력들을 결집하기 위해서, 그리고 시민불복종이 광포한 폭력의 흐름을 저지할 수 있는지를 보기 위해서, 일종의 시민불복종을 계획하고 있는데 이제 그것을 이해할 수 있겠는가? 증오와 악의가 사방에 분명히 퍼져 있다. 그것들이 적당한 시간 내에 미리 처리되지 않으면 조만간 격노(*fury*)의 행위로 폭발하고야 말 것이다. 시민불복종만이 그 격노의 폭발을 멈출 수 있다는 확신이 나에게 깊어졌다. 우리 국민은 독립을 얻기보다는 불복종의 힘을 느끼기를 더 강하게 원하고 있다. 그런 힘의 소유가 바로 독립이다.

시민불복종이 폭력적인 불복종으로 변질되는 것이 결코 불가능한 일은 아니라는 점을 미안하지만 나는 고백하지 않을 수 없다. 그러나 시민불복종이 폭력적인 불복종의 원인은 아니다. 폭력은 이미 정치 조직 전체(*the whole body politics*)를 좀먹고 있다. 시민불복종은 순화 과정일 뿐이고, 정치 조직 전체의 이면과 그 속에 잠복해 있는 것을 표면에 노출시킬 것이다. 그리고 영국의 관리들은 만일 그들이 마음만 먹으면 폭력의 힘을 제거하기 위해서 시민불복종을 통제할 수 있다. 그러나 그들이 그렇게 하든 말든, 아니면 우리 모두가 두려워하는 대로 그들이 직간접적으로 의식·무의식중에 폭력을 선동하든 말든, 나의 길은 분명하다. 내가 우리나라의 처지에 대해서 이와 같은 증거를 갖고 있는 한, 그리고 시민저항이라는 방안에 대해서 누를 길 없는 신앙을 갖고 있는 한, 그 누구도 내가 내면의 목소리가 안내하는 그 길로 나가는 것을 저지할 수 없다.

그러나 내가 무엇을 하든 무슨 일이 생기든, 나의 영국인 친구들은 내가 영국의 속박을 부수기를 몹시 원하고 있긴 하지만 내가 영국의 적이 아니라는 말을 받아들여야 할 것이다.

영국인 친구들에게, 〈영 인디아〉, 1930. 1. 23 ; 《전집》 48 : 257

45) 시민불복종에 대한 책임

'증오는 사랑이 있으면 사라진다.'[57]

운영위원회의 의견은 푸르나(완전한) 스와라즈를 얻기 위해서는 비폭력을 신조로서 믿는 자들이 시민불복종을 시작하고 그것을 통제해야 한다는 것이다. 국민회의는 그 조직 속에 그러한 남녀만이 있는 것이 아니라, 비폭력을 이 나라의 현 상황에서 필요한 정책으로 받아들이는 자들도 있기 때문에, 운영위원회는 마하트마 간디의 제안을 환영하며, 간디와 비폭력을 신조로 삼고 있는 그의 동료들에게, 그들이 원하는 방식과 시간에 따라서, 그리고 그들이 정하는 방식과 범위 내에서, 위에서 언급한 대로 시민불복종을 시작하도록 허가하는 바이다. 운영위원회는 운동이 실제 시작되면 국민회의의 모든 의원들과 여타 사람들이 시민저항자들에게 모든 가능한 방법으로 전면적으로 협조할 것을 믿으며, 그들이 어떤 도발이 오더라도 완전한 비폭력을 준수하고 유지해나갈 것이라고 믿는다. 운영위원회는 나아가서 변호사들처럼 정부에 대해서 자발적으로 협조하는 모든 사람들, 그리고 학생들처럼 정부로부터 이른바 이익을 얻는 사람들은 모두 대규모 운동이 발생하게 되면, 경우에 따라서 그들의 협조를 철회하든가 이익을 거절할 것이고, 평화를 위한 최후의 투쟁에 투신할 것이라는 점도 희망하고 있다. 운영위원회는 지도자들이 체포되고 구금되면 뒤에 남아 있는 사람들 중에서 희생과 봉사의 정신을 가진 자들이, 국민회의 조직을 계속 유지해갈 것이고, 최선을 다해서 그 운동을 지도할 것임을 믿는다.

57 Ahimsa Prathishtayam Tat Sannidhau Vairatyagaha, Patanjali's *Yogadarshanam* II : 35.

운영위원회의 이 결의안[58]은 나를 아주 강한 사슬로 묶으면서 나에게 자유의 헌장을 주고 있다. 그 결의안은 이 길고도 고달픈 세월 동안 내가 추구했던 공식이다. 나에게 이 결의안은 정치적 노력이라기보다는 종교적 노력이다. 나의 난관은 근본적이었다. 나는 다양한 정신의 소유자들로 구성된 단체를 통해서는 내가 아힘사를 펼 수 없다는 점을 알았다. 아힘사는 다수 대중의 결정에 종속될 수 없었다. 아힘사는 아힘사 자체와의 일치를 유지하기 위해서 전 세상과는 불일치해야 할지도 모른다.

자신 앞에 선택을 둔 자는 항상 유혹에 노출되어 있다. 그래서 비폭력을 하나의 정책으로 삼고 있는 자들이 그들 나름의 성향 때문에 폭력의 유혹을 받게 되면 실패할 것이다. 비폭력 이외의 다른 치유책을 갖고 있지 못한 자들이 진실로 비폭력을 가지고 있다면, 그들의 성향 때문에 실패하는 경우는 없다. 따라서 국민회의의 통제로부터 자유를 얻는 것이 필수적이다. 그리고 운영위원회의 위원들이 내 입장이 엄정하게 옳았다고 본 것에 대해서 나는 감사드렸다.

아무도 내 입장을 오해하지 말기를 바란다. 여기에는 어느 편이 우월한지에 대한 질문은 나올 수 없다. 자유를 획득하기 위해서 비폭력을 신조로 떠받드는 사람은 비폭력을 단순한 정책으로 간주하는 사람보다 결코 우월하지 않다. 이는 갈색인과 황색인 사이에 불평등이 없는 것과 같다. 각자는 자신의 빛에 따라서 행동할 것이다.

나에게 귀속되는 책임감은 내가 일을 도모했던 그 어느 때보다도 크다. 그것은 불가피한 것이다. 그러나 나를 인도해 주는 것이 아힘사라면 만사가 잘 되어갈 것이다. 자신이 이 세상에 준 것이 무엇인지를 잘 알았던 현자는 "증오는 아힘사가 있으면 사라진다"고 말했다.

---

58 아메다바드에서 1930년 2월 15일 채택되었다.

아힘사를 영어로 올바르게 바꾸면, 사랑 또는 자선(*charity*)이 될 것이다. 그리고 신약성서가 다음과 같이 말하지 않았던가?

> 사랑은 모든 것을 덮어 주고
> 모든 것을 믿고
> 모든 것을 바라고
> 모든 것을 견디어냅니다.[59]

시민불복종은 때때로 사랑에서 오는 엄중한 요구이다. 불복종이 분명히 위험하기도 하지만 우리를 에워싼 폭력만큼 위험한 것은 아니다. 시민불복종은 혼을 파괴하는 열기로부터 유일하게 비폭력적으로 탈출할 수 있는 수단이다. 위험은 오직 한 방향에만, 즉 시민불복종에 수반되는 폭력의 발생에만 있다. 만일 위험이 그런 방식으로 있다면, 나는 이제 그 길을 알고 있다. 바르돌리의 경우처럼 되돌아가는 것은 아니다. 평화를 위한 전투에서 폭력이 세상 어디에서 오든, 폭력에 대한 비폭력 투쟁은 단 한 사람의 대표자가 살아남아 있는 한 지속되어야 한다. 사람이라면 그 이상은 할 수 없고, 그보다 더 적게 하는 일은 신앙의 결핍과 다름없다.

절대 실패하지 않는다, 〈영 인디아〉, 1930. 2. 20 ; 《전집》 48 : 343

46) 충성과 불충

적극적인 충성과 적극적인 불충 사이의 중간 지점은 존재하지 않는다. 스스로 적의의 죄를 저지르지 않았음을 증명하려면 자신에게 적극적인 애정이 있음을 증명해야 한다는 고 스테판 판사의 말은 많은

59 〔원주〕 〈고린도서 1〉 13장. 〔역주〕 《공동 번역 성서》(대한성서공회, 1977)에서 인용.

진리를 담고 있다. 요즘 같은 민주주의 시대에 한 개인에 대한 적극적인 충성이란 존재하지 않는다. 그래서 여러분은 제도에 대해서 충성하거나 불충할 수 있다. 따라서 여러분은 불충할 때 사람이 아니라 제도를 파괴하려고 한다. 현재의 국가(*the present State*)는 우리가 그것을 알게 되면 충성심을 절대 불러일으킬 수 없는 제도이다. 그것은 부패했다. 사람들의 행위를 지배하는 법률 가운데 많은 부분이 아주 비인간적(*inhuman*)이다. 법률의 집행은 더 엉망이다. 한 사람의 의지가 자주 법이 된다. 이 나라에 있는 지방의 수만큼이나 많은 지배자가 있다고 말해도 틀리지 않을 것이다. 이른바 징세관이란 사람들은 한 개인 속에 사법부와 행정부의 기능을 다 갖고 있다. 결점투성이의 법률이긴 해도 법률에 의해서 그들의 행위를 지배해야 한다고 하지만, 이들은 흔히 변덕스럽고 그들 자신들의 기분과 기호에 따라서만 규제된다. 그들은 민중의 이익이 아니라 외국 주인이나 외국의 지배자들의 이익을 대변한다. (거의 3백 명에 달하는) 이들은 다소 비밀스런 집단을 형성하고 있는데 세상에서 가장 강력한 집단이다. 그들은 최소한의 고정세입을 찾아야 한다. 그래서 그들은 민중과 거래하면서 아주 무분별하게 행동하는 경우도 종종 있었다.

이 정부 조직은 인도의 수백만 거주민들에 대한 무자비한 착취에 기초하고 있음이 분명하다. 촌장들에서부터 그들의 개인 비서에 이르기까지 이 태수(太守)와 같은 자들은 부하계급을 창조해냈다. 이 부하들은 외국 주인들에게 굽실거리면서도, 민중과의 부단한 거래에 있어서는 대단히 무책임하고 거칠어서 민중의 용기를 꺾고 테러리즘과 같은 제도를 사용하여 민중으로 하여금 부패에 저항하지 못하게 한다. 그렇다면 인도 정부 조직 내부의 끔찍한 악을 자각한 자들은, 정부에 대해서 불충해야 하고, 적극적으로 개방적으로 불충을 설교하는 것을 의무로 삼아야 한다. 실제로 그토록 부패해 버린 국가에 대한 충성은 죄가 되고 불충은 덕이 된다.

단 3백 명이 두려워서 협박당하고 있는 3억에 달하는 민중이 보여주는 가관(可觀)은 독재자들과 희생자들 모두를 당황하게 만들고 있다. 그 조직을 지체 없이 파괴하는 것이 그 조직의 사악한 성격—그 제도의 일부 모습이 맥락에서 떨어져 나왔을 경우 아무리 매력적인 것으로 보이더라도—을 자각한 자들의 의무이다. 그 목적을 달성하기 위해서 어떤 위험이라도 감수하는 것이 그들의 명백한 의무이다.

그러나 3억 명이 이 조직을 만든 3백 명의 창안자들이나 행정가들을 죽이려고 하는 것은 비겁하다는 사실 역시 명백하다. 이들 행정가나 삯말처럼 일하는 고용인들을 파괴하기 위한 수단을 고안해내는 것은 엄청난 무지의 표시이다. 더구나 그들은 환경의 피조물일 뿐이다. 그 조직에 들어오는 가장 순결한 사람이라도 그 조직에 의해서 영향을 받을 것이고, 악을 전파하는 데 이바지하게 될 것이다. 그래서 당연한 말이겠지만, 교정책은 행정관들에 대항하여 분노를 터뜨려서 그들에게 상해를 입히는 것이 아니라, 일체의 자발적 협조를 철회하고 이른바 이익을 거부함으로써 그 조직과 협조하지 않는 것이다. 조금만 반성해 보아도 시민불복종이 비협조의 필수적인 부분임을 알 수 있을 것이다. 여러분은 행정의 명령과 법령에 복종함으로써 행정을 가장 효과적으로 도와주고 있다. 사악한 행정부는 그런 충성을 받을 자격이 결코 없다. 그것에 바친 충성은 악에 가담하는 것이다. 그래서 선량한 사람이라면 사악한 조직이나 행정에 혼 전체로 저항할 것이다. 그러므로 사악한 국가의 법률(*the law of an evil State*)에 불복종하는 것은 의무이다. 폭력적인 불복종으로 사람들을 쫓아낸다고 해도 그 자리에 다른 사람들이 들어올 수 있다. 폭력적인 불복종은 악 자체는 손대지 않은 채 그대로 두고 흔히 그 악을 강화한다. 비폭력적 불복종 곧 시민불복종은 유일하고 가장 성공적인 치유책이며, 자신을 악으로부터 분리하려는 자의 의무이다.

시민불복종에도 위험은 도사리고 있다. 그 이유는 그것이 여전히 부분적으로 시도되었고, 폭력이 그득한 분위기에서 항상 시도돼야 하는 교정책이기 때문이다. 그리고 폭정이 횡행할 때 희생자들 사이에 많은 분노가 생성되기 때문이다. 분노는 희생자들이 약할 때는 잠복해 있지만, 아주 작은 구실로도 모든 격분은 일시에 터진다. 시민불복종은 이와 같이 훈련받지 못한 생명 파괴적인 잠재 에너지를, 사용하기만 하면 절대적 성공을 보장하는 훈련받은 에너지로, 생명을 살리는 에너지(*disciplined life-saving energy*)로 전환시키는 최고의 방법이다. 시민불복종에 따르는 위험은 약속된 결과에 비하면 아무것도 아니다. 세상이 시민불복종의 사용에 익숙해지고, 일련의 성공적인 시민불복종 사례들을 보게 되면, 시민불복종의 위험은 비행기를 타는 위험보다 적다. 항공술의 발전이 높은 수준에 도달했음에도 불구하고 말이다.

불충의 의무, 〈영 인디아〉, 1930. 3. 27 ; 《전집》 48 : 521

47) 시민저항과 불복종 *1934. 6. 4*

'시민저항'(*civil resistance*)이란 넓은 의미의 용어이고 존경을 암시합니다. 시민불복종(*civil disobedience*)은 '시민저항'이란 말로 표시되는 태도를 반드시 정확하게 표현한 것은 아닙니다. '시민불복종'은 마음의 상태를 표시할 수도 있습니다. '시민불복종'이란 단어는 소로에 의해서 최초로 사용되었습니다. 그것은 내가 마음에 두었던 모든 것을 제시하지 않았기 때문에 나는 그것을 좋아하지 않았습니다. 새로운 구절을 찾으면서 나는 '시민저항'으로 정했습니다.[60] 현재의 말로 하면 '수동적 저항'입니다. 그러나 내가 행하는 저항의 방식이나 내가 마음에 둔 힘은 수동적인 것은 아니었습니다. 그것은 '능동적'이었지만 '능동적'이란 것은 폭력적인 것도 의미할 수 있었습니다. '시민'(*civil*)이란 단어는 오직 비폭력만을 의미합니다. 그래서 나는 그 단어를 '저항'이란 단어와 결합했습니다.

단디 행진의 출발에 즈음하여 행한 맹세는 스와라즈가 획득될 때까지 내가 교도소에 머물러 있을 것임을 뜻하는 것은 분명 아니었습니다. 교도소에 머문다는 것이 항상 우리 마음대로 할 수 있는 일도 아닙니다.

예라브다 협정[61]은 정부 재정(裁定, *Award*)[62]에 변화를 요구했습니다. 동시에 그 협정은 민중이 하리잔들에게 진 빚을 갚으라고 요구한 것입니다. 정부는 이런 조건을 알고 있었기 때문에 그 조건을 완수할 수 있는 시설을 나에게 넌지시 줄 수밖에 없었습니다. 정부는 내가 처음 수감되어 있는 동안 유사한 논의를 수용했고 필요한 양보를 해 주었습니다. 이 편지는 출판되었습니다. 그들이 이제 그것을 어떻게 철회할 수 있겠습니까?

나는 잠나랄지의 임명에 관계하지 않았습니다. 그러나 나는 그 일에 대해서 동의했습니다. 비서 자리는 비서 한 사람이 부재중이었기

60 〔역주〕 시민불복종과 시민저항의 양자 사이에 간디가 반드시 후자를 고수한 것 같지는 않다. 이를테면 그 이후의 글에도 시민불복종을 즐겨 사용하고 있기 때문이다. 《마하트마 간디의 도덕·정치사상》 권 3, 48번의 글도 하나의 사례가 될 수 있다.

61 〔역주〕 예라브다 협정(1932)은 최하층민과 힌두교도 사이의 협정으로서 최하층민을 대의원으로 선출하는 방식에 관한 협정이었다. 이때 최하층민의 대표자는 암베드카르였다. 이 협정의 과정과 내용에 대해서는 요게시 차다, 《마하트마 간디》(한길사, 2001) 565면 이하 참조.

62 Communal Award.

때문에 채워지지 않았습니다. 만일 아무도 없다면, 그 자리마저도 채워져야 할 것입니다. 그와 같은 사안들과 관련된 원리는 없습니다. 유일한 기준이란 적합성입니다. 한 사람이 회장과 회계원을 맡는다고 하더라도 무엇이 잘못입니까?

당신이 의회 평의회에 대해서 말한 것은 옳습니다. 사제가 결혼식을 주례할 수는 있지만 신랑 신부가 가정을 꾸려나가는 것을 돕지는 못합니다. 지금의 우리 모습을 지켜나간다면 우리는 장차 당연히 되어야 할 존재로 될 것입니다.

14일[63]까지는 아무 일도 일어나지 않을 것입니다. 하지만 특별한 일이 생기면 나는 편지를 쓰거나 아니면 다른 사람에게 편지를 써달라고 부탁할 것입니다.

마투라다스 트리쿰지에게 보낸 편지(G.),
《바푸니 프라사디》, 146~147면 ; 《전집》 64 : 57

48) 시민불복종 준비

뉴델리, *1939. 4. 3*

민중이 시민불복종으로부터 완전한 이득을 얻자면, 그들은 여러 주에서 일어나는 시민불복종의 중지에 대해서 분명히 이해해야 할 것이다. 예상하지 못한 결과는 아니지만 하나의 결과는, 어떤 주들이 그들의 태도를 경직시켜 중지 이전에는 아마도 생각하지도 못했을 진압책을 사용하는 것처럼 보였다는 것이다. 진압이 일어난다고 해도 낙심할 이유는 없다. 진압 자체는 사탸그라하를 위한 훈련을 제공하고 있다. 이는 원치 않던 전쟁이 군인에게 훈련을 제공하는 것과 같다. 사탸그라히(진리파지자)들은 진압의 원인을 찾아야 한다. 그들은 억압된 민중이 아주 약간만 무력을 사용해도 쉽게 놀라고, 고통과

63 〔역주〕 간디가 봄베이에 도착하기로 한 날. 《전집》 권 64, 42면.

자기희생에 대해서 준비가 되어 있지 않다는 점을 알게 될 것이다. 그렇다면 이것은 사탸그라하가 주는 최초의 교훈을 배울 시간이다. 이 무적의 힘에 대해서 무엇인가를 조금 알고 있는 자들은 연약하거나 무력한 모습으로 진압을 견디는 것이 아니라, 용감하게 그리고 일부러 견디는 방법을 그들의 이웃에게 가르쳐 주어야 한다. 그래서 예를 들면, 어떤 주가 한 단체를 불법으로 선언했다고 해보자. 단체의 회원들은 처벌의 공포 때문에 주의 선언에 순종하거나, 아직 시민불복종을 전개하기를 원치 않으므로 의도적으로 순종할 수 있다. 후자의 경우 그들은 에너지를 기르고 비폭력으로 저항할 의지를 강화한다. 단체의 회원 개개인은 그것들 자체로는 불법으로 간주되지 않는 행위들을 여전히 해나갈 것이다. 그들은 그들의 조직체의 합법화를 위해서 헌법상의 운동을 수행할 것이다. 그리고 만일 일꾼들이 지방 법률 테두리 안에서만 자발적으로 활동하고 있음에도 불구하고 체포나 학대를 당한다면, 그들은 수반되는 고통을 기꺼이 감수할 것이다. 그러한 과정에서 그들은 박해자들에게 악의나 분노를 품고 있는지의 여부를 반성할 것이고, 난관에 봉착했을 때 신의 현존을 자신들의 진실한 조력자 겸 지침으로 느끼고 있는지의 여부를 자문할 것이다. 실제로 이런 훈련이 적절하고 끈기 있게 진행된다면, 이 훈련은 학습자들의 마음에 고요하며 비폭력적인 저항력을 생성할 것이며, 이 힘은 그것 자체로 무적일 것이고, 그래서 시민불복종의 방도에 의한 더 이상의 노력을 완전히 불필요한 것으로 만들 수도 있다.

나는 지난번 시민불복종 캠페인을 개시할 때 과신과 성급함이라는 잘못이 나에게 있었다고 생각한다. 하지만 그 때문에 이 나라가 어떤 위해를 당한 것 같지는 않다. 이유는 내가 쭉 이 나라의 맥박에 손대고 있었기 때문이고, 내가 위험을 감지했거나 판단의 오류나 계산상의 오류를 발견한 경우 신의 덕분으로 주저 없이 뒷걸음질 쳤기 때문이다. 하지만 이 정도의 위해는 반드시 인정해야 한다. 이전에 여러 차례 부주의하게 준비해왔던 사람들은, 준비와 관련된 따분한 규칙을 엄격하게 준수하는 일을 진저리 나는 것으로 보고 있다. 그러나 그런 일은 사탸그라하 훈련의 가장 중요한 일부이다. 강력하고 활발한 비폭력은 지원자가 끈기가 많이 요구되는 필수 단계를 통과하지 않고서는 닦아지지 않는다. 하지만 그런 진압이 적절하게 이해되기만 하면 사탸그라히 안에 자연스럽고도 자발적인 저항을 야기할 것이다. 내가 이런 사실을 보여주는 데 성공했다면, 우리는 건설적인 노력과 기다림이 겉에서 보는 것처럼 무미건조하지 않음을 알 것이다. 이런 일들이 무미건조하게 보인다는 사실은 사탸그라하에 대한 온당한 평가와, 비폭력의 아름다움과 그 효과에 대한 온당한 평가가 결여되어 있음을 드러낸다. 다시 말해서, 사탸그라하 정신은 가슴 깊이 들어가지 않았고, 무의식적이긴 하지만 여전히 폭력이 사탸그라하 추구자의 가슴속에 잠복하고 있다.

그래서 진압이 사용되는 모든 장소에서, 그것이 진압된 민중의 기를 꺾는 것이 아니라 건설적인 노력의 보조(步調)를 가속화하기를 나는 바라고 있다. 우리는 우리의 절대 비폭력적인 의도에서 힘이 나온다는 점을 가능하다면 반드시 확신할 수 있어야 한다. 그런 확신을 가진다면 전투의 절반은 승리한 것이다. 이런 확신을 가슴 깊이 새기기 위해서, 우리는 의심할 나위 없이 비폭력적으로 행동해야 하고 우리의 말과 글쓰기를 충분히 억제해야 한다.

주정부들, 〈하리잔〉, 1939. 4. 8 ; 《전집》 75 : 288

49) 대규모 시민불복종, 훈련, 시의적절성

세바그람, *1940. 3. 5*

사람들은 내가 전국적으로 시민불복종을 선포할 것인가 여부는 묻지 않고 언제 선포할 것인가 만을 묻는다. 이 질문자들 가운데 일부는 동료들 사이에서 가장 진지한 자들이다. 그들에게 파트나 결의안은 투쟁이 수일 내로 임박했음을 의미한다. 그것은 이 나라가, 아니 여태 자유를 위한 투쟁에 참여해왔던 이 나라의 일부가 기다림과 미정 상태에 지쳐 버렸다는 증거이기도 하다. 이 나라의 독립을 얻기 위해서 어떤 희생도 아끼지 않겠다는 수많은 사람이 존재한다는 사실을 생각하면 용기가 생긴다.

따라서 나는 질문자들의 열성을 존경하면서도 그들의 조급증에 대해서 경고하지 않을 수 없다. 그 결의안에는 시민불복종을 선언하기에 적합한 분위기가 되었다는 믿음을 보증할 만한 것이 아무것도 없다. 국민회의 내부에 훈련이 부족한데다 많은 폭력이 존재할 때, 시민불복종을 선언하는 것은 자살 행위나 다름없다. 의원들이 내 말에 충분한 무게를 두지 않는다면, 그들은 심각한 오류를 범하게 될 것이다. 국민회의 정도의 위상을 지닌 조직 내부에서 충분한 훈련과 비폭력이 존재한다고 내가 확신하지 않는다면, 나는 대규모 시민불복종을 시작할 수도 없고 시작하지도 않을 것이다. 나는 물레질과 카디 판매와 같은 건설적 프로그램에 대한 냉담한 태도를 불신의 적극적인 표시로 받아들인다. 그와 같은 방도들을 이용한 투쟁은 이미 실패하게 되어 있다. 그런 사람들은 내가 그들의 편이 아니라는 점을 알아야 할 것이다. 훈련과 비폭력이라는 필수적인 방안을 얻을 희망이 없다면, 내가 지도부에서 은퇴하는 편이 더 나을 것이다.

사람들은 나를 떠밀어 투쟁을 급하게 시작할 수는 없다는 점을 분명히 이해하기 바란다. 내가 이른바 좌익에게 몰려서 시민불복종을 선언할 것이라고 생각하는 자들은 큰 우를 범하고 있다. 나는 우익(*rightists*)과 좌익(*leftists*)을 나누지 않는다. 쌍방 모두 내 동료이며 친구들이다. 좌우익을 분명히 나눠 선을 그을 수 있는 사람이 있다면 그는 무모한 사람일 것이다. 국민회의 의원을 포함하여 모든 사람들은 나라 전체가 나에게 등을 돌린다고 해도, 내가 시간이 오면 단신으로라도 싸울 것이라는 점을 알아야 할 것이다. 다른 사람들은 비폭력에다 그 이외의 무기를 갖고 있거나 가질 수 있다. 나는 다른 선택이 없다. 정치 분야에서의 비폭력 기술의 저자인 나는 내면에서 충동을 느낄 때 싸울 수밖에 없다.

비폭력 기술의 본성상 나는 사전에 시간표를 모른다. 부름은 언제든 올 수 있다. 그 부름이 신에게서 왔다고 말할 필요는 없다. 쉽게 이해될 수 있는 요즘의 말로 하면 내면의 충동(*inner urge*)이라고 할 수 있다. 모두가 때때로 내면의 충동에 따라서 움직인다. 그런 행위가 항상 옳은 것은 아니다. 하지만 어떤 행위에 대해서는 그 이외에 다른 설명이 불가능하다.

국민회의가 차라리 나를 망각하는 편이 좋을 것이라는 생각이 종종 떠오른다. 인생에 대한 내 기이한 견해 때문에 나는 내가 국민회의의 부적응자라고 때때로 느끼고 있는 것이 사실이다. 내게 어떤 특별한 자격이 있고, 그것에 대해서 국민회의와 이 나라가 사용처를 가진다고 해도, 내가 국민회의에서 완전히 단절된다면 그 자격이 더 잘 사용될 수 있을 것이다. 하지만 나는 이 단절이 기계적이거나 폭력적으로 올 수 없음을 알고 있다. 그 단절이 반드시 와야 한다고 해도 그것이 언제 올지는 아무도 모른다. 의원들은 내 한계를 알아야 하고, 그들이 내가 경직되어 있고 완고하다는 점을 발견하더라도 놀라거나 가슴 아파하지 말아야 할 것이다. 나는 대규모 시민불복종 선언을 위한 조건들이 충족되기 전에는 움직일 수 없다고 말했는데, 그들이 이 말을 믿어 주기를 요청하는 바이다.

언제?, 〈하리잔〉, 1940. 3. 9 ; 《전집》 78 : 28

50) 시민불복종과 능동적 비폭력

세바그람, *1940. 5. 28*

독자들은 본지의 다른 난에서 즉각 시민불복종을 실시하자는 람 마노하르 로히아(*Ram Manohar Lohia*) 박사의 호소를 보게 될 것이다. 나는 세계 평화를 보증하기 위한 그의 처방을 지지한다. 그는 그의 처방을 실시하기 위해서 시민불복종을 당장 실시해야 할 것이다. 여기에 대해서 나는 이의를 제기하지 않을 수 없다. 로히아 박사가 비폭력의 작용에 대한 내 생각을 따른다면, 그는 이 시점이 시민불복종을 통해서 영국인들이 올바른 방향으로 움직이도록 영향을 줄 수 있는 분위기가 아니라는 점을 금방 인정할 것이다. 로히아 박사는 영국 정부를 당황하게 만들어서는 안 된다는 점에 동의한다. 우리가 직접 행동을 위해서 한 걸음만 나아가더라도 그들이 당황할 것이 나는 걱정된다. 내가 지금 시작한다면 시민불복종의 목표 전체가 상실되고 말 것이다.

이 나라가 분명히 비폭력적이며 훈련받았다면, 나는 주저 없이 시민불복종을 선언했을 것이다. 그러나 불행하게도 비폭력도 시민불복종도 믿지 않는 수많은 단체가 국민회의 외부에 존재한다. 국민회의 내부에서도 비폭력의 효과에 대해서 갖가지 견해들이 존재한다. 인도 방어를 위해서 비폭력의 활용을 믿는 의원들은 손가락으로 셀 정도이다. 우리가 비폭력을 향해서 큰 진전을 이루었다고 해도, 아직 우리가 무적임을 바랄 수 있는 경지까지는 도달하지 못했다. 현재 한 걸음만 잘못 디디면 국민회의가 얻어왔던 위대한 도덕적 특권을 상실할 것이다. 우리는 국민회의가 제국주의를 다루어왔다는 점, 그리고 국민회의가 자기결정(*self-determination*)이라는 규제 없는 권리 이하로는 절대 만족하지 않을 것임을 충분히 과시해왔다.

영국 정부가 우리나라에 대해서 자신의 지위와 헌법을 결정할 권리를 가진 자유 국가(*free country*)임을 자진하여(*suo motu*) 선언하지 않는다면, 우리는 연합국들의 심장부에서 진행되고 있는 전쟁의 열기가 식고, 미래가 지금보다 더 밝아질 때까지 기다려야 한다고 생각한다. 우리는 영국의 패망으로부터 우리의 독립을 추구하지는 않는다. 그것은 비폭력의 길이 아니다.

우리가 참으로 힘을 갖고 있다면 그것을 발휘할 수많은 기회가 있을 것이다. 어느 편이 승리하든 꼭 오고야 말 평화의 시기에 우리는 다른 사람이 그 힘을 느끼게끔 할 수 있다.

우리는 그런 힘을 얻었는가? 인도는 최신 무기를 보유하지 않아도 편안한가? 인도는 침략에 대비하여 자신을 방어할 능력이 없기 때문에 무력감을 느끼는 것은 아닌가? 의원들조차 안전감을 느끼는가? 아니면 그들은 적어도 앞으로 수년 동안 인도가 어쨌든 영국이나 다른 강대국의 도움을 받아야 한다고 느끼고 있지는 않은가? 만일 그런 것이 우리의 불행한 운명이라면, 우리가 전쟁 이후 명예로운 평화를 위하거나 보편적 무장 해제를 위해서 효과적으로 기여할 수 있기를 어떻게 바랄 수 있을까? 우리가 엄청나게 무장한 서구의 강대국들에게 영향력을 끼치기를 기대하기 전, 우리는 먼저 강자들의 비폭력이 갖는 효과를 우리나라 안에서 증명해야 할 것이다.

그러나 많은 수의 국민회의 의원은 비폭력을 취미 생활 정도로 여기고 있다. 그들은 교도소를 채우는 것 정도를 시민불복종이라고 생각하고 있다. 이것은 시민불복종과 같이 위대한 힘에 대한 유치한 해석이다. 반복이 신물이 날지 모르지만 나는 정직한 건설적인 노력 그리고 악을 행하는 자에 대한 심정에서 우러나오는 선의, 이 둘의 뒷받침 없이 교도소에 가는 것은 폭력이고 따라서 사탸그라하는 그것을 금지한다는 점을 반복하여 말하지 않을 수 없다. 비폭력이 생성하는 힘은 사람의 재주로 발명한 모든 무기의 힘보다 무한히 더 위대하다. 그래서 비폭력은 시민불복종에서 결정적인 요인이다. 나는 거의 반세기 동안 겸손하게 비폭력 안에 숨어 있는 가능성을 탐색해왔다. 인도 역사에서 가장 중대한 바로 이 순간, 이제 나는 그 힘을 갖고 장난하지는 않을 것이다. 다행스럽게도 최후의 방안으로 나는 나 자신에 의존할 수 있다. 나는 사람들이 하룻저녁에 비폭력적으로 될 수 없다는 말을 들어왔다. 나는 그들이 그렇게 될 수 있다고 한 번도 주장한 적이 없다. 하지만 나는 그들이 만일 의지가 있다면 적절한 훈련으로 비폭력적으로 될 수 있다는 점은 주장해왔다.

능동적 비폭력은 시민불복종을 실행하려는 사람들에게는 필수적이다. 하지만 시민불복종을 위해서 선택된 사람들과 협조하는 데는 의지와 적절한 훈련으로 충분하다. 국민의회가 정해 둔 건설적 사업은 적절한 훈련이다. 그 준비가 되면, 국민회의는 올바른 방식으로 전쟁에 종지부를 찍는 일에 가장 효과적인 기여를 아마 할 수 있을 것이다. 인도의 무장 해제는 그 기원이 강제적인 것이라고 해도 우리나라가 무장 해제를 하나의 덕으로 자발적으로 수용한다면, 그리고 인도가 무기로 자신을 방어하지 않을 것이라고 선언하면, 유럽의 현 상황에 실질적으로 영향을 미칠 수 있을 것이다. 그래서 인도가 비폭력으로 자신의 운명을 실현하는 것을 보고 싶은 자들은, 시민불복종에 대해서는 아무것도 생각하지 말고 건설적 프로그램을 진지하게 완수하는 쪽으로 진력을 다해야 할 것이다.

아직 아니다, 〈하리잔〉, 1940. 6. 1 ; 《전집》 78 : 295

51) 시민불복종과 건설적 사업

세바그람, *1940. 10. 15*

나는 사흘 동안 운영위원회와 논의했다. 그 기간 동안 나는 전망할 수 있는 범위 내에서 시민불복종에 대한 내 계획을 제시했다. 내가 그 운동의 유일한 책임자이지만 운영위원회 위원들과 의논 없이 첫 걸음을 내딛는 것은 생각할 수 없었다. 비폭력 행위에서는 우리가 마음과 심정을 통해서 동료들과 하나가 되어 앞으로 나가야 한다. 훈련을 실시하고 지침을 순종하는 데 다른 방도는 없다. 나는 그것이 나에게 순항(順航)이지 않았다는 점을 인정할 수밖에 없다. 두 사람의 위원이 완고하게 반대했다. 나는 나의 확신을 그들에게 심어 주기 위해서라면 열심히 노력했지만 실패한 것 같다. 그렇지만 그들은 훈련을 위해서라면 가능한 범위 내에서 순종할 것이다. 의견의 차이가 일어난 곳은 전적으로 시민불복종의 규모와 그 불복종을 에워쌀 제한 규정에서였다.

내가 이 부분의 논의를 밝히는 것은 내 계획이 반대자들이 대변하고 있는 사람들의 기대를 충족시키지 못할 것임을 보여주기 위해서이다. 나는 그들에게 그저 다음과 같이 말할 생각이다. "끈기 있게 기다리며 일어나는 일을 보시오. 최선을 다해서 지침을 수행하시오. 그 계획을 방해하는 어떤 일도 하지 마시오. 여러분의 이성이 그것에 대해서 반대한다면, 여러분은 탈퇴함으로써 그리고 여러분 자신의 노선에 따라서 민중을 교육함으로써 그 대의에 봉사할 수 있을 것이오. 그렇게 민중을 교육하는 일은, 민중이 다른 방도들이 가진 가치를 평가하는 일을 배울 것이라는 점에서 직선적이고 용감하고 고무적일 것이오. 여러분이 국민회의 단상에서 공식 프로그램에 반대되는 것을 설교한다면 혼란을 초래할 것이오. 조직 전체가 하나의 군대처럼 되어 있을 때는 특히 그러할 것이오. 한 사람이 시민불복종을 전개하든 다수가 전개하든 그것은 거의 문제가 되지 않소. 나머지 사람들은 요청을 받는 대로 지지를 보내야 하오."

계획은 이와 같이 간단하다. 직접적인 행동은 슈리 비노바 바베가 시작할 것이고, 당분간은 그에게만 국한될 것이다. 그리고 그것은 개인 차원의 시민불복종에 국한될 것이고, 그것도 직간접적으로 다른 사람들을 배제하기 위해서 그에 의해서만 실행되는 것이다. 그러나 그것은 언론 자유(*freedom of speech*)와 관련된 것이므로 대중도 어느 정도는 관련되어 있다. 그의 말에 경청할지의 여부는 그들에게 달려 있다.

그러나 많은 일이 정부가 무슨 일을 원하는지에 달려 있다. 시민불복종을 개인들에게 국한하려는 시도, 당분간은 오직 한 사람에게만 국한하려는 일체의 시도에도 불구하고, 정부가 그의 말을 듣는 일이나 그의 글을 읽는 일을 범죄로 만듦으로써 위기를 초래할 수 있다. 하지만 당국자들이 직면할 모든 문제를 극복할 준비를 스스로 하고 있긴 하지만, 그들이 어떤 문제도 초래하고 싶어 하지 않는다고 나는 생각하고 있고 또 그렇게 믿고 있다.

나는 온갖 불필요한 마찰이나 위험을 피하기 위해서 슈리 비노바와 함께 여러 계획을 논의했다. 기본적인 생각은 모든 행동을 인간으로서 가능한 한 엄격하게 비폭력적인 것으로 하자는 것이다. 한 사람의 폭력은 은폐된 것이든 드러난 것이든 일정한 한계를 넘어갈

비노바 바베 (Vinoba Bhave, 1895~1982)
비폭력 · 인권운동가. 부단운동(토지헌납운동)으로 가장 잘 알려져 있다. 인도의 스승으로, 간디의 영적 계승자로 인정받았다. 간디에 의해서 제 1등 진리파지자로 지목되었다.

수 없지만, 그 한계 내에서는 효과적일 수 있다. 한 사람의 비폭력적 행위는 그 행위를 믿지 않는 사람들에 의해서 경멸당하고 조롱받을 수 있다. 사실을 말하자면, 특정한 폭력 행위의 결과는 수학적 언어로 환원될 수 있지만, 비폭력 행위의 결과는 일체의 예상을 거부하고, 과감하게 예측된 많은 예상을 깨는 것으로 알려져 있다. 내가 순수한 비폭력의 사례를 얼마만큼 제시할 수 있을지는 두고 봐야 한다.

비노바 바베는 누구인가? 왜 그가 선택되었는가? 그는 대학생이었는데 내가 1915년 귀국한 이후 대학을 그만두었다. 그는 산스크리트어 학자이다. 그는 아슈람의 설립 단계부터 아슈람에 참여했던 셈이다.[64] 초기 멤버의 일원이었다. 보다 나은 자격을 갖추기 위해서 그는 산스크리트어 공부를 더 하려고 1년간 아슈람을 떠났다. 그리

64 1916년 6월 7일.

고 1년 전 아슈람을 떠났던 거의 그 시간에 그는 사전 예고 없이 아슈람으로 걸어 들어왔다. 나는 그가 그날 도착하기로 예정되어 있었다는 사실을 잊었다. 그는 청소에서부터 조리에 이르기까지 아슈람의 모든 천한 일에 참여했다. 그는 탁월한 기억력을 갖고 있어서 정녕 학생이었지만, 대부분의 시간을 물레질에 바쳤는데 이 일에 손꼽히는 전문가가 되었다. 그는 보편적으로 실시되는 물레질이 촌락에서 빈곤을 제거하고, 죽음의 상태에 생명을 줄 수 있는 중심 행위라고 믿고 있다. 그는 타고난 선생으로 아샤데비[65]가 수공예를 통한 교육의 구도를 전개하는 일에 최상의 도움을 주었다. 슈리 비노바는 물레질을 수공예로 다루는 교과서를 집필했는데, 그것은 그의 독창적인 생각이다. 그는 조롱하는 자들에게 물레질이 최고의 수공(手工), 즉 기초교육에 효과적으로 사용될 수 있는 수공이란 점을 깨닫게 해 주었다. 그는 물레(*takli*)질을 혁명적으로 전환시켰고 지금까지 알려지지 않은 가능성을 끌어냈다. 완벽한 물레질에 있어서 그는 아마 인도 전체에서 경쟁자가 없을 것이다.

비노바 바베는 불가촉천민의 흔적 일체를 마음에서 지워 버렸다. 그는 나처럼 열정적으로 집단 간의 일치를 믿었다. 그는 이슬람교에서 가장 훌륭한 심성의 소유자를 알기 위해서 원어로 《코란》을 공부하는 일에 1년을 바쳤다. 그래서 그는 아라비아어를 배웠다. 그는 이 공부가 인근에 사는 무슬림들과 살아 있는 접촉을 양성하기 위해서 필요하다는 점을 발견했다.

그에게는 그의 분부대로 어떤 희생이라도 바칠 수 있는 일단의 제자와 일꾼들이 있었다. 그는 나병 환자들에 대한 봉사에 자신을 바친 젊은이 한 사람[66]을 만들어냈다. 이 일꾼은 의학에 아주 문외한이

---

65 Ashadevi Aryanayakam.

었지만 비범한 헌신으로 나병환자의 치료술을 완전히 익혔으며, 나병환자의 치료를 위해서 여러 개의 진료소를 운영중에 있다. 수백 명이 그의 노고 덕분에 치유되었다. 그는 이제 나병환자의 치료를 위해서 마라티어로 된 소책자를 발간했다. 비노바는 수년 동안 와르다에 있는 마힐라 아슈람의 장(長)을 지냈다. 그는 다리드라나라얀(빈자들의 모습으로 나타난 신)의 대의에 헌신하기 위해서 처음에는 와르다 인근의 촌락에 갔고, 이제 한 걸음 더 나아가 와르다에서 5마일 떨어진 파우나르에서 살고 있는데, 그곳에서 그는 그가 훈련시킨 제자들을 통해서 여러 촌락과 관계를 맺게 되었다.

그는 인도의 정치적 독립의 필요성을 믿는다. 그는 역사에 대해서 정확한 학생이다. 그러나 그는 카디(수직의 천)를 중심으로 하는 건설적 프로그램 없이는 촌민들의 진정한 독립이 불가능하다고 믿고 있다. 비폭력은 그 자신의 인생에 핵심적인 일부가 되어 버렸다. 그 비폭력에 가장 알맞은 외면적 상징이 차르카(물레)라고 믿는다. 그는 과거에 벌어진 사탸그라하 운동에서 활발한 역할을 맡아왔다. 그는 정치 무대에서 각광을 받은 적은 전혀 없다. 수많은 동료와 마찬가지로 그는 시민불복종을 배경으로 둔 침묵의 건설적 사업이, 이미 지나치게 북적대는 정치 무대보다 훨씬 더 효과적이라고 믿는다. 그리고 그는 비폭력 저항이 건설적 사업에 대한 충심어린 믿음과 실행 없이는 불가능하다는 점을 철저하게 믿는다.

비노바는 철저한 전쟁 반대자이다. 그러나 그는 스스로 철저한 전쟁 반대자가 아니면서 이번 전쟁에 참여한 것에 대해서 양심적으로 강력하게 반대하는 자들의 양심을, 자신의 양심과 동등하게 존중한다. 비노바는 이 두 유형의 태도를 모두 대표하지만, 나는 오직 한 유

66 Manohar Divan.

형만을, 즉 이번 전쟁에 참여한 것에 대해서 양심적으로 반대하는 유형만을 대표하는 자를 선택할 수도 있다.

나의 선택을 정당화하기 위해서 대중에게 비노바를 길게 설명할 필요가 있었다. 이것은 아마 내가 수행해야 할 최후의 시민불복종 투쟁일 것이다. 그것이 가능한 한 흠이 없기를 바라는 것은 나에게 자연스러운 일이다. 더구나 국민회의는 그 자체의 존재에 어울리게, 그리고 가능한 범위 내에서 조금도 정부를 난처하게 만들지 않겠다고 선언했기 때문에라도, 나는 양에 관계없이 최고의 양질을 산출하기 위해서 있는 힘을 다해서 노력해야 한다.

비노바와 내가 국민 전체는 고사하고 국민회의조차도 대표하지 못한다면, 내가 실패해야 하듯이 비노바 역시 실패하는 것이 마땅하다. 그리고 그들이 건설적 프로그램을 부단히 실행함으로써 우리에게 전심전력으로 협조하지 않는다면, 우리는 국민과 국민회의 가운데 그 어느 것도 대표하지 못할 것이다. 나는 말로만 협조하는 것을 요구하지 않는다. 필요한 것은 사업상의 협조이다. 그런 협조의 표시는 물레질의 눈부신 진보, 불가촉천민제도의 완전 폐지, 집단 간의 증대하는 우정, 그리고 모든 계층에서의 정의감의 증대이다. 최소한의 정의와 평등이 사회에 꽉 차 있지 않다면 비폭력적 분위기는 당연히 없을 것이다. 무엇보다도 내가 재가(裁可)한 시민불복종 이외의 시민불복종이 존재해서는 안 된다. 이것은 모든 의원들에게 부과된 엄중한 책무이다. 그것이 무시된다면 협조는 없다. 그럴 경우 비노바와 내가 가진 대표성은 도전받을 것이다. 내가 원하는 전심전력의 협조가 온다면, 언론의 자유라는 이슈가 우리에게 유리하게 결정될 뿐만 아니라, 우리가 독립에도 굉장히 접근하게 될 것이라고 나는 자신 있게 말할 수 있다. 이것을 원하는 자는 누구든 내 말을 액면 그대로 믿기를 바란다. 그들은 잃은 것은 아무것도 없고, 비폭력적이고 진실된 수단을 통해서 자유운동(*movement of freedom*)에 크게 기여했다는 점을 알게 될 것이다.

이 이슈를 다시 한 번 반복한다. 그 이슈는 표면에서 보면 믿을 수 없을 정도로 작다. 즉, 전쟁 자체를 반대한다고 설파할 권리 또는 이번 전쟁에의 참전을 반대한다고 설파할 권리에 관한 이슈이다. 어느 편이든 한쪽 견해를 갖고 있는 사람들에게는 양심의 문제이다. 쌍방 모두 실체적인 권리(*substantial rights*)이다. 인도가 어느 모로 보아도 독립국이라는 영국인들의 자랑스러운 주장이 도대체 진실이라면, 위의 두 권리의 행사가 영국인들에게 아무 해를 끼치지 않을 것이다. 만일 인도가 법적으로 그러하듯이 실제로 속국이라면, 영국인들이 인도에서 무엇을 얻어가든, 그것은 인도인들이 자발적으로 준 것이 아니라 징발된 것으로 간주되어야 한다. 생사를 건 이 투쟁은 강제징수의 방법을 통해서는 승리할 수 없다. 그 징세액이 아무리 크더라도 말이다. 만일 그들이 진실로 자유국으로 간주되는 인도 같은 나라로부터 도덕적인 지지를 얻는다면 그들은 승리할 수도 있다. 비폭력적인 국민회의는 영국이 잘못되기를 바랄 수 없다. 국민회의는 자신의 자유를 무기를 통해서가 아니라 순수한 비폭력을 통해서 얻으려고 하기 때문에, 영국을 무력으로 도울 수는 없다. 그리고 국민회의는 이 중대 국면에 결과가 두려워 자기 자신을 억압하거나, 아니면 비폭력적 수단으로 비폭력을 설교하는 것을 중지한다면 스스로 사라지고 말 것이다. 그래서 우리가 이 이슈를 충분히 검토하면, 우리는 그것이 우리에게는 생사의 문제라는 점을 발견할 것이다. 만일 우리가 전쟁과 참전에 대해서 의견을 설파할 수 있는 권리를 옹호한다면 만사가 다 잘될 것이다. 그러지 못한다면 모든 것을 상실하게 될 것이다. 그러면 우리는 비폭력적인 방법을 통해서 스와라즈를 얻을 수 없을 것이다.

나는 인도가 단 하나의 마음을 가지고 있지 않음을 안다. 일부 인도인들은 전쟁으로 마음이 기울었는데 영국인을 도움으로써 전쟁기술을 배울 것이다. 따라서 국민회의는 탄환공장이나 군대 막사를 둘러싸고 싶은 생각도 없고, 사람들이 하고 싶은 짓을 못하게 막을 생각도 없다. 우리는 인도의 민중에게, 그들이 비폭력적인 방법으로 스와라즈를 획득하려고 한다면, 전쟁 수행에 있어서 군사적으로 영국에 협조해서는 안 된다는 것을 말해 주고 싶다.

우리는 참전 반대를 설교할 권리를 거부당하고 있다. 그리고 우리는 그 거부에 대항하여 싸워야 한다. 그래서 내가 그 목적을 위해서 선택했던 사람들만이 그 권리를 행사하겠지만, 국민회의가 행하는 일체의 다른 활동은 정부가 방해하지 않는 한 예전처럼 지속될 것이다.

나는 내가 시민저항의 질(質)에 아주 큰 중요성을 부여하면서도, 왜 나 스스로 시민저항을 행하지 않느냐, 하는 질문을 받았다. 이미 앞에서도 말했지만, 이번에는 지난번의 경우와는 달리 나는 그 저항을 하고 싶지 않다. 그 정당한 이유는 국민회의가 할 수 있는 어떤 일보다 나를 수감하는 일이 당국자들을 크게 당혹하게 할 가능성이 있기 때문이다. 나는 일어날지도 모를 돌발사태에 대비하기 위해서라도 외부에 남고 싶다. 내가 교도소에 가는 일은 모든 의원들이 나의 선례를 따르라는 일반적인 초청으로 해석될 수도 있다. 그들은 내 행동과 말을 쉽게 분간하지 않을 것이다. 마지막으로 나는 사태가 어떻게 돌아갈지 모른다. 나 스스로 내 발걸음이 어디로 갈지 모른다. 정부의 계획도 모른다. 나는 신앙의 사람이다. 내가 의지하는 것은 오직 신이다. 한 걸음만으로 족하다. 다음 발걸음은 그분이 때가 오면 나에게 분명히 보여주실 것이다. 내가 영국과 인도 사이의 평화만이 아니라 지상에서 싸우고 있는 모든 국가들 사이에 평화를 가져오는 도구가 될지, 누가 알겠는가. 내 신앙이 거짓이 아니라, 내가 지금 글을 쓰고 있다는 사실보다 더 큰 실재라고 믿는 사람들이라면, 이 최후의 소망을 허영심으로 여겨서는 안 될 것이다.

시민불복종, 〈하리잔〉, 1940. 10. 20 ; 《전집》 79 : 290

52) 개인적 시민불복종과 대규모 시민불복종 판츠가니, *1944.* 〔*7.*〕 *29~30*

8월 9일은 위대한 날입니다. 그것을 기리는 일은 모두의 의무입니다. 그러나 그 결의안 중에서 대규모 시민불복종을 말하는 부분은 실행될 수 없었습니다. 그것을 실행할 수 있는 권위는 오로지 나에게만 있었기 때문입니다. 오늘 그 권위나 상황을 감안해 보아도 대규모 시민불복종의 가능성은 일체 없다고 봅니다.

한편으로는 대규모 시민불복종, 다른 한편으로는 시민의 권리 행사와 그 권리를 추구하는 과정으로서의 시민불복종은 별개의 것입니다. 민중은 1920년 이후 방어적인 개인적 시민불복종의 권리(*the right of defensive individual civil disobedience*)를 쭉 행사해왔습니다. 일반 민중은 대규모 시민불복종과 개인의 시민적 권리(*individual citizen's rights*)를 옹호하기 위한 시민불복종 사이의 차이를 이해하지 못할 것입니다. 그 차이점을 꼭 알아야 합니다.

8월 9일과 같은 경우, 민중은 그 차이를 이해하고 시민권(*civil rights*)의 옹호를 위해서 개인적 시민불복종의 권리를 행사해야 합니다. 집회, 행진, 그리고 이와 유사한 일반적인(*common*) 시민권을 위해서 경찰의 허가가 필요한 장소에서는 경찰의 허가를 요구해야 합니다. 그러나 그런 허가를 거부당하면, 거부에도 불구하고 민중은 자신들의 시민권을 행사해야 합니다.

Talk to Bombay Congress Leaders
Chief Commissioner's Office, Bombay
File No. 3001 / HP
Courtesy : Government of Maharashtra

《전집》 84 : 338

53) 자신의 능력에 따라서 행동함

마하발레슈와르, 〔*1945. 4. 25* 이전〕

내가 당신의 처지에 있다면 죽는 한이 있더라도 복종하지 않을 것입니다.[67] 그러나 모든 사람들에게 적용되는 하나의 법칙이 있는 것은 아닙니다. 당신은 오직 당신의 능력에 따라서 행동해야 합니다. 당신이 통고를 수용하지 않았다는 사실을 고려하여, 당신은 자신의 양심에 의하지 않고서는 그 제한을 용인할 수 없다는 점, 그리고 당신이 비폭력과 진리를 전적으로 신뢰했다는 점을 당국에게 알려 주십시오.

간슈얌 미르찬다니(Ghanshyam Mirchandani)에게 보낸 편지,
〈봄베이 크로니컬〉, 1945. 4. 26 ; 《전집》 86 : 408

67 〔역주〕 수신자는 신드 정부가 자신에게 송달한 금지 명령에 관련하여 간디에게 조언을 구했다. 《전집》 권 86, 222면.

4. 비협조

54) 비협조(*Non-Cooperation*)의 범위

8월 1일 이전에 킬라파트 이슈가 만족스럽게 해결되거나 평화협약의 수정이 약속될 수 있을 것이라는 희망을 품을 근거가 없다. 따라서 우리는 비협조를 시작할 준비를 해야 한다. 위원회는 이를 위해서 준비하고 있다. 그동안 다음의 일을 할 수 있을 것이다.

1 새로운 대출을 받지 말 것.
2 지원병이나 공무원이 되기 위해서 자신의 이름을 등록하지 말 것.

정부는 메소포타미아를 점령할 권리가 없다. 위임 통치란 것은 점령과 다름없다. 더구나 신문보도에 따르면, 아랍인들은 그곳에서 인도인 군인들을 보는 일조차 좋아하지 않는다고 한다. 이 말의 사실 여부를 떠나서 그와 같은 복무에 참여하지 않는 것이 모든 인도인들의 의무이다. 메소포타미아로 향하는 자들은 돈만을 위해서 가는 것이다. 우리가 그 이상의 일은 하지 않더라도, 최소한 이런 일을 하는 것만은 거부해야 한다.

아랍인을 힘으로 다스리는 것이 우리의 의무가 결코 될 수 없듯이, 노예 상태로 남아 있기를 원치 않는 우리가 다른 사람들을 노예로 삼기를 바랄 수 없다.

그래서 새로운 대출을 받지 않는 것, 그리고 오늘부터 당장 우리 자신을 정부의 공무—특히 우리를 메소포타미아로 보내는 공무—를 위한 새로운 지원자로 등록하기를 거부하는 것이 우리의 의무이다.

덧붙여 8월 1일부터 다음 사항을 실시할 것으로 기대한다.

1 작위와 명예직을 모두 포기할 것.
2 의회를 거부할 것.
3 부모들은 자녀들을 정부학교로부터 자퇴시킬 것.
4 법률가는 법률 업무를 그만두고 민사분쟁을 스스로 해결할 수 있도록 민중을 도울 것.
5 정부 행사와 연회 등에 대한 초청을 정중하게 거절할 것. 단, 비협조를 거절의 유일한 이유로 제시할 것.

만일 킬라파트 문제가 해결되지 않으면 이 프로그램은 8월 1일부터 도입될 가능성이 많다.

랄라 라즈파트 라이[68]는 펀자브 문제에서 정의가 실현되지 않는다면, 의회 거부(*boycott*)의 형태로 비협조를 벌이기로 선언한 바 있다. 따라서 우리는 펀자브 역시 킬라파트 운동에 가담했음을 인정할 수 있다. 이 문제에서 무슬림들이 선두에 나서야 하듯이, 펀자브 문제에서는 펀자브인들 스스로 선두에 나서야 할 것이다. 그들이 비협조를 수용하지 않는다면, 인도의 다른 지역도 그것을 수용하지 않을 것이다.

우리는 랄라지가 의회 거부를 계속하기를 바란다. 우리가 승리할 때까지 우리는 비협조의 범위를 계속 확대해나가야 할 것이고, 앞에서 제시했던 네 단계 제안을 실시하도록 준비해야 할 것이다. 하지만 전국이 만일 의회 거부에 동참한다면, 우리가 승리할 것임을 나는 확신한다.

의회 거부의 문제에 대해서 세 가지 상이한 견해들이 표명되었다.

1 비협조를 아예 시작하지 말 것.
2 의회 선거 이후 비협조를 수용할 것.
3 처음부터 의회를 거부할 것.

---

68 Lala Lajpat Rai(1865~1928) : 사회개혁가, 언론인. 인도 국민회의 캘커타 지회 의장(1920).

첫째 입장은 비협조를 전면적으로 반대하고 있다. 두 번째만이 검토될 필요가 있다. 의회에 등원하긴 해도 회의에 불참한다는 것은 노력을 낭비하는 것이다. 나는 그것을 확신한다. 그것은 돈과 시간 모두의 낭비이다. 나는 그렇게 할 이유가 없다고 본다. 우리가 나서지 않아서 형편없는 사람들이 선출된다면 어떻게 되겠는가? 그 사람들이 의회에 들어간다면, 정부는 각성한 민중의 정부를 운영하지 못할 것이고 조롱당할 것이다. 게다가 만일 우리가 선거에 참여한다면, 우리는 진정한 거부의 모습을 보여줄 수 없을 것이다. 우리의 의무는 투표자들의 여론을 교육하는 일, 그들이 자신들의 대표자로서 단 한 사람도 의회로 선출해 주지 않도록 그들의 여론을 교육하는 일이다. 왕과 신민들 사이에 이해가 부족한 상황에서, 왕의 위원회에 참여하는 것은 그의 힘을 강화해 주는 일이다. 왕이 만일 그의 신민들의 일부에게서라도 동의를 얻지 못한다면 그는 통치할 수 없다. 이런 사실에서 그 왕에 협조하는 신민들의 수가 적으면 적을수록 그의 권위는 약해질 것이라는 결론이 나온다. 따라서 비협조를 수용하는 사람들에게는 의회에 대한 전면 거부가 유일하게 올바른 길이다. 그리고 의회에 선출되기 위해서 바삐 돌아다니는 사람들이 이번에는 그 시도를 포기하고, 보다 중요한 일 이를테면 킬라파트와 펀자브 이슈들에 대해서 민중의 여론을 교육하는 일에 매진하기 바란다. 그래서 의회에 들어갈 시간이 올 때 그들이 쌓은 봉사의 덕으로 말미암아 더 좋은 자격을 갖출 수 있기를 바란다.

이제 두 제안이 남았는데 심한 비판을 받을 가능성이 있다. 법률가들은 당분간 법률 업무를 중단하고, 미래의 소송당사자들 또는 소송에 휘말린 사람들은 법정을 보이콧하면서 그들의 논쟁을 중재위원회를 통해서 해결해야 할 것이다. 나는 각 정부가 야만적인 힘을 숨긴 채 민사 법정이나 형사 법정을 통해서 민중에 대한 통제를 유지한다는 것을 확신한다. 그 이유는 통치자가 민중을 순전히 무력으로 통제하는 대신, 민중 스스로 법정 등을 통해서 꾐에 빠져 노예의 신분으로 전락하여, 자진해서 그에게 순종하는 편이 통치자에게는 더 값싸고, 간단하고, 보다 명예롭기 때문이다. 민중은 자신들의 힘으로 민사 분쟁을 해결하고, 법률가들은 자기 이익을 돌보지 않고 민중의 이익을 위해서 법정을 거부한다면, 민중은 당장 전진할 수 있다. 나는 각 국가가 법률가들을 통해서 자신의 힘을 영속화하려 한다는 점을 오랜 세월 동안 믿어왔다. 따라서 나는 비난받을 것을 충분히 알면서도 주저 없이 이런 제안을 한다.

법률가에게 옳은 것은 학교에도 적용된다. 킬라파트와 펀자브와 같은 중대 사안이 없더라도, 나는 할 수만 있다면 현재의 학교들을 완전히 버리고 인도의 미래를 걸머지고 갈 어린이들에게 올바른 종류의 교육을 제공하고 싶다. 그러나 학교에 대해서 거부를 요청하는 나의 현재 목표는 다르다. 나는 학교를 잘 돌아가지 않게 만듦으로써, 펀자브와 킬라파트와 관련하여 정의가 실현되지 않는다면 정부와 협조하는 것이 혐오스럽다(*distasteful*)는 점을 정부에게 보여주고 싶다. 나는 이 제안이 무척 조롱받을 것임을 알고 있다. 하지만 시간이 흐른 뒤, 사람들은 스스로 정부학교를 가득 메우기를 거부하면, 행정이 불가능하게 된다는 점을 깨닫게 될 것이다. 온 세상을 한번 보라. 그러면 우리는 아동들에게 전수되는 교육이 정부의 원활한 운영을 촉진하기 위한 것임을 알게 될 것이다. 정부가 일반복지에만 관심을 가지면 교육제도 역시 일반복지에만 관심을 갖는다. 인도의 경우와 같이 정부가 복합적인 성격을 지닌 곳은, 정부가 교육제도에 대해서도 역시 지성을 혼란에 빠뜨릴 의도를 가지고 있으므로 그 교육제도는 단연코 해롭다. 내가 이 제안을 하면서 젊은이에게 교육을 제공하지 말기를 바라는 것은 아니다. 나는 민중에 대한 교육이 중지되기를 단 한순간이라도 바란 적이 없다. 그러나 학교를 버린다고 해도 우리는 민중 교육을 제대로 돌볼 수 있다고 믿는다. 나는 이 제안들이 상당히 심각한 것임을 알고 있으며, 독자를 단번에 확신시킬 수 있으리라고 기대하지 않는다. 나는 이 주제들에 대해서 반복하여 말할 것이고 대중에게 내 의견을 개진할 것이다.

비협조(G.), 〈나바지반〉, 1920. 7. 4 ; 《전집》 21 : 4

55) 무혈의 비협조

나는 나라얀 찬다바르카르 경 및 여타 사람이 발표한 성명서, 즉 민중에게 비협조운동에 가담하지 말라는 성명서[69]를 아주 자세히 읽어 보았다. 내가 비협조를 반대하는 건전한 논의가 있기를 기대했던 것은 사실이지만, 나는 매우 유감스럽게도 그 안에서 위대한 종교들과 역사에 대한 왜곡(분명 무의식적인 왜곡이지만) 이외에 다른 것을 볼 수 없었다. 그 성명서는 "비협조가 모국의 종교적 교리와 전통, 아니 인류를 구원하고 고양시켰던 모든 종교들의 교리와 전통에 의해서 비난받고 있다"고 말한다. 《바가바드 기타》는 어둠의 세력과 빛의 세력 사이의 비협조를 가르치는 복음이라는 의견을 나는 감히 제시하고 싶다. 그것을 문자 그대로 해석한다면, 정의로운 명분(*just cause*)을 대표하는 아르주나가 명을 받아서 불의한(*unjust*) 카우라바 형제들(Kauravas)[70]과 유혈의 전투를 벌인다는 것이다. 툴시다스(Tulsidas)[71]

---

69 이 성명서는 나라얀 찬다바르카르 경, 고쿨다스 K. 파레크, 피로제 세트나, C. V. 메타, 잠나다스 드와르카다스, K. 나타라잔, H. P. 모디, 우툼랄 K. 트리베디, B. C. 달비, 모브지 고빈드지, N. M. 죠시, 칸지 드와르카다스 등의 사람들이 서명했고, 1920년 7월 30일자 〈봄베이 크로니컬〉지에 발표되었다.

는 선한 자(*Sant, the good*)에게 악한 자(*Asant, the evil-doers*)를 멀리하라고 충고한다. 《젠드아베스타》는 오르무즈드와 아흐리만 사이의 영원한 결투를 대변하는데, 이 양자 사이에는 어떤 타협도 없다. 성서가 비협조를 금기시한다고 말하는 것은 수동적 저항자(*passive resisters*)들의 왕자인 예수를 모르고 하는 소리이다. 예수는 사두개파와 바리새인들의 권세에 타협 없이 도전했고, 진리를 위해서 주저 없이 자식을 부모로부터 떼어 놓았다. 이슬람의 예언자는 무엇을 했던가? 그는 메카에서 생명에 위협이 없는 한 가장 적극적인 방식으로 비협조를 했고, 그와 그의 동료들이 헛되이 죽을 수도 있다는 점을 알자 그의 발로부터 메카의 먼지를 털어 버리고 메디나로 도망갔고, 그가 대적들과 싸움을 벌일 수 있을 만큼 강해졌을 때 메카로 되돌아갔다.

모든 종교들은 정의로운 사람들과 왕들에 대해서는 협조의 의무를 엄격히 명하고, 동시에 불의한 사람들과 왕들에 대해서는 비협조의 의무를 엄격히 명하고 있다. 실제로 이 세상의 대부분의 종교 경전들은 비협조를 넘어서, 악행에 대한 나약한 순종 대신 오히려 폭력을 선호하고 있다. 성명서에서도 언급된 힌두교 종교 전통은 비협조의 의무를 분명히 증거하고 있다. 프라흘라드(Prahlad)[72]는 자신을 부친으로부터 분리시키고, 미라바이(Mirabai)[73]는 자신을 남편으로부터, 비비샨(Bibhishan)[74]은 자신을 잔인한 형에게서 분리시켰다.

---

70 드리타라슈트라 왕의 아들들, 판다바 형제들의 사촌.

71 위대한 힌디어 시인, 《라마야나》의 힌디어판인 《라마차리타마나사》(*Ramacharitamanasa*)의 저자.

72 비슈누 신의 귀의자. 악마의 왕 히란야카시푸, 즉 신심 없는 부친에 의해서 탄압을 받았다. 간디는 그를 이상적인 사탸그라히로 종종 언급했다.

73 중세 라자스탄 출신의 성인 겸 여성 시인. 메와르(Mewar) 여왕, 평생 크리슈나 신에 귀의함으로써 남편을 불쾌하게 만들었다.

그 성명서는 세속적인 측면에 대해서, "국가들의 역사에서 그것(비협조)이 실시되었을 때 성공을 거두고 유익했음을 보여주는 단 한 건의 사례도 없다"고 말한다. 비협조가 눈부신 성공을 거둔 최근의 한 사례는 보타(Botha) 장군의 사례인데, 그는 밀러 경이 개혁한 위원회를 거부하고 그럼으로써 조국을 위해서 완벽한 헌법을 확보했다. 러시아의 두코부르들(Dukhobours)[75]은 비협조를 실천했는데, 아주 소수였지만 그들이 제기한 불만이 문명 세계를 깊이 감동시켰으므로, 캐나다는 그들에게 안식처를 제공했고, 그곳에서 그들은 공동체를 형성하고 번영했다. 인도에서는 열서너 개의 사례들이 있지만 그중에 하나는 다음과 같다. 즉, 아주 작은 공국에서 주인들에게 엄청 괴로움을 당하던 라이야트(*raiyat* : 소작인)들이 주인들과의 관계를 일체 단절하여 주인들을 자신들의 의지에 굴복시킨 사례가 있다. 나는 역사상 잘 운영된 비협조가 실패했다는 단 한 건의 사례도 들은 바가 없다.

지금까지 나는 무혈의 비협조에 대한 역사적 사례들을 제시했다. 내가 폭력과 결합한 비협조의 사례들을 인용함으로써 독자들의 지성을 모독하고 싶지는 않지만, 폭력적인 비협조에는 성공과 실패의 사례들이 비슷한 횟수로 기록되어 있다는 점은 자유롭게 고백하고 싶다. 나는 내가 비폭력 계획을 우리나라 앞에 제시했다는 점을 알고 있기 때문이다. 그런데 이 계획은 만족스럽게 실시된다면 성공은 당연하고, 계획에 대해서 응답이 없다고 해도 아무 해도 입히지 않을 것이다. 비록 단 한 사람이 자신의 자리에서 사퇴함으로써 비협조한다고 해도, 그는 얻은 것이지 잃은 것은 아니기 때문이다. 그것이

74 라바나의 유덕한 동생. 그는 라바나를 개심시키기 위해서 장기간 열심히 노력했지만 실패하자, 큰 전투가 벌어지기 전 라마에게로 넘어갔다.

75 '영혼-격투자들'. 러시아 비순응주의자 분파, 1898년 캐나다로 이주해 갔다.

비협조의 윤리적 또는 종교적 측면이다. 비협조의 정치적 결과를 위해서는 비협조는 자연스럽게 복합적 지지가 필요하다. 그래서 도발이 있든 없든 민중 편에서 일어나는 폭력을 제외한다면 내가 두려워하는 파멸적인 결과는 없을 것이다. 하지만 나는 전 인종이 무력화되기보다는 천 배나 더 큰 폭력을 각오할 것이다.

비협조 금지운동, 〈영 인디아〉, 1920. 8. 4 ; 《전집》 21 : 81

56) 비협조와 자기희생

1920. 8. 12

회장님과 친구 여러분,
지난해와 같이 금년에도 저는 앉아서 연설을 해야 한다는 점에 대해서 용서를 구하겠습니다. 음성은 작년보다 더 강해졌습니다만 육신은 여전히 약합니다. 그래서 선 채로 연설한다면, 몇 분 견디지 못하여 몸 전체가 떨리고 말 것입니다. 여러분이 제가 앉아서 말할 수 있도록 허락해 주시길 바랍니다. 여기에 앉아서 이제 가장 중요한 물음에 대해서 여러분에게 말씀드려야 하는데, 그것은 아마도 우리가 미처 그 중요성을 헤아리지 못했던 물음일 것입니다.

하지만 제가 마드라스의 아름답고 오래된 해변에서 이 문제를 다루기 전, 여러분은 제가 저 위대한 고 로카만야 틸락 마하라자에게 찬사를 바칠 것으로 예상하고, 아니 원하고 있을 것입니다. (크고도 긴 박수)[76] 이 위대한 집회에 모이신 여러분이 제 말씀을 침묵 속에서 경청하시길 바랍니다. 저는 여러분의 심정과 이성에 호소하기 위해서 여기에 왔습니다. 그리고 여러분이 제가 드리는 말씀 전부를 절대로 고요한 침묵 속에서 경청하실 준비가 되어 있지 않다면 저는 말

76 〔역주〕《전집》 권 21, 145면.

할 수 없습니다. 저는 돌아가신 저 애국자에게 찬사를 바치고 싶습니다. 그의 죽음이 그의 삶과 마찬가지로 이 나라에 새로운 활력을 불어넣었다고 말씀드리는 것 이상으로 더 좋은 찬사는 없다고 생각합니다. 여러분이 저와 같이 거대한 장례 행렬에 참석했다면, 여러분은 제 말의 의미를 깨달았을 것입니다. 틸락 씨는 조국을 위해서 살았습니다. 그의 삶이 주는 영감은 조국의 자유였고, 그는 이 자유를 스와라즈라고 불렀습니다. 그의 임종이 주는 영감 역시 조국의 자유였습니다. 동포를 놀랍도록 사로잡고 있는 것도 그의 자유에 대한 영감이고, 우리 사회의 상층부에 속하는 소수의 선택된 인도인들의 경애만이 아니라, 수백만 동포들의 경애를 받는 것도 자유에 대한 그의 영감 때문입니다. 그의 삶은 길게 이어진 한 토막 자기희생(*self-sacrifice*)의 삶이었습니다. 그는 훈련과 자기희생의 삶을 1879년 시작했고, 그런 삶을 마지막 날까지 지속했습니다. 그가 이 나라를 사로잡은 비밀은 바로 그것이었습니다. 그는 이 나라를 위해서 자신이 무엇을 원하고 있는가를 알았을 뿐 아니라, 나라를 위해서 사는 법도 죽는 법도 알았습니다.

그래서 제가 오늘 저녁 여기 운집하신 수많은 여러분에게 무슨 말씀을 드리든, 저는 그 말이 로카만야 틸락 마하라자의 삶이 나타내고 있는 것과 동일한 희생의 모습으로 실현되기를 바랍니다. 그의 삶이 우리에게 가르치는 것이 있다면, 그것은 다음과 같은 지고의 교훈일 것입니다. 우리가 우리나라를 위해서 뭔가 하기를 원한다면, 아무리 거창하고 유려하며 확신을 주는 연설이 있다고 해도 그 연설로 일을 할 수 있는 것이 아니라, 모든 말의 이면에 그리고 우리 삶에서 일어나는 모든 행동의 이면에 있는 희생에 의해서 일을 할 수 있다는 교훈이 바로 그것입니다. 제가 여기에 온 것은 여러분이 조국과 조국의 명예, 그리고 종교를 위해서 몸을 바칠 준비가 충분히 되어 있는지, 기꺼이 바칠 것인지를 여러분 개개인에게 묻기 위해서입니다. 저는 마드라스 시민 여러분과 이 위대한 마드라스 관구(管區)에 거주하고 있는 민중 여러분을 무한히 신뢰하고 있습니다. 이 신뢰는 1893년 제가 남아프리카에서 타밀 노동자들과 처음 만났을 때부터 기르기 시작했던 신뢰입니다. 그리고 저는 우리의 시련기에 이 주(州)가 인도의 다른 주에 뒤지지 않기를 바라고, 이 주가 자기희생의 정신에서 선도하기를, 한 마디 한 마디의 말을 행동으로 옮기기를 바랍니다.

비협조의 필요성

여러분의 귀에 익숙한 비협조란 무엇입니까? 우리는 왜 비협조를 실시하려고 합니까? 저는 잠깐 그 이유에 대해서 말씀드리려고 합니다. 우리나라에는 두 가지 현안이 있습니다. 가장 중요한 것은 킬라파트 문제입니다. 이 문제로 인해서 인도 무슬림들의 가슴이 찢어졌습니다. 가장 위대한 협의 이후에 영국 수상이 영국의 이름으로 발표한 공약은 시궁창에 빠지고 말았습니다. 무슬림 인도 — 영국이 수용했던 심의 내용은 무슬림 인도의 힘에 근거하여 실행되었는데 — 에게 주어진 약속은 깨어졌고, 이슬람이라는 위대한 종교는 위험에 빠졌습니다. 무슬림들은 영국이 한 약속이 이행되지 않는 한, 영국과의 관계에 전심전력의 충절과 충성을 바치는 것이 불가능하다고 생각하는데, 저는 그들이 정당하다고 감히 생각합니다. 그리고 독실한 이슬람교도가 영국과의 관계에 충성을 바칠 것인지, 아니면 자신의 율법과 예언자 마호메트에게 충성을 바칠 것인지를 선택해야 한다면, 그는 단 1초도 쓰지 않고 후자를 선택할 것이고 그 선택을 선언할 것입니다. 무슬림들은 전 세계 앞에서 솔직하고, 공개적으로, 그리고 명예롭게 다음과 같이 말하고 있습니다. 즉, 영국 각료들과 영국이 자신들에게 한 공약을 지키지 않고, 인도에 거주하는 7천만 이슬람교도들의 정서를 존중하지 않는다면, 영국인들은 이슬람교도들의 충성을 유지하기란 불가능할 것임을.

그렇다면 이제 문제는 나머지 인도인들이 과연 무슬림 동포들의 이웃으로 의무를 수행하고 싶은지를 숙고하는 것입니다. 만일 그들이 원한다면 그들은 선의·연대감·우정을 보여줄 필생의 호기, 그리고 무슬림들이 힌두교도들의 형제라고 오랫동안 스스로 말해왔던 것을 입증할 필생의 호기를 갖게 됩니다. 그리고 이 기회는 다음 백년 동안 오지 않을 것입니다. 힌두교도들이 영국과의 관계 이전에 무슬림 형제들과의 자연적인 관계가 우선이라고 간주한다면, 저는 여러분에게 다음과 같이 말씀드릴 것입니다. 즉, 만일 여러분이 무슬림들의 주장이 정당하고, 그 주장이 진정한 정서에 기초를 두고 있으며, 그리고 그 주장의 배경에 이 위대한 종교적 감정(*religious feeling*)이 존재한다는 것을 발견한다면, 이슬람교도들의 대의명분이 정당하고, 그 목표를 달성하려는 수단 역시 정당하고, 명예롭고, 인도에 해를 주지 않는 한, 여러분은 무슬림들을 철저하게 도와줄 길 이외에 다른 방도가 없음을 말씀드립니다. 이런 것들이 인도 이슬람교도들이 수용했던 단순 명쾌한 조건들이었습니다. 그리고 무슬림들이 대의명분과 수단을 세상 앞에서 항상 정당화할 수 있었던 것, 그리고 무슬림들이 연대감의 표시로 힌두들이 내민 손을 붙잡기로 결정했던 것은 그들이 힌두교도들이 준 도움의 손길을 받아들일 수 있음을 알았을 때였습니다. 그 순간 힌두들과 무슬림들은 유럽의 기독교 세력 전체에 대해서 연합전선을 전개하고, 영국인들에게 인도가 아무리 약하지만 인도는 자존심을 지킬 능력이 여전히 있으며, 인도가 자신의 종교와 자존심을 위해서 죽을 수 있는 길을 여전히 알고 있노라고 말할 수 있을 것입니다.

그것이 킬라파트 문제의 요체입니다. 그러나 여러분에게 펀자브의 문제도 있습니다. 지난 세기 동안 인도의 심정에 상처를 준 것으로 펀자브 문제보다 더한 것이 없었습니다. 제 요량에는 1857년 반란 사건도 포함되어 있습니다. 반란 기간 동안 인도가 겪어야 했던 고난이 무엇이었든, 롤래트 입법 기간 동안 펀자브에 퍼붓기 시작한 그 모욕, 통과 이후 퍼부었던 그 모욕은 인도사에 그 유래가 없었습니다. 여러분이 펀자브에서 일어난 잔학 행위와 관련하여 영국으로부터 정의를 원하고 있으므로, 여러분은 정의를 얻어낼 방도를 강구해야 합니다. 하원, 상원, 몬터규 씨, 인도 부왕, 이들 모두는 킬라파트 문제와 펀자브 문제에 대해서 인도의 감정이 어떤지를 알아야 합니다. 상하 양원의 토론, 몬터규 씨의 행동, 부왕의 행동은 그들이 인도의 당연한 몫인 정의를, 인도가 요구하고 있는 정의를 줄 의향이 없음을 여러분에게 충분히 증명했습니다. 저는 우리의 지도자들이 이 커다란 난관에서 빠져나올 길을 찾아야 한다는 것을 제안합니다. 그리고 우리가 인도 거주의 영국 통치자들과 동등해지지 못한다면, 즉 그들 손에서 자존심의 표시를 얻지 못한다면, 그들과 우리 사이에 어떤 관계나 어떤 우호적 거래도 불가능할 것입니다. 그래서 저는 이 아름답고 반박할 수 없는 수단인 비협조를 감히 제안하는 바입니다.

비협조는 위헌인가?

저는 비협조가 위헌(*unconstitutional*)이라는 말을 들었습니다. 저는 그것이 위헌이라는 주장을 감히 부인합니다. 그와 반대로 저는 비협조가 정당하며 종교적인 가르침이라고 생각합니다. 그것은 모든 사람들에게 고유 권리이고 완전무결하게 합헌적입니다. 대영제국을 열렬히 사랑한 애국자 한 사람은, 영국 헌법 아래서는 성공한 반란조차도 완전무결하게 합헌적이라고 하며, 자신의 주장을 뒷받침하기 위해서 역사적 사례들을 인용했는데, 나는 그것들을 부정할 수 없었습니다. 어떤 반란이 일반적인 반란을 의미한다면, 즉 폭력적인 방법으로 정의를 억지로 얻어내는 일을 의미한다면, 그 반란은 성공 여부와 관계없이 어떤 합헌성(*constitutionality*)도 주장할 수 없다고 봅니다. 그와 반대로 저는 동포에게, 폭력이 유럽에서는 특정 목표를 위해서 도움이 될지 몰라도, 우리 인도에는 결코 도움이 될 수 없다는 점을 반복하여 말해왔습니다.

제 형제이며 친구인 샤우카트 알리(Shaukat Ali)는 폭력의 방법을 믿습니다. 그리고 만일 그가 대영제국에 대항하여 칼을 뺄 수 있는 권한이 있었다면, 제가 알기로 그는 대영제국과 싸움을 벌일 수 있는 용기와 싸움을 벌여야 한다는 지혜를 가진 사람입니다. 그러나 그는 진정한 군인으로 인도가 폭력의 방법을 취할 수 없음을 인정했기 때문에, 저의 보잘것없는 도움을 받아들이면서 제 편이 되었습니다. 그리고 그는 다음과 같은 서약을 했습니다. 즉, 제가 그와 함께하는 한, 그리고 그가 그 비폭력 교의를 믿는 한, 단 한 사람의 영국인에 대해서 아니 지상의 어떤 사람에 대해서도 폭력의 생각조차 품지 않겠다고 서약했습니다. 저는 이 자리를 빌려서 그가 그의 말에 진실했고, 그것을 종교적으로 준수했음을 여러분에게 말씀드립니다. 그가 비폭력적 비협조의 계획을 문자 그대로 철저하게 추종해왔음을 증언하기 위해서 저는 여기에 온 것이며, 인도가 이 비폭력적인 비협조를 따르기를 요청합니다. 영령 인도 안에 우리와 같은 부류의 사람들 가운데 샤우카트 알리보다 더 좋은 군인은 없다는 점을 여러분에게 말씀드립니다. 칼을 빼 들어야 할 때, 그런 때가 정말로 오기라도 한다면, 여러분은 그가 칼을 뽑는 것을 볼 것이고, 제가 힌두스탄의 정글 속으로 은거하는 것을 보게 될 것입니다.

인도가 칼의 가르침을 받아들인다면 그 즉시 인도인으로서의 제 삶은 끝날 것입니다. 그것은 제가 인도의 특별한 사명을 믿기 때문이고, 우리 조상들이 수세기 동안의 경험 끝에 지상의 모든 인간에게 진실한 것은 폭력에 기초한 정의가 아니라, 자기희생에 기초한 정의, 즉 야즈냐와 쿠르바니(kurbani)[77]에 기초한 정의라는 사실을 발견했다는 것을 제가 믿기 때문입니다. 저는 자기희생의 교의를 고수하고 있고 언제까지나 고수할 것이기 때문에, 제 친구는 폭력의 교의를 믿으면서도 비폭력의 교의를 약자의 무기로 수용했지만, 저는 비폭력의 교의를 최강자의 무기로 믿는다는 점을 여러분에게 말씀드립니다. 저는 적 앞에서 맨가슴을 드러내고 비무장인 채로 감히 목숨을 걸 수 있는 군인이 최강임을 믿습니다. 여기까지가 비협조의 비폭력인 측면에 대한 말씀입니다. 그래서 저는 학식 높은 제 동포에게, 비협조의 교의가 비폭력으로 남는 한 그 교의에 위헌적인 것이 아무것도 없다는 점을 감히 말씀드리는 바입니다.

저는 한 걸음 더 나아가 다음과 같이 묻고 싶습니다. 제가 영국 정부에게 "나는 당신에게 봉사하기를 거절합니다"라고 말하는 것은 위헌일까요? 우리의 존경하는 회장님이 정부로부터 받았던 모든 작위들을 심심한 존경의 태도로 반납하는 일이 위헌입니까? 부모가 자식을 정부학교나 정부 보조를 받는 학교로부터 자퇴시키는 일이 위헌입니까? 한 법률가가 "법률이라는 무기가 나를 들어올리기 위해서가 아니라 나를 낮추는 일에 사용된다면 나는 더 이상 법률의 무기를 옹

77 야즈냐와 쿠르바니 모두 희생제사를 의미한다.

호하지 않을 것"이라고 말한다면 그것이 위헌입니까? 공무원이나 판사가 "나는 전체 민중의 소망을 존중하려고 하지 않는 정부에 봉사하기를 거부한다"고 말한다면 그것은 위헌입니까? 저는 묻습니다. "경찰이나 군인이 동포를 비방하는 정부에 봉사하라는 명을 받았을 때, 사직서를 제출한다면 그것은 위헌입니까"라고. 내가 크리샤 곧 농민에게 가서 "세금이 당신을 향상시키는 데 사용되는 것이 아니라 약화시키는 데 사용된다면 당신이 세금을 납부하는 것은 현명하지 못한 일이 아닙니까?" 하고 말한다면, 그것은 위헌입니까? 저는 그런 행동에는 위헌적인 것이 전혀 없다고 믿고 또한 그 의견을 감히 피력하고 싶습니다. 더구나 저는 제 인생에서 이런 모든 일들을 해왔는데, 그 일의 헌법적인 성격을 물었던 사람은 아무도 없었습니다. 저는 카이라에서 70만 농민들 사이에서 일을 했습니다. 그들은 모두 세금 납부를 중지했고, 전체 인도는 저와 하나가 되었습니다. 아무도 그것이 위헌이라고 생각하지 않았습니다.

비협조의 전체 계획에 위헌의 요소가 전혀 없음을 말씀드립니다. 그러나 저는 위헌적인 정부 안에서, 자신의 눈부신 헌법을 구축한 이 국가 한복판에서, 인도 민중이 약해져서 기어다니는 것은 위헌임을 감히 말씀드립니다. 인도 민중이 그들에게 가해진 모든 모욕을 참아내는 것은 대단히 중대한 위헌(*highly unconstitutional*)일 것입니다. 인도의 7천만 무슬림들이 그들의 종교에 가해진 저 폭력적인 처사에 굴복하는 것은 대단히 중대한 위헌입니다. 자신의 발굽 아래 펀자브의 명예를 짓밟아 버린 부당한(*unjust*) 정부에 대해서 인도 전체가 가만히 앉아 있으면서 협조하는 일은 대단히 중대한 위헌입니다. 저는 동포에게 다음과 같이 말씀드립니다. "여러분에게 명예심이 있다면, 여러분이 누대(累代)를 통해서 전달된 고귀한 전통들의 후예와 옹호자로 남고 싶으면서, 우리 정부처럼 부당한 정부에 대해서 비협조운동을 벌이지 않는 것, 그리고 협조하는 것은 위헌"이라는 사실을.

저는 반영국인(*anti-English*)도 아니며 반영국(*anti-British*)도 아닙니다. 저는 어떤 정부에 대해서도 안티가 아닙니다. 하지만 저는 안티 허위이고, 안티 사기이고 안티 불의(*anti-injustice*)입니다. 정부가 불의를 자행하는 한, 그 정부는 저를 적으로, 완강한 적으로 간주할 것입니다. 여러분 앞에서 신의 진리를 말씀드리겠습니다. 제가 암리차르 국민회의에서 여러분 중 일부 앞에서 무릎 꿇고 정부와의 협조를 간청했을 때, 저는 자처럼 반듯하고 현명한 영국 각료들이 무슬림들의 정서를 달래주고, 펀자브의 참혹한 일에 대해서 완벽한 정의를 행할 것이라는 완전한 믿음을 갖고 있었습니다. 그래서 저는 "우리에게 내밀어진 우정의 손길 — 당시 나는 이 손길이 국왕의 포고에 의해서 전달되었다고 믿었습니다만 — 에 대해서 선의로 대합시다"라고 말했습니다. 그 때문에 저는 협조를 탄원했습니다. 그러나 오늘 그 믿음은 사라져 버렸고 영국 각료들에 의해서 말소되었기에, 저는 입법위원회를 헛되게 방해할 것을 탄원하는 것이 아니라 지상 최강의 정부를 마비시킬 만한 진실로 실질적인 비협조를 탄원하는 것입니다. 제가 오늘 여기에서 대변하고 있는 것은 바로 그것입니다.

우리가 저 매몰찬 거부의 손길로부터, 저 매몰찬 거부의 펜으로부터 정의와 자존심을 빼앗아 오기 전에는 우리에게 협조란 있을 수 없습니다. 우리의 경전들은 불의와 정의, 불의의 사람과 정의를 사랑하는 사람, 진리와 허위의 양자 사이에 협조가 일체 있을 수 없다고 가르치고 있습니다. 저 또한 인도의 위대한 종교 스승들에 대한 커다란 존경심에서 같은 말을 합니다만, 여기에 모순을 범할 것이라는 공포는 없습니다. 정부가 여러분의 명예를 지켜 준다면 협조가 의무일 것이고 여러분의 명예를 지켜주는 대신 그것을 박탈할 때, 비협조가 그에 상응하는 의무입니다. 그것이 비협조의 교의입니다.

비협조와 특별 국민회의

저는 우리나라 전체의 대변자인 특별 국민회의의 선언이 있을 때까지 제가 기다려야 한다는 말을 들었습니다. 국민회의가 우리나라 전체의 대변자임은 알고 있습니다. 개인으로서의 간디, 제가 기다려야 한다면 저는 영원토록 기다렸을 것입니다. 그러나 저는 거룩한 신임을 받고 있습니다. 저는 무슬림 동포들에게 충고하고 있었고, 당분간은 제가 그들의 명예를 책임지고 있습니다. 저는 그들에게 그들 자신의 양심의 평결 이외의 다른 평결을 기다리라고 감히 요구할 수 없습니다. 여러분은 무슬림들이 식언(食言)할 수 있고, 그들이 차지했던 명예로운 위치에서 물러날 수 있다고 생각하십니까? 만일 특별 국민회의가 그들에게 불리한 결정을 내린다고 해도—절대로 그런 일이 일어나지 않겠지만—나는 여전히 내 동포 무슬림들에게 그들의 종교에 가해진 불명예에 굴복하느니 단신으로라도 꿋꿋이 서서 싸우라고 충고할 것입니다. 그래서 무슬림들이 의회로 기어가서 지지해 달라고 탄원하는 일이 빈발하게 되었습니다. 지지 여부와 관계없이 그들은 의회가 그들을 지도하도록 기다릴 수는 없었습니다. 그들은 칼집에서 칼을 뽑아드는 부질없는 폭력과, 평화적이고 비폭력적이지만 효과 있는 비협조 사이에 선택해야 했습니다.

만일 저만큼이나 비협조의 신성함을 느끼는 사람이 있다면, 여러분과 저는 의회를 기다려서는 안 되며 우리가 움직여서 의회가 다른 평결을 내리는 일을 불가능하게 만들어야 한다는 점을 여러분에게 감히 말씀드립니다. 도대체 국민회의가 무엇입니까? 국민회의란 그것을 형성한 개인들의 집단적 목소리입니다. 만일 개인들이 통일된 목소리로 국민회의로 간다면, 그 목소리가 여러분이 국민회의로부터 얻게 될 평결일 것입니다. 그러나 우리가 아무 의견이 없거나, 있다고 해도 그것을 표출하기가 두려워서 아무 의견 없이 국민회의에 간다면, 우리는 자연적으로 국민회의의 평결을 기다리게 됩니다. 자신들의 마음을 결정할 수 없는 자들에게 저는 어떤 일이 있더라도 기다리라고 말합니다. 그러나 자신들의 면전에서 빛을 보듯이 분명한 빛을 본 사람들에게는 기다림은 죄입니다. 국민회의는 여러분이 기다리지 않고 움직일 것으로 기대하고 있고, 그 움직임의 결과로 국민회의는 국민감정(*the national feeling*)을 적절하게 측량할 수 있을 것입니다. 여기까지는 국민회의에 대해서 말씀드렸습니다.

지방의회를 보이콧함

비협조의 상세한 내용 중에서 저는 지방의회의 보이콧을 가장 우위에 두었습니다. 제가 영국제 상품, 아니 모든 상품들의 보이콧을 반대해왔기 때문에, 저는 보이콧이란 용어 사용에 대해서 친구들과 논쟁을 벌였습니다. 저는 지금도 상품들의 보이콧을 반대합니다. 그러나 보이콧이란 말의 의미는 두 경우에 각각 다릅니다. 그러나 저는 내년에 구성되는 지방의회의 보이콧을 반대하지 않을 뿐만 아니라 오히려 그것에 동의합니다. 제가 왜 동의하겠습니까? 민중 곧 대중은 우리 지도자들로부터 분명한 지도를 요구합니다. 그들은 우리에게서 어떤 모호함도 원치 않습니다. 선거에서 당선을 노려야 한다, 그런 뒤에 충성 서약을 거부해야 한다는 제안은 전 국민으로 하여금 지도자들을 불신하게 만들 것입니다. 그것은 국민을 위한 분명한 지도가 아닙니다. 따라서 저는 여러분에게 동포 여러분 '이 덫에 걸려

들지 마십시오'라고 말씀드립니다. 당선은 노리지만 충성 서약은 하지 않는 방법을 용인한다면, 우리는 조국을 팔아넘기게 될 것입니다. 그렇게 하기는 어려울 것입니다. 솔직하게 고백합니다만, 저는 많은 인도인이 선언하고 그 선언대로 지킬 것인지를 믿을 수 없습니다. 일단 선거를 치르고 그다음 충성 서약을 거부해야 한다는 견해를 정직하게 갖고 계신 분들에게, 오늘 저는 자신들과 국민을 위해서 그들 스스로 준비해온 덫에 걸려 버릴 것이라는 점을 말씀드립니다. 그것이 제 견해입니다.

우리가 이 국민을 가능한 한 분명히 지도하기를 원한다면, 그리고 이 위대한 국민을 희롱하기를 원치 않는다면, 불의를 동반한 호의—이것은 인도에 가해진 이중의 불의라고 할 수 있는데 이 불의가 교정되지 않는 한—가 아무리 크다고 하더라도 그것을 받아들일 수 없음을 이 국민에게 분명히 밝혀 두지 않으면 안 됩니다. 그들로부터 어떤 호의를 받기 전 꼭 해야 할 일, 하지 않으면 안 될 일은 그들이 이런 이중적 과오를 수정하는 일입니다. '그리스인을 조심하라. 그들이 선물을 줄 때 특히 조심하라'는 그리스의 격언이 있습니다. 저는 오늘 이슬람교와 펀자브에 잘못을 계속 범하려고 골몰하는 각료들로부터 선물을 받을 수 없다는 점을, 그리고 그 각료들이 설치해 두었을지도 모르는 덫에 걸려들지 않도록 이중으로 조심해야 한다는 점을 말씀드리는 바입니다. 그래서 저는 우리가 지방의회들을 희롱하지 않아야 하고, 지방의회들과 어떤 관련도 가져서는 안 됨을 제안하는 바입니다. 국민정서(*the national sentiment*)를 대변하는 우리가 당선을 노리지 않는다면, 그 정서를 대변하지 못하는 온건파들이 당선을 노릴 것이라는 말을 듣고 있지만, 저는 여기에 동의하지 않습니다. 저는 온건파들이 무엇을 대표하는지, 그리고 국민파들이 무엇을 대표하는지를 모릅니다. 저는 온건파들 속에 그리고 국민파들 속에 착한 사람과 망나니가 뒤섞여 있음을 압니다. 많은 온건파가 비협조의 사용은 죄라는 솔직한 견해를 갖고 있다는 점도 압니다. 하지만 저는 정중하게 그들과의 견해 차이를 인정하기로 합니다. 저는 그들에게 만일 그들이 당선을 노린다면 그들이 만들어 둔 덫에 걸릴 것임을 말해 줍니다. 그러나 그것이 제 입장에 영향을 주는 것은 아닙니다.

만일 제가 제 마음속 깊디깊은 곳에서 지방의회에 나가지 말라고 느낀다면, 저는 적어도 이 결정을 지켜나갈 것이고, 99명의 다른 동포들이 당선을 추구한다고 해도 상관하지 않을 것입니다. 그것이 공공의 일이 수행될 수 있고, 여론이 형성될 수 있는 유일한 길입니다. 그것이 개혁을 이루고 종교를 보존할 수 있는 유일한 길입니다. 걸려 있는 문제가 종교적 명예에 관한 것이라면, 저는 혼자든 아니면 여럿 속에 있든 저의 교의를 당당하게 지킬 것입니다. 그러다가 죽는다고 하더라도 살아서 제 자신의 교의를 부정하는 것보다 죽는 편이 더 가치가 있습니다. 누구라도 이 지방의회에 당선되기를 노리는 것은 잘못임을 저는 말씀드립니다. 우리가 이 정부와 협조할 수 없다고 느낀다면, 우리는 위에서부터 시작해야 합니다. 우리는 민중의 자연스러운 지도자들입니다. 그리고 우리는 국민의 앞으로 나가서 비협조의 소리로 국민에게 말할 수 있는 권리와 힘을 얻었습니다. 그래서 저는 어떤 조건 아래에서도 지방의회에 당선되기를 기대하는 것은 비협조와 일치하지 않는다는 점을 말씀드립니다.

법률가와 비협조

저는 법률가들이 업무를 중지해야 한다는 또 하나의 난제를 건의한 바 있습니다. 정부는 항상 법률가라는 도구를 통해서 권력을 유지할 수 있음을 제가 잘 알고 있으면서 어떻게 이런 건의를 하지 않겠습니까? 오늘날 우리를 지도하고 나라를 위해서 투쟁하는 자들이 법률가라는 점은 완전히 진실입니다. 하지만 반정부 활동이 일어나고 정부 활동을 마비시키는 일이 생긴다면, 정부는 법률가들이 아무리 훌륭한 투사였다고 해도, 정부 당국의 위엄과 자존심을 지키기 위해서 언제나 법률가들에게 의지할 것임을 알고 있습니다. 그래서 저는 제 친구 법률가들에게 업무를 중지하고 더 이상 그들이 지위를 유지하지 않을 것임을 보여주는 것이 의무라는 점을 말씀드립니다. 법률가들은 법정에서 명예로운 관리로 간주되므로 업무 중지를 하게 되면 징계에 회부될 수 있기 때문입니다. 그들은 정부와의 협조를 철회하길 원한다면 저 명예로운 지위를 더 이상 유지하지 말아야 합니다. 그렇다면 법과 질서에 어떤 일이 생길까요? 우리는 바로 이 법률가라는 수단을 통해서 법과 질서를 일궈내야 합니다. 우리는 중재 법정을 촉진해야 하고, 동포들에게 순수하고 간단한 국내산 정의 곧 스와데시 정의(*swadeshi justice*)를 배분해야 합니다. 그것이 업무 중지의 의미입니다.

부모와 비협조

저는 또 하나의 어려운 일을 제안한 바 있는데 그것은 우리의 아동들을 정부학교에서 자퇴시키는 것, 대학생들에게 대학에서 자퇴하라고 요구하는 것, 그리고 정부 보조를 받는 학교를 비우라는 것입니다. 제가 어떻게 달리할 수 있었겠습니까? 저는 그 국민정서를 헤아리고 싶습니다. 저는 무슬림들이 깊이 느끼고 있는지를 알고 싶습니다. 깊이 느낀다면, 그들은 그들이 조금도 신뢰하지 않는 정부, 더 이상 믿음이 가지 않는 정부로부터 교육을 받는 것이 옳지 않다는 점을 단박에 이해할 것입니다. 이 정부를 도와주고 싶지 않은 제가 어떻게 정부로부터 도움을 받을 수 있을까요? 저는 학교와 대학이란 서기와 공무원들을 생산해내는 공장이라고 생각합니다. 저는 이 정부에 대한 협조를 철회하기를 원하므로, 서기와 공무원들을 생산해내는 이 거대한 공장을 돕지 않을 것입니다. 그 문제를 여러분이 원하는 각도에서 보십시오. 여러분이 자녀들을 학교에 보내면서 비협조의 교의를 여전히 믿는다는 것은 불가능합니다.

작위 소유자들의 의무

저는 한 걸음 더 나갔습니다. 저는 우리의 작위 소유자들이 자신들의 작위를 포기해야 한다는 점을 제안했습니다. 그들이 어떻게 이 정부가 수여한 작위와 훈장을 보유할 수 있겠습니까? 우리가 나라의 명예가 그들의 손안에 안전하게 있다고 믿었을 때 그것들은 명예의 견장이었습니다. 그러나 우리가 이 정부에게서 정의를 얻을 수 없다고 진실로 믿는 바로 이 순간, 그것들은 더 이상 명예의 견장이 아니라 불명예와 치욕의 견장이 됩니다. 작위 소유자 한 사람 한 사람은 나라를 책임지는 수탁자로서 작위와 훈장을 보유하고 있습니다. 정부에 대한 협조를 철회하는 첫걸음에서 그들은 한순간도 주저하지 않고 자신들의 작위를 포기해야 합니다. 저 무슬림 친구들이 이 기초적인 의무에서 실패한다면, 비협조는 분명 실패하고 말 것이라고 저는 말해 두었습니다. 대중 자신들이 계급을 거부하고 비협조를 자기 자신들의 손에 거머쥐고 투쟁하지 않는 한 말입니다. 이는 프랑스혁명에서 민중이 지도자들을 옆으로 제쳐 두고 정부의 고삐를 자신들의 손에 쥐면서 승리의 깃발을 향해서 행진했던 것과 같습니다.

저는 혁명이 아니라 질서 잡힌 진보(*ordered progress*)를 원합니다.

저는 무질서의 질서(*disordered order*)를 원치 않고, 혼돈을 원합니다.[78] 저는 저에게 질서로 잘못 전해진 이 혼돈으로부터 참된 질서가 생겨나기를 원합니다. 정부의 폭군적인 고삐를 장악하기 위해서 폭군이 확립한 질서가 있다면, 그 질서는 저에게 있어서 전혀 질서가 아니고 무질서임을 말씀드립니다. 저는 이 불의에서부터 정의가 생겨나기를 바랍니다. 그래서 저는 수동적 비협조를 여러분에게 제안합니다. 우리가 이 평화롭고 오류 없는 교의의 비밀을 실현할 수만 있다면, 여러분은 그들이 칼을 여러분을 향해서 빼어 들었을 때 화나서 하는 말을 한 마디도 하고 싶지 않을 것임을, 막대기나 칼은커녕 작은 손가락 하나 들어 올리고 싶지 않을 것임을 알게 될 것입니다.

제국에 대한 봉사

제가 이 정부의 행태가 부도덕하고, 부당하고, 모독적이고(*debasing*), 진실성이 없다고 생각해서, 화를 내어 이와 같은 비협조의 말을 한다고 여러분은 생각할 수도 있습니다. 저는 이 형용사들을 아주 조심스럽게 사용하고 있습니다. 저는 13년 동안 비협조의 전투에서 제가 관계를 맺었던 진정한 형제에게도 이런 말을 사용했습니다. 비록 회색의 재가 제 형제의 유골을 덮는 한이 있더라도, 저는 여러분에게 다음과 같이 말씀드립니다. 즉, 그의 계획이 부도덕한 토대에 기초했을 때 그가 부당함을 그에게 말했다는 점을 말입니다. 저는 그가 진리를 대변하지 못한다고 그에게 말하곤 했습니다. 저에게는 어떤 분노도 없었습니다. 제가 그에게 이와 같이 절절한 진리를 말한 것은 그를 사랑했기 때문입니다. 저는 영국인들에게 그들을 사랑하고 그

78 〔역주〕 텍스트에는 'I want no chaos'로 되어 있지만, 문맥상 'I want chaos'로 고쳐서 번역했다.

들과의 진전된 유대를 원한다고, 하지만 그 유대를 아주 잘 정의된 조건 위에서 원한다고 말했습니다. 저는 제 자존심을 지키길 원하고, 영국인들과의 절대 평등(*absolute equality*)을 원합니다. 만일 제가 영국인들과의 저 평등을 얻을 수 없다면, 저는 영국인들과의 관계를 원치 않습니다. 만일 제가 영국인들로 하여금 우리의 국민적 사업에 일시적인 무질서와 혼란을 도입하도록 허용해야 한다면, 저는 영국과 같은 위대한 나라의 손으로부터 불의를 얻기보다는 차라리 무질서와 혼란(*dislocation*)을 얻고 싶습니다.

제가 이 비협조를 벌임으로써, 그리고 영국 황태자 전하에 대한 보이콧이 아니라 우리나라의 모가지를 더욱 틀어쥐기 위해서 영국 정부가 주도한 방문(訪問)을 보이콧하자고 제안함으로써, 제가 제국에 대해서 여태 베풀어왔던 봉사 가운데 매우 특별난 봉사를 했다는 점에 대해서 몬터규 씨의 승계자들은 공로를 인정하게 될 것인데, 여러분은 이 일 전체가 끝날 때쯤이면 그 사실을 알게 될 것입니다. 제가 오직 혼자 서서, 그 방문을 환영하지 않도록 이 나라를 설득하지 못한다고 해도, 저는 그 방문을 허락하지 않을 것이고, 제가 부릴 수 있는 온 힘을 다해서 보이콧할 것이기에 여러분 앞에 서서 이 종교적 싸움을 벌이자고 간청합니다. 그러나 이 싸움은 선지자나 성자가 제안하는 싸움은 아닙니다.

저는 선지자이기를 거부합니다. 저는 제가 성자답다라는 주장을 인정하지 않습니다. 저는 지상에 속하고 세속적이며 여러분과 마찬가지로, 아니 어쩌면 여러분 중 그 어느 누구보다도 범속한 정원사입니다. 저는 여러분만큼이나 많은 약점을 지녔습니다. 그러나 저는 세상을 보았습니다. 저는 제 두 눈을 크게 뜨고 이 세상에서 살아왔습니다. 저는 인간의 운명 앞에 떨어진 것 가운데 가장 혹독한 시련을 겪었습니다. 그런데 그 시련은 훈련이었습니다. 저의 신성한 힌두교, 그 힌두교의 비밀을 저는 알았습니다. 저는 비협조가 성자만의 의무가 아니라 일반 시민들 각자의 의무이기도 하다는 점을 배웠습니다. 이 일반 시민들은 많이 아는 것도 아니고 많이 알고 싶어하지도 않으며 일반적인 가정생활을 영위하기를 원합니다. 유럽인들은 대중에게도 가난한 민중에게도 칼의 교의를 가르칩니다. 그러나 인도의 전통을 유지해온 우리의 리쉬(*rishi*, 聖仙)들은 인도의 대중에게 칼이나 폭력의 교의가 아니라, 고통의 교의, 자기고통의 교의를 설교했습니다. 그리고 여러분과 제가 이런 기초교육을 배울 각오가 되어 있지 않다면, 우리는 칼을 휘두를 준비조차 되어 있지 않은 것입니다. 그 교육이란 내 형제 샤우카트 알리가 흡수하여 가르친 교육입니다. 그 때문에 그는 제가 깊은 기도와 아주 큰 겸손으로 그에게 준 충고를 오늘 받아들이면서 "비협조 만세"라고 합니다.

영국에서도 아동들이 학교로부터 자퇴했음을, 그리고 캠브리지와 옥스퍼드에 있는 대학들도 폐쇄되었음을 기억하십시오. 법률가들은 자신들의 책상을 박차고 나와 참호 속에서 싸우고 있습니다. 저는 여러분에게 참호에 들어가라고 말하지는 않지만, 영국의 남녀, 그리고 용감한 청년들이 겪었던 희생을 감수하기를 요구하는 바입니다. 여러분은 일이 일어날 때마다 희생정신으로 가득 채워지는 국가를 상대로 싸움을 벌이고 있다는 점을 기억하십시오. 저 보어족의 작은 무리가 강력한 국가에 대항하여 끈질긴 저항을 벌였음을 기억하십시오. 그런데도 그들의 법률가는 책상을 박차고 나갔습니다. 어머니들은 생도들을 학교와 대학에 보내지 않았고, 생도들은 국가의 지원병이 되었습니다. 저는 맨눈으로 저들을 목격했습니다.

저는 인도에 거주하는 동포들에게 모든 전투에 선행하는 자기희생의 복음만을 따르라고 요구합니다. 여러분은 폭력의 학교에 속하든 비폭력의 학교에 속하든, 여전히 희생과 훈련의 불길을 통과해야 할 것입니다. 신께서 여러분과 우리의 지도자들에게 우리나라가 귀하게 여기는 목표를 향해서 이 나라를 지도할 수 있는 지혜와 용기, 그리고 참된 지식을 허락해 주시기를! 신께서 인도의 민중에게 올바른 길과 진정한 비전을, 그리고 어려우면서도 쉬운 희생의 이 길을 따를 수 있는 용기를 허락해 주시기를.

비협조에 대한 연설, 마드라스, 〈더 힌두〉, 1920. 8. 13 ;
SWMG, 3판, 524~541면 ; 《전집》 21 : 94

57) 아힘사, 종교, 비협조

나는 나라얀 찬다바르카르 경과 같은 학식 있는 지도자와 논쟁을 벌여야 하는데, 이런 일에 대해서 커다란 망설임이 없는 것은 아니다. 그러나 내가 비협조운동의 창시자라는 사실을 감안하면, 비록 나의 견해가 내가 존경하는 지도자들의 견해에 반대되는 것이어서, 그것을 진술하는 것은 고통스럽지만 나의 의무일 것이다. 나는 비협조에 반대하는 봄베이 선언에 대해서 답변한 적이 있다. 그런데 말라바르를 여행하면서 나의 답변에 대한 나라얀 경의 반박문을 이제 막 읽었다. 나는 유감스럽게도 그 반박이 나를 확신시키지 못했음을 말하지 않을 수 없다. 그와 나는 성경·《기타》·《코란》을 다른 관점에서 읽고 있든지 아니면, 우리가 그것들을 달리 해석하는 것으로 보인다. 우리는 아힘사·정치·종교라는 말을 달리 이해하는 것 같다. 나는 저 일반 용어들에 내가 부여한 의미와 다른 종교들에 대한 내 독법을 분명히 하기 위해서 최선을 다할 것이다.

나는 먼저 아힘사에 대한 나의 견해를 바꾼 일이 없음을 나라얀 경에게 분명히 해두어야겠다. 나는 창조의 힘이 없는 인간에게 아무리 비천한 피조물이라고 해도 산 생명을 파괴할 권리가 없다는 점은 여전히 믿는다. 파괴의 특권은 오로지 모든 생명의 창조주에게만 속한다. 나는 아힘사에 대해서 그것이 불상해(不傷害, *harmlessness*)라는 소극적 상태만이 아니라, 사랑이라는 적극적인 상태, 악인에게도 선을 베푼다는 적극적 상태라고 해석한다. 그러나 그것은 악인이 그 악행을 계속하도록 도와준다는 것, 또는 그것을 수동적인 묵인에 의해서 관용한다는 것을 의미하지 않는다. 그와 반대로 아힘사의 적극적 상태인 사랑은, 악인으로부터 여러분 자신을 분리시킴으로써 그 악인에게 저항할 것을 요구한다. 그것이 비록 그의 기분을 상하게 하거나 그의 신체에 상처를 준다고 해도 말이다. 그래서 만일 내 아들이 수치의 삶을 살아간다면, 나는 그를 계속 지지하지도 돕지도 않을 것이다. 반대로 그에 대한 내 사랑은 그에게서 일체의 지지를 철회하는 것이다. 그것이 비록 그에게 죽음을 의미할지라도 말이다. 그리고 동일한 사랑은 그가 회개하면 그를 내 가슴에 환영하며 감싸 안을 의무를 부과한다. 그러나 나는 물리력으로 내 아들이 착하게 되도록 강제할 수 없다. 내 생각으로 그것이 탕자의 비유가 갖고 있는 가르침이다.

비협조는 수동적인 상태가 아니다. 그것은 강력하게 능동적인 상태로서, 물리적 저항이나 폭력보다 능동적이다. 수동적 저항은 오칭이다. 내가 이해하고 있는 비협조는 비폭력적이어야 하고, 따라서 징벌이나 보복의 의미가 있어서는 안 되고, 원한·악의·증오에 기초한 것이어서도 안 된다. 따라서 내가 다이어 장군에게 봉사하거나, 그가 무고한 사람에게 총질할 때 협조하는 것은 죄가 된다는 결론이 나온다. 그러나 그가 신체의 질병을 앓고 있었다면 회생하도록 그를 간호하는 일은, 용서나 사랑의 행위일 것이다. 이 경우 나는 협조라는 말을 사용할 수는 없다. 나라얀 경은 혹 그 말을 사용할지도 모르지만 말이다. 나는 이 정부가 그 죄악의 길에서 벗어나는 데는 1천 번이라도 협조할 것이지만, 죄악의 길을 지속하는 데는 단 한순간도 협조하지 않을 것이다. 그리고 내가 정부로부터 받은 작위를 여전히 보유하거나, '그 직위 아래에서 정부에 대한 봉사로서 그 정부 법정이나 정부학교를 지원한다면' 나는 악행에 대해서 유죄일 것이다. 나는 잘리안왈라의 무고한 사람들의 피가 묻은 손으로부터 얻은 풍요한 소유물보다는 거지 밥통이 좋다. 70만 내 형제들의 종교적 정서를 제멋대로 상하게 하는 사람들의 달콤한 말보다는 수감 영장이 훨씬 좋다.

내가 《기타》를 읽는 태도는 나라얀 경의 것과는 정반대이다. 나는 《기타》가 선행을 위한 폭력을 가르친다고 믿지 않는다. 그것은 주로 우리의 심정 속에서 진행되는 결투에 대해서 묘사한 것이다. 거룩한 저자는 생명의 위험을 무릅쓰고라도 자신의 의무를 수행해야 한다는 교훈을 심어 주기 위해서 역사적 사건을 이용했다. 그것은 결과와 상관없는 의무 수행을 열심히 가르치고 있다. 가멸자로서 우리는, 즉 몸뚱이에 의해서 제한된 우리는 자신의 행위를 제외하고는 통제할 수 있는 행위가 없기 때문이다. 《기타》는 빛과 어둠의 힘을 나누고, 그것들이 양립할 수 없음을 증명하고 있다.

예수는 내 소견으로는 정치가들 중의 왕자였다. 그는 카이사르의 것은 카이사르의 것으로 돌렸다. 그는 악마에게 그의 몫을 주었다. 그는 언제나 악마를 멀리하여 악마의 마법에 걸린 적이 단 한 차례도 없었다고 한다. 당시 정치의 목표는 사제들과 바리새인들이 제공하는 하찮은 것에 의해서 유혹당하지 말라고 민중을 가르침으로써 그들의 복지를 보장해 주는 데 있었다. 당시는 사제들과 바리새인들이 민중의 삶을 통제하고 형성해갔다. 오늘날의 정부 조직은 우리 삶의 전 부문에 영향을 미치도록 고안되었다. 그것은 우리 존재 자체를 위협하고 있다. 따라서 우리가 국민 복지(*the welfare of the nation*)를 보전하기를 원한다면, 지배자들의 행태에 대해서 종교적 관심을 가져야 하고, 그들이 도덕법칙에 복종할 것을 주창함으로써 그들에 대해서 도덕적 영향력을 발휘해야 한다. 다이어 장군의 살육 행위가 '도덕적 효과'(*moral effect*)를 낳은 것은 사실이었다. 비협조운동을 촉진하는 데 참여하는 자들은 자기부정·자기희생·자기정화의 과정에 의해서 도덕적 효과를 낳기를 바라고 있다. 하지만 나라얀 경이 다이어 장군의 살육 행위를 두고 비협조 행위와 한 묶음으로 말하는 것은 나를 경악하게 했다. 나는 그가 뜻하는 바를 알기 위해서 최선의 노력을 기울였지만, 미안하게도 그렇게 할 수 없었음을 고백한다.

비협조를 지지하는 종교적 권위,
〈영 인디아〉, 1920. 8. 25 ; 《전집》 21 : 116

58) 규율과 무질서

표면적으로 폭민정치(*mob-law*)와 민중정치(*people's law*)를 나누는 경계선은 미미하지만, 그 분리는 완전한 것이고 항상 유지되어야 한다.

오늘날 인도는 폭민정치의 단계를 재빠르게 통과하고 있다. '재빠르게'라는 부사의 사용은 내 희망을 표시한 것이다. 그 과정을 아주 천천히 통과해야 한다면 그것은 우리의 불행이다. 그러나 그 단계를 가능한 한 신속하게 통과하기 위해서 우리는 지혜롭게 가능한 모든 수단을 다 동원해야 한다.

우리의 내면에는 폭민의 통치(*the rule of mob*)에 굴복하려는 성향이 농후하다. 1919년 4월 10일 암리차르에서 폭민의 통치가 있었다. 저 운명의 같은 날 아메다바드에서도 폭민의 통치가 있었다. 그것은 무규율이 빚은 파괴를 드러냈고, 따라서 분별없고, 무익하고, 사악하며, 해로운 행위였다. 전쟁은 규율 있는 파괴로서, 여태 폭도가 자행한 어떤 파괴보다 유혈이 낭자한 것이다. 그런데 우리는 전쟁에 대해서 때때로 감탄하면서 그것을 인정해왔다. 그 이유는 우리가 어떤 전쟁들로 성취한 일시적이지만 눈부신 성과에 의해서 기만당했기 때문이다. 따라서 인도가 폭력으로 자유를 획득하려면, 그 자유는 규율 있고 명예로운 폭력 곧 전쟁으로 획득되어야 할 것이다. (명예로운 폭력이란 말은 명예와 폭력을 결합할 수 있는 한에서 사용 가능하다.) 그렇게 되면 자유의 획득은 폭민정치(*mobocracy*)의 행위가 아니라 민주주의의 행위가 될 것이다.

하지만 오늘 나의 목표는 아메다바드에서 발생한 것과 같은 폭민정치에 대해서 쓰려는 것이 아니다. 나는 나에게 더 친숙한 유형을 다루려고 한다. 국민회의는 폭도에게는 하나의 시위이고, 오로지 그런 의미에서만 시위이다. 국민회의가 사려 깊은 모든 사람들에 의해서 조직되었다고 해도, 그것은 폭도의 시위라고 부를 수 있다. 우리의 대중적 시위는 물을 것도 없이 폭도의 시위이다. 나는 킬라파트 임무를 수행하기 위해서 펀자브·신드·마드라스 지역을 통과하는, 기억에 남을 만한 여행을 했는데, 나는 그 여행기간 동안 그런 시위를 넌더리가 날 만큼 보았다. 나는 철도역에서 시위자들이 승객의 수화물을 고의는 아니었지만 무분별하게 파괴하는 것을 보고 수치심을 느꼈다. 그 시위자들은 자신들의 영웅을 숭배한다는 생각에서 모든 일과 모든 사람들을 무시하고 있었다. 그들은 귀에 거슬리고 거친 소음을 냈는데, 이것은 그들의 영웅들을 대단히 불편하게 만들었다. 그들은 서로 짓밟고 서로 상대방을 밀쳤다. 모든 사람들이 질서와 평화라는 거룩한 이름으로 한꺼번에 고함치고 있었다. 10명의 지원자들이 같은 명령을 동시에 내리는 소리도 들렸다.

지원자들은 민중의 경찰로 남아 있기보다는 때때로 시위자로 변한다. 영웅들이 역에 도착했을 때 그들을 플랫폼에서 간간이 끊어진 지원자들의 인간 사슬을 통과하여, 그들을 위해서 마련된 객차까지 호위하는 일은 자주 위험하고 항상 불편한 과업이었다. 5분도 걸리지 않는 거리지만 종종 행렬은 1시간이나 걸렸다. 군중은 뒤로 밀려가기보다는 영웅들을 향해서 밀치고 나오므로 영웅들을 보호할 필요가 있었다. 객차는 배짱 좋은 자들의 차지가 되고, 지원자들은 최악의 죄인이 되고 만다. 영웅들과 다른 합법적인 승객들은 그렇게 무지막지하게 승강용 발판에 올라와서는 안 된다는 것을 놓고 침입자들과 논쟁을 벌여야 한다. 행진하는 사람들은 유개 자동차의 덮개를 거칠게 다루었다. 자동차 덮개가 군중에 의해서 손상당하지 않는 경우는 드물었다. 그들은 연변에서 도열하는 대신 차를 따라왔다. 그 결과는 더 지독한 혼란이었다.

사고의 위험은 매순간 있었다. 그런데도 거의 아무 사고가 없었던 이유는 조직원들의 기술 때문이 아니라, 군중이 온갖 밀고 당기기를 감내할 각오, 아주 좋은 기분을 유지할 각오가 되어 있었기 때문이다. 모든 사람들이 서로 밀고 당기기를 하면서도 이웃에게 불편을 주고 싶은 생각은 전혀 없었기 때문이다. 나의 묘사를 완성하자면, 그런 집회에 점점 증대되는 불안 요인이 존재한다고 말하고 싶다. 여러분은 무질서, 시끄러운 소리, 밀기, 외침, 고함만을 만날 것이다. 훌륭한 연사는 청중의 주목을 끌 것이고, 여러분은 바늘 떨어지는 소리조차 들을 만큼 질서가 있을 것이다.

그래도 이것은 폭민정치이다. 여러분은 폭도의 손에 달려 있다. 여러분과 폭도 사이에 공감이 있는 한 만사가 잘되어갈 것이다. 양자 사이의 끈이 끊어지면 공포가 존재한다. 아메다바드에서 일어난 사건과 같은 것은 때때로 여러분에게 폭도의 심리를 촉발할 것이다.

그래서 우리는 혼돈에서 질서를 끄집어내야 한다. 그리고 나는 가장 신속하고 최선의 방법은 폭민의 정치 대신 민중의 정치를 소개하는 일이라는 점에 대해서 아무 의심이 없다.

하나의 거대한 장애물은 우리가 음악을 무시해왔다는 것이다. 음악은 리듬과 질서를 의미한다. 그 결과는 전격적이다. 그것은 즉각적으로 사람을 달래 준다. 나는 유럽의 여러 나라에서 임기응변에 능한 경찰서장이 대중가요를 부르기 시작하면서 군중들의 사나운 성향을 제어하는 광경을 본 적이 있다.[79] 하지만 불행하게도 우리의 경전처럼 음악 역시 소수의 특권, 즉 창녀들과 상층계급의 신자들의 교역품이었다. 음악은 현대적 의미로 국민의 것이 절대 되지 못했다. 내가 만일 보이스카우트 지원자와 세바 사미티 조직에 어떤 영향력이 있다면, 나는 일련의 국민가요를 적절하게 부르는 것을 의무로 만들고 싶다. 그런 목적을 위해서 국민회의가 열릴 때마다 또는 각종 대회마다 참석하여 대중음악을 가르치는 위대한 음악가들이 있어야 한다.

지원자들은 보다 더 많은 훈련·방법·지식을 발휘해야 하고, 우연히 오는 사람은 절대로 정규지원자로 받아들여서는 안 된다. 그는 도움이 되기보다 방해가 될 따름이다. 훈련받지 못한 군인 한 사람이 전쟁 중인 군대 내에 만들 결과를 상상해 보아라. 그는 단번에 군대의 조직을 부술 수 있다. 비협조에 대해서 내가 품고 있는 가장 큰 불안은 지도자들의 늦은 대응도 아니고, 좋은 의도나 나쁜 의도로

79 이것은 알렉산더를 지칭한다. 그는 남아프리카에서 군중들의 공격으로부터 간디를 이런 식으로 구해냈다.

하는 비판도 분명 아니고 순수한 억압도 아니다. 그 운동은 이런 장애물을 극복할 것이며, 심지어 그런 장애물에서 힘도 얻게 될 것이다. 그러나 가장 커다란 장애물은 우리가 아직 폭민정치의 단계(*the mobocratic stage*)를 벗어나지 못했다는 점이다. 하지만 폭도만큼 훈련시키기 쉬운 대상이 없다는 점 때문에 나는 위로를 받는다. 그들에게는 특별한 용심(用心)이나 사전 공모가 없다는 간단한 이유 때문이다. 그들은 미친 듯이 움직인다. 회개도 재빠르다. 우리의 조직된 정부는 잘리안왈라·라호르·카수르·아칼가르흐·람 나가르 등지에서 자행한 악마적인 죄악에 대해서 회개하지 않는다. 그러나 나는 구즈란왈라에서 회개하는 폭도들에게 눈물을 흘리게 했고, 저 운명의 4월에 폭도가 되어 버린 사람들에게서 솔직한 회개를 이끌어냈다. 그래서 나는 민주주의를 발전시키기 위해서 이제 비협조를 사용하고 있다. 나는 의심 많은 모든 지도자가 국민적인 정화의 과정을 예상하면서, 훈련과 희생을 비난하기를 거부함으로써 도와줄 것을 요청하는 바이다.

다음 주 나는 폭도의 무질서로부터 질서가 한순간에 나오는 방식을 보여줄 사례를 제시하고 싶다. 민중에 대한 나의 신앙은 무한하다. 그들의 본성은 놀랄 만큼 반응을 잘한다. 지도자들은 그들을 불신하지 말라. 비협조에 대한 이구동성의 비난은 잘 분석해 보면 민중이 자신들을 통제할 수 있는 능력에 대한 불신에 불과하다. 나는 현재로서는 지도(指導)를 위해서 그리고 당장의 실행을 위해서 몇 가지 규칙을 제시함으로써 다소 긴 듯한 이 글을 마치려고 한다.

1 대규모 시위에는 신규 지원자를 받아들여서는 안 된다. 따라서 가장 경험 있는 자들만이 선두에 나서야 할 것이다.

2 지원자들은 일반 지침서를 직접 소지해야 한다.
3 시위할 때 지원자들을 점검해야 하고 특별교육도 실시해야 한다.
4 기차역에서 지원자들은 영접위원회가 있어야 할 장소에 집결해서는 안 된다. 그들은 군중 속에서 서로 다른 지점에 위치해야 한다.
5 대규모의 군중은 역구내로 들어가서는 안 된다. 그들은 오직 통행을 방해할 따름이다. 역 외부에 있는 것도 역구내로 들어가는 것만큼이나 명예로운 일이다.
6 지원자들의 최초의 임무는 다른 승객들의 소화물을 밟지 않는 일이다.
7 시위자들은 통보받은 기차 도착 시간에 비해서 너무 일찍 들어가서는 안 된다.
8 승객들을 위해서 기차 옆에 넉넉한 길을 남겨 놓아야 한다.
9 시위자들은 영웅들이 지나갈 수 있도록 가능하다면 시위자들이 늘어서 있는 절반 정도까지 다른 통로를 남겨 놓아야 한다.
10 사슬을 만들어서는 안 된다. 그것은 굴욕적이다.
11 영웅들이 자동차에 도착하기 전까지, 또는 영웅들이 허가받은 지원자로부터 사전에 준비된 신호를 받기 전까지는 시위자들은 움직여서는 안 된다.
12 국민적 구호는 일정해야 하고 어떤 이유로도 어떤 경우에도 어떤 때에도 높아져서는 안 된다. 그 구호는 기차가 도착할 때, 영웅들이 유개 자동차에 도착할 때, 그리고 중간에 일정한 간격을 두고 외쳐야 한다. 시위가 자발적인 것이 아니고 기계적인 것이 된다는 이유로 이 말에 반대해서는 안 된다. 자발성은 군중들의 숫자, 구호에 대한 반응, 무엇보다도 시위자들의 일반적인 표정에 의존하는 것이지, 최대의 소음이나 가장 큰 소리에 의존하는 것이 아니다. 시위의 성격을 규정하는 것은 그 국민이 받은 훈련이다. 모스크 안에서 조용히 예배드리는 무슬림 한 사람은, 목소리나 징, 또는 양자 모두를 통해서 소음을 만드는 힌두교도 사원의 방문자만큼이나 웅변적이다.

13 군중은 도중에 줄을 서야 하고 자동차 대열을 따라가서는 안 된다. 만일 보행자들이 움직이는 행렬의 일부를 이룬다면, 보행자들은 떠들지 말고 질서정연하게 자신들의 위치를 잡아야 하고, 마음대로 끼어들거나 이탈해서는 안 된다.

14 군중은 영웅들을 향해서 앞으로 밀고 나가서는 안 되고 그들에게서 멀어져야 한다.

15 맨 마지막 줄과 가장자리에 있는 자들은 앞으로 밀고 가서는 안 되고, 자신들을 향해서 압박이 가해지면 뒤로 물러서야 한다.

16 군중 속의 여성들은 특별히 보호받아야 한다.

17 어린애들은 군중 속에 절대 들어오게 해서는 안 된다.

18 집회에서 지원자들은 군중 속에 흩어져야 한다. 그들은 목소리로 지침을 전달하기가 불가능할 때, 한 사람에게서 다른 사람에게로 전달하기 위해서 기 신호와 호각 신호를 배워야 한다.

19 질서를 유지하는 것은 청중의 일이 아니다. 청중은 부동과 침묵으로 가만히 서 있음으로써 질서를 준수한다.

20 무엇보다도 모든 사람들은 무조건 지원자들의 지침을 따라야 한다.

이 목록으로 모든 것을 망라하려는 것은 아니다. 그것은 단지 예증으로 든 것이고 성찰과 토론을 자극하기 위해서 만들어 본 것이다. 나는 모든 지방어 신문들이 이 글을 번역하기를 바란다.

민주정치와 폭민정치, 〈영 인디아〉, 1920. 9. 8 ; 《전집》 21 : 145

59) 정당한 명분 속의 복잡한 동기

아래는 영국인 친구 한 사람이 보낸 편지의 발췌문이다. 영국 친구들에게서 편지를 받는 것은 나의 기쁨이다. 비협조운동을 동정어린 시선으로 지켜보며, 비협조의 도덕성에 대해서 분명히 알게 되면 기꺼이 도와줄 정직한 영국인들이 많이 있다는 것을 나는 알고 있다.

다음 편지가 그 전형적인 사례이다.

저는 당신이 도덕적인 힘에 호소함으로써 인도에 스와라즈를 수립하고자 있는 힘을 다해서 노력하고 있음을 알고 있습니다. 도덕적 힘을 얻기 위해서 사심 없음에 의존한다는 것도 알고 있습니다. 저는 그 이념이 간단히 말해서 탁월하다고 봅니다만, 이렇게 말하는 것을 이해해 주십시오. 당신은 지금 비협조라는 수단을 사용하고 있는데, 그 운동의 각 단위가 순수하게 사심 없는 동기에서 행동하기 전에 비협조를 사용한다면 당신이 결국 실패하고 말 것이라는 두려움은 없습니까? 도덕적 성공을 겨냥하고 있다면 그 방법도 분명히 동일한 부류여야 하겠지요.

인도만이 아니라 인류 전체가 다음과 같은 노선에서 스와라즈를 향유할 수 있는 날을 저 역시 손꼽아 기다립니다.

인간은 피조물 가운데 동물 왕국과 도덕 왕국의 교차점에 존재하고, 창조주는 자유의지로 그들을 축복하셨습니다. 인간은 물질적인 몸뚱이(인간의 동물적 육신)와 도덕적 형상(성격)의 요구 사이에서 자유의지로 판결을 내려야 하고, 그럼으로써 위대한 제 1 원인의 이미지를 유한한 형상(도덕적 형상) 속에 표현합니다. 도덕적 요구가 창조의 보다 고차적인 왕국에서 왔다는 이유로 인간 개개인이 그 요구에 우선권을 부여함으로써 — 이와 달리 하는 것은 신의 전능에 도전하는 것인데 — 생각, 말, 행동 하나하나 속에 있는 도덕적 가치를 제대로 평가하기를 배울 때 사심 없음은 분명히 따라올 것입니다. 그 결과 모든 인간은 다른 사람을 자동적으로 사랑할 것이고, 진정한 스와라즈가 가족 전체를 엮어줄 것입니다.

반면, 비협조로서 시작하는 것이 당신의 도덕적 목표를 마음속의 저열한 물질적 욕망에 종속시킬 가능성은 없습니까? 그래서 당신이 성공한다고 해도 당신 동료들을 지금보다 더 거대한 동물로 만듦으로써 당신은 당신 노력의 알짬을 부지중에 상실하고 말 가능성이 있는 것이 아닙니까? 사심 없는 국민의 사심 없는 대표들의 협조를,

사심 없는 지도자를 추종하려는 국민의 비협조에 비교해 봅시다. 그러면 결과적으로 사람들은 후자의 비협조운동에서 우선 자아를 정복하는 방식을 배우기도 전에 전자의 협조에서 더 신속하게 사심 없는 정부를 만들 것입니다.

제발 잠시 멈춰 다음과 같은 사실을 숙고해 보십시오. 즉, 당신이 무슨 일을 하든 인류 전체의 형제애라는 선을 위한 것이어야 한다는 사실을. 어떤 경우에도 겉으로 보이는 사소한 사례에서조차도 도덕적 가치들이 제 2 위의 자리로 밀려나서는 안 된다는 사실을. 그렇지 않다면 치유책이 질병보다 더 나쁠 것입니다.

나는 위의 편지의 도입 부분을 빼고 전체를 제시했다. 나는 이분의 의사를 확신할 수 없었으므로 그의 이름을 출판하는 일을 삼갔다. 그의 도덕적 난관은 조심스럽게 숙고해 볼 가치가 있다. 나는 해당 사안에 대한 이 진술에 사고의 혼란이 있다고 본다. 처음부터 나의 목적은 불명예스런 방법이 명예스런 목적을 달성할 수 없음을 보여주는 것이었다. 이 편지의 필자가 도전할 수도 있는 부분, 그리고 실제 도전하고 있는 부분은 일반적인 비협조자들의 동기이다. 나는 모든 비협조자들의 동기가 사랑이 아니라 무의미한 증오(*meaningless hatred*)라는 점을 고백한다. 내가 증오를 무의미하다고 말한 것은 수많은 비협조자가 품고 있는 증오가 비협조의 계획에서 아무 의미가 없기 때문이다. 사람은 증오심에서 자신을 희생할 수는 없다. 그는 하릴없이 그가 상정한 원수에게 위해를 가하고자 노력한다.

비협조에서 거두려는 성과는 처벌이 아니라 정의의 달성이다. 증오의 결과는 결코 정의가 아니고 보복이며 맹목적인 격분(*fury*)이다. 암리차르에서 폭도의 증오는 무고한 사람들을 잔인하게 살육했다. 그러나 비협조자가 증오를 자신으로 돌리게 되면, 그 증오는 예봉을 상실하게 되고, 자신을 정화하며, 그가 증오하는 상대방이 개혁하도록, 그리고 오던 길을 되돌아갈 수 있도록 해준다. 그래서 원수로서 시작한 비협조자는 끝날 때는 친구가 되어 있다. 사람은 올바른 일을 어떤 동기로 하느냐가 중요하다. 올바른 행동은 그것이 정책적으로 한 일이든 그 자체를 위해서 한 일이든 올바르다. 나는 정책적으로 시도한 일이 소기의 목적을 달성하지 못하면 버림받을 위험이 있다고 본다. 그러나 그런 위험의 존재는 행위 자체의 도덕성에 대한 반론은 아니다.

필자는 불가능한 해결책을 제시했다. 그는 비협조자들이 완전한 존재가 되기를 원하고 있다. 그러나 그는 우리가 완전했다면 비협조운동을 벌여야 할 필요조차 없었을 것이라는 점을 망각하고 있다. 처음부터 악과 협조하지 않았을 것이기 때문이다. 비협조는 자신을 정화하거나 완전하게 만드는 시도이다. 그리고 대다수 사람은 지식이 아닌 신앙에서 정화의 길을 추종한다. 다른 말로 한다면 사심 없는 지도자를 추종하는 이기적인 비협조자들은 결국 잘해나갈 것이다. 그들이 비협조의 덕을 사심 없음의 교의로서 자각할 것이기 때문이다.

진실로 영국인들이 처한 난관은 그들의 통치가 전면적으로 인도에 하나의 악이었다는 점, 즉 모든 중요한 분야에서의 영국 통치를 위해서 인도를 악화시켰다는 점을 믿는 일에 있다. 인도는 부, 씩씩한 기상, 경건함, 그리고 자신들을 방어할 수 있는 후손들의 능력에 있어서 종전보다 더 나빠졌다. 악과 희롱하는 일은 죄짓는 일이다. 선과 악, 신과 사탄이 만날 수 있는 지점은 없다. 필자는 나에게 잠시 멈춰서 생각하기를 요구한다. 나는 30년 동안 생각해왔고, 이제 영국의 현 통치 형태가 인도에게 하나의 저주였다는 최종 결론에 도달하게 되었다. 영국인들로 하여금 하던 일을 잠시 멈추고 그들 눈앞에 일어나고 있는 일을 생각하게 하자. 그들로 하여금 탐조등을 내면으로 비추게 하자. 그들은 인도 무슬림을 배반하고 펀자브에서 인간성을 칼로 찌른 정부와 협조하라고 나에게 요구할 수 있는가? 그들로 하여금 잘리안왈라의 대량살육을 판단 착오라고 부르게 하지 말자. 수상이 인도 무슬림에게 한 엄정한 약속을 파기한 적이 없다고 말한다면 그리고 그가 그렇게 말할 때, 영국인들로 하여금 그 말을 믿게 하지 말자. 대의명분은 정당하다. 수단 또한 정당하다. 동기는 복잡하다. 오로지 수단과 목적에 비해서 동기가 순수하지 않았기 때문에 그 투쟁은 길어졌다.

도덕적 가치들, 〈영 인디아〉, 1921. 1. 5 ; 《전집》 22 : 97

60) 비협조와 겸손

비폭력 정신은 사람을 반드시 겸손(*humility*)으로 이끌어 준다. 비폭력은 모든 시대의 기반(基盤)인 신에 대한 의존을 의미한다. 우리가 그분의 도움을 구해야 한다면 겸손하고 회개하는 심정으로 그분에게 접근해야 할 것이다. 비협조운동원은 자신이 국민회의[80]에서 거둔 놀라운 성공을 악용해서는 안 된다. 우리는 망고나무가 열매를 맺으면 고개를 숙이듯이 행동해야 한다. 망고나무의 광휘는 당당한 자기 낮춤에 있다. 그러나 우리는 비협조운동원이 자신과 생각이 다른 사람에게 무례하고 관용이 없다는 소리를 듣고 있다. 나는 그가 자만심(*inflation*)을 조금이라도 보인다면 모든 당당함과 영광을 상실할 것임을 알고 있다. 우리는 여태 일궈낸 진전에 대해서 어느 정도 만족할 수도 있지만, 자긍심(*pride*)을 품을 만큼 공을 이룬 것은 거의 없다. 우리가 자긍심을 정당화하려면 전에 한 것보다 더 많

80 1920년 12월 나그푸르 회의에서였다.

이 희생하는 것이 필요한데, 하물며 기고만장할 수가 있겠는가? 국민회의 연단으로 몰려든 수천 명의 사람이 겸손의 가르침에 대해서 지적으로 동의한 것은 분명하지만, 그것을 실천에까지 옮긴 사람은 소수에 불과하다. 탄원자 자신들을 제외한다면 몇 사람의 부모들이 자식을 자퇴시켰는가? 비협조에 찬성하여 투표한 사람들 가운데 몇 사람이 물레질을 하고 외제 천의 사용을 일체 그만두었는가?

비협조는 큰소리 · 허세 · 엄포의 운동이 아니다. 그것은 우리의 성실성을 시험하는 것이다. 그것은 순수하고 조용한 자기희생을 요구한다. 그것은 국민적인 사업에 대한 우리의 정직성과 능력에 도전해온다. 그것은 생각을 실천하려는 운동이다. 그리고 우리는 많은 일을 하면 할수록 예상보다 더 많은 일을 해야 한다는 것을 알게 된다. 그리고 우리의 불완전성에 대한 생각이 우리를 겸손하게 만들고 말 것이다.

비협조운동원은 폭력에 의해서가 아니라 삼가는 겸손에 의해서 주목받기를 있는 힘을 다해서 노력한다. 그는 견실한 행동으로 자신의 강령을 대변한다. 그의 힘은 입장의 공정함에 의존한다. 그리고 비협조운동원이 자신의 행동에 대해서 대적에게 말로 가장 적게 설명할 때, 대적이 그 강령에 대해서 가지는 확신은 가장 커진다. 말은 자신감의 결여를 드러내는데, 그 말이 거만할 때 특히 그렇다. 말은 자신의 대적으로 하여금 그 행동 자체의 진실성에 대해서 의심을 품게 한다. 그러므로 겸손은 신속한 성공으로 가는 열쇠이다. 나는 비협조운동원 개개인이 겸손의 필요성과 자기규제의 필요성을 인정하기 바란다. 나는 1년 이내 스와라즈를 획득할 수 있다는 신념을 감히 갖고 있는데, 그 이유는 실제 해야 할 일이 별로 없으며 그 일조차도 전적으로 우리 자신에게 달려 있기 때문이다.

겸손의 필요성, 〈영 인디아〉, 1921. 1. 12 ; 《전집》 22 : 108

61) 계몽된 비협조와 사랑

간디 씨

라일(Lyle)[81] 씨가 여기에 쭉 있었는데, 그는 당신이 친절하게도 제 안부를 물었다고 얘기해 주었습니다. 당신이 친절하게 안부를 물어 주어서 감사합니다. 물론, 저는 깊은 관심을 갖고 당신의 활동을 추적하고 있습니다만, 슬픈 일이지만 제가 당신의 비협조운동에 찬성하지도 않고 찬성할 수도 없다는 말씀을 드릴 수밖에 없습니다. 저는 신이 당신에게 당신의 과오를 보여주시고 그분이 당신과 우리 모두를, 그분의 거룩한 이름의 영광을 위해서, 그리고 항상 인도 전체의 항구적인 복지를 위해서, 사용하시길 기도해왔습니다. 당신의 수많은 글과 연설문을 읽고 저는 다음과 같이 생각하게 되었습니다. 사람들에게 가장 가깝고도 귀한 사람이 그들의 논의와 만류에도 불구하고 오도된 방향의 행동을 추구하는 것을 보게 되면, 그들이 그 비행의 공범자가 되지 않기 위해서 그들 자신을 그 사람에게서 분리시켜야 한다는 근거에 따라서, 당신은 당신의 운동을 정당화하려고 시도하고 있다고 말입니다.

하지만 기독교 성경과 힌두교 경전의 근본적 교의는 서로 꽤 다른 행동의 길을 가리키고 있음이 분명합니다. 이 두 성전은 우리에게 신의 성육들(*Divine Incarnations*)에 대해서 말해 줍니다. 어떤 점에서는 양자가 상이하기도 하지만, 두 경우 모두 기초적인 이념은 스스로 무한히 거룩하신 신은 죄가 만든 인간의 불행을 보시고, 인간으로부터 멀리 떨어져 계시는 것이 아니라 그들을 돕고 죄와 죄의 열매에서 그들을 구원하시기 위해서 은혜롭게도 강림하신다는 것입니다. 거룩하고 순결하신 예수 그리스도는 죄지은 사람들과 나란히 일하기를 마다하지 않으시고, 오히려 당대 최고의 사람들 안에서 발견

81 아메다바드 거주의 백인 기독교 선교사. 사바르마티 아슈람의 학생들에게 영어를 가르치곤 했다.

되는 온갖 악을 혐오하고 통렬하게 거부하시면서도, 위로는 바리새파, 아래로는 외국 정부의 가증스런 세리와 악명 높은 죄인에 이르기까지 자유롭게 모든 사람들과 가까이 관계를 맺으시고, 현명한 계율과 사랑의 예증을 통해서 사악함으로부터 사람들을 떼어내어 공의(*righteousness*)로 되돌려놓기 위해서 노력하셨습니다.

이런 얘기를 통해서 저는 다음과 같이 생각합니다. 즉, 어떤 정부를 부당하게 '악마시' '사탄시'하여 규탄하면서 거리를 둘 것이 아니라, 새로운 협의회를 고무하는 등의 가능한 한 모든 조처를 취할 것, 그리고 그 정부와 계속 관계를 가지면서 그것을 보다 공정한 행로로 복귀시키려고 노력하는 것이 오늘날의 모든 진실한 애국자들의 명백한 임무라고 말입니다. 저는 당신이 작년 사탸그라하 사안에 있어서 당신의 과오를 인정했듯이, 너무 늦기 전에 신이 당신의 눈을 열어서 비협조에서 협조로 이끌어 주시기를 바라고 기도합니다. 당신은 이 몇 마디 말을 원하는 방식대로 마음대로 사용하셔도 좋습니다. 안녕히 계십시오.

그럼 이만
귀하의 신실한 친구
길레스피(G. Gillespie)

라즈코트, *1920. 11. 20*

나는 단 한 마디도 바꾸지 않고 위의 편지를 게재했다. 그렇게 하는 특별한 이유는 그 편지가 현 정부 조직을 내가 부단히 거부했음에도 불구하고, 길레스피 목사와 같은 영국인들과 따뜻한 우정을 유지할 수 있는 행운이 나에게 있음을 보여주고 있기 때문이다. 나는 그가 자신의 말을 정직하게 믿고 있음을 안다. 그는 신념과 목적의 정직함에 대해서 나를 치하하고 있다. 하지만 우리는 기독교 성경과 힌두교 경전에 대한 해석에서조차 이미 양극처럼 떨어져 있다. 힌두교 경전에 대해서 나는 자신감을 갖고 발언할 수 있다. 그리고 나는 악을 행하는 자로부터 관계를 끊는 것, 즉 그 행악자의 내면에 있는 악에 가담하거나 묵인하기를 삼가는 것이 힌두교도의 의무라고 감히 주장한다. 프라흘라드는 부친이 저지른 악으로부터 관계를 끊었다. 신성한 시타는 라바나가 자신에게 베풀어 준 친절을 거부했다. 바라타는 모친 카이케이의 행위를 비난하고, 그녀가 그에게 사악하게 얻어 준 왕위를 거절했다.

나는 성경에 대해서 쓸 때는 주저할 수밖에 없다. 하지만 나의 성경 읽기는 힌두교 경전 읽기에서 얻은 견해를 분명히 확인해 주었다. 예수가 세리와 죄인들과 어울린 것은 사실이지만 종속된 사람으로서도 아니고 후원자로서도 아니었다. 그가 그들과 어울린 이유는 그들을 섬기고 진실과 순결의 삶으로 개조하기 위해서였다. 그러나 그는 자신의 말을 듣지 않는 장소들의 흙을 발에서 털어내 버렸다. 수치와 악의 삶을 통해서 스스로 더럽히는 자식이 있다면 나는 그 자식을 묵인하지 않는 것을 나의 의무로 본다. 계몽된 비협조는 고뇌에 찬 사랑의 표현이다. 나의 존경하는 투고자는 악으로부터의 분리를, 섬겨야 할 사람들로부터의 분리와 혼동하고 있다. 예수는 환전상에게서 선물을 받았을까? 자신의 친구를 위해서 그들로부터 장학금을 받았을까? 그리고 흉악한 부정거래를 강권하기 위해서 저 환전상들에게 돈을 융자해 주었을까? 그분이 위선자·바리새파·유혹자를 거부한 것은 오직 말로만 그랬던 것일까? 그렇지 않고 오히려 그분은 그들을 경계하고 멀리하라고 실제로 민중에게 권유하지 않았던가? 그런데도 길레스피 씨는 내가 정부를 사탄의 것으로 묘사하는 것이 부당하다고 한다. 아마 거기에서 우리의 관점이 달라지는 것 같다.

어떤 정부가 사기, 살인, 방자한 잔인을 범했으면서도 아직 회개하지 않고, 그 죄악을 덮기 위해서 거짓말을 하고 있는데도 내가 그것을 사탄의 것이라고 묘사하지 않는다면, 나는 진실한 사람이 아닐 것이다. 자기 수하에 있는 민중의 마음을 전혀 얻지 못하는 정부의 허세를 내가 아주 정확한 언어로 비판함으로써 나는 친구의 도리를 하고 있다고 진정으로 믿는다.

예수가 협조했던가?, 〈영 인디아〉, 1921. 1. 19 ; 《전집》 22 : 118

62) 비협조와 부정(否定)

하딩 경[82]은 타고르 박사를 동방의 시인이라고 불렀는데, 타고르 박사가 아직 세계의 시인이 아니라면 곧 그렇게 될 것이다. 타고르는 권위가 높아지자 책임감은 더 무거워졌다. 인도에 대한 그의 최대의 봉사는 인도가 세계에 주는 메시지에 대한 시적 해석임에 틀림없다. 그래서 시인은 인도가 인도의 이름으로 세계에 거짓되거나 유약한 메시지를 주어서는 안 된다고 진지하게 우려한다. 따라서 그가 조국에 대한 평판에 대해서 조바심을 내는 것은 자연스럽다. 그는 현재의 운동에 맞춰 보려고 열심히 노력했지만 낭패를 느낀다고 고백한다. 그는 비협조의 소음과 야단법석 속에서는 자신의 시를 위해서 아무것도 찾을 수가 없었다고 한다. 그는 세 통의 편지에서 아주 강력한 어조로 자신의 의혹을 표현하기 위해서 힘썼고, 비협조는 그가 꿈꾸는 인도에 충분히 고귀한 것이 아니라는 결론, 즉 비협조가 부정(否定)과 절망의 교의라는 결론에 도달했다. 그는 그것이 분리·배제·편협·부정의 교의일지도 모른다고 우려한다.

인도의 명예에 대해서 타고르가 품고 있는 섬세한 선망(羨望)에 대해서 자부심을 느끼지 않는 인도인은 없을 것이다. 그가 아름답고 명징(明澄)한 언어로 자신의 의혹을 우리에게 표시할 수밖에 없었지

82 〔역주〕 Charles Hardinge(1858~1944) : 영국의 외교관, 인도의 부왕.

만 그것은 좋은 일이다.

나는 아주 겸손한 마음으로 시인의 의심에 대해서 답해 보려고 애쓸 것이다. 나는 타고르 또는 그의 웅변에 감동한 독자들을 확신시키기에 실패할 수도 있을 것이다. 하지만 나는 그에게 그리고 인도에, 비협조를 이념으로 보는 한 그것은 그가 두려워해야 할 것이 아님을, 비협조를 수용했다고 해서 그가 조국에 대해서 부끄러워해야 할 이유가 없음을 확인해 주고 싶다. 만일 비협조를 실제 적용했을 때 그것이 끝내 실패한 것으로 보인다고 해도, 그것은 그 교의의 잘못이 아니다. 이는 진리를 실천한다고 주장하는 자들이 성공하지 못한 것처럼 보일 때 진리의 잘못이 아닌 것과 같다. 어쩌면 비협조를 벌이기에는 시기상조였는지도 모른다. 그렇다면 인도와 세계는 기다려야 한다. 하지만 인도는 폭력과 비협조 중에서 양자택일할 수밖에 없다.

시인은 비협조가 인도와 서구 사이에 만리장성을 쌓기 위한 의도가 아닌가 하며 두려워할 필요가 없다. 반대로 비협조는 상호 존중과 신뢰에 기초를 둔 협조, 참되고 명예롭고 자발적인 협조로 나가는 길을 닦으려는 의도를 갖고 있다. 현재의 투쟁은 강제적인 협조, 일방적인 결합, 그리고 문명이란 이름의 가면을 쓴 채 착취하는 근대적 수단(*modern methods of exploitation*)을 무력으로 강요하는 일에 대항하여 치러지고 있다.

비협조는 악에 무의식적으로, 비자발적으로 가담하는 것에 대한 항거이다.

시인의 관심은 주로 학생들이다. 그는 학생들이 갈 수 있는 다른 학교가 있기 전까지 정부학교를 포기하라는 부름을 받아서는 안 된다는 견해를 가지고 있다. 여기에서 나는 그와 다른 의견을 가질 수밖에 없다. 나는 문자교육을 결코 맹목적으로 숭배할 수 없었다.

라빈드라나트 타고르와 간디 (1940)

동양인 최초로 노벨문학상을 수상한 인도의 위대한 시인 라빈드라나트 타고르는 간디에게 마하트마(위대한 영혼)란 칭호를 붙여 줄 정도로 각별한 애정을 갖고 있었고 간디도 타고르의 작품과 사상에서 큰 영향을 받았다. 두 사람은 비협조 운동에 대해서 견해 차이를 보이기도 했지만 오랫동안 영적으로 교감하는 영혼의 동반자였다.

나의 경험은 문자교육이 그것 자체로는 사람의 도덕적 위상을 높이는 데 단 1인치도 보태주는 것이 없고, 인격 형성과 문자교육은 별개의 것임을 충분히 증명해 주었다. 나는 정부학교가 우리의 용기를 꺾고 우리를 무력하게 하고 신을 믿지 않게 해 버렸다는 견해를 굳게 갖고 있다. 그들은 우리를 불만족으로 채우고, 그 불만족에 대해서 아무 치유책을 제공하지 않아서 우리를 낙담 속으로 빠뜨리고 말았다. 그들은 자신들의 뜻대로 우리를 서기나 번역자로 만들었다. 정부는 피통치자들이 겉으로만 보여주는 자발적 연합에 근거하여 권위를 세운다. 그리고 우리를 노예로 잡아 두는 정부와의 협조가 잘못이었다면, 우리의 결사가 가장 자발적으로 보이는 기관에서 시작해야 했다. 청소년은 바로 그 나라의 희망이다. 나는 정부 조직이 전적으로 또는 주로 악이었다는 점을 발견하자마자, 우리 아동들을 그것과 관계를 맺게 하는 것이 죄짓는 일이라고 생각했다.

최초의 열광이 한풀 꺾인 후 대다수의 학생들이 학교로 되돌아갔다는 사실이, 내가 제시한 명제에 대한 반론이 되는 것은 아니다. 그들의 번복은 우리가 취한 조처가 잘못이었음을 보여주는 증거가 아니라, 우리가 얼마나 타락했는가를 보여주는 증거이다. 경험에 따르면 민족학교(*national school*)의 설립이 더 많은 학생을 흡수한 것은 아니었다. 학생들 가운데 가장 강하고 진실한 자들은 기댈 만한 민족학교 없이 학교를 나와 버렸는데, 나는 이러한 최초의 자퇴가 최고 수준의 봉사였음을 확신한다.

그러나 소년들을 학교에서 불러내는 일에 대한 시인의 항의는 비협조 교의 자체를 반대하기에 당연한 귀결이라고 할 수 있다. 그는 부정적인 것 일체를 몸서리치게 싫어한다. 그의 혼 전체가 종교의 부정적인 명령에 대해서 항거하는 것 같다. 나는 남이 흉내 낼 수 없는 그 자신의 독특한 말로 그의 반대를 제시해야 하겠다. "R씨는 현재의 비협조운동을 지지하며 거부의 열정이 처음에는 어떤 이상의 수용보다 더 강한 힘이라고 나에게 자주 말했다. 나는 그것이 사실인 줄 알지만 진리로 받아들일 수는 없다. … 인도에서 브라마비드야(*Brahmavidya* : 梵에 대한 지식)는 묵티(*mukti*) 곧 해탈(*emancipation*)을 자신(자체)의 대상으로 삼고 있다. 반면 불교는 열반(*nirvana*) 곧 절멸을 갖는다. 묵티는 우리의 관심을 진리의 적극적인 면으로 이끌고, 열반은 진리의 부정적인 측면으로 이끈다. 그래서 그는 두카 곧 피해야 하는 고(苦)의 사실을 강조했고, 브라마비드야는 아난다 곧 획득해야 할 기쁨을 강조했다." 이런 구절과 이와 유사한 구절을 통해서 독자들은 시인의 심성을 여는 열쇠를 갖게 될 것이다. 내 소견으로 거부는 어떤 것의 수용만큼이나 이상의 하나이다. 진리를 수용하는 것이 필수적이라면, 허위를 부정하는 것도 그만큼 필수적이다.

모든 종교는 두 개의 반대되는 힘이 우리에게 작용하고 있음을, 인간의 노력이 영원한 거부와 영원한 수용의 연속으로 이뤄지고 있음을 가르친다. 악과의 비협조가 의무인 것은 선과의 협조가 의무인 것과 같다. 나는 시인이 열반을 순전히 부정적인 상태로만 묘사함으로써 불교를 무의식적으로 부당하게 대접했다고 과감히 주장한다. 나는 묵티 곧 해탈이 열반만큼이나 부정적인 상태라는 점을 감히 말하고 싶다. 육체의 속박에서의 해탈, 즉 육체의 속박이 끊어지는 것은 아난다(영원한 지복)로 이끈다. 나는 《우파니샤드》(브라마비드야) 최후의 말이 '네티'(*neti*: 아니다)라는 사실에 독자의 주목을 받게 함으로써 여기에서의 논의를 끝내고 싶다. '네티'라는 말은 《우파니샤드》 작가들이 브라만에 대해서 찾을 수 있었던 최선의 기술(記述)이었다.

그래서 나는 시인이 비협조의 부정적인 측면에 대해서 불필요하게 겁먹었다고 생각한다. 우리는 '아니오'라고 말할 힘을 상실했다. 정부에 대해서 '아니오'라고 말하는 것이 불충이 되었고 거의 신성모독으로 되어 버렸다. 협조에 대한 의도적인 거부는 경작자가 파종하기 전 반드시 해야 하는 필수적인 제초 작업과 같다. 농사에서 제초 작업은 파종만큼이나 필수적이다. 모든 농부가 알고 있듯이 작물이 성장하는 동안에도 제초용 쇠스랑은 거의 매일 사용되는 기구이다. 인도인의 비협조는 인도가 정한 방식대로 우리에게 협조하도록 정부를 초청하는 일이다. 이렇게 하는 것은 모든 국민의 권리이고 모든 선한 정부의 의무이다.

비협조는 우리 국민이 타국의 보호 아래서는 더 이상 만족할 수 없다는 정식 통고이다. 우리 국민은 부자연스럽고 비종교적인 폭력의 교의 대신, 비협조라는 무해하고 자연스럽고 종교적인 교의로 돌아갔다. 그리고 인도는 시인이 꿈꾸는 스와라즈를 얻으려면 비폭력적인 비협조를 통해서만 그렇게 할 수 있을 것이다. 시인으로 하여금 평화에 대한 그의 메시지를 세계에 전하도록 하자. 시인으로 하여금 우리나라가 만일 자신의 서약에 충실하기만 하면 비협조를 통해서 시인의 메시지를 구체화할 수 있을 것이라는 확신을 갖게 하자. 비협조의 의도는 시인이 갈구하고 있는 애국에 진정한 의미를 부여하는 것이다. 유럽의 발아래 엎드려 있는 인도는 인류에게 아무런 희망을 줄 수 없다. 각성한 인도, 자유로운 인도는 신음하는 세계에 평화와 선의의 메시지를 전할 것이다. 비협조의 의도는 인도에 그 메시지를 설교할 수 있는 연단을 제공하려는 것이다.

시인의 불안, 〈영 인디아〉, 1921. 6. 1 ; 《전집》 23 : 102

63) 비협조, 원한, 사랑

오로지 사랑의 물만이 삼중고를 식힐 수 있다.

툴시다스

큰 기관에는 모든 문에 맞는 특별한 열쇠가 있다. 각 방의 열쇠는 그 방만을 열 뿐이고 다른 방은 열 수 없다. 하지만 관리인은 모든 자물쇠에 맞는 열쇠를 갖고 있다. 영어로 이것은 마스터키라고 불린다. 나는 그것에 해당되는 구자라트어를 바디 차비(*vadi chavi*: 마스터키)로 불러왔고 그것을 이 글의 제목으로 삼았다.

우리는 보이콧 프로그램을 통해서, 사람들은 의회로부터, 학생들은 각급학교와 대학으로부터, 소송당사자들은 법정으로부터 멀어지기를 기대하고 있다. 만일 세 부류의 사람들이 우리의 탄원으로 충분히 영향을 받지 않는다면, 이 프로그램의 성공에 대한 의심이 일어나게 될 것이다.

그러나 사랑은 이 경우 마스터키이고 최상의 치유책이다.

사랑 없는 비협조는 악마적이고 사랑 있는 비협조는 신적(神的)이다. 예언자 마호메트가 메카의 아랍인들에 대해서 13년 동안 줄곧 비협조를 수행한 것은 사랑 때문이었다. 그는 사랑으로 그들의 눈을 열었다. 미라(Mira)로 하여금 쿰바 라나(Kumbha Rana)에 대해서 협조하지 말도록 촉구한 것은 분명히 증오가 아니었다. 그녀는 라나가 그녀에게 부과한 처벌에 대해서 사랑의 태도로 순종했다. 우리의 비협조도 사랑에서 나오므로 사랑이 없다면 모든 것이 공허할 것이다. 사랑은 마스터키일 뿐만 아니라 유일한 키이다. 정부학교에서 자퇴한 사람들이 자퇴하지 않은 사람들을 증오한다면, 그 희생은 생명 없는 것, 무미건조한 것이 되고 만다. 우리가 각종 의회를 보이콧할 때 의회에 선출된 사람들에게 악감정(*ill-feeling*)을 품고 있다면, 그런 보이콧은 무의미할 것이다. 생각이나 행동에서 우리와 다른 사람의 마음을 사랑으로 얻으려고 노력하는 일은 다르마의 길이고, 그들에게 화내는 일은 사탄의 길 곧 무신론자의 길이다.

우리의 희생이 분노, 악의 그리고 그와 유사한 감정에 의해서 어느 정도 손상당했기 때문에 그 희생이 최선의 효과를 낳지 못하고 성과도 얻지 못했다는 점은, 수치스럽고 불명예스런 일이지만 인정해야 한다. 보이콧에 참여한 모든 사람들이 참여하지 않은 사람들에게 어떤 악의도 품고 있지 않았다면, 오늘날 우리의 입장은 지극히 좋았을 것이고, 우리는 스와라즈를 거둘 정도가 되었을 것이다.

그래서 우리의 최고 의무는 사람들에게 사랑을 쏟아붓는 일이다. 이렇게 하는 일이 그들과 같은 사람이 된다는 것은 아니다. 그것은 분별없는 사랑일 것이고, 우리가 그들이 하고 있는 일에 가담한다는 것을 의미한다. 우리의 적수라도 그들을 사랑하고 바보로 간주하지 않고 그들에게 봉사하는 사랑이 참된 사랑일 것이다. 힌두교도가 다른 힌두교도를 사랑하는 것은 놀랄 일이 아니다. 선한 힌두교도는 이슬람교도를 힌두교도와 마찬가지로 사랑하고 그의 예의범절과 풍습을 존중한다. 정부와 협조하면서 다른 협조자와 좋은 관계를 유지한다고 해서 그 사람에게 무슨 비범함이 있겠는가? 비협조운동원의 참된 힘과 겸손은 협조의 주창자와 첨예한 차이가 있음에도 그를 사랑하는 일, 그를 견뎌내는 일이다. 협조 주창자를 비방하고 경멸하며 야유하는 것은 품위 있는 일이 아니다. 품위는 맨발로 그의 집에 가서 그에게 봉사하는 것이다.

우리는 이 부분의 의무에 대해서 제대로 유의하지 못했다. 비록 내가 그런 점에 대해서 글을 쭉 써왔지만, 그 점을 충분히 강조하지 못했다는 점에 대해서 미안하다. 봄베이에서의 내 경험은 내 눈을 열어주었다. 그것은 내 관용의 천박함을 철저하게 보여주었다. 정부에 협조하는 사람들에 대해서 언어적 공격이 있었을 때마다 내가 강력하게 비난했더라면, 우리는 지금쯤 더욱 전진했을 것이다. 만일 모자 하나라도 낚아채는 것을 볼 때마다, 내가 그런 행위에 대해서 최대로 강력하게 반대했더라면, 일은 지금보다는 훨씬 더 나아졌을 것이다. 지도자의 특권을 누리고 있는 내가 그와 같은 위대한 투쟁에서 최고의 경계심을 보이지 않는 것은 극악무도한 죄임을 나는 안다. 이 전투를 지휘하는 장군이 너무 약하거나 유순하거나 또는 스스로 무력하다고 느낀다면 그는 지휘를 포기하는 편이 낫다.

우리가 이제 우리의 오류를 자각했으니 재차 범하지는 말자.

우리는 협조자·파시교도·기독교도·영국인들에 대해서 일체의 원한(*resentment*)을 우리 마음에서 당장 추방해야 한다. 그들도 우리의 형제로 간주하고 그들을 배척하지 말자. 우리는 그들에 대한 물 공급을 막아서는 안 된다. 이발사가 그들에게 봉사하는 것을 막아서는 안 된다. 우리는 우리의 필요를 생각하기에 앞서 그들의 필요가 먼저 충족되는 것을 보아야 하고, 그들에게 봉사하는 일에 대해서 즐거워하자. 우리가 모든 종교들이 가르치고 있는 이 법칙을 이해할 때만, 오직 그럴 때만 우리는 스와라즈를 아주 쉽고 신속하게 얻을 것이다. 그래서 시민불복종을 시작하려고 준비하는 과정에서 우리가 최초로 해야 할 일은, 정부의 협조자 모두를 만나서 그들과 우리가 서로 다르긴 하지만 그들에 대한 우리의 우정 어린 존경심을 증명해야 한다.

마스터키(G.), 〈나바지반〉, 1921. 12. 4 ; 《전집》 25 : 79

64) 비협조와 공손함(*Civility*)

Aso Vad 3, 〔*1924. 10. 15*〕 수요일

다가오는 국민회의 회기 동안 비협조가 일시 중지될 것이라고들 한다. 하지만 이것은 비협조자들이 일을 중지한다는 뜻은 아니다. 비협조에 대한 망상, 그것만이 중지될 것이다. 사랑이 있는 곳이면 협조와 비협조가 실제로 하나이며 동일하다.

아버지와 아들이 서로 협조를 하든 비협조를 하든, 두 태도 모두 사랑의 열매여야 할 것이다. 협조가 사심에서 나왔다면 협조라고 부를 만한 가치가 없다. 그것은 차라리 뇌물의 일종이다. 그와 마찬가지로 증오에서 나온 비협조는 중대한 죄이다. 양쪽 모두 피해야 한다.

1920년 도입된 비협조는 사랑에 뿌리를 둔 것이었다. 사람들은 아마 이를 알아차리지 못하고 증오로 그 운동에 참가했던 것으로 보인다. 하지만 모든 지도자들이 비협조의 진정한 본성을 깨닫고 그 본성에 따라서 행동했다면 쓰디쓴 결과는 피할 수 있었을 것이다.

우리는 평화로운 비협조를 이해하지 못했다. 따라서 증오심이 커졌고, 이제 우리는 우리 자신들의 행동이 거둔 열매를 맛볼 수밖에 없다. 영국인을 상대로 비협조를 충동질했던 증오가 이제 우리 내부에서 그 머리를 치켜들고 있다.

그 증오는 힌두와 무슬림 사이에서만이 아니라 협조자들과 비협조자들 사이에서도 나타났다.

비협조의 전도된 결과를 막기 위해서 우리는 그것을 일시 중지해야 한다. 이것은 단순히 법률 업무를 하고 싶은 법률가들이나, 정부학교로 복교하고 싶은 학생들이 수치심 없이 그럴 수 있다는 뜻은 아니다. 실제로 비협조 원리를 파악했던 법률가들은 그들의 업무를 재개하지 말아야 하고, 그런 학생들은 정부학교로 복교해서는 안 된

다. 비협조의 중지는 다음과 같은 결과를 얻어야 한다. 즉 우리의 회개, 비협조자에 의한 협조자의 포옹, 사랑으로 협조자의 마음을 얻을 것, 그리고 그에 대해서 어떤 악의도 품지 말 것, 이런 것들이 얻어야 할 결과이다. 협조자 자신이 정부 탄원자든, 공무원이든, 아니면 입법부 의원이든, 그는 정부로부터 도움을 얻을 수도 있다. 그럼에도 비협조자는 그들의 친구가 되어야 하고 그들 모두와 어울려야 하며, 힌두·무슬림 분쟁의 해결, 불가촉천민제도의 폐지, 외제천 불매운동, 술과 아편의 중독 끊기, 그리고 이와 유사한 많은 과업에서 그들을 돕거나 그들의 도움을 받아야 한다.

이런 다양한 과업에서 선도해야 할 사람이 바로 비협조자이다. 그렇게 함으로써, 그의 책략, 분별력, 공손함, 평화에 대한 사랑, 그리고 겸손이 검증받게 될 것이다. 비협조자의 자질은 사랑으로 협조자의 마음을 얻음으로써 검증받을 수 있다. 거짓된 아첨과 무례함 모두 피해야 한다. 가장 최초의 교훈은 중도(*the middle path*)를 밟아가기 위해서 우리 모두가 단결하는 일이다. 신이 우리를 도와주시길.

비협조자의 의무(G.), 〈나바지반〉, 1924. 10. 19 ; 《전집》 29 : 203

65) 우호적인 비협조의 힘

내가 비협조를 일시 중지하라고 국민회의에 충고했지만, 그 충고는 구자라트 지역 사람들이 비협조를 포기해야 한다는 것을 뜻하는 것은 아니다. 마찬가지로 이 충고는 개인들과 여러 지역에 공통적으로 적용되는 것도 아니다.

만일 국민회의가 당분간 비협조를 중지한다면, 그것은 국민회의가 주변 상황을 고려하여 민중에게 양보한다는 의미이다. 하지만 민중과 그들의 지도자들이 비협조에 대한 신념을 가진 곳, 분쟁이 없는 곳, 충분한 조직이 있는 곳에서는 중지가 결의되어도 역효과가 없을 것이다. 반대로 이 지역들은 그들의 일을 공고히 하며 고귀하게 만들어야 한다.

예를 들면, 구자라트 지역의 민족학교들은 계속 활동해야 하고 성장해야 하며, 자신들의 업무를 포기해 버린 법률가들은 자신들의 결정을 굳게 지켜야 한다. 그 이외에도 적의(敵意)가 있었던 곳에서는 선의가 주도해야 한다. 누구도 의회에 들어온 사람이나 업무를 재개한 사람에 대해서 비난하거나 욕설해서는 안 된다. 모든 사람들은 자기 양심의 명령에 따라서 비협조를 계속하든지 아니면 협조를 재개해야 할 것이다. 국민회의 결의안은 이전의 결의안이 부과한 강제 때문에 실행되고 있는 비협조를 중지시켜야 한다. 다시 말하자면, 비협조는 하나의 책략이거나 실험이어서는 안 되고 다르마로서 존재해야 한다. 즉, 민중이나 개인은 정부 정책이 대체로 해로운 경우는 언제든 평화적인 비협조를 수행해야 한다. 따라서 그런 결의안 없이도 비협조를 고수하려는 사람들은 계속 그렇게 할 것이다.

국민회의 결의안은 한 쌍의 목발과 같다고 할 수도 있다. 우리는 이제 이런 모든 경험 이후에 국민회의라는 목발의 지지 없이 얼마나 많은 사람이 서 있을 수 있는지를 보아야 할 것이다. 어떤 사람들이 굳건히 서 있다면, 우리는 이들이 우호적인 비협조의 원리를 파악했다고 결론을 내릴 것이다. 나는 그와 같은 개인들이 많이 있을 것이라고 확신하고, 지역으로 본다면 마하 구자라트를 포함해 한 군데 이상은 존재할 것이라고 확신한다.

마하 구자라트 지역은 비협조를 실행한 최초의 장소였다. 그 영광을 이어갈 수 있기를 바란다. 비협조는 그것이 오점이 없을 때만 살아남을 것이다. 그것은 겸손·사리분별·사랑·평화로움·지성·성숙·결심 · 진리를 호흡해야 한다. 평화로운 비협조는 자연(*nature*)을 본받을 것이다. 자연에 눈에는 보이지 않지만 자연을 지탱하는 많은 과정들이 존재하며 이것들은 그 결과를 통해서만 알 수 있다. 평화로운 비협조에서도 마찬가지이다. 에테르는 강력한 매체이지만 누가 그것을 보았는가? 우리는 결과를 통해서 그 존재를 안다. 전기를 본 사람이 있는가? 하지만 우리는 전기 때문에 작동하는 전신 · 벨 · 엔진을 통해서 전기를 안다. 우리는 땅속에 묻혀 있는 씨앗을 보지 못한다. 우리가 그것을 보려고 땅을 파기 시작하면 싹은 트지 않을 것이다. 그러나 우리는 이 씨앗에서 나온 식물과 나무를 볼 수 있으며, 이것들은 다시 낟알 · 과일 · 잎을 낼 것이다.

우호적인 비협조는 앞에서 말한 모든 보이지 않는 것들과 힘들에 비하면 더 미묘하지만 더 강력한 힘이다. 따라서 비협조자의 행위 역시 미묘하고 눈에 보이지 않는다. 그 안에 교만 · 위선 · 구실 · 허식이 들어설 여지가 없다. 그는 사랑을 통해서 비협조를 실천하면서도 협조자를 불행하게 해서는 안 된다. 그는 사랑의 힘으로 심지어 영국 관리들의 마음을 얻도록 노력해야 할 것이다. 그는 그들을 경멸해서는 절대로 안 되고 가능하다면 그들에게 개인적으로 봉사해야 할 것이다. 그가 비록 그 관리들의 소망을 따를 수는 없지만, 자신의 행위는 예의 바르고 사려 깊어야 한다.

그와 같은 비협조를 인정할 수 없거나 실행할 수 없는 자는 누구든 현 상태, 즉 협조에 의존해야 할 것이다. 아버지가 아들에게, 아들이 아버지에게 실행할 수 있는 비협조만이 그런 이름으로 불릴 가치가 있다. 그리고 나는 그처럼 참된 비협조를 1920년 인도에 도입하려고 했다. 나는 현재와 마찬가지로 과거에도 그 과업의 엄청난 크기를 잘 알고 있었다. 나는 그 당시에도 지금도 자산은 거의 없다.

모든 사람들이 시도할 권리는 있으므로, 이 권리를 추구하기 위해서 나는 노력을 기울이기 시작했다. 나는 순수한 형태의 비협조를 이해했던 사람에게 도와달라고 부탁했다. 내가 지금 중지하라고 제안한 것조차도 우호적인 비협조의 형식이다. 사랑의 길은 불꽃과 같은데, 그 불꽃을 응시하는 것을 참지 못하고 많은 사람이 도망갔다. 도망가기를 원하는 자는 그렇게 해도 좋다. 하지만 그 불꽃을 견딜 수 있는 자는 승리할 것이다.

나는 사랑 없는 비협조를 알지 못하고 알고 싶지도 않다. 인도의 독립을 위해서, 힌두교와 이슬람교의 보호를 위해서, 힌두·무슬림의 일치를 위해서, 그리고 불가촉천민제도의 폐지를 위해서, 비협조 이외의 다른 만병통치약이 없다. 나는 증오로 증오를 끝내기란 불가능하다고 믿는다. 그리고 내가 항상 물레를 주창하는 이유 중에 하나는 그 아래에 있는 평화로움 때문이다. 마울라나 마호메트 알리는 물레를 찬양하는 격언들을 이슬람교 문헌으로부터 모아서 그의 〈함다르드〉(*Hamdard*) 지[83]에 출판했다. 〈나바지반〉지에 그 번역을 게재할 것이므로 독자들은 그것들을 곱씹어 보아야 할 것이다.

구자라트의 다르마(G.), 〈나바지반〉, 1924. 11. 23 ; 《전집》 29 : 322

66) 비협조와 유연성

비협조를 일시 중지해야 할지 아니면 포기해야 할지에 대한 질문이 나오는데, 이에 대한 대답은 순전히 응답자의 기질에 달려 있다. 비협조를 믿어 본 적이 없는 자는 자연스레 그것을 영영 버리기를 원할 것이다. 나를 좋아하는 사람들은 비협조가 필요할 때마다, 필요

83 〔역주〕 마호메드 알리가 발행하던 우르두어 잡지. 《전집》 권 29, 113면 참조.

한 곳에서는 언제나 그것을 믿어왔고 실천해왔다. 비협조를 맹세한 사람에 대해서 한마디 해 두자. 우리는 그가 언젠가는 회의론자와 불신자를 자신의 편으로 만들고 비협조를 국민적 사업으로 성사시킬 수 있을 것이라는 확실한 희망을 가질 것이고, 그런 희망 아래에서 일시 중지에 찬성하는 투표를 하도록 어렵지만 그들을 설득할 수 있을 것이라고 생각한다. 그러므로 일시 중지는 모든 당사자들이 수용할 수 있는 중립적인 상태이다. 비폭력적인 비협조의 효과와 필요성을 믿는 사람들은 비협조를 재개할 필요가 있을 경우, 전 국민이 그것을 실시할 것이라는 희망을 가질 수도 있다. 비협조를 불신하는 자들은 비협조가 중지되는 동안 자신들의 견해를 받아들이도록 의원들을 개심시키기 위해서, 그들이 비협조의 사악한 효과라고 생각하는 것을 자유롭게 설교할 수 있을 것이다. 그것은 일시 중지가 그들에게 주는 아주 좋은 기회일 것이다. 그리고 내 생각으로는 전면적으로 비협조하는 국민회의가 일시 중지 이상으로 나갈 것으로 기대하기란 어렵다. 나는 '전면적으로 비협조하는 국민회의'라고 했는데, 그 이유는 스와라즈당(*Swarajists*) 역시 비협조를 믿는다고 주장하기 때문이다.

비밀이라고 부를 수 있을는지 모르겠지만 비밀 한 가지를 말한다면, 3개월여 전에 준비된 최초의 초안은 비협조에 대한 신념을 반복하는 서문으로 시작되었고, 스와라즈당이 충분히 인정할 수 있는 것이었다. 그러나 자유파(*Liberals*)와 다른 사람들이 쉽게 동참할 수 있도록 그것은 상호동의에 의해서 제거되었다. 몇몇 친구는 자유파와 국민자치파(*National Home Rulers*)가 그 서문에 대해서 찬성 투표하기를 반대할 수도 있음을 지적했다. 실제로 최후의 동의안을 초안하는 데 관여했던 모든 사람들은, 국민회의 외부에 있는 사람들의 요구를 예상하기도 하고 그 요구에 맞추기 위해서 매우 조심했는데, 이런 것은 원리에 합치되는 것이다. 그럼에도 불구하고 나는 그 동의안이 여러 정치 그룹과 당파들의 요구 사항에 미흡하다는 점을 알고 있다. 그 결점의 이유는 노력이나 의지의 결핍 때문이 아니라, 스와라즈당과 나 자신이 각각 지지하는 원리들을 고려할 수밖에 없었던 탓이었다. 그래서 제약이라는 말이 더 마음에 든다면 그 원리들을 제약이라고 부를 수도 있을 것이다.

더구나 우리가 국민회의의 저 위대한 유권자를 두었다는 사실은 아무리 반복해도 잘못이 아닐 것이다. 유권자가 자기주장을 해야 할 때 아직 언제나 자기주장을 펴지 않은 것도 사실이지만, 지도자들의 노력에도 불구하고 때때로 반대 방향으로 자신들의 의지를 주장할 수 있다는 것을 나는 목격했다. 그들은 우리 모두가 영향을 주고받아야 하는 유권자이다. 나는 동의안을 마련하기 위한 방안을 모색하면서 각 파가 합심하여 일을 하기 위해서는 양심의 요구에 부응하기만 하면 만족해야 한다고 감히 생각한다.

결국, 비협조를 위해서 비협조를 원하는 사람은 없다. 자유(*freedom*) 대신에 투옥을 원하는 사람도 없다. 그러나 자유가 위기에 빠지면, 비협조는 의무가 되고 교도소는 궁전이 될 수 있다. 비협조자들에게 비협조를 불필요한 것으로 만드는 자들은, 어떤 상황에서도 비협조를 피하려는 자들일 것이다. 그런 결과를 낳는 최선의 방도 중에 하나는 모든 당파들이 단합하여 모두가 수용할 수 있는 스와라즈 구도를 창안하고, 가능하다면 그와 동시에 그 구도를 실행할 수 있는 공동의 방법을 찾는 것이다.

일시 중지냐 포기냐?, 〈영 인디아〉, 1924. 12. 4 ; 《전집》 29 : 355

67) 비협조의 일시 중지

1925. 2. 28

편지에 감사를 드립니다. 사탸그라하와 비폭력에 대한 제 신념은 그 어느 때보다 푸르디푸릅니다. 제 자신은 비협조를 여전히 실행하고 있으며 다른 수천 명의 인도인 남녀도 그렇습니다. 저와 의견을 달리하는 사람들이 도달한 동의안은 국민적인 프로그램으로서의 비협조를 중지하는 것입니다. 이러한 일시 중지는 이 나라의 입법의회에 들어가려고 하는 자들을 자유롭게 할 것입니다.

M. K. 간디

만크레부르 박사에게 보낸 편지,
《마하데브 데사이의 일기》(필사본) ; 《전집》 30 : 183

68) 비협조와 사회개혁(*Social Reform*)

신사 한 분이 다음과 같은 편지를 보내왔다. … 84

우리가 영국의 정부 조직에 적용했던 원리는 여기에서도 적용될 것이다. 민중이 만일 그 조직이 지속하지 못하도록 상호 협조한다면, 그 기초는 사라질 것, 오늘 바로 무너질 것이다. 마찬가지로 나쁜 풍습을 지닌 제국이 끝나기를 바라는 사람이 비협조를 실시한다면, 그 제국은 분명히 기운이 꺾기고 말 것이다. 비협조를 하는 사람이 단 한 사람밖에 없다면, 이것이 무슨 소용이 있을까 하는 의문이 자연스럽게 생겨날 것이다. 이 질문에 대해서 줄 수 있는 하나의 대답은, 비협조를 실행하는 자는 승리할 것이고 과오에서 자유롭게 될 것이며, 그 제국은 그의 협조를 잃어버린 만큼 약하게 된다는 것이

84 투고자는 사람이 어떻게 자신의 카스트로부터 아동 결혼, 고가의 외래 의복의 사용, 호화스런 결혼 비용과 같은 풍습을 제거할 수 있는지를 물어왔다.

다. 벽돌 한 장이 빠진다고 해서 집이 무너지지는 않지만 그 벽돌이 빠진 날부터 그 집은 분명 약해지기 시작한다는 점을 우리 모두는 알고 있다. 첫 번째 벽돌이 느슨하게 되는 일은 어려워도, 두 번째 벽돌이 떨어지거나 제거되는 것은 그리 어렵지 않다.

세상의 모든 개혁은 한 사람의 노력에서 시작되었다. 오늘날 아동 결혼 등의 나쁜 풍습을 거론할 수 있는 적절한 분위기가 만들어졌다. 그런 것들을 나쁜 풍습이라고 간주하는 사람들에게 미지근한 면이 있다면 그 풍습에 저항하는 행동이다. 오늘 우리가 만일 여론 조사를 한다면, 다수는 아동 결혼이나 호화 결혼과 같은 풍습과 외제 천으로 지은 비싼 옷을 비난할 만한 악이라고 생각할 것이다. 대다수의 사람들이 그와 같은 나쁜 풍습에 반대하는 의견을 가질 것이다. 그러나 사정이 이러한 데도, 그것은 사라지지 않았다. 이유는 진실을 말하자면 그것에 반대하는 사람들이 약하기 때문에, 그리고 허풍을 떠는 데는 용감하지만 행동하기를 두려워하기 때문이다. 그러한 비겁함은 많은 사람들이 난처한 지경에 빠지더라도 그런 행사에 참여하는 것을 그만둘 때라야 비로소 사라질 것이다.

나쁜 풍습을 어떻게 처리할까?(G.),
〈나바지반〉, 1926. 3. 14 ;《전집》34 : 135

69) 비협조를 이해하기

사바르마티 아슈람, *1926. 4. 1*

사랑하는 친구에게,

저는 흥미롭고도 유익한 당신의 편지를 받았습니다. 저는 필자가 사용하는 말에 필자 자신이 부여하는 의미가 독자에게 분명해야 한다는 점에 대해서 당신에게 전적으로 동의합니다. 하지만 비협조가 어떤 실패를 낳더라도 그것이 비폭력과 그 함의를 이해하지 못하는 민중의 탓이 아니라는 점은 분명히 알고 있습니다. 실패의 이유는 그들이 비록 비협조를 잘 알고 있다 하더라도 그에 따라서 행동할 수 없었기 때문입니다.

귀하의 신실한 친구

Dr. Paul Lind
Hamburg
Luebeckerstrasse
(Germany)

폴 린트에게 보낸 편지, SN 12457 ;《전집》34 : 253

70) 비협조의 생명력

비협조가 완전 실패했다는 기사가 신문에 반복하여 실리고 있다. 정중한 비판자 몇 사람은 나와의 대화 가운데 그 문제를 변명하듯이 끄집어낸다. 그리고 내가 잘못 고안해낸 비협조 때문에 나라를 오도하지 않았다면 우리나라가 커다란 진보를 이뤘을 것이라고 나에게 부드럽게 얘기한다. 오늘날의 정치와 아무 관련이 없다고도 할 수 있는 이 주제를 언급하지 말아야겠지만, 나는 비협조가 어느 순간에라도 보편적 형식을 띨 수 있는 능동적 힘으로서 우리에게 왔다고 믿으며, 비협조에 대한 비판과 회의주의에 직면해서도 이를 용감하게 고수하는 사람들을 다시 안심시켜주기 위해서라도 그것을 언급하지 않을 수 없다. 하지만 비협조가 폭력화되는 바로 그 순간 전면적으로 실패하고 말았다는 말은 위험하지만 반만 믿어 보기로 하자. 실제로 비협조와 폭력은 여기에서 서로 모순되는 말이다. 비폭력적인 비협조는 나의 열렬한 신념, 즉 폭력은 폭력 자체를 먹고 살아가며 폭력이 나날이 유지되려면 대항적 폭력(*counter-violence*)이 필요하다는 신념에서 나온 것이다. 그래서 비협조가 폭력화하는 순간 생명력과 국가 건설(*nation-building*)의 성격을 상실한다는 것은 사실이다. 그러나 그것이 지속적으로 비폭력으로 남아 있던 순간까지는 분명히 완전한 성공이었다.

1920년 갑자기 일어난 대규모 각성은 아마도 비폭력의 효험을 입증하는 가장 위대한 사례일 것이다. 정부는 권위를 상실했고 다시는 회복하지 못했다. 작위 · 법정 · 교육기관들이 1920년 민중의 경외심(*awe*)을 일으켰지만 이제는 더 이상 그런 일은 없다. 우리나라 최고의 법률가 가운데 몇 사람은 직업으로서의 법률을 완전히 포기하고 상대적인 가난을 자신의 운명으로 수용했는데, 그 사실에 대해서 그들은 지금 행복해 하고 있다. 남아 있던 소수의 민족학교와 대학들은 훌륭히 해냈다. 구자라트 지방에 생겨났던 큰 조직을 증거로 제시할 수 있는데, 홍수가 일어나서 그곳의 풍요로웠던 정원을 쓰레기로 만들고 말았다. 민족기관들의 학생과 선생, 그리고 다른 비협조자들이 없었더라면, 구자라트 지방에서 재해를 당한 소작인들은 정말로 필요했던 도움을 때 맞게 전혀 받지 못했을 것이다. 이러한 종류의 사례들은 수없이 많이 들 수 있다. 진정한 국민적 삶이 있는 곳, 그리고 인도에서 계급들 사이나 군중들 사이에 유대가 있는 곳이라면 그 원인이 비협조라는 것도 입증할 수 있을 것이다.

건설적 프로그램의 건설적 항목 셋을 다시 한 번 말해 보자. 카디(수직천)는 국민적 부흥에서 성장하는 하나의 요소인데, 거의 2천 명에 달하는 큰 무리의 일꾼을 통해서 1천 5백 개 이상의 촌락에 봉사하고 있으며, 5만 명 이상의 물레질꾼, 최소 1만 명 이상의 베짜기꾼, 인쇄하는 사람들, 염색인들, 세탁부 그리고 다른 수공업자들에게 가시적이고 생산적인 구호(救護)를 제공했다. 불가촉천민제도는 점점 쇠퇴해가며 생존을 위해서 몸부림치고 있다. 1920~1921년의 힌두·무슬림 일치는 일치에 대한 가능성을 폭넓게 보여주었다. 이 두 거대 집단 간의 분열을 보여주는 폭력·기만·거짓 등은 의심의 여지없이 추한 모습이지만 거친 자의식(*crude self-consciousness*)의 표출이기도 하다. 비협조운동은 과거에 하나의 휘젓기 운동의 과정이었고 지금도 그러하다. 그 운동의 과정에서 찌꺼기가 표면으로 떠올랐다. 그리고 만일 비폭력적 비협조가 살아 있는 힘, 정화력 있는 힘이라면 순수한 일치를 당장에라도 보여줄 것이다. 이 순수한 일치는 눈에 보이는 티끌 아래에서 보이지 않게 형성되고 있으며, 오늘 우리는 그 티끌 때문에 그것을 볼 수 없을 뿐이다. 진정한 스와라즈가 언제든 우리에게 온다면, 그것은 런던이 우리에게 쏟아붓는 기증품이 아니라 조직적인 악의 세력에 대항해서 행해진, 어렵지만 건전한 비협조가 주는 상(賞)일 것이라는 사실은 나에게 대낮처럼 분명하다.

그것이 실패였는가?, 〈영 인디아〉, 1927. 11. 10 ; 《전집》 40 : 238

71) 비협조와 비우호

1947. 1. 6

사랑하는 압둘라 사헤브께,

당신의 편지를 조심스럽게 읽어 보았습니다. 대답은 명백합니다. 나의 비협조는 효과의 면에서나 개념의 면에서 모두 순전히 비폭력적이었습니다. 이 말은 실천이 언제나 완벽했음을 뜻하는 것은 아닙니다. 이론과 실천이 서로 일치하기란 드뭅니다. 이는 실제의 유클리드 선이 그의 이론적 정의에 결코 부합하지 않는 것과 같습니다.

연합국의 비우호 정책은 파멸적인 결과를 낳았습니다. 빨리 달리는 자도 그 결과를 볼 수 있을 것이며, 더욱 가련한 일은 그 재앙이 아직 끝나지 않았다는 것입니다. 그것이 어디까지 갈지 아무도 모릅니다.

나는 당신이 원하는 대로 사용할 수 있도록 답장을 보내는 편이 낫겠다고 생각했습니다. 그러나 당신의 편지는 익명으로 하고 그 편지에 대한 답신은 공개서한으로 보내는 것을 당신이 선호한다면 기꺼이 그렇게 하겠습니다.

당신이 새로운 곳에서 잘해나가기를 바랍니다.

H. Abdullah Saheb, I. P.
C/o. Khan Saheb
Superintendent of Police, Noakhali

M. A. 압둘라에게 보낸 편지,
《피아렐랄 페이퍼스》; 《전집》 93 : 325

72) 유산된 비협조

질문 어떤 일꾼은 일정 시간이 지난 뒤 권력을 사랑하게 된다는 것이 우리의 경험입니다. 나머지 동료 일꾼들은 어떻게 그를 견제해야 합니까? 다시 말해서, 어떻게 우리가 그 조직의 민주적 성격(*democratic character*)을 보존해야 합니까? 우리는 지금 문제가 된 당사자에 대해서 비협조를 한다고 해도 도움이 되지 않는다는 사실을 압니다. 조직의 일 자체가 손상당하고 있습니다.

답변 이것은 당신만 하는 경험이 아니라 거의 보편적인 경험입니다. 권력에 대한 사랑은 사람에게 흔한 일이고, 사람이 죽을 때에야 비로소 사라지는 경우가 종종 있습니다. 그래서 동료 일꾼들이 그를 견제하기 어려울 것입니다. 그 이유는 그들이 아마 같은 인간적인 약점을 갖고 있기 때문일 것입니다. 그리고 우리가 이 세상에서 완전하게 비폭력적인 조직을 단 하나라도 알고 있지 않는 한, 우리는 어떤 조직체가 철저하게 민주적이라고 주장할 수 없습니다. 이유는 배후에 완전한 비폭력(*perfect non-violence*)이 존재하지 않는다면 완전한 민주주의(*perfect democracy*)가 불가능하기 때문인데, 이것은 우리가 분명히 증명할 수 있습니다. 위의 질문이 비협조가 늘 그런 것은 아니지만 흔히 그렇듯이 폭력적이었는가에 대한 것이었다면 적합한 질문이었을 것입니다. 나는 비협조의 비폭력적 성격을 경험으로 좀 안다고 주장할 수 있습니다. 이런 면에서 나는 명분만 좋다면 비폭력적 비협조가 성공할 것이라는 점, 그리고 비폭력적 비협조를 실행하더라도 어떤 조직도 절대 손해를 입지 않으리라는 점을 말하고 싶습니다.

질문자는 비협조를 경험하기가 어렵다는 이유 때문에 수고가 많습니다. 그는 잘해야 부분적으로 비폭력적인 비협조, 최악의 경우에는 비폭력의 이름으로 공공연하게 자행되는 폭력을 경험했습니다. 〈하리잔〉지와 〈영 인디아〉지는 유산된 비협조의 사례들로 가득 차 있습니다. 그 이유는 비폭력이 부분으로밖에 없거나 전면적으로 결핍되어 있다는 두 치명적인 결점 때문입니다. 나는 장기간의 경험을 통해서 다른 사람들이 권력 장악의 야망을 지니고 있다고 불평하는 그들 자신이 야망을 지니고 있음을 알아챘습니다. 이것이 반 다스와 6개의 차이를 분간해야 하는 문제라면, 그것은 보람 없는 일이 될 것입니다.

중요한 질문들, 〈하리잔〉, 1947. 3. 2 ; 《전집》 93 : 543 (일부)

5. 보이콧

73) 불매운동[85]과 폭민정치

최근 입수한 전보와 인도 신문을 보면, 벵골의 불매운동이 창피하게 용두사미로 끝나지는 않을 운명임은 확실하다. 영국 상품을 구입하지 못하게 사람들을 막는 과정에서 한판의 폭민정치(*mob-law*)가 있었던 것으로 보이지만, 그 운동은 민중의 깊은 감정에서 나온 것으로 보일 정도로 일반화된 것 같다. 그 분할[86]에 저항하는 현 소요의 결과가 무엇이든, 불매운동의 결과는 인도에 유익한 것만을 가져다줄 것이다. 그것은 국내 산업들에 놀라운 자극을 가져왔으며 그 산업들은 점점 더 성장할 것으로 믿는다. 그것은 기대하지 않았던 결과이지만, 덜 바람직스러운 결과는 결코 아니었다. 국민적 성격이 길러져야 하고 향상되어야 한다는 점, 이것이 인도에게 아주 필요한 일이다. 인도 상품만을 사용하겠다는 결의가 가능한 범위 내에서 유지된다면, 그것은 국민정신(*national spirit*)을 고양시키는 데 적지 않은 도움을 줄 것이다.

보이콧, 〈인디언 오피니언〉, 1905. 10. 7 ; 《전집》 4 : 399

---

85 〔역주〕 불매운동은 보이콧(*boycott*)의 역어인데, 이것이 상품과 관련된 곳에서는 불매운동을, 그것보다 광의로 사용된 곳, 즉 간디가 말하는 사회적·정치적 보이콧까지 포함할 때에는 보이콧을 그대로 사용하는 것이 옳을 것이다. 사회적 보이콧, 정치적 보이콧은 《마하트마 간디의 도덕·정치사상》 권3, 74·75번 글 등에 나타난다.

86 행정 편의에 근거해서 벵골은 두 지역으로 나눠졌는데, 하나는 주로 힌두 지역이고, 다른 하나는 무슬림 지역이었다. 그 분할은 인도 전역에 항의의 돌풍을 야기했으며 영국 상품 불매운동으로 이어졌고, 결국 1911년 무효화되었다.

74) 비폭력적 보이콧과 배척

한 투고자[87]가 신드 주의 하이데라바드에서 보이콧에 관한 편지를 보내왔는데, 나는 그것을 기꺼이 게재한다. 그는 카파르데[88] 씨에게 발생했다고 하는 일에 대해서 언급하고 있다. 신드의 하이데라바드는 암라오티에서 멀리 떨어져 있다. 나는 카파르데 씨가 투고자가 말하는 대로 온갖 불편을 당했는지 알지 못한다. 카파르데 씨는 자신을 잘 돌볼 수 있다. 그래서 그가 받았다는 대접에 대해서 투고자에게 제공된 정보가 많이 과장된 것이기를 바란다.

그런데도 그 투고자가 제기한 이슈는 중대하고 심각하다. 의견이 다르다고 해서 우리가 사회적 보이콧을 선언하는 것은 위험한 일일 것이다.

물과 음식을 공급하지 않는 일은 비폭력 교의에 전적으로 어긋나는 일이다. 비협조의 전투는 고백을 실천으로 옮기는 선전 프로그램이지, 다른 사람을 직간접적인 폭력에 의해서 복종을 강요하는 프로그램은 아니다. 우리는 대적을 개심시키기 위해서 끈기 있게 노력해야 한다. 우리가 노예제도(*slavery*)에서 민주주의 정신을 이끌어내기를 원한다면, 우리는 우리의 대적을 다루는 일에 아주 철저하게 정확해야 한다. 우리는 정부의 노예제도를 비협조주의자들의 노예제도로 대체해서는 안 된다. 우리가 자유를 요구하고 그것을 위해서 투쟁하고

---

87 투고자는 카파르데의 견해가 국민회의 비협조 프로그램과 여러 가지 점에서 달랐다는 이유로 카파르데가 판차야트에 의해서 배척당하고, 그의 하인은 판차야트 우물의 사용을 금지당했다는 점에 대해서, 그리고 이 보이콧이 몇몇 비협조주의자에 의해서 정당화되었다는 점에 대해서 불평하고 있었다.

88 Ganesh Krishna Khaparde(1854~1938) : 암라오티의 변호사, 연설가, 공공일꾼. 몬터규·첼스퍼드 개혁 아래에서의 국무위원회의 위원. 그는 간디의 비협조 프로그램을 찬성하지 않았다.

있는 것처럼 그 자유를 우리 대적들에게도 부여해야 한다. 아주 완강한 협조주의자들이라고 해도, 만일 민중으로부터 진정한 반응이 있으면 비협조가 실행된다는 엄정한 사실에 대해서 자신들의 뜻을 굽히고 말 것이다.

그러나 우리가 어떤 인상이라도 남기기 위해서는 꼭 실행해야 하는 비폭력적 보이콧이 존재한다. 우리는 허위 — 그것이 백색 피부 안에 있든 황색 피부 안에 있든 — 라고 믿는 것과 타협해서는 안 된다. 그런 보이콧은 정치적 보이콧이다. 우리는 새로운 위원들[89]로부터 호의를 받아서는 안 된다. 투표자들은 자신들의 서약에 충실하기 위해서, 자신들이 대표자로 인정하지 않는 사람들의 봉사를 받아들이지 말아야 할 의무가 있다. 그들은 이른바 대표자들이 주는 일체의 장려를 철저하게 거부함으로써 자신들의 평결을 인준해야 할 것이다.

대중 자신이 비협조주의자들이라면 정치적 행사나 연회에 참석하여 그들의 대표자들에게 특권을 부여하는 짓, 그것은 하지 말아야 할 의무가 있다.

나는 특정한 극단적 조건 아래서는 비폭력적 사회적 배척(*ostracism*)을 벌일 수 있는 가능성이 있다고 생각한다. 그것은 반항적인 소수 집단이 어떤 원리에 대한 고려에서가 아니라 순전히 반항이나 그보다 더 나쁜 것을 위해서 다수에게 순종하기를 거부하는 경우가 거기에 해당된다. 그러나 그런 때가 아직 도달하지 않았음이 분명하다. 폭력성을 지닌 배척, 예를 들면 공동 우물의 사용 금지와 같은 배척은 야만적 행위의 일종이다. 그래서 나는 국민적인 자존심과 국민적인 향상을 갈망하고 있는 그룹은 이와 같은 배척을 결코 실행하지 않기를 바란다. 우리는 강요의 과정을 통해서 — 그 강요가 우리 자신

89 신 입법 협의회 위원들.

들 사이에서 실시되든 아니면 영국인들에 대해서 실시되든 — 이슬람교나 인도를 해방시킬 수는 없다.

사회적 보이콧, 〈영 인디아〉, 1920. 12. 8 ; 《전집》 22 : 44

75) 사회적 보이콧과 사회봉사

일종의 정화운동인 비협조운동은 우리의 약점뿐만 아니라 장점의 과도한 부분까지도 수면 위로 드러내고 있다. 사회적 보이콧(*social boycott*)은 매우 오래된 제도로서 카스트제도만큼이나 오래된 것이다. 그것은 엄혹한 명령으로서 실시되면 커다란 효과를 가지고 온다. 그것은 하나의 공동체가 파문당한 사람에게까지 호의나 봉사를 베풀 의무가 없다는 생각에 기초를 둔다. 그것은 개개의 촌락이 자족적 단위이고, 반항하는 경우가 드물었을 때 효과가 있었다. 그러나 오늘날과 같이 비협조의 장점에 대해서 의견이 분분할 때, 그리고 그것의 새로운 적용이 하나의 실험이 될 때, 소수를 다수의 의지에 굴복시키기 위해서 사회적 보이콧을 즉각적으로 사용하는 것은 용서할 수 없는 폭력의 일종이다. 그런 보이콧이 지속된다면 그것은 비협조운동을 파멸시키고 말 것이다. 사회적 보이콧은 보이콧 대상자가 그 보이콧을 처벌로 느끼지 않고 훈련의 수단으로 받아들일 때 적용될 수 있고 효과가 있다. 더구나 비폭력 투쟁에서 사회적 보이콧이 수용되자면 거기에 비인간성(*inhumanity*)의 냄새가 나서는 결코 안 된다. 사회적 보이콧은 문명화된 것(*civilized*)이어야 한다. 비협조가 그 대상이 되는 사람들에게 불편을 초래한다면, 그것을 사용하는 사람들에게도 고통을 주어야 한다. 그래서 잔시(Jhansi)[90]

90 〔역주〕 우타르프라데슈 주의 한 지명.

에서 발생했다고 보도된 것처럼, 사람들로부터 의료인의 봉사를 박탈하는 행위는 비인간적인 일로서 도덕적 규율에서 살인미수에 버금가는 행위이다.

나는 사람을 죽이는 일과 죽어가는 사람에게 치료를 거부하는 일 사이에 아무 차이를 모른다. 내가 파악한 바로는 전시의 법조차도 치료가 필요한 적에게 치료할 것을 요구하고 있다. 어떤 사람에게 하나밖에 없는 마을 우물을 사용하지 못하게 하는 것은 그 마을을 떠나라는 통고이다. 비협조자들이 자신들과 견해가 일치하지 않는 사람들에게 그런 극단적인 압력을 행사할 권리가 없음은 분명하다. 조급함과 불관용은 이 위대한 종교적 운동을 분명히 죽이고 말 것이다. 우리가 강제로 사람들을 순화시킬 수는 없다. 우리는 폭력을 행사하면서 우리의 의견을 존중해 달라고 강요할 수는 더더욱 없다. 그것은 우리가 기르고자 하는 민주주의 정신에 극단적으로 어긋나는 일이다.

우리의 앞길에 심각한 난관들이 놓여 있다는 것은 의심의 여지가 없다. 사적인 중재를 받아들이기로 한 어떤 피고인이 중재에 의한 판정을 거부할 때 그에게 사회적 보이콧을 사용하고 싶은 유혹은 억제할 수 없을 것이다. 하지만 사회적 보이콧의 적용이 중재에 의해서 분쟁을 해결하려는 놀라운 운동을 중지시킬 가능성이 높다는 점은 쉽게 알 수 있다. 사적인 중재 운동은 비협조의 무기고에 있는 무기로서 사용되면서 별도로 우리나라에 막대한 이익을 주고 있다. 민중은 사적인 중재에 적응하는 데 시간이 걸릴 것이다. 사적인 중재가 갖고 있는 간단함과 저렴한 비용 때문에 오히려 많은 사람이 기피할 것인데, 이것은 매운 음식에 물린 미각 소유자들이 양념 몇 개를 간단히 섞은 음식을 기피하게 되는 것과 같다. 어떤 판정에 대해서는 의혹이 생길 여지도 있다. 그래서 우리는 세상이 이 운동을 감지하게 하기 위해서는 운동의 내면적 장점과 판정의 올바름에 의존해야 한다.

우리가 법정에 대해서 자발적이고 완전한 보이콧을 실현할 수 있다면 그것은 매우 바람직한 일이 될 것이다. 그와 같은 사건이 단 하나만 있더라도 스와라즈를 가져올 수 있다. 그러나 우리는 비협조의 단 하나의 항목에서도 완전에 도달할 것이라는 점을 한 번도 예상하지 못했다. 법정을 자유(*liberty*)의 상징이 아니라 노예제도의 상징으로 인정하는 정도의 여론은 우리 사이에 이미 형성되어 있다. 그런 여론은 법률가들이 자신들의 직무를 수행하는 동시에 대중의 지도자들로 불리는 일을 사실상 불가능하게 만들었다.

비협조는 법정의 권위를 크게 손상시켰고 그만큼 정부의 권위도 떨어뜨렸다. 해체 과정은 더디지만 착실하게 진행되고 있다. 비협조를 조장하기 위해서 폭력적인 방법을 채용한다면 그 속도는 감소할 것이다. 우리 정부는 폭력 세력을 직면하고 견제하기 위해서 완전 무장하고 있지만, 비폭력의 강력한 힘을 견제할 수 있는 것은 아무것도 갖고 있지 못하다. 한줌의 영국인들이 3억 민중의 자발적인 자기부정이 수반하는 자발적인 의사 표명에 대해서 어떻게 저항할 수 있을까?

그래서 나는 비협조의 일꾼들이 사회적 보이콧의 덫을 알아차리기를 바라지만 사회적 보이콧의 대안은 사회적 친교가 아님은 분명하다. 긴요한 문제에 있어서 강력하고 분명한 여론을 무시하는 사람은, 사회의 편의시설과 특권을 누릴 자격이 없다. 우리는 결혼 잔치 등 그가 베푸는 사회적 행사에 참여해서도 안 될 것이고 그로부터 선물을 받아서도 안 된다. 그러나 우리는 사회봉사를 거부해서는 안 된다. 그것은 의무이다. 만찬 등에 참석하는 것은 하나의 특권으로서 그것을 유보할 수도 있고 향유할 수도 있다. 그러나 잘못되더라도 큰 탈이 나지 않게 만전을 기하는 것, 그리고 내가 기술한 제한적 의미에서 사회적 보이콧이라는 무기를 사용하더라도 아주 드물게, 그리고 분명한 경우에만 사용하는 것이 지혜롭다. 그리고 그 무기의 사용자들은 그것을 사용할 때마다 위험을 감수해야 한다. 그것의 사용은 어떤 형식으로든 아직은 의무가 아니다. 만일 그것이 비협조운동을 손상시킬 위험이 있다면, 그것을 사용할 자격을 지닌 자는 아무도 없다.

사회적 보이콧, 〈영 인디아〉, 1921. 2. 16 ; 《전집》 22 : 181

76) 외제 천 불매운동

우리 역사의 이 중대한 순간 우리가 진정한 힘을 조금이라도 발휘할 수 있도록 모두가 노심초사하고 있다. 사람들은 그런 힘이 영국제 천만이 아니라 외제 천 전부의 불매운동[91]을 통해서만 길러지고 드러날 수 있다는 점을 나날이 깨닫고 있다. 이런 불매운동에서 우리 공장들은 원하기만 한다면 중요한 역할 아니 결정적인 역할을 담당할 수 있다.

우리 공장들은 언젠가는 이 외국인 정부와 민중 사이에 양자택일해야 할 것이다. 공장들은 자신들의 존재를 위해서 정부의 선의는 아니라고 해도 정부의 관용에 크게 의존한다는 점에 대해서 아무 의심이 없다. 소로가 사악한 정부 아래에서 부의 소유가 죄이며 가난이 미덕이라고 했을 때, 그 말은 진리이다. 부자의 부는 당시의 정부가 선하든 악하든 항상 정부의 처분에 달려 있다.

91 〔역주〕 'boycott of foreign cloth as distinguished from British cloth'라는 구절을 고심 끝에 이렇게 번역했다.

외제 천 불매운동 (1922)
간디는 외제 천 소비가 국부를 유출하고 경제적 종속을 유발한다고 주장하며 외제 천 불매운동을 지지하였다. 그는 인도 국민들이 직접 만든 천으로 옷을 지어 입는 의복 문화로 돌아감으로써 스와라즈를 획득할 수 있다고 생각했다.

그러나 공장들은 자신들의 존재를 정부의 관용이나 선의에 의존한다면, 그만큼 민중의 관용이나 선의에도 의존한다고 말할 수 있다. 그 공장들은 민중이 무지하거나 무기력하거나 분열되어 있을 때만 민중을 무시할 수 있다. 하지만 우리나라는 지난 7년을 헛되이 살지 않았다. 이미 고취된 대규모 각성은 절대 죽지 않을 것이다. 민중이 자신들의 힘을 언제 어떤 방식으로 보일지는 아무도 모른다.

그러나 공장들은 특별한 지위를 점하고 있다. 약간의 용기와 국민의 진정한 이익을 위해서 약간의 배려를 보여줌으로써, 또 약간의 자기희생을 감수함으로써, 공장들은 정부와 민중 양자에게 봉사할 수 있을 것이다. 그것들은 정부의 마음을 돌릴 수도 있고 민중의 대의를 진작시킬 수도 있다.

내 소견으로 공장들이 그렇게 할 수 있는 방식은 다음과 같다.

공장들은 여러 해의 풍년과 흉년의 평균치를 산출하고 그 가운데 최저를 잡아서 가격을 균일화할 수 있다.

그것들은 우리 국민에게 필요한 직물의 양과 질에 대해서 보이콧을 조직하는 지도자들을 다룰 수 있다.

공장들은 카디 조직들이 당장 쉽게 생산할 수 있는 품목들을 제조하지 않을 수 있고, 그래서 지금 현재 카디 조직들이 제조하는 것보다 더 쉽게 제조할 수 있는 여러 품목을 좀더 많이 제조하는 데 에너지를 모을 수 있다.

공장들은 이익을 최소화하고, 잉여가 있다면 불매운동의 완성에 바쳐야 할 것이고, 그럴 필요가 없다면 노동자들의 처우 개선을 위해서 바쳐야 할 것이다.

이것은 전면적인 정직, 인내, 상호 신뢰가 있어야 함을, 그리고 노동·자본·소비자 사이의 자발적이며 고귀한 삼중 연대가 있어야 함을 의미한다. 그것은 대규모의 조직을 위한 능력을 의미한다. 우리가 비폭력을 통해서 외제 천 불매운동을 완수할 수 있으려면, 우리는 방금 열거했던 시험들을 언젠가는 통과해야 한다.

내 소견으로 우리는 그 과업을 위해서 훌륭한 자격을 갖추고 있다. 그 목적을 위해서 필요한 조직은 우리에게 낯선 것이 아니다. 유일한 물음은 우리에게 의지가 있는가 하는 것이다. 공장 소유주들은 나라에 대해서 충분한 비전과 사랑이 있는가? 그들이 그것들을 갖고 있다면, 그들은 사람들을 선도할 수 있다.

나 자신의 신앙을 다시 한 번 선언하고 싶다. 불매운동이 신속하게 진행되려면 카디와 진실로 토착적인 공장들 사이의 결합이 바람직하지만, 그것이 반드시 필요한 것은 아니다. 나는 '진실로 토착적인'이란 말을 사용했는데, 그 이유는 인도에 허울뿐인 공장들이 있기 때문이다. 이런 공장들은 인도에 위치한다는 의미에서는 인도적이지만, 주주·운영·정신이 전면적으로는 아니더라도 대체로는 외래적이라는 의미에서 껍데기에 불과하다. 그러나 토착적인 공장들이 국민운동을 지도하지 않거나(또는 지도할 수 없거나) 그 운동에 가담하지 않는다(또는 가담할 수 없다)고 해도, 우리는 카디 하나만으로도 불매운동을 완수할 수 있다고 확신한다. 단, 정치적 성향의 인도가 불매운동을 위해서 필요한 의지·신앙·에너지를 가진다면 말이다. 우리에게 증기기관, 기름 엔진, 그리고 전기를 통해서 나오는 충분한 마력(馬力)은 없지만, 아직 사용되지 않지만 사용되기를 간청하는 인력(人力), 그리고 본질적으로 불매운동이라는 목적에 적합한 무궁무진한 인력의 저수지는 있다. 아, 살아 있는 힘의 공급을 확인하고 그 힘을 사용할 수 있는 신앙에 적합한 인력의 저수지 말이다.

우리 공장들은 무엇을 할 수 있을까?,
〈영 인디아〉 1928. 3. 15 ; 《전집》 41 : 317

77) 비폭력적인 보이콧과 폭력적인 보이콧

바르돌리 지방의 사탸그라히(진리파지자)들이 정부에 세금 납부하는 일에 동의하는 자들을 상대로 보이콧 무기를 사용할 준비를 하고 있다고 보도된 바 있다. 이 무기는 강력한 것으로, 사탸그라히들은 오직 일정 한계 내에서만 사용할 수 있다. 보이콧은 비폭력적일 수도 있고 폭력적일 수도 있다. 사탸그라히가 사용할 수 있는 것은 오직 비폭력적인 보이콧이다. 나는 지금 이 두 종류의 보이콧의 사례만을 제시하겠다.

비폭력적인 보이콧은 어떤 봉사도 받지 않겠다는 것을 의미할 수 있다. 그러나 봉사하기를 거부하는 것은 폭력을 수반할 수 있다.

비폭력적인 보이콧은 보이콧을 당한 사람의 집에서 식사하기를 거절하는 일, 그의 장소에서 일어나는 결혼식 등의 행사에 참여하기를 거절하는 일, 그와 거래하지 않는 일, 그리고 어떤 도움도 받지 않는 일도 포함한다.

반면, 보이콧 대상이 되는 사람이 아픈데도 그를 간호하기를 거절하는 일, 의사가 그를 방문하는 것을 막는 일, 그의 사망 시 장례식을 치르는 일을 돕지 않는 일, 그가 우물과 사찰 등을 이용하지 못하게 하는 일, 이런 행위들은 모두 폭력적인 보이콧에 해당된다. 좀더 깊이 생각해 보면, 비폭력적인 보이콧은 장기간 지속될 수 있으며 어떤 외부적인 힘도 그것을 중지하는 데 효과가 없지만, 반면 폭력적 보이콧은 장기간 지속될 수 없으며 외부적인 힘을 대규모로 사용하여 정지시킬 수 있음을 우리는 알 수 있다. 궁극적으로 폭력적 보이콧은 운동에 훼방이 될 따름이다. 비협조운동을 벌인 시절부터 일어난 그와 같은 수많은 사례를 인용할 수 있다. 하지만 이번 글을 통해서 지적한 차이점이 바르돌리의 사탸그라히들과 일꾼들에게 충분할 것이라고 생각한다.

보이콧이라는 무기(G.), 〈나바지반〉, 1928. 3. 18 ; 《전집》 41 : 331

78) 제한된 보이콧, 민주주의, 다르마

나는 이번 3월에 행한 연설에서 보이콧에 대해서 아주 많은 말을 했다. 나는 신문들이 내 연설 가운데 그 부분을 어떻게 보도했는지 전혀 모른다. 보이콧의 주제가 중요한 것이므로 여기에서 보이콧의 한계를 제시하고 그에 대해서 성찰해 보는 것이 꼭 필요하다. 이 투쟁은 거룩하고 진실하며 비폭력적 투쟁, 달리 말한다면 종교적 투쟁이므로 의식적으로든 아니든 어떤 과오도 범하면 절대 안 된다. 아주 작은 과오라도 범한다면 투쟁을 해칠 수밖에 없다.

보이콧은 두 가지 방식으로 작용해왔다. 하나는 정부 관리들에 대한 것이고, 다른 하나는 여론을 존중하지 않는 자, 이를테면 촌장 그리고 그와 같은 사람들에 대한 것이었다.

정부 관리가 마을에 왔을 때 그에게 인사하지 않는 일, 그리고 그를 찾아가 예의를 표하지 않는 일은 필수적이며 진실로 의무이기도 하다. 비협조는 우리가 이 관리의 요구대로 시중을 들어서는 안 되고, 그에게 어떤 편의도 제공해서는 안 된다는 점을 함의하고 있다. 우차 소유주는 자신의 수레를 그 관리의 수중에 두어서는 안 된다. 옹기장이는 그를 위해서 물을 길어 주어서는 안 되고, 식료품 장수는 일체의 식료품을 제공해서는 안 된다. 촌장은 마을의 것이든 자신의 것이든 일체의 깔개를 주어서는 안 된다. 그 이유는 그 관리가 자신의 직위를 이용하여 이런 편의를 얻을 수 있음을 기대하기 때문이다. 이런 편의를 제공하지 않는 내면적 목적은 그에게 어떤 어려움을 주자는 것이 아니라 그의 권위에 종지부를 찍기 위해서이다. 그리고 그 행위는 시민불복종의 요소도 포함할 수 있다.

만일 그 관리가 허기로 죽어가거나 고통을 앓고 있는데도 그를 돌보는 사람이 아무도 없다면 어떻게 해야 하는가? 그런 때는 개인적 불편을 감수하고서라도 우리는 그의 시중을 들어야 한다. 예를 들면, 그의 차가 고장 난 데다 그가 음식을 필요로 할 때 우리는 음식을 제공해야 하는데, 마침 그에게 돈이 없다면 돈을 받을 생각을 해서는 안 된다. 그가 갑자기 병에 걸렸는데 돌보는 사람이 전혀 없다고 가정한다면, 우리는 친척들을 조심해서 간병하듯이 그를 조심해서 간병해야 한다. 우리는 하나의 인간으로 보아서 그에게 어떤 악의를 품어서는 안 된다. 우리가 증오하는 것은 그의 행정이다. 정부가 지금까지는 행정업무를 수행함에 있어서 많은 불편을 감내하지 않아도 되었기에 아직은 광분하지 않았다. 하지만 정부가 일단 불편을 당하게 되면, 광분할 것이고 모든 한계를 넘을 가능성이 충분히 있다. 이런 일이 일어나면, 관리들은 대중에게서 얻을 필요가 있는 것이면 뭐든지 가차 없이 거두라는 명령을 받을 가능성이 있다. 그런 경우에는 앞서 설명한 대로 전면적인 보이콧을 실시해야 할 것이다. 그런 경우 우리는 보이콧이 분명 우리의 다르마임을 자각한다. 그 관리는 그의 직위 덕분에 민중이 그에게 모든 편의를 제공할 의무가 있다고 억측한다. 민중이 이런 신념이 오류임을 증명할 때, 그리고 그 과정에서 직면할지도 모를 일체의 난관을 견딜 수 있을 때, 비로소 자신들이 해방되었다는 말을 들을 수 있을 것이다. 그들이 그런 힘에 굴복하지 않을 때 비로소 승리했다는 말을 들을 수 있을 것이다.

오늘날 보이콧은 지극히 단순한 것으로 간주될 수 있다. 이를테면, 정부 관리들은 강도질할 수 있는 허가를 받았고, 민중은 비록 무일푼으로 전락했음에도 불구하고 칫솔로 사용될 수 있는 작은 나뭇가지 하나라도 자발적으로 관리들에게 주지 않을 때, 민중은 보이콧이라는 의무를 수행한 것으로 볼 수 있다. 하지만 보이콧이 시작되었다고 해도, 한 관리가 곤경에 빠지게 되고 당국자들이 그들 도와주러 오지 않는다면, 우리는 그가 필요로 하는 것을 주어야 한다는 점을 명심해야 한다. 이런 경우는 친구와 원수에게 동일한 다르마를 수행하는 기회라고 간주해야 할 것이다. 사탸그라히에게는 세상에 원수가 없기 때문에 그는 원수가 있을 수 없고, 어떤 사람도 원수로 생각해서는 안 된다. 만일 그 관리가 우연하게도 자신의 아들이나 부친이었다고 해도 그는 보이콧했을 것이다. 사탸그라히는 자신의 친척들과 전혀 연고 없는 사람들 사이에 어떤 차별을 두어서도 안 된다. 그는 자신의 친척들에게 하지 않을 행동이라면 다른 사람들에게도 절대로 하지 않을 것이다.

이제 촌장의 경우를 말해 보자. 마을 전체가 그의 사임을 원했지만, 그는 물러날 용기가 없거나 아니면 자기 이익을 고려해서 물러나기를 원치 않았다. 그런 연유로 그를 보이콧해서는 안 된다. 그런 보이콧은 강요가 될 것이다. 그 촌장에게 사임하라고 강요하는 일은 그에게 가치 있는 행위를 강요하는 것과 같다. 그러나 우리는 다르마에 관한 한 힘(*force*)을 사용해서는 안 된다. 민주적 형태의 정부는 어떤 사람에게 힘으로 어떤 일을 강요함으로써 결코 수립될 수 없다. 빈사 상태에 있는 이 나라에 그런 힘을 사용하는 일은 큰 죄가 될 것이고, 오로지 편리의 관점에서만 그 사안을 고려한다고 해도 우리는 그런 힘의 사용이 목적 달성에 도움이 되지 않음을 알게 될 것이다. 우리의 성공 여부와 관계없이 그런 힘은 폭력과 다름없다. 그 촌장의 사임 여부는 그가 선택할 사항이다. 그가 여론에 굴복하여 사임한다면 그것은 좋은 일이다. 하지만 그가 사임하지 않을 경우 그에게 힘을 사용해서는 안 된다.

그러나 그는 그의 권위를 행사해서는 안 된다. 그는 자신의 권위를 이용하여 민중으로 하여금 자신을 위해서 무슨 일이라도 하도록 강요할 수 없다. 그는 이중의 역할을 해야 한다. 그는 관리 겸 촌민이므로 관리로서 일체의 봉사를 받지 못할 것이다. 촌민으로서 그가 원하는 편의시설 등을 얻을 권리는 있다. 이런 편의시설을 이용하지 못하게 하는 일은 그에게 사임하도록 강요하는 일에 해당된다. 사탸그라히라면 그런 일을 할 수는 없다.

민중은 여론을 무시하는 자들에 대한 사회적 보이콧을 제한적으로 수행할 권리가 있고, 때로는 그것이 의무가 되기도 한다. 사회는 이기적인 이유로 자리에 연연하는 촌장에게 경의를 표할 수 없다. 그 사회는 일용의 필수품은 공급하겠지만, 촌장과 일체의 다른 관계는 단절할 것이다. 민중은 촌장 댁 결혼식에 참석하지 않을 것이다. 그가 만찬에 초청하더라도 거절할 것이다. 그리고 그들은 그의 애사(哀事)에는 동참하지만 경사(慶事)에는 동참하지 않을 것이다. 그런 보이콧에는 쓴맛·악의·폭력이 조금이라도 있어서는 안 된다. 만일 촌장이 우리의 형제라면 무엇을 해야 할까? 우리는 사회가 우리에게 해줄 것으로 예상하는 그런 대우를 그에게 해 주어야 한다.

우리는 방금 세 가지 유형의 보이콧을 고려해 보았다.

1 직위를 이용하는 관리들에 대한 보이콧
2 촌장과 같은 사람들에 대한 힘에 의한 보이콧
3 여론 존중을 거부하는 촌장과 같은 사람들에 대한 제한된 보이콧

첫째 유형의 보이콧은 실천해 볼 만하다. 그렇게 하는 것이 우리의 다르마이다. 용기 있는 자만이 그것을 실행할 것이다. 그런 보이콧은 우리가 극단적인 난관을 참아야 하는 경우를 초래할 수 있다는 점을 잘 기억해야 한다. 국민회의는 현재 그런 보이콧을 요청하지 않고 있지만 구자라트의 어떤 지역에서는 이미 시작됐다. 구자라트 사람들이 그것에 익숙해 있고 그것을 실행할 수 있는 훌륭한 능력을 길러왔기 때문이다. 사르다르 발라브바이의 수감을 감안할 때 그렇게 하는 것은 구자라트의 특별한 다르마이다. 하지만 중대한 시점에서 그것을 지속할 수 없는 자들은 보이콧을 하지 말아야 한다. 그것을 실행하지 않더라도 어떤 해가 있는 것은 아니기 때문이다. 하지만 그것을 일단 시작했는데 중지하게 되면 해로울 것이다.

힘을 동반한 두 번째 유형의 보이콧은 늘 피해야 하는데, 그것이 폭력을 수반하기 때문이다. 그리고 민중에게 커다란 해를 끼칠 가능성도 매우 크다.

세 번째의 제한된 보이콧은 실행할 가치가 충분히 있다. 사탸그라히는 자신이 도모하는 모든 과업에 있어서 스스로 고통을 감내해야 하지만 절대로 대적이 고통을 받게 해서는 안 된다. 만일 사탸그라히가 고통을 받는 과정에 있거나 자신의 다르마를 수행하는 과정에 있을 때, 대적이 고통을 감내해야 하거나 불편을 감수해야 한다고 해도, 그는 별다른 도리가 없다.

내가 지금 민중에게 요구하는 바는 소금법에 대한 시민불복종이다. 우리가 더 이상 아무 일도 할 수 없다면 모두 조용히 앉아 버리자. 하지만 한 걸음 전진하고 난 다음 뒤로 후퇴한다면 그것은 위험하며 해롭다.

보이콧의 한계(G.), 〈나바지반〉, 1930. 3. 30 ; 《전집》 48 : 536

6. 파 업

79) 정의의 확보와 그 실천 *1918. 2. 27*

우리는 어제 전단을 보고 노동자들의 서약이 무엇인지 알았다. 우리는 이제 그 서약을 수행하기 위해서 무엇을 해야 할지 숙고해야 한다. 우리는 고용주들이 수천만 루피를 소유하고 있지만 노동자들은 무일푼이라는 것을 안다. 노동자들은 돈이 없다고 해도, 일할 수 있는 손발이 있고, 이 세상 어디에도 노동자 없이 돌아가는 곳은 없다. 따라서 그가 그 사실을 알기만 한다면 그는 이 상황에서 열쇠를 쥔 셈이다. 그가 없다면 부는 무익하다. 만일 그가 이런 사실을 깨닫는다면, 그는 성공에 대해서 확신할 수 있을 것이다. 그러나 그런 힘을 발휘하려는 노동자는 일정한 인격적 자질들을 갖추어야 하는데, 만일 그런 것들을 갖추지 못했다면 그는 다른 사람들의 밥이 될 것이다. 그런 자질들이 무엇인지 한번 보자.

1 노동자는 진실해야 한다. 어떤 이유로도 거짓말해서는 안 된다. 그가 거짓말한다고 해도 원하는 임금은 얻지 못할 것이다. 진실한 사람은 확고부동하며, 확고부동한 사람은 절대로 패배하지 않을 것이다.
2 그는 용기가 있어야 한다. 우리 가운데 대다수는 직업을 잃으면 무슨 일이 일어날까 하는 공포 때문에 영구적인 노예가 된다.
3 그는 정의감(*a sense of justice*)이 있어야 한다. 그가 받아야 할 몫보다 더 많은 것을 요구한다면 그를 고용하려는 사람은 거의 없을 것이다. 이 투쟁에서 우리가 요청한 인상분은 합리적이다. 그래서 우리는 조만간 정의를 얻을 수밖에 없다는 믿음을 가져야 한다.
4 그는 고용주에게 화를 내어서도 안 되고 그에게 어떤 원한(*grudge*)을 품어서도 안 된다. 만사가 끝이 나면, 노동자는 그의 아래에서 봉사해야 한다. 모든 사람들은 실수하기 마련이다. 우리는 고용주들이 요구받은 임금의 인상분을 거절하는 것은 잘못이라고 생각한다. 우리가 최후까지 한결같다면 고용주들은 분명히 그들의 태도를 바꿀 것이다. 현재 그들은 화가 나 있다. 그리고 고용주들은 노동자들이 현재 요구하는 바를 들어준다면, 그들이 계속해서 자신들을 괴롭힐 것이라고 의심하고 있다. 이런 의심을 제거하여 고용주들을 안심시켜 주기 위해서 최선을 다해서 행동해야 한다. 그런 목적을 이루기 위해서 맨 먼저 해야 할 일은 그들에게 원한을 조금도 품지 않는 일이다.

5 개개의 노동자는 그 투쟁이 고통을 수반할 수밖에 없음을 기억해야 한다. 그러나 자발적으로 치른 고통에는 행복이 따른다. 노동자가 빚을 지지 않고 살아가기에 충분한 임금을 거절당하는 것은 고통이다. 하지만 우리는 무지 때문에 이런 것을 견디며 어떻게든 살아간다. 우리는 이러한 고통에 대한 치유책을 추구하면서 고용주들에게 다음과 같은 사항을 얘기해왔다. 즉, 요구한 임금 상승이 없으면 우리 자신을 유지할 수 없다는 점, 그리고 그것이 우리에게 허용되지 않은 나머지 우리가 지속적인 기아로부터 구원받지 못한다면, 우리는 지금 당장 굶어 죽는 편이 낫다는 점을 얘기해왔다. 고용주들이 우리의 고통에 얼마나 오랫동안 무감동한 채로 남아 있을까?

6 마지막으로 가난한 사람에게는 신이 구세주이다. 우리의 의무는 노력하는 것이고, 그런 뒤 우리는 신이 우리를 위해서 준비하신 것을 얻을 수밖에 없다는 점, 우리의 요청이 허락되지 않는 동안 우리는 평화를 유지해야 한다는 점을 충분히 확신하고 있다.

이런 방식으로 행동하는 노동자는 결코 자신의 서약을 지키기 어렵다고 여기지 않을 것이다. 우리는 내일 자 전단에서 공장 폐쇄 시에는 노동자들이 어떻게 자활해야 하는지에 대해서 논의할 것이다.

〈아메다바드 방적공들의 파업〉 전단 제2호(G.),
《에크 다르마유다》(*Ek Dharmayuddha*)[92] ; 《전집》 16 : 178

80) 노동자들의 곤경

1918. 3. 1

우리는 노동자들이 어떻게 그들의 서약을 지킬 수 있는지, 그리고 공장 폐쇄 시에 어떻게 해야 할지에 대해서 말했다. 이번 전단에서는 우리가 어떻게 그들을 도울 수 있는지 설명하겠다. 이렇게 설명하는 것은 우리의 의무이다.

---

92 〔역주〕 번역하면 《하나의 종교전쟁》이 된다.

우선 우리가 할 수 없는 일이 무엇인가를 먼저 말하자.

1 우리는 뭐든 나쁜 일을 하는 노동자는 돕지 않을 것이다.
2 나쁜 짓을 하거나 과도한 요구를 하거나 또는 폭력을 범하는 노동자는 포기할 것이며 돕기를 그만둘 것이다.
3 우리는 고용주들에게 불행이 있기를 절대로 빌지 않을 것이다. 우리가 하는 모든 일에 있어서 그들의 이익을 고려할 것이다. 우리는 고용주들의 이익을 정당하게 보호하면서 노동자들의 이익을 진작시킬 것이다.

이제 우리가 노동자들을 위해서 할 수 있는 일을 말해 보자.

1 노동자들이 여태 그래왔듯이 행동을 잘한다면 우리는 그들과 한편이다.
2 우리는 노동자들의 35% 임금 인상을 확보하기 위해서 우리가 할 수 있는 모든 일을 다할 것이다.
3 우리는 여태 고용주들에게만 탄원하였을 뿐 대중의 공감(*public sympathy*)을 얻기 위해서나 여론을 교육하기 위해서 노력한 적은 없다. 하지만 상황이 요구한다면 우리는 인도 전체를 대상으로 노동자들의 처지를 알릴 준비를 할 것이고, 우리의 대의를 위해서 대중의 공감을 성공적으로 얻을 수 있기를 바라고 있다.
4 노동자들이 받아야 할 몫을 얻을 때까지 우리는 쉬지 않을 것이다.
5 우리는 경제 · 도덕 · 교육의 방면에서 노동자들의 처지를 알려고 노력하는 중이다. 우리는 노동자들이 경제적 상태를 제고(提高)할 수 있는 방도를 그들에게 보여줄 것이다. 우리는 그들의 도덕 수준을 고양하도록 있는 힘을 다해서 노력할 것이다. 우리는 그들이 청결하게 살 수 있는 방안을 고안해내고 그것을 가르쳐 줄 것이다. 우리는 무지 속에 살고 있는 자들의 지적 향상을 위해서 일할 것이다.

6 투쟁의 과정에서 극빈으로 추락한 노동자들에게 먼저 음식과 의복을 공급하지 않고서 우리 스스로 먹거나 옷을 입지 않을 것이다.[93]

7 우리는 그들 가운데 환자가 있다면 돌볼 것이고, 그들을 위해서 바이드(*vaid* : 전통 의사)와 의사들의 서비스를 공급할 것이다.

우리는 완전한 책임감으로 이런 과업을 수행해왔으며 노동자들의 요구가 전적으로 합당한 것으로 간주하고 있다. 우리가 이런 대의명분을 높이 내세운 것은, 노동자들의 요구가 만족되는 것이 결국 고용주들의 이익을 해치는 것이 아니라 그 이익에 이바지한다고 믿기 때문이다.

〈아메다바드 방적공들의 파업〉, 전단 제4호(G.),
《에크 다르마유다》; 《전집》 16 : 187

81) 정의, 그러나 강요는 안 된다 *1918. 3. 13*[94]

많은 노동자가 일을 재개하려고 하는데, 다른 사람들이 강요와 신체적 공격의 위협으로써 일을 하지 못하게 막는다는 소문이 떠돌고 있다. 노동자들은 우리의 서약, 즉 만일 그들이 동료들에게 압력을 행사하고 일하러 가지 못하게 협박한다면, 우리는 그들을 도울 수 없다는 서약을 기억해야 한다. 이 투쟁에서는 자신의 서약을 지키는 자만이 승리할 수 있다. 누구를 강요하여 서약을 지키게 할 수는 없다. 서약은 본질적으로 자발적인 의사에 따르는 사안이다. 우리는 우리의 서약에 충실하면서 전진하고 싶다. 두려워서 모험하지 않는

---

93 고문(顧問)들을 위한 서약에 다음 내용이 들어 있다. "이 투쟁에서 기아에 빠진 사람, 일을 할 수 없게 된 사람이 있다면, 우리가 먹고 입기 전에 그들을 먼저 먹이고 입힐 것이다."

94 이 전단은 공장 폐쇄의 중단 그다음 날에 발행되었다.

다면 사람은 절대 전진할 수 없다. 그런 사람은 만사를 잃게 된다. 그래서 노동자 개개인으로 하여금 다른 사람에게 어떤 형태로든 압력을 사용해서는 안 된다는 점을 상기하게 하자. 만일 강요가 사용된다면 투쟁 전체가 약하게 될 것이며 무너지고 말 것이다. 노동자들의 투쟁이 성공하기 위해서는 그들은 자신들의 요구와 행위의 올바름(*rightness*)에만 의존해야 한다. 만일 그들의 요구가 부당하다면 성공할 수 없다. 요구가 정당하더라도 만일 그 요구를 달성함에 있어서 허위, 거짓, 폭력 또는 강요를 사용하거나 다른 사람에 대해서 무신경하다면, 그의 온갖 고생에도 불구하고 그는 이 사안을 잃고 말 것이다. 노동자들이 강요하지 말 것, 육체노동을 통해서 생계를 꾸려가야 할 것은 이 투쟁에서 정말로 필수적이다.

아메다바드의 방적공들의 파업, 전단 제13호(G.),
《에크 다르마유다》; 《전집》 16 : 218

82) 노동이라는 무기

1918. 3. 15[95]

부자들의 무기가 돈이라면 노동자들의 무기는 노동이다. 부자가 자신의 부를 사용하지 않으면 굶어 죽는 것처럼, 노동자가 자신의 부, 즉 자신의 노동을 사용하지 않으면 그 역시 굶어 죽을 것이다. 노동하지 않는 자는 노동자가 아니다. 노동을 수치로 여기는 노동자는 먹을 권리가 없다. 그래서 노동자들이 이 위대한 투쟁에서 자신들의 서약을 준수하기를 원한다면, 그들은 이런저런 일하기를 배워야 한다. 기금을 조성하여 나태하게 그것으로 자신들을 지탱하는 자들은 승리할 자격이 없다. 노동자들은 자신의 서약을 위해서 싸운다. 일하지 않고 음식을 바라는 자들은 서약의 의미를 모른다고 할 수

95 이 전단은 간디가 단식을 시작하는 바로 그날 발행되었다.

있다. 수치나 자존심을 느낄 수 있는 사람만이 서약을 지킬 수 있다. 아무 일도 하지 않고 공공기금으로 생계를 꾸려가기를 바라는 자를 멸시하지 않을 사람이 있을까? 그래서 무슨 일이든 함으로써 생계를 꾸려가는 것은 우리의 책무이다. 노동자가 일을 하지 않는다면, 그는 단맛을 잃은 설탕과 같다. 만일 바닷물이 소금을 잃는다면 우리는 어디에서 소금을 구하랴? 노동자가 노동을 하지 않는다면, 이 세상은 종말을 고하고 말 것이다.

이 투쟁은 단순히 35%의 임금 인상을 위한 투쟁이 아니다. 그것은 노동자들이 자신들의 권리를 위해서 고통을 당할 각오가 되어 있음을 보여주는 투쟁이다. 우리는 명예를 지키기 위해서 투쟁한다. 우리는 우리 자신을 향상시키기 위해서 이 투쟁에 착수했다. 우리가 만일 공공기금을 부당하게 사용하길 시작하면, 우리는 향상이 아니라 퇴보하고 말 것이다. 그 사안을 여러분이 원하는 각도에서 보라. 여러분은 우리가 자신의 노동에 의해서 자신을 유지해야 한다는 점을 알 수 있을 것이다. 파르하드(*Farhad*)[96]는 그의 연인 쉬린을 위해서 바위를 깼다. 노동자들에게는 그들의 서약이 쉬린이다. 그런데 왜 그들은 자신들의 서약을 위해서 바위를 깨지 않는가? 진리를 위해서 하리슈찬드라[97]는 자신을 팔았는데도, 노동자들은 왜 자신들의 서약을 지키기 위해서 고생을 감수하지 않는가? 이맘 핫산과 후세인은 자신들의 명예를 위해서 엄청난 고통을 겪었다. 우리는 우리 자신의 명예를 위해서 죽을 각오까지 해야 하지 않을까? 우리가 집에서 빈둥빈둥 놀면서 돈을 받고 그 돈으로 싸운다면, 우리가 싸운다고 말하는 것은 허위일 것이다.

---

96 페르시아 시의 주인공.

97 진리를 위해서 수없이 많은 시련을 겪었던 아요드야의 전설적 왕.

그래서 우리는 노동자 한 사람 한 사람이 자신의 생계를 유지해나가도록 일을 함으로써 자신의 선서를 지키고 굳건하게 설 수 있기를 희망한다. 그 투쟁이 길어진다면, 그것은 우리 편의 약점 때문일 것이다. 공장 소유주들은 노동자들이 전혀 일하지 않을 것이고 따라서 언젠가는 굴복할 것이라고 믿는 한, 자비심(*compassion*)이 전혀 없을 것이며 그들의 요구에 계속 저항할 것이다. 노동자들이 결코 굴복하지 않을 것이라는 점에 대해서 공장 소유주들의 확신이 없다면, 그들은 자비심에 의해서 미동도 하지 않을 것이고, 자신들의 이익을 희생하는 한이 있더라도 노동자들에게 반대할 것이다. 하지만 그들이 노동자들은 어떤 상황에서도 자신들의 결심을 버리지 않을 것이라고 확신한다면, 그들은 충분한 자비심을 보일 것이며 노동자들이 돌아오는 것을 환영할 것이다. 오늘날 고용주들은 노동자들이 어떤 육체노동도 하지 않을 것이니 곧 굴복할 것이라고 믿고 있다. 노동자들이 자신들의 생계를 다른 사람들의 돈에 의존하고 있다면, 공장 소유자들은 그 돈의 출처가 조만간 바닥날 것이라고 생각하고 노동자들을 진지하게 고려하지 않을 것이다. 반면, 만일 다른 생계수단이 없는 노동자들이 육체노동을 시작한다면, 고용주들은 자신들이 지체 없이 35%의 임금 인상을 허락하지 않을 경우 노동자들을 잃고 말 것임을 알게 될 것이다. 따라서 이 투쟁을 단축하든 연장하든 그것은 우리에게 달려 있다. 우리는 지금 당장에는 더 큰 고통을 겪지만, 이렇게 함으로써 더 빨리 자유롭게 될 것이다. 우리가 고통 때문에 뒤로 흠칫 물러난다면, 이 투쟁은 장기화될 수밖에 없다. 의지가 약해진 사람들은 이런 모든 요점들을 숙고하여 다시 의지를 강하게 다지기를 바란다.

마음이 약해진 사람들은 아무리 설득해도 강하게 될 수 없다고 일부의 노동자들은 믿기 쉽다. 하지만 이것은 전적으로 잘못된 인상이다. 이런저런 이유로 약하게 된 자들을 온유하게 설득하는 일은 우리 모두의 의무이다. 이 투쟁의 의미를 모르는 사람들을 교육하는 일도 우리의 의무이다. 우리가 지금까지 말해온 것은 한 사람이라도 일을 못하도록 어떤 형태로든 협박하거나 거짓말을 하거나, 폭력을 사용하거나 압력을 행사해서는 안 된다는 것이었다. 설득에도 불구하고 누군가가 일을 재개한다고 해도 실망할 필요는 없다. 단 한 사람이라도 굴복하지 않고 계속 남아 있다면, 우리는 그를 결코 버리지 않을 것이다.

아메다바드의 방적공들의 파업, 전단 제14호(G.),
《에크 다르마유다》; 《전집》 16 : 223

83) 중재의 원리

〔*1918. 3. 18*〕[98]

내가 여러분 앞에 제시하는 협상안은 노동자들의 서약을 지지할 뿐입니다. 그 안에 그 이외의 것은 전혀 없습니다. 나는 할 수 있는 만큼 공장주들에게 35%의 항구적인 인상을 허용하도록 간청했습니다. 하지만 그들은 그것이 과도하다고 느꼈습니다. 하나만 이야기하겠습니다. 물론 우리 요구 자체도 일방적이었습니다. 그 투쟁이 개시되기 전, 우리는 그들의 입장을 확인하기 위해서 노력했지만, 그들은 우리의 요구에 응하지 않았습니다. 공장주들은 이제 중재(*arbitration*)의 원리를 받아들였습니다. 나는 그 사안이 중재자[99]에게 맡겨지는 데 동의했습니다. 나는 그 중재자로부터 35% 인상을 얻는 데 성공할

98 양자 간의 타협안은 18일 아침에 이뤄졌다. 《에크 다르마유다》에 따르면, 간디는 분명히 같은 날 바불 나무 아래 운집해 있던 수천 명의 노동자에게 그것을 공포했다. 그 집회에는 아메다바드의 행정관과 유지들이 참석하고 있었다.

99 아난드샹카르 드루바 교수가 쌍방의 인정을 받아서 중재자로 임명되었다.

것입니다. 만일 중재자가 다소 적은 것을 결정한다면, 나는 우리의 요구에 실수를 범했음을 고백할 것입니다. 공장주들은 우리가 지킬 서약이 있듯이 자신들도 지켜야 할 서약이 있다고 말했습니다. 나는 그들에게 그런 서약을 할 권리가 없다고 말했습니다만, 그들은 자신들의 서약 역시 동등하게 타당하다는 점을 고수했습니다. 나는 쌍방의 서약에 대해서 거듭 숙고해 보았습니다. 내 단식이 방해가 되었습니다. 나는 그들에게 "여러분이 내 요구를 수용한다면 나는 단식을 그치겠다"고 말할 수 없었습니다. 내가 이 말을 했다면 내 편이 비겁했을 것이라고 나는 느꼈습니다. 그래서 나는 지금 당장은 쌍방이 자신들의 서약을 유지해도 좋지만, 중재자가 결정하는 것이 최종적일 것이라는 점에 동의했습니다. 그래서 우리의 협상안을 간단히 말한다면 다음과 같습니다.

첫째 날, 우리의 서약을 지키는 방향에서 35% 인상된 임금을 받을 것입니다. 둘째 날, 우리는 공장주들의 서약에 맞춰서 20% 인상을 받을 것입니다. 셋째 날부터 중재자의 판정이 있을 때까지, $27\frac{1}{2}$% 인상된 것을 받을 것입니다. 중재자들이 최종적으로 35%로 결정한다면 공장주들은 우리에게 $7\frac{1}{2}$%를 더 주어야 하고, 20%로 결정한다면 우리는 $7\frac{1}{2}$%를 돌려주어야 합니다.

내가 여러분에게 준 것은 서약의 문구를 충분히 충족시키지만 서약의 정신을 충족시키는 것은 아닙니다. 정신이란 우리에게 별로 중요한 것이 아니므로 우리는 문자에 만족해야 합니다.

우리는 이 투쟁에서 협의해왔습니다. 그러므로 이후로는 우리와 상의하지 않고 선서하지 마십시오. 경험이 없는 자, 또는 크게 시도해 본 적이 없는 자는 선서할 권리가 없습니다. 나는 20년 동안의 경험 뒤 내가 서약할 자격이 있다는 결론에 도달했습니다. 그런데 여러분은 아직 그럴 자격이 없다고 봅니다. 그러므로 여러분의 선배들과 상의 없이 선서하지 마십시오. 상황이 그런 선서를 요구한다면, 여러분은 우리가 지금과 같이 미래에도 여러분을 위해서 죽을 각오가 되어 있음을 믿고 우리에게 오십시오. 그러나 우리의 동의를 받고 서약한 부분에 대해서만 우리가 여러분을 도울 수 있음을 명심하십시오. 잘못 서약한 사항에 대해서는 무시할 수 있음이 분명합니다. 여러분은 언제 어떻게 서약하는지를 배워야 합니다.

아메다바드 공장 직공들에 대한 연설(G.),
《에크 다르마유다》; 《전집》 16 : 232

84) 노동의 존엄

1920. 8. 15

의장님 그리고 친구 여러분100
내가 서서 말하지 못하는 점을 용서하시길 바랍니다. 내 목소리는 1년 전에 비하면 강해졌습니다만, 육신은 내가 원하듯이 서서 말할 수 있을 정도만큼 아직 튼튼하지 못합니다. 여러분을 두 번째로 만나게 되어서 아주 기쁩니다. 내가 작년 여러분 가운데 몇몇 분에게 말씀드릴 특권을 누렸을 때 내 자신을 여러분의 동료 노동자로 여긴다는 말씀을 드렸다고 생각합니다. 여러분은 아마 선택에 의해서가 아니라 일종의 강요에 의해서 노동자가 되었을 것입니다. 그런데 나는 노동에 대해서 높은 가치를 부여하고 있습니다. 나는 노동의 존엄에 대해서 큰 존경심을 품고 있었으므로 노동자들과 운명을 같이했던 것입니다. 그리고 나는 몇 년째 그들 사이에서 살아오면서 그들처럼 나의 손발로 노동해왔습니다.

---

100 중앙 노동평의회의 후원으로 마드라스 해변에서 개최된 모임. B. P. 와디아가 사회를 했다.

먹기 위해서 손발을 움직여야 한다는 것은 모든 남녀 인간들이 살아가야 할 삶의 운명이라고 나는 믿습니다. 따라서 여러분은 몸으로 노동하면서 단순하게 여러분의 존재 법칙을 따르고 있으므로, 자신의 운명에 불만을 품을 만한 이유가 조금도 없습니다. 여러분은 우리나라를 위해서 노동하고 있습니다. 그래서 나는 여러분이 오히려 자신을, 나라를 맡은 수탁자로 생각하시길 바랍니다. 한 나라는 백만장자나 자본가 없이도 꾸려나갈 수 있습니다만, 노동 없이는 결코 꾸려나갈 수 없습니다. 여러분의 노동과 나의 노동 사이에는 근본적인 차이점이 있습니다. 여러분은 다른 사람들을 위해서 노동합니다. 자연 상태에서 우리 모두는 아마 자신의 주인이며 자기 자신의 노동자(*labourer*)이기를 기대할 수 있습니다. 그런데 여러분은 자기 자신의 노동자가 아닙니다. 나는 내 자신을 위해서 노동하고 있다고, 즉 내가 내 자신의 주인이라고 생각합니다.

자연 상태에서 우리 모두는 우리 자신의 주인입니다. 그러나 단 하루 만에 그런 상태에 도달할 수 없습니다. 따라서 여러분이 다른 사람들에게 봉사하는 노동자로서 어떻게 행동해야 할지에 대해서 성찰하는 일은 대단히 심각한 문제입니다. 우리가 노동자라는 사실에 아무 부끄러움(*shame*)이 없듯이, 다른 사람들을 위해서 노동하는 일에도 아무 부끄러움이 없습니다. 주인과 하인 사이에 진정한 관계를 찾는 일이 필수적입니다. 여러분의 의무는 무엇입니까? 여러분의 책임은 무엇입니까? 그리고 여러분의 권리는 무엇입니까? 여러분의 권리가 노동에 대한 임금을 받는 일이라는 것은 간단히 이해할 수 있습니다. 그리고 여러분의 의무가 여러분이 받는 임금을 위해서 최선을 다해서 일하는 것이라는 점 역시 알기 쉽습니다. 그리고 나의 일반적인 경험에 따르면 노동자는 보통 자신의 의무를 보다 효과적으로,

보다 양심적으로 수행하기가 더 쉽습니다. 주인들은 그에 상응하는 의무를 노동자들에 대해서 갖고 있습니다. 그래서 노동자들이 어디까지 자신들의 의지를 주인들에게 강요할 수 있을지를 알아내는 일이 필수적입니다. 우리가 적절한(*adequate*) 임금을 받지 못하고 적절한 집에 살지 못한다면, 어떻게 충분한 임금과 좋은 숙소를 요구하고 받는다고 할 수 있겠습니까? 누가 과연 노동자들에게 필요한 임금의 수준과 안락의 수준을 결정할 수 있겠습니까? 최선의 길은 틀림없이 여러분 노동자가 자신들의 권리를 알고, 그것을 행사할 수 있는 방법을 찾아서 행사하는 것입니다. 그것을 위해서라면 여러분은 사전 훈련과 사전 교육이 별로 필요 없을 것입니다.

인도 각지에서 오신 여러분은 여기 중요한 장소에 모였습니다. 여러분이 여기에 모인 것은 정당한 일입니다. 여러분이 여러분의 분야에서 또는 종전의 직장에서 임금을 충분히 받지 못한 것은 아마 상황이 주는 압력 때문이었을 것입니다. 그리고 여러분이 특정한 주인 손에 잡혀 있던 것도 그 때문일 것입니다. 그러다가 나중에 여러분은 충분한 임금을 받지 못하고 적당한 집에 살지도 못한다는 사실을 알게 됩니다. 하지만 여러분은 자신들의 일을 어떻게 처리할지를 모릅니다. 그래서 나는 와디아 씨, 그리고 여러분의 지도자들과 충고자들에게 다음과 같이 감히 제의하는 바입니다. 즉, 그 지도자들의 최초의 과업은 여러분을 안내하는 일, 문자 지식을 줌으로써가 아니라 인간사와 인간관계에 대한 지식을 줌으로써 안내하는 일이라는 점을 말입니다. 나는 이런 제안을 겸손하고 존경하는 마음으로 드립니다. 왜냐하면 인도 노동자들에[101] 대한 조사—내가 할 수 있었던 범위 내에서의 조사이긴 하지만—와 남아프리카에서 노동자들의 처

101 〔역주〕 문맥상 'labour'를 노동자로 옮겼다.

지에 대한 장기간의 내 경험에서, 나는 노동자들에게 읽기·쓰기·셈하기에 대한 지식을 주어야 한다고 생각하는 사람들이 대부분의 경우 지도자들 자신이라는 결론에 도달했기 때문입니다. 그 지식은 분명히 필요한 것입니다. 하지만 그런 지식에 앞서서 여러분 자신의 권리에 대한 지식과 그 지식을 행사할 수 있는 방도가 선행돼야 합니다. 나는 수많은 파업을 수행하면서, 노동자들에게 단 하루 만에 이런 기초교육을 할 수 있다는 것을 알았습니다. 이제 파업이란 주제에 대해서 말할 차례입니다.

파업은 오늘날 온 세상에 유행하고 있습니다. 아주 작은 구실만 있어도 노동자들은 파업합니다. 하지만 지난 6개월간의 내 자신의 경험에 비춰보면 수많은 파업이 노동자들에게 이익을 가져다주기는커녕 손해를 입히고 있습니다. 나는 가능한 범위 내에서 봄베이의 파업, 타타 강철공장 파업, 고라크푸르의 두 차례 파업, 펀자브의 철도 노동자들이 눈부신 성과를 거둔 파업에 대해서 공부했습니다. 이들 4개의 파업 모두에서 나는 노동자들과 다소 관계가 있었는데, 내가 여러분에게 말씀드리려고 하는 것은 노동자 자신들로부터 온 것입니다. 4개의 파업 모두에 부분적인 실패가 있었습니다. 노동자들은 자신들의 핵심 주장을 완전히 펼 수 없었습니다. 이유가 무엇이었을까요? 지도자를 잘못 만났기 때문입니다. 나는 여러분이 두 부류의 지도자를 구별하기를 바랍니다. 먼저 여러분 자신에게서 나온 지도자들이 있습니다. 이 노동자 출신의 지도자들은 다른 사람들, 즉 노동자가 아니지만 노동자들에게 공감하거나 아니면 공감할 것이 예상되는 사람들의 충고와 지침을 받습니다. 여러분이 나에게 말해 달라고 청하지 않더라도 다음을 꼭 말씀드리고 싶습니다. 즉, 여러분 자신, 여러분 중에서 나온 지도자들, 그리고 여러분 위에 있는 사람들, 이 3자 사이에 완전한 일치가 없다면 실패할 수밖에 없다는 점을 말입니다. 앞서 언급했던 4개의 파업이 모두 그와 같은 완전한 일치가 부족했습니다.

나는 이런 이유 이외에 또 하나의 실질적인 이유를 찾아냈습니다. 노동자들은 자신들의 생계유지를 위해서 조합으로부터 금전적 지원을 기대했습니다. 노동자들이 조합의 자원에 의존하는 한 파업은 무기한 연장될 수 없고, 무기한 연장될 수 없는 파업에 완전한 성공은 있을 수 없습니다. 내가 실행했던 일체의 파업에서 나는 불가결의 원칙, 즉 노동자들은 반드시 스스로 생계를 유지해야 한다는 원칙을 제시했습니다. 성공의 비밀은 바로 거기 있습니다. 바로 거기에 여러분이 받을 교육이 있습니다. 여러분은 다음과 같은 사실을 알아야 합니다. 즉, 여러분이 만일 한 주인을 섬기면서 여러분의 노동이 당연히 받아야 할 특정 임금을 요구할 수 있기 위해서는, 여러분의 노동이 가치가 있어야 하고 다른 곳에서도 그런 임금을 받을 수 있어야 합니다. 그래서 파업자들은 게으름뱅이로 있으면서 동시에 성공을 기대할 수는 없습니다. 여러분의 요구는 반드시 정당해야 하고(*just*), 여러분이 파업 이탈자라고 부르는 사람들에게 어떤 압력도 행사해서는 안 됩니다. 동료 노동자들에게 가해진 이런 종류의 압력은 여러분 자신들에게 영향을 미칠 수밖에 없습니다. 여러분의 고문들이 이 세 조건만 충족되면 어떤 파업도 실패하지 않을 것임을 여러분에게 말해 주리라고 나는 생각합니다. 이 말이 여러분에게 당장 증언하는 것은 파업하기 전 1백 번을 고쳐 생각할 필요가 있다는 것입니다. 여기까지가 여러분의 권리와 그것을 행사하는 방도에 대한 것입니다.

그러나 노동이 조직화되면 파업은 극히 드물어질 것이고, 여러분의 정신적 발전이 더 진보되면, 여러분은 중재 원리(*the principle of arbitration*)가 파업 원리를 대체할 것임을 즉시 알게 될 것입니다. 이

제 우리가 그런 경지에 도달할 때입니다. 나는 이 점에 대해서 여러분을 더 이상 붙들어 두지 않겠습니다.

나는 이제 국가적 책임과 관련하여 몇 말씀을 감히 드리겠습니다. 여러분이 여러분 사이에서 주인들에 대한 책무를 논의하듯이, 여러분이 소속해 있는 국가에 대한 책무도 이해하는 것이 필수적입니다. 그렇게 되면 여러분의 기본교육은 완수됩니다. 여러분이 노동의 고귀함을 충분히 자각한다면, 나라(*country*)에 대해서 수행해야 할 의무가 있음을 자각하게 될 것입니다. 그러므로 여러분은 가능한 최선의 방식으로 우리나라의 실정을 파악해야 합니다. 그것은 수레에 가득 실린 책에서 어렵게 찾을 필요는 없습니다. 여러분이 알아야 할 것에는 주지사가 누구인지, 그들에 대한 여러분의 의무가 무엇인지, 그들이 여러분에게 할 수 있는 일과 여러분이 그들에게 할 수 있는 일이 무엇인지가 포함되어 있습니다. 나는 현 상황에 대해서는 말하지 않겠습니다. 여러분에게 긴 연설을 하려고 여기에 온 것도 아닙니다. 현재 이 나라에서 소요를 일으키는 복잡한 문제들에 대해서 여러분의 관심을 환기시키는 일은 나로서는 불가능한 일입니다. 나는 여러분이 이 위대한 땅의 시민으로서 자신들의 책무와 의무를 이해하는 일이 여러분의 본분임을 말하는 것으로 족합니다. 내 소견으로 여러분이 이런 일을 이해하는 일에 착수하기 전까지는 여러분의 종교에 따라서 완전히 살아가기란 불가능합니다.

내가 우리나라의 실정에 대한 지식을 얻도록 여러분의 욕망을 자극했다면, 오늘 저녁의 내 과업은 완수됩니다. 나는 여러분이 고문과 지도자들을 통해서 이 나라의 주요 실정을 알기 전까지는 만족하지 마시기 바랍니다. 나는 나를 초대해 준 여기의 노무 관리자들에게 감사드리며, 여기에 오셔서 끈기 있게 내 말을 들어주신 여러분에게 감사드리는 바입니다. 여러분이 나의 조언이 필요할 때는 언제든 조언을 드리겠다는 점은 꼭 믿어 주십시오. 여러분은 과거에 나를 마드라스로 초청한 적이 있었습니다만, 그때는 다른 일로 바빠서 그 초청에 응할 수 없어서 매우 슬펐습니다. 그러나 그것은 의지가 없었기 때문이 아니라 능력이 없었기 때문이라는 내 다짐의 말을 받아들여 주십시오. 나는 여러분의 몫이어야 할 모든 번영을 여러분에게 기원하고, 여러분이 이 나라의 훌륭한 시민(*good citizens*)으로서 의무를 수행하시기를 바랍니다.

노동자의 권리와 의무에 대한 연설, 마드라스, 〈더 힌두〉, 1920. 8. 16 ; SWMG, 784~788면 ; 《전집》 21 : 100

85) 명예로운 동반자들

우룰리〔-칸찬[102]〕, *1946. 3. 23*

노동자들이 파업할 때 자본가들은 어떻게 처신해야 할까?[103] 이 문제는 확산되어 있으며 현 상황에서 매우 중요한 것이다. 하나의 방안은 억압(*suppression*)의 길인데, 이것의 이름 또는 별칭은 '미국적인' 길이다. 이것은 조직된 깡패 행동(*goondaism*)을 통해서 노동자를 억압하는 것이다. 모든 사람들은 이것이 과오이며 파괴적인 것이라고 생각할 것이다. 정당하고 명예로운 다른 방안은 모든 파업의 좋은 점을 고려하여 노동자들에게 자신들의 몫을 돌려주는 것이다. 여기에서 말하는 노동자들의 몫이란 자본가들이 생각하는 몫이 아니라 노동자 자신들이 생각하는 몫이며, 계몽된 여론이 정당하다고

---

102 〔역주〕 우룰리 칸찬은 마하라슈트라 주 내의 작은 마을. 1946년 3월, 자연치유의 철학을 깊이 믿고 있던 간디는 여기에 니사르고프차르 아슈람을 설립했다고 한다. www.Indiaprofile.com. 2004. 7. 1. 칸찬 앞에 있는 하이픈 같은 줄의 의미를 알 수 없었다.

103 〔역주〕 capital과 labour를 각각 '자본가들'과 '노동자들'로 번역했다. 간디는 같은 의미로 capitalists와 labours도 사용한다.

(just) 환호하는 몫이다.

다음과 같은 예비적인 질문이 일어나는 것은 당연하다. 즉, '잘 조직된 회사에서 도대체 왜 파업이 일어나는가?' 자본가와 노동자 사이에 완전한 이해, 상호존중 그리고 평등의 인정이 존재한다면 파업은 일어나지 말아야 한다. 그리고 가장 잘 조직된 회사에서도 고용주와 종업원 사이에 차이가 때때로 생길 것이므로, 쌍방 간의 중재제도가 있으면 왜 안 되는가? 이러한 중재제도는 완벽한 상호 신뢰 속에서 중재자들의 판정을 항상 쉽게 수행할 수 있게 할 것이다.

그러나 우리는 이상이 아니라 현실로서 실정을 고려해야 한다. 시간이 흐르면 노동계는 나날이 늘어나고 있는 요구 조건을 더욱 강화시킬 것이다. 그리고 이 요구 조건을 조급하게 집행하기 위해서 폭력을 행사하는 일도 망설이지 않는다. 그것을 집행하기 위해서 새로운 방도들도 사용된다. 근로자들은 고용주들의 재산을 서슴없이 손괴(損壞)하고, 기계들을 뒤바꾸어 놓고, 파업에 동참하지 않는 노인과 여성 근로자를 괴롭히고, 파업 이탈자를 외부로 내모는 일을 자행하고 있다. 이런 상황에서 고용주들은 어떻게 처신해야 할까?

내 생각으로, 종업원들이 우월하다고 간주되는 것이 아니라 고용주들과 종업원들은 동등한 동반자이다. 그런데 우리가 목격하는 바는 그 반대현상이다. 고용주들이 영리한 지성을 단단히 붙잡고 있기 때문이다. 그들은 자본축적이 가져오는 우월한 지위를 갖고 있고 그 지위의 사용법 역시 안다. 1루피 1루피의 돈이 가진 힘은 미미하지만, 돈이 뭉쳐 하나의 자본이 될 때 그렇게 뭉쳐진 돈은 1루피들의 단순 총합을 훨씬 뛰어넘는 힘을 낳는다. 수백만 개의 물방울 하나 하나는 무시해도 좋지만, 연합하면 증기선 선단을 그 가슴 위에 띄울 수 있는 대양을 만들어낸다. 인도 내의 자본가들은 상당히 잘 조직되어 있지만, 노동자들은 노동조합과 조합들 사이의 연합에도 불구하고 다소 덜 조직화되어 있다. 그래서 노동자들에게는 진실한 단결이 부여하는 힘이 없다.

더구나 노동자들은 영리한 지성이 없어서, 개인은 개인과, 조합은 조합과 투쟁하고 있는 실정이다. 지성의 결여는 이기적이며 분별없는 사람들로 하여금 노동자들을 착취하게 하는데, 이제는 그 정도가 심하여 해악을 만들어내고 조장할 정도까지 되었다. 이와 같이 이기적이며 분별없는 사람들은 비폭력의 비밀에 대해서 무지하므로 더 이상 무엇을 잘 알 길이 없다. 최종적인 결과는 노동자들이 고통을 당한다는 사실이다. 만약 노동자들이 비폭력의 작용을 이해할 수 있기만 하면, 단결에 의해서 생성된 힘은 소수의 자본가들이 손에 쥐고 있는 죽은 금속 조각의 힘을 언제든 뛰어넘을 것이다.

따라서 고용주들에 대한 나의 조언은 다음과 같다. 즉, 고용주들은 자신들이 공장을 설립했다고 상상하고 있지만, 공장의 진정한 주인은 노동자라는 점을 기꺼이 인정해야 한다. 고용주들은 한 걸음 더 나아가서 종업원들 안에 잠자고 있는 지성을 환기시킬 수 있도록 그들에게 적절한 교육을 제공하는 것을 의무로 여겨야 하고, 노동자들의 단결이 줄 수 있는 힘을 기꺼이 고양하고 환영해야 할 것이다.

이와 같이 고귀한 일은 고용주들이 하루아침에 할 수 있는 것이 아니다. 자신들의 공장에서 파업 노동자들이 자행하고 있는 파괴 행위에 직면하여 무엇을 해야 할까? 나는 그런 고용주들에게 그 공장의 완전한 통제권을 파업자들에게 주라고 주저 없이 권면할 것이다.

결국 그 공장은 고용주들의 소유지만 파업자들의 소유이기도 한 것이 아닌가. 고용주들은 성이 나서가 아니라 그렇게 하는 것이 옳기 때문에 공장 건물을 떠날 것이다. 그리고 고용주들은 선의를 보이기 위해서 종업원들에게 자신들이 가진 기술자와 다른 숙련된 직원을 제공할 것이다. 고용주들은 잃을 것이 없다는 사실을 결국 알게 될 것이다. 그들의 정당한 행위는 반대편을 무장 해제할 것이며, 자신들의 부하들로부터 축복을 받을 것이다. 그들은 자본을 적절하게 사용할 것이다. 그런 행동이 자비로운 행위라고 할 수는 없다. 그 행위는 자본가들이 자신의 자원을 영리하게 사용하는 것이며, 그들이 명예로운 동반자(*honourable partners*)로 전환시킬 수 있는 종업원들을 정직하게 대접하는 일인 것이다.

자본주의와 파업, 〈하리잔〉, 1946. 3. 31 ; 《전집》 90 : 177

86) 파업자들 사이의 협조

뉴델리, *1946. 5. 26*

질문 파업이 어떻게 수행되어야 깡패 행동과 폭력을 피할 수 있습니까?

답변 파업은 자발적이어야 하고 조종되어서는 안 됩니다. 그것이 만일 강요 없이 조직된 것이면 깡패 행동과 약탈 행위가 들어갈 여지가 없을 것입니다. 그런 파업의 특성은 파업자들 사이의 완벽한 협조일 것입니다. 그것은 평화로운 것이기 때문에 힘의 분출이 있어서는 안 됩니다. 파업자들은 자신들의 빵을 벌기 위해서 단독으로든 다른 사람과 협조해서든 일을 해야 할 것입니다. 그런 일의 성격은 사전에 미리 생각되어야 합니다. 이런 성격의 평화롭고, 효력 있는 확고한 파업에는 난폭한 행위나 약탈 행위가 들어설 여지가 없을 것임은 말할 것도 없습니다. 나는 그런 파업들을 알고 있으므로, 유토피아적인 그림을 제시한 것이 아닙니다.

질문란, 〈하리잔〉, 1946. 6. 2 ; 〈하리잔반두〉, 1946. 6. 2 ; 《전집》 91 : 52

87) 파업과 대중의 공감

우룰리-칸찬, *1946. 8. 3*

내가 우편 파업을 인정해 주었다는 일간신문의 성명서는 진실이 아니다.[104] 어느 날 우체부 한 사람이 나에게 '반데 마타람'[105]만을 말할 수 있도록 허락해 달라고 요청했다. 그를 나에게 데려온 사람은 카누 간디[106]였다. 그런데 그 방문객은 당시 막 시작되었던 우체부 파업에 대해서 축복해 달라고 청했다. 나는 그에게 만일 그 파업이 정당하고, 그들이 절대적으로 평화롭게 행동한다면, 그들은 반드시 성공할 것이라고 말했다. 이것은 그 특정 파업에 대한 인정이 전혀 아니었다. 하지만 내가 과거에 한 말과 그 우체부 파업의 가치를 잠시 접어두고, 절대 평화적 성격의 성공적인 파업 전문가로서 나는 이 파업의 지도부와 다른 모든 파업의 지도부 그리고 일반 대중에게, 성공적인 파업의 조건을 말해야 하는 것이 나의 의무라고 느끼고 있다.

가치의 면에서 정당화될 수 없는 파업이 있어서는 안 된다는 점은 명백하다. 부당한 파업은 성공해서는 안 된다. 대중은 그것에 대해서 조금도 공감을 느껴서는 안 된다.

대중은 어떤 파업의 가치를 판단할 도리가 없다. 오직 하나의 예외는 그 파업이 대중의 신뢰를 한 몸에 받고 있는 공정한 사람들의 지지를 받는 경우이다. 이해당사자는 자신들이 겪고 있는 사안의 가

104 이 파업은 1946년 7월 11일 봄베이에서 시작되었고 동년 8월 2일에 끝났다.
105 〔역주〕 '우리나라 만세.'
106 〔역주〕 간디의 손자, 셋째 아들 람다스(Ramdas)의 아들.

치를 판단할 수 없다. 따라서 쌍방이 모두 수용하는 중재든지 아니면 사법적 판결이 있어야 한다. 쌍방이 수용한 중재나 사법적 판결이 있다면, 그 사안은 대중 앞에 나타나지 않는 것이 원칙이다. 하지만 거만한 고용주들이 자신들을 내세울 수 있는 힘을 의식한 나머지, 그 판정을 무시하거나 종업원들을 오도하거나 이와 유사한 행위를 한 경우, 그리고 강제적인 강탈을 하기로 결정한 경우, 그런 사안들이 대중 앞에 등장하게 되었다.

경제적 향상을 위한 파업은 그 이면에 정치적 목적을 가져서는 결코 안 된다. 이중 목적은 절대로 정치적 목적을 진작시킬 수 없고, 파업자들에게 일반적으로 문제만 가져온다. 우편 등의 공익 설비 부문에서의 파업과 같이 그 파업자들이 공공생활을 혼란시키지 않는 경우에도 말이다. 우편 파업의 경우 정부는 약간의 불편함을 겪겠지만 행정이 정지되지는 않을 것이다. 부유한 사람들은 고가의 우편 서비스를 이용할 것이지만, 대다수의 빈곤층 대중은 파업 기간 동안 수세대에 걸쳐서 익숙하게 사용해왔던 가장 중요한 편의 수단을 박탈당하고 말 것이다. 그런 파업들은 모든 합법적 수단들이 동원되고 실패하고 난 뒤 비로소 일어나야 한다.

현재의 경우 우리는 국민 주정부들을 갖고 있다. 우체부들은 극단의 조치를 취하기 전 이 정부들과 상의해야 한다. 내가 알기로는, 슈리 발라사헤브 케르, 슈리 만갈다스 파크바사,[107] 사르다르 발라브바이 파텔이 이번 파업에 개입하고 있었다. 우체부들이 이 세 사람의 조언을 거부했다면, 그들은 심각하고 위험한 조치를 취한 것이다. 이 강력한 노동조합들이 그들 자신의 정부와 운영위원회 위원들을 무시했다면, 그들은 국민회의도 거부한 것이다. 국민회의가 이 노동조합원

107 각각 봄베이 주 수상과 주지사이다.

인도 노동자들의 파업 투쟁 (1930)
간디를 지지 기반으로 한 인도의 노동자들이 파업 투쟁을 벌이고 있다.

들의 이익을 팔아넘긴다면 그들은 국민회의를 거부할 권리가 있다.

파업에 동조한 사람들이 수중에 있는 모든 방법을 다 동원해 봤는지 결정적으로 증명하기 전에 동조파업은 금물이다. 그리고 국민회의가 그들을 배신했거나 그들의 이익을 경시했다는 점이 증명되기까지, 또는 국민회의가 냉혹하고 비정한 당국자들에 대항하여 정의를 수호하기 위해서 동조파업을 요청하기 전까지는 그것은 금물이다.

우리는 전국에 걸친 파업이 정부를 마비시키고 있다는 얘기를 듣고 있다. 이와 같이 초래된 마비는 극단적인 정치적 조치로서, 국민회의 같은 기관만 사용할 수 있고, 노동조합들이 아무리 강력하다고 해도 정부를 마비시킬 정도의 파업을 사용해서는 안 된다. 국민회의가 독립을 위해서 존재하는 가장 강력한 민중의 팔이라면, 정부의 마비를 초래하는 행위는 오직 국민회의 손에 들어가야 한다.

국민회의는 현재 제안된 헌법제정의회를 성공시키는 일에 몰두하고 있다. 그 길 앞에는 수많은 난관이 가로놓여 있다. 정부를 마비시키기 위한 파업은 국민회의의 행위를 심각하게 방해하고 말 것이다.

앞에서 말한 것에 비춰보면 다음과 같은 결론이 나온다. 즉, 정치적 파업은 그 자체가 갖는 가치의 관점에서 다뤄져야 하고, 경제적 파업과 섞이거나 관련되어서는 결코 안 된다. 정치적 파업이 비폭력운동에서 일정한 위상을 갖고 있지만, 그것은 함부로 실행되어서는 결코 안 된다. 정치적 파업은 개방되어 있어야 하지만, 절대로 깡패 행동의 인도를 받아서는 안 된다. 정치적 파업은 결코 폭력으로 나가지 않도록 조절되어야 한다.

그래서 나는 겸손하게 모든 파업자들에게 다음과 같이 조언하고 싶다. 즉, 국민회의의 지침을 구하여 준수하고 그 지침을 준수하기 위해서는 중재 또는 사법적 판결에 순종하겠다고 솔직히 선언해야 하고, 국민회의가 제안된 헌법제정의회를 성립시키는 일에 종사하는 동안, 그리고 각 지역 주정부들이 활동하는 동안은 일체의 동조파업을 중지해야 한다.

파업, 〈하리잔〉, 1946. 8. 11 ; 《전집》 91 : 480

7. 단식

88) 단식과 압력

1918. 3. 18

오늘 10시 이전 우리가 타협안[108]에 도달할 가능성이 대단히 높아졌습니다. 나는 그 타협안의 의미를 분명히 알고 있으므로 그것을 도저히 수용할 수 없습니다. 비난받아야 할 것은 단식하겠다는 나의 서약입니다. 그 서약은 여러 관점에서 비판받을 수 있습니다. 이것은 물론 그 단식에 지지할 만한 점이 거의 없었고 반대할 만한 점이 많았음을 의미하는 것은 물론 아닙니다. 그것은 단식의 서약을 지지할 만한 점도 많이 있었고, 반대할 만한 점도 많았음을 의미합니다. 단식이 노동자에게 영향을 미치는 한, 단식을 옹호할 만한 점이 있고, 그에 따라서 결과 역시 건전했습니다. 그 단식이 공장주에게 영향을 미쳤다면, 그것은 비판을 받을 수 있었습니다. 그런 정도는 나는 인정해야 했습니다. 내가 아무리 그 사실을 힘껏 부정한다고 해도, 민중은 공장주들이 내 단식으로부터 압력을 받아서 행동했다고 느낄 수밖에 없을 것이고, 대체로 세상은 내 말을 믿지 않을 것입니다. 내 몸이 약하다는 조건이 공장주들에게 아무 자유를 주지 않았습니다. 어떤 사람에게 협박을 가해서 그에게서 문서상 어떤 것을 얻거나, 그로 하여금 어떤 조

108 아메다바드 방적공들의 파업이 금일 끝났다.

건에 동의하게 하거나, 뭔가를 얻는다면, 그런 행위는 정의의 원리(*principles of justice*)를 어기는 것입니다. 사탸그라히라면 절대 그런 일을 하지 않을 것입니다. 그래서 나는 이 사안에서 양보하지 않을 수 없었습니다. 그리고 수치심으로 휩싸인 사람이 한다면, 무엇인가를 얼마나 할 수 있겠습니까? 나는 하나씩 온건한 요구를 했고, 그들이 품위 있게 받아들이면 이에 만족해야 했습니다. 내가 우리 요구 전체를 고수했더라면, 그들은 그것을 받아들였을 것입니다. 하지만 나는 그들을 그런 입장에 몰아넣음으로써 그들로부터 뭔가를 얻고 싶은 마음이 나지 않았습니다. 내가 만일 그런 종류의 행위를 했다면, 나는 가장 혐오스런(*repulsive*) 음식을 삼킴으로써 단식을 깨고 있다고 느꼈을 것입니다. 나는 때가 아니면 불로불사의 음료(*amrit*)[109]도 마시지 않을 것입니다. 그런 내가 어떻게 혐오스런 음식을 삼킬 수 있었겠습니까?

우리 성전의 어떤 가르침은 깊은 경험의 결과라고 나는 느낍니다. 소로(H. D. Thoreau)는 불의가 횡행하는 곳에서는 올곧은 사람(*upright man*)이 번영할 수 없고, 정의가 우세하면 올곧은 사람이 어떤 결핍도 경험하지 않을 것이라고 말한 바 있습니다. 우리의 경전은 한 걸음 더 나아가서, 불의가 횡행하는 곳에서는 올곧은 사람이 살아갈 수조차 없다고 말하고 있습니다. 바로 그 때문에 우리 가운데 일부는 모든 활동에서 물러나 있습니다. 그들이 활동적인 삶에 신물이 나서가 아니라, 어떤 활동도 행하기가 불가능하다는 것을 알기 때문입니다. 그는 세상에서 너무나 많은 위선을 보기 때문에 그 안에서 살아갈 수가 없습니다. 정직한 사람은 주변 전체가 사기꾼들로 둘러싸여 있음을 본다면, 그들로부터 등을 돌리거나 아니면 그들과 한 통속이 되어야 할 것입니다. 우리의 세계에서 일부 착한 사람들은 히말라야 또는 빈드

109 신들의 신화적인 음료로 불사를 준다고 한다.

야산으로 가서 자신들의 육신을 억제하며 고행합니다.

어떤 사람들은 이 육신이 실재하지 않는다고 생각하고, 어떤 사람들은 혼의 불멸과 무소부재를 믿고 순간적으로 육신을 포기하고 해탈(목샤)을 얻습니다. 또 어떤 사람들은 자신들을 정결하게 한 다음 돌아오고, 돌아와서는 세상의 위선 한가운데 살면서도 그들 자신의 명령에 따라서 살 수 있습니다. 깨달은 혼들의 상태와 나의 상태를 비교해 볼 때, 나는 내가 난쟁이처럼 느껴져서 뭐라고 말해야 할지 모르겠습니다. 물론 그것은 내가 내 힘의 크기를 몰랐다는 의미가 아닙니다. 그러나 바깥세상에서 내 힘은 그래야 하는 것보다 더 많은 존경을 받습니다. 나는 매일 너무 많은 위선을 보기 때문에, 여기에서 계속 살아갈 수 없음을 자주 느낍니다. 나는 피닉스에서 여러분이 여러분 가운데서 문득 나를 보지 못한다고 해도 놀라면 안 된다고 가끔 말한 적이 있습니다. 이런 느낌이 나를 덮쳐오면, 나는 여러분이 절대 찾을 수 없는 곳으로 떠날 것입니다. 그 시간이 오면 당황하지 마시고, 내가 여러분 가운데 있는 것처럼 당면 과업을 계속 수행하십시오.

아슈람 재소자들에게 한 연설(G.),
《마하데브바이니 일기》 권 4 ; 《전집》 16 : 231

89) 단식의 가치와 오용 *1919. 5. 7*

형제자매들에게,

민중은 다음 주 일요일 하르탈(파업), 단식 그리고 종교적 헌신을 통해서 정부 당국자들이 무력(*force of arms*)으로는 진정한 만족을 초래할 수 없다는 점을 사탸그라하의 이름으로 증명해 보이겠노라고 제안한다. 롤래트 입법이 철회되지 않는 한, 그리고 정부가 정부의 행위에 대항하여 악의 없는 항의운동을 펴고 있는 호니먼 씨와 같은

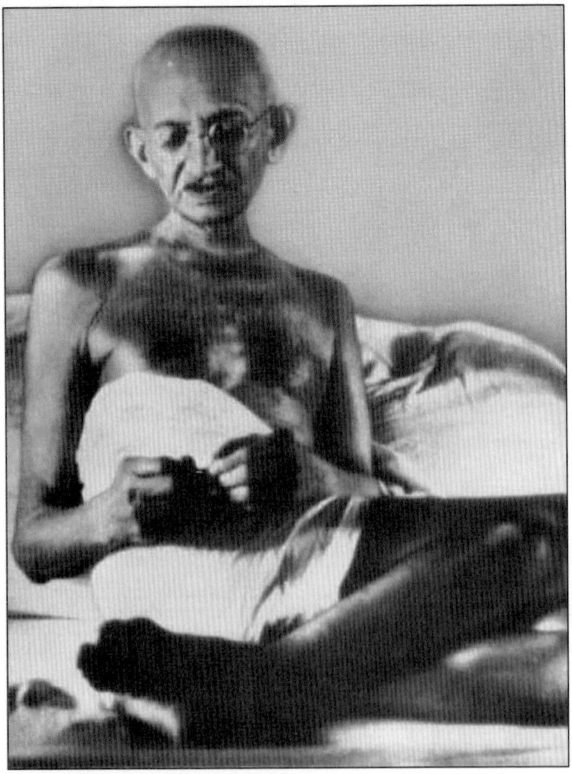

단식투쟁 중인 간디 (1943)

인도의 독립의 정당성을 호소하기 위해서
단식투쟁 중인 간디가 여윈 몸으로 침대에 앉아 있다.

사람들을 억압하는 한, 진정한 만족은 불가능할 뿐 아니라 불만만 증가할 것이다. 전 세계의 진정한 평화는 화약에 달려 있는 것이 아니라 순수한 정의에 달려 있다. 정부가 불의를 자행하고 그것을 무력으로 강화할 때, 그러한 정부 행위는 분노의 표시가 되고 이것은 불의에 불의를 보탠다. 만일 민중도 정부 편의 그런 행위에 대해서 분노한다면, 그들은 폭력을 사용할 것이고, 결과는 쌍방 모두에게 나쁘고 서로 간에 악의가 증가할 것이다. 그러나 민중이 정부의 특정 행위를 부당하다고 간주하며 자기고통에 의해서 강력하게 반대를 표시할 때마다, 정부는 교정할 수밖에 없을 것이다. 이것이 사탸그라하의 길이다. 봄베이 민중은 다음 주 일요일 정결한 방식으로 그와 같은 반대를 표시할 것이다.

아무 압력 없이 자발적으로 행하는 파업(*hartal*)은 대중의 반대를 보여주는 강력한 방식이고, 단식은 더더욱 그럴 것이다. 민중이 종교 정신으로 단식하고 그들의 슬픔(*grief*)을 신 앞에서 보여주게 되면 그 단식은 일정한 반응을 얻을 수 있다. 마음이 아주 완악한 사람조차도 거기에 감동할 것이다. 모든 종교는 단식을 위대한 훈련의 하나로 간주하고 있다. 자발적으로 단식하는 자들은 단식에 의해서 온유하게 되고 정화된다. 순수한 단식은 매우 강력한 기도이다. 수십만의 사람이 자발적으로 금식하는 일은 작은 일이 아니고, 그런 단식이야말로 사탸그라히의 단식이다. 그것은 개인들과 국가들을 고결하게 한다. 그 단식에는 정부에 부당한 압력을 행사하려는 의도가 조금이라도 있어서는 안 된다. 그러나 다른 수많은 좋은 행위처럼 이런 단식도 때때로 오용되는 것을 볼 수 있다. 인도에서 우리는 거지가 원하는 것을 얻을 때까지 단식하겠다고 위협하거나, 단식하거나, 단식의 시늉을 내는 것을 본다. 이것은 두라그라히(*duragrahi*: 비행파지자)

의 단식이라고 불러야 할 것이다. 그렇게 단식하는 자들은 자신을 모멸하는 것이니, 그들이 단식하도록 내버려 두는 것이 좋다. 그런 단식의 압력 때문에 뭔가를 준다면 그것은 사이비 친절이다. 그와 같은 단식의 압력에 굴복해서 사이비 친절이라도 베푼다면, 단식은 불법적인 요구를 관철시키기 위해서 부흥될 수 있다. 특정 행위의 정의 여부를 결정하는 문제에 있어서는, 양심의 소리로 규제되는 이성의 힘(*force of reason*) 이외에 어떤 다른 힘이 들어갈 여지는 없다. 그러므로 곧 착수할 단식은 정부에 압력을 행사하기 위한 것으로 해석되어서는 결코 안 된다.

M. K. 간디

사탸그라하 전단 제17호, 원본은 간디 기념 박물관,
델리. H. S. L. 폴락의 호의로 ; 《전집》 18 : 17

90) 단식과 진정한 사탸그라하 〔*1926. 9. 12*〕

사탸그라하에는 여러 유형이 존재하는데 단식은 거기에 포함될 수도 있고 안 될 수도 있으며 상황에 따라서 달라진다. 한 친구가 다음과 같은 난문을 던졌다.

> 어떤 사람이 그에게 빚진 자로부터 돈을 돌려받기를 원합니다. 그는 비협조자이므로 법에 호소함으로써 그렇게 할 수는 없습니다. 자신이 가진 부의 힘에 취해 있는 그 채무자는 이 사람에게 전혀 주의를 기울이지 않고, 중재조차 받아들이기를 거부합니다. 이런 상황에서 만일 그 채권자가 채무자의 문전에서 단식 농성(다르나, *dharna*)을 한다면, 그것은 사탸그라하가 아닌가요? 단식하고 있는 그 채권자는 자신의 단식을 통해서 어떤 사람도 해치려는 의도가 없습니다. 라마의 황금기 이래, 우리는 이런 방법을 좇아왔습니다. 그러나 당신이 단식 농성을

협박으로 간주하고 있다는 말을 들었습니다. 만일 그렇게 간주한다면, 친절하게 설명해 주십시오.

나는 이 투고자를 알고 있다. 그는 참 순수한 동기에서 이 글을 썼다. 그러나 나는 사탸그라하에 대한 그의 해석이 잘못되었다는 점에 대해서 아무 의심이 없다. 사탸그라하는 개인적 이득을 얻기 위해서 결코 이용될 수 없다. 돈을 돌려받기 위한 단식이 장려된다면, 단식의 방법을 사용함으로써 사람들을 협박하는 불량배들이 끝없이 생길 것이다. 나는 우리나라에 그런 사람들이 많이 생길 수 있다고 생각한다. 단식이 몇몇 경우에 오용된다는 이유로 정당하게 단식하고 있는 사람조차 비난받을 필요는 없다고 말하는 것은 옳지 못하다. 모든 사람들이 단식이라는 사탸그라하에 있어서 참된 것과 거짓된 것을 스스로 분별하는 것은 아니다. 어떤 사람이 진실한 사탸그라하로 간주하는 것이 진실하지 못할 가능성은 매우 높다. 그래서 사탸그라하는 개인적 이득을 위해서 사용될 수는 없고, 오로지 타인들의 선을 위해서 사용될 수 있다. 사탸그라히(진리파지자)는 고통과 금전적 손실을 입을 각오를 늘 해야 한다. 선량한 사람들이 담당하고 있는 법정을 보이콧함으로써 부당한 이득을 얻으려는 부정직한 사람들이 드물지 않게 존재할 것이라는 점은, 비협조의 출발에서부터 이미 예상하지 못했던 우발 사건은 아니었다. 오히려 그 당시에는 비협조의 아름다움이 바로 그런 위험을 감수하는 데 있었다고 생각했다.

그러나 단식의 모습을 빌린 사탸그라하는 적수에 대해서 사용되어서는 안 된다. 단식은 자신의 가장 가깝고 소중한 사람들에 대해서만 사용될 수 있고, 그것도 그들의 선을 위해서만 사용될 수 있다.

자선심이나 동정심이 풍부한 우리나라에서 돈을 돌려받기 위해서 단식을 사용하는 일은 무도(無道)한 일과 다름없다. 자신의 의사와 달리 사이비 연민에 의해서 돈을 거저 주는 사람들을 나는 알고 있다. 그래서 우리나라와 같은 곳에서 사탸그라히는 조심해서 앞으로 나가야 한다. 단식을 이용함으로써 자기 몫의 돈을 되돌려 받는 일에 성공하는 사람들이 있을 수 있다. 하지만 나는 그것을 사탸그라하의 승리로 부르는 대신, 두라그라하 곧 폭력의 승리라고 부르고 싶다. 사탸그라하의 승리는 진리를 고수하다 죽음을 맞는 일에 있다. 사탸그라히는 사탸그라하의 대상을 획득하는 데 항상 집착이 없어야 한다. 돈을 돌려받으려는 자는 완전히 무집착일 수는 없다. 그래서 개인적 이익을 위해서 행하는 단식은 협박과 다름없으며 무지의 결과임을 분명히 말해 둔다.

사탸그라하 : 참된 것과 거짓된 것(G.), 〈나바지반〉,
1926. 9. 12 ; 〈영 인디아〉, 1926. 9. 30 ; 《전집》 36 : 342

91) 단식과 영혼의 순결

뉴델리, *1947. 9. 25*

친구 한 사람이 다음과 같이 쓰고 있다.

> 당신의 생명을 위험에 처하게 하는 것이 당신에게 최종적이며 자연스런 치유책이 된 것처럼 보입니다. 그 치유책이 무엇이든지 간에, 그것은 주사액이나 산소 주입으로 환자를 살려 두는 것과 비슷하다고 생각하지 않을 수 없습니다.

위의 글이 담고 있는 성찰은 애정에서 기인하는 고통에서 나온 것이다. 그럼에도 불구하고 나는 필자가 자신이 하는 비판에 대해서 별로 깊이 생각하지 않았음을 말하지 않을 수 없다. 수많은 나의 지지자가 아마 이와 동일한 의견을 성급하게 갖고 있을 것으로 보여서, 여기에 공개적 논의를 편다.

이 비판자의 비유는 여기에는 적용되지 않는다. 주사액과 산소 주입은 외면적 치유책이고 육신의 존재를 연장하기 위해서만 고안된 것이다. 그래서 그것들은 찰나의 가치를 지니는 것으로 묘사한다면 적절할 것이다. 그런 치유책들이 적용되지 않더라도 잃는 것은 아무것도 없다. 물리적인 신체를 불멸의 것으로 만들 수는 없다. 의료기술이 할 수 있는 일은 기껏해야 생존을 잠시 연장하는 일이다. 이 일시적인 연장은 영속적 이익을 주지는 못한다.

반면, 단식은 다른 사람의 육신에 영향을 미칠 의도를 가진 것은 결코 아니다. 그것은 자신의 심정에 영향을 미친다. 따라서 그것은 혼에 관계한다. 그리고 이런 의미에서 그 효과는 그것 자체로 일시적이라고 묘사할 수 없다. 그것은 불멸의 성격을 지닌 것이다. 단식하는 사람이 단식의 과업에 대해서 영적으로 자격을 갖추고 있는지의 여부, 그가 단식이라는 치유책을 제대로 사용했는지의 여부는 별개의 문제여서 현재의 논의와는 무관하다.

내가 기억하고 있는 모든 단식 중에서 오직 하나의 단식[110]에 대해서는 다음과 같이 말할 수 있다. 즉, 그 단식은 착상할 때에는 아무 잘못이 없었지만 반대의 징후를 가진 외면적 치유책과 섞이고 말았다. 이런 잘못을 범하지 않았더라면, 나는 다른 행위와 마찬가지로 그 단식에서도 자연스럽고 유익한 결과가 흘러나왔을 것이라는 점에 대해서 조금도 의심하지 않는다. 내가 여기에서 말하는 단식은 라즈코트에서 고 타코레 사헤브에 대항하여 벌인 단식이다. 나는 나의 실수를 보았고 발걸음을 되돌려 위기를 피했다. 마지막 단식은 이번 달 9월에 캘커타에서 행했던 단식이었다. 의심의 여지없이 그 결과

110 〔역주〕 1939년 3월 3~6일. 《전집》 권96, 421면.

는 기대했던 대로였다. 나는 단식의 정신이 영원하다고 여긴다. 단식의 효과가 영속성을 지닐지의 여부를 대해서는 시간만이 말해 줄 것이다. 그 효과는 단식자의 순결과 정확한 지각에 달려 있어야 한다. 이 순결과 정확함에 대해서 조사를 실시하는 것은 여기에서는 불필요하다. 더구나 단식하는 사람은 그런 조사를 벌일 능력이 없다. 적절하게 능력을 갖춘 공정한 사람만이 그런 조사를 할 수 있고, 그것도 내가 죽은 이후에라야 가능할 것이다.

단식의 의미(G.), 〈하리잔〉, 1947. 10. 5 ; 《전집》 96 : 529

92) 영적인 행위로서의 단식

뉴델리, *1947. 12. 10*

질문 간디지는 지독한 난관에 부딪치면 왜 단식을 합니까? 이 행위가 인도 대중의 삶에 미칠 효과는 무엇입니까?

답변 이전에도 그런 질문을 받은 적이 있습니다만, 똑같은 말로는 결코 아니었던 것 같습니다. 하지만 대답은 쉽습니다. 단식은 아힘사 신봉자의 무기고에 있는 최후의 무기입니다. 인간의 재주가 실패하면 그 신봉자는 단식합니다. 이 단식은 기도의 정신을 촉구합니다. 다시 말하자면, 단식은 영적 행위이고 따라서 신에게 바치는 것입니다. 그 행위가 민중의 삶에 미치는 효과는, 민중이 단식하는 사람을 알 경우 자신들 속에 잠자고 있는 양심이 깨어난다는 점입니다. 그러나 민중은 잘못된 동정심(*mistaken sympathy*)에서 사랑하는 자의 생명을 건지기 위해서 그들의 의지에 반하여 행동할 위험이 존재합니다. 이런 위험은 피하지 말고 정면으로 맞서야 합니다. 어떤 행위의 옳음(*rightness*)에 대해서 확신한다면 옳은 행위가 저지당해서는 안 될 것입니다. 단식은 우리를 용의주도하게 만들 것입니다. 그런 단식은 내면의 목소리가 내리는 명령에 복종하여 수행되므로 조급함을 방지합니다.

질문란, 〈하리잔〉, 1947. 12. 21 ; 《전집》 98 : 16

8. 건설적 프로그램

93) 건설적이고 정치적인 일

사브리, *1936. 3. 3*

람나라얀지[111]가 한 통의 편지를 의장에게 건네주었습니다. 의장님이 그것을 나에게 보여주어서 읽어 보았습니다. 그러나 나는 간디사상위원회[112]가 무엇인지, 그것을 구성하고 있는 사람들의 면면들, 그리고 그 위원회의 힘이 무엇인지 등에 대해서 알고 싶었습니다. 나는 그런 다음 어제 발생한 모든 일에 대해서 듣게 되었습니다. 그와 동시에 나는 이 위원회가 이번 회기에서 인정받지 못한 단체라고 들었습니다. 이번 회기는 결의안들을 통과시킴으로써 운영되는 것은 아닙니다. 기회가 왔을 때 누군가가 제안했고, 그 뒤 그 제안을 찬성하는 자들이 동 위원회를 구성했습니다. 첫 순간 나는 이 사안에 연루되면 안 된다고 느꼈습니다. 내가 논의 과정에 출석할 수 없었기 때문에 내 의견을 제시할 자격이 없다는 점도 느꼈습니다. 그

---

111 Ramnarayan Chowdhary.

112 D. B. 카렐카르(Kalelkar)를 의장으로 하고 다음 사람들을 위원으로 하는 간디사상위원회(Committee for Gandhian Thought)를 결성하자는 제안이 있었다. 샹카르 트르얌박 다르마디카리, 마하데브 데사이, 스와미 아난드, 키쇼렐랄 마슈루왈라, 랑가라오 R. 디와카르, 하리바우 우파드야야, 바루바이 메타, 데브샤르마 '아바이', 라젠드라 프라사드, 샹카를라오 데오, 라구나트 슈리다르 도트레, 사티스 찬드라 다스 굽타, 시타람 푸루쇼탐 파트와르단.

렇지만 나는 그 주제에 대해서 의견을 갖고 있는 것이 사실이고, 그것을 표명하는 것을 내 의무로 간주합니다. 의견 표명이 무례를 범하는 일로 간주되어도 할 수 없습니다. 나는 그 위원회의 활동범위를 위원회에게 분명히 밝히고 싶습니다. 그 위원회가 일에 착수한다면, 나의 사상과 신념을 수집하는 일에 국한해야 할 것입니다. 그 이상의 작업을 한다면, 람나라얀지가 표현한 의구심[113]이 반드시 현실화되고 말 것이라고 우려하고 있습니다.

나는 간디주의(*Gandhism*) 같은 것을 창안한 적이 없고 특정 분파의 주창자도 아닙니다. 어떤 철학을 창안했다고 주장한 적도 없습니다. 지금 현재 그런 것을 창안하려고 애쓰지도 않습니다. 몇몇 사람이 내가 간디 사상에 대해서 스므리티(*smriti*, 경전)를 지어야 한다는 말을 나에게 한 적은 있습니다. 나는 그들에게 고대에 법칙을 부여했던 분들과 감히 겨룰 수는 없다고 말했습니다. 그럴 계획도 없습니다. 나의 사상을 경전화할 수 있는 권리는 내 것이 아닙니다. 영속적인 것이 뭐라도 있다면 그것은 내가 죽고 난 뒤 어떤 모습을 취할 것입니다. 나는 상세한 구도도 없이 진리와 비폭력이라는 영원한 원리를 일상의 삶과 문제들에 적용하려고 내 식대로 노력해왔을 뿐입니다. 나는 어린아이와 같이 사건이 흘러가는 과정에서 순간적인 충동으로 떠오른 것을 실천했습니다.

---

113 즉, ① 간디주의가 또 하나의 분파로 끝날 수 있다. ② 그것은 더 큰 맹목과 지적 의존을 야기할 수 있다. ③ 간디 사상에 대한 해석에 관련해서 간디주의자 자신들 사이에서 차이점들이 생겨날 수 있다. ④ 실천의 중요성이 감소되고 단순한 사상에 부당한 중요성이 부여될 수 있다. ⑤ 간디 사상의 진보가 느슨하게 될 수 있다. ⑥ 간디주의가 도그마의 형식을 빌릴 수 있고 위선을 낳을 수 있다. ⑦ 읽고 쓰기라는 나쁜 버릇이 자라나서 봉사의 성향이 줄어들 수 있다. ⑧ 이 위원회는 미묘한 사안들에 대해서 간디지가 결정하는 일에서 어려움을 증대시킬 수 있다.

그런 뒤 내가 쭉 해왔던 일이 진리실험이었다는 점을 깨달았습니다. 그렇게 하는 과정에서 나는 때때로 실수를 했지만 실수를 통해서 배웠습니다. 그리하여 인생은 나에게 연속적인 진리실험이 되었습니다. 진리를 추구하는 과정에서 나는 비폭력의 방법과 마주쳤습니다. 나는 본능적으로 진리의 신봉자였지만 비폭력적이지는 않았습니다. 무니 지나비자야지(Jinavijayaji)가 나에 대해서 말하면서 내가 전적으로 진리의 편이었고, 진리를 위해서 비폭력을 희생할 수 있었다고 관찰한 것은 맞는 말입니다. 나는 그에게 그것이 사실이라고 고백했습니다. 나에게 '진리보다 높은 다르마는 없었다', '비폭력이라는 지고의 의무보다 높은 다르마는 존재하지 않았다.'[114] 이 두 선언에서 사용된 다르마라는 말은 내 생각으로 서로 다른 의미를 지니고 있습니다. 다시 말해서, 진리보다 높은 이상은 없고 비폭력보다 높은 의무는 존재하지 않음을 의미합니다. 사람은 이 의무를 부단히 고수하는 경우에만 진리를 추구할 수 있습니다. 진리추구에 있어서 이와 다른 별도의 방법은 없습니다. 진리를 위해서라면 우리는 조국의 패망조차 주저 없이 목격해야 합니다. 자신의 조국을 떠나야 할 경우도 있습니다. 폴 리처드(Paul Richard)는 이런 점에서 나를 신랄하게 비판했습니다. 그는 나의 사상과 이 《마누 법전》이 제시하고 있는 사상의 차이점을 지적한 바 있습니다. 나는 논의를 위해서 또는 소를 보호하기 위해서 허위를 이용하는 것을 다르마라고 간주하지 않습니다. 이 말은 옳습니다. 하지만 나는 이것이 학문적으로 논의될 주제는 아니라고 여깁니다.

자, 그런데 나의 모든 철학—그런 과분한 말로 불릴 수 있다면—은 내 말에 포함되어 있습니다. 그것을 간디주의라고 부르지 마십시오. 거기에 '주의'란 것은 없습니다. 내가 한 말에 대해서 어떤 상

114 《마하바라타》, 〈아디파르반〉 11, 5 : 13; 《마하바라타》, 〈샨티파르반〉 162, 5 : 24.

세한 문헌이 필요한 것도 아닙니다. 내가 글로 쓴 것은 모두 나의 모든 행동에 대한 기술입니다. 그리고 나의 행동만이 진리와 비폭력의 가장 위대한 현시(顯示)입니다. 진리와 비폭력을 믿고 있는 사람들은 그것들을 실행함으로써만 보급할 수 있습니다. 그것들은 책을 요구하지 않습니다. 사람들이 본받을 것은 나의 일입니다. 그러나 나의 일조차 영구적인 것은 아니라고 말할 수 있습니다. 한 신랄한 비평가는 내가 죽은 다음에는 물레들이 지독히 푸대접을 받게 되어서 화장용 장작으로 사용되고 말 것이라고 말한 적도 있습니다. 하지만 그런 말이 물레에 대한 내 신앙을 흔들지는 못했습니다. 여러분 전부가 나를 버리더라도 나는 낙망하지 않을 것입니다. 그럴수록 내 신앙은 굳건해질 것입니다. 나는 낙담한 적도 없고 회개할 필요도 없었습니다. 나는 감내해야 했던 장기간의 투쟁에 대해서도, 잃어버린 돈의 액수에 대해서도, 그리고 목숨들의 수에 대해서도 후회하지 않습니다. 나는 촌락들을 방문할 때마다 내 몸을 희망으로 가득 채우고 돌아왔습니다. 하지만 책의 도움으로는 이런 확신을 전달할 수 없음에 대해서 내가 어떻게 세상 사람들을 설득할 수 있겠습니까? 묵묵히 하는 일만이 그런 확신을 줄 수 있습니다. 따라서 여러분은 간디사상위원회가 서책을 공급하지 않게 되면 스스로 무력감을 느낄 것이라는 약한 마음에 굴종해서는 안 됩니다. 노동자들은 정부에서 그리고 다른 데서 온 판디트들이 촌민들에게 가서 우리의 이념들을 비판한다는 점에 대해서 불평합니다. 그들은 민중을 오도합니다. 하지만 우리에게는 그들이 갖고 있는 우월한 지식이 없는데, 우리가 무엇을 할 수 있습니까?

그것이 진정한 난관입니다. 그러나 무엇 때문에 책이 필요합니까? 여러분이 촌민들 사이에 있는 이유는 물레·빗자루·물통으로 봉사하기 위해서라고 촌민들에게 말해 주십시오. 그들이 원한다면 여러분의 봉사를 수용하도록 하십시오. 그렇다면 여러분은 우리가 비판자에 대해서 개의치 말고 묵묵히 일만 해야 하느냐고 물을 것입니다. 그렇습니다. 여러분이 침묵 서약을 한다고 해도 나는 상관하지 않겠습니다. 여러분이 꼭 해야 하겠다면 글을 쓰십시오. 그러나 여러분이 책 쓰기에 바빠서 진짜 일이 손상당하지 않도록 하십시오.

하지만 이것은 이상입니다. 이 위원회는 그렇게 꼭 필요했던 것이 아니었습니다. 그러나 이제 그것이 기왕에 존재하게 된 마당에 그것은 우리의 작업과 일치할 수 있을 것입니다. 람나라얀지가 의혹을 품을 근거는 없습니다. 우리에게 정말로 필요한 것은 약간의 경계심뿐입니다. 나는 우리가 있는 힘을 다해서 실천하려는 것을 설명한 권위 있는 책을 갖고 싶은 여러분의 욕구를 이해할 수 있습니다. 이런 책이라면 여러분은 논쟁에 휘말리지 않고도 얻을 수 있을 것입니다. 이 위원회는 더 이상의 소동 없이 조용히 움직여야 합니다. 만일 그 위원회가 겉치레와 모양을 갖고 그 작업을 시작한다면 그것은 해독을 확산시킬 따름입니다. 그리고 물론 그것은 경제적으로 자립해야 합니다.

여러분의 간디봉사회가 진리와 비폭력의 구체적인 표현—보다 간단히 표현한다면 비폭력의 표현이라고 할 수 있을 것이다(진리의 수용 없이는 비폭력의 실천이 불가능하기 때문에)—으로서의 모든 활동에 대해서 완전한 신앙을 보유한 일꾼들의 명부(名簿)를 비치할 수 있다면, 그것으로 나는 만족할 것입니다. 그러므로 어떤 회원도 진리와 비폭력은 믿지만 수공예 곧 카디와 그 결과로 따라오는 촌민들에 대한 봉사는 믿지 못한다고 말해서는 안 되고, 진리와 비폭력은 믿지만 힌두·무슬림의 일치나 불가촉천민제의 폐지는 믿지 못하겠다는 말을 해서도 안 됩니다. 여러분이 만일 그런 사람을 만나거든 그에게, 그 자신의 관념에 따른다면 진리와 비폭력을 믿는 자가 될지 몰라도, 간디지의 관념에 따른다면 진리와 비폭력을 믿는 자가 될 수 없음을 말해도 좋습니다. 그렇기 때문에 그가 봉사회 회원이 될 수 없음도 말입니다. 이것 이외에 여러분의 봉사회는 신조·지역·조직에 있어서 한계가 없습니다. 회원 여러분은 어떤 계급, 어떤 강령, 어떤 인종이나 어떤 국가에도 속할 수 있습니다.

나는 이 점에 대해서 회장님의 말에 동의하는 바입니다.[115]

모든 사람들이 독신생활의 이상을 따라야 한다는 점을 반복할 필요는 없습니다. 당연히 두 마리의 말 위에 동시에 올라타기란 불가능합니다. 결혼하지 않은 사람, 또는 결혼했다고 해도 미혼자처럼 살아가는 사람들이 봉사를 더 잘할 수 있습니다. 그러나 이 점에 대해서 엄격한 규칙을 가진다는 것은 불가능합니다. 더구나 그럴 필요도 없습니다. 결혼하기를 원치 않는 일꾼을 가진다면 그것은 좋은 일입니다. 그러나 만일 내일 가자난이나 수렌드라가 결혼하기를 원한다면, 그들은 결혼할 수 있으며 여전히 봉사회 회원으로 남아 있을 수 있습니다. 그들의 소요 경비가 증가한다면 그것은 봉사회에서 조달할 수 있습니다. 그것은 개인적인 문제입니다. 우리가 독신생활에 대해서 규칙을 정하게 되면 위선과 부정(不貞)이 우리 사이에 스며들어올 것입니다.

회장님이 보여주신 어떤 결점들은 인도 전체의 결점이기도 합니다.

---

115 키쇼렐랄 마슈루왈라는 봉사회가 여러 조직을 도울 수 있는 일꾼들을 필요하다면 포함할 것이라고 말했다. 봉사회는 간디지의 원리들을 전파할 것이고, 선한 대의명분을 위해서 일꾼들을 조직할 각오가 되어 있었다. 봉사회는 여러 조직이 갖고 있는 재산의 피신탁자가 될 수도 있었다.

우리는 그것들에 대해서 유의해야 할 필요가 있습니다. 진리와 비폭력의 숭배자들이면서 인도와 인류에 봉사하기를 원하는 자들은 나태할 여유가 없습니다. 시간을 낭비하는 사람은 진리·비폭력·봉사마저 낭비하게 됩니다. 이것은 청결함에도 적용됩니다. 우리가 만일 깨어 있고 시간을 낭비하지 않고 청결을 유지한다면, 우리에게 지식은 부족하지 않을 것입니다. 우리가 지식의 부족이라고 부르는 것은 집중의 부족입니다. 신앙을 갖고 예배드리는 자들은 자동적으로 지식(*knowledge*)을 얻을 것이라고 어머니 《기타》가 말하고 있습니다.[116]

회장님은 본 봉사회의 3개의 측면[117]을 보여주었습니다. 소유는 실제로 정신적인 것입니다. 나는 시계·노끈·속옷을 소유하고 있습니다. 내가 그것들이 없어질 때 불행을 느낀다면 나는 소유욕이 있는 사람입니다. 사람은 필요한 경우에는 커다란 모포를 간직할 수 있습니다. 그 모포가 없어져도 괴로워하지 않는다면 그는 소유욕이 없는 사람입니다.

회장님이 말씀하신 것[118]으로 충분합니다. 그 이상 말할 필요가 없습니다.[119]

---

116 〔원주〕《바가바드 기타》 4 : 39. 〔역주〕 영어 knowledge는 산스크리트어 jñānaṁ의 번역어이다.

117 회장은 다음 세 가지 항목에서는 제한이 있어야 한다고 말했다. ① 매년 말 그 조직이 보유해야 할 잔액, ② 봉사회가 받을 수 있는 기부금, ③ 일꾼이 조직의 이름으로 구입할 수 있는 재산이 그 세 항목이다.

118 사탸그라히는 다음 한 가지 일에 대해서 확고부동의 태도를 지녀야 한다고 말했다. 즉, 그는 억압받는 자(*the oppressed*)들을 돕고 향상시키고, 그들이 생명과 영혼으로 가득 차도록 만드는 일을 자신의 의무로 삼아야 한다. 그는 상관의 분노에도 불구하고 어떤 경우에도 허위에 저항해야 한다.

119 이 대목에서 마하데브 데사이는 다음과 같이 보고하고 있다. "문제 중에 하나는 … 건설적 프로그램이 정치 프로그램과 양립할 수 있느냐 없느냐 하는 것이었다."

이런 프로그램들이 상호 배제적이거나 배타적이라고 믿는 경향이 있는 것으로 보입니다. 우리가 가지고 있는 오해의 대부분은 이런 믿음에서 나옵니다. 건설적인 분야에 있는 일꾼은 정치적 프로그램을 멸시하고 있습니다. 그 반대도 사실입니다. 그러나 실제로 그런 대립이 있는 것은 아닙니다. 이른바 정치적 프로그램과 이른바 건설적 프로그램 사이에 절대적 구분이 존재하지 않는다는 사실이 이제 모든 일꾼들에게 분명해졌다고 생각합니다. 우리가 일하는 방식에 물샐 틈 없는 구획은 존재하지 않습니다. 하지만 효율성을 위해서 사람이 자신을 한 번에 한 영역이나, 아니면 함께 편리하게 갈 수 있는 영역들에 자신의 역량을 제한하는 것이 필수적임을 나는 힘껏 주장합니다. 영국 은행 총재는 영국 정치에 상당한 영향력을 행사하고 있지만, 실제 정치로 불리는 것으로 결코 바쁘지는 않습니다. 그는 영국 하원의 논쟁을 따라갈 시간이 거의 없습니다. 그러나 그는 영국 공공생활의 일원, 이를테면 저명한 하원의원만큼 중요한 인물입니다. 나는 봉사회 회원들이 아무 명예를 가져오지 않는 일, 그리고 다른 일꾼들이 보통 좋아하지 않는 일에 종사해야 할 것임을 일반적 규칙으로서 제안하는 바입니다.

우리는 물레질꾼협회, 하리잔봉사회(Harijan Sevak Sangh), 촌락산업협회, 그리고 소(牛) 보호회(*goseva*) 등과 같은 다양한 프로그램을 운영하고 있는데, 아직까지 여러분 앞에 제시한 적은 없었습니다. 그러나 소 보호회와 관련된 사람도 간디봉사회 회원이 될 수 있습니다. 원하기만 하면 하나 이상의 활동에 참여할 수 있습니다. 그것은 사람의 능력의 문제입니다. 나의 경우를 말한다면, 나는 차르카협회를 위해서 일하면서도 다른 일들도 돌볼 수 있습니다. 모든 사람들이 같은 일을 할 수는 없습니다. 예를 들어, 의회평의회(Parliamentary Board)[120]를 한

번 보십시오. 이것도 내가 만들었습니다. 그런데 내가 그 단체에 참여한 적이 있습니까? 오늘날 나는 의회에 들어가고 싶은 생각은 추호도 없습니다. 하지만 그것은 원리의 문제가 아닙니다. 특정 시간에 필요한 일이면 무엇이든 우리는 실행해야 합니다. 그리고 내가 의회로 들어가는 것을 내 의무로 간주한다면, 나는 내일 당장 기꺼이 그렇게 할 것입니다. 시민불복종운동을 시작한 당사자가 바로 나였습니다. 그러나 나는 인도 남부 지방의 힌디어 보급운동 일꾼들에게 투옥을 자초하지 말라고 지도했는데, 이유는 그 일 자체가 해를 입을 것이기 때문이었습니다. 그들 중에서 오로지 안나(슈리 하리하르 샤르마)만이 교도소에 갔는데, 그것도 내 허락을 얻어서 그랬습니다. 나는 샹케를랄 방케르(Shankerlal Banker)에게 물레질꾼협회의 업무가, 수천 명의 사람이 투옥을 자초하는 것만큼이나 가치 있는 일이었다고 말해 주었습니다. 처음 서너 날을 제외한다면, 교도소 가기는 휴식하기의 다른 이름이 되었습니다. 외부에 남아 있는 사람들은 여러 가지 난관에 부딪쳤고, 교도소에 간 사람들은 강해지고 원기 왕성하여 돌아왔습니다. 그들은 교도소에 들어가자마자 교도소 규칙에 강력하게 도전했습니다. 그런 사람들이 교도소에 감으로써 무슨 좋은 일을 했습니까? 건설적 프로그램과 정치적 프로그램을 차별하는 것은 잘못입니다.

내 생각으로는 정치적인 일 역시 건설적인 일입니다. 나는 〈영 인디아〉지에 시민불복종조차도 나에게는 건설적인 일이었다고 쓴 적이 있습니다. 세상의 관점에서 본다면, 시민불복종은 파괴적인 것으로 묘사될 수도 있습니다. 사실상 그것들[121]은 사탸그라하라는 나무에 있는 두 개의 가지이고 그래서 서로 유사합니다. 하나는 다른 하나

120 M. A. 안사리를 회장으로 하여 1934년 5월 성립되었다.

121 〔역주〕 건설적인 일과 정치적인 일.

없이 완전할 수 없습니다. 그러나 어떤 사람들은 고세바(소 보호), 불가촉천민제도의 폐지 또는 힌디어 보급운동이 어째서 정치적 행위로 불릴 수 있는지 대해서 의아해 합니다. 이런 것들이 스와라즈를 가져다줄까요? 하지만 스와라즈는 이런 것들 없이 얻어질 수 없다는 것이 내 신념입니다. 많은 국민의회 의원 역시 건설적인 일을 믿지 않습니다. 그들 안에 그것에 대한 신앙을 고취하는 것이 우리의 과업입니다. 그들은 이런 행위들을 정치적인 일로 간주하지 않고 건설적인 일이라고 부릅니다. 많은 사람은 스스로 정치적 행위로 간주하는 것을 향하여 나갈 준비가 되어 있습니다. 따라서 우리는 특정한 규칙을 의도적으로 준수해야 합니다. 그 규칙을 준수하지 않는다면 모든 일이 무너지고 말 것입니다. 바로 그 때문에 구자라트 지방에서 일이 잘되어가고 있습니다. 오늘날 우리는 이런 일들을 불완전하게 밖에 믿지 못합니다. 이런 것은 식물과 같이 부드럽습니다. 우리는 아주 세심한 주의로 그것을 돌봐야 합니다.

우리가 위에서 말한 네댓 가지의 일을 잘 할 수 있다면, 나는 스와라즈가 우리 손안에 있는 것과 다름없다고 믿습니다. 그것은 우리의 효율성을 제고하기도 할 것입니다. 내게 어떤 사건 하나가 생각났습니다. 어떤 모임에서 건설적 프로그램에 대한 논의가 좀 있었습니다. 사프루,[122] 친타마니,[123] 팔[124]이 거기에 출석했습니다. 친타마니는 건설적 프로그램에 대해서 대단히 비판적이었습니다. 팔은 그에게 응수했습니다. 팔은 내 적수로 간주되고 있었습니다만, 그의 명민한 지성이 사태의 본질을 파악했습니다. 그는 언어의 마술사였습

122 T. B. Sapru.

123 C. Y. Chintamani.

124 Bipin Chandra Pal.

니다. 그는 건설적 프로그램과 함께 우리나라의 권위가 고양될 것이라는 점에 대해서 설명했는데, 내가 할 수 있는 것보다 더 잘했습니다. 우리가 어떤 것을 만났는데, 그것은 우리의 어떤 다른 일도 어떤 잡지도 도저히 줄 수 없는 힘을 우리에게 주고 있다고 그는 말했습니다. 그가 아름다운 언어로 표현한 것을 나는 투박한 언어로 전달했습니다. 건설적 프로그램에 대한 나의 신앙은 당시보다 아마 10배나 더 강해졌을 것입니다.

의회평의회의 일 역시 나의 작품입니다. 그러나 만일 여러분이 이 이유로 입법부로 가기를 원한다면 나는 허락하지 않을 것입니다. 오늘 나는 불라바이[125]를 그곳에 보낼 것입니다. 그는 의회평의회 일에 신념을 갖고 있고 능력도 있습니다. 내가 여기에서 사탸무르티[126]와 함께 무슨 일을 할 수 있겠습니까? 내가 음악을 통해서 스와라즈를 얻어야 한다면, 나는 카레샤스트리[127] 또는 발코바를 보낼 것입니다. 그리고 건설적 프로그램에 대한 여러분의 신앙이 충분히 깊다면, 여러분은 그 일만을 해야 합니다. 그것이 고세바에 대한 내 신앙입니다. 나는 꿈에도 소를 봅니다. 우리 일과 우리 자리에 집중합시다. 그것을 우리 다르마로 삼읍시다. 그리고 다른 사람의 다르마가 최선의 것으로 보이더라도 우리는 그것이 위험으로 가득 차 있음을 이해해야 합니다.

간디봉사회에서의 연설 III(H.), Gandhi Seva Sanghke Dwitiya Adhiveshan Savlika Vivaran, 50~54면 ; 《전집》 68 : 330

125 Bhulabhai J. Desai.

126 S. Satyamurti.

127 Narayan Moreshwar Khare.

94) 건설적 프로그램

세가온, *1940. 1. 23*

람 마노하르 로히아 박사[128]는 다음과 같이 쓰고 있다.

> 독립 공약은 자유 인도를 위해서 — 차르카와 현재의 건설적 프로그램에만 기초를 두고 있는 — 사회 질서에 대한 신념을 꼭 필요로 합니까? 나는 개인적으로 그렇지 않다고 생각합니다. 독립 공약은 차르카와 촌락 수공을 포함하지만 다른 산업과 다른 경제활동을 배제하지는 않습니다. 그런 산업에는 전력산업, 선박건조, 기계제작과 같은 것들이 언급될 수 있을 것입니다. 강조의 문제는 여전히 남아 있습니다. 독립 공약은 그 문제에 대해서 차르카와 촌락 수공이 미래 사회 질서의 핵심 부분이라는 신념이 필수이며, 그 신념이 다른 신념에 의해서 대체될 수 없다는 정도까지는 결정합니다.
>
> 우리는 독립 공약에 따라서 현 건설적 프로그램에 기초를 둔 것 이외 다른 일체의 행위를 당장 포기해야 합니까? 나는 개인적으로 그렇게 생각하지 않습니다. 토지 임대료, 세금, 이자 및 여타 민중의 진보를 가로막는 경제적 장애물들에 대한 반대운동이 허용되는 것처럼 보입니다. 예를 들면, 만일 당신이 사탸그라하를 착수하기로 결정했을 때, 임대료와 납세 거부운동에 대해서 스스로 결정하는 것은 가능합니다. 공약의 관점에서 보면 실제로 당신이 결정하느냐의 여부는 그리 중요한 것이 아니고, 중요한 것은 당신이 결정해도 된다는 사실입니다. 아무튼 경제적 사안들에 대한 반대운동은 오늘날 용인될 수 있습니다.
>
> 위의 두 질문은 공약의 부정적 측면에 관련해서만 생깁니다. 세 번째 질문은 공약의 긍정적 측면에 관련하여 생깁니다. 그것을 공약하는 사람이면 누구든 경제 비집중화 원리(*the principle of decentralized*

---

128 Ram Manohar Lohia(1910~1967) : 1934년 국민회의 사회당에 가담. 전인도 국민회의위원회(AICC)의 외무담당 비서(1936~1938). 프라자 사회당 서기(1953~1954).《마르크스, 간디, 사회주의》등의 책의 저자.

economy)에 대한 적극적인 신앙을 표현할 각오가 되어 있어야 한다는 점, 이것은 의심 없는 필수 사항입니다. 하지만 이 신앙의 실제 형식은 역사의 진행에 의해서 결정될 수 있을 것입니다. 차르카에 관해서만 말하자면, 독립 공약을 한 모든 사람들은 직물 산업의 완전한 분산이 가능할 것이라는 점 그리고 그 분산이 시도되어야 한다는 점을 믿을 수 있어야 할 것입니다.

나는 나태 등의 이유로 발생한 비정상적인 행동에 대해서는 언급하지 않았습니다만, 이런 일은 모든 공약과 신앙에서도 일어납니다. 사람들은 이런 비정상인 행동을 제거하기를 반드시 소망해야 할 것입니다.

나는 독립 공약에 대한 나의 해석이 옳은지, 당신의 승인을 받을 수 있을지 여부에 대해서 모르겠습니다. 내 사회주의자 동무가 그것을 시인할지에 대해서도 잘 모릅니다. 우리나라는 당신의 의견을 빨리 아는 것이 아마 바람직할 것입니다. 독립의 날까지 기다린다는 것은 너무 늦습니다.

내가 자주 한 말이기도 하지만, 독립 공약의 합법적인 유권해석은 운영위원회만 내릴 수 있다는 점을 반복할 필요는 없다. 질문자는 스스로 판단하여 내 해석에 권위를 부여하면 된다.

개괄적으로 이야기하면 나는 로히아 박사의 해석을 수용하는 데 난점이 전혀 없다고 말할 수 있다.

국민회의가 기울인 노력의 결과가 궁극적으로 무엇이든, 지금 진행되고 있는 공약에 대한 논의는 대중에게 건강한 정치교육을 제공하고, 우리나라에 있는 여러 사상 학파를 지배하고 있는 여론을 구체화한다.

나는 비록 로히아 박사에게 대체로 동의하지만, 나 자신의 말로 독립 공약에 대한 해석을 내리는 것이 더 좋을 것이다. 그 공약은 모든 것을 망라한 것이 아니다. 그것은 내가 운영위원회를 움직일 수 있는 범위를 보여준다. 내가 만일 우리나라를 나의 관점으로 전향시킬 수 있다면, 미래의 사회 질서는 대개 차르카와 그 속에 포함되어 있는 모든 것에 기초를 둘 것이다. 차르카는 촌민들의 복지를 증진할 수 있는 모든 것을 포함할 것이고, 위의 투고자가 언급한 산업을 배제하지는 않을 것이다. 단, 그러한 산업이 촌락과 촌락의 삶을 질식시켜서는 안 된다. 나는 전력 · 선박건조 · 제철 · 기계제작, 그리고 이것들과 유사하면서도 촌락 수공업과 병존할 수 있는 산업을 마음속에 선명히 그리고 있다. 그러나 의존의 순서는 역전되어야 한다. 지금까지는 산업화가 촌락과 촌락 수공업을 파괴하도록 계획되었다. 미래의 국가에서 산업화는 촌락과 그 수공업을 보조해야 할 것이다.

나는 국가가 집중화된 산업을 계획하고 소유해서 생필품의 생산이 집중화되면, 이것이 일반복지(*the common welfare*)에 도움이 될 것이라는 사회주의자의 신념에 동의하지 않는다. 서양의 사회주의 관념은 폭력으로 범벅된 환경에서 태어났다. 서양식 사회주의와 동양식 사회주의 배후에 있는 동기는 같은 것으로, 그것은 다름 아니라 사회 전체를 위한 최대 복지(*the greatest welfare of the whole society*)를 추구하고 수백만 명의 가지지 못한 자들과 소수의 가진 자들을 초래하는 가증할 불평등(*the hideous inequalities*)을 폐지하는 것이다. 나는 이 목표가 세상에서 최선의 마음을 가진 자들이 정의로운 사회 질서(*just social order*)를 건설할 수 있는 기초로서 비폭력을 수용할 때만 달성될 수 있으리라고 믿는다. 폭력을 사용한 무산자계급(*the proletariat*)의 권력 쟁취는 결국 실패하고 말 것이라고 생각한다. 폭력으로 얻은 것은 보다 우세한 폭력 앞에 없어지고 말 것이다. 국민회의 의원들이 비폭력 강령에 진실하고 그에 따라서 살아가기만 한다면, 인도는 위에서 말한 목표를 거의 손에 넣을 것이다. 건설적 프로그램의 작동이 하나의 시금석이 될 것이다. 대중의 열정(*the passions of the masses*)을 이용하는 사람들은 자신들과 나라의 명분을 해칠 것이다. 그들이 고귀한 동기를 가졌다는 사실은 별개의 문제이다. 왜 의원들은 건설적 프로그램을 완전하고 충실하게 실행하지 않을까? 우리가 우리 자신의 프로그램에서 성공을 거둘 때 다른 프로그램도 고려할 것이다. 그러나 구입하기도 전에 물소의 분배에 대해서 논쟁을 벌인 이야기 속의 사람들과 같이, 스와라즈가 당도하기도 전에 우리는 상이한 프로그램들에 대해서 논쟁하고 있다. 어떤 프로그램에 대해서 다수가 동의한 것이라면 그것을 충실하게 수행하는 것이 예의 바른 일일 것이다.

여태 국민회의 프로그램을 장식해왔고 로히아 박사가 언급했던 다른 항목들도 존재한다. 하지만 보다 결정적으로 말하자면, 독립 공약이 이런 항목들의 포기를 꼭 요구하는 것은 아니다. 온갖 형태의 불의에 대한 반대운동은 정치적 삶에서 호흡과 같은 것이다. 나는 그 공약이 건설적 프로그램에서 분리되면 폭력의 기미를 띨 수밖에 없다고 주장하는 바이다.

내가 주장하는 요점을 예를 들어서 설명하겠다. 아힘사에 대한 나의 실험은, 실천 중의 비폭력이 육신을 통한 평범한 노동을 의미한다는 점을 나에게 가르쳐 주었다. 러시아 철학자 본다레프(*Bondaref*)는 그것을 생계를 위한 노동이라고 불렀다. 그것은 가장 친밀한 협조이다. 남아프리카 최초의 사탸그라히들은 공동선(*the common good*)과 공동의 재정을 위해서 노동했고 새처럼 자유를 느꼈다. 거기에는 힌두교도, 이슬람교도(시아파와 수니파), 기독교도(개신교도와 가톨릭교도), 파시교도, 그리고 유대인들이 있었다. 그 진리파지자들 안에는 영국인과 독일인도 있었다. 직업을 보면 변호사·건축가·기술자·전기

기술자 · 인쇄공 · 상인들이었다. 진리와 비폭력의 실천은 종교적인 차이점들을 녹여 버렸고, 우리는 각 종교가 가진 아름다움을 보는 법을 배웠다. 내가 남아프리카에서 설립한 두 공동체[129]에서 종교를 두고 말다툼하는 것을 단 한 번도 본 적이 없다. 공동 노동은 인쇄 · 목수일 · 구두제조 · 정원 가꾸기 · 건축 등등으로 이루어져 있었다. 노동은 지루한 일이 아니라 기쁨이었다. 저녁에는 문예 연구를 했다. 이들 성인 남녀와 소년들은 모두 사탸그라하 군대의 전위대였다. 그들은 더할 나위 없이 용감하고 충직한 동지들이었다. 남아프리카의 경험은 인도에서도 계속되었고 더욱 개선되었다고 나는 믿는다.

아메다바드 노동자들이 인도에서 가장 잘 조직된 무리라는 점에 대해서 사람들은 일반적으로 동의한다. 만일 그 노동자들이 처음 시작했던 대로 그 길을 쭉 따라간다면, 결국 공장들을 현 소유주와 공동으로 소유할 것이다. 만일 그것이 자연스런 결과가 아니라면, 그 비폭력은 내부에 약점을 안고 있음을 의미한다. 발라브바이에게 '사르다르'라는 칭호를 부여하고 싸움을 승리로 이끈 바르돌리의 농민들, 그들과 함께 싸움을 해온 보르사드와 케다 지방의 농민들은 건설적 프로그램을 수년 동안 실천해왔다. 그 농민들이 건설적 프로그램을 실천했다고 하여 사탸그라히의 자격에 문제가 생긴 것은 아니었다. 아메다바드의 노동자들과 바르돌리와 케다 지역의 농민들은 만일 시민저항이 있다면, 인도의 어느 누구 못지않게 훌륭히 해낼 것이라는 점에 대해서 나는 분명히 확신한다.

나는 진리와 비폭력을 34년 동안 부단히 실험해왔는데, 비폭력이 의도적인 육체노동과 연결되지 않고 이웃과의 일상적 접촉에서 그 표현을 얻지 못한다면, 비폭력은 유지될 수 없다고 확신하게 되었

---

129 피닉스 정착촌과 톨스토이 농장.

다. 이것이 건설적 프로그램이다. 그것은 목적 자체는 아니지만 불가결의 수단이므로 목적과 거의 치환 가능하다. 비폭력 저항의 힘은 건설적 프로그램이 정직하게 작동할 때만 나올 것이다.

아힘사 실천, 〈하리잔〉, 1940. 1. 27 ; 《전집》 77 : 287

95) 건설적인 일과 의회의 일

소데푸르, *1945. 12. 18*

자매에게,

당신의 편지를 읽어서 행복했습니다. 당신의 힌디어는 어떤 면에서 봐도 내 것에 비해서 조금도 손색이 없습니다.

우리 모두는 의회의 일 이상으로 건설적인 일을 해야 합니다. 의회 일의 목표도 건설적인 일을 진작하는 데 있습니다.

안녕히 계십시오.

M. K. 간디

Shri Anasuyabai Kale
Anand Bhavan
Dhantoli
Nagpur

아나수야바이 칼레에게 보낸 편지(H.),
힌디어 사본으로부터 : 《피아렐랄 페이퍼스》 ; 《전집》 89 : 96

96) 재능 사용하기

1947. 4. 21

독립을 얻기 전에 해야 할 일은 달랐지만, 이제 스와라즈가 오고 있으므로 국사를 수행하기 위해서 우리 모두는 서로서로 협조할 필요가 있습니다. 기리자샹카르 바즈파이를 예로 들어 봅시다. 그가 1942년 나에 대한 거짓말은 물론이고 바(Ba)의 죽음에 대해서 노골적인 거짓말을 유포시켰음을 당신은 알고 있지 않습니까? 그러나 이제 우리는 그의 재능을 활용해야 합니다. 그리고 그것은 활용되고 있습니다. 건설적 프로그램을 위한 조직은 이런 식으로 작용해야 합니다. 모든 사람들은 반드시 과거의 편견을 버리고, 강한 나라의 토대를 놓는 일에 자신의 미력이나마 바쳐야 합니다. 그래서 나는 모씨[130]가 평의원 위원회의 일원이 되기를 바랍니다.

편지(G.), 《비하르니 코미 아그만》, 236~237면 ; 《전집》 94 : 354

97) 대담한 건설적인 일꾼들의 필요

1947. 5. 13

독립은 이제 거의 온 것이나 다름없다. 그러나 그것은 정치적 독립일 뿐이다. 영국인이 인도를 떠나기만 하면 더 많은 편리와 위안이 있어서 건설적 프로그램이 피상적인 것으로 되어 버릴 것이라고 생각해서는 안 된다. 그러나 지배적인 분위기로 보아서, 독립 후 최소한 10년간은 우리의 상태가 지속적으로 악화될 수도 있을 것으로 보인다. 이 정치적 자유(*political freedom*)는 분명 우리를 억누르고 있던 속박을 제거할 것이고, 우리는 우리가 품어온 목표들을 성취할 수 있을 것이다. 독립 이후에는 진짜 어려운 일을 해야 할 것이다. 빈곤과 실업이 인도에서 제거되지 않는 한, 나는 우리가 자유를 얻었다는 사실에 동의하지 않을 것이다. 진정한 부는 보석과 돈에 있는 것이 아니라, 적절한 음식·의복·교육을 제공하는 데, 그리고 우리 모두를 위한 삶의 건강한 조건을 창조하는 데 있다. 한 나라의 시민들이 필요한 양(*needs*)만큼은 쉽게 벌 때, 그 나라가 번영하고 자유롭다고 말할 수 있을 것이다. 그러나 오늘날의 상황은 너무나 비극적이어서, 한편에서는 사람들이 호강과 사치 속에서 뒹구는데

130 모씨란 사랄라벤 사라바이(Saralabehn Sarabhai)이다.

다른 한편에서는 자신의 몸을 덮을 만한 옷도 없이 아사 직전에까지 이른 사람들이 있다. 오늘날 사람들은 해야 할 일 없이 게으르게 놀고 있다. 사람은 자신을 계발할 충분한 기회가 있어야 한다. 그런 일은 건설적인 일꾼들 사이에 각성이 있을 경우에만 가능하다.

나라는 정치가들을 필요로 한다. 그러나 이제는 우리나라의 번영을 위해서 꼭 열심히 일해야 할 때이므로, 우리는 헌신적이고 건설적인 일꾼들이 필요하다. 나는 기계와 결혼한 자들이 미망에서 깨어날 것임을 확신한다. 모든 사람들이 미망에서 깨어나기만 하면 차르카를 열심히 돌릴 것이다. 사람들은 모든 면에서 자립적(*self-reliant*)이어야 한다. 사람들이 자신의 자유의지로 일을 시작하지 않는다면, 시간과 상황이 그들로 하여금 그렇게 하도록 할 것이다. 그러나 현재 우리가 자유를 향하여 행진하는 방식을 보면 나는 질식할 것 같다. 어디에서도 빛이 보이지 않는다. 이제 영국인들이 권력 이양을 고려하고 있으므로, 각 집단이 권력을 장악하기 위해서 혈안이 되어 있다. 그러나 우리가 의무를 수행하지 않는다면, 우리는 노예 상태(*slavery*)가 이런 자유보다 더 나았다고 말할 빌미를 민중에게 주게 될 것이다. 건설적인 일꾼들이 대담하고 두려움이 없는 정도만큼, 대담함과 무외의 자질들은 그들의 행위에 반영될 것이고, 그들의 일을 통해서 대기 속에 확산될 것이다. 우리나라는 그와 같은 건전한 공기를 호흡한다면 분명히 건강하게 될 것이다. 그래서 모든 건설적인 일꾼들이 허리띠를 단단히 조이고 행동으로 뛰어들어야 할 때가 왔다. 이 순간을 선용하여 신이 그들에게 하사하신 생명을 증명해 보자.

건설적인 일꾼들에게 주는 충고(G.),
《비하르니 코미 아그만》, 346~347면 ; 《전집》 95 : 60

III

스와라즈

자유와 자치

1. 자유[1]

98) 자유와 박탈

> 자유(*liberty*)란 타인의 의지와 양심에 순종하는 것이 아니라 우리 자신의 의지와 양심에 순종하는 것이다.
>
> 에든버러 대학 연합협회에서 휴즈 세실(Hugh Cecil) 경

현재 트란스발에서 진행되고 있는 투쟁이 자유를 위한 싸움이라고 흔히들 말한다. 위에서 인용한 정의에 비춰서 판단하건대, 트란스발에 있는 우리 동포는 자유를 위해서 진실로 싸우고 있고, 그래서 보편적인 공감(*universal sympathy*)을 받아 마땅할 것이다. 휴즈 세실 경은 그가 내린 정의를 더 자세히 설명하면서 다음과 같이 말했다.

---

1 〔역주〕 이 장의 영어 제목은 'Freedom and Liberty'이다. 한글로 구분할 도리가 없어서 그냥 자유로 번역했다. 이 영어 제목은 편집자 이예르의 것이고, 《전집》(권 10, 379)에는 'Liberty'로 되어 있다.

> 자유를 유지하는 진정한 토대는 자유 없이는 진정한 의미에서 덕(*virtue*)이나 공정(*righteousness*)이 있을 수 없다는 데 있다. 덕은 바르게 행위하는 데 있는 것이 아니라 바르게 행위하도록 선택하는 데 있다. 이것이 동물과 인간 사이의 커다란 차이이다.

트란스발 인도인들은 자신들의 의지와 상충하는 국가 의지(*the will of the State*)에 순종하지 않고 그들 자신의 의지와 양심에 순종하여 힘을 행사한다. 자신의 의지를 국가 의지에 종속시키는 사람은 누구든 자신의 자유를 내놓고 노예가 된다. 아시아인법(the Asiatic Act)은 인도인들부터 자유를 박탈하고 그들의 양심에 순종하는 힘을 빼앗아감으로써 인도인들을 노예로 만든다.

세실 경의 진술로 미뤄 보면, 사람들이 국회 제정법(*Acts of Parliament*)을 따른다고 하여 유덕하게 될 수 있는 것은 아니라는 결론이 나온다. 선하다고 간주되는 어떤 행위를 그들에게 강요한다고 해도, 강제로 짐을 싣고 가는 당나귀에게 덕이 있다고 할 수 없듯이 그들에게 덕이 있다고 할 수는 없다.

그래서 트란스발의 수동적 저항자들(*passive resisters*)이 가장 강력한 남아프리카 국가와 싸움을 벌이는 일은 아프리카 전체의 자유를 위한 투쟁이라고 할 수 있다. 그들은 소수이지만 그들 앞에는 위대하고 명확한 사명이 있다. 그리고 그들은 자신들의 업적에 대해서 자부심을 느껴야 할 충분한 이유가 있다.

휴즈 세실 경은 자유에 대한 학문적 정의를 내리지만, 그것을 어떻게 획득할 수 있는지는 우리에게 말해 주지 않는다. 만일 자유가 양심의 명령에 따라서 행동하는 능력이라면, 우리가 무기의 힘 곧 물리적 폭력에 의해서 그것을 얻을 수 없음은 분명하다. 우리의 적들이 자신들의 방식이 과오임을 깨닫고 그들의 의지를 강요해서 우리를 괴롭히는 것을 그만둘 때까지, 우리는 자신의 인격 안에서의 고통을 통해서만 자유를 얻을 수 있다. 이러한 투쟁의 방법이 세실 경의 정의에 따른 자연스런 결론이고, 그밖에 다른 방법은 전혀 없다. 다른 방법은 자유를 박탈하는 일이다.

자유, 〈인디언 오피니언〉, 1910. 1. 8 ; 《전집》 10 : 208

99) 자유와 영적인 힘

그레그 씨는 1766년 12월 미국혁명전쟁 당시 토마스 페인(Thomas Paine)이 미 동부 13주 식민지의 자유(*freedom*)를 위해서 영국과 싸우고 있던 워싱턴 장군의 부하 군인들에게 보낸 서면의 연설문에서 발췌한 다음 글을 나에게 보내주었다.

> 지금은 바로 인간의 혼을 시험할 때이다. 한창때의 군인이면서 유복한 애국자는 이런 위기에 직면하여 조국에 대한 봉사를 앞에 두고 뒤로 물러설 것이다. 그러나 그 위기를 견디어 나가는 자는 이제 모든 이의 사랑과 감사를 받을 자격이 있다. 학정(虐政, *tyranny*)은 지옥과 마찬가지로 쉽게 정복되지 않는다. 그러나 우리는 갈등이 심하면 심할수록 승리가 더욱 영광될 것이라고 스스로 위로한다. 우리는 아주 값싸게 얻은 것을 경시한다. 만물에 그 나름의 가치를 주는 것은 그것의 귀함이다. 하늘은 자신이 만든 물건들에 적절한 가격을 매기는 방법을 안다. 그리고 〈자유〉(*Freedom*)와 같이 참으로 고상한 글이 높이 평가받지 못한다면, 그것은 아주 이상한 일일 것이다. …
>
> 나는 토리당 사람들이 주창하고 있는 비열한 원리들에 대해서 사람이라면 응당 느껴야 할 온갖 종류의 분노를 느꼈다. 암보이(Amboy)에서 선술집을 운영하는 어떤 유명한 사람이, 내가 여태 본 다른 아이들만큼 귀여운 8~9세 정도의 아이의 손을 잡고 자신의 문 앞에 서 있었다. 그는 스스로 생각한 대로 자유롭게 그리고 사려 깊게 자신의

마음을 토로한 다음, 다음과 같이 아버지답지 않은 말을 했다. "내가 살아 있는 동안 나에게 평화를 주시오." 이 대륙에 살아가는 사람들은 모두 이별이 언젠가 결국 오고야 말 것이라는 점을 단단히 믿는다. 그리고 관대한 아버지라면 다음과 같이 얘기했어야 했을 것이다. 즉, "곤란이 있을 것이라면 내가 살아 있는 동안 있게 하자. 그래서 내 아이에게는 평화가 있었으면 좋겠다"라고. 이 단 하나의 반성을 잘 활용하면 모든 사람들에게 자신의 의무를 일깨우는 데 충분할 것이다. 지상의 어떤 나라도 미국만큼 행복한 나라는 없을 것이다. 미국의 상황은 모든 세상의 다툼과 멀어져 있고, 미국은 세상과 교역하는 길 이외에 해야 할 일이 아무것도 없다. …

나는 단지 몇 명만을 부르는 것이 아니라 모든 사람들을 부른다. 이 주(州), 저 주의 사람만을 부르는 것이 아니라 모든 주의 사람을 부른다. 일어나서 우리를 도와다오. 분발하라. 걸려 있는 목표가 이렇게 원대할 때 적은 힘보다 많은 힘을 갖는 것이 더 좋다. 미래의 세계에 다음과 같은 얘기를 전달해 주도록 하자. "오직 희망과 덕행(德行)만이 살아남을 수 있었던 한겨울에, 도시와 시골이 공동의 위험에 직면했지만 그것을 물리쳤다는 얘기를. 수천 명이 갔다고 말하지 말고, 수만 명을 보내라. 그날의 짐을 섭리에 맡기지 말고, 하나님이 여러분을 축복할 수 있도록 여러분의 일을 통해서 여러분의 신앙을 보여라." 여러분이 어디에 살든 어떤 지위의 삶을 살든 그것은 문제가 안 된다. 악 아니면 축복이 여러분 모두를 찾아갈 것이다. 멀리 있거나 가까이 있거나, 고향과 오지, 부자와 가난한 자, 모두가 동일하게 고통을 받거나 기뻐할 것이다. 지금 느끼지 못하는 마음은 죽은 것이다. 힘을 조금만 보태도 전체를 구하고 아이들을 행복하게 만들 수 있는데도 후퇴하는 자가 있다면, 아이들의 피가 그의 비겁함을 저주할 것이다. 곤란에 처해 있으면서도 미소를 지을 수 있는 자, 곤궁에서 힘을 낼 수 있는 자, 반성함으로써 용감해질 수 있는 자, 나는 그를 사랑한다. 물러서는 것은 쩨쩨한 마음이니, 확고부동한 마음의 소유자 그리고 자신의 행동에 대해서 양심의 동의를 얻은 자, 그는 죽을

> 때까지 원리들을 실천할 것이다. …
>
> 아무리 말로 표현하려고 해도 부족한 경우가 있는데, 이번이 그와 같은 경우이다. 자신들을 위협하는 악의 크기를 완전히 보지 못하는 사람들, 그들은 적이 성공한다면 그 적이 온정(*mercy*)을 베풀 것이라는 희망을 갖고 자신들을 위로한다. 하지만 정의의 실천을 거절한 사람들에게서 온정을 기대하는 것은 어리석음의 광기이다. 정복이 목표인 경우에 온정은 전쟁의 속임수일 따름이다. 여우의 교활함은 이리의 폭력만큼이나 살인적이다. 그러므로 우리는 양자 모두에 대해서 우리를 보호해야 한다.

평화의 군인과 전쟁의 군인에게 요구되는 자질은 눈에 띄게 유사하다. 토마스 페인의 연설은 아메다바드 국민회의 서약—신구의(身口意)에 있어서 완전한 비폭력을 지키겠다는 서약—아래 등록한 1921년 국민회의 지원자들에게 거의 한 마디 한 마디 또박또박 반복하여 연설해도 아주 적절했을 정도다. 여러분이 자유를 확보하기 위해서 물리력을 사용하든 아니면 영혼의 힘 곧 자기고통을 사용하든, 자유를 가치 있는 품목으로 만들기 위해서 지불해야 할 값은 당연히 비쌀 것이다. 불리한 여건을 만나면, 용기와 인내는 칼의 사람에게뿐 아니라 영혼의 사람에게도 같은 정도만큼 있어야 한다. 폭력의 방법으로든 비폭력의 방법으로든 우리가 스와라즈를 얻으려면, 사치는 물론 평안과 안락을 내버려야 할 것이다. 프라탑(Pratap)은 그가 자유라고 믿었던 것을 위해서 자신을 궁핍에 빠지도록 내버려 두었다. 프라흘라드는 자신이 자유라고 믿었던 것을 위해서 육신을 마음대로 부수도록 맡겨 두었다. 그러나 우리 가운데는 스와라즈를 아주 헐값으로 획득하려는 사람이 한 둘이 아니다. 토마스 페인은 그런 일은 불가능하다고 말한다.

자유의 대가, 〈영 인디아〉, 1926. 12. 9 ; 《전집》 37 : 112

100) 내면적 자유와 외면적 자유

'자유로운 자에게 자유를'

우리가 종교의 이름으로 상대방들의 목을 베고, 우리 가운데 일부는 자유를 얻겠다는 헛된 희망을 품고 법령위원회[2]로 달려가는 동안, 친구 하나가 나에게 제임스 앨런(James Allen)의 다음 글을 보내왔다. 그 글은 이른바 자유의 땅이라 불리는 곳에 진정한 자유가 와야 함을 우리에게 상기시켜 주었다.

> 외부에서 오는 일체의 억압은 내면의 진정한 억압의 그림자이고 결과이다. 억압받는 자들은 오랫동안 자유(*liberty*)를 위해서 외쳐왔고, 1천 명이 제정한 성문법도 그들에게 자유를 주는 데 실패했다. 그들은 자신들에게만 자유를 줄 수 있을 뿐이다. 그들은 그 자유를 자신들의 가슴에 새겨진 신성한 성문법(*the Divine Statutes*)에 순종함으로써만 발견할 수 있을 것이다. 그들로 하여금 내면적 자유(*inward freedom*)로 향하게 하자. 그렇게 하면 억압의 그림자가 더 이상 이 땅을 어둡게 하지 않을 것이다. 인간들로 하여금 자신들을 억압하지 말도록 하자. 그러면 어떤 인간도 제 형제를 억압하지 않을 것이다. 인간들은 외면적 자유를 위해서 법을 만들지만, 사실은 내면의 노예상태를 양성함으로써 외면적 자유의 성취를 계속 불가능하게 한다. 그래서 그들은 외면의 그림자를 좇고 내면의 실질을 무시한다. 정염·과오·무지에 대한 적극적인 노예이기를 그만둘 때, 억압과 굴레가 취하는 일체의 외면적 모습은 사라질 것이다.

따라서 우리가 얻을 수 있는 외면적 자유(*outward freedom*)는 특정 순간 우리가 성장하여 도달한 내면적 자유에 정확히 비례할 것이다.

---

2 〔원주〕 사이몬위원회(Simon Commission). 〔역주〕 주 19 참조.

그리고 이것이 자유에 대한 올바른 견해라면, 우리의 주요 에너지는 내면적 개혁의 성취에 집중되어야 할 것이다. 이와 같이 절실하게 필요한 일에 있어서 같은 몫의 일을 하려는 자들은 각자 같은 몫의 일을 할 수 있다. 이 위대한 노력에 참여하기 위해서 우리가 법률가나 입법가가 될 필요는 없다. 개혁이 국가적 규모로 일어나면 외래의 어떤 힘도 우리의 지속적인 행진을 막지 못할 것이다.

메모, 〈영 인디아〉, 1928. 11. 1(G.);
〈나바지반〉, 1928. 11. 4(G.) ; 《전집》 43 : 225[3]

101) 자립과 상호의존

제타랄 고빈드지 씨는 비졸리아(라즈푸타나)에서 다음과 같은 편지를 보냈다.

> 제가 여기를 떠나서 다른 장소로 가는 일은 최소한 6개월 안에는 가능할 것 같지 않습니다. 그렇다 해도 적어도 대략 6천 명의 사람들이 오늘날 그들 자신의 실을 잣고 있습니다. 그들 대부분은 자신들의 직물을 짭니다. 그러나 염색 문제가 큰 장애물입니다. 빨강 · 노랑 · 핑크 색들이 무척 필요합니다. 오늘날 우리는 외국 염료에 의존할 수밖에 없습니다. 이런 의존이 지속된다면, 중간상인들의 착취적인 태도는 우리를 배반할 가능성이 있고 자신들의 유색 직물을 구입하도록 민중을 시장으로 내몰 것입니다. 이미 진행된 카디 작업을 강화하기 위해서, 토속 염료 사용을 민중에게 꼭 가르쳐야 합니다. 이런 난관에서 빠져나올 수 있는 방도를 찾아야 하므로, 〈영 인디아〉지와 〈나바지반〉지 독자들은 이런 점에서 여러 제안을 해주시길 바랍니다. 이 일이 진행되지 않으면 현재 우리의 가련한 처지가 끝나지 않을 것입니다.

---

3 〔역주〕 본 번역의 원전 내의 원문은 《전집》의 원문과는 좀 다르다.

모든 사람들의 손이 쉽게 미치는 곳에 우리나라에서 만든 염료를 두는 일이 왜 불가능한지를 모르겠다. 나는 이런 기술을 아는 자들이 이 목표를 위해서 협조해 주기를 바란다. 그러나 나는 제타랄 씨와 같이 카디를 사랑하는 자들에게 한마디 경고의 말을 하지 않을 수 없다. 그는 아마도 우리나라의 과거 어떤 때도 실현된 적이 없어 보이는 야심 찬 이상을 자신 앞에 두었다. 경작자는 어떤 생필품을 위해서는 중간상인에게 언제나 의존할 수밖에 없다. 그리고 나에게는 이것은 마땅히 그래야 하는 일이다. 상호의존(*interdependence*)은 자기충족(*self-sufficiency*)만큼이나 인간의 이상이고 이상이어야 한다.

사람은 사회적 존재이다. 사람은 사회와의 상호 관계없이 우주와의 일치(*oneness*)를 실현할 수도 없고 자신의 이기주의(*egotism*)를 억제할 수도 없다. 사람은 사회적 상호의존을 통해서 자신의 신앙을 시험하고 실재의 시금석 위에서 자신을 증명한다. 만일 사람이 자신의 동료들에게 조금도 의존하지 않고 절대적으로 독립한다면, 또는 그런 일이 가능하기라도 한다면, 그는 자만심을 갖고 교만해져서 이 세상에서 참으로 부담스럽고 귀찮은 존재가 될 것이다. 사회에 대한 의존은 그에게 겸손의 교훈을 가르쳐 준다. 사람이 핵심적으로 필요한 대부분을 자기 힘으로 만족시킬 수 있어야 한다는 점은 분명하다. 그런데 자기충족이 자신을 사회로부터 고립시키는 정도까지 나갈 때는 죄를 짓는 것과 다름없다는 사실 또한 나에게 분명하다. 사람은 면화재배에서 실을 잣는 일에 이르기까지 모든 면에서 자기충족적일 수 없다. 그는 이런저런 단계에서는 가족 구성원들의 도움을 받는다. 그리고 만일 사람이 자신의 가족 구성원에게서 도움을 받는 일이 괜찮다면, 자신의 이웃에게서 도움을 받는 것은 왜 안 될까? 이웃에게서 도움을 받아서는 안 된다면, '세계가 내 가족이다'라는 위대한 말씀은 무엇을 의미하는 것일까?

제타랄 씨의 고민의 밑바닥에는 염료 상인들에 대한 불신이 숨어 있는 것 같다. 왜 우리는 중간상인들이 반드시 속일 것이라고 생각해야 할까? 카디운동은 전면적인 정화(淨化)를 대변한다. 그 운동은 우리에게 사회생활과 전면적인 관계 수립을 요구하고, 사회를 정화하도록 영향력을 행사하기를 원한다. 우리는 중간상인들에게서 직업을 뺏기를 원하는 것이 아니라, 직업에 새로운 방향을 설정해 주고, 상인의 정신적 관점을 변화시키기를 원한다. 우리는 중간상인을 항구적으로 믿고 그들이 언젠가는 사업 윤리에 대한 높은 감수성과 불타는 애국심을 보여줄 것을 믿는다. 오늘날에도 그와 같이 이상적인 사업가의 사례들은 적지 않다.

광신적인 과도함은 항상 피해야 할 것이다. '중도'가 왕도이다. 자립(*self-dependence*)은 자존심(*self-respect*)과 영적 훈련에 도움이 되는 한, 그리고 도움이 되는 만큼만 필요한 이상이다. 그것이 한계를 넘으면 강박관념과 장애물이 된다. 반면, 상호의존은 자존심에 상처를 입히는 일이 아니라면 사람에게 겸손과 신의 전능을 철저히 가르치는 일에 필수적이다. 사람은 이 양극단 사이에서 황금의 중용을 맞춰야 한다. 사리분별하기를 거부하는 광신주의는 모든 이상들을 부정한다.

우리의 무력감(G.), 〈나바지반〉, 1929. 2. 24;
〈영 인디아〉, 1929. 3. 21 ; 《전집》 45 : 103

102) 자유와 자기통제

일부 공의파(空衣派 : 디감바라, *Digambar*)[4] 자이나교도는 우리가 기본적인 권리와 의무와 관련하여 카라치에서 통과된 국민회의 법안—즉 '스와라즈'하에서 종교적 자유(*religious freedom*)를 보장한다는 법안

4 문자 그대로 하늘을 자신들의 의복으로 간주하는 사람들이다.

—을 감안한다면, 자신들의 종교에 따라서 나체로 돌아다니는 공의파 자이나교 사두들에게 누가 반대할 수 있을지 하는 질문을 사르다르(선생)[5]에게 했다. 사르다르는 종교적 자유라 해도 그것이 많은 사람에게 점잖지 않게 보이거나 그들의 감정을 해치는 행동을 허용하지는 않는다고 대답했다. 그리고 그는 사두라고 해도 나체로 돌아다닌다면 사람들의 감정을 해칠 수밖에 없다는 것이 자신의 의견이라고 말했다.

나는 사르다르가 할 수 있는 대답은 이 말뿐이었으리라고 생각한다. 나 역시 모든 사람들에게 이상적 상태는 나체라고 믿는다. 이상적인 사람은 언제나 순진무구하여 정염이나 욕망에서 자유로울 것이다. 그와 같은 순진함이 없이 나체로 돌아다니는 자는 모두 죄 있는 사람으로 간주될 것이다.

공의파 사두들이 사두로서 알려져 있다고 해서, 반드시 일체의 정염에서 자유로울 것이라는 결론을 내릴 이유는 전혀 없다. 비록 그들이 정염에서 자유롭다고 해도 사회적 품위의 한계를 지켜야 하는 것이 그들의 다르마이다. 몇몇 자이나교도는 사두들의 형편을 이해할 수 있을 것이다. 하지만 사회는 대체적으로 그 형편을 이해할 수 없을 것이고, 사회적 감정은 상처를 받을 것이다. 나체의 사두들은 도시를 방문할 필요가 없다. 만일 그럴 필요가 있다면, 그들은 시민에게 규정된 최소한의 품위를 준수해야 한다. 이렇게 품위를 준수하는 대신 그들이 만일 나체 상태로 도시에 들어오기를 고집한다면, 또는 슈라바카[6]들이 이를 고집한다면, 내 생각으로는 그것은 비법(*adharma*)[7]으

5 〔역주〕 발라브바이 파텔(Vallabhbhai Patel)을 지칭하는 것으로 보인다. 125번 글 〈인도의 생체 절단〉, 역주 27번 참조.

6 자이나교 재가신도들.

로 간주될 것이다. 나 자신은 나체 상태를 좋아한다. 한적한 숲 속에 살기라도 한다면, 나는 나체로 지낼 것이다. 하지만 정염으로 가득 찬 이 세상에서, 나체를 일반적으로 인정하는 일은 실현될 가능성이 거의 없다. 각 종교 분파의 위대한 자들이라도 해도 도덕의 보존을 위해서 자신들의 음부는 가려야 한다. 그것이 그들의 다르마이다.

개인적 자유든 종교적 자유든 여기에는 언제나 수많은 제한이 있어 왔고 앞으로도 항상 그럴 것이다. 종교는 권리를 갈망할 것이 아니라 자제(*restraints*)와 제한(*restrictions*)에 굶주려야 한다. 종교를 알고 실천하는 사람은 자신이 행사할 권리의 관점에서 생각하지 않는다. 나체가 사람의 의무가 될 수는 없다. 모든 소유물을 버리는 것은 사람의 의무이다. 그것은 마음의 다르마이다. 누가 나에게 무거운 짐을 지운다면, 그것은 소유물이 아니다. 그러나 내가 그 짐을 향유하기 시작한다면 소유물이 된다. 사회질서 유지를 위해서 허리감개(요대, *loin-cloth*, 腰帶)라는 짐을 견디는 사두는 무소유의 원리를 범한 것이 아니라 자기통제를 행하는 것이다. 사회의 감정(*the feelings of society*)을 우려하지 않고 나체로 돌아다니길 고집하는 사두는 고집쟁이다. 《기타》의 다음 금언이 이와 관련이 있다. "이 삼계에서 내가 할 일은 아무것도 없다. 하지만 나는 언제나 행동한다. 내가 내 과업을 수행하지 않는다면 삼계는 무너질 것이다. 나는 온 인류의 혼돈의 원인이고 종말의 원인이 되고 말 것이다." 사두들은 민중을 해칠 수 있는 어떤 일도 해서는 안 된다. 사회 역시 사두들로 하여금 그런 행위를 하도록 부추겨서는 안 될 것이다.

자유의 한계, 〈나바지반〉, 1931. 5. 31 ; 《전집》 52 : 287

7 다르마의 위반.

103) 절제와 자유

1932. 3. 20

안녕,

수많은 장소에서 사람들이 적당한 한도 이상의 자유(*freedom*)를 누리는 것은 사실이네. 대중적 각성이 있는 곳에서는 어디에서나 그런 일들이 일어난다네. 자기통제는 모든 사람에게 강요될 수는 없다네. 자신의 행동에 대해서는 엄격해야 하고 타인에 대해서는 관대해야 하네. 하지만 우리가 과도한 자유라고 간주하는 것이 관련 당사자들에게는 절제(*moderation*)일 수도 있다네. 어떤 사람은 우유를 약으로 생각할 수도 있지만, 다른 사람은 욕망을 채우기 위해서 그것을 소비한다네. 그런 일들은 매일 일어난다네.

바푸로부터 축복을

편지(G.), CW 8979 ; 《전집》 55 : 145

104) 독립과 지방 분권

판츠가니, *1946. 7. 21*

질문 7월 15일자 〈하리잔〉지에 실린 〈진정한 위험〉이란 제목의 글에서 당신은, 국민회의 의원들이 대체로 그들 자신이 원하는 독립을 모르는 것이 분명하다고 말했습니다. 당신 자신이 생각하는 독립 인도에 대한 광범위하며 포괄적인 그림을 제발 그들에게 보여주시겠습니까?

답변 나는 인도 독립에 대한 나의 생각을 때때로 말하지 않은 것은 아닙니다. 하지만 이 물음이 여러 질문 중의 하나이기 때문에, 반복의 위험에도 불구하고 대답하는 편이 나을 것입니다.

인도의 독립은 인도 전체의 독립을 의미해야 하는데, 여기에는 이른바 주(州)들로 이뤄진 인도, 아마 영국의 묵인하에 인도에 와 있는 것으로 보이는 프랑스와 포르투갈 등의 외세까지 포함되어 있습니다. 독립은 오늘날 인도인을 지배하고 있는 자들의 독립이 아니라 인도 민중의 독립을 의미해야 합니다. 지배자들은 그들의 발굽 아래에 있는 자들의 의지에 의존해야 합니다. 그래서 민중의 종복이 되어야 하고 민중의 의지를 실천할 준비가 되어 있어야 합니다.

독립은 반드시 밑바닥에서 시작해야 합니다. 그래서 모든 촌락이 완전한 힘을 보유하고 있는 하나의 공화국(*a republic*) 곧 판차야트(*panchayat*)[8]가 될 것입니다. 여기에서 모든 촌락은 자기충족적이어야 하며, 자신의 업무를 처리할 수 있어야 하고, 그것도 전 세계에 대항하여 자신을 방어할 정도까지 처리할 수 있어야 한다는 결론이 나옵니다. 촌락은 외부에서 오는 일체의 맹공격에 대항하려고 시도하다가 죽을 훈련과 각오가 있어야 할 것입니다. 궁극적으로 말하자면 하나의 구성단위가 되는 것은 개인(*the individual*)입니다. 그렇다고 해서 이웃이나 세계에 대한 의존이나, 이웃과 세계가 주는 자발적 도움을 배제하지는 않습니다. 서로 의존하고 서로 돕는 것은 공동의 힘을 자유롭고 자발적으로 사용하는 방식이 될 것입니다. 사회는 반드시 고도로 계몽되어, 그 사회에서 살아가는 모든 남녀들은 자신들이 원하는 바를 알고 있고, 더구나 동등한 노동을 통해서 다른 사람들이 소유할 수 없는 것은 아무것도 원하지 않아야 한다는 점도 알고 있습니다.

이 사회는 자연적으로 진리와 비폭력에 근거해야 합니다. 진리와 비폭력은 신에 대한 살아 있는 신앙이 없다면 불가능합니다. 여기에서 말하는 신은, 스스로 존재하며, 이 세상에 알려진 일체의 다른 힘에 깃들어 있는 전지의 살아 있는 힘이고, 어느 누구에게도 의존하지

8 5인으로 구성된 촌락위원회.

않고, 다른 모든 힘들이 멸망하거나 활동하기를 그칠 때에도 살아남는 힘입니다. 나는 만물을 포괄하는 이 살아 있는 빛(*living Light*)에 대한 신앙 없이는 내 삶을 설명할 수 없을 것입니다.

수많은 촌락으로 이뤄지는 이런 구조에서는, 끝없이 확장되는 원주들이 존재하지만 상승하는 원주는 결코 없을 것입니다. 생명은 밑바닥에 의해서 지탱되는 정점을 가진 피라미드는 아닐 것입니다. 생명은 바다와 같은 원인데 그 중심에는 개인이 있습니다. 그 개인은 촌락을 위해서 언제든 죽을 각오가 되어 있고, 촌락은 촌락들의 원(*circle*)을 위해서 죽을 각오가 되어 있습니다. 결국 전체가 복수의 개인들로 구성되는 하나의 생명이 될 것입니다. 여기에서 개인들은 자만에 빠져 결코 공격적이지 않고 늘 겸손하며, 필수적인 구성단위들이 되어서 바다와 같이 광대하고 장엄한 원환을 공유하게 될 것입니다.

따라서 가장 외곽에 있는 원주가 내부에 있는 원을 짓밟기 위해서 힘을 행사하지 않을 것이고, 내부에 있는 모든 원들에 힘을 줄 것이며, 그것들로부터 자신의 힘을 얻어낼 것입니다. 사람들은 이것이 너무 유토피아적이어서 조금도 고려할 가치가 없다고 반박하며 나를 조롱할 수도 있을 것입니다. 유클리드 점은 우리 인간이 그려낼 순 없지만 불멸의 가치를 지닌다면, 내 그림도 살아가는 인류를 위해서 나름의 가치를 지닐 것입니다. 비록 그 그림의 완전한 모습은 절대로 실현할 수 없을지언정 인도로 하여금 이 참된 그림을 위해서 살도록 해봅시다. 우리는 무엇인가로 다가가기 전 우리가 원하는 바에 대해서 적절한 그림을 마련해야 할 것입니다. 인도의 각 촌락마다 하나의 공화국이 존재하기라도 한다면, 내 그림이 가질 진실성(*verity*)을 나는 주장하지 않을 수 없습니다. 그 그림에 따르면 맨 나중 사람이 첫 사람과 평등할 것입니다. 다른 말로 하면, 그 촌락에서는 어느 누구도 최초의 사람도 최후의 사람도 아닙니다.

이 그림에는 모든 종교들이 각기 완전하고도 평등한 위상을 차지할 것입니다. 우리 모두는 우람한 나무의 잎에 해당합니다. 나무의 몸통은 땅속에 깊이 박힌 뿌리에서 떼어낼 수 없습니다. 아무리 강력한 바람이라도 나무를 움직일 수 없습니다.

이 그림에는 인간의 노동을 강제 추방하고 몇몇 손아귀에 권력을 집중시키는 기계들이 들어설 자리는 없습니다. 노동은 교양 있는 인간 가족 안에 고유의 자리를 차지합니다. 개개인을 돕는 기계라면 들어설 자리가 있을 것입니다. 하지만 그런 기계가 어떤 것인지에 대해서 곰곰이 생각해 본 적이 없음을 고백합니다. 나는 싱어 재봉틀에 대해서 생각해 본 적은 있습니다. 하지만 그것조차도 마지못해 받아들이는 것입니다. 내 그림의 여백을 메우기 위해서 그런 것이 필요한 것은 아닙니다.

질문 제안된 헌법제정의회가 당신의 그림을 실현하기 위해서 사용될 수 있었다고 당신은 믿습니까?

답변 헌법제정의회는 내 그림을 실현할 수 있는 모든 가능성을 갖고 있습니다. 하지만 나는 많은 것을 바랄 수 없습니다. 그 이유는 공문서가 그런 가능성을 전혀 담고 있지 않아서가 아니라, 〔이것이〕 전적으로 자발적인 성격을 지닌 것이어서 그것에 대한 당파들의 일치된 동의를 요구하기 때문입니다. 이 당파들은 공동의 목표가 없습니다. 국민회의 의원 자신들은 독립의 내용에서조차 한 마음이 아니었습니다. 나는 얼마나 많은 의원이 비폭력이나 차르카에 대해서 맹세하고, 지방 분권을 믿으며 촌락을 핵(*the nucleus*)으로 간주하는지 모릅니다.

나는 반대로 많은 사람이 인도가 일등의 군사력을 보유하는 나라가 되기를 바라고, 인도가 하나의 강력한 중심을 갖고 그 주위에 구조 전체를 건설하기를 소망하고 있음을 압니다. 이런 갈등들이 뒤범벅된 가운데서 인도가 청정한 사고에 기초한 청정한 행위에서 하나의 지도자가 될 수 있다면, 신은 이른바 이들 큰 인물들의 지혜를 혼란에 빠뜨리고, 촌락들에 자기 자신의 생각을 표현할 수 있는 힘 — 당연히 표현해야 하지만 — 을 제공할 것임을 나는 알고 있습니다.

질문 만일 위에서 언급된 글에서 당신이 말한 대로 헌법제정의회가 '내부의 위험' 때문에 쉬하고 꺼진다면, 당신은 국회에 그 대안으로 비폭력적인 방법으로든 아니면 필요한 힘을 사용하든 거국적인 총파업과 권력 장악을 권고하겠습니까? 헌법제정의회가 정말로 사라지게 될 때 당신이 파업과 권력 장악을 허용하지 않는다면, 당신의 대안은 무엇입니까?

답변 나는 어둠이 나를 정면에서 노려보기 전에는 그것에 대해서 생각하지 않겠습니다. 그리고 내가 총파업과 권력 장악에 관련되는 경우는 없을 것입니다. 그것들이 비폭력적이더라도 말입니다. 헌법제정의회가 결렬되는 경우 내가 무엇을 해야 할지 아직은 알 수 없지만, 실제로 그런 일이 일어난다면 나는 대안을 마련할 수 있을 것입니다. 내 유일한 의지처는 우리가 신이라고 부르는 살아 있는 힘(*the living Power*)입니다. 그분은 미리는 아니지만 때가 오면 내 손에 대안을 쥐어 주실 것입니다.

독립, 〈하리잔〉, 1946. 7. 28 ; 《전집》 91 : 378

105) 외국의 지배로부터의 자유

파트나, 간디 캠프, *1947. 4. 19*

외국의 힘은 조만간 철수할 것이다. 하지만 나에게 진정한 자유(*real freedom*)는 우리가 우리 속에 뿌리내린 서양식 교육, 서양문화, 서양식 삶의 방식이 행사하는 지배에서 우리 자신을 해방시킬 때 비로소 올 것이다. 이 문화가 우리 남녀 모두의 삶에 많은 돈을 들이게 하고 그 삶을 인공적인 것으로 만들었기 때문이다. 이런 문화에서의 해방이 우리에게 진정한 자유를 의미할 것이다.

영국인 여성과의 대담(G.),
《비하르니 코미 아그만》, 226~227면 ; 《전집》 94 : 341

106) 자기부정 없이 진정한 자유 없다

1947. 6. 5

자기부정(*self-denial*) 없이 진정한 자유를 획득하기란 매우 어렵고, 실제로 불가능합니다. 예전에는 우리의 희생에 물질적인 보답이 있을 것이라고 꿈꾼 사람은 아무도 없었습니다. 그러나 오늘날 우리는 권력의 자리를 위해서 경쟁합니다. 아, 얼마나 불행한 일입니까! 내가 그것을 내 자신의 비극으로 보아야 할까요, 아니면 진리와 아힘사를 실천하는 우리 군인들의 비극으로 보아야 할까요? 마음대로 생각하십시오. 하지만 그것이 오늘날의 실정입니다.

편지, 《비하르 파츠히 딜히》
(*Bihar Pachhi Dilhi*), 73면 ; 《전집》 95 : 191

2. 스와라즈의 이상과 목표

107) 스와라즈와 무외

나는 스와라즈에 대한 여러 가지 설명을 모아 보았다. 그중 하나는 스와라즈가 죽음에 대한 공포를 버린다는 것이다. 죽음의 공포에 의해서 영향을 받는 국민은 스와라즈를 얻을 수 없고, 어떤 식으로든 스와라즈를 얻는다고 해도 유지하지 못할 것이다.

영국인들은 자신들의 생명을 완전히 자신들의 손아귀에 넣고 다닌다. 아랍인들과 파탄인들은 죽음을 예사로운 병의 하나로 보고 있으므로, 친척이 죽을 때도 결코 울지 않는다. 보어 여인들은 이런 공포에서 완전히 자유롭다. 보어전쟁에서 수천 명의 젊은 보어 여인이 과부가 되었지만 조금도 개의치 않았다. 남편이나 아들을 잃어도 전혀 문제가 되지 않았다. 나라의 명예가 지켜졌다면 그것으로 충분하거나 충분한 것 이상이었다. 만일 나라가 노예로 전락했다면, 남편들에게 무슨 득이 있었겠는가? 아들의 썩을 유해를 매장하고 그 아들에 대한 불멸의 기억을 간직하는 것이, 그를 노예로 키우는 것보다 무한히 더 낫다. 그래서 보어 여인들은 마음을 단단히 먹고 사랑하는 사람들을 죽음의 천사에게 기꺼이 내놓았다.

내가 언급한 사람들은 남을 죽이기도 하고 죽임을 당하기도 했다. 하지만 남을 죽이지 않고 스스로 죽을 준비만 하는 자들은 누구인가? 그런 사람들이 세상에서 숭경의 대상이 된다. 그들은 지상의 소금이다.

영국인들과 독일인들은 서로 싸웠다. 그들은 서로 죽이고 죽임을 당했고, 그 결과 원한이 깊어졌다. 불안에는 끝이 없으니 유럽의 현 상태는 가련하다. 속임이 더욱 늘어나고, 각국은 나머지 국가들을 앞지르려고 안달한다.

그러나 우리가 기르고 있는 무외(*fearlessness*)는 보다 고상하고 보다 순수한 단계에 속하는 것이므로, 우리는 아주 짧은 시간 내에 주목할 만한 승리를 거두기를 희망한다.

우리가 스와라즈를 얻게 되면 우리 중 많은 사람이 죽음의 공포를 버린 다음일 것이다. 그것을 버리지 못한다면 우리는 스와라즈를 얻지 못할 것이다. 지금까지는 대부분 젊은 소년들이 대의를 위해서 죽어갔다. 알리가르[9]에서 죽은 사람들은 모두 21세 미만이었다. 그들이 누구였는지 아는 사람은 없었다. 만일 정부가 이제 총을 쏜다면, 나는 일급의 사람들이 지고의 희생을 바칠 기회를 갖기를 바라고 있다.

우리는 왜 아이들이나 젊은이 또는 노인이 죽을 때 마음이 상하는가? 이 세상에 누군가가 태어나지 않거나 죽지 않는 순간은 단 한순간도 없다. 우리는 누가 태어나면 즐거워하고 죽으면 비탄에 잠기게 된다. 이것이 어리석은 일임을 깨달아야 할 것이다. 혼의 존재를 믿는 자—힌두교도·이슬람교도·파시교도라면 그 누가 믿지 않을까마는—는 혼이 절대 죽지 않는다는 사실을 안다. 죽은 자들의 혼만이 아니라 산 자들의 혼은 모두 하나(*one*)이다. 창조와 파괴의 영원한 과정은 부단히 지속된다. 그 과정에서 우리가 기뻐해야 하거나 슬퍼해야 할 일은 아무것도 없다. 우리 동포에게까지만 관계성을 연장하여 우리나라에서 일어나는 모든 탄생을 우리 자신의 가족에 일어나는 것으로 받아들인다고 해도, 우리는 얼마나 많은 탄생을 축하할 것인가? 우리가 만일 우리나라에서 일어나는 모든 죽음을 위해서 운다면, 우리 눈에 눈물 마를 날이 없을 것이다. 이런 사유의 훈련은 죽

---

9 〔역주〕 텍스트의 Aligadh는 Aligarh의 오식으로 보인다. 인도 프라데슈주의 도시 이름.

음에 대한 일체의 공포를 제거하도록 우리를 반드시 도울 것이다.

인도는 철학자들의 나라라는 말이 있다. 우리가 그런 찬사를 기꺼이 누려왔던 것도 사실이다. 하지만 우리나라처럼 죽음에 직면하여 이렇게 무력하게 된 나라도 거의 없을 것이다. 그리고 인도에서는 힌두교도 집단만큼 심한 무력감을 드러내는 집단도 없다. 우리는 단 하나의 탄생에 대해서도 황당무계한 즐거움으로 미쳐 날뛴다. 단 한 사람이 죽더라도 우리는 이웃을 밤새 잠 못 이루게 할 정도로 큰 비탄의 난장판을 만든다. 우리가 스와라즈를 얻기를 소망한다면, 그리고 일단 얻은 후에는 그것을 자랑스러운 것으로 만들기를 소망한다면, 우리는 이런 볼썽사나운 장면을 철저히 거부해야 한다.

죽음마저도 두려워하지 않는 사람에게 투옥이 별난 것이겠는가? 만일 독자가 좀더 신중하게 생각해 본다면, 스와라즈가 지체되는 이유는 죽음, 그리고 죽음보다 덜 고통스러운 불편을 조용히 맞이할 준비가 되어 있지 않기 때문임을 알게 될 것이다.

더 많은 순진무구한 사람이 죽음을 맞기 위해서 나선다면, 그들의 희생은 다른 모든 사람들을 구원하기 위한 강력한 도구가 될 것이다. 최소한의 고통은 있을 것이다. 하지만 즐거운 마음으로 인내한 고통은 고통이 아닐 것이고 말로 형언할 수 없는 기쁨으로 바뀔 것이다. 고통에서 도주하는 사람은 고통이 자신에게 닥치기 전에는 무한한 동요(*tribulation*)의 희생물이 될 것이고, 그것이 왔을 때에는 반쯤 죽어 있을 것이다. 그러나 어떤 일이 닥치더라도 기꺼이 대비한 사람은 모든 고뇌를 피할 수 있다. 그의 즐거움이 마취제처럼 작용할 것이다.

우리가 금년에라도 스와라즈를 획득하려면 죽음마저도 직시해야 하기 때문에, 나는 이 주제에 대해서 쓰게 되었다. 사전에 준비된 자는 흔히 사고를 모면한다. 그리고 이것은 우리에게도 해당될 것이다. 나는 스와데시가 이런 준비에 속한다는 것을 확신한다. 우리의 스와데시가 성공할 때, 정부도 그리고 다른 어느 누구도 우리를 더 이상 검증할 필요성을 느끼지 못할 것이다.

최상의 선택은 어떤 종류의 우발 사건도 무시하지 않는 것이다. 권력 장악은 사람을 눈멀게 하고 귀먹게 한다. 그들은 바로 코 아래에 있는 사물을 볼 수 없고, 귀에 파고드는 소리를 들을 수 없다. 권력에 도취한 이 정부가 하지 못할 일이 있을지 알 도리가 없다. 그래서 나는 애국자들이 죽음이나 투옥 그리고 그것들과 유사한 결말을 맞이할 준비가 되어 있어야 한다고 생각한다.

용감한 자들은 입술에 미소를 띤 채로 죽음을 맞이하지만 그럼에도 불구하고 주도면밀하다. 이 비폭력 전쟁에서 무모함이 들어갈 여지는 없다. 우리는 부도덕한 행위를 통해서 교도소에 가라거나 죽으라고 제안하지는 않는다. 우리는 이 정부의 억압적인 법률에 항거하면서 교수대로 올라가야 한다.

죽음에 대한 공포(G.), 〈영 인디아〉, 1921. 10. 13 ; 《전집》 24 : 51

108) 스와라즈, 도덕적 권위, 평등한 협력

지난달 나는 영국인 친구 한 사람과 진심에서 우러나오는 대담을 나눈 적이 있는데, 이 친구는 인도 문제에 깊은 관심이 있고 최선을 다해서 인도를 섬기기를 간절히 원하는 자이다. 그는 우리가 나눈 대담의 골자를 내가 출판할 수 있겠느냐고 물었다. 나는 금방 동의하면서, 그에게 그가 제기한 문제점들을 적어 달라고 요구했고, 그는 이에 대해서 기꺼이 응해 주었다. 그 친구의 이름이 문제가 되는 것이 아니므로 그것을 공개하지 않는다. 문제가 되는 것은 내 의견인데,

그것이 지금 일정한 관심을 불러일으키고 있기 때문이다. 내가 스스로 주장하듯이 내가 영국인들의 친구라면, 나는 그들의 마음속에 일어나는 모든 의심에 대해서 끈기 있게 답변해야 한다. 영국인 친구는 전적으로 자기 자신을 위해서 저런 질문들을 물은 것이 아니라, 대부분 그것들을 처음 제기했던 자들을 위해서 물었던 것이다.

그 질문과 답변은 아래와 같다.

질문 스와라즈를 얻는 수단으로서 카다르(카디, 수직천) 프로그램을 강조하는 진정한 목적이 무엇입니까?

답변 나는 오직 비폭력적이고 진실한 방법을 통해서만 스와라즈를 얻는 일에 관심이 있습니다. 스와라즈는 카다르 프로그램을 근면하고 성공적으로 실행함으로써만 가능합니다. 스와라즈는 인도 대중 전체가 단 하나의 의지를 갖고 일을 할 경우에만 평화롭게 얻어질 수 있습니다. 아주 단기간에 아주 작은 건설적이고 유용한 일의 경우에도 대중의 일치된 의지가 필요합니다. 그와 같은 노력은 국민의식(*national consciousness*)을 상정합니다. 대중이 하나의 의지를 갖고 할 수 있는 일은 오직 물레를 통해서만 가능합니다. 물레질이 개인에게 충분히 수지맞는 일은 아닙니다. 그래서 그것은 이기적 성향의 개인에게 충분히 고무적인 일은 못됩니다. 하지만 그것은 국민의 번영을 단번에 상당한 정도로 끌어올리는 데는 충분합니다. 매년 1인당 1루피의 증가는 개인에게는 거의 아무 의미가 없을지 모릅니다. 하지만 5천 명의 인구를 가진 한 마을에서 5천 루피는 토지세나 다른 지불금을 낼 수 있게 합니다. 그러므로 물레질은 국민의식과 특정한 국민적 건설사업에 대해서 개개인이 기여하는 것을 의미합니다.

인도가 자발적 노력으로 그런 성취를 위해서 비축한 자체의 능력을 증명할 수 있다면, 정치적 스와라즈에 대한 준비가 다 된 셈입니다. 한 국민이 자기 자신의 의지로 말하는 합법적 요구는 누구도 거부할 수 없을 것입니다. 나는 아직 물레와 그 생산품 카다르가 가지는 엄청난 경제적 가치에 대해서 언급한 적이 없었습니다. 그것은 명백하기 때문입니다. 인도의 경제적 번영은 인도의 정치사(政治史)—'정치'란 말을 협의로 사용하더라도—여정에 간접적으로나마 반드시 영향을 미칠 것입니다. 마지막으로, 인도가 자신의 힘으로 물레를 통해서 자신에게 옷을 입히고 결과적으로 외래품, 즉 랭커셔산 천을 배제할 수 있게 되어서 인도에 대한 랭커셔의 착취가 중지될 때, 영국은 어떤 값을 치르더라도 인도를 종속 아래 두려는 열광적 초조감을 떨쳐 버리고 말 것입니다.

질문 이것은 국민적 기호(嗜好, *national taste*)의 혁명을 의미하는 것입니까? 당신은 동포들에게 외제 천 사용의 포기를 설득할 것입니까?

답변 그렇습니다. 내가 요구하는 것은 아주 조금입니다. 수백만의 인도인들은 자신들이 입는 것에 대해서 무관심합니다. 그들은 구입하는 물건의 저렴한 가격에만 주의를 기울입니다. 기호를 개선해야 할 사람은 중산층입니다. 나는 그들이 외제 천을 카다르로 대체하는 일이 가능하다고 생각합니다. 우리는 이제 카다르가 다양한 기호에 맞출 수 있다는 점을 기억해야 합니다. 품질 또한 점점 향상되고 있습니다. 그래서 나는 건설적 사업을 성공시키기 위해서 카다르 프로그램이 있어야 한다는 견해를 갖고 있습니다.

질문 스와라즈의 의미는 무엇입니까? 만일 스와라즈에 한계가 있다면 그것이 무엇입니까?

답변 스와라즈라는 말은 남녀 성인 최대 다수의 투표로 확인된 민중의 동의(*the consent of the people*)를 얻은 인도 정부를 뜻합니다. 여기에서 말하는 성인은 수공으로 국가에 봉사하고 자신들의 이름을 투표자로 등록하는 데 수고를 아끼지 않은 토착민이나 정착민을 가리킵니다. 이 정부는 절대적으로 명예롭고 평등한 조건에서 영국과 관계를 유지해야 하고 그 관계에 있어서 일관성이 있어야 합니다. 나는 개인적으로 평등한 협력이나 연합에 의해서 현 노예 상태를 대체하는 일을 단념하지 않았습니다. 하지만 나는 단절이 필요하다면, 즉 영국과의 관계가 인도의 완전한 성장을 방해한다면, 전면적인 단절을 묵인하거나 실행하는 일을 한순간도 주저하지 않을 것입니다.

질문 당신은 어느 정도 그 프로그램과 스와라즈당[10]의 방안들에 관련되어 있습니까?

답변 개인적으로 말한다면, 나는 그 프로그램이나 스와라즈당의 방안들에 관련되어 있지 않습니다. 나는 국민회의 의원으로 이 나라에 대한 스와라즈당의 의심할 나위 없는 영향력, 그래서 국민회의를 대표하는 권리를 인정합니다. 이제 권리란 스와라즈당이 협의에 의해서 향유하는 것이지만, 그렇지 않다면 당의 투표에 의해서 확보했을 것입니다.

질문 당신과 그 당 지도자들 사이에는 어떤 관계가 있습니까?

답변 그 당의 지도자들은 아주 우호적입니다. 나는 애국적인 봉사와

---

10 〔역주〕 스와라즈당은 C. R. 다스와 모틸랄 네루가 몇몇 추종자와 더불어 국민회의를 탈퇴하여 1923년 초 일시적으로 창당한 당이다. 요게시 차다, 《마하트마 간디》(한길사, 2001), 475~479면 참조.

희생에 대해서 내가 자신에게 주는 것과 같은 정도의 평가를 그들에게 주고 싶습니다.

질문 당신이 다스 씨에게 항복했다는 성명이 나옵니다만?

답변 그 성명은 내가 국민회의 의원들 사이의 말다툼을 없앴다는 의미에서는 진실입니다. 그러나 그 성명이 내가 원칙에 대해서 일점일획이라도 포기한 것이 있음을 의미한다면 진실이 아닙니다.

질문 사하 결의안[11]에 대한 당신의 태도는 당신이 지금 수용하고 있는 것과는 다른 것이 아니었습니까?

답변 조금도 다르지 않습니다. 사하 결의안을 제안했던 시기에 나는 내부의 오류에 반대했으며, 지금은 잘못된 가정에 근거한 외부 억압에 저항하고 있습니다. 더구나 당시 나는 하나의 당을 통해서 국민회의 집행부가 보여주는 행동의 일관성과 그 집행부에 대한 통제를 확보하려고 했는데, 그 시도가 사하 결의안에 대한 나의 행동과 혼동되어서는 안 됩니다. 두 개의 사안은 완전히 달랐고 내적으로도 관련이 없었습니다. 통제권을 하나로 만들려는 시도가 불화로 치달았음을 발견한 순간, 나는 뒤로 물러났고 스와라즈당에게 완전히 항복한다고 선언했습니다.

질문 당신이 항복으로 말미암아 도덕적 권위를 상실했다고들 말하는데 …?

---

11 이 결의안은 어니스트 데이(Earnest Day)를 암살한 고피나트 사하(Gopinath Saha)의 '애국심'에 경의를 표하기 위해서 벵골지역 대회에서 통과되었다.

답변 도덕적 권위(*moral authority*)는 결코 그것을 고수하려는 시도에 의해서 유지되는 것이 아닙니다. 그것은 구하지 않아도 오는 것이고 노력 없이도 유지되는 것입니다. 나는 도덕적 권위를 상실했다고 생각하지 않습니다. 내가 도덕적 품행을 손상할 만한 행동을 했다는 생각이 추호도 들지 않기 때문입니다. 내가 정말로 잃어버린 것이 있다면, 그것은 스와라즈를 얻는 수단, 예를 들어 물레를 제시함에 있어서 많은 지성인의 지적 협조입니다.

질문 다양한 활동이 모두 실패로 돌아갔는데, 당신은 왜 비협조를 고수합니까? 그것의 중지를 말하는 목적이 무엇입니까?

답변 나는 이제 비협조를 고수하지 않습니다. 그러나 그 활동이 전부 실패했다는 점은 인정할 수 없습니다. 오히려 비협조의 모든 활동은 어느 정도는 성공했습니다. 내가 그것을 중지하겠다고 말한 것은 다음의 이유 때문입니다. 즉, 비협조가 나에게 생명의 주요 원리이고, 내 소견으로는 그것이 인도와 (당신이 원하신다면) 세계에 상당한 정도로 선을 베풀었기 때문입니다. 우리가 지금 현재로서는 그 선이 무엇인지 분명히 알지 못합니다만. 또 다른 이유는 민중 가운데 실질적인 비폭력과 진실한 협조의 분위기가 발견되었는데, 비협조의 목표가 여전히 달성되지 않은 채로 남아 있다면, 나는 서슴없이 우리 국민이 그것을 재개하도록 권할 것이기 때문입니다.

질문 힌두·무슬림 간의 문제 해결을 위해서 어떤 제안을 하십니까?

답변 두 집단이 모두 상대방에 대한 존중과 신뢰를 부단히 기르고, 힌두교도가 힘에서 벗어나서 일체의 세속사에서 무슬림에게 순종할 것을 강조합니다. 또한 내셔널리스트들로 자처하며 절대 다수를 차지하고 있는 자들이 입헌적이고 행정적인 통제를 위해서 벌이는 보기 흉한 경쟁에 개입하지 않음으로써 문제를 해결할 것을 제안합니다. 나는 사람들이 다음과 같은 사실을 증명함으로써 진정한 스와라즈를 얻기를 바랍니다. 즉, 진정한 스와라즈는 소수가 획득한 권위에 의해서 오는 것이 아니라, 권위가 오용되었을 때 만인이 그 권위에 저항할 수 있는 능력을 획득하리라는 사실 증명이 바로 그것입니다. 바꿔 말하면, 스와라즈는 권위를 규제하고 통제할 수 있는 자신들의 능력에 대한 자각을 대중에게 교육함으로써 얻어져야 할 것입니다.

질문 영국인들에 대한 당신의 진정한 태도와 영국에 대한 당신의 소망은 무엇입니까?

답변 영국인들에 대한 나의 태도는 지극한 우정과 존경의 태도입니다. 나는 그들의 친구로 자처합니다. 단 내가 한 사람이라도 불신하는 것, 또는 회개가 불가능한 나라가 지상에 단 하나라도 존재한다고 믿는 것은 내 본성에 어긋나기 때문입니다. 나는 영국인들을 존경합니다. 나는 그들의 용기, 자신들에게 좋다고 믿는 것을 위한 희생정신, 광대한 조직을 결성할 수 있는 결집력과 능력을 인정하기 때문입니다. 그들에 대한 나의 소망은 다음과 같습니다. 즉, 시간이 더 흐르기 전에 그들이 오던 길을 되돌아가서, 미훈련되고 비조직화된 인종들(*undisciplined and ill-organized races*)을 착취하는 정책을 수정하고, 장차 실현될 영연방 내에서 인도가 동등한 친구와 파트너가 될 것이라는 점에 대해서 확실한 증거를 제시하라는 것입니다. 그런 일이 정말로 실현될 수 있을지의 여부는 주로 우리 자신의 품행에 달려 있습니다. 다시 말하자면, 나는 인도에 대해서 희망이 있기 때문에 영국에 대해서도 희망을 갖습니다. 우리는 영원히 비조직된 상태로 남아 있지도 않을 것이고 남을 모방하지도 않을 것입니다. 현재의 비조직과 사기저하 그리고 주도권의 결핍 아래에, 나는 조직, 도덕적 힘, 그리고 우리 자신들을 형성해 가는 주도권을 발견할 수 있습니다. 영국은 인도의 우정을 기뻐하는 순간이 오고 있고, 인도는 한때 자신을 짓밟았다고 해서 영국이 내민 손길을 거절하지 않을 순간이 오고 있습니다. 내 희망을 입증할 증거가 나에게는 없습니다. 그것은 단지 부동의 신앙에 기초합니다. 그리고 대개 이른바 증명이란 것에 기초하는 신앙은 초라한 신앙입니다.

질의에 대한 답변들, 〈영 인디아〉,
1925. 1. 29 ; 《전집》 30 : 82

109) 스와라즈와 완전 독립

1926. 12. 28[12]

여러분은 자중지란에 빠져 있는 자들에게 완전 독립의 정신을 가르치기 위해서 노력하고 있습니다. 현명한 자는 소화할 수 있는 것보다 더 큰 빵조각을 베어 먹으려고 하지 않습니다. 완전 독립이 스와라즈보다 무한히 우월한 것이라고 생각해 봅시다. 그렇다고 해도 나는 여러분이 인내심을 갖고 당장 가능한 것을 얻은 다음 발걸음을 떼기를 제안합니다. 지금 나는 한 걸음만으로도 충분합니다. 하지만 나는 스와라즈가 밑바닥으로 가면 완전 독립을 포함하고 있음을 여러분에게 말씀드립니다. 스와라즈가 완전 독립을 포함하고 있기에, 진나 씨와 판디트 말라비야가 스와라즈에 대해서 반대했고, 진나 씨는 자리를 박차고 나가고 말았던 것입니다. 우리는 우리가 가능하다

12 간디는 의안위원회에서 독립 결의안에 대해서 연설했다.

면 대영제국 내에 남아 있기를 바란다는 점을 아주 분명히 해 두고 싶습니다. 여러분은 왜 인간성(*human nature*)과 여러분 자신에 대한 일체의 신앙을 잃었습니까? 왜 여러분은 영국인의 거만함을 꺾고 그들로 하여금 여러분을 위해서 봉사하도록 만들 수 있는 여러분의 능력을 믿지 않습니까? 여러분이 백인종에 대해서 반감(*repugnance*)을 갖고 있기 때문에, 모든 영국인을 쫓아내고 싶고, 여러분에게 영어를 가르치는 영국인을 포함하여 일체의 영국인을 두고 싶지 않은 것입니까? 남아프리카의 사례를 들어 봅시다. 거기에 거만한 네덜란드계 보어인들이 있었습니다. 하지만 그들조차도 그런 결의안을 상정하지 않습니다. 헤르초흐 장군[13]이 런던에서 돌아왔을 때 그의 마음은 완전히 달라져서 돌아왔습니다. 그는 그가 오늘 독립을 선언하기만 하면 독립을 얻을 수 있음을 알고 있습니다. 나는 영국 의회가 우리에게 권력을 양도하지 않은 채 부여하는 어떠한 헌법에도 만족할 수 없습니다. 그래서 우리가 독립을 선언하기를 선택한다면 그렇게 할 수 있을 것입니다. (찬성이오, 옳소)[14] 독립이란 말이 갖고 있는 힘을 손상시키지 마십시오. 그 말의 해석을 제한하지 마십시오. 누군가가 더 좋은 정의(定義)를 줄지도 모릅니다. 독립이란 말의 힘은 그 말이 정의되어 있지 않기 때문에, 그리고 정의될 수 없는 것이기 때문에 증가하는 것이라고 나는 말씀드리는 바입니다.

가우하티에서 개최된 국민회의 회의에서
한 연설, 〈더 서치라이트〉, 1927. 1. 2

---

13 〔역주〕 J. B. M. Hertzog(1866~1942) : 1924~1939년 남아프리카 연방총리를 지낸 군인・정치가.

14 〔역주〕《전집》 권 37, 451면에 따라서 추가한다.

110) 스와라즈의 진전

국민회의의 강령을 수정해서 스와라즈를 완전 독립으로 정의하려는 결의안이 매년 상정되었고, 그때마다 국민회의는 기꺼이 절대 다수로 그 결의안을 폐기했다. 결의안의 거부는 국민회의의 건전함을 증명한다. 그 결의안의 발의는 영국인들의 의도에 대해서 일체의 믿음을 상실하고, 영국 정부가 인도에 정의를 베푸는 일이 결코 없을 것이라고 생각하는 일부 열렬한 국민회의 의원들의 초조한 심사를 드러낸다(상황을 고려하면 용서할 만하지만). 독립을 주창하는 사람들은 그들이 인간성에 대한 믿음, 결국 자기 자신들에 대한 믿음의 결핍을 드러내고 있다는 사실을 망각하고 있다. 그들은 왜 영국인 지도자들의 심정이 절대로 변화하지 않을 것이라고 생각하는가? 우리가 연약하기 때문에 그들의 심정이 변하지 않는 것이라고 고백하는 편이 더 정확하고 더 고상하지 않을까? 자연은 연약함을 지극히 혐오한다. 우리는 영국인들과 온 세계로부터 자비(*mercy*)를 원하는 것이 아니라 우리의 몫인 정의를 원한다. 그리고 우리가 실제 강해질 때, 또는 우리가 강하다고 느낌으로써 합당한 자격을 갖출 때 정의는 올 것이다.

나는 독립을 가장 강력하게 주창하는 자라고 해도 영국과 우리의 연합을 무조건 반대하지는 않을 것이라고 확신한다. 그가 비록 그렇게 말한다고 해도, 내 질문에 대한 대답으로 간주되는 결의안을 지지하는 한 사람으로서 그가 한 말은, 평등한 조건에서의 연합은 영국민들이 절대로 받아들이지 않을 것임을 의미한다. 이것은 영국과의 연합이라면 그것이 무엇이든 무조건 거부하는 것과는 전혀 다르다.

스와라즈라는 말은 모든 것을 포괄한다. 그것은 실로 많은 다른 것과 함께 완전 독립도 포함한다. 스와라즈에 고정된 한 가지 의미만을 부여하는 것은 우리의 관점을 제한하는 것이고 지금 제한하지 않아도 괜찮은 것을 괜히 제한하는 것이다. 스와라즈의 내용이 국민의식과 국민적 열망과 더불어 자라나도록 하자. 우리는 오늘은 자치령의 지위(*dominion status*)에도 만족할 수 있을 것이다. 그러나 미래 세대들은 그것에 만족하지 않을 것이고 더 나은 것을 원할 수도 있다. 의미가 제한되지 않은 스와라즈는 오늘날 우리가 생각하거나 가질 수 있는 최선의 것보다 더 좋은 것을 포함한다. 자치령의 지위 아래에서조차도 스와라즈는 자유의사로 독립을 선언할 수 있는 능력을 의미한다. 우리가 그 능력이 없다면 우리에게 스와라즈는 없다. 이것은 그 말이 담고 있어야 할 최소한의 의미이다. 남아프리카는 그 지위를 오늘날 획득했다. 자치령은 자유로운 민족들(*peoples*)이 자발적으로 만든 제휴(提携)이다. 영국과 자치령들 사이에는 평등과 상호 이익에 기초를 둔 자발적인 협력 관계가 존재한다. 인도가 최종적으로 얻을 것은 인도를 위한 것이고 오직 인도만이 결정할 것이다. 결정의 힘은 기존의 강령에 의해서 속박되지 않은 채로 남아 있다. 그래서 그 강령이 견지하는 것은 대영제국 내부든 영연방 내부든 그 안에서 스와라즈가 진전할 수 있는 가능성이다. 나는 스와라즈의 애매한 의미를 가능하다면 대영제국 내부에 남아 있는 것으로, 꼭 필요하다면 대영제국 외부에 있는 것으로 종종 묘사해왔다. 나는 이런 관념의 스와라즈를 더욱 발전시키는 것은 불가능하다고 생각한다. 스와라즈는 국가적 자존심에 전적으로 부합하고, 국가의 최고 성장을 위해서 필요한 것을 제공할 것이다.

결국, 스와라즈에 대한 실제적인 정의는 우리의 행동과 행동 목표를 달성하기 위해서 받아들일 수단에 의해서 결정될 것이다. 우리가 수단에만 유의하면, 스와라즈는 스스로 자신을 돌볼 수 있을 것이다.

따라서 우리의 탐색은 스와라즈와 같이 정의 불가능한 단어를 결정하는 데서가 아닌, 방법과 수단을 발견하는 데서 진행되어야 할 것이다.

독립, 〈영 인디아〉, 1927. 1. 13 ; 《전집》 38 : 40

111) 자치(*Self-Rule*)와 자치정부(*Self-Government*) *1927. 11. 22*

여러분이 나에 관하여 해 주신 말씀에 대해서 감사를 드리는 바입니다. 그리고 인도와 스리랑카[15]의 관계가 수립되었던 고대의 일을 나에게 기분 좋게 상기시켜 주신 일에 대해서도 감사드리는 바입니다. 나는 그 관계가 인도와 여러분에게 어떤 의미를 가지는지에 대해서 그리고 내가 세상에 뭘 얘기할 지에 대해서 나의 견해를 제시함으로써 여러분의 시간을 뺏지는 않을 것입니다. 하지만 고타마 붓다의 가르침이 새로운 종교가 아니었다는 것은 말씀드리고 싶습니다. 내가 저 고상한 가르침에 대해서 공부할 수 있었던 범위 내에서 말씀드린다면, 나는 붓다가 가장 위대한 힌두 개혁가들 가운데 한 사람이었다는 결론에 도달했습니다. 이 결론은 예전에 도달한 것입니다. 나는 그가 자신이 이룬 개혁의 지울 수 없는 인상을 당대와 미래 세대에게 남겼다는 결론에도 도달했습니다. 그러나 이 매우 흥미로운 주제를 숙고하기 위해서 우리의 제한된 시간을 다 사용할 수는 없습니다. 그래서 나는 국민회의와 관련된 세속사를 다루려고 합니다.

인도에서 국민회의는 마법의 단어입니다. 그것은 지난 40여 년 이상 중단 없는 기록을 가진 결사체입니다. 그리고 국민회의는 모든 세속의 기구와 결사체와 같이 흥망성쇠를 겪었음에도 불구하고, 인도의 어떤 다른 정치적 결사체도 누리지 못하는 평판을 누리고 있습

---

15 〔역주〕 텍스트의 Ceylon을 스리랑카로 바꾸었다.

니다. 그래서 여러분이 국민회의라는 이름을 받아들여서 모체(母體, *parent body*)—내가 만일 인도 국민회의를 그 이름으로 부를 수 있다면—의 전통을 따르고 있음을 나는 당연한 것으로 여깁니다. 여러분은 물론 모체의 전통을 따름에 있어서 필요해 보이는 만큼, 아니 실제 필요한 만큼 따르게 될 것입니다. 그리고 그런 가정 아래 나는 오늘 오후 국민회의라면 어떠해야 하는지, 또는 인도의 국민회의가 어떻게 그 평판을 쌓아올릴 수 있었던 지에 대해서 내 견해를 감히 말씀드리려고 합니다. 나는 나와 인도 국민회의의 관계가 결국 10년 이상, 보다 더 정확하게 얘기한다면 12년 이상을 넘지 않음을 알고 있습니다. 그러나 여러분이 아시고 계시겠지만 12년간의 관계가 너무 친밀했고, 내가 국민회의와 너무 자주 동일시되었으므로, 내가 말씀드리려는 것은 아마 일정한 정도의 권위를 가진다고 말씀드릴 수 있습니다. 하지만 다른 면에서 보면 국민회의와 나의 관계는 이제 거의 30년이 넘습니다.

내가 국민회의에 대해서 꿈꾸었던 것은 1893년 남아프리카에 갔을 때였습니다. 나는 비록 국민회의라는 위대한 조직의 연례 집회에 단 한 차례도 참석한 적이 없었지만 그 활동에 대해서는 알고 있었습니다. 여러분처럼 나는 청년으로서 인도 국민회의를 본받아서 나탈 인도 국민회의로 불리는 결사체를 창립하는 일에 일정한 역할을 담당했습니다. 이때 물론 나는 지역 여건에 맞춰서 필요한 만큼 변화시켰습니다. 따라서 나는 국민회의 등의 조직들과 관련하여 진행되었던 공적 생활, 1893년까지 소급하는 공적 생활에 대한 나의 경험의 결과를 여러분에게 말씀드릴 수 있습니다. 이르게는 1894년 나는 다음과 같은 사실을 배웠습니다. 즉, 그런 결사체들이 참으로 봉사할 수 있기 위해서는, 그리고 '국민'이란 이름에 합당하기 위해서는, 핵심 일꾼들에게는 상당한 정도의 자기희생 — 나는 대단한 정도라고 말해왔지만 — 이 요구된다는 점이었습니다. 나는 그렇게 작은 단체 안에서조차 그 이상(理想)을 실행하기가 아주 어려웠음을 서슴없이 고백하겠습니다. 그 이유는 우리가 나탈의 아주 작은 규모의 남녀 집단인 데다가, 나탈 역시 남아프리카에서 가장 작은 지역이었고, 그곳의 인도인들은 거의 6만 명에 달했지만 대부분이 국민회의 토의 과정에서 선거권이 없었기 때문입니다.

하지만 국민회의는 대의 기구로서 민중과 관련된 사항을 충분히 대변해 주었습니다. 그것 자체가 민중의 복지를 맡은 수탁자들로 구성되었기 때문입니다. 하지만 나는 그 기구의 역사에 대해서 더 이상 말하고 싶지 않습니다. 그와 같은 아주 작은 집단에서조차도 우리는 봉사에 대한 욕망이 아니라 권력에 대한 욕망, 겸허에 대한 욕망보다는 자기과시에 대한 욕망과 언쟁을 보았습니다. 저 모체와 12년 동안 관계하는 동안, 나는 사람들 속에 자기본위와 자기과시에 대한 욕망이 부단히 존재한다는 것을 보았습니다. 바로 서기 위해서 여전히 있는 힘을 다해서 노력하면서, 착한 사람이 되려는 나와 여러분에게는 자기표현(*self-expression*), 자치정부(*self-government*), 자기희생, 겸허, 자제 등을 위한 주장들은 우리의 존재와 진보를 위해서 참으로 필수불가결한 것입니다.

나는 여기에 단기간 체류하는 동안 여러분의 정치를 공부했다고 말씀드릴 수는 없습니다. 나는 이 조직[16]의 내적 작용, 강건함, 대중성에 대해서 모릅니다. 단지 그 조직이 강하고 대중적이기를 바랄 뿐입니다. 나는 방금 언급했던 여러 오점에서 여러분이 자유로워지기를 바랍니다. 내가 알기로는, 현존하는 권력에 대항하여 있는 힘

16 〔역주〕 실론 국민회의를 가리킨다.

을 다해서 싸우는 것, 당대의 정부와 씨름하는 것은 유쾌한 오락입니다. (여러분이 아시다시피 나는 그것에 충분히 탐닉해왔습니다.) 하물며 그 정부가 외국인 정부라면, 그리고 우리의 성장과 완전한 자기표현을 위해서 우리가 응당 가져야 할 영역, 희망하는 영역을 주지 않는다고 당연히 느낄 수밖에 없는 정부라면 특히 유쾌한 오락이 될 것입니다. 하지만 나는 자기표현과 자치정부는 누가 우리에게서 빼앗아 갈 수도 없고 누가 우리에게 줄 수도 없다는 결론에 도달했습니다.

자신들의 손아귀에 우연히 우리의 운명을 장악한 자들이거나 장악한 것처럼 보이는 자들이 우호적으로 마음을 돌린다면, 또는 동정심을 갖게 되어서 우리의 소망을 이해해 준다면, 우리는 쉽게 성장할 수 있을 것입니다. 그것은 대단한 진실입니다. 그러나 자치정부는 전적으로 우리 자신의 내면적 기운에, 다시 말하자면 가장 불리한 여건에 대항해 싸울 수 있는 우리 능력에 달려 있습니다. 우리는 자치정부를 획득하고 유지하기 위해서 부단히 분투해야 합니다. 그런 분투가 없다면 자치정부란 이름은 걸맞지 않습니다. 그러므로 나는 정치적 자치정부(*political self-government*) 즉 다수를 위한 자치가 개인적 자치정부(*individual self-government*) 즉 자치(*self-rule*)보다 나을 것이 없다는 점을 말과 행동으로 보이기 위해서 노력해왔습니다. 따라서 정치적 자치정부는 개인적 자치정부 즉 자치를 얻을 때와 정확하게 동일한 방법에 의해서 얻어야 합니다. 그리고 여러분도 아시겠지만 나는 자나 깨나 이런 이념을 민중 앞에 제시하기 위해서 있는 힘을 다해서 노력해왔습니다. 오직 정치 성향만을 가진 사람들에게는 이러한 나의 노력이 커다란 혐오감을 주었을 것입니다.

나는 고칼레에 의해서 지배되었던 정치사상을 가진 집단에 속해 있습니다. 나는 그를 나의 정치적 구루라고 부릅니다. 이것은 그의 말이나 행동 전부를 내가 예전에 수용했다거나 오늘날 수용하고 있다는 것 때문이 아니라, (나와 같이 그와 아주 친밀한 관계를 가졌던 사람들이 이해하게 된 것이지만) 그의 삶을 움직이는 힘이 '정치를 영화(靈化)하려는'(*to spiritualize politics*) 그의 강력한 욕구였다는 것 때문입니다. 이것은 그 자신이 창립자 겸 초대회장이었던 인도하인협회 강령의 서문에 나와 있는 고칼레 자신의 표현입니다. 그는 정치에 영성을 도입하기 위해서 협회를 창립했다고 의도적으로 선언했습니다. 그는 자신의 주변에서 돌아가는 조국의 정치를 배웠을 뿐만 아니라 역사에 관하여 친밀하고도 사려 깊은 학도였습니다. 그는 세계 모든 나라들의 정치를 배운 뒤, 정치와 영성의 완전한 결별을 보고 크게 실망했고, 영성의 요소를 정치에 도입하는 일에 최선을 다했으며 그 일에서 어느 정도 성공을 거두었습니다. 내가 보기에는 그가 상당한 성공을 거두었다고 말씀드릴 수 있을 정도입니다. 그리고 그는 자신이 세운 협회를 인도하인협회로 명명하였으며, 그 협회는 다양한 방식으로 현재 인도에 봉사하고 있습니다.

내 말씀이 여러분의 마음에 들지는 알 수 없지만, 짧은 방문기간 동안 이 아름다운 나라에서 여러분이 나에게 아낌없이 쏟아부은 친절함에 대해서 감사한 마음을 표시해야 한다면, 그리고 그 감사함을 진실로 보여주어야 한다면, 나는 여러분을 기쁘게 하거나 웃음을 줄 만한 얘기가 아니라 내가 느낀 바를 말씀드려야 한다고 생각합니다. 이 특별한 일 곧 진리가 우리 국민회의 강령의 핵심임을 여러분은 아실 것입니다. 그래서 우리는 합법적이며 비폭력적인 수단에 의한 스와라즈의 획득을 강령 안에 마련해 두고 있습니다.

내가 어떤 대가를 치르더라도 진리와 비폭력을 고수하는 일에 절대 지치는 법이 없었음을 여러분은 알게 될 것입니다. 내 소견으로는 이

두 조건이 충족되기만 하면, 여러분은 지상 최강자에게도 항거할 수 있고, 그러면서도 여러분 자신들은 다치지 않은 채로 빠져나올 수 있을 뿐만 아니라, 이른바 여러분의 원수들 역시 손상당하지 않게, 상처받지 않게 할 수 있을 것입니다. 그 원수는 일정 기간 동안은 여러분이 가한 비폭력적인 타격을 오해할 수도 있고, 여러분을 곡해하는 말을 할 수도 있습니다. 그러나 여러분이 두 절대 조건을 충족시키기만 한다면, 그의 감정이나 의견을 참조할 필요가 없습니다. 그렇게 되면 여러분의 일은 잘되어갈 것이고, 진리와 비폭력을 사용하지 않을 때보다 당신은 더 빠른 속도로 전진할 수 있습니다. 이 길이 멀어 보일 수도 있습니다. 하지만 여러분이 30년 이상 중단 없이, 그리고 예외 없이 계속된 내 경험을 받아들인다면, 그 길이 성공으로 가는 가장 빠른 지름길임을 내가 보증해 드립니다. 나는 그보다 더 빠른 지름길은 모릅니다. 그 길이 아주 빈번하게 위대한 신앙과 엄청난 인내를 요구한다는 점을 알고 있습니다만, 우리 마음에 이것 하나만 확실하게 정해진다면, 정치가가 자신이 아니라 인도 전체를 위해서 봉사하려고 할 경우 이 길 이외의 다른 방도는 없을 것입니다. 그런 결의를 했다면 신앙이 생길 것이고, 그 신앙과 함께 인내도 올 것입니다. 여러분은 자신들에게 그보다 나은 길, 그보다 나은 첩경은 없다는 것을 알고 있기 때문입니다.

인도인들이 그러하듯이 여러분도 단체와 집단 안에 갇혀 있지 않은지 걱정됩니다. 나는 오늘에야 자기집단 중심주의(*communalism*)를 찬양하는 취지의 글을 무심코 읽었습니다. 우리 인도에도 이런 악폐가 있습니다만, 우리는 그것을 악폐라고 부를지언정 칭찬하지는 않습니다. 자기집단 중심주의를 믿는 사람들조차도, 그것은 가능한 한 조속히 없애야 할 필요악이라고 솔직히 말합니다.

우리는 인도에서 3억의 민중을 다뤄야 합니다. 그러나 여러분이 다뤄야 할 민중은 그리 많지 않습니다. 그럼에도 여러분 가운데 이 자기집단 중심주의를 옹호하는 — 그것도 강력하게 옹호하는 — 이들이 있는 것을 보니 고통스럽고 경악을 금치 못하겠습니다. 자기집단 중심주의는 내셔널리즘에 전면적으로 반대되는 것입니다. 그리고 여러분은 당연히 그래야 하지만 스와라즈를 바라고 있습니다. 그것은 오직 한 나라만의 생득권(*the birthright*)이 아니라 만국(*all countries*)의 생득권입니다. 나는 스와라즈가 가장 문명화된 사람(*the most civilized man*)만이 아니라 야만인(*the savage*)의 생득권이란 점도 말하지 않을 수 없습니다. 여러분은 남에게 뒤지지 않는 문화를 지녔고, 자연이 줄 수 있는 모든 것을 받았고, 사람과 자금의 면에서, 그리고 자연이 준 선물의 면에서 자원을 가진 민족이며, 지구에서 강력한 나라를 만들 수 있는 모든 것을 다 갖추었지만 지금은 거기에서 멀리 떨어져 있는 민족입니다. 그런 민족에게 스와라즈가 얼마나 더 가치 있는 생득권이겠습니까.

여러분 중에는 내가 자치정부라고 부를 만한 것을 여러분이 지금 가지고 있는 양 착각하고 자만하는 사람은 없으리라고 생각합니다. 여러분이 기독교도 · 이슬람교도 · 불교도 · 힌두교도 · 유럽인 · 스리랑카인 · 타밀인 · 말레이인의 목소리가 아니라 한 국민(*one nation*)의 목소리로 말하기 전에는 그와 같은 자치정부는 얻지 않을 것임을, 얻을 수 없다는 점을 나는 여러분에게 말씀드리려고 했습니다. 나는 그 점을 이해할 수 없습니다.

여러분, 여러분이 모든 인종과 종교들을 대표한다고 주장하고 있으므로, 그 점에 대해서 축하드리고 싶습니다. 그리고 여러분이 그 주장을 참으로 입증할 수 있다면 그것은 영광스런 일입니다. 그리고 그때에는 여기에 있는 국민회의만이 아니라, 여러분도 우리의 본보기가 될 수 있습니다. 그러나 오래된 조직으로서 우리는 그 주장을 입증할 수 없습니다. 우리는 암중모색과 분투 중에 있습니다. 우리는 자기집단 중심주의를 억압하려고 애씁니다. 우리는 지방주의(*provincialism*)를, 그리고 인종주의(*racialism*)를 억압하려고 애씁니다. 내가 만든 새로운 용어를 사용해서 말한다면, 우리는 종교주의(*religionism*)를 억압하려고 애씁니다. 우리는 내셔널리즘을 완전하게 표현하려고 노력해왔지만, 여전히 그것으로부터 멀리 떨어져 있음을 부끄럽게도 고백하지 않을 수 없습니다. 그러나 우리를 능가하고 우리에게 모범을 보이는 일은 여러분 자신에게 달려 있습니다. 그것은 여러분에게는 쉬울 것입니다. 우리에 비해서 여러분에게 훨씬 쉬울 것입니다. 하지만 그렇게 하기 위해서는 불가결한 조건이 있습니다. 그것은 적어도 여러분 가운데 몇 분은 이 일에 전적으로 시간을 바쳐야 하고 여러분의 시간만이 아니라 존재 전체를 바쳐야 하고, 자제하는 일입니다.

고칼레가 말씀하셨듯이, 정치는 여가를 위한 일종의 게임으로 전락했습니다. 그는 적어도 몇몇 사람에게는 정치가 전업이 되어야 한다는 점, 정치가 한 나라에서 가장 유능한 사람들의 주목을 받아야 한다는 점을 소망했습니다. 진리 · 무외 · 비폭력을 지배적인 자질로 삼는 경우만 사람은 사심 없는 마음으로 국민에 대한 봉사에 헌신할 수 있습니다.

나는 여러분의 국민회의에서도 그와 같은 한 무리의 남녀가 있기를 바랍니다. 여성도 남성과 나란히 나름대로 역할을 수행해야 하기 때문입니다. 내가 말한 대로, 인도에서 우리의 수족들 중 하나는 마비되었습니다. 여성은 남성의 수준까지 올라가야 합니다. 오늘의 집회에서 여성에게 말했듯이, 여성은 남성의 야수적 성격을 조금도 본받을 필요는 없습니다만, 남성 안에 있는 최선의 것에 대해서는 남성의 수준까지 올라가야 합니다. 그렇게 되면 이 섬에서 여러분은 아름다운 혼성팀을 갖게 될 것이고, 자연이 여러분에게 아낌없이 선사한 것을 향유할 만한 자격을 갖게 될 것입니다.

신은 여러분의 나라에 취할 만한, 풍부한 자연을 하사하셨습니다. 나는 오늘 아침 캔디에서 콜롬보로 여행하는 동안, 국민회의가 불같은 알코올중독에 빠진 스리랑카를 구하기 위해서 무엇을 해야 할지를 자문해 보았습니다. 나는 여러분에게 겸손한 제안을 할까 합니다. 국민회의가 충분히 국민적이기 위해서는, 이런 근본적인 사회적 질문을 남겨 놓아서는 안 됩니다. 일체의 인위적인 자극제가 불필요한 이런 온화한 기후에서, 여러분 수입의 상당 부분이 술에서 나온다는 것은 수치입니다. 여러분에게 찬성표를 던짐으로써 자신들의 의지를 딱 한 번 드러낸 바 있는 노동자들이 있습니다. 여러분은 그들의 후견인이라고 하면서도 그들에게 무슨 일이 일어나고 있는지를 모르고 있습니다. 나는 수천 명의 노동자를 하톤(Hatton)[17]에서 목격했습니다. 코가 마비될 지경이었습니다. 한 친구가 나에게 일부의 후견인들은 독주로 악취를 낸다고 말했습니다. 후견인들은 자신들의 친구 한 사람이 노동자들 한가운데 들어가서, 자제의 한계를 넘어 버렸다는 사실에 대해서 분노했습니다. 자, 나는 여러분이 무슨 말을 할지를 압니다. 그것은 폭음의 결과였고 적당하게 마시는 일은 나쁜 일이 아니라고 말할 것입니다. 그렇다면 나는 그와 같이 주장하다가 결국 비참한 실패로 끝나는 모습을 수없이 목격해왔다는 점을 말씀드리지 않을 수 없습니다.

나는 남아프리카의 여러 도시에서 왔지만, 거기에서 음주의 영향으로 시궁창에서 뒹구는 아프리카인 · 유럽인 · 인도인을 목격했습니다. 대소인(代訴人) · 중재자 · 변호사들도 마찬가지였고, 경찰이 이런 사

17 〔역주〕 스리랑카 중부 지역에 위치한 마을 이름.

람들의 수치를 감추기 위해서 다른 곳으로 끌고 가는 것을 보았습니다. 나는 열차 차장이 만취하여 객실을 수석 사무장에게 맡기는 것도 보았고, 승객의 안전을 지켜야 할 사람들이 객실을 더럽히는 것을 목격하기도 했습니다. 여러분은 인도에 대한 충성을 맹세하고, 《라마야나》 얘기와의 관련성을 주장하고, 스와라즈를 포함하고 있는 라마의 통치(*Ramarajya*)에만 만족해야 합니다. 실제 여러분은 그 충성을 맹세하고 《라마야나》 얘기와의 관련성을 주장합니다. 그러나 이 황홀한 동화의 나라의 구석구석에 악이 활보할 때, 여러분은 악의 문제를 정말로 진지하게 자문해야 하고 국민을 황폐로부터 구해내야 합니다.

이제 불가촉천민제도라는 문제가 남아 있습니다. 여러분은 로디야 계급(*Rodiyas*)[18]을 불가촉천민으로 간주하고 있습니다. 그 계급의 여성들은 상체를 가리는 일도 금지되어 있습니다. 이제야말로 국민회의가 로디야 문제를 다뤄야 할 때이고, 그 계급으로 하여금 스스로 주인이 되게 하고 그들의 일을 함에 있어서 그들을 자원자로 받아들여야 할 때입니다. 만인이 권력을 공유하기 전까지 민주주의는 불가능합니다. 하지만 민주주의를 폭민정치(*mobocracy*)로 만들지 맙시다. 단 한 사람의 최하층민이나 노동자라고 해도, 그가 여러분의 생계를 가능하게 해주었다면, 자치정부에서 그 자신의 몫을 누리게 해야 합니다. 여러분은 그들의 삶과 접촉해야 하고, 그들에게 다가가서 정어리처럼 빼곡하게 채워져 살고 있는 오두막집을 보아야 합니다. 이 사람들을 돌보는 일은 여러분의 손에 달려 있습니다. 여러분은 그들을 제대로 살게 할 수도 있고 망칠 수도 있습니다. 인도 국민의회는 이 두 문제 모두를

---

18 왕에게 사슴고기를 공급할 책무가 있는 로디야라는 사람이 있었는데, 그가 사슴고기 대신 인육을 제공했고, 그 때문에 로디야계급이 불법이 되어 버렸다는 얘기가 있다.

다루고 있습니다. 그들은 우리 프로그램 내의 살아 있는 의지처입니다. 나는 다음과 같은 점을 여러분에게 역설하는 바입니다. 즉, 여러분이 여러분의 국민회의를 참으로 국민적인 것으로 만들고 싶고, 스리랑카 내의 가장 빈곤하고 비천한 자들을 진정으로 대변하는 기관으로 만들기를 원한다면, 여러분은 여러분의 프로그램에 이 항목들을 추가하고(아직 추가하지 않았다면 말입니다.) 여러분의 정치에 완전한 영성을 도입해야 합니다. 그렇게 되면 모든 일이 해결될 것입니다. 여러분의 생득권인 자치정부는 열매가 많이 열린 나무에서 잘 익은 과일이 떨어지듯이 여러분의 손에 떨어질 것입니다. 이 메시지가 좋은 결과를 낳기를, 그리고 여러분의 심정에 젖어들기를 바랍니다.

스리랑카 전국 국민회의 연설, 콜롬보,
〈영 인디아〉, 1927. 12. 1 ; 《전집》 40 : 282

112) 스와라즈, 자유, 독립

버컨헤드 경에 대한 적절한 대답은 독립 결의안이라고들 한다. 만일 이것이 진지한 주장이라면, 우리는 법령위원회[19]의 임명과 그 임명의 발표를 둘러싼 주변 상황에 대해서 대답해야 할 이유가 거의 없다.

---

19 〔역주〕 인도법령위원회(Indian Statutory Commission)는 7인의 영국의회 의원으로 구성되어서 1928년 인도로 파견되었다. 그 목적은 인도의 헌법개혁 연구였다. 보통 의장의 이름을 따서 사이몬위원회라고 불린다. 어떤 인도인들은 인도의 미래를 정한다는 이 위원회에 단 한 명의 인도인도 포함되지 않았다는 점에 분노하고 모욕감을 느꼈다. 1927년 12월 마드라스(현재 첸나이)에서 열린 인도 국민회의는 사이몬위원회를 보이콧하기로 결의했고, 인도 대중이 수용할 헌법을 초안한다는 인도담당 국무장관 버컨헤드(Birkenhead) 경에게 도전했다. 당시 동 위원회에 찬성한 인도인 그룹도 있었지만 간디는 물론 반대했다. 1928년 2월 사이몬위원회가 뭄바이(당시 봄베이)에 상륙했을 때 인도인들은 검은 깃발로 자신들의 불만을 표시했다. 요게시 차다, 《마하트마 간디》(한길사, 2001), 497면 참조.

그 임명에 대한 대답으로 필요한 것은 영웅적 연설도 아니고 용감한 선언도 아니다. 필요한 것은 그 영국인 장관(*the British minister*),[20] 장관의 동료와 지지자들의 행동에 적절하게 대응하는 것이다. 국민회의가 아무 결의안도 통과시키지 않고, 보유하고 있는 모든 천을 태우고, 나라 전체에 유사한 행동을 권장했다고 가정해 보자. 이런 행동은 법령위원회의 임명이 갖고 있는 의미에 대해서 충분치는 않지만 대답의 일부는 될 수 있을 것이다. 만일 국민회의가 최고 재판관을 필두로 해서 저 아래 시시한 종, 또 군인까지 포함하여, 이들에게 전면적 파업을 벌이게 할 수 있었다면, 그 행위는 상당히 적절한 대답이 되었을 것이다. 그리고 그 파업은 우리가 행하는 모든 영웅적 행위를 내려다보고 있었던 영국인 장관들 및 관련 당사자들의 평정심을 분명 뒤흔들어 놓았을 것이다.

하지만 사람들은 그것이 이상적인 안이며 실행이 불가능하다는 점을 내가 반드시 알아야 한다고 말할지도 모른다. 나는 그런 견해에 찬성할 수 없다. 오늘날 입을 닫고 있는 수많은 인도인은 저 행복한 미래에 나름대로 대비하고 있음이 분명하다. 국민을 속박하는 정부제도를 지탱해온 모든 인도인들은 저 행복한 날에 국민의 독립을 해치는 일을 그만두게 될 것이다. 사람이 행동할 준비가 되어 있지 않을 때, 말을 자제하는 것은 용기이며 분명히 지혜라고들 말한다. 행동 없이 용감한 말만 하는 것은 쓸데없이 기운을 빼는 일이다. 1920년에 강경한 연설은 투옥을 자초한다는 것을 애국자들이 알았을 때, 그런 연설이 용맹성을 떨쳤던 것이다. 놀라서 말문이 막힌 자에게는 연설이 필수적이고 수다스런 자에게는 말의 자제가 필수적이다. 영국인 행정관들은 우리

---

20 〔역주〕 구체적으로 누구를 지칭하는지 분명치 않지만 버컨헤드 경(Sir John Simon)으로 추정해 본다.

연설을 조롱하고 때때로 우리말에 대한 경멸을 행동으로 드러냄으로써, 말보다 더 효과적으로 '해볼 테면 해봐라'라고 말하는 것 같다. 우리가 그런 도전을 받아들일 수 있을 때까지, 우리가 보여주는 모든 협박조의 연설이나 몸짓은 내 생각으로는 굴욕이고 무능을 인정하는 것일 뿐이다. 나는 사슬에 묶인 죄수들이 서약을 내뱉어 보았자 나중 간수들에게 웃음거리만 되고 마는 경우를 여러 번 목격한 적이 있다.

더구나 일부 영국인들이 공격 행위를 자행한다고 해서, 그 행위에 대한 응답으로 느닷없이 독립을 목표로 삼을 것인가? 사람들은 다른 사람들에게 강요하기 위해서나 그 사람들의 행동을 원망하기 위해서 자신들의 목표를 설정하는가? 나는 독립이 목표라면 다른 사람들의 행동이나 협박 여부에 관계없이 그것을 선언하고 추구해야 한다고 생각한다.

이제 우리에게 독립이라는 말이 무엇을 뜻하는지를 이해해 보자. 영국 · 러시아 · 스페인 · 이탈리아 · 터키 · 칠레 · 부탄은 모두 독립한 국가들이다. 우리가 원하는 독립은 어떤 것인가? 내가 논점을 교묘히 피하고 있다고 비난하지 말라. 왜냐하면, 우리가 원하는 것이 우리나라의 독립이라고 해도, 독립에 대해서 같은 정의를 내리는 사람이 단 두 사람도 없음을 나는 보여줄 수 있기 때문이다. 사실상 우리는 우리의 원대한 목표를 모르고 있다. 그 목표는 자발적이든 비자발적이든 우리의 행동에 의해서 결정되지, 우리가 말에 부여하는 정의(定義)에 의해서 결정되지는 않을 것이다. 우리가 현명하게 현재를 돌본다면, 미래는 스스로 돌볼 것이다. 신은 우리에게 오직 제한된 행위 영역과 제한된 비전을 주셨다. 그날의 선은 그날로 족하니라.

나는 스와라즈가 언제나 모든 것을 충족시켜 주는 목표라고 말한다. 우리와 같이 영어교육을 받은 인도인들은, 영어를 말하는 극소수

인도인을 인도 전체로 간주하는 엄청난 오류를 은연중에, 그것도 자주 범하고 있다. 나는 누구든지 '독립'에 해당되는 인도의 일상적인 말, 인도 대중이 이해할 수 있는 말을 찾아보라고 했다. 어쨌든 우리 목표는 3억 인도인이 이해할 수 있는 토착어에 의해서 이해될 수 있을 것이다. 그래서 우리는 스와라즈라는 말을 갖게 되었다. 다다바이 나오로지는 이 말을 '국민'(*nation*)의 이름으로 처음 사용했다.[21] 그것은 독립보다 무한히 크면서도 그것을 포괄하는 말이다. 또한 그것은 극히 중요한 말이다. 그 말은 수천 명 인도인의 희생으로 거룩하게 되었다. 그것은 인도의 구석구석을 파고든 말은 아니지만 유사한 여러 말 가운데 가장 널리 유통되고 있다. 그 말 대신에 의심스런 가치를 지닌 외래 수입어를 사용하게 된다면 그것은 신성모독이 될 것이다. 독립 결의안은 아마 국민회의 절차를 힌두스타니어로만 진행하게 된 최종 이유일 것이다. 그랬다면 독립 결의안과 같은 비극은 불가능했을 것이다. 아주 용맹스런 연설가들은 스와라즈라는 단어의 토착적인 의미를 부풀리고 꾸며대고, 훌륭한 정의와 훌륭하지 못한 정의를 포함하여 온갖 종류의 정의를 내리려고 시도했다. 독립파들이 자신들의 경험에서 이익을 얻고, 그들이 자유를 얻어 주고 싶었던 대중 사이에서 일하기를 결심하며, 그리고 국민회의와 같은 대중 집회에 관한 한 영어 사용을 전면적으로 금지했으면 좋으련만.

개인적으로 나는 내가 이해하지 못하는 '독립'을 갈구하지 않는다. 하지만 영국의 멍에로부터 자유(*freedom*)를 얻기를 갈망하고 있다. 나는 그 자유를 위해서 어떤 대가라도 지불할 용의가 있다. 자유 대신에 혼돈도 괜찮다. 영국인의 평화는 무덤의 평화이다. 민중 전체

21 1906년 캘커타 국민회의 의장 연설에서 다다바이 나오로지는 자치정부(*self-government*)의 동의어로서 '스와라즈'라는 말을 사용했다.

가 경험하는 이런 죽음, 산 채로 죽는 죽음보다 더 나쁜 것은 없을 것이다. 이 악마적인 통치는 이 좋은 나라를 물질적 · 도덕적 · 영적으로 거의 패망시켰다. 나는 이런 악마적인 통치의 왕립 법원 법정(*law-courts*)이 정의를 부정하고 진리를 살해하는 것을 매일매일 본다. 나는 공포에 휩싸인 오리사에서 막 돌아왔다. 이러한 통치는 죄 많은 통치의 지속을 위해서 동포를 이용한다. 나는 쿠르다 구역의 민중이 수입이 늘었다는 것을 총검 앞에서 거의 강제적으로 시인할 수밖에 없었음을 밝히는 여러 건의 선서 진술서를 소지하고 있다. 이와 같은 전례 없이 방자한 통치는 라자들과 마하라자들을 광분하게 했다. 이들은 결과를 생각하지도 않고 이 통치를 모방하여 자신들의 백성을 박살내어 가루로 만들고 만다. 이러한 통치는 그 자체의 부도덕한 교역을 보호하기 위해서 어떤 비열한 수단도 가리지 않고, 3억의 백성을 수십만 명의 발굽 아래 가둬 두기 위해서 군비를 부담하고 있는데, 이 군비는 수백만 명을 반기아 상태로 내버려 두고, 수천 개의 입을 술로 오염시켰다.

그러나 나의 강령은 모든 상황에서 비폭력을 해야 한다는 것이다. 나의 방법은 개심이지 강요가 아니다. 그것은 자기고통이지 폭군의 고통이 아니다. 나는 그 방법이 무오류임을 안다. 나는 민중 전체가 비폭력을 강령으로 인정하지 않고 그 철학을 이해하지 않더라도 비폭력을 수용할 것이라고 생각한다. 민중은 일반적으로 자신들의 모든 행위에 담긴 철학을 이해하지 못한다. 나의 야심은 독립보다 훨씬 높다. 인도의 구원을 통해서, 나는 영국이 최대 협력자로 있는 서양의 착취, 그 착취의 궤멸적인 발굽으로부터 이른바 지상의 약한 인종들(*weaker races*)을 구원하려고 한다. 인도가 영국인을 개심시킨다면(개심시킬 수 있겠지만), 인도는 연방에서 강력한 협력자가 될 수 있다. 그리고 영국은 자신이 원할 경우 그 연방의 협력자가 되는 특권을 누릴 수 있다. 인도는 인구수, 지리적 위치, 유서 깊은 문화에 힘입어 강력한 협력자가 될 권리가 있다. 인도가 그 사실을 알기만 했다면 말이다. 지금 나의 말은 호언장담으로 들릴 것이다. 인도처럼 망해 버린 나라가 세계를 움직이고 약한 인종들을 보호하기를 열망한다는 것은 겉으로 보기에 주제넘은 일일 수 있다. 하지만 독립을 향한 외침에 강력하게 반대하고 그 반대를 설명하기 위해서, 나는 더 이상 나의 의지를 감출 수 없다. 나는 그 야심을 위해서 살 수도 죽을 수도 있다. 나는 어떤 경우에도 결과가 두려워서 최선 이하의 상태와 타협할 수 없다. 내가 독립을 나의 목표로 삼기를 거부하는 것은 편의에서 그러는 것이 아니다. 나는 인도가 자신의 역량을 충분히 발휘하기를 바라고, 그런 상태를 가장 잘 나타낼 수 있는 말은 바로 '스와라즈'이다. 그 내용은 특정 순간 이 나라가 취할 행동과 함께 달라질 것이다. 인도가 자신의 역량을 충분히 발휘하는 것은, 다른 모든 국가가 자신의 역량을 충분히 발휘하는 것을 의미한다.

독립 대 스와라즈, 〈영 인디아〉, 1928. 1. 12 ; 《전집》 42 : 125

113) 독립 헌장 *1928. 12. 29*

국민회의에 대한 인상을 말하기에는 내가 글을 쓰고 있는 이 시점(12월 29일 오전)이 너무 이르다. 사건들이 너무 빨리 움직이고 변화하므로 아침저녁으로 인상이 바뀌고 만다. 하지만 그러는 동안 우리는 자치령 지위와 독립을 둘러싼 논쟁을 이해할 수 있을 것이다. 나는 이 이슈를 강하게 내세우는 사람들의 논의를 들으면 들을수록, 그 이슈가 저지르는 피해를 더 분명히 보게 된다. 그런 이슈에 대한 논의는 어느 정도까지 건전한 일이었고 꼭 필요한 일이었다. 독립보다 못한 어떤 것이 나라의 목표가 될 수 없었다는 점, 그래서 모든 진보를 독립의 관점에서 해석해야 한다는 점을 인정하는 것은 분명 좋은 일이었다. 따라서 여기에 나라가 독립으로 가는 행진을 방해할지도 모를 일체의 정치적 변화나 개혁은 거부되어야 한다는 결론이 나온다.

그러나 독립의 의미는 무엇인가? 나에게 그것은 스와라즈를 의미한다. 독립은 유럽인들의 소비를 위해서 사용된 말이다. 스스로 동서남북 사방, 즉 외부를 두리번거리는 사람들은 인도의 독립을 제외하곤 무엇이든 생각하고 있다. 인도의 독립을 찾기 위해서 우리는 인도, 인도의 아들딸, 그리고 인도의 필요와 능력을 보아야 한다. 그래서 인도의 필요가 달라지고 능력이 증대하게 되면 독립의 내용도 달라져야 한다는 것은 분명하다. 따라서 인도의 독립은 서양에서 통용되고 있는 독립의 의미를 가질 필요가 없다. 이탈리아의 독립은 영국의 독립과는 다르고, 스웨덴의 독립은 이 두 나라의 독립과 다르다.

우리에게 필요한 단 한 가지 사항은 분명 **모든 형태의** 영국 **통제**(*British control*)**에서 벗어나는** 자유이다. 그러나 영국 이외의 모든 외세의 통제에서 벗어나는 자유 역시 독립의 관점에서 필요하다. 네루 보고서는 그런 자유로 향한 길을 가리키고 있으며, 인도가 오늘날 소화할 수 있는 치유책을 처방하고 있다. 네루 보고서가 그 이하의 무엇을 지칭한다면, 그것은 쓸모없는 서류일 것이다. 그것을 수용하는 일은 국민적인 목표와 전적으로 일치한다. 내가 감히 생각건대, 국가 독립의 가장 열렬한 챔피언은 독립의 완전한 성취를 위해서 일할 수 있고 또 일해야 한다. 네루 보고서는 그 자체로는 목적이 아니다. 그것은 우리가 해야 할 일의 공식을 제시할 따름이다. 네루 보고서는 그것이 열매를 맺기 위해서는 모든 당파들에 의한 집중적이며 부단한 노력이 필요하다는 점을 상정하고 있다.

많이 오용된 표현 '자치령 지위'(*Dominion Status*)를 그 맥락에서 분리시킴으로써 커다란 혼란이 야기되었다. 그것은 우리에게 생명을 주입하기 위해서 웨스트민스터 소재의 영국 국회 의사당에서 수입해야 할 생명의 영약(靈藥)은 아니다. '자치령 지위'라는 표현은 그 보고서의 탁월한 작성자들이 그들의 생각에 인도의 정치적 성장을 위해서 필요한 것을 유추하기 위해서 사용한 것이다. 그 보고서에 윤곽을 담고 있는 정부의 구도는—그것이 자치령 지위든 아니면 다른 표현으로 알려지든—오늘 우리가 필요로 하는 것에 대해서는 충분히 대답할지 몰라도, 내일 우리가 필요로 하는 것에 대해서는 크게 모자랄 것이다. 그러나 그것은 자체의 교정책을 담고 있다. 그것은 인도에 의해서 실행되어야 할 구도이지, 영국이 인도에 부과하거나 던진 구도가 아니기 때문이다. 그것이 열매를 맺는다면, 그것은 미래의 성장을 위해서 우리가 필요로 하는 모든 것을 담을 것이다. 따라서 나는 그것을 우리의 독립헌장(*the Charter of our Independence*)이라고 부른다.

만일 네루 보고서가 망각된다면 우리는 또 다른 헌장이 필요할 것이다. 그 헌장은 인도 독립헌장으로 알려질 수도 있지만, 아마 네루 보고서가 말하는 자치령 지위보다 훨씬 못할 것일 가능성이 높다.

따라서 우리가 바라는 것을 스와라즈라는 우리 토착〔스와데시〕어로 충분히 기술할 수 없다면, 어떤 새로운 말을 만들어 사용하더라도 그것을 기술할 수는 없을 것이다. 보통 사람이 알아야 할 것 전부는 그 자신이 나라의 대표들에 의해서 작성된 정부 구도라면 그것을 일점일획의 수정 없이 있는 그대로 바란다는 것과, 그런 뒤 최대의 자신감을 갖고 '하나의 이름 안에 무엇이 있을까?'라는 의문을 가질 수 있다는 것뿐이다.

네루의 구도가 영국 의회의 인준을 받아야 한다는 사실은 결점이 아니다. 우리는 영국과 관계하고 있으므로, 모든 경우에 영국 의회로부터 일정한 인준이 필요할 것이다. 그 구도는 현재의 속박 상태를 절대적으로 평등한 협력 관계, 하지만 자의로 해소할 수 있는 협력 관계로 변화시키는 것일 수도 있고, 아니면 영국과 모든 관계를 단절하는 것일 수도 있다. 나는 그 변화 곧 완전한 전환이 언제나 파괴보다는 상위에 있다는 입장을 견지하고 있다. 이 점에 대해서는 나중에 말하겠다. 지금 이 순간은 우리가 다음 사실을 명심하는 것만으로도 족하다. 우리에게 스와라즈(원한다면 독립이라고 불러도 좋다)를 가져다줄 어떤 구도도 우리 자신이 그려야 하고, 영국 의회는 그것을 단 하나의 수정 없이 수용해야 한다는 것이다.

하나의 이름 안에 무엇이 있을까?,
〈영 인디아〉, 1929. 1. 3 ; 《전집》 43 : 588

114) 푸르나 스와라즈와 비폭력

좋은 친구 한 사람이 편지를 보냈다. … 22

이 편지는 두 가지 질문을 제기하고 있다. 두 번째 질문을 먼저 다루겠다. '스와라즈'를 제한하는 것은 기술(*art*)에 폭력을 가하는 것이 분명하다. 필자의 논리도 거부할 수 없다. 그러나 나라의 문제와 그와 유사하게 복잡한 문제들에 있어서 논리와 기술은 대단히 자주 희생되어야 할 것으로 보인다. 사실상 진정한 논리와 진정한 기술 둘이 합하면 훌륭한 의도를 실행에 옮길 수 있다. 국민회의 헌법 안의 '스와라즈'는

22 투고자는 비폭력적 방법에 의해서 독립을 얻으려는 국민의 능력에 대해서 의문을 제기했으며, 스와라즈를 형용사 푸르나(완전한)로 수식하는 것이 적당한지 물었다.

두 가지 의미를 담고 있다. 스와라즈는 대영제국 내의 스와라즈를 포함할 수 있지만, 필요하다면 대영제국 외부의 스와라즈도 의미해야 한다. 그래서 두 번째 의미만을 포함할 수 있기 위해서 말 한 마디, 표현 하나가 더 있어야 했다. '스와라즈'라는 말은 꼭 필요했다. 따라서 '푸르나(완전한) 스와라즈'라는 편리한 표현이 생겨난 것이다. 그것이 듣기에 좋지 않다는 점은 인정한다. 그러나 만일 그것이 지금 그러하듯이 국민의 스와라즈라는 의미를 담고 있다면, 현재로서는 문제될 것이 없다. 우리는 의심스런 말을 갖고서 일을 할 도리는 없었다.

두 번째 질문은 다루기가 더 어렵다. 그러나 스와라즈의 획득은 모든 난관의 극복을 의미한다. 비폭력 아니 차라리 비폭력적 사람들이 시험대 위에 서 있다. 그들은 자신들 주변의 폭력적 분위기에도 불구하고 최선의 전투법을 찾아야 한다. 비폭력이 우호적 분위기에서만 꽃필 수 있다면, 그것은 별로 중요한 것이 아니다. 그렇게 되면 그것은 비폭력이 아니게 된다. 비폭력이 상처받을까 봐 사람들이 쉽게 두려워할 수도 있다. 그러나 우리 국민의 기질에 대한 나의 독법은 위에서 편지를 보낸 친구의 독법과는 상당히 다르다. 내부 분열과 언쟁은 결국 투쟁에 참여해야 하는 사람들에게 영향을 미치지는 않는다. 그들은 능동적인 비폭력에 본능적으로 반응할 것이다. 그들이 그렇게 반응하든 말든, 비폭력당은 이제 자체의 모든 자원들을 다 써야 한다. 만일 그 당이 더 이상 기다린다면, 그 당의 강령은 조롱당하거나 아니면 그 당은 철저하게 불신받을 것인데 이는 정당하다. 만일 그 당이 활동할 수 없다면 자신의 무능을 고백하고 전장에서 물러나야 할 것이다.

왜 푸르나 스와라즈인가?,
〈영 인디아〉, 1930. 2. 6 ; 《전집》 48 : 307

115) 생사를 건 투쟁

옥스퍼드,[23] *1931. 10. 24*

길버트 머레이 경은… 비폭력 혁명과 내셔널리즘이 나타난 모습 가운데 자신의 눈에 가장 위험한 것으로 비쳤던 것에 대해서 대단히 깊은 당혹감을 느꼈던 것으로 보인다. '저는 오늘 윈스턴 처칠 씨가 그랬던 것보다 더 철저하게 당신과 의견을 달리하고 있습니다'라고 말했다. 이에 간디는 다음과 같이 대답했다.

여러분은 문명을 구하기 위해서 국가들(*nations*) 사이의 협력을 원합니다. 나 역시 그렇습니다. 하지만 협력이란 말은 협력할 만한 자유로운 국가들의 존재를 전제로 합니다. 만일 내가 평화와 선의를 창조하거나 유지하는 일에 도움이 되려면, 그리고 평화와 선의가 흔들릴 때 그것에 대해서 저항할 수 있으려면, 나는 그럴 만한 능력이 있어야 합니다. 하지만 인도가 자신의 역량을 충분히 발휘하지 못한다면 나는 그렇게 할 수 없습니다. 현재 인도에서 진행되고 있는 자유운동 자체가 평화에 대한 인도의 공헌입니다. 인도가 신민의 국가로 남아 있는 한, 인도는 평화에 위협이 될 뿐만 아니라 인도를 착취하는 영국 역시 평화에 위협이 될 것이기 때문입니다. 다른 국가들이 오늘날 영국의 제국주의적 정책과 다른 국가들에 대한 착취를 용인하지만, 그 일에 대해서 고마움을 느끼는 것은 분명히 아닙니다. 그들은 영국이 나날이 더 커다란 위협이 되는 것을 방지하는 일에 기꺼이 도움을 줄 것입니다. 물론 여러분은 자유 인도가 인도 자체에 대해서 위협이 될 수 있다고 말할 수도 있습니다. 그러나 인도가 만일 비폭력을 통해서 자유를 획득한다면, 인도는 착취의 희생물로서 쓰디쓴 경험에도 불구하고 비폭력의 교리로 잘 처신해나갈 것이라고 생각합니다.

---

23 대담에 출석했던 인사들 중에는 길버트 머레이 박사, 길버트 슬레이트 박사, 레지널드 쿠퍼란드 교수, 닷타 박사가 포함되어 있었다.

사람들은 내가 혁명의 관점에서 말한 것을 반대해왔습니다. 그 반대에 대해서는 내셔널리즘에 대해서 내가 이미 말함으로써 대체로 대답이 되었다고 봅니다. 그러나 내가 벌이는 운동은 하나의 커다란 우려 요인에 의해서 제한됩니다. 여러분은 물론 비폭력 반란(*non-violent rebellion*)이란 존재할 수도 없고, 역사상 전례도 없었다고 말할 수 있습니다. 그렇지만 그와 같은 사례 하나를 제공하는 것은 나의 야심이고, 조국이 비폭력을 통해서 자유를 획득하는 것은 나의 꿈입니다. 그리고 나는 비폭력을 희생하면서까지 조국의 자유를 얻을 수 없다는 점을 전 세계에 수없이 반복하여 외칠 것입니다. 비폭력과 나의 결혼은 절대적인 것이므로 현재의 내 위치에서 벗어나느니 차라리 자결하겠습니다. 이와 관련하여 나는 진리를 언급하지 않았는데, 진리란 비폭력이 아니고서는 그것을 표현할 길이 없다는 단순한 이유 때문입니다. 그래서 만일 여러분이 그런 관념을 수용한다면 내 입장은 견실해집니다만….

여러분이 내가 좀더 신중해야 한다고 말한다면 그 말은 정당화될 수 있습니다만, 여러분이 만일 기초 부분을 공격한다면 그 점에 대해서는 여러분이 나를 납득시켜야 합니다. 그리고 보이콧은 내셔널리즘과도 전혀 관계가 없다는 점을 말해야겠습니다. 그것은 순수 개혁의 문제일 수 있습니다. 우리는 강한 민족주의적 성격을 띠지 않은 채로 여러분의 천을 구입하기를 거부하고 우리의 천을 생산할 수 있습니다. 개혁가는 늘 기다릴 수는 없습니다. 그가 그의 신념을 실행하지 않는다면 개혁가가 아닙니다. 그는 너무 조급하거나 겁을 내거나 아니면 너무 게으릅니다. 누가 그에게 충고할 수 있고, 누가 그에게 잣대를 제공할 수 있습니까? 여러분은 훈련된 양심을 통해서만 여러분 자신을 인도할 수 있을 것입니다. 그런 뒤 진리와 비폭력이라는 방어

무기를 들고 일체의 위험을 감수하십시오. 개혁가라면 다른 방식으로는 할 수 없었을 것입니다.

질문 인도는 자치정부라는 어려운 과업을 수행하기 전 좀더 기다려야 하지 않습니까? 우리가 만일 군인을 파견한다면 우리는 그들의 목숨에 대해서 책임져야 합니다. 그래서 우리는 당신들이 인도 군대를 빨리 가지면 가질수록 좋다고 볼 수는 없을 것 아닙니까? 무슬림 집단은 작년 일치된 목소리로 중앙에서 책임지기를 원치 않는다고 말했습니다. 우리가 어떻게 판단해야 합니까?

답변 요컨대 여러분은 우리를 믿지 않습니다. 자, 우리에게 오류를 범할 수 있는 자유(*liberty*)를 주십시오. 우리가 만일 우리 일을 오늘 다룰 수 없다면, 우리가 언제 그럴 수 있을지 누가 말해 줄 수 있습니까? 나는 여러분이 그 속도를 결정하기를 원치 않습니다. 의식하든 말든 여러분은 신의 자리에 앉아 있습니다. 여러분이 잠시 보좌(寶座)에서 내려오기를 부탁합니다. 우리 자신을 믿어 주십시오. 나는 오늘 일어나고 있는 일, 즉 인류 전체가 작은 국가 앞에 엎드려 있는 일보다 더 나쁜 일을 상상할 수 없습니다.

영국 군인들의 생명에 대해서 책임진다는 말이 무슨 뜻입니까? 나는 인도 거주의 모든 외국인들에게 인도에서 군복무에 응하라는 통지를 보낸 적이 있습니다. 그리고 만일 몇몇 영국인이 군복무에 응하려고 한다면, 여러분은 그들을 막을 것입니까? 만일 그들이 입대한다면, 우리가 그들의 생명에 책임져야 할 것입니다. 이것은 군인들이 봉사하는 다른 모든 정부들과 마찬가지입니다. 자치정부의 열쇠는 군대의 통제에 있다는 것은 의심 없이 알 수 있는 일입니다.

일치된 요구에 대해서 한 말씀드리고 싶습니다. 이제까지 여러 차례 말씀드렸습니다만, 사람으로 꽉 찬 대회에서 일치된 요구를 만들어 낼 수는 없습니다. 나는 국민의회가 최대 다수의 인도인을 대표하고 있다고 주장합니다. 영국 각료들은 이 사실을 알고 있습니다. 그들이 모르고 있다면, 나는 귀국해서 가능한 압도적 다수의 견해를 얻어야 할 것입니다. 우리는 생사를 건 투쟁을 했습니다. 가장 고귀한 영국인 중의 한 사람[24]은 우리를 시험해 보고 우리에게 부족함이 없음을 알았습니다. 결과적으로 그는 교도소 문을 열었고, 국민회의가 원탁회의에 참석하라고 호소했습니다. 우리는 장시간의 회담과 협상을 했고, 그러는 동안 인내심을 최대한 발휘했습니다. 그리고 국민회의가 원탁회의에서 대표성을 지닌다는 점에 대해서 국민회의도 동의한다는 타협안이 나왔습니다. 그런데 영국 정부는 그 타협안을 준수하는 일보다 파기하는 일에 더 능숙합니다. 그래서 나는 많이 주저하고 난 다음, 부왕 어윈 경에게 말한 약속을 지키기 위해서라도 여기에 오기로 동의했습니다. 여기에 와 보니 나는 내가 인도와 국민회의에 맞서서 정렬해 있는 반대세력들을 오산했다는 점을 알았습니다. 그러나 나는 그 사실 때문에 당황하지는 않았습니다. 나는 귀국해서 자격을 갖추고, 스스로 고통을 겪음으로써 나라 전체가 요청한 것은 나라 전체가 바라고 있다는 점을 증명할 것입니다. 헌터(Hunter)는 전쟁터에서 승리하는 것이 권력으로 가는 첩경이라고 말했습니다. 그러나 우리는 다른 전쟁터에서 성공하기 위해서 일해왔습니다. 나는 여러분의 육신이 아니라 심정에 호소하려고 애쓰고 있습니다. 내가 이번에 성공하지 못한다면 다음에는 성공할 것입니다.

옥스퍼드에서의 연설, 〈영 인디아〉,
1931. 11. 12 ; 《전집》 54 : 42

24 인도 부왕 어윈 경이다.

116) 스와라즈와 착취

〔1935. 2. 23〕

미안한 일이지만 나는 다시 한 번 그 복음을 반복해야겠습니다. 여러분이 스와라즈를 요구할 때, 여러분은 자신들만을 위해서가 아니라 이웃을 위해서도 스와라즈를 원한다는 것입니다. 이 원리는 이해하기 어려울 만큼 형이상학적인 것도 아니고 철학적인 것도 아닙니다. 건전한 상식일 따름입니다. 만일 여러분이 이웃을 자신만큼이나 사랑한다면, 그 이웃 역시 여러분에게 그렇게 할 것입니다.

여러분이 촌락 내의 일꾼들이 겪는 난관에 대해서 말한 것은 진실일 수도 있지만,[25] 우리는 그것이 틀린 것이라고 말할 수밖에 없습니다. 우리는 촌민들의 단점과 실패를 없애면서 진정한 촌민이 되어야 합니다. 그리고 우리가 그렇게 되면 정직한 노동자로서 생계비를 버는 데 어려움이 없을 것이라고 나는 아주 확신합니다. 제발 나에게 와서 다음과 같이 말하지는 마십시오. '나에게 모친이 있고, 남편 없는 누이 셋이 있고, 법정에 출두 명령을 받아서 영국에 보내야 할 동생이 하나 있고, 다른 동생은 무이르 대학에서 공부하고 있으며, 셋째 동생은 인도의 샌드허스터(Sandhurst)에 보내야 합니다'라고. 촌에서 일하는 것이 이와 같은 '삶'을 주지 않을 것은 아주 분명합니다. 그러나 한 가족의 모든 구성원들이 진정한 삶을 위한 생계비는 벌 수 있습니다. 한 농부의 가족이 전부 일하듯이, 가족 구성원들이 전부 일을 한다면 말입니다.

자본과 노동 사이에는 이익의 충돌이 존재합니다. 그러나 우리는 그 충돌을 우리 자신의 의무를 수행함으로써 해소해야 합니다. 청결한 피가 유해한 균에 대해서 방어막이 되듯이, 노동이 순수하기만 하

25 한 일꾼은 촌락에서 하나의 촌민처럼 살고, 수지 타산을 맞추는 것이 아주 어려웠다고 말했다.

면 그 노동은 착취에 대한 방어막이 될 수 있습니다. 노동자들이 노동 역시 자본이란 점을 자각하기만 하면 됩니다. 노동자들이 일단 적절하게 교육을 받고, 조직되고, 자신들의 힘을 깨닫기만 하면, 아무리 큰 자본이라고 해도 그들을 제압할 수 없습니다. 조직되고 계몽된 노동은 자신의 주장을 펼 수 있습니다. 우리가 약하다고 해서 다른 편에 대해서 복수를 맹세하는 것은 소용없는 일입니다. 우리는 강해져야 합니다. 강한 심정, 계몽된 마음, 자발적인 손, 이것들이 있다면 모든 불리한 여건에 결연히 맞설 수 있고 일체의 장애물을 제거할 수 있습니다. 아닙니다. '자신을 사랑하듯이 당신 이웃을 사랑하십시오'라고 말하는 것은 좋기는 하나 따르기는 힘든 충고가 아닙니다. 노동자들이 자본가들의 이웃이듯이 자본가들은 노동자들의 이웃입니다. 그리고 한편은 다른 한편의 자발적 협조를 구하고 얻어야 합니다. 이 원리는 우리가 누워서 착취를 당해야 한다는 것을 의미하는 것은 아닙니다. 우리의 내면적 힘은 모든 착취를 불가능하게 할 것입니다.

촌락 일꾼들 집회에서의 연설, 나그푸르,
〈하리잔〉, 1935. 3. 1 ; 《전집》 66 : 366

117) 촌락 스와라즈

세바그람, *1942. 7. 18*

질문 촌락 자치위원회는 상층부의 정부 조직이나 여타 조직이 없는 상태에서 그런 조직에 의존하지 않고, 촌락 내의 모든 사안들을 다뤄야 합니다. 그런데 언제든지 인도에서 일어날 수 있는 상황을 고려하여, 촌락 자치위원회에 대한 윤곽이나 골격을 좀 말해 주시겠습니까? 특히 이 위원회가 완전한 대표성을 지녀야 한다는 점, 그리고 불편부당하게, 효과적으로, 그리고 어떤 편애나 공포 없이 활동한다는 점을 당신은 어떻게 보증합니까? 자치위원회의 명령을 실행할 수 있는 권위의 영역과 기구는 무엇입니까? 부패, 무능 또는 다른 부적격의 이유로 어떤 촌락위원회나 그 촌락위원회의 위원을 제거해야 할 때는 어떤 방식으로 해야 합니까?

답변 촌락 자치에 대한 나의 이념은 다음과 같습니다. 즉, 그것은 완전한 공화국이면서 자체의 필수적 수요는 이웃 촌락으로부터 독립한다는 것입니다. 하지만 의존이 꼭 필요한 다른 많은 수요에서는 상호 의존합니다. 그래서 한 촌락의 최초 관심사는 자신의 식용작물과 직물을 위한 면화를 재배하는 데 있습니다. 촌락은 가축을 위한 보호구역이 있어야 하고, 성인과 아동을 위한 휴식과 놀이터가 있어야 합니다. 그런 뒤 토지에 여유가 있다면 유용한 환금작물을 재배할 것인데, 이때 대마(*ganza*, 간자) · 담배 · 아편류 등은 제외됩니다. 촌락은 극장 · 학교 · 공회당을 유지할 것입니다. 촌락 자체의 상수도를 보유하여 청정한 물의 공급을 보장할 것입니다. 이것은 관리된 우물과 물탱크로 가능합니다. 교육은 기초 수준의 최종 단계까지는 강제적이 될 것입니다. 가능한 범위 내에서 모든 활동은 협조의 기초 위에서 진행될 것입니다. 오늘날 우리가 보는 것 같은 계층적인 불가촉천민제도하의 카스트들은 존재하지 않을 것입니다. 사탸그라하라는 기술을 가진 비폭력 그리고 비협조는 촌락 공동체에 하나의 도덕적 구속력을 지니게 될 것입니다. 그리고 촌락 경비원은 의무적 봉사를 해야 합니다. 경비원들은 촌락이 보유하고 있는 등록명부로부터 교대로 선정될 것입니다.

촌락 정부(*the government of the village*)는 매년 최소한의 자격을 갖춘 촌민 남녀 성인들이 선출한 오인 판차야트에 의해서 운영될 것입니다. 이들은 필요한 모든 권위와 재판권을 갖게 될 것입니다. 일반적으로 인정된 의미의 처벌 체계가 없으므로, 판차야트는 공직 기간 동안 입법부·사법부·행정부가 결합하여 작동하게 될 것입니다. 개개의 촌락이 오늘날 현 정부로부터도 거의 간섭을 받지 않는 공화국이 될 수 있습니다. 이때 정부와 촌락의 유일한 실제적 관계는 촌락 세입의 강제징수입니다. 나는 이웃 촌락들과의 관계, 그리고 혹시 존재할지도 모를 중심부와의 관계에 대해서는 여기에서 검토하지 않았습니다. 나의 목적은 촌락 정부의 개요를 제시하는 것입니다. 여기에서는 개인적 자유에 기초한 완벽한 민주주의(*perfect democracy based upon individual freedom*)가 존재합니다. 개인은 자신을 위한 정부의 건축가입니다. 비폭력 법칙이 그와 그의 정부를 다스립니다. 그와 그의 촌락은 세계의 권세(*the might of a world*)를 거부할 수 있습니다. 자신과 촌락의 명예를 방어하다가 죽음을 당하는 것이 모든 촌민을 다스리는 법이기 때문입니다.

이 글을 쓰면서 자문하기도 하지만, 독자는 내가 왜 세바그람의 아슈람을 여기 묘사된 그림에 따라서 설계하지 못했는지를 물을 것입니다. 나는 지금 그와 같은 시도를 하고 있는 중이라고 대답하겠습니다. 명시적인 것은 보여줄 수 없지만 희미한 성공의 자취는 볼 수 있습니다. 여기 묘사된 그림에 본질적으로 불가능한 것은 없습니다. 그런 촌락을 설계하는 일은 평생 작업이 될 것입니다. 진정한 민주주의와 촌락의 삶을 사랑하는 사람이면 누구라도 촌락을 자신의 세계로 그리고 유일한 일터로 다룰 수 있습니다. 그렇게 되면 그는 좋은 결과를 얻을 것입니다. 그는 촌락의 청소부·물레질꾼·경비병·의사·학교장, 이 모든 역할을 동시에 한 번에 맡아서 일을 시작할 수 있습니다. 아무도 그의 곁에 가지 않는다면, 그는 청소와 물레질로 자족할 수 있을 것입니다.

질문란, 〈하리잔〉, 1942. 7. 26 ; 《전집》 83 : 126

118) 스와라즈에서의 무외(無畏)

소데푸르, *1945. 12. 22*

우리는 신을 제외한 그 누구의 자비에도 기대어 살기를 원치 않습니다. 《기타》는 우리에게 두려워 말라고 가르칩니다. 여러분이 만일 이것을 배울 수 있다면, 여러분을 의기소침하게 만들 수 있는 자는 아무도 없을 것입니다. 만일 누군가가 나에게 머리를 숙여 절하라고 요구할 때—나는 이제 노인이니 누구라도 나를 밀어제칠 수도 있고 때려눕힐 수도 있는데—내가 '싫어'라고 대답한다면, 그가 할 수 있는 최대한의 행위는 나를 죽이는 일입니다. 이와 같은 무외가 스와라즈입니다. 모든 사람들이 동일한 방식으로 행동하고 동일한 정신으로 느낀다면, 스와라즈는 바로 그곳에 있습니다. 하지만 이것은 정부가 오늘 사라진다는 것을 의미하는 것이 아니라 어떤 권력도 우리로 하여금 머리 숙여 인사하게 만들 수 없다는 것을 의미합니다. 우리는 앵무새처럼 독립이란 말을 반복함으로써 그것을 획득할 수는 없습니다. 우리의 행동은 같은 노선을 따라가야 합니다.

기도모임에서의 연설, 〈암리타 바자르 파트리카〉, 1945. 12. 23 ; 《전집》 89 : 126(일부)

119) 공포와 증오를 넘어서서

우룰리〔-칸찬〕, *1946. 3. 29*

비폭력의 말로 '인도를 떠나시오'라고 하는 것은 혼에서 나오는 건강하고 강력한 외침이다. 그것은 슬로건이 아니다. 그것은 순수하게 진실하고 비폭력적인 수단을 통한 외국 통치와 지배의 종결을 의미한다. 그것은 외국인의 파멸을 의미하는 것이 아니라, 외국인이 인도인의 삶의 방식으로 자발적으로 회심(回心)하는 것을 의미한다. 이런 구도에서, 외국인에 대한 증오는 끼어들 여지가 없다. 우리가 사람이듯이 그도 역시 사람이다. 공포 때문에 증오가 일어나는 것이며 공포가 가시면 증오도 없어진다.

그러므로 외국인의 회심은 곧 우리의 회심을 의미한다. 우리가 열패자(*inferiors*)이기를 거부한다면, 외국인은 우리보다 우월한 자가 될 수 없다. 그의 무기고와 무기에 대해서 — 무기의 최첨단은 원자탄으로 상징되지만 — 우리는 공포를 느끼지 않을 것이다. 여기에서 우리가 그것들을 탐하지 말아야 한다는 결론이 도출된다. 우리는 물건들에 대한 탐심을 버리기 전 그것들을 먼저 가져 봐야 한다고 흔히 생각하지만 그것은 잘못된 생각이다. 이런 유혹적인 논의는 고뇌를 연장시킨다. 모든 악을 피하는 것을 배우기 전 내가 저지를 수 있는 모든 악을 행해야 하는가? 악을 피하기 위해서 그 악을 아는 것으로 충분하지 않은가? 그것이 만일 불충분하다면, 우리는 악을 포기할 수 없을 만큼 악을 사랑한다는 점을 진지하게 인정해야 한다.

외국인의 통치가 끝났다고 가정해 보자. 외국인은 무엇을 해야 하는가? 만일 외국인이 영국 무기로 보호를 받는다면, 우리는 그를 자유로운 자로 생각할 수는 거의 없을 것이다. 자유인으로서 그는, 수백만 인도인들이 누리지 못했던 특권을 갖는 것이 잘못임을 알게 될 것이다. 그는 인도의 아들로서 자신에게 부과된 의무를 수행하면서 살아갈 것이다. 그는 더 이상 인도를 희생하면서 살지는 않을 것이다. 이와는 반대로, 그는 인도에 자신의 온갖 재능을 바칠 것이고, 자신의 봉사를 이용하여 그가 받아들인 땅에서 자신을 없어서는 안 될 존재로 만들 것이다.

만일 이것이 유럽인들에 대해서 사실이라면, 우월한 대접을 요구하는 유럽인들로 인정받기 위해서 유럽의 습속을 받아들인 영국식 인도인들과 여타 사람들에 대해서는 얼마나 더 사실일까? 그들이 만일 여태 누리던 우대가 지속되기를 기대한다면, 그런 사람들은 스스로 불편해질 것이다.

그들은 더 이상 우대를 받지 않는 일에 대해서 오히려 감사함을 느껴야 한다. 알려진 어떤 논법도 이런 우대를 권리로 인정하지 않을 것이고, 이런 대접은 그들의 고귀함을 오히려 손상시킬 것이다.

우리는 지배자 겸 피지배자로서, 질식시키고 부자연스런 환경에서 너무나 오래 살아왔기 때문에, 우리를 고무하는 자유의 오존을 호흡할 수 있는 허파를 잃어버렸음을 최초의 순간부터 느꼈을 것이다. 관련 당사자들 모두가 진실을 옳다고 느끼므로 그 진실이 질서정연하게, 즉 비폭력적인 방식으로 실현된다면, 그것은 세상에 대해서 의미심장한 교훈이 될 것이다.

'인도를 떠나시오' 운동의 함의들,
〈하리잔〉, 1946. 4. 7 ; 《전집》 90 : 206

120) 독립과 라마라즈야

뉴델리, *1946. 4. 29*

친구들이 나에게 독립을 정의하라고 반복하여 도전해왔다. 반복의 위험이 있긴 하지만, 나는 내가 꿈꾸는 독립이 라마라즈야(Ramarajya) 곧 지상의 천국(*the Kingdom of God on Earth*)을 의미한다고 말하지 않을 수 없다. 나는 그것이 하늘에서는 어떤 모습일지는 모른다. 나는 그 멀고 먼 장면을 알고 싶지 않다. 만일 현재가 충분히 매력적이라면, 미래 역시 그것과 별로 다르지 않을 것이다.

독립은 구체적인 용어를 쓴다면 정치적 · 경제적 · 도덕적인 것이어야 한다.

'정치적' 독립은 영국 군대에 의한 모든 유형의 통제를 제거하는 것을 의미할 수밖에 없다.

'경제적' 독립은 영국 자본가들과 자본, 그리고 그들의 인도인 상대역으로부터 전면적 자유를 얻는 것을 의미한다. 즉, 가장 비천한 자가 가장 고귀한 자들과 평등하다고 느껴야 한다. 이런 일은 자본이나 자본가들이 그들의 기술과 자본을 최하급의 사람과 가장 비천한 사람들과 함께 공유할 경우에만 가능하다.

'도덕적' 독립은 무장한 국방군(*armed defence forces*)으로부터 자유를 얻는 것을 의미한다. 내가 생각하는 라마라즈야는 영국 군대를 국민점령군(*national army of occupation*)으로 대체하는 것이 아니다. 심지어 국민군에 의해서 통치되는 나라는 도덕적으로 결코 자유로울 수 없고, 그래서 이른바 가장 연약한 구성원은 결코 완전한 도덕적 정상에까지 오를 수 없다.

비록 윈스턴 처칠 씨가 영국을 위해서 전쟁에서 승리를 거두었다는 주장이 있긴 하지만, 그는 애버딘 연설에서 극단적인 비폭력 개혁가의 입장에서 지혜로운 한마디를 했다. 여느 갑옷을 두른 전사가 그러하듯이 그는 우리 세대의 두 전쟁이 어떤 대파괴를 초래했는지를 안다. 나는 본지의 다른 난에 대중 언론에서 보도된 대로 그의 연설문 요약을 실었다. 나는 단지 그 연설의 기저에 깔린 염세주의적 어조에 대해서 대중에게 경고하겠다. 인류가 만일 전쟁의 공포로부터 뒤로 물러선다면, 만사가 잘되어갈 것이다. 인간들은 얼굴이 하얗게 될 정도로 유혈을 겪어왔다. 대의명분이 고귀하든 비천하든 우리가 타인의 피를 흘리게 하는 대신 우리 자신들의 피를 대가 없이 흘려야 한다는 것을 그 유혈이 가르쳐 준다면, 유혈은 헛된 일이 아니다.

각료대표단이 '상품을 인도한다면' 인도는 양자택일해야 한다. 하나는 인도가 군사적 세력이 되려는 시도에서 인도 자신이 위에서 묘사된 염세주의에 대해서 응답의 메시지도 주지 않고, 적어도 수년 동안 세계 제5류의 세력으로 만족하는 길이다. 두 번째는 인도가 자신의 비폭력 정책을 더욱 세련되게 하고 지속함으로써, 이른바 승리에도 불구하고 지구를 궤멸시키려는 짐으로부터 지구를 구원하는 데, 인도 자신이 어렵게 획득한 자유를 사용한 세계 최초의 나라가 될 자격이 있음을 증명하는 길이다. 우리 인도는 이 두 길 가운데 하나를 택해야 한다.

독립, 〈하리잔〉, 1946. 5. 5 ; 《전집》 90 : 401

121) 내가 꿈꾸는 독립된 인도

카필라탈리, *1947. 2. 12*

내가 생각하는 독립한 인도에서는 서로 다른 종교에 속한 모든 인도인들이 완전한 우정 안에서 살 것입니다. 백만장자나 가난뱅이가 있을 필요가 없습니다. 만인이 국가(*the State*)에 소속될 것입니다. 국가 역시 그들에게 소속될 것이기 때문입니다. 나는 이런 꿈을 실현하다가 죽을 것입니다. 나는 살아서 인도가 내전에 의해서 찢어지는 것을 보고 싶지 않습니다.

예배모임에서의 연설, 〈더 힌두〉, 1947. 2. 15 ; 《전집》 93 : 553

122) 독립의 문턱

1947. 4. 11

진실을 말씀드리자면, 내가 오늘날의 나일 수 있었던 것은 남아프리카에 다녀온 이후의 일입니다. 남아프리카에 대한 나의 사랑과 그 나라가 가지고 있는 문제에 대한 우려는, 인도에 대한 나의 사랑과 우려에 못지않습니다. 내가 사탸그라하라는 무기를 발견한 곳이 거기였고, 내가 비폭력적 사탸그라하를 성공적으로 벌였던 곳이 거기였기 때문입니다. 사탸그라하는 나름대로 나의 사상 노선을 전개해 가도록 격려해 주었고, 나의 신앙을 강하게 만들었습니다.

인도는 이제 독립의 문턱에 와 있습니다. 그러나 이것이 내가 바라는 독립은 아닙니다. 만일 인도가 분리되고 소수파들이 안전, 보호, 동등한 대접을 받지 못한다면, 그것은 내 마음에서는 독립이 아닙니다. 내가 꿈꾸는 독립은 전혀 다른 것이기 때문입니다. 우리나라는 아직 완전히 독립한 것이 아닙니다. 오늘날 일어나고 있는 일이 독립 이후에 발생할 일의 전조라면, 그것은 미래에 대해서 좋은 조짐이 아닙니다. 아이의 미래는 떡잎부터 알아본다는 속담이 있습니다. 그래서 나는 마음이 불편합니다. 그러나 나는 기꺼이 미래를 신의 선한 손에 맡겨 두겠습니다.

Y. M. 다두와 O. M. 나이커와의 대담(G.),
《비하르니 코미 아그만》, 187면 ; 《전집》 94 : 281

123) 자유, 무정부, 정치가의 수완

[간디는 5월 5일 뉴델리 주재 로이터 통신 특파원 둔 캠벨(Doon Campbell)씨가 제기한 여러 문제에 대해서 대답했다.]

질문 인도 사회 내부의 분리는 불가피합니까? 그런 분리가 사회 내부의 문제를 해결할 수 있습니까?

답변 개인적으로 말하자면 나의 대답은 항상 부정적이었습니다. 그리고 지금조차도 이 두 문제에 대해서 부정적으로 대답하겠습니다.

질문 만일 힌두·무슬림의 미해결된 차이가 1948년 6월까지 해소되지 않는다면, 영국이 인도에 계속 머물러 있어야 할 도덕적 의무가 있다는 견해에 대해서 당신은 찬동하십니까?

답변 이런 질문은 처음 받습니다. 영국인들이 오늘 떠날 수 있다면 좋겠습니다. 13개월을 더 머문다면 인도에게 해악을 끼칠 것입니다. 내가 영국인들이 한 선언의 고결함을 의심하는 것은 아닙니다. 부왕의 성실성을 의심하는 것도 아닙니다. 하지만 사실은 사실입니다. 영국의 내각이나 부왕이 아무리 탁월하다고 해도 사실을 바꿀 도리는 없습니다. 인도는 매사에 영국인의 말을 기다리도록 훈련을 받아 온 것이 사실 아닙니까. 그런데 이제 와서 인도가 그런 상태를 마음에서 갑자기 털어 버리는 것은 가능하지 않습니다. 나는 영국인들이 떠날 채비를 하는 데 수개월이 걸린다는 주장을 결코 인정할 수 없습니다. 그러는 동안 모든 당사자들이 영국 각료와 부왕의 말을 기다릴 것입니다. 우리가 영국인들을 무력으로 패배시킨 것은 아닙니다. 그것은 도덕적 힘에 의한 인도의 승리였습니다.

물론 여태 표출된 모든 말이 실행될 것이라고 가정해 본다면, 영국인들의 결정은 영국이 행한 행동 중에서 가장 고귀한 행동으로 역사에 기록될 것입니다. 그렇다면 영국 세력과 영국 무기가 13개월 동안 체류하는 일은 도움이 아니라 방해가 될 것입니다. 모든 사람들이 영국인들이 만들어낸 거대한 군사 조직으로부터 도움을 얻으려 하기 때문입니다. 그런 일은 벵골, 비하르, 펀자브, 서북 변경지역에서 일어났습니다. 힌두와 무슬림들은 교대로 다음과 같이 말하고 있습니다. '영국 군대를 보유하자.' 이것은 치욕적인(*humiliating*) 광경입니다. 나는 전에도 종종 이런 말을 했습니다. 반복한다고 해서 그것이 가치를 잃지는 않을 것입니다. 내가 그것을 반복할 때마다 그것은 힘을 얻기 때문입니다. 영국인들은 인도를 혼돈이나 무정부 상태로 빠뜨릴 위험을 감수해야 할 것입니다. 여태 자치(Home Rule)란 것이 없었기 때문입니다. 통치가 민중에게 강요되어 왔습니다. 그리고 여러분이 자발적

인도 부왕 부부와 함께 (1947)

간디가 인도의 마지막 부왕 루이스 마운트배튼 경(Lord Louis Mountbatten) 부부와 자리를 함께하고 있다. 간디는 인도가 자유와 자치를 획득할 수 있는 방향으로 인도에 부임하는 부왕과 국민회의, 그리고 국민의 의견을 조율하고 이끌어갔다.

으로 그 통치를 제거한다면, 초기 단계에는 아무 통치도 없을 것입니다. 우리가 무력으로 승리를 얻었다고 해도 이런 일이 일어날 수 있었을 것입니다. 내 생각으로는 여러분이 여기에서 목격하고 있는 집단 간의 분쟁은 부분적으로 영국인들이 여기에 있기 때문에 생긴 것입니다. 만일 영국인들이 여기에 없다면, 우리가 여전히 불의 시련을 겪을 것임은 분명합니다. 하지만 그 시련은 우리를 정화시켜 줄 것입니다.

질문 1948년 6월 이후 당신은 어떤 종류의 인도·영국 관계를 그려 봅니까?

답변 완전 철수가 일어난다는 가정 아래에서, 나는 영국과 인도 사이에 아주 우호적인 관계가 있을 것이라고 생각합니다. 완전 철수는 정직해야 하고 배후에 심리적 유보가 조금이라도 남아 있으면 안 됩니다.

질문 헌법 초안에 포함된 불가촉천민제도의 철폐에 관련된 구절은 큰 개혁을 의미합니까?

답변 아닙니다. 그 구절은 큰 개혁은커녕 어떤 개혁도 의미하지 않습니다. 그것은 위대한 혁명적 개혁이 힌두 사회에서 이미 일어났다는 사실을 기재하는 것입니다. 나는 불가촉천민제도의 뿌리와 가지가 땅에서 뽑히지 않았음을 고백합니다. 영국과의 관계가 낳은 사악한 결과처럼, 훨씬 해묵은 제도로서 불가촉천민제도의 사악한 결과는 단숨에 사라지지 않을 것입니다. 인도를 방문한 이방인이 불가촉천민제도가 어떤 모습으로도 존재하지 않는다고 얘기하기 위해서는 아마도 여러 해가 걸릴 것입니다.

질문 유엔 기구가 현재 구성된 모습으로 항구적인 평화를 유지할 수 있다고 믿습니까?

답변 아닙니다. 세계가 또 다른 대결을 향해서 가고 있을까봐 우려합니다. 수많은 사람의 가슴에 가득 차 있는 것은 공포입니다. 그러나 인도에서 모든 일이 잘 진행되면, 세계는 장기간 평화를 누릴 것입니다. 그것은 인도가 그 대결을 받아들이는 방식에 주로 달려 있습니다. 또한 그것은 영국 정치가의 수완에 주로 달려 있기도 합니다.

질문 팔레스타인 문제에 대한 해결책은 무엇입니까?

답변 그것은 해결이 거의 불가능해 보이는 문제가 되어 버렸습니다. 내가 유대인이라면 그들에게 말할 것입니다. "테러리즘을 사용하는 어리석은 일을 하지 마시오. 당신네들이 폭력을 동원하지 않는다면 정당할 우리 자신의 주장을, 폭력을 동원함으로써 그 주장의 정당성을 훼손하고 있기 때문이오." 만일 그것이 정치적 열망이라면 그 안에 아무 가치가 없다고 생각합니다. 왜 그들이 팔레스타인을 열망합니까? 그들은 위대한 인종이고 위대한 천품을 지녔습니다. 나는 남아프리카에서 여러 해 동안 유대인들과 함께 살아 본 적이 있습니다. 만일 그것이 종교적 갈망이라면, 그 안에 테러리즘이 들어갈 여지가 없음은 분명합니다. 그들은 아랍인들을 만나서 서로 친구가 되어야 하고, 야훼 신이 내려 주신 것 이외에 영국이나 미국 등의 어떤 원조에도 의존해서는 안 됩니다.

당장 떠나시오,[26] 〈하리잔〉, 1947. 5. 18 ; 《전집》 95 : 22

---

26 〔역주〕 원제는 '로이터 통신과의 대담'으로 되어 있다. 《전집》 권95, 26면 참조.

124) 독립 전날 저녁의 사기저하

뉴델리, *1947. 5. 29*

동료 이성에 호소하는 방법을 통해서 인도 전체가 파키스탄이 된다고 해도 당신이 상관하지 않을 것이지만, 물리력에는 1인치도 양보할 수 없다고 당신은 선언했습니다. 당신은 그 선언을 고수하고 있습니다. 그러나 운영위원회도 이런 원리에 근거하여 활동하고 있습니까? 그들은 물리력에 굴복했습니다. 당신은 우리에게 '인도를 떠나시오'라는 구호를 주었습니다. 당신은 우리의 전투에서 싸웠습니다. 하지만 이 결정의 순간에 당신의 모습이 보이지 않습니다. 당신과 당신의 이상들은 무시당하고 있습니다.

간디 오늘날 누가 내 말을 듣습니까?

동료 지도자들은 듣지 않을지 모르지만 민중은 당신을 지지하고 있습니다.

간디 아닙니다. 그들조차 지지하지 않습니다. 나는 히말라야로 은퇴하라는 말을 듣고 있습니다. 모두가 내 사진과 동상을 장식하기를 간절히 원합니다. 그렇지만 아무도 내 충고를 진정으로 들으려고 하지 않습니다.

동료 그들은 오늘은 아니겠지만 얼마 지나지 않아서 따라와야 할 것입니다.

간디 선이 무엇입니까? 그때까지 내가 살아 있을지 누가 압니까? 문제는 '오늘 우리가 무엇을 할 수 있을까?'입니다. 자유를 위한 투쟁에서는 우리가 통일되어 있었지만, 독립 전날 저녁에 우리는 분리되어 있습니다. 권력에 대한 전망이 우리의 사기를 꺾어 버리고 말았습니다.

동료 일꾼과의 대담, *Mahatma Gandhi : The Last Phase* 권 2, 209면 ; 《전집》 95 : 161

125) 인도의 생체 절단

1947. 6. 1

내 자신이 바치는 희생(야즈냐)의 청정은 이제야 시험받을 것이다. 오늘 나는 철저하게 혼자임을 알았다. 사르다르[27]와 자와할랄조차도 나의 상황 판단이 틀렸고, 분리에 대해서 동의하기만 하면 평화가 회복될 것이라고 생각한다. 부왕은 선량하고 이지적인 사람이다. 분리가 꼭 있어야 한다면, 그 분리는 영국의 관여를 통해서도 안 되고 영국의 치하에서 진행되어서도 안 된다고 나는 부왕에게 말해왔다. 그들은 이 말을 좋아하지 않았다. 그들은 내가 나이가 들어 쇠하지 않았나 하고 의심한다. 그러나 내가 만일 내 본모습을 보여주지 않았다면, 나는 위선자가 되고 말았을 것이다. 그리고 내가 국민회의의 진실하고 충직한 친구가 되기 위해서는 느끼는 대로 말해야 한다. 내가 4안나를 받는, 국민회의 의원의 한 사람이 아니라고 해도 걱정하지 말라. 그러나 모든 사람들이 나에게 와서 묻고 조언을 구한다. 마찬가지로 나는 영국인들의 친구이다. 그래서 나는 영국인들에게 이로운 것을 말해야 한다. 그렇지 않다면, 내가 그들의 친구라고 해도 무슨 소용이 있겠는가. 내가 그들에게 진실하고 충직한 우정을 보여주기 위해서는, 그들 앞에 진실과 올바른 길을 보여주는 것이 내 본분

---

27 〔역주〕 주로 시크교도에 대한 존칭으로서 '선생' 정도로 번역할 수 있지만 Patel Sardar Vallabhbhai(1875~1950)를 지칭하는 것으로 보인다.

일 것이다. 이때 나는 내 충고를 감사하게 받아들일지 아니면 그것에 대해서 분개할지는 고려하지 말아야 한다.

나는 우리가 이 일을 잘못된 방식으로 착수하고 있음을 분명히 본다. 우리가 그것이 초래할 완전한 결과를 당장 느끼지는 못할 것이지만, 이런 값을 치르고 얻은 독립의 미래가 암울해져갈 것이라는 점을 나는 분명히 볼 수 있다. 내가 그것을 목격할 때까지 신이 나를 살려 두지 마시기를 신께 기도한다. 그리고 나는 이 광야에 너를 남겨 두니 스스로 살아가야 한다. 충분한 숙고 이후에 내가 그렇게 한 것이다. 네가 비록 인생의 경험도 없는 어린 소녀이지만 이 희생의 행위에서 나의 짐을 함께 지고 있기 때문이다. 이와 같은 전면적인 반대 속에서도 내가 확고부동하게 남아 있도록, 그래서 완전한 진리를 말할 수 있도록 신이 나에게 기운과 지혜를 주시기 위해서는, 나는 네가 네 성실한 일에서 갖게 될 순결에서 나오는 모든 기운이 필요하다. 너는 생각이나 행동에서, 깨어 있거나 자고 있거나, 심지어 자신을 의식하지 못한 순간에도 이 기운을 갖고 있다. 헌신이나 순결의 일에는, 또는 진리의 길을 밟아가는 데는 나이가 거의 문제 되지 않으며, 필요한 것은 영적인 기운이다. 프라흘라드는 아주 젊지 않았나? 어린 드루바는 어른이었든가? 그렇지만 그들은 진리의 길을 밟아갈 기운이 있었다. 더구나 사람은 나이를 먹어서도 여전히 가짜가 될 수 있다. 그러나 나는 생각으로는 철저하게 혼자인데도, 말로 설명할 수 없는 내면의 기쁨과 마음의 신선함을 향유하고 있다. 나는 마치 신이 내 앞길을 밝혀 주시고 있었던 것처럼 느낀다. 이런 이유로 나는 홀로 계속 싸울 수 있을 것이다.

이제 사람들은 카시미르나 히말라야로 은퇴하라고 나에게 요구한다. 나는 웃으면서, 내가 고행하고 있는 히말라야 산은 불행을 덜어

줘야 할 곳, 억압을 풀어줘야 할 곳이라고 말해 준다. 인도에 남녀노소를 불문하고, 삶의 필수품이 결핍된 단 한 사람의 인도인이 존재하는 한 나에게 휴식이란 있을 수 없다. 삶의 필수품이란 안전감, 사람에 어울리는 생활 방식, 이를테면 분수에 맞는 의복·교육·음식·주거 등을 가리키는 것이다. 같은 말을 어제 사라트 바부에게 했다. 나는 바드샤흐 칸의 고통을 차마 볼 수가 없다. 그의 내면적 고뇌가 내 심정을 쥐어뜯고 있다. 그러나 내가 눈물을 흘린다면, 그것은 비겁한 일이 되고, 그가 아주 강건한 파탄인이라고 해도 울음을 터뜨리고 말 것이다. 나는 그가 그렇게 하는 것을 원치 않는다. 그러나 어쩌면 그들이 모두 옳고 나 홀로 어둠 속에서 버둥거리고 있는 것일 수도 있다. 네가 경계를 늦추지 않고 건강유지를 통해서 명랑하게 활동하면 할수록, 너는 내가 하는 모든 일에 더 큰 영향을 미칠 것이다.

내가 아마 그것을 목격할 만큼 살아 있지 않겠지만, 나는 악이 인도를 집어삼키고 인도의 독립이 위험에 빠지게 될까 봐 우려한다. 그것을 생각하면서 이 노인이 어떤 고뇌를 겪어야 했는지 후손더러 알게 해다오. 장차 올 세대가 간디가 인도의 생체 절단에 참여했다고 저주하지 말도록 해다오. 그러나 오늘날 모두가 독립을 얻지 못해 안달복달하고 있다. 그래서 다른 대안이 없다. 이것은 마치 나무로 만든 과자[28]를 먹는 것과 같다. 그들은 먹으면 복통으로 죽을 것이고, 먹지 않으면 굶어 죽을 것이다.

마누 간디에게 한 말씀(G.),
《비하르 파츠히 딜히》, 50~52면 ; 《전집》 95 : 171

28 작은 공의 모습을 지닌 인도 과자.

126) 자치정부와 좋은 정부

1947. 6. 6

당신의 편지에 대한 답장을 오늘 바로 씁니다. 당신은 스와라즈가 도달하자마자 곧 우리가 번영할 것이라고 가정하지만 그것은 큰 잘못입니다. 그것을 가정하기 전 만일 당신이 상상력을 좀 발휘하여, 150년간의 노예 상태 이후, 우리가 노예와 같이 굴종하는 동안 우리 존재의 모든 세포와 숨구멍 안에 침투해 들어온 바이러스를 우리 통치체(*body politics*)로부터 제거하는 데 적어도 150년의 절반은 필요할 것이란 점을 안다면, 나에게 그런 질문을 반드시 해야겠다고 생각하지 않았을 것입니다. 나는 당신이 내가 말하려고 하는 다음과 같은 점을 이해하리라고 확신합니다. 즉, 사탸그라하 방법을 통해서 자유를 획득하는 데 요구된 희생보다, 자치정부가 수립된 이후 좋은 정부를 확립하고 민중을 고양하는 데 훨씬 더 많은 희생이 필요하다는 점을.

편지(G.), 《비하르 파츠히 딜히》, 81면; 《전집》 95 : 195

127) 파당과 이즘을 넘어서서

1947. 6. 7

오늘날 통치자들은 외국인이 아니라 우리의 동포입니다. 만일 우리가 완벽한 조화 속에서 그 통치자들과 더불어 일하지 않는다면, 새롭게 얻은 자유는 위험에 빠질 것입니다. 의견의 차이가 있는 문제에 대해서는 모든 사람들이 함께 앉아서 적절한 해결책을 모색하도록 합시다. 그러나 우리의 최대 약점은 우리가 아주 조금 서로 다르거나 오해가 발생할 때 즉시 당사자들을 만나서 해결책을 모색하려는 대신 그를 공개적으로 비난하는 것입니다. 이것이 사람들 사이에 심리적 간극을 만들게 되고 적대감(*antagonism*)까지 낳습니다. 파당과 이즘들은 그런 차이점들의 결과일 뿐입니다. 우리는 이런 독소가 초래한 결과를 파키스탄이 생성되는 과정에서 목격했습니다. 하지만 우리는 그것으로도 만족하지 못합니까?

간단히 말해서, 여러분은 사회주의가 무엇인지 모르고 있습니다. 러시아식 사회주의는 인도에 전혀 맞지 않을 것입니다. 러시아에서조차 그들의 정책이 완전히 성공을 거둔 것은 아닙니다. 여러분은 왜 오늘날 우리나라를 덮친 재앙에서 우리나라를 구하려고 하지 않습니까? 우리 집단 속의 바이러스를 뿌리째 뽑아내지 않는다면, 사회주의는 절대 도래하지 않을 것입니다. 여러분, 여러분은 모두 이 늙은이의 말을 받아 적어 기억하십시오. 민중은 우리가 하는 일과 희생을 보고 싶을 것입니다. 그들은 우리의 노동을 판단하고, 우리 안에 완전한 인격을 찾을 것입니다. 그러나 여러분은 이런 일에는 전혀 주목하려 하지 않습니다. 반면, 수십만 명의 우리 형제자매는 집이 없어졌습니다. 여러분이 새로운 당을 만들고, 여러분의 이즘을 확산시키기 위해서 민중을 선동하고 폭동을 부당하게 사용한다면, 나라를 배반하는 이 끔찍한 죄를 신은 절대로 용서하시지 않을 것임을 명심하길 바랍니다.

사회주의자 일꾼들과의 대담(G.),
《비하르 파츠히 딜히》, 4~5면 ; 《전집》 95 : 204

128) 푸르나 스와라즈는 한참 멀다 〔*1947. 7. 25* 이전〕

왜 그렇게 기뻐 날뜁니까? 푸르나 스와라즈는 멀리 있는데도 말입니다. 우리는 스와라즈를 얻었습니까? 스와라즈가 영국 통치가 종지부를 찍는다는 것만을 의미했습니까? 나는 그렇게 생각하지 않았습니다. 나에게 사바르마티[29]는 한참 멀리 떨어져 있고 노아칼리는 가까이 있습니다.

하리프라사드 데사이에게 보낸 편지,
〈힌두스탄 타임스〉, 1947. 7. 28 ; 《전집》 96 : 192

3. 제국주의

129) 영국 통치와 1859년의 선언

이 기억할 만한 선언, 즉 영령 인도인들의 마그나 카르타라는 좋은 이름을 가지게 된 이 선언은 남아프리카 인도인의 주목과 연구 대상이 될 만하다. 남아프리카 아(亞)대륙 전체에 걸쳐서 영령 인도인을 대상으로 한 지속적인 반대 운동이 진행되고 있는 이 시점에서는 특히 그러하다. 저 문서의 기원을 언급하는 일이 전혀 어울리지 않는 것은 아닐 것이다. 세상이 아는 대로 1857년이란 해는 인도의 세포이 대폭동 때문에 여러 곳의 영 자치령에서 커다란 불안과 동요가 일어났던 해이다. 구름이 너무 짙어서 최종결과를 도무지 짐작할 수

29 간디가 단디 행진의 전날 저녁 인도가 스와라즈를 얻게 되면 사바르마티 아슈람으로 돌아가겠다고 약속한 적이 있는데, 간디의 옛 동료인 수신자가 간디에게 아메다바드로 돌아오라고 요청한 바 있다.

없을 때도 있었다. 인도 민중이 믿고 있는 최악의 미신이 이용되기도 하고, 종교가 크게 활용되기도 했다. 민중의 마음을 동요시키고 영국 통치에 대해서 적개심을 품을 수 있도록, 사악한 심성의 소유자가 할 수 있는 일이라면 무슨 일이든 자행되었다. 바로 이런 분투와 고난의 순간에 인도 민중의 절대 다수는 확고부동하게 그들의 충성심을 지켰다.

고 존 로렌스 경[30]은 펀자브의 구원자로 일컬어져 왔는데, 실제 그는 영령 인도 전체의 대단한 구원자였다. 그러나 그가 그런 칭호를 들을 수 있었던 것은 그가 펀자브 지방의 상무적(尙武的) 인종들의 충성심을 가장 멋지게 활용했기 때문이다. 이 인종들은 그 다사다난했던 해의 수년 전에 칠리안왈라(*Chillianwala*)라는 역사적인 장소에서 영국 군대에 완강하게 저항했다.[31] 인도 전역에 걸쳐서 군중은 충직했고, 반란자들과 공동전선을 펴기를 거부했다. 캐닝 경[32]은 이 모든 것을 알고 있었다. 그는 적절한 때 저 비참한 사건(이 사건은 영령 인도인들이 자신들의 생명을 무릅쓰고 수백 명의 영국인 남녀를 구출했을 때 발생했다)을 서거하신 여왕[33]에게 무전으로 알렸다. 그래서 세포이 반란이 최종적으로 진압되어 여왕이 사면을 내려야 할 때, 당시 수상 더비 경[34]은 그 선언을 기초하도록 여왕으로부터 명령을 받았다.

---

30 〔역주〕 Sir John (Lord) Lawrence(1811~1879) : 영국의 인도 부왕(1864~1869).

31 이것은 제2차 시크 전쟁 기간인 1848년에 있었다.

32 〔역주〕 Viscount (Earl) Canning (1812~1862) : 영국의 인도 부왕(1856~1862). 1857년 세포이 반란이 일어났을 때 부왕을 지냈다.

33 〔역주〕 Queen Victoria(1819~1901) : 영국의 여왕(1837~1901), 인도의 여제(1876~1901).

34 〔역주〕 Edward (George Geoffrey Smith) Stanley, 14th earl of Derby(1799~1869) : 영국의 정치가. 에드워드 제프리 스탠리(더비 백작 14세). 1846~1868년에 보수당을 이끈 중요한 지도자로 총리를 세 차례 지냈다.

그 초안과 관련되었던 모든 사건들은 여왕의 부군, 즉 고인이 된 여왕의 부군에 의해서 우리에게 보존되어 왔다. 우리는 그의 저서에서, 여왕이 그 초안을 좋아하지 않았다는 것, 이유는 그 초안이 너무 온건하고 반란 사건과 관련하여 인도에서 발생했던 사건들과 보조를 맞추지 못한다고 여왕이 간주했기 때문이었다. 그래서 여왕은 더비경에게 다시 초안을 만들라고 명령했고, 동시에 그 초안이 끔찍한 시간으로부터 이제 막 빠져나온 수백만 명의 충성스런 신민들에게 준 여제의 말이라는 사실, 그리고 그 선언이 인도 민중을 위한 자유(*freedom*)의 공문서, 그들이 존중하고 높이 평가할 수 있는 공문서여야 한다는 사실을 강조했다. 그래서 현재 형태의 선언 초안이 작성되어서 민중에게 주어졌다. 그 선언은 여러 번 인도 민중에게 영국 신민들이 누릴 완전한 특권과 권리를 부여하는 공문서로 지적되어 왔음을 거론할 필요는 없을 것이다. 여러 부왕이 연이어서 같은 말을 반복했고, 커전 경은 캘커타의 입법 협의회 자리에서 그 선언이 담고 있는 약속을 반복하여 말했다. 마지막으로 말하지만, 아주 중요한 사실은 우리의 영국왕 겸 인도 황제께서는 델리 두르바에 있는 부왕에게 보낸 메시지에서 거의 같은 내용을 말씀하셨다는 것이다.

영령 인도인들이 세상 어디로 가든 영국의 신민인 자신들의 자유나 권리를 제한하려는 시도가 있을 때마다, 자신들의 이익을 위해서 저 선언의 도움을 받으려는 것이 뭐 놀랄 일인가? 우리는 아래에 그 선언의 주요 부분을 싣는다. 그 선언을 들은 민중이 그 선언 안에 있는 약속의 실현을 향유할 장소에 관해서 결코 아무 제한이 없음을 본지 독자들은 알게 될 것이다. 이 사실을 언급하는 것은 꼭 필요하다. 왜냐하면 그 선언이 인도에서 주어진 것이므로 인도로 적용을 제한할 수 있다고 말함으로써 그 공문서를 무시하려는 시도가 남아프리카에서 종종 있었기 때문이다. 하지만 이 주장에 대해서 우리는 다음과 같이 진술할 수도 있다. 즉, 그 선언을 언급했던 나탈 출신 대표자에 대한 응답으로, 당시 식민지 담당 국무장관이었던 리폰 경이 다음과 같이 확인했다는 것을 진술할 수 있다. '여왕의 인도 신민(*Indian Subjects*)은 식민지에서 여왕의 다른 모든 신민들과 동일한 권리를 누릴 자격이 있었다.' 그래서 시간과 주변 상황이 함께 그 선언을 축성(祝聖)하고 있으므로, 그와 반대되는 것을 누가 말하더라도, 그 선언은 영국제국이 존속하는 한 인도인 집단이 어디에 정주하든 귀중한 보물로 항상 남을 것이다.

앞서 언급된 선언의 일부는 다음과 같다.

> 짐은 짐의 다른 모든 신민들에 대한 의무에 대한 동일한 책무를, 짐의 인도령 주민들에 대해서 지고 있다. 그리고 우리는 전능하신 하나님의 축복으로 그 책무를 충실하고 양심적으로 완수할 것이다.
>
> 그리고 짐의 신민인 한, 인종과 강령에 관계없이 신민 중에서 짐의 공무원은 자유롭게 그리고 공평하게 임용되어야 한다는 점, 이것 역시 짐의 의지의 표현이다. 신민들이 공무를 정당하게 이행할 자격은 교육 · 능력 · 성실성에 의해서 부여될 것이다.
>
> 짐의 힘은 그들의 번영에 있고, 짐의 안전은 그들의 만족에, 짐의 최대의 보상은 그들의 감사에 있을 것이다. 전능하신 하나님이 짐에게, 그리고 짐 수하의 담당자들에게 그들이 백성의 선을 위해서 짐의 희망을 수행할 수 있는 힘을 주시기를 바란다.

1859년 선언,[35] 〈인디언 오피니언〉, 1903. 7. 9

35 〔역주〕《전집》 권 3, 134면에는 '1858년 선언'으로 되어 있다.

130) 선량한 의도와 독재정치

불가피한 일이 발생하는 바람에, 커전 경은 더 이상 인도 부왕이 아니게 되었다. 그가 도저히 제거될 수 없는 인물처럼 보이는 순간 가장 치욕적인 상황을 겪게 된 일은 운명의 아이러니일 것이다. 위신(*prestige*)이 자신의 전부였던 부왕, 그가 수행했던 많은 일의 성공을 위해서 위신에 크게 의존했던 인물, 그는 위신의 흔적이라고는 아무것도 남기지 않고 인도를 떠나야 했다. 그와 같은 운명이 한 전쟁 장관의 망신에 의해서 촉발되었다는 사실은, 커전 경이 겪어야 했던 불명예를 더욱 악화시켰다. 그것은 거의 커전 경의 독재정치(*autocratic rule*) 아래에서 신음해왔던 수백만 명의 고통받는 자들의 기도에 대한 응답인 것처럼 보였다.

우리는 커전 경이 그가 한 모든 일에서 선량한 의도로 움직였다고 생각한다. 그는 그가 즐겨 개혁이라고 불렀던 것으로 인도 민중의 목을 짓눌렀으면서도, 그들도 모르게 선행을 베풀었다고 믿었던 것이 명백하다. 부왕으로서의 경력의 출발점에서 커전 경만큼 기대를 일으킨 부왕도 없다. 그의 연설을 들은 인도인들은 그가 인도의 제 문제를 다룸에 있어서 리폰[36]을 능가할 것이라고 믿었다. 그는 영국 군인들의 행동에 관한 각서에서 자신이 한 약속을 이행했다. 소금세를 감세한 것, 남아프리카에서 영령 인도인들의 대의를 지지해 준 것은 언제나 그의 평판을 지켜줄 것이다. 그러나 그가 이런 점들을 완전히 허용했지만, 최종결과는 그의 경력의 마지막에 그가 선의를 가지고 출발했던 것과 같은 정도로 민중의 원성을 사게 된 것이었다. 그의 사임의

36 George Robinson, 1st Marquess of Ripon(1827~1909) : 인도 부왕 겸 총독(1880~1884), 식민지 담당 국무장관(1892~1895).

원인—그 원인이 문민 통치에 대한 군사독재의 승리의 전조라는 점에서—은 불행한 것이었다. 그럼에도 불구하고 수천 호의 인도인 가정이 훌륭한 구원으로 생각하는 것에 대해서, 오늘 기쁨과 감사의 시간을 가져야 할 것이라고 우리는 충분히 상상할 수 있다. 물론 훌륭한 구원이라고 생각하는 데는 분명한 이유가 있다.

커전 경의 경력을 보면, 우리가 새 부왕에 대해서 어떤 기대를 거는 것도 아주 위험한 일일 것이다. 그리고 우리가 축복을 받으려면 아무것도 기대하지 않는 편이 아마 더 안전할 것이다. 하지만 부왕으로 임명된 민토 경의 경우를 보면, 인도는 어느 정도 알려진 고귀한 사람을 갖게 될 것이다. 그는 이미 부왕을 배출한 바 있는 유명한 가계에 속하기 때문이다. 그의 식민지 경험은 인도 행정에 있어서 헤아릴 수 없는 가치를 지닐 것이고, 식민지 부왕직의 전통—이것은 언제나 엄격하게 헌법에 기초하고 있지만—이 만일 인도에 계속된다면, 에드워드 왕 제국의 운명은 다음 5년 동안 평화롭고 동정적인 통치를 예감할 수 있을 것이다. 하늘이 그 운명이 그렇게 되도록 축복해 주시길. 기근이 다시 한 번 이 땅을 덮치려고 위협하고 있다. 역병은 여전히 인명을 앗아간다. 빈곤은 날마다 수백만 호의 가정을 갉아먹는다. 피치자들에게 향하는 관대한 동정심과 친절만이 이 끔찍한 삼재(三災)의 악에서 그들을 도울 수 있을 것이다.

커전 경, 〈인디언 오피니언〉, 1905. 8. 26 ; 《전집》 4 : 353

131) 분리하고 지배하라 (*Divide and Rule*)

이 글의 제목은 아주 오래된 격언이다. 그리고 그 격언을 뒷받침하는 정책이 영국의 인도 통치와 관련하여 한 영국 정치가에 의해서 공표되었다. 인도에서 보내온—최근 신문에 보도된—전보 하나는 이 격률을 통절하게 깨닫게 해 준다. 그 전보에 따르면, 벵골에서 분리된 새로운 주의 수도인 다카에 2만 명의 이슬람교도가 운집하여, 분리된 것에 대해서 그리고 그 결과로 힌두교도의 탄압에서 구원받은 일에 대해서, 전능하신 신에게 감사 기도를 드렸다고 한다. 우리는 그 운동이 자발적인 것이었다고는 도저히 믿을 수 없다. 언뜻 보기에 그것은 황당무계한 일로 보인다. 힌두교도에 의한 어떤 탄압이 있었다고 가정한다고 해도 분리 없이 구제가 가능했을 것이다. 한 집단을 다른 집단으로부터 보호할 수 있는 영국 세력이 거기에 있었기 때문이다. 그래서 우리는 보이콧을, 분리에 반대하여 일어났던 아주 강력한 운동에 대한 하나의 응답으로 간주한다. 보이콧은 전례 없이 강력하게 확산되었고 군중과 계급 속을 파고 들어갔다. 보이콧을 일정 기간 잘 보살핀다면, 그것은 이슬람교도를 포함하여 벵골의 모든 집단들을 하나로 묶을 가망이 있었다. 그런데 위에 인용한 격언을 믿은 사람들은 자연스럽게 대책을 찾았고, 그 대책을 다카에 사는 소수의 이슬람교도 속에서 발견했다.

하나의 계급에 대해서 다른 계급을 내세우는 원리에 근거하여 수백만의 인간들을 통치하려고 기도하는 것은 통치술치고는 단견이다. 우리는 그런 제안이 격렬하게 거부될 것이라는 점을 알고 있고, 영국의 순수한 통치술이 그 제안에 저항할 것이라는 점도 알고 있다. 이와 동시에 그 정책 자체는 뿌리 깊고 이전에도 수행된 적이 있었으며 일시적인 효과가 있었다. 다카에서 벌어진 촌극(寸劇, *tamasha*)은 그런 정책의 연장선상에 있을 뿐이다. 인도제국을 실제로 건설하고 그 제국의 지속을 위해서 인도 민중의 선의에 의존했던 영령 인도인 행정가들이 자신들의 무덤에서 오늘 환생한다면, 그들은 누구보다 먼저 보이콧 운동을 격려할 것이고, 동시에 지극히 흥분한 여론을 달랠 것이다. 민중은 국내 재배의 생산물과 국내 제조품에서 의복과 음식을 해결하고 그들의 사치품을 공급하고자 한다. 이보다 더 자연스런 일이 있을까? 그와 같은 운동은 인도 이외의 많은 식민지에서 더욱 광범위하게 벌어지고 있다. 그 운동은 민중 속에서 합법적이고 건전하게 성장하고 있지만, 영국 왕에 대한 충성심에 조금도 배치되지 않는다. 그것은 매콜리가 인도와 관련하여 발설한 예언의 성취일 뿐이다.

그런데 인도 지도자들이 보이콧 운동의 합리성을 보지 못한다고 치자. 인도인들은 왜 그 합리성을 인정하면 안 되는가? 영국 통치가 인도에 도입된 것은 어느 정도는 내부 분열 때문이었음이 사실이다. 하지만 인도에 있는 두 개의 거대 집단들을 결합하고 그들에게 유산을 넘겨주는 것은, 대영제국의 고유한 본분이며 특권이다. 물론 영국은 이 유산에 대해서 수백만 명의 인도인들로부터 감사를 받고 전 세계의 아낌없는 존경을 받을 것이다. 그리고 두 집단은 그들에게 주어진 호기를 잡아서, 공동선을 위해서 상호간의 질투와 불화를 억누르는 것이 의무이다. 제 3자가 갈라진 틈에 들어와서 두 형제로부터 이득을 얻게 하는 것보다, 두 형제는 상대방의 손에 서로 고통을 당하는 편이 훨씬 낫다. 이 글을 읽는 사람들은 누구든 다음과 같은 기도에 우리와 함께 동참하기를 청하는 바이다. 그 안에 상이한 집단들을 통일할 수 있는 싹을 갖고 있는 벵골의 현 운동이 점점 강력해지기를, 그리고 다카 및 여타 장소에 사는 민중은 힌두교도나 이슬람교도를 불문하고 건전한 상식을 발휘하여서, 인도 민중에게 열려진 명예로운 가능성을 손상하지 말기를 바라는 기도에 동참하기를 바란다.

분리하고 지배하라, 〈인디언 오피니언〉, 1905. 11. 4 ; 《전집》 4 : 427

132) 인도 산업의 몰락[37]

정부는 정부를 위해서 민중의 마음을 몽롱하게 하고, 주요 사안으로부터 그들의 마음을 앗아가기 위해서 작은 문제를 제기하고, 주요 핵심을 증명하기 위해서 제시된 증거에 대해서는 결점을 찾았거나 아니면 찾아내겠다고 선언하는 등 여러 가지 시도를 했는데, 그 시도들은 눈여겨볼 만하다. 정부는 그 자체의 역사가 인도 산업과 인도의 인간다움(*India's manhood*)을 파괴한 역사라는 점을 스스로 인정하려 들지 않을 것이다. 최근의 시도 중에 하나는 언론이나 연단에서 자주 회자되는 다음과 같은 얘기를 부정하는 일이다. 그 얘기는 바로 비단 감기를 강요하던 동인도회사의 충복으로부터 도망가기 위해서, 자신들의 엄지손가락을 잘라 버렸다는 수직공들의 얘기이다. 엄지손가락이 없다면 수직공은 자신에게 부과된 일을 할 수 없다. 그리고 역사를 부정하는 방식은 윌리엄 볼트(William Bolt)의 자격을 파고드는 일이었는데, 이 사람이 제시한 증거에 근거하여 고 로메슈 찬드라 더트가 제일 먼저 엄지 자르기에 관해서 진술했던 것이다.

위의 반박을 제기한 자는 윌리엄 볼트가 위증했다고 말할 수는 없었다. 하지만 그는 윌리엄 볼트가 인격을 갖추지 못한 사람이므로 그가 말하는 증거가 신용할 만한 것이 못된다고 말한다. 그리고 그는 볼트가 동인도회사에서 해고된 사원이며, 해고 결정문이 그를 "회사에 조금도 이익이 되지 않는 사원이고, 품행에서도 국내무역의 권

37 〔역주〕 인도 산업, 특히 인도 면직물 공업의 파멸은 인도사 기술에 있어서 주요 대목을 차지한다. 19세기 전반까지 세계 제 1의 자리를 차지하던 면직물공업이 파멸하는 과정과, 점차 원료를 생산하는 식민지로 또 영국의 값싼 완제품의 상품 시장으로 전락해가는 과정에 대해서는 조길태, 《인도사》(민음사, 1994)의 349~352면도 참조할 것.

더트(Romesh Chunder Dutt, 1848~1909)
인도의 경제학자·역사학자·작가. 《라마야나》와 《마하바라타》를 번역했고 《인도 경제사》를 저술했다.

리에 관련하여 유해한 원리를 끈질기게 고수하는 성격을 지닌 자이며 원리〔의 적용〕에 있어서 현저하게 가혹해 보이는 자"로 묘사하고 있다고 덧붙인다. 나쁜 인격의 사람이면 절대로 올바른 진술을 할 수 없는 양 나쁜 인격임을 증명함으로써 증인의 신용을 떨어트리는 협잡 변호사의 속임수는 천하가 다 아는 일이다.

나는 윌리엄 볼트의 인격이 어떻든 엄지손가락 자르기에 대한 그의 증언이 반박될 수 없는 한 무시할 이유가 없었고, 그 증언이 믿지 못할 것임을 보여줄 만한 것은 없었다고 감히 말하고 싶다. 반면, 수직공들이 자신들을 괴롭히고 지속적으로 억압하는 일에서 도망치기 위해서, 견딜 수 없는 처벌의 위협의 아래에서 자신들에게 부과된 일을 할 수 없도록 단호하게 신체를 훼손했을 가능성이 훨씬 높다. 결국 윌리엄 볼트의 증거는 로메슈 찬드라 더트가 언급한 인도 산업의 몰락에 관련된 얘기의 일부일 뿐이다. 그 몰락은 치명적인 결과를 가져왔고 다양한 증인들이 지지하는 바, 몰락에 대한 축적된 증거는 부정할 도리가 없을 것이다. 신중하게 고려해 보면,

핵심적 요점은 인도 산업이 몰락했는지의 여부이다. 만일 인도 산업이 몰락했다면 한 증인의 증거가 부정된다고 해도 아무 상관이 없다. 그 증거는 1백 명의 증인들 가운데 딱 한 사람이 거짓말을 했다고 말하는 범인(犯人)의 입에서 편치 않게 맴돌고 있을 것이다. 그러나 내가 말한 대로 이런 사례에는, 윌리엄 볼트의 증언이 믿지 못할 것임을 보여주는 일과 관련된 사항은 아무것도 없다.

하지만 나는 더트(Dutt)의 《인도 경제사》의 권 1에서 관련 발췌문 서너 대목을 독자들에게 제시해 보겠다.

> 바로 앞 두 장에 걸쳐서 서술한 사실로부터 다음과 같이 말할 수 있을 것이다. 즉, 인도 인구의 큰 부분은 19세기 첫 10년까지 다양한 산업에 종사해왔다. 수직은 여전히 민중에게 국가적 산업이었으며, 수백만 여성들은 물레질로부터 가족 수입을 보충했다. 염색 · 무두질 · 금속세공이 수백만 명에게 일자리를 제공했다. 하지만 인도 산업을 육성하는 것이 동인도회사의 정책은 아니었다. 앞장에서 이미 말했지만, 이르면 이미 1769년 그 회사 사장들이 벵골에서 생사 제조의 촉진은 희망했지만 견직물 제조는 단념시켰다. 그들은 생사 감는 사람(*silk-winders*)으로 하여금 동인도회사의 공장에서 일하게 하고, '정부 당국에 의한 엄벌'을 내세워 외부에서 일하는 것을 금지했다. 이 명령은 소기의 성과를 낳았다. 견직물과 면화 제품의 제조는 인도에서 줄어들었고, 전 수 세기 동안 유럽과 아시아 시장으로 견직물과 면화 제품을 수출했던 사람들이 그것들을 점점 더 많이 수입하게 되었다.

이와 같은 방법에 의해서 촉발된 영국 제조의 견직물과 면제품의 수입은 다음과 같았다. 즉, 1794년에는 156파운드였는데, 1813년에는 108,824파운드로 증가했다. 1813년에는 동인도회사의 헌장이 개정되었는데, 그 이전에 개정을 위한 주요 증거가 제시되었다. 헌장

제정자는 "인도 제품과 관련하여, (영국) 하원의원들은 인도 제품이 영국 제품에 의해서 대체되는 방도를 추구했고, 영국 산업이 인도 산업을 제물로 삼아서 촉진되는 방도를 발견하려고 했다"고 말했다.

헨리 세인트 조지 터커는 영국의 통상 정책에 대해서 다음과 같이 서술하고 있다.

> 인도와 관련하여 우리 영국이 채용한 통상 정책은 무엇일까? 견직물 및 명주와 면화를 섞어 짠 피륙은 우리 시장에서 전면적으로 배제되었다. 최근 부분적으로는 67%의 관세 부과의 결과로서, 그러나 주로 우월한 성능의 기계의 효과 때문에 여태 인도의 주요 생산품이었던 면직물은 자국 인도에서 밀려났을 뿐만 아니라, 우리는 실제 우리의 면직물을 아시아 속령의 소비를 위해서 수출한다. 그래서 인도는 제조업의 나라에서 농업국가로 전락하고 말았다.

다음에 H. H. 윌슨은 유사한 증언을 하고 있다.

> 그것 역시 인도가 의존하게 된 영국이 인도에 저지른 잘못의 슬픈 결과이다. 인도의 면직물과 견직물이 당시에는 영국에서 제조된 상품보다 영국시장에서 50~60% 저렴한 가격으로라도 이익을 남기고 팔릴 수 있었다는 사실이 1813년 분명히 진술되었다. 그래서 인도산의 가격에 70~80%의 관세부과 또는 적극적인 수입 금지 조치로 영국산 제품을 보호하는 것이 필수적인 일이 되어 버렸다. 만일 이렇게 하지 않았다면, 말하자면 그와 같이 수입 금지나 다름없는 과중한 관세와 칙령이 없었다면, 페이슬리와 맨체스터의 공장들은 처음부터 정지되었을 것이고, 증기의 힘으로도 재가동하기가 거의 불가능했을 것이다. 그 공장들은 인도 제조업의 희생 위에 만들어졌다. 인도가 독립했다면 복수했을 수도 있고, 영국 제품에 대해서 수입 금지나 다름없는 과중한 관세를 부과하든지 해서 인도 내의 생산성

높은 산업의 도태를 막을 수도 있었을 것이다. 이와 같은 자기방어는 인도에게는 허용되지 않았으며, 인도는 이방인의 처분에 맡겨졌다. 영국 제품들은 관세를 한 푼도 물지 않고 인도에 강요되었고, 영국의 제조업자는 평등한 조건에서는 경쟁할 수 없었던 경쟁자를 억누르고 궁극적으로 그 경쟁자를 교살(絞殺)하기 위해서 정치적 불의(*political injustice*)라는 무기를 사용했다.

토마스 먼로에 따르면, '동인도회사 사원들은 주요 수직공들을 집합시키고, 그들이 동인도회사에만 공급하겠다는 계약을 할 때까지 그들을 감시했다.' 저자는 다음과 같이 계속했다.

수직공 한 사람이 선수금을 일단 받게 되면 그는 자신의 책임에서 빠져나오기가 거의 불가능했다. 만일 그가 지체하면 제품을 인도하라고 재촉하기 위해서 토민병 한 사람이 배치되었고 그는 사법 법정에 구속될 수도 있었다. 토민병의 파견은 수직공에게 하루 1아나(1과 $\frac{1}{2}$페니)[38]의 벌금을 의미했다. 그 토민병은 등(藤)으로 만든 회초리로 무장하고 있었는데, 그 회초리는 이른바 선량한 목적에 심심찮게 사용되었다. 벌금이 이따금 수직공에게 부과되었는데, 그들의 놋그릇이 벌금을 징수할 때까지 압수되었다. 그래서 촌락에서 수직하는 전 인구가 동인도회사의 공장들에 종속되고 말았다. … 수직공들이 종속되어 있는 통제는 단순한 실천의 문제가 아니라 법령에 의해서 법제화되었다. 다음과 같은 점들이 규정되었다. 동인도회사로부터 선수금을 받은 수직공은 '어떤 경우에도 유럽인이든 내국인이든 그 누구에게도 동인도회사와 약속한 노동이나 생산품을 주어서는 안 된다.' 그가 약정된 직물을 인도하지 못하면, '통상담당 주재관이 그것의 인도를 재촉하기 위해서 토민병을 임의로 배치할 수 있다.'

---

38 〔역주〕 1루피의 $\frac{1}{16}$

> 그리고 직물을 다른 사람에게 매매하면, '수직공은 데와니 아달라트에서 기소당할 것', 그리고 '수직공이 하나 이상의 수직기를 소유하고 두 사람 이상의 일꾼을 고용하고 있는 경우 서면 계약대로 인도하지 못하는 모든 직물에 대해서 약정된 가격의 35%를 벌금으로 납부해야 한다.' 지주와 소작인들은 '통상담당 주재관 또는 수하 공무원들의 수직공들에 대한 접근을 방해해서는 안 된다.' 그들은 '동인도회사의 통상담당 주재관에 대해서 불경스런 행동을 하는 것이 엄격히 금지된다' 등의 사항들이 규정되어 있었다.

그와 같은 견딜 수 없는 속박 아래 살아가는 수직공들이 그들의 엄지손가락을 절단함으로써 그 속박에서 벗어나는 것이 놀랄 일인가? 이렇게 의도적으로 파괴된 산업, 수백만 명의 민중의 재원을 보조해온 산업을 부흥하는 일은 조국을 사랑하는 모든 인도인들의 거룩한 의무이며, 자신들의 선조들이 위대한 나라에 대해서 자행한 중대한 잘못을 회개하는 모든 영국인들의 특권으로 간주되어야 할 것이다. 그러나 우리는 회개 대신 150년 전부터 시작한 정책이 고통스럽게 지속되고 있음을, 그리고 그 잘못을 지탱하기 위해서 마찬가지로 고통스런 노력이 진행되고 있음을 목격하고 있다.

흔적을 잃고, 〈영 인디아〉, 1928. 4. 19 ; 《전집》 41 : 485

133) 제도의 부도덕성

인도제국(*Indian Empire*)은 부도덕하게 잉태되었다. 그것이 영국의 인도 자원 착취를 영속화하기 위해서 건설된 것이기 때문이다. 영국인들이 기록한 역사서는 목적을 달성하기 위해서라면 그들에게 어떤 사기도 지나친 것이 아니고, 어떤 힘도 끔찍한 것이 아니라는 주장을 충분히 증명해 줄 것이다. 인도 주재의 영국 군주에 의해서, 또는 그를 위해서 획득된 땅 가운데 단 1인치도 합법적으로 획득한 것은 아마 없을 것이다.

규칙은 부도덕한 방법을 통해서 양성된다. 영국 정치가들은 내외의 공격으로부터 제국을 지켜주는 것이 영국의 총칼이란 점을 우리에게 확신시켜 준다.

영국의 총칼은 부도덕한 재원(財源)에서 얻어온 세입에 의해서 유지된다. 나는 소금세의 극악무도한 부도덕성을 충분히 증명해 보였다. 그 부도덕성은 소금세의 비인간성에서 나온다. 음주와 마약에서 얻은 세입이 부도덕하다는 것은 자명하다.

토지세의 부도덕성이 자명한 것은 아니다. 하지만 바르돌리 운동[39]을 추적한 사람들, 이른바 세입법과 그 법의 운영을 연구한 사람들은 그 제도의 부도덕성을 간과하지 못할 것이다. 나는 세입법에다 '이른바'라는 말을 붙였는데, 이유는 그 법이 징수관들에게 재량권을 주고 있어서 이들의 결정이 사법적 통제를 받지 않도록 되어 있기 때문이다. 소금세와 같이 토지세는 료트와리(토지세) 제도 아래에서든 아니면 항구적인 제도 아래에서든, 빈곤한 료트(농민)를 가장 심하게 압박하고 있다. 토지세가 료트와리제도 아래에서 농민을 억압하는 방식은 바르돌리에서 그리고 최근에는 마타르(Matar)와 메헤메다바

---

39 〔역주〕 영국 정부는 1928년 봄베이주 바르돌리 농민의 세금을 22% 인상했다. 간디의 제안에 따라서 발라브바이 파텔은 아메다바드 시장직을 그만두고 바르돌리로 가서 납세 거부운동을 주도했다. 파텔의 효율적인 운동 덕분에 봄베이 정부는 곧 8만 명 이상의 거대한 농민과 맞서게 되고 이 운동은 인도 전역의 지지를 받게 된다. 결국 정부는 8월 굴복했으며 압수한 농민의 재산을 돌려주고, 체포한 사람들을 석방하기로 파텔과 합의했고, 세금 인상을 5.7%로 줄였다. 이 운동은 '바르돌리 사타그라하' 또는 '바르돌리 농민운동'으로 알려지게 되었다. 이 운동으로 발라브바이 파텔은 사르다르('선생') 발라브바이 파텔로 불리게 된다. 요게시 차다, 《마하트마 간디》(한길사, 2001), 497~498면 참조.

드(Mehemedabad)에서 목격된 바 있다. 그 영구적인 해결책은 료트와리제도 아래에서 당해왔던 사람들보다 료트를 더욱 심하게 압박하고 있다. 나는 료트의 고뇌에 대해서 료트 자신도 부분적으로 비난받아 마땅하다는 점을 주저 없이 인정한다. 하지만 그 사실은 현재의 고찰과 무관한 일이다.

토지가 국가소유로 간주되든 개인 소유(*the individual's property*)로 간주되든, 국가가 토지에 대해서 과세할 내재적 권리나 독립적 권리라는 것은 존재하지 않는다. 황소 주인이 황소에 대해서 능력과 관계없는 일을 요구할 권리가 없듯이, 국가 역시 토지에 대해서 징수권을 무조건 행사할 권리는 없다. 토지에 대한 등급과 면세 규정 등이 있다는 사실은 여기서 행하는 비판에 대한 답이 되지 못한다. 여기서 펴는 주장은 거의 대부분의 경우 료트가 한 푼의 세금도 납세할 능력이 없다는 점이다. 현명한 국가라면 과세 정책을 수립할 때 시민들의 습관, 습속, 심지어 그 약점까지도 고려해야 할 것이다. 하지만 이 정부는 그렇게 고려할 시간이 없었다. 정부는 무슨 수를 동원해서라도 징세해야 할 최저액만을 정해 주었다. 그래서 고 솔즈베리 경[40]의 말에 따르면, 빨아먹을 피가 있는 곳이면 어디에라도 외과용 란세트가 사용되어야 했다.

여기까지가 가시적인 재원(財源)에 대한 것이다. 눈에 보이지 않는 재원은 전자의 경우만큼 심하지는 않지만 마찬가지로 오염되어 있다. 루피에 강요된 악성적 평가절하는 펜을 한 번 굴림으로써 인도로부터 수백만 루피를 유출시키고 말았다. 영국제 직물에 대한 보이지 않는

---

40 〔역주〕 Robert Arthur Talbot Gascoyne-Cecil, 3rd Marquess of Salisbury(Earl of Salisbury, Viscount Cranborne, Baron Cecil of Essendon, 1830~1903). 영국의 보수당 정치지도자. 총리를 3차례(1885~1886, 1886~1892, 1895~1902), 외무장관을 4차례(1878, 1885~1886, 1886~1892, 1895~1900) 지내면서 대영제국의 식민지를 널리 확장하는 데 주력했다.

다양한 방식의 유리한 대우 때문에 매년 6억 루피가 인도에서 빠져나가고, 아사 직전의 수백만 명이 반실업 상태로 남아 있다.

그렇게 해서 정부는 우리의 결함을 이용하고, 지불할 능력이 전혀 없는 사람에게 의심스런 방법을 이용하여 지불을 강요한다.

따라서 민중에게는 토대 자체가 부도덕한 이 제도를 종식시키는 방법 이외에 다른 도리가 없다. 명백하게 부도덕한 제도의 파괴를 위해서 기도하고 일하자. 그리고 그것을 종식시키기 위해서, 비폭력이라는 국민적 강령 또는 정책(경우에 따라서)과 일관된 가장 대담한 모험을 해 보자.

부도덕한 토대, 〈영 인디아〉, 1930. 4. 10 ; 《전집》 49 : 53

134) 제국주의, 착취, 자유

세가온, *1939. 12. 4*

체임벌린[41] 씨는 다음과 같이 말했다고 전해진다. "만일 제국주의가 인종적 우월성의 주장, 다른 민족들의 정치적·경제적 자유의 억압, 제국주의 국가의 이익을 위해서 다른 국가들의 자원 착취를 의미한다면, 나는 이런 것들이 우리 영국의 특성은 아니라고 말할 것이다." 이 말이 듣기는 좋지만 사실은 아니다. 지상의 이른바 문명화되지 못한 인종들을 착취하고 있는 자치령은 말할 것도 없고, 케냐에서 채택된 정책, 잔지바르에서의 정향(丁香, *clove*) 사업, 그리고 오타와 조약은 제국주의 정신이 죽지 않았음을 보여준다. 우리 조국에 가까운 것을 살펴보자. 인도 토호국왕들 위에 군림하는 최고 권자(*the Paramountcy*)는 제국주의의 죽음과 일치하는 것은 고사하고 기초 민주주의와 일치하고 있는가? 저 토호국왕들은 인도의 선이기

41 영국 수상.

도 하고 아니기도 하다. 수백만 명의 인도인들은 저 최고권자 탓으로 순수한 독재정치 아래에 남아 있다.

나는 인도에 대한 영국의 의도가 왜 이슬람교도나 힌두교도의 의견, 그리고 다른 의견에 의존해야 하는지를 모르겠다. 유일하게 중요한 의견은 인도의 의견이지 국민회의의 의견조차도 아니다. 인도의 의견은 인도 민중의 자유 투표(*free vote*)에 의해서만 확인될 수 있다. 유일하게 진실하고 민주적인 방법은 성인의 선거권 또는 그에 상당하는 합의 방식을 통해서 그들의 의지를 확인하는 것이다. 국민회의에 관한 한, 국민회의는 영령 인도의 민중을 대표하는 것과 같은 기초에 근거하여 토호국왕들의 인도 민중을 대표해야 한다. 이슬람교도와 다른 독립된 소수들은 필요하다면 별도의 선거민들이 대표해야 한다. 선거민들은 그들의 수에 정확히 비례해야 한다. 그들은 자신들을 보호하기 위해서 필요한 것을 결정할 것이다. 공동 이익이 걸려 있는 사안에서는 복합적인 다수 대중의 결정을 따라야 할 것이다. 민중의 의지를 확인하는데 선거구민의 집회보다 더 좋은 방법이 발견되면, 내가 아는 한 국민회의는 주저 없이 그것을 받아들일 것이다. 나라의 크기나 대중의 문맹이 성인의 선거권을 막아서는 안 된다. 선거캠페인 자체는 대중적 의지를 널리 알기 위한 목적을 위해서 충분한 교육이 될 것이다.

인도에 관한 영국 정책의 선포는 순전히 도덕적 이슈이다. 자유를 사랑하는 인도는 무장 봉기를 일으킬 의지도 능력도 없기 때문이다. 하지만 인도에 대한 영국의 의지를 아는 것은 인도의 권리이다. 나는 영국이 자신의 보호령인 인도에서 사람과 돈을 징발할 수 있음을 안다. 하지만 영국은 스스로 자유를 자각하는 인도로부터만 도덕적 정당성을 얻을 수 있다. 나는 영국의 친구로서 수많은 개인적 관계에 의해서 묶여 있다. 따라서 나는 영국이 무기 사용의 탁월성 덕분이 아니라 영국이 밟아가는 행로에서 항상 정의로우려고 하는 의지 덕분에 승리를 거두길 간절히 바란다. 그렇게 되면 영국은 전 세상에 있는 수백만의 사람들—귀중한 삶을 불필요하게 낭비하는 일에 물리고, 지배에 대한 탐욕과 허기를 유지하기 위해서 유포시킨 새빨간 거짓말에 물린 사람들—이 보여주는 진정한 우정과 공감을 얻게 될 것이다.

〈뉴스 크로니컬〉지에 발표한 성명서,
〈더 힌두〉, 1939. 12. 7 ; 〈하리잔〉, 1939. 12. 9[42]

135) 피억압자의 대의명분 〔*1947. 4. 6*〕[43]

내 심정은 언제나 세상의 피억압자와 함께 있습니다. 그리고 베트남 인민이 싸우고 있는 대의명분에 깊이 공감합니다.

베트남 인민을 위한 메시지, 〈더 힌두〉, 1947.4.10 ; 《전집》 94 : 245

4. 국민회의

136) 스와라즈와 진정한 국민회의 의원

1 당신은 우리 국민회의 의원들이 어떤 사람인지 모른다. 사례를 한번 말해 보겠다. 잘 알려진 국민회의 의원 한 사람이 안락해 보이는 집으로 갔다. 초대도 없이 말이다. 그는 집주인에게 편지도 쓰지 않았다. 그가 그 집에 도착하자 집주인은 그에게 "어디에 머무실 겁니까?" 하고 물었다. 이 의원은 "물론 여깁니다. 여기 아니면 어디

42 《전집》에서 확인 불능.

43 이 메시지는 아시아권교섭대회의 베트남 대표단의 지도자였던 트란 반 훈(Tran Van Heun)을 통해서 보내졌고, 그는 1947년 4월 6일 간디를 잠시 방문했다.

로 가겠습니까?" 하고 반문했다. 집주인은 이런 부탁에 준비가 되어 있지 않았다. 그러나 주인은 자기에게 불청객으로 찾아온 이 손님의 무례함에 대해서 언급하면서도 최선을 다해서 맞아 주었다. 주인은 기회를 봐서 이 의원을 슬쩍 모욕하기도 했는데 이 의원은 도가 너무 지나쳐서 그 모욕을 알아차리지도 못했다. 나는 마지못해 주인 노릇을 하게 된 사람이 의원이 아니었다는 점을 꼭 얘기해야겠다.

2 다른 의원이 사전 예고도 없이 국민회의 일꾼에게 불청객으로 찾아갔다. 이 의원은 그와 함께 많은 수행원을 데리고 갔는데, 그가 예상했던 편의를 얻지 못하자 체면에 큰 손상을 입었다고 느꼈다. 우리 의원들은 스스로 과대평가하고 있어서 아무 대가를 지불하지 않고도 최선의 봉사를 요구하고 또 얻을 권리가 있다고 추정한다.

이런 사례들은 진지한 국민회의 일꾼 한 사람이 크게 고민하면서 나에게 들려준 것이어서, 나는 그 사건들을 기록에 남겨서 그것들로부터 도덕적 교훈을 얻어야 한다고 생각했다. 머리에 맞지 않는 모자는 어느 누구도 쓰지 말자. 이 사례들은 의도적으로 왜곡된 면이 있을 것이며, 나는 반대편의 얘기를 알지 못한다. 그 사건들의 진상을 확인하려고 해도 헛된 노력이 되고 말 것이다.

당면 목표는 인용된 사례들을 흉내내지 않는 것이다. 진실한 국민회의 의원이 되려면 의심을 받아서는 안 된다. 그가 거기에 있는 목적은 '합법적이며 평화로운 방법'으로 스와라즈를 얻기 위함이라는 점을 상기시켜 주자. 우리는 그것을 얻기 위해서 오랜 시간을 보냈다. 여기에서 얻을 수 있는 명백한 추론은, 우리가 우리 사이의 상호 관계에서조차 엄밀한 조사를 견딜 수 있는 수단을 전혀 사용하지 않았다는 것이다. 실제로 한 투고자는 우리가 적수를 향해서는 진실하고 평화로워야 하지만, 우리 상호간의 거래에서는 그럴 필요가 없다고까지 제안한 적이 있다. 그러나 우리는 모든 경우에 진실하고 평화롭지 못하다면 특정 경우와 특정 사람에 대해서만 그럴 수는 없다는 것을 경험으로 알 수 있다. 그리고 우리가 서로서로 배려하지 않는다면 외부세계를 배려할 수도 없다. 우리가 내·외부의 거래에 있어서 아주 사소한 점까지 사려 깊게 순결하지 않으면, 국민회의가 얻은 일체의 특권은 사라지고 말 것이다. 우리가 작은 일을 잘 돌볼 수 있다면, 큰일은 스스로 돌볼 것이다.

진실한 국민회의 의원은 진실한 하인이다. 그는 항상 베풀며 결코 자신에 대한 봉사를 원치 않는다. 그는 자신의 안락에 관해서는 쉽게 만족하는 자이다. 그는 언제나 기꺼이 뒷자리를 차지한다. 그는 절대로 집단주의적이지 않고 지방색 또한 없다. 그의 최대 관심사는 조국이다. 그는 온갖 세속적인 야망, 그리고 죽음(*Death*)에 대한 공포마저 스스로 떨쳐 버렸으므로 잘못을 범할 각오를 하고 있다. 그는 용감하므로 관대하다. 그는 또한 겸손하고 자신의 실패와 한계를 의식하고 있으므로 너그럽다.

그런 의원이 드물다면 스와라즈는 저 멀리 있고, 우리는 우리의 강령을 수정해야 한다. 우리가 여태 스와라즈를 얻지 못했다는 사실은 원하는 수만큼 진실한 의원이 우리에게 없다고 추정할 수 있는 증거이다. 사실이 어찌됐든 내가 더러운 사건들을 수없이 기록해 두었다면, 나는 언급된 모든 시험에 통과한 무명의 국민회의 의원들도 존재한다는 사실에 대해서 감사하는 증언도 해야 할 것이다. 오늘날에는 분명 소수이지만 나날이 그 수가 증가하고 있다. 그들은 명성에 미련이 없으며 존재한다는 것만으로 만족한다. 만일 그들이 각광속에서 빛나기를 원하고, 국민회의 공문서에 명예로운 등재를 기대했다면, 일은 불가능했을 것이다. 빅토리아 십자훈장까지 얻은 자들이라고 해서 가장 용감한 박애주의자들은 결코 아니다.

세상의 진정한 영웅은 이 세상이 끝나는 날 비로소 알려질 것이다. 그들의 행위는 불멸이다. 그 행위는 다른 보상이 따라오는 것이 아니라 그 행위 자체가 보상이다. 그런 사람들이야말로 진실한 청소부이므로 그들이 없다면 이 지구는 역병의 장소가 되어 살 만한 가치가 없을 것이다. 국민회의 일반 의원들 가운데 그러한 남녀를 만날 수 있었던 것은 나의 운명이었다. 그들이 없었다면 국민회의는 거기에 소속되는 것 자체가 자랑이 될 만한 기관이 되지 못할 것이다. 지금 이 순간 직위에 대한 사냥과 국민회의를 장악하기 위한 경쟁이 존재하고 있음은 의심 없는 사실이다. 이와 같은 사냥과 경쟁은 질병이 표면화된 것이지만, 시간이 경과하면 건강을 회복하고야 말 것이다. 만일 국민회의가 열심히 수고하는 기관, 정직하며 사심 없이 수고하는 기관 이외의 것이 되어 버리면 그런 일은 일어나지 않을 것이다.

국민회의를 항상 민주주의적인 기구로 만들자. 하지만 민주주의가 허풍이나 허세가 되어서는 안 되며, 민중으로부터 봉사를 받기 위한 편법이 되어서도 안 된다. 민중의 소리(*Vox populi*)가 하늘의 소리(*Vox dei*)라면, 국민회의는 당연히 정직하고, 용감하며, 부드러운 겸손의 목소리, 그리고 완전한 자기희생의 목소리가 되어야 한다. 한 여성[44]이 내년에 국민회의를 지도하기로 되어 있다. 여성이 자기희생과 순결을 구현한 인격체가 아니라면, 그녀는 아무것도 아니다. 국민회의의 남녀 의원들은 우리 자신들을 겸손하게 하고, 우리 심정을 순결하게 하면서, 말 못하는 수백만 민중의 귀중한 대변자가 되어야 한다.

진정한 국민회의 의원, 〈영 인디아〉, 1925. 11. 19 ; 《전집》 33 : 128

44 〔역주〕 사로지니 나이두(Sarojini Naidu). 《전집》 권 33, 236면.

137) 국민회의에서의 은퇴

〔*1934. 9. 5*〕

사랑하는 발라브바이께,

나는 최근 와르다를 방문한 친구들과 논의하고 깊이 생각한 끝에, 내가 원래의 의원직까지 포함하여 국민회의와 일체의 공적 또는 물리적 관계를 완전히 단절하는 일이 국민회의와 국민에게 최대의 이익을 보장할 것이라는 결론에 도달했네. 이것은 내가 1920년 이래 긴밀하게 연관을 맺어왔고, 나의 청년기부터 쭉 존경해왔던 이 조직에 대해서 내가 일체의 관심을 끊음을 의미하는 것은 아니라네. 내가 최근 그 조직 속에 스며든 부패에 대해서 말한 바 있지만, 그럼에도 불구하고 국민회의는 내 의견으로는 국내에서 가장 강력하고 가장 대표성이 높은 국민적인 조직으로 남아 있네. 그것은 그 탄생 초기부터 고귀한 봉사와 희생의 간단(間斷)없는 역사를 갖고 있네. 그 조직은 간단없이 꾸준히 진보해왔고, 이 나라에 있는 어떤 다른 조직보다 폭풍우를 잘 견뎌왔다네. 그것은 최대의 희생을 끌어냈는데, 이것은 어느 나라라도 자랑스러워할 만한 것이었네. 그것은 오늘날 자신을 희생하고 흠결 없는 남녀를 가장 많이 갖고 있네.

내가 이 위대한 조직을 떠나는 심정은 그리 가볍지가 않네. 그러나 내가 더 이상 남아 있게 되면 이익보다 손해를 줄 것 같네. 나는 이 중대한 시기에 자와할랄[45]과의 만남과 그의 충고가 아쉬운데, 그는 가까운 장래에 이 조직의 합당한 조타수가 될 수밖에 없는 사람이네. 그래서 나는 그의 위대한 정신을 항상 내 앞에 두고 있네. 나에 대한 그의 커다란 애정은 나를 국민회의 내에 붙들어 두려 하겠지만, 그의 이성은 내가 취한 이 조치를 지지할 것으로 나는 느낀다네.

---

45 자와할랄 네루.

인도 국민회의 발기인들과 함께 (1895)

인도 국민회의는 간디(뒷줄 왼쪽에서 4번째)를 비롯한 인도 지식인들이 주축이 되어 1895년 설립한 정치단체다. 초기에는 영국 정부에 우호적인 자산계급의 압력단체 성격을 띠었으나 1905년 인도 민족의 분열을 기도하는 영국의 벵골 분할정책에 반대하는 투쟁을 일으킴으로써 전 국민적 조직으로 발전한다. 이후 네루 등의 진보적 인사도 합류하며 명실공히 민족운동의 중심 정당이 되었으며 현재까지 인도의 제 1 야당의 위치를 지키고 있다.

그러나 큰 조직은 애정에 의해서가 아니라 차가운 이성에 의해서 지배될 수 있기 때문에, 내가 남아 있게 되면 이성의 완전한 작용을 마비시키는 결과를 초래하게 될 것이므로 여기에서 떠나는 편이 더 나을 것이네. 이 조직을 떠나면서 나는 동지 이상의 자와할랄, 그리고 아무리 심각한 정치적 차이가 있다고 해도 어떤 의미에서든 나로부터 떼어낼 수 없는 그를 저버리는 것은 아니라고 느낀다네.

이 위기의 시기에 내가 물러난다고 해서, 나는 바부 라젠드라 프라사드에게 덜 진실한 것도 아니라네. 이분은 차기 국민회의 의장이 될 가능성이 매우 높으며 자와할랄과는 달리 내 이상의 거의 대부분을 공유하고 있고, 국민을 위한 희생이 양과 질의 양면에서 이분을 능가하는 자가 없을 것이네.

다음으로 국민회의 의회평의회가 있는데, 이것은 내가 전심전력을 다해서 그 설치를 주장하지 않았더라면 존재하지 않았을 것이네. 그

평의회는 수많은 강건하고 진실한 의원이 느끼는 결핍을 메울 것이므로 그것을 설치하는 것이 필수적이었다네. 그 평의회는 여느 의원의 봉사와 마찬가지로, 내가 여전히 바칠 수 있는 봉사를 나름대로 처리할 수 있다네. 그 평의회는 국민회의 의원이 기존의 입법부로 들어가는 일에 대해서 아주 심한 반대를 펴지 않는 모든 국민회의 의원들의 전면적 지지를 끌어내야 하네. 만일 그 평의회가 나의 은퇴 때문에 단 한 표라도 잃게 되면 그건 나에게 유감스런 일이 될 것이네.

몇몇 친구는 결과를 두려워하지만 나는 두렵지 않다네. 나는 나 자신의 입지를 알기 때문이라네. 과일이 익어서 떨어지는 것 때문에 나무가 상처받지 않듯이, 국민회의 역시 내가 떠남으로써 상처받지 않을 것이네. 만일 과일이 충분히 익었는데도 떨어지지 않는다면, 그 과일은 무거운 짐이 될 것이네. 그런 것이 나의 처지라네. 나는 이제 국민회의에 무거운 짐이라고 느끼고 있다네.

나와 많은 의원들의 관점상에 중대한 차이점이 생겨났고 그것은 점점 커지고 있네. 나의 존재가 점점 더 많은 지성인을 국민회의에서 몰아낸다네. 나는 나의 정책이 그들의 이성을 납득시키지 못한다고 느끼네. 그들의 이성이 아무리 기이하게 보이더라도 말일세. 나는 나 자신의 이성을 만족시키지 못하는 일은 절대로 하지 않네. 그러나 나의 이성은 가장 지적인 성향을 가진 수많은 의원이 기꺼이 그리고 열광적으로 나가려는 방향과 정반대의 방향으로 나를 인도한다네. 그런데 그들은 나에 대한 전례 없는 충성심에 의해서 저지당하고 있다네. 어떤 지도자도 나만큼 지적인 성향의 의원들에게서 더 큰 충성과 헌신을 받아 본 적이 없을 것이네. 심지어 그들은 내가 의회에 제출했던 정책들에 항의하고 반대를 표명했을 때도 그러했다네. 내가 이 충성과 헌신을 계속 이용하는 일은 그들에게 부당한 압력을 행사하는 것

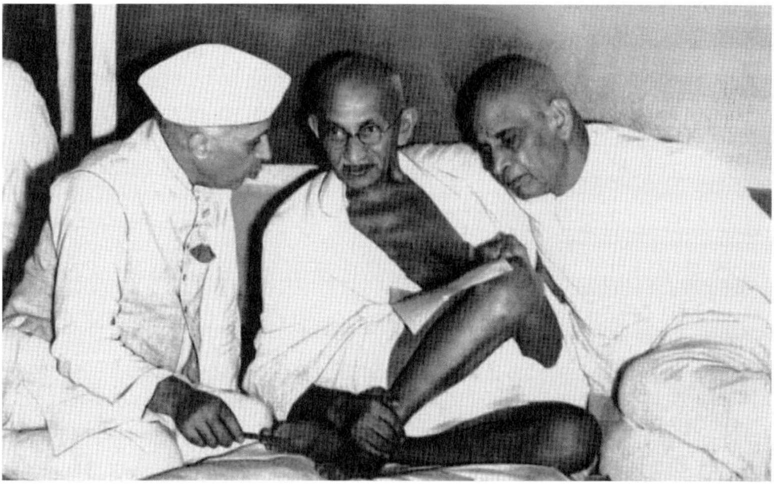

간디와 파텔 그리고 네루(1946)
간디(가운데)와 발라브바이 파텔(오른쪽) 그리고 네루, 세 사람이 전인도 국민회의위원회 모임 기간에 긴밀하게 이야기를 나누고 있다.

이라고 느낀다네. 따라서 나는 내 방안에 강력하게 반대하는 사람들이 투표로 나를 이기고 은퇴를 강요하기를 원한다네. 나는 그런 입장에 도달하려고 노력했지만 실패하고 말았다네. 그들은 최후까지 나에게 매달릴 것이네. 그런 충성심을 요청할 수 있는 유일한 방식은 자발적 은퇴라네. 국민회의의 지성파들과 나 사이에 근본적인 차이점이 있을 때 그런 반대 속에서 나는 일할 수 없다네. 내가 공공생활에 들어온 이래 나는 절대 그런 식으로 행동한 적이 없었다네. …[46]

그런데 사회주의자 그룹도 나날이 성장하고 있다네. 자와할랄이 그들에게 이의 없는 지도자이지. 나는 그가 무엇을 원하고 있고 무엇을 대변하는지 꽤 잘 알고 있다네. 그는 만사를 과학적 정신에서 검토하겠다고 주장하네. 그는 용기의 화신일세. 그는 앞으로도 오랫동안 봉사

46 〔역주〕 원 자료에서 생략됨. 《전집》 권 64, 395면.

할 것이고, 자신의 사명에 대해서 불굴의 신앙이 있다네. 사회주의자 그룹의 실천 방법이 그의 방법과 꼭 같은 것은 아니지만 그의 견해를 다소 대변하는 것은 사실이라네. 그 그룹은 더 큰 영향력과 중요성을 발휘하고야 말 것이네. 나는 이 그룹을 환영한 바 있다네. 그들 중 많은 사람은 존경을 받고 있으며 자기를 희생하는 동료들이라네. 그럼에도 불구하고, 그들의 공식 팸플릿에 공표된 프로그램을 보면 나는 그들과 근본적인 차이점이 있음을 알 수 있다네. 나는 도덕적 압력을 행사할 수도 있지만, 그것으로 그들의 책자 속에 제시된 이념들의 확산을 막지는 않을 것이네. 내가 국민회의에 남아 있는 일은 그런 압력을 행사하는 일이 되고 말 것이네. 이념들의 일부가 나에게 아무리 탐탁하지 않더라도 그것들의 자유로운 표현을 방해할 수는 없다네.…

이와 같이 근본적인 차이점이 있음에도 불구하고 내가 국민회의를 지배하는 일은 거의 일종의 폭력에 해당되므로, 나는 이것을 삼가야 한다네. 그들의 이성은 어떤 대가에도 불구하고 자유로워야 한다네. 내가 나에 대한 모든 평판을 잃을 위험이 있다고 하더라도, 이런 반박할 수 없는 사실을 발견한 이상 국민회의를 떠나지 않는다면 나는 국민회의에 불충한 사람이 될 것이네.

그러나 내가 만일 국민회의를 신구의(身口意)에 의해서 더 잘 봉사하기 위해서만 떠난다면, 나에 대한 평판이나 국민회의의 평판에 아무 위해도 없을 것이네. 나는 성을 내거나 발끈해서 떠나려는 것이 아니라네. 더구나 실망해서 떠나려는 것도 아니라네. 나는 나 자신에 대해서도 실망하지 않는다네. 나는 우리나라에 밝은 미래가 있다고 여긴다네. 우리가 우리 자신에 대해서 진실하다면 만사는 잘되어 갈 것이네. 국민회의가 나라 앞에 제시한 프로그램 이외에 별도의 프로그램이 나에게 있는 것은 아니네.…

나는 이번에 은퇴하는 일을 포함하여 내 식대로 겸허하고 다양하게 국민회의에 기꺼이 봉사할 것이네. 그렇게 완전한 무집착의 태도로 살면서 나는 국민회의에 가까이 다가설 수 있기를 바라네. 그렇게 되면 의원들은 당황하지도 않고 억압당한다는 느낌도 없이 나의 봉사를 받아들일 수 있을 것이네.

공동의 목표를 추구하면서 신구의에 있어서 전심전력의 헌신을 나에게 바쳐온 자들에게 한마디 해 두고 싶네. 내가 국민회의에서 물리적으로 은퇴하는 것이 그들에게 탈퇴하라는 초청을 의미하는 것으로 이해되어서는 안 되네. 그들은 국민회의가 그들을 필요로 하는 한 국민회의의 울타리 안에 남아 있을 것이고, 그들이 흡수했던 대로 공동의 이상들을 실현할 것이네.

안녕히, 바푸가

발라브바이 파텔에게 보낸 편지,
Mahatma 권 3, 386~388면 ; 《전집》 64 : 463

138) 국민회의에 대한 완전한 인정

세가온, *1938. 1. 20*

나의 야심은 국민회의가 정부에 성공적으로 저항하고 약속을 실행할 수 있는 유일무이한 당으로서 인정받는 일이다. 국민회의는 태생에서부터 모든 소수파를 대표하는 유일한 정당이었다.

만일 영국 정부가 국민회의의 고유한 위상을 인정한다면, 그들은 국민회의를 만족시킬 때까지 연방의 창립[47]을 주저 없이 연기해야 할 것이다. 만일 토호국 군주들을 받아들이기 전, 각 주 민중의 기본권이 보장되고 민중의 대표성이 선거를 통해서 발생한다면, 연기하는 일이 어려운 일은 아닐 것이다. 내 생각으로는 만일 연방제도가 강

47 1935년 인도 정부령(*the Government of Indian Act*)에 이것이 제안되었다.

요된다면 최대 위기가 촉발될 것이다.

비록 현 난관이 위에서 제기된 방식에 의해서 극복된다고 해도, 그 정부령에 대한 반대는 여전히 남게 될 것이다. 솔직하게 말하면, 헌법제정의회가 기초한 헌법이 현 정부령을 대체할 경우에만 평화가 보장될 것이다. 어쨌든 국민회의의 올바른 위상이 완전히 인정되기만 하면 나머지는 쉬울 것이다.

이것은 내 개인적 견해로서 동료 누구와도 이것에 대해서 논의해 본 적은 없다.

M. K. 간디

메시지,[48] CW 7791 ;《전집》72 : 576

139) 밑바닥에서부터 건설할 필요

바르돌리-와르다 기차 안에서, *1942. 1. 9*

만일 국민회의가 군사적 성향을 지닌 조직이었다면, 그것은 오늘날 분명 완벽한 군대가 되었을 것이고, 모든 성원들은 훈련을 받아서 유능한 군인이 되었을 것이다. 다행히도 인도와 인류(*humanity*)를 위하려고 하는 국민회의는 군사적 성향의 조직이 아니다. 오늘날 인도에는 국민회의를 제외한 순전히 국민적인 다른 조직은 존재하지도 않고 존재할 수도 없다. 다시 한 번 말하지만 인도를 위해서도 인류를 위해서도 다행스럽게, 국민회의는 1920년 이래 비폭력의 방법을 통해서 인도의 자유를 얻고자 서약하였다. 그러나 지금까지 국민회의는 주로 논의하는 집단, 때때로 시민불복종을 펴기도 하지만 언제나 건설이라는 주요 프로그램만을 다루어온 집단이었다. 언젠가 한 번 모든 의원들이 국민을 위해서 뭔가를 창조하라는 기대를 받은 적이 있었다. 남녀 의원들은 각자 국민을 위해서 물레를 돌리도록 되어 있었

48 이것은 '로티언 경과 책임 있는 정치가들을 위해서만' 쓰였다.

지만 의원들은 반응하지 않았고, 물레질에 대한 조항은 삭제되었다. 모든 의원들이 일해야 하는 다른 항목들도 있었다. 그러나 각 의원은 기대받은 만큼 하지 않았다. 각 의원이 스스로 결정적 선택을 해야 할 때가 왔다. 그의 앞에 있는 유일한 프로그램은 평화의 종(從) 내지 평화의 군인이 되는 일이다. 평화의 군인은 칼을 가진 군인과는 달리 평화의 시기에도 전쟁의 시기에도, 평화 진작을 위해서 자신의 여가 시간을 전부 바쳐야 할 것이다. 평화의 시기에 그가 하는 일은 전쟁 시기를 방지하는 조처이기도 하고, 전쟁 시기의 대비이기도 하다.

그렇게 되면 나는 한 표의 투표권을 지닌 의원으로서, 지금 현재 의원 등록부에 있는 사람이거나 앞으로 의원이 될 사람 모두가 건설적 프로그램을 위해서 일할 수 있는 최소한의 자격을 갖추기를 요구하는 투표를 하나의 긴급수단으로서 수용할 것이다. 국민회의가 민주적 성격을 유지해야 한다는 사실을 나에게 상기시키는 것은 잘못이다. 국민회의가 회원의 훈련과 요건에 복종할 사람이면 누구든지 참여 가능한 효과적인 활동 단체가 자진해서 된다고 해도, 국민회의는 민주적 성격을 잃지 않을 것이기 때문이다. 국민회의가 비상시에 대중성을 누리지 못한다면 그것은 대중적일 수 없다. 국민회의가 일 없고 굶주린 자들에게 일을 제공할 수 없거나, 약탈 행위로부터 민중을 보호할 수 없거나, 그런 행위들에 어떻게 대처해야 하는지를 가르칠 수 없거나, 그리고 위험에 직면한 민중을 도울 수 없다면, 특권과 대중성을 상실할 것이다. 어떤 개인이나 조합도 자신 또는 그 자체의 자본만으로는 살 수 없다. 자본은 유통되어야 하고 스스로 불어나야 한다.

국민회의는 제국주의와의 투쟁에서 선두를 차지했으므로 대중적인 것이 되었다. 오늘날 예전의 방식은 소용이 없어졌다. 현재 대중 봉기(*mass revolt*)를 생각하는 사람은 아무도 없다. 최선의 방식, 가장 빠르고 효과적인 방식은 밑바닥에서 건설하는 일이다. 위기일발의 순간이 찾아왔다. '촌락으로!', 이것이 어떤 관점에서 봐도 필수적인 일이 되었다. 이제 생산과 분배를 분산해야 할 때이다. 각 촌락은 하나의 자족하는 공화국(*a self-sufficient republic*)이 되어야 한다. 이것을 위해서 용감한 결의가 필요한 것이 아니라, 용감하고, 협조적이며 지성적인 일이 필요하다. 현재 내가 아는 범위 내에서, 이것이 통치자들과 민중 사이에 존재하는 공동의 토대이다.

각 의원은 평화의 군인이나 종이 되든가, 아니면 스와라즈를 건설하는 일에 있어서 자신의 자리를 찾기 싫어하는 보잘것없는 사람이 되는 것 중에 양자택일해야 한다.

평화의 조직, 〈하리잔〉, 1942. 1. 18 ; 《전집》 81 : 691

140) 국민회의와 건설적인 일

카쉬로 가는 도중에, *1942. 1. 19*

건설적 프로그램의 실천이 국민회의 의원들로 하여금 정부와 충돌하게 하지 않을까? 이 질문은 전인도 국민회의위원회(A. I. C. C) 간부 모임에서 제기되었던 여러 질문 중에 하나였다. 나는 17일 와르다에서 연설했다. 나의 대답은 프로그램 전체가 충돌을 피하기 위해서 짜였다는 것이었다. 물론 가장 순진무구한 활동이라도 사람의 손으로 조작되면 충돌을 초래할 수도 있다. 나는 의회의 모든 일꾼들이 그 충돌을 피하기 위해서 최선을 다하기를 기대한다. 그러나 만일 정부가 건설적 프로그램의 실행이 스와라즈를 가져다줄 것이라고 믿는 의원들에 의해서 착수된다는 이유로 그 활동을 금지시킨다면 별다른 수가 없다. 그것이 목표를 달성하기 위한 유일한 비폭력적 방도이다.

비폭력적 수단에 의한 스와라즈는 그것을 바라고 있는 자들의 창조적인 노력이 선행되어야 한다. 정부는 일체의 비폭력운동을 철저하게 막기를 원치 않는다면 그런 노력 전체를 환영해야 할 것이다. 만일 막게 되면 충돌은 불가피하다. 그러나 적어도 전쟁이 지속되는 동안 국민회의의 일꾼들이 충돌을 원하지 않고 또 촉발하지도 않는다면, 어떤 충돌도 불가능할 것이라 게 내 의견이다. 그들은 일하고, 일하고 또 일해야 한다. 그들은 건설적 일을 하면서 연설도 시위도 하지 않을 것이다. 내가 앞서 말한 대로, 오늘날 건설적 사업의 대부분은 먹이기와 입히기와 같이 정부와 민중에게 공동의 명분이 되었다.

건설적 프로그램과 정부,
〈하리잔〉, 1942. 1. 25 ; 《전집》 81 : 714

141) 국민회의와 비폭력

뉴델리, 방기 니바스,[49] *1947. 5. 4*

나는 자유를 위한 우리의 투쟁이 순수하게 비폭력이지 않았다는 점을 인정합니다. 만일 모든 의원들이 진정한 비폭력을 정직하게 따랐다면, 우리는 오늘날 지독한 혼란 상태에 빠져 있지는 않았을 것입니다. 우리가 비폭력 투쟁이라고 간주했던 것이 실제로는 그러지 않았다는 것이 날이 갈수록 나에게 또렷해집니다. 실제로 그랬다면, 우리 사이에서 집단 중심주의(*communalism*)라는 용이 제 머리를 내밀지 않았을 것이고, 불가촉천민제도는 과거지사가 되었을 것이며, 고용주와 종업원 사이의 차별은 없어져서 양자 모두 어떤 차별 없이 비슷하게 육체노동을 했을 것입니다. 우리는 이 나라 어디에서도 백주에 우리의 딸들과 누이들의 명예가 능욕당한다는 소식도 듣지 않았을 것입니다. 우리가 진리와 비폭력의 길을 따라갔다면, 인간의 심정에서 인간성(*humanity*)이 사라진 것을 보지 않았을 것이고, 사회는 잘 조직되

---

49 라젠드라 프라사드, 암리트 카우르, 하레크루슈나 마호탑과의 대담.

었을 것이며 적의(敵意, *animosity*)의 흔적은 전혀 없었을 것입니다. 오늘날 우리는 단 하나의 좋은 조짐도 보지 못합니다. 가는 곳마다 의원들이 비난받고 있고, 민중은 그들을 믿지 않는 것 같습니다. 무슬림연맹은 우리를 믿지 않고, 주정부들마저도 우리에게 냉랭합니다. 여러분 그리고 아마 나까지도 이것에 대해서 비난받아야 할 것입니다. 우리가 진리와 비폭력 그리고 희생을 100% 따랐다면, 군중만이 아니라 어린아이들도 우리를 존경했을 것입니다. 하지만 현재 분위기는 대단히 다릅니다. 지금이라도 우리는 오류를 깨닫고 오던 길을 되돌아가야 할 것입니다. 그렇지 않으면 60년간의 명예로운 국민회의의 역사가 10년 이내에 지워지고 말 것입니다.

우리가 우리 자신의 내부에서 순수한 비폭력의 불과 진리의 불을 켜지 않는다면, 우리는 완전 독립이라는 우리의 목표를 달성할 수 없을 것입니다. 우리 속에 저 불을 켜게 되면, 폭력의 경향성은 자동적으로 사라질 것이고 폭동은 통제될 수 있을 것입니다.

그렇지만 다양한 민족들이 살아가는 인도와 같은 광대한 나라에서, 경찰이 차지할 자리가 전혀 없을 것이라고는 생각하지 않습니다. 이와 같은 상황에서 우리가 만일 군대의 도움 없이 일을 처리해 나갈 수 없다면, 경찰 없이 살 수 있다고 어떻게 말할 수 있겠습니까? 나는 경찰 없이도 살아갈 수 있다는 내가 애호하는 비전을 분명히 품고 있습니다. 나는 경찰을 경찰이라 부르지 않고 '사회개혁가'(*social reformers*)라고 부를 것이기 때문입니다. 그들은 민중의 종이지 주인이 아닐 것입니다.

폭력을 위한 훈련에서는 죽이는 방법을 배우듯이, 우리는 비폭력을 수용하면서 죽는 기술(*the art of dying*)을 배워야 합니다. 비폭력에는 공포가 들어갈 여지가 전혀 없습니다. 그것만이 아니라, 우리는 자신의 가족, 재산, 심지어 자신의 생명조차 주저 없이 희생할 수 있을 정도로 희생정신을 충분히 길러야 합니다. 비폭력 신봉자는 신만을 두려워해야 합니다. 사람들은 자신의 물리적 신체를 보호하기 위해서 폭력에 호소합니다. 그러나 우리는 육신은 가멸적인 것이고 진실로 중요한 것은 혼이란 점을 깨달아야 합니다. 그리고 혼의 명예를 지키기 위해서는 비폭력의 대안이 될 만한 것은 없습니다.

그와 같은 비폭력을 배울 수 있는 학교는 없습니다. 우리의 비폭력은 용기를 가지고 행동할 때에만 검증이 가능합니다. 오늘날 우리는 이 검증을 받고 있는 중입니다만, 내 생각으로 우리는 실패했습니다. 만일 실패하지 않았다면 4아나를 받는 국민회의 의원 전부는 폭동을 진정시키는 일에 참여했거나, 아니면 참여하다가 죽었어야 합니다. 하지만 그들은 살해당하는 이웃을 구할 용기가 없었습니다. 나는 사람들이 공포에 휩싸여 자신들의 목숨을 구하기 위해서 자신들의 아내·어머니·누이·딸들을 위험 속에 내버려 둔 채 도망쳤다는 사례들도 들은 바 있습니다. 그 얘기를 들었을 때 나는 온몸을 부르르 떨었습니다. 우리에게 이런 비겁함이 있다니! 진실로 비폭력적인 인간은 위험을 감수하면서 그의 가치를 증명해야 합니다. 비폭력의 인간이 가진 용기는 폭력적인 인간이 가진 용기보다 몇 배나 탁월합니다. 그러나 누가 내 말에 귀를 기울입니까? 누군가 나를 죽이려고 온다면, 나는 분노의 자국 없이 조용하게, 미소를 띠면서 무엇보다도 내가 선택한 신을 기억하면서 죽음을 맞이할 수 있기를 바랍니다. 나는 신이 나에게 이 기운을 허락하실 것을 믿습니다. 만일 나에게 어떤 단점이나 에고가 있다면, 내 죽음의 순간에 발견될 것입니다. 나는 125세까지 살 것이라는 말을 하곤 했습니다. 그러나 더 이상 그런 욕구가 없습니다. 내 주변에서 온통 허위와 배반을 보기 때문입니다. 하지만 신은 비폭력적인 사람에게 어울리는 죽음을 주심으로써 나를 축복해 주시리라는 확신은 나날이 강해집니다.

말씀(G.), 《비하르니 코미 아그만》, 292~294면; 《전집》 95 : 17

142) 국민회의와 사회주의자들

뉴델리, *1947. 6. 3*

나는 사회주의자들에게 그들이 국민회의를 장악하기를 원하는지 아니면 그것에 봉사하기를 원하는지 묻습니다. 그들이 장악하기를 원한다면 외부에 머무는 편이 더 낫습니다. 국민회의는 큰 조직인데, 어떤 조직체도 과거에 의존하는 것만으로 살아갈 수 없습니다. 그것은 언제나 시대를 따라가야 하고 새로운 피를 끌어들어야 하고 정당해야 합니다. 만일 사회주의자들이 키드마트가르[50]로서 국민회의 안에 들어온다면, 그들은 환영받을 것입니다. 그리고 나는 그들이 그런 식으로 들어오고 싶기를 원합니다. 그들이 언제나 불평만 하고 책임지기를 거부하는 당으로 남을 수는 없기 때문입니다. 내가 어떤 견해를 주창하기 위해서 국민회의의 연단을 사용할 때, 그 기관에 상처를 입히기 위해서 연단을 사용하는 것은 아닙니다. 나는 내가 국민회의 안이나 외부에 머물러 있을 때, 도대체 국민회의에 대해서 불충한다는 것을 상상할 수도 없습니다.

국민회의 운영위원회 집회에서의 연설,[51] AICC File No.1499-P, 1946-8, 네루 기념관과 도서관의 호의로 ; 《전집》 95 : 183

---

50 비폭력의 군인들.

51 J. B. 크리팔라니(Kripalani)는 사회당 지도자들과 회담을 한 다음, 국민회의 내부에 존재하는 이견을 최대한 좁히기 위해서, 그들이 제출한 법안을 위원회에 상정했다. 위원회는 의장이 회담을 계속하고 위원회에게 합의안을 제출하라는 의견을 제시했다. 간디는 해당 문제에 대해서 자신을 견해를 밝혀 달라는 요청을 받았다.

143) 국민회의의 해산

뉴델리, *1948. 1. 29*

인도가 둘로 쪼개졌다고 하지만, 인도는 인도 국민회의가 창안한 방법을 통해서 정치적 자유를 획득했다. 그런데 현재의 모습과 형태로서의 국민회의, 즉 선전 도구와 의회 기구로서의 국민회의는 너무 오래되어서 이미 그 용도를 상실했다. 인도는 도시나 읍의 입장이 아니라 70만 개의 촌락의 입장에서 보면, 여전히 사회적·도덕적·경제적 독립을 얻어야 한다. 군사력에 대해서 민간의 힘을 고양시키기 위한 투쟁은, 인도가 민주적 목표로 진보하는 과정에서 반드시 일어나게 되어 있다. 인도는 정치적 파당들과 단체들의 불건전한 경쟁에서는 멀어져야 한다. 이런 이유로 그리고 이와 유사한 이유로 전인도 국민회의위원회는 현재의 국민회의 단체를 해산하고 하원봉사회〔로크 세박 상가(Lok Sevak Sangh)〕로 피어날 것을 결정했는데, 본 봉사회는 다음의 규칙을 갖고 있으며 경우에 따라서는 그것을 변경할 권한을 갖는다.

촌민이든가 아니면 촌락에 마음을 둔 오인의 남녀 성인이 판차야트 한 단위를 구성할 것이다.

그러한 인접의 두 판차야트는 하나의 행동 단위가 되고, 지도자는 그들 중에서 선출할 것이다.

그와 같은 판차야트가 100개 존재한다면, 50명의 초급 지도자들은 자신들 중에서 중급 지도자 1인을 선출하는 방식으로 하고 그 지도자 아래에서 일해야 할 것이다. 2백 개의 판차야트로 이뤄진 그룹들이 인도 전역을 덮을 때까지 계속 구성되어야 할 것이다. 2백 개의 판차야트로 이뤄진 그룹은 중급 지도자를 선출한다. 초급 지도자들을 선출하듯이 말이다. 중급 지도자들은 전부 모여서 인도 전체를 위해서 그리고 개별적으로는 자신들의 지역을 위해서 각각 봉사해야 한다. 중급 지도자들은 필요하다고 판단하면 자신들 가운데 한 사람의 회장을 선출하여서, 흡족할 때까지 모든 그룹을 규제하고 명령을 내리게 해야 할 것이다.

(각 지방이나 지역의 최종적 구성이 여전히 유동적이므로, 이 봉사회 그룹을 각 지방별 지역별 위원회로 나누려는 시도는 없었다. 전체 인도에 대한 관할권은 수시로 형성된 단수 그룹이나 복수의 그룹들에게 주어졌다. 본 하인 단체는 그 주인, 즉 인도 전체를 위해서 진심으로 그리고 현명하게 바친 봉사로부터 그 권위나 힘을 얻는다는 점을 지적하지 않을 수 없다).

1 모든 일꾼들은 자신이 뽑아낸 실이거나 전인도 물레질꾼협회가 인증한 실로 만든 카디를 일상적으로 착용하는 자, 그리고 절대 금주자여야 할 것이다. 힌두교도라면 그는 자신이나 자신의 가정에서 모든 유형의 불가촉천민제도에 대한 포기를 선언해야 하고, 집단 간의 일치라는 이상을 믿는 자, 모든 종교에 대한 동등한 존중과 존경심을 믿고, 종족 · 강령 · 성별과 관계없이 기회와 지위의 평등을 믿는 자여야 한다.

2 그는 자기 구역의 모든 촌민들과 개인적으로 접촉해야 한다.

3 그는 촌민 출신의 일꾼들의 등록을 받고 이들을 훈련시켜야 하며, 이들 모두에 대한 등록명부를 비치해야 한다.

4 그는 자신이 행하는 일상의 일을 기록해야 할 것이다.

5 그는 각 촌락들이 농업과 수공예업을 통해서 자급자족할 수 있도록 그 촌락들을 조직해야 한다.

6 그는 위생시설과 위생법에 대해서 촌민들을 교육해야 하고, 그들 사이에 건강 악화와 질병을 예방하기 위해서 모든 수단을 강구해야 할 것이다.

7 그는 탄생에서 죽음에 이르기까지 신교육(Nayee Talim)의 노선에 따라서, 즉 힌두스타니 탈리미협회가 제시한 정책에 따라서 촌민들의 교육을 조직할 것이다.

8 법정 투표자 명부에 등재되어 있지 않는 자들은 이름을 정상적으로 등재하도록 해야 할 것이다.

9 법적 자격을 갖추지 못한 자들은 선거권 취득을 위한 법적 자격을 갖추도록 고무해야 할 것이다.

10 위에서 언급한 여러 목적과 수시로 부가될 다른 목적을 위해서, 그리고 정당한 의무 수행을 위해서 본 봉사회가 제시한 규칙들에 따라서 자신을 훈련하고 적응시키도록 해야 할 것이다.

본 봉사회는 다음에 언급하는 자발적인 단체들과 연대해야 할 것이다.

1 전인도 물레질꾼협회(A. I. S. A. : All-India Spinners Association)

2 전인도 촌락산업협회(A. I. V. I. A. : All-India Village Industries Association)[52]

3 힌두스타니 탈리미협회(Hiundustani Talimi Sangh)

4 하리잔봉사회(Harijan Sevak Sangh)

5 성우봉사회(Goseva Sangh)

재정

본 봉사회는 사명의 완수를 위한 지출금을 촌민들과 여타 사람들 사이에서 거출할 것이고, 빈자가 내는 한 푼의 헌금에 대해서 특별히 강조할 것이다.

M. K. G.

최후의 유언과 증언,[53] 〈하리잔〉, 1948. 2. 15 ; 《전집》 98 : 327

52 〔역주〕 1934년 12월 결성.

53 재구성된 국민회의를 위한 상기 헌장 초안은, 간디의 암살로 인해서 '최후의 유언과 증언'으로 명명되었다.

5. 헌법 제정

144) 스와라즈와 헌법 제정

사바르마티, 사탸그라하 아슈람, *1928. 6. 10*

사랑하는 친구에게,

당신의 전보에 대해서 답을 보내지 못한 점 귀하에게 사과드리는 바입니다. 그리고 그러는 동안 나는 당신의 편지를 받았습니다.[54] 당신의 전보를 받은 이래 나는 〈스테이츠맨〉지의 스크랩을 내 책상 위에 보관하고 있습니다. 최초의 두 기사는 흥미 있게 읽었으나 나머지는 아직 읽어 보지 못했습니다. 나는 내 분야 이외의 일에 대해서 거의 신경을 쓸 수 없는 것이 실정입니다.

나는 당신이 시작한 논의에 충분히 참여할 수 있다면 그렇게 할 것입니다. 하지만 나는 법령위원회 또는 헌법 제정 어느 것에 대해서도 그리 흥미를 느끼지 못함을 고백합니다. 나는 지금 스와라즈의 획득 수단에 대해서 관심을 집중하고 있습니다. 법령위원회과 헌법 제정, 양자 모두 수단의 일부로서 나에게는 그리 매력이 없습니다.

귀하의 신실한 친구

Arthur Moore, Esq.
Editor,
'The Statesman'
6 Chowringhee
Calcutta

아더 무어에게 보낸 편지, SN 13411 ;《전집》42 : 134

---

54 수신자는 다음과 같이 적고 있다. "이번 여름 동안 화기애애한 토론을 통해서 우리의 생각을 집단적으로 명석하게 할 수 없을까요? 그래서 미래 헌법의 골격에 대해서 개략적인 동의에 도달하거나 접근할 수 없을까요? 나의 생각은 이 논의가 법령위원회와 무관하게 행해져야 하고, 법령위원회와 협조하길 원하는 사람이거나 원치 않는 사람 모두를 그 논의 안에 끌어들여야 한다는 것입니다."

145) 헌법 제정의 논리

사바르마티, 사탸그라하 아슈람, *1928. 9. 8*

사랑하는 친구에게,

당신의 편지를 받았습니다. 당신의 기획을 대중화하는 데 당신의 선전(宣傳)이 성공하시기를 바랍니다. 당신이 여기에 오시게 되면 분명히 나와 실컷 논의할 수 있을 것입니다.

헌법에 대해서 말씀드리자면, 헌법이 전적으로 서양적이라는 점에 대해서 동의합니다. 그러나 나는 그것이 서양의 것이든 동양의 것이든 상관하지 않습니다. 우리 속에 진정한 각성이 있다면, 그 헌법을 우리의 뜻대로 손질하여 사용할 수 있을 것이며, 그 헌법의 노예가 되는 대신 우리 목적에 이바지하도록 할 수 있을 것입니다. 그 헌법은 우리가 현재 가지고 있는 기관들의 논리적 결과입니다. 국회의원이라면 지금까지 만들어진 것 이외의 다른 헌법을 줄 수 없었습니다. 그리고 우리가 만일 현 인도 정부의 논리적 결과물을 얻는 일에 성공하면서도 그것이 민중의 경향에 적합하지 않다고 생각하면, 여러분은 민중이 그것을 파괴하고 다른 것을 제정할 것이라는 사실에 기댈 수 있을 것입니다. 우리를 왜소하게 만드는 힘을 제거하는 일이 필요합니다. 가결될 수 있는 헌법에 꽤 많은 사람이 동의할 것을 감안한다면, 그 헌법을 부결하는 것은 내 생각으로는 어리석은 일이 될 것입니다. 이것이 내가 진심을 다하여 그 헌법을 우리나라에 추천하는 이유입니다.

귀하의 신실한 친구

M. Zafarulmulk
Lucknow

자파룰물크에게 보낸 편지,
SN 13512 ;《전집》42 : 514

146) 헌법제정의회

알라하바드, *1939. 11. 19*

판디트 자와할랄 네루는 특히 헌법제정의회(the Constituent Assembly)의 의미에 대해서 나더러 공부를 좀 하라고 충고했다. 그가 그것을 국민회의 결의안으로 처음 상정했을 때,[55] 나는 민주주의가 안고 있는 기술적인 문제에 대한 그의 우월한 지식을 믿었으므로 그것을 받아들이기로 했다. 하지만 내가 회의(懷疑)에서 완전히 벗어난 것은 아니었다. 하지만 분명한 사실 때문에 나는 마음을 고쳐먹었고 아마도 그 이유로 나는 자와할랄 자신보다 열광적일 수 있었다. 그 이유는 내가 헌법제정의회 안에서 대규모 정치적 교육 내지 다른 분야의 교육을 위한 수단과 함께, 우리 집단 간의 질병 내지 여타 질병에 대한 치유책을 보았기 때문이 아닐까 생각한다. 그런데 자와할랄은 그것을 보지 못한 것 같다.

나는 그 구도에 대한 비판을 보면 볼수록 그 구도에 대해서 매혹을 느낀다. 그 구도는 대중의 감정(*the popular feeling*)에 대한 가장 확실한 지표이다. 그것은 우리 안에 있는 최선의 것과 최악의 것을 끄집어낼 것이다. 문맹은 걱정하지 않는다. 나는 성인 남녀 모두를 위한 순수 선거권을 절대적으로 찬성할 것이고, 그들 모두를 투표인 명부에 올릴 것이다. 만일 원치 않는다면 그 선거권을 행사하지 않는 것은 그들의 재량이다. 나는 무슬림에게 분리선거권을 주고 싶다. 그러나 분리선거권을 주지 않는다면, 망설임이 없진 않지만 필요하다면 모든 소수집단을 수에 따라서 특별히 배려하고 싶다.

헌법제정의회는 집단 간에 존재하는 문제의 정당한 해결에 도달할 수 있는 가장 쉬운 방도를 제공한다. 오늘날 우리는 누가 누구를 대표하

55 1939년 9월 14일 소집된 국민회의 운영위원회에서 상정되었다.

고 있는지에 대해서 수학적으로 정확하게 말할 수 없다. 국민회의가 가장 광범위한 규모를 가진 최고의 대표적 조직이란 사실은 널리 인정받고 있다. 그렇다고 해도 정치 조직들과 반(半)정치 조직들은 국민회의의 절대 우위의 대표적 성격에 대해서 의문을 던질 수 있고, 실제 던지고 있다. 무슬림연맹(the Muslim League)은 이슬람교도를 대표하는 최대 조직임은 분명하지만, 절대로 미미하다고 할 수 없는 몇몇 무슬림 단체가 자신들을 대표한다는 무슬림연맹의 주장을 거부한다. 그러나 헌법제정의회는 모든 집단들을 정확하게 그 비례대로 대표할 것이다. 그런 방법 이외에 경쟁적 주장들을 완전히 정당하게 다룰 길은 없다. 그런 방법마저 없다면 사회 집단 간의 요구 및 기타 요구를 해결할 길은 없다.

다시 말하자면, 헌법제정의회만이 나라에 토착적인 헌법을 제정할 수 있고, 민중의 의지를 진실로 그리고 완전하게 대변할 수 있다. 분명 그러한 헌법은 이상(理想)이 아닐 것이다. 이론가와 법조계 권위자들이 그 헌법을 아무리 불완전한 것으로 평가한다고 해도, 그 헌법은 실제적일 것이다. 진정한 자치정부가 되기 위해서는 스스로 자신들을 다스리고자 하는 민중의 의지를 반영하기만 하면 된다. 만일 민중이 그것에 대해서 준비가 되어 있지 않다면, 그것을 엉망으로 만들어 버릴 것이다. 나는 민중이 일련의 시행착오를 통해서 옳은 정부에 자신들을 적응시킬 가능성은 있다고 보지만, 그 민중이 외부에서 부과된 정부를 통해서 자신들을 올바르게 통치할 가능성은 없다고 본다. 이는 동화 속의 갈까마귀가 우아한 동료 공작에게서 빌린 깃털로 공작처럼 걸을 수 없는 것과 같다. 환자는 개인의 노력을 통해서 건강에 대한 전망을 갖는 것이지 타인에게서 건강을 빌릴 수는 없다.

실험에는 위험이 따른다. 사칭(詐稱)이 일어날 수 있다. 비양심적인 사람은 무지한 대중을 형편없는 남녀에게 투표하게끔 오도할 것이다. 우리가 진실하고 위대한 일을 이루려면 이런 위험을 감수해야 한다. 우리 인도인들과 영국인들 사이의 명예로운 해결책으로서 헌법제정의회가 생겨나면, 나는 그것이 생겨나기를 바라고 있지만, 양국의 가장 훌륭한 사람들이 함께 만들어낸 재치는 인도가 가진 최선의 심성을 상당히 진실하게 반영하는 의회를 만들어낼 것이다. 따라서 현 단계의 인도 역사에서 실험의 성공은, 인도를 무조직의 치명적 반란으로 몰아넣지 않고 권력을 이양하려는 영국 정치가들의 의도에 달려 있다. 왜냐하면 나는 인도가 조급해졌다는 것을 알기 때문이다. 나는 고통스럽지만 인도가 아직 대규모 비폭력적 시민불복종을 위해서 준비가 되어 있지 않다는 사실을 의식하고 있다. 그래서 나는 국민회의로 하여금 비폭력적 행위가 가능할 때까지 기다리라고 설득할 수 없다면, 두 집단 간의 이전투구를 보면서 살아가고 싶지 않다. 그리고 만일 국민회의를 만족시킬 만한 비폭력인 행위 또는 무행위의 방법을 발견할 수 없다면, 그리고 집단 간의 조정이 없다면, 지상의 어떤 것도 폭력의 발발을 막을 수 없고, 당분간 무정부 상태와 격심한 파멸이 초래되고 말 것임을 나는 분명히 알고 있다. 나는 그와 같은 파국을 막는 것이 모든 집단과 영국인들의 의무라고 생각한다.

유일한 출구는 헌법제정의회이다. 나는 그것에 대해서 의견을 개진한 바 있지만 자세한 사항에 대해서 연연하지 않겠다. 내가 이 기사를 거의 다 마쳐갈 무렵, 스예드 압둘라 브렐비(Syed Abdulla Brelvi)[56]에게서 다음과 같은 전보를 받았다.

> 헌법제정의회에 대한 상당한 오해가 소수민족들 사이에 있음. 상세한 점, 선거권, 구성, 결정 방식에 대한 해명을 강력히 요구함.

---

56 〈봄베이 크로니컬〉 지 편집자.

나는 앞서 스에드 사헤브의 질문에 대한 대답을 충분히 했다고 생각한다. 그가 소수민족이라고 말할 때 주로 무슬림연맹으로 대표되는 이슬람교도를 염두에 둔 것이다. 모든 집단들이 헌법제정의회에서 기초된 독립헌장을 바라고 있으니, 그것 이외의 다른 것에는 만족하지 않을 것이라는 명제가 수용되면, 상세한 점에 대한 해결은 분명히 쉬울 것이다. 그 이외의 다른 방법은 강요된 헌법, 대체로 비민주적인 헌법을 낳게 될 것이다. 그와 같은 방법을 취하는 것은, 헌법제정의회가 보여주는 철저히 민주적인 방법을 수용하지 않는 사람들의 도움으로 유지되는 제국주의적 지배가 무기한 연장됨을 의미할 것이다.

주요 장애가 영국 정부라는 점은 분명하다. 그들이 전후(戰後) 실시하기로 약속한 대로 원탁회의를 소집한다면, 소수민족의 만족을 위한 보호조항을 받아들여야 하는 헌법제정의회를 소집할 수 있을 것이다. '소수민족의 만족을 위한'이란 표현이 애매한 것으로 간주될 수도 있다. 그것은 협의에 의해서 미리 정할 수 있다. 그래서 문제는 영국 정부가 권력 이양을 원함으로써 그들 자신의 역사에 새로운 이정표를 세울지의 문제로 귀착된다. 나는 토호국왕들의 문제가 우리가 나아갈 길 앞에서 우리의 관심을 헷갈리게 만들 것임을 이미 밝힌 바 있다. 유럽인들의 이익은 그것이 '인도의 이익'과 충돌하지 않는 한 절대 안전하다. 나는 이 표현이 어윈·간디 협정(Irwin-Gandhi Pact) 안에 삽입될 것으로 생각한다.[57]

---

57 〔원주〕 1931년 3월 5일. 〔역주〕 소금세법에 대항한 소금행진(1930. 3~4) 이후 부왕 어윈 경과 간디 사이에 체결된 협정. 이 협정으로 인도와 영국은 원칙적으로 동등한 관계를 확립하게 된다. 이 협정은 헌법 문제를 런던의 원탁회의에서 논의하고, 시민불복종을 철회한다는 데 합의한다는 조항, 또 해안 지대에 사는 사람들은 자신들이 사용할 소금 채취를 허용받는다는 조항도 포함하고 있었다. 요게시 차다, 《마하트마 간디》(한길사, 1997), 507면 이하 참조.

여러분이 좋아하는 관점에서 그 문제를 보라. 그러면 민주주의적 스와라즈는 적절하게 구성된 의회를 통과해야 한다는 점을 알 수 있을 것이다. 그리고 여러분이 그 의회를 무슨 이름으로 부르든 관계없다. 직접 행동(*direct action*)을 생각하기 전, 헌법제정의회를 성립시키기 위해서 모든 자원을 총동원해야 한다. 헌법제정의회의 전주곡으로 직접 행동이 꼭 필요한 단계가 올 것이다. 아직은 그 단계에 이르지 않았다.

유일한 길, 〈하리잔〉, 1939. 11. 25 ; 《전집》 77 : 146

147) 세계연방, 자결(自決), 비폭력

〔*1940. 4. 22* 이전〕

질문 사람들이 영국을 위해서 다음과 같이 말합니다. "우리는 전쟁이 끝나면 새로운 세계가 어떻게 될지 말할 수 없다. 인도 문제는 세계의 문제에서 분리될 수 없다. … 현재의 조건 아래에서 우리가 인도에 부여할 수 있는 최상의 것은 자치령 지위이다." 당신 스스로 다음과 같이 말해왔습니다. "영국과 프랑스가 실패한다면, 인도에 자유가 무슨 가치가 있는가?" 하고. 이 점에 대해서 좀 해명해 주겠습니까?

답변 자치령 지위든 아니면 다른 무엇이든 인도의 법적 지위는 종전 이후에라야 올 수 있습니다. 그것은 인도가 당분간 자치령 지위로 만족해야 할지 여부를 당장 결정해야 한다는 문제가 아닙니다. 유일한 질문은 영국의 정책이 무엇인가 하는 점입니다. 영국은 인도의 지위를 결정하는 것이 자신의 유일한 권리라고 여전히 주장하는가, 아니면 그 결정을 내리는 일이 인도의 유일한 권리인가, 그 문제가 지금까지 제기되지 않았다면, 우리가 오늘날 직면하고 있는 논의와 같은 것은 없었을 것입니다. 일단 그 문제가 제기되었고, 그 문제를 제기하는 것은 인도의 권리였습니다. 나는 변변치 못하지만 온 힘을 다해서 국민회의에 부딪쳐 볼 수밖에 없었습니다. 하지만 나는 인도 부왕과의 최초 대담[58] 직후 스스로 제기했던 질문을 여전히 반복할 수 있습니다. "영국과 프랑스가 실패한다면 인도에 자유가 무슨 가치가 있는가?" 만일 이런 강대국들이 실패한다면, 유럽 역사와 전 세계의 역사는 누구도 전망할 수 없었던 방식으로 쓰여질 것입니다. 따라서 내 질문은 그것 자체로 독립적인 가치를 지닙니다. 하지만 당면의 요점은 인도에 정의를 실현함으로써 영국이 연합국의 승리를 보장할 수 있다는 것인데, 그 이유는 그렇게 되면 세상의 계몽된 여론이 그들의 대의를 정당한 것(*righteous*)으로 환영할 것이기 때문입니다.

질문 당신은 세계연방(*world federation*)에 대해서 어떤 견해를 갖고 있습니까? (15개의 백인 민주주의 국가들에 대한 스트레이트[59]의 구도는 현재 인도를 배제했다). 영연방을 포함하고, 인도를 배제한 유럽 연방에 대해서는 어떻게 생각하십니까? 당신은 유색인에 대한 백인의 지배를 방지하기 위해서 그와 같이 광범위한 연방에 가입하라고 인도에 권고하겠습니까?

답변 나는 물론 세계의 모든 국가로 구성되는 세계연방을 환영할 것입니다. 서양의 여러 국가만으로 구성된 연방은 거룩하지 못한 결합이며 인류에 위협이 될 것입니다. 내 소견으로는 인도를 배제한 연방은 이제 불가능한 일입니다. 인도가 배제되어도 아무 탈이 없을 것이라는 단계를 인도는 이미 넘었습니다.

---

58 그것은 1939년 9월 4일에 있었다.

59 C. K. Streit, 미국 언론인. 이 대목은 그가 〈유니언 나우〉(*Union Now*) 지에서 제안했던 구도를 가리킨다.

질문 당신은 평생 세계 역사의 어느 순간보다도 전쟁에 의한 파괴를 더 많이 목격해왔습니다. 그렇지만 당신은 신문명(*a new civilization*)의 토대로서 비폭력을 여전히 믿습니까? 당신의 동포들이 아무 유보 없이 그것을 수용하는 일에 대해서 만족합니까? 당신은 시민불복종을 시작하기 전 충족되어야 할 조건들을 반복하여 말합니다. 당신은 여전히 그 조건들을 고수하고 있습니까?

답변 전대미문의 파괴가 이 세상에서 진행되고 있다는 당신의 지적은 옳습니다. 그러나 바로 그 순간이 비폭력에 대한 내 신념을 검증하기 위한 진실한 때입니다. 나의 비판자들에게는 놀라운 일일지 몰라도, 비폭력에 대한 나의 신념은 조금도 약해지지 않았습니다. 물론 비폭력은 내가 보고 싶은 방식으로 내 평생에 실현되지 않을 수도 있습니다. 하지만 그것은 다른 문제입니다. 그것이 실현되지 않는다고 해도 내 신앙을 흔들지는 못할 것입니다. 바로 그 때문에 나는 시민불복종의 시작 전에 충족되어야 할 조건들에 대해서 확고부동한 태도를 견지했습니다. 왜냐하면, 나는 전 세상의 웃음거리가 될 각오를 하고 인도에 관한 한 물레와 비폭력은 불가분의 관계라는 나의 신념을 고수하고 있기 때문입니다. 맨눈으로 폭력을 확인할 수 있는 표시가 존재하듯이, 물레는 나에게 비폭력의 결정적인 표시입니다. 그러나 그 어떤 것도 내가 희망 속에서 열심히 일하는 것을 막지는 못할 것입니다. 나는 인도가 직면한 수많은 당혹스런 문제를 해결할 수 있는 다른 방식을 알지 못합니다.

질문 당신은 인도가 이제부터 그 자신의 의지에 따라서 통치할 것이라는 선언을 원합니다. 당신은 "최선의 영국인들과 최선의 인도인들이 만나서 양자 모두가 용인할 수 있는 타개책을 강구할 때까지 헤어질 수 없다"고도 말합니다. 영국인들은 말합니다. "우리는 방어, 우리의 교역상의 이익과 인도의 주(州)들에 참으로 깊은 관심을 갖고 있다"고. 당신은 최선의 영국인들과 최선의 인도인들이 이 사안들에 관련하여 '우애어린 조정의 정신으로' 조약을 맺는 일을 허용할 의향이 있습니까?

답변 만일 최선의 영국인들과 최선의 인도인들이 어떤 합의점에 도달할 때까지 헤어지지 않겠다는 확고부동한 결심을 갖고 만난다면, 내가 생각하는 헌법제정의회의 소집을 위한 길이 열릴 것입니다. 물론 이 혼성 평의회는 목표를 향하여 한마음을 가져야 합니다. 만일 그것이 끓는 도가니 속에 들어간다면 끝없는 언쟁밖에 없을 것입니다. 자결(自決, *self-determination*)은 이 혼성 평의회의 공동의 명분이 되어야 합니다.

질문 인도가 당신의 생전에 자유롭게 되었다고 가정한다면, 당신의 여생을 어디에 바칠 것입니까?

답변 만일 인도가 내 생전에 자유롭게 된다면, 그리고 나에게 기운이 남아 있다면, 나는 물론 공적인 영역이 아닌 곳에서라도 이 나라를 철저한 비폭력의 토대 위에 건설하는 데 내 몫을 다할 것입니다.

〈뉴욕 타임스〉와의 대담, 〈하리잔〉, 1940. 4. 27 ; 《전집》 78 : 165

148) '간디식' 헌법 대강

캘커타행 열차 안에서, *1945. 11. 30*

'간디식 헌법'이라는 표현은 아마 아그라왈 학장[60]이 지은 소책자의 제목으로 적합하지 않을 수 있다. 그것은 편리하고 압축적인 제목으로 받아들여질 수는 있을 것이다. 소책자의 대강은 비록 나의 글에 대한 연구에 기초를 두고 있긴 하지만 실제로는 아그라왈 학장의 것이다. 그는 내 글을 수년 동안 해석해왔다. 그리고 그는 내 글을 어떤 방식으로든 잘못 해석하지 않기를 간절히 바라고 있으므로, 나에게 그것을 보여주기 전에는 아무데서도 출판하지 않으려고 했다. 이것은 강점이면서 약점이다. 강점은 명백하다. 약점은 독자가 이 글의 세세한 점까지 나 자신의 견해로 오인하는 데 있다. 그렇다면 독자는 그와 같은 과오를 범하지 말기를 경고하는 바이다. 이 소책자에 등장하는 한 마디 한 마디를 내 말이라고 한다면, 나 스스로 그 책을 집필했을 것이다. 나는 다른 일을 하면서도 그 '간디식 헌법'에 대해서 내가 쏟을 수 있는 만큼의 주의를 기울이면서 그것을 읽으려고 두 차례 노력했지만, 그 안에 있는 모든 사유와 말을 다 검토할 수 없었다. 예의범절과 개인적 자유를 느낀 나머지, 나는 그런 잔인한 행위를 할 수 없었다.[61] 저자는 그 소책자를 가능한 한 정확한 것으로 만들기 위해서 훌륭히 배려했다. 소책자 자체가 이 사실을 충분히 입증한다. 이것이 내가 말할 수 있는 전부이다. 그 안에는 내가 표출하고 싶은 것과 일치하지 않는다는 이유로 나의 신경을 거스른 것이 하나도 없다.

---

60 Shriman Narayan Agrawal.

61 〔역주〕 자신에 대한 책이긴 하지만 그 속의 사상과 말을 검토하는 행위를 잔인하다고 한 것이다.

저자는 훌륭하게도 내가 생각하기에 필요한 변화도 덧붙이고 있다. '헌법'이라는 말을 사용했다고 해서, 독자는 저자가 독자에게 완전한 헌법을 주겠다고 선서한 것으로 오해해서는 안 된다. 그는 이 책의 첫 부분에서 내가 생각하는 헌법이 무엇인지에 대해서 그가 윤곽을 제시했을 뿐임을 아주 분명히 밝히고 있다. 나는 아그라왈 학장의 소책자가 인도에 헌법을 제공하려는 수많은 시도에 대한 사려 깊은 기여로 간주한다. 그가 한 시도의 이점은, 내가 시간이 없어서 할 수 없었던 일을 그가 했다는 사실이다.

M. K. 간디

서문, 《자유 인도를 위한 간디식 헌법》
(*Gandhian Constitution for Free India*) ; 《전집》 88 : 711

149) 건설적 사탸그라하로서의 헌법제정의회 봄베이,[62] *1946. 7. 7*

나는 모사(謀事)는 사람이 하고, 성사는 사람에게 달려 있는 것이 아니라, 우리 운명의 지고의 중재자이신 신의 의지(*the will of Providence*)에 달려 있다는 점을 자주 말해왔습니다. 여러분과 달리, 나는 여기에 나의 권리로서 온 것이 아니라 묵인을 얻어서 온 것입니다. 각료대표단의 제안에 관련하여 내가 이전에 했던 발언의 일부가 대중의 마음에 상당한 혼란을 초래했다는 말을 들어왔습니다. 나는 사탸그라하로서 절대적인 진리를, 오직 진리만을 말하고자 항상 노력했습

---

62 국민회의 운영위원회는 6월 26일 뉴델리에서 '자유롭고, 통일된 민주 인도의 헌법을 제정하기 위해서', 그리고 최대한 빠른 시일 이내에 '대표성 있고 책임 있는 임시 국민정부'의 구성을 요구하기 위해서 '헌법제정의회에 참여할' 의사가 있다는 결의안을 통과시켰다.

6월 26일 결의안과 남아프리카의 사탸그라하에 대한 결의안에 대한 비준을 요구하는 아불 칼람 아자드의 동의(同議)가 있었고, 이에 대해서 간디는 연설했다.

니다. 나는 여러분에게 어떤 것도 감추고 싶지 않습니다. 나는 심리적 유보를 싫어합니다. 그러나 언어는 잘해야 불완전한 표출 수단에 지나지 않습니다. 자신의 느낌이나 생각을 말로 충분히 표현할 수 있는 사람은 없습니다. 옛날의 현인들과 예언자들조차도 그런 무력함 아래에서 고통을 당했습니다.

나는 각료대표단의 제안과 관련하여 내가 했다는 발언에 대한 신문 보도를 아직 보지 못했습니다. 내가 모든 신문을 읽을 수는 없습니다. 나는 동료와 비서들이 내 앞에 들이미는 것만 훑어보는 것으로 만족합니다. 그렇게 한다고 해서 내가 무엇인가를 놓친다고는 생각하지 않습니다. 언론에 보도된 것 때문에, 사람들은 내가 델리에서는 이런 얘기를 하고 지금 여기 봄베이에서는 다른 것을 얘기하고 있다는 인상을 갖고 있습니다. 델리에서 행한 연설에서 내가 각료대표단의 제안에 관련하여, 전에는 빛을 보던 곳에서 이제는 어둠을 보았다고 한 발언은 사실입니다. 어둠이 아직 걷힌 것은 아닙니다. 오히려 깊어졌다고 할 수 있습니다. 내 길을 분명히 볼 수 있었다면, 나는 운영위원회로 하여금 헌법제정의회에 대한 제안을 거부하라고 요청할 수도 있었을 것입니다. 여러분은 운영위원회 위원들과 나 사이의 관계를 아실 것입니다. 바부 라젠드라 프라사드는 고등법원 판사가 될 수도 있었습니다만, 그 대신 참파란에서 나의 통역자 겸 비서를 맡았습니다.[63]

그리고 사르다르(파텔)가 있습니다. 그는 나에게 예스맨이라는 별명을 얻었습니다. 그런데도 그는 상관하지 않습니다. 그는 심지어 그것을 상찬(賞讚)으로 여기고 의기양양해 합니다. 그는 말썽꾸러기입니다. 그는 한때 서양식으로 옷을 입고 식사도 한 적이 있었습니

63 1917년.

다. 그러나 그가 일단 운명을 나와 함께 하기로 결심하고 난 뒤, 내 말이 그에게는 법이 되었습니다. 그러나 이 사안에 있어서 그마저 나와 눈을 마주 볼 수 없습니다. 위에서 말한 두 사람은 다음과 같이 나에게 말하고 있습니다. 내가 이전의 모든 경우에는 내 이성으로 내 본능을 지지할 수 있었고, 그들의 심정만이 아니라 머리도 만족시킬 수 있었지만, 이번에는 내가 그러하지 못했다고 말입니다. 나는 그들에게 다음과 같이 대답했습니다. 내 마음은 염려로 가득하지만, 나는 그것에 대한 어떤 이유도 제시할 수 없었고, 만일 어떤 이유를 제시할 수 있었다면 그들에게 나는 즉시 그 제안의 거부를 요청했을 거라고 말입니다. 그들에게 경각심을 일으키기 위해서 염려를 보여주는 것은 나의 의무였습니다. 그러나 그들은 내가 말한 것을 이성의 차가운 빛 속에서 검토해 보아야 하고, 내 말이 옳다고 확신하는 경우에만 나의 관점을 받아들여야 할 것입니다. 그들은 오랜 시간 논의한 뒤 거의 만장일치로 결론에 도달했고, 그 결론이 여러분 앞에 놓여 있습니다. 운영위원회 위원들은 충실하며 고난을 이겨낸, 여러분의 종복(從僕)입니다. 여러분은 그들의 결의안을 쉽사리 거부해서는 안 됩니다.

나는 제안된 헌법제정의회가 민중의 의회가 아니라는 점을 받아들일 용의가 있습니다. 그것은 많은 결점이 있습니다. 그러나 여러분은 노련한 베테랑 전사들입니다. 군인은 결코 위험을 두려워하지 않으며, 그것을 매우 기뻐합니다. 만일 제안된 헌법제정의회에 단점들이 존재한다면, 여러분이 그것들을 제거해야 합니다. 단점이 존재한다는 것은 전투에의 도전일 뿐 거부의 근거는 아닙니다. 슈리 자야프라카슈 나라얀이 제안된 헌법제정의회에 참여하는 것은 위험하므로, 그들이 운영위원회의 결의안을 거부해야 할 것이라고 어제 얘기한 것에 대해서 나는 놀랐습니다. 나는 자야프라카슈와 같이 산전수전을 다 겪은 전사의 입에서 그와 같은 패배주의적 언어가 나오리라고는 예상치 못했습니다. 고 초우다리 람바즈 더트가 작곡한 노래의 한 구절에 대해서 나는 언제나 아주 깊은 매력을 느껴왔습니다. 그것은 다음과 같은 의미입니다. '우리는 절대 패배당하지 않는다. 아니, 죽음에서조차도.' 바로 이런 정신으로 여러분이 이 결의안에 접근하기를 나는 기대합니다. 사탸그라히(진리파지자)는 어떤 패배도 모릅니다.

나는 사탸그라히가 영국인들이 행하는 것이라면 모두 다 나쁘다고 말하기를 원치 않습니다. 영국인들이 꼭 나쁘다고 말할 수 없습니다. 다른 민족들과 마찬가지로 영국인들 중에도 좋은 사람들과 나쁜 사람들이 있습니다. 우리 자신들도 결점에서 자유로운 것이 아닙니다. 영국인들에게 좋은 점이 없었다면 그들은 현재의 힘에까지 성장하지도 못했을 것입니다. 그들은 인도에 와서 우리를 착취했습니다. 우리끼리 서로 다투고, 우리 자신들을 착취하도록 허용했기 때문입니다. 신의 세계에는 순전한 악은 결코 번성할 수 없습니다. 신은 사탄이 판치는 것으로 보이는 곳에서도 통치합니다. 사탄은 오직 신의 용인 아래에서만 존재하기 때문입니다. 사탸그라하가 도덕감이 없는 자들에 대해서는 아무 소용이 없다고 말하는 사람들도 있습니다. 나는 그런 태도와 논쟁하지 않을 수 없습니다. 가장 냉혹한 심정조차도 우리가 진실하고 충분한 인내력만 있다면 녹아내릴 것입니다. 사탸그라히는 그의 생명을 바치며 절대 포기하지 않습니다. 그것이 '죽을 각오로 하자'라는 표어의 의미입니다. 그 표어는 '죽여라, 아니면 죽음을 당할 것이다'라는 것을 의미하지 않습니다. 그런 식으로 해석하는 것은 그것이 갖는 진정한 의미에 대한 자의적 왜곡이며 희화화입니다. 그 진정한 의미는 우리가 우리의 의무를 다해야 한다는 것이고, 그것을 수행하다가 필요하다면 죽어야 한다는 것입니다.

남을 죽이지 않고 죽는 것이 사탸그라히의 표시입니다. 우리가 만일 그런 이상에 따라서 살았다면 지금쯤은 스와라즈를 얻었을 것입니다. 그러나 우리의 아힘사는 절름발이였습니다. 그것은 목발을 짚고 걸었습니다. 그럼에도 불구하고 그것은 우리에게 현재의 기운을 가져다주었습니다. 나는 1942년 발생한 일을 알고 있습니다. 여러분은 아마 우리나라가 현재 수준의 힘을 갖게 된 것이 파업과 지하활동 덕분이라고 말할 것입니다. 1942년의 투쟁 기간 동안 파업 행위가 국민회의의 이름으로 수행되었다는 사실은 부인할 도리가 없을 것입니다. 하지만 나는 대중의 힘이 파업 행위의 덕분이라는 점은 전면적으로 부인합니다. 대중이 무슨 힘을 갖고 있든 그것은 전적으로 아힘사 덕분입니다. 아힘사의 실행이 아무리 불완전하고 결점이 있었다고 하더라도 그렇습니다. 우리의 아힘사가 불완전한 것은 우리가 불완전하고 나와 같이 불완전한 존재에 의해서 여러분에게 제시되었기 때문입니다. 그렇다면 만일 불완전한 도구의 손에 의해서도 그와 같은 탁월한 결과를 낳을 수 있었다면, 완전한 사탸그라히의 손에서는 무엇인들 성취하지 못했겠습니까?

1942년 우리 민중은 위대한 용기를 보여주었습니다. 하지만 우리는 우리 목표에 도달하기 위해서는 더 많은 용기가 필요할 것입니다. 우리는 많은 것을 이뤘지만 더 많은 일을 해야 합니다. 그러기 위해서 우리에게 인내 · 겸손 · 무집착이 있어야 합니다. 여러분은 1942년의 일, 그 투쟁의 내적 의미, 그리고 그것이 그렇게 갑자기 멈추게 되었던 이유를 이해하도록 노력해야 합니다.

우리에게 유희나 안락함을 위한 시간은 없습니다. 나는 판디트 자와할랄 네루에게 나라를 위해서 가시면류관을 써야 한다고 말했고,

그는 이에 동의했습니다.[64] 헌법제정의회는 여러분에게 장미꽃밭이 아니라 가시밭이 될 뿐입니다. 여러분은 위축되면 안 됩니다.

이 말은 모두가 그 안으로 들어가기를 원해야 함을 의미하는 것은 아닙니다. 법적 훈련이나 특별한 재능으로 그 과업을 감당할 수 있는 자들만이 그곳으로 가야 합니다. 그것은 희생에 따른 보상으로 구해야 할 포상(褒賞)이 아니라 직면해야 할 의무입니다. 그것은 교수대에 오르는 일, 봉사의 제단에 자신의 모든 것을 바치는 것과 같습니다.

여러분이 헌법제정의회에 참여해야 하는 또 다른 이유가 있습니다. 만일 여러분이 제안된 헌법제정의회를 거부하거나 헌법제정의회를 현실화하는 데 실패할 경우, 내가 민중에게 개인적 차원이나 대규모 차원의 시민불복종을 실행하기를 권고할 것인가, 또는 나 스스로 단식할 것인가 하고 여러분이 묻는다면, 내 대답은 '아니다'입니다. 나는 홀로 가는 길을 믿습니다. 나는 이 세상에 홀로 왔고, 죽음의 그늘이 드리워진 골짜기에서 홀로 걸어왔으며, 때가 되면 나 홀로 물러날 것입니다. 혼자라 해도 사탸그라하를 착수할 능력이 나에게 충분히 있음을 나는 압니다. 전에도 그렇게 했습니다. 그러나 이 경우는 단식이나 시민불복종을 해야 할 때가 아닙니다. 나는 헌법제정의회를 사탸그라하의 대체물로 간주합니다. 그것은 건설적 사탸그라하입니다.

다른 대안은 건설적 사업이지만, 여러분은 이것을 결코 정당하게 다뤄 본 적이 없습니다. 만일 여러분이 그것을 정당하게 다뤘다면, 현재의 의회 대신 자야프라카슈가 꿈꾼 헌법제정의회를 오늘날 성립시켰을 것입니다. 그러나 사탸그라히는 완벽한 여건이 조성될 때까지 기다릴 수도 행동을 연기할 수도 없습니다. 그는 그의 수중에 어떤 재료가 있

64 자와할랄 네루는 인도 국민회의 의장으로 선출되었다.

더라도 그것으로 행동할 것이고, 거기에서 불순물을 털어 버리고 그것을 순금으로 만들 것입니다. 5월 16일자 국가 문서에 어떤 결함이 있더라도, 그것을 작성했던 사람들의 정직함에 대해서는 아무 의심이 없습니다. 그들은 자신들이 물러나야 한다는 것을 압니다. 그리고 질서 있는 방도로 물러나기를 원합니다. 그들은 그럴 목적으로 현 상황 아래에서 할 수 있는 대로 문서를 작성했습니다. 나는 그들이 우리를 기만하기 위해서 멀리 영국에서 우리에게 왔다고 믿지 않습니다.

폴란드 여성 한 분[65]이 짤막한 글 한 줄을 오늘 보내왔는데, 영국 군대가 모든 유럽인들을 더 이상 적절하게 보호할 수 없을 것이니 인도를 떠나라는 비밀 훈령이 그들에게 떨어졌다고 합니다. 사실이 그러하다면, 그것은 우리의 슬픈 반영(反映)입니다. 단 한 명의 영국인 아동이 우리 가운데서 안전함을 느끼지 못한다면, 우리는 사탸그라히의 이름을 얻을 자격이 없습니다. 우리가 비록 이런 책략으로 유럽인을 몰아내는 일에 성공한다고 해도, 뭔가 더 나쁜 것이 그 자리를 차지할 것입니다. 우리의 '인도를 떠나시오'라는 결의안에는 원한(*malice*)이 전혀 없습니다. 그것은 우리가 더 이상 착취당하지 않을 것만을 의미합니다.

비겁하지 말며, 자신감과 용기를 갖고 우리의 과업을 완수합시다. 기만당할 것이라는 공포가 우리를 당황하게 만들지 말도록 합시다. 아무도 사탸그라히를 속일 수는 없습니다. 내 마음을 채우고 있는 어둠에 대해서 괘념치 마십시오. 그(*He*)[66]는 그것을 빛으로 바꿀 수 있습니다.

---

65 완다 디노브스카(Wanda Dynowska).

66 〔역주〕 'He'는 사탸그라히를 아니면 신(神)을 가리키는 것일까?

마하트마 간디는 이어서 지금 현재 남아프리카에서 인도인들에 의해서 진행되고 있는 사탸그라하 운동에 관한 결의안 초안에 대해서 언급했다. 그는 남아프리카의 인도인들이 학대받는 이유가 그들이 유색인종이어서가 아니라, 쿨리(하급 노동자)로 간주되기 때문이라고 말했다. 남아프리카의 인도인들은 영어를 말하고, 그들 중 많은 수는 의사이며 변호사이다. 그럼에도 불구하고, 남아프리카의 백인들은 그들을 쿨리로 멸시하고 또 그렇게 불렀다. 인도인들은 물론 소수민족이었다. 하지만 용감한 싸움을 벌였다. 그들은 총칼이 없었지만, 사탸그라히가 사용할 수 있는 유일한 힘인 혼의 힘으로 반(反)인도인 법률에 저항하기로 굳게 결심했다. 더반의 오늘날의 번영은 인도인들의 몫으로 돌려야 한다. 남아프리카의 백인들은 인도인들에게 투표권을 주는 데 동의했지만, 동등한 자로서가 아니라 열등한 자로서 취급했다.

남아프리카의 백인문명(*the white civilization*)은 그런 수단으로 살아남을 수 없었다. 마하트마 간디는 과거에 인도인을 그렇게 예찬했던 스뮈츠 장군처럼 용감한 사람이, 어떻게 인도인들로부터 기본권을 박탈하는 조치를 취하는 일에 힘을 보탤 수 있었는지 의아해 했다.

인도인 한 사람을 사탸그라히로 오인해서 때려죽였다는 백인 깡패들의 소행에 대해서 평하면서, 간디는 다음과 같이 말했다.

그것은 슬픈 사건입니다. 그렇지만 나는 행복합니다. 사탸그라히라면 그의 심정에 복수심이나 앙심을 품지 않고 입술에 미소를 띠며 언제나 죽을 각오가 되어 있어야 합니다. 어떤 사람들은 사탸그라하가 오직 교도소 가기와 라티(곤봉) 세례를 직면하는 것 정도를 의미한다고 잘못 생각하고 있습니다. 그런 사탸그라하는 독립을 가져올 수 없습니다. 독립을 얻기 위해서 여러분은 남을 죽이지 않고 스스로 죽는 기술을 배워야 합니다.

자기 자신을 지키기 위해서 그와 같은 야만적인 입법을 필요로 하는 문명은 용어상 모순된다는 점을 나는 감히 주장하는 바입니다.

인도인들은 자신들의 명예를 위해서 투쟁합니다. 남아프리카 땅은 백인들의 땅이 아닙니다. 땅은 그 위에서 노동하는 자에게 속하는 법입니다. 나는 남아프리카의 모든 사타그라히들이 전멸당한다고 해도 눈물 한 방울 흘리지 않을 것입니다. 그렇게 함으로써 그들은 자신들에게 구원을 가져다줄 뿐 아니라, 흑인들(*the Negroes*)에게 길을 보여줄 것이고 인도의 명예를 입증할 것입니다. 나는 그들이 자랑스럽고 여러분도 그들을 자랑스러워해야 할 것입니다.

간디는 자신이 그들에게 말하는 목적은 그들의 눈물을 흘리게 하는 것, 그들을 선동하여 백인들에 대해서 화나게 하고, 욕설하게 하는 것이 아니라고 말했다. 오히려 그들은 백인들을 올바로 인도해 달라고, 그리고 그들의 형제들이 끝까지 확고부동하게 남을 수 있는 기운과 용기를 달라고 신에게 기도해야 한다.

남아프리카의 투쟁은 오늘날 시시한 것으로 비칠 수 있지만, 그것은 중대한 결과를 지닙니다. 사타그라하는 그 탄생지에서 오늘날 시험받고 있습니다. 대부분이 계약 노동자들의 후손들인 수 명의 인도인들의 성공은 남아프리카 백인들의 질투심을 촉발했습니다. 그리고 그 백인들은 저들 인도인들에게 형언하기 어려운 모멸(*indignities*)을 가하고 있습니다. 그들은 인도인들을 게토에 분리 수용하려 하고, 열등한 선거권을 부여함으로써 더욱 모욕하고 있습니다. 이 모든 일이 현지 사령관 스뮈츠의 허가 아래 일어난다는 사실이 나로 하여금 수치와 굴욕을 느끼게 합니다. 우리의 죄는 기이한 방식이긴 하지만 우리에게도 되돌아옵니다. 우리는 우리의 일부를 천민으로 만들어 버렸고, 남아프리카의 백인들은 오늘날 그곳에 있는 동료들에게 동일한 일을 저지르고 있습니다. 우리 자신에게서 이런 저주를 팽개치고 남아프리카에 있는 우리 형제들의 영웅적 투쟁에 축복을 보냅시다.

그들에게 우리의 금전적 도움이 필요한 것이 아닙니다. 우리의 공감과 도덕적 지지가 남김없이 필요합니다.[67]

전인도 국민회의위원회 연설(1946. 6. 26), 〈더 힌두〉, 1946. 7. 8 ; 〈하리잔〉, 1946. 7. 14 / 21 ; 《전집》 91 : 308

150) 헌법제정의회와 의회 활동

판츠가니, *1946. 7. 18*

나의 우편물에는 헌법제정의회에 들어가려고 하는 수많은 사람이 보낸 편지들이 들어 있다. 이것은 나를 무척 놀라게 했는데, 만일 이 편지들이 일반 감정의 표시라면, 지성인들은 인도의 독립보다 개인적 지위 향상에 더 조바심을 내는 것이 아닌가 하는 의심을 갖게 한다. 그리고 선거후보자 신청과는 아무 관련이 없는 나도 이렇게 많은 편지를 받는데, 운영위원회 위원들은 얼마나 더 많은 편지를 받을까? 이 발신인들은 내가 선거에 아무 관심도 없고, 이 신청서들을 검토하는 모임에 참석하지도 않으며, 내가 선출된 사람의 면면을 아는 것은 종종 오직 신문을 통해서라는 점을 알아야 할 것이다. 아주 드문 경우에만 결정하기 전 내 의견을 구할 뿐이다. 그러나 내가 이 글을 쓰는 이유는 나의 관여에 대해서 기대하지 말라는 경고를 발신자들에게 보내기 위해서라기보다는, 이 신청서들이 징표가 되는 질병에 주목을 끌기 위해서이다. 그런 선거를 집단의 관점에서 생각하는 것은 잘못이고, 아무나 헌법제정의회에 적합하다고 생각하는 것도

---

67 간디의 연설 뒤 논의가 재개되었다. 그 동의안에 반대한 저명한 인사들 중에 국민회의 사회당 당원들인 자야프라카슈 나라얀, 아츠유트 파트와르단, 아루나 아사프 알리가 포함되어 있었다. 그런 다음 결의안에 대한 투표가 있었는데, 찬성 204표 반대 51표로 통과되었다. 남아프리카의 사탸그라하에 대한 결의안 역시 통과되었다.

잘못이며, 선출되는 일에 어떤 명예가 있을 것이라고 생각하는 것은 완전히 잘못된 것이다. 만일 누군가가 그 수고에 적합한 경우 그 자리는 봉사의 자리일 뿐이다. 마지막으로 그 직책을 의회가 존속하는 동안 돈 몇 푼을 벌기 위한 곳으로 간주하는 것도 잘못이다.

헌법제정의회에는 전 세계의 헌법에 대해서, 그리고 무엇보다도 인도의 분위기가 요구하는 헌법에 대해서 무엇인가를 좀 아는 사람들만이 의원으로 있어야 한다. 진정한 봉사란 의회에 한 자리를 차지하는 것이라고 생각하는 것은 비천한 일이다. 진정한 봉사는 외부에 놓여 있다. 외부의 봉사 영역은 무한하다. 독립 투쟁의 과정에서 형성되고 있는 다른 조직처럼 의회도 제자리가 있을 것이다. 하지만 그 자리는 아주 작고, 그것도 우리가 그것을 현명하고 훌륭하게 사용할 경우에만 차지할 수 있는 자리이다. 만일 그 안에서 자리를 차지하기 위한 다툼이 있다면 그렇게 되지 못할 것이 분명하다. 저렇게 앞다투는 모습은, 의회가 감투 찾는 자들을 위한 사냥터가 되어버리고 말 것이라는 우려에 근거를 부여해 준다. 나는 헌법제정의회가 의회 활동의 논리적 산물이라는 점을 서슴없이 고백하는 바이다. 고 데슈반두 치타란잔 다스와 판디트 모틸랄 네루의 수고 덕분에, 나는 독립을 위한 국민적인 활동에 의회 프로그램이 합당한 자리를 차지한다는 사실에 대해서 눈을 뜰 수 있었다. 처음에 나는 그것에 대해서 열렬하게 반대했다. 그것이 순수한 비협조와 일치하지 않음은 분명하다. 그러나 순수한 비협조는 그것을 벌일 장소를 결코 찾을 수 없었다. 그럴 만한 장소가 생겨났다고 해도 그것 역시 줄어들었다. 국민회의 차원에서 전면적인 비폭력적 비협조가 있었더라면, 의회 프로그램은 아마 없었을 것이다.

악에 대한 비폭력적 비협조는 선한 모든 것과의 협조를 의미한다.

그래서 외래 정부에 대한 비폭력적 비협조는 비폭력에 기초한 토착적 정부를 반드시 의미할 수밖에 없다. 만일 그와 같은 완전한 비협조가 존재했더라면, 비폭력에 기초한 스와라즈가 오늘 당장 가능했을 것이다. 그러나 이런 일은 절대 일어나지 않았다. 이런 상황에서는 우리나라가 오랫동안 익숙해왔던 것, 아직 우리나라가 완전히 떼어내지도 못한 것에 대한 투쟁은 헛된 노릇이었을 것이다. 의회의 방향으로 발걸음을 뗀 이상, 현재의 노력을 보이콧하는 것은 부적절한 일일 것이다. 그러나 그렇다고 해서, 이 말은 의회 내부의 자리를 차지하기 위한 고상하지 못한 경쟁이 있어야 함을 의미하는 것도 아니고 결코 의미할 수도 없다. 그 한계를 인정하자.

비극적 현상, 〈하리잔〉, 1946. 7. 28 ; 《전집》 91 : 358

151) 자치와 상부구조

푸나, *1946. 7. 28*

간디는 데칸의 토호국왕들(*the Deccan Princes*)을 만나는 일이 큰 기쁨이었다고 말했다. 그는 서류를 읽었고, 자신의 서류를 위해서 준비된 기록물도 읽었다. 토호국왕들은 자신들의 관점에서가 아니라 인도 전체의 차원에서 진지하게 생각하고 있었는데 그것은 좋은 일이었다. 그들은 영국 세력의 최고권자로부터 얻어왔다고 쭉 생각해왔던 보호의 관점에서도 생각하지 않았다. 불과 수년 전만 해도 이 토호국왕들은 영국 왕실의 최고권자 아래에서가 아니라면 안전할 수 없다고 느꼈다. 그들 대다수의 마음에 그것이 정당한 태도가 아니라는 생각이 생긴 것 같았다. 이것은 자연스러운 일일 따름이었다. 그들 역시 이 땅의 아들들이 아닌가. 간디는 한 번은 공개적으로, 토호국의 민중이 노예의 노예라고 말한 적도 있었다. 간디에게는 토호국왕들 역시 노예였다. 그들은 영국 정부의 호감을 사고 있는 한, 그들 자신의 공국 안에서 권위를 행사했다. 그들은 영국 왕실의 호의에 따라서 왕이 되기도 하고 물러나기도 했다. 그 중대한 사실에 눈을 뜬 토호국왕들은 인도 민중과 더불어서 그리고 같은 정도로 인도의 독립을 원했다. 그리고 국왕들이 그 필요성을 느꼈다면, 그들은 토호국들 사이의 연합(*union*)을 원할 것이 아니라, 각 토호국이 토호국 자체의 민중과 먼저 연합을 이뤄야 했다. 그들 민중이야말로 자신의 지위를 위해서 의존해야 할 진정한 힘이었다. 토호국왕이 민중의 진정한 종이 되었다면, 토호국은 일종의 신탁통치령(信託統治領, *trusteeship*)이 되었을 것이다. 그 왕들이 그런 태도를 취했다면, 국민회의나 다른 단체와의 협정이 필요 없었을 것이다. 당장 시급하게 필요한 일은 그들 자신의 민중을 이해하는 것이었다.

간디는 그의 힘이 외로운 목소리에 불과했지만 그런 태도를 용감하게 견지해나갔다. 그의 의견으로는 민중의 하인 겸 수탁자로서 토호국왕들은 민중이 고용할 가치가 있었다. 그렇게 되면(그 이전이 아니라) 그들과 민중이 서로 연합을 원하는지의 여부를 고려해야 할 순간이 오게 된다. 그런 연합은 그들이 여태 생각해왔던 것과는 전적으로 다른 것이 될 것이다.

연사(간디)는 현재의 제안[68]이 영국 지배자들, 즉 정치적 에이전트들의 창안물이 아닐까 하는 심각한 의혹을 가졌다. 만일 영국 지배자들이 그런 연합을 권고했다고 해도 그들을 비난할 필요는 없었다. 그들은 더 나은 전통에서 성장하지 않았기 때문이다. 영국 지배자들은 영국 권력이 인도 내부에 들어오지 않았다면 토호국왕들이 상호 투쟁을 벌였을 것이라고 생각했다. 그와 같은 우려는 결코 정당화할 수 없는 것이었다. 영국 지배자들은 물러나기 전—상황의 힘 때문에 아마 2~3개월 이내 반드시 물러나야 하지만—토호국왕들로 하여금 자신들을 하나의 연합으로 조직하게 함으로써 자신들의 권력을 강화할 수 있도록 해야 할 것이다.

인도가 영국의 통제로부터 단순히 독립하는 것이 아니라—인도는 고대문화와 전통의 힘에 의해서 응당 진정한 자유(*real freedom*)를 향유할 수 있는 자격이 있는데—진정한 자유를 향유할 수 있으려면, 위에서 인도에 무엇을 부과해서가 아니라 아래에서부터 위로 성장해야 한다는 것이 간디의 신념이었다. 그런 식이 아니라면, 독립은 단순히 주인들의 교체에 불과하게 될 것이다. 연합국을 포함하여 인도인들을 위에서 강제할 수 있는 사람이면 누구든 영국인들을 대신할 수 있을 것이다. 간디가 기대한 것은 그런 순간이 아니었다. 그는 인도가 자신의 고유한 장점

68 〔역주〕 데칸 제(諸)토호국 연합을 위한 제안. 《전집》 권91, 370면.

덕분에 인도 고유의 권리를 행사할 순간을 예상했다. 최상의 목표를 위해서 토호국왕들은 가장 훌륭한 기여를 할 수 있었다.

데칸의 토호국왕들이 자신들의 역할을 수행하고 착실한 모범을 보인다면, 민중은 그들을 따를 것이다. 그 목적을 달성하기 위해서라면 그들은 제안된 연합이 필요치 않을 것이라는 점을 연사는 반복했다. 반면, 만일 그들이 마음 한구석에 이른바 책임지는 정부를 민중에게 실컷 주었다는 생각을, 그리고 정부를 철저하게 부셔버렸다는 생각을 갖고 있다면, 제안된 연합은 유럽의 강대국과 마찬가지로 일종의 군사적 결합체가 되어 버릴 것이다. 그 결합체는 민중의 항의에도 불구하고 민중에 거슬러 사용될 수 있을 것이다. 그 힘은 제1급의 군사력에 대해서는 무용지물이 될 것이다. 그와 같은 연합세력은 대담한 공격자 앞에서는 무기를 제일 먼저 던지고 말 것이다. 영국인들은 자신과 같은 강국에 대해서 무력으로 저항할 만한 교육을 그들에게 시키지 않기 위해서 세심한 주의를 기울였던 것이다.

토호국들에 적용된 것은 인도 전체에도 적용되었다. 인도는 제1급의 군사 대국이 되기 전 서양 국가들(*nations*)의 발아래에서 장기간 보호를 받아야 했을 것이다. 국민회의는 우리나라에 비폭력을 가르치기 위해서 25년간 노력을 기울였는데, 그런 사건이 일어나기라도 한다면, 그 노력은 물거품이 되고 말았을 것이다. 간디는 평안한 마음으로 그런 전망을 가질 수가 없었다.

만일 다른 국왕들이 자유 인도를 건설하는 데 제몫을 다하려면 그들이 아운드(Aundh)의 헌법[69]을 모방해야 한다—필요한 변화는 가해야 하겠지만—고, 간디는 아운드의 왕 사헤브에게 제안했다. 그 헌법은 민중을 위해서 제정되었다. 연사인 그는 사용(私用)하는 지갑의 액수와 그 지갑의 통제 등에 대한 사안들에 대해서 더 상세하게 들어가는 것을 더 좋아했을 것이다. 그러나 그와 같은 것들은 모

69 〔역주〕 아운드 주는 영국 통치하의 마라타 왕국 중의 하나로서 아운드 실험으로 유명했다. 1938년 시작된 이 실험은 영령 인도에서 촌락 수준의 자치정부의 초기 실험이었는데, 간디 등이 '11월 선언'의 기초를 도왔다. 이 선언은 아운드 주의 통치를 왕으로부터 주민들에게 넘겨주었고, 1939년 아운드 스와라즈 헌법에서 법이 되었다. 아운드 실험은 토호왕국들의 통치자들이 자신들의 권력을 이양하기를 극도로 싫어했던 인도 독립 이전의 특이한 관념이었다.

두 자연스럽게 와야 한다. 그것을 외부에서 강요할 수는 없다. 그 헌법의 작용이 상당한 진보를 이룬 것이 사실이라고 간디는 덧붙였다. 그 진보가 비록 아운드의 사헤브 왕, 왕 휘하의 수상 또는 간디가 보고 싶은 모든 진보를 다 이룬 것은 아니지만 말이다.

간디가 말을 마치자 토론과 질의가 이어졌다. 참석자 중의 한 사람이 "만일 우리가 연합하지 않는다면, 단 하나의 왕국도 생존가치를 지니지 못할 것"이라고 말한 다음, 그 점에 대해서 간디의 견해를 물었다.

간디 비록 나의 목소리가 어쩌면 외로운 것이라고 해도, 나는 그 점에 대해서 논쟁할 각오가 되어 있습니다. 촌락 하나하나는 모두 생존의 가치가 있습니다. 왕들이여, 만일 여러분이 민중의 일부가 되기를 원한다면, 왜 여러분의 촌락들 그리고 그 때문에 여러분이 생존의 가치가 없겠습니까? 여러분 가운데 가장 작은 왕국인 아운드는 여러분의 다른 어떤 왕국들보다 더 큰 생존의 가치가 있습니다. 그것은 여러분의 손에 달려 있습니다. 민중에 관한 한, 민중은 나머지 인도와 이미 하나가 되었습니다.

내가 〈하리잔〉지에 기고한 글에서 여러분은 독립에 대한 내 그림을 보게 될 것입니다. 그 그림에는 촌락 공동체가 하나의 단위입니다. 독립이라는 상부구조가 단위 촌락 위에 건설되는 것이 아닙니다. 만일 그렇게 된다면, 최상층부가 기저를 이루고 있는 4억 인도인을 내리눌러 뭉개고 말 것입니다. 권력은 하나의 단위 촌락에 귀속되고, 그 단위는 경제적으로 정치적으로 가능한 한 자립적인 것이 될 것입니다. 오늘날 권력은 에베레스트 산꼭대기에 앉아 있습니다. 거기에서 명령이 내려오면 민중은 복종해야 합니다. 전능한 영국 정부는 파텔(*patel*)과 탈라티(*talati*)[70]가 세금을 거둘 때 1년에 한두 차례 민중에게 옵니다.

나는 촌락을 중심으로 삼고 그 둘레에 일련의 끝없이 확장되는 원들을 생각해 보았습니다. 이 중에서 어느 것도 다른 것의 상위에 있지 않습니다. 모두가 동일한 지평에서, 하나가 다른 것에 비해서 높거나 낮지 않습니다. 메인[71]은 인도가 촌락 공화국들의 집단(*congeries*)이었다고 말했습니다. 읍·면들은 그렇다면 촌락들의 하위에 있고, 촌락들의 잉여물과 아름다운 제품들의 시장이었습니다. 그것이 독립한 인도의 모습으로 내가 그린 그림의 골격입니다. 옛날의 촌락제도에는 수많은 잘못이 있습니다. 그 잘못들이 없어지지 않는 한, 자유 인도에는 불가촉천민들을 위한 희망은 아무것도 없을 것이며, 인도가 국제 친선국들 안에 끼일 희망도 없습니다.

"그러나 우리는 민중에게 자신들의 헌법을 제정하라고 요구할 것입니다. 우리가 작성한 연합의 계획은 그들이 한번 고려해 보라는 의미의 청사진이었을 뿐입니다"라고 한 사람이 설명했다.

답변 이 세상에서 최선의 의도를 갖고서도 여러분은 그렇게 할 수 없을 것입니다. 여러분은 다른 전통 속에서 양육되었습니다. 따라서 여러분이 진정으로 민중에게 판정권을 허용하려면, 그것에 대해서 자와할랄 네루를 만나야 한다고 생각합니다. 그는 인도 토호국 민중대회의 의장으로서 이 문제를 다루기에 적합한 사람입니다. 여러분은 여러분의 안을 가지고 토호국 민중대회로 가는 것을 두려워해서

70 〔역주〕〈용어해설〉에 따르면 파텔은 구자라트 지역의 집단, 즉 하층 카스트로 되어 있고, 탈라티는 촌락의 관리를 의미한다고 하지만, 파텔의 경우는 의미가 통하지 않는다. 파텔도 탈라티와 마찬가지로 관리의 명칭이 아닌가 한다.

71 〔역주〕Sir Henry James Sumner Maine(1822~1888):《동·서양의 촌락공동체》의 저자.《전집》권 91, 372면 참조.

는 안 됩니다. 그 대회에서 최종적으로 결정하도록 합시다. 그들의 현 정책은 건전하고, 민중의 하인 겸 수탁자로 간주되고 있는 여러분에게 적대적이지 않습니다.

질문 우리는 모국에 봉사하기를 간절히 바라고 있습니다. 그러나 우리는 너무 작아서 하나의 연합에 들어가지 않는 한 봉사할 수가 없습니다.

답변 독립 인도에 대한 내 그림에서는 그렇지 않습니다. 내가 그려보는 단위 촌락은 아주 강합니다. 내 상상 속의 촌락은 1천 명의 혼으로 이뤄져 있습니다. 그런 단위가 자족(*self-sufficiency*)의 토대 위에 제대로 조직된다면 훌륭하게 해낼 수 있습니다. 큰 연합이 없다면 여러분이 잘 해나갈 수 없을 것이라고 생각하지 마십시오. 만일 토호국왕들이 한마음이 되어서 민중의 이익을 첫째로, 자신들의 이익을 마지막으로 둔다면, 현재의 제안된 연합보다 민중 사이의 연합이 더 튼튼할 것입니다.

질문 인도의 토호국들이 먼저 촌락 공화국들의 토대 위에서 자신들을 조직해나가고 다음 단계에서 하나의 연합이 된다면, 당신은 뭐라고 말하겠습니까?

답변 그것은 아주 좋은 일입니다. 그러나 여러분은 다른 언어를 말해야 하고, 아주 다른 방식으로 일을 해나가야 할 것입니다.

질문 그러나 그것은 긴 시간이 걸릴 것이고, 외부의 민중에 의해서 먼저 실행되지 않는다면, 우리 민중은 그것을 하려고 들지 않을 것입니다.

답변 인도의 토호국들이 만일 자신의 지역에서 올바른 모범을 제시한다면, 인도 장래의 독립을 확보하는 데 아주 훌륭하게 기여할 수 있을 것이라고 나는 말했습니다. 개별적 토호국으로서 그것들은 옹골차고 동질적인 단위이므로, 통치 실험을 잘할 수 있을 것이라고 말한 바 있습니다. 그러나 실상은 토호국왕들은 영국제도의 못난 점만을 따르는 일만을 선도해왔습니다. 각료들이 그들을 좌지우지하도록 자신들을 내버려 두었습니다. 각료들의 유일한 행정적 재주는 말없고 무력한 백성들로부터 돈을 강탈하는 일입니다. 그들의 전통과 훈련을 보면 그들은 여러분이 그들에게 맡긴 일을 하기에 부적합합니다. 따라서 나는 "여러분이 진지하다면, 판디트 자와할랄 네루를 여러분의 수상으로 삼으시오. 여러분에게 윤곽을 제시하라고 그에게 말하시오. 그는 자연스럽게 민중을 고려할 것이오"라고 충고할 것입니다.

질문 민중이 먼저 스와라즈를 얻을 수 있도록 헌법제정의회가 수고를 다하도록 기다리지 말고 우리가 하나의 연합을 조직하고 싶습니다. 헌법제정의회의 일은 시간이 좀 걸리니까 말입니다.

답변 그것은 일을 잘못하는 것입니다. 여러분이 민중의 복지를 위해서 애쓰고 있고 민중이 자립하기를 원한다면, 지금 당장 그들에게 최대한의 자유(*liberty*)를 주십시오. 여러분이 그렇게 할 때쯤이면, 헌법제정의회는 자신의 과업을 다 마쳤을 것입니다. 헌법제정의회가 제정할 헌법은 단순히 영령 인도를 위한 것이 아니라 인도 전체를 위한 것입니다. 그 헌법은 인도 토호국왕의 연합 또는 복수의 연합을 위해서도 반드시 뭔가를 제공할 것입니다. 그것이 바람직하다면 말입니다. 여러분은 여러분 자신의 연합을 먼저 창설하여 민중을 앞지르는 대신 그들을 도와야 할 것입니다. 개인에서 시작하십시오. 그렇게 되면 여러분은 잘못하는 것이 아닐 것입니다.

켈카르(N. C. Kelkar) 당신이 연합을 반대하는 이유가 당신 눈에 연합이 의심스럽기 때문입니까?

답변 나는 거기에서 시작했습니다. 그러나 내 의심 때문에 연합을 반대하는 것이 아닙니다. 나는 A, B, C라는 특정인을 의심하는 것이 아니라 상황을 의심하는 것입니다. 여러분은 여러분이 빠지게 된 위험과 해악을 잘 모릅니다. 그래서 나는 여러분에게 "천천히 서두르시오"라고 조언하고 싶습니다.

질문 당신이 만일 당신의 논의를 확장한다면, 지역과 지방 소구역의 단체들에도 동등하게 적용되지 않겠습니까? 왜 당신은 그것들의 해체를 요구하지 않습니까?

답변 나는 여러분에게 기존의 어떤 것의 해체도 요구하지 않습니다. 그 이유는 영령 인도에 수립된 행정기구에 대해서 내가 매력을 느끼기 때문이 아닙니다. 역사는 우리에게, 그 행정기구가 주로 징세를 촉진할 목적으로 고안되었다고 말할 것입니다. 여러분이 그것에 순종할 수도 있지만, 여러분 자신의 손해를 각오해야 합니다. 지금 내 요점은 다음과 같습니다. '연합의 형식으로 어떤 일도 하지 마십시오. 그 일은 헌법제정의회가 하도록 맡겨 두십시오.' 어떤 산스크리트어 시인은 다음과 같이 말했습니다. '새로운 사업에 뛰어들지 않는 것이 지성(*buddhi*)의 첫째 표시이다'(*anarambho hi karmani prathamam buddhilakshanam*).

데칸 토호국왕들 집회에서의 연설, 〈더 힌두〉,
1946. 8. 1 ; 〈하리잔〉, 1946. 8. 4 ; 《전집》 91 : 433

IV

스와데시

자립

1. 스와데시의 원리

152) 스와데시의 의미

우리는 작년의 대차대조표를 검토해 보았다. 우리가 날짜를 헤아리는 데 외래의 달력을 따라야 한다는 생각이 들자 기분이 좋지 않았다. 만일 스와데시가 외국에서 온 것 일체를 대체한다면, 불행의 씨앗은 조금도 남지 않을 것이다. 이제 막 시작한 새해에 우리가 그 목적을 위해서 애쓴다면 우리는 쉽게 행복을 얻을 것이다. 스와데시는 위대하고 심원한 의미가 있다. 그것은 자국 내에서 생산된 것만의 사용을 의미하지 않는다. 그 의미도 스와데시 속에 분명히 있긴 있다. 그러나 거기에는 그보다 훨씬 위대하고 중요한 의미가 있다. 스와데시는 우리 자신의 힘에 의존한다는 것을 의미한다. 우리는 '우리 자신의 힘(*strength*)에 의존한다'는 것이 무슨 뜻인지도 알아야 한다. '우리의 힘'이란 우리의 신체·마음·혼의 힘을 의미한다. 이 셋 가운데 우리는 어디에 의존해야 하는가? 대답은 간단하다. 혼이 지고의 것이므로, 혼의 힘은 우리가 그 위에 무엇인가를 건축해야 할 토대이다. 수동적 저항 곧 사탸그라하는 그런 힘에 의존하고 있는 전투방식이다. 그렇다면 그것은 인도인들이 성공을 거두기 위한 유일하게 참된 열쇠다.

올해에는 많은 것이 트란스발과 나탈에 달려 있다. 트란스발 투쟁은 진행 중이다. 나탈에서는 법적 권리의 문제가 제기될 것이다. 만일 트란스발 인도인들이 자신들의 투쟁을 포기한다면, 그것은 나탈에 당장 나쁜 효과를 줄 것이다. 올해 나탈에서 일어날 사건의 전말이 이 운동에 의해서 주로 결정될 것이기 때문이다. 나탈 정부에 청원(*petitions*)을 제출하는 방법으로는 아무것도 얻지 못할 것이다. 그렇다면 무엇이든 얻으려면 어떻게 해야 할까? 트란스발이 여기에 해답을 제공한다. 다시 말하자면, 올해가 우리를 위해서 무엇을 간직하고 있을까라는 문제에 대한 해답은, 트란스발 인도인들이 최후까지 투쟁할 것인지의 여부에 달려 있다.

2천 명의 남자들을 교도소로 보낸 적이 있는 공동체는 그 속에 배반자가 좀 있더라도 패배를 결코 용납하지 말기를 기대한다. 이런 관점에서 그 사안을 보면, 모든 인도인들은 새해가 무엇을 실현할지는 자신들의 손에 전적으로 달려 있다는 점을 알게 될 것이다.

새해(G.), 〈영 인디아〉, 1909. 1. 2 ; 《전집》 9 : 139

153) 삶의 규칙으로서의 스와데시 *1916. 2. 14*

제가 여러분에게 말씀드린다고 했을 때 저에게 주저함이 전혀 없었던 것은 아닙니다. 그리고 연설 주제의 선택에 있어서 많이 고민했습니다. 저는 대단히 미묘하고 어려운 주제를 골랐습니다. 그것이 미묘하다고 한 이유는 스와데시에 대해서 제가 아주 독특한 견해를 갖고 있기 때문이고, 그것이 어렵다고 한 이유는 제 생각을 적합하게 표현하는 데 필요한 언어를 제 마음대로 부릴 수 없기 때문입니다. 여러분은 분명히 제 말 안에서 많은 단점을 알아차리겠지만, 이 점에 대해서 여러분의 관대함에 기댈 수밖에 없음을 저는 잘 알고 있습니다. 제가 말씀드리려고 한 것 가운데 현재 실천하지 않는 것은 단 한 가지도 없고, 최선을 다해서 실천할 각오가 되어 있지 않은 것 역시 단 한 가지도 없다는 점을 말씀드릴 때는 더더욱 여러분의 관대함이 필요하다는 것을 알고 있습니다. 여러분이 지난달 한 주 동안 연설 대신 기도에 헌신했다는 것을 보고 저는 격려를 받았습니다. 제가 지금 말씀드리려는 것이 열매 맺기를 저는 진심으로 기도했으며, 여러분이 유사한 기도로 제 말에 축복을 내려주실 줄 알고 있습니다.

저는 깊이 성찰한 뒤, 제가 생각한 의미를 아마 가장 잘 드러낼 수 있는 스와데시에 대한 정의에 도달했습니다. 스와데시란 우리의 정신, 즉 우리에게 가장 인접한 주변의 것들을 사용하고 봉사하는 데 우리 자신을 제한하고, 보다 멀리 떨어져 있는 것을 배제하는 정신을 말합니다. 이것을 종교에 적용하면, 이런 정의에 맞는 요구 조건을 충족시키기 위해서 나는 조상의 종교에 자신을 제한해야 합니다. 그것이 저에게는 가장 가까운 종교적 환경을 사용하는 일입니다. 그 안에 결함이 있다면 저는 그 결함을 청산함으로써 그 종교에 봉사해야 합니다. 정치 영역에서 저는 토착기관을 이용해야 하고, 확인된 결점들을 치유함으로써 그 기관에 봉사해야 합니다. 경제 영역에서 저는 인접한 이웃들이 생산해낸 것만을 사용해야 하고, 인접 산업 안에 부족함이 있다면 그것을 효과적이고 완전한 것으로 만듦으로써 그것에 봉사해야 합니다. 만일 이와 같은 스와데시가 실천된다면, 천년왕국이 사실상 도래할 것이라고들 합니다. 우리는 우리 시대에 천년왕국에 도달하지 않을 것이라고 해서 그에 대한 추구를 포기하지 않듯이, 스와데시가 장차 다가올 수세대 안에 완전히 얻을 수 없는 것이라고 해도 그것을 버릴 수는 없습니다.

위에서 언급된 스와데시의 세 분야에 대해서 간략하게 검토해 봅시다. 힌두교는 보수적인 종교이고, 그래서 그 기초를 이루는 스와데시 정신 덕분에 강력한 세력이 되었습니다. 그것은 비선교적(*non-proselytising*) 종교이므로 가장 관대한 종교이며, 그것이 과거에 확장되었듯이 현재에도 확장될 수 있습니다. 힌두교는 불교를 몰아내는 일에 성공한 것이 아니라 그것을 흡수하는 일에 성공했습니다. 불교를 몰아냈다고 말하는 것은 제 생각에는 잘못된 주장입니다. 힌두교도는 스와데시 정신을 내세워서 다른 종교로 개종하기를 거부합니다만, 그 이유는 반드시 그가 힌두교를 최선의 종교로 간주하기 때문이 아니라, 그가 개혁을 도입함으로써 힌두교를 보완할 수 있다는 것을 스스로 알기 때문입니다. 그리고 힌두교에 대해서 제가 말하는 것이 세계의 다른 위대한 종교에도 적용될 수 있을 것이라고 저는 생각합니다. 다만 힌두교에 특별히 그러할 것이라고 주장할 수 있을 뿐입니다. 그런데 제가 말씀드리려고 하는 바의 요점이 바로 여기에 있습니다. 제 말씀에 뭔가 실질적 내용이 있다면, 인도에 위대한 선교단— 인도는 그 선교단이 인도를 위해서 한 일, 그리고 하고 있는 일에 대해서 무거운 감사의 빚을 지고 있습니다만—이 개종의 목표를 버리고 박애사업만을 계속할 경우, 그 사업을 더 잘하고, 기독교 정신에 더 잘 이바지하지 않겠습니까? 이 말을 저의 무례함이라고 간주하지 마시기 바랍니다. 저는 이 제안을 성심을 다해서 그리고 겸손한 마음으로 드리는 바입니다. 더구나 저는 여러분의 주목을 요청하는 바입니다. 저는 성경 공부를 하려고 노력해 보았습니다. 저는 그것을 제 성전의 일부라고 여깁니다. 산상수훈의 정신은 제 심정을 차지하기 위해서 《바가바드 기타》와 거의 대등한 수준에서 경쟁을 벌입니다.

제가 '늘 인도하소서'(*Lead, kindly Light*)라는 찬송가를 비롯하여 유사한 성격의 영감을 받은 다른 찬송가를 부를 때, 제가 느끼는 헌신의 힘은 절대 다른 기독교도에 비해서 모자라지 않습니다. 저는 여러 다른 교파에 속하는 저명한 기독교 선교사들의 영향을 받았습니다. 그리고 저는 오늘날까지 저들 몇 사람과 우정을 누리는 특권을 향유하고 있습니다. 그러므로 여러분은 제가 말씀드린 상기 제안을 편견 있는 힌두교도로서가 아니라, 기독교를 향해서 크게 마음이 열려 있는 겸손하고 공평한 종교학도로서 말씀드린 것임을 좀 이해해 주시길 바랍니다. '너희들, 온 세상으로 들어가라'고 하는 예수의 메시지가 좀 협소하게 해석되고, 그 정신이 사라진 것은 아닐까요? 제 경험에 비춰서 말씀드리면, 수많은 개종이 오직 명목상의 개종이라는 점은 부인할 수 없습니다. 어떤 경우에는 이와 같은 개종에의 호소가 심정으로 가는 것이 아니라 배로 가기도 했습니다.[1] 그리고 모든 경우에 개종은 그 뒤에 상처를 남기는데, 감히 생각한다면 그것은 불가피한 일입니다. 제 경험을 다시 들먹인다면, 새로운 탄생 곧 심정의 변화는 모든 위대한 종교에서 완벽하게 가능한 일일 것입니다. 제가 지금 엷은 얼음을 밟고 있다는 점을 저도 알고 있습니다.

---

1 〔역주〕 배는 영어 'stomach'의 역어이다. 그런데 이 문장의 뜻이 무엇인지 분명하지 않다. stomach은 욕망·기분·기호·마음의 의미를 갖고 있기도 하다. 간디가 심정(*heart*)이란 마음(*mind*)보다도 더 깊은 곳에 있는 것으로 보는 경우가 종종 있음을 염두에 두면, 개종에의 호소가 심정으로 간다는 것은 진정한 의미로 개종한 것을 의미하고, 배로 간다고 한 것은 종교 선택을 기분이나, 기호 문제 정도로 여기는 태도가 아닌가 한다.

그러나 이런 주제를 마치면서, 저는 사죄하는 마음 없이 당당하게 다음의 말씀을 좀 드리고 싶습니다. 즉, 지금 유럽에서 진행되고 있는 이 무서운 격노(*outrage*)는 나사렛 예수 곧 평화의 아들의 메시지가 유럽에서 거의 이해되지 못하고 있다는 점, 그리고 그 메시지를 비추는 빛은 동양으로부터 와야 한다는 점을 말입니다.

저는 종교적 문제들에 대해서 여러분의 도움을 구해왔는데, 그것은 특별한 의미의 도움이었습니다. 그러나 그것을 정치적 문제에서도 감히 구하고 싶습니다. 종교가 정치와 아무 관련이 없다는 것을 저는 믿을 수 없습니다. 종교와 분리된 정치는 매장해야 할 사체(死體)와 같습니다. 사실상 아주 조용한 방식이긴 하지만 여러분이 정치에 미치는 영향은 적지 않습니다. 그리고 요즘처럼 정치를 종교에서 분리하려는 시도가 없었다면, 정치와 종교는 오늘날 보이듯이 그렇게 자주 타락하지 않았을 것입니다. 이 나라의 정치적 삶이 행복한 상태에 있다고 여기는 사람은 아무도 없습니다. 제가 스와데시 정신을 끝까지 따라가면 토착기관들과 촌락의 판차야트가 저를 사로잡습니다. 인도는 진실로 하나의 공화국(*a republican country*)입니다. 그리고 인도가 지금까지 받아온 충격을 견딜 수 있었던 이유는 인도가 바로 공화국이었기 때문입니다. 인도 태생이든 외국인이든 왕들과 유지들은 모두 징세의 목적을 제외하고는 거대한 대중과 거의 접촉하지 않았습니다. 대중은 카이사르의 것을 카이사르에게 보냈고, 카이사르의 것을 뺀 나머지에 대해서는 원하는 대로 했습니다. 카스트의 광대한 조직은 공동체 안의 종교적 수요에 응한 것만이 아니라, 정치적 필요에 대해서도 대답한 것이었습니다. 촌민들은 카스트제도를 통해서 내부 일을 처리했고, 그 제도를 통해서 지배 권력자나 복수의 지배 권력자들의 모든 탄압을 다뤄왔습니다. 카스트제도를 만들어낼 수 있었던 국민에

탁월한 조직력이 없다고 말할 수는 없을 것입니다. 사람들은 작년에 하르드와르에서 열린 성대한 쿰바 멜라 축제[2]를 한 번 주목하기만 하면, 눈에 띄는 노력 없이도 1백만 명 이상의 순례자들을 효과적으로 접대할 만큼 우리가 조직에 분명히 능숙했다는 사실을 알게 될 것입니다. 그런데도 우리가 조직력이 부족하다고 말하는 것이 유행처럼 되어 있습니다. 새로운 전통 속에서 양육된 사람들에 대해서는 이런 말이 어느 정도는 사실일 것이라고 저는 우려하지 않을 수 없습니다.

우리는 스와데시 정신에서 거의 치명적으로 떨어져 나온 탓에 끔찍한 장애 아래에서 수고해왔습니다. 식자층인 우리는 외국어를 통해서 교육을 받아왔습니다. 그래서 우리는 대중(*the masses*)에 대해서 반응하지 못했습니다. 우리는 대중을 대표하려고 했지만 실패했습니다. 그들은 우리보다 오히려 영국 관리들을 더 인정했습니다. 그들은 어느 편에 대해서도 마음을 열지 않았습니다. 그들의 열망은 우리의 열망이 아닙니다. 그래서 괴리가 존재합니다. 여러분은 사실 조직상의 실패를 목격하는 것이 아니라, 대표자들과 피대표자들 사이의 의사소통의 결핍을 경험합니다. 만약 지난 50년 동안 우리가 토착어로 교육을 받았다면, 우리의 연장자·하인·이웃 사람들은 우리의 지식을 나눠 가질 수 있었을 것입니다. 보세와 레이와 같은 사람들이 발견한 것들이 《라마야나》와 《마하바라타》와 같은 가보(家寶)가 되었을 것입니다. 그러나 실상 대중의 입장에서 보는 한, 그와 같은 위대한 발견들은 외국인들이 한 것이라고 말해도 괜찮을 정도입니다. 모든 학문 분야에서 교육이 토착어로 진행되었다면, 토착어가 놀랍도록 풍요로워졌을 것이라는 점을 감히 말씀드리는 바입니

2 〔역주〕 가장 큰 규모의 힌두교 순례 축제. 《마하트마 간디의 도덕·정치사상》 권 1, 1번 참조.

다. 촌락 위생설비 등의 문제는 예전에 해결되었을 것입니다. 지금쯤이면 촌락의 판차야트는 특별한 방식으로 생동적인 힘으로 작동하고, 인도는 그 필요조건에 걸맞은 자치정부를 향유하며, 성스러운 땅 위에 벌어진 조직적 암살이라는 모욕적인 광경을 보지 않아도 되었을 것입니다. 고치기에 아직 늦지는 않았습니다. 다른 어떤 단체도 할 수 없지만, 여러분은 의지만 있다면 고칠 수 있습니다.

이제 스와데시의 마지막 부문을 말할 차례입니다. 일반 대중의 지독한 가난은 대부분 경제생활과 산업 생활에서 스와데시 정신으로부터 파멸적으로 일탈한 것에 기인합니다. 만일 교역에 대한 글이 하나라도 인도 외부에서 들어오지 않았다면, 인도는 오늘날 젖과 꿀이 흐르는 땅이 되었을 것입니다. 하지만 그렇게 되지는 못했습니다. 우리는 탐욕스러웠고 영국 또한 탐욕스러웠습니다. 영국과 인도가 관계를 맺게 된 것은 분명 하나의 과오에 근거합니다. 그러나 영국은 실수로 인도에 계속 남게 된 것이 아닙니다. 영국 국민을 위해서 인도를 위탁물로 잡아 두는 것은 영국이 천명한 정책입니다. 만일 이 말이 사실이라면, 랭커셔는 뒤로 물러나 있어야 합니다. 만일 스와데시가 건전한 원칙이라면, 랭커셔가 뒤로 물러나 있더라도 당분간 충격은 받겠지만 상처는 입지 않을 것입니다. 나는 스와데시를 보복의 방도로 벌이는 보이콧으로 생각하지 않습니다. 나는 그것을 만인이 추종해야 하는 종교 원리로 생각합니다. 나는 경제학자가 아닙니다. 그러나 영국이 필요한 제품을 모두 생산할 수 있는 자급자족의 나라가 쉽게 될 수 있음을 보여주는 논문들을 읽은 적이 있습니다. 이것은 지독히 황당무계한 주장일 것입니다. 그것이 진실일 수 없음을 보여주는 최선의 증명은, 영국이 세상에서 가장 큰 수입국의 하나라는 사실일 것입니다. 하지만 인도는 랭커셔 또는 다른 어떤 나라를 위해서 살기 전에 자국을 위해서 먼저 살 수 있어야 합니다. 인도가 자국의 영토 내에서 자국의 필수품을 위해서 모든 것을 생산하거나 또는 생산할 수 있도록 도움을 받을 때만, 자국을 위해서 살 수 있습니다. 인도는 광기의 경쟁, 파멸적인 경쟁의 소용돌이에 빠져 들어갈 필요도 없고 그래서도 안 됩니다. 이 경쟁은 형제살해, 질투 그리고 수많은 다른 악을 양산하기 때문입니다. 그러나 누가 인도의 거대한 백만장자들이 세계 경쟁(*the world competition*)에 뛰어 들어가는 것을 막을 수 있습니까? 법으로 막을 수 없음은 분명합니다. 하지만 대중 여론의 힘, 적절한 교육은 바람직한 방향으로 크게 작용할 수 있을 것입니다.

수직기 산업이 거의 빈사지경에 빠졌습니다. 작년에 만유(漫遊)하는 동안, 저는 될 수 있는 한 많은 직공(織工)을 만나려고 특별히 노력했습니다. 그들이 한때는 번성했던 명예로운 직업을 잃어버린 일, 그리고 많은 가족이 직업을 빼앗긴 과정을 보고 마음이 아팠습니다. 우리가 만일 스와데시 원칙을 따른다면, 우리의 수요를 공급할 수 있는 이웃들을 찾아내는 일, 그리고 그들이 공급의 방도를 모를 경우 그들을 교육하는 일이 여러분과 저의 의무입니다. 물론 여기에는 건전한 직업을 필요로 하는 이웃들이 있음을 전제로 합니다. 그렇게 되면 인도의 모든 촌락은 거의 완전한 자조(自助)와 자급자족의 단위가 되고, 그 지역에서 나지 않는 필수품만을 다른 마을들과 상호교환하게 될 것입니다. 이 모든 것이 황당한 일로 들릴 것입니다. 그런데 인도가 난센스의 나라가 아닙니까? 친절한 이슬람교도가 깨끗한 물을 줄 준비가 되어 있는데도 힌두교도 자신의 목을 갈증으로 태우는 일도 난센스입니다. 하지만 수천 명의 힌두교도는 이슬람 가정에서 물을 얻어 마시느니 차라리 목말라 죽을 것입니다. 이와 같이 황당한 사람들은 자신들의 종교가 인도에서 만들어진 의복만 입어야 하고 인도에서 나온 음식만 먹어야 한다고 요구하는 것에 대해서 확신이 서기만 한다면, 다른 의복을 입거나 다른 음식을 먹는 것을 거절할 수도 있습니다. 커전 경이 차 마시는 유행을 만들어냈습니다. 그리고 이 치명적인 약이 이제는 전국을 삼킬 것 같습니다. 이 차는 수십만 명의 남녀의 소화기관을 이미 손상했으며, 그들의 얇은 지갑에 추가 세금을 부과했습니다. 하딩 경은 스와데시 풍조를 창안할 수 있고, 그렇게 되면 거의 인도 전체가 외래품을 금지하게 될 것입니다.

《바가바드 기타》를 자유롭게 번역한다면, 대중은 계급을 따른다는 시구가 있습니다. 만일 한 집단의 사려 깊은 사람들이, 당분간 상당한 불편을 초래하더라도 스와데시 서약을 하게 되면 악을 쉽게 없앨 수 있을 것입니다. 나는 삶의 단 한 부문에라도 다른 것이 관여하는 것을 증오합니다. 그것은 가장 좋은 경우에도 작은 악일 뿐입니다. 그러나 외제품에 대해서 부과되는 엄격한 보호 관세(*protective duty*)는 용인하고, 환영하며 심지어 간청할 작정입니다. 영국 식민지의 하나인 나탈은 자국의 설탕을 보호하기 위해서, 영국의 다른 식민지인 모리셔스(Mauritius)[3]에서 반입되는 설탕에 대해서는 과세하고 있습니다. 영국은 인도에 자유무역(*free trade*)을 강요함으로써 죄를 지었습니다. 그 무역이 자신들에게는 음식이 되었는지 모르지만 이 나라에게는 독이 되었습니다.

인도의 경제적 삶에서는 여하튼 스와데시를 수용할 수 없다고 흔히 강하게 주장하는 사람들이 있습니다. 이런 반론을 펴는 사람들은 스와데시를 삶의 규칙으로 삼지 않습니다. 그들에게 스와데시는 자기부정을 약간이라도 포함하고 있다면, 해서는 안 될 단순한 애국적 행동

3 〔역주〕 인도양의 마다가스카르에서 동쪽으로 약 800㎞ 지점, 마스카렌제도 중앙에 있는 독립된 섬나라. 수도는 포트루이스이다.

에 불과합니다. 여기에서 정의된 스와데시는 개인에게 초래할 신체적 불편함을 철저하게 무시하면서 진행되어야 하는 종교적 훈련입니다. 스와데시의 마법 아래서는 핀이나 바늘이 제조되지 않아서 인도에 이것들이 없다고 해도 우리는 어떠한 공포도 느끼지 않습니다. 스와데시를 실천하는 자(*a swadeshi*)는 오늘 필요하다고 여기는 수백 가지의 물건이 없더라도 살아가는 법을 배울 것입니다. 더구나 스와데시가 불가능한 일이라고 논함으로써 자신들의 마음으로부터 이것을 지워버리려는 자들은, 스와데시가 지속적인 노력에 의해서 결국 도달될 수 있는 목표란 점을 망각하고 있습니다. 우리가 스와데시를 일정한 수의 품목들에 한정한다고 해도, 이 나라에서 생산될 수 없는 물건들을 일시적으로 사용하도록 허용함으로써, 우리는 그 목표에 이바지할 수 있습니다.

이제 저는 스와데시에 대해서 제기된 반대를 하나 더 검토하려고 합니다. 반대자들은 스와데시가 문명화된 도덕률(*the civilized code of morality*)에서는 어떤 근거도 찾아볼 수 없는 아주 이기적인 원칙이라고 간주합니다. 그들에게 스와데시의 실천은 야만으로 복귀하는 것입니다. 저는 그 주장을 자세히 분석할 수는 없습니다. 그러나 저는 스와데시가 겸손과 사랑의 법칙에 일관된 유일한 원칙임을 힘써 강조하는 바입니다. 가족에 봉사하기도 거의 어려울 때 인도 전체에 봉사한다고 시도하는 것은 교만입니다. 가족에게 노력을 집중하는 편이 나았고, 그들을 통해서 국민 전체에 봉사했다고 생각하십시오. 그리고 원하신다면 인류 전체에 봉사했다고 생각하십시오. 이것이 겸손이며 사랑입니다. 동기가 행위의 질을 결정할 것입니다. 저는 다른 사람들에게 고통을 야기할지도 모르지만 가족에게 봉사하는 것입니다. 예를 들어 말하자면, 저는 민중에게서 돈을 빼

맞는 직업을 가질 수 있습니다. 저는 그렇게 함으로써 자신을 살찌우고, 가족의 많은 부당한 요구를 충족시킵니다. 이 경우에 저는 가족에게도 국가에게도 봉사하는 것이 아닙니다. 혹은 저는 신이 저에게 손과 발을 주셔서 제 자신의 생계유지를 위해서 그리고 저에게 의존하는 사람들의 생계유지를 위해서 그 손발로 일하게 하셨다는 점을 인정할 수 있습니다. 그렇다면 저는 제 삶과 제가 직접적으로 영향을 미칠 수 있는 사람들의 삶을 단순하게 만들 수도 있을 것입니다. 이런 경우에 저는 다른 누구에게도 조금도 해를 끼치지 않고도 가족에게 봉사하게 될 것입니다.

모두가 이런 식으로 산다면, 우리는 당장 이상국가를 얻게 될 것입니다. 모든 사람들이 동시에 그런 상태에 도달할 수는 없을 것입니다. 그러나 우리 가운데 이 말의 진리를 깨달은 자들이 그것을 실행으로 옮긴다면, 행복한 날의 도래를 분명히 예상할 수 있고, 촉진할 것입니다. 삶에 대한 이러한 계획 아래에서, 저는 다른 모든 나라를 배제하고 인도에만 봉사하는 것 같지만, 다른 어떤 나라에도 해를 입히지 않습니다. 제 애국심(*patriotism*)은 배타적(*exclusive*)이면서 동시에 포용적(*inclusive*)입니다. 제가 아주 겸손한 마음으로 저의 탄생지로만 관심을 기울인다는 의미에서 배타적이며, 제 봉사가 경쟁적이거나 적대적이지 않다는 의미에서 포용적입니다. "Sic utere tuo ut alienum non laedas"[4] 라는 구절은 단순한 법률적 금언(金言)만이 아니라 삶의 위대한 원칙입니다. 그것은 아힘사 곧 사랑을 적절하게 실천하는 열쇠입니다. 여러분은 증오에 근거한 애국심은 '죽이며', 사랑에 근거한 애국심은 '생명을 준다'고 가르칩니다. 이 가르침에 대해서 모범을 세울 사람,

4 〔원주〕 이 라틴어 구절은 '타인의 재산에 손해를 입히지 않는 범위 내에서 당신의 재산을 사용하라'는 뜻이다. 〔역주〕 간디는 이 구절을 애용한 것으로 보인다.

그리고 이 가르침을 실천으로써 축성(祝聖)하여 드러내야 할 사람은 바로 위대한 신앙의 보호자인 여러분입니다.

마드라스, 선교단 대회에서 스와데시에 관한 연설, 〈더 힌두〉, 1916. 2. 28 ; 〈영 인디아〉, 1919. 6. 21 ; 《전집》 15 : 127

154) 활동적인 힘으로서의 스와데시[5]

1916. 3. 20

나는 내 말 가운데 기록으로 남길 만한 것만을 재생하기를 제안하는 바이며, 필요한 경우에는 다른 것을 첨언할 수 있을 것입니다. 연설은 힌디어로 진행되었다는 점을 주목해 주길 바랍니다. 나는 내 자식들에게 두 차례에 걸쳐서 잠자리를 제공해 주고 부친처럼 행동해 준 일에 대해서, 마하트마지 문쉬 람에게 감사를 표하고, 연설이 아니라 행동할 때가 도래했다고 선언한 후 나는 다음과 같이 말했습니다.

나는 아르야 사마즈[6]에게 감사의 빚을 졌습니다. 나는 그 활동에서 자주 영감을 얻었습니다. 나는 사마즈 회원들 안에서 커다란 자기희생을 목격했습니다. 나는 인도를 여행하는 동안 나라를 위해서 훌륭한 일을 수행하는 많은 아르야 사마즈 회원을 만났습니다. 그 결과 여러분과 함께 하게 되었으니 마하트마지에게 감사를 드립니다. 동시에 솔직하게 말하자면 나는 사나타니스트(*Sanatanist* : 영원을 믿는 자)라고 말해도 괜찮을 것입니다. 나에게 힌두교는 원만(圓滿,

---

5 〔역주〕《전집》 권 15, 203면에는 이 연설문이 다음 구절로 시작하고 있다. "다음은 구루쿨 기념식에서 행한 간디 씨 연설 원고인데, 그 자신이 쓴 것이다."

6 〔역주〕 다야난다 사라스와티(Dayananda Sarasvati, 1824~1883)가 창설한 협회. 이 협회는 서구의 영향을 의도적으로 거부하고 고대 인도 전통의 우월성을 역설함으로써 그 영향에 대응했다. 자세한 설명은 존 콜러 저, 허우성 역, 《인도인의 길》 제2판(소명출판, 2013), 685면 이하 참조. '다야난다'와 '다야난드' 모두 통용되지만 이 번역에서는 '다야난다'로 통일한다.

all-sufficing) 합니다. 그 힌두교의 넉넉한 울타리 속에는 갖가지 신념들이 보호를 받습니다. 그리고 아르야 사마즈 회원들, 시크교도, 브라모 사마즈[7] 회원들은 힌두교도와는 다른 무리로 구분될 수도 있지만, 그들이 모두 가까운 장래에 힌두교에 합쳐질 것이며 힌두교 안에서 완전성을 찾을 수 있을 것이라는 점에 대해서 나는 의심하지 않습니다. 다른 모든 인간의 제도처럼 힌두교 역시 결점과 결함이 있습니다. 여기에 일꾼은 개혁을 위해서 있는 힘을 다해서 노력할 충분한 여지는 있지만 분열을 위한 자리는 거의 없습니다.

무외의 정신[8]

나는 여행하는 동안 인도의 긴급한 필요에 대해서 질문을 받아왔습니다. 그리고 아마 그런 질문에 대해서 다른 장소에서 대답했던 것을 오늘 오후에 반복하는 것 이상으로 더 잘할 자신이 없습니다. 일반적으로 말하자면, 적절한 종교적 정신이야말로 최대의, 가장 긴급한 필요입니다. 그러나 나는 이 말이 너무 일반적이어서 아무도 만족시킬 수 없을 것임을 알고 있습니다. 그렇지만 이것은 항상 진실한 대답입니다. 여러분에게 말씀드리고 싶은 것은, 우리 속에 깃들어 있는 종교적 정신 덕분에 우리는 영속적인 공포 속에 살고 있다는 점입니다. 우리는 영적 권위만이 아니라 세속적 권위에 대해서도 두려워합니다. 우리는 우리의 사제와 판디트 앞에서 감히 발설하려고 하지 않습니

---

7 〔역주〕 람 모한 로이(Ram Mohan Roy, 1772~1833)가 1828년에 창설한 협회. 람 모한은 서양에 대한 인도 대응의 주조(主調)를 설정하고 방향을 지시했기 때문에 흔히 '근대 인도의 아버지'로 불린다. 그는 인도와 서구에서 최선의 이념들과 전통을 결합하여 근대 인도를 형성하려고 노력했다. 유니테리언의 영향을 크게 받았다. 보다 자세한 설명은 존 콜러 저, 허우성 역, 《인도인의 길》 제2판(소명출판, 2013), 675면 이하 참조.

8 〔역주〕 《전집》 권 15, 203면에 따라서 소제목을 단다.

다. 우리는 세속적 권력에 대해서 경외심을 품고 있습니다. 나는 우리가 그렇게 하게 되면 그들에 대해서도 우리에 대해서도 해가 될 것임을 확신합니다. 영적인 스승이든 정치적 지도자든, 그들은 우리가 그들로부터 진리를 감추는 것을 절대 원하지 않았습니다. 윌링던 경은 봄베이 청중에게 우리가 '아니오'라고 말하고 싶을 때도 그것을 말하기를 주저한다는 점을 보았다고 최근 말했으며, 무외(無畏)의 정신을 기르라고 그 청중에게 충고했습니다. 물론 무외는 다른 사람들의 감정에 대한 합당한 존중이나 배려의 결여를 뜻해서는 안 됩니다.

내 소견으로는, 뭔가 영속적이며 참된 것을 성취하기 위해서 우리에게 제일 먼저 필요한 것이 무외입니다. 이 자질은 종교적 의식(意識) 없이는 얻을 수 없습니다. 신을 두려워합시다. 그러면 우리는 인간을 두려워하지 않게 될 것입니다. 우리 속에 신이 계시고 그분이 우리가 생각하고 행하는 모든 것을 목격하시고, 우리를 보호하시고 진실한 길로 인도하신다는 사실을 터득한다면, 우리는 오직 신만을 두려워할 뿐 지상에서 어떤 다른 두려움도 없을 것이라는 점이 분명합니다. 지도자들 중의 지도자이신 그분에 대한 충성심은 모든 다른 충성심에 우선하고, 모든 다른 충성심에 이지적인 토대를 제공할 것입니다.

스와데시의 의미[9]

우리는 무외의 정신을 충분히 기르게 되면 진정한 스와데시 없이는 구원이 없다는 점을 알 것입니다. 그러나 진정한 스와데시는 걸핏하면 중지시켜 버릴 수 있는 것이 아닙니다. 나에게 스와데시는 깊은 의미를 지닙니다. 나는 우리가 그것을 종교적·정치적·경제적 삶에 적용하기를 원합니다. 그래서 그것은 수시로 스와데시 옷을 입는 것

---

9 〔역주〕《전집》 권 15, 204면에 따라서 소제목을 단다.

으로 한정되어서는 안 됩니다. 스와데시는 질투심이나 복수심에서 항상 행해야 되는 것이 아니라, 그것이 사랑하는 조국에 대한 우리의 의무이기 때문에 행하는 것입니다. 우리가 외제품 직물을 걸친다면 이것은 물론 스와데시 정신의 위배입니다. 하지만 우리가 만일 외국식의 헤어스타일을 받아들인다면, 이것도 스와데시 정신의 위배입니다. 우리 의복의 스타일은 우리 환경과 상통한다는 점은 분명합니다. 우아함과 풍류에 있어서, 우리 의복은 바지와 상의에 비해서 비교할 수 없을 정도로 우수합니다. 인도인이 바지 위에 펄럭이는 셔츠를 입고, 그 위에 넥타이도 없이 조끼를 껴입었는데 그 조끼의 꼬리를 뒤쪽으로 느슨하게 달고 있는 모습이란 결코 우아한 모습은 아닙니다. 종교에서의 스와데시는 우리로 하여금 영광스런 과거를 헤아려서 그것을 오늘날의 세대 속에서 재연하도록 가르칩니다.

현재 유럽에서 진행중인 아수라장은, 현대문명은 악과 어둠의 세력을 대표하고 있고, 고대문명 곧 인도문명은 그 본질에 있어서 거룩한 세력을 각각 대표하고 있음을 보여줍니다. 현대문명은 주로 물질적이며(*materialistic*), 우리의 문명은 주로 영적인(*spiritual*) 것입니다. 현대문명은 물질의 법칙을 탐구하는 데 전념하고, 생산수단과 파괴의 무기를 창안하거나 발견하는 데 인간의 재주를 활용합니다. 이에 반해서 우리 문명은 영적인 법칙을 탐색하는 데 주로 전념합니다. 우리의 경전들은 진리, 순결, 모든 생명에 대한 사려 깊은 배려, 다른 사람들의 소유물에 대한 탐심의 금지, 일용의 필요 이외에는 아무것도 저장하지 말기, 이런 덕목들을 올바르게 준수하는 것이 올바른 삶을 위해서 없어서는 안 된다는 점, 그리고 그 덕목들을 준수하지 않는다면, 신성한 요소에 대한 지식이 불가능하다는 점을 분명한 어조로 규정합니다. 우리 문명은 너무도 명확하게 아힘사—그 능동적인 형태로는 가장 순수한 사랑과 연민을 의미하는 아힘사—라는 자질을 적절하고 완벽하게 기르는 것이 전 세계를 우리 발아래 굴복시키는 것이라고 말합니다. 그것을 발견한 사람은 그에 대한 확신을 보여줄 사례를 우리에게 제시하고 있습니다.

아힘사 원리[10]

아힘사의 결과를 정치적 삶에서 검토해 보십시오. 우리의 경전에 따르면 생명의 선물보다 더 가치 있는 것은 없습니다. 우리가 우리의 지배자들에게 생명에 대한 절대적 안전을 제공했다면, 그들과의 관계가 어떻게 되었을지 생각해 보십시오. 우리가 그들의 행위에 대해서 뭐라고 느끼든 간에, 그들의 몸을 우리 자신의 몸만큼이나 거룩하게 받들 것이라고 느낄 수만 있었더라도, 상호신뢰(*mutual trust*)라는 분위기가 금방 형성되었을 것이며, 오늘날 우리를 불안하게 하는 수많은 문제를, 명예롭고도 정당하게 해결할 수 있는 길을 예비할 정도의 솔직함이 쌍방 모두에게 있었을 것입니다. 명심해야 할 일은 아힘사 실천에서 그에 상응하는 아힘사 행동이 있을 필요가 전혀 없다는 점입니다. 비록 그 최종 단계에 가면 아힘사는 상응하는 행동을 일으킬 것이지만 말입니다. 나를 포함하여 우리 가운데 많은 사람은, 우리가 우리 문명을 통해서 세계에 전달해 줄 메시지가 있다고 믿습니다. 영국 정부에 대한 나의 충성심은 대단히 이기적입니다. 나는 아힘사라는 이 강력한 메시지를 전 세계에 전파하는 데 영국 인종을 사용하고 싶습니다. 그러나 그것은 우리가 이른바 정복자들을 정복한 이후에라야 가능할 것입니다. 아르야 사마즈 친구 여러분, 여러분은 이 사명을 위해서 아마 특별히 선출되었을 것입니다.

---

10 〔역주〕《전집》 권 15, 205면에 따라서 소제목을 단다.

여러분은 우리의 경전을 비판적으로 검토한다고 주장합니다. 여러분은 어떤 것도 당연지사로 받아들이지 않습니다. 여러분은 여러분의 신념을 실행하는 일을 조금도 두려워하지 않는다고 주장합니다. 나는 아힘사 원리를 희롱하거나 제한할 여지가 있다고 생각지 않습니다. 그렇다면 여러분은 확신의 힘을 분명히 시험하게 될 직접적인 결과와 관계없이 그 원리를 과감히 실행해야 할 것입니다. 여러분은 인도의 구원을 가져올 뿐만 아니라, 한 인간으로서 인류에게 베풀 수 있는 가장 고귀한 봉사를 하게 될 것입니다. 더구나 여러분은 저 위대한 스와미[11]가 그 봉사를 위해서 탄생했다고 단언하는데 그 말은 옳습니다.

이와 같은 스와데시는 나날이 강화되는 경계심과 엄중한 자성의 태도로 부단히 사용되어야 할 힘, 매우 활동적인 힘으로 간주되어야 합니다. 그것은 나태한 자를 위한 것이 아니라 원래 진리를 위해서 기꺼이 목숨을 바칠 사람들을 위한 것입니다. 스와데시의 몇몇 다른 모습에 대해서 상세히 말씀드릴 수도 있습니다만, 내가 뜻하는 바를 여러분이 이해할 수 있게끔 충분히 말씀드렸다고 생각합니다. 인도에서 개혁가를 대표하는 여러분이 철저한 검토도 없이 내가 말한 바를 거부하지 마시길 바랄 뿐입니다. 그리고 만일 내 말이 여러분의 마음에 드신다면, 여러분의 과거 행위를 보건대, 나는 오늘 오후 여러분에게 감히 말씀드렸던 영원의 사안들을 여러분의 삶에 적용하실 것으로 기대할 수 있습니다. 여러분의 활동으로 전 인도를 덮어 버리십시오.

---

11 다야난다 사라스와티(Dayananda Sarasvati).

아르야 사마즈의 활동[12]

위의 연설에 대한 보고 말씀에 대해서 결론을 내리면서, 나는 위대한 청중들에게 말하지 않았던 바를 말씀드리고 싶습니다. 그것은 바로 다음과 같은 것입니다. 내가 구루쿨을 방문한 것은 이번으로 두 번째입니다. 아르야 사마즈의 형제들과 내 사이에는 중대한 차이가 존재합니다만, 나는 그들에 대해서 은근한 존경심을 품고 있습니다. 아르야 사마즈협회의 활동이 낳은 최선의 결과는 아마 구루쿨의 창립과 그 활동일 것입니다. 그 생명력이 전적으로 마하트마지 문쉬람의 존재가 주는 영감에 의존하고 있지만, 구루쿨은 진실로 국민적이고 자치적이며 독립된 기관입니다. 그것은 정부의 조력이나 정부의 후견으로부터 완전히 독립되어 있습니다. 군자금은 소수의 특권층으로부터 받은 돈으로 채워지는 것이 아니라, 가난한 다수의 사람들에게서 받은 돈으로 채워집니다. 가난한 사람들은 해마다 캉그리로 순례 여행을 가는 것을 명예로운 일로 여기고, 이 국민대학(*National College*)을 유지하기 위해서 그들의 정성어린 한 푼을 기꺼이 바칩니다. 여기에 해마다 열리는 기념식에는 거대한 군중이 모이고, 그들을 다루고, 재우고, 먹이는 방식은 예사롭지 않은 조직의 힘을 보여줍니다. 그러나 구루쿨에 대해서 가장 놀라운 일은 경찰관 한 사람 없는데도 혼란이나 폭력 비슷한 것도 없이, 약 1만 명의 남녀노소를 다룬다는 점이고, 군중과 본 기관의 간사들 사이에 존재하는 유일한 힘은 사랑의 힘과 상호존중의 힘이라는 점입니다.

이와 같이 커다란 조직의 생명에서 14년이란 세월은 아무것도 아닙니다. 지난 2~3년 전부터 여기에서 배출되었던 학생들이 무엇을 보여줄지는 두고 지켜봐야 할 일입니다. 대중은 사람과 조직을 평가

---

12 〔역주〕《전집》 권 15, 206면에 따라서 소제목을 단다.

할 때, 그 사람이나 조직이 산출하는 결과를 통해서가 아니면 판단하지 않을 것이고 판단할 수도 없습니다. 대중은 실패를 용납하지 않으며 가장 엄격한 재판관입니다. 모든 대중 조직들의 경우와 마찬가지로 구루쿨은 최종적으로는 이 재판관에게 호소해야 합니다. 그래서 이제 대학을 마치고 험난한 인생길로 나간 학생들의 어깨에 커다란 책임이 놓였습니다. 그들은 경계해야 합니다. 그러는 동안 이 위대한 실험의 후원자들은 나무를 보면 열매를 알 수 있다는 사실을 우리가 반박할 수 없는, 삶의 규칙으로 삼는다는 점에서 만족을 얻을 수 있을 것입니다. 나무는 충분히 사랑할 만합니다. 그 나무에 물주는 자는 고귀한 혼을 가진 사람입니다. 열매가 어떻게 될지 걱정할 이유가 어디 있겠습니까?

직업훈련[13]

구루쿨을 사랑하는 사람으로서 내가 위원회와 부모님들에게 한두 가지 제안을 드리는 것을 허락해 주시길 바랍니다. 구루쿨 소년들이 자립 자족하는 사람이 되려면 철저한 직업훈련(*industrial training*)이 필요합니다. 인구의 85%는 농업에 종사하고, 10% 정도의 사람은 농민의 필수품을 공급하는 나라에서, 모든 청년들이 농업과 수직에 대해서 상당히 실용적인 지식을 갖도록 이 부문에서도 소년들 한 사람 한 사람을 훈련해야 합니다. 그가 적절한 연장 사용법, 나무판자를 직선으로 톱질하는 법, 배관공이 배관을 잘못 다루더라도 무너져 내리지 않도록 벽을 쌓는 법을 안다면, 그에게 손해날 일은 없을 것입니다. 이렇게 준비된 소년은 세상과 싸우는 일에 있어서 결코 무력감을 느끼지 않을 것이고 실업(失業) 상태에 빠지지 않을 것입니다.

---

13 〔역주〕《전집》 권 15, 207면에 따라서 소제목을 단다.

육아의 기술만이 아니라 위생과 위생시설에 대한 규칙들에 대한 지식은 구루쿨 소년들이 받아야 할 훈련의 필수 부문이 되어야 합니다. 이번 축제에서 위생시설은 여러 모로 개선의 여지를 남기고 있습니다. 파리의 대량 발생이 그것을 잘 말해 줍니다. 감당하기 어려웠던 위생담당 검사관들은 위생 문제에 있어서는 모든 것이 잘못되어 있다고 우리에게 부단히 경고했습니다. 그들은 음식찌꺼기와 배설물은 땅에 적절히 파묻어야 한다고 솔직하게 제안했습니다. 해마다 오는 방문객들에게 위생에 대한 실제적 교훈을 줄 수 있는 황금 같은 기회를 놓친 것으로 보여서 유감입니다. 그러나 그런 일은 반드시 소년들에게서 시작해야 합니다. 그렇게 되면 감독부는 연차 모임에서는 3백 명의 실제적인 위생 교사들을 갖게 될 것입니다. 마지막이기는 하지만 결코 무시하지 못할 사항이 하나 있는데, 부모님들과 위원회는 그네들의 자식들이 유럽식 복장이나 현대식 사치품을 모방하게 함으로써 그들을 망치지 말도록 합시다. 이런 것들은 소년들의 내세(*afterlife*)에 장애물이 될 것이며, 브라마차르야(梵行, 범행)에 해롭습니다. 소년들은 우리 모두가 가지고 있는 사악한 성향에서 나오는 싸움거리를 이미 충분히 갖고 있습니다. 그들에게 유혹거리를 보탬으로써 그들의 싸움을 더 어렵게 만들지 맙시다.

구루쿨 기념식에서의 연설, SWMG(4판),
329~335면 ; 《전집》 15 : 153

155) 스와데시 선서 〔*1919. 4. 8*〕

현재 수많은 사람에게 영감을 불어넣고 있는 스와데시의 욕구는 드높이 칭찬할 만하지만, 그들은 스와데시의 준수 과정에서 겪을 어려움을 충분히 깨닫지 못했던 것으로 보인다. 서약(*vow*)이란 하지 않았을 경우 성취가 어려운 사안에 관련해서만 하는 법이다. 우리가 일련의 노력에도 불구하고 어떤 일을 함에 있어서 실패했을 경우, 서약하고 난 뒤 그 일을 함으로써 우리는 우리 주변에 방어선을 치게 된다. 우리는 그 방어선에서 절대 자유로울 수 없게 되고, 그렇게 됨으로써 실패를 막을 수 있다. 그런 확고한 결심에 모자라는 것은 서약이라고 부를 수 없다. 우리가 가능하다면 특정한 행위를 하겠다고 말할 때, 그것은 선서(*pledge*)나 서약이 아니다. 가능하다면 스와데시 물품만을 사용할 것이라고 말하는 것을 두고 스와데시 서약을 한 것으로 간주할 수 있다면, 부왕에서 말단 일꾼에 이르기까지 그런 서약을 하지 않았다고 생각될 사람은 소수에 불과할 것이다. 그러나 우리는 이런 부류의 사람들을 넘어서서 훨씬 높은 목표를 겨냥하고 싶다. 그리고 우리가 마음에 두고 있는 행동과 위에서 묘사된 행동 사이에는 상당한 차이가 존재하며, 그것은 직각과 여타 모든 각도들 사이에 존재하는 차이와 같다. 만일 이런 정신으로 스와데시를 서약하기로 결정한다면, 우리가 포괄적인 서약을 하기란 거의 불가능할 것임이 분명하다.

나는 수년 동안 서약의 문제에 대해서 심사숙고해 보았다. 그 결과 면직·견직·모직 가운데 어느 것으로 만들어졌든 의복에 대해서만 완전한 스와데시 서약을 할 수 있을 것이란 점이 아주 분명해졌다. 이 정도의 서약을 준수하는 데도 우리는 초기 단계에서 여러 난관에 직면해야 하는데, 물론 그러한 난관이 생기는 것은 당연하다. 우리는 외제 직물을 애용함으로써 중대한 죄를 지었다. 우리는 농업 다음으로 중요한 직업을 간과하고 말았다. 카비르는 수직(手織)을 위해서 태어났고 그것을 예찬했는데, 우리는 이제 그 직업의 전면적인 와해에 직면하게 되었다. 스와데시 서약의 여러 의미 가운데 내가 제안한 한 가지 의미는, 우리가 그런 서약을 함에 있어서 우리의 죄를 참회하기를 원한다는 점, 거의 망실된 수직의 기술을 부활하기를 원한다는 점, 그리고 매년 직물을 수입하기 위해서 인도로부터 빠져나가는 수천만 루피의 돈을 절약하기로 결심했다는 점이다. 그런 고상한 결과는 난관 없이 얻어질 수 없으며, 그중에 반드시 장애물이 있을 것이다. 쉽게 얻은 것들은 실제로 아무 가치가 없다. 하지만 선서를 준수하는 것이 아무리 어렵다고 해도, 우리나라가 정상까지 완전히 성장하기를 바란다면, 언젠가는 그 선서에서 도망치지 말아야 할 것이다. 우리가 전적으로 이 나라에서 생산된 직물만을 사용하고 다른 어떤 것의 사용도 금하는 것을 종교적 의무로 간주할 때, 우리는 그 서약을 완수하게 될 것이다.

성급한 일반화[14]

어떤 친구들은 현재 우리에게는 충분한 스와데시 직물이 없고, 그런 목적을 위해서는 기존의 방직공장 수가 너무 적다고들 한다. 이런 말은 성급한 일반화로 보인다. 우리가 3억의 스와데시 서약자를 가질 만한 행운을 예상하는 것은 거의 불가능하다. 확고한 낙관주의자라고 해도 수십만 명 이상을 기대할 수는 없을 것이며, 나는 그들에게 스와데시 직물을 제공하는 데 아무 난관이 없을 것으로 예상한다. 그러나 종교가 있는 곳에서는 난관을 생각할 여지가 없을 것이다.[15] 인도의 일반적인 분위기를 보면 우리는 직물을 거의 필요로 하지 않는다. 중산층의 3/4이 꼭 필요치도 않은 직물을 사용할 것이

---

14 〔역주〕《전집》 권 17, 395면에 따라서 소제목을 단다.

15 〔역주〕 전후 맥락과 별 무관하게 간디가 툭 던진 구절이다. 텍스트대로 하자면 '종교'가 아니라 '종교의 문제'(*a question of religion*)로 번역해야 하는데 의미가 잘 통하지 않아서 '문제'란 단어를 탈락시켜 보았다.

라고 말하는 것은 과장이다. 더구나 많은 사람이 서약을 하게 되면, 많은 수의 물레와 수직기가 설치될 것이다. 그렇게 되면 인도는 직조인들을 수없이 많이 양산할 수 있을 것이다. 격려만 해주면 된다. 그렇다면 대체로 봐서 두 가지 사항, 즉 자기부정과 정직이 필요하다. 서약자에게 이 두 자질이 필요하다는 것은 자명하다. 그러나 민중으로 하여금 그런 위대한 서약을 비교적 쉽게 지키도록 하기 위해서는, 우리의 상인들도 그런 자질을 갖춰서 축복받아야 할 필요가 있을 것이다. 정직하며 자기부정의 정신을 가진 상인은 인도산 면화로만 실을 자을 것이고, 베짜기도 그런 면화로만 할 것이다. 그는 인도에서 제조된 염료만을 사용할 것이다. 사람이 어떤 일을 하기를 원할 때, 그는 자신의 길 앞에 놓여 있는 난관을 제거하는 데 필요한 능력을 기른다.

모든 외제 직물을 파괴하라[16]

필요하다면 우리가 가능한 한 적은 양의 직물로 견디는 일만으로는 충분치 않다. 서약을 완전히 준수하려면 우리가 소유한 모든 외제 직물을 파괴하는 것도 필요하다. 우리가 외제 직물을 사용한 것이 과오였다는 점, 인도에 한량없는 손해를 끼쳤다는 점, 직조공의 씨를 말려 버렸다는 점을 기꺼이 받아들인다면, 그런 죄로 얼룩진 직물을 파괴하는 것은 지극히 당연하다. 이런 점과 관련지어서 스와데시와 불매운동(*boycott*)의 차이점을 이해하는 것이 필요하다. 스와데시는 종교적 관념이다. 그것은 만인에게 부과된 자연적인 의무(*the natural duty*)이다. 민중의 복리가 스와데시에 달려 있고, 스와데시 서약은 처벌의 정신이나 복수심으로 이행되어서는 안 된다. 스와데

16 〔역주〕《전집》 권 17, 396면에 따라서 소제목을 단다.

시 서약은 외래의 어떤 사건에서 도출될 수 없다. 반면, 불매운동은 순전히 세속적이며 정치적인 무기이다. 그것은 악의와 처벌하려는 욕구에 근거하고 있으며, 불매운동을 사용한 국가는 결국 손해를 볼 수밖에 없을 것이다. 영원한 사탸그라히가 되려고 하는 자는 불매운동에 결코 참여해서는 안 되고, 영속적인 사탸그라하는 스와데시 없이는 불가능하다. 나는 이런 의미가 불매운동에 깃들어 있다고 이해한다. 우리는 롤래트 입법이 철회될 때까지 영국 상품에 대해서 불매운동을 벌여야 하고, 입법이 철회되면 불매운동을 종료해야 한다는 제안도 있었다. 그러한 구도하의 불매운동에서는, 일제(日製)나 다른 외제품들이 부패한 것이라 하더라도 그 제품들을 받아들이게 될 것이다. 내가 만일 외제품을 사용해야 한다면, 나는 영국과의 정치적 관계를 고려해서 영국 제품만 받아들일 것인데, 그러한 행위는 정당한 것이다.

우리가 영국 제품의 불매운동을 선언하게 되면, 영국인을 처벌하고 싶어한다는 비난을 들을 수 있다. 하지만 우리는 그들과 다투는 것이 아니라 지도자들과 다투는 것이다. 그리고 사탸그라하 법칙에 따르면 우리는 지배자들에 대해서조차 악의를 조금이라도 품어서는 안 된다. 우리가 일체의 악의를 품지 않으므로, 불매운동은 적합하지 않은 것으로 보인다.

스와데시 선서[17]

위에서 시사한대로 엄격한 스와데시 서약의 완전한 준수를 위해서, 나는 다음과 같은 서약서를 권한다. '나는 신을 내 증인으로 모시고 오늘부터 내 개인적 필요를 위해서 인도산 면화 · 생사 · 양모를 이

17 〔역주〕《전집》 권 17, 397면에 따라서 소제목을 단다.

용하여 인도에서 제조된 직물만을 사용하고, 외제 직물을 일체 사용하지 않을 것이며, 내가 소유하고 있는 모든 외제 직물을 파기할 것임을 엄숙하게 선서합니다.'

수많은 남녀가 이렇게 서약할 준비를 하길 바란다. 많은 남녀는 각오가 되어 있을 경우에만 대중 선서가 바람직할 것이다. 소수의 남녀들 역시 공개적으로 선서할 수 있지만, 스와데시를 국민적 운동으로 만들기 위해서 많은 사람이 여기에 참여해야 한다. 내 생각에는 이와 같이 제안된 운동에 동의하는 자들은 그것을 시작하는 데 효과적인 조처를 바로 취해야 한다. 상인들과 면담하는 것은 필수적이다. 그렇다고 과도하게 서두를 필요는 없다. 스와데시의 토대는 진실하게, 그리고 잘 닦여야 한다. 사탸그라하와 같은 정화운동이 진행될 때, 그 운동과 연합된 활동이 쉽게 성공을 거둘 가능성이 있다고 내가 생각하기 때문에, 바로 지금이 스와데시 운동을 하기에 적기인 것이다.

스와데시 서약 1, 〈봄베이 크로니컬〉, 1919. 4. 17 ;
〈뉴 인디아〉, 1919. 4. 19 ; 《전집》 17 : 366

156) 스와데시와 대중적 각성 〔*1919. 4. 8*〕

다음이 스와데시 서약서이다.

> 나는 신을 내 증인으로 모시고 오늘부터 내 개인적 필요를 위해서 인도산 면화·생사·양모를 이용하여 인도에서 제조된 직물만을 사용하고, 외제 직물을 일체 사용하지 않을 것이며, 내가 소유하고 있는 모든 외제 직물을 파기할 것임을 엄숙하게 선서합니다.

우리가 선서를 잘 지키기 위해서는 손으로 뽑아낸 실로 만든 수직의 직물만을 사용하는 것이 꼭 필요하다. 인도산 면화에서 실을 뽑아 꼬아서 만든 수입사는 스와데시 직물이 아니다. 인도에서 토착의 물레를 이용하여 우리의 면화에서 실을 뽑아내고, 그렇게 뽑아낸 실을 인도산 수직기를 이용하여 베를 짤 때, 우리는 완전함에 도달할 것이다. 그러나 우리가 인도산 면화로부터 인도산 기계로 뽑아낸 실을 수입된 기계로 짠 직물만을 사용하더라도 앞에서 말한 선서의 요구 사항은 충족될 것이다.

여기에서 언급된 제한적 의미의 스와데시를 서약한 사람들이 스와데시 의류만으로 만족하지 않을 것이라는 점을 부가하고 싶다. 그들은 그 서약을 가능한 한 다른 물건에까지 확장할 것이다.

영국인 소유 방직공장[18]

나는 인도인 주주를 인정하지 않는 영국인 소유의 방직공장이 우리나라에 존재한다는 말을 들었다. 만일 이 정보가 사실이라면, 나는 그 공장에서 제조된 직물을 외제 천으로 간주할 것이다. 더구나 그런 직물은 악의의 흔적이 배어 있다. 아무리 잘 만들어진 직물이라고 해도 사용해서는 안 된다. 하지만 대다수의 사람들이 이런 문제를 고려하지 않는다. 모든 사람들이 자신들의 행위가 조국의 복지를 촉진하는지, 아니면 저해하는지에 대해서 반성할 것이라고 기대할 수 없다. 하지만 식자층, 사려 깊은 자, 지성인, 또는 조국에 봉사하기를 원하는 자들은, 사적인 행동이든 공적인 행동이든 자신들의 모든 행위를 위에서 언급한 방식으로 검증해야 한다. 그리고 국민적으로 중요한 것으로 보이는 이상이 있고, 실제적인 경험에 의해서 검증된 이상이 있다면 다음과 같은 거룩한 노래에서 말한 대로 민중 앞에 제시되어야 한다. 즉, '민중은 깨달은 자(*the enlightened*)의 행동을 따른

18 〔역주〕《전집》 권 17, 398면에 따라서 소제목을 단다.

다.' 사려 깊은 남녀조차도 지금까지는 앞서 언급한 자기반성을 대체로 수행하지 않았다. 그래서 우리나라는 이런 태만 때문에 고통을 당해왔다. 내 생각으로는 그러한 자기반성은 종교적인 직관이 있을 경우에만 가능하다.

수천 명의 사람은 그들이 인도의 방직공장에서 짜인 직물을 사용하게 되면 스와데시 서약의 요구를 충족시킨다고 믿는다. 그런데 가장 훌륭한 직물은 외국산 면화에서 외국에서 뽑아낸 실로 만들어진다고 한다. 그래서 인도산 직물을 사용하면서 얻는 유일한 만족은 그것이 인도에서 짜였다는 점이다. 수직기도 가장 훌륭한 직물을 만들기 위해서는 외제 실만 사용한다. 그런 직물의 사용은 스와데시의 준수가 될 수 없으며, 만일 그렇게 말한다면 그것은 명백한 자기기만이다. 사탸그라하 곧 진리파지는 스와데시에서도 필수적이다. 남자들은 "우리가 단순히 도티(허리감개)로 만족해야 하는 일이 있더라도 순수한 스와데시 직물만 사용할 것이다"라고 말하고, 여자들은 "우리가 수수한 느낌을 만족시킬 정도의 옷만 사용해야 할지라도 우리는 순수한 스와데시를 지킬 것이다"라고 결연히 말할 때, 우리는 위대한 스와데시 서약을 성공적으로 준수할 수 있을 것이다. 만일 2~3천 명의 남녀들이 이런 정신으로 스와데시 서약을 한다면, 다른 사람들은 가능한 범위 내에서 그들을 모방할 것이다. 그렇게 되면 그들은 스와데시의 관점에서 그들의 옷장을 검사하기 시작할 것이다. 쾌락과 개인적 장신구에 대해서 집착이 없는 사람만이, 스와데시 운동에 커다란 자극을 줄 수 있을 것임을 나는 과감히 말한다.

경제적 구원에의 열쇠[19]

일반적으로 말하자면, 베짜는 사람이 없는 촌락은 거의 없다. 오늘날 촌락에 목수·구두장이·대장장이 등이 있듯이, 아주 옛날부터 촌락에 농민과 베짜는 사람이 있었다. 그러나 농민들은 가난에 찌들게 되었고, 베짜는 사람들은 가난한 계급 출신들만 단골로 두고 있다. 가난한 사람들에게 인도에서 짠 직물을 제공함으로써, 우리는 우리에게 필요한 직물을 얻을 수 있다. 당분간 그것이 거칠 수도 있지만, 부단히 노력한다면 우리는 베짜는 사람들로 하여금 고운 실에서 베를 짜게 할 수 있고, 그렇게 되면 베짜는 사람들을 보다 좋은 처지에서 살 수 있게 할 것이고, 만일 한 걸음 더 나간다면, 우리는 우리가 가는 길에 놓여 있는 난관의 바다를 쉽게 건널 수 있을 것이다. 우리는 여성과 아동에게 면화에서 실을 잣고 베를 짜는 방법을 쉽게 가르칠 수 있다. 우리 집에서 짠 직물보다 순수한 것이 어디에 있을까? 이런 방식으로 행동하게 되면, 우리는 여러 난관에서 구원받을 것이고, 수많은 불필요한 수요를 없앨 것이고, 삶이 기쁨과 아름다움을 구가(謳歌)하게 될 것이라는 사실을 나는 경험상 알고 있다. 나는 그런 삶이 한때 인도에서 흔한 풍경이었다고 속삭이는 신성한 음성을 항상 듣는다. 그러나 그러한 모습의 인도가 시인의 한가한 꿈이라고 해도 문제될 것은 없다. 그런 인도를 지금 꼭 창조해야 할 것이 아닌가? 우리가 추구하는 인생 목표(푸루샤아르타)는 거기에 있는 것이 아닐까?

나는 인도 전역을 여행해 보았다. 나는 가난한 자들의 심정이 내는 찢어질 듯한 울음소리를 차마 들을 수가 없다. 그들은 노소를 불문하고 나에게 이렇게 말한다. "우리는 값싼 천을 구할 수 없습니다.

---

19 〔역주〕《전집》 권 17, 399면에 따라서 소제목을 단다.

우리는 귀한 직물을 구입할 방도가 없습니다. 모든 것이 귀합니다. 양식과 천, 그리고 모든 것이 귀합니다. 우리는 어떻게 해야 할까요?" 그리고 그들은 절망의 한숨을 쉰다. 이들에게 만족스런 대답을 주는 것이 내 의무이다. 그것은 이 나라의 모든 하인들이 가진 의무이지만, 나는 만족할 만한 대답을 주지 못한다. 생각하는 인도인이라면 우리의 원자재가 유럽으로 수출되고, 우리가 그것을 되사기 위해서 비싼 값을 지불해야 한다는 사실에 대해서 참아서는 안 될 것이다. 이것의 최초이자 최후의 치유책은 스와데시이다. 우리의 면화를 아무 사람에게나 파는 것은 의무가 아니다. 힌두스탄이 스와데시의 메아리로 가득할 때, 면화 생산자 그 누구도 면화를 팔아서 외국에서 직물로 제조되도록 내버려 두지 않을 것이다. 스와데시가 이 나라에 널리 퍼지게 되면, 모든 사람들은 왜 면화를 생산지에서 다듬으면 안 되고, 실을 뽑으면 안 되고, 직물을 짜면 안 되는지에 대해서 생각하기 마련일 것이고, 스와데시 만트라(眞言)가 모든 사람들의 귀에 들리게 되면, 수백만 명의 사람들은 인도를 경제적으로 구원할 수 있는 열쇠를 자신들의 손안에 얻게 될 것이다. 이를 위해서 수백 년 동안 훈련받을 필요는 없다. 종교적 감각(*the religious sense*)이 깨어날 때, 사람들의 생각은 단번에 혁명을 이뤄낼 수 있다. 오로지 사심 없는 희생만이 필수 조건이다.

희생정신은 현재 인도의 분위기에 퍼져 있다. 만일 우리가 이 최적기에 스와데시를 가르치지 않는다면, 우리는 절망으로 우리 손을 비틀어야 할 것이다. 이 나라에 소속되어 있다고 믿는 사람이라면 나는 모든 힌두교도·이슬람교도·시크교도·파시교도·기독교도·유대인에게 스와데시 서약을 하라고, 다른 사람에게도 그렇게 하도록 요청하라고 탄원한다. 우리가 우리나라를 위해서 이 정도의 일이라도 할 수 없다면, 우리는 이 나라에 헛되이 태어난 것이다. 깊이 생각하는 자들은 그와 같은 스와데시가 순수 경제학을 포함하고 있음을 보게 될 것이다. 모든 남녀들이 나의 겸손한 제안에 대해서 진지하게 생각해 주기를 바란다. 영국 경제학을 모방하는 것은 우리의 파멸일 뿐이다.

스와데시 서약 2, 〈봄베이 크로니컬〉, 1919. 4. 18 ;
〈뉴 인디아〉, 1919. 4. 22 ; 《전집》 17 : 367

157) 스와데시와 다르마

1919. 6. 28

스와데시 이념은 대단히 중요하며, 이 나라가 다르마 면에서 진보한다는 것은 스와데시와 긴밀하게 연결되어 있습니다. 스와데시를 버린 나라는 애국적인 정서(*patriotic sentiment*)가 없는 나라라고 할 수 있으며, 자신의 다르마에 결코 순종할 수 없을 것입니다. 우리는 우리의 경전에서 이런 말을 찾을 수는 없습니다. 오히려 이와 반대로 어떤 사람들은 애국심이 다르마의 길에 장애물이 될 수 있다는 점을 경전에서 추론하기도 합니다. 이것은 전적으로 황당무계하며 잘못된 생각입니다. 사람은 각자 자신의 의무를 돌봐야 하며, 그렇게 하지 못한다면 카르마의 길을 엄청난 혼란에 빠뜨리게 될 것입니다. 이 길의 비밀은 어떤 다른 종교에서보다 자이나교에서 더 위대한 통찰을 갖고 설명됩니다. 여기에 모인 친구 여러분은 그것이 무엇인지 말을 들을 필요가 없습니다. 우리는 인도에 태어났습니다. 그런데 그 사실의 배후에는 어떤 이유가 분명히 있어야 합니다. 그렇다면 우리는 우리의 특별 의무가 무엇인지 고찰할 필요가 있습니다. 그 의무가 스와데시이고 다르마 속에 있습니다. 자이나교는 살아 있는 생명체에 대한 자비와 비폭력의 의무를 가르칩니다. 그것은 작은 피조물로부터 폭력적인 동물도 보호할 것을 가르칩니다. 하지만 이것이 우리가 인간에 대한 자비와 비폭력의 의무를 경시하는 일을 정당화하지는 못합니다. 우리의 이웃들이 고통이나 불행 속에 있다면, 그들과 고통을 나누고 그들을 도와주는 것이 우리의 의무입니다. 세계 전역에서 종교적 삶은 중요성을 상실하여 반종교(*irreligion*)가 종교의 이름으로 확산되기에 이르렀고, 사람들은 어디에서든 자신들을 기만합니다. 우리는 다르마의 사람임을 자처하고 있음에도, 우리의 모든 행위는 아다르마(*adharma*: 非法)로 얼룩져 있습니다. 우리가 아다르마를 통해서 돈을 번 뒤, 경건한 명분을 진작하기 위해서 그 돈을 희사한다고 해서 다르마를 추종한 것이라고 우리는 주장할 수 없습니다. 여기에 모인 대다수의 사람들은 상인의 직업을 갖고 있습니다. 우리는 장사를 하면 부정직이 섞이지 않을 수 없다는 말을 듣습니다. 나는 솔직하게 "사실이 그렇다면 당신은 장사를 포기하는 편이 낫다"고 여러분에게 말씀드릴 것입니다. 사람의 다르마는 진리의 방기를 거부하는 데 있습니다. 그것이 비록 굶주림을 의미한다고 해도 말입니다. 그리고 우리가 이런 식으로 살아가지 않는다면, 다르마는 우리 삶의 중심 목표가 될 수 없을 것입니다.

내가 언급하지 않을 수 없는 고통스런 일 한 가지가 있습니다. 그것은 민중을 깨우치는 일을 자신들의 의무로 삼아야 할 종교 지도자들이 그 의무를 망각해 버렸다는 것입니다. 이것은 우리에게 아무리 큰 상처를 준다고 해도 사실입니다. 종교 지도자들은 자신들의 행동으로 추종자들에게 모범을 세우는 일에 능합니다. 단순한 설교는 말씀을 들으려고 모여든 사람들에게 아무런 영향력을 미치지 못합니다. 종교 지도자들 역시 스와데시 규칙을 따라야 합니다. 그들은 시간이 많습니다. 그들은 물레를 차고앉아 돌리며 그들의 추종자들에게 모범을 보여야 합니다. 그들은 염주를 돌리면서 라마 이름을 반복하기보다, 물레의 음악 안에서 아트만의 음성(*the voice of the atman*)을, 그 자체의 미를 지니고 있는 아트만의 음성을 들어야 합니다.

스와데시는 우리에게 자연스러운 것이므로 일차적 책무입니다. 우리는 이와 같은 자연스런 책무(*natural obligation*)를 버리고 말았습니다. 스와데시에 대한 태만으로 우리 국민은 망하고 말았습니다. 우리나라 전체 인구의 1/10에 해당되는 3천만 명은 하루 한 끼, 그것도 빵 이외의 것은 먹을 것이 없습니다. 그러나 매년 수천만 루피의 돈이 외국으로 유출됩니다. 만일 이와 같은 수천만 루피의 부가 이 나라에 남을 수 있다면, 우리는 굶주리는 동포를 구할 수 있습니다. 그래서 우리의 경제적 복리(*economic well-being*) 역시 스와데시와 연결되어 있고, 그것을 준수하는 데 생명에 대한 자비가 있습니다. 더구나 스와데시 직물은 영국산 직물보다 값이 저렴할 가능성이 높습니다. 여러분은 여러분 자신의 직물을 만들거나, 남에게 만들게 해야 할 것이라고 말씀드리고 싶군요. 스와데시 서약은 지키기 어려운 것이 아닙니다. 그것을 통해서 우리는 우리 동포들의 고생을 없앨 것입니다. 우리가 물레질을 8시간 한다면, 원사 1파운드를 뽑아낼 수 있습니다. 오늘날 인도에서 생산되는 직물은 전체 인구 중 25%의 필요량만 충족시킬 수 있으므로, 우리는 나머지 75%의 필요량을 충족시킬 수 있도록 더 생산해야 합니다. 사람들이 물레를 돌리게 된다면, 우리는 스와데시 서약을 성공적으로 지킬 수 있을 뿐만 아니라 충분한 양의 직물 생산을 보장할 수 있을 것입니다.

스와데시에 대한 연설, 추트츠치 자인, 만달,
봄베이(G.), 〈구자라티〉, 1919. 7. 6 ; 《전집》 18 : 130

158) 제한된 의미의 스와데시 〔1919. 8. 8〕

요즘 내 연설의 주제는 스와데시입니다. 나는 다른 활동에 드는 시간을 절약하여 그 전부를 스와데시에 바칩니다. 우리가 스와라즈를 얻는 방식은 스와데시입니다. 내가 수라트에서 '스와데시와 스와라즈'에 대해서 연설했을 때, 나는 스와데시가 내 마음에 있는 모든 것을 어떻게 포괄하고 있는지를 민중에게 설명해야겠다는 생각이 들었습니다. 지금 나는 이 생각을 보급하고 싶고, 부왕에서부터 청소부에 이르기까지 인도에 있는 모든 사람들이 스와데시가 스와라즈를 가지고 올 것임을 며칠 동안 아니면 몇 달 안에 깨닫게 하고 싶다는 소망이 있습니다.

이런 목적을 위해서, 스와데시라는 이상이 순수함을 유지하는 것이 아주 중요합니다. 그것은 대단히 위대한 것이므로 더럽혀서는 안 됩니다. 인도는 다음에서 말하는 세 가지 종류의 고통을 앓고 있습니다.

1. **질병** 과거 어느 때도 오늘날만큼 인도 사람들이 많은 질병으로 고통당했던 적이 없었습니다. 이 나라에서 질병으로 썩어 문드러지는 사람들의 수가 나머지 세계 전체에서 병을 앓고 있는 사람들의 수보다 더 많습니다.

2. **기아** 과거 수년간의 경험이 보여주는 분명한 사실은 인도 민중의 큰 부분이 먹을 것을 충분히 갖고 있지 못하다는 것입니다. 윌리엄 윌슨 헌트 경은 40년 전 인도에서 3천만 명의 사람들이 하루 한 끼밖에 먹지 못하고, 그 한 끼도 간단한 빵과 소금으로만 이뤄져 있다고 단언했습니다. 이것만 있을 뿐 그들은 기(*ghee*)라는 버터기름, 기름이나 칠리도 없습니다. 이것이 40년 전의 우리 불행이었습니다. 모든 관리들은 조사 보고서로부터 인도의 빈곤이 나날이 심화되고, 특히 농민들의 운명이 최악이라는 점을 받아들일 수밖에 없

었는데, 이유는 그들만이 촌락에서 누가 활동하고 있는지를 알기 때문입니다. 만일 여러분이 구자라트 민중의 형편을 묻는다면, 그들이 우유를 구하는 데 어떤 어려움을 겪고 있는지 알게 될 것입니다. 그들은 생후 6개월의 갓난아이를 위한 우유를 구하는 데도 큰 어려움을 겪고 있습니다. 나는 아메다바드 인근의 촌민들에게 질문할 때마다, 그들 자신은 고사하고 자신의 아이들조차도 우유를 구할 수 없다는 말을 들었습니다. 여러분은 이런 사실에서 현재의 곤경이 40년 전보다 훨씬 더 악화되었음을 알게 될 것입니다.

3. **불충분한 육신 가리개** 현재 인도는 직물 기근(饑饉)으로 고통을 당하고 있습니다. 딘쇼 와챠 경[20]의 추정에 따르면, 4년 전 인도인들은 1인당 13야드의 천을 구했는데, 오늘날에는 9야드밖에 구하지 못합니다. 다시 말하자면, 1인당 4야드의 감소가 있었으며, 그만큼 우리의 가난은 심화되었습니다.

내가 2년 전 참파란에서 일하고 있었을 때, 일단의 여성들을 개인적으로 만난 경험이 있었습니다. 이들은 꾸밈없이 솔직하게 말하면서 다음과 같이 항변했습니다. "우리는 사지를 가릴 만한 천조각도 없습니다. 그런데 어떻게 우리가 목욕해서 자신들을 청결하게 할 수 있겠습니까?"라고. 내 마음은 우리의 순결한 자매들이 그와 같이 불쌍한 처지에 있는 것을 보고 피를 흘렸습니다.

이와 같은 삼중의 병을 앓고 있는 땅은 용기와 불굴의 정신, 그리고 진실이란 도덕적 자질을 잃었습니다. 그와 같은 나라의 민중은 자신들에게 다르마가 없는데, 나는 그들을 묘사하기 위해서 '인간말짜'(*unmanly*)라는 용어까지 사용하고 싶습니다. 여기 인도에서도 우리는 요즘 이런 용어를 사용해왔습니다.

---

20 Sir Dinshaw Edulji Wacha(1844~1936) : 저명한 인도 파시교도 정치가. 1901년 인도 국민회의 의장 역임.

내가 이런 생각을 하며 민중에게 질문을 던졌을 때, 얻은 대답 중에 하나는 다르마가 회복되어야 한다는 것입니다. 우리는 정말로 우리의 다르마를 상실했습니다. 그러나 현 상황에서 그것을 회복하는 일은 대단히 어렵습니다. 그와 같이 지독한 불행 속에 있는 사람이 다르마를 따르기란 지극히 어렵기 때문입니다. 그렇게 할 수 있는 혼은 드물지만 전무한 것은 아닙니다. 나는 그런 사람들을 요기라고 부릅니다. 하지만 모든 사람들이 요기가 될 수 있는 것은 아닙니다. 아트만의 순결을 위해서 육신의 순결은 필수적입니다. '순결한 아트만은 오직 순결한 육신에만 깃든다.' 용기 등의 자질을 회복하기 위해서는, 이 삼중의 고통이 제거되어야 합니다. 그런 고통 속에서도 다르마에 순종하는 자들을 나는 요기라고 부릅니다.

이런 질병을 치유하기 위해서는 지식과 함께 대담한 노력이 요구됩니다. 우리는 그런 질병들로 고통받는 사람들을 구하기 위해서 시간을 바쳐야 할 것입니다. 우리는 사람들의 굶주림이 그들의 나태 때문인지, 아니면 결핍 때문인지를 먼저 확인해야 합니다. 음식은 인도에 풍부합니다. 주린 자들이 그것을 가져야 합니다. 그러나 그것을 구입할 돈이 있어야 하는데, 인도가 가난한 이유는 바로 돈이 부족하기 때문입니다.

이런 사태에 대처하기 위해서 스와데시가 필요합니다. 스와데시라는 말은 우리의 면화와 생사의 보호를 의미합니다. 이것은 오늘날의 상황을 보고 내가 내린 제한된 의미의 스와데시입니다. 우리는 작년 면직물을 사기 위해서 외국에 5억 6천만 루피를, 그리고 견직물을 사기 위해서 4천만 루피를 지불했습니다. 고매한 다다바이 나오로지는 인도가 자금이 다 고갈되어 버렸다고 말하곤 했습니다. 이 돈에서 상당한 액수가 군사 부문과 연금 지급에 지출되고 있음은 사실이지만, 내 개인적인 생각에는 스와데시의 부재가 돈이 유출되는 최대의 원인입니다. 작년에 설탕을 위해서 1억 8천만 루피가 지불되었습니다. 이것 이외에도 자금이 다양하게 유출되었지만 여기에서 다 언급할 수는 없습니다. 나는 몸통을 손으로 붙잡고 싶습니다. 그렇게 되면 다른 유출 통로는 저절로 막힐 것입니다. 그렇게 되면, 현 상황 아래에서 우리의 최초의 의무는 제한된 의미에서 스와데시를 실천하는 것입니다. 그 목적을 달성하기 위해서는 내가 제시했던 세 가지 서약들을 지켜야 할 것입니다. 원사 교역을 통제하십시오. 그러면 여러분은 나머지를 충분히 쉽게 얻을 수 있을 것입니다.

우리는 오늘날 우리의 수요를 충족시킬 만큼 충분한 직물을 생산할 수 없습니다. 우리의 직물공장은 충분히 공급할 수 없습니다. 우리는 인도가 현재 생산하지 않는 양을 생산할 수 있도록 조치를 취해야 합니다. 이것이 하나의 문제입니다. 나는 현재 이 문제를 공장 소유자들과 논의하고 있습니다. 대화 도중에 파잘바이 카림바이 경은 공장들이 필요한 양만큼의 직물을 공급할 수 있으려면 여전히 50년이 걸릴 것이라고 나에게 말했습니다. 그렇다면 우리는 50년을 기다려야 할까요? 산업위원회 보고서에 따르면, 우리는 직물 양의 1/3이 수직으로 공급될 수 있다는 것, 그리고 이 수직 산업이 발전하면 일이 더 쉬워질 것임을 알 수 있습니다. 공장은 기계가 필요하고, 이를 위해서 우리는 다른 데 의존하게 됩니다. 외국은 그 기계를 모두 여분으로 갖고 있는 것이 아닙니다. 어떤 사람은 한 공장이 기계 하나를 구입하는 데 1년이 걸리고, 그것을 설치하는 일은 대단히 어려운 작업이라고 말합니다. 이런 모든 장애물을 감안한다면, 수직은 매우 쉬워 보입니다. 그것은 이러한 노력을 요구하지 않기 때문입니다. 평균적인 능력을 가진 사람이라면 6개월 만에 수직을 배울 수 있고, 재주가 좀 있는 사람이라면 석 달 만에 배울 수 있습니다. 원사를 뽑는 방식은 너무나 간단합니다. 나는 그것을 배우는 데 15일이 걸렸습니다.

150년 전 우리는 직물을 스스로 생산했습니다. 인도의 모든 어머니들은 신에 대한 사랑을 위해서 일을 했습니다. 물레질에 대해서 인도 여인들이 품고 있는 해묵은 욕구의 흔적이 여전히 눈에 띕니다. 최근 내가 비자푸르와 카롤에 갔을 때, 나는 거의 2만 명에 달하는 남녀를 만났습니다. 우리가 참여했던 여러 대담에서, 여인들은 이것이 좋으면서도 쉬운 실험이었다고 나에게 말했습니다. 그들이 물레를 공급받을 수 있다면 그들도 일할 것이라고 말했습니다. 지금 현재 비자푸르에서 150명의 여인들이 하루에 면화 $\frac{1}{2}$ 몬드(*maund*)[21]에서 실을 잣고 있습니다. 그리고 만일 물레와 면화가 함께 공급되면 4백 명의 여인들이 일할 준비가 되어 있습니다. 카롤에 있는 여인들도 같은 대답을 했습니다. 나의 친애하는 친구 체티아르 씨는 나를 만나러 마드라스로부터 왔습니다. 나는 체티아르 부인도 왔다는 것을 알았을 때, 체티아르 씨에게 당신 부인이 떠나기 전 물레질을 배운다면 대단히 좋은 일일 것이므로 내가 부인을 8일 동안 감금하겠다고 말했습니다. 그녀는 내 제안을 즉각 수용하고 그 일을 배운 뒤 돌아갔습니다. 그녀가 그 일을 한 것은 나를 개인적으로 존경해서가 아니라 그 일을 사랑했기 때문입니다. 이런 일은 물레질이 우리에게는 유전적인 일임을 보여줍니다. 다윈의 글을 읽은 사람들은 유전의 이론을 이해하실 것입니다.

우리가 이 일에 착수하기를 거부한다면 유산을 잃게 됩니다. 나는 여러분이 신앙을 포기하지 말기를 호소합니다. 우리가 노력하기만 한다면 우호적인 환경이 만들어질 것이고, 상속 포기를 선언했던 유산을 회복할 수 있을 것입니다. 파란자프에 학장[22]은 우리가 나머지

21 〔역주〕 인도·중동 여러 나라의 무게 단위. 인도에서는 $\frac{2}{7}$ 파운드, 중동 여러 나라에서는 20~60파운드.

세상과의 경쟁에서 패배할 수 있다고 말했습니다. 그러나 여기에서 경쟁의 문제란 존재하지 않습니다. 이것은 오히려 농민들과 빈곤층의 경제적 자유(*economic freedom*)에 관한 문제입니다. 농부는 세상의 아버지입니다. 미국이나 일본의 예를 들어봅시다. 그곳 사람들은 경작자들을 돕습니다. 우리의 지도자 역시 어떻게 하면 경작자들을 도울 수 있을지에 대해서 간절히 알고 싶어 합니다. 문제는 경제 원리에 따라서 해결될 수 있을 것입니다.

나는 젊은이에게 스와데시를 실천하라고 권합니다. 그것은 아주 쉬워서 특별한 노력이 필요한 것도 아니고 많은 지성이 요구되는 것도 아닙니다. 꼭 필요한 것은 약간의 경험입니다. 사람은 이 일을 통해서 큰 자유를 향유합니다. 물레질하는 사람은 하루 3아나를 법니다만, 베짜는 사람은 하루 8아나를 벌어들입니다. 봄베이의 마단와디에서 베짜는 사람과 얘기를 나눠 보고서, 그들 중 많은 사람은 하루 1루피, 심지어 2루피까지 벌어들인다는 것을 알았습니다. 이 산업은 우리에게 유용하므로 널리 대중화되어야 합니다. 식자층도 이 기술에 대해서 조금씩은 배워야 합니다. 영국의 모든 소년들이 해군에 대해서 알고 있듯이, 우리는 모두 이 일에 대해서 알아야 합니다.

그래서 만일 인도가 이 만트라[23]를 이해하고 종교적 의무로 간주하여 일하기 시작한다면, 우리나라의 경제 상태는 호전될 것이고, 기아와 질병은 우리에게서 사라질 것입니다. 여러분은 이 생각을 이해했으므로, 실천하기를 기도하겠습니다.

구자라티 반두 사바에서의 연설(G.),
〈인디언 오피니언〉, 1919. 10. 10 ; 《전집》 18 : 211

---

22 R. P. Paranjapye: 푸나 소재 퍼거슨대학 학장.

23 〔역주〕 주문. 그러나 여기서는 '메시지'의 뜻이다. 《전집》 권 18, 275면.

159) 스와데시와 기계

〔*1919. 9. 14*〕

간디 씨는 수신자에게 대답하면서 스와데시와 기계의 양립 가능성에 대해서 자신의 견해를 피력했다.[24]

나는 많은 사람이 이런 의심을 품고 있는 것을 보았고, 그래서 그것에 대해서 대답했다. 순수 스와데시는 결코 기계에 반대하지 않는다. 스와데시 운동은 외제 직물의 사용을 반대할 뿐이다. 하지만 방직공장에서 제조된 직물에 반대하는 것은 전혀 아니다. 나 자신은 공장에서 짠 직물을 입지 않는다. 내가 스와데시 서약을 설명하면서 손으로 뽑은 실로써 손으로 짠 직물을 입는 것이 모든 인도인들의 이상이 되어야 한다는 점을 제안했던 것도 분명히 사실이다. 다행스럽게도 만일 수천만 명의 인도인이 이 이상을 실천하게 된다면, 방직공장은 일정한 손실을 입을 수밖에 없을 것이다. 그러나 인도 전체가 그런 순수한 결심을 한다면, 우리의 공장 소유자들조차도 그런 결심을 환영하고 순수함을 존중하고, 자신들도 그 결심과 연대할 것임을 나는 확신한다. 그러나 해묵은 습관을 이기기 위해서는 시간이 오래 걸린다. 그래서 우리나라에는 방직 산업과 수직, 양자 모두를 위한 여유가 있다. 물레와 수직기만이 아니라 천 짜는 공장도 늘리자. 물레와 수직기 역시 기계인 것은 사실이다. 수직기는 소형 직조 공장이다. 물레는 소형 방적공장이다. 나는 그와 같이 아름다운 공장들이 각 가정에 있는 것을 보고 싶다. 이 나라는 물레질과 수직 산업이 참으로 필요하다.

어느 나라에서든 농민들은 농업에 부가된 보조 산업이 없다면 살아갈 수 없다. 그리고 우호적인 몬순 기후에 전적으로 의존해 있는 인도

---

24 〔역주〕《전집》 권 18, 285면에 따라서 추가한다.

에서 물레와 수직기는 카마데누(*Kamadhenu*)[25]와 같다. 스와데시 운동은 2억 1천만 명의 인도 농민들의 이익을 겨냥한 것이다. 우리에게 우리나라 전역에 공급할 직물을 충분히 생산할 만한 공장이 있다고 해도, 나날이 빈곤해지고 있는 농민들에게 보조 산업을 제공해야 한다. 그런 의미에서 수천만 명의 사람에게 적합한 것은 물레질과 수직일 것이다. 제조공장이나 기계에 대한 반대가 요점이 아니다. 요점은 우리나라에 가장 적합한 것이 무엇인가 하는 것이다. 나는 우리나라의 기계 제작운동이나 기계 개량에 반대하는 것이 아니다. 나는 이 기계들의 목적이 무엇인가에 대해서만 관심이 있을 뿐이다. 러스킨의 말을 빌리자면, 나는 이 기계들이 단 1분 만에 1백만 명의 사람들을 날려버릴 기계인지, 아니면 황무지를 경작 가능한 옥토로 바꿀 수 있는지에 대해서 질문할 수 있을 것이다. 그리고 만일 입법의 권리가 내 손에 있다면, 나는 노동절약형(*labour-saving*) 기계제작을 처벌할 것이고 개개인이 다룰 수 있는 좋은 쟁기를 제조하는 산업을 보호할 것이다.

스와데시 대 기계?, 〈영 인디아〉, 1919. 9. 17 ; 《전집》 18 : 285

160) 스와데시와 불매운동

밥티스타[26] 씨는 불매운동(*boycott*)이 사실상 스와데시와 동일할 뿐만 아니라 오히려 그보다 우월하다고 말한다. 그가 그렇게 말하는 이유는 불매운동이 국산 제품의 사용을 촉진한다는 의미에서, 스와데시의 목적에 충분히 이바지하면서도 영국 상인 겸 제조업자의 주머니를 소진시킴으로써 그들에게도 영향을 미친다는 데 있다. 밥티스

25 카마데누는 사람이 소원하는 것이면 무엇이든 주는 전설의 소다.

26 Joseph Baptista〔1864~1930〕: 자치운동과 관련되어 있는 민족주의 지도자.

타 씨가 덧붙인 바에 따르면, 영국인들은 불매운동에 대한 나의 반대가 순전히 영적인 관념이어서 그 의미를 이해하지 못하면서도, 그들이 이해하는 불매운동을 완벽하게 합헌적이며 정당한 무기로서 항상 인정해왔다는 것이다.

불매운동이 스와데시와 동일하다고 한 것, 양자가 사실상 동일하다고 한 것은 두 가지 모두를 이해하지 못한 결과이다. 스와데시는 영원한 원리로서 인류가 그것을 무시한 결과 막대한 고통을 초래했다. 그것은 각 나라에서 제조된 물건들의 생산과 분배를 의미한다. 스와데시는 현대의 협소한 의미로 말하자면 농민을 이용하여 매년 6억 루피의 돈을 절약하는 것을 의미한다. 그것은 인구의 72%에게 그들이 대단히 필요로 하는 보조 산업을 제공하는 것도 의미한다. 스와데시는 건설적 프로그램이다. 반면, 불매운동은 하나의 임시변통으로 영국인들에게 일부러 재정적 손실을 줌으로써 그들의 손을 강제로 묶기 위해서 사용된다. 따라서 불매운동은 자신의 목적을 실현하기 위해서 도입된 부당한 영향력으로서 작용한다. 그것이 끈질기게 장기간 지속된다면, 간접적으로 국내에 보다 더 많은 제조품을 생산할 수도 있을 것이다. 하지만 불매운동이 모든 외제품의 배제를 의미하는 것은 아니기 때문에 다른 교란 요인을 도입할 수 있다. 그런 의미에서 그것은 다른 외국인들 이를테면 일본 상인과 미국 상인을 부추길 수도 있다. 하지만 나는 인도 교역과 무역에 대해서 점증하는 일본의 영향력을 태연히 지켜볼 수가 없다.

불매운동이 효과를 얻자면 상당한 정도로 보편화되어야 하지만, 단 한 사람이 스와데시를 실천하는 일도 그만큼 국민의 이익이 된다. 불매운동이 성공을 거두자면 우리는 분노의 열정(*angry passions*)만을 이용하게 된다. 그래서 불매운동은 예상치 못했던 결과를 초래할 수도 있고, 쌍방 간에 항구적인 소원함을 낳을 수도 있다. 하지만 밥티스타 씨는 특히 나와 같은 사람이 불매운동을 지도한다면, 이 운동이 결과적으로 반드시 분노의 열정을 이용하지 않아도 될 것이라고 본다. 나는 감히 그런 입장에 도전한다. 불의 때문에 고통당하는 사람은 아주 작은 구실만 주어지면 최악의 열정을 일으킬 수 있는 유혹에 넘어갈 수 있다. 여러분이 그에게 영국 제품에 대한 불매운동을 요청하는 것은, 잘못을 행하는 자를 처벌한다는 관념을 그에게 주입하는 것이다. 모든 처벌은 꼭 분노를 야기한다.

자후르 아메드 씨 역시 나의 입장을 반박하기 위해서 글을 발표했는데, 그는 거기에서 협조의 철회가 본성상 불매운동과 동일하지만, 전자는 실천하기가 거의 불가능하기 때문에 후자에 비해서 훨씬 효과가 떨어진다고 말했다. 잘못을 행하는 자에게 봉사하거나 협조하는 것은 그의 잘못에 동참하는 셈이 된다. 따라서 그 잘못이 심각한 경우 협조의 철회는 하나의 의무가 된다. 단 한 사람이 협조를 중지한다고 해도, 그것은 그 사람의 의무 수행이기 때문에 그만큼 효과가 있을 것이다. 그러나 불매운동은 하나의 처벌이고 어떤 처벌도 의무일 수는 없기 때문에, 불매운동은 일정한 결과를 낳지 못한다면 에너지를 낭비하는 셈이 된다. 6명 정도의 불매운동은 지푸라기로 코끼리치기와 같다.

하지만 불매운동에 대한 나의 근본적인 반대는 영적인 관념에 기초를 두고 있다. 이 말은 내가 영적인 법칙을 정치 세계에까지 확장하려고 노력한다는 것을 의미한다. 하지만 나는 영국인이 영적인 법칙을 이해하지 못할 것이라는 말을 부인한다. 나는 남아프리카의 유럽인들로 하여금 그 의미를 이해하게 하고 그 진가를 인정하게 하는데 아무런 난관이 없었다. 그리고 영적인 법칙을 효과 있는 것으로 만들기 위해서, 영적 행위가 갖고 있는 영적 관념을 이해하는 것이 필수는 아니다. 나는 순수하게 영적인 행위가 이해하기도 아주 단순하고, 실천하기도 아주 쉽다고 주장한다. 영성은 그것이 탁월하게 실제적이지 않다면 아무것도 아니다. 손이 더러울 때 손을 씻어야 한다는 것은 이해하기 어렵지 않다. 손을 씻는 일 역시 간단하다. 하지만 그것은 본질적으로 영적 실천(*spiritual practice*)이다. 건전한 신체에 건전한 정신이 깃든다(*Mens sana in corpore sano*)라는 것은 혼의 교의이다. 그리고 우리가 청결에 대해서 영적인 관념을 품지 않고도 더러운 손을 씻을 필요성을 인정하듯이, 우리는 불매운동의 실제적 실패를 인정할 수 있고, 특별한 조건 아래서는 비협조의 영적인 토대를 이해하지 않고도 비협조의 실제적 필요성을 인정할 수 있을 것이다.

그렇다면 불매운동은 실천 가능한가? 밥티스타 씨는 영국 상품에 대한 불매운동에 찬성했다. 우리나라 최고의 항구적인 선이 우리의 상인들로 하여금 외제를 배제하는 스와데시를 지지하게 만드는 충분한 동기가 될 수 없다면, 영국인들로부터 정의를 끌어내기 위해서 우리 상인들에게 자신들의 습관을 잠정적으로 중지하라는 호소는 철저하게 실패할 것이라고 나는 감히 주장하고 싶다. 그런 것이 내 생각이다. 사건 이후의 불매운동은 별로 중요하지 않다. 결과에 영향을 주기 위한 불매운동은 즉각적이어야 한다. 내 생각에 우리는 즉각적인 행동을 일으킬 만큼 조직되어 있지 않다. 불매운동의 영역은 너무도 넓어서 즉시의 통지로 결성되는 어느 단체도 감당할 수 없을 것이다. 영국인 제조업자들이 자신들의 상품을 일본이나 미국을 통해서 인도에 반입하는 데는 아무 어려움도 없을 것이다. 독일은 수년 전 자국의 상품을 영국을 통해서 인도에 반입한 적이 있었다.

나는 스와데시를 선서했다. 그것은 전진하면 기운을 더 얻게 되는 점진적 과정이기 때문이다. 어떤 단체라도 그것을 실행할 수 있다. 스와데시는 영국 통치자들과 영국 국민들의 정의나 불의와는 별개의 문제이다. 스와데시에 대한 보상은 바로 스와데시이다. '에너지의 낭비도 실패도 없다. 이 다르마를 약간만 실천해 보아도 이것은 우리를 큰 위험에서 구원해 준다.' 그래서 스와데시와 불매운동은 같은 것이 아니라 대척점에 위치하는 것이다.

불매운동이 스와데시인가?, 〈영 인디아〉, 1920. 1. 14 ; 《전집》 19 : 173

161) 스와데시 운동

펀자브에서 행해진 슈리마티 사랄라데비(Shrimati Saraladevi)의 일에 대한 짤막한 보고서가 지난주 〈나바지반〉지에 실렸다. 나중에 도달한 전보에 따르면, 그녀가 참석했던 제룸 킬라파트 대회에서도 그녀는 스와데시에 대해서 연설한 것으로 보인다. 무슬림들이 아주 신속하게 스와데시를 벌이고 있는데, 킬라파트 강령으로부터 스와데시를 보급하는 것은 쉬운 일이다.

이 중차대한 시기에 스와데시의 몇몇 근본적 원리를 철저하게 이해하는 것이 아주 필요하다. 만일 수십만 명의 무슬림이 스와데시 서약을 한다면 스와데시의 대의명분이 고취될 것인가? 고취될 것이다. 단 다음 두 조건을 충족시켜야 한다. 첫째, 그들의 필요를 충족시킬 만한 스와데시 제품의 생산을 늘리는 것이고, 두 번째는 그들과 다른 사람들이 직물에 대한 수요를 줄이는 것이다.

우리의 면방직 공장들이 생산하는 직물은 인도의 수요에 부족하고, 이 공장들이 가까운 장래에 직물 생산을 증대할 처지에 있지도 않다. 그들의 베짜는 능력은 실뽑기 능력보다는 크다. 우리가 수직물을 위해서 공장에서 생산한 면사를 사용한다면, 그 면방직 공장들이 그만큼 적게 생산하게 되므로 직물 전체의 생산량은 감소하게 될 것이다. 그러면 직물 수입의 증대가 아니라 원사 수입의 증대가 될 것이다. 그렇게 되면 우리는 출발점으로 되돌아온다. 우리가 베짜기에서 절약하게 될 것이라고 믿을 수도 없다. 면사의 가격이 높아지기 때문이다. 이것은 스와데시가 아니다.

우리가 생각하는 스와데시는 다르마와 아르타[27]를 동시에 보호한다. 우리 이웃과 친척들에게 봉사할 수 없는 것, 즉 이웃과 친척들의 입에서 한입 빼앗아 낯선 자들의 입에 넣어 주는 것은, 삶의 보다 고상한 목표에 봉사하는 일도 아니고 자비라고 할 수도 없다. 그것은 우리의 고유한 의무 영역의 방기일 뿐이다. 그러므로 우리는 물레질하는 자매들과 베짜기 하는 사람들을 격려해야 할 도덕적 의무가 있다. 이런 과정에서 우리는 6억 루피를 기아선상에 있는 수백만 명의 가정에 보낼 것이고, 이것은 아르타를 보호할 것이다. 따라서 스와데시 다르마는 우리의 다르마와 아르타를 보호하는 왕도이다.

우리는 손으로 실을 잣고, 손으로 베짜기를 할 경우에만 스와데시를 따르는 것이다. 진실하고 순수한 스와데시 운동은 그래서 원사 생산의 증대, 그 원사로 직물 짜기, 그리고 생산된 직물을 파는 일을 포함한다. 따라서 나는 스와데시를 사랑하는 모든 사람들과 스와데시 상점 소유자 전원에게 다음과 같이 제안한다. 즉, 그들이 여성들로 하여금 물레질을 하게 하고, 그들이 생산한 원사를 이용하여 짠 직물을 대중화해야 한다고. 이 작업이 어렵고 지루한 과정임을 알고 있다. 그러나 난관으로 가득한 길로 모험하지 않고서는 전진은 불가능하다. 다울라기리 산꼭대기[28]로 올라가는 길에는 수많은 여행자의 뼈

27 물질적 복지(*material welfare*).

가 온통 흩뿌려져 있다. 약한 심정의 소유자는 산기슭에서 이미 열심을 잃고 말 것이지만, 언덕과 골짜기를 통과하지 않고서는 달리 꼭대기로 가는 길은 없다. 이처럼 스와데시의 기초 원리를 충분히 이해하고 난 다음, 스와데시 대의를 받아들인 사람들은 낙담하는 일이 없을 것이다. 모든 일꾼들이 물레만 돌리고 각자의 열성을 다해서 두서너 명의 사람들을 감화시켰다면 만족할 만한 일이다. 하지만 스와데시 운동이 스와데시라는 이름 아래 진행되는 일에만 만족한 나머지, 앞으로 전진하지 못한다면 커다란 위해가 생길 것이다. 놋쇠가 아무리 반짝인다고 해도 금이 될 수 없고, 유리조각이 금강석이 될 수 없다. 유리조각을 금강석으로 오인하는 일이 금강석을 얻는 일을 지체시키듯이, 우리가 만일 가짜 스와데시를 진짜 스와데시로서 받아들인다면 우리는 스와데시의 진보를 방해할 뿐일 것이다.

어떤 사람들은 원사를 생산하기 위해서 수백만 여성들로 하여금 물레를 돌리도록 설득하는 대신, 10개 내지 20개의 새 공장을 세우면 되지 않느냐 하고 생각할 수도 있다. 나는 〈나바지반〉지에서 이 문제에 대해서 이미 대답했다. 새로운 공장은 쉽게 건설되는 것이 아니다. 어느 누구도 그런 노력을 특별히 기울일 필요가 없다. 돈 많은 사람은 나름대로 시도하고 있으며 공장 수를 늘려가고 있다. 그러나 새로운 공장 건설은 기계에 대해서 외국인들에게 항구적으로 의존한다는 것을 의미한다. 이것 이외에도 그것은 굶주리는 수백만 명의 사람들에 대한 치유책도 아니고, 그것으로 해서 우리가 매년 6억 루피를 그들 사이에 유통시킬 수 있는 것도 아니다. 농업을 주업으로 삼고 있는 수백만 명의 가정에 우리가 부업을 도입할 때까지, 수백만 명에 달하고 1천 9백 마일에 걸쳐서 퍼져 있는 인도인들은 기아에서 절대로

---

28 〔역주〕 히말라야산맥에 있는 봉우리. 《전집》 권 21, 33면.

해방될 수 없을 것이다. 따라서 유일한 부업은 물레질이고 어느 정도는 수직이다. 150년 전 이런 산업은 인도에 번성했고, 그 당시 우리는 오늘날처럼 그렇게 비참하게 가난하지는 않았다.

순수한 스와데시(G.), 〈나바지반〉, 1920. 7. 11 ; 《전집》 21 : 21

162) 스와데시와 스와라즈

국민회의 결의안이 스와데시의 중요성 그리고 그 때문에 상인들이 치러야 할 더 큰 희생의 중요성을 강조한 것은 옳다.

인도가 지난 150년간 진행되어온 경제적 유출을 자발적으로 조장하거나 용인하는 한, 인도는 자유로울 수 없다. 외제에 대한 불매운동은 외제 직물에 대한 불매운동 그 이상도, 이하도 아니다. 외제 직물은 우리가 자발적으로 허용한 최대의 경제적 유출을 차지하고 있다. 그것은 우리가 피륙을 위해서 매년 6억 루피를 지불한다는 것을 의미한다. 만일 인도가 그 돈의 유출을 중지하기 위해서 노력을 기울이고 또 성공한다면, 인도는 단 하나의 행동으로 스와라즈를 획득할 수 있다.

인도는 외국 직물 제조업자들의 탐욕을 만족시키는 노예가 되어왔다. 동인도회사가 우리나라에 들어왔을 때, 우리는 필요한 직물을 모두 짤 수 있었고, 수출할 만한 직물도 짤 수 있었다. 하지만 여기에서 거론할 필요도 없는 과정을 통해서, 인도는 의복을 위해서 실제 전면적으로 외제에 의존하게 되었다.

우리는 다른 나라에 의존해서는 안 된다. 인도는 인도의 자식들이 직물을 위해서 일한다면, 필요로 하는 모든 직물을 제조할 능력이 있다. 다행스럽게도 아직 인도는 직물공장의 생산량을 보충할 만큼 충분한 수의 베짜기 하는 사람들이 있다. 직물공장들은 우리가 필요한 모든 직물을 당장 제조하지도 않고 제조할 수도 없다. 지금 이 순간에도 베짜기 하는 사람들이 직물공장보다 더 많은 직물을 생산한다는 사실을 독자들은 모를 것이다. 그러나 직물공장들은 품질 좋은 외제 번수(番手) 5천만 야드를 방적하는데, 이것은 보다 굵은 번수의 면사 4억 야드와 맞먹는다. 외제 직물에 대해서 성공적으로 불매운동을 수행하는 방식은 면사의 생산량을 증가시키는 일이다. 그리고 이것은 물레질에 의해서만 가능하다.

이러한 불매운동을 벌이기 위해서, 우리의 상인들은 모든 수입을 중지하고, 인도에 이미 비축된 외제 직물을 손해를 보면서도 팔아 버리는 것이 필수적이다. 그때는 외국인 구매자에게 팔아 버리는 것이 상책이다. 우리 상인들은 면화를 투기 매매해서는 안 되고, 국내 수요에 필요한 모든 면화를 확보해야 한다. 일체의 외국 면화 구입을 중지해야 한다.

면방직 공장 소유주들은 이윤을 위해서 공장을 운영해서는 안 되고, 국민기업으로 운영해야 한다. 따라서 가는 번수의 실을 생산하지 말고 오로지 국내 시장을 위해서만 직물을 짜야 한다.

세대주들은 패션에 대한 자신들의 관념을 바꿔야 하고, 적어도 당분간은 반드시 육신을 가릴 목적이 아닌, 고운 의복의 착용을 중지해야 한다. 그들은 흠결 없이 하얀 카다르(카디: 손으로 짠 옷감)에서 예술과 미를 볼 수 있게, 그리고 그 부드러운 불균질성(*unevenness*)을 인정할 수 있게 자신들을 훈련시켜야 할 것이다. 세대주들은 수전노가 자신의 금고를 사용하듯이 직물을 능숙하게 다루기를 배워야 할 것이다.

그리고 세대주들이 의복에 대한 자신들의 기호를 바꾼다면, 어떤 사람들은 베짜기 하는 사람들을 위해서 면사를 뽑아야 할 것이다. 이것은 사랑을 위해서든 돈을 위해서든 여가 시간에 물레질하는 모든 사람들에 의해서만 가능할 것이다.

우리는 영적인 싸움을 벌이고 있다. 우리는 정상의 시대에 살아가는 것이 아니다. 비상시에는 정상적인 행위들은 언제나 중지된다. 우리가 만일 1년 내 스와라즈를 획득하려 애쓴다면, 그것은 우리가 다른 모든 것을 배제하고 목표에 집중해야 할 것임을 의미하는 것이다. 그래서 나는 인도 전역의 학생들에게 1년간 정상적인 공부를 중단하고, 그 시간을 물레질을 하여 면사를 제조하는 데 바칠 것을 감히 제안하는 바이다. 그것은 모국에 대한 위대한 봉사행위이자, 스와라즈를 획득하기 위한 가장 자연스러운 기여가 될 것이다. 최근의 전쟁 동안 우리의 지배자들은 모든 공장을 납 탄환을 생산하는 무기공장으로 만들려고 시도했다. 이번에 싸우는 우리 전쟁에서 나는 모든 인도 민족학교와 대학이 나라를 위해서 면사의 방추(紡錘)를 준비하는 공장이 되기를 제안하는 바이다. 학생들이 그 직업에 의해서 잃을 것은 아무것도 없다. 그들은 지금 그리고 나중에도 왕국을 얻을 것이다. 인도에는 직물 기근이 있다. 이 기근을 제거하는 일을 돕는 것은 분명히 칭찬받을 만한 행위이다. 외제 면사를 사용하는 것이 죄라면, 외제 면사를 사용하지 않음으로써 일어날 수요에 대처할 수 있도록 더 많은 양의 스와데시 면사를 제조하는 것은 미덕이다.

다음과 같은 질문이 분명 제기될 것이다. 즉 "면사 제조가 그렇게 필수적이라면, 왜 모든 가난한 사람들에게 돈을 주어서 그 일을 시키지 않는가?" 그것은 물레질이 베짜기와 목수 등의 일과는 달리 과거에 직업이었던 적이 없고 현재에도 직업이 아니기 때문이다. 영국 지배 이전의 인도 경제에서 물레질은 인도 여성의 고귀하고 여유로운 직업이었다. 우리가 임의처분할 수 있는 시간 내에 그것을 우리 여성들 사이에 부활시키는 일은 어렵다. 하지만 학생들이 나라의 부름에 응하는 것은 믿을 수 없을 정도로 간단하고 용이하다. 어느 누구도 그 일이 인간의 존엄이나 학생의 존엄을 손상하는 일이라고 비난해서는 안 될 것이다. 그 기술이 인도 여성들에게 한정되어 있었던 이유는 그들이 보다 한가했기 때문이었다. 물레질은 우아하고, 음악적이며, 크게 힘쓸 일이 없기 때문에 여성의 전유물이 되었다. 마치 음악이 그러하듯이 물레질이 남녀 모두에게 우아한 것은 분명하다. 물레질에는 여성의 미덕 보호, 기근 방지의 보장, 가격 하락이 숨겨져 있다. 그 안에 스와라즈의 비밀도 숨겨져 있다. 물레질의 부흥은 외국 제조업자들의 악마적 영향력에 굴종해 버린 우리 선조들의 죄악에 대해서 우리가 지불해야 하는 가장 적은 참회의 고행이다.

학생들은 물레질을 예전에 누렸던 존경할 만한 지위에까지 회복시킬 것이다. 그들은 카다르를 유행시키는 과정을 재촉할 것이다. 자신들의 아이들이 뽑아낸 면사로 만든 직물을 입기를 거부하는 부모가 있다면, 그런 사람들은 부모로 불릴 자격이 없다. 그리고 학자들이 그 기술을 실제 인정한다는 사실로 말미암아, 그 기술은 인도의 베짜기 하는 사람들의 주목을 받게 될 것이다. 만일 우리가 펀자브 사람으로부터 군인이란 직업을 뺏는 것이 아니라, 죄 없이 자유로운 다른 나라 백성들을 죽이는 직업을 뺏기를 원한다면, 우리는 그에게 베짜기 직업을 되돌려 주어야 한다. 펀자브의 평화로운 줄라히 종족(*julahis*: 베짜는 사람들)은 거의 멸종 직전에 있다. 펀자브 학자들은 펀자브의 베짜기 하는 사람들이 그들의 무해한 직업으로 돌아가도록 할 수 있을 것이다.

본지 다른 호에서 학교에 이런 변화를 도입하는 것이 얼마나 쉬운지, 우리가 중·고등학교와 대학들을 이런 방향으로 얼마나 빨리 민족화할 수 있는지 보여주고 싶다. 어디에 살든 학생들은 내가 우리의 민족학교(*nationalized schools*)에 무슨 새로운 일을 소개하고 싶은지에 대해서 물어왔다. 나는 그들에게 매번 물레질을 꼭 도입하고 싶다고 변함없이 대답해 주었다. 전환기를 살아가는 우리는 물레질과 우리나라에 당장 필요한 일에만 전적인 주의를 기울여서 과거의 태만을 벌충해야 한다고 나는 어느 때보다 더 분명히 느끼고 있다. 그리고 학생들은 새로운 방향의 공부로 더 잘 들어갈 수 있고, 더 잘 준비되어 있을 것이다.

내가 진보의 시계바늘을 뒤로 돌려놓기를 원하느냐고? 내가 직물공장을 물레질과 수직으로 대체하고 싶어하느냐고? 내가 철도를 시골마차로 대신하고 싶은 거냐고? 내가 기계를 전부 부수기를 원하느냐고? 몇몇 기자와 공공의 일을 하는 사람들이 이런 질문들을 물어왔다. 내 대답은 다음과 같다. 만일 기계가 사라진다면 그 때문에 나는 울지 않을 것이며 재앙으로 간주하지도 않을 것이다. 하지만 나는 기계류 자체에 대해서는 아무런 복안이 없다. 현재 내가 하고 싶은 일은 우리 공장에서 생산되는 면사와 직물을 보충하여, 인도 외부로 보내는 수백만 루피를 절약하고 그것을 우리 인도인의 오두막집에 분배하는 것이다. 국민이 여가 시간을 물레질에 바치지 않는다면, 그리고 물레질을 할 때까지 나는 이런 일을 할 수 없다. 그러기 위해서 우리는 물레질을 생계수단으로서가 아니라 하나의 의무로서 대중화하기 위해서 내가 감히 제안했던 여러 방안을 수용해야 할 것이다.

스와라즈의 비밀, 〈영 인디아〉, 1921. 1. 19 ; 《전집》 22 : 116

163) 자발적인 협조와 빈곤

물레질의 진전이 이 세상이 여태껏 목격한 것 중에서 가장 위대한 자발적인 협조였음을 아는 일꾼들은 거의 없었을 것이다. 그것은 광대한 지역에 흩어져서 자신들의 생계를 꾸려나가는 수백만 명의 사람들 사이의 협조를 의미한다. 농업은 분명히 협조적인 노력을 많이 요구해왔다. 하지만 물레질은 그보다 더 크고 더 정직한 협조를 요구한다. 밀은 인간의 정직함보다는 자연의 정직함으로 잘 자란다. 우리 인도인들의 오두막에서 면사의 제조는 오로지 인간의 정직함에만 의존한다. 물레질은 수백만 명의 인간들 사이에 자발적이며 영리한 협조 없이는 불가능하다. 물레질하는 사람이 곡물업자처럼 자신의 면사를 팔기 위한 안정적인 시장에 대해서, 그리고 그가 소면의 과정을 모른다고 해도 면화의 굵은 고치(슬리버)의 공급에 대해서 안심할 수 있는 상태까지 우리는 나가야 한다. 물레질이 증가일로에 있는 대중의 빈곤을 마법처럼 물리칠 수 있다고 내가 주장한다고 해도 그것이 놀랄 일인가? 영국인 친구 한 사람이 신문에서 오린 기사를 하나 보내주었는데, 그것은 중국 내 기계의 진보에 관한 것이었다. 내가 물레질을 주창하면서 기계에 대한 내 생각을 보급한다고 그가 상상했음이 분명하다. 하지만 나는 그따위의 일을 하는 것이 결코 아니다.

최고로 정교한 기계를 사용함으로써 인도의 빈곤과 그것에 수반된 나태를 피할 수 있다면, 나는 그 기계의 사용에 찬성할 것이다. 나는 물레질이 궁핍을 내몰고, 일과 부를 풍부하게 만들 수 있는 유일하게 준비된 방안이란 점을 제안한 바 있다. 물레 자체가 가치 있는 기계이며, 나는 보잘것없는 방식이긴 하지만 인도의 특별 조건에 맞춰서 물레를 향상시키기 위해서 나름대로 노력해왔다. 그러므로 인도와 인류를 사랑하는 사람이 자문해야 할 유일한 질문은, 인도의 비참함과 불행을 줄이는 실용적인 방도를 어떻게 고안해낼까 하는 것이다. 인간의 재주가 창안할 수 있는 어떤 구도의 관개(灌漑) 사업도, 농업 분야의 어떤 향상도, 인도에 광범위하게 산재되어 있는 인구를 다룰 수 없고, 끊임없이 일자리에서 쫓겨나는 대부분의 인류에게 일자리를 제공할 수 없다. 선택에 의해서가 아니라 환경의 힘 때문에 하루 평균 5시간만 일하는 나라를 상상해 보라. 그것이 바로 인도의 실상이다.

독자가 인도의 실상을 상상해 보기를 원한다면, 그는 도시 생활의 분주한 야단법석, 공장 생활에서 오는 뼈에 사무치는 듯한 피곤, 그리고 플랜테이션 농업의 노예 신분, 이런 그림들을 자신의 마음에서 지워 버려야 한다. 이런 것들은 인도인들의 바다에 비하면 물 몇 방울에 불과하다. 그가 인도에 대한 대체적인 윤곽을 그리려면, 자신의 땅에서 일하며, 1년에 적어도 4개월은 실제로 직업이 없어서 거의 기안선상에서 살아가는 80%의 인구를 떠올려야 한다. 이것이 일상적인 경우이다. 늘 반복되는 기근은 강요된 나태를 더욱 악화시킨다. 남녀들이 자신들의 빈약한 자원을 보충하기 위해서 오두막에서 쉽게 할 수 있는 일이 무엇일까? 그것이 다른 것이 아니라 오직 물레질이라는 점에 대해서 아직도 의심하는 사람이 있을까? 그리고 만일 일꾼들이 의지만 있다면 2~3개월 안에 물레질을 보편적인 것으로 만들 수 있을 것임을 나는 강조한다. 그것은 실제로 보편적인 것으로 되어 가는 중이다. 그것을 조직화하기 위한 전문가들만 있으면 된다.

민중은 준비되어 있다. 그리고 물레질이 가지는 가장 유리한 점은 그것이 시도해 본 적이 없는 새로운 방도가 아니라 민중이 최근까지 사용하고 있었던 것이라는 점이다. 그것이 성공적으로 재도입되기 위해서는 능숙한 수완, 정직 그리고 세상에 알려진 것 중에서 가장 큰 규모의 협조가 필요하다. 인도가 이 협조를 성취할 수 있다면, 그와 같은 단 하나의 행동으로 스와라즈를 얻을 것임을 누가 부인할 수 있겠는가?

협조, 〈영 인디아〉, 1921. 11. 3 ; 《전집》 25 : 21

164) 회전하는 바퀴

독자 여러분이 아시다시피, 바로 다다 드위젠드라나트 타고르(Baro Dada Dwijendranath Tagore)는 나에게 약한 면이 하나 있다. 그는 내가 말하거나 행하는 거의 모든 것을 저항하지 않고 그냥 받아들인다. 그러므로 독자 여러분은 그가 나의 생각과 구도에 찬성한 것을 과소평가해도 괜찮다. 그러나 여러분은 조국에 대한 바로 다다의 열성과 헌신에 대해서는 존경할 수밖에 없을 것이다. 바로 이런 열성과 헌신 덕분에 그는 우리 정치에 현재 널리 통용되는 사조와 접촉을 유지한다. 아래의 것이 물레에 대한 그의 최근의 의견이다.

> 이론상으로가 아니라면 실제상으로, 자만심이 매우 강한 사람은 자신들에게 일어날 것 같지 않은 일은 불가능하다고 믿고, 일어날 만한 일만이 가능하다고 즐겨 믿는다. 나폴레옹의 적수들은 한때 군대가 겨울 동안 알프스산을 넘는 일은 불가능하다고 생각했다. 풍선으로 달로 날아가는 일이 불가능한 것처럼 말이다. 그러나 나폴레옹은 달리 생각했다. 그의 통찰력에는 알프스산을 넘는 일이 이탈리아로 들어가는 유일하게 가능한 방법으로 보였다.
>
> 이와 같이 대부분의 동포들은 정치적 자유가 아니라 경제적 자유라는 대의명분이, 차르카(물레)를 돌리는 간단한 행위에 의해서 결코 한 걸음도 전진할 수 없다고 생각한다. 하지만 이와 달리 마하트마지는 차르카가 우리가 기울이는 노력의 목표에 도달할 수 있는 유일한 방도라고 생각한다.

바로 다다는 차르카가 어원에서 보면 원과 같으며, 비유로 보면 돌아가는 우주의 바퀴 곧 삼사라와 같다는 점을 주석에서 덧붙인다. 카비르 노래 중에 하나는 이와 같은 이미지에 기초한다. 그러나 바로 다다 편지에서 가장 중요한 부분은, 세상에서 영리한 자들에게 차르카가 불가능하게 보인다고 해도, 나라의 진정한 전진을 위해서는 유일하게 가능한 일이라는 엄격한 사실을 그가 강조했다는 점이다. 차르카는 우리나라가 벌일 수 있는 대규모의 모든 정치적 움직임에 실질을 부여할 수 있는 유일한 길이다.

회전하는 바퀴, 〈영 인디아〉, 1925. 1. 15 ; 《전집》 30 : 52

165) 스와데시는 봉사행위이다

카티아와르에 사는 친구가 다음과 같은 편지를 보냈다. …[29]

많은 독자는 이 편지 안에 있는 오류를 금방 볼 수 있을 것이다. 그렇다손 치더라도 우리는 다른 사람들에게 유사한 견해를 종종 듣고 있으므로, 스와데시의 의미를 가능한 한 분명하게 다시 한 번 설명해야 할 필요가 있다. 더구나 우리는 스와데시 이념의 오용 때문에 크게 고통당하고 있다. 스와데시 이름으로 진행되는 많은 활동이 중지되고, 진실한 스와데시를 위해서 노력한다면, 우리는 목표를 훨씬 조기에 달성할 것이다.

내가 스와데시 서약을 준수함에 있어서 더욱 철저해진 것은 틀림없다. 나는 1920년 스와데시 서약을 창안해내었던 그런 방식으로 줄곧 실천해왔고, 오늘날에는 더욱 철저하게 실천한다. 외제 바늘 하나가 유용한 물건이고 활용될 수 있다면 우리는 그것을 흔쾌히 받아들일 수 있을 것이다. 그것을 수용한다고 해도 우리는 국내의 어떤 산업이나 기술에도 손해를 입히지 않는다. 그래서 그 바늘을 수용하는 일은, 단 한 사람의 일자리도 빼앗지 않는다. 이와 반대로 그 바늘은

29 투고자는 인도 내에서 제조될 수 없지만 유용한 외제 상품들을 쉽게 용인하면 안 된다는 간디의 견해를 비판했다.

수백 명의 사람들에게 나라에 보탬이 되는 일자리를 준다. 외제 직물은 질이 좋을 수도 있고 값도 저렴하며, 공짜로 주기까지 한다. 그렇다고 해도 우리는 그것을 거부해야 한다. 그것을 수용해온 결과 동포 수천만 명을 망쳤기 때문이다. 우리는 직물을 우리 촌락에서 생산해왔고, 그 산업을 대체할 만한 어떤 다른 일도 발견하지 못했다. 우리는 그것을 내버림으로써 큰 죄를 범했다. 그 내버림은 기아를 초래했고, 이어서 질병 · 죄 · 부도덕을 증가시켰다.

우리나라의 민중이 물레질과 베짜기보다 더 정직한 직업을 갖게 될 때, 그리고 면화를 우리나라의 흙에서 재배할 수 없거나 재배자 자신들이 더 큰 이익을 내는 다른 작물을 재배하기를 좋아할 때가 정말로 온다면, 스와데시 직물 서약은 유용한 목표를 다 상실하고 말 것이다. 미래의 세대들이 오늘날의 문헌을 읽고 이 서약을 불멸의 원리로 간주하여 그때도 스와데시 원리를 직물에 적용한다면, 그들은 어리석은 짓을 하는 셈이고, 조상들의 우물을 헤엄쳐 건너는 것이 아니라 그 안에 익사하는 사람들처럼 행동하는 셈이 될 것이다. 하지만 나의 이성은 그런 때가 도저히 올 것이라고 보지 않는다. 그런 때가 오든 말든, 우리는 현 상태에서는 카디가 스와데시의 가장 순수한 형태라는 점에 대해서 이견이 있을 수 없고, 지금도 이견이 없다고 말할 수 있다.

수천만 루피에 상당하는 원료가 우리나라에서 생산된다. 그런데 우리의 무지, 무기력과 발명의 부재 탓에 외국에 수출해 버렸다. 그 결과 슈리 마두수단 다스(Shri Madhusudan Das)가 지적했듯이, 우리는 동물처럼 무지하게 되었고, 우리의 손은 마땅히 받아야 할 훈련을 받지 못했고, 지성은 응당 발전해야 할 만큼 발전하지 못했다. 결과적으로 살아 있는 기술이 우리 땅에서 사라져 버렸고, 우리는 서양을 모방하는 일로 만족하고 있다. 우리나라에는 널리 구할 수 있는 죽은 가축의 생가죽이 있는데, 이는 9천만 루피에 달한다. 우리가 만일 그 생가죽을 활용하는 데 필요한 기계를 제작할 수 없다면, 나는 그 기계를 세상의 어디서라도 수입할 준비가 되어 있고, 그러면서도 스와데시 서약을 철저하게 지키고 있다고 믿을 수 있을 것이다. 나는 내가 완고하여 그런 기계의 수입을 거부할 때 오히려 그 서약을 욕되게 한다고 믿는다. 이와 마찬가지로 우리나라는 치료의 특효가 있는, 대단히 많은 품목을 생산하고 수출한다. 그런데 그것들은 약이나 다른 모습으로 우리에게 되돌아온다. 그런 품목들을 우리나라에서 활용할 수 있도록 기계를 수입하거나 어떤 도움을 얻는 것은 우리의 의무이다.

스와데시는 영원한 종교적 의무이다. 그것을 따르는 방식은 시대에 따라서 다를 수 있고 달라야 할 것이다. 스와데시의 원리는 혼이고, 카디는 이 시대 이 나라의 육신이다. 시간이 흘러서 이 육신이 사라져 버리면, 스와데시는 새로운 육신을 입을 것이지만 그 안에 거주하는 혼은 동일할 것이다. 스와데시는 봉사이다. 우리가 스와데시의 본성을 이해한다면 우리는 자신·가족·조국·세계에 동시에 이익을 줄 것이다. 스와데시는 자기 이익에 봉사하려는 것이 아니라 순수한 애타주의이다. 그래서 나는 그것을 야즈냐(희생제사)의 한 형식이라고 부른다. 그것이 우리에게 이익이 되는 것은 분명하다. 그러나 거기에 타인에 대한 증오가 들어갈 여지는 없다. 어떤 경우에도 어떤 물건도 수입하면 안 된다는 절대 의무란 존재하지 않는다. 그러나 우리나라에 해를 주는 것은 어떤 것도 수입해서는 안 된다. 우리나라 고유의 것, 우리나라에서 생산되는 것만 좋다는 것을 절대 원리로 받아들일 수는 없다. 토착의 것이든 외래의 것이든, 좋은 것이며 우리에게 이익이 되는 것이라면 쉽게 수용되어야 할 것이다. 이와 마찬가지로 토착의 것이든 외래의 것이든 나쁘고 해로운 것이라면 거부되어야 한다. 우리나라는 엄청난 양의 술을 생산한다. 그러나 술은 전부 기피되어야 한다. 만일 나라 전체가 금주하게 되면 술 판매업에 종사하고 있는 사람들이 망할 것이라고 믿을 이유는 없다. 그리고 그들이 지금 벌이고 있는 사업 자체가 자신들과 나라를 해친다. 하지만 그들이 그것을 잃는다고 해도 굶어 죽지는 않을 것이다. 그들이 선택할 수 있는 더 나은 직업이 있을 것이기 때문이다.

스와데시 대 외국제(G.), 〈나바지반〉, 1927. 6. 19 ; 《전집》 39 : 87

166) 스와데시 원칙

스와데시는 현대라는 시대가 명령한 법 중의 법이다. 자연의 법칙들 (*Nature's laws*)과 마찬가지로 영혼의 법칙들(*Spiritual laws*)은 제정할 필요가 없다. 그것들은 스스로 움직이기 때문이다. 그러나 사람은 무지 혹은 다른 이유로 그것들을 흔히 무시하거나 그것들에 불복한다. 그럴 때 사람은 자신이 가는 길을 공고히 하기 위해서 서약을 필요로 한다. 기질상 채식주의자가 자신의 채식주의를 강화하기 위해서 서약할 필요는 없다. 그가 고기 음식을 볼 때 그것이 그를 유혹하는 것이 아니라 혐오감을 일으킬 뿐이기 때문이다. 스와데시 법칙은 인간의 기초적인 본성(*the basic nature*)에 깊이 뿌리를 내리고 있지만 오늘날 망각 속으로 빠지고 말았다. 따라서 스와데시 서약의 필요성이 생기는 것이다. 스와데시는 궁극적이며 영적인 의미에서 인간의 혼을 지상의 속박에서 최종적으로 해방시키는 것을 의미한다. 왜냐하면 이 지상의 용기(容器)는 혼의 자연스럽고 영원한 안식처가 아니기 때문이다. 그 용기는 혼이 전진하는 데 장애물이며,

혼이 다른 생명체와 하나됨(*oneness*)을 실현하는 길을 가로막는다. 그러므로 스와데시 신봉자는 자신을 피조물 전체와 일치시키려고 있는 힘을 다해서 노력함으로써, 물리적 신체의 속박에서 해방되기를 추구한다.

만일 스와데시에 대한 이와 같은 해석이 옳다면, 신봉자는 가장 가까운 이웃들에 대한 봉사를 최초의 의무로 여기고 거기에 자신을 바쳐야 한다는 결론이 나온다. 이것은 나머지 사람들의 이익을 배제하거나 희생시킬 수 있지만, 그것은 표면적으로만 그렇게 보일 뿐이다. 이웃에 대한 순수한 봉사는 그 성격상 멀리 사는 사람들에게 결코 해가 될 수 없다. 오히려 그 반대이다. '개인에게 그러하듯 이 우주에 대해서도 그러하다'라는 것은 절대 확실한 원리로서, 이를 명심해야 할 것이다. 반면에 '멀리 있는 광경'에 현혹되어 봉사하기 위해서 지구의 끝까지 달려가는 사람은, 야망에서도 좌절을 맛볼 것이고 이웃에 대한 의무에서도 실패할 것이다. 구체적인 사례 하나를 들어보자. 내가 사는 특정 장소에 이웃·친척·부양가족이 살아간다고 해보자. 그들은 모두 나에게 요구할 것이 있고, 도움과 협조를 구하여 나를 찾아올 것이라고 자연스럽게 느끼고 있으며, 그럴 만한 권리도 있다. 그런데 내가 갑자기 그들을 단번에 내버리고 먼 곳에 있는 사람들에게 봉사하러 간다고 가정해 보자. 나의 결정은 이웃과 친척이라는 작은 세계를 제대로 작동하지 못하게 하고, 나의 호의적인 기사도적 행위는 아마도 새로운 장소의 공기를 깨뜨려 놓을 것이다. 그래서 스와데시 원리를 범할 경우 생기는 최초의 열매는, 가장 가까운 이웃에 대한 태만이라는 죄이고 내가 봉사하고 싶은 민중에게 본의 아니게 해를 끼치는 것이다.

그런 사례를 늘리는 것은 어렵지 않다. 그 때문에 《기타》는 "자신의 의무 곧 스와다르마(*swadharma*)를 행하다가 죽는 것이 낫나니, 다른 사람의 의무(*paradharma*)는 위험으로 가득 차 있다"[30] 라고 말한다. 이 구절은 물리적 환경의 관점에서 해석한다면 우리에게 스와데시의 법칙을 준다. 《기타》가 스와다르마에 관련하여 말한 것은 바로 스와데시에도 적용된다. 스와데시는 스와다르마를 자신의 바로 인근 환경에 적용한 것이기 때문이다.

스와데시 원칙이 폐해의 결과를 낳는 경우는 그 원칙이 잘못 이해되었을 경우일 뿐이다. 다시 말해서, 내 가족의 응석을 받아주기 위해서 내가 정·부당을 따지지 않고 모든 수단으로 돈을 거머쥐기로 한다면 그것은 스와데시 원칙을 희화화하는 것이다. 스와데시 법칙은 가족에 대한 나의 합당한 책무를 정당한 수단으로 수행할 것만을 요청한다. 그렇게 하려고 시도하게 되면, 보편적 행위규범(*the Universal Code of Conduct*)이 나에게 드러날 것이다. 스와데시 실천은 결코 어느 누구에게도 해를 끼치지 않을 것이다. 그리고 만일 그런 경우가 있다면, 나를 움직인 것은 스와다르마가 아니라 이기주의이다.

스와데시 신봉자는 보편적 봉사 제단에 자신의 가족을 바치도록 요구받을 경우도 있을 수 있다. 그와 같이 자발적으로 제물을 바치는 행위는 그 가족에게 베푼 최고의 봉사가 될 것이다. '누구든 자신의 생명을 얻고자 하면 그것을 잃을 것이요, 주님을 위해서 자신의 생명을 잃는 자는 누구든 그것을 얻을 것이다'라는 기독교 성경 말씀은 개인에게만 아니라 가족에게도 적용된다. 다른 사례를 들어보자. 내가 사는 마을에 전염병이 발발했는데, 전염병에 걸린 사람을 돌보다가 나 자신, 아내와 자식들 그리고 나머지 가족 전부가 몰살하게

30 〔원주〕《바가바드 기타》3 : 35. 〔역주〕svadharma로 표기하기도 한다.

되었다고 가정해 보자. 그렇게 되면 나는 가장 귀하고 가까운 가족들에게 나와 함께 일을 하자고 권면하는 일에서, 가족의 파괴자로서가 아니라 반대로 내 가족의 가장 진실한 친구로서 행동한 것이 된다. 스와데시에는 이기주의가 들어설 여지가 없다. 만일 그 안에 이기주의가 있다고 한다면, 그 이기주의는 최고의 애타주의와 다름없는 최고 형태의 이기주의일 것이다. 가장 순수한 형식의 스와데시는 보편적 봉사의 정점이다.

이 논의를 따라가다가 나는 카디(수직천)를 만나게 되었는데, 그것은 스와데시 원리를 사회에 적용했을 때 그 원리의 필수적이며 가장 중요한 결과인 셈이다. 나는 자문해 보았다. '우글거리는 수백만의 인도인들에게 현재 가장 필요로 하는 봉사가 무엇일지, 그들 모두가 쉽게 이해하고 인정할 수 있는 봉사가 무엇일지, 그리고 동시에 실천하기 쉽고 기아선상에 있는 수천만의 동포를 살릴 수 있는 봉사가 무엇일지' 하고. 이런 조건들을 충족시킬 수 있는 것은 카디 또는 물레의 보편화일 뿐이라는 대답이 왔다.

카디를 통한 스와데시 실천이 외국의 공장 소유자들을 해칠 것이라고 생각하지는 말자. 자신에게서 악을 떼어 버린 도둑, 훔친 물건을 되돌려 준 도둑이 그 행위 때문에 해를 입는 것은 아니다. 반대로 그는 한편으로 의식적인 승리자이고 다른 편에서는 무의식적인 승리자이다. 이와 마찬가지로 이 세상에 있는 모든 아편중독자들과 술주정뱅이들이 악에서 자신들을 자유롭게 한다면, 고객을 뺏길지도 모르는 주점의 주인이나 아편 장사꾼이 패배자라고 할 수 없다. 그들은 그 말의 가장 진실된 의미에서 승리자일 것이다. '죄의 삯'을 제거하는 일은 해당 개인에게도 사회에게도 절대로 손실일 수는 없다. 이는 순전한 이득이다.

스와데시의 의무가 단순히 많은 양의 면사를 잣고 그것으로 짠 카디를 입는 것으로 시작하고 종결된다고 생각하는 것은 최대의 착각이다. 카디는 사회에 대한 스와데시 다르마의 수행으로 가는 필수적인 첫걸음이다. 우리는 카디를 입고 있지만 다른 모든 물건에서는 외제를 열렬히 즐기는 사람들을 흔히 만난다. 그런 사람들은 스와데시를 실천하는 것이 아니고, 그저 유행을 좇고 있을 뿐이다. 스와데시 신봉자는 자신의 주변을 자세히 공부하여, 자기의 지역 제품이 다른 곳에서 생산된 제품보다 질이 낮거나 가격 면에서 비싸더라도, 그 지역 제품에 우위를 둠으로써 가능하면 자신의 이웃을 도우려고 할 것이다. 그는 그 제품의 결함을 고치려고는 하겠지만 결함 때문에 그 물건을 포기하고 외제로 가지는 않을 것이다.

그러나 다른 모든 좋은 것처럼 스와데시 역시 그것을 맹목적으로 숭배하면 효과가 없어질 수 있다. 이런 위험에 대해서는 꼭 경계해야 한다. 외제라는 이유만으로 단순히 거부하고, 국민의 돈과 시간을 써 가면서 우리나라에 어울리지도 않는 자국의 제품을 장려하는 일은 범죄적 아둔이고 스와데시 정신의 거부이다. 스와데시 정신의 진실한 신봉자는 외국인에 대해서 결코 악의를 품지 않으며, 지상의 어느 누구에 대한 적대감으로 움직이지 않는다. 스와데시즘(*Swadeshism*)은 증오의 의식(儀式)이 아니다. 그것은 가장 순수한 형태의 아힘사 곧 사랑에 뿌리를 둔 사심 없는 봉사의 원칙이다.

스와데시 법칙,[31] 〈나바지반〉(G.), 1931. 5. 31; [32]
〈영 인디아〉, 1931. 6. 18 ; 《전집》 52 : 286

---

31 〔역주〕 이 글의 구자라트어 원본은 〈나바지반〉지(1931. 5. 31)에 실렸고, 이것은 피아렐랄의 번역이다. 《전집》 권52, 209면.

32 〔역주〕 텍스트에는 4월 31일로 되어 있으나, 《전집》에 따라서 5월 31일로 했다.

167) 경제적 독립

1936. 12. 27

이 연설이 8시 30분에 하기로 예정되어 있었습니다만, 좀 늦어져 9시 15분에 시작하게 되어 미안합니다. 그러나 달리 대안은 없었습니다. 사람들이 여기에 너무 많이 몰려왔으며, 박람회장이 그 벽을 생대나무로 칸막이한 정도여서, 모든 사람들이 이곳으로 쏟아져 들어오게 되면 벽이 무너지고 말 것이기 때문입니다. 따라서 물건들을 보호하기 위한 조처를 취해야만 했고, 그러기 위해서 주최자들이 시간을 좀 썼습니다. 그들은 이렇게 많은 사람의 돌진에 대해서 준비하지 못했습니다. 여러분은 프로그램에 내 연설을 포함시킨 일에 어떤 책략이 있다고 느꼈을 것입니다. 이것은 의도적이었습니다. 별다른 이유가 없다면, 사람들은 내 말을 듣고 난 다음 박람회를 위해서 2아나를 기부할 것입니다. 그렇게 하면서 그들이 우연이든 잘못이든 카디를 좀 구입하고 농촌 기술을 약간이나마 볼 수 있다면, 특별한 노력을 기울이지 않고도 약간의 공덕을 쌓을 것이고, 나 역시 약간의 공덕을 쌓을 것입니다.

여러분은 틸락나가르 전체가 하나의 박람회와 같다는 것을 분명히 보았습니다. 이런 일은 슈리 난달랄 보세의 덕분입니다. 박람회와 국민회의, 양자 모두에 동일한 계획이 하나 있어야 한다고 결정했던 사람은 바로 그였습니다. 그렇게 하는 데 돈이 적게 들었습니다. 나는 이번처럼 적은 돈으로 조직된 국민회의 집회에 대해서 알지 못합니다. 물론 내 의견으로는 불필요하게 발생한 비용도 없지 않지만, 이것이 촌락에서 개최된 최초의 국민회의가 아닙니까? 토지 구입을 위해서 상당한 돈이 지출되었습니다. 그러나 우리는 국민회의의 장래의 집회도 촌락에서 개최할 것을 독려하는 일을 좀 했습니다. 여러분은 군중이 증가한 것을 목격할 수 있습니다. 수많은 자원봉사자들도 있습니다. 그러나 그들은 군중 속에서 자신의 위치를 잃어버리는 것처럼 보이기도 합니다. 먹어야 할 사람들이 너무 많아서 그들을 위해서 조치를 취하는 일이 어렵게 되었습니다.

나는 오늘 새로운 것에 대해서는 한 마디도 하지 않겠습니다. 물레 예찬도 이제 18년이 되었습니다. 나는 1918년 우리가 물레로 스와라즈를 얻을 수 있다고 말했습니다. 물레의 능력에 대한 나의 신앙은 1918년 내가 그것을 처음 선언했을 때만큼이나 오늘 밝습니다. 지난 여러 해 동안의 경험과 실험 덕분에 그것은 더 풍요로워졌습니다.

그러나 여러분은 물레나 그 생산품인 카디의 의미를 알아야 합니다. 우리가 만일 의복 이외에 다른 일에 있어서 비데쉬(*videshi* : 외제)로 우리를 둘러싸고 있다면, 우리가 예식에서 카디를 착용하는 것, 또는 다른 모든 직물을 배제하고 그것만 착용하는 것으로도 충분하지 못합니다. 카디는 가장 진실한 스와데시 정신을 의미하고, 굶어 죽는 수백만 사람들과 하나됨을 의미합니다.

스와라즈에 대한 나의 생각에 오해가 없기를 바랍니다. 그것은 외국인의 통치로부터 완전 독립과 완전한 경제적 독립을 얻는 일입니다. 그래서 한쪽 끝에는 여러분은 정치적 독립을 가지고 있고, 다른 쪽 끝에는 경제적 독립을 가지고 있습니다. 그것에는 또 다른 두 끝이 있는데, 하나는 도덕적 사회적 면이고, 그 반대편에는 다르마 곧 가장 고상한 의미의 종교입니다. 그 종교는 힌두교·이슬람·기독교 등을 포함합니다만, 이것들을 모두 합친 것보다 우월합니다. 여러분은 그것을 진리의 이름으로 인정할 것입니다. 그 진리란 편의에서 나온 정직함이 아니라 만물에 널리 가득 차고 모든 파괴와 모든 변화에도 살아 있는 생생한 진리입니다. 도덕적 사회적 고양은 우리에게 익숙한 용어, 즉 비폭력이란 말로도 인정될 것입니다. 이것을 스와라즈의 정사각형이라고 불러 봅시다. 그중 어느 하나의 각이라도 거짓이라면 그 정사각형은 깨어지고 맙니다. 우리는 진리와 비폭력 없이는, 보다 구체적 용어로 말한다면 신에 대한 살아 있는 신앙 없이는, 따라서 도덕적 사회적 향상에 대한 신앙 없이는, 국민회의가 말하는 정치적 경제적 자유를 성취할 수 없습니다.

나는 정치적 독립이란 말로 영국의 하원이나 러시아의 소비에트 통치 또는 이탈리아의 파시스트 통치, 독일의 나치 통치의 모방을 의미하는 것이 아닙니다. 그들은 그들 자신의 특성에 걸맞은 제도를 가져야 하고, 우리는 우리의 특성에 걸맞은 제도가 있어야 합니다. 나는 그것이 무엇일지는 말할 수 없습니다. 나는 그것을 라마라즈야 (*Ramarajya*), 즉 순수한 도덕적 권위에 기초한 민중의 주권(*sovereignty of the people*)이라고 불러 보았습니다. 나그푸르와 봄베이의 국민회의 헌법들 — 그것들에 대한 책임은 주로 나에게 있지만 — 은 이런 유형의 스와라즈를 성취하려는 시도였습니다.

이제 경제적 자유에 대해서 말씀드리겠습니다. 그것은 현대식 산업화 또는 서구식 산업화의 산물이 아닙니다. 나에게 인도의 경제적 독립은 자신들의 의식적인 노력으로 남녀 각 개인이 경제적으로 향상되는 것을 의미하며, 그 제도 아래서는 모든 남녀들이 충분한 의복을 가질 것입니다. 우리가 의복이란 말로 이해하는 것은 단순히 도티만이 아니라, 필요한 모든 종류의 의복과 오늘날 수백만의 사람들이 얻을 수 없는 우유와 버터를 포함한 충분한 음식을 말합니다.

이제 사회주의에 대해서 말씀드리겠습니다. 진짜 사회주의는 우리의 조상들이 전수했습니다. '모든 땅은 고팔에게 속한다. 그렇다면 경계선이 어디에 있는가? 사람은 그 선을 긋는 자이다. 그래서 그

선을 지우는 자도 그다'라는 가르침과 함께. 고팔은 말 그대로 양치기를 의미하고, 신을 의미합니다. 현대어로는 국가 곧 민중을 의미합니다. 오늘날 땅이 민중에게 귀속하지 않는다는 것 역시 사실입니다. 그러나 잘못은 그 가르침에 있는 것이 아니라 가르침에 따라서 살지 못하는 우리에게 있습니다.

러시아를 포함한 다른 어떤 국가도 가능하듯이 우리는 의심의 여지없이 사회주의로 훌륭하게 접근할 수 있습니다. 하지만 우리는 폭력을 배제합니다. 폭력적인 재산몰수(*violent dispossession*)에 가장 효과적인 대안은 물레입니다. 온갖 함축을 포함해서 말입니다. 토지와 모든 다른 재산은 그것에 노동을 가하는 자의 것입니다. 불행하게도 노동자들은 이 간단한 사실을 아직까지 모르고 있으며, 지금도 모르고 있습니다.

이제 인도가 어떻게 이렇게까지 지독하게 가난해졌는지를 봅시다. 역사를 보면 동인도회사가 면직물 산업을 망하게 했고, 갖은 수단을 다 써서 식량 다음으로 사람에게 필요하다는 인도의 면직물을 랭커셔에 의존하도록 만들었습니다. 그것은 여전히 최대의 수입 품목입니다. 그것은 수백만 명에 달하는 반(半)실업 상태의 거대한 남녀 무리를 만들고, 그 대가로 대체 직업을 주지 않았습니다. 수공 조면·소면·물레질·베짜기가 일정 정도 파괴되자, 인도 촌락의 다른 산업들도 함께 망했습니다. 지속적인 실업은 민중 속에 일종의 나태를 초래했는데, 이것만큼 우울한 일도 없습니다. 외국인에 의한 통치가 나날이 증가하는 민중의 빈곤에 책임이 있는 것은 분명하지만, 우리에게 더 큰 책임이 있습니다. 인도의 중산층은 민중의 신뢰를 배신하고 죽 한 사발과 인도의 경제적 독립을 바꿔 버렸습니다. 이제 그들이 자신들의 과오를 자각하고, 물레의 메시지를 촌민들에게 전달하고, 그들로 하여금 나태를 털어 버리게 하고, 물레 작업을 하게 한다면, 우리는 민중의 처지를 크게 개선할 수 있을 것입니다. 나태가 근면을 대신하고 절망이 희망을 이긴다면 끔찍한 일이 될 것입니다.

의회 프로그램이 확산되었습니다. 이제 그것은 확고한 자리를 잡게 되었고 그것은 옳은 일입니다. 그러나 그것은 우리에게 독립을 가져다줄 수는 없습니다. 그것은 대단히 필요한 것이지만 기능은 엄격하게 제한되어 있습니다. 의회 프로그램은 성공을 거두었다. 그 때문에 성공을 향하여 우리가 전진하는 것을 제한하는 법령이나 어떤 조치가, 민중의 대표자들이 내린 재가에 의한 것이라고 정부는 주장하지 못할 것입니다. 따라서 투표자들은 대중의 지지를 받지 못할 조처에 대해서 감히 찬성 투표하지 않는 의회 후보자들을 뽑을 필요가 있습니다. 만일 의회 후보자들이 찬성 투표한다면 국민회의의 징계를 받을 수 있습니다. 그 프로그램의 성공은 개별적인 경우, 즉 슈리 수바스 보세[33] 또는 구류되어 있는 자들의 석방과 같은 경우에 약간의 도움을 줄 수 있을 것입니다. 그러나 그것은 정치적으로도 경제적으로도 독립이 아닙니다.

그렇다면 다른 시각에서 생각해 봅시다. 오직 제한된 수, 예를 들면 1천 5백 명 정도의 남녀 사람들이 의회의 의원이 될 수 있습니다. 여기 청중 가운데 몇 사람이나 의원이 될 수 있을까요? 그리고 지금 당장은 3천 5백만 정도의 사람들만이 1천 5백 명의 의원을 위해서 투표할 수 있습니다. 그렇다면 나머지 3억 1천 5백만 명의 사람들은 어떻습니까? 우리가 생각하는 스와라즈에서는 그들이 진정한 주인이며, 저 3천 5백만의 사람들은 예전에는 하인이었지만 이번에는 1천 5백 명의 주인이 된 자들입니다. 따라서 1천 5백 명의 의원들은 진정한 주인들의 믿음

33 〔역주〕 Nataji Subhas Chandra Bose를 지칭한다.

에 진실하게 부응한다면 이중으로 하인이 될 것입니다.

그러나 3억 1천 5백만 명의 사람들 역시 자신들과 국가에 대해서 수행해야 할 책무가 있습니다. 그들은 개인으로서 국가의 작은 부분에 불과합니다. 그리고 만일 그들이 나태하고, 스와라즈 자체에 대해서 그리고 그것을 획득하는 방안에 대해서 아주 무지하면, 그들 자신은 1천 5백 인의 의원들의 노예가 될 것입니다. 내 논의에서는 3천 5백만의 투표자들은 3억 1천 5백만 명의 사람들과 동일한 범주에 속합니다. 그들이 근면하고 현명하지 못하면, 그들은 1천 5백 인의 활동가들 손에 잡힌 3천 5백만 명의 볼모가 될 것이기 때문이며, 이 경우 저 활동가들이 국민회의 의원이든 아니든 그것은 그다지 중요한 것이 아닙니다. 만일 투표자들이 3년쯤마다 한 번씩 깨어나서 투표하고 그런 다음 잠자러 간다면, 하인들이 주인이 되어 버릴 것입니다.

내가 알기로 그런 재앙을 막을 수 있는 유일한 길은 3억 5천만 명의 사람들이 모두 근면하고 현명하게 되는 것입니다. 그들이 이렇게 되자면, 물레와 다른 촌락산업들을 차고앉아야 합니다. 그들은 그런 산업들에 비지성적으로 접근하지는 않을 것입니다. 나는 경험에서 여러분에게 다음과 같이 말씀드릴 수 있습니다. 그 노력이 올바른 유형의 성인교육을 의미한다는 점, 그 노력이 인내와 도의심(*moral fibre*)의 소유, 그리고 일꾼들이 그들 자신이 선택한 촌락에 도입하려는 산업에 대한 과학적 실제적 지식의 소유를 요구한다는 점을 말입니다.

그런 구도에서는 물레가 중심이 됩니다. 여러분이 이것을 태양계라고 부른다면, 물레는 황금 원반(圓盤)이 되고 다른 산업들은 행성이 되어서 태양계의 거역할 수 없는 법칙에 따라서 태양 주위를 회전하게 됩니다. 태양이 동인도회사의 행위에 의해서 그 비추는 힘을 상실했을 때, 행성들은 그 힘을 잃고 전혀 보이지 않게 되었거나 거의 보이지 않게 되었던 것입니다. 태양은 이제 과거의 위상을 되찾고, 행성들은 태양의 힘에 정확히 비례하여 그 운동을 회복할 것입니다.

여러분은 이제 차르카의 의미와 그 메시지를 이해할 것입니다. 나는 만일 국민회의가 카디, 집단 간의 일치, 술·마약 등 취하게 하는 품목의 금지, 힌두교도에 의한 불가촉천민제도의 폐지로 이뤄진 4중의 건설적 프로그램을 포함하여 1920년에 제시된 프로그램을 진실로 성공적으로 수행하면, 1년 이내 스와라즈의 획득은 분명한 일이라고 1920년에 말했습니다. 그러한 선언에 대해서 나는 미안하지도 수치스럽지도 않습니다. 나는 오늘 여러분 앞에서 그 선언을 반복하고 싶습니다. 4중 프로그램이 완전히 실현되는 순간, 여러분은 청구만 하면 스와라즈를 획득할 수 있습니다. 그렇게 되면 여러분이 스와라즈를 이룰 만한 힘을 얻었을 것이기 때문입니다. 오늘날 차르카가 여러분의 신앙이나 행위에서 어느 위치에 서 있는지를 잠깐 생각해 보십시오. 봄베이에서 서로 상대방을 암살하는 것이 집단 간의 일치의 표시입니까? 취하게 하는 것들의 완전 금지는 어디로 갔습니까? 힌두교도는 불가촉천민제도의 뿌리와 가지를 다 제거했습니까? 제비 한 마리가 온다고 해서 봄이 온 것은 아닙니다. 트라방코르의 위대한 선언은 종말의 시작일 수 있지만 종말은 아닙니다. 만일 우리가 하리잔의 불가촉천민제를 폐지한다고 하면서 무슬림과 다른 사람들을 그런 식으로 대한다면, 우리는 그 오점을 제거한 것이 아닙니다. '모든 땅이 전부 신에게 속한다'라는 말은 보다 깊은 의미가 있습니다. 이 지구처럼 지구의 일부인 우리도 신에게 속합니다. 따라서 우리 모두는 한 사람처럼 느껴야 하고, 경계의 벽을 세우거나 상대방에 대해서 금지령을 내려서는 안 됩니다.

이는 행동하는 비폭력의 길입니다. 우리가 만일 이 프로그램을 성취할 수 있었다면, 시민불복종을 할 필요도 없고 폭력적인 행위를 할 필요가 없다는 것도 분명합니다. 모두 하나가 되어 자신들의 수적인 힘을 자각하고 있는 3억 5천의 민중은, 인도에 거주하는 7만의 백인들이 아무리 폭력을 잘 다루고 단 한순간에 수백만 사람들에게 독을 퍼뜨릴 수 있다고 해도, 그 백인들에 대한 폭력 행사를 수치스럽게 느낄 것입니다. 지성적으로 이해된 차르카는 경제적 구원을 가져올 뿐만 아니라, 우리의 마음과 심정을 혁명적으로 바꾸고, 스와라즈에 대한 비폭력적 접근이 가장 안전하고 가장 쉬운 길이라는 점을 우리에게 보여줄 수 있습니다. 그 진보가 완만해 보일지라도 장기적 관점에서 보면 가장 신속한 길임을 증명해 줄 것입니다.

자와할랄이 오늘 수감되어 있지 않다면 그가 교도소를 무서워하기 때문이 아닙니다. 내 말을 믿어 주십시오. 그는 입가에 미소를 띠면서 교수형틀에 올라가듯이 교도소 문을 걸어서 들어가는 것 정도는 충분히 할 수 있습니다. 나는 내가 그런 고통의 효력이나 그 효력에 대한 신앙을 상실했다고 생각하지 않습니다. 내가 보는 한 오늘 그 효력에 대한 문제는 없습니다. 그러나 나는 우리가 단합된 신앙과 의지로 건설적 프로그램을 성취할 수 있다면 그런 고통을 피할 수 있다고 느낍니다. 우리가 그것을 성취할 수만 있다면, 영국과 함께 투쟁을 벌일 필요도 영국에 대항하여 투쟁을 벌일 필요도 없음을 약속드립니다. 그렇게 되면 린리스고 경[34]이 우리에게 와서 우리의 비폭력과 진리를 불신한 점이 잘못되었다고, 그의 나라를 대신하여 우리의 결정을 따르기로 한다고 고백할 것입니다. 그가 그렇게 할지의 여부와 관계없이, 나는 다른 것이 아니라 바로 그것

34 〔역주〕 Victor Alexander John Hope, 2nd Marquess of Linlithgow(1887~1952): 영국의 정치가. 최장기 인도 부왕(1936~1943)으로 봉직하면서 제 2차 세계대전 중 영국의 인도 철수(*Quit India*)를 요구하는 반영운동(反英運動)을 진압했다.

을 향해서 일하고 있습니다. '만사가 신의 것입니다.'

파이즈푸르, 박람회장에서의 연설, 〈하리잔〉,
1937. 2. 2 ; 〈하리잔반두〉, 1937. 1. 3

168) 자 립

1945. 5. 5

사타나라얀지께,

자네가 개인적 자립(*self-reliance*)을 이해한다면 한 사회의 자립이나 한 기관의 자립도 이해할 것이네. 한 개인이 자신의 정직한 노동을 투입하면 자신의 빵을 구할 것이라고 믿는다면, 한 기관에 대해서도 같은 말을 할 수 있을 것이네. 다시 말하자면, 그 기관이 봉사하게 되면 요구하지 않아도 빵을 얻을 것이며, 그렇게 함으로써 자체 비용을 감당할 만한 돈을 구할 것임을 의미한다네. 실제 그 기관은 자신의 이웃들에게서 돈을 구해야 한다네. 그 돈을 구하지 못한다면, 아무도 그 기관의 봉사에 상관하지 않는다는 점을 자각해야 한다네. 우리는 맹목의 땅에서 무지를 없애고 있는 중이지만 그런 일이 일어날 수 있다네. 그렇다면 그 비용은 개혁자들이 부담할 것이라네. 동일한 규칙이 이 경우에도 적용될 것이라네. 개혁자들은 개혁의 초기에는 굶주릴 것이며, 그들 가운데 서너 명은 죽기조차 할 것이네. 하지만 우리는 신이 그들을 어떤 방식으로든 붙들어 주실 것임을 믿어야 한다네. 자네가 이 말을 충분히 이해하지 못한다면, 그것에 대해서 논의해 보세. 그 이상 말하지는 말게나. 자네가 그것을 원하는 경우에만 나는 그것을 논의할 것이라네. 하지만 나는 그것을 좋아할 것이라네.

바푸로부터 축복을

M. 사탸나라얀에게 보낸 편지(H.),
《피아렐랄 페이퍼스》; 《전집》 70 : 260

169) 차르카와 평등

파트나, 간디 캠프, *1947. 4. 28*

우리가 차르카(물레)를 망각하고 어떻게 살 수 있을까? 물레질 배후에 있는 정신은 만인에 대한 평등(*equality of all*)을 의미한다. 차르카는 우리에게 우리 자신을 4억 명의 인도인들과 일치하라는 특별 교훈을 가르치고, 그들과 완벽한 조화 속에 살라고 가르친다. 차르카는 지위의 높낮이, 주인과 하인 사이에 어떠한 차별도 인정하지 않는다. 그러한 차별이 오늘날 세계에서 일어나는 갈등의 원인이 아닌가. 차르카는 그것에 대해서 우리에게 경고한다. 그런데 우리가 어떻게 차르카의 모습으로 나타난 신을 예배하지 않을 수 있을까?

마누 간디에게 한 말씀(G.),
《비하르니 코미 아그만》, 273면; 《전집》 94 : 413

170) 자립과 아힘사

1947. 6. 15

자립적인 사람만이 어떤 과업에서도 성공으로 진전할 수 있습니다. 이 말은 한 개인에게도 한 나라에도 진실입니다. 현재 우리는 자립하지 못했으므로 아힘사에 대한 신앙이 없습니다. 매사에 있어서 다른 민족, 다른 국가를 바라보는 일이 우리의 두 번째 본성이 되었습니다. 그 결과 우리는 신심과 자원에 있어서 너무 연약하게 되어서 우리 자신들조차 보호할 수 없습니다. 바로 그 때문에 나는 라젠드라바부에게 우리가 외부에서 곡물 한 톨을 수입하는 것보다 차라리 굶어 죽는 편이 낫겠다고 매일 말합니다. 그러나 내 목소리는 황야에서 들리는 목소리입니다. 내가 너무 늙어서 사물들을 파악하는 힘을 잃고 있나요?

편지(G.), 《비하르 파츠히 딜히》, 142면 ; 《전집》 95 : 262

171) 스와데시 정신

스와데시 라즈(*swadeshi raj*)가 스와라즈 모습을 띠고 도래한 이후, 스와데시 정신이 이 땅에서 아주 빠르게 사라지고 있다는 말을 들었다. 카디의 비축은 최저 수준에 도달했을 것이다. 머리에 간디 두건을 쓴 것을 제외하고는 전부 파라데시(*paradeshi* : 외제 직물)로 만든 옷을 입은 사람들을 보는 것이 보통이다. 만일 그런 일이 대규모로 일어난다면, 내 생각으로는 애지중지 아끼는 자유(*liberty*)가 단명하고 말 것이다. 인도는 동방의 빛이 될 권리가 있다. 그런데도 인도는 동방의 빛이 된다는 희망에 작별을 고해야 한다. 파라데시는 사치와 나란히 손잡고 가는데, 한 특파원에 따르면 그런 사치가 모든 곳에서 판친다고 한다. 나는 이런 비극적인 그림이 인도의 도시에서는 사실일지 몰라도, 농촌에서는 사실이 아닐 것이라는 즐거운 희망을 갖고 있다. 농촌이 굶주리고 있기 때문이라고 해도 말이다.

1915년 귀국한 직후 나는 카디가 스와데시의 중심에 있음을 발견했다. 나는 그 당시에도 카디가 사라지면 스와데시도 없어질 것이라고 주장하기조차 했다. 나는 인도 소재 공장의 생산품들이 스와데시를 의미하는 것이 아님을 보여준 바 있고, 오늘날에도 그런 신념을 고수하고 있다.

우리가 벌인 최초의 국민적 투쟁에서 외제 천을 태워 버렸던 큰 모닥불을 생각해 보자. 슈리 사로지니 나이두와 판디트 모틸랄 네루가 자신들의 화려한 옷을 그 불속에 던져 넣었다. 판디트 모틸랄 네루는 나중에 옥중 편지에서 카디의 단순성과 순결성에서 진정한 행복을 찾았다고 썼다. 그런 정신이 오늘 존재하지 않아서 슬프다. 차르카는 우리 삼색기[35]의 중심이며, 수백만 명의 일치와 비폭력적 힘의 상징이다. 나는 차르카가 자아낸 면사를, 삼색기로 대표되는 사람들을 묶어 주는 결합력이라고 간주하고 있기 때문에, 스와라즈라는 전체 직물이 손으로 뽑은 면사에 달려 있다고 하고, 차르카를 우리 최대의 무기라고 불렀던 것이다. 오늘날 그 물레는 어디에 있는가?

나는 스와데시 정신이 여러분 안에 있다면, 여러분이 주요 수요를 위해서 서양 쳐다보기를 거부할 것이라고 이미 상기시킨 바가 있다. 지금과 같이 지독한 궁핍의 시기에 식량과 직물 두 분야의 수요에 대해서 인도 내부로부터 공급이 아주 불가능하다는 것이 입증된다면, 인도가 외국에서 식량과 직물을 수입하는 일에 대해서 나는 반대하지 않겠다. 하지만 그런 사실은 전혀 입증되지 않았다. 인도가 수많은 농촌에서 자신의 카디를 충분히 제조할 수 있고, 식량을 생산할 수 있다는 점을 나는 주저 없이 말해왔고 앞으로도 거듭 말할 것이다. 아 얼마나 슬픈 일인가. 민중이 너무나 나태해져서 내면을 바라볼 수 없고, 두 가지 필수품을 인도 국경 내부에서 조달하는 일을 지속하지도 못하다니. 나는 한 걸음 더 나아가서, 이 필수품을 공급받기 위해서 서양을 쳐다보기보다는 차라리 굶주리고 헐벗은 채 살고 말겠다는 말을 하고 싶다. 단호한 결심이 없다면 올바른 일을 이룰 수 없을 것이다.

스와데시, 〈하리잔〉, 1947. 6. 20[36]

35 〔역주〕 현재 인도의 국기인 삼색기는 1947년 8월 15일 인도가 독립되기 직전 1947년 7월 22일 인도 국민회의에 의해서 채택되었다. 법에 따르면 국기는 수직천으로 만들어져야 한다.

36 〔역주〕 《전집》에서 확인 불능.

2. 교육

172) 영혼·마음·육신의 최대 계발

'교육'(*education*)이란 영어는 그 어원을 보면 '끌어내기'의 의미가 있다. 그것은 우리에게 잠재적인 재능을 계발(啓發)하기 위한 노력을 의미한다. 교육에 해당되는 구자라트어인 켈라바니(*kelavani*)의 의미도 이와 같다. 우리가 어떤 것을 계발한다고 말할 때 그것은 우리가 그 종류나 성질을 바꾼다는 것을 의미하는 것이 아니라 그 안에 있는 잠재적인 성질들을 끄집어낸다는 것을 의미한다. 따라서 '교육'은 '드러냄'(*unfoldment*)을 의미할 수도 있다.

이런 의미에서 우리는 알파벳에 대한 지식을 교육이라고 간주할 수 없다. 이런 의미의 교육은 우리에게 석사학위를 얻게 해 주는 지식이나, 전통 학교(*pathshala*)에서 꼭 필요한 산스크리트어 지식으로써 선생(*shastri*)[37]의 자리를 돋보이게 해 주는 지식에도 적용된다. 최고의 문자 지식이 교육 곧 드러냄을 위한 훌륭한 도구일 수는 있지만, 그것 자체로 교육이 되는 것은 분명히 아니다.

진정한 교육은 이것과는 좀 다르다. 사람은 육신·마음·영혼의 세 요소로 구성되어 있다. 그중에서 영혼은 인간 속에 있는 항구적인 요소이다. 육신과 마음은 영혼이 있어서 작동한다. 따라서 우리는 영혼의 성질을 드러내는 것을 교육이라고 부른다. 바로 그 때문에 비드야피트(*Vidyapith*)라는 교육기관의 문장(紋章)이 '교육이란 해탈(목샤)로 이끌어주는 것이다'라는 금언을 갖는다.

교육은 다른 의미로도 이해될 수 있다. 즉 육신·마음·영혼, 이

---

37 〔역주〕 간디는 다른 곳에서 '학자'의 의미로 사용한 적도 있다.

셋 모두의 완전한 계발, 또는 최대의 계발(*maximum development*)로 이끌어 주는 것이라면 그것은 무엇이든 교육이라고 할 수 있다. 오늘날 전수되는 지식은, 마음을 좀 계발할 수는 있지만 육신과 영혼을 계발하지 못하고 있음이 분명하다. 나는 마음의 계발에 대해서도 의심을 품고 있다. 왜냐하면 우리가 마음에 많은 정보를 채운다고 해서 마음이 계발되었음을 의미하는 것이 아니기 때문이다. 따라서 우리는 우리 마음을 교육했다고 말할 수는 없다. 훌륭히 교육받은 사람은 사람들에게 봉사함에 있어서 우리가 기대하는 방식으로 봉사할 뿐이다. 우리의 박식한 마음은 오늘날 우리를 여기저기로 끌고 간다. 그런 행위는 야생마가 하는 짓이다. 야생마가 길들여졌을 때 우리는 그 말을 훈련받은 말이라고 부른다. 오늘날 얼마나 많은 '교육받은' 청년이 그런 식으로 훈련을 받았을까?

이제 우리의 육신을 검토해 보자. 우리는 매일 한 시간씩 테니스·축구·크리켓 경기를 함으로써 육신을 양성하도록 되어 있는가? 그와 같은 스포츠가 육신을 강화할 것임은 분명하다. 하지만 그런 육신은 야생마처럼 강건하긴 하지만 훈련된 것은 아니다. 훈련된 육신은 건강하고, 기운차고, 근골이 늠름하다. 수족은 필요한 일이라면 어떤 일도 할 수 있다. 곡괭이·삽·망치 등은 훈련된 손의 장식품과 같다. 손은 그것들을 마음대로 부릴 수 있다. 그 손은 물레를 비롯하여 실을 꼬는 링과 소모기를 부지런히 놀릴 것이고, 발은 베틀을 움직인다. 잘 훈련된 육신은 30마일을 터벅터벅 걸어도 지치지 않을 것이다. 그 육신은 숨이 가쁘지도 않으면서 산을 오를 수 있다. 학생은 그런 신체단련(*physical culture*)을 받는가? 우리는 현대의 교과과정이 이런 의미에서 체육교육을 전달하지 못하고 있다고 단언할 수 있다.

영혼에 대해서는 적게 말하면 적게 말할수록 더 좋다. 오직 선각자나 구도자가 혼을 깨울 수 있다. 누가 우리 모두 안에 잠자고 있는 영적 에너지를 일깨울까? 교사들은 광고를 통해서 구할 수 있다. 그들이 제시해야 하는 증명서 안에 영적 구도에 대한 난이 존재하는가? 그런 난이 존재한다고 해도 무슨 가치가 있을까? 우리가 광고를 통해서 자아실현의 구도자인 교사를 구할 수 있을까? 자아실현 곧 깨달음(*enlightenment*) 없는 교육은 기초 없는 벽과 같고, 영국 속담을 인용한다면 회칠한 무덤과 같다. 그 안에는 벌레들이 다 먹어치운 시체나 벌레들이 파먹고 있는 시체밖에 없다.

이런 삼중 교육을 전수하는 것이 구자라트 비드야피트의 이상이고 이상이어야 할 것이다. 젊은 남녀가 이 이상에 따라서 양육을 받는다면, 나는 비드야피트의 존재 가치가 있다고 간주할 것이다.

교육이란 무엇인가?(G.), 〈나바지반〉, 1926. 2. 28 ; 《전집》 34 : 74

173) 학교교육과 도덕교육

1927. 11. 24

이 즐거운 행사[38]에 내가 참석할 수 있게 되어서 아주 기쁩니다. 여러분은 나로 하여금 여러분의 진행을 지켜보게 하고, 이렇게 많은 소년을 만나게 해 주심으로써 나에게 대단히 큰 찬사를 보내주셨고, 큰 영광을 안겨 주셨습니다.

나는 이 기관이 서서히 발전하기를 바라며, 확장될 가치가 충분히 있다는 점에 대해서 조금도 의심하지 않습니다. 나는 이와 같이 아름다운 섬과 여기에 사는 사람들을 잘 알고 있습니다만, 이 나라에는 많은 불교신도가 살고 있어서 이런 기관만이 아니라 여러 기관까지도 원조할 수 있을 것입니다. 이 기관이 물질적 원조의 결핍 때문에 애를 태우

38 〔역주〕 상장 수여식. 《전집》 권 40, 427면.

는 일이 없기를 바랍니다. 그러나 남아프리카와 인도의 교육기관들을 좀 알고 있는 나로서, 학교교육(*scholastic education*)이 단순히 책과 공책이 아님을 여러분에게 말씀드리고 싶습니다. 학교기관들을 날마다 세우는 것은 진정한 남녀 학생들입니다. 나는 학교기관이라고 불리는 건축학적으로 완벽한 건물들, 하지만 회칠한 무덤에 불과한 그런 건물 몇 동을 알고 있습니다. 이와 반대로 나는 물질적 존재를 위해서 나날이 투쟁을 벌여야 하지만 바로 이 궁핍 때문에 날로 영적으로 성장하는 기관들을 알고 있습니다. 인류가 목격한 가장 위대한 스승 가운데 한 분, 여러분이 여러분의 심정 속에 유일한 왕(*the only Royal Monarch*)으로 모시고 있는 분[39]은 살아 있는 메시지를 인조 건물에서가 아니라 거대한 나무 아래에서 전달하셨습니다. 이와 같이 위대한 기관의 목표가 그분의 가르침을 전달하는 것이어야 하며, 이 기관은 스리랑카에 있는 모든 남녀 학생들에게 열려 있기를 감히 제안하는 바입니다.

나는 인도에서처럼 이 나라에서도 여러분이 교육을 나날이 점점 비싸게 만들어서 그 교육이 극빈층 아이들이 갈 수 있는 범위를 벗어났다는 사실을 이미 알게 되었습니다. 우리 모두 저 심각한 오류를 범하지 않도록 경계하고, 후손이 당연히 퍼부을 비난을 초래하지 않도록 조심합시다. 그 목적을 위해서 아이들에게 싱할라어를 통해서 알파벳 교육을 보급하는 것이 바람직하다는 점을 최대로 강조하고 싶습니다. 모국어 이외의 언어로 교육받는 나라의 아동들은 자살하는 것과 같다고 나는 확신하는 바입니다. 그것은 그들에게서 생득의 권리를 박탈하고 있습니다. 외국어라는 매체는 아동들에게 부당한 긴장을 야기하고 그들에게서 모든 독창성을 박탈합니다. 그것은 그들의 성장을 저해하고 고

39 〔역주〕 이 연설이 스리랑카의 마힌다대학에서 한 연설이니 물론 붓다를 지칭하는 것이다.

향으로부터 그들을 소외시킵니다. 그러므로 나는 그런 일을 민족 최대의 비극으로 봅니다. 그리고 나는 산스크리트어를 인도의 모국어로 간주합니다. 그리고 나는 여러분 자신이 인도인 중의 인도인이었던 분의 가르침으로부터, 산스크리트어 문헌에서 자신의 영감을 얻었던 분의 가르침으로부터 모든 종교교육을 받아왔다는 것을 압니다. 그래서 나는 스스로 열심히 배워야 할 언어의 하나로 여러분이 산스크리트어를 소개하는 것이 당연하다는 점도 말씀드리고 싶습니다. 나는 이런 기관이 스리랑카에 있는 불교 공동체에게 싱할라어로 쓴 교과서를, 고대 보물 중 최선의 것을 주는 교과서를 공급할 것으로 기대합니다.

달성할 수 없는 이상을 내가 여러분 앞에 제시했다고 생각하지 마시기 바랍니다. 선생들이 모국어의 위엄을 회복하기 위해서, 그리고 거의 망실 직전에 있던 옛 보물의 위엄을 회복하기 위해서 엄청난 노력을 기울인 역사적 사례들이 존재한다는 것을 기억하고 있습니다.

여러분이 체육에 적절하게 주목하니 정말 기쁩니다. 그리고 여러분이 경기를 잘하신 것을 축하드립니다. 나는 여러분에게 전통 민속놀이가 있는지는 모릅니다. 하지만 나는 크리켓과 축구가 거룩한 이 땅에 도래하기 전, 소년들이 놀이를 전혀 하지 못했다는 말을 듣는다면, 대단히 놀랐을 것이고 아주 고통스러워했을 것입니다. 여러분에게 민족적인 놀이가 있다면, 나는 이 기관이야말로 그러한 옛날 놀이를 부흥하는 데 앞장서는 곳이기를 강조하고 싶습니다. 우리 인도에는 크리켓이나 축구만큼 재미있고 사람을 흥분시키고, 축구만큼 위험이 따르지만 그러면서도 실제 비용이 거의 들지 않기 때문에 저렴하다는 이점까지 있는 민속놀이가 있습니다.

나는 '오래된'(*ancient*)이라는 이름 아래 통용되는 모든 것을 무조건 맹신하는 숭배자가 절대 아닙니다. 어떤 것이 아무리 오래된 노력이라고 해도 사악하거나 부도덕한 것이라면 나는 그것을 파괴하는 데 주저한 적이 없습니다. 나는 그와 같은 유보적인 태도를 갖고 있지만 고대 기관들의 숭배자라는 점, 그리고 현대적인 것이면 어떤 것에라도 돌진하는 사람들이 자신들의 고대 전통을 통째로 경멸하고 삶에서 그것을 무시한다는 사실에 생각이 미치면 마음이 아파 온다는 점을 고백하지 않을 수 없습니다.

우리 동양인은 조상들이 우리에게 제시한 모든 것들이 미신의 다발에 불과하다고 너무나 자주 성급하게 판단합니다. 하지만 나는 동양이 보유하고 있는 더없이 훌륭한 보배에 대해서 상당히 오랜 세월 동안 경험을 쌓은 결과, 그 안에 미신적인 것이 많이 있을 수도 있지만, 미신적인 아닌 것, 게다가 우리가 올바르게 이해하고 실천하기만 하면, 우리에게 생명을 주고 우리를 고귀하게 만드는 것들이 무한히 많이 존재한다는 결론에 도달할 수 있었습니다. 그러므로 서양의 피면적인 현혹에 의해서 눈멀지 맙시다.

다시 한 번 주의의 말씀을 드립니다만, 내가 서양에서 온 것이라면 뭐든 무조건 경멸하는 사람이라고 믿으시면 안 됩니다. 나 자신이 서양에서부터 많은 것을 받아들여서 소화했습니다. 우리로 하여금 바람직한 것과 바람직하지 못한 것, 옳은 것과 그른 것을 항상 분별하게 해 주는 특별한 능력을 표시하는 대단히 훌륭하고 효과적인 산스크리트어 단어 하나가 있는데, 그것은 비베카(*viveka*)로 알려져 있습니다. 그것을 영어로 번역하면 가장 근접한 것이 분별(*discrimination*)입니다. 나는 여러분이 이 말을 팔리어와 싱할라어 속에 편입시키기를 진정으로 바랍니다.

여러분의 교과 내용과 관련하여 말씀드리고 싶은 것이 하나 더 있습니다. 나는 수공예에 대한 내용을 좀 보고 싶었습니다. 여러분이 돌보고 있는 소년들에게 현재 수공예를 진지하게 가르치고 있지 않다면,

이 섬에 익히 알려져 있는 수공예, 그리고 반드시 필요한 수공예를 도입하기를 여러분에게 역설합니다. 그 도입이 시기적으로 너무 늦지만 않다면 말입니다. 우리는 이 기관을 졸업하는 소년들이 모두 서기나 공무원이 될 것이라고 기대하지도 않고, 그들이 그렇게 되고 싶어하지도 않을 것임은 분명합니다. 소년들은 이 민족의 기운에 뭔가를 보태려면 모든 민속 공예를 익숙하게 될 때까지 배워야 할 것입니다. 내가 알기로는 문화 훈련으로서 그리고 가난한 사람들 중에 가장 가난한 자들과 하나됨의 상징으로서, 물레질만큼 고귀한 것이 없습니다. 그것은 간단해서 배우기도 쉽습니다. 여러분이 물레를 돌리면서 여러분 자신을 위해서가 아니라 이 나라에서 가장 가난한 자를 위해서 돌린다는 생각까지 보탠다면, 고상한 성사(聖事, *sacrament*)가 될 것입니다. 이런 성사에는 어떤 다른 직업, 다시 말하자면 졸업 이후 소년들이 자신들의 생계를 벌 수 있을 것으로 생각할 수 있는 다른 수공예가 추가되어야 합니다.

여러분은 종교교육을 위해서 올바른 장소를 택한 것으로 보입니다. 나는 종교교육을 위한 최선의 방법을 알아내기 위해서 많은 소년과 실험을 해보았습니다. 그 결과 책을 통한 교육이 약간 도움이 되기는 하지만, 그것 자체만으로는 아무 짝에도 쓸모없다는 것을 알았습니다. 종교교육은 스스로 그 종교 안에 살아가는 선생들을 통해서 전달된다는 것을 발견했습니다. 학생들은 선생들이 읽어 주는 책이나 입술로 하는 강의에서보다는 선생 자신들의 삶에서 더 많은 것을 흡수한다는 점을 나는 알았습니다. 소년 소녀들이 선생들의 생각을 읽어낼 수 있는 무의식적인 통찰력을 갖고 있다는 것을 발견하고, 나는 매우 기뻤습니다. 입술로는 이것을 가르치고, 가슴에는 다른 것을 간직하는 선생들에게 화 있을진저!

이제 소년들에게 한두 마디만 하고 그치겠습니다. 나는 수많은 소년 소녀의 아버지, 아니 수천 명의 소년 소녀의 아버지라고도 할 수 있습니다. 소년들이여! 여러분의 운명은 결국 여러분 자신들의 손에 달려 있다는 점을 말씀드리고 싶습니다. 나는 여러분이 학교에서 무엇을 배우든 말든, 다음 두 조건을 지킨다면 상관하지 않겠습니다. 그중에 하나는 여러분이 상상할 수 있는 가장 불리한 상황에서도 두려움 없이 진실해야 한다는 것입니다. 진실하고 용감한 소년은 파리 한 마리에게 해를 끼칠 생각조차 하지 않을 것입니다. 그는 학교에서 약한 소년들을 모두 지킬 것이고, 학교 내외에서 자신의 도움을 필요로 하는 모든 사람들을 도울 것입니다. 심신과 행동에서 개인적 순결을 준수하지 않는 소년은 모든 학교에서 쫓아내야 합니다. 기사도를 갖춘 소년이라면 마음은 항상 순결하고, 눈은 사물을 바로 보고, 손은 더럽지 않을 것입니다. 여러분은 이와 같은 인생의 좌우명을 배우기 위해서 학교까지 갈 필요가 없습니다. 여러분이 이 세 가지 품성을 갖고 있다면, 견고한 토대 위에서 성장해 나갈 것입니다.

진실한 아힘사와 순결이 여러분의 삶에서 영원히 방패가 되기를 기원합니다. 신이 여러분의 고상한 야망을 실현할 수 있도록 도와주시기를. 나를 이 행사에 참여할 수 있도록 초대해 주셔서 다시 한 번 감사드립니다.

마힌다[40]대학에서의 연설, 갈,[41] 《스리랑카에서 간디지와 함께》 (*With Gandhiji in Ceylon*), 105~109면 ; 《전집》 40 : 286

---

40 〔역주〕 마힌다(Mahinda)는 팔리어로, 싱할라 말로는 마헨드라(Mahendra)로서, 스리랑카의 불교 포교자. 일반적으로는 인도 아소카 왕의 아들로 알려져 있는데, 스리랑카에서는 국교인 불교의 기초를 닦은 전도자로서 추앙받고 있다. 마힌다대학은 그를 기념하여 세운 대학일 것이다.

41 〔역주〕 갈(Galle) 옛 이름은 'Point de Galle'. 스리랑카의 항구도시. 섬 남쪽 해안의 큰 항만에 자리잡고 있다.

174) 인격 형성

나는 기초교육에 관해서 세 개의 기고문을 썼으므로, 이제 다음 질문에 쉽게 대답할 수 있다.

질문 1 당신은 영어가 학생들에게 주는 부담을 덜어 주는 것이 그들 인생에서 수년을 절약해 주는 것과 같다고 말한 적이 있습니다. 만일 우리가 국민교육을 나라 전체의 교육을 의미하는 것으로 해석한다면, 사회에 주는 부담은 얼마나 되겠습니까? 햇수로 따지자면 몇 해나 되겠습니까?

답변 '영어가 주는 부담을 덜어 준다'라는 구절의 의미부터 먼저 설명하겠습니다. 학생들에게 영어를 조금이라도 가르쳐서는 안 된다고 내가 주장하는 것은 아닙니다. 그러나 프랑스인이 영어를 배우는 것과 같은 방식으로 우리도 영어를 외국어로서 배우도록 해야 합니다. 우리가 만일 영어를 그 정도로만 배운다면, 우리는 정확하게 영어로 생각하고, 말하고, 쓰는 것에 대해서 고충을 겪지 않아도 될 것입니다. 내 의견으로는, 적어도 학생의 인생에서 5년은 이 부담 때문에 낭비되고 있습니다. 이것만이 아닙니다. 5년 동안 야기된 긴장 때문에, 사유의 능력은 영향을 받고, 육신은 약해지고, 잉크 압지(壓紙)처럼 피상적인 방식으로 모방하기만을 시작합니다. 그가 필요로 하는 지식을 모국어로 얻는 데 5년을 보낸다면 그 사람은 얼마나 많이 배울 수 있겠습니까! 그것으로 그는 얼마나 많은 시간을 절약할 수 있겠습니까! 그는 자신의 언어로 가장 좋은 생각을 쉽게 배울 수 있고, 외국어의 어려운 발음을 배우는 부담을 덜 수 있을 것입니다.

질문 2 아동교육에서부터 대학교육에 이르기까지 교육비는 아주 비쌉니다. 이 두 가지 모두가 국민교육에 포함될 수 있습니까? 당신은 그 대안으로 저렴한 비용으로 견실한 교육을 평등하게 제공할 수 있는 방안이 있습니까?

답변 나는 앞에서 말한 세 개의 기고문에서 아동교육이 어떻게 저렴한 것으로, 그리고 거의 자립적인 것으로 될 수 있는지 보여주기 위해서 노력했습니다. 우리가 대학교육을 짤 때 초등교육을 도울 수 있는 방식으로 짠다면, 대학교육이 저렴해질 수 있고 대학생들은 국민에게 유익한 필수적인 지식을 얻을 수 있을 것입니다. 만일 '견실한(*solid*) 교육'이 정부학교들이 제공하는 것과 유사한 교육을 의미한다면, 그 질문은 여기에서는 관계없는 것입니다. 왜냐하면 나는 그런 교육을 견실한 교육으로 간주하지 않기 때문입니다. 국민대학이나 초등학교에서 주어지는 교육은 정부학교가 제공하는 교육과는 분명 다른 것이고, 대단히 자주 독특하고 독창적인 교육입니다. 그래서 그것은 나름대로 견실한 것입니다.

질문 3 전통의 주창자들은 구루에 대한 헌신을 생도들에게 주입하려고 합니다. 그들은 생도들에게 학문이 다른 방식이 아니라 오로지 구루를 기쁘게 함으로써만 얻어질 수 있다고도 하고, 구루를 기쁘게 하지 않거나, 그에게 봉사하지 않고 시중들지 않는다면, 그가 음흉하게도 지식을 주지 않는다고 합니다. 구루를 이런 방식으로 사악하게 만들지 않으려면, 우리는 늘 구루에게 아첨해야 한다 등등을 얘기합니다. 이것이 구루박티(*gurubhakti*)[42]의 정의입니까?

---

42 〔역주〕 이 산스크리트어를 직역하면 '구루에 대한 신애(信愛) 또는 헌신'의 의미이다. 얘기의 주제는 '스승에 대한 존경'이다.

답변 나는 구루박티를 믿는 사람입니다. 하지만 모든 선생들이 다 구루가 될 수 있는 것은 아닙니다. 구루와 제자의 관계는 영적이며 자발적인 것이지, 인위적인 것도 아니고 외부의 압력에 의해서 창조될 수 있는 것도 아닙니다. 그런 구루들이 아직까지 인도에서 발견됩니다. (내가 여기에서 말하고 있는 구루는 해탈을 주는 구루가 아니라는 점을 경고하지 않더라도 아실 것입니다.) 그런 구루에게 아첨할 필요는 결코 없을 것입니다. 그러한 구루에 대한 존경은 자연스러울 뿐이고, 제자에 대한 구루의 사랑 역시 자연스러운 것입니다. 따라서 한편은 언제나 줄 준비가, 다른 한편은 언제나 받을 준비가 되어 있습니다. 반면, 보통의 지식은 누구에게서라도 받아들일 수 있는 것입니다. 나는 나와 인간적인 관계가 없는 목수, 내가 그의 결점을 알고 있는 목수로부터도 많은 것을 배울 수 있습니다. 나는 점원에게서 물건을 사는 것과 같이 그로부터 목공 기술을 얻을 수 있습니다. 물론, 여기에도 일정 종류의 믿음이 필요합니다. 내가 목공에 대해서 목수가 가진 지식에 대해서 믿음이 없다면 그로부터 목공을 배울 수 없을 것입니다. 하지만 구루박티는 이와 전혀 다른 사안입니다. 교육의 목표인 인격 형성(*character-building*)에 있어서 구루와 제자의 관계는 지극히 중요하며, 가장 순수한 형태의 구루박티가 없다면 인격 형성은 있을 수 없습니다.

교육에 관한 질문 1(G.), 〈나바지반〉, 1928. 6. 3 ; 《전집》 42 : 98

175) 만인을 위한 교육

질문 14 당신이 이 나라에서 공공생활에 들어온 이래, 한 사람이든 집단이든 그들이 의심이 생기고 분명한 결론에 도달하지 못했을 때마다, 당신에게 접근하여 어떤 문제에 대해서 당신의 견해를 구하게 되는 경향이 생겼습니다. 사람들은 특정한 경우 특정한 일이 옳은지의 여부에 대해서 당신의 의견을 간절히 바랍니다. 나는 있는 그대로 묘사하고 있을 뿐입니다. 당신의 모든 활동이 기본적으로는 종교적인 성격임을 알 수 있습니다. 당신이 이 세상에 더 이상 존재하지 않게 되면, 그리고 필요하다면 한 단체의 사람들이 다수 투표로 이런 결정을 내려야 합니까? 만일 그렇지 않다면, 다르마 계율을 익숙하게 잘 알고 있는 식자층으로 이뤄진 지속적인 맥을 만들어야 할 필요가 있지 않겠습니까?

답변 나는 사람들이 나에게 와서 논쟁점들에 대해서 판정해 달라고 요구하는 일을 가치 있는 일로 여기지 않습니다. 나의 모든 활동이 겉모습과는 관계없이 근본적으로 종교적이라는 점은 사실입니다. 그러나 모든 논쟁거리에 대해서 나에게 판정해 달라고 요청한다는 사실은, 사람들이 나의 행동을 형성해온 원리들을 이해하지 못했거나 아니면 그 원리들에 대해서 의심이 있음을 보여주는 것입니다. 그리고 내가 마하트마로 알려져 있고 또 훌륭한 사람으로 존경받고 있기 때문에, 그리고 우리 민중은 지나치게 잘 믿고 스스로 생각하지 않기 때문에, 온갖 유형의 문제들을 계속 나에게 던집니다. 이것이 나의 자부심을 충족시킬 수도 있고, 내 일을 하는 데 어느 정도 도움이 되기도 합니다만, 민중이나 질문자를 괄목할 만한 정도로 돕는 것으로는 보이지 않습니다. 나는 일체의 선언을 중지하고 생각이 조용히 떠오르는 대로 행할 수 있다면 얼마나 좋을까라고 종종 느낍니다. 그러나 그런 경우, 나는 지금 발행하고 있는 이 주간지를 먼저 그만두어야 하고, 동시에 현재 왕래하는 편지의 양을 크게 줄여야 할 것입니다. 하지만 그렇게 하자면 용기가 필요할 것인데, 내 속에 그런 용기가 지금은 없는 것 같습니다. 그러나 인간의 위대한 친구인 죽음의 주님(*the Lord of Death*)이 계시므로, 그분은 나에게 언제든 초청장을 보내셔서, 나의 동의 여부와는 관계없이 내 편에서 하는 이 모든 잡담(*all this chatter*)에 종지부를 찍으실 것입니다.

내가 이 세상에 없을 때나 내가 살아 있는 지금, 나의 원리를 추종하는 사람들로 이뤄진 단체들이나 연대들이 쟁점 사항에 대해서 다수결로 자신들의 의견을 표한다고 해도 거기에 무슨 잘못이 있다고 생각하지 않습니다. 그러나 개인의 경우와 마찬가지로 집단의 경우에도 그들은 다르마라는 이상으로부터 영감을 받아야 합니다.

질문 15 비드야피트에서 하는 교육은 3단계, 즉 기초·중급·고급으로 분명히 나눠집니다. 이들 교육을 각각 촌락교육, 도시교육, 사회봉사의 일에 종사하려는 사람들을 위한 교육이라고 부르는 것이 어느 정도 옳습니까?

답변 나는 투고자가 기초교육·중급교육·고급교육에 제각기 부여한 의미들을 좋아하지 않습니다. 우리가 어떻게 촌민들이 기초교육만으로 만족하기를 바랄 수 있습니까? 그들 역시 중급교육과 고급교육을 받을 권리가 있습니다. 적어도 원하는 자에게는 말입니다. 그리고 도시의 아동들은 기초교육 없이 살아갈 수 없을 것입니다. 상기 3종 교육의 목표는 촌락들의 번영이어야 할 것입니다.

질문 16 당신은 왜 음악에 그렇게 큰 중요성을 늘 부여합니까?

답변 음악교육이 오늘날 우리나라에서 일반적으로 무시되고 있는 것은 슬픈 일입니다. 음악이 없다면, 교육제도 전체는 나에게 불완전한 것으로 보입니다. 음악은 개인에게 그리고 민중의 사회적 삶에 감미로움(*sweetness*)을 가져다줍니다. 프라나야마(수식관, 數息觀)[43]조차 호흡의 조절을 위해서 필수적이듯이, 음악은 목소리 훈련에 필수적입니다. 음악에 관한 지식을 민중 속에 확산하는 일은 우리나라 공공 집회의 일상적 모습인 소음을 조절하고 중지시키는 데 큰 도움을 줄 것입니다. 음악은 분노를 달래고, 음악을 적절하게 사용하는 일은 사람을 신에 대한 비전으로 인도하는 데 대단히 큰 도움이 됩니다. 음악은 장황한 얘기와 같은 음조를 비명 지르듯이 고함치는 것을 의미하는 것도 아니고, 무대에서 노래 부르는 것을 의미하는 것도 아닙니다. 나는 위에서 음악의 일상적 의미에 대해서 이미 언급했습니다. 그러나 그보다 깊은 의미는 우리의 삶 전체가 노래와 같이 감미롭고 음악적(*musical*)이어야 한다는 것입니다. 진실·정직 등의 덕의 실천 없이 인생이 그렇게 될 수 없다는 것은 말할 것도 없습니다. 인생을 음악적으로 산다는 것은 인생을 신과 하나되게 한다는 것, 그분 안에 융합되는 것을 의미합니다. 자신 안에서 아직 라가(*raga*)와 드베샤(*Dwesha*)[44] 곧 호오를 제거하지 못한 자, 봉사의 기쁨을 맛보지 못한 자는 천상의 음악(*celestial music*)에 대해서 조금도 이해할 수 없습니다. 그러나 이 신성한 예술이 갖고 있는 이와 같은 깊은 면모를 설명하지 못하는 음악 공부는 나에게 가치가 거의 없습니다.

질문 17 회화(*painting*)라는 예술은 선과 색채를 통해서 예술가의 감정들(*emotions*)을 표현하는 것을 의미합니다. 만일 회화에 대한 이 정의가 수용된다면, 당신은 회화를 만인에게 보편적으로 가르쳐야 할 국민교육의 구도에 필수과목으로 포함하겠습니까?

---

43 호흡 조절.

44 〔역주〕 dvesha로 표기되기도 한다.

답변 나는 한 번도 데생과 회화를 멸시한 적은 없습니다. 다만 내가 회화라는 이름 아래에 통용되는 잉크와 물감의 얼룩들은 분명히 반대합니다. 나는 저 예술가가 정의하는 회화가 보편적인 것이 될 수 있을지 의심을 품고 있습니다. 음악과 회화 사이에는 차이점이 있습니다. 회화는 그것에 대해서 자연스런 적성이 있는 소수의 사람들이 배울 수 있지만, 음악은 모든 사람들이 배워야 하고 배울 수 있습니다. 회화에서도 직선 긋기와 생물과 무생물의 모습 그리기는 모두에게 가르칠 수 있습니다. 그것은 분명 유용하고 필수적입니다. 나는 모든 아동들에게 알파벳을 가르치기 전 회화를 가르치기를 바랍니다.

질문 18 문법 · 복리(複利) · 고급 기하학 등은 나이가 들면 쉽게 망각하기 쉬운 과목들인데, 이런 과목들이 국민교육의 목적을 위한 틀에 포함되어서는 안 된다는 견해가 있습니다. 당신은 이런 견해에 동의합니까? 만일 동의한다면, 우르두어 역시 동일한 범주 안에 들어가야 하지 않겠습니까? 힌두들과 무슬림들이 서로 가까워지고 싶고 상대방의 문화를 이해하고 싶은 충동을 느낄 때만, 산스크리트어와 우르두어 지식이 유용하고 지속적인 것으로 판명될 것입니다. 우르두어가 매개하는 문화를 존중하고 그 문화를 배우고 싶은 욕구가 있는 경우에만, 우르두어에 대한 지식은 활발하게 사용될 것이며 따라서 증가할 수도 있을 것입니다. 그때까지 그것은 가네슈 신에 대한 숭배와 같은 종교 의례 정도—실제 가치는 아무것도 없이 형식적인 일—로 남아 있을 수밖에 없을 것입니다.

답변 나는 문법, 복리, 고급 기하학이 하나로 묶인 이유를 이해하지 못합니다. 문법이 언어 숙달을 위해서 절대 필요한 과목이고, 문법과 고급 기하학이 아주 흥미로운 과목이라고 언제나 믿어왔습니다. 둘 다 해롭지 않은 재미, 지적인 재미를 제공합니다. 그래서 나는 고등교육을 좋아하는 자들, 또는 언어학을 공부하고 싶어하는 자들을 위해서 국민교육 안에 이 두 과목을 설치할 것입니다. 마찬가지로 부기(簿記)를 잘하고 싶어하는 사람은 복리를 배우지 않고서는 잘할 수 없을 것입니다. 그러므로 투고자가 질문에서 언급한 세 과목은 모두 국민교육의 실러버스에서 합당한 자리를 차지하게 될 것입니다. 요점은 교육의 모든 구도에 공통되는 과목들이 있다는 것입니다. 오늘날 정부교육(*Government education*)이 국민 발전을 저해하고 있으므로, 우리는 그것을 국민교육(*National education*)과 구별해야 합니다. 그러나 정부학교에 포함되어 있는 것들 가운데 우리 학교에 있게 될 것, 있어야 할 것도 많이 있습니다. 따라서 양자 사이에 유사성이 있다고 해도, 정부학교의 분위기는 노예제도의 족쇄를 강화하고, 결정적 순간에는 우리를 억압하기 위하여 사용됩니다. 그러므로 그런 학교는 포기해야 합니다. 그 외에도 우리가 살펴본 대로 그곳에서 전달되는 교육의 적어도 일부는 전적으로 불필요합니다. 그것은 부담에 불과합니다. 하지만 나는 이 논의 주제로부터 벗어나고 있습니다. 내가 스스로 이 질문 배후의 요점을 파악하지 못한 것은 아닌가 하는 느낌을 갖게 되었기에, 나는 이에 대해서 해명하는 것이 적합하다고 생각했습니다.

우르두어는 위에 언급한 주제와는 별개의 것입니다. 우르두어 공부의 문제는 별도로 논의되어야 합니다. 힌두와 무슬림은 결국 통일될 것이지만, 우리는 국민교육기관에서 양편을 접근시키는 일에 부단히 있는 힘을 다해서 노력해야 합니다. 우리는 이를 위해서 상대방의 종교를 알아야 합니다. 만일 학생들이 우르두어를 아주 조금만 배웠지만 그것을 망각한다면, 그들이 그 공부를 진지하게 여기지 않았던 것이 분명하며, 앞으로는 꼭 배워야 할 경우에만 배워야 할 것입니다. 그러나 이 말은 힌디어에 대해서도 마찬가지입니다. 학생들 사이에서 힌디어나 우르두어에 대한 관심이 어떻게 형성될지는 신만이 알 수 있습니다. 그러나 내 마음에 그것에 대한 지식은 이 나라의 진보를 위해서 필요하다는 점에 대해서는 의심이 없습니다.

질문 19 학생들은 완전한 자유를 누려야 합니다. 그들의 자유로운 성장을 방해하는 것이 있으면 안 됩니다. 이 목적을 달성하기 위해서 선생들은 어떤 것에 대해서 편견이나 반감이 있어서는 안 됩니다. 가르치는 동안 어떤 특정한 규칙, 습관 또는 원리에 대해서 편파성이 없는 것처럼 행동해야 합니다. 선생에 대한 이러한 이상은 여러 장소에서 수용될 것입니다. 당신은 그것을 인정합니까?

답변 우리는 위에서 말한 내용을 반대할 수도 있고 지지할 수도 있습니다. 그 내용이 진정한 본질을 보존하는 일을 돕지 못한다면 반대해야 하고, 그것이 도움이 된다면 학생들에게 완전한 자유가 허용될 수 있을 것이며, 선생들은 그들이 원하는 대로 초연한 채 중립을 지킬 수도 있을 것입니다. 선생들은 학생들의 독립을 보장해 주기 위해서 자신들이 원하는 대로 해도 좋지만, 학생과 하나가 될 정도로 학생과 섞여야 한다는 유일한 조건은 지켜져야 합니다. 아카[45]의 말대로, 나는 선생들에게 다음과 같이 말하고 싶습니다.

---

45 〔역주〕 Akha Bhagat(1591~1656) : 구자라트 출신의 시인 겸 성자. 아코(Akho)라고도 부른다. 《전집》 권 42, 190면.

이 세상을 원하는 대로 사십시오.
그러나 당신 마음 앞에 부단히
무슨 값을 치러서라도 신을 얻으려는 목적을 두십시오.

이상적인 선생은 자신 앞에 어떤 다른 목적을 둔 적이 있어서는 안 되고 두어서도 안 됩니다.

교육에 관한 질문 5(G.), 〈나바지반〉,
1928. 7. 1 ; 《전집》 42 : 206

3. 여 성

176) 여성참정권 운동

영국 여성들은 모든 예상을 뛰어넘었다. 인도인 사회가 트란스발에서 추악한 법률에 대한 투쟁을 개시했을 때, 영국에서는 여성참정권 운동이 수개월 전에 이미 시작되었고, 그들은 조금도 굽히지 않고 그 투쟁을 계속하고 있다. 트란스발 인도인의 투쟁은 이 여성들의 용기와 끈기에 비하면 아무것도 아니다. 더구나 영국 여성들은 수많은 여성의 반대에도 직면해야 한다. 여성 자신들에 대한 선거권인데도, 찬성하는 여성들보다 반대하는 여성들의 수가 훨씬 더 많다. 그 여성들은 소수에 불과한데도 패배를 인정하지 않았고 억압을 받으면 받을수록 더 강력한 저항을 전개하였다. 그들 중 많은 사람은 수감되었으며 비열하고 겁쟁이 남성들한테 채이기도 하고 돌팔매질을 당하기도 했다. 하지만 지난주에 도착한 전보에 따르면 그들은 투쟁을 더욱 강화하기로 결의했다고 한다. 이 여성들과 그들의 남편들은 정부에 세금도 납부해야 한다. 세금을 납부하지 않으면 그들의 소유물은 무엇이든 경매처분 당할 수 있다. 심지어 투옥당할 수도 있다. 그러나 여성들은 이제 그들의 권리(*rights*)를 얻을 때까지 어떤 세금이나 부과금도 납부하지 않을 것이며, 소유물이 경매처분 당하기를 허용하고, 자신들은 투옥을 감수하기로 결의했다.

이 용기와 끈기는 트란스발 인도인들, 아니 인도인 사회 전체가 본받아야 한다. 나탈 인도인들은 허가 없이 교역한 일에 대해서 자신들의 물건이 경매당하는 일을 훨씬 큰 난관이라고 생각하고 있다. 이들은 정부가 많은 수의 사람의 물건은 경매할 수 없다는 점을 알지 못한다. 그러나 정부가 경매했다고 해도 무슨 상관이란 말인가? 여성들이 선거권을 위해서 자신들의 소유물을 포기할 수 있는데, 우리는 우리 자신들의 생계를 위해서 투쟁하면서 그와 유사한 난관을 왜 감내할 수 없을까? 여성참정권 운동은 장기간 지속될 것이고, 그들은 결단코 지치지 않고 운동을 유지해나갈 것이다. 그들은 진리에 대해서 신앙을 갖고, 그들 자신이 권리를 향유할 것이 아니라 그 뒤에 올 세대들이 그것을 향유한다고 해도, 그들 자신이 향유한 것만큼이나 좋다고 납득하면서 계속 투쟁할 것이다. 인도인들도 동일한 정신으로 싸워야 할 것이다.

용감한 여성들(G.), 〈인디언 오피니언〉, 1907. 12. 28 ; 《전집》 8 : 22

177) 여성과 자아실현[46]

〔*1926*〕

나는 다음과 같은 이상을 갖고 있습니다. 즉, 남성은 남성이면서 여성이 되어야 하고, 마찬가지로 여성은 여성이면서 남성이 되어야 한다는 것입니다. 이것은 남성이 여성의 온화함(*the gentleness*)과 분별력을 길러야 하고, 여성은 심약함을 던져 버리고 용기를 가져야 하고 용감해져야 한다는 것을 의미합니다.

여성은 질투심이 있다고 하지만 이 말은 남성이 이러한 잘못에서 자유롭다거나 모든 여성이 질투한다는 것을 의미하는 것은 아닙니다. 여성은 24시간 동안 항상 집안에 머물러 있어야 하므로 질투심이 보다 두드러지는 것뿐입니다. 이것이 전부입니다.

* * *

여러분을 가르치는 일에 대한 나의 인내심은 무한합니다. 여러분의 배우려는 의향이 그칠 경우에만 그것은 그칠 것입니다.

* * *

남녀 모두 두려움을 갖지 않을 수 있습니다. 남성은 자신이 두려움을 갖지 않을 수 있다고 생각하지만, 그것이 항상 사실인 것은 아닙니다. 이와 유사하게, 여성은 스스로 연약하다고 생각하고 그렇게 불려도 항의하지 않습니다. 이 역시 옳지 않습니다. 여성은 두려워할 필요가 전혀 없습니다. 나는 미라바이에 대해서 그저께 들은 말을 여러분에게 소개하겠습니다. 미라바이는 브린다반에 가서 사두의 집 문을 두드렸습니다. 사두는 여성을 한 번도 만난 적이 없다고 안

46 〔역주〕 1926년 여성을 위한, 여러 번의 아침기도모임에서 간디가 말한 것을 마니벤 파텔이 기록한 것. 《전집》 권 37, 467면.

에서 대답했습니다. 미라바이는 그에게 물었습니다. "당신은 누구십니까? 저는 오직 한 남성, 즉 크리슈나 님만을 알고 있습니다." 이 말을 듣고, 사두는 문을 열고 미라바이의 발아래 엎드렸고, "당신은 오늘 제 눈을 열어 주셨습니다. 저는 지옥으로부터 구원을 받았습니다"라고 말했습니다.

* * *

남성과 여성은 모두 정염(*passions*)에 굴복하는 한 두려움을 갖고 있습니다.

드라우파디는 유디슈티라가 보여준 것과 같은 위대한 힘을 보여주었습니다.

드라우파디는 한때 다섯 사람의 남편이 있었지만 '정숙하다'는 말을 들었습니다. 그 이유는 그 시대에 한 남성이 여러 아내를 둘 수 있듯이, 한 여성도 (어떤 지역에서는) 여러 남편과 결혼할 수 있었기 때문입니다. 결혼의 규범은 시간과 장소에 따라서 변합니다.

그러나 다른 관점에서 보면 드라우파디는 마음의 상징입니다. 그리고 다섯 판다바 형제들은 통제하에 있는 다섯 감관을 의미합니다. 그것들이 통제되는 것은 참으로 바람직한 일입니다. 오관이 전부 마음의 통제 아래 있으면서 정화되었으므로, 마음(드라우파디)은 오관(판다바 형제들)과 결혼했다고도 말할 수 있습니다.

드라우파디가 보여준 기운은 막대합니다. 비마와 다르마라자 유디슈티라조차 그녀를 두려워했습니다.

나는 교도소에 있을 때 《마하바라타》의 한 대목에 나오는 크리슈나 신에게 드린 드라우파디의 기도문을 읽고 처절하게 울었습니다.

드라우파디의 기도문은 그 안에 비범한 힘이 있습니다. 북인도의 수없이 많은 사람이 이 시구를 음송했습니다.

간디와 인도 여성들 (1942)
간디는 수많은 여성 지식인과 교유했으며 여성의 지위 향상을 위해서 힘썼다. 사진은 여성 시인 사로지니 나이두(간디의 왼쪽)를 비롯한 인도 여성들에게 둘러싸여 환하게 웃고 있는 간디의 모습이다.

이처럼 말의 힘 역시 말 아래 있는 고행에 비례하여 늘거나 줄거나 합니다. '옴'(*AUM*)이라는 말 안에 무엇이 있습니까? 그것은 단순히 아(*a*), 우(*u*), 므(*m*)의 세 음절로 구성되어 있습니다. 그러나 그 가치는 그와 관련된 고행(*penance*) 안에 있습니다. 그 말의 배후에 더 혹독한 고행이 있다면 가치는 더 커집니다. 드라우파디의 경우도 같습니다. 그녀는 브야사(Vyasa)가 창조해낸 가공인물로 간주되기조차 합니다. 따라서 그와 같은 여성이 존재했을 수도 존재하지 않았을 수도 있습니다. 그러나 브야사의 고행이 갖는 위대한 힘, 그리고 브야사가 드라우파디의 입을 빌린 기도문을 수천만 명의 사람이 암송한 일이 그 기도의 가치를 높였습니다.

'고빈다'(*Govinda*)는 감각의 주인을 의미합니다. 고피스(*gopis*)란 말은 수천 개의 감각기관을 의미합니다. 고피자나프리야(*Gopijanapriya*)는 대중의 연인을, 즉 연약한 자들의 연인을 의미합니다. 드라우파디는 카우라바 형제들에 의해서 포위되어 있었습니다. 카우라바 형제들은 우리의 사악한 욕망입니다. 드라우파디는 "오 케샤바여, 어떻게 당신이 저를 모르실 수 있습니까?" 하고 울부짖습니다. 그것은 고뇌에 찬 사람의 외침, 슬퍼하는 자의 목소리입니다. 우리 모두 사악한 욕망을 가진 것이 아닙니까? 우리가 정염에서 자유로울 때가 언제입니까? 드라우파디는 자신이 카우라바 형제들에 의해서 둘러싸여 있었다고 말합니다. 여기에서 '카우라바 형제'들은 사악한 자들(*wicked persons*)을 의미할 수 있습니다. 그러나 우리는 사악한 자들에 의해서라기보다는 우리 자신의 나쁜 욕망들(*evil desires*)에 의해서 더 심하게 압도당합니다. 따라서 '카우라바' 형제들은 나쁜 욕망이라고 해석하는 편이 더 낫습니다.

드라우파디는 신의 종이기에, 드라우파디 자신은 그분과 다투기도

할 수 있는 권리도 있습니다. 그녀는 다음과 같이 외칩니다. "오 주인이시여, 오 주님이시여, 오 라마라트여(락슈미파티, 세상의 주님이시여), 구원을 주시는 분이시여, 자아실현을 가져오는 분이시여, 브라즈나트(우주의 주인)여, 아르티나샤나(슬픔을 물리치시는 자)여, 저는 카우라바 바다에서 허우적대고 있습니다. 즉, 저는 무수한 욕망의 늪에서 가라앉고 있습니다. 저는 사악한 정염으로 가득 차 있습니다. 저를 구원해 주십시오."

드라우파디는 "크리슈나 님, 크리슈나 님"이라고 반복하여 외칩니다. 사람이 커다란 기쁨이나 불행 속에 있을 때, 그는 신을 두 차례 부릅니다. 그리고 "저는 피난처를 찾아서 당신에게로 왔습니다. 저를 구원해 주십시오. 저는 나쁜 정염으로 포위당해 있어서 약해졌습니다. 저의 사지는 무너지고 있습니다. 저를 구해 주십시오"라고 드라우파디는 절규합니다.

봄베이에 자나키바이(Janakibai)라는 여성이 있습니다. 1915년 내가 레바샹카르바이(Revashankarbhai)와 함께 있었을 때, 그녀는 나를 만나러 왔습니다. 그녀는 자신에 대해서 자랑을 많이 했습니다. 그때 나는 그녀를 믿지 않았습니다. 그런데 내가 드와르카(Dwarka)[47]에 갔을 때, 그녀가 거기에도 있었습니다. 나는 그녀에 관해서 특별한 질문을 좀 하고서, 그녀가 가장 사악한 남정네들 사이를 대단히 자유롭게 움직이고 있음을 알아냈습니다. 그녀의 생각은 가장 나쁜 남성들 틈에서 살면서도 정조를 지킬 수 있어야 한다는 것이었습니다. 그들이 화가 났을 때, 어떤 남성도 그녀에게 불경스런 '너'란 말을 사용하지 않는다는 것은 사실이었습니다. 그녀는 그들 틈에서 마치 암사자처럼 움직입니다.

---

47 〔역주〕 구자라트 해안에 위치. 힌두교도의 가장 거룩한 순례지의 하나.

* * *

우리는 드라우파디처럼 무력합니다. 왜냐하면 우리가 온갖 부정(不淨)과 나쁜 욕망으로 가득 차 있기 때문입니다. 뱀 따위에 대한 공포는 우리가 연약하다는 증거입니다. 나는 아슈람에서 최고로 간주됩니다. 그런데도 나는 두려움을 느낍니다. 이는 나 역시 드라우파디보다 무력하다는 것을 의미합니다.

드와르카는 전 세계, 또는 우리 자신을 의미하는 것이지 단순히 카티아와르 포르반다르 인근의 더러운 작은 읍이 아닙니다.

* * *

툴시다스와 같은 남성들조차도 여성들에게 모욕적인 칭호를 사용하고 있는데, 여성들은 이런 사실을 어떻게 받아들여야 합니까? 그것이 툴시다스의 잘못일 수도 있고 시대의 잘못일 수도 있지만, 흠은 흠입니다.

고대 법칙들은 남성 현자들이 제정했습니다. 그러므로 여성들의 경험은 그 안에 대변되어 있지 않습니다. 그러나 엄밀히 말하자면, 남성과 여성 중에 어느 성이든 우월과 열등으로 간주되어서는 안 됩니다. 양자의 자리와 기능이 다르므로, 신이 남녀를 각각 구별해 두었을 뿐입니다.

* * *

오직 자기 자신(*the self*)만이 자신을 일으켜 세울 수 있고, 자신의 도우미가 될 수 있습니다. 오직 여성만이 여성을 높일 수 있습니다. 이것은 타파스차르야(*tapascharya* : 고행)와 어려운 일을 요구합니다. 여성이 남성보다 더 많은 고행을 할 수 있음은 사실입니다. 하지만 타파스차르야는 지성적이어야 합니다. 오늘날 여성은 어쩔 수 없는 처지에서 종처럼 고생할 뿐입니다.

여성 자신을 제외하고는 여성을 구원할 사람이 없다는 점에 대해서 동의할 수 있을 것입니다. 그러나 "그녀가 자립할 수 있을까?" 하고 물을 수도 있습니다. 내 심정은 그럴 수 있다고 대답합니다. 만일 그녀가 사탸그라하를 배운다면 완벽하게 독립하고 자립할 수 있습니다. 또한 그녀는 그 누구에게도 의존한다고 느낄 필요가 없습니다. 이것은 그녀가 다른 사람으로부터 일체의 도움을 받지 않겠다는 것을 의미하는 것은 아닙니다. 그녀는 분명히 도움을 받을 것입니다. 그러나 그런 도움이 오지 않는다고 해도, 그녀는 궁핍을 느끼지 않을 것입니다. 우리가 집착하지 않는다면 받은 물건들을 사용하면서도 독립독행(*self-dependent*)한다고 할 수 있을 것입니다. 그런 상태에서는 우리가 전 세상으로부터 도움을 받는다고 해도, 실제로 어느 누구에게도 의존한 것이 아닙니다. 그리고 그런 도움이 주어지지 않는다면, 우리는 다음과 같이 말할 것입니다. 즉, 도움이 없어도 좋다. 화를 내거나 누구도 비난하지 않을 것이다. 이것이 사탸그라하입니다. 우리가 두려움이 없어야 한다고 확신하는 것만으로는 충분하지 않으며, 우리의 심정에서 두려움이 없어져야 합니다. 하지만 두려움을 버리는 일이 우리가 세상 여론에 대해서 신경 쓰지 않아야 함을 의미하지는 않습니다.

사람은 자신이 무력하다는 생각을 버려야 합니다. 신은 만인을 도우십니다. 여성들이 겪는 현재의 비참한 처지에 대해서 남편들을 비난할 수도 있습니다. 그러나 여성들은 그들 자신의 연약함을 스스로 버릴 수 있는 최선의 방법에 대해서 생각해야 합니다.

* * *

우리 모두를 위한 단 하나의 기도가 있을 것입니다. 우리가 이러한 기도를 올바르게 이해하고 매일 간구한다면, 그것은 우리 마음속 깊이 각인될 것입니다. 케샤바(신)는 언제나 우리와 함께 계십니다.

그는 드와르카와 같은 순례지에 계시지 않습니다. 그것이 시인의 유일한 언어입니다. 드라우파디는 케샤바가 그녀와 함께 계신다는 것을 망각했습니다. 그분은 그녀 몸에 옷을 입히고 또 입히고 언제나 그녀의 옆에 계셨습니다. 나쁜 생각이나 나쁜 욕망들이 우리 마음에 샘솟아 오를 때마다, 우리 자신들에게 "오, 왜 그런 생각이 저에게 옵니까?"라고 기도해야 합니다. 그런 다음 우리는 이 기도의 송구에 대해서 생각해야 합니다.

* * *

이것[48]은 단순한 정치서가 아닙니다. 나는 정치 언어를 사용했습니다만, 다르마의 편린을 제시하기 위해서 진실로 노력했습니다. '힌드 스와라즈'의 의미가 무엇입니까? 그것은 다르마의 통치 곧 라마라즈야를 의미합니다. 나는 남성들의 모임만큼이나 많은 수의 여성 집회에서도 연설을 했습니다. 나는 여성들의 집회에서 항상 스와라즈 대신에 라마라즈야라는 말을 사용했습니다.

이 책은 여러 해 동안 내 생각의 요지였습니다. 우리의 심정이 가득 차게 되면 발설하지 않을 수 없듯이, 심정이 가득 차게 되어서 이 책을 쓰지 않을 수 없었습니다. 이 책은 주로 무지한 대중을 위한 것이었습니다.

* * *

우리가 부모에게서 어떤 성격을 물려받더라도 그것은 우리의 진정한 유산입니다. 그것은 우리의 영적인 유산이라고 말할 수 있으며, 거기에 무언가를 보태는 것이 우리의 의무입니다. 아버지가 자식에게 10만 루피의 유산을 물려주었는데, 자식이 1백만 루피로 불린 다

48 《힌드 스와라즈》.

음, "나에게 고작 10만 루피밖에 물려주지 못한 내 부친은 도대체 어떤 사람인가? 내가 1백만 루피를 모았으니 나는 얼마나 똑똑한 사람인가"라고 말한다면, 그는 사악한 자식입니다. 그의 말에는 자만심(*pride*)이 있습니다. 우리는 부모에게서 물려받은 돈을 불리기를 원하지 않고, 인격에, 영적 유산에 더 보태기를 원합니다. 우리는 그것에 대해서 자만심을 느껴서는 안 됩니다. 영적인 유산은 겸손 없이는 불가능한 것이기 때문입니다.

* * *

태어난 이래 우리가 평생 낯설었던 것 — 예를 들면, 육식 — 을 금한다고 해도 우리가 무엇을 희생하는 것은 아닙니다. 그런 일은 우리에게 대단히 자연스러운 일일 뿐이며, 그런 행동으로 어떤 영웅적 행위를 수행한 것도 아닙니다.

* * *

인간의 아름다움은 인격에 있고 짐승의 아름다움은 그 육신에 있습니다. 예를 들어 암소의 경우, 우리는 가죽·털·발·뿔 등을 보고 그 암소가 얼마나 좋은지 말할 수 있습니다. 하지만 사람은 이와 달리, 그가 5피트 반이라고 해서 좋다고 말하거나, 4피트 반이라고 해서 나쁘다고 말하지 않으며, 그가 5피트 반보다 1인치 더 크다고 해서 더 좋다고 말하지는 않습니다. 사람의 경우 좋고 나쁜 것은 그의 심정에 있는 것이지 육신이나 모은 재산에 있는 것은 아닙니다. 아슈람에서 우리는 심정의 덕성을 기르는 것을 우리의 다르마로 간주해왔습니다. 우리는 먹고 마시고, 모래와 시멘트로 건물을 짓습니다. 그 이유는 우리가 이러한 일을 해야 하기 때문입니다. 우리는 진흙 오두막집을 경멸하지 않았고, 그런 곳에 사는 것을 수치로 여기지 않고, 오히려 사치 속에 사는 것을 정말로 수치로 여깁니다.

우리가 부를 늘린다면 수치를 느끼며 고개를 숙여야 합니다. 우리는 봉사를 위해서 부를 소유할 수 있습니다. 우리는 의지에 크게 반하여 그런 부를 축적해야 합니다. 그러나 어떤 사람들은 탐욕을 자신들의 종교로 삼아서 부를 축적합니다. 이것은 적절치 않습니다. 우리가 외면적인 삶을 점점 복잡하게 하면 할수록, 우리는 도덕적 진보를 저해하고, 우리의 다르마는 손상을 입을 것입니다.

* * *

우리의 상인들은 봄베이 시장에서 수천만 루피를 벌어들입니다. 그것은 우리가 기뻐해야 할 명분은 되지 못합니다. 오히려 뉘우쳐야 할 사안입니다. 봄베이 상인이 중개수수료로 5천만 루피를 벌 때, 영국인들은 9억 5천만 루피를 벌고, 그 돈마저도 빈곤한 자들로 하여금 핏기를 잃을 정도로 출혈하게 함으로써 이 나라로부터 뺏어간 돈이기 때문입니다. 우리는 이것을 자각하지 못하고 있습니다. 그 이유는 3억 3천만 민중의 나라가 출혈하는 데는 시간이 걸리기 때문입니다.

* * *

노동자가 자신의 모든 일을 신에게 바치는 마음으로 행한다면, 그것으로 자아실현을 성취할 수 있을 것입니다. 자아실현은 자아의 순수성을 의미합니다. 엄밀하게 말한다면, 육체노동을 하는 자만이 자아실현을 얻을 수 있습니다. '신은 약한 자들의 힘이기 때문입니다.' 비록 그들의 힘이 신에게서 온다고 해도 '약하다'고 한 것은, '육신의 약함'을 의미하는 것이 아니고, 수단이나 물질의 약함을 의미하는 것으로 이해해야 합니다. 노동자는 당연히 겸손을 길러야 합니다. 왜냐하면 지성의 단순한 발전은 아수리(*asuri* : 악마적) 지성의 발전으로 이어질 수 있기 때문입니다. 단순히 지적인 일을 하게 되면 우리는 아수리 성향을 발전시키게 됩니다. 그래서 《기타》는 노동 없이 먹는 자는 훔친 음식을 먹는다고 말하고 있습니다. 노동 안에는 겸손이 내재해 있습니다. 그리고 그 때문에 구원으로 우리를 인도하는 것이 카르마 요가 곧 행동인 것입니다. 단순히 임금을 위해서 노동하는 것은 카르마 요가가 아닙니다. 생각이 단순히 돈을 버는 데 있기 때문입니다. 돈벌이를 위해서 변소 청소하는 것은 야즈냐(희생제사)가 아닙니다. 그러나 봉사의 길로서, 위생을 위해서, 그리고 다른 사람의 선을 위해서 행해진 것이라면 같은 일이라도 야즈냐가 됩니다. 봉사정신에서 자아실현을 위해서 지극히 겸손한 태도로 육체노동을 한 사람은 자아실현을 얻을 것입니다. 그런 자는 일하기를 절대 주저하지 않을 것입니다. 그는 항상 깨어 있어야 합니다.

* * *

항아리와 주전자가 실제 동일한 색깔일 경우 어떻게 항아리가 주전자더러 검다고 말할 수 있습니까? 이와 마찬가지로 남자가 여자에게 무엇을 말할 수 있고, 그가 어떻게 여자를 비난할 수 있습니까? 수없이 많은 의혹·의심·정염·공포가 여성의 성격을 이루고 있다면, 그것들은 남성 안에도 있습니다. 어떤 판디트들은 여성들은 구원을 얻을 수 없다고 말합니다. 그러나 내가 아는 한 그렇지 않습니다. 비슈누신 교도는 미라바이보다 더 위대한 귀의자가 있었던 적이 없다고 믿습니다. 미라바이가 구원을 얻을 수 없다면, 어떤 남성도 그것을 얻을 수 없을 것이라고 나는 생각합니다.

* * *

농부는 들판에서 잠을 잡니다. 하지만 여러분이나 영국인 관리들이 그곳에서 한번 잠잘 수 있을 것 같습니까? 그렇다면 누가 가난한 자의 느낌에 대해서 걱정합니까? 가난한 농부는 어떤 기쁨을 자신의 삶에서 얻습니까? 그는 이른 아침부터 들판에서 일해야 합니다. 그리고 잠자리도 그곳에 펴야 합니다. 뱀에 물려 죽을 수도 있습니다. 그러나 농부는 강요에 의해서 그런 삶을 영위합니다. 그것이 희생으로 불릴 수 있다면, 그것은 그에게 강요된 희생입니다. 그것은 그가 기차로 여행하기를 거절한 것과 같지는 않습니다. 만일 누군가가 그에게 그럴 기회를 준다면 그는 여행할 것입니다. 그러나 그가 자신의 삶의 특성에 대해서 충분히 알면서도 그런 삶을 영위한다면, 그의 삶은 진실로 축복받을 것입니다. 어떤 성자들은 이 농부와 같은 삶 또는 자다 바라트(Jada Bharat)와 같은 삶을 영위합니다. 그러나 그들의 경우에는 일부러 그런 삶을 살았던 것입니다.

* * *

나는 진흙으로 빚은 형상에게 분명히 예배할 것입니다. 그렇게 함으로써 내 마음이 가벼워진다면 말입니다. 내 인생이 열매를 풍부히 맺는다면, 청년 크리슈나 우상에 대한 예배만으로도 의미가 있을 것입니다. 돌멩이는 신이 아닙니다. 하지만 신은 그 안에 있습니다. 내가 그 우상을 백단나무로 만든 풀로 더럽히고 쌀을 공물로 바치면서, 수많은 머리를 벨 수 있는 기운을 달라고 그 우상에게 기도한다면, 여러분 가운데 한 분은 그 우상을 우물 속에 처박아 버리고 산산조각 내야 할 것입니다.

* * *

우리가 평등의 눈으로 만물을 볼 수 있는 능력을 우리 속에 기르기를 원한다면, 나머지 세계가 얻은 것만을 얻는 것이 우리의 목표입니다. 그래서 전 세계가 우유를 얻는다면 우리는 그것을 가져도 좋을 것입니다. 우리는 신에게 다음과 같이 말하면서 기도해야 할 것입니다. "오 신이여, 당신이 저에게 우유를 허락해 주시려면 그것을 나머지 세상 사람들에게 먼저 주십시오." 그러나 누가 그렇게 기도할 수 있습니까? 오직 다른 사람들에 대해서 많은 동정심(*sympathy*)을 가진 자, 그들의 선을 위해서 수고하는 자들만이 그럴 수 있을 것입니다. 우리는 이 원리를 실행할 수는 없다고 해도, 최소한 그것을 이해하고 그 진가를 인정해야 할 것입니다. 현재 우리가 신에게 하는 유일한 기도는, 우리가 너무나 비참하게 타락해 있으므로 아무리 적은 일을 해도 신이 그것을 받아들여 주시기를 바라는 것이어야 합니다. 우리는 이 방향으로 전진할 수 없을지도 모릅니다. 하지만 신은 우리의 파리그라하(집착 또는 소유)를 줄일 수 있도록 반드시 우리에게 기운을 주실 것입니다. 우리가 지은 죄를 회개한다면, 죄는 더 이상 늘어나지 않을 것입니다. 우리는 어떤 물건이라도 내 것이라고 생각하면서 그것을 가져서는 안 되며, 우리의 파리그라하 중에서 가능한 한 많은 것을 포기하도록 있는 힘을 다해서 노력해야 합니다.

* * *

어떤 사람이 진리와 비폭력을 따르기 전 세계 전체의 도움을 필요로 한다면, 그는 정말로 의존적인 사람이 될 것입니다. 그러나 신은 사물들을 아주 아름답게 배치하셨으므로, 세계 전체가 그에게 대들더라도 그는 스스로 진리와 비폭력을 따를 수 있을 것입니다. 우리가 언쟁하기를 원치 않는다면, 상대방도 우리와 언쟁하기를 분명 원치 않을 것입니다. 결국 그는 지치고 고요해질 것입니다. 반면 우리가 화를 내면 화를 더 키우고 맙니다. 그것은 불에 기름을 붓는 격입니다.

* * *

자신의 마음속에 문제를 품어 본 적이 한 번도 없는 사람이 어떻게 일어설 수 있습니까?

* * *

우리는 어떤 사람이 자살했다는 사실에서 슬픔이나 고민으로 우리 마음을 부단히 괴롭혀서는 안 된다는 점을 배워야 합니다. 우리는 그것들을 골똘히 생각해서는 안 됩니다. 우리가 다른 사람에 의해서 상처를 받았다고 느낀다면 그것을 그에게 당장 말해야 합니다. 그래야만 고통이 우리 심정에 남아 있지 않을 것입니다. 스스로 슬픈 생각을 골똘히 하는 것도 일종의 자살입니다.

자기비난은 어느 정도까지는 바람직합니다. 어느 면에서는 자신에 대해서 불만을 갖는 것이 좋은 일입니다. 불만이 어느 정도까지 존재한다면 그는 일어설 것입니다. 그러나 만일 그 사람이 언제나 쓸데없이 자신의 잘못을 계속 찾으려 하고, 이런저런 일을 하지 못했다고 말한다면, 그는 정말로 어떤 일도 못하게 되고 바보가 될 것입니다. 우리는 동시에 만족하기도 해야 하고 불만족하기도 해야 합니다. 그럴 경우에만 우리는 일어설 수 있습니다.

육신은 때때로 라트나친타마니(*ratnachintamani*: 여의주)로 불립니다. 우리가 만일 신에 귀의한다면, 귀의했다는 것이 참으로 증명될 것입니다. 그러나 신에 전적으로 귀의하자면, 우리는 육신을 통제해야 합니다.

남자는 집 바깥에서 돌아다녀야 합니다. 그의 일은 바깥에 있으므로 쉽사리 낙담하지 않습니다. 그러나 여자는 항상 집 안에 머물러 있어야 하므로 외롭고 쉽게 낙담합니다. 그녀가 말을 걸 수 있는 다른 여자를 만나면, 그녀는 너무나 수다스러워져서 말해야 할 것과 말하지 말아야 할 것을 분별하지 못합니다. 그녀는 언제나 집에 머문 까닭에 그런 결점을 갖게 됩니다. 물론 어떤 의미로는 그런 외로움은 바람직하기도 합니다. 그것은 수많은 유혹으로부터 그녀를 건져 줍니다. 그러나 우리가 눈을 내부로 돌리는 것을 배우고, 우리 마음을 살펴보고, 반성적이 되는 것을 배울 경우에만 열매를 맺을 것입니다.

* * *

일자무식이지만 자신의 의무에 헌신하는 여성이 있다고 가정해 봅시다. 그녀는 자신의 것이 아니라면 풀잎 하나조차 손대지 않을 것입니다. 그녀는 꿈에서도 훔치지 않습니다. 여러분이 그녀에게 《바가바타》가 무엇이냐 하고 묻는다면, 그녀는 여러분의 얼굴을 빤히 쳐다볼 것입니다. 그러나 그녀는 모든 인류의 어머니가 된 것처럼 모든 인간을 사랑합니다.

여기에 다른 여성, 만사를 알고 있고, 모든 《우파니샤드》를 암송하고, 그 발음 또한 탁월한 여성, 하지만 훔치고 거짓말하고, 자신을 위해서 다른 사람들에게 일을 시키는 데 영리하고, 거의 모든 일에 능숙한 여성이 있다고 가정해 봅시다. 전자가 후자보다 낫다는 점에 대해서 의심이 조금도 있을 수 없습니다. 물론 전자가 읽기와 쓰기를 배운다면 더 나아질 것임은 사실입니다.

* * *

겸손이나 온유함(*tenderness*)을 갖추지 않은 지식은 무슨 소용이 있겠습니까? 성자 카우시카는 새 한 마리가 자기 머리 위에 똥을 찍 갈기자 그만 화가 났습니다. 그는 분노의 힘으로 새를 태워 재로 만들어 버렸습니다. 그 성자는 자신이 닦은 고행의 힘에 약간 자부심이 생겼습니다. 그런 뒤 손님으로 어느 집을 방문했습니다. 그 집의 안주인은 남편에게 음식을 대접하기에 분주했으므로 그 손님을 기다리게 했습니다. 그녀는 그 일이 끝나자 성자에게 음식을 좀 들고 가서 지체의 이유를 설명하고 사과했습니다. 성자는 화를 냈습니다. 그 안주인은 말했습니다. "저는 성난 시선으로 태워 버릴 수 있는 새가 아닙니다. 그 외에도 그런 분노는 지혜라고 할 수 없습니다." 성자는 교훈을 배웠고 그래서 말했습니다. "당신은 나에게 먹을 것과 지혜라는 두 종류의 음식을 주었습니다."

* * *

자연스럽게 자신의 운명이 된 일을 행하는 자는 그 일에 초연할 수 있습니다. 그는 그런 일에 대해서 잘못된 집착이 없습니다.

참지식과 참교육은 자신의 의무를 헌신적으로 수행함으로써 얻어질 수 있습니다.

병원에 쇄도하는 사람들을 보는 것은 혐오스러운 일입니다. 의사들이 그들을 치료하지만, 어떻게 건강을 유지하는지를 가르치는 것도 의무입니다. 그러나 이런 일을 하는 의사는 거의 없습니다. 대부분의 의사들은 육신의 응석을 받아줍니다. 이렇게 함으로써 그들은 사람의 인격을 해치고 그 혼을 타락시킵니다. 그들은 육신의 응석을 받아주지만 그것을 실제로 구원하는 것도 아닙니다.

봉합술을 배운다는 의료의 목적을 위해서 살아 있는 동물을 죽이는 것이 인간이 할 짓입니까? 그것은 악마(*the devil*)의 짓입니다.

* * *

정염은 남녀 모두에게 공통입니다. 정열적인 사람의 마음은 쾌락의 대상을 찾아서 항상 헤매고 있습니다. 우리는 우리의 인생이 그런 쾌락을 즐기거나 그런 쾌락을 주기 위한 것이 아니라 자아실현을 위한 것임을 이해해야 합니다.

시바와 파르바티의 결혼은 이상적인 결혼으로 간주되고 있습니다. 파르바티처럼 결혼하고 싶어하는 자는 모든 정염에서 자유로운 시바와 같은 남성을 염두에 두어야 할 것입니다. 그런 남편을 얻을 운명을 지닌 여성은 파르바티만이 아닐 것입니다. 모든 여성은 그들 자신의 두 손에 그러한 운명을 쥐고 있습니다.

여성이 남편을 고를 때 입은 옷이나 머리에 쓴 터번의 종류를 보고 골라서는 안 됩니다. 그가 어떤 교육을 받았는지, 인격이 얼마나 훌륭한지를 보아야 합니다. 일단 결혼하기로 마음먹었다면, 훌륭한 인격의 남성, 마음이 서로 맞는 남성과 결혼하십시오. 여러분이 그런 남성을 찾게 된다면, 그것대로 좋습니다. 그렇지 않다면 결혼하지 않기로 결심하십시오. 아무나 하고 결혼하겠다고 생각해서는 안 됩니다. 파르바티는 시바와 같이 일체의 정염에서 자유로운 자와 결혼하고, 그렇지 않다면 결혼하지 않으리라고 결심했습니다. 모든 소녀들은 파르바티의 이상을 품어야 할 것입니다.

* * *

다른 사람의 등에 올라타지 않는 것도 봉사입니다. 다른 사람에게서 봉사를 받아들이지 않는 것, 자신을 위해서 다른 사람이 일하지 않게 하는 태도를 기르는 것 역시 봉사입니다.

* * *

이 세상이란 우리가 한군데서 세 바늘을 꿰매면 다른 곳에서는 열세 바늘이 터지는 식입니다. 그렇다면 우리가 세상을 어떻게 향상시킬 수 있을까요? 진정한 진보는 우리의 혼으로 우리 안에 거하는 진리를 확인하는 데 있습니다.

여러분이 선량하면 세계도 선량합니다. 바가반 파탄잘리는 비폭력 앞에서는 복수의 욕망이 사라진다고 쓰고 있습니다. 우리 자신이 노예라면, 우리는 다른 사람 모두를 노예로 간주합니다. 짧게 말한다면, 누가 순진무구한 사람을 속이려고 하겠습니까? 그런 사람을 해코지하려는 자는 끝내 자신을 해칠 따름입니다. 우리가 보복하지 않고 사악한 자의 악행에 대해서 반대하지 않는다면, 그 악행 자체가 그의 몰락을 초래할 것입니다. 그는 몰락할 것이고 그 뒤에 자신을 고칠 것입니다.

* * *

우리 자신의 아슈람에서 스와라즈를 성취한다면 인도 전체를 위해서 스와라즈를 얻는 것입니다. 그것은 우리 모두가 막대기처럼 곧아야 함을 의미합니다. 우리 중 어느 누구도 다른 사람을 의혹의 눈초리로 보지 않을 것입니다. 우리에게 상호불신이 없다면 스와라즈는 가까이 있습니다.

스와라즈는 다른 사람이 아닌 자기 자신에 대한 통치를 의미합니다. 그것은 또한 자신의 통제를 의미합니다. 자신의 감관에 대해서 통제를 얻은 자는 거의 모든 것을 얻은 것입니다.

처벌과 폭력을 믿는 자는 반드시 기만을 사용할 것입니다. 기만은 그런 믿음에 꼭 동행합니다.

* * *

사원은 우리의 아슈람 안에, 그게 아니라 우리 심정 속에 존재합니다. 서너 개의 돌로 건축한 사원은 의미가 없습니다. 우리 심정 속에 세워진 사원만이 유용합니다.

우리 아슈람이 이와 같이 잘 유지되고, 한 사람의 나쁜 사람조차 만들어내지 않는다면, 그것은 순례의 장소가 될 것입니다.

* * *

나르마다(Narmada) 강가에 있는 조약돌 하나하나가 다 시바 신이라고 합니다. 우리가 나르마다 강이라고 말할 때 브로우치 인근의 강만을 의미하는 것이 아니라 모든 강을 의미합니다. 우리가 그 강둑에 있는 조약돌 하나를 깨끗하게 씻어서 거기에다 성수(聖樹)의 나뭇잎 하나(*bilva patra*)[49]를 바친다면, 그 조약돌은 우리에게 시바 신이 될 것입니다. 한 걸음 더 나아가 우리가 진흙 한 덩이를 집어 들고 그것으로 시바 신의 링가 형상을 빚는다면, 그것 역시 우리에게는 시바 신이 될 것입니다. 또 한 걸음 나아가서 시바는 우리 모두의 심정 속에 거한다고 생각해도 좋습니다.

우리는 우상타파주의자 겸 우상숭배자입니다. 우리는 우상으로 섬기는 돌멩이를 부숩니다. 하지만 우리는 그 안에 있는 신의 이미지는 섬깁니다.

나는 아슈람의 모든 여성들이 적절한 생각 없이는 단 한 가지의 일도 하지 말기를 기대합니다. 이럴 목적으로 여성들은 지식을 얻어야 합니다. 현재 인도 여성들은 아둔해지고 생기를 잃어버렸습니다.

* * *

독신으로 살기를 원하는 소녀는 독립과 결혼해야 합니다. 다른 사람들에게 의존하는 소녀는 결코 독신으로 살아갈 수 없습니다.

허깨비가 죽으면 영혼이 일어섭니다. 우리가 누구에게서 무엇을 강탈한다면, 다른 사람이 우리에게서 강탈할 것입니다. 구자라트어 격언으로 '사자가 세다고 해도 그놈을 이기는 더 센 놈이 항상 존재하는 법'이라는 말이 있습니다.[50]

* * *

우리가 요리할 줄을 몰라서 음식을 반숙하여 먹을 때 소화불량에 걸리듯이, 우리가 읽는 것을 이해하지 못하고 계속 읽어간다면 책 소화불량(*literary indigestion*)에 걸립니다.

---

49 힌두교도가 거룩하게 여기는 나무의 잎.

50 〔역주〕 "뛰는 놈 위에 나는 놈 있다"는 우리의 격언도 이렇게 해석할 수 있을 것이다.

* * *

가장 위대한 사람이라고 해도 해서는 안 될 짓을 하게 되면 처벌을 받습니다.

* * *

신에게 귀의하는 자는 자신의 내면의 목소리가 명하는 바를 수행합니다. 그러나 이 내면의 목소리는 때때로 우리를 기만하기도 합니다. 그러므로 귀의자는 항상 깨어 있어야 합니다.

* * *

반쯤 거짓말을 말하는 사람은 거짓말 한 개 반을 한 셈입니다. 자신의 마음까지 속였기 때문입니다. 반면에 새빨간 거짓말을 한 사람은 그가 거짓말 한 개를 하고 있다는 것을 압니다.

* * *

아동교육은 주로 어머니의 몫입니다. 내가 아무리 아슈람에서 아동을 교육시키려고 노력해도, 어머니의 협조가 없다면 헛된 노력이 되고 맙니다. 우리는 다른 사람에게 도움이 되도록 그들을 교육해야 합니다.

아동이 공부하기 위해서 선생에게 갈 때에도 어머니의 심정과 연결된 끈 하나를 갖고 갑니다. 그는 자신이 언제 어머니에게 돌아갈 수 있을지 항상 생각하고 있습니다. 그 어머니는 이 끈으로 아이를 자신에게로 당기고 있습니다.

우리는 《기타》, 《라마야나》, 또는 《힌드 스와라즈》를 읽을 수도 있습니다. 그러나 우리가 이런 책에서 배워야 할 것은 다른 사람들의 복지에 대한 욕구입니다. 우리는 이것을 우리의 아동들에게도 가르쳐야 합니다.

* * *

술을 포기한 우리의 조상들은 사내다운 일을 한 셈입니다. 그러나 한 번도 술을 마셔 본 적이 없는 우리에게는, 술을 마시지 않는다고 해도 오로지 소극적 의미의 공덕밖에 없습니다. 우리는 그저 음주의 죄를 짓지 않습니다. 그뿐입니다. 우리는 음주에서 오는 모든 악을 이해할 경우에만 음주를 참으로 포기했다고 말할 수 있습니다.

마찬가지로 거룩한 날과 서약의 의미를 이해하지 않고서는 그것들을 준수한다고 해도 아무 의미가 없습니다. 우리가 그런 준수의 의미를 이해하고 그것을 다른 사람들에게 설명한다면 그런 준수는 우리와 사회에 유용할 것입니다. 우리 여성들은 나가판차미, 잔마슈타미, 그리고 다른 길일(吉日)을 지키고 있습니다. 하지만 그들은 그 의미를 이해해야 합니다. 나가판차미의 의미는 뱀을 적수의 상징으로 간주하고, 뱀이라는 수단을 통해서 자신의 적수조차 죽이지 않는 원리를 가르치려는 데 있을 수 있습니다. 이 세상에는 아마 사람을 제외하고는 뱀만큼 독성 있는 피조물이 없을 것입니다. 뱀처럼 독으로 가득 차 있는 사람이 있다면, 우리는 그를 마치 감로주로 가득한 사람처럼 사랑하기를 배워야 합니다. 이렇게 함으로써 우리는 모든 사람들이 숭배받을 가치 곧 봉사받을 가치가 있음을 배울 것입니다.

* * *

이 세상은 사랑의 굴레로 묶여져 있습니다. 역사는 나날이 일어나는 사랑과 봉사의 사건을 기록하지 않습니다. 갈등과 전쟁의 사건만을 기록합니다. 하지만 실제로 사랑과 봉사의 행위는 이 세상에 갈등과 투쟁에 비해서 훨씬 더 일상적인 일입니다. 우리는 이 세상에 번성하는 무수한 촌락과 읍들을 봅니다. 만일 이 세상이 항상 불협화음으로 가득 차 있다면, 그것들은 도저히 존재할 수 없었을 것입니다.

* * *

우리는 다르마를 파괴하는 법률을 반드시 폐기해야 합니다. 우리는 그 법률을 준수해서는 안 될 뿐만 아니라 그것에 적극적으로 저항해야 합니다. 저항하는 데는 폭력과 사탸그라하의 두 가지 방법이 있는데, 우리는 오직 사탸그라하의 길만을 따라야 합니다. 우리는 다르마의 이름으로 폭력을 범할 수는 없습니다. 우리는 다르마의 이름으로 다른 사람을 죽이기보다는 차라리 스스로 교수형을 당하거나 죽음을 당해야 할지도 모릅니다.

* * *

여성들이 어떻게 자신들의 명예를 지킬 수 있느냐 하는 물음이 종종 제기됩니다. 단검을 몸에 지녀야 한다는 제안도 있었습니다. 그들이 단검을 지니고 다닌다면 그 단검은 물론 그들 자신에 대해서도 사용될 수 있습니다. 사람이 단검을 휘두를 수 있기 위해서는 아주 강해야 합니다. 다른 사람의 몸에서 피가 흐르는 것, 그 자신이 피를 흘리는 것을 한 번도 본 적이 없는 사람은 절대로 단검을 사용할 수 없으므로, 그 사람은 자신의 삶의 방식 전체를 바꿔야 할지도 모릅니다. 우리는 단검을 사용할 수 있기 위해서는 사냥도 하고 양(羊)도 많이 죽여야 할 것입니다. 그래서 우리가 단검을 다른 사람 몸속에 박기 전에 우리는 마음을 단단히 먹어야 할 것입니다.

그래서 여성들에게 단검 사용을 가르치기보다 무외(無畏)를 가르치는 편이 더 낫습니다. 우리를 보호하시는 신의 손은 언제나 우리 위에 있습니다. 우리가 신의 존재를 진실로 믿는다면 누구를 두려워하겠습니까? 가장 사악한 자가 여러분을 공격해도 라마나마를 암송하십시오. 대부분의 극악무도한 사람들은 신을 향한 이 진지한 외침 앞에 도망가고 말 것입니다. 그러나 그런 일이 일어나지 않는다고 해도 무슨 상관이겠습니까? 그와 같은 경우 우리는 죽는 법을 배워야 합니다. 자식이 죽어갈 때, 우리는 우리 자신을 거의 죽여가면서까지 자식을 돌보지 않습니까? 어머니의 최대의 노력에도 불구하고 자식이 그녀 무릎에서 죽는다면, 그녀는 자식을 위해서 최선을 다했다는 것에 만족합니다. 따라서 우리는 우리의 생명을 바치겠다는 각오를 늘 해야 합니다. 그것이 우리의 의무입니다. 그 사람이 아무리 사악한 자라고 해도, 우리가 그의 물리적 힘에 굴종하느니 차라리 죽는다면, 그가 우리에게 무엇을 할 수 있겠습니까? 사악한 자가 죽을 각오가 단단히 되어 있는 순수한 마음을 가진 사람을 만난다면, 자신의 사악함을 포기할 수도 있을 것입니다. 그러므로 사탸그라하는 두 번 축복을 받습니다. 그것은 그것을 실천하는 자를 축복하며 사탸그라하의 대상이 되는 사람도 축복합니다.

아슈람 여성들과의 대담(G.), 《바푸나 파트로: 아슈람니 베노네》
(*Bapuna Patro: Ashramni Behnone*), 77~79면 ; 《전집》 37 : 208

178) 아힘사의 화신으로서의 여성

세가온, *1940. 2. 12*

나는 교육 수준이 대단히 높은 자매 한 분의 글에서 일정 부분을 제외하고 다음의 글을 인용한다.

> 당신은 아힘사와 사탸그라하를 통해서 혼의 존엄을 세상에 보여주었습니다. … 그러나 남성이 자신의 공격성과 욕정 따위를 제거하기 위해서 아힘사와 브라마차르야가 필요하듯이, 여성은 자신이 비천한 자질들을 제거할 수 있기 위해서 어떤 원리들을 필요로 합니다. 그 비천한 자질들이란 남성의 것과 다르고 보통 자연이 여성에게 주었다고들 합니다. 그녀의 성이 지닌 자연적 자질들, 여성이라는 이유로 받았던 훈육, 그리고 여성이라는 이유로 창조된 환경, 이 모든

것이 그녀에게 불리합니다. 그리고 그녀가 일을 하는 데 그녀의 본성, 훈육, 주변 환경 등은 언제나 방해가 되고, 그녀를 훼방하고, '그녀는 결국 여자일 뿐이야'라는 상투적 문구를 사용하게 합니다. … 우리에게 우리 자신을 향상시키는 올바른 해결책과 방법이 있다면, 우리가 동정심과 부드러움과 같은 자연적 자질을 방해물이 아니라 도움이 되게 할 수 있다고 나는 생각합니다. 남성들과 아동들의 경우 당신이 제시한 해결책과 같이 그 향상은 반드시 우리 안에서 나와야 합니다. …

당신이 저에게 주신 충고는 〈하리잔〉지를 읽으라는 것이었습니다. 그래서 열심히 읽었습니다. 그런데도 저는 아직 내면의 영혼을 위한 충고는 읽지 못했습니다. 물레질과 나라의 자유를 위한 투쟁은 훈련의 일부일 뿐입니다. 그것들이 전체 해결책을 갖고 있는 것 같지는 않습니다. 왜냐하면 물레를 돌리고 국민회의의 이상을 실현하기 위해서 노력하는 여성들이 있지만 여성이라는 이유로 범하게 되는 실수를 여전히 범하고 있는 여성들을 저는 보아왔기 때문입니다. … 제발, 우리의 자질을 가장 잘 활용할 수 있는 방도를, 약점을 강점으로 전환할 수 있는 방도를 말씀해 주십시오.

나는 여성지위 향상(*woman's cause*)에 대한 나의 기여가 사탸그라하의 발견과 더불어 분명히 시작되었음을 자랑으로 여겨왔다. 그러나 이 편지의 필자는 여성이 남성과는 다른 대접을 요구한다는 견해를 갖고 있다. 만일 그러하다면, 나는 남성이 올바른 해결책을 발견하리라고 생각하지 않는다. 그가 아무리 노력한다고 해도, 자연이 그를 여성과 달리 만들었기 때문에 실패할 것이다. 항상 압박당하는 사람만이 아픈 부위를 안다. 따라서 궁극적으로 여성은 자신이 필요한 것에 대해서 권위를 갖고 정해야 할 것이다. 내 자신의 견해는 남성과 여성이 근본적으로 하나이듯이, 그들의 문제 역시 본질적으로는 하나라는 것이다. 양성에 있는 혼은 같다. 양성은 같은 삶을, 동일한 감정을 갖는다. 한 성은 다른 성의 보완이다. 한 성은 다른 성의 활발한 도움 없이는 살 수 없다.

그러나 무슨 까닭인지 예전부터 남성은 여성을 지배해왔다. 그리고 여성은 열등 콤플렉스를 길러왔다. 그녀는 남성보다 열등하다는 남성 위주의 가르침을 진리로 믿어왔다. 그러나 남성 가운데 현자들은 여성의 동등한 자격을 인정해왔다.

하지만 적절한 시기에 양성 사이에 분리가 일어난 것은 의심의 여지없이 사실이다. 양성은 근본적으로 하나지만, 모습에 있어서 양성 사이에 중대한 차이점이 있다는 사실 역시 진실이다. 따라서 양성의 천직도 달라야 한다. 아주 많은 대다수 여성이 항상 수행하는 모성의 의무는 남성이 가질 필요가 없는 자질들을 요구한다. 여성은 소극적이고 남성은 활동적이다. 여성은 본성상 가정의 여주인이다. 남성은 빵을 버는 자이고, 여성은 그 빵을 지키고 분배하는 자이다. 여성은 모든 의미에서 관리인이다. 인종의 유아를 양육하는 기술은 여성의 특별하고 유일한 특권이다. 여성의 보살핌이 없다면 그 인종은 멸망하고 말 것이다.

내 생각으로는 여성이 가정을 버리고 가정을 지키기 위해서 총대를 메라는 요청이나 권유를 받아야 한다는 것은, 남녀 양성 모두를 위해서 창피스런 일인 것이다. 그것은 야만에의 복귀이고 종말의 시작이다. 여성은 남성이 타고 있는 말에 올라타기 위해서 남성을 내리게 하고 자신이 올라탄 셈이다. 남성이 자신의 동료인 여성에게 여성 자신의 소명을 버리도록 유혹하거나 강요하는 것은 죄이다. 가정을 좋은 질서와 좋은 상태로 유지하는 데는, 그것을 외부의 공격으로부터 지켜내는 것만큼이나 많은 용기가 필요하다.

나는 작은 촌락 세가온에서 자연 환경 속에서 살아가는 수백만의 농민들을 매일 목격하면서, 일의 분야에 따라서 이루어지는 자연적 분업에 주목하지 않을 수 없었다. 여성 대장장이와 목수는 전혀 없었다. 그러나 남녀가 함께 들판에서 일하며 가장 고된 일은 남성들이 한다. 여성들은 집을 유지하고 관리한다. 그들은 가족의 빈약한 자원을 보충한다. 그러나 집안의 주요 수입원은 남성이다.

일의 분야에 따라서 분업이 인정되지만, 요구되는 일반 자질과 교양은 실제로 양성에게 동일하다.

이 크나큰 문제에 대한 나의 기여는, 개인이든 국가든 삶의 모든 분야에서 진리와 아힘사를 수용하도록 제시한 점에 있다. 나는 여기에 여성이 명백한 지도자일 것이라는 희망, 그리고 인간의 진보에 자신의 자리를 확보한 여성은 열등 콤플렉스를 떨쳐 버릴 것이라는 희망을 품어왔다. 그녀가 이 일을 성공적으로 수행하려면, 그녀는 모든 것이 성충동(*the sex impulse*)에 의해서 결정되고 조절된다는 현대의 가르침을 결단코 믿지 말아야 한다. 나는 위의 명제를 조금 빈약하게 제시하지 않았나 하는 두려움이 있다. 그러나 내 뜻은 분명히 전달되었을 것이라고 믿는다. 나는 전쟁에서 능동적인 역할을 맡은 수백만 명의 남성들이 섹스 유령(*the sex spectre*)에 붙잡혀 있다고는 생각하지 않는다. 들판에서 함께 일하는 농민들 역시 섹스 유령에 의해서 곤란을 당하거나 지배를 받지는 않는다. 이 말은 그들 남녀들이 자신들 안에 심어져 있는 본능으로부터 해방되었다고 말하거나 암시하는 것은 아니다. 그러나 그 본능은 현재 성 문학에 젖어 있는 사람들의 삶을 지배하듯이, 농민들의 삶을 지배하지는 못하고 있다. 남녀가 냉혹한 실재로서의 삶을 살아가야 하는 엄연한 현실에 직면하게 되면, 그런 일을 위한 시간은 없을 것이다.

나는 본지의 이 난에서 여성이 아힘사의 화신(*the incarnation of ahimsa*)

이라고 암시한 바 있다. 아힘사는 무한한 사랑을, 다시 말하자면 고통을 참아내는 무한한 능력을 의미한다. 여성이 아니라면, 남성의 어머니인 여성이 아니라면 누가 이 능력을 최대로 보여줄 수 있을까? 여성은 아이를 뱃속에 넣고 다니면서 아홉 달 동안 먹이고, 그 일에 따른 고통으로부터 기쁨을 얻는 일에서 그 능력을 보여주고 있다. 산고로 야기된 고통보다 더한 것이 어디에 있을까? 그러나 여성은 창조의 기쁨으로 인해서 그 고통을 잊는다. 갓난아이가 나날이 커져가는 일에 누가 다시 고통을 겪는가? 여성으로 하여금 그 사랑을 전체 인류에게 전달하도록 하자. 여성으로 하여금 한 번이라도 남성이 가진 욕정의 대상이 되었다는 것, 대상이 될 수 있다는 점을 잊게 하자. 그러면 여성은 남성의 어머니로서, 남성을 만드는 자로서, 남성의 조용한 지도자로서 남성의 옆에 나란히 그 자랑스런 위치를 차지할 것이다. 평화의 감로주에 목말라 싸우는 세계에게 평화의 기술을 가르쳐 주는 것이 여성의 임무이다. 여성은 사탸그라하의 지도자가 될 수 있는데, 그 사탸그라하는 책이 주는 학문이 필요 없고, 고통과 신앙에서 오는 강건한 심정을 요구한다.

내가 수년 전[51] 푸나에 있는 사순 병원에서 병석에 앓아누워 있을 때 나의 착한 간호사는 한 여성에 대해서 얘기해 주었다. 그 여성은 뱃속에 있는 아이의 생명을 위험에 빠지지 않게 하기 위해서 클로로포름(*chloroform*)[52]의 흡입을 거절한 채로 고통스런 수술을 받았다는 것이다. 그녀에게 유일한 마취제는 갓난애에 대한 사랑이었고, 그

51 1924년 1월.

52 〔역주〕 트리클로로메탄이라고도 한다. 불연성으로 투명하고 무색을 띠며 유동성이 있는 밀도가 큰 액체. 클로로포름은 가장 강한 흡입 마취제 중 하나로 수 ㎖만으로 몇 분 안에 외과수술이 가능한 정도의 마취효과를 낼 수 있다.

아이를 위해서라면 어떤 고통도 크지 않았다. 여성들 사이에는 이와 같은 여장부들이 많다. 그런 여성들이 자신의 성을 절대 경멸하지 말게 하고, 남자로 태어나지 않았다는 사실을 개탄하지 말도록 하자. 그 여장부를 생각하면 나는 종종 그녀의 처지가 부럽다. 그녀가 이 마음을 알아줄까. 한 여성이 남성으로 태어났으면 소망하는 것도 이유가 있듯이, 남성이 여성으로 태어나기를 소망하는 데도 그만한 이유가 다 있는 법이다. 그러나 그런 소망은 부질없는 짓. 우리가 태어난 그 상태에 대해서 행복을 느끼고, 자연이 우리에게 정해 준 의무를 이행하자.

무엇이 여성의 역할인가?,
〈하리잔〉, 1940. 2. 24 ; 《전집》 77 : 387

179) 세상의 여성들은 단결해야 한다

뉴델리, *1947. 7. 18*

세상의 여성들이 단결만 한다면, 그들은 원자탄을 축구공처럼 차 버리는 행위와 같은 영웅적인 비폭력 행위를 벌일 것이다. 신은 여성들에게 그런 재주를 주셨다. 만약 집안 한구석에 식구들 모르게 묻혀 있던 조상의 보배가 갑자기 발견되었다면, 그것은 얼마나 축하할 만한 일인가. 그와 마찬가지로 여성의 놀라운 힘도 잠자고 있다. 아시아의 여성들이 깨어난다면 그들은 세상을 감탄시킬 것이다. 내가 만일 여성의 도움을 확보하기만 하면, 나의 비폭력 실험은 즉각 성공을 거둘 것이다.

중국 여성에게 보낸 메시지(G.),
《비하르 파츠히 딜히》, 354면 ; 《전집》 96 : 115

V

사르보다야

비폭력적 사회변혁

1. 나중에 온 이 사람에게도

180) 사르보다야[1] 〔나중에 온 이 사람에게도〕

서문

서양인들은 보통 최대 다수의 행복,[2] 즉 최대 다수의 번영을 장려하는 것이 사람의 의무라고 생각한다. 행복이란 오직 물질적 행복, 즉 경제적 번영을 의미한다. 그들은 이 행복을 추구하면서 도덕법칙(*moral laws*)이 위반되더라도 그것을 별로 문제로 삼지 않는다. 다

---

1 만인의 향상(*The Advancement of All*).

2 여기에서 언급한 것은 벤담의 격률 '최대 다수의 최대 행복'을 가리킨다. 간디는 도덕적인 근거에서 그것을 반대했다. 러스킨 역시 뉴턴의 모델에 근거하여 경제 '학'을 구성하는 것을 비판했다. 이 모델로부터 '사회적 애정'(*social affections*)이 전적으로 추상화되었다. 러스킨은 최대의 예술 또는 과학은 '최고 이념들의 최대 다수'를 낳는 것이라고 했다.

시 말하자면, 최대 다수의 행복이 목표이므로, 서양인들은 그 행복이 소수의 희생 위에 얻어지더라도 잘못이라고 생각하지 않는다. 이런 태도로 나타나는 결과는 서양의 모든 나라에 현저하다.

하지만 신의 법(*divine law*)은 사람들이 다수의 물리적이고 물질적인 행복만을 추구하는 것을 허락하지 않는다. 사실상 서양의 몇몇 사려 깊은 사람은 도덕원리를 거슬러 행복을 추구하는 것이 신의 법에 위배된다는 점을 지적한 바 있다. 고 존 러스킨[3]은 이런 사람들 중에서 최고였다. 그는 위대한 학문을 성취한 영국인으로서 예술과 공예에 대해서 많은 책을 집필했다. 그는 윤리적 문제에 대해서도 많은 글을 썼다. 그의 저서들 중에 아주 작은 책이 하나 있는데 이것을 러스킨 자신은 자신의 글 중에서 최고라고 했다. 그것은 영어가 통용되는 곳에서 널리 읽힌다. 그 책에서 그는 효과적으로 위의 논의를 비판하고, 민중 일반의 복리(*the well-being of the people at large*)가 주로 도덕법에 순응하는 데 있음을 보여주었다.

우리 인도인들은 오늘날 많은 것에서 서양을 모방하고 있다. 우리는 어떤 점에서는 서양을 모방하는 것이 필요하다는 점을 인정해야

---

3 John Ruskin(1819~1900) : 스코틀랜드인. 건축, 회화, 사회 문제 및 산업의 문제점, 사회에서 여성의 지위 등에 대해서 많은 책을 집필하였다. 일정 기간 옥스퍼드대의 슬레이드 석좌 예술 교수를 역임하였고 나중에 생체해부와 전당포업에 반대하고, 노동자 교육과 협동적 산업 정착촌에 관심을 가졌다. 〈콘힐 매거진〉(*Cornhill Magazine*)에서 일련의 논문으로 집필된 《무네라 풀베리스》(*Munera Pulveris*)와 함께 《나중에 온 이 사람에게도》(*Unto This Last*)는 러스킨의 사회적 유토피아를 상세히 설명하고 있다. 간디는 러스킨을 '나에게 깊은 영향을 준 … 세 현대인 중의 하나'로 묘사하고 있다. 《나중에 온 이 사람에게도》는 '즉각적이고 실제적인 변화를 가져왔다. … 이 원리들을 실천에 옮길 각오를 한 채로 나는 새벽에 일어난다.' 폴락이 이 책을 간디에게 추천했는데, 간디는 이 책을 요하네스버그와 더반 사이의 기차 여행 중에 읽었다. 《자서전》 4부 18장을 보시오.

한다. 이와 동시에 서구의 많은 관념이 틀렸다는 것도 분명하다. 나쁜 것은 반드시 피해야 한다는 점 역시 모두로부터 인정받아야 할 것이다. 남아프리카에서 인도인의 처지는 가련하다. 우리는 돈벌이를 위해서 먼 곳까지 간다. 우리는 그 돈벌이에 사로잡혀서 도덕과 신을 망각하고 있다. 우리는 자기 이익의 추구에 골몰하고 있다. 하지만 결국 우리는 외국에 가는 것이 우리에게 이로움보다 해로움을 더 많이 주고, 마땅히 그래야 하는 만큼의 이익은 주지 못한다는 것을 알게 된다. 모든 종교는 도덕법칙을 전제하고 있다. 우리가 종교 자체를 무시한다고 해도, 도덕법칙의 준수는 상식의 토대 위에서도 필수적이다. 우리의 행복은 도덕법칙을 준수하는 데 있다. 이것이 존 러스킨이 확립한 바였다. 그는 이 점에 대해서 서구인의 눈을 열어 주었으며, 오늘날 우리는 많은 유럽인이 그의 가르침에 따라서 행동하는 것을 볼 수 있다. 인도인들이 그가 제시한 여러 이념에서 이익을 얻도록 하기 위해서, 우리는 이 책에서 발췌문을 제시하려고 결정했다. 특히 영어를 모르는 인도인들도 알 수 있도록 했다.

소크라테스는 인간의 의무에 대한 신념을 우리에게 제시했다. 그는 자신이 말한 교훈을 실행했다. 러스킨의 신념은 소크라테스의 신념을 더 상세하게 만든 것이라고 할 수 있다. 러스킨은 소크라테스의 신념대로 살고 싶어하는 자들이 각자 자신의 직업에서 행동해야 할 방식을 생생하게 묘사하고 있다. 우리는 여기에서 그의 저서의 요약을 제공하지만, 그것은 실제 번역이라고 할 수는 없다. 우리가 만일 그것을 번역했다면, 일반 독자는 성경 얘기 등의 일부는 이해할 수 없을 것이다. 그래서 우리는 러스킨 책의 핵심만을 제시할 것이다. 우리는 이 책의 제목이 무엇을 의미하는지도 설명하지 않을 것이다. 성경[4]을 영어로 읽는 사람들만이 그것을 이해할 수 있기 때문이다. 그러나 그 책이 삼고 있는 목표는 만인의 복지(*the welfare of all*) — 즉 단순히 최대 다수의 향상이 아니라 만인의 향상 — 이므로 우리는 이 논문들의 제목을 '사르보다야'(*Sarvodaya*)라고 붙였다.

진리의 뿌리[5]

사람은 수많은 망상을 앓고 있다. 그러나 사람들의 사회적 애정(*social affection*)이 가져올 효과를 무시한 채, 그들이 마치 작동하고 있는 기계인 양 그들의 행동에 대해서 법칙을 제정하려는 시도보다 더 큰 망상은 없다. 그런 망상을 품는 것이 우리에게 득이 되는 것도 아니다. 다른 유형의 오류처럼, 정치경제학의 법칙들 역시 개연성의 요소를 포함한다. 정치경제학자들은 사회적 애정이 인간 본성에 있어서 우연적이며 방해되는 요소로 간주되어야 한다고, 그리고 탐욕(*avarice*)과 진보를 위한 욕망은 불변적 요소라고 단언한다. 가변적 요소를 제거하자. 그리고 인간을 단순히 돈 만드는 기계로 간주하면서, 노동과 매매에 관한 어떤 법칙이 최대의 부를 축적할 수 있는지 검토하자. 그런 법칙들이 일단 정해진 후, 방해하는 애정의 요소(*affectional elements*)를 그가 선택하는 양만큼 도입하는 것은 각 개인의 몫이다.

사회적 애정이라는 요소가 수요 공급의 법칙과 같은 성질의 것이라면, 위에서 말한 것은 설득력 있는 논의가 된다. 인간의 애정은 내면의 힘(*inner force*)이다. 이에 반해서 수요 공급의 법칙은 외부 세계에 관한 공식이다. 따라서 사회적 애정이라는 요소와 수요 공급의 법칙은 동일한 성질의 것이 아니다. 만일 운동하는 물체가 한 방향에서

4 포도원 일꾼의 비유. 〈마태오복음〉 20 : 14. "나는 이 최후의 사람에게도 당신에게 준 만큼의 삯을 주기로 한 것이오."

5 〔역주〕《나중에 온 이 사람에게도》에서는 '명예의 뿌리'로 되어 있다. 《전집》 권 8, 318면.

불변의 힘을 받고 다른 방향에서 변화하는 다른 힘을 받는다면, 우리는 불변의 힘을 먼저 측정한 다음 가변적 힘을 측정해야 할 것이다. 우리는 저 두 힘을 비교함으로써 물체의 속도를 결정할 수 있을 것이다. 우리가 이렇게 할 수 있는 것은 불변의 힘과 가변적 힘이 같은 종류의 것이기 때문이다. 그러나 사회적 제 관계에서는 수요 공급의 법칙이 갖는 불변의 힘과 사회적 애정이 갖는 우연적 힘은 종류가 다른 법이다. 애정은 사람마다 다른 효과를 가지며 다른 방식으로 활동한다. 애정은 인간의 본성을 바꾼다. 우리는 한 물체의 속도에 가해지는 다른 힘들의 효과를 측정할 수 있지만, 가감의 법칙의 도움을 받더라도 애정의 효과를 측정할 수는 없다. 교환 법칙에 대한 지식은 인간의 사회적 애정의 효과를 결정하는 데 아무 도움이 되지 못한다.

《전집》 8 : 175

나는 경제학의 전제를 수용할 수 있다면 결론에 대해서 아무 의심도 품지 않을 것이다. 만일 체조 전문가가 인간이 뼈 없이 살로만 이뤄졌다는 가정 아래에서 법칙을 형성했다면, 그 법칙은 타당할지는 몰라도 인간에게는 적용되지 않을 것이다. 인간은 뼈가 있기 때문이다. 이와 마찬가지로 정치경제학의 법칙은 타당하지만 애정에 종속되는 사람에게는 적용되지 않을 것이다. 신체단련사는 다음과 같이 제안할 수 있을 것이다. 즉, 사람의 살을 뼈에서 발라내어서 작은 환약으로 만든 다음 굵은 대롱 속에 집어넣으라고. 그런 다음 그는 뼈를 재삽입해도 아무 불편을 야기하지 않을 것이라고 말할 수도 있다. 그런 사람은 터무니없는 사람이다. 신체단련에 관한 법칙은 살에서 뼈를 분리해내는 일에 기초를 둘 수 없기 때문이다. 마찬가지로 인간의 애정을 배제하는 정치경제학의 법칙은 인간에게 아무 소용이 없다. 그리고 오늘날의 정치경제학자들은 체조 교사와 똑같이 행동하고 있다. 그들의 논법에 따르면, 사람은 단순히 신체 곧 기계일 뿐이다. 그들은 자신들의 법칙의 기초를 그러한 가정 위에 두고 있다. 그들은 인간에게 혼이 있음을 알면서도 혼을 고려하지 않는다. 인간에게는 혼이 주도적인 요소인데 어떻게 그런 과학이 인간에게 적용될 수 있을까?

우리는 파업이 있을 때마다 경제학이 과학이 아니라는 것, 경제학이 소용이 없을 뿐만 아니라 해롭기조차 하다는 명백한 증거를 갖게 된다. 그런 상황에서 그 사안에 대해서 고용주와 노동자는 각기 다른 관점을 갖는다. 여기에 우리는 수요 공급의 법칙을 적용할 수 없다. 사람들은 고용주와 종업원의 이익이 동일하다는 것을 증명하기 위해서 머리를 쥐어짠다. 하지만 사람들은 그런 사안에 대해서 아무것도 모른다. 실제 그들의 세속적 이익 곧 경제적 이익이 서로 상충하기 때문에, 사람들이 꼭 적대적(*antagonistic*)이어야 한다고 말할 수는 없다. 한 가족의 구성원들이 굶어 죽는다고 가정해 보자. 그 가족은 어머니와 아이들로 이뤄져 있다. 그들에게 빵조각 하나밖에 없다고 해보자. 그들은 모두 굶주렸다. 여기에 어머니의 이익과 아이들의 이익이 상호 충돌하고 있다. 어머니가 먹는다면 애들이 굶주릴 것이고, 애들에게 그 빵을 먹인다면 어머니가 굶주릴 것이다. 그 때문에 어머니와 아이들 사이에 적대감은 없다. 그들은 상호간에 적대적이지 않다. 어머니는 강자이지만 빵조각 전부를 먹어치우지는 않을 것이다. 동일한 것이 사람들 상호간의 관계에도 적용된다.

사람과 동물 사이에 아무 차이가 없다고, 그리고 우리 각자의 이익을 위해서 인간도 동물처럼 싸워야 한다고 가정해 보자. 그렇다고 해도 우리는 고용주와 종업원이 항상 상대방에 대해서 적대적일지의 여부에 대해서 일반적인 규칙을 제시할 수 없다. 그들의 태도는 상황에 따라서 달라진다. 예를 들면, 작업이 잘 진행되고, 적절하게 행해지고, 그 일에 대해서 정당한 대가를 받는 일은 양자 모두의 이익을 위한 일이다. 그러나 이익 분배에 있어서 한편의 이득은 다른 편의 손실이 될 수도 있고 되지 않을 수도 있다. 노동자의 임금을 너무 낮게 지불하여서 종업원을 아프게 하거나 우울하게 한다면, 그것은 고용주의 이익이 아니다. 공장의 부담 능력 여부와 관계없이 고임금을 요구하는 것은 노동자의 이익이 아니다. 만일 공장주가 엔진 바퀴를 수리할 만한 돈이 없는데도, 노동자들이 임금 전부나 일부라도 요구하는 것은 분명히 잘못된 것이다.

그래서 공급과 수요 원리의 기초 위에 과학을 수립하는 일은 성공하지 못할 것이다. 인간사가 이익과 손실의 원리에 의해서 작동되어야 한다는 것은 결코 신의 의도가 아니었다. 정의가 경제학의 토대를 제공해야 한다. 그러므로 사람은 도덕적 고려 없이 편의를 따름으로써 이익을 증진할 것이라는 일체의 생각을 포기해야 할 것이다. 주어진 행동 노선의 결과를 언제나 확실하게 예언할 수 있는 것은 아니다. 그러나 대부분의 경우 우리는 어떤 특정 행위의 정당성 여부(*just or unjust*)를 결정할 수 있고 도덕적 행동의 결과가 좋을 수밖에 없다고 단언할 수는 있지만, 그 결과가 무엇일지 어떻게 될지는 예측할 수 없다.

정의(正義)는 그 속에 애정(*affection*)을 포함한다. 주인과 직공의 관계는 이와 같은 애정의 요소에 의존한다. 주인이 하인으로부터 최대의 작업량을 강제하기를 원한다고 가정해 보자. 주인은 하인에게 휴식 시간을 조금도 허용하지 않고, 낮은 임금을 주고, 다락에서 잠재운다. 간단히 말해서 그는 하인이 생존할 수 있을 정도의 임금만을 그에게 준다. 여기에 불의가 전혀 없다고 주장할 수도 있다. 하인은 임금을 받는 대가로 자신의 시간 전부를 주인의 수중에 두었고, 주인은 이를 적당히 사용한다. 그는 일을 강제할 때, 다른 하인들의 노동량에 따라서 일의 강도의 한계를 정한다. 하인이 더 나은 자리를 얻을 수 있다면, 그것을 차지하는 것은 자유이다. 수요 공급의 법칙을 만드는 자들은 이를 경제학이라고 부른다. 그들은 주인이 최소 임금을 지불하고 최대량의 일을 강제하는 것이 이윤을 남기는 일이라고 주장한다. 결국 사회 전체가 그것에 의해서 이익을 얻을 것이고, 그 사회를 통해서 하인 자신도 이익을 얻게 될 것이라고 한다.

그러나 반성해 보면 우리는 이것이 반드시 사실이 아님을 알 수 있다. 만일 종업원이 단순한 기계라면—즉, 그것을 움직이기 위해서 어떤 종류의 힘이 필요한 단순한 기계라면—이런 계산법은 타당했을 것이다. 그러나 이 경우 하인을 움직이는 힘은 혼의 힘이고, 혼의 힘은 경제학자의 모든 계산을 반박하고 논파할 것이다. 사람이라는 기계는 돈이라는 연료에 의해서 최대량의 작업을 하도록 몰아붙일 수 있는 것이 아니다. 사람은 자신의 애정을 작동하는 경우만 최선을 다할 수 있다. 주인과 하인의 관계는 금전적인 관계가 아니라 사랑의 관계여야 한다.

《전집》 8 : 183

주인이 영리하고 에너지가 있는 사람이라면, 하인은 압력을 받아서 아주 열심히 일하는 것이 보통이다. 주인이 나태하고 연약하면 하인의 활동도 질과 양의 면에서 최선을 다하지 않는 경우가 있다. 그러나 우리가 동등한 지성을 지닌 두 주인을 비교한다면, 동정심 있는(*sympathetically inclined*) 주인의 하인이, 그렇지 못한 사람의 하인보다 일을 더 잘할 것이다. 이것이 진정한 법칙이다.

이 원리는 반드시 그렇게 작용하지는 않는다는 논의가 있다. 친절과 관대함(*indulgence*)이 때때로 그 반대의 것으로 보상되는 경우가 있기 때문이다. 이 경우 주인은 하인을 통제할 수 없게 된다. 그러나 그 논의는 그럼에도 불구하고 타당하지 않다. 친절에 대해서 태만으로 보답하는 하인이 거친 대접을 받는다면 앙심을 품게 될 것이다. 너그러운 주인에게 부정직한 하인은 부당한 주인을 만나는 날이면 주인을 해칠 것이다.

그래서 어느 경우든 어떤 사람에게든, 이와 같이 사심 없는 대접은 가장 효과적인 보답을 낳을 것이다. 여기에서 우리는 애정만을 동기의 힘으로 간주한다. 친절함이 좋기 때문에 우리가 친절해야 한다는 것은 전혀 다른 고려 사항이다. 우리는 현재 그렇게 생각하지 않는다. 우리가 위에서 고려했던 경제학의 일반 법칙이 친절이나 동정심이라는 동기의 힘에 의해서 무효화되어 버렸을 뿐만 아니라, 전혀 다른 종류의 힘에 해당하는 애정은 경제학의 법칙에 부합하지 않으며, 그 법칙이 무시되었을 경우에만 그 애정이 살아남을 수 있다는 사실을 지적하고 싶을 뿐이다. 만일 그 주인이 보답을 기대하고서만 친절을 보여주는 계산적인 인간이라면, 아마 그 주인은 실망하게 될 것이다. 친절은 친절 자체를 위해서 베풀어져야 할 것이고, 그렇게 되면 보답은 구하지 않아도 오게 될 것이다. 자기 목숨을 얻으려는 자는 잃을 것이며 자기 목숨을 잃는 사람은 얻을 것이라는 말도 있다.[6]

군대의 연대(聯隊) 조직과 지휘관의 사례를 살펴보자. 장군이 경제학의 법칙에 따라서 자신의 군대를 움직이려고 한다면 실패하고 말 것이다. 자신의 부하들과 직접적이며, 인간적인 관계를 기르고, 친절하게 대해 주며, 그들의 기쁨과 고난을 함께하고, 그들의 안전

---

6 〈마태오복음〉 10 : 39.

을 보장해 주는 장군, 간단히 말한다면 동정심으로 대하는 장군들의 사례들이 많이 있다. 이런 유형의 장군은 자신의 군대에 가장 어려운 일을 요구할 수 있을 것이다. 역사를 들여다보면, 우리는 군인들이 자신들의 장군에 대한 사랑이 없었던 경우 전쟁에서 승리한 사례는 거의 찾아볼 수 없다. 그래서 장군과 그의 군대 사이의 동정심이라는 유대는 가장 진실한 힘이다. 도둑의 무리도 두목에 대한 지극한 애정이 있다. 그런데 방직공장 및 다른 공장들의 고용주와 종업원 사이에는 그와 같은 친밀한 관계를 찾아볼 수 없다. 하나의 이유는 이러한 공장들에서 종업원들의 임금이 수요 공급의 법칙에 의해서 결정되기 때문일 것이다. 그래서 거기의 고용주와 종업원 사이에는, 애정 대신에 불평(*disaffection*), 동정심 대신에 적대감이 존재한다. 그렇게 되면 두 개의 질문을 고려해야 한다. 첫째, 임금 수준이 노동에 대한 수요에 의해서 변동되지 않도록 어느 정도로 규제될 수 있을지, 둘째, 노동자들이 사업의 상태와 관계없이 그들의 수에 변동을 초래하지 않고 얼마만큼 공장에서 고용을 유지할 수 있을지 하는 문제이다. 그런데 후자의 경우 노동자와 고용주 사이에 오래된 가족에서 볼 수 있는 하인과 주인 사이의 유대, 사병과 지휘관 사이의 유대와 같은 유대를 전제로 한다.

첫 번째 질문을 고려해 보자. 경제학자들은 공장 직공들의 임금 기준이 고정될 수 있도록 아무 일도 하고 있지 않는데, 그것은 놀라운 일이다. 이와 반대로, 영국의 수상직이 경매에 붙여지지 않으며, 현직 수상이 누구든 보수는 동일하게 유지된다. 우리는 최저임금을 받기로 동의하는 누구에게나 사제의 자리를 주지 않는다. 우리는 의사와 변호사의 경우에도 보통 이런 식으로 다루지 않는다. 그래서 우리는 이 사례들에서 일정 수준의 급료가 고정되어 있음을 본다. 하지만 좋은 노동자와 나쁜 노동자에게 동일한 임금을 지불해야 할지 물을 수 있다. 실제 그렇게 지불해야 한다. 그 결과 모든 노동자들에 대한 임금이 동일하기 때문에, 우리는 좋은 벽돌공이나 좋은 목수만을 고용하게 될 것이다. 이는 모든 의사와 법률가에 대한 사례금이 동일하다면, 우리가 좋은 의사와 좋은 법률가에게 가는 것과 마찬가지이다. 선택받는 것 자체가 좋은 일꾼에 대한 적절한 보상이다. 그래서 모든 노동자들을 존중하는 옳은 제도는 그들에게 고정급을 지급하는 제도이다. 나쁜 직공이 저임금을 받아들임으로써 고용주를 기만할 수 있는 곳에서는, 최종결과는 나쁠 수밖에 없다.

이제 두 번째 요점을 고려해 보자. 경영 상태가 어떻든 공장은 동일한 수의 종업원들을 유지해야 한다. 고용 안전이 없는 곳에서는, 노동자들은 보다 높은 임금을 요구할 수밖에 없다. 하지만 그들이 지속적인 고용이 평생 보장될 수 있다면, 아주 낮은 임금을 위해서도 일할 준비가 되어 있다. 그래서 노동자들에게 고용 안전을 보장해 준 고용주는 그렇게 하는 것이 결국 이로운 길임을 알게 될 것이 분명하다. 종업원들도 동일 직종에 안정적으로 남아 있는 편이 이익이 될 것이기 때문이다. 이런 노선을 따라서 운영되는 공장은 큰 이익을 낼 수는 없다. 큰 위험도 감수할 수 없다. 대규모의 도박은 가능하지 않을 것이다. 사병들은 사령관을 위해서 자신의 목숨을 버릴 각오가 되어 있다. 바로 그 때문에 사병의 일이 일상적인 노동자의 일보다 더욱 명예로운 것이다. 실제로 사병이 하는 거래는 다른 사람을 죽이는 것이 아니라 타인들을 보호하다가 죽임을 당하는 것이다. 누구든 군인으로 입대하는 자는 자신의 생명을 국가 봉사에 바친다. 이 말은 법률가·의사·성직자에게도 적용된다. 그 때문에 우리는 그들을 존경하는 것이다. 법률가는 자신의 생명을 희생해서라도 정의를 행해야 한다. 의사는 자신이 불편을 감수하고서라도 환자를 치료해야 한다. 그리고 성직자는 결과에 관계없이 자신의 신도들에게 옳은 길을 가르치고 그들을 옳은 길로 인도해야 한다.

《전집》 8 : 191

만일 이런 일이 위에서 언급한 직업에서 일어난다면, 장사와 교역에서는 왜 일어나지 않는 것일까? 왜 장사는 늘 파렴치한 행위와 연결되는 것일까? 좀 생각해 본다면, 우리는 상인이 자기 이익(*self-interest*)에 의해서만 움직인다고 항상 간주되고 있음을 알 수 있을 것이다. 비록 그가 사회적으로 유익한 기능이 있다고 해도 자기 자신의 목표가 금고를 채우는 일임을 우리는 당연시한다. 법률조차 상인이 최대한의 속도로 부를 축적할 수 있도록 제정되어 있다. 매수자는 최저 가격을 제시해야 하고, 매도자는 최고 가격을 요구·수용해야 한다는 점이 하나의 원리로서 인정되고 있다. 그래서 상인은 이러한 습관을 기르도록 고무받아 왔는데, 대중은 상인을 부정직하다고 경멸하고 있다. 이런 원리는 당연히 폐기되어야 한다. 상인이 자기 이익만을 바라보고 부를 축적해야 한다는 것은 옳지 않다. 그것은 장사가 아니라 강도질이다. 군인은 국가를 위해서 자신의 생명을 내놓고, 상인은 상당한 손실을 감내해야 하고 사회의 이익을 위해서 자신의 생명을 잃기도 해야 할 것이다. 모든 국가에서 군인들의 직업은 국민을 보호하는 일이고, 성직자의 직업은 국민을 가르치는 일이고, 의사의 직업은 국민을 건강하게 유지하는 일이고, 법률가의 직업은 국민 속에서 순수한 정의를 실행하는 일이고, 상인의 직업은 국민에게 물자를 공급하는 일이다. 그리고 적당한 때가 오면 이들 한 사람 한 사람이 국민을 위해서 죽는 것이 제각기의 의무이다. 군인은 임지(任

地)를 버리기보다 그곳에서 죽을 각오가 되어 있어야 한다. 전염병이 나돌 때 의사는 자신의 일을 버리고 도망가서는 안 되고, 대신 감염될 위험을 감수하고서라도 환자들을 돌봐야 한다. 성직자는 신도들을 잘못으로부터 진리로 인도해야 하는데, 신도들이 자신을 죽이는 한이 있더라도 그래야 한다. 법률가는 자신의 생명을 희생해서라도 정의가 지배하는 세상을 보증해야 한다.[7]

우리는 위에서 각 직업의 구성원들이 자신의 생명을 내놓아야 하는 적절한 경우들을 지적했다. 그렇다면 상인이 자신의 생명을 내놓아야 할 적절한 경우는 언제인가? 이것은 상인을 포함하여 모든 사람들이 물어야 할 질문이다. 죽어야 할 때를 모르는 자는 살아가는 방법도 모르는 자이다. 우리는 상인의 기능이 국민에게 물자를 공급하는 것임을 보았다. 성직자의 기능이 급료를 받는 일이 아니라 가르치는 일이듯이, 상인의 기능은 이익을 만드는 것이 아니라 국민에게 물자를 공급하는 것이다. 설교에 헌신하는 성직자가 필요한 물자를 공급받고, 동일한 방식으로 상인은 이익을 얻게 될 것이다. 그러나 양자 가운데 어느 편도 자신의 직업을, 이익을 도모할 절호의 기회로 삼아서는 안 된다. 성직자와 상인 모두 급료나 이익을 받을지의 여부와 관계없이 해야 할 일, 자신이 수행해야 할 의무가 있다. 만일 이 명제가 진실하다면, 상인은 최고의 명예를 누릴 자격이 있다. 그의 의무가 양질의 상품을 구입하여 국민이 살 수 있는 가격으로 공급하는 일이기 때문이다. 그리고 자기 아래에서 일하는 수백

7 러스킨은 '살아 있는 생명의 기능이 경사스럽게 완성되는 모습 안에서, 특히 인간 안에서, 완벽한 생명이 즐겁고 올바르게 작용하는 모습 안에서' 아름다움을 보았다(*Modern Painters*, Vol. II, Part III, Sec. I, Ch. 3). 간디 역시 사탸그라하의 아름다움, 다시 말하자면 '진리를 실현하는 데서 겪는 고통'의 아름다움에 대해서 말하고 있다.

명 또는 수천 명의 사람의 안전과 복리를 보증해 주는 것 역시 그의 의무이다. 이것은 상당한 정도의 인내·친절·지성을 요구한다. 이와 같은 여러 기능을 수행함에 있어서, 그는 다른 사람들이 그러하듯이 필요하다면 자신의 목숨을 포기해야 한다. 그런 상인은 어떤 난관에 봉착하더라도, 심지어 지독한 빈곤에 빠진다고 해도, 불량품을 팔거나 사람을 속이려고 하지 않을 것이다. 더구나 그는 자기 부하를 지극히 정성껏 대접할 것이다. 큰 공장이나 상사에 일자리를 구한 젊은이는 아주 종종 집에서 멀리 여행할 경우 주인이 부모의 역할을 맡아야 한다. 주인이 무관심하다면, 그 젊은이는 고아와 같을 것이다. 그러므로 상인 겸 주인은 매사에 있어서 '내가 부하를 내 아들처럼 다루고 있는가?' 하고 자문해 보아야 한다.

어느 배의 선장이 자신의 아들을 자기가 지휘하고 있는 일반 선원들 가운데 둔다고 가정해 보자. 선장의 의무는 모든 선원들을 자신의 아들처럼 다루는 것이다. 이와 마찬가지로 상인은 아들에게 자신의 부하와 나란히 일하기를 요구할 수 있다. 그는 항상 아들을 다루듯이 자신의 일꾼들을 다뤄야 한다. 이것이 진정한 의미의 경제학이다. 그리고 배가 난파하면 선장은 배를 떠나는 최후의 사람이 되어야 하듯이, 상인은 기근이나 다른 재난이 일어날 경우 자신의 이익에 앞서서 부하의 이익을 보호해야 한다. 이 모든 말이 이상하게 들릴 수도 있다. 그러나 현대에 정말로 이상한 일은 그런 말이 이상하게 들려야 한다는 사실 자체이다. 자신의 마음을 그 말에 적용시켜 보는 사람은 누구든, 우리의 말이 진정한 원리라는 점을 알게 될 것이기 때문이다. 진보적인 국가(*nation*)에서는 이것과 다른 기준이 있을 수 없다. 만일 영국인들이 그렇게 오랜 기간 동안 생존해왔다면, 그것은 그들이 경제학의 격률에 따라서 살아왔기 때문이 아니라 경제학의 격률을 향해서 질문을 던지며 도덕적 행위의 원리를 추종해 온 수많은 영웅이 있었기 때문이다. 이런 원리들의 위반에 기인하는 위해(危害), 그리고 그 결과로 국가가 위대함을 잃게 된 일, 이런 문제는 다른 기회에 고려해 보기로 한다.

《전집》 8 : 199

부의 광맥

경제학자들은 우리가 앞서 '진리의 뿌리'를 말한 것에 대해서 다음과 같이 대답할 수 있다. 즉 "사회적 애정에 어떤 장점이 있음은 사실이다. 그러나 경제학자들은 이런 장점을 고려하지 않는다. 그들이 관심을 쏟는 과학은 부자가 되는 과학이다. 그것은 결코 잘못이 아니라 경험상 효험이 있었다는 점이 판명되었다. 그 과학을 따르는 자들은 부자가 되고 무시하는 자는 가난뱅이가 된다. 유럽의 모든 백만장자들은 이 과학의 여러 법칙에 따름으로써 부를 획득했다. 이를 반박하는 것은 헛된 일이다. 이 세상의 모든 사람들은 돈을 어떻게 벌고 잃는지를 알고 있다."

이 말은 진실과는 다소 거리가 있다. 사업가들이 돈을 버는 것은 사실이다. 하지만 그들 자신이 돈을 정당한 방법으로 버는 것인지, 그들의 돈벌이가 국민의 복지에 기여하는지 알지 못한다. 그들은 너무나도 자주 '부자'라는 단어의 의미조차 모른다. 그들은 부자가 존재하자면, 가난뱅이도 있어야 한다는 점을 깨닫지 못하고 있다. 사람들은 종종 일정한 가르침을 따르면 모든 사람들이 부자가 될 수 있다고 믿고 있지만 이는 잘못이다. 그러나 올바른 입장은 한 물통이 채워지면 다른 물통이 비게 되는 물레방아의 바퀴에 비교될 수 있다. 당신이 소유한 루피의 힘은 그 돈을 소유하지 않은 다른 사람에 의존한다. 만일 그 돈을 원하는 사람이 없다면 그것은 당신에게 아무 소용이 없을 것이다. 돈의 힘은 당신 이웃의 결핍에 의존한다. 부족이 있는 곳에서만 부가 있을 수 있다. 이것은 부자가 되기 위해서는 사람이 다른 사람을 가난에 붙들어 둬야 한다는 것을 의미한다.

정치경제학은 가장 적합한 장소와 시간에 유용하고 유쾌한 물건들을 생산하고 보존하고 분배하는 데 달려 있다. 적기에 추수하는 농부, 벽돌을 적절하게 쌓는 벽돌공, 목세공을 조심스럽게 돌보고 있는 목수, 자신의 부엌을 효과적으로 꾸려나가는 여인, 이들은 모두 진정한 정치경제학자들이다. 이들은 모두 나라의 소득에 뭔가를 보태고 있다. 이것과 반대되는 것을 가르치는 과학은 '정치적'인 것이 아니다. 그것이 갖고 있는 유일한 관심은 자신이 특정 금속을 축적하는 것과 다른 사람들로 하여금 그것을 갖지 못하도록 함으로써 이익을 남기는 일이다. 이런 일을 하는 사람은 자신의 부—농장과 가축의 가치—를 농장과 가축을 팔아서 얻을 수 있는 돈의 액수로 평가하지, 자신이 가진 돈의 가치를 그 돈으로 구입할 수 있는 가축과 농장의 수로 평가하지 않는다. 더구나 이와 같은 방식으로 금속 곧 루피를 축적하는 자들은 자신들이 부릴 수 있는 직공의 수의 관점에서 생각한다. 어떤 개인이 금·은·옥수수 등을 갖고 있다고 상정해보자. 이 사람은 하인이 필요할 것이다. 그리고 자신의 이웃 사람들 중에 금·은·옥수수를 필요로 하는 사람이 없다면, 하인을 찾기 어려울 것이다. 그렇게 되면 그는 철저하게 혼자서 빵을 구워야 하고, 옷을 지어야 하고, 쟁기로 밭을 갈아야 할 것이다. 이 사람은 금이 자신의 땅에 있는 누런 돌멩이보다 더 높은 가치를 지니고 있지 않다는 것을 알게 될 것이다. 창고의 옥수수는 썩어갈 것이다. 그가 자신의 이웃 이상으로 소비할 수 없기 때문이다. 그래서 그는 다른 사람들이 그러하듯이 고된 노동에 의해서 자신을 지탱해가야 한다. 대부분의 사람들은 이런 조건이라면 금이나 은을 축적하고 싶지 않을 것이다.

조심스럽게 반성해 보면, 우리가 부의 획득으로 진정 바라는 것은 다른 사람을 부릴 수 있는 힘, 즉 우리의 이익을 위해서 하인·상인·장인의 노동을 획득할 수 있는 힘이란 것을 알게 될 것이다. 우리가 이렇게 획득한 힘은 타인들의 가난과 정비례한다. 목수를 고용할 수 있는 입장에 있는 사람이 오직 한 사람일 경우, 목수는 주어지는 대로 임금을 받을 것이다. 그의 일을 필요로 하는 사람들이 서너 사람 있다면 최고의 임금을 지불하는 사람을 위해서 일할 것이다. 그래서 부자가 된다는 것은 될수록 많은 사람이 우리 자신들보다 적게 가질 것을 고안하는 일이다. 대중을 이런 식으로 결핍 속에 둔다면 국가 전체에 득이 된다고 경제학자들은 보통 가정한다. 사람들 사이의 평등이 가능하지 않다는 것은 분명한 일이다. 정의롭지 못하게 만들어진 결핍의 조건들은 국가에 해를 끼친다. 그러나 자연스럽게 발생하는 결핍과 풍요는 국가를 행복하게 만들고 행복하게 유지할 것이다.

《전집》 8 : 204

그래서 국민들 사이에 부를 순환시키는 일은 몸 속에 피를 순환시키는 것과 유사하다. 피의 순환이 빠르면, 그것은 튼튼한 건강 상태, 운동의 결과, 수치감 또는 발열 중의 하나를 의미할 수 있다. 몸에 홍조(紅潮)가 있을 경우 이것은 건강의 표시거나 괴저(壞疽, *gangrene*)[8]의 표시일 수 있다. 더구나 한 지점에서의 충혈(充血)은 몸에 해롭다. 이와 마찬가지로 부가 한 장소에 집중하는 것도 국가의

---

8 〔역주〕 상처나 감염으로 인해서 혈액공급이 오랫동안 중단되어 동물의 연조직이 국소적으로 죽은 상태.

파멸을 초래할 것이다.

선원 두 사람이 무인도 해안에 난파했다고 가정하자. 그들은 자신들의 노동을 통해서 음식과 기타 생필품을 생산해야 한다. 두 사람이 건강하고 우호적으로 일을 한다면, 그들은 좋은 집을 지을 수도 있고, 미래를 위해서 땅을 개간하고 불행에 대비할 수 있을 것이다. 이 모든 것들이 진정한 부를 이룰 것이다. 두 사람 모두 일을 잘한다면 그들은 동등한 지분(*equal share*)을 가질 것이다. 그래서 경제학이 이들에 대해서 말할 수 있는 것은 그들이 노동으로 얻은 수확에 대해서 동등한 지분을 얻을 권리를 획득했다고 하는 것이 전부이다. 이제 얼마 후 한 사람이 불만을 느끼게 되자, 땅을 분배하여 각자 혼자서 그리고 독립하여 자신의 땅에서 일을 하게 되었다고 해보자. 시간이 흘러서 중대한 시기에 그들 중 한 사람이 병에 걸렸다고 해보자. 그는 다른 사람에게 가서 도움을 청할 것이다. 후자는 "내가 당신을 위해서 이 일을 해 주겠다. 단 필요할 때 나를 위해서 같은 양의 일을 해 준다는 조건하에. 당신은 내가 지금 당신을 위해서 일하는 시간과 똑같은 시간만큼 필요한 때 내 밭에서 일하겠다고 문서로 약조해야 한다"고 대답했다고 하자. 병에 걸린 사람의 병이 지속되고, 매번 그가 다른 사람에게, 즉 건강한 사람에게 약정문서를 주어야 한다고 가정해 보자. 병든 사람이 회복되었을 경우 이 두 사람의 위치가 어떨까? 두 사람 모두 지독한 가난에 빠져 있을 것이다. 병든 사람은 앓아누워 있는 동안 자신의 노동을 제공할 수 없었다. 친구가 열심히 일했다고 가정해도, 병든 사람의 땅에 바쳤던 시간만큼 자신의 땅에 일을 할 수 없었다는 것은 명백하다. 이것은 두 사람의 재산을 합한 것이 한 사람이 아프지 않은 경우보다 적어졌음을 의미한다.

두 사람의 관계 역시 변했다. 병자는 채무자가 되었고, 빚에 대한 상환으로서만 자신의 노동을 제공할 것이다. 이제 건강한 사람은 자신이 보관하고 있던 채권 서류를 사용하기로 결정했다고 가정해 보자. 그는 이제 일을 완전히 그만둘 수 있다는 것, 즉 나태할 수 있다는 것을 알게 될 것이다. 그가 선택하면 회복된 사람으로부터 얻은 약조[9]를 가차 없이 요구할 것이다. 이와 같은 거래에서 약간의 불법성이라도 찾을 수 있는 사람은 아무도 없을 것이다. 이제 이방인이 현장에 도착하면 두 사람 중 한 사람은 부자가 되었고 다른 사람은 자신의 복리를 상실했다는 점을 알게 될 것이다. 그는 한 사람은 게으른 사치 속에서 나날을 보내는 반면, 다른 사람은 아무리 열심히 노동해도 궁핍 속에 있는 것을 볼 것이다. 독자는 이 사실에서 다른 사람의 노동이 거둔 열매를 당연히 자신의 것으로 주장하는 일이 진정한 부의 감소로 이어진다는 것을 알게 될 것이다.

또 하나의 사례를 검토해 보자. 세 사람이 하나의 왕국[10]을 건설하고 각자 개별적으로 살게 되었다고 해보자. 세 사람이 제각기 다른 작물을 재배했는데, 나머지 두 사람은 이것들을 이용할 수 있었다. 그중 한 사람이 세 사람 모두의 시간을 절약하기 위해서 농사를 포기하고 상품을 한 사람에게서 다른 사람에게로 전달하는 일에 착수하고, 그 대가로 일정량의 곡물을 받기로 했다고 가정하자. 만일 그가 적기에 필요한 상품[11]을 제공해 준다면 세 사람 모두 번영할 것이다. 그런데 그가 전달해야 할 곡물의 일부를 감추었다고 가정해 보자. 그리고 결핍의 시기가 닥쳤다. 그 중간상이 훔친 옥수수를 터무니없

9 채무자가 당장의 필요에 의해서 붙인 단서조항에 따라서 돌려주기로 되어 있는 바의 차입된 노동이라는 담보물.

10 〔역주〕《나중에 온 이 사람에게도》에는 '공화국'으로 되어 있다. 《전집》 권8, 384면.

11 농기구와 종자 등.

는 값에 제시했다고 해보자. 이런 식으로 그는 두 사람의 농부를 가난에 빠뜨리고 그들을 노동자로 고용할 수 있었다.

이것은 분명한 불의(*obvious injustice*)의 경우이다. 하지만 이것이 요즘 상인들이 장사하는 방식이다. 우리는 이런 사기 행위의 결과로서 세 사람의 재산을 모두 합한 것이, 만일 중간상인이 정직하게 행동했을 경우의 부에 비해서 적을 것이라는 점을 알 수 있다. 두 사람의 농부는 그들이 할 수 있었던 것보다 더 적게 일을 했다. 그들은 필요로 했던 물건을 공급받을 수 없었기 때문에, 그들의 노동은 최선의 열매를 맺지 못했고, 부정직한 중간상인의 손에 들어간 훔친 물건[12]은 가장 효과적으로 사용될 수 없었다.

우리는 한 국가의 부에 대한 추정치가 그 부를 획득하는 방식에 얼마나 깊이 의존해 있는지를 수학적으로 정확히 계산할 수 있다. 물론 우리는 그 국가가 보유한 현금에 기초하여 그 국가의 부를 견적할 수는 없다. 개인의 손에 있는 현금은 인내력·기술·번영의 표시일 수도 있지만, 유해한 사치, 무자비한 학정과 발뺌의 표시일 수도 있다. 부를 추정하는 방식은 부를 획득하는 다양한 방식들이 갖고 있는 도덕적 성질들을 고려해야 할 뿐만 아니라 수학적으로도 타당해야 한다. 한 뭉치의 현금은 그것을 획득하는 과정에서 그보다 10배 더 많이 창출했을 수도 있고, 10배나 더 없애 버렸을 수도 있다.

그래서 도덕적 고려 없이 돈벌이 지침을 내리는 것은 인간의 오만함을 나타내는 추구이다. '가장 값싸게 사서 가장 비싸게 팔아라'는 원리보다 인간에게 더 수치스런 것은 없다. '가장 값싸게 산다?' 그래, 시장의 물건을 저렴하게 하는 것이 무엇인가? 화재 이후 지붕용 목재에서 나온 숯은 저렴할 것이다. 지진에 의해서 무너진 집의 벽

---

12 중간상인이 매점매석한 곡물과 농기구.

돌은 저렴할 수 있다. 그러나 그렇다고 해서 화재와 지진이 국가의 부를 늘린다고 감히 주장할 사람은 없을 것이다. 다시, 가장 비싸게 팔아라? 그래, 무엇이 시장의 물건을 비싸게 만들었는가? 당신은 오늘 빵을 팔아서 큰 이익을 보았다. 그러나 그것이 죽어가는 사람의 마지막 한 닢을 강탈했던 것은 아니었던가? 아니면 당신은 그것을 내일이면 당신의 소유물 전부를 차지해 버릴 부자에게 팔았는가? 아니면 강도가 당신 은행을 약탈할 때 당신이 그 강도에게 주었는가? 당신은 아마 이 질문들 중 어느 것에 대해서도 대답할 수 없을지 모르겠다. 당신은 모르기 때문이다. 그러나 한 가지 질문에 대해서는 대답할 수 있을 것이다. 즉, 당신이 그것을 바르게 그리고 정당한 가격에 팔았는지 하는 질문이 그것이다. 그리고 정말로 문제가 되는 것은 정의이다. 당신의 행위를 통해서 어느 누구도 고통당하지 않게 하는 것이 당신의 의무이다.

《전집》 8 : 213

우리는 돈의 가치가 사람의 노동을 부릴 수 있는 힘 속에 있다는 점을 살펴보았다. 그 노동이 돈의 지불 없이 얻어질 수 있었다면, 돈에 대한 필요성은 더 이상 없을 것이다. 돈을 지불하지 않고 노동을 얻는 사례들이 알려져 있다. 우리는 도덕적인 힘이 돈의 힘보다 더 효과가 있는 사례들도 고찰해 보았다. 우리는 돈이 할 수 없는 것을 인간의 선성(*man's goodness*)이 할 수 있다는 것도 보았다. 돈으로 속일 수 없는 사람들이 영국 도처에 존재한다.

더구나 우리가 부에 노동을 움직일 수 있는 힘이 있다는 점을 인정한다면, 사람들이 더 영리하고 도덕적일수록, 축적된 부가 더 클 것이라는 점도 알게 될 것이다. 보다 더 깊이 성찰하면, 금과 은이 아니라 사람들 자신이 부를 이룬다는 점이 사실처럼 보일 수도 있을 것이다. 우리는 땅속에서가 아니라 인간의 심정 속에서 부를 찾아야 한다. 이 말이 옳다면, 경제학의 진정한 법칙은 사람들이 심신에서 최대한의 건강 상태와 최고조의 명예심을 유지하는 것이 될 것이다. 영국이 노예의 터번을 골콘다(Golkonda)[13] 산의 다이아몬드로 장식하여 자신의 부를 뽐내는 대신, 유덕하고 위대한 영국인을 가리키면서, 진정으로 탁월한 덕을 가진 그리스인의 말을 빌려서 "이것이 내 부(富)요"라고 말할 수 있는 순간도 올 것이다.

공평한 정의(*Even-Handed Justice*)[14]

그리스도 강림 수세기 전 솔로몬[15]이라는 이름의 유대 상인이 살았다. 그는 큰 부와 높은 명성을 얻었고, 그의 격률은 유럽에서 오늘날에도 기억되고 있다. 베네치아 사람들은 그를 매우 사랑해서 그를 기념하여 도시에 조상(彫像)을 세웠다. 사람들이 그의 격률을 다 외우기는 하지만, 그 말을 실제로 실천하는 자는 거의 없다. 그는 말했다. "거짓말로 돈을 번 사람들은 자만으로 괴로워할 것이고, 그런 돈은 죽음의 표시이다"라고. 다른 데서 그는 "사악함의 보물은 아무 이익도 주지 않는다. 우리를 죽음에서 구원하는 것은 진리다"[16] 라고 했다. 이 두 격률에서 솔로몬은 죽음이 부당하게 획득

---

13 〔역주〕 Golconda, Golkund라고도 쓴다. 인도 남부 안드라프라데슈 주 중북부의 하이데라바드 도시 지구에 있는 요새로서 폐허가 된 도시. 궁전, 모스크, 쿠트브 샤히의 무덤이 지금까지 그대로 보존되어 있다. 근처의 산에서 나는 역암에서 추출해낸 다이아몬드로 유명했다. 《브리태니커 CD EX 백과사전》, 한국브리태니커, 2002 참조.

14 이 부분은 러스킨의 'Qui Judicatis Terram.' '세상의 심판관들, 당신들은 공의(*righteousness*)를 사랑하시오'라는 장에 해당한다.

15 Solomon(B. C. 993~953) : 러스킨의 시절에는 구약 잠언의 저자로 믿어졌다.

한 부의 결과라고 단언한다. 오늘날에는 사람들이 아주 영리하게 거짓말을 하고 불의를 범하므로, 우리는 거짓과 불의를 찾아낼 수 없다. 사람을 오도하는 선전들이 존재하기 때문이기도 하고, 물건들이 매력적인 이름을 달고 있기 때문이기도 하다. 그 밖의 이유도 있을 것이다.

현자는 다시 말한다. "자신의 부를 늘리기 위해서 가난한 자를 억압하는 자는 궁핍의 때를 반드시 맞이할 것이다." 그리고 그는 덧붙인다. "가난한 자를 가난하다는 이유로 강탈하지 말라. 사업장에서 괴로움을 당하고 있는 자를 억압하지 말라. 야훼께서 그들을 괴롭히는 자들의 혼을 타락시키실 것이기 때문이다." 하지만 지금은 이미 죽은 자를 또 한 번 차 버리는 것이 사업의 실정이다. 우리는 궁핍한 사람을 이용하기 위해서 혈안이 되어 있다. 노상강도는 부자를 강탈하지만 상인은 가난한 자를 강탈한다.

솔로몬은 또 말한다. "부자와 가난한 자는 평등하다. 야훼께서 그들의 조물주이시다. 야훼께서 그들에게 지식을 주셨다."[17] 부자와 가난한 자는 상대방이 없다면 살 수 없다. 그들은 항상 상대방을 필요로 한다. 어느 편도 상대방에 비해서 우월하다거나 열등하다고 간주될 수 없다. 그러나 이 둘은 자신들이 평등하다는 것, 야훼가 그들의 빛이라는 점을 망각하면 나쁜 결과가 따라온다.

《전집》8 : 227

---

16 〈잠언〉 21 : 6, 10 : 2를 참조할 것.

17 〔원주〕〈잠언〉 22 : 2. "늘 상종하는 부자와 가난한 사람, 이들은 모두 야훼께서 지으셨다."〈잠언〉 29 : 13. "가난한 사람과 학대하는 사람이 한데 어울려 사는데, 야훼께서는 둘에게 같이 빛을 내려 주신다."〔역주〕《공동 번역 성서》, 1977, 대한성서공회 발행.

부는 강물과 같다. 강물은 늘 바다로 곧 낮은 곳으로 흘러간다. 그래서 부는 필요한 곳으로 가야 한다는 것이 일반 규칙이다. 그러나 부의 흐름은 강물의 흐름과 같이 조절될 수 있다. 대부분의 강들은 규제되지 않은 채 끝까지 흘러가 버리고, 축축한 습지 같은 강둑은 대기를 망친다. 만일 강을 가로지르는 댐이 건설되어 필요한 만큼 물을 흘려보내면, 강은 땅에 물을 대주고 대기를 청결하게 유지할 것이다. 이와 마찬가지로 무절제한 부의 사용은 사람들 사이에 사악함을 증대하고 기아를 초래할 것이다. 간단히 말해서, 그런 부는 독처럼 작용할 것이다. 그러나 우리가 동일한 부의 순환을 규제하고 사용을 통제한다면 그 부는 흐름이 잘 조절되는 강처럼 번영을 촉진할 수 있다.

경제학자들은 부의 순환을 조절하는 원리를 철저하게 무시한다. 그들의 학문은 부자가 되는 과학일 뿐이다. 그러나 부자가 되는 데도 다양한 방식이 있다. 유럽에서 민중이 거대한 토지의 소유주를 독살해서 그들의 재산을 착복함으로써 부의 획득을 추구했던 때가 있었다. 요즘 상인들은 가난한 사람들에게 파는 음식에 이물질을 섞는데, 예를 들면 우유에는 붕사(硼砂)를, 밀가루에는 감자가루를, 커피에는 치커리(*chicory*)[18]를, 버터에는 지방을 섞는 등의 사례가 있다. 이것은 다른 사람들을 독살함으로써 부자가 되는 것과 같은 수준이다. 우리는 이것을 부자가 되는 기술이나 학문이라고 부를 수 있을까?

하지만 이제 경제학자들이 말하는 '부자되기'가 '다른 사람들을 강도질함으로써 부자되기'만을 의미한다고 상정해 보자. 그들은 자신들의 학문이 합법적이며(*legal*) 정당한(*just*) 방법으로 부자가 되는 학

---

18 〔역주〕 국화과(菊花科, *Asteraceae*)에 속하는 푸른색 꽃이 피는 다년생 식물. 채소 또는 샐러드로 먹으며, 뿌리를 구운 뒤 갈아서 조미 첨가제를 만들거나 커피 대용으로 쓴다.

문이라는 점을 지적할 것이다. 그런데 요즘 합법적인 일이긴 하지만 정당하지 못한 일이 많이 일어나고 있다. 부를 획득하기 위한 하나뿐인 옳은 길은 부를 정당하게 획득하는 일이다. 그리고 이 말이 사실이라면 우리는 무엇이 정당한지를 알아야 한다. 수요 공급의 법칙에 따라서 산다는 것만으로 충분치 않다. 물고기·늑대·쥐도 그런 식으로 생존해간다. 큰 물고기는 작은 놈을 먹고 살고, 쥐는 벌레를 삼키고, 늑대는 사람조차 먹어치운다. 그들에게 그것이 자연의 법칙이고 그 이상은 모른다. 하지만 신은 사람에게 이해력과 정의감(*sense of justice*)을 부여하셨다. 사람은 이것들을 따라야 하고, 다른 사람들을 삼킴으로써, 속임으로써 그리고 거지 신세로 전락시킴으로써 부자가 될 생각을 하지 말아야 한다.

그렇다면 노동자에 대한 임금 지불에 관한 정의의 법칙(*the laws of justice*)을 검토해 보자.

우리가 앞서 말한 대로, 노동자에 대한 정당한 임금은 노동자가 오늘 우리에게 제공하는 노동과 같은 노동을 그들이 필요로 할 경우, 노동을 확보할 수 있게 해 주는 임금이어야 한다. 우리가 그에게 낮은 임금을 준다면 그는 저임금을 받는 것이고, 높은 임금을 준다면 고임금을 받는 것이다.

어떤 사람이 노동자를 고용하기를 원한다고 하자. 두 사람이 노동을 제공할 수 있다. 만일 낮은 임금을 받겠다고 한 사람이 고용된다면 그는 저임금을 받을 것이다. 만일 고용주는 많고 노동자는 혼자라면, 그 노동자는 자신이 제시하는 조건을 받을 것이고 고임금을 받을 가능성이 높다. 정당한 임금은 이 두 지점 사이에 존재한다.

어떤 사람이 나에게 돈을 빌려주고 일정 기간 이후 되갚아야 한다면, 나는 그에게 이자를 지불할 것이다. 이와 같이 어떤 사람이 오늘 나에게 그의 노동을 제공한다면, 나는 그에게 동일한 양의 노동에다가 이자로 노동을 좀더 보태서 그에게 되돌려 주어야 할 것이다. 어떤 사람이 오늘 나에게 1시간의 노동을 제공한다면, 나는 그에게 1시간 5분이나 그 이상의 노동을 제공하기로 약속해야 한다. 이것은 모든 종류의 노동자들에게 적용된다.

이제 나에게 자신들의 노동을 제공할 두 사람 중에서 내가 만일 낮은 임금을 받아들이는 자를 고용한다면, 그는 반기아 상태에 빠질 것이고 다른 사람은 실업 상태에 있게 될 것이다. 이와 달리 내가 고용한 직공에게 완전한 임금을 지불한다면, 다른 사람은 실업 상태에 있게 될 것이다. 그러나 전자는 굶주리지는 않을 것이고, 나는 내 돈을 정당하게 사용한 셈이 될 것이다. 기아는 응분의(*due*) 급료가 지불되지 않을 경우에만 실제로 발생한다. 내가 응분의 급료를 지불한다면 잉여의 부는 내 수중에 축적되지 않을 것이다. 나는 돈을 사치에 낭비함으로써 가난을 더 심화시키지 않을 것이다. 나로부터 정당한 임금을 받고 있는 그 직공은, 이번에는 다른 사람들에게 정당한 돈을 지불할 것을 배울 것이다. 그렇게 해서 정의의 강물은 마르지 않을 것이고, 대신 흘러가면서 가속도가 붙을 것이다. 그와 같은 정의감을 가진 국가는 점차 행복해지고 옳은 방향으로 번영하게 될 것이다.

이와 같은 논법을 따른다면 경제학자들이 틀렸음을 알 수 있다. 그들은 강화된 경쟁이 국가의 번영을 증가시키는 것을 의미한다고 말하지만, 이것은 사실상 진실이 아니다. 사람들이 경쟁을 바라는 것은 그것이 임금의 수준을 떨어뜨리기 때문이다. 그럼으로써 부익부 빈익빈이 야기된다. 그런 경쟁은 장기적으로 보면 국가를 패망시킬 것이다. 올바른 수요 공급의 법칙은 직공에게 자신의 가치에 따라서 정당한 임금의 지불을 보장할 것이다. 이것 역시 경쟁을 의미할 수 있지만 그 결과 사람들은 행복을 느끼고 숙련된 사람이 될 것이다. 보다 싼 임금으로 입찰하는 대신, 그들은 고용을 안전하게 하기 위해서 새 기술을 익혀야 하기 때문이다. 이런 이유로 사람들은 정부 공무원직을 선호한다. 거기에서는 봉급이 직위에 따라서 고정되어 있다. 경쟁은 능력의 방면에서만 존재한다. 공무원 지원자는 낮은 봉급을 받아들일 것을 제안하지 않고, 다른 사람들에 비해서 보다 많은 능력이 있다고 주장한다. 육군과 해군의 경우도 마찬가지이며, 그 때문에 그런 일에는 부패가 적다. 그러나 장사와 교역에는 불건전한 경쟁이 있고, 그 결과로 사기와 발뺌, 절도와 같은 부패한 관행들이 증대했다. 더구나 불량품이 제조되었다. 제조업자는 제일 큰 몫을 차지하려 하고, 직공은 다른 사람들의 눈에 먼지를 던지고 싶어하고, 소비자는 자기 이익을 위해서 상황을 부당하게 이용하려고 한다. 이런 행태는 모든 인간관계를 망친다. 우리 주변 곳곳에 기아가 있고, 파업은 증가하고, 제조업자들은 깡패가 되고 소비자들은 윤리적 고려를 무시한다. 하나의 불의는 여러 가지 다른 불의를 낳는다. 그래서 결국 고용주·공원(工員)·소비자 모두 불행해지고 파멸을 맞이할 것이다. 사람들 사이에 이런 부패한 관행이 우세할 경우 국민은 결국 비탄에 빠진다. 부 자체는 독성처럼 작용한다.

바로 이런 이유로 지혜로운 사람들은, 맘몬이 신이 되는 곳에서는 아무도 진정한 신을 섬기지 않는다고 생각했다. 부는 신과 조화될 수 없다. 신은 가난한 사람들의 집에서만 거하신다. 이것은 영국인들이 고백한 바이지만, 그들은 실제 부를 최고의 자리에 두고, 그 나라에 있는 부자의 수에 따라서 나라의 번영을 평가한다. 영국 경제학자들은 모든 사람들이 신속하게 부자가 될 수 있는 원칙을 만든다. 진정한 경제학은 정의의 경제학이다. 삶의 모든 상황에서 정의를 어떻게 행할지, 공정할(*righteous*) 수 있는지를 배우는 국민만이 행복할 것이다. 이것을 제외한 다른 모든 것은 공허하고 일종의 도덕적 도착이고, 이 도착은 파멸의 전조이다. 무슨 값을 치르고서라도 부자가 되는 길을 국민에게 가르치는 것은 그들에게 사악한 교훈을 가르치는 것과 같다.

《전집》 8 : 237

무엇이 정의로운가?

우리는 상기 3개의 장에서 경제학에서 일반적으로 인정되는 원리가 타당하지 않음을 보았다. 우리가 그 원리를 따른다면, 개인과 국가는 불행해질 것이고 빈익빈 부익부가 야기될 것이다. 그 때문에 부자든 가난한 자든 모두 조금도 행복해지지 않을 것이다.

경제학자들은 사람의 품행(*conduct*)을 고려하지 않고, 번영을 축적된 부의 양으로 계산하고, 국가의 행복이 부에만 의존한다는 결론을 내린다. 따라서 그들은 우리가 공장에서 더 많은 일을 해서 더 많은 부를 축적해야 한다고 주창한다. 이런 관념이 확산되자 영국과 다른 곳에서 공장들이 증가했다. 많은 수의 사람이 농장을 떠나서 도시로 모여들었다. 그들은 시골의 맑고 신선한 공기를 포기하고 공장의 더러운 공기를 호흡하면서 행복을 느낀다. 그 결과 국가는 점점 약해지고, 탐욕과 부도덕이 증가한다. 만약 어떤 사람이 악의 철폐를 위한 조처를 제안하기라도 한다면, 소위 현자들은 악은 제거할 수 없고, 무지한 사람은 단번에 교육할 수 없으며, 무슨 일이든 있는 그대로 내버려 두는 것이 최선이라고 말한다. 그들은 이 논의를 펴면서 가난한 자들의 부도덕성(*the immorality of the poor*)에 대해서 책임져야 할 사람이 부자라는 사실을 망각하고 있다. 비참한 노동자들은 부자를 위해서 밤낮으로 노예처럼 뼈 빠지게 일하고 덕분에 부자들은 사치품을 공급받는다. 노동자들은 자기 향상을 위해서 단 1분의 시간도 갖지 못한다. 그들은 부자를 떠올리며 그들 역시 부자가 되고 싶어한다. 그들은 부자가 되지 못하면 성을 내고 한을 품는다. 그런 다음에 그들은 분노에 치를 떨고, 정직한 방법으로 부를 모으는 일에 실패한 나머지 필사적으로 사기(詐欺)를 쓰게 된다. 이런 식으로 부와 노동이 낭비된다. 낭비되지 않으면, 그것들은 사기를 고취하는 데 활용된다.

진정한 의미의 노동은 유용한 물건을 생산하는 것이다. 유용한 물건은 사람의 삶을 지탱한다. 사람의 삶을 지탱한다는 것은 사람으로 하여금 도덕적인 삶을 살 수 있게 하고, 사는 동안 선을 행할 수 있게 하기 위해서 음식과 의복 등을 공급한다는 것을 의미한다. 이 목적을 위해서 대규모 산업을 일으킬 필요는 없을 것이다. 큰 공장을 건립함으로써 부를 획득하려는 것은 죄로 나아갈 가능성이 높다. 많은 사람이 부를 축적하지만, 그것을 선용하는 사람은 별로 없다. 만일 돈벌이가 한 국가를 멸망으로 이끌 가능성이 높다면, 그 돈은 쓸모없는 것이다. 그와 반대로 현재의 자본가들은 광범위하게 확산되어 있는, 정의롭지 못한(*unjust*) 전쟁들에 대해서 책임져야 한다. 우리 시대에 일어나는 대부분의 전쟁들은 돈에 대한 탐욕에서 생겨난다.

사람들이 다른 사람들을 향상시키기 위해서 그들을 교육하는 것은 불가능하고, 최선의 길은 각자 가능한 방식대로 살면서 부를 축적함이라고 말하는 것을 우리는 듣는다. 이와 같은 견해를 가진 자들은 윤리적 원리를 거의 고려하지 않는다. 왜냐하면 윤리적 원리를 높이 평가하고, 탐욕에 빠지지 않는 사람은 훈련된 마음을 갖고, 정도(正道)에서 일탈하지 않고, 스스로 모범을 보임으로써만 다른 사람들에게 영향을 주기 때문이다. 한 국가를 이루는 개인들이 행동에서 도덕원리를 준수하지 않는 행동을 한다면, 그 국가가 어떻게 도덕적일 수 있을까? 우리가 원하는 대로 행동하고, 그릇된 이웃에게 비난의 손가락질을 한다면 우리의 행동을 어떻게 선하다고 할 수 있을까?

그러므로 우리는 돈이란 행복이나 불행에 이바지하는 수단에 불과하다고 본다. 돈은 착한 사람의 손에서는 땅을 경작하고 곡물을 재배하는 데 사용될 수 있다. 경작자들은 순결한 노동에서 만족을 얻게 될 것이고 국가는 행복해질 것이다. 나쁜 사람의 손에 들어간 돈은 화약의 생산 따위에 사용되며, 국민에게 지독한 파멸을 안겨 주게 된다. 화약을 생산하는 사람들, 화약의 희생자가 되는 사람들 모두가 결과적으로 고통을 받을 것이다. 그래서 우리는 생명을 제외하고는 부가 있을 수 없음을 안다. 도덕적인 국가가 부유한 국가이다. 지금은 자기탐닉에 빠질 때가 아니다. 각자는 자신의 능력에 따라서 일해야 한다. 앞에 든 사례에서 보았듯이, 한 사람이 나태하면 다른 사람은 두 배나 열심히 일해야 한다. 이런 일이 영국에 횡행하는 기아의 뿌리에 있다. 제 손으로 축적한 부 때문에 스스로 유용한 일을 거의 하지 않고, 자신들을 위해서 다른 사람들에게 일을 강요하는 사람들이 있다. 이런 종류의 노동은 비생산적이므로 노동자들에게 이익을 주지 않는다. 결과적으로 국가의 소득은 감소하게 된다. 만인이 고용되는 것처럼 보이더라도, 자세히 살펴보면 우리는 많은 수의 사람이 억지로 놀고 있음을 알게 된다. 더구나 질투(*envy*)가 일어나게 되고, 불만족(*discontent*)이 뿌리를 내리고, 결국 부자와 가난한 자, 고용주와 직공은 상호 관계에 있어서 품위의 경계를 넘는다. 고양이와 쥐가 서로 늘 다투듯이, 부자와 가난한 자, 고용주와 직공은 상대방에 대해서 적대적으로 되어서 인간이기를 그치고 짐승의 수준으로 떨어지게 된다.

결론

러스킨의 위대한 책에 대한 우리의 내용 정리가 이제 끝났다. 일부 독자는 지루했겠지만, 우리는 그 기사들을 이미 읽은 사람들이 재독하기를 권고한다. 〈인디언 오피니언〉지의 모든 독자들이 기사들에 대해서 성찰하고 그에 따라서 행동하기를 바라는 것은 지나친 기대일 것이다. 그러나 소수의 독자들이 이 요약을 조심스럽게 연구하고 핵심 내용을 파악하기만 해도, 우리의 노동이 충분한 보상을 받았다고 생각할 것이다. 그런 일이 일어나지 않는다고 해도, 러스킨이 마지막 장에서 말했듯이 노동의 보답은 사람의 의무 수행에 있고 그것이 그 사람을 만족시킬 것이다.

러스킨이 자신의 영국 동포를 위해서 쓴 글은 인도인들에게 1천 배나 더 잘 적용될 것이다. 새로운 관념들이 인도에 확산되고 있다. 서양식 교육을 받은 청년들 사이에 새 정신의 도래는 물론 환영할 만하다. 그러나 그 정신이 올바르게 인도되었을 때만 결과가 유익할 것이다. 만일 그러지 못했을 때, 그것은 해로울 수밖에 없다. 한편에서 우리는 자치(스와라즈야, *swarajya*)를 위한 외침을 듣고, 다른 편에서는 영국의 공장들과 같은 공장들을 설립함으로써 부를 신속하게 축적하자는 외침을 듣는다.

우리 민중은 스와라즈야의 의미를 거의 이해하지 못하고 있다. 나탈은 스와라즈야를 향유하고 있다. 그러나 우리가 나탈을 본받아야 한다면, 스와라즈야는 지옥보다 나을 것이 없다고 우리는 말할 것이다. 나탈의 백인들은 카피르족[19]을 공포에 떨게 하고, 인도인들을 내쫓고, 몽매 속에서 이기심을 마음대로 부렸다. 카피르족과 인도인이

---

19 〔역주〕 Kaffir, Kafir. 아랍어로 '이교도'라는 뜻. 지금은 코사족, Xhosa Xosa라고도 씀. 주로 남아프리카의 트란스케이에 사는 종족.

정말로 나탈을 떠나기라도 해야 한다면, 백인들은 내전에서 자신들을 파멸시킬 것이다.

그렇다면 우리는 트란스발에서 성립한 스와라즈야와 같은 것을 추구해야 하는가? 스뮈츠 장군은 그들 중에 지도적 인물이다. 그는 말로 한 것이든 글로 한 것이든 어떤 약속도 지키지 않는다. 언행이 일치하지 않는 사람이다. 영국인들은 그에 대해서 진절머리를 낸다. 효과 있는 경제학이라는 구실하에, 그는 영국 군인들로부터 생계수단을 박탈하고 그들을 네덜란드 사람으로 대체했다. 우리는 이것이 길게 보아서 네덜란드인조차 행복하게 만들지 않을 것으로 믿는다. 자신의 이익만을 돌보는 사람은 이방인들을 강도질한 다음, 자신의 민중을 강도질할 준비가 되어 있는 법이다.

온 세상에서 일어나는 사건들을 관찰하면, 우리는 사람들이 스와라즈야라고 부른 것이 국가의 번영과 행복을 확보하는 데 충분치 않음을 알 수 있을 것이다. 우리는 이것을 간단한 사례를 통해서 파악할 수 있다. 한 무리의 강도들이 스와라즈를 향유할 수 있으려면 무슨 일이 일어나야 할지를, 우리 모두는 머릿속에 그릴 수 있을 것이다. 그들은 결국 강도가 아닌 사람들의 통제 아래 들어갈 때 비로소 행복해질 것이다. 미국·영국·프랑스는 모두 위대한 국가(*States*)이다. 그러나 이 국가들이 실제로 행복하다고 생각할 이유는 없다.

진정한 스와라즈야는 억제(*restraint*)에 있다. 도덕적 삶을 영위하고, 아무도 속이지 않고, 진리를 버리지 않고 자신의 부모·아내·자식·하인·이웃에 대한 의무를 수행하는 사람만이 스와라즈야를 할 수 있다. 그런 사람은 어디에 살든 스와라즈야를 향유할 것이고, 그런 사람들을 많이 가진 국가는 항상 스와라즈야를 즐길 것이다.

일반적으로 말해서, 한 국가가 다른 국가를 지배한다는 것은 잘못이다. 영국의 인도 통치는 악이다. 하지만 영국인들이 인도를 떠나면 인도인들에게 아주 큰 이익이 생길 것이라고 믿을 필요는 없다. 그들이 우리를 지배하는 이유는 우리 안에서 찾아야 할 것이다. 그 이유는 우리의 분열(*disunity*)·부도덕(*immorality*)·무지(*ignorance*) 때문이다.

이 세 가지가 사라질 수 있다면, 영국인들은 나뭇잎 하나 살랑거리지 않고 인도를 떠날 뿐만이 아니라, 우리는 진정한 스와라즈야를 향유할 수 있을 것이다.

많은 사람이 폭탄들의 폭발에 기뻐 날뛴다. 이것은 무지와 이해의 부족을 드러낼 뿐이다. 모든 영국인들이 죽임을 당한다면, 그들을 죽인 사람들이 인도의 주인이 될 것이고, 그 결과로 인도는 계속 노예 신분으로 살아가야 할 것이다. 영국인을 죽인 폭탄은 영국이 떠난 다음 인도 위에 떨어질 것이다. 프랑스 공화국의 대통령을 살해한 사람 자신이 프랑스인이었고, 미국의 클리블랜드 대통령의 암살범은 미국인이었다.[20] 그러므로 우리는 조심해야 하고, 성급해서도 안 되며, 서양인들을 생각 없이 모방해서도 안 된다.

우리는 영국인을 살해하는 악의 길을 따름으로써 진정한 스와라즈야를 달성할 수 없듯이, 인도에 큰 공장을 건설함으로써 스와라즈야를 얻지 못할 것이다. 금과 은의 축적은 스와라즈야를 가져다주지 않을 것이다. 이것은 러스킨에 의해서 설득력 있게 증명되었다.

서양문명의 나이가 이제 1백 살이라는 점, 보다 정확히 말한다면 50살 밖에 되지 않았다는 점을 기억하자. 이 짧은 기간에 서양인들은 문화적 무정부주의(*cultural anarchy*)의 상태로 전락한 것처럼 보인다. 우리는 인도가 유럽과 같은 상태에 결코 빠지지 않기를 기도한

20 클리블랜드 대통령은 자연사했다. 간디는 아마 링컨을 염두에 두었던 것으로 보인다.

다. 서양의 여러 국가들은 상대방을 습격하기를 열렬히 원하고 있어서, 오직 사방 천지에 무기를 비축함으로써 습격자를 억제할 수 있다. 사태가 폭발하게 되면, 우리는 유럽에서 풀려난 진짜 지옥을 목격하게 될 것이다. 모든 백인의 국가들은 흑인종을 자신들의 합법적인 먹잇감으로 본다. 돈만을 문제로 삼을 경우 이런 일은 불가피하다. 그들은 어떤 지역이든 눈에 띄면 까마귀가 썩은 고기를 향해서 내리 덮치듯 그 지역을 공격한다. 이것이 그들이 대규모 산업을 일으킨 결과인 바, 이렇게 말할 수 있는 여러 이유가 존재한다.

결론을 내리면, 스와라즈야의 요구는 모든 인도인들의 정당한 요구이다. 그러나 스와라즈야는 공정한(*righteous*) 방법으로 획득되어야 하고, 진정한 스와라즈야여야 한다. 그것은 폭력적인 방법이나 공장 설립을 통해서 얻어질 수 없다. 우리는 산업, 하지만 올바른 종류의 산업이 있어야 한다. 인도는 한때 황금의 땅으로 간주되었다. 당시 인도인들이 진가를 지닌 민중이었기 때문이다. 땅은 같지만 사람들이 달라졌고, 그로 인해서 불모의 땅이 되었다. 그 땅을 다시 한 번 황금의 땅으로 바꾸자면, 우리는 덕의 삶(*life of virtue*)을 영위함으로써 우리 자신을 황금으로 바꿔야 한다. 이것을 가져올 수 있는 현자의 돌은 두 음절의 단어 곧 사탸(*satya*)이다.[21] 그래서 모든 인도인들이 진리를 항상 따르기로 한다면, 인도가 스와라즈야를 얻는 것은 당연지사일 것이다.

이것이 러스킨 책의 골자이다.

사르보다야 [9개의 글](G.), 〈인디언 오피니언〉,
1908. 4. 16~7. 18 ; 《전집》 8 : 257

21 〔역주〕 역자는 'satya'가 두 음절이라는 간디 자신의 말에 따라서 '사티아' 대신 '사탸'로 음사(音寫)해왔다.

2. 사르보다야

181) 모든 원리 중에 최고선

〈영 인디아〉지의 꾸준한 독자 한 분이 다음 내용을 보내왔다. …[22]
내가 그 편지를 여기에 게재한 이유는 그것이 나의 입장을 해명하는 데 도움이 되기 때문이다. 내가 알기로는 위의 투고자는 〈영 인디아〉지의 아주 조심스런 독자이다. 그런데 만일 그런 독자마저 그의 편지가 분명히 보인 대로 나의 입장을 오해한다면, 가끔 읽는 독자 중에는 얼마나 많은 사람이 비슷하게 오해했을까? 우리 심정에는 해묵은 완고함(hardness), 즉 우리로 하여금 폭력을 저지를 수 있는 모든 기회를 포착하게 하는 완고함에서 일어나는 몰이해의 위험이 존재한다. 몇몇 독자는 그 위험에 대해서 나에게 주목하라고 말한 바 있다. 사람은 미묘한 문제를 다룸에 있어서 아주 조심할 수밖에 없고 또한 그래야 한다. 그러나 우리의 발언이 오용당할 위험이 있다고 해서, 근본적인 진리를 자유롭고 정직하게 논의하는 일을 중지할 수는 없다. 나는 진심 어린 논의와 설명, 그리고 의견의 상호 교환을 통해서 바르게 살아가고 바르게 행동하기를 배울 것이다. 내가 인용한 이 편지는 적절한 사례이다. 논의의 결과, 동일한 원리를 해석하는 데 투고자와 나 사이에 차이점이 있고, 그 차이점에 대해서 분명한 오해가 있었음이 밝혀졌다.

나는 블레이저 박사가 무죄 석방된 일이 잘되었다고 여기지만, 내

---

22 이 투고자는 신문에서 오려낸 것을 동봉했는데, 거기에는 블레이저(Blazer) 박사라는 사람이 그가 죽으면 돌볼 사람이 없다고 해서, 자신의 저능아 딸을 클로로포름으로 살해했다는 기사가 있었다. 그것은 한 프랑스 여배우가 불치의 병을 앓고 있는 자신의 연인의 청에 따라서 그를 권총으로 쏴 죽였다는 기사도 담고 있었다. 두 경우 모두 배심원은 피고들을 무죄 석방했다.

가 제시한 검증 방법에 따른다면, 그가 딸의 생명을 거둔 일은 잘못이었다. 그것은 주변 사람들이 가진 인간성에 대한 신앙의 부족을 드러냈다. 그는 다른 사람들이 자신의 딸을 돌보지 않을 것으로 가정하고 있지만, 그 가정에 대한 근거는 없다. 내가 상정했던 상황에서 개의 경우는 그 입장이 블레이저 박사 자신이 처했던 입장과는 아주 다르다. 그리고 나는 저능아가 혼이 없다는 견해에 찬성할 수 없다. 나는 저급한 피조물에게도 혼이 있다고 믿는다.

또 다른 진지한 독자가 제시한 난점은 다음과 같이 요약될 수 있는데 더 중대한 문제이다.

> 나는 당신이 취한 입장을 인정합니다. 그것은 유일하게 진실한 입장입니다. 그러나 당신의 논의는 결국 최대 다수의 최대 행복이라는 공리주의 교의로 귀착될 것이 아닙니까? 그리고 그것이 당신의 입장이라면, 비폭력 교의는 공리주의적 교의 — 즉 비폭력 주장을 하지도 않고, 생명을 파괴하는 것이 최대 다수의 최대 선을 가져온다면 주저 없이 생명을 파괴한다는 공리주의적 교의 — 와 뭐가 다릅니까?

우선 겉으로 보아서 같은 행동이라고 해도, 그 행동을 촉발한 동기에 따라서 함의가 다를 것이다. 그래서 서양에서는 비폭력이 인간에게 한정되며 그것도 가능한 경우에만 그러하지만, 서양인들은 인류의 이른바 더 큰 선을 위한답시고 실시하는 동물의 생체해부에 대해서, 그리고 공리(公利, *utility*)라는 동일한 원리의 이름으로 가장 파괴적인 군비(軍備)를 강화하는 일에 대해서 아무 양심의 가책을 느끼지 않는다. 이와 달리 비폭력 신봉자는 공리주의자와 같이 파괴 행위를 한번 했을 수도 있다. 하지만 그는 생체해부에 가담하거나 군비의 무한한 확장을 선택하기보다는 스스로 죽는 길을 택할 것이다.

아힘사 신봉자가 공리주의적인 공리에 찬성을 표할 수 없음은 엄연한 사실이다. 그는 만인의 최대 선(*the greatest good of all*)을 실현하기 위해서 있는 힘을 다해서 노력할 것이고, 그 이상을 실현하려다가 죽을 것이다. 그래서 그는 다른 사람들이 살 수 있도록 기꺼이 죽을 것이다. 그는 자신을 바쳐서, 자신을 죽임으로써 나머지 사람들에게 봉사할 것이다. 만인의 최대 선은 반드시 최대 다수의 선을 포함하게 되고, 그래서 그와 공리주의자는 그들의 경력상 많은 점에서 만날 것이다. 하지만 그들이 헤어져야 할 때, 심지어 반대 방향으로 움직일 때가 오고 말 것이다. 공리주의자가 논리적이기 위해서는 자신을 절대로 희생하지 않을 것이다. 절대주의자(*the absolutist*)는 자신을 희생하기조차 할 것이다. 절대주의자는 개를 죽일 때 자신의 약함 때문에 개를 죽이거나, 아니면 드문 경우이긴 하겠지만 개 자신을 위해서 개를 죽일 것이다. 개를 위해서 무엇이 선이고 무엇이 선이 아닌지를 결정해 주는 것이 위험한 짓이라는 것, 절대주의자가 그래서 심각한 잘못을 범할 수 있을 것이라는 것, 이 사실들은 그 행위를 촉구하는 동기와는 무관한 것이다. 절대주의자에게 파괴의 영역은 언제나 최소여야 한다. 공리주의자의 파괴 영역은 한계가 없을 것이다. 비폭력의 기준에서 판단해 보건대 지난 전쟁은 전적으로 잘못이었다. 공리주의자의 기준으로 판단해보면, 쌍방이 모두 자신이 품고 있는 공리의 이념에 따라서 그것을 정당화했다. 잘리안왈라 바그[23] 살육 사건조차 가해자는 공리를 근거로 하여서 그것을 정당화했다. 그리고 정확하게 동일한 근거에서 무정부주의자는 자신의 암살 행위를 정당화한다. 그러나 이런 행위들 가운데 어느 것도 만인의 최대 행복 원리에서는 정당화될 수 없다.

만인의 최대 선, 〈영 인디아〉, 1926. 12. 9 ; 《전집》 37 : 113

23 〔역주〕 1919년에 발생한 암리차르 사건의 이명이다. 암리차르 사건에 대해서는 조길태, 《인도사》(민음사, 1994), 510면 참조.

182) 조직과 규율

카디봉사회의 몇몇 일꾼이 다음과 같이 적고 있다. …[24]

여기 이상들의 명백한 혼란이 있다. 우월과 열등에 대한 왜곡된 관념이 거의 모든 전국적인 조직체에 무질서를 야기했다. 많은 사람은 계급 차별을 폐지하는 것이 무정부와 방종에의 첩경이라고 생각한다. 이와 반대로 차별의 폐지가 의미하는 것은 완벽한 규율이어야 한다. 완벽하다고 한 것은 그 폐지가 우리가 소속할 수도 있는 조직의 법칙들, 즉 우리 존재의 법칙들에 대한 자발적인 순종이기 때문이다. 왜냐하면 인간 자신이 탁월한 조직이며, 그에게 적용되는 것은 자신이 회원으로 있을 수 있는 사회적 · 정치적 조직에도 적용되기 때문이다. 그리고 우리 육신의 한 지체가 어떤 다른 지체에 비해서 열등하지 않지만, 그 지체들은 마음의 통제에 자발적으로 순종한다. 육신이 건강한 상태에 있듯이, 한 조직의 회원들도 — 한 회원이 다른 회원에 비해서 우월하거나 열등하지 않은 것처럼 — 머리에 해당되는 조직의 마음에 자발적으로 순종해야 한다. 지도하는 마음이 없는 조직, 회원들이 그 마음과 전혀 협동하지 않는 조직은 마비되고 죽어갈 것이다.

내가 여기에 다시 소개한 편지에 서명한 저 투고자들은, 그들이 정기적인 참석과 관련된 기초 규율을 수용하지 않는다면, 회원으로 있는 카디 사무실이 자체의 목적, 즉 다리드라나라야나(*Daridranarayana*)에 대한 봉사라는 목적에 이익이 되도록 활동할 수 없다는 점을 깨닫지 못하고 있다. 그들로 하여금 카디 사무실의 자발적 규율이 정부 사

---

24 그 일꾼들은 카디 사무실에 정시에 참석하도록 되어 있는데, 서기 본인은 정시에 오지 않는다고 불평했다. "… 이런 열등감과 우월감이 같은 분야에서 일하는 일꾼들 사이에 왜 있어야 합니까?" 하고 물어왔다.

무실의 강제적 규율보다 훨씬 엄격해야 한다는 점을 깨닫도록 하자. 해당 카디 사무실의 장이 정시에 출석하지 않는 경우가 있다면, 그가 사무실에 부재한 시간조차 카디 작업에 종사하고 있을 가능성이 대단히 높다. 스태프들은 상당히 규칙적으로 움직이지만, 그 장은 따로 휴식 시간이 없다. 그가 정직하고 자신의 고위직의 책임을 자각한다면, 카디를 당연한 모습으로 만들기 위해서 밤낮으로 일해야 한다. 세계 최대가 되기 위해서 새롭게 형성된 조직에 들어가는 것은 운영 중인 사업에 들어가는 것과 전적으로 다르다. 새로운 조직은 방심하지 않고, 영리하며 정직한 감시자가 필요한데, 그것도 일꾼 한 사람의 감시자가 아니라 일꾼 수천 명의 감시자가 필요하다. 이 일꾼들은 기존의 조직에 소속됨으로써, 그리고 그들이 감당할 수 있는 가장 어려운 훈련을 자신들에게 부과함으로써 생겨나야 한다.

훈련의 필요성, 〈영 인디아〉, 1928. 5. 3 ; 《전집》 42 : 2

183) 자아실현과 자기부정

〔*1928. 10* 이전〕

홀(Hall) 씨는 … 간디 씨에게 일련의 질문을 제기했는데, 그 첫 질문이 '사회에 최대의 기여를 할 수 있는 평생 직업의 선택'에 관련된 것이었다. 이 점에 대해서 간디 씨는 다음과 같이 말했다.

간디 가장 주요한 고려 사항은 이런저런 직업의 선택이 아니라 자아실현의 성취입니다. … 사람은 직업의 문제에 직면하여 무엇보다도 삶의 영적인 측면을 강조해야 합니다. 이것을 자신의 생각에서 가장 중요한 것으로 삼고, 자기 자신의 잠재력을 검토하고, 자신이 속한 지역공동체의 특별한 수요를 가장 잘 충족시킬 수 있는 방법을 발견하여 능력껏 수요를 충족시키도록 노력해야 합니다.

질문 오늘날 우리 프로그램에서 종교와 인격이, 교육과 어떤 관계에 있어야 합니까?

답변 교육·인격(*character*)·종교는 서로 교환할 수 있는 용어들로 간주되어야 합니다. 인격 양성을 돕지 않는 교육은 참된 교육이 아니고, 인격을 결정하지 않는 종교는 참된 종교가 아닙니다. 교육은 인생 전체를 염두에 두어야 합니다. 단순한 암기와 책을 통한 학습은 교육이 아닙니다. 나는 인격이라는 등뼈 없는 지식인(*men of learning*)만 양성하는 이른바 교육제도를 믿지 못합니다.

질문 서양의 국가들은 군국주의(*militarism*)를 대체할 만한 어떤 적합한 대안이 있습니까?

답변 군국주의는 본질적으로 자기주장(*self-assertion*)입니다. 그래서 나는 자기주장을 자기부정(*self-abnegation*)으로 대체하겠습니다.

질문 그런데 자기부정이란 말을 무슨 뜻입니까?

답변 예수께서 '자신의 생명을 잃는 자는 그것을 얻을 것이오'라는 구절에서 이해한 것과 같은 의미입니다.

질문 세계 전역에 존재하는 종교 분파들 사이의 가망 없어 보이는 반목에서 빠져나올 수 있는 방법은 무엇입니까?

답변 자선(*charity*)입니다. 우리는 상대방에 대한 관용(*toleration*)과 존중을 배워야 합니다. 모든 종교는 일정한 정도로 사람들의 영적인 필요를 만족시킵니다. 만일 둥둥하고 소리 내며 북을 치는 종교 행위가 내 신경을 거슬린다고 해도, 그것이 금지되도록 노력해서는 안 됩니다. 그것이 다른 사람의 수요를 만족시킨다는 점을 깨달아서 내 자신이 그 소란(騷亂)의 장소를 떠나야 할 것입니다.

나는 이 잡지의 본 호에서 내 자신의 견해를 선언하는 일을 그만두었습니다. 나의 견해는 잘 알려져 있습니다. 프랑스 속담에 '자신에 대해서 변명하는 자는 자신을 고소하는 것'이라는 말이 있듯이, 나는 부단한 충고를 주기보다는 침묵을 유지함으로써 내 메시지가 더 강력하게 전달될 것이라는 점을 믿습니다. 하지만 올바른 일이 관련된 곳이면 이런저런 이슈를 단념할 필요가 없습니다. 세상은 올바른 길로 움직이고 있습니다. 당신이 우리의 가멸적 인생을 시간 전체에 비춰보아서 한갓 점에 불과하다고 생각할 때, 당신은 세상이 진보한다는 점을 인정할 수 있을 것입니다. 진보가 눈에 분명하지 않더라도 말입니다. 나는 엄청난 희망에 차 있습니다.

〈북미 리뷰〉(*The North American Review*)지의
W. W. Hall과의 대담, 〈인디언 리뷰〉, 1928. 10 ; 《전집》 43 : 67

184) 탐닉과 만인의 필요

1932. 6. 17

자연이 살아 있는 모든 피조물에게 그것들이 필요로 하는 것을 매 순간 제공한다는 것은 진리입니다. 나 자신은 이런 진리를 경험을 통해서 매일 깨닫습니다. 그리고 우리가 삶의 매 순간 이 위대한 법칙을 자발적이거나 강제로, 알게 모르게, 위반하고 있다는 점도 나는 알고 있습니다. 우리가 그 위대한 법칙을 범하고 있기 때문에 한편에서는 많은 사람이 지나친 탐닉(*over-indulgence*)으로 고통을 당하고, 다른 한편에서는 수많은 사람이 궁핍으로 고통을 당하고 있다는 점을 우리 모두는 알고 있습니다. 그래서 우리는 한편으로는 광

범위하게 확산된 기아의 재앙으로부터, 또 다른 한편으로는 미국의 백만장자들이 경제 법칙에 대한 잘못된 이해를 통해서 곡물을 파괴하는 일로부터, 인류를 구하기 위해서 노력합니다. 물론 현재도 이러한 자연법에 완벽하게 순응하여 살아간다는 것은 불가능한 것이 사실입니다. 그러나 그 때문에 우리가 걱정할 필요는 없습니다.

츠하간랄 조시에게 보낸 편지,
《마하데브바이니 일기》 권 1, 224면 ; 《전집》 56 : 13

185) 사르보다야, 비폭력, 타파스차르야

세가온,[25] *1938. 7. 21*

사르보다야는 사탸그라하 없이는 불가능하다. 사탸그라하라는 말은 여기에서 그 어원적 의미로 이해되어야 한다. 비폭력이 없는 곳에서 진리의 고수가 있을 수 없다. 따라서 사르보다야의 성취는 비폭력의 성취에 의존한다. 그다음 비폭력의 성취는 타파스차르야(고행)에 의존한다. 그런데 타파스차르야는 순수해야 한다. 타파스차르야의 일부로서 부단한 노력, 분별력 등이 있어야 한다. 순수한 타파스차르야는 우리를 순수한 지식으로 이끈다. 사람들이 비폭력에 대해서 말함에도 불구하고, 많은 사람이 정신적으로 너무나 나태하여 사실을 확인하는 수고조차 하지 않으려고 한다는 것을 우리는 경험으로 알고 있다. 예를 들면, 인도는 빈곤한 나라이다. 우리는 빈곤을 제거하기를 원한다. 그러나 빈곤이 어떻게 발생하게 되었는지, 그 함의가 무엇인지, 빈곤을 어떻게 제거할 수 있을지 등에 대해서 연구하는 사람은 몇 사람이 되는가? 비폭력에 귀의한 자는 그런 지식을 충

25 D. B. 카렐카르와 다다 다르마디카리(Dada Dharmadhikari)가 발행하는 〈사르보다야〉지 1호를 위한 메시지.

분히 갖고 있어야 한다.

그런 수단을 만들어내면서도 논란 속에 빠지지 않는 것이 〈사르보다야〉지의 의무이다. 〈사르보다야〉지의 편집자들은 간디주의를 잊어버려야 한다. 간디주의와 같은 것은 존재하지 않는다. 나는 인도 앞에 새로운 것을 보여준 적이 없고, 다만 옛것을 새롭게 제시했을 뿐이다. 나는 그것을 새로운 영역에 활용하도록 노력했다. 따라서 나의 이념을 간디주의로 부르는 것은 적절하지 않다. 우리는 진리라면 어디에서 발견하든지 수용해야 하고, 그것을 볼 때마다 찬양하고 추구해야 한다. 다시 말해서, 〈사르보다야〉지의 모든 문장에서 우리는 비폭력의 편린과 지식의 편린을 보아야 한다.

사르보다야란 무엇인가?(H.), GN 7680 ; 《전집》 73 : 389

186) 사회의 복리

세바그람, *1942. 2. 8*

슈리 샹케를라오 데브 씨는 다음과 같이 적고 있다.

> 〈하리잔〉지 지난 호에 실린 당신의 글 〈개탄할 만한 사건〉에서 당신은 부자들에게 다음과 같이 말했습니다. "무슨 수단을 사용해서든 수천만 루피를 벌어라. 그러나 여러분의 부가 여러분의 것이 아니라 민중의 것임을 알아라. 당신들의 합당한 수요에 필요한 만큼 취하고, 나머지는 사회를 위해서 사용하라." 내가 이것을 읽었을 때 내 마음에 최초로 일어난 질문은, '왜 먼저 수천만 루피를 벌고 그다음 그것을 사회를 위해서 사용해야 하는가?'라는 것이었습니다. 오늘날 사회가 구성되는 방식을 보면, 수천만 루피를 버는 수단은 반드시 부정할 수밖에 없을 것입니다. 그리고 부정한 수단으로 수천만 루피를 벌어들이는 사람들이 '버림으로써 즐겨라'(*thena thyakthena bhunjithaha*)라는 만트라를 따를 것이라고 기대할 수 없습니다. 부정한 수단으로 수

천만 루피를 벌어들이는 과정 자체에 사람의 인격이 오염되고 악화되기 때문입니다. 더구나 당신은 언제나 수단의 정결함을 강조해왔습니다. 그러나 나는 당신이 여기에서 수단이 아니라 목적을 더 강조한다고, 민중이 오해할 가능성이 있지 않을까 걱정됩니다.

당신이 돈의 지출에 대해서 강조한 만큼, 그 이상은 아니더라도 돈벌이 수단의 정결함에 대해서 강조해 주기를 나는 당신에게 요청하는 바입니다. 내가 생각하기에는 수단의 정결함이 엄격하게 준수되면, 수천만 루피의 돈이 전혀 축적되지 않을 것이고 사회를 위해서 지출하기에 어려움이 있을 가능성은 매우 낮습니다.

나는 당연히 항변해야겠다. 사람이 합법적으로 부를 소유할 수 있음을 상정한다면, 사람은 엄정하게 순수한 방법을 통해서 수천만 루피의 돈을 벌 수 있다는 것을 상상할 수 있다. 나는 논의를 진행하기 위해서 사적 소유(*private possession*) 자체를 불순한 것으로 볼 수는 없다고 상정해왔다. 내가 광산조차(租借)권을 갖게 되어 진귀한 다이아몬드를 우연히 발견하게 되었다면, 부정한 수법을 사용했다는 잘못을 범하지 않고도 갑자기 백만장자가 될 수 있을 것이다. 코히누르 광산보다 훨씬 가치 있는 컬리난 다이아몬드가 발견되었을 때 이런 일이 실제로 발생했다. 그런 사례들은 쉽게 찾을 수 있다. 나의 논의는 분명히 그런 사람을 염두에 둔 것이었다. 나는 일반적으로 부자들, 그리고 실제로 대부분의 사람들이 돈벌이하는 방식에 있어서 세심하지 않다는 명제를 서슴없이 지지한다. 우리는 비폭력의 방법을 적용하면서, 아무리 타락한 사람이라고 해도 사람이라면 모두, 인간적이고 능숙한 대우 아래에서 변화될 수 있다는 점을 꼭 믿어야 한다. 우리는 마땅히 사람들 속에 있는 선함에 호소하고 반응이 있기를 기다려야 한다.

사회의 모든 구성원들이 개인의 확장을 위해서만이 아니라 만인의 선을 위해서 그들의 모든 재주를 사용하는 것은 사회 복리를 증진시키지 않을까? 우리는 모든 사람들이 자신의 능력을 최대한으로 사용할 수 없게 만드는 죽은 평등(*dead equality*)을 원치 않는다. 그런 사회는 궁극적으로 망하고 말 것이다. 그래서 돈 있는 사람들은 수천만 루피를(물론 정직한 수단으로만) 벌어들일 수 있고, 그 돈을 만인에 대한 봉사를 위해서 바쳐야 한다는 나의 충고가 완벽하게 건전하다고 나는 주장하는 바이다. '버림으로써 즐겨라'는 비범한 지식에 토대를 둔 만트라이다. 그것은 자신의 이웃과 상관없이 자신만을 위해서 살려고 하는 현 질서를 대신하여, 보편적 이익을 위한 삶을 가능하게 하는 새로운 질서를 발전시키는 가장 확실한 방법이다.

반드시 부정한 것은 아니다, 〈하리잔〉, 1942. 2. 22 ; 《전집》 81 : 761

187) 자립(*Self-Dependence*)과 상호의존

세바그람, *1945. 11. 29*

질문 건설적 프로그램의 목표는 비폭력적 정치 질서를 위해서 사람들로 하여금 준비하게 하는 것이라고들 합니다. 이 정의는 옳습니까? 아니면 그런 사회적·정치적 질서를, 누구도 다른 사람의 노동을 착취할 수 없는 질서로 정의하는 편이 더 낫습니까?

답변 당신의 정의는 옳지만 불완전합니다. 어디에서 부족한지는 당신의 다음 질문에 대한 답변에서 설명하겠습니다.

질문 나의 정의가 옳다면, 그와 같은 사회적·정치적 질서는 이론적으로는 기계류를 가장 많이 사용하기만 해도 성취될 수 있다고 느낍니다. 그 경우 비폭력적 정치 질서를 위해서 최대 숫자의 촌락

산업을 가지는 일이 필수적일까요? 만일 그러하다면, 이유는 무엇입니까?

답변 비폭력은 여러 구획으로 나눠지지 않습니다. 비폭력은 인간 고유의 특성이거나 또는 그가 깨어 있는 동안 인간의 특성이어야 합니다. 비폭력에 대한 헌신은 의식 상태의 최고의 표현입니다. 그래서 우리가 아힘사를 생각한다면, 우리는 손의 노동을 통해서 모든 필요를 충족시켜야 합니다. 이렇게 하지 않는다면, 우리는 다른 힘에 의존해야 하고 그런 조건이 지속되는 한, 무외(無畏)의 경지를 실현할 수 없을 것입니다. 기계를 점점 더 많이 사용하게 될 경우 생기는 또 다른 위험은 기계를 보호하는 데 커다란 노력을 경주해야 한다는 것, 즉 오늘날 세상의 다른 곳에서 진행되는 것과 마찬가지로 군대를 유지해야 한다는 것입니다. 사실을 말하자면, 외부의 공격을 받을 위험이 없다고 해도, 우리는 그 큰 기계를 통제하는 사람들의 노예가 될 것입니다. 원자탄의 예를 들어봅시다. 원자탄을 소유한 국가들은 우방들조차 두려워합니다. 우리가 현명한 견해를 갖는다면, 기계의 작동으로부터도 구원을 받을 것입니다.

질문 물레질을 찬성하는 여러 이유 중 하나는 물레질이 우리를 자족적으로 만든다는 것입니다. 자족적인 사람이 타인에 의존적인 사람보다 사회에 더 많이 봉사할 수 있습니까? 당신은 자족(*self-sufficiency*)과 사회봉사 사이에는 분명한 관련이 있다고 하고, 사람이 자족적이면 일수록 사회봉사에 대한 능력이 더 커진다고 생각합니까?

답변 이런 의심을 해소하기 위해서라도 우리는 비폭력적 관점을 마음에 유지하고 있어야 합니다. 진리와 비폭력이 내가 생각하는 질서의 기초를 이루기 때문입니다. 우리의 첫째 의무는 우리가 사회의 부담이 되어서는 안 된다는 것입니다. 즉, 자족적이어야 한다는 것입니다. 그것은 자족이 그것 자체로 일종의 봉사임을 의미합니다. 우리는 자족하고 난 뒤 나머지 시간을 다른 사람들을 위한 봉사를 위해서 사용할 것입니다. 모든 사람들이 자족적이 된다면 난관을 겪는 사람은 없을 것입니다. 그 경우 아무도 다른 사람을 위해서 봉사할 필요가 없습니다. 그러나 우리는 아직 그 상태에 이르지 못했고, 그래서 사회봉사에 대해서 생각해야 합니다. 우리가 완전 자족을 실현하는 데 성공한다고 해도, 인간이 사회적 동물이므로 우리는 어떤 형식으로든 타인의 봉사를 받아들여야 합니다. 다시 말하자면, 사람은 자기 자신에게 의존하는 만큼 다른 사람에게도 의존하고 있습니다.

사회를 훌륭한 질서 아래 유지하기 위해서 의존(*dependence*)이 필수적일 때, 의존은 더 이상 의존이 아니라 협조(*cooperation*)가 됩니다. 협조에는 향기가 있고, 협조자들 사이에서는 약자도 강자도 없습니다. 모든 사람들은 평등합니다. 의존에는 무력감이 있습니다. 가족구성원들은 상호의존적인(*interdependent*) 동시에 그만큼 자립적이기도 합니다. 그러나 내 것이니 네 것이니 하는 느낌은 없습니다. 그 때문에 그들은 협조자라고 불립니다. 이와 마찬가지로 우리가 한 사회, 한 국가, 인류 전체를 하나의 가족으로 수용하면, 모든 사람들은 협조자가 됩니다. 우리가 그런 협조의 그림을 그릴 수 있다면, 우리는 생명 없는 기계에 의존할 필요가 없음을 알게 될 것입니다. 기계를 반드시 사용해야 한다면, 기계를 가장 많이 사용할 것이 아니라 최소로 사용해야 할 것입니다. 그래야 사회가 주는 진정한 안전과 자기 보호가 있습니다.

질문 당신은 농사보다 물레질을 더 강조하고 있습니다. 그 배후에 어떤 정치적 이유라도 있습니까? 그것은 사람들이 농사보다 물레질을 쉽게 할 수 있기 때문입니까?

답변 나는 사회적인 것, 경제적인 것, 정치적인 것, 이런 식으로 구분하지 않습니다. 정치적인 것은 사회적인 것이고 경제적인 것이기도 합니다. 하나는 다른 둘을 포함합니다. 우리가 명료하게 이해하기 위해서 그런 구분을 하고 있고, 해야 한다는 것은 사실입니다. 내가 농사를 강조하지 않았던 한 가지 이유는 그에 대한 지식이 거의 제로에 가깝기 때문입니다. 내가 농업을 강조했다면 어떻게 당신을 계몽할 수 있을까요? 차르카의 경우는 사정이 다릅니다. 나는 차르카에 대해서 충분한 지식을 얻었습니다. 두 번째 이유는 외국인의 통치 아래 차르카는 사라져 버렸고 파괴되고 말았습니다. 농업은 결코 파괴될 수 없는 것입니다. 다만 그 형태가 변화되어 농업이 민중의 예속 상태를 강화시켰습니다. 차르카를 강조한 세 번째 이유는 손기술이 농업에 아주 작은 자리만을 차지하고 있기 때문입니다. 카디를 만드는 여러 과정에서만큼 손과 손가락을 많이 사용하는 산업 분야는 거의 없을 것입니다. 네 번째 이유는 외세(外勢)가 먼저 땅을 통제하고 그것을 통해서 다른 것들을 통제하기 때문입니다. 그래서 정부의 도움이 농업의 향상을 위해서 꼭 필요합니다. 나는 여기서 말한 이유와 또 다른 이유 때문에 물레질을 더 많이 강조했던 것입니다.

질문 인간 사회에 물질적 진보의 여러 모습 중 하나는 인간이 자족에서 의존으로 나가는 경향이 있는 것처럼 보인다는 것입니다. 이 경향성은 옳지 않고, 정반대의 경향성이 부흥할 것 같지 않습니까?

답변 나는 이 질문을 사회가 기계의 방향으로 진보하고 있다는 사실을 의미하는 것으로 받아들이겠습니다. 내가 만일 이 질문을 올바르게 이해했다면, 나의 대답은 사회가 기계에 대한 굴종을 제거해야 한다는 것입니다. 우리가 기계의 노예가 됨으로써, 우리의 감각들(*senses*)과 그것들의 활동에 대한 우리의 예속(*slavery*) 역시 무한히 증가하고 있습니다.

질문 건설적 프로그램이 단순한 선전만으로도 당신의 일생 동안 목표를 달성할 수 있을 것이라는 점에 대해서 자신합니까? 인간의 약함(정욕·분노·탐욕·미혹·자만·질투)을 감안하면 특히 이런 기계 시대에 사람으로 하여금 건설적 프로그램을 대규모로 받아들이게 하기 위해서는 '법률적인 도움'이 필요하다고 생각하지 않습니까? 선출된 민중의 대표자들에게서 그런 도움을 받는다는 것은 비폭력 원리를 위반하는 것이 아닙니까? 그렇다면 어떻게 위반한 것입니까?

답변 나는 우리가 정한 조건에 따라서 정부로부터 도움을 받아야 할 것이라고 여러 차례 말한 바 있습니다. 그뿐 아니라, 전 세계로부터도 도움을 받아야 할 것입니다. 나는 한때 건설적 프로그램의 사안에 있어서 의원들로부터 최소한의 도움만을 받을 수 있다고 느낀 적도 있습니다. 그러나 이제 민중의 대표자들이 의회에 들어가므로, 우리가 그들의 도움을 확보할 수 있을 것이라고 나는 깨닫게 되었습니다. 이와 더불어 우리는 우리가 불리한 여건에서 건설적 프로그램을 수행할 수 없다면, 그 프로그램의 가치를 올바로 평가할 수 없다는 점을 명심해야 할 것입니다. 다른 사람들도 물론 평가할 수 없습니다. 나는 건설적 프로그램의 진보에 비례하여 민중의 힘이 증가했다는 점을 담담한 심정으로, 하지만 경험에서 말할 수 있습니다. 우리가 건설적 프로그램을 보편적인 것으로 만들고 민중을 통해서 실시한다면, 스와라즈는 우리 손에 있습니다.

질문에 대한 대답(G.), 《카디의 세계》
(*Khadi Jagat*), 1945. 12 ; 《전집》 88 : 707

188) 도덕적 가치와 사회적 혁명

샨티니케탄, *1945. 12. 20*

간디 나는 무엇이 당신을 고무하여 여기에 오게 했는지, 당신이 직면한 난관들이 무엇인지를 당신의 입에서 듣고 싶습니다.

질문 샨티니케탄(Shantiniketan)이 정치적 일에 끌려 들어가야겠습니까?

답변 샨티니케탄과 비스바바라티(Visva-Bharati)[26]가 정치와 섞여서는 안 된다는 말을 별 어려움 없이 말씀드릴 수 있습니다. 모든 기관은 내부적으로 한계가 있습니다. 이 기관이 천하게 보이지 않으려면 스스로 한계를 정해 둬야 합니다. 내가 샨티니케탄이 정치와 섞여서는 안 된다고 말할 때, 그것이 정치적 이상을 가져서는 안 됨을 뜻하는 것은 아닙니다. 완전한 독립이 나라의 이상이듯이, 그것은 이 기관의 이상이기도 합니다. 그러나 그 이상 때문에 샨티니케탄은 현재의 정치적 소용돌이로부터 자신을 멀리해야 할 필요가 있습니다. 내가 30년 전 여기에 왔을 때 이런 질문을 받았는데, 그때 나의 대답은 오늘 나의 대답과 같았습니다. 실제로 이 말은 오늘날 더 강력하게 적용됩니다.

---

26 〔역주〕 라빈드라나트 타고르가 1921년 샨티니케탄에 공식적으로 출범시킨 교육기관. 동서양의 문화를 포괄적으로 연구하는 것을 모토로 삼았다.

질문 우리는 비스바바라티를 진정한 의미의 국제대학으로 만들기 위해서 그 대학의 물질적 자원을 증가하도록 노력하고, 온 나라에서 탁월한 자격을 갖춘 학자와 연구원을 끌어들이기 위해서 보다 더 큰 시설과 삶의 일상적 안락을 제공하도록 노력해야 하지 않겠습니까?

답변 내가 생각하기에 여러분이 물질적 자원이라고 말하는 것은 재정을 의미하는 것 같습니다. 그렇다면 여러분의 질문은 물질적 자원이라는 이름으로 선서하지 않는 사람에게 주어진 것입니다. '물질적 자원'이란 결국 상대적 용어입니다. 예를 들면, 나는 음식과 의복 없이 살지 않습니다. 나는 나름의 방식으로 아마 어떤 사람보다도 더 열심히 인도에 사는 보통 사람들의 물질적 자원의 수준을 향상시키기 위해서 노력했습니다. 그러나 비스바바라티가 물질적 자산의 힘, 또는 그 힘이 제공할 수 있는 물질적 흡인력(*material attraction*)에 의존한다면, 그것은 제대로 된 천재와 학자들을 유인할 수 없을 것입니다. 그 흡인력은 도덕적 곧 윤리적인 것이어야 하고, 그렇지 않다면 그것은 인도의 수많은 교육기관 중의 하나가 되고 말 것입니다. 구루데브(Gurudev)[27]는 물질적 자원을 위해서 살고 죽었던 것이 아닙니다. 여기에서 일하는 직원과 일꾼들에게 먹고 마실 것을 주지 말아야 한다는 것을 의미하는 것이 아닙니다. 여기에는 이미 풍부한 물질적 안락이 분명히 있습니다. 내가 만일 여기에 오래 머물고, 내 식으로 했다면 물질적 안락은 상당히 줄어들었을 것입니다. 비스바바라티가 진전을 이루고, 더 많은 선물과 기부가 쏟아져 들어오기 시작하고, 적당한 때가 되면 학자들과 연구원들에게 더 많은 흡인력을 제공할 수 있

27 〔역주〕 라빈드라나트 타고르(1861~1941)의 별명이다.

을 것입니다. 그 기관이 원하기만 한다면 말입니다. 그러나 나에게 충고를 구한다면, 나는 "이런 유혹에 굴복하지 마시오"라고 말할 것입니다. 비스바바라티는 도덕적 가치의 고양에 기초를 두고 있어야 합니다. 만일 그 기관이 도덕적 가치를 대변하지 못한다면, 아무 가치도 없을 것입니다.

질문 그 기관이 높은 도덕적 호소력을 잃지 않으려면 무엇을 해야 합니까? 당신은 그것을 위해서 어떤 치유책을 제안하시겠습니까?

답변 여러분은 모두 도덕적 가치의 의미를 이해해야 합니다. 도덕적 가치는 물질적 가치와는 쉽게 구별됩니다. 하나는 우리를 도덕적 가치에 대한 헌신으로 인도하고, 다른 하나는 물신 숭배로 인도합니다. 사람을 네 발 달린 짐승과 구별 짓는 것은 도덕적 가치의 인정일 뿐입니다. 즉, 한 사람의 도덕적 가치가 크면 클수록 그의 고귀함이 더욱 돋보입니다. 여러분이 이런 이상을 믿는다면, 여러분은 왜 여기에 있으며 무엇을 하는지 자문해 보아야 합니다.

모든 일꾼들은 자신과 부양가족을 위한 음식과 의복 등이 있어야 함은 당연합니다. 그러나 비스바바라티가 여러분을 먹이고 입히고 육체적 안락을 제공한다는 단순한 이유로 여러분이 비스바바라티에 속하는 것은 아닙니다. 여러분이 다른 선택이 없기 때문에, 그리고 그 이념을 위해서 일함으로써 여러분의 도덕적 가치가 나날이 상승하기 때문에 여러분은 거기에 속합니다. 그래서 갑자기 나타나는 모든 결함과 기관의 활동을 저해하는 모든 난관은, 궁극적으로는 도덕적 가치와 관련된 여러분의 관점상의 결함으로까지 거슬러 올라갈 수 있을 것입니다. 나는 60년 이상 수많은 기관과 관계를 맺어왔습니다. 그리고 그 기관의 활동에서 겪는 모든 난관이 도덕적 가치를 이해하는 데서 생기는 결함으로까지 거슬러갈 수 있다는 결론에 도달했습니다.

질문 우리는 촌민들에게 봉사하려고 노력하고 있습니다. 우리는 한 걸음씩 움직일 때마다 촌락의 사회적 환경에 의해서 방해를 받았습니다. 촌락에는 기쁨 없는 반복적인 삶, 정체 그리고 사악한 사회 습속의 몽매가 존재하며, 그것들이 우리의 노력을 방해했습니다. 우리는 다른 행위에서의 성공을 바라기 전 이런 것들을 제거해야 하지 않을까요? 그렇다면, 어떻게 제거될 수 있습니까?

답변 나는 인도로 온 뒤로 사회혁명(*social revolution*)이 정치혁명보다 이루기가 훨씬 어렵다고 느꼈습니다. 정치혁명이란 영국 통치하의 현 노예제도의 종식을 의미합니다. 어떤 비평가들은 우리가 사회 해방(*social emancipation*)을 얻기까지는 정치적·경제적 해방을 얻을 수 없다고 말하기도 합니다. 나는 그 말을 우리가 풀어야 하는 뜻밖의 장애와 수수께끼로 간주합니다. 정치 해방의 부재가 사회적·경제적 해방을 이루려는 우리의 노력조차 저해한다는 점을 발견했기 때문입니다. 동시에 사회혁명 없이는 우리는 인도에 태어났을 때보다 행복하게 인도를 떠날 수는 없을 것이라는 점도 사실입니다. 하지만 우리가 사회혁명을 우리 자신의 삶의 미세한 점에까지 반영하는 길 이외에는, 사회혁명을 성취할 왕도를 제시할 수 없습니다.

다른 나라에서는 사회구조를 바꾸기 위해서 물리력을 사용하기도 했습니다. 그러나 나는 그것을 의도적으로 우리의 고려 대상에서 배제했습니다. 그래서 여러분에 대한 내 충고는 "노력하고, 노력하고, 노력하십시오. 패배했다고 절대 말하지 마십시오. 여러분이 초조한 마음에 '민중이 나빴다'고 말하지 말고, '내가 나빴다'고 말하십시오." 만일 민중이 여러분이 설정한 시간 내에 반응하지 않는다면, 실패는 당신의 것이지 그들의 것이 아닙니다. 그 일은 보답 없는 일이고 고된 일입니다. 그러나 여러분은 여러분의 일에 대해서 감사를 기대해서는 안 됩니다. 사랑을 위해서 수행된 일은 부담이 아닙니다. 그것은 순수한 기쁨입니다.

질문 아슈람에 봉급제도를 도입하는 일이 기관의 이상을 고양시킵니까, 아니면 타락시킵니까?

답변 여러분이 고정 봉급을 지급하든, 또는 누가 여러분의 비용을 지불하든, 그것은 아무 차이가 없다는 점을 나는 쉽게 말할 수 있습니다. 두 방법 모두 실시해 볼 수 있습니다. 우리가 경계해야 할 위험은 다음 사항입니다. 여러분이 어떤 사람에게 특별임금을 지불한다면, 여러분은 아슈람의 정신을 수행하는 것이 아니라는 사항은 명심하십시오. 우리의 재능이 최상의 것이라고 해서 특별임금을 요구한다면, 우리는 차라리 그런 재능이 없는 편이 낫습니다. 다른 말로 하다면, 재주 있는 사람이 돈에 이끌릴 것이 아니라 그 기관이 대표하는 다른 것에 이끌릴 때까지 우리는 기다려야 합니다. '필요에 따라'라는 원칙이 있다고 해서 여러분은 특별임금을 넘어가서는 안 됩니다. 비스바바라티의 봉급 체계는 불평할 일이 아닙니다. 여러분이 언급한 난관들은 간단한 땜질로 극복될 수 있는 것이 아닙니다. 여러분은 여러분이 마음속에 둔 결함들의 뿌리에 있는 원인들을 찾아서 제거해야 합니다.

질문 우리 젊은이들 사이에 있는 냉소주의 또는 신앙의 결핍에 대항하여 우리는 어떻게 전진할 수 있습니까?

답변 여러분이 나에게 그 질문을 던졌을 때 나는 낙망의 한숨을 쉬었습니다. 여러분은 여러분의 생도들이 신앙이 없음을 볼 때, 자신에게 다음과 같이 말해야 합니다. 즉 "나에게 신앙이 없었구나." 나는 그것을 나 자신의 경험에서 여러 번 반복하여 발견했습니다. 그리고 그 발견은 매번 나에게 기운을 솟아나게 하는 상쾌한 목욕과 같았습니다. '이웃 사람의 눈에 있는 티끌을 나무라기 전에 먼저 네 눈의 대들보를 제거하라'[28] 라는 성경 말씀은 생도와 선생의 경우에 더욱 적합합니다. 생도는 여러분 자신 안에 그 생도 자신보다 무한히 좋은 것을 찾아서 옵니다. "오, 학생이 신앙이 없네, 내가 어떻게 그 안에 신앙을 심어 줄 수 있을까?"라고 불평하는 대신, 여러분은 직분에서 사임하는 편이 훨씬 더 나을 것입니다.

질문 구루데브의 지적 전통은 여기에서 상당히 잘 유지되고 있습니다. 하지만 나는 그가 대변하던 이상주의가 완전하게 실현되지 못했음을 우려합니다. 그런 결과를 낳는 조직체에는 뭔가 잘못된 것이 있는 게 분명합니다. 치유책이 무엇입니까? 두 번째, 우리의 기관은 길거리 사람만을 위한 문화를 만들기 위해서 일해야 합니까? 이것이 당신의 이상입니다. 동시에 초보자를 위한 고차적인 문화가 보존될 수 있는 장소가 있어야 할 것이 아닙니까? 이것은 구루데브의 이상이었습니다. 그런 기관은 필연적으로 배타적이고 선택받은 소수를 위한 것이어야 합니다. 나는 당신의 이상과 구루데브 이상 모두의 추종자입니다. 이 양자 사이의 갈등 때문에 가슴이 찢어집니다.

---

28 〈마태오복음〉 7 : 5.

답변 두 번째 질문에 대해서 먼저 대답해 보겠습니다. 그것은 구루데브와 나에 대한 반성입니다. 나는 우리 사이에 진짜 갈등을 전혀 보지 못했습니다. 나는 구루데브와 나 자신 사이의 갈등을 간파할 작정으로 출발했습니다만, 아무 갈등이 없다는 영광스런 발견으로 끝냈습니다.

여러분의 질문에 대해서 내가 말할 수 있는 모든 것은, '나는 괜찮다. 하지만 이 기관에 문제가 있다'는 느낌은 자기 정당성(*self-righteousness*)을 드러내는 것입니다. 그것은 죽이는 일입니다. 여러분이 마음속으로 여러분 자신에게는 문제가 없는데 주변의 모든 것들이 잘못이라고 느낀다면, 사실은 주변의 모든 것들이 다 괜찮은데 여러분 자신에게 문제가 있다는 결론을 자신을 위해서 도출해야 합니다.

일꾼들과 직원들과의 대담, 〈비스바바라티 뉴스〉
(*Visva-Bharati News*) 권 14, 9번; 《전집》 89 : 111

189) 주인과 노예

푸나, *1946. 3. 1*

가정 내의 하인제도는 오래된 것이다. 그러나 하인(*servant*)에 대한 주인의 태도는 때때로 변화해왔다. 어떤 사람들은 하인을 가족의 일원으로 보고, 다른 사람들은 그를 노예나 동산(動産)으로 본다. 하인에 대한 사회 일반의 태도는 이 두 극단적인 견해 중간쯤으로 요약될 수 있을 것이다. 오늘날 하인에 대한 수요는 어디에서든 아주 크다. 하인은 자신의 가치를 자각하게 되었고, 급료와 노무에 대한 자신의 조건을 요구하는데, 이는 자연스러운 일이다. 이런 자각과 요구는 그것들이 그에게 부과된 의무에 대한 적절한 이해와 수행에 불가분의 관계를 맺는다면 적합할 것이다. 그 경우 그는 더 이상 하인이 아니라 가족 구성원의 지위를 스스로 얻게 될 것이다. 하지만 폭력의 효과에 대한 신념이 팽배해 있다. 그렇다면 하인이 주인의 가족 구성원의 지위를 적절하게 얻을 수 있는 방법은 무엇일까? 이것은 충분히 던질 수 있는 질문이라고 생각한다.

나는 다른 사람들의 협조를 바라고 그들과 협조하기를 바라는 사람이라면 하인에게 의존해서는 안 된다고 생각한다. 우리가 하인이 귀할 때 하인을 필요로 한다면, 그가 요구하는 대로 지불해야 하고 다른 모든 조건을 들어주어야 한다. 그 결과 우리는 종업원의 주인이 되는 대신 하인이 될 것이다. 이것은 주인을 위해서도 이른바 하인을 위해서도 이롭지 못하다. 그것은 오직 한 가지 생각, 즉 자기 이익을 추구한다는 생각에 따른 결과일 뿐이다. 그러나 한 개인이 추구하는 것이 노예제도가 아니라 동료의 협조라면, 그는 자신에게도 봉사하고 그가 협조를 얻고 싶은 사람에게도 봉사한다. 이 원리를 확장해 보면, 한 사람의 가족은 세계와 같은 크기를 가질 것(*conterminous with the world*)이고, 동료에 대한 그의 태도는 그에 상응하는 변화를 겪게 될 것이다. 바람직한 지고의 목표에 도달할 수 있는 다른 길은 없다.

이 원리에 따라서 활동하기를 원하는 자는 작은 것에서부터 출발하는 것에 만족한다. 그는 수천 사람의 협조를 얻어낼 수 있는 능력을 갖고 있더라도, 혼자 설 수 있게 해 주는 자제심과 자기 존중의 태도를 자신 안에 충분히 갖고 있어야 한다. 그런 사람은 다른 사람이 누구라고 해도 그를 머슴으로 여기거나 자신의 복종 아래 두려는 꿈을 꾸지 않을 것이다. 사실상, 그는 자신이 하인의 주인이란 사실을 완전히 잊을 것이고, 하인을 자신의 수준에까지 끌어올리기 위해서 최선을 다할 것이다. 다른 말로 한다면, 그는 다른 사람들이 가질 수 없는 것이라면 그것 없이 사는 데 만족해야 할 것이다.

누구의 필요?(G.), 〈하리잔〉, 1946. 3. 10 ; 《전집》 90 : 25

190) 만인의 복리(*The Well-Being of All*) 뉴델리, *1946. 10. 14*

사람은 신의 모든 피조물의 복리를 진지하게 열망해야 하고, 그럴 수 있는 힘을 달라고 기도해야 할 것이다. 모든 피조물의 복리를 열망하는 데 자신의 복지가 존재한다. 자기 자신이나 자신의 공동체의 복지(*his community's welfare*)만을 열망하는 자는 이기적인 자이고, 그러한 복지는 절대로 쉽게 얻을 수 없을 것이다.

기도모임에 주는 서면 메시지,[29]
〈하리잔〉, 1946. 10. 20 ; 《전집》 92 : 463

3. 야즈냐와 희생

191) 자기희생

희생은 생명의 법칙이다. 그것은 삶의 모든 방면을 관통하고 다스린다. 사업적 용어로 말하면 값(*price*), 다른 말로 하면 희생을 치르지 않고서 우리는 아무것도 할 수 없고 아무것도 얻을 수 없다. 희생은 우리가 소속된 공동체의 구원을 보장해 줄 것이다. 우리는 공동체를 위해서 일할 때 확보한 것에 비례해서만 우리 자신들을 위해서 뭔가 간직할 수 있지만 그 이상은 안 된다. 그리고 바로 여기에 희생이 필요하다. 때때로 우리는 비싼 대가를 치러야 한다. 진정한 희생은 위험 부담이 얼마가 되었든 간에 그 행위에서 최대의 기쁨을 얻는 데 있다. 그리스도는 갈보리 언덕의 십자가 위에서 죽었고, 영광된 유산으로 기독교를 남겨 주었다. 햄던[30]은 고통을 당했지만 선

29 〔역주〕 피아렐랄의 '주간지'에서 발췌. 묵수의 날 기도모임에서 낭독된 간디의 서면 메시지. 《전집》 권92, 322면.

박세는 사라졌다. 잔 다르크는 마녀로 몰려서 화형을 당했지만, 그녀에게는 영원한 영광을, 그녀의 살해자들에게는 영구적 치욕을 안겨 주었다. 세상은 그녀가 자기희생으로 얻은 결과를 모두 알고 있다. 미국인들은 그들의 독립을 위해서 피를 흘렸다.

위의 사례들이 보여주는 커다란 희생에 비춰 보면, 우리 공동체가 많은 것을 얻기 위해서 인도인 개개인이 바쳤던 희생은 보잘것없다. 이 사실을 대조하기 위해서 우리는 이런 사례를 제시한 것이다. 일반적으로 말하자면 남아프리카의 인도인들, 특히 트란스발에 있는 인도인들은 많은 어려움을 겪고 있다. 트란스발에서 그들의 운명은 중대 국면에 처해 있다. 그들의 생계수단 자체가 무참히 박탈당할 수도 있다. 그들은 거칠게 게토로 내몰릴 수도 있다. 그렇다면 영령 인도인들이 어떤 구호(救護)를 기대하기에 앞서서 스스로 수행해야 할 자기희생이란 무엇인가? 모든 인도인들은 이 질문을 그것이 마치 개인적으로 자신에게 영향을 미치는 것처럼 성찰해야 하고, 공동선(*the common good*)을 위해서 자신의 셈을 치러야 하고, 자신의 시간과 기운을 써야 한다. 공동의 위험에 직면하여 개인적인 차이는 없어져야 한다. 개인의 안락과 이득은 포기되어야 한다. 여기에다 인내와 자제가 보태져야 한다. 여기에서 그려진 '곧고 좁은 길'에서 우리는 조금만 이탈하여도 절벽 아래로 떨어질 것이다. 그 이유는 대의명분이 부당하거나 약해서가 아니라 우리 앞에 놓인 반대가 압도적이기 때문이다.

어떤 인종이나 공동체가 뭔가를 이루려면 반드시 공동체 정신(*the communal spirit*)이 있어야 한다. 우리는 국민적인 대의를 진작하기 위한 욕구를 가진 것처럼 보인다. 하지만 단순한 욕구는 목표로 향하는

---

30 〔역주〕 John Hampden(1594~1643) : 영국의 의회파 지도자. 찰스 1세의 선박세 징수에 반대한 것으로 유명하며 이 논쟁이 결국 영국 내란(청교도 혁명)으로 이어졌다.

진보에 꼭 필요한 단계이지만, 그것만으로는 소용이 없으며 다른 것도 있어야 한다. 성취에 필요한 수단을 받아들일 각오가 있어야 한다. 쇠사슬은 그것을 이루는 가장 약한 고리보다 더 단단할 수는 없다. 우리가 일시적 실망으로 조금도 움찔하거나 굽히지 말고, 나란히 어깨를 맞대고 서서 함께 일할 각오가 되어 있지 않다면, 의무에 대해서 심대한 태만을 범하는 것이고, 태만에 대한 가장 적당한 보답은 실패이거나 처벌일 것이다. 핵심적으로 필요한 것은 합법적인 노력, 잘 유지되고, 지속적이며, 절제된 합법적인 노력이다. 이런 노력을 제외하고 영국 통치 아래 살아가는 공동체들이 요구하는 영웅적 희생은 따로 없다. 성실은 모든 곳에서 성공을 가져다준다. 그것은 영국 자치령에서는 더 큰일을 한다. 만일 영국민의 기질이 보수적이어서 영국이라는 조직이 천천히 움직인다고 해도, 그 조직은 재빨리 성실과 일치를 파악하고 그것들을 인정할 것이다. 엄마라고 해도 울지 않으면 젖을 주지 않는다는 인도 격언이 있는데, 영국 정부는 말할 것도 없다. 그래서 우리는 남아프리카 전역에서 우리 동포가 영국 헌법의 이러한 측면을 예의 주시하고, 완전한 정의(*full justice*)를 얻을 때까지는 마음을 놓지 말기를 바란다.

자기희생, 〈인디언 오피니언〉, 1904. 1. 21 ; 《전집》 3 : 263

192) 희생과 용기

인간의 본성은 아주 평범한 일은 잘 알아차리지 못하도록 만들어져 있다. 우리는 사람이 음식과 물 없이 단 한순간도 살아갈 수 없다고 말한다. 그러나 우리가 그렇게 말을 하는 동안, 음식이나 물보다 공기가 훨씬 더 중요하다는 점을 깨닫지 못한다. 우리는 언제나 숨을 쉬고 있기 때문에 그러한 사실에 주목하지 않는다. 그리고 때때로 기갈(飢渴)을 느끼기 때문에, 음식과 물을 자주 마음에 둔다. 이런 말은 희생(*sacrifice*)에도 사실이다. 생명은 희생에 의해서 유지되지만, 우리는 그것에 주목하지 않는다.

희생에는 여러 종류가 있다. 오늘 우리는 자기 이익의 희생만을 논할 것이다. 사람은 모두 희생의 고귀함에 대해서 알고 있다. 사람이 희생의 고귀함에 대해서 더 많이 성찰하면 할수록, 그 필요성을 더 느끼게 되고 이해하게 된다. 원시인이 희생의 고귀함에 대해서 생각했다면, 그 역시 그 필요성을 자각했을 것임에 분명하다. 현자는 그것을 경험하고 이해할 뿐만 아니라, 이해한 뒤에는 그런 희생을 자발적으로 실천하려고도 한다. 우리는 이것을 유아기 때부터 안다. 그러므로 우리는 수고 없이 얻어지는 것은 아무것도 없다고 흔히 말한다. 그러나 우리가 성장하고 반성하게 되면, 그리고 역사 연구를 통해서만 아니라 개인의 경험을 통해서, 우리는 이 범상한 말의 의미를 더 깊이 이해하게 된다. 언덕을 오르는 데는 약간의 노력이 들지만, 산을 오르는 데는 훨씬 더 많은 노력이 든다. 작은 일을 하는 데는 위험도 고통도 거의 필요 없다. 하지만 크나큰 과업은 더 많은 위험과 더 많은 고통을 요청한다. 등산할 필요가 있다면, 우리는 커다란 노력을 아껴서는 안 된다. 그리고 큰일을 하기를 원한다면, 우리는 그 일에 수반된 위험과 고통에 대해서 조금도 괘념하지 않는다. 다시 말하자면, 우리는 희생이 필수적이라고 생각한다면 희생을 마다하지 않는다. 이 나라에서 살아가는 우리의 형제들에게는 이런 식의 생각이 생소하지 않다. 그들은 여기에 와서 희생의 결과로 약간의 소득을 얻었다. 그들은 집을 떠나서 친척과 지기를 포기하고 바다를 건너왔다. 그들은 이와 같은 희생을 했는데 그것도 조심스런 사려 이후에 그랬다. 그들이 이런 희생을 하고 용기를 보였기 때문에 이 나라에 와서 자신들의 처지를 향상시킬 수 있었다. 다른 말로 하면, 그들은 현명하게 바친 희생이 좋은 결과를 낳는다는 것을 아주 잘 이해하고 있다. 그 때문에 그들은 때때로 희생하려 하고, 그들의 운명을 끌어올리려고 한다. 우리는 그들이 지속적이며 현명한 희생을 통해서 그들 자신의 처지, 그리고 일반적 처지를 나날이 향상하기를 바란다.

백인들이 이 나라에서의 우리의 처지, 특히 트란스발에서의 우리의 처지를 아주 난처하게 만들려고 작정하고 있기 때문에, 우리는 희생이라는 의무에 대해서 글을 쓴다. 우리는 우리의 공민권(*common rights*)을 하나씩 박탈당했다. 그런데도 우리를 위해서 강력히 싸워주는 사람은 아무도 없다. 그래서 백인들은 우리가 무력하고 약하다고 생각한다. 그들의 교만은 나날이 커진다. 지방 정부는 백인의 통제 아래 있으며, 백인을 불쾌하게 하기를 피하므로, 아무리 부적절하고 부당해 보이는 그들의 편벽된 행위도 받아들이고 인정해 준다. 그런 다음 지방 정부는 영국 정부로 하여금 지방 정부가 여론을 존중하기 위해서 그렇게 할 수밖에 없다고 믿게 했다. 불행하게도 영국 정부는 여론의 오용을 막기 위해서 자체의 권위를 사용하지 않았고 충분한 압력을 행사하지도 않았다. 우리를 보호하는 것을 자신들의 특별 임무로 삼는 인도 정부는, 공포를 느껴서 때때로 목소리를 조금 높이는 듯이 그것도 아주 조금만 높이는 듯이 보인다. 우리를 대신하여 압력이 행사되고, 밀너 경[31]이 인도인 노동자들을 위해서 요구하고, 그래서 우리는 우리의 일을 말할 기회를 얻었다. 그때 우리

31 〔역주〕 Sir Alfred Milner(1854~1925) : 강직한 성품을 가진 뛰어난 영국의 행정가. 남부 아프리카 고위관리이자 총독으로 재직할 당시 그가 취한 태도로 남아프리카 전쟁(1899~1902)을 불러일으켰다. 제1차 세계대전과 이후 평화 기간 동안 로이드 조지(David Lloyd George)가 이끄는 영국 정부에서 장관을 지냈다(1916~1921).

는 만일 밀너 경이 자유 인도인들의 처지를 개선한다면, 잠정적으로 노예 신분을 수용하려는 노동자를 인도에서 보내겠다고 말했다. 우리의 권리는 노동자들의 노예 신분과는 아무 관련이 없다. 하지만 그런 조건이 제시되었다. 여기에서 만일 트란스발 정부가 인도인 노동자를 노예처럼 부린다는 계약의 제안을 철회한다면, 인도 정부는 트란스발에 정착해 있는 인도인의 처지를 향상시킬 수 없다는 추론이 가능해진다. 우리는 나탈에 대해서 또는 오렌지강 식민지에 대해서 들은 바가 아무것도 없다. 그것들이 마치 아무 문제없이 잘 지내는 것처럼 말이다. 우리의 처지는 불행하다. 그래서 우리는 우리의 의무와 책무에 대해서 반복해서 써야 한다. '당신이 죽지 않는다면 천국에 갈 수 없다', '다른 사람들에 대한 의존은 언제나 실망을 낳는다'는 우리 어른들의 말씀이 그와 같이 슬픈 경험의 순간 우리 마음에 떠오르고, 우리는 그 의미를 인정하게 된다.

다음과 같은 것 정도는 꼭 기억해야 한다. 즉, 영국 정부의 의도는 공평하고(*fair*) 정의를 행하려고 한다는 점 말이다. 통치는 영국의 통치이다. 따라서 영국 정치를 이해해야 하는 것은 우리의 의무이다. 우리가 영국의 정치 · 규칙 · 규정을 공부하게 되면, 우리의 요구를 어떤 방식으로 제시해야 할지 알게 될 것이다. 우리가 그 방식을 알게 되면 우리의 소망을 실현하는 것은 별로 어렵지 않다. 시간은 걸리겠지만, 의도한 일들이 합리적이기만 하면 일어나게 될 것이다. 정의를 얻는 일에 인도인들만 시간이 걸리는 것은 아니다. 아일랜드의 예를 들어보자. 영국의 본성은 그러하다. 이것을 우리 마음에 두고서 열심히 일하는 것은 이제 우리의 의무이다. 우리가 고상한 생각을 품고 다른 사람의 행복을 우리의 행복으로, 다른 사람의 이익을 우리의 이익으로 간주하고, 일편단심으로 일을 계속한다면, 우리는 우리의 목표를 분명히 성취할 것이다. 우리가 요구하는 것은 호의가 아니라 정의이기 때문이다.

희생 1(G.), 〈인디언 오피니언〉, 1904. 1. 21 ; 《전집》 3 : 266

193) 희생과 일치

우리 대부분은 우리 안의 일치가 공공선(*the public good*)을 진작시킨다는 점을 경험으로 알고 있다. 20년 전, 나탈에서 인도인들에 대한 박해가 너무 가혹해져서 정부는 특별위원회를 임명해야 할 정도가 되었다. 정부는 면밀히 검토한 후 마침내 우리에게 유리한 판정을 내렸다. 백인들은 충분히 근면하고 일치의 덕성을 갖고 있었으므로 박해는 지속되었고, 인도인을 특별 구역에 제한하려는 요구가 거듭 나왔다. 그 당시 인도인들은 꼭 필요한 일치를 이루지 못했으므로 그들의 불행은 멈추지 않고 더욱 심해졌다. 나탈이 자치를 얻은 직후, 인도인들을 모욕하고 괴롭힐 목적으로 제정된 법률이 시행되기 시작했다. 인도인들은 비록 때늦은 감이 있었지만 각성했고, 열광과 경계심을 갖고 일을 시작했기 때문에 더 이상의 탄압은 중지되었다. 그렇지 않았다면, 우리 모두는 오늘날 특별 구역 내에 살게 되었을 것이다. 불행하게도 그 열광은 3년 정도밖에 지속되지 않았다. 그런데도 우리는 많은 이익을 얻었다. 오늘날 그 열광은 없지만 목적에 대한 일치감은 점점 일어나고 있다. 목적에 대한 일치감이 힘을 얻는다면, 우리의 처지는 향상될 수밖에 없을 것이다. 돌이켜 보면 여기에서 희생의 중요성을 각성하는 것은 쉽다. 우리의 민중이 자기 이익을 희생하기 시작할 때, 보다 고상한 목표에 대한 자각이 꽃필 것이고 최종적으로 좋은 열매를 맺을 것이다. 희생이 없다면 일치도 조화로운 행동도 있을 수 없다. 사회는 희생 위에 건설되었다.

우리가 트란스발의 우리 형제들로 하여금 이 글에 특별히 주목하게 하고 싶은 까닭은, 그곳의 여건을 보니 조직은 깨어지고 상황은 우울해지고 있기 때문이다. 지금까지 우리는 정부가 우리에게 분명히 정의를 행할 것으로 믿었고, 법정에 간다는 생각은 하지 않았다. 그러나 정부가 백인들의 영향하에 있고, 정의를 행할 의사가 없거나 그럴 만한 능력이 없다면, 공동체 전체가 만나서 사안을 의논하고, 적절한 조처를 취하는 것이 절대 필요하다. 그렇게 하기 위해서 필요하다면 그들은 분명히 시간이나 돈, 나중에는 양자 모두를 희생할 것이다. 지금 상황은 아주 중대한 고비에 이르렀고, 일단 놓쳐 버린 기회는 다시 얻을 수 없을 것이다. 트란스발의 우리 동포들은 이것을 명심하고, 자신들을 보호하기 위해서 최선의 노력을 경주해야 한다. 그리고 우리는 그들이 그런 일을 함에 있어서 어떤 노력도 아끼지 않을 것이라고 확신한다. 우리의 요구는 정당하다. 그리고 우리가 우리의 운동을 지혜롭게 지도해간다면, 우리는 궁극적으로 승리를 얻을 수밖에 없다. 지금은 단합하고 대의를 위해서 시간과 돈을 바쳐야 할 때이다. 우리는 의무를 행해야 한다. 신의 의지는 의무를 다한 다음에 나타나게 될 것이다. 어릴 때 읽었던 손수레꾼 얘기를 상기할 가치가 있다. 그는 손수레의 바퀴가 진흙에 빠져서 꼼짝하지 못하자 신에게 기도하기 시작했다. 그러자 신은 '네 일은 그저 기도를 하는 것만으로는 안 된다'고 말씀하셨다. 그가 애를 쓰면 그다음에 신이 도와주실 것이다. 그 이후 손수레꾼은 열심히 노력했고, 바퀴는 빠져나왔다. 우리 모두는 설명 없이 이 이야기의 교훈을 이해할 수 있다. 가능한 모든 노력을 기울이는 것이 우리의 의무이다. 결과는 신의 손에 있다.

희생 2(G.), 〈인디언 오피니언〉, 1904. 1. 28 ; 《전집》 3 : 271

194) 야즈냐와 비협조

> 야즈냐(*yajna*)[32]에서 남은 암리트(*amrit*)[33]를 먹으면서 그들은 영원한 브라마(*Brahma*)[34]에 이른다. 야즈냐를 드리지 않는 자에게는 이 세상도 없으니 어찌 다른 세상이 있겠는가, 오 아르주나여.[35]
>
> 나라다는 숙고한 다음 파르바티가 물러가서 타파스야(*tapasya*: 고행)를 해야 한다는 의견을 제시했다. 그녀의 부모는 그 의견을 좋아했다. 타파스야가 행복을 가져오고 죄와 고통을 파괴하기 때문이다. 타파스야는 모든 창조의 기초이다. 그래서 그들은 파르바티가 이것을 명심하고, 물러가서 타파스야를 행하기를 원했다.

야즈냐라는 말은 여러 방식으로 해석이 가능하지만, 모든 종교인들이 받아들일 수 있는 의미는 오직 하나뿐으로, 진정한 복지(*true welfare*)를 위해서 자신의 목숨조차 바치는 각오라는 뜻이다. 파르바티는 시바와 같은 자를 자신의 배우자로 원했고, 그래서 고행을 하라는 충고를 받았다. 그녀가 무슨 고행을 했는지를 알고 싶은 사람은 툴시다스의 비할 데 없는 작품을 읽어야 할 것이다. 여인은 고통 속에 아기를 분만하고 양육하는 데 자신을 희생한다. 생명은 죽음에서 나온다. 하나의 씨앗은 곡물이 되기 전 땅속에서 분해되고 없어져야 한다. 하리슈찬드라는 진리의 사람으로서 자신의 말을 영광되게 하기 위해서 끝없는 고통을 겪었다. 예수는 민중을 위해서 구원을 얻으려고 가시면류관을 썼고, 그의 손발에 못질을 허락했고, 고통을 당했다. 그런 다음 예수는 죽었다. 이것이 태곳적부터 있었던 야즈냐의

---

32 희생.

33 불사(不死)를 준다는 신들의 음료.

34 절대자.

35 《바가바드 기타》 4 : 31. 길희성 역주, 《바가바드 기타》(현음사, 1988) 참조.

법칙이다. 야즈냐 없이 이 지구는 단 한순간도 존재할 수 없다. 터키인들은 콘스탄티노플을 함락하기[36] 전 수없이 많은 군인을 잃었고 다리를 만드는 데 그 사체들을 이용했다. 우리 인도인들은 인도에 널리 확산된 법칙, 즉 고통에 관한 불멸의 법칙을 충족시키지도 않고 우리나라를 향상시키고 싶어한다는 느낌을 나는 피할 수 없다.

우리는 단 하나의 목숨도 바치지 않으면서 완전 독립을 원한다. 돈 한 푼 바치지 않고도 독립을 원할 수 있다면 행복해질 것이다. 아주 많은 사람이 비협조에 대해서 경악하고 있는데, 도대체 그 이유가 무엇일까? 나는 오직 두 가지만을 생각해 낼 수 있다. 하나는 민중이 자신들의 직업을 포기한다면 굶어 죽어야 할지 모른다는 것이고, 또 다른 하나는 만일 누구든 실수를 하고 정부가 발포한다면 수천 명의 사람이 생명을 잃을지도 모른다는 것 때문이다. 이렇게 많은 사람이 경악하는 것은 우리가 우리 편의 최소한의 고통도 없이 킬라파트라는 어렵고도 중대한 문제의 해결을 원하고 있음을 의미한다. 비협조는 아주 손쉬운 야즈냐의 일종이고, 아주 작은 자기희생을 요구하는 소규모의 고행이다. 정의를 얻기 위해서, 또는 어떤 방식으로든 불의에 가담하지 않기 위해서, 2만이나 2만 5천, 혹은 10만 또는 15만의 사람들이 일을 포기한다고 해도, 나는 그것을 결코 고통으로 여기지 않을 것이다. 아니, 문제가 된 기관이 잘 운영되는 곳에서 나는 종업원이 감내하는 고통을 자연스런 것으로 간주할 것이다. 그들은 그 고통에서 도망가는 대신 그것을 환영해야 할 것이다. 킬라파트와 같은 문제를 정당하게 해결하려 하다가 수천 명의 사람이 죽더라도 나는 조금도 괴로워하지 않을 것이다. 나는 그것을 다르마에 대한 민중의 헌신을 시험하는 것으로 간주할 것이다. 그런 고통을 통과하지 않고

---

36 1487년.

서는 어떤 승리도 있을 수 없고, 그런 방식으로 고통을 당하는 수천 명의 사람은 이길 수밖에 없다고 믿는다.

비협조의 결과로 정부가 아무리 심하게 탄압한다고 해도 나를 동요시키거나 놀라게 할 수 없다. 나는 그 탄압이 혹독하면 할수록 그 문제가 더 조속하게 해결될 수 있을 것이라고 확신한다.

나에게는 오직 하나의 공포가 있다. 민중이 실수나 잘못을 저질러서 처벌을 초래하지 않을지, 한 사람이라도 분노하거나, 관리를 공격하거나 죽이지 않을지 하는 것이다. 이런 일이 발생한다면, 자기희생이라는 순수한 법은 더럽혀질 것이고, 그만큼 우리가 바라는 목표는 연기될 것이다. 희생에는 오직 순수한 것만을 바칠 수 있다. 만일 하리슈찬드라가 자신 속에 악을 아주 조금이라도 둔 채로 왕국을 포기했다면, 우리는 오늘날 그의 영광을 노래하지 않을 것이다. 기독교인들은 예수를 구세주로 받아들이면서 절대적 완전성을 그에게 부여한다. 사안을 이런 시각에서 보고, 우리가 킬라파트나 다른 이슈들에 관련된 운동에 잘못을 범할 가능성이 전혀 없다는 것을 스스로 알았다면, 우리는 비폭력을 당장 전면적으로 시작할 수 있었음을 알 수 있을 것이다. 운동이 단계별로 나눠졌다면, 그것은 우리에게 결점이 있지 않을까 하는 의혹 때문일 것이다. 이 모든 것을 감안하고, 우리가 인도의 부흥을 확보하기 위해서 자기희생이 불가피한 의무라는 점을 감안한다면, 우리는 비협조에 대해서 일체의 공포를 품어서는 안 된다. 이와 반대로 우리는 비협조의 형식을 빌린 일종의 야즈냐 곧 타파스 없이 킬라파트 문제도 풀 수 없고, 펀자브를 위한 정의도 얻을 수 없고, 스와라즈를 얻거나 유지할 수도 없다는 점을 자각해야 한다.

자기희생의 의무(G.), 〈나바지반〉, 1920. 6. 20 ; 《전집》 20 : 162

195) 야즈냐와 자조(自助)

친구 한 사람이 종교적 이슈들에 대해서 여러 가지 질문을 해왔다. 나는 그런 질문들을 늘 받지만, 그것들에 대해서 자주 대답하는 일에 망설임을 느낀다. 하지만 내가 이런 문제들에 대해서 생각해 보았고 결론에도 도달하게 되었는데, 그런 질문들에 대해서 대답하지 않는 것도 적합해 보이지 않는다. 그래서 나는 나의 능력과 이해의 최대치를 발휘하여 다음 질문에 대답한다.

질문 고대에 실시되곤 했던 야즈냐에 대한 당신의 견해는 무엇입니까? 그런 야즈냐가 공기를 청정하게 합니까? 우리 시대에 야즈냐가 차지할 자리가 있습니까? 어떤 그룹들은 야즈냐를 부활하고 있습니다. 그런 부활이 이익을 가져다주겠습니까?

답변 야즈냐는 아름답고 아주 내용이 풍부한 말입니다. 그래서 그 의미는 우리의 지식과 경험에 따라서, 그리고 변화하는 시간과 더불어 변화하고 확장될 수 있습니다. 그 말은 예배, 희생, 다른 사람에 대한 봉사를 의미하는 것으로 해석될 수 있습니다. 이런 의미로 이해한다면, 야즈냐는 언제든 부활할 가치가 있습니다. 그러나 여러 유형의 야즈냐들, 즉 경전(샤스트라)에 야즈냐로 묘사된 여러 종류의 의식(儀式)들은 소생시킬 만한 가치도 없고, 소생될 수도 없습니다. 이런 의식들의 일부는 해롭고, 《베다》시대에도 우리가 오늘날 부여하는 그런 의미로 이해되었는지 의심스럽기까지 합니다. 이런 의심의 정당성 여부와 관계없이, 이 의식들의 일부는 우리 이성과 도덕감(*moral sense*)에 맞지 않습니다. 인류학자들은 우리에게 예전에는 사람을 바치는 희생제사가 존재했다고도 말합니다. 지금 그런 희생제사를 드린다고 생각할 수 있겠습니까? 말을 희생으로 바치는 제사를 지내려고 하는 자가 있다고 해도 그는 조롱거리가 될 것입니다. 야즈냐가 공기를 청정하게 하는지의 문제에 들어갈 필요는 없을 것입니다. 종교 의식에 관련하여 그 의식이 공기의 청정과 같은 사소한 이익을 낳을 것인지 여부를 묻는 것은 주제와 무관하기 때문입니다. 그 점에서 현대의 물리과학이 우리에게 더 좋은 도움이 될 것입니다. 경전의 핵심적 원리와 그 원리에 기초를 둔 관행은 서로 별개의 것입니다. 원리는 언제나 어디서든 동일합니다. 그러나 원리에 기초를 둔 관행은 시대와 나라에 따라서 변합니다.

질문 인간으로 태어난다는 것이 진귀한 특권이라는 것, 그래서 우리가 시간을 들여서 신의 찬양을 노래해야 한다는 것, 사람들은 일반적으로 이런 것을 믿습니다. 우리가 만일 금생의 호기를 올바르게 사용하는 데 실패한다면, 우리는 다시 한 번 840만의 다른 종으로 거듭 태어나는 윤회의 바퀴를 통과해야 할 것입니다. 이 믿음 안에 있는 진리는 무엇입니까? 카비르 역시 다음과 같이 노래합니다.

> 오 형제여, 깨어나십시오, 라고 카비르는 말한다.
> 그렇지 않다면, 당신은 840만 번의 윤회 바퀴로 들어가고 말 것이오.
> 당신은 돼지나 닭으로 태어날 수도 있소.
> 당신은 그들의 운명을 겪을 것이오, 오 형제여.
> 여기에서 우리는 어떤 교훈을 얻어야 하나요.

답변 나는 이것이 정말로 사실이라고 믿습니다. 사람은 수많은 생명으로 태어나는 윤회의 바퀴를 통과한 이후 사람으로 태어납니다. 그리고 해탈, 즉 대립항(*the pairs of opposites*)으로부터의 완전한 구원은 오로지 사람의 육체가 겪는 삶을 통해서만 얻어질 수 있습니다. 궁극적인 분석의 결과 오로지 하나의 아트만이 존재한다면, 그 아트만이 수없이 다양한 생명으로 수없이 많은 종의 윤회 바퀴를 통과한다는 것은 불가능한 일도 놀라운 일도 아닐 것입니다. 우리의 이성도 이런 관념을 받아들일 수 있고, 어떤 사람들은 전생을 상기해내기조차 합니다.

질문 프라나야마(*pranayama*: 호흡 조절)를 통해서 사마디[37]의 경지에 도달하는 요기와, 감각기관의 통제를 얻는 자 사이에 누가 더 높은 영적인 선을 이룹니까?

답변 이 질문은 요가와 자기통제 사이에 모순을 상정하고 있습니다. 실제로 하나는 다른 것의 원인입니다. 아니, 그것들은 서로 보완물입니다. 감각기관의 통제 없는 사마디는 쿰바카르나(*Kumbhakarna*)[38]의 수면 상태보다 나을 것이 없습니다. 마찬가지로 사마디 없이는 감각기관의 통제가 어렵습니다. 이러한 맥락에서 사마디는 하타 요기(*hathayogi*)[39]가 행하는 사마디의 제한된 의미로가 아니라 넓은 의미로 이해되어야 합니다. 사실상 하타 요기의 사마디는 감각기관의 통제를 얻는 데 필수적인 것이 아닙니다. 그것이 도움이 될 수는 있을 것입니다만, 오늘날에는 통상적인 사마디가 최선입니다. 통상적인 사마디는 선택한 과업에 몰두할 수 있는 능력을 의미합니다. 감관의 통제 없는 요가행의 성취는 아무 소용이 없다는 점을 망각해서는 안 됩니다.

---

37 무사유 자각의 상태(*a state of thought-free awareness*).

38 《라마야나》에서 라바나의 동생으로서, 6개월에 한 번씩 잠자고 깨어나기를 반복했다.

39 특정한 신체적 기술에 의존하는 요기.

질문 어떤 사람이 자조(*self-help*)를 믿고 들판에서 일하고, 자신이 사용할 목적으로 곡식을 재배하고, 자신의 손으로 쟁기와 같은 농기구를 제작하고, 목수의 일을 하고, 자기 자신의 천을 짜고, 심지어 자신의 집까지 건축한다고 해봅시다. 간단히 말해서 그가 필요로 하는 모든 것을 자신의 힘으로만 만들어내고, 그 목적을 위해서 다른 사람의 노동을 이용하지 않습니다. 이렇게 하는 것이 옳습니까, 틀립니까? 자조의 사람에 대한 당신의 정의는 무엇입니까?

답변 자조란 타인의 도움 없이 자신의 발로 설 수 있는 능력을 의미합니다. 이것은 사람이 타인의 도움에 대해서 무관심하거나 타인의 도움이 오면 거절해야 한다는 것, 그 도움을 절대로 바라거나 요청하지 말아야 함을 의미하는 것은 아닙니다. 그러나 농부가 뭔가 결핍된 것이 있어서 타인의 도움을 구했지만 거부당했을 때에도 평정심과 자기 존중의 태도를 유지할 수 있다면, 그는 자조의 사람(*a man of self-help*)입니다. 타인의 도움을 얻을 수 있는 농부가 만일 땅을 경작하고, 파종과 추수 등의 모든 작업을 스스로 돌보고, 필요한 농기구를 스스로 제작하고, 자신의 옷을 위해서 자신이 뽑아낸 실로 직물을 짜며, 자신의 옷을 재봉(裁縫)하고, 스스로 요리하고, 집을 혼자서 짓는 사람이 있다면, 그런 농부는 아둔한 사람이든지, 아니면 자만에 빠진 사람이거나, 아니면 야만인과 같습니다. 자조는 육체노동의 야즈냐를 함축하고 있는데, 이 야즈냐는 모든 사람들이 자신의 생계를 위해서 일을 해야 한다는 것을 의미합니다. 그래서 들판에서 하루 8시간 일하는 사람은 베짜는 사람, 목수, 대장장이와 벽돌공의 봉사를 받을 자격이 있습니다. 그들의 봉사를 얻으려는 것이 그의 의무이고, 그는 그것을 충분히 쉽게 구할 것입니다. 그 대신 목수, 대장장이, 그리고 다른 장인들은 농부의 노동이 생산해낸 곡물들을 얻을 것입니다. 손의 도움을 받지 않고 활동하는 눈은 자조를 실행할 수 없습니다. 그것은 과도하게 자만하고 있습니다. 우리 육신의 다른 지체들은 그들 자체의 기능 면에서는 자조를 수행하고 있지만, 다른 지체들에게 봉사합니다. 그것들이 서로 도움을 받고 있기에 서로 돕고 의존하고 있기 때문입니다. 이와 마찬가지로 인도라는 육신이 가진 3억 개의 지체들은, 우리 자신의 개별적인 분야에서 자조의 의무를 수행해야 하고, 우리가 한 나라의 지체들임을 증명하기 위해서 도움을 교환해야 합니다. 그런 다음에야 우리는 국가를 건설할 수 있고 애국자라는 우리의 주장을 증명할 수 있습니다.

질문 결혼식, 산드야(*sandhya*: 조석기도), 야즈냐 의식과 기도를 위해서 산스크리트어 시구가 사용됩니다. 시구들은 그 의식의 주재자들이 음송합니다. 그리고 그를 초빙한 사람들은 그가 시구를 읊조릴 때 뜻도 모르고 함께 읊조립니다. 산스크리트어는 더 이상 우리의 모국어가 아닙니다. 수많은 기관이 기도, 산드야, 야즈냐 의식 등을 위해서 산스크리트어를 사용하라고 사람들에게 요청합니다. 그러나 민중은 그 언어를 이해하지 못합니다. 그렇다면 그들이 음송되고 있는 것에 어떻게 집중할 수 있습니까? 더구나 산스크리트어는 난해한 언어입니다. 내가 보기에는 그 시구를 암기하고, 그 의미를 기억하는 것은 이중 부담으로 보입니다. 산스크리트어가 민중의 모국어였던 때, 모든 일이 산스크리트어로 행해졌으므로 그것은 괜찮았습니다. 이제 더 이상 그런 입장을 취할 수 없습니다. 산스크리트어는 모든 일에 있어서 민중이 모국어를 사용하는 데 도움이 되었을 것입니다. 하지만 현재 우리의 실천은 다릅니다. 위에서 언급한 종교 의식들은 일반 대중 사이에서 산스크리트어로 행해집니다.

답변 나는 산스크리트어가 힌두교의 모든 의식(儀式)에서 사용되어야 한다고 생각합니다. 번역은 아무리 좋아도 원어의 소리에 담겨 있는 의미를 우리에게 전달할 수 없습니다. 산스크리트어는 수천 년 동안 일정한 수준의 순화를 거듭해왔고, 사람들은 시구들을 항상 산스크리트어로 암송해왔습니다. 그러한 시구들을 지방어로 번역하고 그 번역에 만족하게 되면, 그 시구에 부여된 엄숙한 분위기는 감소되고 말 것입니다. 그러나 의식에서 사용되는 모든 시구의 의미, 의식의 매 단계의 의미는, 그 시구들의 암송과 수행이 주는 이득을 받아들이는 민중 자신의 언어로 설명되어야 한다는 점에 대해서 나는 전혀 의심이 없습니다. 산스크리트어에 대한 기초지식이 없다면, 모든 힌두교도에 대한 교육은 불완전하다고 나는 생각합니다. 산스크리트어에 대한 지식이 확산되지 않는다면, 나는 힌두교가 지속적으로 존재할 것이라고 생각하지 않습니다. 그 언어가 어려운 이유는 그것을 가르칠 때 우리가 따르는 교과목의 유형 때문에 그랬던 것이며, 그 자체로는 전혀 어려운 것이 아닙니다. 그것이 어렵다고 해도 다르마의 실행은 더 어렵습니다. 따라서 다르마를 자신의 삶에서 따르려는 사람에게, 수단이 실제로 아무리 어렵다고 해도 보기에는 쉬워야 할 것입니다.

종교적 이슈들에 대한 질문들(G.),
〈나바지반〉, 1926. 3. 28 ; 《전집》 34 : 225

196) 야즈냐, 복지와 봉사

디왈리, 화요일 아침, *1930. 10. 21*

안녕, 나란다스!

거기 있는 모든 친구들에게 나의 축복을 보낸다. 모든 사람들에게 나의 반데 마타람(애국가)과 마땅한 경의를 보낸다. 내년에는 보다 더 큰 봉사정신으로 그득하기를 바라고 더 나은 도구가 되기를, 그 점에서 우리의 의무에 대해서 더 각성하기를 바란다.

우리는 '야즈냐'라는 단어를 자주 사용한다. 물레질을 일상의 마하 야즈냐(큰 제사)의 경지에까지 올렸다. 그래서 '야즈냐'라는 말의 다양한 의미를 생각해 내는 것이 필수적이다. '야즈냐'는 다른 생명들의 복지로 향한 행위, 단 세속적이고 영적인 어떤 보답도 바라지 않는 행위를 의미한다. 여기에서 '행위'(*act*)란 가장 광범위한 의미로 이해되어야 하는데, 행동(*deed*)만이 아니라 생각과 말까지 포함한다. '다른 생명'(*others*)이란 인간만이 아니라 모든 생명을 포함한다. 그래서 아힘사의 관점에서 보면, 인간에게 봉사할 목적으로라도 저급한 동물을 희생하는 일은 야즈냐가 아니다. 《베다》에 동물희생이 한 자리를 차지하고 있다고 해도 문제 될 것은 없다. 그런 희생이 진리와 비폭력의 근원적인 검증을 견딜 수 없다는 사실만으로 우리에게 충분하다. 나는 베다학에 대해서는 무능하다고 선뜻 인정한다. 그러나 이 주제에 관련하여 내가 무능하다고 해도 나는 걱정하지 않는다. 동물의 희생제사가 《베다》 사회의 한 단면이었음이 증명된다고 해도, 그것은 아힘사의 신봉자를 위해서는 선례가 될 수 없다.

야즈냐에 대한 이 정의에서 기초적인 희생이란 가장 광범위한 지역에 있는 최대 다수의 사람들을 복지로 이끄는 행위, 최대 다수의 남녀들이 거의 문제없이 수행할 수 있는 행위여야 한다는 점이 도출된다. 그래서 이른바 고차적인 이익을 위해서라도 어느 누구에게 나쁜 일을 원하거나 행한다면, 그것은 야즈냐가 아니며 마하야즈냐는 더더욱 될 수 없다. 그리고 《기타》가 가르치고, 경험이 증언하는 바에 따르면, 야즈냐의 범주 아래 들어올 수 없는 행위는 속박을 촉진할 것이다.

이 세상은 이런 의미에서 야즈냐 없이 단 한순간도 지탱할 수 없다. 그래서 《기타》는 2장에서 참된 지혜(*true wisdom*)[40]를 다룬 뒤 3장에서 그것을 얻는 수단을 다루고, 야즈냐가 창조 자체와 더불어 생겨났다는 점을 많은 말로 선언하고 있다. 그래서 이 육신은 우리가 그것으로 모든 피조물에게 봉사하기 위해서만 주어졌다. 그래서 《기타》는 야즈냐를 드리지 않고 먹는 자는 훔친 음식을 먹는 자라고 말하고 있다. 순결한 삶을 영위하는 자의 모든 행위는 야즈냐의 성격을 지녀야 한다. 야즈냐는 우리의 탄생과 더불어 우리에게 왔으므로, 우리는 우리의 모든 생에서 빚진 사람이다. 따라서 영원히 우주에 봉사해야 한다. 그리고 노예조차 자신이 봉사하는 주인에게서 음식물과 의복 등을 제공받듯이, 우리는 우주의 주님이 우리에게 할당하신 선물을 기쁘게 받아야 할 것이다. 우리가 받는 것은 모두 선물로 불려야 한다. 우리는 빚진 사람으로서 우리 책무 수행을 위해서 어떤 배려도 받을 자격이 없기 때문이다. 그래서 우리는 그것을 받지 못하더라도 그 주인(*the master*)을 비난해서는 안 된다. 우리의 육신은 그분의 것(*His*)으로서 귀하게 여겨지기도 하고 그분의 의지에 따라서 내버려지기도 한다. 이런 일[41]은 불평의 사안도, 심지어 연민의 사안도 아니다. 그와 반대로 우리가 신의 구도 안에서 우리의 적절한 장소를 자각하기만 하면,

---

40 〔역주〕 buddhi나 prajña를 지칭한 것 같다.

41 〔역주〕 특히 내버려지는 일을 가리키는 것 같다.

이런 일은 자연스러운 상태, 심지어 유쾌하고 바람직한 상태이다.

이런 최고의 지복을 경험하려면 우리는 참으로 강한 신앙이 필요하다. '자신에 대해서 아무 염려도 하지 마십시오. 모든 걱정을 신에게 맡겨 두십시오.' 이것은 모든 종교에서 가장 중요한 계명으로 보인다. 그러나 이 때문에 우리가 놀랄 필요는 없다. 정결한 양심으로 자신을 봉사에 바치는 자는 나날이 봉사의 필요성을 크게 느낄 것이며, 신앙 안에서 계속 더 풍요롭게 될 것이다. 하지만 자기 이익을 포기할 각오가 없는 자, 탄생의 조건을 인정할 각오가 없는 자는 봉사의 길을 걸어가기가 거의 불가능하다. 그런 사람이 행한 어떤 봉사도 이기심에 의해서 오염될 것이다. 그러나 그와 같은 지독한 이기심을 가진 사람은 이 세상에 드물다. 우리 모두는 의식중 무의식중에 이런저런 봉사를 하고 있다. 우리가 의도적으로 봉사하는 습관을 기르게 되면, 봉사에 대한 우리의 욕구는 점점 강해지고 우리 자신의 행복만이 아니라 세계 전체의 행복에 기여하게 될 것이다.

바푸로부터 축복을

나란다스 간디에게 보낸 편지(G.),
MMU / I ; 《전집》 50 : 230(일부)

197) 야즈냐와 포기

1930. 10. 28 화요일 아침

안녕, 나란다스!

나는 지난주 야즈냐에 대해서 글을 썼다. 그러나 그것에 대해서 좀 더 쓰고 싶다. 인류와 더불어 만들어진 원리 하나를 더 고려해 보는 것은 아마 가치 있을 것이다. 야즈냐는 하루 24시간 내내 수행해야 할 의무이고, 베풀어야 할 봉사이다. 그래서 '선한 자들의 힘은 언제나 자선의 목적을 위해서 사용되어야 한다'는 격률은 부적절하다.

자선(*benevolence*)이 그 안에 뭔가 호의(*favour*)의 태도가 있다면 말이다. 욕망 없이 타인에게 봉사하는 일은 타인에게 호의를 베푸는 것이 아니라 우리 자신에게 호의를 베푸는 것이다. 이는 마치 우리가 빚을 갚는 행위에 있어서 우리 자신에게만 봉사하고, 우리의 부담을 덜어 주고, 우리의 의무를 충족시키는 것과 같다. 다시 말하자면, 착한 사람들만이 아니라 우리 모두는 우리의 자원을 인류의 처분에 맡겨 둬야 한다. 그것은 하나의 법칙임이 분명하다. 만일 그것이 정말로 법칙이라면, 탐닉은 인생에서 한자리를 차지하기를 그만두고 포기(*renunciation*)에 자신의 자리를 양보하고 말 것이다. 사람에게는 포기 자체가 기쁨이다. 이것이 사람과 짐승을 나누는 것이다. 어떤 사람들은 이렇게 이해되는 삶이란 무미건조하고, 예술도 없고, 가장(家長)을 위한 여지를 전혀 남겨 두지 않는다고 반대한다. 그러나 나는 그들이 이렇게 말할 때 포기라는 말을 잘못 해석하고 있다고 생각한다. 여기에서 포기란 말은 세상을 등지고 숲으로 들어감을 의미하는 것이 아니다.

포기의 정신이 삶의 모든 활동을 지배해야 한다. 자신의 삶을 탐닉으로서가 아니라 의무로 생각하면 가장은 그대로 유지될 것이다. 구두수선공 · 경작자 · 장사꾼 · 이발사는 자신들의 일이나 활동에 있어서, 포기의 정신에 의해서거나 아니면 단순히 자기탐닉(*self-indulgence*)의 욕구에 의해서 분발할 수 있다. 희생정신으로 자신의 업무를 수행하는 상인이 수중에 수천만 루피의 돈을 만진다고 해보자. 그러나 그가 자원을 인류의 처분에 맡겨 둬야 한다는 법칙을 따른다면, 봉사를 위해서 자신의 능력을 사용할 것이다. 그래서 그는 속이거나 투기(投機)하지 않고, 검소하게 살며, 살아 있는 혼에 상해를 입히지 않고, 누구에게 해를 끼치느니 차라니 수백만 루피를 잃고 말 것이다. 이런 유형의 상인이 오직 내 상상 속에서만 존재한다고 지레짐작해서는 안 된다. 세상을 위해서 다행스럽게도 그런 자는 동양에서도 서양에서도 존재한다. 그러한 상인들이 손가락으로 셀 정도라는 것이 사실이지만, 거기에 상응하는 단 하나의 산 표본이라도 발견될 수 있다면 그런 유형은 더 이상 상상의 존재가 아닐 것이다. 우리 모두는 와드완에 있는 박애주의자 재봉사를 알고 있다. 나는 그와 같은 이발사도 알고 있다. 우리 모두는 베짜는 사람들 가운데서도 그와 같은 사람이 있음을 알고 있다.[42] 그리고 우리가 이 사안에 대해서 깊이 들어간다면, 우리는 헌신적인 삶을 사는 사람들을 모든 부문에서 만나게 될 것이다. 이들과 같은 자기희생자들(*sacrificers*)이[43] 그들의 일을 통해서 생계를 꾸려가고 있다는 점은 의심할 것 없이 분명하다. 하지만 생계는 그들의 목표가 아니고, 단지 그들이 가진 천직의 부산물일 따름이다. 모틸랄은 처음 재봉사였고 그 이후에도 쭉 재봉사일을 하고 있다. 그러나 그의 정신은 변화되었고, 그의 일은 예배로 바뀌었다. 그는 타인들의 복리에 대해서 생각하기 시작했고, 그의 삶은 진정한 의미에서 예술적으로 되어 갔다.

희생적인 삶은 예술의 정점이고, 진실한 기쁨으로 가득 차 있다. 그런 삶은 절대 마르지 않고 절대 물리지 않는 기쁨의 샘, 언제나 신선한 샘의 원천이다. 야즈냐는 사람이 그것을 부담스럽다거나 성가시다고 느낀다면 더 이상 야즈냐가 아니다. 자기탐닉은 파멸로 나아가고, 포기는 불멸로 나아간다. 기쁨은 독립적으로 존재하는 것이 아니라 삶에 대한 우리의 태도에 의존한다. 어떤 사람은 연극의 한 장면과 같은 풍경을 즐길 것이며, 다른 사람은 창공에서 늘 새롭게 펼쳐가는 장면들을 즐길 것이다. 그래서 기쁨은 교육에서 나오는 것

42 이 암시는 카비르를 지칭하는 듯하다.

43 〔역주〕 의미상 '자기'를 부가해서 번역했다.

이다. 우리는 어릴 때 즐기도록 교육을 받았던 일들에 대해서 즐거움을 느낄 수 있을 것이다. 다른 국민적인 풍미들에 대해서도 이런 사례들을 쉽게 찾을 수 있을 것이다.

다시 한 번 말해 둔다. 많은 희생자는 그들이 필요로 하는 모든 것, 그리고 필요하지 않는 많은 것을 민중에게서 공짜로 받을 수 있다고 상상하는데, 많은 희생자가 사심 없는 봉사행위를 베풀고 있기 때문이다. 이런 관념이 직접적으로 사람을 지배하게 되면, 그 사람은 노예가 되고 민중에 대해서 폭군이 된다. 타인들에게 봉사하려는 자는 자기 자신의 안락에 대해서 단 한 차례의 생각도 낭비하지 않을 것이다. 그는 자신의 안락을 저 높은 곳에 계신 주님(*his Master*)에게 맡겨서 그분의 뜻에 따를 것이다. 그래서 그는 얻게 되는 모든 것을 등에 지지 않을 것이고, 꼭 필요한 것만을 받아들이고 나머지는 남겨 둘 것이다. 그는 비록 불편한 곳에 처하더라도 고요하고, 분노로부터 자유롭고, 평온할 것이다. 그의 봉사는 덕과 같이 그 자체가 보답이다. 그리고 그것으로 만족할 것이다.

다시 말하자면, 사람은 감히 봉사에 나태하거나 봉사를 밀쳐 두거나 하면 안 된다. 개인적 일에만 부지런하고 무보수의 공적인 일은 적당한 때, 적당한 방식으로 할 수 있을 것이라고 생각하는 사람은 희생의 과학(*the science of sacrifice*)의 기본 자체를 배워야 한다. 타인에 대한 자발적 봉사는 우리가 할 수 있는 최선을 요구하며, 자신에 대한 봉사에 선행해야 한다. 사실상 순수한 귀의자는 일체의 유보 없이 인류에 대한 봉사에 자신을 바친다.

바푸로부터 축복을

나란다스 간디에게 보낸 편지(G.),
MMU / I ; 《전집》 50 : 264(일부)

4. 아파리그라하[44]와 무소유

198) 아파리그라하 이상

사바르마티 아슈람, *1926. 4. 30* 금요일

바이슈리 하삼 히르지 님께,

당신이 보낸 첫 번째 편지에 대한 답신을 보내기도 전에 당신은 또 한 통의 편지를 보내셨군요. 당신의 첫 편지에 있던 핵심 문제에 대해서는 시간이 있다면 〈나바지반〉지를 통해서 대답할 것입니다. 두 번째 편지에 대해서는 여기에서 대답할 것입니다.

아파리그라하는 이상적인 상태입니다. 이상은 결코 완벽하게 실현되는 것이 아니라고 말할 수도 있을 것입니다. 그러나 그 때문에 우리는 이상을 낮춰서는 안 됩니다. 어느 누구도 여태 기하학의 이상적인 직선을 그을 수 없었지만, 그 때문에 그 정의를 바꿀 수는 없을 것입니다. 우리가 직선을 그을 경우, 우리는 이상적인 선을 눈에 떠올리면서 우리의 목적에 합당한 선을 긋는데 성공할 수 있을 것입니다. 그러나 우리가 그 정의를 수정한다면, 우리는 키 없는 배와 같을 것입니다. 동전 한 닢의 돈에는 아무 잘못이 없습니다. 악은 그 사용에서 나오는 것입니다. 이를 명심하여 우리는 최선을 다해서 아파리그라하 이상을 성실하게 실현하도록 해야 할 것입니다. 이제 당신이 상상하는 사례들을 검토해 봅시다. 부자들이 자발적으로 자신들의 부를 포기한다고 해도 이 세상은 잃을 것이 없고, 이와 반대로 그들의 행동으로 이익을 얻을 것입니다. 성실한 아파리그라하 행동의 결과로서 참신하고도 강력한 힘이 생성되기 때문입니다. 어느 누구도 그런 문제들에 있어서 기계적으로 행동하지는 않습니다. 심정

---

44 〔역주〕 aparigraha. 〈용어해설〉에는 무소유, 포기로 번역되어 있다.

에 자발적인 충동을 느끼는 자만이 행동할 것이고, 그의 행동은 좋은 평판을 받을 만합니다. 온 세상이 아파리그라하 이상에 따라서 행동할 위험이나 가능성은 없습니다. 그러나 온 세상이 그런다고 해도, 나는 세상이 자체를 유지하는 데 아무 어려움이 없을 것이라는 점에 대해서 추호의 의심이 없습니다. 이 세상에는 단 하루 동안의 자신의 수요를 충족시킬 만한 것도 저장하지 않는 사람들이 있습니다. 물건을 비축한 다른 사람들이 존재하지 않는다면 저장하지 않는 자들이 굶어 죽을 것이라고 당신은 믿을 필요가 없습니다.

정부가 시행한 법률을 보면 무심코 범한 죄라도 여전히 죄가 되듯이, 무지에 의해서 신성한 법률을 범한 것도 여전히 범한 것입니다. 알코올의 영향 아래에서 범한 간통이라도 여전히 간통입니다. '용서를 구함'과 '용서를 받아들임'은 아름다운 생각들입니다. 나는 이 두 원리에 근거하여 행동합니다. 그러나 이런 의미에서 용서는 보통 우리가 이해하는 용서가 아니라고 나는 늘 믿어왔습니다. 용서받고 싶은 진지한 욕구는 우리의 겸손을 강화시킵니다. 그래서 우리는 우리의 약함을 볼 수 있고, 이 지식은 선량할 수 있는 힘을 줍니다. 힌두·무슬림·기독교도와 여타 종교인들은 신을 기술하기 위해서 무수한 형용사들을 사용해왔지만, 그것들은 모두 우리 자신의 상상의 산물입니다. 신은 속성이 없으며 모든 제한을 넘어갑니다. 그러나 나는 다시 한 번 그 이상에 대해서 말하고 싶습니다. 만일 우리가 그 이상을 이해하지 못하고, 그분을 묘사하기 위해서 우리가 사용하는 일체의 형용사에 신이 종속된다면, 그는 우리와 같이 여러 오류의 구현체(*embodiment*)가 될 것입니다. 그래서 우리는 그분이 오점이 없고 형상(*form*)이 없는 분으로 알아야 하고, 그런 뒤 그분에 대해서 우리가 원하는 만큼의 많은 형용사를 부여할 수 있을 것입니다. 왜냐하면, 그런 형용사들이 그분이 우리에게 준 유일한 언어이기 때문입니다. 이런 것 이외에도, 우리는 행위의 결과에서 도망갈 수가 없습니다. 이것이 보편적인 법칙이며 그 법칙 속에 그분의 자비(*His mercy*)가 담겨 있습니다. 우리는 남에게 과오를 들키면 보통 그 과오를 두둔하거나 고칩니다. 우리가 하는 식으로 신이 자신의 법칙과 계명을 부단히 고쳐야 한다면, 이 세상은 단 한순간도 유지되지 못할 것입니다. 우리가 신이라고 부르는 실재는 신비롭고, 묘사하기 어려운, 독특한 힘입니다. 우리가 마음으로 그분을 파악하지 못한다면 어떻게 군색한 말로 그분을 묘사할 수 있겠습니까?

하삼 히르지에게 보내는 편지(G.), SN 10902 ; 《전집》 35 : 224

199) 나와 내 것(我·我所)을 제거하기

지난번 다르방가에서 있었던 평화 집회에서 행한 사티스 찬드라 무케르지 씨의 연설에 대한 다음의 요약된 보고서를 관심과 이익을 갖고 읽을 수 있을 것이다. …[45]

우리가 종교·정치·경제 등에서 '나'와 '내 것'을 제거한다면 곧 자유로울 수 있을 것이고 지상에 천국을 가져올 수 있을 것이다.

'나'와 '내 것'의 저주, 〈영 인디아〉, 1926. 9. 23 ; 《전집》 36 : 392

200) 자기포기

사바르마티, 사탸그라하 아슈람, *1928. 7. 11*

친애하는 샹카란에게,

나는 자네가 츠호간랄 조시에게 보낸 편지와 수표를 받았다네. 그

---

45 필자의 주장은, '나'와 '내 것'이라는 느낌이 이 나라의 집단 간의 불관용과 폭력의 많은 부분에 대해서 책임이 있었다는 것, 그리고 모든 종교에 대한 진실한 이해는 보편적 덕들, 진리, 비폭력 등에 대한 존중을 통해서만 가능하다는 것이었다.

이름들은 적절한 때에 공개될 것이라네.

애당초 특정한 명분을 위해서 주어진 기부금이, 기부자의 동의를 얻어서 그 명분 이외의 목적에 사용된다면, 그것은 아스테야(불투도, 不偸盜 : 훔치지 않기) 서약의 위반은 아니라네.

노동자가 최소한의 의식주로 만족한다면, 그리고 자신의 봉사에 대해서 의복과 식사를 받아야 한다는 조건을 달지 않는다면, 자신의 임금을 받을 만한 자격이 있어야 한다는 원리에 근거하여 그는 자신의 필요를 제로로 감소한 사람으로 간주될 수 있을 것이라네. 그가 어떤 기관을 위해서 일을 해 주면, 그 기관은 기관 자체를 위해서 그를 먹이고 입힐 것이네. 자신을 완전히 바친 사람이 굶주림을 자신의 운명이라고 여긴다면, 그는 그것을 즐겁게 견딜 것이라네. 결국 자기포기(*self-surrender*)는 정신적 태도라네. 무력하게 굶고 있는 수백만 명의 사람들은 강요받은 굶주림과 자신들의 마음이 일치하지 않기 때문에, 무엇을 포기한 것은 아니라네.

나는 이 편지를 자네의 새로운 주소를 알기 전에 보낸다네. 자네가 그것을 받아볼 수 있기를 바라네.

샹카란에게 보낸 편지, SN 13469 ;《전집》42 : 262

201) 아스테야 — 불투도

예라브다 만디르, *1930. 8. 19* 화요일 아침

안녕, 나란다스!

우리는 이제 불투도 규율에 대해서 말할 차례이다. 좀더 깊이 생각해 본다면, 우리는 모든 규율이 진리(*Truth*) 안에, 아니면 아힘사 또는 진리 안에만 함축되어 있음을 알 수 있을 것이다. 이것은 다음과 같이 설명될 수 있다.

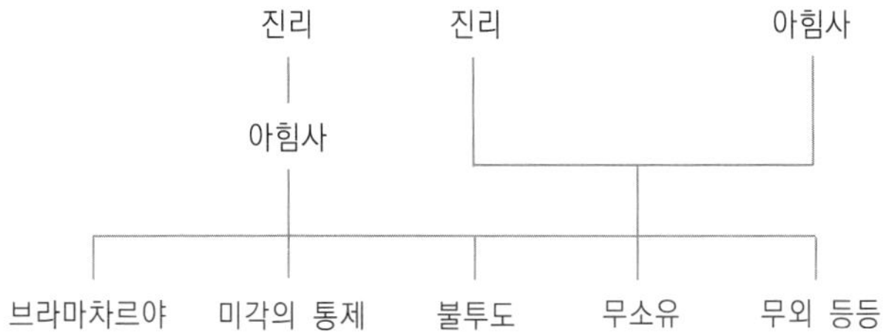

아힘사는 진리에서 도출할 수도 있고, 아니면 진리와 함께 쌍을 이룰 수도 있다. 진리와 아힘사는 동일하지만 나는 진리를 유달리 좋아한다. 최종적으로 오직 하나의 실재만이 존재할 수 있다. 최고의 진리는 그 자체로 서 있다. 진리는 목적이며 아힘사는 그것에 이르는 수단이다. 우리는 사랑의 법을 따르는 것이 어렵다는 것을 알지만, 아힘사 곧 비폭력이 무엇인지를 알고 있다. 그러나 진리에 대해서는 그 편린만을 알고 있다. 사람이 비폭력을 완전히 실행하기가 어렵듯이, 진리에 대한 완전한 지식도 성취하기가 어렵다.

아스테야는 불투도(不偸盜, 훔치지 않기)를 의미한다.

사람이 훔치면서 동시에 진리를 안다고 하거나 사랑을 품고 있다고 주장하기란 불가능한 일이다. 하지만 우리 모두는 의식중 무의식중에 다소간 절도의 죄를 범하고 있다. 우리는 타인에게 속하는 것을 훔칠 뿐만 아니라 우리 자신에게 속한 것도 훔친다. 아이들 몰래 뭔가를 은밀하게 먹는 아버지가 바로 우리 자신의 것을 훔치는 사례이다. 아슈람 부엌 창고는 우리의 공동재산인데, 그곳에서 단 하나의 설탕 알갱이를 몰래 가져가는 사람이 있다면, 그는 자신에게 도둑이라는 낙인을 찍는 것이다. 다른 아이의 연필을 가져가는 아이도 훔친 것이다. 어떤 사람의 물건을 그의 허락 없이 가져가는 일은 그 주인이 그 행위를 알고 있다고 해도 도둑질이다. 주인이 없다는 믿음하에 어떤 물건을 가져간다고 해도 도둑질이다. 노변에서 발견된 물건은 통치자나 지방 당국에 속하는 것이다. 아슈람 인근에 발견되는 모든 것은 아슈람 서기에게 마땅히 넘겨져야 할 것이고, 그 서기는 그것이 아슈람 재산이 아니라면 경찰에 넘겨주어야 한다. 여기까지는 이해하기가 쉽다. 하지만 불투도 규율은 그 의미가 훨씬 더 깊다. 어떤 물건이 진정 필요하지 않은 경우, 그 물건 주인의 허락이 있다고 해도 그것을 받는 행위는 도둑질이다. 우리는 필요로 하지 않는 것이라면, 단 하나라도 받아들여서는 안 된다. 이런 종류의 도둑질은 일반적으로 음식의 경우에 일어난다. 내가 필요하지 않는 과일을 받거나 필요량 이상으로 받는 경우, 그것도 도둑질이다. 우리는 우리 자신의 진정한 필요를 언제나 의식하는 것은 아니고, 우리 대부분은 우리의 수요를 부당하게 늘리기 때문에 무의식적으로 우리 자신을 도둑으로 만든다. 우리가 이 주제에 대해서 생각을 좀 해본다면, 우리의 필요 중 상당히 많은 부분을 제거할 수 있을 것이다. 불투도 규율을 준수하는 자는 그의 필요를 단계적으로 감소시킬 수 있을 것이다. 이 세상의 비참한 빈곤의 많은 부분은 불투도 원리의 위반에서 생겨난 것이다.

지금껏 고려된 도둑질은 외면적이고 물질적인 도둑질이라고 명명할 수 있을 것이다. 이런 도둑질 이외에 보다 미묘하고, 인간 정신을 훨씬 타락시키는 종류의 도둑질이 있다. 타인에게 속하는 어떤 것을 획득하고자 정신적으로 욕구하는 것, 또는 그것에 대해서 탐욕의 시선을 던지는 것도 도둑질이다. 만일 성인이든 어린애든 매력적인 물건을 보고 그것에 대해서 유혹을 느낀다면 그것은 정신적 도둑질(*mental theft*)이다. 음식을 먹지 않는 사람은 신체의 면에서 단식한다고 보통 말할 수 있다. 하지만 그가 다른 사람이 식사하는 것을 보고 먹는 쾌락을 정신적으로 열심히 그리고 있다면, 이는 단식의 위반일 뿐만 아니라 도둑질의 죄를 범하게 된다. 단식 중에 그가 단식을 마친 뒤에 먹을 음식에 대해서 다양한 메뉴를 계속하여 계획한다면, 앞의 경우와 유사한 죄를 범하는 것이다. 불투도의 원리를 지키는 자는 장차 얻을 물건들에 대해서 번민하지 않을 것이다. 미래에 대한 이와 같은 사악한 불안이 수많은 도둑질 배후에 도사리고 있다. 말하자면 다음과 같은 식이다. 우리는 오늘 하나의 물건만을 갖기를 욕구하고, 내일 그것을 소유하기 위해서 가능하다면 정직한 방법, 필요하다고 판단되면 부정직한 방법도 사용하기를 시작할 것이다. 물질적인 물건만이 아니라 생각(*ideas*)도 훔칠 수 있다. 실제로 보면 자신에게서 출발한 생각이 아닌 것인데도 그 좋은 생각을 만들어냈다고 이기적으로 주장하는 자는 생각을 도둑질한 자이다. 배운 자들 가운데 많은 사람이 세계 역사에서 그런 도둑질을 자행했으며, 표절이 오늘날에도 결코 드문 일이 아니다. 예를 들면, 내가 안드라에서 새로운 모양의 물레를 보고 그와 유사한 물레를 우리 아슈람에서 만든 다음 그것을 나 자신의 발명품으로 나눠 준다면, 나는 허위를 행한 것이고 다른 사람의 발명품을 훔치는 죄를 분명히 범하고 있는 것이다.

그래서 불투도의 규율을 받아들이는 자는 겸손해야 하고, 사려 깊어야 하고, 방심하지 말아야 하며, 검소한 습관을 가지고 있어야 한다. 나는 오늘 시간의 심한 압박을 받으면서 아슈람 편지를 썼다. 모틸랄지와 다른 사람들이 여기에 있고, 나는 실제로 지난주 내내 그들과 토의하면서 보냈다. 지금도 나는 내 시간의 일부를 그들에게 주어야 한다. 그래서 나는 어제 저녁기도 이후에서야 비로소 편지쓰기에 대해서 생각해 볼 수 있었고, 오늘 아침기도 후에 이 편지를 쓰기 시작할 수 있었다. 그래서 나는 이번에 가장 적은 통수의 편지를 쓰게 되었고 가능한 한 짤막하게 썼다. 자네는 강가벤과 반살리에게 보낸 내 편지 안에서 ○벤에 대해서 읽을 수 있을 것이다. 마음을 단단히 먹고 자네가 적합하다고 생각한 것을 계속 하라. 나의 즉각적인 반응은 만일 ○벤의 마음이 평온하고 그 순수함을 회복했다면, 우리는 그녀가 아슈람을 떠나서 외부에 머물겠다는 서약을 위반한 것을 용서할 수 있을 것이다. 지금 고려해야 할 주요 사항은 그녀 자신의 정염을 극복하는 일을 도우면서도 동시에 그녀의 자유를 보호하는 일이다.

여성들은 너무 철저하게 억압을 받아와서 무력감 안에서 생각조차 할 수 없게 되었다. 그래서 아슈람은 그들에 대해서 대단히 자유로운(*liberal*) 태도를 취해야 한다. 이 태도는 수많은 위험을 안고 있다. 우리가 여성들에게 봉사하자면 그런 위험을 감수할 수밖에 없다. 자네의 능력 범위 안에서 이 견해에 따라서 행동해라. 내가 마음의 눈으로 ○벤의 얼굴을 그려 볼 때, 나는 그 얼굴 위에 오직 순진무구와 공포만을 본다. 그녀는 자신의 타락의 원인이 아니다. 내가 그런 비행에 대해서 들었을 때, 모씨의 얼굴에는 음란의 표시를 볼 수 있었지만 ○벤의 얼굴에는 그런 표시를 볼 수가 없었다. 그녀의 표정에서 내가 보는 것은 단순성이다. 그리고 물론 무지도 본다. 그녀는 거의 리슈야슈링가(Rishyashringa)[46]에 비교될 수 있을 정도다. 물론 ○벤이 정염의 경험이 있었고, 리슈야슈링가는 절대 그런 경험이 없었다는 중요한 차이점은 있다. 하지만 그 시인은 그를 손대기만 기다

46 〔역주〕 인도 신화에 등장하는 인물. 이름의 뜻은 '사슴뿔을 가진 사람'이다. 초기 성장 과정에서 숲 속에서 성자의 아들처럼 양육을 받았는데, 그 숲 속에는 여자가 단 한 사람도 없었으므로 여자에 대한 생각이 없었다. 창조된 인간 중에 가장 순진하게 성장한 인물로 꼽힌다. 간디는 순진무구에 있어서 ○벤이 이 신화적 인물과 유사성이 있다고 보았다.

리는 인물로 묘사했다. 그것이 오늘날 수없이 많은, 겉으로 보기에 순진무구한 남녀의 상태다. '견물생심'이다. 그래서 우리가 그 누구를 비난할 권리는 없다. 간단히 말하자면, 우리의 의무는 사랑을 보이는 것이고 우리 자신에 대해서 더 많은 경계심을 행사하는 것이다. 오늘은 이것으로 충분한 것으로 보인다.

바푸로부터 축복을

나란다스 간디에게 보낸 편지(G.), MMU / I ; 《전집》 49 : 507

202) 무소유의 원리

예라브다 만디르, *1930. 8. 26* 화요일 아침

안녕, 나란다스!

무소유(*non-possession*)는 불투도와 연결되어 있다. 애당초 훔친 물건은 아니지만 필요도 없는데 우리가 소유하고 있다면 훔친 물건으로 분류되어야 한다. 소유는 미래를 위한 준비를 함축한다. 진리의 추구자, 사랑의 법칙을 추종하는 자는 내일을 대비해서 어떤 것도 저장할 수 없다. 신은 내일을 위해서 아무것도 준비하지 않으신다. 그분은 그 순간에 꼭 필요한 것 이상을 절대 창조하지 않으신다. 우리가 만일 그분의 섭리를 믿는다면 그분이 우리에게 매일 일용할 양식, 즉 필요로 하는 모든 것을 주실 것임을 우리는 확신해야 할 것이다. 성자들과 신앙의 사람들은 그들의 경험으로 신의 섭리를 정당화해왔다. 신의 법은 인간에게 일용할 양식만을 주고, 그 이상은 주지 않는다. 그 법에 대한 우리의 무지 내지는 무시가, 갖가지 불평등과 그것들에 수반되는 온갖 불행을 낳았다. 부자들은 필요 없는 것들을 여분으로 저장하고 있는데, 이것들은 그래서 소홀히 다뤄지고 낭비된다. 수백만 명의 사람들이 생계수단이 없어서 굶어 죽어가고 있는데도 그러하다. 만일 우리 각자가 오직 필요한 것만 소유한다면, 아무도 궁핍 속에

살지 않을 것이고 모두 만족 속에 살게 될 것이다. 그러나 실정은 부자들도 가난한 자들 못지않게 불만을 품고 있다. 가난한 자들은 백만장자가 되고 싶어하고, 백만장자는 수백만장자가 되고 싶어한다. 가난뱅이들은 그들의 일상의 필요를 얻는다고 해도 만족하지 않을 것이다. 그들은 하지만 일상의 필요를 충분히 얻을 권리가 있고, 그 필요를 충족시킬 수 있게 그들을 돕는 것이 사회의 의무이다. 부자들은 만족의 정신을 널리 확산하기 위해서 자신들의 재산을 포기하는 일에 있어서 주도권을 발휘해야 할 것이다. 그들이 적당한 한도 내에서 자신의 소유를 유지한다면, 굶주리는 자는 쉽게 배를 채울 수 있고 부자들과 나란히 만족의 교훈을 배울 것이다.

무소유 이상을 완전하게 만족시키기 위해서는 사람들도 새들과 마찬가지로 머리 위에 지붕이 없고, 옷이 없고 내일을 위해서 비축한 음식이 없어야 한다. 그는 실제로 일용의 빵이 필요하지만 그것을 제공하는 것은 신의 일이지 자신의 일이 아니다. 이와 같은 이상에 도달할 수 있는 사람은 있다고 해도 오직 극소수에 불과할 것이다. 우리와 같은 평범한 구도자들은 그 이상이 보기에 불가능하다고 해서 물러서서는 안 될 것이다. 우리는 무소유 이상을 부단히 앞에 두고서, 그 이상에 비춰서 우리의 소유를 비판적으로 검토하고 그것을 감소시키도록 노력해야 할 것이다. 진정한 의미의 문명은 필요의 증대에 있는 것이 아니라 의도적이며 자발적인 감소에 있다. 이것만이 진정한 행복과 만족을 진작시키고 봉사의 능력을 증대시킨다. 이 기준으로 판단해 보건대, 우리는 아슈람에서 필요성이 반드시 입증될 수도 없는 많은 물건을 소유하고 있으며, 그래서 우리 이웃으로 하여금 훔치도록 유혹하고 있다는 것을 안다. 민중은 스스로 노력한다면 자신들의 필요를 감소시킬 수 있고, 필요가 감소하면 점점 행복해지고, 점점 평화로울 것이고 점점 건강해질 것이다. 순수한 진리의 관점에서 보면 육신 역시 소유물이다. 향락(*enjoyment*)에 대한 욕망이 혼을 위해서 육신들을 창조하고 그것들을 유지한다고들 하는데, 이 말은 진실이다. 이 욕망이 사라지면, 육신을 위한 욕구는 더 이상 남아 있지 않게 되고, 사람은 생사의 악순환에서 자유롭게 된다. 혼은 무소부재다. 그 혼이 왜 새장 같은 육신 속에 갇혀 있기를 원해야 하는가? 또는 혼이 왜 그 새장을 위해서 악을 범하거나 죽이기조차 해야 하는가? 그래서 우리는 전면적인 포기의 이상에 도달하게 되고, 육신이 존재하는 한 봉사를 위해서 그 육신을 사용한다는 점, 그래서 빵이 아니라 봉사가 우리 생명의 양식이라는 점을 배운다. 우리는 봉사를 위해서만 먹고, 마시고, 잠자며, 깨어난다. 그런 마음의 태도는 시간이 완성될 때 진정한 행복 그리고 지복(至福)의 비전(*beatific vision*)을 우리에게 가져올 것이다. 이런 관점에서 우리 모두 자신들을 반성해 보자.

우리는 무소유가 물건에 대해서 뿐만 아니라 생각에 대해서도 적용될 수 있는 원리라는 점을 기억해야 한다. 자신의 두뇌를 쓸데없는 지식으로 채우는 사람은 더할 나위 없이 귀한 이 원리를 범하는 것이다. 우리로 하여금 신을 외면하게 만드는 생각, 그에게로 향하게 하지 않는 생각은 불필요한 소유물이고 우리 앞길에 놓여 있는 장애물이다. 이와 관련하여 우리는 《기타》 13장에 포함된 지식에 대한 정의를 고려할 수 있을 것이다. 거기에서는 겸손(*amanitvam*) 등이 지식을 이루며 다른 모든 것은 무지라고 말한다.[47] 만일 이것이 사실이라면—틀림없이 사실이겠지만—오늘날 우리가 지식이라고 고수하는 많은 것이 그저 무지일 뿐이고, 따라서 어떤 이익을 주기보다는 해만

47 〔역주〕 '지식'(*knowledge*)과 '무지'(*ignorance*)는 각각 산스크리트어 jñānaṁ과 ajñānaṁ의 번역이다.

을 끼칠 뿐이다. 그런 지식은 마음을 헤매게 하고 심지어 공허하게 만들기도 한다. 그리고 악은 부단히 가지치기(分枝)를 할 것이고 그 속에서 불만족이 번성할 것이다. 말할 것도 없이, 이런 말은 우리의 무력증을 기원(祈願)하는 것은 아니다. 우리 인생의 매 순간은 정신적이거나 육체적인 행위로 차 있어야 하지만, 그 행위가 사트빅한 것(*sattvik*), 즉 진리로 나아가려는 것이어야 한다. 자신의 삶을 봉사에 바치는 자는 단 한순간이라도 나태할 수 없다. 그러나 우리는 선행과 악행 사이를 분별하는 것을 배워야 한다. 이 분별은 봉사에 대한 일편단심과 더불어 자연스레 생길 것이다.

바푸로부터 축복을

나란다스 간디에게 보낸 편지(G.),
MMU / I ; 《전집》 50 : 10 (일부)

203) 무소유와 아힘사

세바그람, *1940. 5. 21*

사랑하는 프리트비 싱에게,

자네가 보낸 세 통의 편지를 받았네. 프라바쿠마리의 사례와 관련하여 자네가 비난받아야 할 것은 조금도 없다네. 그러나 그 사례는 모든 사안에서 깨어 있어야 한다는 것이 필수적임을 입증하고 있다네. 아힘사는 정신적 · 육체적 무소유를, 그리고 진리는 침묵을 요구한다네. 이것이 수용된다면, 모든 주요 사안에 있어서 폭력적 · 비폭력적 행위들을 분별하기 쉬울 것이라네.

자네가 고가(Ghogha)로 갈 만한 명분은 약하다고 보네. 모든 운동선수들은 자네가 언급한 난관을 견뎌낼 것이네. 자네가 묘사한 것을 보고 나는 자네 이성에 어떤 큰 충격이 가해졌다고 믿지 않는다네. 그러나 진리는 곧 알려질 것이네. 우리는 참석한 사람들이 얼마나 많은 이익을 얻었는지 알게 될 것이네. 나는 사람들에게 아힘사 훈련을 시키면서 내 일생을 보냈지만, 나 스스로 그것을 기르는 일에, 그리고 다른 사람이 그것을 기르도록 돕는 일에, 완전히 성공한 것은 아니라네. 나는 이제 자네에게 기대한다네.

바푸로부터 축복을

프리트비 싱에게 보낸 편지(G.),
GW 2950 ; 《전집》 78 : 258

204) 소유물과 사회구조

세바그람, *1942. 2. 9*

질문 당신은 소유가 있는 경우 그 소유가 모든 불리한 여건에서도 지켜져야 한다는 것을 왜 알지 못합니까? 그래서 어느 경우에도 폭력이 회피되어야 한다는 당신의 주장은 전혀 실천불가능하고 황당합니다. 비폭력은 오직 소수의 선택받은 개인들에게만 가능하다고 생각합니다.

답변 이 질문에 대해서는 본지 칼럼과 〈영 인디아〉지의 칼럼에서 이런저런 형식으로 충분히 대답했습니다. 그러나 그 질문은 늘 신선한 것입니다. 그런 질문이 제기될 때마다 대답해야 합니다. 특히 그 질문이 이번 것과 같이 진지한 구도자에게서 왔을 경우에는 더욱 그러합니다. 현 사회구조는 비폭력의 의식적인 수용에 기초를 두지 않았습니다. 그렇지만 지금도 온 세상에 걸쳐서 사람들이 살고 있고, 그들이 상대방의 묵인하에 자신들의 소유물을 유지하고 있다고 나는 주장합니다. 만약 그들이 묵인하에 소유하지 않았다면, 오직 극소수의 흉포한 자들만이 살아남았을 것입니다. 그러나 사실은 그렇지 않습니다. 가족은 사랑의 노끈으로 묶여 있고, 이른바 국가들(*nations*)이라고 불리는 이른바 문명사회 내부에 존재하는 집단들 역시 사랑의 노끈으로 묶여 있습니다. 다만 그것들은 비폭력 법칙의 지고(至高)성을 인정하지 못할 따름입니다. 여기에서 우리는 그것들이 아직 비폭력의 엄청난 가능성을 검토하지 않았음을 알 수 있습니다. 우리는 여태 완전한 비폭력이 무소유 서약과 그와 관련된 금욕적인 절제를 받아들인 소수의 사람들에게만 가능하다는 점을 당연시해왔는데, 나는 그 이유가 우리의 더 없는 무력증 때문이었다는 점을 말하고 싶습니다.

비폭력 신봉자들만이 탐색 작업을 수행할 수 있다는 것, 그리고 그들만이 인간을 지배하는 이 위대한 법칙의 새로운 가능성을 때때로 선언할 수 있다는 것은 사실입니다. 하지만 비폭력이 법칙이라면 만인에게 적용되어야 할 것입니다. 우리가 목격한 수많은 실패는 그 법칙의 실패가 아니라 추종자들의 실패인데, 많은 추종자는 싫든 좋든 그 법칙하에 있다는 사실조차 모릅니다. 어미는 제 자식을 위해서 죽음을 맞을 때 부지중에 그 법칙을 따르고 있습니다. 나는 지난 50년 동안 그 법칙을 의식적으로 수용할 것을, 실패할 위험이 있더라도 열심히 실천할 것을 간청해왔습니다. 50년 동안의 작업은 경이로운 결과를 보여주었고 나의 신앙을 강화해왔습니다. 만일 우리가 부단히 노력한다면, 법적 소유(*lawful possession*)가 보편적이며 자발적인 존경을 받을 수 있는 상황에 도달할 것이라고 나는 진실로 주장하는 바입니다. 그런 소유가 오염되지 않을 것이라는 점은 분명합니다. 그런 소유는 우리의 온 주변을 둘러싸고 있는 불평등을 오만하게 현시하는 것이 아닙니다. 부당하고 불법적인 소유물 문제는 비폭력의 신봉자에게 호소력이 없을 것입니다. 사탸그라하와 비협조라는 비폭력적 무기는 충분히 정직하게 활용되기만 하면 폭력의 완전한 대체물이 될 수 있음이 발견되었습니다. 비폭력 신봉자는 그

두 개의 무기를 자신의 수중에 갖고 있습니다. 나는 비폭력의 완전한 과학을 제시하겠다고 주장했던 적은 한 번도 없습니다. 비폭력 자체가 완전한 과학을 용납하지 않기 때문입니다. 내가 아는 한 단 하나의 자연과학도 완전한 과학을 허용하지 않는데, 이것은 수학이라는 대단히 정밀한 학문의 경우에도 마찬가지입니다. 나는 오직 구도자일 따름인바, 지난(至難)하고 어려운 만큼 매력적이기도 한 이 탐색 작업에 질문자와 같은 구도자를 나의 도반으로 초청하는 바입니다.

질문란, 〈하리잔〉, 1942. 2. 22 ; 《전집》 82 : 2

205) 무조건 주기

1947. 7. 28

우리가 남에게 선물을 준다면 그 선물에 조건을 붙여서는 안 됩니다. 조건이 없을 경우에만 그 증여가 순수해집니다. 나는 이 세상에서 일어나는 대부분의 분쟁이 '협약'과 '조건'에서 생긴다는 점을 보아왔습니다. 그래서 그 기관에 대한 당신의 기부가 무조건적이라면 훨씬 적합할 것이라고 말씀드립니다.

편지(G.), 《비하르 파츠히 딜히》, 434면 ; 《전집》 96 : 237

206) 무집착의 검증

1947. 11. 5

… 만일 자기통제가 우리 심정에 뿌리를 내렸다면, 사람이 왜 오렌지색의 가사를 걸치거나 숲 속으로 은거해야 할까요? 심정이 확고부동하지 않는 자는 숲, 아니 어느 곳으로 가건 무엇을 얻을 것 같지 않습니다. 나는 세속의 한가운데서 신구의(身口意)의 자제를 지키는 자가 진실로 위대한 고행자라는 점을 믿습니다. 물건들이 우

리를 묶지 않고, 우리가 물건들을 쉽게 구할 수 있다고 해도 그것들에 집착하지 않는다면, 나로서는 그것이 무집착(*detachment*)을 검증하는 데 있어서, 외로운 숲 속에 단순히 은거하는 것보다 더 위대한 검증 방법입니다.

편지의 일부(G.), 《딜히만 간디지》
(*Dilhiman Gandhiji*) 권 1, 200면 ; 《전집》 97 : 206

5. 권리와 의무

207) 변호사의 의무

〔*1927. 11. 25*〕[48]

여러분이 이런 질문[49]을 해 줘서 기쁩니다. 내가 만일 이 주제에 대해서 권위 있게 말할 수 없다면, 아무도 그럴 수 없을 것이기 때문입니다. 법정에서 경력을 쌓는 동안, 나는 단 한 차례도 가장 엄정한 진리와 정직함을 떠난 적이 없습니다.

불행한 일이지만 사람들은 지금 너무나 자주 변호사 직업을 돈벌이 수단으로 삼고 있습니다. 여러분이 변호사 업무를 영적인 것으로 만들려고 한다면(*spiritualize*), 제일 먼저 항상 명심해야 할 일은 여러분의 직업을 돈벌이 수단으로 삼지 말고 조국에 대한 봉사를 위해서 사용하는 것입니다. 나라마다 자기희생의 삶을 살았던 저명한 변호사들의 사례들이 있습니다. 이들은 자신의 탁월한 법률적 재능을 나라에 봉사하는 데 전부 바쳤습니다. 그것이 비록 그들을 거의 지독한

---

48 〔역주〕 간디지는 이날 콜롬보에 있었다. 《전집》 권 40, 433면.

49 법률가 직업을 어떻게 영적인 것으로 만드는가?

빈곤으로 몰아넣었는데도 말입니다. 인도에는 고(故) 마나 모한 고세(Mana Mohan Ghose)의 사례가 있습니다. 그는 인디고 농장주들을 상대로 싸움을 벌였고, 건강을 희생하고, 심지어 목숨을 걸면서까지 자신의 불쌍한 소송 의뢰인들에게 봉사했지만, 자신의 수고에 대해서는 단 한 푼도 청구하지 않았습니다. 그는 대단히 탁월한 변호사 겸 위대한 박애주의자였습니다. 여러분은 그런 분을 모범으로 두고 본받아야 합니다. 아니면 여러분은 러스킨이 《나중에 온 이 사람에게도》 속에서 준 교훈을 따르면 더 나을지도 모릅니다. 그는 "이를테면 목수는 자신의 일에 대해서 단 몇 실링도 얻지 못하는데, 왜 변호사는 자신의 일에 대해서 15파운드를 청구하는가?" 하고 묻습니다. 변호사들이 청구하는 수임료는 어디서든 악질적입니다. 내가 지금 보기에도 높은 수임료라고 부를 만한 것을 나 역시 청구한 적이 있었음을 고백합니다. 그러나 변호사 업무를 보고 있는 동안 내 직업이 공공봉사에 방해가 되게 한 적은 한 번도 없었다는 점을 말씀드립니다.

그리고 여러분에게 경고의 말을 해 두어야 할 것이 하나 더 있습니다. 영국, 남아프리카, 그리고 거의 모든 곳에서 변호사들은 자신들의 업무를 처리하는 동안 의식적으로든 무의식적으로든 의뢰인을 위해서 허위에 이끌려 들어가는 것을 목격했습니다. 어떤 저명한 영국인 변호사는 자신의 고객이 유죄임을 알지만, 그를 변호하는 것이 변호사의 의무가 될 수 있다는 말까지 하고 있었습니다. 나는 거기에 동의하지 않습니다. 변호사의 의무는 언제나 판사들 앞에 진리를 보여주는 일, 그리고 그들이 진리에 도달하는 것을 돕는 일입니다. 유죄인 사람을 무죄로 입증해서는 결코 안 됩니다. 여러분이 가질 직업의 품위를 유지하는 것은 여러분 손에 달려 있습니다. 여러분이 자신들의 의무에 실패한다면, 다른 직업들은 어떻게 되겠습니까? 청년 여러분, 여러분이 지금 막 말했듯이 내일의 아버지이기를 주장한다면, 국가의 소금이 되어야 할 것입니다. 소금이 그 맛을 잃는다면, 무엇으로 국가에 소금을 대신할 수 있을까요?

법대생에게 한 연설, 〈콜롬보〉, 《실론에서의 간디지》
(*With Gandhiji in Ceylon*), 35~37면; 《전집》 40 : 289

208) 노동자들의 복지

1928. 5. 1

세스 카스투르바이[50]가 나를 초청했을 때 나는 주저하면서 수락했지만, 이 탁아소가 스스로 노동자로 부르는 사람에 의해서 개설된 것은 대단히 적합한 일입니다. 내가 주저한 이유는 그 일을 좋아하지 않아서가 아니라 너무 바빴기 때문입니다. 여러분이 이 행사를 나보다 자격 있는 사람으로, 가능하다면 직물공장 공장주로 하여금 거행하게 했다면 그보다 나를 기쁘게 하는 일은 없었을 것입니다. 그러나 세스 카스투르바이에 대한 존경심 때문에 나는 양보할 수밖에 없었습니다.

내가 아메다바드에 아슈람을 설립했을 때, 나에게 주요한 고려 사항은 아메다바드가 구자라트의 주도(州都)거나 분주한 상업 중심지였다는 것만이 아니라 직물 산업의 거대한 중심지였다는 것입니다. 그리고 나는 공장장들의 도움을 상당히 기대할 수 있고 그 도시에 봉사할 수 있다고 느꼈기 때문입니다. 이와 같은 나의 기대가 어느 정도는 성취되었다고 말할 수 있어서 오늘 기쁩니다. 나에게 쓰디쓴 기억들이 다소 없는 것은 아니지만, 공장주들과의 관계에서 몇몇 달콤한 기억도 있습니다. 나는 아메다바드에 대한 희망을 아직 포기하지 않

---

50 카스투르바이 랄바이(Kasturbhai Lalbhai)는 라이푸르 제조공장 공장장으로서 간디에게 〔탁아소〕 개소식을 거행해 달라고 부탁했다.

았습니다. 그 도시에 대해서 위대한 일을 기대하고 있습니다. 그것은 아직 성취해야 할 바가 많고, 그리고 다른 무엇보다도 스스로 노동자로서, 그리고 노동계급의 가장 내밀한 감정(*innermost feelings*)에 들어가려고 했던 자로서 나는 아메다바드가 노동계급의 처우 향상을 위해서 해야 할 일이 많다고 말씀드리는 바입니다.

여기의 노동자들과 나의 관계는 어제오늘의 관계가 아닙니다. 그것은 내가 이 도시에 처음 왔을 때만큼 오래된 것입니다. 그래서 나는 실례를 무릅쓰고 여러분이 노동하는 민중을 위해서 자신의 역할을 다하지 않았음을 말씀드립니다. 어떤 경우에는 노동자들을 위한 기본적 편의시설조차 없습니다. 하지만 예외는 있습니다. 어떤 공장주들은 그 방향으로 노력을 경주했는데 그것이 하나의 적절한 사례가 됩니다.

세스 카스투르바이가 방금 여러분에게 언급했던 직공들의 복지에 대해서 품고 있는 정서는 그 자신과 아메다바드 시의 명예가 됩니다. 세스 카스투르바이는 포트 선라이트(Port Sunlight)[51]에 열광했는데, 그것은 옳은 일입니다. 그러나 포트 선라이트가 우리의 이상이 될 수는 없습니다. 내 생각으로 레버 씨 형제들은 고용주가 종업원들에게 보여줘야 할 최소한의 기준을 보여주고 있습니다. 그보다 못한 것은 불명예가 될 것입니다. 하지만 우리는 그것으로 만족할 수 없습니다. 우리는 우리 문명의 용어로 생각해 보아야 하고, 만일 《마하바라타》와 《라마야나》가 고대에 유력한 사회 조건에 대해서 우리에게 제시한 그림이 정확하다면, 우리의 이상은 포트 선라이트를 넘어서는 이상일 것입니다. 나는 포트 선라이트에 대해서 많은 문헌을 읽었습니다. 그리고 나는 그들의 복지사업에 대해서 열렬히 존경합니다.

51 〔역주〕 영국의 레버(William Hesketh Lever)가 19세기 후반 자신의 비누공장 노동자들을 수용하기 위해서 설립했다.

하지만 나는 우리의 이상이 더 고상한 것이라고 주창합니다. 서양에는 여전히 고용주와 종업원 사이의 엄격한 구분이 존재합니다. 불가촉천민이라는 저주가 아직 우리 땅에 횡행하고 있는 시점에, 우리의 이상을 말하는 것은 주제넘은 일이라는 것을 알고 있습니다. 그러나 내가 최고의 이상으로 간주하는 것을 여러분 앞에 제시하지 않는다면, 나는 자신에 대해서 부정직하게 되고 여러분에 대한 나의 의무를 다하지 못하게 되는 것입니다.

직물공장 관리자들과 직공들 사이의 관계는 부자지간의 관계, 또는 피를 나눈 형제지간과 같은 것이어야 합니다. 나는 아메다바드의 공장주들이 자신들을 '주인'(*masters*)으로, 그들의 종업원들을 하인(*servants*)으로 부르는 것을 종종 들었습니다. 아메다바드는 종교에 대한 사랑과 아힘사에 대한 사랑에 대해서 자부심을 갖고 있는 도시이므로, 그런 도시에서는 앞서 말한 격이 떨어지는 발언들은 이제 퇴물이 되어야 합니다. 우리의 이상에 따르면 우리는 모든 힘, 모든 부, 모든 두뇌들을, 그들 자신들의 무지와 사태에 대한 우리의 잘못된 관념 때문에 노동자 또는 '하인'들로 불리고 있는 사람들, 그들의 복지를 위해서만 사용해야 합니다. 이런 것이 이상으로 남아 있는 한, 주인과 하인이라고 부르는 태도는 아힘사를 부정하는 것입니다. 그래서 여러분에게 다음과 같은 것을 기대합니다. 여러분이 일체의 부를 바라볼 때, 그것을 신탁물(*trust*), 즉 여러분을 위해서 땀을 흘린 사람들, 자신들의 근면과 노동을 통해서 여러분에게 지위와 번영을 가져다준 사람들의 이익을 위해서만 사용될 수 있는 신탁물로 간주해야 합니다. 나는 여러분이 노동자들을 여러분의 부의 공동경영자로 삼기를 원합니다. 나는 여러분이 법적으로 이런 모든 일을 하지 않는다면 노동자 폭동이 반드시 발생할 것임을 시사하려는 것이 아닙니다. 이와 관련하여 내가 생각해낼 수 있는 유일한 도덕적 구속력은, 부자지간에 있을 법한 상호간의 사랑과 존경이라는 구속력일 뿐, 법적 구속력이 아닙니다. 만일 여러분이 사랑의 상호 의무를 존중할 것을 하나의 규칙으로 삼는다면 일체의 노동쟁의에 종지부를 찍을 것이고, 노동자들은 스스로 노동조합을 조직할 필요성을 더 이상 느끼지 않을 것입니다. 내가 창안해낸 이상 아래서는, 우리의 아나수야벤과 샹케를랄과 같은 사람들이 해야 할 일은 아무것도 남아 있지 않을 것입니다. 그들의 직무는 사라져 버릴 것입니다. 그러나 자신이 일하고 있는 공장을 자신의 것으로 여기지 않고, 땀흘리기와 초과근무에 대해서 불평하고, 그래서 그의 가슴에 고용주에 대한 악의만을 기르는 직공이 단 한 사람이라도 존재하는 한, 그런 일은 일어나지 않을 것입니다.

그리고 어려움은 어디에 있습니까?

여러분은 공장주들이 이런 일을 함으로써 이득을 꾸준히 얻게 된다고 우리에게 말해왔고, 이런 사실은 어디에서나 확인됩니다. 레버씨 형제들은 자신들이 한 일 때문에 잃은 것이 아무것도 없습니다. 그들은 또 하나의 포트 선라이트를 나탈에 만들기 위해서 노력할 정도로 고무되었습니다. 경험이 점점 확장되면서, 우리는 노동자들에게 많이 주면 줄수록 더 많은 이득을 꾸준히 얻을 것이라는 점을 분명히 알기 시작했습니다. 여러분의 직공들은 공장이 여러분만의 것이 아니라 그들 자신들의 것이기도 하다는 점을 깨닫게 되는 순간부터, 여러분을 육친의 형제로 느끼기 시작할 것이고, 공동 이익에 배치하여 행동하지도 않을 것이고, 직공들 자신 위에 엄중한 감독을 내세울 필요도 없을 것입니다.

여러분은 현재 봄베이가 겪는 노동 쟁의에서 아메다바드 시를 자유롭게 한 일을 나의 공로라고 말했습니다. 그렇다면 나는 그 공로를 완전히 부인하지는 않겠습니다. 여러분 가운데 슈리마티 아나수야벤과 샹케를랄 씨가 해왔던 일이 없었다면, 여기의 일들이 전혀 딴판이 되었을 것이라는 점에 대해서 의심하는 사람이 단 한 사람도 없을 테니까요. 아메다바드의 공장주들인 여러분이 봄베이 공장주들보다 책략이 뛰어나다는 것은 아마 사실일 것입니다. 노동쟁의가 발생하면 여러분은 서양의 일부 고용주들이 하듯이 직공들을 분쇄하기 위해서 깡패를 동원하지는 않습니다. 그리고 나는 여러분이 노동자들의 열망을 탄압하는 무기를 의도적으로 포기했다고 생각합니다. 나의 비판자들은 이것이 순전한 공상이라고 말하고, 여러분에게 할 수만 있다면 그런 수단을 사용하는 데 주저하지 말라고 합니다. 그러나 나는 그들이 잘못이라고 믿으며, 여러분은 그들이 잘못되었음을 행동으로 증명하시기를 바랍니다. 나는 여러분이 방케르 씨와 슈리마티 아나수야벤이 실행하는 온갖 종류의 일이 불필요하게 될 시간이 다가오도록 돕기 바랍니다. 그 목적 달성이 그들이 일을 하는 데 필요한 모든 도움과 격려를 줄 때까지 말입니다.

이제 여러분은 아마 내가 오늘날 여기에 널리 퍼져 있는 평화에 대해서 자그마한 공로를 감히 차지하려고 한 이유를 아실 것입니다. 그 공로는 내 것이 아니라 아나수야벤과 샹케를랄 방케르 씨의 것입니다. 그들은 노동자들 사이에서 살고, 활동하고, 그들 속에서 자신의 존재를 가지고 있지만, 나는 그런 일을 할 수 없습니다. 여러분이 이 친구들의 노력을 돕는다면, 이와 같은 탁아소를 설립하거나 의료 구호를 제공할 필요가 별로 없다는 것을 알게 될 것입니다. 나는 여러분의 이런 노력이 갖는 공로를 헐뜯고 싶은 것이 아니라, 부유한 사람들이 자신들의 아이들을 이와 같은 탁아소에 보내고 싶어 하는지 여러분께 묻고 싶습니다. 우리는 직공의 갓난아이를 엄마로부터 떼어내지 않는 환경을 만들어 주도록 노력을 기울여야 할 것입니다. 그리고 직공의 아이는 우리 아이들이 받고 있는 교육에 대해서 동일한 기회를 가져야 할 것입니다.

탁아소의 개소식 연설, 아메다바드,
〈영 인디아〉, 1928. 5. 10 ;《전집》41 : 553

209) 일, 부, 탐욕

아래는 내가 받은 질문들과 그것들에 대한 내 답변이다.

질문 당신은 톨스토이가 상술했던 생계를 위한 노동의 의무(*the duty of bread labour*)를 받아들입니까?

답변 예, 그렇습니다.

질문 모든 사람들이 자신의 모든 일을 스스로 해야 합니까?

답변 나는 그것을 기대하지도 않고 실천 가능한 것으로 생각하지도 않습니다. 톨스토이 역시 이것을 필수적이라고 여기지 않았습니다. 인간의 의존은 독립만큼이나 필수적입니다. 사람은 사회 속에 남아 있어야 합니다. 그리고 그가 사회 속에 남아 있는 한 타인들의 독립과 조화를 이루기 위해서, 즉 사회와 조화를 이루기 위해서 자신의 독립을 줄여야 합니다. 그래서 사람은 각자 가능한 범위 내에서 자신의 일을 해야 한다고 말할 수 있습니다. 다시 말하자면, 나는 내 찻잔을 스스로 채울 수 있지만 우물을 스스로 파지 못할 수도 있습니다. 찻잔을 채우지 않는 것은 오만이고 우물파기를 계획하거나 파기 시작하는 일은 우둔입니다. 그래서 사람은 어떤 일을 자신이 해야 할지, 아니면 타인의 도움을 받아서 해야 할지를 결정하는 데 분별력을 행사해야 합니다.

질문 당신은 모든 사람들이 이마에 땀 흘려서 자신들의 생계를 꾸려나가기를 원합니까?

답변 분명히 원합니다. 하지만 모든 사람들이 그렇게 하지 않습니다. 그 때문에 이 세상 특히 인도에 극심한 빈곤이 발생했던 것입니다. 이것은 나쁜 건강의 주요 원인, 부의 획득을 위한 엄청난 탐욕의 주요 원인이기도 합니다. 만일 모든 사람들이 육체노동을 통해서 생계를 꾸려나간다면, 탐욕은 감소할 것이고 부를 얻으려는 힘의 대부분은 저절로 약해질 것입니다. 육체노동이 행해지면 나쁜 건강은 거의 사라질 테지만, 최대 이득은 사회 내부에서 상층민과 하층민 사이의 차별이 완전히 없어질 것이라는 데 있습니다.

바르나다르마와 노동의 의무 1(H.),
〈힌디 나바지반〉, 1930. 2. 6 ; 《전집》 48 : 310

210) 육체노동에 대한 보편적인 의무

질문 바르나아슈라마 다르마 아래에서 노동의 분업은 인류의 발전과 복지를 위해서 충분하지 않습니까? 당신은 바르나다르마와 노동의 의무 중에 무엇을 더 높이 평가합니까?

답변 위 질문의 의도는 바르나다르마와 노동의 의무(*duty of labour*)가 상충하는 책무라는 데 있습니다. 하지만 실제로 이 양자는 상충하는 것이 아니라 동시에 발생하고 필수적인 것입니다. 바르나다르마는 사회에 속하고 노동의 의무는 개인에게 속하는 것입니다. 성자들은 사회의 복지를 위해서 사회를 네 부문으로 나눴고, 그럼으로써 사회에 치명적인 경쟁 관계(*rivalry*)를 근절하려고 했습니다. 그래서 그들은 첫 번째 바르나(카스트)에게는 사회 내 지식의 성장이라는 책임을 맡겼고, 두 번째 바르나에게는 사회에 있는 생명과 재산을 보호하는 책임을, 세 번째 바르나에게는 교역의 책임을, 네 번째 바르나에게는 사회에 대한 봉사의 책임을 각각 맡겼습니다. 이들 네 기능은 모두 동등하게 필수적이었고 지금도 그러합니다. 그래서 하나를 높다 하고 다른 것을 낮다고 간주할 이유가 하나도 없었습니다. 마하르쉬 브야스(Maharshi Vyas)는 저울의 형평에 대해서 언급하면서, 각 개인이 자신의 바르나 의무를 수행함으로써 구원의 자격을 얻는 반면, 상호 경쟁과 상하의 차별은 파멸을 가져온다고 진실로 말했습니다. 바르나다르마는 어떤 바르나든 육체노동(*manual labour*)에서 면제된다는 점을 전혀 의미하고 있지 않습니다. 노동의 의무는 각 바르나에 속하는 모든 개개인의 책임입니다. 브라만(바라문, *the Brahmin*) 역시 자신의 손에 땔감을 들고 구루에게 가야 했습니다. 다시 말하자면, 그 역시 숲 속으로 들어가서 땔감을 줍고 가축을 쳐야 했습니다. 이 일은 자신과 가족을 위한 일이지 사회를 위한 일은 아니었습니다. 아동과 불구자들만이 그와 같은 육체노동에서 면제되었습니다.

톨스토이가 상세히 설명했던 생계를 위한 육체노동의 가르침은 노동의 의무에 수반된 것입니다. 모두가 육체노동을 해야 한다면, 그것은 사람이 자신의 빵을 결코 정신노동에 의해서가 아니라 육체노동에 의해서 반드시 벌어야 한다는 것을 의미한다고 톨스토이는 느꼈습니다. 바르나다르마에서 각 바르나의 일은 사회의 복지를 위한 일이었습니다. 생계가 동기는 아니었습니다. 크샤트리아는 득실을 불문하고 민중을 보호해야 했습니다. 브라만은 공양(供養) 유무와 관계없이 지식을 전해야 했고, 바이샤는 돈을 벌든 말든 농사를 짓고 가축을 쳐야 했습니다. 그러나 모든 사람들이 생계를 위해서 육체노동을 해야 한다는 톨스토이의 가르침은 완벽하게 진실입니다. 이 보편적 의무가 등한시되고 망각되었기 때문에, 우리는 오늘날 이 세상에서 갖가지 비참한 불평등(*disparity*)을 만납니다. 이 세상에는 언제나 불평등이 존재할 것이지만, 불평등은 한 나무의 여러 나뭇잎처럼 아름답고 유쾌하게 보일 것입니다. 순수한 바르나다르마 안에 불평등이 있고, 그 불평등이 순수한 모습을 지니고 있었을 때 유쾌하고, 평화롭고, 아름다웠습니다. 그러나 소수의 사람들이 부를 축적하기 위해서 자신의 재주를 사용할 때 비참한 불평등이 창조되었습니다. 선생(브라만), 군인(크샤트리아), 상인(바이샤) 그리고 목수(수드라)가 사회의 복지를 위해서가 아니라 부의 축적을 위해서 자신들의 직업을 따라간다면, 바르나다르마는 파괴되고 맙니다. 의무의 일에서는 부의 축적을 위한 여지가 전혀 없을 것이기 때문입니다. 사회에는 선생·변호사·의사·군인 등에 대한 필요성이 존재합니다. 그러나 그들이 이기적 목적을 위해서 일을 한다면, 그들은 더 이상 사회의 보호자가 아니라 사회의 기생충이 될 것입니다.

《기타》 3장 10절은 위대한 원리를 상세히 설명했는데, 그 내용은 아래와 같습니다.

> 옛날 프라자파티는 제사(*yajna*)와 함께 피조물들을 산출한 후 말했다. '이(제사)로써 그대들은 번성할지어다. 또한 이것이 그대들의 소원을 들어주는 소가 될지어다.'[52]

---

52 〔역주〕 길희승 역주, 《바가바드 기타》, 현음사, 1988, 60~61면.

이에 우리는 야즈냐라는 말의 어원을 분명히 파악할 수 있을 것입니다. 야즈냐의 의미는 육체노동이고, 이것은 신에 드리는 예배 행위 중에서 최초의 그리고 최고의 행위입니다. 그분은 우리에게 육신을 주셨습니다. 음식 없이 육신은 존재할 수 없고, 노동 없이 음식은 생산될 수 없습니다. 그 때문에 육체노동이 보편적인 의무가 되었습니다. 노동의 의무는 톨스토이 자신만의 의무가 아니라 전 세계의 의무입니다. 이 위대한 야즈냐에 대한 무지 때문에 사람들은 이 세상에서 맘몬을 예배하게 되었고, 영리한 자들은 다른 사람들을 착취하기 위해서 자신의 재능을 사용했습니다. 신이 탐욕스럽지 않다는 것은 분명합니다. 그분은 전능한 존재로서 모든 인간이나 모든 살아 있는 피조물을 위해서 충분한 정도의 음식물을 매일 창조하십니다. 이 위대한 진리를 모르고 소수의 사람들은 온갖 종류의 사치에 탐닉하고 그럼으로써 많은 사람을 굶어 죽게 합니다. 만일 그들이 이 탐욕을 포기하고 자신의 생계를 위해서 일하며, 그들이 필요한 만큼만 먹는다면, 우리가 오늘날 목격하는 가난은 사라질 것입니다. 나는 이제 질문자가 바르나다르마와 노동의 의무가 동시에 발생하고, 상호보완적이며, 필수적이라는 점을 알 수 있기를 바랍니다.

바르나다르마와 노동의 의무 2(H.),
〈힌디 나바지반〉, 1930. 2. 13 ; 《전집》 48 : 332

211) 육체노동과 정신노동

질문 한 사람에게서 이들 네 바르나의 덕을 모두 발견한다는 것은 물론 좋은 일입니다. 하지만 대다수 사람들이 그 넷을 모두 얻을 수 있을까요? 이 이상을 사회에 제시하는 것이 적절한 일일까요?

답변 많은 덕과 기능은 모든 바르나에 공통되며 또 그래야 합니다. 그러나 모든 사람들이 모든 바르나의 모든 덕을 갖춰야 한다는 것은 필요한 일도 아니고 가능한 일도 아닙니다.

질문 만일 톨스토이가 말하는 노동의 의무가 보편적인 것으로 수용된다면, 카비르와 라빈드라와 같은 시인들이 이 세상에 살아가기가 어렵지 않을까요? 그리고 이것은 세상을 위해서 불행한 일이 아닙니까?

답변 노동의 의무를 수용한다고 해서 그것이 카비르와 라빈드라나트를 부인하는 것은 아닙니다. 이와 반대로 노동의 의무는 이 두 시인의 시를 보다 강력하고 보다 빛나게 만들 수 있습니다. 육체노동(*manual labour*)은 정신의 능력을 약화시키지 않고 오히려 그 능력을 키웁니다. 유일한 차이점은 육체노동의 신봉자가 결코 시만 쓰면서 생계를 꾸려나가지 않을 것이고, 육체노동을 완전히 포기하지 않을 것이라는 데 있습니다. 물론 카비르는 육체노동의 주창자였습니다. 그는 종교적인 노래와 찬송을 지음으로써 한 푼의 돈도 벌지 않았습니다. 자신의 생계를 직조공으로서 꾸려나갔습니다. 종교와 도덕의 전파는 그의 본성이나 취미가 되었습니다. 라빈드라나트는 시를 씀으로써 생계를 꾸려나가지 않기 때문에 당대의 위대한 시인입니다. 시를 써서 그가 벌어들이는 것은 모두 그의 조직에 기부됩니다. 그는 자신의 사유지에서 나오는 수입으로 살아갑니다. 그가 노동의 의무에 대해서 어느 정도 믿고 있는지 나는 모릅니다. 하지만 그가 노동을 경멸하지 않는다는 사실만은 알고 있습니다. 역사는 고대의 시인이나 성자들이 노동의 의무를 수용했다는 것을 우리에게 가르쳐 주고 있습니다. 그것이

암암리에 수용되었다고 해도 말입니다. 그 결과 오늘날에도 우리는 그들이 지은 감사기도를 드립니다.

질문 노동의 의무에 대한 가르침에 따른다면, 예수·붓다·톨스토이가 모두 직접 비난을 받아야 할 것입니다. 톨스토이의 아내는 톨스토이가 책쓰기를 제외하면 아무 일도 할 수 없었다고 말합니다. 그는 목수일과 다른 수공을 배울 수도 있었겠지만 조롱거리가 되고 말았을 것입니다. 그러나 이것은 노동의 의무에 대한 톨스토이의 개념을 만족시키지 못합니다. 그래서 그 개념을 조심스럽게 검토하는 일이 필수적인 것이 아닐까요?

답변 이 견해는 역사를 전혀 고려하지 않은 것입니다. 예수는 목수였습니다. 그는 생계를 벌기 위해서 결코 지성(*intellect*)을 사용하지 않았습니다. 우리는 붓다가 지혜를 얻기 전 어느 정도의 육체노동을 했는지 모릅니다. 하지만 그가 자신의 생계를 위해서 종교를 전파하지 않았다는 만큼은 우리는 압니다. 그는 보시에 의존하여 살아갔습니다. 그 일이 육체노동의 의무를 방해하지는 않았습니다. 유랑하는 고행자는 많은 육체노동을 해야 합니다. 이제 톨스토이에게로 갑시다. 그의 아내가 말하는 것이 사실이긴 하지만 진리 전체가 아닙니다. 그의 인생관이 달라진 후 톨스토이는 자신의 책에서 나오는 수입을 자신을 위해서 결코 받아들이지 않았습니다. 비록 그가 수백만에 달하는 재산을 갖고 있었지만, 그는 집에서 손님처럼 살았습니다. 그는 지혜를 얻은 이후 하루 8시간 노동했고 노임을 벌었습니다. 때로는 들판에서 일했고 때로는 집에서 신발을 만들었습니다. 그런 일을 통해서 많이 번 것은 아니었지만, 자신을 먹일 만큼은 벌었습니다. 톨스토이는 자신이 설교한 것을 실천하기 위해서 있는 힘을 다해서 애를 썼습니다. 이것은 그의 특성이었습니다. 이 논의의 요점은 고대인 자신들이 준수했던 의무, 오늘날에도 대다수의 사람들이 수행하고 있는 의무가 그에 의해서 아주 명료하게 세상에 제시되었다는 것입니다. 사실상 이런 가르침은 톨스토이 자신의 창조적인 관념은 아니었고, 본다레프(Bondaref) 라는 위대한 러시아 작가에 의해서 생각된 것이었습니다. 톨스토이는 그것을 지지했고 세상에 선포했습니다.

바르나다르마와 노동의 의무 3(H.),
〈힌디 나바지반〉, 1930. 2. 20 ; 《전집》 48 : 347

212) 돈과 탐욕, 노예제도

질문 톨스토이는 다음과 같이 적고 있습니다. '돈과 노예제도(*slavery*)는 동일한 것입니다. 목표도 동일하고 결과 또한 유사합니다. … 돈은 노예제도의 새롭고도 무시무시한 이미지이고, 고대의 개인적 노예제와 같이 주인과 노예를 함께 타락시키고 부패시킵니다. 그것으로 전부가 아닙니다. 더 나쁩니다. 돈은 고대 개인적 노예제도에서 주인과 노예 사이에 존재했던 인간적인 애정을 파괴하기 때문입니다.'

당신은 이 견해를 지지합니까? 돈은 정말로 무해한 교환 수단이 될 수 없습니까? 만일 그럴 수 있다면 어떻게 가능합니까? 그럴 수 없다면 왜 그렇습니까?

답변 나는 질문자가 인용한 것이 톨스토이의 글인 줄은 몰랐습니다. 노예제도와 돈은 동일한 범주에 속하는 것이 아니므로 비교할 수는 없습니다. 노예제도는 하나의 신분제이고 언제나 혐오할 만한 것입니다. 돈은 사람이 세상과 거래할 때의 수단일 따름입니다. 하지만 그것이 아무리 강력한 수단이라고 해도, 해로울 수도 있고 이로울 수도 있습니다. 다른 많은 물질적인 것에 대해서도 같은 말을 할 수 있을 것입니다. 모든 경우에 그리고 이런저런 모습으로 돈에 대한 필요성은 분명히 존재합니다. 노예제도는 필수적인 때가 결코 없었고 그럴 수도 없었습니다. 우리는 여기에서 돈의 의미를 이해해야 합니다. 내가 곡물을 신발과 교환할 때 곡물이 신발의 교환 수단이므로, 그것은 돈이 됩니다. 그러나 많은 사람에게는 곡물을 통한 교환이 어려운 일이 되어서, 금속 또는 종잇조각이 곡물을 대표하는 일에 사용되었습니다. 이 금속이나 종이가 돈입니다. 여기에 반대가 있을 수 없습니다. 그러나 사람이 그런 종이, 금속 또는 곡물을 필요 이상으로 축적할 때, 그것은 악으로 나아가게 됩니다. 그래서 돈 자체가 해로운 것이 아니라 그에 대한 탐욕이 해롭다는 것이 분명합니다. 이와 반대로 노예제도는 탐욕의 표지입니다. 사람을 노예로 삼는 것은 잘못이고 탐욕스런 일입니다. 그러나 돈의 소유는 과도한 경우에만 잘못이 됩니다.

하지만 바르나다르마를 믿는 사람은 자족하므로 부에 대해서 탐심이 없을 것입니다. 그리고 노동의 의무를 믿는 사람은 타인을 결코 노예로 삼지 않을 것입니다.

바르나다르마와 노동의 의무 4(H.),
〈힌디 나바지반〉, 1930. 2. 27 ; 《전집》 48 : 373

213) 생계를 위한 노동의 법칙

> 브라마 신은 자신의 사람들을 창조하면서 그들에게 희생제사의 의무를 부과하고 다음과 같이 말했습니다. "이(제사)로써 그대들은 번성할지어다. 이것이 그대들의 소원 성취자가 될지어다." 이 희생제사를 지내지 않고 먹는 자는 훔친 음식을 먹는 자입니다.

이렇게 《기타》는 말한다. 성경은 "당신의 이마에서 흘린 땀으로 당신의 빵을 버시오"라고 말한다. 희생제사는 여러 종류가 있을 수 있다. 그중에 하나가 생계를 위한 노동일 것이다. 모든 사람들이 자신들의 생계를 위해서 노동하고 그 이상(以上)을 위해서 노동하지 않는다면, 만인을 위해서 충분한 음식과 충분한 여가가 있을 것이다. 그렇게 되면 인구과잉에서 오는 아우성, 질병, 그리고 우리 주변에서 목격되는 불행도 없을 것이다. 그와 같은 노동이 최고 형식의 희생제사일 것이다. 사람들이 육신이나 마음으로 다른 일을 많이 할 것이라는 점은 분명하다. 그러나 이 모든 것은 공동선을 위한, 사랑의 노동이 될 것이다. 그렇게 되면, 빈부, 지위의 고하, 가촉과 불가촉의 차별도 없어질 것이다.

이것은 도달할 수 없는 이상일 수도 있다. 그렇다고 해서 우리는 그것을 위해서 있는 힘을 다해서 노력하는 일을 그만둘 필요는 없다. 희생제사의 전체 법칙, 즉 우리 존재의 법칙을 성취하지 않는다고 하더라도, 우리는 일용할 빵을 위해서 충분한 육체노동을 해왔고 또 그 이상을 위해서 먼 길을 가야 한다.

우리가 그 먼 길을 간다면, 수요는 최소화할 것이고 음식은 간단해질 것이다. 그렇게 되면 우리는 살기 위해서 먹는 것이지 먹기 위해서 살아서는 안 된다. 이 명제의 정확성을 의심하는 자는 누구든 자신의 빵을 위해서 땀을 흘려 보게 하라. 그러면 그는 그의 노동의 산물에서 최대의 풍미(風味)를 맛볼 것이고, 건강을 증진시키고, 그가 얻었던 많은 것이 피상적인 것이었음을 알게 될 것이다.

사람이 지적 노동(*intellectual labour*)을 통해서 빵을 벌면 안 되는가? 안 된다. 육신의 필요는 반드시 육신에 의해서 공급받아야 한다. '카이사르의 것은 카이사르에게 돌려라'라는 말은 아마 여기에서도 잘 적용될 것이다.

단순한 정신(*mental*) 노동 곧 지적 노동은 혼을 위한 것이고, 그것 자체로 하나의 만족이다. 그것은 어떤 보답을 요청해서는 안 된다. 이상적인 국가에서는 의사와 변호사 등은 자신을 위해서가 아니라 사회의 이득을 위해서만 일하게 될 것이다. 생계를 위한 노동의 법칙에 순종하는 일은 사회구조에 조용한 혁명을 가져올 것이다. 인간의 승리는 생존투쟁을 상호봉사를 위한 투쟁으로 대체하는 데 있을 것이다. 이로써 짐승의 법칙이 인간의 법칙으로 대체될 것이다.

'촌락으로 돌아가기'는 생계를 위한 의무와 그 의무가 함축하는 모든 것을 분명히 그리고 자발적으로 인정하는 것을 의미한다. 그러나 비판자는 "수백만의 인도 아동들이 오늘날 촌락에서 살고 있다. 하지만 그들은 반기아 상태에서 살고 있다"고 말한다. 아, 이 말은 슬프게도 너무나도 진실이다. 다행스럽게도 우리는 그들의 순종이 자발적 순종이 아니라는 점을 안다. 그들은 할 수만 있다면 육체노동을 기피할 것이고, 가장 인접한 도시에 자리를 잡을 수만 있다면 그곳으로 달려가고 말 것이다. 주인에 대한 강제적 순종은 노예 신분의 상태이지만, 부친에 대한 자발적 순종은 아들의 영광이다. 이와 유사하게, 생계를 위한 노동의 법칙에 강제적으로 순종하는 것은 가난·질병·불만을 낳을 것이다. 그것은 노예 상태이다. 그러나 그것에 대한 자발적 순종은 반드시 만족과 건강을 가져다줄 것이다. 그리고 진정한 부는 은붙이나 금붙이가 아니라 건강이다. 촌락산업협회는 생계를 위한 자발적인 노동의 실험이다.

생계를 위한 노동의 의무,
〈하리잔〉, 1935. 6. 29 ; 《전집》 67 : 329

214) 바르나다르마 *1939. 5. 6*

질문 나는 바르나다르마에 대한 당신의 견해를 전폭적으로 지지합니다. 그러나 그것을 실천하는 일은 대단히 복잡한 사안입니다. 이 점을 당신이 좀 해명해 주시겠습니까?

답변 오늘날 카스트들은 서로 많이 혼혈이 되었습니다. 바르나는 사라졌습니다. 그런 경우에 바르나를 믿고 있는 사람들은 어떻게 해야 합니까? 이것이 위의 질문의 의미입니다. 오늘날에는 오직 하나의 바르나만이 존재합니다. 그것은 수드라 바르나입니다. 우리는 아티수드라(*atishudra*)[53]라고는 부르지 못합니다. 우리가 불가촉천민제도를 믿지 않기 때문입니다. 우리는 제5의 바르나를 믿지 않습니다. 따라서 오직 제4의 바르나 곧 수드라만이 남게 되었습니다. 우리 모두가 수드라라고 생각해 봅시다. 그렇게 되면 높고 낮음을 느낄 수 없을 것입니다. 선망(羨望)과 차별이 저절로 없어질 것입니다. 이것만이 현재의 지배적인 분위기에 맞을 것입니다. 브라만들은 오늘날 진기한 존재가 되었습니다. 독특하면서도 세상의 복지에 이

53 〔역주〕 불가촉천민의 뜻이다.

바지하는 학식을 가진 자가 누구입니까? 그 학식의 대가로 아무것도 기대하지 않는 사람이 어디에 있습니까? 크샤트리아에 대해서 말해 봅시다. 인도에는 단 한 사람의 크샤트리아도 남지 않았습니다. 만일 존재했다면 우리나라는 자유를 잃지 않았을 것입니다. 인도에 위대한 학문(*great learning*)과 위대한 용기(*great valour*)가 있었다면 인도는 현재의 처지에 빠지지 않았을 것입니다. 바이샤에 관한 한 바이샤다르마가 바르나다르마입니다. 그것은 돈벌기 위한 직업만이 아닙니다. 그것은 권리가 아니라 의무입니다. 그들은 사회의 이익을 위해서 자신들의 부를 사용해야 합니다. 바니야(상인과 농부 카스트)가 따르는 많은 직업은 부도덕합니다. 지나치게 많은 돈을 버는 것 역시 부도덕합니다. 이 직업들의 많은 부분은 바르나다르마에 포함될 수 없습니다. 이것은 오늘날 바이샤도 존재하지 않음을 의미합니다. 악착같이 돈을 벌고 있는 전문인들만이 남아 있습니다. 그래서 세 개의 바르나는 사라졌습니다.

그래서 우리에게는 오직 수드라만이 남아 있습니다. 그들은 학식이 없습니다. 자신들을 노예로 간주합니다. 그들은 지식으로 봉사하지 않습니다. 말하자면, 인도에는 실제 수드라조차 남아 있지 않습니다. 다시 말하자면, 네 바르나 중에 단 하나의 바르나도 잔존한다고 말할 수 없습니다. 그렇다고 해도 우리가 바르나다르마를 믿으므로, 봉사의 다르마를 수용하도록 합시다. 수드라다르마를 받아들입시다. 이것은 학식을 버려야 한다는 것을 의미하지는 않습니다. 우리는 필요한 만큼 학식을 획득해야 합니다. 우리는 용기 곧 무외(無畏)를 될수록 많이 얻어야 합니다. 우리는 상업과 산업을 최대한 발전시켜야 합니다. 우리가 봉사의 정신과 헌신의 정신에서 이런 일들을 행한다면, 진정한 브라만, 크샤트리아, 바이샤가 우리 가운데서 탄생하게 될 것입니다. 그렇게 되면 그들 사이에 지위의 고하에 대한 느낌이 전혀 없을 것입니다. 우리가 만일 이와 같은 행위를 한다면, 미래에 어떤 일이 일어날 것입니다. 그런 바르나다르마가 지배하게 되면, 공산주의·사회주의·의회주의·간디주의·카스트주의 등의 이름으로 진행되는 일체의 분쟁이 끝날 것입니다.

간디봉사회 집회에서 질문에 대한 대답, 브린다반 2(H.), *Gandhi Seva Sanghke Panchama Varshik Adhiveshan (Brindaban, Bihar) ka Vivaran*, 50~59면 ; 《전집》 75 : 410(일부)

215) 의무 헌장의 필요성

〔*1940. 4. 16* 이전〕

당신의 전문(電文)[54]을 받았음. 당신의 5개의 글[55]을 유의하여 읽었음. 죄송하지만 당신이 틀렸다고 말하고 싶음. 나는 당신이 작성한 것보다 더 좋은 권리 헌장을 작성할 수 있다고 확신함. 하지만 그렇다고 그것이 무슨 소용이 있을까? 누가 그 권리 헌장의 수호자가 될 수 있을까? 당신이 선전이나 대중교육을 의미한다면 당신은 잘못된 목적에서 시작한 것임. 나는 올바른 길을 제안함. 인간의 의무 헌장에서 시작할 것(인간과 의무는 대문자). 나는 겨울 다음에 봄이 따르듯이 의무 뒤에 권리가 따른다는 점을 단언함. 나는 경험에서 글을 씀. 청년으로서 나는 나의 권리 주장을 추구함으로써 인생을 시작했지만, 내가 아무 권리가 없음을, 내 처에 대한 권리도 없음을 곧 발견함. 그래서 나는 처·자식·친구·동료·사회에 대한 내 의무를 발견하고 수행하기 시작함. 그리고 내게 커다란 권리가 있음을, 아마 내가 알고

54 H. G. 웰스는 자신이 작성한 '인간의 권리'에 대해서 간디의 의견을 구했다.
55 〈힌두스탄 타임스〉지에 출판되었다.

웰스(Herbert George Wells, 1866~1946)
영국의 작가·사회 비평가·역사가. 대표작으로는 《우주전쟁》, 《타임머신》, 《투명인간》 등이 있다.

있는 어떤 생존하는 사람보다 더 큰 권리가 있음을 오늘 발견함. 만일 이것이 너무 교만한 주장이라면, 나는 나보다 더 큰 권리를 소유한 사람을 알지 못한다고 말할 것임.

H. G. 웰스[56]에게 보낸 전문, 〈힌두스탄 타임스〉, 1940. 4. 16 ; 《전집》 78 : 151

216) 균형 잡힌 성장

세바그람, *1946. 8. 23*

여러분 중의 한 분이 늘어놓은 불평 중에 하나는 여기에서 육체노동(*manual work*)이 지나치게 강조된다는 것이었습니다. 나는 육체노동이 가진 교육적 가치에 대해서 확고하게 믿고 있습니다. 우리의 현 교육제도는 인도에서 제국주의자의 힘을 강화하고 영속하기 위한 것

56 Herbert George Wells(1866~1946) : 영국 작가, 사회 비평가, 역사가. 《타임머신》(*The Time Machine*), 《우주전쟁》(*The War of the Worlds*), 《미래 사물의 모습》(*The Shape of Things to Come*), 《세계문화사 대계》(*The Outline of History*), 《투명인간》(*The Invisible Man*) 등의 작품을 남겼다.

입니다. 그 아래에서 양육된 여러분은 자연스럽게 그 힘의 단맛을 알게 되었고, 노동을 귀찮은 것으로 알고 있습니다. 정부학교 또는 정부대학에 있는 어느 누구도 도로나 변소를 청소하는 방법을 학생들에게 구태여 가르치려고 하지 않습니다. 여기에서는 청결과 위생이 여러분 훈련의 알파이고 오메가입니다. 청소는 여러분이 애써 배워야 할 훌륭한 기술입니다. 끈질긴 질문과 건전하고 강한 호기심은 어떤 종류의 학식을 얻는 데도 최초의 필수 조건입니다. 강한 호기심은 겸손과 스승에 대한 존경심에 의해서 완화시켜야 합니다. 그 호기심이 무례함으로 전락해서는 안 됩니다. 무례함은 감수성의 적입니다. 겸손과 배우려는 의지가 없다면 지식도 있을 수 없습니다.

유용한 육체노동은 이지적으로 수행되기만 한다면 지성을 계발하는 데 최고의 수단입니다. 그런 방식이 아니더라도 날카로운 지성을 계발할 수는 있습니다. 그러나 그렇게 되면 그것은 균형 잡힌 성장이 아니라 균형이 깨진 왜곡된 낙태가 되고 말 것입니다. 그것은 우리를 쉽게 건달과 깡패로 만들 것입니다. 균형 잡힌 지성은 육신·마음·혼의 조화로운 성장을 전제로 합니다. 그 때문에 여기 훈련의 교과목에는 육체노동이 중심을 차지합니다. 사회적으로 유용한 노동의 매개를 통해서 계발된 지성은, 봉사의 도구가 될 것이고, 쉽게 타락하거나 사악할 길로 빠지지는 않을 것입니다. 타락과 사악한 길로 빠진다면 그것은 바로 천벌일 것입니다. 만일 내 말의 요점을 파악한다면, 여러분이 개별적으로 소속해 있는 주정부들이 여기에서 훈련을 받도록 여러분에게 지출한 돈은 잘 쓴 돈이 될 것입니다.

기초 교사 캠프의 연수생에게 한 연설,
〈하리잔〉, 1946. 9. 8 ; 《전집》 92 : 86

217) 봉사정신

〔1946. 9. 3〕

라자사헤브께,

당신에게서 두 통의 편지를 받았습니다. 왜 영어로 서명하십니까? 나는 자민다르에 대해서 많은 글을 썼습니다만, 잡지의 몇 호에 게재했는지는 기억할 수 없습니다. 사람들은 내 글을 묶어서 많은 책을 출판했습니다. 당신의 비서가 약간의 노력을 기울여서 그 책들을 찾아보면 당신에게 일러 줄 수 있을 것입니다. 간단히 말하자면, 내 의견은 자민다르이거나 부자 어느 누구라도 망해서는 안 된다는 것입니다. 가장 필요한 일은 그들에게 심정의 변화를 일으키는 일입니다. 자민다르·라자·백만장자 모두가 민중의 하인으로 산다면, 아무 문제가 없을 것입니다. 토지는 결국 그 위에 노동을 가하는 자들에 속합니다. 사람을 한편으로는 자본주의자 또는 지주, 그리고 다른 한편으로는 무산자 또는 농노로 분리하는 현 제도가 용납되어서는 안 됩니다. 이 모든 것을 나는 내 글에서 여러 차례 설명한 바 있습니다.

종교에 대해서 말하겠습니다. 나는 우리나라, 아니 세상 전체가 모든 종교를 위한 여지가 있어야 한다고 느낍니다. 나는 어떤 종교는 높고, 어떤 종교는 낮다고 생각하지 않습니다. 브라만이나 크샤트리아에게 주어진 의무는 모든 사람들의 의무입니다. 일부의 사람이 다른 사람들에 비해서 의무를 더 많이 갖고 있을 뿐입니다. 그러나 이것들은 권리가 아니라 의무입니다. 브라만됨의 권리를 주장하는 자는 브라만이 아닙니다. 이와 마찬가지로 크샤트리아의 특권을 주장하는 자들은 크샤트리아가 되지 못합니다. 나는 힌두교를 구할 수 있는 가장 쉬운 길을 보여주었습니다. 그 길은 우리 모두가 자발적으로 방기(*Bhangi*: 최하층 카스트)가 되는 것입니다. 방기는 지식, 용기, 사업적 영리함을 가질 수 있으면서, 언제나 봉사정신을 가질 수 있기 때문입니다. 나는 이 모든 자질들이 봉사를 위한 것이라는 견해를 갖고 있습니다.

어느 자민다르에게 보낸 편지(H.), 《피아렐랄 페이퍼스》 ; 《전집》 92 : 168

218) 육체노동의 책무

질문 우리는 왜 라빈드라나트[57]와 같은 문인들, 라만[58]과 같은 과학자들이 육체노동(*manual labour*)으로 생계비를 벌어야 한다는 점을 역설해야 합니까? 그것은 순전한 낭비가 아닙니까? 정신노동자와 육체노동자가 모두 유용한 사회적 작업을 수행하고 있으므로 둘을 동등하게 간주해서는 안 되는 것입니까?

답변 지적 작업은 중요하고 삶의 구도에서 확실한 자리를 차지합니다. 그러나 내가 역설하는 바는 육체노동(*physical labour*)의 필요성입니다. 나는 어떤 인간도 노동의 책무에서 자유로울 수 없다고 주장하고 싶습니다. 그것은 그의 지적 산물의 질을 향상시키는 데도 도움이 됩니다. 브라만들이 고대에는 마음으로만 아니라 육신으로도 일을 했다는 점을 감히 말씀드리는 바입니다. 그러나 비록 그들이 그렇게 하지 않았다고 해도 육체노동(*body labour*)은 현대에는 불가결한 것으로 판명되었습니다. 이와 관련하여 나는 톨스토이의 인생에 대해서, 그리고 러시아 농민 본다레프가 그의 조국에서 최초로 제안한 '생계를 위한 노동 이론'(*the theory of bread-labour*)을 톨스토이가 어떻게 유명하게 만들었는지에 대해서 언급하고 싶습니다.

질문란, 〈하리잔〉, 1947. 2. 23 ; 《전집》 93 : 524

---

57 라빈드라나트 타고르.

58 C. V. Raman〔1888~1970〕: 물리학자.

219) 세계 시민권에서 오는 의무 〔*1947. 6. 8* 이전〕

마땅히 향유할 만하고 지킬 만한 일체의 권리는 잘 수행된 의무에서 나옵니다. 그래서 살(*to live*) 권리 자체는 우리가 세계 시민권(*citizenship of the world*)에서 오는 의무를 수행할 때에만 생기는 것입니다. 이런 근본적인 선언에서부터 출발하면, 남녀의 의무를 정의하고, 각 권리를 그에 상응하는 의무 ―하지만 먼저 수행되어야 할 의무―와 관련 짓기가 아마도 아주 쉬울 것입니다. 이것 이외의 일체의 권리는 강탈이고, 그것을 얻기 위해서 싸울 만한 가치가 거의 없음을 보여줄 수 있습니다.

편지(G.), 〈하리잔〉, 1947. 6. 8 ;
〈하리잔반두〉, 1947. 6. 8 ; 《전집》 95 : 206

220) 의무에서 권리를 도출하기

나는 오늘날 사회를 괴롭히는 우리의 커다란 악을 다루고 싶다. 자본가와 자민다르는 자신들의 권리에 대해서, 노동자들 역시 그 자신들의 권리에 대해서, 토호국왕은 통치할 수 있는 신성한 권리에 대해서, 그리고 농민(*ryot*)은 그 권리에 저항할 수 있는 권리에 대해서 말하고 있다. 만일 모든 사람들이 단순히 권리만을 역설하고 의무에 대해서 말하지 않는다면, 엄청난 혼란과 혼돈이 있을 것이다.

사람들이 권리에 대해서 역설하는 대신 각자 자신들의 의무를 다한다면, 인간 세계에 질서의 통치가 당장 확립될 것이다. 왕의 신성한 통치권, 주인들에게 정중하게 복종해야 할 농민(료트)들의 겸허한 의무, 이런 것들은 존재하지 않는다. 이런 세습적 불평등이 사회복리에 유해한 것이므로 사라져야 함이 사실이지만, 여태껏 짓밟힌 대중(*millions*)의 줄기찬 권리 주장 역시 사회복리에 해롭다. 후자가 전자보다 더 해롭다고는 말할 수 없을지 몰라도 말이다. 대중의 행위는 신성한 권리나 다른 권리를 주창하는 소수의 사람을 해칠 것을 겨냥한 것이 아니라 수백만 명의 사람들을 해칠 것을 겨냥할 수 있다. 대중은 용감한 죽음이나 비겁한 죽음을 맞을 수는 있지만, 그렇다고 해서 죽은 사람 몇몇이 지복의 만족을 동반한, 질서 잡힌 삶(*the orderly life*)을 가져오지는 못할 것이다. 그러므로 권리와 의무의 상관관계를 이해할 필요가 있다.

올바르게 이행된 의무에서 직접 도출되지 않는 권리들은 가질 만한 가치가 없음을 나는 감히 말한다. 그 권리들은 강탈이며 신속하게 버리면 버릴수록 더 낫다. 자식들에 대한 자신들의 의무를 먼저 수행하지 않고 자식들로부터 복종을 주장하는 비열한 부모는 오로지 경멸만을 자아낼 뿐이다. 방탕한 남편이 충직한 아내로부터 전면적인 순종을 기대하는 것은 종교 계율의 왜곡이다. 자식에 대한 자신의 의무를 수행할 각오가 늘 되어 있는 부모를 업신여기는 자식들은, 배은망덕한 자식으로 간주될 수 있고, 부모가 아니라 자기 자신을 해칠 것이다. 남편과 아내 사이에 대해서도 같은 말을 할 수 있다. 여러분은 현재 세계의 다른 곳과 마찬가지로 인도에서 삶과 사업 분야에 동요와 혼란을 목격하고 있다. 그런데 여러분이 이런 간단하고 보편적인 규칙을 고용주와 노동자, 지주와 소작인, 왕자와 신하, 또는 힌두와 무슬림에 적용한다면, 위에서 말한 동요와 혼란이 초래되지 않고 가장 행복한 관계가 삶의 모든 부문에서 확립될 수 있음을 알게 될 것이다. 내가 사탸그라하 법칙이라고 부른 것은 의무의 인정과 거기에서 나오는 권리의 인정으로부터 도출될 수 있다.

무슬림 이웃에 대한 힌두의 의무는 무엇인가? 그의 의무는 그를 인간으로 취급하고 친구가 되는 일, 그의 기쁨과 슬픔을 공유하고 곤란에 처한 그를 돕는 일이다. 그렇게 되면 그는 무슬림 이웃으로부터 유사한 대접을 기대할 권리를 갖게 되고, 아마 기대했던 반응을 얻게 될 것이다. 힌두들이 다수를 차지하는 촌락, 그 안에 무슬림이 드문드문 사는 촌락을 상정해 보자. 소수의 무슬림 이웃에 대한 다수 힌두들의 의무가 여러 방면으로 확산되어, 소수의 무슬림들이 자신들의 종교가 자신들에 대한 힌두들의 태도에 어떤 차이도 만들지 않는다고 느끼도록 해야 한다. 그전이 아니라 그런 뒤 힌두는 무슬림이 자연스런 친구가 될 것이라는 권리, 위기 시에는 두 집단이 한 사람처럼 행동할 것이라는 권리를 획득하게 될 것이다. 그러나 소수의 무슬림이 다수 힌두들의 올바른 행위에 대해서 보답하지 못하고, 모든 행동 속에 싸움을 드러낸다고 가정한다면, 그것은 씩씩하지 못함(*unmanliness*)의 표시가 될 것이다. 그렇게 될 때 다수 힌두들의 의무는 무엇인가? 다수의 야만적인 폭력을 동원하여 그들을 압도하는 일은 결코 아닐 것이다. 그것은 얻지 못한 권리를 강탈하는 것이다. 그들의 의무는 자신들의 육친의 형제들에게 하듯이 무슬림들의 씩씩하지 못한 행위를 견제하는 것이다.

이와 같은 사례들에 대해서 더 이상 상술할 필요는 없을 것이다. 입장을 바꾼다고 해도 위의 원리를 똑같이 정확하게 적용할 수 있다고 말하면서 끝을 맺겠다. 먼저 올바르게 이행된 의무에서 모든 권리를 도출한다는 원리를, 사람들이 실천에 적용하지 않기 때문에 현 상황 전체가 우리를 당혹하게 만들고 있다. 내가 말한 것은 현 상황 전체에 쉽게 확대할 수 있으며, 그렇게 되면 이익도 얻을 것이다.

동일한 규칙이 토호국왕들과 농민들에게도 적용된다. 왕들의 의무는 백성의 충복(忠僕)으로서 행동하는 것이다. 그들은 어떤 외부의 권위가 허락한 권리에 의해서, 그리고 절대로 칼의 권리에 의해서 통치해서는 안 된다. 그들은 봉사의 권리, 보다 더 큰 지혜의 권리에 의해서 통치해야 할 것이다. 그렇게 하면 그들은 자발적으로 납부하는 세금을 징세할 권리를 갖게 될 것이고, 마찬가지로 자발적으로 행하는 봉사를 기대할 수 있는 권리를 갖게 되는바, 그것도 자신들을 위해서가 아니라 그들의 보호하에 있는 백성을 위해서이다. 만일 그들이 이 기초적이며 간단한 의무 수행에 실패한다면, 농민들은 갚아야 할 의무가 없을 뿐만 아니라, 토호국왕의 강탈에 저항할 의무가 생긴다. 그렇게 되면 농민들은 강탈 또는 실정(失政)에 저항할 권리를 얻는다고도 말할 수 있으리라. 그러나 그 저항이 살인·강탈·약탈의 모습을 취한다면, 그것은 의무의 이름을 지니고 있지만 인간에 대한 범죄가 될 것이다. 의무 수행이 자연스럽게 생성해 내는 힘은, 사탸그라하가 만들어 내는 비폭력의 힘이며 무적(無敵)의 힘일 것이다.

권리냐 의무냐, 〈하리잔〉, 1947. 7. 6 [59]

6. 평등과 착취

221) 만인의 생득적인 평등 *1927. 9. 16*

나는 오늘 탄조레(Tanjore)[60]에 오면서 여기에 오면 브라만[61]과 비브라만 문제를 논의하기를 바랐고, 오후에 친구 몇 명과 함께 기쁜 마음으로 간단히 논의했습니다. 우리가 논의한 내용을 여러분 앞에서 자유

59 〔역주〕《전집》 내 확인 불가능.

60 〔역주〕 오늘날의 탄자부르(Thanjavur), 인도 타밀 나두주의 수도.

61 〔역주〕 4성(姓) 계급의 하나. 바라문으로 부르기도 한다.

롭게 논의하거나 제시할 처지도 아니고 꼭 그럴 필요도 없습니다. 하지만 이 논의에 대해서 지극히 기쁘게 생각합니다. 이제 나는 그 논의를 갖기 전보다 그 운동에 대해서 아마 좀더 잘 이해할 수 있습니다. 친구들에게 내 소견을 제시했고, 그들은 내 소견을 자신들이 원하는 방식대로 자유롭게 사용할 수 있을 것입니다. 그러나 전체 토의 가운데 이 친구들을 억압하는 듯이 보이는 일 하나를 주목하게 되었습니다. 그들은 내가 생득적인 우월과 열등에 대한 관념에 나 자신을 일치시키고 있다고 생각한 것으로 보입니다. 내 생각은 전혀 그런 것이 아님을 그들에게 확신시키고, 우월의 문제에 대한 아주 작은 오해라도 불식시키기 위해서 여태 해왔던 것보다 더 완전하게 바르나다르마의 의미를 기꺼이 설명하겠노라고 말했습니다. 내 의견으로는 생득적인 것이든 획득된 것이든 우월성이란 것은 존재하지 않습니다.

나는 아드바이타(*Advaita*)[62]의 기초 교의를 믿고 있으며, 아드바이타에 대한 나의 해석은 우월성에 대한 일체의 관념, 어떤 단계에서의 우월성도 전면적으로 거부합니다. 나는 모든 사람들이 평등하게 태어났음(*born equal*)을 절대적으로 믿습니다. 인도, 영국 또는 미국, 어떤 환경에서 태어났든, 모든 사람들은 다른 사람과 같은 혼(*the same soul*)을 갖고 있습니다. 나는 모든 사람들의 생득적인 평등성(*inherent equality of all men*)을 믿고 있기 때문에 우리의 많은 통치자가 사칭하는 우월성의 교의에 저항하여 싸우고 있습니다. 나는 이 우월성의 교의에 저항하여 남아프리카에서 철저하게 투쟁했습니다. 평등성에 대한 생득적

62 〔역주〕〈용어해설〉에는 不二, 일원론으로 설명되어 있다. 이 일원론은 궁극적으로 절대적이고 독립적인 실재, 즉 불변의 무성질의 브라만만이 존재한다고 하고, 이것이 만유의 바탕이라고 한다. 8세기 인도의 샹카라(Shankara)가 그 대표적인 철학자이다. 자세한 설명은 콜러 저, 허우성 역, 《인도인의 길》 제2판(소명출판, 2013) 548면 이하를 참조할 것.

인 믿음 때문에 나 자신을 청소부·물레질꾼·베짜기꾼·농민·노동자라고 즐겨 부릅니다. 그리고 브라만들이 태생을 이유로 내세워 혹은 태생 이후 획득한 지식을 이유로 내세워 우월성을 주장할 때마다 그들에 저항하여 싸워왔습니다. 나는 누구든지 자신의 동료에 비해서 우월하다고 주장하는 사람을 비인간적(*unmanly*)이라고 간주합니다. 내가 선언하는 이 신념에 대한 정당한 근거가 《바가바드 기타》에 충분히 들어 있습니다. 그래서 나는 비(非)브라만이 우월성이라는 괴물—브라만이 주장한 것이든 아니면 다른 사람이 주장한 것이든—에 대항하여 싸울 때, 속속들이 그와 하나가 됩니다. 우월성을 주장하는 자는 그것을 주장하는 바로 그 순간, 인간으로 불릴 자격을 박탈당하는 것입니다. 그것이 내 의견입니다.

여러분에게 보여드린 모든 신념에도 불구하고, 나는 여전히 바르나아슈라마 다르마를 믿고 있습니다. 우리가 아무리 바르나아슈라마 다르마를 부정하려고 해도, 그것은 내 마음으로부터 폐기할 수 없는 법칙입니다. 그 법칙의 작동을 인정하는 일은, 인생에서 한 가지 직업, 그것을 위해서 태어난 것이 틀림없는 한 가지 직업을 위해서 우리 자신을 자유롭게 하는 것입니다. 바르나아슈라마 다르마는 겸손입니다. 나는 모든 남녀 인간들이 동등하게 태어났다고 말해왔습니다. 그렇다고 해서 자질들이 생득적인 것이 아니라는 점을 시사하려는 것이 아니라, 반대로 사람들 개개인이 특정한 모습을 물려받듯이 선조들의 특정한 성격과 자질을 물려받는다는 것을, 그리고 이런 것을 인정하는 일이 자신의 에너지를 보존하는 것이라고 나는 믿습니다. 성격과 자질을 물려받았음을 솔직하게 인정하면, 그리고 우리가 그 인정에 따라서 살기만 한다면, 물질적 야망을 합당하게 억제할 수 있습니다. 따라서 우리의 에너지는 자유롭게 되어서 그 에너지가 영적인 탐구와 영적인 진화의 영역을 확장하게 될 것입니다. 나는 언제나 바로 이와 같은 바르나아슈라마 다르마의 교의를 수용했습니다. 여러분은 이것이 오늘날 이해되는 바르나아슈라마가 아니라고 말할 권리가 있을 수도 있습니다. 현재 이해되고 실시되고 있는 바르나아슈라마는 그 원형을 기괴한 모습으로 풍자한 것임을 나는 수없이 많이 말해왔습니다. 하지만 이 왜곡을 깨기 위해서 원형을 깨려고 해서는 안 될 것입니다. 그리고 만일 여러분이 내가 제시했던 이상적인 바르나아슈라마가 아주 괜찮은 것이라고 말한다면, 내가 여러분이 인정했으면 하는 것을 여러분은 모두 인정한 셈입니다.

나는 어떤 국가, 어떤 개인도 적합한 이상 없이는 살아갈 수 없다는 점을 여러분이 나와 함께 믿어 주시기를 촉구하는 바입니다. 그리고 만일 여러분이 나와 함께 이상적인 바르나아슈라마를 믿어주신다면, 여러분은 나와 함께 가능한 범위 내에서 그 이상에 도달할 수 있도록 온 힘을 다해서 노력할 것입니다. 사실상 이 세상 어느 곳에서도 바르나아슈라마의 법에 대항하여 싸울 수는 없었습니다. 이 법에 대항하여 싸우는 과정에서 일어났던 일, 그리고 일어날 수밖에 없었던 일, 그런 일은 우리 자신에게 해를 입히고, 헛된 수고가 되고 말 것입니다. 선조들이 우리에게 물려준 유산을 이해하고, 이 위대한 유산 주변에 자라난 사악한 이상 생성물에 저항하여 싸운다면, 여러분의 투쟁은 그만큼 더 성공하게 될 것이라는 점을 말씀드립니다. 그리고 내가 감히 말씀드리려고 했던 바를 여러분이 수용한다면, 브라만·비브라만 문제 해결 역시, 그것이 종교적인 측면에 관한 한 대단히 쉬워질 것임을 알게 될 것입니다. 나는 비브라만으로서 비브라만이 할 수 있을 정도로 브라만 종교를 정화하기를 바라지만 그것을 파괴하려고 하지는 않을 것입니다. 나는 우월성을 사칭하는 자리 또는 이익의 자리에서 브라만을 몰아내고 싶습니다. 브라만은 이익을 구하는 행동을 하는 즉시 브라만의 자격을 상실합니다. 그러나 나는 그의 위대한 학식을 볼 때마다 그것에 손대지는 않을 것입니다. 그가 학식을 이유로 내세워 우월성을 주장해서는 안 되지만, 그 학식이 어디에 있든 그것이 내 마음속에 항상 일으키는 당연한 존경심을 억제하지는 못할 것입니다. 그러나 이와 같은 대규모 청중들 앞에서 그런 주제에 대해서 더 이상 상세하게 말할 수는 없습니다.

결국, 나는 인생의 모든 질병에 효력이 있는 단 하나의 영약(靈藥)에 대면해야 합니다. 그것은 우리가 어떤 싸움을 벌이더라도, 그 싸움이 순결하고 올곧아야 한다는 점, 그리고 진리와 아힘사에서 약간의 이탈도 있어서는 안 된다는 점입니다. 만일 우리가 두 철로 위에 열차를 안전하게 운행하는 한, 비록 천 가지의 큰 실수를 범한다고 해도 여러분은 우리의 싸움이 늘 깨끗할 것이고, 우리가 쉽게 싸울 것이라는 점을 알게 될 것입니다. 그리고 궤도를 이탈한 열차가 파멸적인 종말을 맞이하듯이, 우리가 두 레일 위에서 이탈한다면 우리 역시 파멸을 맞이할 것입니다. 진실한 사람, 적수에 대해서도 악을 가하지 않는 사람은, 그의 적수에게 제기된 비난조차 쉽게 믿지 않을 것입니다. 하지만 그는 자신의 원수의 관점을 이해하려고 노력하고, 항상 열린 마음을 유지하며, 모든 기회를 이용하여 원수에게 봉사하려고 할 것입니다. 나는 이 법칙을 여기에서만 아니라, 남아프리카에서 영국인들과 일반 유럽인들과 나 사이에 형성되었던 관계에도 활용하려고 애를 써왔고, 그 결과 어느 정도 성공을 거둘 수 있었습니다. 그렇다면 우리는 우리의 가정, 인간관계, 가사(家事), 친척과 관련하여 이 법칙을 얼마나 더 많이 활용해야 하겠습니까?

탄조레에서의 연설, 〈영 인디아〉, 1927. 9. 29 ; 《전집》 40 : 64

222) 우월감과 열등감

1927. 10. 23

청년 수명이 바르나다르마에 관해서 논의하기 위해서 간디지와의 대담을 청했다. … 그들은 브라만이 브라만으로 남아 있으면서 어떻게 자신의 우월감을 털어 버릴 수 있을지에 대해서 고민하고 있었다.

간디지는 그 문제의 핵심에 도달하기 위해서 극단적인 예를 들어서 다음과 같이 말했다.

간디지 시타조차 창녀보다 우월한 것이 아니라네. 이에 만족하는가?

그 친구는 말했다. "아닙니다. 상당한 충격을 받았습니다"라고 말했고, 간디는 다음과 같이 말했다.

간디지 나는 만족한다네. 시타는 우월감이 없었기 때문이네. 그녀가 자신의 순결에 대해서 자부심을 품고 있었다면(*proud*) 그녀는 이름 없는 존재가 되었을 것이라네. 그러나 그녀는 자신의 순결함에 대해서 의식조차 없었네. 그녀는 순결했다네. 그녀가 순결하지 않다는 것은 불가능했기 때문이라네. 히말라야 산맥이 자신의 지고의 높이를 의식하는가? 조금도 의식하지 않고 있네. 그러나 만약 의식하고 있었다면 그 산맥은 산산조각이 나고 말았을 것이네. 만일 바르나가 우월감과 동의어이거나 에고이즘의 표현이라면, 그것은 우리의 목을 감고 있는 고삐보다 나을 것이 없다네. 막스 뮐러는 다음과 같이 말했을 때 힌두교의 정신을 아주 간결하게 표현한 것이라네. "다른 민족들은 쾌락 겸 의무에 대해서 생각하지만, 인도는 인생을 오직 한 가지 — 의무 — 로만 생각한다." 바르나는 조상이 우리 각자에게 물려준 의무의 표시와 다름없다네.

서양인들은 대중의 처지의 향상에 대해서 말할 때 생활수준의 향상에 대해서 말한다네. 인도에서는 우리는 생활수준의 향상에 대해서 말할 필요가 없네. 그 수준이 우리 개개인의 내면에 있을 때 외부인이 어떻게 그 수준을 향상시킬 수가 있겠는가? 우리는 사람들이 자신들의 의무를 실현하고 성취할 기회를, 신에게 더 가까이 접근할 수 있는 기회를 늘이기 위해서 있는 힘을 다해서 노력할 수 있을 뿐이라네. 그런데 여러분은 나무를 뿌리째 뽑아 버리려는 불가능한 과업을 오늘 시도하고 있다네. 나는 가지와 나뭇잎들의 일부가 썩었다는 점을 인정하네. 그렇다면 전정가위를 들고 병에 걸린 가지만을 쳐야지, 도끼로 뿌리를 찍어내서는 안 된다네. 여러분은 그 나무 아래에서 살아왔고 성장해왔는데, 그 나무를 죽인다면 나쁜 정원사가 될 것이라네. 불필요한 이상 성장물이 있다면 그것은 잘라 버리게. 나중에 뿌리 있는 줄기가 결국 그루터기처럼 보이더라도, 여러분이 그 뿌리를 손대지 않고 즐겁게 물을 준다면, 그것은 어느 날 큰 나무로 훌륭하게 성장할 것이라네.

그러나 나는 그 나무를 죽일 수 없다고 말했다. 그와 같이 진실한 브라만은 모든 폭풍을 견디고 그의 희생제의적 존엄 속에 우뚝 서 있을 것이라네. 오늘날 브라만, 크샤트리아, 바이샤가 소수이며 수드라 역시 소수라는 점을 나는 인정한다네. 수드라 역시 개성을 지니고 있다네. 오늘날 우리는 모두 노예라네. 우리는 다이어 장군과 같은 자의 무례한 힘 앞에 위축된다네. 우리 모두 각자 자신의 소명을 성취하기를 열망하세. 우리 대부분은 바이샤가 되어야 하네. 우리 자신들을 발뒤꿈치로 짓밟고 있는 자들이 바이샤이기 때문이라네.

우리가 브라만을 존경하지만, 그 이유는 그의 우월감 때문이 아니라 그가 우리에게 베푸는 우월한 봉사 때문이라네. 우리가 우월감과 열등감이란 용어가 아니면 생각할 수 없다는 것 자체가 오늘날 우리가 타락했다는 증거라네.

바르나다르마에 대한 토론,
〈영 인디아〉, 1927.11.3 ; 《전집》 40 : 187

223) 착취의 제거

사바르마티, 사탸그라하 아슈람, *1928. 3. 20*

약자에 대한 강자의 착취라는 핵심적인 원인이 제거되지 않는다면, 인종과 국가들 사이에 살아 있는 조화는 존재할 수 없습니다. 우리는 이른바 '적자생존' 원리에 대한 해석을 새롭게 해야 합니다.

M. K. 간디

마르셀 캐피(Marcelle Capy)에게
보낸 메시지, SN 13117 ; 《전집》 41 : 341

224) 사무원들의 곤경

세스 란츠호드랄 암리트랄은 사무원을 위한 산업보험에 대한 다음 구상을 나에게 보냈다. … 63

나는 보험에 대해서 아는 바가 거의 없다. 하지만 보험이 필요한 요즘과 같은 시대에 사무원들을 위해서 고안된 산업보험에 대한 어떤 구상도 그들 자신에게 득이 되어야 한다는 뜻으로 이해한다. 오직 보험 전문가만이 그 구상에 대해서 유익한 비판을 할 수 있을 것이고, 란츠호드랄 씨가 통이 큰 전문가와의 협의 속에서 그렇게 구상했다는 점을 나는 믿는다.

다른 사업과 통상 회사에 못지않게 직물공장 소유주들이 종업원들의 복지에 대해서 부모와 같은 관심을 기울여야 한다는 사실에 이견

63 여기에 게재하지 않는다.

이 있을 수 없다. 고용주와 종업원 사이의 관계는 지금까지는 그저 주인과 노예 사이의 관계였다. 하지만 그것은 아버지와 자식들의 관계여야 한다. 그래서 나는 그 구상을 환영한다.

내 의견으로는 의료 구호는 무료여서는 안 된다. 그것은 진실하고, 신속하고, 저렴해야 한다. 무료진료는 그들의 독립정신을 해칠 가능성이 있다. 무료진료는 때로는 겉치레로 행해지고 때로는 오용되고 있는데, 이 두 가지 악으로부터 사무원들은 구원을 받아야 한다.

사무원들과 노동자들의 주요 불평은 낮은 임금과 자신들의 복지에 대한 무관심이다. 그 구상에 제안된 조처들은 그 불평에 대한 직접적이며 간단한 교정책이고, 나는 그것을 환영한다.

사무원들의 처지는 어떤 면에서 분명히 더욱 가련하다. 나는 그들의 처지에 대한 분명한 그림을 내 마음에 그리고 있다. 그것은 1915년 캘커타에서 마르와리 사무원협회가 나에게 준 것이었다. 그것은 그들의 무력감에 대한 비극적인 얘기였다. 사무원들의 수는 적고 인내력과 조직력은 약하다. 사무원들은 자신들의 가족 중 수입이 있는 유일한 사람이지만, 노동자 가족의 경우는 거의 모든 성원들이 임금 노동자이다. 사무원들은 자신들의 처지를 개선하기 위해서 분발해야 한다. 그들은 단결해야 하고 부양가족 특히 아내들을 교육시켜서 소득 있는 직업을 얻도록 해야 한다. 그들은 모든 자신감을 상실했고 무력하다. 일을 함에 있어서 정직하고, 능력이 있으며, 양심적이며 열심히 일하는 자들은 적합한 상황을 찾아내는 일에 실망할 필요가 없다.

진정한 사회경제학은 노동자·사무원·고용주가 하나의 불가분의 유기체(*organism*)가 가진 지체들이라는 점을 가르쳐 줄 것이다. 어느 누구도 다른 사람에 비해서 작거나 크지 않다. 그들의 이익은 상충해서는 안 되고, 동일하고 상호의존적이어야 한다.

사무원 대 노동자(G.), 〈나바지반〉, 1928. 4. 22 ;
〈영 인디아〉, 1928. 5. 3 ; 《전집》 41 : 497

225) 모든 직업에 있는 결함들

1928. 7. 2

바이슈리 베차르 파르마르 님께,
당신이 이발사 직업에 속한다고 생각하는 결함들은 아마 모든 직업에서 발견될 수 있을 것입니다. 하지만 모든 사람들이 생계를 위해서 각자 자신의 직업에만 매달린다면, 마찰은 최소화될 것입니다.

모국 인도 만세
간디로부터

베차르 파르마르(Bechar Parmar)에게
보낸 편지, GN 5567 ; 《전집》 42 : 219

226) 동등한 대우

1932. 3. 16

사람을 동등하게 대우해야 한다는 것은 가능한 일이기도 하고 필수적인 일이기도 합니다. 그러나 이 말이 결코 그들의 도덕에 적용되어서는 안 됩니다. 사람은 악당과 성자에게 연민을 느끼고 상냥할 수 있습니다. 하지만 우리는 성자다움(*saintliness*)과 악당 근성(*rascality*)을 동일한 위치에 둘 수도 없고 두어서도 안 됩니다.

편지의 일부, 《마하데브 데사이의 일기》
권 1, 15면 ; 《전집》 55 : 138

227) 비폭력을 통한 평등한 분배

건설적 프로그램에 대한 지난주 기사에서 나는 13개 조항의 하나로서 부의 평등한 분배(*equal distribution*)를 언급했다.

평등한 분배의 진정한 의미는 각자가 자신의 모든 자연적 필요(*natural needs*)와, 그 필요만을 충족시킬 자금이 있어야 한다는 것이다. 예를 들면, 소화력이 약한 사람은 빵을 위해서 밀가루 $\frac{1}{4}$파운드만 필요로 하고, 다른 사람은 1파운드의 밀가루를 필요로 한다면, 두 사람 모두 자신들의 욕구를 충족시킬 수 있어야 한다. 이 이상을 실현하기 위해서는 사회 질서의 전체가 재구성되어야 한다. 비폭력에 기초한 사회는 다른 이상을 길러낼 수 없다. 우리는 비폭력에 대한 이런 이상을 실현하지 못할 수도 있지만, 그 이상을 명심해야 하고 접근해가기 위해서 부단히 일해야 한다. 우리가 목표로 나아가는 만큼 만족과 행복을 찾을 것이고, 그만큼 비폭력적 사회를 건설하는 데 기여하게 될 것이다.

물론 한 개인은 다른 사람이 이와 같은 삶의 방식을 채용하기를 기다릴 것 없이 스스로 그 방식을 채용할 수 있다. 그리고 한 개인이 특정한 행동 규칙을 준수할 수 있다면, 개인들로 이뤄진 하나의 집단도 그렇게 할 수 있다는 결론이 나온다. 우리가 올바른 길을 수용하기 위해서 다른 사람이 그 길을 수용할 때까지 기다릴 필요가 없음을 나는 꼭 강조하고 싶다. 사람들은 어떤 목표를 완전히 수중에 넣을 수 없다고 느낀다면, 일반적으로 시작하기를 주저한다. 그런 마음의 태도는 실제로 진전의 장애물이다.

이제 평등한 분배가 비폭력을 통해서 어떻게 실천될 수 있는지 고려해 보자. 그것을 위한 최초의 조처는, 이 이상을 자신의 존재의 일부로 만들 사람이 개인적 삶에서 필요한 변화를 가져오는 일이다. 그는 인도의 가난을 명심하여 자신의 욕구를 최소치로 감소시킬 수 있을 것이다. 그의 수입은 부정직에서 자유로울 것이다. 공론(空論)에 대한 욕망은 내버리게 될 것이다. 그의 거처는 새로운 삶의 방식과 어울리는 것이어야 한다. 삶의 모든 방면에 자기규제가 있을 것이다. 그는 자신의 삶에서 할 수 있는 모든 일을 마쳤을 때, 오직 그럴 경우에만 비로소 자신의 동료와 이웃 사람들 사이에서 이 이상을 설교할 수 있는 위치에 있게 된다.

이 평등 분배 원칙의 뿌리에, 부자들은 자신들이 소유한 부, 잉여의 부에 대해서 이것을 수탁 관리(*trusteeship*) 한다는 원리가 있어야 한다. 평등 분배 원칙에 따른다면, 그들이 자신들의 이웃보다 단 1루피도 더 소유해서는 안 되기 때문이다. 이것을 어떻게 실천할 수 있을까? 비폭력적으로? 또는 부자들에게서 소유를 몰수해야만 할까? 그러기 위해서는 우리는 자연스레 폭력에 호소해야 할 것이다. 이 폭력 행위는 사회에 이익을 줄 수 없다. 만일 사회가 부를 축적하는 방법을 아는 사람들이 준 선물을 잃게 된다면 더 가난해질 것이기 때문이다. 그러므로 비폭력의 길은 분명 우월하다. 부자는 자신의 부를 계속 보유하고, 합리적으로 판단하여 개인적 필요를 위해서 필요한 만큼 그 부를 사용하며, 나머지에 대해서는 사회를 위해서 그것이 사용되도록 수탁자(*trustee*) 로서 행동해야 한다. 물론 이 논의에서 그 수탁자는 정직할 것이라고 보아야 한다.

사람이 자신을 사회의 종복(從僕) 으로 바라보고, 사회를 위해서 벌고 사회의 이익을 위해서 소비하게 되면, 그는 순결을 소득으로 얻게 되고 그의 모험에는 아힘사가 있을 것이다. 더구나 사람들의 마음이 이런 삶의 방식으로 향해서 간다면 사회에 평화로운 혁명이 올 것이고, 이 과정에 어떠한 쓰라림도 없을 것이다.

우리는 인간 본성에서 일어난 그와 같은 변화에 대한 기록이, 역사의 어느 순간에 있었던가를 물을 수도 있다. 개인들에게 그런 변화가 일어났던 것은 사실이다. 우리가 사회 전체 안에서는 그런 변화를 확인하지 못할 수도 있다. 그러나 이것은 대규모의 비폭력 실험이 여태까지 없었다는 것만을 의미할 뿐이다. 어떤 이유에서건 아힘사는 특별히 개인의 무기이므로 그 사용이 개인 영역에 국한되어야 한다는 오해가 우리를 사로잡아 왔다. 실제 그런 것은 아니다. 아힘사는 분명히 사회의 속성(*an attribute of society*)이다. 이 진리를 민중에게 확신시키는 일이 나의 노력이며 동시에 나의 실험이다. 이 경이의 시대에 어떤 사물이나 관념이 새것이라고 해서 무용하다고 말하는 사람은 없을 것이다. 다시 말하지만 그것이 어렵기 때문에 불가능하다고 말하는 것은 시대정신에 어울리지 않는다. 꿈도 꾸지 못했던 일들이 나날이 보이고, 불가능한 일이 점차로 가능하게 된다. 우리는 오늘날 폭력 분야에서 일어나는 굉장한 발견으로 항상 놀라고 있다. 그러나 나는 정말로 꿈꾸지 못했던 것, 외견상 불가능해 보이는 발견이 비폭력 분야에서 일어날 것이라고 주장한다. 종교사는 그런 사례로 가득하다. 사회에서 종교 자체를 뿌리 뽑으려 하는 것은 기러기를 좇는 행위이다. 그리고 그런 시도가 성공하기라도 한다면 사회는 파괴되고 말 것이다. 미신, 나쁜 관습, 그리고 다른 불완전한 점들이 종교 안에 오랫동안 스며들고, 당장은 종교를 훼손하고 있다. 그런 것들이 오고 가더라도 종교 자체는 남을 것이다. 세계의 존재가 넓은 의미로 종교에 의존하기 때문이다. 종교에 대한 궁극적인 정의(定義)는 신의 법칙에 대한 순종이라고 말할 수 있을 것이다. 신과 그의 법칙은 동의어이다. 그래서 신은 불변의 살아 있는 법칙을 뜻한다. 그분(*Him*)을 진실로 발견한 사람은 한 사람도 없다. 그러나 아바타르(*avatars*: 성육화한 사람)와 예언자들은 자신들의 타파스야(고행)를 통해서 영원한 법칙(*the eternal Law*)의 희미한 편린을 인류에게 주었다.

하지만 지극한 노력에도 불구하고 부자들이 진정한 의미에서 가난한 자들의 보호자가 되지 못한다면, 그리고 가난한 자들이 점점 더 심하게 짓밟히고 굶어 죽는다면, 우리는 무엇을 해야 할까? 이 난제에 대한 해결책을 찾기 위해서, 나는 정당하고 무오류의 방법으로 비폭력적 비협조와 시민불복종에 불을 붙였다. 부자는 사회 안의 가난한 자들의 협조 없이 부를 축적할 수 없다. 사람은 자신의 본성 안에 있는 짐승에게서 폭력의 힘을 물려받았으므로, 처음부터 폭력에 정통해 있다(*conversant*). 그가 네 발 달린 짐승에서 벗어나 두 발 달린 사람의 경지로 상승했을 때 비로소 아힘사의 힘에 대한 지식이 그의 혼 안으로 들어왔다. 이 지식은 내면에서 완만하게, 하지만 분명하게 성장해왔다. 만일 이 지식이 가난한 자들 속으로 파고들어가 그들 사이에 확산되기만 한다면, 그들은 강하게 될 것이고 자신들을 아사 직전까지 몰고 간 궤멸적인 불평등으로부터 비폭력의 방법으로 자신들을 구하는 방법을 배울 것이다.

내가 비협조와 시민불복종에 대해서 쓸 필요는 거의 없을 것이다. 〈하리잔반두〉지의 독자들은 이미 이런 것들과 그 작동에 대해서 친숙하기 때문이다.

평등한 분배, 〈하리잔반두〉, 1940. 8. 24 ;
〈하리잔〉, 1940. 8. 25 ; 《전집》 79 : 136

228) 착취와 아힘사

아힘사가 무슨 소용인가?[64]

질문 우리는 오늘날 어느 방향을 쳐다보든지 거기에 폭력, 민중의 권리에 대한 맹공습, 그리고 권력정치(*power politics*)를 목격합니다. 민중의 소리가 유일한 심판자라고 하는 영국이나 미국에서도 이 말은 사실입니다. 그런 상황에서 당신의 아힘사가 무엇을 할 수 있는지를 생각해 보았습니까?

답변 어디서든 권력정치가 판치고 있는 것은 사실입니다. 당신은 영국과 미국에 민중의 소리가 유일한 심판자라고 생각하는데, 그것은 잘못입니다. 민중의 소리는 신의 소리여야 한다. 그 때문에 우리는 판차(Pancha)[65]가 파람이슈와르(최고의 이슈와르)라고 말합니다. 그러나 한 민중이 다른 민중을 잡아먹는 곳에 어떻게 민중의 소리가 신의 소리라고 말할 수 있습니까? 우리는 영국과 미국이 유색인종(*coloured races*)을 잡아먹고 있고 다른 민중들(*peoples*)[66]을 착취하고 있음을 봅니다. 여기에는 따로 증명이 필요 없습니다. 착취자들은 다른 착취자들과 협조하는 것으로 보입니다. 하지만 그렇다고 해서 그들의 소리가 민중의 소리가 되는 것은 아닙니다. 민중의 소리가 신의 소리인 곳에서는 민중이 다른 민중을 잡아먹으려고 하지 않습니다. 그들은 청평 저울의 한편에는 진리를, 다른 편에는 아힘사를 갖고 있습니다. 양편의 무게는 항상 같습니다. 이것이 나의 답변 전체를 포괄합니다.

---

64 〔역주〕《전집》 권92, 205면에 따라서 소제목을 단다.

65 〔역주〕 판차야트의 약칭으로 보인다.

66 〔역주〕 '민족들'로 번역할 수도 있지만 문맥에 따라서 '민중들'로 번역했다.

나에게 아힘사는 불구가 된 것도 아니고 약한 것도 아니고, 지고의 것입니다. 아힘사가 있는 곳에 진리가 있고 진리는 신입니다. 신이 어떤 방식으로 당신을 드러내실지, 나는 알지 못합니다. 내가 아는 모든 것은 그분이 모든 곳에 두루 퍼져 계시다는 것, 그분이 계시는 곳이면 만사가 형통하다는 사실뿐입니다. 그래서 모든 사람들에게 단 하나의 법이 존재합니다. 이 세상에 진리와 아힘사가 통치하는 곳이면 완벽한 평화와 행복이 존재합니다. 진리와 아힘사가 어디에서도 보이지 않는다면, 그것들은 우리가 눈으로 볼 수 없는 곳에 감춰져 있다고 이해해야 합니다. 그것들이 완전히 사라지기란 불가능하기 때문입니다. 이 신앙의 돛단배를 가진 자들은 그 안에서 안전하게 바다를 건너가고 다른 사람들도 건너게 해 줄 것입니다.

외국인들을 환영해야 할까요?[67]

질문 자유 인도에서 인도인으로 살기로 결정한 외국인들이 두려워할 이유가 없다고 당신은 말합니다. 당신은 다른 나라에서는 사정이 그러지 못했다는 점을 인정할 것입니다. 자아를 강조하고, 타인들을 혐오하지는 않지만, 그들에 대한 일정한 정도의 의혹은 언제나 남아 있습니다. 자유 인도가 이런 일을 피할 수 있을까요?

답변 나는 자유 인도가 이런 일을 피할 것임을 굳게 믿습니다. 그것을 증명할 수 있는 뚜렷한 증거를 인용할 수 있지만, 꼭 그럴 필요는 없습니다. 오직 다음 사항만큼은 명심해야 합니다. 즉, '외국인들은 여기에서 인도인으로 살아야 할 것이다.' 여기에 거주하는 외국인이 외국인으

67 〔역주〕《전집》 권 92, 206면에 따라서 소제목을 단다.

로서 권리를 보호받기를 원한다면 그것은 어려울 것입니다. 그것은 그가 자유 인도에서 우월한 인간으로서 거주하기를 원하는 것을 의미하기 때문입니다. 이것은 반드시 마찰을 낳을 것입니다. 영국 정부와 현재 벌이는 쟁투는 인도가 해방되면 계속 진행될 수 없을 것입니다. 그 쟁투가 지속된다면 인도는 자유롭게 되었다고 말할 수 없습니다.

질문란(G.), 〈하리잔〉, 1946. 9. 29 ;
〈하리잔반두〉, 1946. 9. 29 ; 《전집》 92 : 294

7. 신탁

229) 노동조합(*Labour Franchise*)과 신탁(*Trusteeship*) *1934. 10. 6*

슈리랑가사이 님께,

당신의 편지를 받았습니다. 안드라의 사회당이 내가 제안한 모든 수정안들을 인정한다는 사실을 알고 기분이 좋았습니다. 내가 사회당이라고 말한 것은, 당신이 당서기의 자격으로 그 편지에 서명했으므로 그 편지가 당의 의견을 대변한다고 내가 믿기 때문입니다. 그러나 당신은 바라나시 집회가 그 수정안을 얼마나 터무니없는 말로 비난했는지를 알 것입니다. 내가 노동의 존엄에 대한 표시와 노동에 대한 보편적 인정의 징표로서 물레질 프랜차이즈를 처음 생각해내었을 때, 친구 하나가 소비에트 연방 헌법을 담은 소책자 한 권을 나에게 보여주었고, 러시아에서는 노동자 프랜차이즈가 분명한 자리를 차지한다는 사실에 대해서 주의를 환기시켜 주었습니다. 그러나 여기에서 나는 당신이 사회주의자 주류를 대변하고 있는지의 여부를 모릅니다. 규탄 결의안을 통과시킨 저들은 어떻습니까?

나는 부자들이 소유주로서가 아니라, 사회 전체의 수탁자로서 자신들의 부를 바라보았으면 하는 소망을 갖고 있습니다. 그런데 당신은 내 소망에 이의를 제기하고 있습니다. 물론, 그것은 힘든 과업이지만 결코 불가능한 일은 아닙니다. 나는 실제로 그 생각이 확산되고 수용되고 있다는 분명한 증거를 갖고 있습니다. 당신은 가난한 자들이 부자들을 맡아 관리하는 자로 간주되어야 한다고 제안했습니다. 그러나 당신은 그것이 나의 제안들 안에 함축되어 있다는 점을 망각했습니다. 노동이 돈만큼이나 자본이라고 내가 말하지 않았던가요? 그래서 노동자들은 자신들을 부자의 적으로 간주하거나, 부자를 자신들의 숙적으로 간주하는 대신, 자신들의 노동을 그것이 필요한 사람들에게 신탁해 둬야 합니다. 그들은 현재 극단적인 무력감을 느끼고 있습니다. 그들이 무력감을 느끼는 대신 인간의 경제에서 자신의 중요성을 자각하고, 부자에 대한 공포와 불신을 털어 버리고 난 다음에야 비로소 이런 일을 할 수 있습니다. 공포와 불신은 연약함에서 나온 쌍둥이 자매입니다. 노동자들이 자신들의 힘을 자각하게 되면, 자본가들(*moneyed people*)에 대항하여 어떤 힘을 사용할 필요가 없을 것입니다. 노동자들은 자본가들의 주목과 존경을 쉽게 불러일으킬 것입니다.

슈리랑가사이(B. Srirangasayi)에게 보낸 편지,
〈더 힌두〉, 1934. 10. 11 ; 《전집》 65 : 176

230) 신탁과 비폭력

1939. 5. 6

질문 나는 신탁에 대한 당신의 이론을 이해할 수 없거나 아니면 내 이성이 그것을 파악할 수 없습니다. 그것을 좀 설명해 주시겠습니까?

답변 여러분이 그것을 이해할 수 없다고 하거나, 여러분의 이성이 그것을 수용할 수 없다고 하거나, 그 말은 같은 것입니다. 내가 그와 같이 중요한 원리를 어떻게 몇 분 안에 설명할 수 있을까요? 하지만 간단히 설명하도록 애써 보겠습니다. 내가 1천만 루피를 소유하고 있다고 상상해 보십시오. 나는 그 돈을 탕진할 수 있습니다. 또 '그 돈이 내 돈이 아니다, 그것을 소유하고 있는 것이 아니다, 그것은 유증(遺贈, *bequest*)이다, 신이 나에게 주신 것이다, 내가 필요한 것만 내 것이다'라는 태도를 취할 수도 있습니다. 나의 필요는 수백만의 다른 사람들의 필요와 유사할 것입니다. 어쩌다가 갑부의 자식으로 태어났다고 해서 나의 필요가 더 클 수는 없을 것입니다. 나의 쾌락을 위해서 그 돈을 사용할 수 없습니다. 자신이 속한 사회에서 통상적으로 요구되는 필요를 만족시킬 만큼만 갖고, 사회봉사를 위해서 그 나머지를 사용하는 자는 수탁자가 됩니다.

사회주의 이념이 인도의 대중 사이에 널리 퍼진 다음, 토호국왕들과 백만장자들에 대해서 '우리가 어떤 태도를 취해야 하는가'라는 문제가 대두되었습니다. 사회주의자들은 토호국왕들과 백만장자들은 제거되어야 하고, 모든 사람들이 노동자가 되어야 한다고 합니다. 그들은 이들이 소유한 재산의 몰수를 주창하고, 다른 사람들과 동일한 임금, 즉 한 달 5루피에서부터 하루 8아나, 즉 한 달 15루피[68]까지 줘야 한다고 말합니다. 사회주의자들은 그런 식으로 말하고 있습니다. 우리 역시, 부자들은 자신들의 부의 주인이 아니지만, 노동자들은 자신들의 노동의 주인이라고 단언합니다. 그래서 우리의 관점에서 보면 노동자는 부자보다 더 부자입니다. 한 사람의 자민다르는 토지 1비가(*bigha* : 토지의 단위), 2비가, 10비가를 소유할 수 있습니다. 다시 말하

68 〔역주〕 1아나는 1/16루피이므로 하루 8아나면 한 달 30일은 15루피가 된다.

자면 그의 생계에 필요한 만큼 토지를 소유할 수 있습니다. 그의 임금이 노동자의 임금보다 높지 않아야 할 것, 그리고 그가 하루 8아나로 살아가야 하고 부의 잉여분은 사회복지를 위해서 사용할 것을 우리는 원합니다. 그러나 우리는 그의 재산을 강제로 빼앗을 수는 없습니다. 이 점이 가장 중요한 점입니다. 토호국왕들과 백만장자들 역시 육체노동을 할 것, 하루 8아나로 생활할 것, 자신의 나머지 재산을 국가적 신탁 재산으로 간주할 것, 이런 것들도 우리는 원합니다.

이 대목에서 이런 유형의 수탁자가 실제 몇 사람이나 있을지 하는 질문이 제기될 수 있습니다. 하지만 실제로 그런 질문은 제기되지 말아야 합니다. 그것은 우리 이론에 직접적으로 관련된 것이 아닙니다. 그런 수탁자는 오직 한 사람뿐이거나 전혀 없을 수도 있습니다. 우리가 그런 일에 대해서 왜 걱정해야 합니까? 우리는 폭력을 조금도 사용하지 않고, 또는 폭력이라고도 부를 수 없을 정도로 미미한 폭력으로 부자들 사이에 그런 느낌을 일으킬 수 있다는 믿음을 가져야 할 것입니다. 우리는 그런 신앙 안에서 행동해야 합니다. 우리에겐 그것으로 충분합니다. 우리는 비폭력으로 경제적 불균형(*economic disparity*)을 끝낼 수 있을 것이라는 사실을 우리의 노력을 통해서 증명해야 합니다. 비폭력에 대한 신앙이 없는 자들만이 이런 유형의 수탁자들이 몇 사람이나 있을지 물을 수 있습니다.

여러분은 그런 일이 결코 일어나지 않을 것이라고 말할 수도 있습니다. 그런 일은 인간 본성에 부합하지 않는 일이라고 간주할 수도 있습니다. 그러나 나는 여러분이 그것을 이해할 수 없다거나, 여러분의 이성이 그것을 파악할 수 없다는 점을 믿지 못하겠습니다.

간디봉사회 집회에서 질문에 대한 대답들, 브린다반 2(H.),
Gandhi Seva Sanghke Panchama Varshik Adhiveshan
(Brindaban, Bihar) ka Vivaran, 50~59면 ; 《전집》 75 : 410(일부)

231) 신탁과 국가

질문 폭력으로만 획득한 것을 비폭력의 방법으로 보호할 수가 있을까요?

답변 그가 위에서 말한 것에서 다음과 같은 사실이 도출됩니다. 즉 폭력으로 획득한 것은 비폭력으로 보호할 수 없을 뿐만 아니라, 비폭력은 부당하게 얻은 이득의 포기를 요청한다는 사실 말입니다.

질문 명시적 폭력이든 묵시적 폭력이든 그것을 사용하지 않고 자본 축적이 가능하겠습니까?

답변 개인에 의한 축적은 폭력적 수단을 통하지 않고서는 불가능했습니다. 그러나 비폭력 사회에서 국가(*the State*)에 의한 축적은 가능했을 뿐만 아니라, 바람직하고 불가피한 일이었습니다.

질문 한 사람이 물질적 부나 도덕적 부(*moral wealth*)를 축적할 때, 그는 사회의 다른 구성원들의 도움이나 협조를 통해서만 축적합니다. 그렇다면 그는 그것들을 주로 개인적 이익을 위해서 사용할 도덕적 권리(*moral right*)가 있습니까?

답변 아니, 그런 도덕적 권리가 없습니다.

질문 한 수탁자의 계승자는 어떻게 결정할 수 있습니까? 그는 어떤 사람의 이름을 제안할 권리만을 가지며 최종적인 결정권을 국가에 부여해야 합니까?

답변 그가 어제 말했다시피 최초의 수탁자인 최초 주인에게 선택권이 주어져야 하고, 그 선택은 국가가 최종적으로 승인해야 합니다. 그런 조처는 개인이나 국가 모두를 견제하는 효과가 있습니다.

질문 이와 같이 신탁 이론의 작동에 의해서 사적 재산을 공적 재산(*public property*)으로 대체하는 일이 일어날 때, 소유권은 폭력의 도구인 국가에 귀속됩니까? 아니면 자발적인 성격의 협회들, 즉 촌락공동체와 지방자치 단체에 귀속됩니까? 물론 이들 협회는 국가가 제정한 법률로부터 그들의 최종적 권위를 도출합니다만.

답변 이 질문에는 착각이 좀 있습니다. 변화된 조건에서 법적 소유권은 수탁자에게 귀속되는 것이지 국가에 귀속되는 것은 아닙니다. 신탁의 원칙이 생겨나고, 사회를 위해서 최초 소유주의 권리를 그 소유주 자신의 명의로 유지하는 것은, 몰수를 피하려고 했기 때문입니다. 연사인 그 사람도 국가가 언제나 폭력에 기초해야 한다고 생각하지는 않았습니다. 이론적으로는 그렇겠지만, 신탁 이론의 실행은 대부분 비폭력에 기초하게 되는 국가를 요구했습니다.

신탁에 대한 간디지의 입장, 〈하리잔〉, 1947. 2. 16[69]

232) 수탁자와 동업자

파트나, 간디 캠프, *1947. 4. 18*

자민다르 또는 자본가는 농민과 노동자들을 계속 억압한다면 살아남을 수 없을 것입니다. 이제 여러분은 그들에 대해서 주인으로서가 아니라 동업자와 친구로서 행동해야 하고 수탁자로서 움직여야 합니다. 그럴 경우에만 여러분은 살아남을 수 있습니다. 영국 체제

69 〔역주〕《전집》 내 확인 불능.

하에서 여러분은 오랫동안 노동자와 농민을 착취해왔습니다. 그래서 나는 여러분이 임박한 재앙의 징조를 보지 못한다면 적응하기가 어려울 것이라는 점에 대해서 충고하는 바입니다. 그 충고도 여러분의 이익을 위해서입니다.

자민다르와의 대담(G.), 《비하르니 코미 아그만》, 222면 ; 《전집》 94 : 333

8. 산업주의와 기계

233) 기계와 그 오용

고 슈리 마간랄 님은 대중을 위해서 귀중한 편지를 나에게 많이 써 보냈다. 그런데 내가 으레 하듯이 그것들을 찢어 버렸다. 더구나 나는 그가 나보다 먼저 세상을 떠날지 전혀 예상하지 못했다. 죽기 15일쯤 전 그는 나에게 편지를 보냈는데, 그 편지는 내가 지금까지 가지고 있고, 공공의 이익이 될 만한 그 일부를 아래에 싣는다.… 70

이 두 개의 비판 모두 고려할 만한 가치가 있다. 사람들은 어떤 종류의 박람회에도 성급하게 달려가서는 안 된다. 사람들은 전시 품목들에 대해서 지식이 좀 있고 그 품목들의 가치에 대해서 분별력을 발휘할 때, 박람회로부터 어떤 이익을 얻을 수 있다. 우리는 오래된 가내 기구들의 일부를 그것들을 충분히 알지도 못하면서도 포기하고 말았는데, 그 결과로 우리가 겪었던 손실을 누가 계산할 수 있을까? 오

---

70 마간랄은 농업박람회에서 전시되었던 기계와 기구의 유용성에 대해서 의심을 표했고, 손이나 황소의 도움으로 작동할 수 있는 기계를 희생하고, 증기기관이나 휘발유로 작동하는 기계 수입을 촉진하는 정부의 차별적 과세 정책을 비판했다.

래된 것이면 무엇이든 좋다고 말하는 것이 터무니없듯이, 물건이 오래되어서 소용없다고 말하는 것 역시 터무니없는 짓이다. 기계에 반대하는 사람은 없다. 우리의 반대는 그것의 오용, 과도한 사용 때문이다. 나는 사람이나 집짐승이 작동할 수 있는 기계류에 대해서는 15%의 관세가 부과되고, 동력으로 작동되는 기계에는 5%의 관세가 부과된다는 사실을 전혀 몰랐다. 아마 많은 독자도 이 사실을 몰랐을 것이다. 하지만 나는 이 차별에 대해서 알고도 놀라지 않을 것이다. 정부가 활동하는 모든 분야에서 그와 같은 차별을 행하는 것을 보았을 때 비로소 나에게 비협조의 생각이 떠올랐기 때문이다.

기계의 유용성(G.), 〈나바지반〉, 1928. 8. 12 ; 《전집》 42 : 418

234) 인도와 산업주의 〔*1928. 12. 20* 이전〕

인도는 결코 서양을 본받아서 산업주의(*industrialism*)로 나가는 일은 없을 것입니다. 영국과 같이 작은 단 하나의 도서(島嶼) 왕국의 경제적 제국주의는 전 세계에 족쇄를 채워 두고 있습니다. 만약 3억 인구를 지닌 국가 전체가 유사한 경제적 착취로 나간다면, 그 국가는 메뚜기처럼 전 세계를 헐벗게 하고 말 것입니다. 인도의 자본가들은 대중의 복지를 맡는 수탁자가 되어서 자신들의 재능을 자신들을 위한 부를 축적하는 데 사용하지 않고, 애타주의의 정신으로 대중에 대한 봉사에 사용함으로써 그 비극을 막지 않는다면, 대중을 파멸시키거나 아니면 대중에 의해서 파멸되는 종말을 맞이할 것입니다.

어느 자본가와의 토론, 〈영 인디아〉, 1928. 12. 20 ; 《전집》 43 : 540

235) 기계와 사람

〈사람의 손〉이라는 제목을 가진 기사의 필자는 아래와 같이 적고 있다. … 71

나는 그 편지의 서언으로서 무엇인가를 덧붙이고 싶지는 않고, 독자는 다만 기계 숭배(*machinery worship*)에 대한 반대 증언이 기계 시대의 단맛과 쓴맛을 다 맛본 서양인의 증언이란 점을 명심하기를 바란다. 독자는 나와 위의 필자가 기계 자체를 매도한다고 생각해서는 안 될 것이다. 우리가 저항하는 것은 기계가 인간의 기능을 침범한다는 것, 그 결과로 인간이 기계에 종속된다는 것이다.

인간의 손, 〈영 인디아〉, 1929. 3. 21 ; 《전집》 45 : 240

236) 기계에 대한 열광

헨리 이튼(Henry Eaton) 씨는 캘리포니아에서 다음과 같은 편지를 보냈다. … 72

이 편지는 두 개의 미신을 드러낸다. 그중 하나는 인도가 자신을 방어할 수 없고, 내부 알력으로 인해서 분열되어 있기 때문에 스스로 통치하기에 부적합하다는 것이다. 이튼 씨는 영국이 철수하면 러시아가 인도를 급습할 채비가 되어 있다고 근거 없이 상정하고 있다. 이것은 러시아에 대한 모독이다. 러시아의 사업이 영국이 지배하지 않는 민족들을 지배하는 일이란 말인가? 그리고 만일 러시아가 인도에 대

71 이 글에서 미국 화가인 필자는 간디의 이상이 인간적 이상이라 하고, 이것이 '전 세계를 휩쓰는 비인간적인 기계론적 이상'(*the inhuman mechanistic ideal sweeping over the world*)에 대항한다는 점을 보여주려고 했다.

72 그 편지는 여기에 싣지 않는다.

해서 그와 같은 사악한 궁리를 하고 있다고 해도, 위의 글의 필자는 영국을 지배의 자리에서 축출한 바로 그 힘이 일체의 다른 지배도 막아내고야 말 것이라는 점을 보지 못하는가? 인도에 대한 통제권이 합의에 의해서 인도의 대표자들에게 양도될 경우, 영국은 지난 세월 동안 인도로 하여금 자신을 방어하기에 적합하게 만드는 일에 의식중 무의식중에 태만했다는 점에 대한 속죄의 하나로, 인도를 외국의 공격에서 보호할 것을 보증한다는 조건을 부가해야 할 것이다.

개인적으로 말한다면, 그런 합의가 있다고 해도 나는 침입자에 대항하여 시민불복종을 벌이는 국민의 능력에 더 의존할 것이다. 작년 우리나라가 영국인 점령자들에 대항하여 부분적 성공을 거둔 것이 하나의 사례이다. 완전한 성공을 거두자면 그 국민은 먼저 신구의(身口意)에 있어서 비폭력을 완전히 흡수해야 한다. 전국 규모의 사탸그라하의 성공을 눈앞에 생생하게 보여주는 일은, 그것이 전 세계적으로 수용된다는 전주곡이고, 그 자연적인 결론으로서 군비(軍備)의 헛됨을 인정하는 전주곡이다. 폭력의 가시적 상징인 군비에 대한 유일한 해독제는 비폭력의 가시적 상징인 사탸그라하이다. 그러나 위의 필자는 우리 내부의 알력에 대한 공포에 의해서도 억압받고 있다. 우선 내부 알력이 서구에 전달되면서 크게 과장되었다. 둘째, 내부 알력이 외국인의 통제 아래에서 강화되었다. 제국주의적 통치는 분리하고 지배하라(*divide et impera*)는 것이다. 그래서 그 알력은 외국인에 의한 엄혹한 지배가 철수되고 온기를 내뿜는 진정한 자유의 햇볕이 도입되면 반드시 해소될 것이다.

두 번째 미신은 더욱 단단한 것이다. 이는 물레에 대한 미신이다. 이 미신은 심지어 인도에 있는 일부의 사람들도 공유하고 있다. 필자는 기계를 사용하는 방법을 계몽된 것이라고 부르고, 손을 사용하는 방법을 무지한 것이라고 부르고 있는데, 그때 논점을 교묘히 회피하고 있다. 기계로 손을 대체한 것이 모든 경우에서 축복인지는 여전히 증명되어야 할 사항이다. 쉬운 것이 어려운 것보다 좋다고 하는 것도 진실이 아니다. 모든 변화가 축복인지 그리고 낡은 것은 오직 내버리기에만 적합한지, 이것은 앞의 것보다 증명이 더 필요한 사항이다.

수백만 개의 노는 손들이 쉽게 할 수 있는 일을 기계로 할 경우 우리에게 해롭다는 것이 내 생각이다. 길이 1천 9백만 마일, 폭 1천 5백만 마일의 지역에 산재해 있는 인도의 70만 촌락에 수백만 명의 사람들이 퍼져 살고 있다. 이들이 스스로 자신의 식량을 준비하듯이 자신들의 옷감을 짜는 것은 어느 때에도 더 좋고 더 안전하다. 이 촌락들이 자신의 기초 생필품의 생산을 관리하지 않는다면, 그것들은 태곳적부터 향유해왔던 자유를 유지하지 못할 것이다. 서양의 관측자들은 서구적 상황에서 그들에게 옳았던 것이, 수많은 물질적 조건이 다른 인도의 경우에도 분명히 옳을 것이라고 성급하게 논의한다. 경제학 법칙들의 적용은 변화하는 조건에 따라서 달라져야 한다.

기계를 사용하는 방법이 의심할 나위 없이 쉽다고 반드시 축복이라고 할 것은 없다. 하나의 정해진 장소로 하강하는 것은 쉽지만 위험하다. 손을 사용하는 방법은 적어도 현재의 경우에는 어렵기 때문에 하나의 축복이다. 기계를 사용하는 방법에 대한 열광이 지속된다면, 우리가 너무 무능하고 약해져서 신이 우리에게 부여하신 살아있는 기계의 사용을 우리가 망각했던 일에 대해서 우리 자신을 저주하기 시작할 때가 올 것이다. 수백만 명의 사람들은 놀이와 체육 경기만으로 좋은 건강 상태를 유지할 수 없다. 그들은 왜 유용하고 생산적이며 든든한 직업을, 무용하고 비생산적이며 값비싼 놀이와 운동으로 대체해야 할까? 그런 놀이와 운동은 오늘날 기분전환과 휴식을 위해서는 괜찮다. 그런데 생산하는 데 우리가 전혀 관여하지 않았던 음식에 대해서 식욕이 생기도록 하기 위해서 놀이와 운동이 필수적인 일이 된다면, 그것들은 우리에게 불쾌감을 줄 것이다.

마지막으로 나는 오래된 것이 모두 나쁜 것이라는 신념에 찬동하지 않는다. 진리는 오래된 것이며 어려운 것이다. 허위는 큰 매력을 갖고 있다. 그러나 나는 진리의 바로 그 황금기로 기꺼이 돌아가련다. 옛날의 좋은 갈색 빵은 여러 차례 세련된 단계를 거치는 동안 많은 부분에서 영양가를 잃어버린, 반죽 같은 하얀 빵보다 항상 더 낫다. 오래되었지만 훌륭한 물건의 목록은 끝없이 늘릴 수 있다. 물레는 어쨌든 인도에게는 그런 품목의 하나이다.

인도가 자급자족하게 되고 유혹과 착취에 대해서 대비가 되어 있을 때, 인도는 서양이나 동양에 있는 어떤 강대국의 탐욕스런 매력을 일으키는 대상이 되지 않을 것이다. 그럴 경우 값비싼 군비 부담을 떠맡지 않더라도 안전을 느끼게 될 것이다. 인도의 내부 경제가 외침에 대한 가장 강력한 보루가 될 것이다.

질기고 질긴 미신들, 〈영 인디아〉, 1931. 7. 2 ; 《전집》 53 : 1

237) 대량생산과 실업

런던, 〔*1931. 10. 16*〕

질문 간디지, 당신은 대량생산이 민중의 생활수준을 향상시킬 것으로 봅니까?

답변 나는 대량생산을 전혀 믿지 않습니다. 포드[73] 씨의 논법 배후에는 엄청나게 큰 오류가 있습니다. 대량생산에 적합한 대규모 분배가

73 대담자는 그전에 미국에서 포드를 만났는데, 포드는 값싼 물건에 대한 수요가 대규모 생산을 촉진시킬 것이라는 견해를 제시한 바 있다.

생산과 동시에 실시되지 않는다면, 그 생산은 거대한 세계적 비극을 초래할 뿐입니다. 포드 씨의 자동차를 예로 들어 봅시다. 포화점이 조만간 도달하게 될 것입니다. 그 지점을 넘어가면 자동차 생산을 더 이상 강요할 수 없습니다. 그런 다음에는 무슨 일이 일어날까요?

대량생산은 소비자의 진정한 필요를 조금도 고려하지 않습니다. 대량생산이 그 자체로 하나의 가치라면 무한정한 확대재생산이 가능할 것입니다. 그러나 대량생산이 그 안에 자체적인 한계를 갖고 있음은 명확히 보여줄 수 있을 것입니다. 모든 나라들이 대량생산 체계를 수용한다면, 그 생산물을 소비할 충분히 큰 시장이 없을 것입니다. 그렇게 되면 대량생산은 당연히 중지되어야 합니다.

질문 이 포화점이 서양세계에서 이미 도달했다고 당신이 느끼고 있는 것처럼 보이는데요. 포드 씨의 말에 따르면, 양질의 물건들이 결코 과도하게 많은 경우는 없고, 세계의 수요는 항상 증가하고, 따라서 특정 시장에서 특정 상품을 위한 포화점이 있을 수 있지만, 일반적 포화점에는 절대 도달하지 않습니다.

답변 상세하게 논의하지는 않겠습니다. 하지만 나는 대량생산에 대한 열광자가 세계 위기에 대해서 책임을 져야 한다는 확신을 단언하고 싶습니다. 기계가 인간의 모든 욕구를 충족시킬 수 있다고 잠시 가정해 봅시다. 그렇다고 해도 기계는 생산을 특정 지역에 집중시키게 됩니다. 그러므로 분배를 간접적으로 규제해야 할 것입니다. 이와 달리 물건들이 필요한 개개의 장소에 생산과 분배가 함께 존재한다면, 분배는 자동적으로 규제될 것이고 사기(詐欺)를 위한 기회는 줄어들 것이고, 투기를 위한 기회는 전혀 없을 것입니다.

상기 미국인 친구는 가능한 치유책의 하나로 석탄과 증기 대신 궁벽한 지역에까지 전선으로 전력을 공급하는 산업의 비집중화라는 계획에 대해서, 즉 포드 씨가 가장 선호하는 계획에 대해서 언급했다. 그리고 공장들이 그 안에 산재해 있으며, 촌락공동체가 운영하는 공장들이 있는 촌락들 — 작고, 단정하며, 연기 없는 수백 개, 수천 개의 촌락 — 의 그림을 그려주었다. 그런 다음 그는 최종적으로 "간디지, 이런 모든 것이 가능하다고 한다면, 그것은 당신의 반대에 어느 정도 대답하고 있습니까?" 하고 물었다.

답변 그것으로 내 반대를 다 무마할 수는 없습니다. 당신들이 수많은 지역에서 물건들을 생산할 것이라는 점은 사실이지만, 전력은 선택된 중심지에서 오게 될 것입니다. 그것은 결국 재앙을 초래하게 될 것이고, 인간이 만든 하나의 기관(*one human agency*)에 무한한 힘을 두게 될 것입니다. 나는 그것을 생각하면 두려워집니다. 예를 들면, 전력에 대한 그와 같은 통제의 결과, 나는 빛, 물, 심지어 공기 등을 위해서도 그 전력에 의존하게 될 것입니다. 내가 생각하기에 이런 것은 끔찍한 일입니다.

질문 …너무 많은 기계류가 제기한 문제를 해결하기 위해서 유럽과 미국이 무엇을 해야 한다고 당신은 생각합니까?

답변 이런 국가들이 세상에서 이른바 약하거나 비조직화된 인종들을 착취할 수 있다는 점을 당신은 알고 있습니다. 그 인종들이 이와 같은 기초지식을 얻어서 더 이상 착취당하지 않을 것이라고 결심한다면, 그들은 스스로 마련할 수 있는 것으로 간단히 만족할 것입니다. 적어도 핵심 필수품에 관한 한 대량생산은 사라질 것입니다.

질문 하나의 세계적인 조직처럼?

답변 그렇습니다.

질문 그러나 이 인종들은 그들의 수요가 증가하면 자꾸 더 많은 상품을 요구하게 될 것입니다.

답변 그렇게 되면 그들은 스스로 생산할 것입니다. 그리고 그런 일이 일어나면 서양이 이해하고 있는 전문적 의미의 대량생산은 그치게 될 것입니다.

질문 대량생산이 지방적인 것이 된다는 의미입니까?

답변 생산과 소비가 모두 지방화된다면, 무제한으로 어떤 대가를 치러서라도 생산을 가속하려는 유혹은 사라지게 됩니다. 오늘날 우리 경제제도가 끝없이 제시하는 일체의 난관과 문제들 역시 그때 종지부를 찍을 것입니다. 구체적인 사례를 들어봅시다. 영국은 오늘날 세계의 직물 상점입니다. 그래서 영국은 직물 시장을 확보하기 위해서 세계를 포로로 삼을 필요가 있습니다. 그러나 내가 그려 본 그 새로운 변화 아래서는, 영국은 자신의 4천 5백만 인구의 실제적 수요에 맞춰서 자신의 생산을 제한할 것입니다. 그 수요가 충족되면 생산은 반드시 정지될 것입니다. 국민의 수요와 관계없이 더 많은 금을 들여오기 위해서, 그 국민을 빈곤에 빠뜨릴 위험을 감수하면서까지 생산은 지속되지 않을 것입니다. 소수의 주머니에 재화를 부자연스럽게 축적하는 일도 없을 것이고, 이를테면 미국에서 오늘날 일어나고 있는 것처럼 풍요 속의 빈곤, 즉 나머지 사람들의 빈곤도 없을 것입니다. 미국은 온갖 종류의 잡동사니를 팔거나 경쟁자가 없는 기술을 팔아서 오늘날 전 세계를 상속지(相續地)로 확보할 수 있습니다. 물론 미국이 그런 것들을 팔 권리가 있다고 할 수 있습니다. 미국은 대량생산의 정점에 도달했지만 실업이나 빈곤을 제거할 수 없었습니다. 미국에는 소수의 눈부신 부에도 불구하고 곤궁 속에 살아가는 사람이 수천 명 아니 수백만 명이 존재할 것입니다. 미국이라는 나라 전체는 이러한 대량생산으로 이득을 보지 못하고 있습니다.

질문 거기에 분배의 잘못이 있습니다. 우리의 생산제도는 높은 수준의 완전함에 도달해 있지만, 분배는 여전히 결점이 있다는 것을 의미합니다. 만약 분배가 평등하게 이뤄진다면 대량생산은 그 자체의 악을 정화하지 않을까요?

답변 아닙니다. 악은 그 제도에 내재하고 있습니다. 생산이 지방화될 때 분배는 평등하게 됩니다. 다른 말로 하면 분배는 생산과 동시에 일어날 때 평등하게 됩니다. 당신이 당신의 상품을 처분하기 위해서 세상의 다른 시장을 두드리기를 원하는 한, 분배는 결코 평등하게 되지 않을 것입니다. 그 말은 서양의 국가들이 이룩한 과학과 조직의 눈부신 발전이 이 세상에 아무 소용이 없다는 뜻이 아니라 서양의 국가들이 그들의 기술을 사용해야 한다는 것만을 의미합니다. 만일 그들이 박애적인 관점에서 그 기술을 외국에 이용하기를 원한다면, 미국은 '우리는 교각 건설의 방법을 알고 있지요. 그런데 그것을 비밀로 하지 않습니다. 우리는 전 세계에 그것을 말하고, 당신에게 교각의 건설 방법을 가르치고 그 일로 해서 한 푼도 받지 않겠습니다' 하고 말할 것입니다. 미국은 '다른 나라가 밀 잎사귀 하나를 재배할 수 있다면,

우리는 2천 개의 잎사귀를 재배할 수 있다'고 말합니다. 그렇다면 미국은 그 기술을 배우고 싶어하는 자들에게 무료로 가르쳐 주어야 할 것이고, 전 세계를 위해서 밀을 재배하기를 바라서는 안 됩니다. 그렇게 되면 세계에 대해서 정말로 유감스런 날이 될 것입니다.

미국 친구는 다음에 간디지에게 러시아를 가리키며, 그 나라가 대량생산을 발전시킨 나라이긴 하지만, 간디의 의미에서 공업화가 덜된 나라를 착취하지도 않고 불공평한 분배의 나락에 떨어지지도 않은 나라인지 물었다.

답변 다른 말로 하면, 당신은 내가 국가 통제하의 산업(*State-controlled industry*)에 대해서, 즉 오늘날 소비에트 러시아에 그런 일이 진행되듯이 생산과 분배가 국가에 의해서 통제되고 규제되는 경제 질서에 대해서 나의 의견을 표시하기를 원하고 있습니다. 자, 그것은 새로운 실험입니다. 그것이 궁극적으로 어느 정도 성공할지, 나는 모르겠습니다. 만약에 그것이 물리력(*force*)에 기초하지 않았다면, 나는 그것에 홀딱 반했을 것입니다. 그러나 오늘날 그것은 물리력에 기초하고 있으므로, 우리를 얼마나 멀리 그리고 어디로 데려갈지 나는 모르겠습니다.

질문 그렇다면 당신은 대량생산을 인도의 이상적 미래로서 그리지 않습니까?

답변 예, 대량생산을 그리고 있습니다. 하지만 물리력에 기초를 둔 대량생산은 아닙니다. 결국, 물레의 메시지가 그것입니다. 그것은 대량생산, 하지만 민중 자신들의 집에서 하는 대량생산입니다. 당신이 개인적 생산을 수백만 번 곱한다면, 엄청난 규모의 대량생산에 이르지 않겠습니까? 그러나 나는 당신이 말하는 '대량생산'이란 될수록 최소한의 사람들이 대단히 복잡한 기계의 도움을 받아서 해내는 생산을 의미한다고 이해했습니다. 나는 자신에게 그것이 잘못이라고 말합니다. 나의 기계는 수백만 세대의 집에 둘 수 있을 정도로 가장 초보적인 유형이어야 합니다. 나의 제도 아래서는 현재 유통되는 화폐는 노동이지 금속이 아닙니다. 자신의 노동을 사용할 수 있는 자는 누구든 그 화폐를, 그의 부를 가진 자입니다. 그는 그 자신의 노동을 직물로, 그 자신의 노동을 곡물로 변환합니다. 만일 그가 스스로 생산할 수 없는 파라핀유를 원한다면, 그는 그 기름을 얻기 위해서 잉여 곡물을 사용할 수 있습니다. 그것은 자유롭고, 공평하고, 평등한 조건에서 이루어지는 노동의 교환입니다. 그래서 강도질이 아닙니다. 당신은 이것이 원시적인 물물교환제도로 복귀하는 것이라고 반대할 것입니다. 그러나 국제무역도 물물교환제도에 근거한 것이 아닙니까?

이 제도가 제공할 수 있는 다른 장점을 보십시오. 당신은 그것을 무한히 증대시킬 수 있습니다. 그러나 생산의 무한 집중은 실업으로 나갈 수밖에 없습니다. 당신은 발전된 기계의 도입에 의해서 일자리를 잃어버린 노동자들이 다른 직업을 찾을 수 있을 것이라고 말합니다. 그러나 취업의 길이 고정되고 제한되고 조직화된 나라에서는, 즉 노동자가 특정 종류의 기계의 사용에만 아주 숙련된 나라에서는, 이런 일이 매우 어렵다는 것을 당신의 경험으로 알 수 있을 것입니다. 오늘날의 영국에 3백만 명 이상이 실업 상태에 있지 않습니까? 전날 나는 다음과 같은 질문을 받았습니다. "오늘날 우리는 이들 3백만 명의 실업자들을 어떻게 해야 합니까?" 그들을 하루 만에 공장에서 들판으로 옮길 수는 없습니다. 그것은 엄청난 문제입니다.

질문 기계농업(*machine agriculture*)은 미국과 캐나다에 한 것같이 인도에 큰 변화를 낳지 않을까요?

답변 아마 그럴 것입니다. 그러나 그 문제에 대해서는 나는 대답하기에 적합한 사람은 아니라고 생각합니다. 우리 인도인들은 여태 농업에서 이익을 낼만큼 대단히 복잡한 기계를 사용할 수는 없었습니다. 우리는 기계를 배제하지는 않습니다. 조심스런 실험을 하고 있습니다. 그러나 우리는 동력에 의한 농업기계가 필수적이라고 생각하지 않았습니다.

질문 일부의 사람들은 당신이 기계 일반에 대해서 반대한다는 인상을 갖고 있습니다. 이것은 사실이 아니라고 저는 믿습니다만.

답변 그것 아주 잘못입니다. 물레 역시 기계입니다. 그것은 아주 아름다운 예술품입니다. 그것은 기계가 보편적 규모로 사용되는 것을 전형적으로 보여주는 것으로 대중의 여건에 맞춰진 기계입니다.

질문 그렇습니다. 기계가 소수의 손에 생산과 분배를 집중시키기 때문에 그리고 그럴 때만 당신은 기계에 반대합니다.

답변 당신 말이 맞습니다. 나는 특권과 독점을 미워합니다. 대중과 공유할 수 없는 것은 나에게 터부입니다. 이것이 전부입니다.

미국인 특파원 칼렌더와의 대담,
〈하리잔〉, 1934. 11. 2 ; 《전집》 54 : 12

238) 기계와 노동의 추방

1934. 12. 10

사랑하는 친구에게,

편지에 감사드립니다. 다행스럽게도 나는 당신이 내게 보낸 책도 받았습니다. 그것에 대해서도 감사드립니다.

당신의 편지 안에 촌민들을 위해서 기울이는 나의 겸허한 노력을 지원하겠다는 약속을 담고 있어서 그 편지는 큰 즐거움을 주었습니다. 나는 중공업에 대한 당신의 의견을 아무 어려움 없이 지지합니다. 나는 중공업이 동력으로 움직이는 기계의 사용 없이 조직될 수 없다는 것을 압니다. 나는 그런 기계의 사용에 대해서는 불만이 전혀 없습니다. 그런 기계가 사람의 노동을 추방하기 때문에, 그리고 추방당하는 노동자들에게 추방당하는 노동만큼 좋은 대체물을 주지도 않기 때문에 나는 반대합니다.

귀하의 신실한 친구

M. K. 간디

비슈베슈바라야(M. Visvesvarayya)에게
보낸 편지, CW 9727 ; 《전집》 65 : 541

239) 적절한 기계 사용

〔*1935. 6. 22* 이전〕[74]

간디지　이 물레는 기계가 아닙니까?[75]

사회주의자　이 기계를 의미하는 것이 아니라, 보다 더 큰 기계를 말합니다.

---

74 한 사회주의자가 기계에 대한 짧은 글을 들고 간디에게 촌락산업운동이 모든 기계를 추방하려던 것이 아니었는지를 물었다.

75 간디는 그때 물레질을 하고 있었다.

간디지 당신은 싱어의 재봉틀을 의미합니까? 그것 역시 촌락산업운동에 의해서 보호받고 있습니다. 그리고 그런 사안에 있어서 대중으로부터 노동의 기회를 박탈하지 않고, 개인을 돕고 그의 효율성을 제고해 주는 기계, 사람이 기계의 노예가 되지 않고 자유롭게 다룰 수 있는 기계라면 보호를 받을 것입니다.

사회주의자 그러나 위대한 발명품에 대해서는 어떻게 생각하십니까? 당신은 전기와는 아무 관계를 맺지 않을 것입니까?

간디지 누가 그렇게 말했습니까? 만일 전기가 촌락의 모든 가정에 들어갈 수 있다면, 나는 촌민들이 전기의 도움을 받아서 그들의 기구와 도구를 부지런히 돌리더라도 괘념치 않을 것입니다. 그러나 그럴 경우 촌민 공동체 또는 국가가 목초지를 소유하듯이 발전소를 소유해야 할 것입니다. 그러나 전기나 기계가 없는 곳에서 노는 손들은 무엇을 해야 합니까? 당신은 그들에게 일을 주지 않으렵니까? 아니면 그들의 주인들로 하여금 일이 없다고 그들을 해고하게 만들겠습니까?

나는 만인의 이익을 위해서 만들어진 일체의 과학 발명품을 귀중하게 여길 것입니다. 발명품에 따라서 차이가 있습니다. 나는 군중을 일시에 죽일 수 있는 독가스를 좋아하지 않습니다. 사람의 노동으로 할 수 없는 공익 설비를 위한 중장비는 불가피하게 필요하지만, 그런 것은 모두 국가가 소유해야 하고, 전적으로 민중의 이익을 위해서 사용되어야 할 것입니다. 다수의 희생 위에 소수를 부자로 만들어 주기로 되어 있는 기계, 이유도 없이 다수의 유용한 노동을 추방하는 기계, 그런 기계에 대해서 나는 조금도 고려하고 싶지 않습니다.

그러나 당신도 사회주의자로서 기계의 무차별적 사용에 찬성하지 않을 것입니다. 인쇄기를 예로 들어봅시다. 그것들은 살아남을 것입니다. 수술용 도구를 봅시다. 사람이 그것들을 자신의 손으로 어떻게 만들 수 있겠습니까? 그것들을 만드는 데는 중장비가 필요할 것입니다. 그러나 나태를 치료하기 위한 기계는 물레를 제외하고는 따로 없습니다. 나는 당신과 대담을 하면서도 물레질을 할 수 있고, 나라의 부에 약간 보탬 수도 있습니다. 아무도 이 기계를 추방할 수 없습니다.

대담, 〈하리잔〉, 1935. 6. 22 ; 《전집》 67 : 291

240) 기계화와 촌락 재건

세가온,[76] 〔*1937. 7. 3* 이전〕

간디지 우리의 독립은 지상의 다른 민족의 묵인하에 살지 않을 것을 의미하고, 이 입장을 지키면서 죽어가는 인도에서 큰 잔치가 열릴 것을 의미합니다. 그러나 우리는 스스로 죽임을 당할지라도 남을 죽이면서 생을 마치고 싶지 않습니다. 그것이 진기한 실험이란 것을 나는 알고 있습니다. 나는 히틀러 씨가 물리력의 사용 없이 유지되는 인간의 존엄(*human dignity*)이라는 입장을 수용하지 않는다는 것을 알고 있습니다. 우리 중 많은 사람은 비폭력적인 방법으로 독립을 얻을 수 있다고 느낍니다. 우리가 피로 이룬 강을 건너야 한다면 그것은 전 세계를 위해서 나쁜 날이 될 것입니다. 만일 인도가 무기가 쨍그랑하고 부딪히는 소리에 의해서 자유를 얻는다면, 인도는 세상을 위한 참 평화의 날을 무기한 연기하는 것입니다. 역사는 영속적인 전쟁의 기록입니다. 하지만 우리는 새 역사를 만들기 위해서 노력하고 있습니다. 이 말을 하는 이유는 비폭력에 관한 한 내가 국민의 마음을 대변하기

---

76 슈트링크 대위는 독일 정부 일간지의 대표이며 히틀러 참모의 일원으로서, 인도의 실정을 조사할 목적으로 세가온을 방문했다. 그는 독립의 내용과, 인도 민중이 얼마나 진지하게 독립을 원하는지를 알고 싶어했다.

때문입니다. 나는 칼의 교의를 논리적으로 생각하고 그 가능성을 실험해 보고, 인간의 운명은 정글의 법칙을 의식적인 사랑의 법칙으로 대체하는 것이라는 결론에 도달했습니다. 독립의 열망은 유럽의 모든 국가들을 불 지른 열망입니다. 그러나 그 독립은 자발적인 협력을 배제하지 않습니다. 제국주의적 야망은 협력과 부합하지 않습니다.

슈트렁크 대위(Capt. Strunk)는 기계·서양문명·서양의학 등에 대한 간디지의 견해에 대해서 희미하게나마 들은 바가 있었다. 그는 그것을 직접 알기를 원했다.

간디지 나는 우리가 서양 모델을 송두리째 받아들일 수는 없다고 말해왔습니다. 나는 인도의 기계화를 믿지 않습니다. 촌락 재건은 정말로 가능합니다!

슈트렁크 당신의 목표인 독립을 얻고 난 뒤, 당신은 이런 견해를 바꿀 가능성이 있습니까?

간디지 없습니다. 이런 견해는 나의 영구적인 확신을 대변합니다. 그러나 기계와 철도 등에 대해서 내가 반대하고 있습니다만, 그 반대는 우리가 독립하자마자 그것들을 근절해야 한다는 것을 의미하는 것은 아닙니다. 기계와 철도 등은 오늘날 주로 전략적 군사적 목적을 달성하고자 합니다만, 그 대신 국가의 이익을 위해서 사용될 것입니다.

슈트렁크 때때로 당신은 서양의 위생시설과 서양 외과 수술에 반대하는 연설을 합니다. 인도와 관련하여 당신의 장래 계획은 무엇입니까?

간디지 당신이 그 질문을 해 줘서 기쁩니다. 서양의 위생시설에 대해서 나는 말한 적이 없습니다. 실제로 나는 촌락 위생시설에 대한 나의 이상을 영국인 의사 푸어(Poore)로부터 얻었고, 그것을 여기에서 모방했습니다. 그러나 나는 검은 마법의 농축된 알갱이라고 불렀던 서양의학에 반대하는 말을 했습니다. 나의 견해는 비폭력에서 생겨났는데, 내 혼이 생체해부에 대해서 반란을 일으키기 때문입니다. 당신은 내가 의학의 길을 갈 뻔했다가 선친의 소원을 들어주기 위해서 법을 택했다는 것을 모르실 것입니다. 그러나 남아프리카에서 나는 다시 한 번 의학을 생각했습니다. 내가 생체해부를 해야 한다는 말을 들었을 때, 내 혼은 그것에 대해서 반란을 일으켰습니다. 나는 자문했습니다. '내가 자신에게는 절대 가하지 않을 잔인한 행동을 왜 하급 동물들에게 가해야 하는가?' 하고 말입니다. 그러나 나는 모든 의료 행위를 경멸하지는 않습니다. 나는 우리가 안전한 해산과 영아(嬰兒) 양육에 대해서 서양으로부터 많은 것을 배울 수 있음을 알고 있습니다. 우리의 애들은 아무튼 태어날 것이고, 대부분의 우리 여성들은 자녀 양육의 학문에 대해서 무지합니다. 이 사안에 대해서 우리는 서양으로부터 많은 것을 배울 수 있을 것입니다.

그러나 서양은 인간의 지상적 존재(*man's earthly existence*)의 연장을 지나치게 중시합니다. 지상에서 인간의 최후 순간까지 당신은 사람에게 약을 계속 먹일 것이고 심지어 주사로 약을 주입하기도 합니다. 내가 생각하기로는 이것은 그들이 전쟁터에서 목숨을 던져 버리는 무모함과도 부합하지 않습니다. 내가 비록 전쟁에 반대하지만, 전쟁이 무모한 용기를 유발한다는 점에 대해서는 아무 의심이 없습니다. 그런데 나는 전쟁에 나가지는 않지만, 고상한 명분을 위해서 내 생명을 던져 버리는 기술을 당신에게서 배우고 싶습니다. 그러나 서양의학은 인간 이하의 생명(*subhuman life*)에 대한 애정마저 희생해 가면서 인간이 가진 삶에 대한 과도한 욕망을 고무하는 것처럼 보입니다만, 나는 그런 욕망을 원치 않습니다. 하지만 서양의학이 질병의 예방을 강조하는 점은 좋아합니다.

슈트렁크 인도에는 지성의 과잉생산, 지식층의 실업이 너무 많습니다. 이 교육받은 청년 그룹을 촌락으로 보내서 유용하게 이용해야 하지 않겠습니까?

간디지 그 운동은 시작되었습니다. 그러나 그것은 아직 유아기입니다. 그리고 학위의 과잉생산은 있지만 지성의 과잉생산은 없습니다. 두뇌의 힘은 전혀 증가하지 않았으며 오직 기억술만이 자극을 받았습니다. 이와 같은 학위들을 수레에 실어서 촌락으로 나를 수 없습니다. 만일 아직도 남아 있는 두뇌가 있다면 그것만이 사용될 수 있습니다. 학위를 위한 독서는 우리에게서 진취성을 앗아갔습니다. 그 독서는 촌락으로 가는 데 우리를 부적합하게 만들었습니다. 공과대학의 공부는 우리에게서 창조성에 대한 욕구를 박탈합니다. 수년 동안 진행된 기억의 작업은 마음의 피로를 초래한 나머지 우리 대부분을 사무직에 적합하게 만들었습니다. 하지만 촌락운동은 지속되어야 합니다.

슈트렁크 대위가 떠나려고 하자, 간디지는 그를 칼렌바흐 씨에게 소개해 주었다.

간디지 여기에 진짜 유대인이 있습니다. 당신이 원하신다면 독일계 유대인이라고 불러도 됩니다. 그는 전쟁 중 열렬한 독일 지지자였습니다.

슈트렁크 대위는 카디 도티를 걸친 벌거벗은 독일계 유대인이 앉아 있는 것을 보고 깜짝 놀랐다.

간디지 그런데 나는 유대인이 왜 독일에서 박해를 당하는지에 대해서 당신의 말을 듣고 이해하고 싶습니다.

슈트렁크 대위는 설명해 보았다. 수많은 유대인이 참전했고 독일은 그들에 대해서 나쁜 말 한 마디도 하지 않았다. 전후 독일을 유린한 것은 유대인들이었다. 독일인을 직장에서 쫓아내고 히틀러에 반대하는 투쟁을 '지도'한 것도 유대인들이었는데, 그런 행위를 봐줄 수가 없었다.

슈트렁크 이제 우리에게 좀 과도한 점이 있었다고 개인적으로 생각합니다. 그런 것은 혁명이 늘 범하는 잘못입니다. 아, 그런데 유럽에는 깊은 증오심이 있습니다. 그리고 그것은 스페인에서 그 정점에 도달했습니다. 이번의 스페인 전쟁, 그것은 잔인하고, 냉혹하고, 어리석고 비인간적입니다. 그것은 어떤 다른 전쟁과도 비교할 수가 없습니다.

슈트렁크 대위와의 대담, 〈하리잔〉, 1937. 7. 3 ; 《전집》 71 : 493

241) 산업화와 개성

〔*1939. 1. 1* 또는 그 이전〕

프리드먼(Frydman)[77] 현실주의자로서 내가 세계를 휩쓸고 있는 산업화(*industrialization*) 물결에 대해서 어떤 태도를 취해야 합니까? … 그것에 단순히 반대하는 것은 에너지 낭비가 아닙니까? 그 방향을 전환하도록 노력하는 것이 더 낫지 않겠습니까?

---

77 보통 바라타난드(Bharatanand)로 알려진 자로서 폴란드인이다. 그는 방갈로르 소재의 정부 전기연구소 소장이었다. 그는 인도 정치와 철학에 예리한 관심을 갖고 있었다.

간디지　당신은 기술자입니다. 그래서 당신은 역학의 사례를 잘 알 수 있을 것입니다. 당신은 힘의 평행사변형을 알 것입니다. 거기에서 힘은 서로 무력화하지 않습니다. 개개의 힘이 자신의 선을 따라서 자유롭게 움직이고, 우리는 운동의 최종 방향을 보여주는 결과를 얻게 됩니다. 당신이 언급한 문제는 그와 같습니다. 산업화를 신성화할 정도까지 도달한 러시아를 보니, 그곳의 삶이 나에게 아무 매력이 없습니다. 성경의 말씀을 사용한다면, '사람이 온 세상을 얻고 자신의 혼을 잃어버린다면 무슨 소용이 있습니까?' 현대의 용어로 말한다면, 사람이 자신의 개성을 잃고 기계의 톱니바퀴의 이가 되는 것은 인간 존엄 이하입니다. 나는 개개의 인간이 사회에서 활발하게 움직이고 완전히 발달한 성원이길 바랍니다. 촌락들은 자립적이 되어야 합니다. 사람이 아힘사의 이름으로 일을 해야 하는 경우, 나는 다른 해결책을 보지 못합니다. 이제 나는 그런 확신이 있습니다. 나는 산업화를 믿는 사람들이 존재한다는 것을 알고 있습니다. 나는 내 확신을 위해서 전 존재를 걸고 일합니다. 조정의 과정은 언제나 진행됩니다. 나는 그 결과가 무엇일지 모릅니다. 그러나 그것이 무엇이든 유익할 것입니다.

프리드먼　그러나 자족의 촌락이라는 이상을 위협하지 않고도 산업화와 타협할 수 있지 않겠습니까?

간디지　예, 할 수 있습니다. 철도들이 있습니다. 나는 그것을 피하지 않습니다. 나는 자동차를 싫어하지만 막무가내로 늘 그것들을 이용합니다. 다시 말하지만, 나는 만년필을 싫어하고 내 상자에 갈대 펜이 있으면서도 방금 만년필을 이용했습니다. 만년필을 사용할 때마다 마음이 아프고, 내가 통 속에 버려 둔 갈대 펜을 생각합니다. 한 걸음 뗄 때마다 타협합니다. 그러나 그것이 타협이라는 점을 자각하고 심안(心眼, *the mind's eye*)에 최종 목표를 늘 그려 보아야 합니다.

프리드먼 분주한 서양에서 인도 촌락의 대중에게 다가가면, 나는 정체 상태가 지배하는 전혀 다른 세계로 움직이는 것 같습니다.

간디지 당신이 표면을 보는 한 그럴 것입니다. 그러나 당신이 그들에게 말을 걸고 그들이 말하기 시작하는 순간, 당신은 그들의 입술에서 지혜가 뚝뚝 떨어지는 것을 보게 될 것입니다. 저 거친 껍질 배후에 당신은 영성의 깊은 저수지를 보게 될 것입니다. 나는 이것을 문화라고 부릅니다. 당신은 그런 것을 서양에서는 보지 못할 것입니다. 당신이 한번 서양의 농부와 대화하려고 해보십시오. 그가 영적인 일에 대해서는 관심이 없음을 알게 될 것입니다. 인도 촌민의 경우에는 조야한 껍데기 아래 오래된 문화가 숨겨져 있습니다. 그 껍데기를 벗겨내고 그의 만성적 빈곤과 무지몽매를 제거하시오. 그러면 문화와 교양이 있는 자유 시민이 어떤 것인지에 대한 가장 훌륭한 표본을 가질 것입니다.

모리스 프리드먼(Maurice Frydman)과의 대담,
〈하리잔〉, 1939. 1. 28 ; 《전집》 74 : 503

242) 촌락 연장의 완성 〔*1945. 8. 16* 또는 그 이전〕[78]

인도 기술자들이 만일 촌락의 연장과 기계를 완성하는 데 그들의 능력을 사용한다면 얼마나 유용한 일이겠습니까. 이것은 분명히 그들의 품위를 떨어뜨리는 일은 아닐 것입니다.

기술자들에 대한 충고, 〈더 힌두〉, 1945. 8. 25 ; 《전집》 87 : 629

---

78 이 충고는 실헤트 출신 기술자 라반야 쿠마르 초우다리가 세바그람에 방문했을 때 그와의 대담 중에 주어졌다. 그는 1942년 운동기에 공무원직을 사임했다.

243) 주요 산업의 국가소유

델리로 가는 열차, *1946. 8. 25*

한 투고자가 다음과 같이 적고 있다.

> 그렇다면 당신은 인도의 산업화 — 인도가 배 · 자동차 · 비행기 등을 자체 생산할 정도의 산업화 — 가 필수적이라고 생각합니까? 필수적이라고 생각하지 않는다면, 인도가 자유롭고 독립적인 국가로서 자신의 책임을 다할 수 있는 다른 대안을 제시해 주시겠습니까?
>
> 만일 당신이 그런 산업을 유치할 필요성을 믿고 있다면, 당신의 견해로는 누가 그 산업과 거기에서 오는 이익을 관리해야 합니까?

나는 산업화가 모든 나라와 모든 경우에 필수적이라고 보지 않는다. 그것은 인도를 위해서는 더더욱 필요치 않다. 독립한 인도는 수천 개의 가내공업을 발전시키고 세계와 더불어 평화롭게 살아가는 형태의 삶, 검소하지만 고상한(*ennobled*) 삶을 살아감으로써만, 신음하는 세계에 대한 자신의 의무를 수행할 수 있다고 나는 믿는다. 고결한 생각(*high thinking*)은 맘몬 숭배가 우리에게 부과한 고속도에 기초를 둔 복잡한 물질적 삶과는 일치하지 않는다. 삶의 모든 기품은 우리가 고상하게 사는 기술을 배울 때 비로소 가능하다.

위험하게 사는 일에는 흥분이 있을 수 있다. 우리는 위험에 맞서서 사는 일과 위험하게 사는 일을 구분해야 한다. 총도 없이 오직 신만을 자신의 도움으로 간주하고 감히 야생동물과 야만인들이 출몰하는 숲 속에 혼자 살려고 하는 자는 위험에 맞서서 사는 자이다. 늘 공중에 살면서 세상이 입을 딱 벌리고 경탄할 정도로 지상으로 뛰어내리는 자는 위험하게 사는 자이다. 전자는 목적이 있는 삶이고 후자는 목적이 없는 삶이다.

아무리 지리적으로 수적으로 광대한 국가라고 해도, 그 국가가 빈틈

없이 무장한 세상에 직면하고 당당한 위풍을 뽐내는 세상 한복판에 고립되어 있다면, 그 고립된 국가가 그와 같은 소박한 삶을 살아갈 수 있을지의 여부는, 의심을 품고 있는 회의주의자에게는 하나의 질문거리일 수밖에 없다. 그에 대한 대답은 간단명료하다. 소박한 삶이 살 만한 가치가 있다면 그렇게 살려는 시도를 한번 해볼 가치가 있다. 비록 그 시도를 하는 것이 한 개인이나 한 단체라고 해도 말이다.

동시에 나는 일부의 주요 기간산업들이 필수적이라고 믿는다. 나는 탁상공론 사회주의도 무장한 사회주의도 믿지 않는다. 나는 대규모의 회심을 기다리지 않고, 내 자신이 신념에 따라서 행동하는 것이 옳다고 믿는다. 따라서 나는 주요 기간산업들을 낱낱이 열거할 수는 없지만, 많은 사람이 함께 일해야 하는 곳이라면 국가소유(*State ownership*)가 있어야 한다고 본다. 그들의 숙련 노동과 미숙련 노동으로 만든 생산물의 소유권은 국가를 통해서 그들에게 귀속될 것이다. 그러나 나는 비폭력에 기초를 둔 국가만을 생각할 수 있듯이, 부자들에게서 물리력으로 재산을 박탈하지 않을 것이고, 국가소유로의 이전 과정에서 그들의 협조를 요청하고 싶다. 백만장자든 극빈자든 그들은 사회의 천민(*pariah*)이 아니다. 이 둘은 동일한 질병의 두 종기이지만, 그럼에도 불구하고 사람이다.

나는 다른 곳과 마찬가지로 인도에서 우리가 목격한 바 있으며 지금도 목격할 수밖에 없는 비인간성에 직면하여 이런 신념을 고백하는 바이다. 위험에 맞서서 살자.

산업주의의 대안, 〈하리잔〉, 1946. 9. 1 ; 《전집》 92 : 9

244) 도시와 촌락

파트나, 간디 캠프,[79] *1947. 4. 18*

이 기계들에 투자한 돈이 모두 먼지가 된다고 해도 나는 조금도 후회하지 않을 것이다. 진정한 인도는 70만 개의 촌락에 있다. 런던과 같은 대도시는 인도를 착취해왔고, 인도의 대도시는 이번에는 인도의 촌락을 착취해왔다는 사실을 아는가? 그런 방식으로 대궐 같은 맨션들이 대도시에 생겼고 촌락은 빈곤하게 된 것이다. 나는 이 촌락들에 새 생명을 주입하고 싶다. 도시 소재의 모든 공장들이 파괴돼야 한다고 말하는 것은 아니다. 하지만 우리는 경계해야 하고 실수할 경우에는 언제든 새롭게 시작해야 한다. 우리는 촌락에 대한 착취를 중지하고, 촌락에 가해진 불의를 상세하게 검토하고, 촌락의 경제 구조를 강화해야 할 것이다.

나는 우리가 진리와 비폭력을 통해서 많은 기운을 얻었다는 점에 대해서 의심이 전혀 없다. 우리나라가 비폭력의 무기를 채용하지 않았다면, 이 나라는 절대로 높이 올라갈 수 없었을 것이다. 그러나 민중이 진리에 순종함에 있어서 꼭 그래야만 할 정도로 순종했던 것은 아니다. 나는 우리나라에 횡행하고 있는 저렇게 많은 허위를 보고 자주 놀란다. 우리의 비폭력 실천은 완전과 거리가 먼 것이 분명하지만, 우리가 만일 비폭력을 채용하지 않았더라면 이만큼이라도 진보하지 못했을 것이다. 우리의 목표는 진리이고 진리는 비폭력의 준수를 통해서만 도달될 수 있다. 비폭력은 수단일 뿐이다. 진리를 말하는 것은 정확히 내 유년기부터 형성됐던 습관이다. 그러나 나는 비폭력을 실천하기 위해서 노력해왔다. 우리가 비폭력을 받아들인다면 진리는 그

79 〔원주〕 마누 간디는 민중이 촌락산업을 수용할 경우에 공장과 도시의 운명이 어떻게 될 것인지 물었다. 〔역주〕 마누 간디는 숙부 툴시다스 간디의 증손녀이다.

에 따라올 수 있다. 때로는 악에서도 선이 생겨나지만 그것은 하늘이 내리신 것이다. 인간의 경험으로 보면 선은 선에서 나오듯이 악에서는 오직 악만이 나온다. 보복이 폭력을 종결시킬 수 없다. 인류가 폭력을 뛰어넘자면 비폭력을 채용하는 길밖에는 다른 대안이 없다. 사랑만이 증오를 정복할 수 있다. 진리와 비폭력, 이 두 원리는 새로운 것이 아니다. 그것들은 창조가 시작될 때부터 존재해왔다. 60년간의 경험 이후에 이 두 이상에 대한 나의 신앙은 나날이 강해진다.

마누 간디와의 대화(G.), 《비하르니 코미 아그만》, 220~221면 ; 《전집》 94 : 332

9. 사회개혁

245) 촌락의 사회 일꾼들

한 자원봉사자가 다음과 같이 적고 있다. … 80

나는 이 말의 진리를 여기 벵골 전역에서 깨닫고 있다. 우리가 촌락에 들어가기로 생각한 것은 오직 최근의 일이다. 첫째, 우리는 촌민들로부터 물건들을 원했다. 우리가 그들에게 뭔가를 주기 위해서 촌락에 가는 것은 지금 막 시작되었다. 그렇게 짧은 시간 안에 우리가 어떻게 그들의 신뢰를 얻기를 기대할 수 있을 것인가? 아비가 아들의 신뢰를 얻는 데도 종종 수년이 걸린다. 우리는 촌민들 사이에서 명예로운 위상을 되찾아야 하는데, 조급함을 통해서는 아무것도 얻지 못할 것이다. 어떤 사람들은 봉사의 가면(假面) 아래에서 자신의 이익

80 이 투고자는 자신의 경험에 기초하여 만일 촌민들이 일꾼들을 신뢰하지 않았다면, 그 잘못은 후자에게 있었을 것이라고 적었다.

을 도모한다. 촌민들이 그런 사람들과 진실한 일꾼을 구별하기 위해서는 경험이 아니고서 무슨 다른 수단이 있을까? 그래서 공공의 일꾼들은 인내, 감내, 사심 없음 그리고 다른 덕을 길러야 한다. 대중은 자신들을 안내하는 데 경험 이외의 다른 지식이 없다.

누가 비난받아야 하는가?(G.),
〈나바지반〉, 1925. 6. 28 ; 《전집》 32 : 49

246) 대중을 위한 희생

(캠프) 발라소르, *1927. 12. 14*

사랑하는 친구에게,
당신이 기차에서 쓴 편지를 받았습니다. 그 편지는 감상적입니다. 나 스스로 아주 관대한 기질이 있다고 믿는데도, 나는 우리 사이에 핵심적인 차이점을 봅니다만, 당신은 단지 사소한 점에서만 차이점을 보는 것 같기 때문입니다. 나에게는 우리의 관점이 전적으로 다른 것으로 보입니다. 당신은 당신 마음의 눈에 극소수의 식자층 인도인을 그리고 있지만, 나는 내 마음의 눈에 철도 지역 외부에 살아가는 가장 비천한 무식쟁이를 그리고 있습니다. 식자층도 중요한 것은 분명 사실이지만, 나 자신의 평가로는 식자층이 중요한 것은 무식한 대중의 관점에서만, 그 대중을 위해서만 중요합니다. 식자층(*the educated class*)은 자신의 삶을 대중(*the masses*)을 위해서 기꺼이 희생할 경우에만 그 존재를 정당화할 수 있습니다. 그래서 당신의 구도(構圖)는 내게 아무 호소력이 없습니다.

나는 P. C. 레이(Ray) 경의 서언을 읽었고 당신이 내게 보내주신 다른 글들도 읽었습니다. 하지만 나는 이 위대한 사람들을 존경하기는 하지만, 그들은 내 근본적인 입장에서 나를 움직이지 못했습니다. 그래서 나는 당신이 우리 사이에 존재하는 근본적인 차이점을 인정하기를, 그리고 그 차이점에도 불구하고 당신이 할 수만 있다면 나를 사랑하기를 원합니다. 나의 입장을 말씀드린다면, 그런 차이점이 존재한다고 해도, 그것이 당신을 사랑하는 일, 당신의 편지에 대해서 가능한 한 자주 답장하는 일, 그리고 우리의 기질상의 차이점을 분명히 드러내도록 있는 힘을 다해서 노력하는 일을 방해하지 않습니다. 이렇게 하다 보면 우리는 서로 다르다는 사실에 대해서 금방 동의할 수 있고, 그리고 어느 날 두 사람 가운데 한 사람이 개심자가 되기를 바랄 수도 있을 것입니다.

귀하의 신실한 친구

Captain J. W. Petavel
Baghbazaar
Calcutta

J. W. 피터벌 대위에게 보낸 편지,
SN 12648 ; 《전집》 41 : 30

247) 자원봉사자들의 기근

1932. 3. 31

안녕, 다히벤!
자네의 편지를 받았다네. 과업이 어려우면 어려울수록 자발적인 일꾼의 수는 적을 것이네. 그래서 나는 자네 편지에도 놀랄 것이 없었네. 그러나 이해심 많은 일꾼은 봉사자들의 기근을 보게 되면, 자신들의 일에 더 열심히 헌신하고 더 큰 희생을 바칠 것이라네. 그들이 그렇게 한다면 일꾼들의 수가 다시 증가할 것이네. 이 법칙에는 예외가 없다네.

바푸로부터 축복을.

다히벤 파텔(Dahibehn Patel)에게
보낸 편지, GN 9206 ; 《전집》 55 : 210

248) 사회사업과 과학 실험

1932. 6. 19

나는 자네의 실험이 과학적인 것이라고 보고 있다네. 그래서 나는 자네를 쭉 지켜봐왔고, 자네 일을 아주 자세한 사항까지 추적하기를 원했다네. 자네는 노련한 일꾼이지만 장차 더 많은 난관에 봉착할 것이네. 다음과 같은 것이 위대한 일의 통상적인 유형이라네. 나아가야 할 길이 분명해지고, 신속한 진보를 이룰 수 있을 것이라고 우리는 때때로 느낀다네. 그래서 우리는 긴장을 좀 풀게 된다네. 그런데 갑자기 우리 앞에 깊은 도랑이 출현한다네. 그래서 자네는 거기에 항구적으로 머물러야 하네. 우리에게 꼭 필요한 일은 무한한 인내심, 즉 그 뿌리에 자기 확신을 둔 무한한 인내심이라네. 자기 확신은 자신의 일에 대해서 움츠리지 않는 신앙을 의미한다네. 일단 이런 신앙이 생긴다면 우리가 때때로 범할 수밖에 없는 많은 실수에 대해서 조바심을 낼 필요가 없다네. 우리는 아마 잘못된 길로 접어들었을지도 모른다는 공포에 의해서 우리 자신들을 마비시켜서는 안 되네. 나는 자네의 실험을 과학적인 것으로 간주하네만, 아직 완벽하게 과학적인 것은 아니라고 생각한다네. 그러나 자네 일은 과학적 실험이 갖춰야 할 모든 특성을 다 갖고 있다네. 그리고 자네는 그것을 수행하는 데 필요한 인내심이 있다네. 나는 전에 자네 안에 있는 결점을 하나 목격한 적이 있었다네. 하지만 나는 자네가 그것을 이지적으로 고쳤다고 생각한다네. 아니면 진리에 대한 자네의 헌신이 자네가 그것을 의식하지도 못한 채로 그것을 고치도록 도와주었을 것이네. 그 결함은 다음과 같은 것이었다네. 자네가 불완전한 자료에 만족하고 거기에서 성급한 결론을 도출한다는 것이었다네. 그러나 이 경우가 그런 것은 아니네.

과학적인 실험자는 자신에 대해서 깊은 신뢰를 갖고 있고, 그래서 결코 낙망하지 않는다네. 동시에 그는 너무 겸손하여 자신의 일에 대해서 절대로 만족하지 않으며, 성급한 결론을 도출하는 잘못을 범하지도 않는다네. 그와 반대로 그는 수시로 자신이 이룬 진보를 가늠해 보고, 갑의 결과가 을밖에 없을 것임을 강조하여 선언하기도 한다네. 우리의 일꾼들은 일반적으로 진실한 과학도의 이와 같은 겸손함이 부족하다네. 그래서 자네가 이런 규칙에 예외가 아니라는 점을 내가 알았을 때 놀라지 않았다네. 그러나 나는 자네가 끝까지 해낼 힘이 있음을 정말로 믿고 있다네. 나는 자네가 이 작은 한계가 있다고 해도 괴로워하지 않기를 열렬히 원하면서, 수년 전 그 점에 대해서 자네의 주목을 부드럽게 촉구한 적이 있었다네. 자네는 성공하기 위해서 먼저 자네 주변에 일단의 동료 일꾼들을 모아야 한다네. 그들은 자네가 하는 일을 보고 점차로 자네에게 이끌릴 수밖에 없을 것이네. 그들을 이끌기 위해서 자네는 관대함(*generosity*)에서 생겨나는 관용(*tolerance*)의 자질을 길러야 한다네. 동료들은 우리가 하는 모든 일, 혹은 우리가 그들이 하기를 원하는 모든 일을 다할 수는 없다네. 그러나 그들이 선의가 있고 부지런하다면, 우리는 그들의 도움을 경멸해서는 안 된다네. 그래야만 우리는 하나의 팀을 이룰 것을 바랄 수 있다네. 그런 관대한 정신이 없다면, 우리 가운데 일부는 묵묵히 혼자서 일을 해야 할 것이네.

자네 일에 대해서 한 가지 더 말해 보겠네. 자네는 다른 노선에서 일을 하는 사람들로부터도 조언을 구하고자 하는 욕구를 길러야 한다네. 하나의 과학 실험이 특정한 방식으로만 행해질 수 있다고 상정하는 것은 실수이고, 그런 실수에 빠진 사람들은 많은 것을 잃게 된다네. 우리 자신들은 스스로 생각하기에 옳거나 완벽한 방법을 따라가도 괜찮을 것이네. 하지만 만일 다른 사람들이 우리가 따라가는 방법의 완벽함을 인정하지 않거나, 그 안에 결함을 보았다면, 우리는 그들에게 그들 나름의 길을 가도록 허용해야 할 것이네. 그래서 우리는 우리의 이해력을 증대하게 된다네.

나는 현재 자네가 일하는 방법에 대해서는 할 말이 없다네. 내가 자네를 유달리 좋아하기에, 여기에서 보면 다 좋아 보인다네. 그러나 자네가 실제로 일하는 것을 볼 수 있다면, 많은 생각이 나에게 떠오를 수도 있고, 그것들을 자네가 고려할 수 있도록 제시할 수도 있을 것이네. 이렇게 멀리 있는 나로서는 자네 일을 정확하게 그릴 수는 없다네. 그래서 어떤 제안을 한다는 것은 무례한 일이 될 것이네.

제타랄 G. 삼파트에게 보낸 편지(G.),
《마하데브바이니 일기》 권 1, 234~235면 ; 《전집》 56 : 32

249) 자선과 정직한 노동

굶주리고 직장 없는 자들에게 신은 먹을 것을 보장해 주는 일자리와 임금으로서만 나타나실 것이다.

나는 벌거벗은 자들에게 필요하지도 않는 옷을 제공함으로써 그들을 능욕하고 싶지 않다. 대신 나는 그들에게 정말로 필요한 일자리를 줄 것이다. 나는 그들의 후원자가 되는 죄를 결코 범하지 않을 것이다. 그러나 나는 그들의 파멸에 관련이 있었음을 자각하고 그들에게 사회에서 존경할 만한 자리를 주려고 한다. 나는 결코 그들에게 잔여분이나 버린 물건을 주지 않을 것이다. 나는 최선의 음식과 의복을 그들과 나누며, 그들이 일을 하는 데 도울 것이다. 나의 아힘사는 정직하게 노동하지 않는 건강한 사람에게 공짜 음식을 주는 것을 관용하지 않을 것이다. 나에게 만일 결정권이 있다면, 나는 모든 자선기관과 빈민구호소를 폐쇄하고 싶다. 그런 것들로 인하여 나라가 타락하고 나태·위선·범죄 등의 악들이 고무되었기 때문이다.

구호(救護) 대신 일자리를(H.),
〈하리잔 세박〉, 1939. 2. 25 ; 《전집》75 : 140

250) 민주주의와 지방의 주도권

비조여나가르, *1947. 2. 9*

질문 거의 모든 촌락에는 당파와 파당이 있습니다. 우리가 지방의 도움을 징발할 때, 우리는 우리의 바람과 관계없이 지방의 권력정치에 연루됩니다. 우리는 이 난관을 어떻게 헤쳐나갈 수 있습니까? 우리가 양당 모두를 무시하고 외부 일꾼들의 도움을 받아서 사업을 해야 할까요? 우리의 경험에 따른다면 그런 사업은 전적으로 외부의 도움에 의존하게 되고, 그 도움이 철회되자마자 무너져 내릴 것입니다. 그렇게 되면, 우리는 지방의 주도권(*local initiative*)을 돕고 지방의 협조를 육성하기 위해서 무엇을 해야 합니까?

답변 슬프게도 인도에서는 당파와 파당이 우리의 도시에 있는 것처럼 촌락에도 보입니다. 그리고 권력정치가 촌락의 복지에 대한 생각은 별로 없고 당력(黨力)을 배가하는 데 촌락을 활용할 생각을 많이 하면서 촌락으로 들어오면, 권력정치는 촌민들의 진보에 도움이 되기보다는 오히려 장애물이 됩니다. 결과가 무엇이든지 간에 우리는 가능한 한, 지방의 도움을 많이 활용해야 할 것이라는 점, 그리고 우리가 만일 권력정치의 폐해로부터 자유롭게 된다고 해도 잘못을 범하는 것은 아님을 나는 말하고 싶습니다. 영어로 교육받은 도시 출신의 남녀들이 우리나라의 척추에 해당되는 인도의 촌락들을 방치했고, 방치의 정도가 거의 범죄 수준에 달했다는 점을 기억합시다.

우리의 방치를 기억해내는 과정에서 인내심이 생길 것입니다. 나는 정직한 일꾼 하나 없는 촌락을 단 한 번도 방문한 적이 없습니다. 우리가 촌민들 가운데 어떤 장점이라도 인정할 만큼 충분하게 겸손하지 않는다면 그런 사람을 발견할 수 없을 것입니다. 물론, 우리는 지역 정치를 멀리해야 합니다. 지역 정치의 회피는 우리가 도움을 — 그 도움이 정말로 좋은 때 — 모든 당파로부터 다 받든지, 아니면 아무 당파로부터도 받지 않을 때 배울 것입니다. 나는 촌민들을 무시하는 것은 성공에 치명적이라고 생각합니다. 나는 바로 이 난관을 알고 있었기 때문에 한 촌락에 한 사람이라는 규칙을 엄격하게 준수하기 위해서 노력했습니다. 물론, 그 일꾼이 벵골어를 몰라서 통역자의 도움이 필요했던 경우는 예외입니다. 나는 이 제도가 지금까지는 목적에 부응해왔다고 말할 수 있을 뿐입니다. 그래서 여러분의 경험을 에누리하여 들어야 하겠습니다. 나는 우리가 성급한 결론에 도달하는 못된 습관에 빠져 버렸다는 점도 말씀드리고 싶습니다. '그런 사업은 전적으로 외부의 도움에 의존하게 되고, 그 도움이 철회되자마자 무너져 내린다'는 문장이 함축하고 있는 대로 전면적인 비난을 퍼붓기 전에, 나는 다음과 같은 말을 하고 싶습니다. 즉, 한 촌락에 수년 동안 체재하면서 지방 일꾼들을 통해서 사업을 하고자 했다고 해도, 그 경험이 그와 같은 지방 일꾼들을 통해서 그리고 그들에 의해서 그 사업이 수행될 수 없었다는 결정적인 증거는 될 수 없습니다. 그 반대도 분명히 사실입니다. 내가 이제 마지막 문장을 상세하게 검토할 필요는 없게 되었습니다. 나는 그 주요 일꾼에게 다음과 같이 단언할 수 있습니다. '당신이 외부의 도움을 받고 있다면 그것을 끊어 버리시오. 당신이 그 지역에서 얻을 수 있는 모든 도움을 얻어 혼자서 용감하고 이지적으로 사업을 벌이시오. 그리고 당신

이 그런 도움을 얻을 수 없다면, 당신 자신만을 원망하고 다른 누구도 어떤 것도 원망하지 마십시오.'

질문 우리가 만일 노아칼리(Noakhali)의 황폐한 지역에서 카디 사업을 시작할 수 있으려면 외부의 재정적 기술적 도움을 받아서 시작해야 합니까? 아니면 지역 사람과 지역의 돈만으로 전체 구조를 서서히 세워야 합니까?

답변 나는 '지역 사람과 지역의 돈만으로 전체 구조를 서서히 세워야 한다'는 여러분의 말을 택하고 싶고, 여러분은 내가 물레질에 부여한 가장 넓은 의미로 물레질 전체 기술을 배우도록 반드시 유의하십시오. 그 의미가 무엇인지 여러분은 〈하리잔〉지의 내 글에서 배워야 할 것인데, 여러분이 적합한 열의만 있다면 배울 수 있을 것입니다.

질문 무슬림 노동자들에 의해서 경작된 토지를 소유한 적이 있는 경작자들과 토지 소유주들은, 농기구와 황소의 약탈과 무슬림이 제공하던 노동의 결핍 때문에, 미르차(*mircha* : 긴 고추)와 깨라는 두 가지 작물과 겨자씨를 망치고 말았습니다. 다음 차례의 보로(*boro*)와 아우스(*aus*) 쌀을 위해서[81] 땅을 갈아야 할 시간이 임박했는데, 만일 경작자들이 농기구 등을 보름 내로 얻지 않는다면, 그들은 그 작물마저도 거의 망치게 될 것입니다.

답변 그것이 사실이라면 아주 불행한 일입니다. 그런 모든 땅이 소유주를 위해서만 아니라 국가를 위해서도 경작되어야 한다는 점에 대해

---

81 〔역주〕 인도에서 쌀농사는 고도와 날씨에 따라서 아주 다양하다. 보로는 주로 겨울에, 아우스는 주로 가을에 추수된다.

서 나는 조금도 의심하지 않습니다. 국가는 소유주들보다 식량 작물의 경작에 더 많은 관심을 쏟고 있고 또 쏟아야 합니다. 그래서 소유주들은 당국자들에게 도움을 요청해야 하고, 국가는 그런 땅이 모두 유익하게 경작되도록 반드시 조처해야 합니다. 무슬림 노동자들에게 땅 주인이 무슬림이든 힌두든 이 핵심적인 봉사를 해 달라고 요청하고 고무하는 일은 국가의 의무입니다. 국가는 급료를 고정시킴으로써 모든 노동자들이 정당한 임금을 받도록 해야 합니다.

기도모임에서의 연설, 〈하리잔〉,
1947. 3. 2 ; 《전집》 93 : 543 (일부)

251) 협조 또는 파괴

파트나, 간디 캠프, *1947. 4. 18*

노동자들이 권리 주장을 목표로 하고 있다면, 자민다르를 괴롭히거나 죽임으로써가 아니라 자민다르와의 협조를 통해서만 그렇게 할 수 있을 것입니다. 자민다르제도의 폐지는 그리 어려운 과업이 아닙니다. 여기에 오직 한줌의 자민다르밖에 없습니다. 그러나 만일 여러분이 사적 제재를 가한다면, 여러분은 여러분 자신의 이익을 뿌리째 흔들게 될 것입니다. 여러분은 여러분의 고충을 정부에 제시할 수 있습니다만, 사적 제재를 가해서 폭력에 호소할 수는 없습니다. 다른 사람들을 파괴하려는 자는 자기 자신의 파멸을 초래할 것입니다. 그런 사례들은 수없이 많이 있습니다. 가장 잘 알려진 것은 야다바 가(家)[82]의 것입니다. 여러분이 작업 시간에 전심전력을 다해서 일하게 되면, 고용주들은 정당한 임금을 지불해야 합니다. 그러나 여러분이 그들을 어떤 방식으로든 괴롭힌다면 그 누구의 공

---

82 슈리 크리슈나의 친척, 동족간의 싸움에서 자신들을 파멸시키고 말았다.

감도 얻지 못하게 될 것입니다. 나는 좀 전에 여기에 있었던 자민다르들에게도 내가 옳다고 생각한 바를 말했으며, 여러분에게도 같은 말씀을 드립니다. 그것이 내 본성입니다. 나는 다른 식으로는 행동할 수 없습니다. 나는 여러분에게 내가 적절하다고 생각한 것을 말씀드려야 합니다.

농부와 노동자 지도자들과의 담화(G.),
《비하르니 코미 아그만》, 222~223면 ; 《전집》 94 : 334

252) 민주주의적 사회제도 *1947. 5. 24*

우리는 앞으로 수일 안에 완전한 독립을 얻을지도 모릅니다. 정치적 독립이 아무리 귀중하다고 해도, 국민 복지(*national welfare*)의 면에서 명백한 것을 얻기 전에는 가만히 있어서는 안 됩니다. 우리는 이제 착취가 완전히 제거된 사회제도, 모든 일이 민주주의 방식으로 수행되는 사회제도를 가져야 합니다. 영국인들의 욕망, 아니면 다른 국가의 욕망이 무엇이든, 코앞에 바짝 다가온 우리의 독립을 이제 연기할 수는 없을 것입니다. 우리가 지금부터 그때까지 경계하지 않는다면, 우리의 처지는 장티푸스 환자의 처지와 같을 것입니다. 우리는 그가 발열하는 동안은 그를 돌봅니다. 그러나 열이 내린 다음에 그를 정말로 간병해야 합니다. 환자가 열이 내린 다음 적절한 간병이 없다면 재발하게 되고 죽음의 위험에 직면할 수 있습니다. 그와 같은 것이 독립 직후에 일어날 것입니다. 우리가 독립을 얻을 자격을 갖추기를 원한다면 일정한 난관을 견디기를 배워야 할 것입니다. 우리는 도량이 넓어야 합니다. 바다처럼 관대해야 합니다. 수많은 강물이, 그리고 강둑에서 많은 오물이 바다로 흘러 들어갑니다. 바다에는 많은 피조물이 살고 그 위에는 증기선들이 떠 있지만, 그 바다는 여전히 거룩한 것으로 간주됩니다. 우리는 그 안에서 목욕함으로써 죄를 씻을 수 있다고 믿습니다. 그래서 우리가 관대한 마음으로 다른 사람들의 난폭한 말과 공격마저 무시하고, 그들을 우리 형제로 받아들인다면 우리는 바다처럼 거룩하게 될 것입니다.

우리는 비폭력과 진리를 통해서 자유를 얻었습니다. 나는 상호신뢰의 분위기와 평등의 느낌을 만들 요량으로 지금 돌아다니고 있습니다. 하지만 그 일에 있어서 나는 여러분의 도움이 필요합니다. 군대와 경찰의 도움으로 확립된 평화는 결코 평화가 아닙니다. 그것은 연기가 모락모락 나는 혁명의 불을 감추고 있습니다. 경찰이 잠시만 자리를 비우면 그 불은 불꽃으로 화할 것이라는 점에 대해서 나는 의심의 여지가 없습니다. 강요된 평화는 결코 평화가 아닙니다. 공포를 극복하는 유일한 길은, 모든 국회의원과 장관들이 자신들의 가족과 함께 일반 사람들과 섞이는 일입니다. 힌두 의원들은 무슬림 대중과 섞여야 하고, 무슬림 의원들은 힌두 대중과 섞여야 합니다. 남정네들이 그들 자신이 갖는 이해의 빛에 따라서 어떻게 하는 것이 독립 인도에 가장 잘 봉사하는지에 대해서 의견을 교환하는 동안, 아낙네들은 다른 아낙네들과 섞이고, 아이들은 다른 아이들과 웃고 놀고 공부해야 합니다.

이런 일이 일어난다면, 우리 사회의 수준이 고양될 것이라는 점에 대해서 추호도 의심하지 않습니다. 그렇게 되면 어떤 장관도 통치자로 자처하지 않을 것입니다. 어떤 장관의 부인도 자신의 남편이 특정 부처(部處)의 보스라고 생각하지 않을 것입니다. 그리고 그의 아이들 역시 자신들을 장관의 자식이라고 생각하지 않을 것입니다. 각 주에서 6명 정도의 장관들과 그들의 가족들이라도 일반 사람들과 섞이는 분위기를 창출한다면, 우리는 틀림없이 이와 같은 시기를 직면하지 않았을 것입니다. 슈리 바부(Shri Babu)는 장관이 되기 전보다 더 사교적이 되었다는 점을 내 개인적으로 알고 있습니다. 오늘날 그가 장관이 되었을 때, 그의 입장은 내가 아가 칸 궁전[83]에 있었을 때와 같은 입장입니다. 내가 슈리 바부만을 지적하는 것은 아닙니다. 내가 말하는 것은 모든 장관들에게 해당됩니다. 그들은 장관이 되었을 때 즉시 경찰로 하여금 자신들의 대문을 지키도록 했습니다. 이제 그들은 장관이 되었으므로 자신들의 보초를 미리 준비해야 할 것입니다. 그들은 이제 경호원 없이 어떻게 돌아다닐 수 있습니까? 그들은 스스로 묶인 신세가 되었습니다. 그들이 장관이 되기 전에는 한밤중에 어디론가 가고 싶을 때 침대에서 벌떡 일어나 나갈 수 있었습니다. 솔직히 말해서 나는 장관들을 불쌍하게 여깁니다. 내 자신의 말로 한다면, 그들의 처지는 죄수들의 처지보다 더 못합니다.

카스카르들과의 담화(G.), 《비하르니 코미 아그만》,
398~400면 ; 《전집》 95 : 137

253) 건설적인 훈련과 농촌의 자치 *1947. 5. 27*

나라를 분리한다는 생각 자체가 나를 놀라게 합니다. 오늘 우리의 관심사는 나라가 분리되지 않을 것, 그러면서도 영국은 떠날 것이라는 점에 대해서 평화로운 방법으로 동의를 얻는 데 있습니다. 분리(*partition*)가 그래도 참을 수 있을지 모릅니다만, 나는 그 분리가 영국인들에 의해서 부과된다는 생각은 견딜 수 없습니다. 우리 형제들 사이의 다툼에 왜 제 3자가 개입해야 합니까? 우리는 우리 자신의 문제를 해결할 만큼 강하지 못합니까? 바로 이 때문에 나는 우

---

83 1942년 8월 9일부터 1944년 5월 6일까지.

리의 아힘사가 강자의 아힘사가 아니라 뭔가 다른 것이었다고 느낍니다. 그러나 오늘 신은 내 두 눈을 열어 주셨습니다. 우리가 영국인을 우리 형제지간의 다툼에서 중재자로 초대한다면, 그것은 우리의 영광된 역사에 큰 오점이 될 것입니다. 그 때문에 나는 기도모임 연설에서 우리가 함께 살 수 없다면 합의에 의해서 분명히 분리될 수 있을 것이지만, 3자 개입은 참을 수 없을 것이라고 선언했던 것입니다. 나는 오늘 부왕에게 이것을 말할 것입니다. 이 부왕은 아주 영리한 사람입니다. 그는 어느 편도 불쾌하게 하지 않으면서 뜻대로 하는 사람입니다. 그래서 이 문제는 우리 모두에게 하나의 시험입니다. 마운트배튼 경이 우리의 용기와 지성을 저울질하고 있다는 점을 망각하지 마시오. 알려진 적이 미지의 친구보다 낫다는 속담이 있습니다. 린리스고 경과 웨이벨 경은 우리에게 위험하지 않았습니다. 우리가 그들의 정책을 알았기 때문입니다.

나는 사회에서 생활수준의 평등을 구현하려는 여러분의 욕구에 감사드립니다. 나 역시 같은 것을 바랍니다. 그러나 우리의 첫 관심사는 연대하는 것이고, 나라의 최대 이익이 무엇인지를 생각하는 것, 그리고 사람들로 하여금 건설적인 작업에 착수하게 하는 것입니다. 우리 민중은 150년 동안 노예로 살아왔고, 이제 다른 방식의 삶을 위해서 훈련받을 필요가 있습니다. 사람들은 우리 손에 권력을 가질 때 그런 일이 일어날 것이고, 우리가 권력을 통해서 많은 일을 할 수 있을 것이라고 생각합니다만, 나는 그런 생각에 전적으로는 동의할 수 없습니다. 권력 이양이 많은 장애물을 제거할 것은 분명합니다. 그러나 우리는 민중 사이에서 탄탄한 작업을 해야 할 것입니다. 여러분이 나를 충고자로 간주하고, 여러분의 자유의지로 내 충고를 구하고 있으므로, 나는 충고 한마디를 드리고 싶습니다. 그 충고는 여러분이 사회주의를 수립하기를 원한다면 오직 다음의 한길밖에 없다는 것입니다. 즉, 촌락의 가난한 자들에게 가서 함께 살며 그들이 사는 것처럼 사는 것, 촌민들과 하나가 되는 것, 하루 8시간 일하고, 여러분의 개인적 삶에서도 오직 촌락에서 만든 상품이나 물건만을 사용하는 것, 촌민들의 문맹을 제거하는 것, 불가촉천민제도를 폐지하는 것, 그리고 여성 지위를 향상시키는 것, 이런 것들이 바로 그 길입니다. 나는 더 나아가서, 여러분 누구든 미혼인 자로서 결혼하기를 원한다면, 촌락의 소녀나 소년 중에서 배우자를 고를 정도로 살아 있는 유대를 확립하기를 제안하고 싶습니다. 누군가가 이 주제에 대해서 여러분에게서 충고를 구한다면 그 사람에게도 같은 충고를 해 주십시오. 이런 방식으로 당신의 삶을 이상적인 삶으로 만드십시오. 우리가 스크린 위에 그림을 분명히 보듯이 민중이 하루의 매 순간마다 여러분의 투명한 삶을 보게 되면, 여러분의 삶이 주는 영향력은 나라 전체에 걸쳐서 느껴질 것이고, 나라의 삶을 개혁할 것입니다.

국민회의는 곧 수중에 권력을 장악하게 될 것입니다. 하지만 국민회의는 어떤 배타적인 교의와 결혼한 것도 아니고, 특정한 당에 소속된 것도 아닙니다. 모든 관점들에 대한 관용은 여전히 국민회의의 원리로 남아 있습니다. 그 원리가 실천 과정에서 때때로 위반된다는 점은 사실입니다만, 나는 이런 점을 인정하면서도 여러분의 일꾼들이 촌락 향상을 위한 프로그램을 짤 수 있고, 그 프로그램이 종이 위에만 머물지 않고 실제로 실행된다면, 국민회의가 권력을 장악할 것이라고 믿습니다. 하지만 국민회의 장관들은 여러분이 하는 아주 견실한 작업을 분명 도울 것임을 나는 보증합니다. 자와할랄은 심지어 진심으로 여러분에게 축하를 보낼 것입니다. 하지만 여러분이 오늘날 하고 있는 일은 건설적인 작업이 아니라 민중을 선동하고 파업을 요구하는 일이라는 점을, 괴롭지만 말씀드리지 않을 수 없습니다. 그리고 동시에 집단 간의 투쟁이 진행되고 있습니다. 여러분 모두는 지성과 학문을 갖춘 사람입니다. 여러분의 일로 해를 입은 사람들을 왜 보지 못합니까? 그런 투쟁이 영국인에 대한 투쟁이었을 때는 괜찮았습니다. 그들이 떠나가기를 우리가 원했으니까 말입니다. 그러나 이제 여러분은 누구를 몰아내고 싶습니까? 우리 동포 간의 싸움으로 무엇을 얻으렵니까? 여러분은 도량이 넓어야 하고 국가적 향상이라는 위대한 일을 위해서 협조해야 합니다. 권력을 지닌 자들이 과오를 범한다면, 단순한 비판·연설·선동을 통해서가 아니라 여러분의 일을 통해서 반대해야 하는 것입니다.

촌민들과 빈민들을 여러분의 일로 떠맡고, 여러분의 지식, 기술, 통찰, 건설적인 일과 애국심을 이용하여 그들을 이롭게 하십시오. 민중에게 여러분 자신의 삶을 모범으로 보여서 이러한 진정한 교육을 주십시오. 여러분의 일체의 활동을 민중의 복지로 향하게 하십시오. 그런 일이 수행되지 않는다면, 그리고 민중이 인내심을 상실한다면, 우리의 곤경은 현 노예 상태보다 훨씬 악화될 것입니다. 민중이 파괴의 길로 나가기 전 그들에게 건설적이며, 생명을 부여하는 훈련을 꼭 주도록 하십시오. 나는 이 제안을 여러분에게만 주는 것이 아닙니다. 여러분이 충고를 구하러 왔으므로, 나는 여러분에게 내 심정을 열어 보였습니다. 그러나 내가 말한 바는 국민회의 의원들에게도 적용됩니다. 그래서 모든 공공일꾼들과 정부의 모든 관리들로 하여금 이데올로기에 대한 다툼과 분쟁을 잊게 하고, 물레질, 카디 작업과 촌락산업을 배우고 가르치기 시작하게 합시다. 영국인들이 떠나고 동시에 민중이 그런 교육을 통해서 새로운 삶을 얻는다면, 나는 인도가 5년 안에 아시아에서 지도적인 나라가 될 것이라는 점에 대해서 확신합니다.

질문 당신은 왜 우리나라에서 기계를 통한 산업의 성장을 반대합니까?

답변 여러분은 자동차, 엔진, 비행기, 그리고 같은 부류의 것들을 만들기 위해서 기계를 사용할 수 있을 것입니다. 하지만 나는 옥수수를 빻고, 직물을 제조하고, 땅을 가는 데 기계를 사용하는 것을 강력하게 반대합니다. 제분공장에서 간 밀가루의 소비는 우리에게서 모든 활력을 앗아갔습니다. 기계제분이 모든 비타민을 파괴하기 때문입니다. 예전에 카티아와르에서 우리는 수도조차 없었습니다. 여인들은 강에서 물을 길어오곤 했는데, 그들은 광채 나는 유리알이 점점이 박힌 받침대 위에 놓여 있는 빛나는 물동이로 물을 길었습니다. 그때는 이른 아침이기도 해서 여인들은 매일 일광욕을 했으며, 그것이 그들의 건강을 유지시켜 주었습니다. 그들은 새벽녘에 옥수수를 빻았고, 그동안 신에 대한 기도를 포함하여 바잔(찬송가)을 불렀습니다. 유용한 도덕적 지혜를 포함하는 단순하고 순결한 노래들은 그들에게 음악을 가르쳐 주었고 〔옥수수 빻기〕는 그들에게 운동을 제공했습니다. 그런 뒤 전 가족이 들판으로 나가서 일했으며, 가족 가운데 어느 누구도 병이 무엇인지, 그리고 오늘날 아주 널리 퍼진 폐에 대한 질병들의 이름조차 몰랐습니다. 그런 광활한 시골, 아니 그와 같은 가족은 다종다양한 공동체와 인종을 포함하고 있으면서, 기계를 필요로 하지 않습니다.

기계는 아주 짧은 시간 내 작업을 하는데, 그런 식으로 일을 하는 것은 모든 면에서, 즉 신체적으로 경제적으로 해롭습니다. 많은 여유 시간을 얻은 사람들은 못된 짓을 하는 데 바쁩니다. 속담이 말하는 대로, 게으른 마음은 악마의 일터이기 때문입니다. 또는 그들은 영화관과 극장에서 시간을 낭비합니다. 많은 사람이 나와 논의하면서 영화관이 교육적 가치가 있다는 것에 대해서 나에게 확신을 심어 주려고 합니다. 그러나 그런 주장은 나에게 전혀 먹히지 않습니다. 우선 닫힌 극장에 앉아 있으면 우리는 질식당할 것 같은 느낌을 가집니다. 나는 어린아이였을 때 그와 같은 극장에 간 적이 딱 한 번 있었습니다. 내 식대로 하자면, 인도에 있는 모든 영화관과 극장을 물레질하는 강당과 온갖 종류의 수공예품을 위한 공장으로 전환하고 싶습니다. 그리고 광고라는 명목으로 남녀 배우들의 대단히 외설적인 사진들이 신문에 게재되고 있는 것이 아닌가요! 그리고 이 남녀 배우들이 우리 자신의 형제자매들이 아니라면 누구입니까? 우리는 돈을 낭비하고 동시에 우리의 문화를 망치고 있습니다.

만일 내가 이 나라의 수상이 된다면, 최초로 시행하고 싶은 일에는 다음과 같은 일들이 있습니다. 즉, 기계로 작동하는 모든 제분공장을 정지시킬 것이고 착유(搾油) 공장의 수를 제한하고, 나라 전역에 토착적인 제분공장을 설립하는 일입니다. 나는 기존의 직물공장을 파괴하지는 않겠습니다만, 어떤 식으로든 돕지는 않을 것이고, 어떤 경우든 새로운 공장 신설을 허용하지 않을 것입니다. 나는 모든 영화관과 극장을 폐쇄할 것이고, 교육적 가치가 있거나 아름다운 자연의 풍경을 보여주는 그림의 전시는 예외적으로 허용할 것입니다. 그러나 나는 노래와 춤추기를 완전히 중지시킬 것입니다. 나는 춤과 음악에 대해서 대단한 존경심을 갖고 있고 음악을 정말로 사랑합니다. 나는 어떤 음악이 좋고 어떤 음악이 나쁜지를 구별할 수도 있습니다. 그러나 젊은 남녀의 마음을 그르칠 경향이 있는 음악과 춤은 나는 분명히 금지시킬 것입니다. 나는 음악 레코드의 판매를 중지시킬 것입니다. 다시 말하자면, 나는 정부가 일체의 생명을 살해하는 활동에 중과세를 부과하기를 제안할 것입니다. 이와 마찬가지로 술과 같이 해로운 음료와 마약·담배·차에도 중과세를 부과하여 그들의 소비가 자동적으로 감소하도록 할 것입니다. 더구나 이상적인 촌락, 즉 식량을 자립하고 제분공장이 하나도 없으며, 주민들이 필요한 모든 면화를 재배하는 곳, 각자의 집에서 옷을 바느질하는 단계에 이르기까지 자신들의 직물을 짜는 곳, 그런 이상적인 촌락들은 상을 받아야 하고 모든 세금을 면제받아야 합니다. 그와 같은 이상적인 촌락에서는, 모든 주민들은 각자 경찰이고, 스스로 의사이고, 스스로 야경꾼이 됩니다. 그렇게 되면 민중은 서로 다투고 싸울 시간이 없을 것입니다.

보십시오. 나는 여러분에게 많은 시간을 주었습니다. 내가 묘사한 것은 자유 인도에 대한 내 그림일 뿐입니다. 그것은 셰이크찰리(Sheikhchalli)[84]의 꿈과 같이 한가한 꿈일 뿐입니다. 내 가슴은 벅차올랐고, 그래서 나는 그것을 여러분에게 쏟아부었습니다. 하지만 지금은 내가 제안한 것들 중에 어떤 것도 실행되리라는 징조가 없습니다. 나는 이것을 알면서도 내 생각을 억누를 수가 없습니다. 그래서 여러분과 같은 사람들이 오게 되면 그것을 토로하게 됩니다.

질문 그러나 바푸, 당신을 수상으로 만들려는 제안을 누가 반대하겠습니까? 만일 당신이 그 책임을 수용하기로 동의한다면, 어느 누구도 그 제안에 반대할 것이라고는 생각하지 않습니다.

답변 여러분이 주요 반대자들입니다. 여러분은 그 이유를 물을 것입니다. 자, 만일 여러분이 내가 충고한 대로만 행동했다면, 내 꿈은 더 이상 꿈이 아니라 현실이 되었을 것입니다. 여러분은 내가 지시했

84 민담 속의 인물. 한가한 꿈을 즐기고 있다.

던 그 길로 쭉 따라갔다면, 이 나라에 경제적 평등(*economic equality*)을 이룩했을 것입니다. 아마 여러분은 오늘 이 말을 이해하지 못할 것입니다. 그러나 내 말을 기록해 두십시오. 그리고 내가 죽은 뒤 상기해 보십시오. 그러면 여러분은 75세의 노인이 한 말이 진실이었다고 말하게 될 것입니다. 나는 예언을 말하고 있는 것이 아닙니다. 나는 평생의 경험에 기초하여 이 말을 하는 것입니다. 여러분의 긴 연설에 아무도 귀 기울이지 않을 때가 꼭 올 것입니다. 아무도 여러분의 집회에 참석조차 하지 않을 것입니다. 여러분 자신의 삶에서 따르지 않는 원리들을 민중에게 설교하는 일은 사회에서 그리 오래가지 않기 때문입니다. 민중은 여러분의 말을 경청하기 전, 여러분 자신의 일에 대해서 설명을 요구할 것이고, 여러분이 무엇을 하는지 물을 것입니다. 이와 마찬가지로, 힌두·무슬림 일치의 문제에 대해서는 여러분 자신의 행동에서 일치를 실천하는 만큼, 그 안에 여러분의 심정을 쏟아붓는 만큼 성공할 것입니다. 여태까지 우리는 맹인처럼 행동했고, 영국인들이 손을 잡고 우리를 인도하도록 허용했습니다. 그러나 이제 우리는 우리 자신의 눈을 사용하여 우리 자신의 길을 발견해야 합니다. 여러분이 여러분의 발아래를 보지 않고 곧장 걸어간다면 넘어지고 구덩이에 빠질 수밖에 없을 것입니다.

이것으로 말을 마치겠습니다. 이제 나는 부왕을 만나러 가야 합니다.

사회주의자들과의 대담(G.),[85]
《비하르 파츠히 딜히》, 14~19면 ; 《전집》 95 : 150

---

85 〔역주〕 자야프라카슈 나라얀과 그의 동료, 대략 12명 정도의 남녀들이 오후 2시부터 4시 30분까지 간디지와 함께 있었다. 《전집》 권95, 147면.

254) 건설적인 일과 청년의 훈련

1947. 6. 10

우리는 이 말[86]을 경고로 받아들여야 합니다. 내가 여기에서 자유롭게 된다면 온 나라를 여행하면서 건설적인 일에 투신하라는 새로운 운동을 청년들 사이에서 벌이고 싶습니다. 나는 나라를 위해서 무엇인가 하려는 그들의 열광을 보고 있습니다. 그러나 그 운동은 아무 지지를 얻지 못하고 잘못된 길로 빠질 위험이 충분히 있습니다. 나는 우리나라가 오래전부터 앓고 있는 질병을 감지하고 있습니다. 최고 지도자들인 우리는 나이가 들어갑니다. 우리는 이전에 젊은이들을 자유의 투쟁을 위한 비폭력 전사로 훈련시킨 바 있습니다. 그와 마찬가지로 우리는 죽기 전 우리가 꿈꾸는 인도의 건립을 책임질 수 있도록 젊은이를 훈련시키는 데 신이 우리에게 주신 모든 역량을 바쳐야 할 것입니다. 최소한 최고층 지도자들의 일부는 민중 사이에서 일하기 위해서 정부 외부에 남아 있어야 합니다. 그 길을 제외한다면 중대한 과업을 감당할 수 있도록 민중을 미리 훈련시킬 수는 없을 것입니다.

라젠드라 프라사드(Rajendra Prasad)와의 대담,
Mahatma Gandhi : The Last Phase,
권 2, 248면 ; 《전집》 95 : 234

255) 지도자와 법률

1947. 7. 6

법률을 통해서 우리가 공공생활의 수준을 고양시킬 수 있는 길은 절대로 없습니다. 우리는 그렇게 만들어져 있지 않습니다. 사적인 삶이든 공적인 삶이든 지도자들의 삶이 완전한 경우에만, 그들은 민

86 이것은 같은 날 간디를 만났던 힌두 마하사바 청년들의 발언을 가리킨다.

중에게 어떤 효과라도 행사할 수 있을 것입니다. 단순한 설교는 아무 효과가 없습니다.

편지(G.), 《비하르 파츠히 딜히》, 285면 ; 《전집》 95 : 410

256) 정치와 다르마

1947. 7. 18

정치 역시 다르마의 일부가 아닙니까! 정치가 다르마의 의미를 지니고 수행될 경우에만 민중에게 효과가 있을 것입니다. 정치 역시 행동의 순결(*purity of conduct*)을 요구합니다.

편지(G.), 《비하르 파츠히 딜히》, 350면 ; 《전집》 96 : 108

257) 봉사를 위한 삶

1947. 7. 29

봉사를 원하는 사람은 자신의 필요를 충족시킬 만한 것을 항상 발견합니다. 그는 물론 사치에 탐닉할 수는 없습니다. 그래서 당신이 봉사를 위해서 아슈람에 살기를 원한다면 무엇을 얻든 그것으로 만족해야 합니다. 그렇지 않다면 당신은 아슈람을 떠나서 직장을 구해야 합니다. 당신과 같은 사람은 직장을 구하는 데 아무 난관이 없을 것입니다. 공공의 종(從)에게 열린 제 3의 길은 없습니다.

편지(G.), 《비하르 파츠히 딜히》, 440면 ; 《전집》 96 : 249

258) 보편적인 봉사

기차에서, *1947. 7. 31*

안녕, 암리트!

자네의 마지막 말은 폐부를 찔렀다네. 개인적인 봉사(*personal service*)가 보편적인 봉사(*universal service*)에 수렴될 때, 유일하게 가치 있는 봉사가 된다네. 나머지는 모두 쓰레기라네.

건강하고 기운 내게.

여행은 잘되고 있다네. 역에는 단 한 사람도 없다네. 그래서 밤은 고요하다네.

사랑을
바푸가

암리트 카우르에게 보낸 편지,
CW 3706 ; 《전집》 96 : 260

259) 활동적인 봉사

1947. 9. 22

위의 제목은 〈하리잔〉지를 발행하는 데 대한 내 의무만을 지칭한다. 내 질문에 대해서 상당히 여러 통의 답장이 왔다. 소수의 예외가 있긴 하지만 대다수의 독자들은 그 잡지가 계속되기를 희망한다. 이 편지들의 취지는 독자들이 현안에 대해서 나의 견해를 요구하기 위한 것이다. 이는 내가 죽은 다음에는 아마 나의 견해들이 더 이상 요구되지 않을 것임을 의미한다.

나의 죽음은 세 가지 방식으로 일어날 수 있다.

1 일상적 방식의 육신의 해체.
2 눈은 움직이지만 마음은 더 이상 활동하지 않는 상태.
3 심신은 활동하지만 내가 일체의 공적 삶에서 물러나는 것.

첫 번째 종류의 죽음은 모두를 덮친다. 어떤 사람은 오늘 죽고, 어떤 사람은 내일 죽는다. 이것은 고찰할 필요가 없다.

두 번째 부류의 죽음은 어느 누구도 바라지 않을 뿐더러 바람직한 것도 아니다. 개인적으로 나는 그와 같은 저능아 상태를 원하지 않는다. 그것은 지구의 짐이다.

세 번째 부류의 죽음은 진지한 고려를 요한다. 일부 독자들은 나의 활동적인 삶(*active life*)은 이제 끝나야 한다고 말한다. 인도의 새 시대는 지난 8월 15일에 시작되었다. 그 시대에 내가 들어갈 장소는 없다는 것이다. 지금과 같이 표현된 그 충고에서 나는 분노를 감지한다. 그래서 그것은 나에게 거의 아무 중요성을 갖지 못한다. 그와 같은 충고자들은 소수이다. 나는 독립적 결론에 도달했다. 〈하리잔〉지는 나바지반 트러스트가 관리하고 발행한다. 이사들이 선택하기만 하면 출판을 중지할 수 있다. 그들은 완전한 힘을 갖고 있지만 출판 중지를 원치 않는다. 내 생명선(生命線)은 활동적 공공봉사에 던져졌다. 나는 '무행위의 행위'(*action in inaction*)로 알려진 경지를 아직 얻지 못했다. 그래서 현재 내 행위는 내 숨이 붙어 있을 때까지 지속되도록 운명지어졌다. 그것은 완벽하게 별개의 부문들로 나눠지지도 않는다. 만사의 뿌리는 진리인데, 그 진리는 나에게 비폭력으로도 알려져 있다. 따라서 이 〈나바지반〉지는 현재의 모습으로 지속되어야 한다. '한 걸음씩, 한 걸음씩.'

나의 의무(G.), 〈하리잔〉, 1947. 9. 28 ;
〈하리잔반두〉, 1947. 9. 28 ; 《전집》 96 : 510

260) 비판자의 가치

뉴델리, *1947. 10. 20*

나는 나에게 욕설하는 자를 아주 귀하게 여긴다는 점을 너는 모를 것이다. 그렇게 함으로써 그들의 분노는 가시고, 그들의 심정은 청결하게 된다. 나는 나를 숭배하고 찬양하면서도 동시에 살인하고 내 말을 무시하는 사람들보다 그런 비판자들을 1천 배나 더 좋아한다. 나에게 욕설하는 자는 솔직하기 때문이고, 내가 만일 그들을 설득할 수 있다면 그들은 경이로운 일을 해낼 것이다. 내 인생에서 그런 경험이 종종 있었다.

마누 간디에게 보낸 메모(G.),[87]
《딜히만 간디지》 권 1, 124~125면 ; 《전집》 97 : 98

261) 행위로서의 사유

뉴델리, *1947. 10. 16*

한 투고자가 다음과 같이 적었다.

> 당신의 글(〈나의 의무〉)[88]에서 당신은 아직 그 경지에 도달하지 않았다고 쓰고 있습니다. 그 문장은 아주 간단해 보이지만, 그 의미를 좀더 부연 설명해 주시기를 바랍니다.

사람이 자신의 생각을 외면적 행위로 드러내는 것은 고사하고 선포할 필요조차도 없는 경지가 우리 인생에는 있다. 그때에는 생각이 활동하는 것이다. 생각이 그런 힘을 얻는다. 그렇다면 사람들은 그에 대해서 외견상의 무행위가 바로 행위라고 말할 수도 있을 것이다. 나는 그런 경지에서 멀리 떨어져 있음을 고백해야 하겠다. 나는 나의 분투가 그 방향으로 향해 있음을 말할 수 있을 뿐이다.

무행위의 행위, 〈하리잔〉, 1947. 10. 26 ; 《전집》 97 : 76

---

87 수신자는 왜 간디지가 자신에게 욕설만 퍼붓는 사람에게 답장하기를 좋아하는지 알길 원했다.

88 〔역주〕 글 259번 후반부를 가리킨다.

10. 사회주의와 공산주의

262) 볼셰비즘[89]과 비폭력

현재 내가 유럽과 미국에서 주목을 받는 것은 행운이기도 하고 불운이기도 하다. 나의 메시지가 서양에서 연구되고 이해된다는 점에서는 행운이다. 하지만 그것이 무의식적으로 과장되거나 고의적으로 왜곡된다는 점에서는 불운이다. 모든 진리는 스스로 움직이며 내재적 힘을 갖는다. 따라서 나는 사람들이 나를 크게 오해하고 있음을 알 때에도 평온을 유지한다. 친절한 유럽인 친구 한 사람이 경고장을 보내주었다. 그가 받은 정보가 사실이라면 나는 러시아에서 고의적으로든 우연하게든 오해된다는 경고였다. 다음이 그 메시지이다.

> 러시아 외무장관은 베를린 주재 러시아 대표부 크레친스키 씨에게 간디(?)를 공식적으로 환영하라고 권유하고, '간디 추종자들 사이에 볼셰비키 선전원의 활동을 착수하는 일에 있어서 주변 상황의 덕을 보라'고 권유할 수 있을 것이다. 그 이외에도 크레친스키는 간디를 러시아에 초청하는 임무를 부여받을 수도 있다. 그는 아시아의 피억압 민중 사이에 선전책자 출판을 위해서 보조금을 지급할 권리를 부여받았다. 그는 동양 클럽과 사무국의 목적을 위해서, 그리고 그 이념(간디의 이념 또는 모스크바(?)의 이념)을 가진 학생들을 위해서 간디 이름의 기부금을 설립할 수 있을 것이다. 마지막으로 힌두교도 세 사람이 이 일에 협력할 것이다. 이 모든 것이 10월 18일의 룰(Rul)처럼 러시아 신문에 출판되었다.

89 〔역주〕 번역한다면 볼셰비키 사상이 될 것이다.

이 메시지는 내가 독일과 러시아를 방문해 달라는 초청을 받을 가능성이 있었다는 보도에 일리가 있음을 보여준다. 하지만 나는 그런 초청을 받은 적이 결코 없으며, 그와 같이 위대한 나라들을 방문하고 싶은 욕구가 전혀 없음은 말할 필요도 없을 것이다. 나는 내가 대변하는 진리가 인도에서 아직 완전히 수용되지 못했다는 사실을 의식하고 있다. 그 진리는 아직 완전히 입증된 것도 아니다. 인도에서 나의 일은 여전히 실험 단계에 있다. 그런 상황에서 내가 외국으로 모험 여행을 떠나는 것은 전적으로 시기상조이다. 그 실험이 인도에서 명백하게 성공하게 되면 나는 충분히 만족하게 될 것이다.

나의 길은 분명하다. 폭력적인 목적을 위해서 나를 이용하려는 어떤 시도도 실패하기 마련이다. 나에게 비밀의 방법은 전혀 없다. 나는 진리의 외교 이외에 별도의 외교가 없다. 나에게는 비폭력 이외의 무기는 없다. 나는 나도 모르게 잠시 길을 잃을 수 있지만 늘 그렇게 되지는 않을 것이다. 그래서 나에게는 잘 정해진 한계가 있다. 그 안에서만 내가 소용이 있을 것이다. 그전에도 나를 부당하게 이용하려는 시도가 한 번 이상 있었다. 내가 아는 한 그와 같은 시도도 일일이 다 실패했다.

나는 아직 볼셰비즘(*Bolshevism*)이 정확히 무엇인지 모른다. 그것을 공부할 수 없었다. 그것이 결과적으로 러시아에 덕이 될지 나는 모른다. 그러나 그것이 폭력과 신의 부정에 기초해 있는 한, 그것에 대해서 나는 혐오감을 느낀다. 나는 성공으로 가는 폭력의 지름길을 믿지 않는다. 나를 주목하고 있는 저들 볼셰비키 친구들은, 내가 가치 있는 동기에 공감하고 그것을 존경하고는 있지만, 폭력적인 방법이라면 그 방법이 최고로 고상한 명분을 위한다고 해도 완강히 반대한다는 점을 깨달아야 한다. 그래서 폭력파와 내가 서로 만날 수 있는 공동의 토대는 실제로 없다. 그러나 나의 비폭력 강령은 무정부주의자들과 폭력을 믿는 모든 자들과의 연대에서 나를 배제하지 않고 오히려 그들과 연대하도록 강요한다. 그러나 내가 그들과 연대한다고 해도, 나는 과오로 보이는 것으로부터 그들을 떼어내려는 단 하나의 목표를 항상 갖고 있다. 나는 경험상 항구적인 선(*permanent good*)이 결코 허위와 폭력의 산물일 수는 없다고 확신하기 때문이다. 내 신념이 맹목적인 미망일 수 있다. 하지만 사람들은 그것이 매혹적인 미망이라는 점을 인정할 것이다.

나의 길, 〈영 인디아〉, 1924. 12. 11 ; 《전집》 29 : 374

263) 볼셰비즘의 멍에와 자본주의의 멍에

다음의 글은 볼셰비즘에 대해서 내가 쓴 글에 대한 답장으로 M. N. 로이 씨에게서 받았던 것이다. 나는 기꺼이 그것을 게재한다. 하지만 로이 씨의 글이 볼셰비즘에 대한 올바른 설명이라면 볼셰비즘은 하찮은 것이라고 말하지 않을 수 없다. 나는 자본주의의 멍에를 용인할 수 없듯이, 로이 씨가 묘사한 볼셰비즘의 멍에 역시 참을 수가 없다. 나는 인류의 파괴가 아니라 인류의 개심(改心, *conversion*)을 믿고 있다. 그것도 아주 분명한 이유에서이다. 우리 모두는 불완전하며 연약한 존재이다. 살아가는 방식이 마음에 들지 않는 모든 사람을 우리가 파괴한다면, 살아 있을 사람이 한 사람도 없을 것이다. 폭민정치(*mobocracy*)는 독재정치(*autocracy*)가 1백만 배 강화된 것이다. 그러나 나는 진정한 볼셰비즘이 M. N. 로이 씨의 볼셰비즘보다 훨씬 더 나을 것임을 바라고, 그것에 대해서 거의 확신하고 있다.

볼셰비즘의 의미, 〈영 인디아〉, 1925. 1. 1 ; 《전집》 30 : 20

264) 볼셰비키의 이념과 사유재산 몰수

질문 볼셰비즘의 사회경제학에 대한 당신의 견해는 무엇이며, 우리나라가 그것을 모방하기에 어느 정도 적합하다고 생각합니까?

답변 나는 볼셰비즘의 의미를 아직 충분히 이해할 수 없었다고 고백하지 않을 수 없습니다. 그것이 사유재산제도를 폐지하려고 한다는 것만을 알고 있습니다. 이것은 무소유라는 윤리적 이상을 경제 영역에 적용한 것일 뿐이고, 민중이 자발적으로 이런 이상을 채용하거나, 또는 평화적인 설득에 의해서 그들로 하여금 이런 이상을 수용할 수 있게 한다면, 그보다 더 좋은 일은 없을 것입니다. 그러나 내가 볼셰비즘에 대해서 알고 있는 것은, 그것이 폭력 사용을 배제하지 않을 뿐만 아니라, 사유재산의 몰수를 위해서 그리고 그 재산의 집단적 국가 소유(*the collective State ownership*)를 유지하기 위해서 폭력을 거리낌 없이 명령한다는 것입니다. 사실이 그러하다면 나는 볼셰비키 체제가 현재의 모습으로는 오래 지속되지 못할 것이라고 주저 없이 말할 것입니다. 영속적인 어떤 것도 폭력 위에 세울 수 없다는 것이 나의 확고한 신념입니다. 그러나 사실이 아무리 그렇다고 해도 다음 사실은 의심할 수 없습니다. 즉, 볼셰비키의 이상은 그 배후에 자신들이 가진 것 일체를 그 이상을 위해서 포기한 수없이 많은 남녀의 지순(至純)한 희생이 있다는 사실, 레닌과 같은 위대한 인물들의 희생에 의해서 축성(祝聖)된 이상이 헛되지 않을 것이라는 사실은 의심할 수 없습니다. 그들이 보인 포기의 고귀한 모범은 영원히 찬양 받을 것이고, 세월이 흐르게 되면 그 이상에 활기를 주고 그 이상을 순결케 할 것입니다.

나의 메모(G.), 〈나바지반〉, 1928. 10. 21 ;
〈영 인디아〉, 1928. 11. 15 ; 《전집》 43 : 149 (부분)

265) 계급 전쟁 피하기

질문 당신은 노동자, 농민, 공장 직공들에게 이익을 주려고 하면서 계급 전쟁을 피할 수 있습니까?

답변 민중이 비폭력의 방법을 따르기만 한다면 우리는 단연코 계급 전쟁을 피할 수 있습니다. 지난 12개월은 정책으로까지 수용된 비폭력의 가능성을 풍부하게 보여주었습니다. 민중이 비폭력을 행동 원리로 받아들이면 계급 전쟁은 불가능합니다. 그 방향의 실험이 지금 아메다바드에서 진행되고 있습니다. 그것은 가장 만족할 만한 결과를 낳았고, 그것이 결정적일 가능성이 매우 높습니다. 우리는 비폭력의 방법으로 자본가가 아니라 자본주의를 파괴하려고 합니다. 자본가들은 자신의 자본을 만들고, 보유하고 증식하는 데 다른 사람들에게 의존합니다. 우리는 자본가들이 자신들을 바로 그 다른 사람들의 수탁자로서 간주하도록 그 자본가들을 초청하는 바입니다. 노동자가 자본가의 개심을 기다릴 필요는 없습니다. 자본이 힘이라면 노동 또한 힘입니다. 힘은 파괴적으로도 창조적으로도 사용될 수 있습니다. 자본가와 노동자는 서로 상대방에 의존해 있습니다. 노동자는 자신의 힘을 자각하자마자, 자본가의 노예가 되는 대신 자본가와 공유자(*co-sharer*)가 될 위치에 서게 됩니다. 노동자가 유일한 소유자가 되겠다는 목표를 갖는다면, 그는 황금알을 낳는 암탉을 죽일 가능성이 매우 높습니다.

지성에 있어서 심지어 기회에서 존재하는 불평등은 시간의 끝까지 지속될 것입니다. 강둑에서 살아가는 사람은 불모의 사막에서 사는 사람보다 곡물을 재배할 기회가 늘 많습니다. 그러나 불평등이 우리를 정면에서 노려본다고 해도, 본질적 평등(*essential equality*) 역시 놓쳐서는 안 될 것입니다. 모든 사람들은 새와 짐승이 그러하듯이, 삶의 필수품에 대해서 동등한 권리가 있습니다. 그리고 모든 권리는 그에 상응하는 의무와 권리 침해에 저항할 수 있는 교정책이 있기 때문에, 기초적이며 근본적인 평등(*the elementary fundamental equality*)을 입증하기 위해서는 상응하는 의무와 교정책을 찾아내기만 하면 됩니다. 상응하는 의무는 내 사지로 노동하는 것이고, 상응하는 교정책은 내가 한 노동의 열매를 박탈해간 사람에 대해서 협조하지 않는 것입니다. 그리고 우리가 자본가와 노동자의 근본적인 평등을 인정한다면(인정해야 하지만) 자본가의 파멸을 노려서는 안 되며, 다만 그의 개심을 위해서 있는 힘을 다해서 노력해야 합니다.

내가 그에게 비협조하면 그는 자신이 범하는 잘못에 대해서 눈을 뜨게 될 것입니다. 내가 비협조하고 있을 때, 나는 누가 내 자리를 차지하지 않을까 두려워할 필요가 없습니다. 나는 동료에게 영향을 주어서 그 동료가 고용주의 비행을 돕지 말 것을 기대하기 때문입니다. 노동자 대중에 대한 이런 교육은 분명 완만한 과정이지만, 가장 확실한 과정이기 때문에 필연적으로 가장 신속한 과정입니다. 자본가의 파멸이 결국 노동자의 파멸이라는 점은 쉽게 증명될 수 있습니다. 그리고 사람이 아무리 나쁘다고 해도 구원받지 못할 사람이 없듯이, 아무리 완전하다고 해도 그가 순전한 악이라고 잘못 간주한 사람을 파멸시키는 행위를 정당화할 만큼 완전할 수는 없습니다.

질문과 대답, 〈영 인디아〉, 1931. 3. 26 ; 《전집》 51 : 344(일부)

266) 사유재산 몰수와 사회주의

1934. 7. 25

질문 카라치 국민회의는 민중의 기본권(*the fundamental right of the people*)을 제시하는 결의안을 통과시켰습니다. 그리고 그것이 사유재산을 인정하고 있으므로 내셔널리스트 자민다르들은 국민회의를 지지했습니다. 그러나 국민회의 내부의 신사회당은 사유재산을 폐지하겠다고 위협했습니다. 그것이 국민회의 정책에 어떤 영향을 줄 것입니까? 이것이 계급 전쟁을 촉발할 것으로 생각하지 않습니까? 당신은 그것을 막을 것입니까?

답변　카라치 결의안은 차기 국민회의 공개회의에 의해서만 수정될 수 있습니다. 나는 정당한 이유 없이 유산자계급(*propertied class*)에게서 사유재산을 박탈하는 데는 아무 관계도 맺지 않을 것임을 여러분에게 약속드립니다. 나의 목표는 여러분이 여러분의 모든 사유재산을 소작인들을 위해서 신탁을 받아서 보관하고 그것을 주로 그들의 복지를 위해서 사용할 수 있도록 여러분의 심정에 도달하여 여러분을 개심시키는 일입니다.

나는 국민회의 의원들 내부에서 사회주의 정당(*the Socialist Party*)이라는 신당이 형성되고 있다는 사실을 알고 있지만, 그 당이 국민회의를 장악하게 된다면 무슨 일이 일어날지 장담할 수 없습니다. 그러나 수백만 명의 우리 민중이 아주 솔직하고 의의가 있을 수 없는 국민투표를 한번 실시해 본다면, 그들이 유산자계급의 전면적인 재산몰수에 찬성하는 투표를 하지 않을 것이라는 점에 대해서 나는 아주 확신합니다. 나는 자본과 노동, 지주와 소작인 사이의 협조와 조정을 위해서 노력하고 있습니다. 국민회의는 가장 가난한 사람들에게 개방되어 있듯이 여러분에게도 개방되어 있습니다. 단지 4아나의 수수료를 지불하고 국민회의 강령에 따르기만 하면 됩니다.

그러나 나는 경고의 말 한마디를 하지 않을 수 없습니다. 나는 직물공장 소유자들에게 그들이 공장의 유일한 소유자가 아님을 누누이 말해왔습니다. 노동자들이 공장의 동등한 공유자(*equal sharers*)입니다.

마찬가지로 나는 당신의 토지 소유권이 여러분에게 있는 만큼 료트(농민)에게도 있다는 점, 소득을 사치와 낭비의 생활에 탕진해서는 안 되며 료트의 복리를 위해서 사용해야 한다는 점을 말씀드리고 싶습니다. 여러분이 일단 료트와의 경험을 동족의식으로, 그리고 그 경험을 가족 구성원으로서의 그들의 이익이 여러분의 손에서 절대 손해나지 않을 것이라는 안도감으로 바꿀 수 있다면, 여러분과 그들 사이에 계급 전쟁은 있을 수 없다는 점을 여러분이 확신해도 될 것입니다.

인도의 중심적 지혜는 만인의 기본권과 만인에 대한 평등한 정의(*equal justice*)에 널리 기초한 공산주의의 한 유형을 전개할 수 있었습니다. 이 지혜에 계급 전쟁은 낯선 것입니다. 내가 꿈꾸는 라마라즈야는 왕자와 거지의 권리를 동등하게 보장해 줍니다.

나는 내 영향력을 총동원하여 계급 전쟁을 막을 것입니다. 그 점에 대해서 여러분은 확신해도 됩니다. 내가 스스로 부과한 제한이 8월 3일 끝나면 무엇을 할지 모르겠습니다만, 교도소로 돌아가는 것을 피하기 위해서 최선을 다할 작정입니다. 그러나 앞으로 상황이 어떻게 전개될지 오늘 잘 모르는 상황에서 무엇을 확실히 예언하기란 어렵습니다. 그러나 여러분의 재산을 부당하게 박탈하려는 시도가 있다면, 나는 여러분의 편에 서서 싸울 것입니다.

질문 우리는 다음 의회 선거에서 국민회의 후보들을 지지하겠다고 제의했습니다. 그러나 그 후보들이 의회에서 채택할 정책에 대해서는 염려하지 않을 수 없습니다. 당신이 의회 평의회를 설득하여 우리의 공포를 몰아내 주시겠습니까?

답변 나는 이 문제에 대해서 여러분이 의회 평의회와 논의했으면 좋겠습니다. 하지만 나는 사유재산의 몰수나 폐지를 말할 의원은 한 사람도 없을 것으로 압니다. 그들은 여러분과 료트의 관계에 대해서 근본적인 개혁을 분명 주장할 것입니다만, 그것이 여러분에게 새로운 것은 아닐 것입니다. 말콤 헤일리 경[90]과 어윈 경은 여러분에게 시대정신을 자각하고 그에 따라서 살아가기를 호소한 바 있습니다. 만일 여러분이 이 일만 한다면 여러분은 우리가 가장 순수한 형태의 토착적 사회주의를 전개해나갈 수 있다는 점에 대해서 확신할 수 있을 것입니다.

서양의 사회주의와 공산주의는 우리의 관념과는 근본적으로 다른 관념들에 기초합니다. 그와 같은 관념 중에 하나는 인간 본성의 본질적인 이기심(*the essential selfishness of human nature*)에 대한 그들의 믿음입니다. 하지만 나는 그것에 대해서 찬성하지 않습니다. 나는 사람과 짐승의 본질적인 차이점이 다음과 같은 사실에 있음을 알기 때문입니다. 즉, 사람은 자신 속에 있는 영혼의 부름에 응답할 수 있다는 것, 그리고 짐승과 공유하는 정염을 딛고, 따라서 이기심과 폭력을 딛고 일어설 수 있다는 것입니다. 여기에서 이기심과 폭력은 사람이 가진 불멸의 영혼에 속하는 것이 아니라 야수적 본성에 속하는 것입니다.

그것은 힌두교의 근본적인 관념이며, 이 진리의 발견 배후에는 오랜 세월의 고행과 금욕이 있었습니다. 그 때문에 혼의 비밀을 탐색하기 위해서 자신들의 육신을 불태우고 생명을 내놓은 성인들은 있지만, 우리에게는 서양에서처럼 지구의 가장 궁벽한 곳이나 가장 높은 지역을 탐색하기 위해서 자신의 생명을 내놓은 사람은 한 사람도 없습니다. 따라서 우리의 사회주의나 공산주의는 비폭력에 기초를 두어야 하고, 노동과 자본, 지주와 소작인 사이의 조화로운 협조에 기초를 두어야 합니다.

---

90 〔역주〕 Malcolm Hailey(1872～1969): 우타르프라데슈 주 주지사. 《전집》 권 64, 231면.

국민회의 강령이나 정책 가운데 여러분을 놀라게 하는 것은 아무것도 없습니다. 죄송하지만 나는 여러분의 모든 공포와 염려가 죄책감을 느끼는 양심(*guilty conscience*)에서 나온다고 말하지 않을 수 없습니다. 여러분이 의식적으로 무의식적으로 범했던 불의를 제거하고, 국민회의와 국민회의 의원들에 대한 일체의 공포를 털어 버리십시오.

여러분이 자민다르와 료트의 관계를 일신하게 되면, 우리는 여러분 옆에 서서 여러분의 사적인 권리와 재산을 빈틈없이 지킬 것입니다. 내가 '우리'라고 말할 때 그 속에 판디트 자와할랄도 포함되어 있습니다. 비폭력이라는 중심적 원리에 관한 한 우리 사이에 아무 차이가 없다는 점을 확신하기 때문입니다. 그가 재산의 국유화에 대해서 말하고 있는 것은 사실이지만, 그 때문에 여러분이 놀랄 필요는 없습니다.

국가는 재산을 개인들에게 주는 길 이외에 그 재산을 소유할 길이 없습니다. 국가는 단순히 재산이 정당하고 공평하게 사용되기를 보증하고, 모든 가능한 오용을 막습니다. 나는 여러분이 료트들의 이익을 위해서 재산을 보유하는 일에 대해서 반대하리라고 생각하지는 않습니다. 료트들은 평화와 자유 속에 사는 것 이상의 야망을 갖지도 않았고, 여러분이 여러분의 재산을 그들을 위해서 사용하는 한 여러분의 재산 소유에 대해서 결코 원한을 품지 않을 것입니다.

자민다르들에 대한 대답, 〈더 파이어니어〉
(*The Pioneer*), 1934. 8. 3 ; 《전집》 64 : 281

267) 바르나다르마와 진정한 사회주의

1934. 9. 23

이 소책자는 바르나다르마에 대한 내 글을 모두 모은 것이다. 인쇄는 서너 달 전에 아니 그보다 여러 달 전에 이미 완성되었다. 하지만 서문이 없어서 출판되지 못했다. 나는 내가 그 서문을 쓰기로 동의했으나, 하리잔을 위한 순회 때문에 지금까지 그렇게 할 수 없었다.

(1)

나는 이 서문을 쓰기 전 지난 15년 동안 바르나아슈라마에 관한 나의 모든 연설과 글을 쭉 일람하고 싶었지만, 그것은 물리적으로 불가능했다. 어쩌면 그러지 못했던 것이 더 나을지도 모르겠다. 나는 일관성을 결코 맹목적으로 숭배하는 사람이 아니다. 나는 진리의 신봉자이다. 나는 어떤 문제에 대해서 특정 순간 내가 느끼고 생각한 것을, 내가 그전에 그 점에 대해서 뭐라고 말했던가를 생각하지 않고 말을 해야 한다. 발행인도 이것을 원하고 있다. 내 현재의 견해들이 전에 표현되었던 견해들과 얼마나 부합하는가를 밝히는 것은 독자의 몫이다. 독자는 내가 전에 말하거나 쓴 것이 지금 쓰고 있는 것과 모순된다는 점을 볼 때마다 주저 없이 전자를 거부해야 한다. 나는 전지(全知)를 주장하지 않는다. 나는 진리의 신봉자임을, 특정 순간 진리로 보이는 것을 최선을 다해서 순종할 것임을 주장한다. 나의 비전이 보다 분명해지면서, 나의 견해들은 나날의 실천과 더불어 점점 분명해질 것이다. 내가 의도적으로 의견을 수정한 곳에서는 그 변화가 명백할 것이므로, 조심스런 눈을 가진 독자라면 점진적이며 미세한 진화를 감지할 수 있을 것이다.

바르나아슈라마 다르마(*varnashramadharma*)는 우리의 모든 지방어에도 알려져 있는 복합어이다. 다르마(*dharma* : 법)가 바르나와 아슈라마(*ashrama*)라는 요소에 연결되어 있지만, 이 단어들이 분리되어 사용되는 경우는 거의 없다. 힌두교는 바르나아슈라마 다르마를 지칭하는 불완전한 다른 이름이다. '힌두'라는 단어는 외견상 외국인들이 만든 말로 보이고, 어떤 다른 내용보다 두드러지게 지리적인 의미를 지니고 있다. 힌두교도가 준수하기로 고백한 다르마(종교 또는 법)가 바르나아슈라마 다르마이다. 힌두교도의 다르마가 아리아인의 것이라고 말해도 별로 깊은 내용이 있는 것은 아니다. 그것은 인더스강 동쪽에 살고 있는 자들이나 베다적 다르마를 믿고 있는 자들이, 자칭 아리아인이라고 하고 다른 사람들을 비아리아인이라고 부른다는 사실만을 의미한다. 내가 생각하기로는 우리의 다르마에 이와 같은 종족의 이름표를 붙이는 것은 오해를 낳을 수 있다. 다르마는 다르마의 주된 성격을 선언할 수 있는 이름을 가져야 하고, 모든 사람들은 바르나의 법칙과 아슈라마의 법칙이 없는 힌두교가 아무것도 아니라는 점을 수용해야 한다. 우리가 발견할 수 있는 모든 스므리티(기억된 전통들)의 많은 부분이 바르나다르마 아슈라마에 대해서 말하고 있다. 바르나와 아슈라마 법칙은 우리의 최고(最古) 경전인 《베다》까지 소급할 수 있고, 이 법칙을 무시하는 자는 자신을 힌두교도라고 부를 수 없다. 그 법칙을 모든 방면에서 공부하는 것이 힌두교도의 의무이다. 그 법칙이 이상 생성물이라면 그것을 거부하는 것이 힌두교도의 의무이고, 그 법칙이 보편적 법칙을 대표하고 있다면 그것을 양성하고 그 본래의 순결함까지 회복하는 것이 그의 의무이다.

아슈라마 법칙에 관한 한, 그 법칙은 선언에서든 실제에서든 사라지고 말았다. 힌두교는 4단계의 아슈라마를 제시하고 있는바, 브라마차리(*brahmachari* : 성욕을 절제하는 학생)의 삶, 그리하스타(*grihasta* : 家長)의 삶, 바나프라스타(*vanaprastha* : 은퇴한 遊行者)의 삶, 그리고 산야시(*sannyasi* : 포기자)의 삶이 그것이다. 모든 힌두교도는 인생의 목표를 달성하기 위해서 이 모든 단계를 거쳐야 한다. 그러나 첫 번째와 세 번째 단계는 오늘날 실제 존재하지 않는다. 네 번째는 어느 정도 이름으로만 준수된다고 할 수 있을 것이다. 두 번째는 오늘날 모든 사람들에 의해서 준수된다고 한다. 그러나 이름으로만 준수되며 정신상 준수되는 것은 아니다. 우리는 모든 피조물과 마찬가지로 먹고 마시고 동류를 번식하는 한 가장(家長)이다. 그렇게 하면서 우리는 영혼의 법칙이 아니라 육신의 법칙을 완수한다. 영혼의 법칙을 완수한 부부들만이 그리하스타 아슈라마의 법칙을 준수한다고 말할 수 있다. 단순히 동물적 삶을 산 자는 그 법칙을 준수한 것이 아니다. 오늘날 가장들의 삶은 탐닉의 삶이다. 그리고 4단계가 성장의 사다리를 대변하고 있고 상호 의존하여 있으므로, 사람이 최초의 두 아슈라마, 즉 브라마차르야와 그리하스타의 법칙을 완수하지 않으면서, 바나프라스타와 산야시의 단계로 건너뛸 수 없다. 그래서 아슈라마의 법칙은 오늘날 죽은 문자이다. 그것은 그것과 긴밀하게 관련된 바르나 법칙이 회복될 때에만 부흥될 수 있다.

우리는 이제 바르나 법칙을 고려해야 할 차례이다. 바르나는 비록 왜곡된 형태이긴 하지만 존재하고 있다고 분명히 말할 수 있다. 바르나에는 네 종류가 있다. 그러나 오늘날 바르나로 통용되고 있는 왜곡된 모습의 바르나는 수많은 카스트로 나눠진다. 4개의 바르나 모두 수많은 카스트와 하위 카스트로 나눠진다. 그러나 처음 3개의 카스트에 속한 자들은 거기에 소속되어 있다는 것을 수치심 없이 선언하지만, 네 번째 바르나 곧 수드라에 속한 자들은 자신들의 바르나를 이름표로 삼지 않고 하위 카스트로 부르기를 좋아한다. 왜냐하면 자신들의 바르나를 굴욕의 상징으로 간주하기 때문이다.

그러나 이름표는 결코 사람의 성격을 드러내지 못하며, 사람이 한 이름표에 매달려 있다는 사실은 그가 그럴 만한 자격이 있음을 보여주는 것도 아니다. 흑인은 아무리 자주 자신을 붉은 사람이라고 불러도 붉은 사람이 될 수는 없다. 이와 마찬가지로 사람이 자신을 브라만이라고 부른다고 해서 브라만이 되는 것은 아니다. 사람은 자신의 삶 속에서 브라만의 자질을 드러내기 전까지는 그 이름으로 불릴 자격이 없다. 이런 각도에서 본다면 바르나는 절멸해버렸다고 말할 수 있을지도 모른다. 우리가 실제 이름표를 주장하고 싶다면 수드라라고 부를 수 있을 것이다. 우리가 그 바르나의 법칙을 준수하지 않는 한 그 이름을 실제로 얻을 자격이 없겠지만 말이다. 이 법칙은 우리 존재의 법칙(*the law of one's being*), 우리가 따라야 할 법칙이다. 우리는 그것을 자발적으로, 그리고 명예나 수치와 상관없이 따라야 한다. 그 법칙을 법칙으로 자발적으로 따르는 사람이 몇이나 될까? 달리 다른 방도도 없고, 우리 모두가 노예이기 때문에 원하든 원치 않든 우리는 그것을 따른다. 이런저런 사람이 각기 다른 바르나의 모든 기능을 이런저런 방식으로 수행하고 있다고 해서, 오늘 바르나가 존재한다고 주장하지 말자. 바르나는 우리의 태생과 꼭 해소 불가능한 방식으로는 아니지만 긴밀하게 연관되어 있고, 바르나 법칙을 준수한다는 말은 우리가 우리 선조들의 세습적이며 전통적인 직업을 의무의 정신에서 순종한다는 것을 의미한다. 그래서 자신들의 바르나 법칙을 따르는 자들은 손가락으로 셀 수 있을 정도이다. 우리의 유전적인 기능의 수행은 의무로 행해지는 것이다. 물론 이때 그 의무 수행이 자연스럽게 생계를 벌어들이기도 한다. 그래서 브라만(*Brahmin*)의 기능은 브라만(*Brahman*, 혹은 영적인 진리)에 대한 학문을 공부하고 가르치는 것이다. 그것이 그의 존재 법칙이어서 달리 어떻게 할 수 없기 때문에, 그 기능을 수행하는 것이 그에게 생계를 보장해 준다. 하지만 그는 생계를 신이 준 선물로 받아들인다. 크샤트리아는 동일한 정신에서 민중 보호의 기능을 수행할 것이고, 민중이 그에게 줄 수 있는 것이면 무엇이든 생계로 받아들일 것이다. 바이샤는 공동체의 복지를 위해서 부를 생산하는 직업을 추종하고, 자신의 생계유지를 위해서 충분히 보유하고, 잉여분은 다양한 형식으로 공동체에 주게 된다. 수드라는 같은 봉사 정신에서 육체노동을 행한다.

바르나는 태생에 의해서 정해지지만 책무를 준수함으로써만 유지될 수 있다. 브라만(*Brahmin*) 부모에게서 태어난 사람은 브라만으로 불릴 수 있을 것이다. 하지만 성년이 되었는데도 그의 삶이 브라만의 자질을 드러내지 못한다면 브라만으로 불릴 수 없다. 그는 브라만 자격(*Brahminhood*)에서 타락한 것이다. 반면, 브라만으로 태어나지는 않았지만 행동에서 브라만의 자질을 보인다면, 본인이 브라만이라는 이름표를 거부한다고 해도 그는 브라만으로 간주될 것이다.

이렇게 생각된 바르나는 인간이 만든 제도가 아니라 인간 가족을 보편적으로 지배하는 삶의 법칙이다. 법칙을 따르는 것은 삶을 살 만한 것으로 만들고, 평화와 만족을 확산시키고, 모든 충돌과 갈등을 끝낼 것이고, 기아와 빈곤에 종지부를 찍고, 인구 문제를 해소하고 질병과 고통을 종식시키기조차 할 것이다.

그러나 바르나가 사람의 존재 법칙과 그가 수행해야 할 의무를 드러낸다고 해서 그 바르나가 권리를 주는 것은 아니다. 우월과 열등의 관념은 그것과 전면적으로 모순된 것이다. 모든 바르나는 동등하다. 사회가 모든 바르나에 동등하게 의존하기 때문이다. 오늘날 바르나는 고저의 차등을 의미하지만, 이는 원본(*the original*)을 사악하게 곡해한 것이다. 바르나 법칙은 엄격한 고행에 의해서 우리 조상들이 발견한 것이었다. 그들은 최선을 다해서 그 법칙에 따라서 살기 위해서 노력했다. 하지만 우리는 오늘날 그것을 왜곡했고 우리 자신들을 조롱거리로 만들어 버렸다. 우리 힌두교도 중에서 오늘날 바르나제도를 힌두교도의 파멸이라고 보고 그 제도를 없애기 위해서 자신들의 에너지를 쏟는 일파가 있다는 점은 놀랄 일이 아니다. 그리고 그런 사악한 왜곡에 대해서는 어떤 연민을 느낄 필요도 없다. 왜냐하면, 사악한 왜곡은 힌두교의 파괴를 의미할 뿐이기 때문이다.

(2)
나는 음식과 음료 그리고 혼인관계에 대한 제한규정이 깡그리 없어져야 한다고 제안하고 싶은 생각은 추호도 없다. 나는 내가 무슨 음식이 주어지든 우연히 함께 있게 된 일행과 그것을 먹는 일을 의무라고 여기지 않는다. 나는 일시적 기분에 따라서 결혼하는 일은 자기탐닉에 불과한 일로 간주한다. 엄격한 규제는 인생의 법칙이다. 그래서 당연히 다른 관계와 마찬가지로 이런 관계들을 규제해야 한다. 나는 일상의 음식에 규칙이 있다고 생각한다. 사람은 잡식성 동물도 아니며 마음 내키는 대로 자신의 짝을 골라서도 안 된다. 그러나 혼인관계와 사회관계에서 제한규정을 두는 일은 바르나다르마와 아무 관련이 없다. 바르나다르마는 전혀 그런 것이 아니다. 나는 다른 바르나에 속하는 사람들 사이의 흠결 없는 혼인관계를, 그리고 다른 바르나에 속하는 사람들이 함께 앉아서 모든 사람들에게 허용되는 음식을 먹는 일을 생각할 수 있다. 혼인관계와 사회관계에 관한 한, 고대에 바르나들 사이에 엄격한 구분이 존재하지 않았음을 보여주는 충분한 증거가 있다. 우리가 바르나를 단순히 음식·음료·결혼에 대해서 제한규정을 두는 것으로 만들어 버림으로써, 힌두교에 중대한 위해를 가했다는 점에 대해서 나는 추호의 의심도 없다.

바르나 법칙은 일부 힌두 성자들의 특별한 발견이지만 보편적으로 적용되는 것이다. 각 종교는 독특한 특성을 갖고 있다. 하지만 각 종교가 원리나 법칙을 표현한다면, 그 원리나 법칙은 보편적으로 적용되어야 한다. 그것이 내가 바르나 법칙을 보는 방식이다. 세상은 오늘날 그 법칙을 무시할지 모르지만 장래에는 받아들여야 할 것이다.

나는 그 법칙을 다음과 같이 간단히 규정한다. 즉, 바르나 법칙은 모든 사람들이 자신의 선조들이 물려준 세습의 직업을 다르마 곧 의무의 일로서 순종할 것을 의미한다. 단 이때 그 직업은 기초 윤리에 어긋나지 않아야 한다. 그는 그 직업에 순종함으로써 생계를 유지하게 될 것이다. 그는 부를 축적하지는 않을 것이며 잉여분을 민중의 선을 위해서 바칠 것이다.

4개의 바르나는 《베다》에서 네 지체에 비유되어 왔는데, 이와 같은 직접적인 비유보다 나은 것은 없을 것이다. 그것들이 한 몸의 네 지체라면, 하나가 다른 것에 비해서 어떻게 더 우월하거나 열등하다고 할 수 있는가? 각 지체가 표현의 힘이 있어서 자신이 나머지 지체들보다 더 높거나 좋다고 말한다면, 육신은 부서지고 말 것이다. 그와 마찬가지로 우리의 통치체(*our body politics*)나 인류라는 몸이 우월과 열등이라는 병폐를 영속화해도, 그 몸은 부서지고 말 것이다. 우리 시대의 갖가지 질병 특히 계급 전쟁과 국내 분쟁의 뿌리에는 바로 이와 같은 병폐가 놓여 있다. 아주 천박한 이해력을 가진 자들도, 이런 전쟁과 분쟁이 바르나 법칙의 준수에 의해서만 끝날 수 있다는 점을 아는데 그리 어렵지 않을 것이다. 왜냐하면 사람은 태어날 때부터 각자 해야 할 일이 있고, 바르나 법칙은 각자 해야 할 일을 의무와 봉사의 정신으로 수행함으로써 자신의 존재 법칙을 따르라고 명하기 때문이다. 생계를 버는 일은 필연적인 결과이다. 그러나 그 법칙은 그 자체를 위해서 따라야 한다. 인류의 대다수가 그것을 제대로 준수하면, 상충하는 불평등은 끝날 것이며 다양성 속의 평등(*equality in diversity*)이 생길 것이다. 모든 직업은 동등하게 존경할 만한 것이다. 여기에는 장관 · 변호사 · 의사 · 무두질 직공 · 목수 · 청소부 · 군인 · 장사 · 농민 · 영적 스승 등의 직업이 모두 망라되어 있다. 이런 이상적 상태에서는 세 가지 바르나가 수드라 위에 군림한다는 기형의 비정상이 들어갈 여지가 없을 것이다. 달리 말한다면, 크샤트리아와 바이샤는 자신들의 궁전에서 향유하고, 브라만은 오두막집에서 만족하는 동안, 수드라는 자신 이외의 사람들을 위해서 수고하고 누옥에서 살아간다는 비정상이 들어갈 여지가 없을 것이다. 혼란에 빠진 현 사태는 바르나 법칙이 사문화되었음을 표시하는 것이다.

위에서 말한 대로 이상적인 상태가 인도에서 한 번이라도 도달한 적이 있었던지 나는 모른다. 그러나 나는 그것이 충분히 접근하기 쉬운 유일한 이상적인 상태이고, 힌두교도만이 아니라 인류 전체를 위한 상태라고 정말로 생각한다.

그와 같은 제도 아래에서 개개 주인들은 모든 재산을 공동체를 위해서 신탁 보관할 것이다. 아무도 그것을 제 것이라고 주장하지 않을 것이다. 왕은 자신의 인민을 위해서 자신의 왕궁을 신탁받을 것이고, 민중의 이익을 위해서 사용될 목적으로서만 세금을 거둘 것이다. 그는 자신을 지탱할 정도에 대해서만 권리가 있다. 나머지는 민중의 것이며 그들을 위해서만 사용될 것이다. 그는 실제로 통치자로서 풍부한 자원을 이용하여 민중으로부터 거두어들이는 것에 그 서너 배를 더 보태어 되돌려 줄 것이다. 이와 같이 바이샤도 그와 같은 수탁자이다. 수드라 역시 그러하다. 우리가 선택할 수 있다면, 봉사와 의무의 정신에서 육체노동을 행하는 수드라, 자신의 것이라고는 아무것도 없는 수드라, 그리고 소유에 대해서 아무 욕망이 없는 수드라가 세상의 존경을 받을 가치가 있다. 그는 가장 위대한 종이기 때문에 만인의 주이다. 물론 본분을 다하는 수드라는 그런 주장을 거부할 것이지만, 신들은 최상의 축복을 그에게 쏟을 것이다. 사람은 오늘날의 무산자계급(*the proletariat*)에 대해서 이런 말을 하지 못할 것이다. 그들이 분명 소유한 것은 없지만, 나는 그들이 소유를 탐내고 있는 것으로 본다. 노동과 봉사라는 천직은 그들에게 유쾌한 의무가 아니고 고통스런 과업이다. 그 천직이 육신의 갈망조차 충족시키지 못하고 있기 때문이다. 나의 예찬은 이상적인 노동자를 위한 것이다. 천직은 내가 얻기를 간절히 소망했던 지위이다.

그러나 이와 같은 노동의 의무가 모든 사람들에게 부과될 수는 없다. 실제로 자신들을 공동체의 종으로 간주하고 종처럼 행동하는 법칙, 모든 재산을 공동체를 위해서만 신탁 보관한다는 법칙을 스스로 따르는 세 바르나만이 저런 찬사를 말할 자격이 있다. 세 바르나는 오늘날 명목상으로만 존재한다. 그들은 수드라의 지위보다 높은 지위를 자신들에게 부여하려 하고, 대신 수행해야 할 어떤 의무도 떠맡기를 그만두었다. 그래서 그런 상황에서 수드라가 다른 사람들의 소유물과 소유지에 질투를 느끼고, 공유하고자 해도 놀랄 일이나 유감스런 일은 결코 아니다. 바르나 법칙이 발견되었을 때 외부의 강요는 존재할 수 없었다. 세상은 바르나 법칙의 자발적이고 충직한 준수에 의해서 지탱될 수 있을 뿐이다.

경쟁이 삶의 법칙으로 여겨지는 시대, 세상의 물건들을 가장 많이 소유하는 것이 최고선(*summum bonum*)이 되는 시대, 그리고 모두가 마음 내키는 대로 직업을 가질 자유가 있다고 간주되는 시대에, 바르나를 삶의 법칙으로 주창하는 시도는 한가한 꿈으로 간주될 수 있고,

그것을 부흥하려는 시도는 어린아이의 바보짓으로 비칠 수도 있다. 그것이 어떻게 보이든, 나는 그것이 진정한 사회주의라는 확신을 갖고 있다. 《기타》의 언어로 말한다면 그것은 영혼의 평등(*equality of the spirit*)이다. 그것이 없다면 어떤 종류의 평등도 존재하지 않는다. 진정한 사회주의의 실천은 그 실천이 아무리 미미하다고 해도, 그것을 실천하는 자에게도 나머지 인류에게도 좋은 징조이다.

바르나가 넷이라고 하지만, 내 의견으로는 그 수가 변경 불가능한 것이 아니라는 점을 덧붙이고 싶다. 미래에 그것을 재건할 때, 그 수는 넷보다 많을 수도 있고 적을 수도 있을 것이다. 핵심적인 것은 우리가 타고난 직분인 천직을 따름으로써 자신의 생계만을 구해야 한다는 점이다.

M. K. 간디

《바르나브야바스타》(*Varnayavastha*)의 서문, 〈하리잔반두〉, 1934. 9. 16 / 23 ; 〈하리잔〉, 1934. 9. 28 ; 《전집》 65 : 69

268) 사회주의자와 폭력

〔*1935. 3. 22* 이전〕

친애하는 메들렌에게,

나는 당신의 편지를 피아렐랄에게 방금 읽어 주었습니다. 내가 완전한 침묵을 지키게 되어, 당신의 편지에 즉시 답장할 수 있게 된 일에 대해서 신에게 감사합니다. 그래, 나는 그 현자(*the Sage*)[91]의 긴 편지에 대한 답장으로 한 통의 완전한 편지를 써야 합니다. 그러나 '완전한'이라는 형용사가 나를 놀라게 합니다. 나는 거기에서는 저 현자의 편지를 충분히 공평하게 다룰 만한 편지를 쓸 시간이 없습니다. 나는 내 침묵의 날 그것을 하도록 할 것입니다. 당신의 질문은 단순합니

91 로맹 롤랑.

다. 나의 반대는 여기에 있는 공식적 프로그램에서 해석되고 있는 사회주의에 대한 것입니다. 나는 사회주의 이론이나 철학에 반대하여 할 말은 없습니다. 여기에 제시된 프로그램은 폭력 없이 성취될 수 없는 것입니다. 여기에 있는 사회주의자들은 모든 상황에서 폭력을 배제한 것은 아닙니다. 그들은 권력을 폭력으로 전복할 기회만 있다면, 공개적으로 무기를 사용할 것입니다. 그 프로그램 안에 상세한 점도 있지만 내가 자세하게 논의할 필요는 없을 것입니다. 이 편지가 당신의 난점에 대답이 될지 염려됩니다. 하지만 당신은 당신의 난점에 대해서 보다 구체적으로 써야 합니다.

두 사람 모두에게 사랑을
바푸

메들렌 롤랑[92] 에게 보낸 편지,
CW 9737 ; 《전집》 66 : 476

269) 비폭력적 공산주의 〔*1937. 1. 22*〕

질문 당신은 공산주의에 대해서 어떻게 생각합니까? 그것이 인도에 좋은 것이라고 생각합니까?

답변 러시아식의 공산주의, 즉 민중에게 강요된 공산주의는 인도에는 전혀 맞지 않습니다. 나는 비폭력적 공산주의(*non-violent communism*)를 믿습니다.

질문 그러나 러시아식 공산주의는 사유재산에 반대합니다. 당신은 사유재산을 원합니까?

---

92 〔역주〕 Madeleine Rolland(1872~1960) : 로맹 롤랑의 여섯 살 아래 여동생으로 로맹 롤랑에게 큰 영향을 주었다고 한다.

답변 만약 공산주의가 폭력 없이 온다면, 그건 환영할 만한 일입니다. 그때는 민중을 대신해서가 아니라면 그리고 민중을 위해서가 아니라면 그 누구도 재산을 보유하지 않을 것이기 때문입니다. 백만장자는 백만 금을 보유하겠지만 민중을 위해서 보유할 것입니다. 국가가 공동 이익을 위해서 그것이 필요할 경우 그것을 맡을 수 있습니다.

질문 사회주의에 관련하여 당신과 자와할랄 사이에 견해상의 차이점이 있습니까?

답변 있습니다. 그러나 그것은 강조점의 차이입니다. 그는 결과를 강조하는 듯하고 나는 수단을 강조합니다. 그에 따르면 나는 비폭력을 지나치게 강조하는 셈이고, 그는 비록 비폭력을 신봉하고는 있지만 비폭력으로 사회주의를 갖기가 불가능하다면 다른 방법을 써서라도 사회주의를 갖기를 원할 것입니다. 물론 비폭력에 대한 내 강조는 원리의 강조입니다. 우리가 폭력의 방법으로 독립을 가질 수 있다는 것에 대해서 내가 확신을 가졌다고 해도, 나는 독립을 거부할 것입니다. 그것은 진정한 의미의 독립이 아니기 때문입니다.

질문 하지만 당신은 당신이 벌인 비폭력적 운동(*non- violent agitation*)의 결과로 영국인들이 인도를 당신에게 물려주고 평화롭게 물러서리라고 생각합니까?

답변 진정 그렇게 생각합니다.

질문 당신 신념의 기초는 무엇입니까?

답변 나는 내 신앙을 신과 그분의 정의(*His Justice*)에 두었습니다.

질문 당신은 우리와 같은 이른바 기독교도보다 더 기독교적입니다. 나는 이 말을 블록체로 쓸 것입니다.

답변 당신은 그래야 합니다. 그렇지 않다면 신은 사랑의 신(*God of Love*)이 아니라 폭력의 신이 될 것입니다.

어느 이집트인과의 대담, 〈하리잔〉,
1937. 2. 13 ; 《전집》 70 : 361

270) 사회주의 원리의 실행

1937. 7. 27

삼푸르나난드 님께,

나는 당신의 책을 티탈에 갖고 가서 읽기 시작했습니다. 7월 24일 지난주 토요일에 읽기를 마쳤습니다. 나는 여가 시간이 몇 분만 있어도 읽곤 했습니다. 나는 그 책을 처음부터 끝까지 조심스럽게 읽었습니다. 그 책이 좋습니다. 그 언어는 달콤하지만 산스크리트어에 아주 낯선 사람에게는 좀 난해한 책으로 여겨질 수도 있을 것입니다. 책의 말미에 영어·힌디 동의어, 힌디·영어 동의어의 용어해설은 학생들에게 유익합니다. 다른 사람들을 폄하하지 않고 사회주의를 옹호하는 논의를 전개한 것은 칭찬할 만합니다.

그 책에 제시된 사회주의의 거의 모든 원리들을 내가 수용하는 데 아무 어려움이 없습니다. 나는 자야프라카슈가 지은 책[93] 역시 유의하여 읽었습니다. 그의 해석과 당신의 해석 사이에 차이점이 있을 수 있습니까? 당신의 책과 그의 책 어디에서도 인도에 최종적 혁명을 가져올 방법에 대한 분명한 생각을 찾을 수 없습니다. 그 점에 대해서 여러 사람과 논의하고 난 뒤에도 나는 그것을 이해할 수 없었습

93 《왜 사회주의인가?》.

니다. 그저께 비로소 메헤랄리(Meherally)의 마드라스 연설에 대한 보고가 내 손에 입수되었고, 나는 그것을 쭉 훑어보았습니다. 그것은 사회주의자들이 하는 일을 완벽하게 설명하고 있습니다. 목표는 모든 방면에서 반란(*revolt*)을 개시하는 것입니다. 그러나 폭력 없이 반란이 가능했던 적은 없었습니다. 하지만 당신 책에서는 그런 폭력을 보지 못했습니다. 1920년 이래 수행되어온 시민불복종이나 비폭력적 비협조와 같은 평화로운 방법을 통해서 우리는 기운을 얻었습니까, 아닙니까?

당신은 우리가 국가 권력(*State power*)을 얻기 전에는 사회주의 원리들이 충분히 실행될 수 없다고 말합니다. 강력한 지주(地主)가 완전한 사회주의자로 변했다고 가정한다면, 그가 그의 원리에 따라서 훌륭하고 진실하게 행동할 수 있었을까 하고 당신은 묻습니다. 사회주의자인 인도인 라자(왕)가 형벌권이 없다고 전제한다면, 사회주의를 실행할 수 있었을까요? 세상 전체가 사회주의자가 되기 전에는 사회주의가 전면적으로 실시될 수 없다는 당신의 글이 기억나는군요. 이것은 비록 우리가 완전한 독립을 얻는다고 해도, 사회주의를 완전히 또는 거의 완전히 실시할 수 없다는 것을 의미합니까? 나는 당신이 내 말의 요점을 이해했기를 바랍니다. 이 질문 배후의 목표는 내가 사회주의자의 원리들과 그 원리들의 시행 방법을 어느 정도까지 수용할 수 있을지를 확인하는 것입니다.

한가할 때 이 편지에 대해서 답장해 주십시오. 나는 급하지 않습니다.

귀하의 신실한 친구

M. K. 간디

삼푸르나난드(Sampurnanand)에게
보낸 편지(H.), CW 9940 ; 《전집》 72 : 102

271) 사회주의와 비폭력

세바그람, *1940. 4. 14*

아래의 결의안 초안은 슈리 자야프라카슈 나라얀[94]이 나에게 보내준 것이다. 그는 내가 그의 구도를 수용한다면, 그것을 람가르흐(Ramgarh) 운영위원회에 제시해 달라고 요청했다.

> 국민회의와 우리나라는 크나큰 국가적 격변의 전야에 있다. 자유를 위한 최후의 싸움이 곧 닥쳐올 것이다. 이 싸움은 전 세계가 변화라는 강력한 힘에 의해서 요동칠 때 일어날 것이다. 유럽 전쟁의 파국을 지켜본 모든 곳의 사려 깊은 사람들은, 국가들과 사람들 사이의 협조적인 선의에 기초하고 있는 새로운 세계를 창조하기 위해서 노심초사하고 있다. 이런 때에 국민회의는 그것이 평화의 이상을 명확하게 진술하는 것을 필수적인 일로 간주한다. 국민회의는 그 평화의 이상을 대표하고 있으며, 인도 국민에게 평화의 이상을 위해서 지독한 고통을 감내하라고 곧 당부할 것이다.
>
> 자유 인도라는 국가는 국가 간의 평화를 위해서, 군비의 전면적 거부를 위해서, 그리고 자유롭게 설립된 일부 국제적 권위를 통해서 국내 분쟁을 평화적으로 해결하는 방법을 위해서 일할 것이다. 인도는 강대국이든 약소국이든 모든 이웃들과 최상의 우호적인 관계를 갖고 살아가기 위해서 특별한 노력을 경주할 것이며, 외국의 영토를 탐내지 않을 것이다.
>
> 이 땅의 법률은 국민이 자유롭게 표출한 의지에 기초할 것이다. 질서 유지의 궁극적 토대는 국민의 명령과 동의이다.

---

94 〔역주〕 Jayaprakash Narayan(1902~1979) : 1919년 로래트 법안 통과 직후 간디의 비협조운동에 참가했다. 처 프라바비티는 사바르마티 아슈람에 사는 동안, 1922년 도미. 1923년 UC 버클리 입학허가를 받았으나 학비가 너무 올라서 아이오아대학으로 전학, 그곳에서 마르크스의 《자본론》을 읽고, 1917년 러시아 혁명의 성공 소식을 듣고 마르크스주의자가 되었다. 1929년 귀국하고, 네루의 초청으로 국민회의에 참여했다.

자유 인도 국가는 완전한 개인적·시민적 자유(*individual and civil liberty*)와 문화적·종교적 자유(*cultural and religious freedom*)를 보장할 것이다. 단, 헌법제정의회를 통해서 인도인들이 제정한 헌법을 폭력으로 전복할 자유는 있을 수 없다.

국가는 나라의 시민들을 어떤 방식으로든 차별하지 않을 것이다. 모든 시민들은 동등한 권리를 보장받을 것이다. 태생과 특권에 따른 일체의 차별은 폐지될 것이다. 세습적인 사회 지위에서 그리고 국가에서 나오는 어떤 작위도 없을 것이다.

국가의 정치적·경제적 조직은 사회 정의(*social justice*)와 경제적 자유(*economic freedom*)라는 두 원리에 기초를 둘 것이다. 이런 조직이 사회 모든 구성원에게 국내용 필수품을 공급하는 데 이바지할 것이지만, 물질적 만족이 그 유일한 목표가 되지는 않을 것이다. 그 조직은 개인의 건강한 생활과 도덕적·지적 발전을 목표로 삼는다. 국가는 이것을 목표로 삼고 사회 정의를 확보하기 위해서, 해당 당사자 전원의 동등한 이익을 도모할 목적으로 개인적 노력에 의해서거나 협동적 노력에 의해서 소규모 생산의 촉진을 위해서 노력할 것이다. 모든 대규모의 집단적 생산은 최종적으로 집단적 소유권과 집단적 통제 아래 둘 것이며, 국가는 대형운송·해운·광업·중공업을 국유화함으로써 이 일을 시작할 것이다. 직물 산업은 점진적으로 분산될 것이다.

촌락의 삶은 재구성될 것이고, 촌락은 자치의 단위가 되며 가능한 한 많은 분야에서 자립하게 될 것이다. 우리나라의 토지법은 토지가 실제 경작자에게만 속할 것이라는 원리, 어떤 경작자도 적정한 생활수준으로 자신의 가족을 부양함에 있어서 필요 이상의 땅을 소유해서는 안 된다는 원리 아래에서 근본적으로 개정될 것이다. 이것은 한편으로 지주제도를, 다른 한편으로 농노적 농장 보유제에 종지부를 찍을 것이다.

국가는 상류 계급들의 이익을 보호할 것이다. 그러나 이런 이익이 가난하고 짓밟혀온 사람들의 이익을 침해한다면, 국가는 후자를 보호할 것이고 사회 정의의 균형을 회복할 것이다.

> 국가 소유와 국가 경영의 모든 기업에서 노동자들은 자신들이 선출한 대표자들을 통해서 그들의 입장을 경영에 대변할 것이며, 정부의 대표자들과 동등한 지분을 보유할 것이다.
>
> 인도의 각 주에서는 완전한 민주정부가 수립될 것이고, 사회 차별 폐지와 시민의 평등이란 두 원리에 따라서, 라자와 나와브(Nawab)[95]의 신분을 가진 사람들은 주 정부의 정식 수장이 될 수 없다.
>
> 이것이 국민회의가 그려 본 질서, 국민회의가 수립하기 위해서 노력할 질서이다. 국민회의는 이 질서가 인도의 모든 인종과 모든 종교의 국민에게 행복·번영·자유를 가져다줄 것이라고 확신한다. 또한 국민은 모두 함께 이와 같은 토대 위에서 위대하고 영광스런 국가를 건립할 것이다.

나는 이 결의안 초안을 좋아했고, 자야프라카슈의 편지와 운영위원회 앞으로 가는 초안을 읽었다. 하지만 운영위원회는 람가르흐 국민회의를 위한 결의안이 오직 하나여만 한다는 착상을 엄격하게 고수했고, 파트나에서 기초된 원래의 결의안에 손대서는 안 된다고 생각했다. 위원회의 설명은 나무랄 데 없이 훌륭했고, 위원회는 장점에 대해서 아무 논의 없이 그 결의안 초안을 각하시켜 버렸다. 나는 내 노력의 결과를 슈리 자야프라카슈에게 알려 주었다. 그는 다시 편지를 써와서, 내가 차선책, 즉 그것을 나의 완전한 동의, 또는 내가 할 수 있는 만큼의 동의를 붙여서 출판할 수만 있다면 그가 만족할 것이라고 제의해왔다.

나는 슈리 자야프라카슈의 희망을 따르는 데 아무 어려움이 없었다. 인도가 자기의 역량을 충분히 발휘하게 되어서 하나의 이상을 실행하게 되면, 나는 슈리 자야프라카슈에 의해서 발표된 제안들 중

95 〔역주〕 인도·파키스탄의 이슬람 귀족·명사에 대한 존칭.

하나만을 제외하고는 모두 지지할 것이다.

나는 내가 아는 인도의 사회주의자들이 강령을 공언하기 훨씬 전부터 내가 사회주의자였음을 주장해왔다. 그러나 나의 사회주의는 나에게 자연스러운 것이었지 책에서 채용한 것이 아니었다. 그것은 비폭력에 대한 부동(不動)의 신념에서 나왔다. 사회적 불의가 어디에서 발생하든 그 불의에 대항하여 일어나지 않고서는 그 누구도 능동적으로 비폭력적이라고 할 수는 없었다. 내가 아는 한 불행하게도 서양 사회주의자들은 사회주의적 교의를 실행하기 위해서 폭력의 필요성에 대해서 믿어왔다.

나는 사회 정의, 심지어 가장 미천하고 가장 비천한 사람들에 대한 사회 정의조차 물리력으로는 성취가 불가능하다고 늘 생각해왔다. 나는 가장 비천한 자들이 당하는 부정(不正, *the wrongs*)의 확실한 시정은 그들을 비폭력 수단으로 적절히 훈련시킴으로써 가능하다는 것도 믿어왔다. 그 수단은 비폭력적 비협조이다. 때로는 비협조가 협조만큼이나 의무가 되는 경우도 있다. 어느 누구도 자신의 파멸이나 자신을 노예로 만드는 일에 협조할 이유가 없다. 다른 사람들의 노력으로 얻은 자유는, 그 노력이 아무리 인자한 것이어도 그것이 철회되면 유지될 수가 없다. 다른 말로 하면, 그것은 진정한 자유가 아니다. 그러나 가장 비천한 자들은 비폭력적 비협조를 통해서 자유를 얻는 기술을 배우자마자 자유의 광휘를 감지할 수 있다.

그래서 내가 그의 초안을 읽어 보니 슈리 자야프라카슈는 자신이 그린 질서를 확립하기 위해서 비폭력을 받아들이고 있었는데, 그것이 나를 기쁘게 한다. 나는 폭력으로는 절대 불가능한 것을 비폭력적 비협조가 확보할 수 있다고 분명히 확신하는데, 그것은 악을 행하는 자들의 궁극적인 회심(回心)으로 가능하다. 우리는 인도에서 비폭력이 마땅히 받아야 하는 시험을 준 적이 없다. 잡다한 것이 섞인 우리의 비폭력으로도 우리가 그렇게 많은 것을 성취했다고 하는 점이 경이로울 따름이다.

슈리 자야프라카슈의 토지에 대한 주장은 놀랄 만한 것으로 보인다. 그러나 실제로 그런 것은 아니다. 어떤 사람도 품위 있는 생계를 유지하는 데 필요한 토지 이상으로 소유해서는 안 된다. 대중의 가혹한 가난이, 그들 자신의 소유라고 부를 수 있는 토지를 갖지 못한 탓이라는 사실을 누가 반박할 수 있겠는가?

그러나 개혁은 급히 서둘러 될 일이 아니라는 점을 깨달아야 한다. 그것이 비폭력적 수단에 의해서 실행되어야 할 일이라면, 부자와 가난한 자 쌍방 모두에 대한 교육에 의해서 실시될 수 있을 뿐이다. 부자들은 자신들을 대상으로 하여 폭력이 결코 사용되어서는 안 된다는 점에 대해서 안심할 수 있어야 한다. 가난한 자들은 자신들의 의지에 반하여 행동을 강요할 수 있는 사람이 없다는 점을, 그리고 그들 자신들이 비폭력 곧 자기고통의 기술을 배움으로써 자신들의 자유를 확보할 수 있다는 점을 알 수 있도록 교육을 받아야 한다. 여기에서 그려진 목표가 성취되려면, 내가 윤곽만 그린 교육은 지금 시작되어야 한다. 상호존중과 신뢰의 분위기는 사전 작업으로 조성되어야 한다. 그렇게 되면, 상류계급과 일반 대중 사이에 폭력적 갈등이 있을 수 없다.

그래서 나는 슈리 자야프라카슈의 발언을 비폭력의 견지에서 일반적인 지지를 보내는 데 아무 어려움이 없지만, 토호국왕에 대한 그의 제안은 지지할 수 없다. 법적으로 그들은 독립되어 있다. 그들의 독립이 보다 더 강한 집단에 의해서 보증되고 있기 때문에 그리 큰 가치가 없다는 것은 사실이다. 그러나 그들은 우리에 대해서 자신들의 독립을 선언할 수 있다. 슈리 자야프라카슈 제안의 초안에 암시되어 있듯이, 우리가 비폭력 수단을 통해서 우리 자신의 역량을 충분히 발휘한다면, 토호국왕들이 전면에서 물러나는 식의 해결책을 나는 상상할 수 없다. 어떤 해결책에 도달하든 국가는 그 해결책을 완전히 실시해야 할 것이다. 그래서 나는 큰 토호국들이 자신들의 지위를 유지하는 식의 해결책만을 생각할 수 있을 뿐이다. 어떤 면에서는 그 해결책이 오늘날의 상태보다 훨씬 좋을 것이다. 그러나 다른 면에서 그 해결책은, 인도의 다른 지역 민중이 향유한 자치정부의 권리와 같은 것을 각 토호국의 주민들에게 주는 방식이 될 것이다. 그들은 자신들에게 보장된 언론의 자유, 자유 언론 그리고 순수한 정의를 가질 것이다. 아마도 슈리 자야프라카슈는 토호국왕들이 자발적으로 자신들의 전제적 통치를 내놓을 것이라는 것을 믿지 않겠지만, 나는 믿는다. 첫째, 그들이 우리만큼이나 선량한 인간이라는 것, 둘째, 진정한 비폭력의 효능에 대한 나의 신앙 때문이다. 따라서 우리가 우리 자신들에게 진실하고, 우리에게 신앙이 있다면 그 신앙에 진실하고, 그리고 국가에 진실하다면, 토호국왕들과 다른 모든 사람들이 진실할 것이고 고쳐질 수 있다는 결론을 나는 내리고 싶다. 현재 우리에게는 열성이 없다. 자유로 향한 길은 열성 없는 태도로는 결코 얻을 수 없다. 비폭력은 탐조등을 내부로 향함으로써 시작되고 종결된다.

자야프라카슈의 구도, 〈하리잔〉, 1940. 4. 20 ; 《전집》 78 : 145

272) 사회구조의 혁명

1946. 1. 24

질문 경제적 평등(*economic equality*)이란 말로 당신은 정확히 무엇을 의미합니까? 당신이 고안해낸 법령에 의한 신탁관리(*statutory trusteeship*)란 무엇입니까?

이 질문에 대해서 간디지는 자신이 생각하는 경제적 평등이란 모든 사람들이 문자 그대로 같은 양을 가짐을 의미하는 것은 아니라고 대답했다. 그것은 단순히 모든 사람들이 각자의 필요(*needs*)에 충분할 만큼 갖는다는 것을 의미한다. 예를 들면, 간디는 겨울철에 두 개의 숄이 필요하지만, 조카의 아들이지만 아들처럼 함께 살고 있는 카누 간디는 따뜻한 옷을 전혀 필요로 하지 않는다. 간디지는 염소 우유, 오렌지와 다른 과일을 필요로 한다. 카누는 보통의 음식으로 지낼 수 있다. 간디는 카누가 부럽지만 그래봐야 아무 소용이 없다. 카누는 청년인 반면 그는 76세의 노인이었다. 매월 식비는 간디의 것이 카누의 것에 비해서 훨씬 높지만, 그것이 두 사람 사이에 경제적 불평등이 있음을 의미하지는 않았다. 코끼리는 개미보다 1천 배 더 많은 양의 음식이 필요하지만, 그것이 불평등의 표시는 아니다. 그래서 경제적 평등의 진정한 의미는 다음과 같다. '각자의 필요에 따라서.' 그것은 마르크스가 내린 정의(定義)이다. 만일 독신남이 처와 네 자식이 달린 사람만큼이나 많이 요구한다면, 그것은 경제적 정의의 위반이 될 것이다. 간디지는 계속 말했다.

간디지 그 누구도 상류계급과 일반 대중을 비교하고, 왕과 거지를 비교했을 때 전자의 필요가 더 크다고 함으로써, 양자 사이의 명백한 차이를 정당화하려고 해서는 안 될 것입니다. 그것은 게으른 궤변이고 내 말의 왜곡입니다. 오늘날 부자와 빈자 사이의 대조적인 모습은 고통스런 광경입니다. 가난한 촌민들은 외국인 정부와 그들 자신의 동포들, 즉 도시인들 모두에 의해서 착취당하고 있습니다. 그들은 식량을 생산하지만 굶주립니다. 그들은 우유를 생산하지만 자신들의 아이들은 마실 수 없습니다. 그것은 치욕적인 일입니다. 모든 사람들은 균형 잡힌 식사, 적당한 집, 자녀들을 위한 교육시설 그리고 적절한 의료구호가 있어야 합니다.

그것이 경제적 평등에 대한 그의 구도였다. 그는 필수품을 넘어서 그 이상의 모든 것을 금기시하지는 않았다. 하지만 그것들은 가난한 사람들의 필수적 수요(*essential needs*)가 충족되고 난 뒤에 와야 한다. 먼저 해야 할 일은 먼저 와야 한다.

현재 부를 소유한 자들은, 계급 전쟁과 자신들이 소유한 부의 수탁자로 자발적으로 전환하는 일 중 양자택일해야 할 것이다. 그들은 자신들의 소유물에 대해서 청지기 직무를 유지하는 것, 그리고 자신들을 위해서가 아니라 국가를 위해서 그래서 착취 없이 부를 증대하기 위해서 자신들의 능력을 사용하는 것이 허용될 것이다. 국가는 그들이 베푼 봉사와 그 봉사가 사회에 대해서 갖는 가치에 상응하여 수수료를 규제할 것이다. 자녀들은 자신들이 청지기 직무에 적합하다는 것이 증명되었을 경우에만 그 직무를 물려받을 것이다. 간디는 다음과 같이 결론을 내렸다.

간디지 내일 인도가 자유의 나라가 된다고 가정한다면, 모든 자본가들이 법령에 의한 수탁자(*statutory trustee*)가 될 기회를 가질 것입니다. 그러나 그런 법령은 위로부터 강요되어서는 안 되며 아래로부터 올라와야 합니다. 민중이 신탁관리의 의미를 이해하고 신탁관리를 위한 분위기가 무르익을 때, 촌락 오인위원회(*gram panchayat*)를 필두로 하여 민중 자신들이 그런 법령을 도입하기 시작할 것입니다. 아래로부터 오는 일은 삼키기가 쉬울 것입니다. 위로부터 오게 되면 그것은 부담스러운 것이 될 가능성이 높습니다.

질문 경제적 평등이라는 목표를 실현함에 있어서 당신의 기술(技術)과 공산주의자 내지 사회주의자들의 기술의 차이는 무엇입니까?

간디지 사회주의자와 공산주의자는 그들이 오늘날 경제적 평등을 초래하기 위해서 할 수 있는 일이 아무것도 없다고 말합니다. 그들은 경제적 평등을 위해서 선전을 계속할 것입니다. 그럴 목적으로 그들은 증오를 생성하고 그 증오를 강화하는 일을 믿고 있습니다. 그들은 국가에 대한 통제를 확보할 때 평등을 강제할 것이라고 말합니다. 나의 기획에는 국가는 민중의 의지를 수행하기 위해서 있는 것이지, 그들에게 명령하기 위해서, 국가 의지를 강제하기 위해서 있는 것이 아닙니다. 나는 비폭력을 통해서, 즉 증오의 힘 대신 사랑의 힘을 이용하여 민중을 내 견해로 개심시킴으로써, 경제적 평등을 만들어낼 것입니다. 나는 내가 사회 전체를 나의 견해로 개심시킬 때까지 기다리지 않고 나 스스로 당장 시작할 것입니다. 내가 만일 50대의 자동차의 소유주, 또는 10비가(*bigha*)의 토지 소유주라면, 내가 생각하는 경제적 평등의 실현을 바랄 수 없음은 물론입니다. 경제적 평등을 위해서 나는 나 자신을 가난한 자들 중에서도 극빈자의 수준으로 낮춰야 합니다. 지난 50여 년 동안 내가 하려고 했던 것은 바로 그런 것이었습니다. 그래서 나는 부자들이 제공한 자동차와 다른 시설들을 이용하지만, 스스로 최고의 공산주의자라고 주장합니다. 그 물건들이 나를 붙잡고 있지 못할 뿐더러, 대중의 이익이 요구만 하면 나는 당장에라도 그것들을 떨쳐 버릴 수 있습니다.

질문 부자로 하여금 가난한 자들에 대한 의무를 자각하게 하는 데 있어서 사탸그라하의 역할은 무엇입니까?

간디지 같은 질문은 외세에 저항하는 문제에 대해서도 주어질 수 있습니다. 사탸그라하는 보편적으로 적용할 수 있는 법입니다. 그것의 사용은 가족에서 시작하여 모든 다른 분야로 확장될 수 있습니다. 지주가 소작인들을 착취하고, 그들이 흘린 땀의 결과물을 지주 자신이 사용함으로써 갈취한다고 해봅시다. 그러지 말라고 지주에게 충고하는 데도 지주는 경청하지 않고, 이만큼은 아내를 위해서 또 이만큼은 자식 등등을 위해서 필요하다고 반대합니다. 소작인들 또는 그들의 명분을 신봉하면서 동시에 영향력 있는 사람들이, 지주인 남편에게 충고해 달라고 그의 처에게 호소할 것입니다. 그 처는 그녀 자신을 위해서는 그가 착취한 돈이 필요 없다고 말할 수도 있을 것입니다. 자식들 역시 필요한 것은 스스로 벌겠다고 말할 것입니다.

그가 누구의 말도 듣지 않는다고 해도, 그의 처자식들이 소작인들이라는 공동의 적에 대해서 그와 연합한다고 해도, 소작인들은 굴복하지 않을 것입니다. 경작을 그만두라는 요구를 받는다면 그들은 그만둘 것입니다. 하지만 그들은 토지가 경작하는 사람에게 속한다는 점을 분명히 할 것입니다. 지주는 모든 토지를 스스로 갈 수는 없을 것이고, 그들의 정당한 요구를 들어줄 수밖에 없을 것입니다. 하지만 다른 사람들이 소작인들을 대체할 수 있습니다. 그렇게 되면 대체 소작인들이 자신들의 과오를 깨닫고 추방된 소작인들과 연대할 때까지, 폭력은 아니지만 소요는 일어날 것입니다. 그러므로 사탸그라하는 여론이 사회의 각 부분에 퍼지고 결국 어느 누구도 저항할 수 없을 정도가 되기까지 여론을 교육하는(*educating public opinion*) 과정입니다. 그러나 폭력은 그 과정을 방해하고 전체 사회구조의 진정한 혁명을 지연시킵니다.

건설적인 일꾼 대회에서의 질의응답, 마드라스, 〈더 힌두〉, 1946. 1. 26 ; 〈하리잔〉, 1946. 3. 31 ; 《전집》 89 : 402(부분)

273) 공산주의자들과의 차이점을 존중함

마드라스, *1946. 1. 24*

공산주의자들과 그들의 재산에 가해진 손실에 대한 보고가 사실이라면, 나는 그것을 수치스런 일로 간주합니다. 공산주의자들과 다른 사람들 사이의 차이점이 무엇이든, 그것은 마땅히 존중되어야 합니다. 이것은 다른 사람들이 자신들의 차이점이 존중받기를 바라는 것과 같습니다. 대중적 폭력에서 나온 모든 행위는 민중의 진보에 해롭습니다.

대담의 일부, 〈더 힌두〉, 1946. 1. 26 ; 《전집》 89 : 403

274) 사회주의, 자유, 비폭력

판츠가니, 〔*1946. 7. 17*〕

루이스 피셔 나는 헌법제정의회에 들어가 그것을 다른 목적을 위한 전쟁터로 이용하고, 헌법제정의회가 자주(自主) 단체(*sovereign body*)라는 점을 선언하고 싶습니다. 당신은 여기에 대해서 뭐라고 말하겠습니까?

간디지 다른 사람이 만든 것을 두고서 자주 단체라고 선언하는 것은 소용없는 일입니다. 결국 그것은 영국인들의 창조물입니다. 한 단체가 자주 단체임을 선언한다고 하여 자주 단체가 되는 것은 아닙니다. 자주적이기 위해서는 당신이 자주적 방식으로 행동해야 합니다. 요하네스버그 툴리 가의 양복점 주인 세 사람은 스스로 자주 단체라고 선언했습니다. 그것은 무로 끝나고 말았습니다. 그것은 한낱 우스개였습니다.

나는 제안된 헌법제정의회가 비혁명적이라고 간주하지는 않습니다. 그 제안된 헌법제정의회가 건설적인 시민불복종의 효과적인 대안이라고 나는 말한 적이 있고, 그 말은 100% 진심이었습니다. 나는 우리의 사회주의자 친구들이 가지고 있는 자기부정과 희생정신에 대해서 크나큰 존경심이 있지만, 그들의 방법과 내 방법 사이의 첨예한 차이점을

비하르의 장애인과 함께 (1947)
비하르를 방문한 간디가 간절히 구원의 기도를 올리는 한 장애인을 바라보고 있다.

숨긴 적은 결코 없었습니다. 그들은 폭력을 정직하게 믿었고, 모든 것이 폭력 속에 있습니다. 나는 철저하게 비폭력을 믿고 있습니다.

루이스 피셔 당신도 사회주의자이며 그들 역시 그렇습니다.

간디지 나는 그렇지만 그들은 아닙니다. 그들 중 많은 사람이 태어나기 전부터 나는 사회주의자였습니다. 나는 요하네스버그의 광신적인 사회주의자에게는 설득력이 있었습니다. 그러나 요즘은 거기에서도 여기에서도 설득력이 없습니다. 나의 주장은 그들의 사회주의가 죽었을 때에도 살아 있을 것입니다.

루이스 피셔 당신의 사회주의란 무슨 뜻입니까?

간디지 내 사회주의는 '이 마지막 사람에게도'를 의미합니다. 나는 시각장애인·청각장애인·언어장애인의 유골을 딛고 일어서기를 원치 않습니다. 그들의 사회주의에서는 이들이 차지할 자리가 없을 것입니다. 그들의 단 하나의 목표는 물질적 진보입니다. 예를 들면, 미국은 모든 시민들이 차 한 대 소유하는 것을 겨냥하고 있습니다. 나는 그렇지 않습니다. 나는 내 인격의 완전한 표현을 위해서 자유가 필요합니다. 내가 원할 때 시리우스[96]로 가기 위한 계단을 건설하기 위해서 나는 자유로워야 합니다. 그것은 내가 그런 일을 원한다는 것을 의미하지는 않습니다. 다른 사회주의에서는 개인적 자유가 없습니다. 당신은 아무것도 소유하고 있지 않습니다. 심지어 당신의 육신마저도.

루이스 피셔 예, 그러나 사회주의에는 여러 변형이 있습니다. 내가 변형시킨 나의 사회주의는 국가가 모든 것을 소유한다는 것이 아닙니다. 러시아에서는 국가가 모든 것을 소유합니다. 거기에서는 당신은 당신의 육신조차 소유하고 있지 않습니다. 당신은 아무 범죄를 범하지 않았어도 어느 때든 체포될 수 있습니다. 그들은 당신을 그들이 원하는 대로 어디로든 보낼 것입니다.

당신의 사회주의에서는 국가가 당신 자식들을 소유하여 국가가 원하는 대로 그들을 교육시키는 것이 아닙니까?

간디지 모든 국가들이 그렇습니다. 미국도 그렇습니다.

루이스 피셔 그렇다면 미국은 러시아와 별로 다르지 않습니다.

간디지 그러나 사회주의는 독재이거나 아니면 책상머리 철학입니다. 나는 나 자신을 공산주의자라고도 부릅니다.

---

96 〔역주〕 항성 중에 가장 밝은 별.

루이스 피셔 아, 그러지 마십시오. 당신이 자신을 공산주의자라고 부르는 것은 끔찍한 일입니다. 나는 당신이 원하는 것, 자이프라카슈(*Jaiprakash*)[97] 그리고 사회주의자들이 원하는 것, 즉 자유세계를 원합니다. 그러나 공산주의자들은 그런 것을 원하는 것은 아닙니다. 그들은 육체와 마음을 노예로 만드는 체제를 원합니다.

간디지 마르크스에 대해서도 그런 말을 하겠습니까?

루이스 피셔 공산주의자들은 자신의 목적에 맞도록 마르크스 가르침을 타락시켰습니다.

간디지 레닌은 어떻습니까?

루이스 피셔 레닌은 그것을 시작하고 스탈린이 완성했습니다. 공산주의자들이 당신에게 오는 것은 국민회의 내부로 들어가서 그것을 통제하여 자신들의 목표를 위해서 사용하기를 원하기 때문입니다.

간디지 사회주의자들도 마찬가지입니다. 나의 공산주의는 사회주의와 별로 다를 바가 없습니다. 그것은 공산주의와 사회주의의 조화로운 혼합입니다. 내가 이해한 공산주의는 사회주의의 자연스러운 귀결입니다.

루이스 피셔 예, 당신이 옳습니다. 이 둘을 구별할 수 없을 때가 있었습니다. 그러나 오늘날 사회주의자들은 공산주의자들과 아주 다릅니다.

97 〔역주〕 'Jayaprakash'의 이명으로 보인다.

간디지　당신이 진심으로 그런 말을 하는군요. 당신은 스탈린식의 공산주의를 원치 않는군요.

루이스 피셔　그러나 인도 공산주의자들은 인도에 스탈린식 공산주의를 원하고 있고, 그 목적을 위해서 당신 이름을 사용하기를 원합니다.

간디지　그들은 성공하지 못할 것입니다.

루이스 피셔　그래서 당신 자신은 헌법제정의회에 참여하지 않을 것입니다만, 그것을 지지하겠습니까?

간디지　예, 그렇습니다. 우리가 권력을 장악하기 위해서 헌법제정의회에 참여하려 한다고 말하는 것은 잘못입니다. 그것이 비록 자주적 단체는 아니지만, 그것은 가능한 한 거기에 가깝습니다.

루이스 피셔　판디트 자와할랄은 영국인들이 5월 16일 국가 공문서로 조약을 강제하려고 했다면, 그가 그것을 찢어 버렸을 것이라고 말했습니다.

간디지　예, 외부에서 강요된 조약이라면 그랬을 것입니다.

루이스 피셔　그리고 그는 "국민회의는 소단위로 나눠지지 않을 것입니다"라고 말했습니다.

간디지　그렇습니다. 나도 같은 말을 했을 것입니다. 연방법정이나 다른 법정이 다른 결정을 내리지 않는다면 말입니다. 내가 보기에는, 만약 영국인들이 그런 놀음을 하려고 한다면, 헌법제정의회로부터 많은 것이 나올 수 있을 것입니다.

루이스 피셔 당신은 그들이 그렇게 할 것이라고 하는데, 나도 그것을 믿습니다. 그러나 그들이 그 놀음을 하지 않으려고 한다면, 당신은 당신 나름의 저항을 벌이렵니까?

간디지 상황이 우호적으로 될 때까지는 그러지 않을 것입니다. 그러나 미래에 대해서 추측하는 것은 잘못입니다. 그리고 실패를 예상하는 것은 더더욱 잘못입니다. 만일 우리가 현재를 돌본다면, 미래는 스스로 잘될 것입니다.

그들은 그런 다음 힌두·무슬림 일치의 문제로 옮겨갔다. 간디지는 힌두·무슬림 문제가 결국 불가촉천민 문제의 결과라고 진술함으로써 방문객을 깜짝 놀라게 했다.

간디지 힌두교가 완전하게 개혁되고 힌두교에서 불가촉천민의 흔적을 마지막까지 털어 버린다면, 집단 간의 문제는 하나도 없을 것입니다.

루이스 피셔 국민회의 하리잔이 선거에서 비국민회의 출신의 하리잔을 이겼다고 하지만, 그것은 힌두교도의 득표로 이길 수 있었다고 합니다.

간디지 만일 카스트 힌두교도가 기초 선거에서 여러 성공적인 후보자들 가운데 한 사람을 선택할 수 없었다면 연합선거가 무슨 소용이 있었겠습니까? 기초 선거에서 실패한 후보자는 연합선거에서 자신을 후보로서 등록할 수도 없습니다. 더구나 태반의 경우 국민회의의 하리잔들이 카스트 힌두교도의 득표로 비국민회의 하리잔 후보자들을 물리치고 승리를 거두었다는 주장이 있지만, 그 말은 옳지 않습니다. 마드라스에서는 비국민회의 하리잔들은 경합을 벌였던 기초 선거에서 거의 전부 패배를 당했습니다. 태반의 경우 국민회의 하리잔들은 반대도 없이 국민회의에 선출되었습니다.

루이스 피셔　그들 중 일부는 별도의 선거인단을 요구합니다.

간디지　그렇습니다. 하지만 우리는 거기에 저항했습니다. 그들은 별도의 선거인단으로 힌두교 범위 외부에 자신들을 두고, 서출(庶出)의 신분을 영속화하게 됩니다.

루이스 피셔　그것은 사실입니다. 그러나 어쨌든 힌두교도가 그들을 울타리 외부로 밀어냈다고 그들은 말할 수도 있습니다.

간디지　그러나 오늘날 힌두교도는 참회하고 있습니다.

루이스 피셔　제대로 참회하고 있습니까?

간디지　미안합니다만 아직은 아니라고 말해야겠습니다. 그들이 제대로 참회했다면, 내가 이미 말했던 대로 불가촉천민제도, 집단 간의 문제도 없을 것입니다.

루이스 피셔　힌두와 무슬림 사이에는 사회적 접촉이 좀 줄어들었습니까?

간디지　아닙니다. 오히려 반대입니다. 그러나 정치적으로는 민토 경 때문에 장애물이 있습니다.

루이스 피셔　당신네 청년들은 너무 인도 중심적(*Indo-centric*)입니다.

간디지 그 말은 부분적으로만 사실입니다. 우리가 국제적인 사람들이 되었다고 말하지는 않습니다만, 우리는 버림받은 명분, 즉 착취당한 국가를 위한다는 명분을 받아들였습니다. 우리 스스로 주요 착취 대상국이기 때문입니다.

루이스 피셔 여기에서 점증하는 반백인 감정(*anti-white feeling*)은 나쁩니다. 타즈 마할 호텔에서는 '남아프리카인 출입 금지'라는 경고문도 붙었답니다. 나는 그것을 좋아하지 않습니다. 당신의 비폭력은 당신을 좀더 관대하게 만들어야 합니다.

간디지 그것이 비폭력일 수 없습니다. 오늘날 백인들은 인도를 통치하고 있습니다. 그래서 타즈 마할 호텔이 그런 경고문을 부착할 담력이 있다면, 그것은 자랑거리가 될 것입니다.

루이스 피셔 어떤 내셔널리스트라도 그렇게 말할 수 있을 것입니다. 당신은 그보다는 더 나은 말을 해야 할 것입니다.

간디지 그렇다면 나는 한번쯤은 내셔널리스트가 될 것입니다. 그들이 인도인들을 평등하게 다루지 않는다면, 여기에 있을 권리가 없습니다.

루이스 피셔 권리가 없죠. 옳습니다. 그러나 당신은 그들에게 권리 이상의 것을 주어야 합니다. 즉, 그들을 초청해야 합니다.

간디지 예, 내가 부왕이 되면.

루이스 피셔 인도공화국의 대통령을 말합니까?

간디지 아닙니다. 나는 당분간만 부왕이 되는 것으로, 즉 헌법적 부왕이 되는 것으로 아주 만족할 것입니다. 내가 처음으로 할 일은 부왕 관저를 비워 하리잔들에게 주는 것입니다. 그런 다음 나는 남아프리카 백인 방문객들을 나의 오두막에 초청하여 다음과 같이 말할 것입니다. "여러분은 내 민중을 가루로 빻았습니다. 그러나 우리는 여러분을 닮지 않을 것입니다. 우리는 여러분의 몫 이상으로 줄 것입니다. 우리는 여러분이 남아프리카에서 린치를 가했듯이 여러분에게 린치를 가하지 않을 것입니다." 그래서 그들을 부끄럽게 해서(*shame*) 올바른 일을 하도록 하겠습니다.

루이스 피셔 오늘날 반백인 감정이 아주 강합니다.

간디지 물론 나는 그런 감정에 반대합니다. 그것은 어느 누구에게도 도움이 되지 않습니다.

루이스 피셔 세상이 심하게 분열되어 있습니다. 그래서 또 다른 전쟁이 있을 것 같습니다. 그리고 그것은 유색인종과 백인종들 사이의 전쟁일 것입니다.

간디지 유럽은 또 다른 전쟁으로 향하고 있는 것으로 보입니다. 유럽은 아직도 기운이 남아 있습니다.

루이스 피셔 유럽은 끔찍하게 기운이 빠져 있습니다. 그러나 인류는 원자탄을 별로 문제 삼고 있지 않습니다. 소수의 과학자들만으로 충분합니다. 다음 전쟁은 단추 몇 개 누름으로써 치러질 것입니다. 그 때문에 피부색 전쟁은 아주 위험합니다.

간디지　비겁함보다 못난 것이 없습니다. 그것은 두 번 증류된 폭력입니다.

그리고 간디지는 자신의 발언에 대해서 예를 들기 위해서 남아프리카에 살았던 거구의 흑인 성직자의 얘기를 했다. 이 성직자는 백인이 자신을 모욕하자 "형제여, 나를 용서해 주십시오"라고 말하고, 유색인용 칸으로 기어 들어갔다는 것이다.

간디지　그것은 비폭력이 아닙니다. 그것은 예수의 가르침의 왜곡입니다. 차라리 복수하는 것이 더 사내다울 것입니다.

루이스 피셔　당신은 당신에게 무슨 일이 일어날지를 두려워하지 않고, 그것이 다른 사람들에게 대해서 갖는 의미를 두려워하고 있습니다. 당신이 묘사한 상황에서 당신의 감정을 터뜨리고 백인들의 빰을 때리는 것은 크게 무책임한 일입니다. 인도에서는 사정이 다릅니다. 백인들의 수는 그렇게 많지 않습니다.

간디지　당신이 틀렸습니다. 영국인 한 사람이 살해당하면 그 보복으로 왜 마을 전체가 철저하게 파괴되어야 합니까? 아, 놀라운 양심입니다.

루이스 피셔와의 대담, 〈하리잔〉, 1946. 8. 4 ; 《전집》 91 : 356

275) 사회주의자의 이상

파트나, 간디 캠프, *1947. 4. 15*

사회주의는 현대 용어이지만, 사회주의의 개념은 새로운 발견이 아니다. 크리슈나 신은 《기타》에서 동일한 교의를 설교한다. 사람은 자신에게 필요한 것만을 소유할 필요가 있다. 그것은 만인이 신에 의해서 창조되었고, 따라서 의식주에서 동등한 지분을 가질 자격이 있음을 말한다. 이 이상의 실현을 위해서 거대한 조직체가 필요한 것은 아니다. 어느 개인도 그 이상을 실현하는 일을 착수할 수 있다. 무엇보다도 이 이상을 우리 삶에서 실천하기 위해서, 우리는 필요를 최소화해야 하고, 인도의 빈자 중의 극빈자를 염두에 둬야 한다. 사람은 자신과 자신의 가족을 지탱할 정도만 벌어야 한다. 그래서 은행예금의 잔고를 가지는 것은 이 이상에 부합하지 않는다. 그리고 벌어들인 것은 무엇이든, 최고의 정직함으로써 벌어야 한다. 우리 삶에서 아주 작은 사안에 대해서도 엄격한 규제가 유지되어야 한다. 단 한 사람이라도 이 이상을 삶에서 실천한다면, 그는 다른 사람에게 영향을 줄 수밖에 없다. 부자들은 자신들이 소유한 부의 수탁자로서 활동해야 한다. 그러나 그들이 폭력의 방법으로 부를 빼앗기게 된다면, 그것은 우리나라의 이익이 되지 못할 것이다. 이것이 공산주의로 알려진 것이다. 더구나 우리가 폭력적인 방법을 사용하게 되면, 우리는 사회에서 유능한 개인들을 쫓아내는 셈이 된다.

마누 간디에게 한 말씀(G.),
《비하르 코미 아그만》, 201~202면 ; 《전집》 94 : 311

276) 진정한 사회주의자들

파트나, *1947. 4. 28*

우리가 무력증을 털어 버릴 수 있었다면 진정한 사회주의자가 되었을 것입니다. 그러나 우리는 그렇게 하지 못했습니다. 내가 여러분에게 묻는다면, 여러분 열다섯 명 모두가 집에 하인이 있다는 대답을 꼭 할 것입니다.[98]

자, 그렇다면 여러분이 가정에서 개인적으로 해야 할 일을 못한다

98 학생들 모두가 그렇다고 대답했다.

면, 나는 타인에게 봉사하려는 여러분의 욕구—여러분이 사회주의라고 부르는 것—를 이해하지 못할 것입니다. 여러분이 내 충고를 원한다면, 학생들은 공부하는 동안 어떤 이즘에도 관련되어서는 안 된다는 점을 충고하고 싶습니다. 학생들은 모든 수단을 통해서 온갖 사상의 학파에 대해서 읽고, 그것들에 대해서 숙고하고, 가능한 한 많은 부분을 실행해도 좋습니다. 그러나 여러분은 지도자가 되기를 노력해서는 안 됩니다. 우리가 사회에서 착취와 폭력을 추방하고 싶다면 육체노동(*body-labour*)과 근육노동(*manual work*)을 해야 합니다. 그리고 그것은 자연스럽게 만인에 의해서 실행되어야 합니다. 과거 한때는 행복하고 자족적인 단위로 간주되었던 우리의 촌락들에 실업(失業)이 횡행하고 있습니다. 이는 카스트 차별뿐만 아니라, 우리의 복종하는 태도, 귀천에 대한 느낌 때문입니다.

우리의 정치적 노예는 거의 끝이 나고 있습니다. 따라서 우리는 더 더욱 경계해야 하고, 이런 과정에서 학생들은 큰 도움이 될 수 있습니다. 예를 들면, ① 아침에 기상하면 이부자리를 정리할 것, ② 어머니나 다른 사람들이 아침밥, 우유, 그리고 자네들이 좋아하는 것을 마련하여 차려줄 것을 기다리지 않고 준비하는 일을 도울 것, ③ 빗질과 걸레질을 도울 것, ④ 스스로 빨래하기, ⑤ 조리와 설거지를 하는 어머니를 도울 것, ⑥ 매일 규칙적으로 물레질을 함으로써 자신들의 직물을 짤 것, ⑦ 책을 깨끗이 사용하고 잘 정돈하며, 연습장을 될 수 있는 대로 절약할 것, ⑧ 50루피짜리 만년필 대신, 2아나짜리 펜대와 잉크 사용을 배울 것 등입니다.

여러분이 여러분의 삶에서 위에서 말한 규칙들 중 몇 개를 받아들인다면, 여러분은 어떤 이즘에 대해서도 상관할 필요가 없을 것입니다. 그리고 이 나라의 모든 학생들이 그렇게 한다면, 보호자들의 부담이 1천 배나 가벼워질 것임을 나는 확신합니다. 그리고 별도의 노력을 기울이지 않고도 사회주의자들로 불릴 것입니다. 그러나 여러분이 내 말을 실행할지 의심스럽습니다. 그래도 여러분이 집으로 돌아간다면, 이 경험 많은 늙은이가 침묵의 날 여러분을 위해서 적은 몇 줄의 글에 어떤 의미가 있을지를 제발 반성해 보길 바랍니다.

학생들에게 준 충고(G.), 《비하르 코미 아그만》, 270~271면 ; 《전집》 94 : 411

277) 비폭력, 평등, 신탁관리

뉴델리, *1947. 5. 25*

질문 무슬림연맹의 지도자들과 추종자들은 비폭력을 통해서 자신들의 목표를 달성할 수 있을 것이라고 믿지 않습니다. 그런 상황에서, 그들의 심정을 어떻게 녹일 수 있습니까? 또는 폭력 행위가 악이라는 것에 대해서 어떻게 확신시킬 수 있습니까?

답변 폭력은 오직 비폭력에 의해서 효과적으로 다룰 수 있습니다. 이것은 예전부터 확립된 진리입니다. 질문자는 비폭력의 작동방식을 실제 모르고 있습니다. 그것을 알았다면 그는 폭력의 무기가 비록 원자탄이라도, 그것이 진정한 비폭력과 겨룬다면 소용이 없음을 알았을 것입니다. 이 엄청난 무기를 다루는 방법을 이해하는 사람이 거의 없다는 점은 사실입니다. 그것은 큰 이해력과 마음의 힘을 필요로 합니다. 그것은 군사학교와 대학에서 필요한 것과는 다릅니다. 그것이 요구하는 것은 마음의 순결입니다. 아힘사로 힘사를 다룸에 있어서 우리가 경험하는 난점은 마음의 약함에서 생깁니다. 더구나 콰이데아잠(*Qaid-e-Azam*) 진나[99]가 서북 변경 대표단과의 대담에서 명백히

[99] 〔역주〕 Mohammed Ali Jinnah의 이명, 아랍어로 '위대한 지도자'의 뜻이다. 인도 무슬림연맹의 지도자. 독립 파키스탄의 초대 총독. 건국의 아버지로 불린다.

선언했던 말, 그들의 권리인 파키스탄을 얻기 위해서 폭력을 사용하는 것은 적절치 않다는 말을 잊지 맙시다.

질문 오늘날 많은 사람은 무슬림연맹의 지지자들과 충돌—아마도 폭력적인 충돌—이 불가피하다는 점을 느끼기 시작하고 있습니다. 내셔널리스트들은 무슬림연맹이 벵골과 펀자브의 분할에 동의할 때까지 파키스탄에 대한 연맹의 요구는 부당하다고 느낍니다. 그들은 그런 상황에 대처하기 위해서 어떤 수단을 사용해야 합니까?

답변 첫 번째 질문에 대한 대답이 타당하다고 하면, 두 번째 질문은 일어나지 않을 것입니다. 하지만 보다 분명한 이해를 위해서 그 문제가 논의될 수는 있습니다. 대다수 무슬림들이 콰이데 아잠 진나에 순종한다면, 폭력적 충돌은 아예 일어나지 않을 것이고, 대다수 힌두들이 비폭력의 입장을 취한다면, 무슬림들이 아무리 많은 폭력을 사용한다고 해도, 그 폭력은 실패할 수밖에 없을 것입니다. 하지만 한 가지는 완벽하게 이해되어야 합니다. 비폭력 신봉자들은 물론 폭력을 행하지 말아야 하고, 생각에서조차도 폭력을 품어서는 안 됩니다. 만일 파키스탄이 잘못이라면, 벵골과 펀자브 분할이 파키스탄을 옳게 만들 수는 없습니다. 두 개의 잘못이 하나를 옳게 할 수는 없습니다.

질문 대다수 사회주의자들은 사회주의 혁명이 있었다면 경제적 문제가 전면으로 부상하고 집단 간의 충돌은 뒤로 밀릴 것이라고 주장합니다. 당신은 이 말에 동의합니까? 만일 그런 혁명이 발생한다면, 그것은 당신이 라마라즈야라고 부르는 신의 왕국의 수립을 촉진합니까?

답변 당신이 염두에 두는 사회주의 혁명은 힌두·무슬림 사이의 긴장을 덜 첨예하게 만들 가능성이 있습니다. 우리 문제의 뿌리에 몇 가지 사항이 있다는 것은 일반 상식입니다. 힌두·무슬림 갈등이 종결된다고 해도 우리의 모든 문제가 종결되지는 못할 것입니다. 힌두·무슬림 갈등이 위협적인 모습을 띠고 있고, 다른 사소한 충돌들의 종결이 그 갈등의 위험을 감소시킬 것이라고도 말할 수 있습니다. 지금 일어나는 것은 다음과 같습니다. 즉, 노예신분이 종결되고 자유의 새벽이 오게 되면 사회의 온갖 약점들이 표면에 떠오르기 마련입니다. 그 일에 대해서 불필요하게 기분 상할 이유는 없습니다. 그럴 때 우리가 균형을 취하고 있다면 모든 매듭이 풀릴 것입니다. 경제적 문제에 관한 한, 그것은 어떤 경우든 해결되어야 합니다. 오늘날 심각한 경제적 불평등이 존재합니다. 사회주의의 기초는 경제적 평등입니다. 사악한 불평등이 있는 현 실정에서는, 즉 소수가 풍요 속에 뒹굴고, 대중이 먹을 음식조차 충분히 얻지 못하는 실정에서는 라마라즈야는 결코 존재할 수 없습니다. 나는 내가 남아프리카에 있는 동안에도 사회주의 이론을 수용했습니다. 사회주의자들 그리고 다른 사람들과 내가 다른 점은, 일체의 개혁을 위해서 가장 효과적인 방안으로 비폭력과 진리를 주창하는 데 있습니다.

질문 당신은 라자·자민다르·자본가가 가난한 자들을 위해서 수탁자가 되어야 한다고 말합니다. 그와 같은 사람이 오늘 존재한다고 생각합니까? 아니면 당신은 그들이 그런 식으로 변화되기를 기대합니까?

답변 나는 그런 수탁자가 완전한 의미로는 아니지만 오늘날에도 소수지만 존재한다고 생각합니다. 그들은 분명히 그 방향으로 움직이고 있습니다. 하지만 우리는 현재의 라자 그리고 다른 사람들이 가난한 자들의 수탁자들이 될 수 있을지 물을 수 있습니다. 나는 그런 희망을 품을 만하다고 생각합니다. 그들이 자발적으로 수탁자가 되지 않는다면, 상황의 힘이 그들에게 개혁을 강요할 것이며, 그렇지 않다면 그들은 극단적인 파국을 맞게 될 것입니다. 판차야트 라즈가 수립된다면, 폭력이 절대 할 수 없는 일을 여론은 할 수 있을 것입니다. 일반 사람들이 자신들의 힘을 자각하지 못하는 한, 자민다르·자본가·라자가 가진 현재의 힘이 판치게 될 것입니다. 만일 민중이 협조하지 않는다면, 라자·자민다르·자본가가 할 수 있는 일이 뭐가 있습니까? 판차야트 라즈에서는 오로지 판차야트만이 순종을 얻을 것이고, 한 사람의 판차야트는 자체가 만든 법률을 통해서만 움직일 수 있습니다. 판차야트가 업무를 처리함에 있어서 비폭력을 따른다면, 위에서 말한 셋 모두는 법률에 의한 수탁자가 될 것이며, 만일 판차야트가 폭력을 이용한다면, 그것은 그들의 힘의 종결을 의미할 것입니다.

질문란(H.), 〈하리잔 세박〉, 1947. 6. 1 ; 〈하리잔〉, 1947. 6. 1 ; 《전집》 95 : 138

278) 공산주의의 원리와 실천

1947. 6. 8

나는 이틀 동안[100] 사회주의자 친구들에게 얘기한 것과 같은 것을 여러분에게 하겠습니다. 여러분 모두는 이 나라 전체의 이익에 대해서 먼저 생각해야 합니다. 그렇게 하는 대신에 여러분은 사소한 고충에 대해서 시간을 낭비하고 있습니다. 여러분이 실제의 사람에 의해서건 상상의 사람에 의해서건 사람에 의해서 저질러진 실수를 만나게 되면, 여러분 공산주의자들은 어떤 조사도 하지 않고, 선동적인 연설을 시작하고 정부를 비난하고 민중을 자극합니다. 정부의 행위 가운데서 여러분의 협조를 받을 만한 것이 단 하나도 없습니까? 잠시만

100 5월 27일과 6월 7일.

생각해 보십시오. 만일 여러분이 네루의 자리에 있다면 무엇을 했겠습니까? 그래서 여러분은 네루 또는 사르다르[101]의 입장이 되어 보든지 아니면 그들에게 협력하십시오. 여러분이 그들에게 물러가라고 한다면 그들은 그 순간에 물러갈 것임을 나는 보증하는 바입니다. 그런 일은 여러분 자신에게 득입니다. 어떤 경우에도 여러분은 근거 없는 주장으로 가득한 연설을 그만둬야 합니다.

여러분의 원리들은 정말로 괜찮습니다. 그러나 여러분은 그것들을 실제 따르는 것으로 보이지 않습니다. 여러분이 진리와 거짓, 정의와 불의 사이의 차이점을 아는 것 같지 않기 때문입니다. 여러분에 대해서 더욱 슬픈 일은, 인도에 대해서 신앙을 갖고 비할 데 없는 인도문화로부터 영감을 기르는 대신, 러시아가 마치 모국이라도 되는 것처럼 러시아 문명(*Russian civilization*)을 여기에 소개하기를 원합니다. 나는 일체의 외세, 그 외세가 아무리 큰 이익을 우리에게 준다고 해도, 그 외세에 의존하는 것은 찬성하지 않습니다. 여러분의 식사가 나의 공복을 채우지 못한다는 점, 나의 공복은 오로지 스스로 먹음으로써만 채울 수 있다는 점을 나는 원리상 믿기 때문입니다. 나는 라젠드라 바부에게 매일 같은 말, 즉 식량에 관한 한 우리는 어떤 외국에 의존해서도 안 된다는 말을 합니다. 우리는 외국인들의 자선에 의존하는 것보다 우리끼리 식량을 나눠 먹는 편이 훨씬 명예스러운 일일 것입니다.

우리의 자유에 걸맞게 행동합시다. 외국으로부터 유용하고 유익한 관념들을 받아들여도 분명 괜찮습니다. 그러나 이것은 우리가 무비판적으로 외국의 것이면 무엇이든 숭배해야 함을 의미하는 것은 아닙니다. 모든 나라에는 좋은 것과 나쁜 것이 있습니다. 우리나라에 있는 모든 것이 나쁘고, 다른 나라에 있는 모든 것은 좋다고 믿는 것

101 〔역주〕 사르다르 파텔을 가리킨다.

은 중대한 과오입니다. 외국에 있는 어떤 것들은 좋은 반면, 우리 문화의 어떤 모습들은 비할 데 없이 훌륭합니다. 여러분도 전문용어의 하나로 '사탸그라하'라는 용어를 사용합니다. 그러나 이 용어를 사용하는 사람이면 누구든 큰 책임을 진다는 것을 깨달아야 합니다. 사탸그라히(진리파지자)는 전면적으로 진리에 의존해야 합니다. 그래서 그는 자신의 태도에 모호한 구석이 있으면 안 됩니다. 시류를 따라서도 안 됩니다. 간단히 말해서, 그는 조금이라도 원리에서 떠나서는 안 됩니다. 사탸그라히는 오직 진리 이외의 어떤 것에도 눈을 돌려서는 안 됩니다. 그는 신구의(身口意) 무엇으로도 그 어느 누구에게도 고통을 주거나 불의를 저질러서는 안 됩니다. 그는 언제나 그의 생각에서 완벽한 명징성(明澄性)을 유지해야 합니다.

여러분 모두는 우리나라의 종이고 조국에 봉사하기를 열망합니다. 우리는 대단한 사람은 아니지만, 같은 나라에 형제자매로서 태어났습니다. 그와 같은 자격으로 상대방의 일을 보완하고, 상대방에 대한 증상을 포기하고, 성과 없는 논의를 그만두고, 관대하고 서로를 용서합시다. 우리의 편협함을 포기하고, 심정의 관대함을 키우고, 이 나라의 좋은 이름을 전 세계에서 최고의 지점까지 고양시킵시다. 그 안에 우리 각자의 행복·평화·번영이 있습니다.

여러분 모두는 내 자식들과 같습니다. 여러분이 내 말을 참고 들었기에, 나는 내 심정을 여러분에게 쏟아부었습니다. 원할 때는 언제든지 나에게 오십시오. 나는 여러분의 도움이 필요합니다. 여러분의 도움이 있을 경우에만 나는 뭔가를 할 수 있습니다. 나 혼자 무엇을 할 수 있겠습니까? 속담에 따르면 우리는 손바닥 하나로 박수를 칠 수 없습니다.

공산주의자 일꾼들에게 한 말씀(G.),
《비하르 파츠히 딜히》, 102~104면 ; 《전집》 95 : 213

279) 사회주의 설교와 모범 보이기

델리, *1947. 7. 2*

나는 여러분에게 몇 가지 일을 말씀드리려고 여기에 왔는데, 그것을 듣고 싶다면 조용히 하십시오.

어제 여러분의 부의장께서 와서 이 대회에 나를 초청해 주었습니다. 나는 그때까지 자야프라카슈가 이 대회의 의장인 줄을 몰랐습니다. 사람들이 굽히지 않자, 나는 진퇴양난에 빠졌습니다. 거절하는 것은 옳지 않아 보였습니다. 여러분의 사랑에 이끌려서 나는 억지로 여기에 나왔습니다. 경찰은 우리를 쇠사슬로 묶습니다. 미라바이의 말로 한다면, 사랑의 굴레는 비록 깨지기 쉽고 연약하지만 어떤 쇠사슬보다 더 강합니다. 사랑의 굴레에 이끌려서 나는 8시 15분 정시에 여기에 도착했습니다. 여기에서 두서너 가지만 말씀드리겠습니다. 오늘날 스스로 사회주의자로 부르는 것이 유행처럼 되었습니다. 사람이 무슨 '이즘'의 이름표를 붙여야 봉사할 수 있다고 생각하는 것은 잘못입니다. 나는 자야프라카슈가 아마 태어나기 전부터 이미 그 문제를 공부해왔습니다.

내가 50년 전 남아프리카에서 변호사 업무를 보고 있을 때, 사회주의자로 자처하면서도 나보다 덜 사회주의자였던 사람들이 많이 있었습니다. 나는 쿨리들 가운데서 일하곤 했습니다. 나는 이것을 내 필생의 사명으로 삼았고, 쿨리가 사는 것처럼 살았습니다. 나는 늘 자신을 노동자와 농민의 종으로 간주했지만, 나 자신을 사회주의자라고 불러야 할 필요성을 발견하지는 못했습니다. 나의 사회주의는 종류가 다른 것입니다.

모두가 나를 버린다고 해도 나는 걱정하지 않을 것입니다. 나는 여러분의 친구입니다. 그래서 나는 절름발이가 자신이 필요한 것을 구할 수 없다면 우리 자신도 그것을 포기해야 할 것이라고 여러분에게 말씀드립니다. 나는 먼저 그 절름발이의 살림살이와 음식을 살핀 다음, 그런 뒤에야 비로소 나 자신을 위해서 무엇을 할 것인가를 생각할 것입니다. 이것이 나의 사회주의입니다. 여러분이 이런 종류의 사회주의를 실현하기를 원한다면, 나는 여러분을 돕기 위해서 맨 먼저 달려올 것입니다. 나는 심지어 왕조차도 자기 백성의 종이 됨으로써 사회주의자가 될 수 있다고 확고하게 믿습니다.

우리가 백성과 왕을 모두 사회주의자로 만들기를 원한다면 어떻게 시작해야 할까요? 우리는 스스로 모범이 됨으로써 타인을 사회주의자로 개심시킬 수 있습니다. 왕을 바꾸는 방식에는 두 가지가 있다고들 합니다. 하나는 그의 목을 자르는 것이고 다른 하나는 그의 왕위를 뺏는 것입니다. 내 방법은 사랑을 통해서 사회주의자로 만드는 방식입니다. 죽이는 것은 가증스런 일입니다. 여러분이 수천 명의 민중에게 죽이기를 가르친다면, 여러분이 가져올 질서는 사회주의자의 질서가 아니라 살인자의 질서입니다. 내가 내 자신을 국민회의 의원이라고 부르듯이, 부왕(*the Viceroy*)도 자신을 그렇게 부를 수 있습니다. 그러나 부왕은 권력을 포기하라는 요청을 받는다고 그럴 준비가 되어 있습니까? 이와 마찬가지로 자신들을 국민회의 의원이라고 부르는 사람들이 많이 있지만, 그들은 진실한 의원입니까? 그들이 진정한 사회주의자들입니까? 자신들의 부와 그 부가 살 수 있는 쾌락에 익사해 버린 자들이 많이 있습니다.

나는 진리와 사랑을 굳게 고수합니다. 여기에서 말하는 사랑은 부부와 부자를 묶어 주는 유대와 같은 것은 아닙니다. 이것은 자기 이익(*self-interest*)에 의존하기 때문입니다. 내가 말하는 사랑은 귀의자를 신에게 묶어 주는 사랑입니다.

남아프리카에서 비록 백인들이 나를 적수로 대접했지만, 그들 중 많은 사람은 나에게 친구로 왔습니다. 사회주의가 적수를 친구로 바꾸는 것을 의미한다면, 나는 진정한 사회주의자로 간주되어야 할 것입니다. 이런 사회주의에 대한 이념은 나 자신의 것입니다. 모든 사회주의자들은 나에게서 사회주의를 배워야 할 것입니다. 그럴 때에 비로소 우리는 헌신적인 일꾼들을 만들어낼 수 있고, 농민의 통치를 실현할 수 있습니다. 나는 사회당(*the Socialist Party*)이 설교하는 종류의 사회주의를 믿지 않습니다. 여러분에 대한 나의 설교가 광야의 외침일 수도 있고, 여러분은 내 말에 경청하지 않을 수도 있습니다. 나에게 욕을 하고 나를 미친 자로 취급하는 사람들도 있습니다. 나는 폭력을 믿지 않기 때문에 폭력을 가르칠 수 없습니다. 여러분이 목숨을 잃는다고 해도, 고개를 숙이지 말라는 것만을 여러분에게 가르칠 수 있습니다. 거기에 진정한 용기가 있습니다. 그리고 이 용기를 나에게서 빼앗아갈 자는 없습니다. 내가 죽은 뒤, 여러분 모두는 간디가 진정한 사회주의자였음을 인정하게 될 것입니다.

내가 신탁관리(*trusteeship*)에 대해서 말하자 사람들은 나를 광인이라고 했습니다. 그러나 그 광기에는 뭔가가 있습니다. 여러분이 조금만 더 깊이 생각한다면 그것을 이해할 것입니다. 나는 이 모든 사람들 가운데 사회주의자가 한 사람 있다면, 그것은 바로 나라고 오늘 확신을 갖고 말할 수 있습니다. 그리고 이 확신 때문에 나는 여러분에게 말할 수 있는 권리를 갖습니다. 공복(公僕)의 공적인 삶과 사적인 삶은 서로 연결되어 있습니다. 사회주의는 도덕적 순결 없이는 확립될 수 없습니다. 사회주의는 크리슈나 주님 시대 이래 늘 실시되어 왔습니다. 그분은 목동들과 놀았고 그들과 함께 살고 먹었습니다. 그분은 수다마와 함께 스승의 사모님을 위한 땔감을 구하기 위해서 숲으로 갔습니다. 이와 같은 사례들은 많이 있습니다. 그분은 자신에게 귀천의 차별이 없다는 점을 보여주기 위해서 심지어 아르주나의 마부로도 왔습니다. 그분은 목동의 처녀들과 자유롭게 어울렸습니다. 그분의 눈에는 불순함이 존재하지 않았기 때문이었습니다. 그래서 여러분이 사회주의라고 부르는 것, 러시아, 미국 또는 영국에서 배워야겠다고 생각하는 사회주의는 우리나라에 아주 오랫동안 있었던 것입니다.

자야프라카슈는 나에게 아들과 같고, 사회당의 다른 지도자들은 모두 내 친구입니다. 그들이 내가 묘사했던 사회주의를 받아들인다면, 나라 전체가 그들과 함께할 것이라는 점을 나는 그들에게 겸허하게 말하고 싶습니다. 나는 유감스럽게도 여러분이 주창하는 사회주의 이론을 지지할 수 없습니다. 그것을 주창하는 자들이 삶 속에서 그것을 따르고 있지 않다는 것을 내가 알고 있기 때문입니다. 그들의 계율과 실천은 따로 놉니다. 단순히 설교하는 것만으로는 효과가 없습니다. 라마는 숲으로 추방되어 14년을 지냈기에, 우리는 그를 숭배합니다. 그러나 그가 그렇게 하지 않고, 자식은 아비를 따라야 한다고 말하는 것만으로 만족했다면, 누가 오늘 그를 기억하겠습니까? 오늘날 살인 · 약탈 · 강간이 횡행하고 있습니다. 내 목소리는 들리지 않습니다. 사람들은 내가 미쳤다고 합니다. 사람들은 주먹질 한 방 맞은 뒤 두 방을 어떻게 돌려주는지에 대해서 가르쳐 주기를 나에게 기대합니다. 하지만 나는 그럴 수가 없습니다. "친구여, 여러분이 나를 죽이기를 원한다면, 그렇게 하십시오. 하지만 나는 아무도 죽일 수가 없습니다"라는 것이 내가 말할 수 있는 전부입니다. 나는 신이 마지막까지 이 용기를 충분히 주시기를 그분에게 기도합니다. 그런 용기를 기른 자는 약탈당할 수 없습니다. 간디가 죽게 되면, 여러분은 간디가 사회주의자였다고 말하게 될 것입니다. 나는 그것을 겸손하지만 확신을 갖고 말합니다. 나에게 그것을 지지할 만한 60년 동안의 경험이 있기 때문입니다.

델리 지역 정치 대회에서의 연설(H.), 《간디지키 델리 일기》 (*Gandhijiki Delhi Diary*) 권 3, 188~90면 ; 《전집》 95 : 382

280) 사회주의로의 회심

뉴델리, *1947. 7. 6*

사회주의는 아름다운 말이다. 내가 아는 한 사회주의에서는 사회의 모든 구성원들이 평등하며, 낮은 사람도 높은 사람도 없다. 우리 몸에서 머리가 몸의 맨 위에 있다고 해서 높은 것도 아니고, 발바닥이 땅에 닿는다고 해서 낮은 것도 아니다. 개인의 몸에 있는 지체들이 평등하듯이 사회의 구성원들도 그러하다. 그것이 사회주의이다.

그 안에서는 왕자와 농민, 부자와 가난한 자, 고용주와 종업원들은 모두 동일한 지위에 있다. 종교의 용어로 말하자면 사회주의에는 이원성(*duality*)이 없다. 그것은 완전한 단일성(*unity*)이다.

온 세상에 있는 사회를 보면, 그 안에 이원성이나 다원성밖에 없다. 단일성은 눈에 띄게 부재하고 있다. 이 사람은 높고 저 사람은 낮다. 저 사람은 힌두교도이며, 저 사람은 이슬람교도이고, 세 번째 사람은 기독교도이고, 네 번째 사람은 파시교도이며, 다섯 번째 사람은 시크교도이고, 여섯 번째 사람은 유대교도이다. 개개의 종교인들 안에서도 하위 구분들이 있다. 내가 생각하는 단일성이란, 구도들은 복수이지만 그 안에 완벽한 단일성이 존재하는 것이다.

이 상태에 도달하기 위해서 우리는 사태를 철학적으로 바라보기만 하면서, 모든 사람들이 사회주의로 회심하기까지 스스로 움직일 필요가 없다고 말해서는 안 될 것이다. 우리는 우리 자신의 삶을 바꾸지 않고, 계속 연설하고 당파만 형성하다가, 우리에게 닥치는 게임이 있다면 그것을 매처럼 낚아채려고 한다. 이것은 사회주의가 아니다. 우리가 사회주의를 이겨야 할 게임으로 생각하면 할수록, 그것은 우리에게서 더 멀어지게 된다.

사회주의는 최초의 회심자(回心者)에서 비롯된다. 회심자 한 사람이 있다면 여러분은 그에게 영(零)을 붙일 수 있고, 그 첫 번째의 영이 붙으면 열 사람이 될 것이며, 영이 하나 부가될 때마다 이전의 수는 10배로 불어난다. 하지만 출발하는 사람이 영이라면, 달리 말해서 출발할 수 있는 자가 없다면, 영의 여럿이 있다고 해도 영밖에 낼 것이 없다. 여러 영을 쓰는 데 사용된 시간과 종이는 그만큼 낭비인 것이다.

이 사회주의는 수정처럼 순수하다. 따라서 그것을 얻기 위해서는 수정같이 투명한 방법이 필요하다. 불순한 방법은 불순한 목표로 끝날 것이다. 따라서 왕자의 목을 벤다고 해서 왕자와 농민이 평등하게 되는 것이 아니며, 목을 베는 과정이 고용주와 종업원을 평등하게 만드는 것도 아니다. 사람은 허위에 의해서 진리에 도달할 수 없다. 진실한 행동만이 진리에 도달할 수 있다. 비폭력과 진리는 쌍둥이가 아닌가? 그 대답은 당연히 '그렇습니다'이다. 비폭력은 진리에, 진리는 비폭력에 깊이 박혀 있다. 따라서 그것들을 한 동전의 양면이라고 했던 것이다. 하나는 다른 하나에서 분리될 수 없다. 동전의 양면을 하나하나 보라. 말은 다르지만 가치는 동일하다. 이와 같은 축복의 상태는 완벽한 순수 없이는 얻을 수 없다. 마음이나 육신에 불순함을 품어 봐라. 그렇게 되면 여러분은 여러분 안에 허위와 폭력을 갖게 될 것이다.

그러므로 오직 진실하고, 비폭력적이고 순수한 마음을 지닌 사회주의자들만이 인도와 세계에 사회주의 사회를 건설할 수 있을 것이다. 내가 알기로는 순수하게 사회주의적인 나라는 이 세상에 단 하나도 없다. 앞에서 말한 수단이 없다면, 그런 사회의 존재는 불가능할 것이다.

누가 사회주의자인가?(G.), 〈하리잔〉, 1947. 7. 13 ;
〈하리잔반두〉, 1947. 7. 13 ; 《전집》 95 : 406

281) 사회주의와 사탸그라하

뉴델리, *1947. 7. 13*

진리와 아힘사는 사회주의 안에서 반드시 살아나야 한다. 이것은 신에 대한 살아 있는 신앙이 있을 경우에만 가능해진다. 진리와 아힘사를 단순히 기계적으로 고수하는 일은 고비를 만나면 무너질 가능성이 있다. 따라서 나는 진리가 신이라고 말했던 것이다.

신은 살아 있는 힘(*Force*)이다. 그 힘으로 우리의 생명은 살아간다. 그 힘은 육신에 깃들어 있지만 육신은 아니다. 저 위대한 힘의 존재를 부정하는 자는 저 무한한 힘으로 접근하는 것을 스스로 부정하며 무능하게 될 것이다. 그는 이리저리 내동댕이쳐져서 앞으로 조금도 전진하지 못한 채 난파하고 마는 배, 방향타 없는 배와 같다. 많은 사람이 이러한 곤경에 처해 있다. 그런 사람들의 사회주의가 어디로도 갈 수 없는데, 수백만 명의 사람들에 대해서는 뭐라고 말할 수 있을까?

실정이 이러하다면, 신을 믿는 사회주의자들은 왜 없을까? 그와 같은 사회주의자들이 존재한다면, 그들은 왜 진보를 전혀 이루지 못했을까? 신을 믿는 사람들은 많이 있다. 그런데 왜 그들이 사회주의를 실현하는 데 성공하지 못했을까?

이 물음에 대한 적절한 대답은 없다. 하지만 신심 있는 사회주의자가 자신의 사회주의와 신에 대한 믿음 사이에 관련이 있다는 사실을 조금도 생각하지 못했을 것이라고는 말할 수 있다. 이와 마찬가지로 신의 사람들은 아마 사회주의에 대한 어떤 필요성도 느끼지 않았을 것이다. 경건한 남녀들의 존재에도 불구하고 이 세상에는 미신이 번성해왔다. 신을 믿는 힌두교에 최근까지 불가촉천민제도가 분명히 우세하지 않았던가.

사람들은 이 신적인 힘(*Divine Force*)의 본성과 그 무한한 힘을 중단 없이 탐구해왔다.

탐색을 하다보면 사탸그라하를 발견할 수 있을 것, 그것이 내 주장이다. 하지만 사탸그라하의 모든 법칙들이 이미 체계화되었다고 주장하는 것은 아니다. 나 자신이 그 모든 법칙들을 안다고도 할 수 없다. 모든 가치 있는 목표는 사탸그라하에 의해서 성취될 수 있다, 이 점을 나는 단언한다. 이것은 최고의 수단, 가장 강력한 수단이고, 가장 효과 있는 무기이다. 나는 사회주의가 이것 이외의 어떤 다른 수단에 의해서 도달될 수 없을 것임을 확신한다. 사탸그라하는 사회에서 모든 악, 즉 정치적·경제적·도덕적 악을 제거할 수 있다.

사회주의(G.), 〈하리잔〉, 1947. 7. 20 ;
〈하리잔반두〉, 1947. 7. 20 ; 《전집》 96 : 55

282) 어설픈 지식

뉴델리, 비를라 하우스, *1947. 10. 25*

공산주의자들은 늘 바쁘게 뭔가에 몰두하고 있습니다. 하지만 일상사에서 공산주의를 실천하는 자는 천 명 중에 한 사람도 없을 정도입니다. 공산주의자들은 불평을 만들어내고, 불만을 생성하고 파업을 조직하는 것을 자신의 지고의 의무로, 지고의 봉사로 간주해왔습니다. 그들은 이런 불만, 이런 파업들이 궁극적으로 누구를 해칠지를 알지 못합니다. 어설픈 지식(*half-knowledge*)은 가장 나쁜 악 중의 하나입니다. 가장 좋은 것은 완전한 지식이나 무지입니다. 그런데 우리는 이즘들 안에 갇혀 있으면서, 그것들을 자랑스러워하고, 이런 저런 이즘에 속하는 것을 유행으로 간주합니다. 사람들은 러시아에서 지식과 교훈을 구합니다. 우리의 공산주의자들은 이와 같은 가련한 상태에 놓여 있는 것으로 보입니다. 나는 그것이 창피한 상태가 아니라 비참한 상태라고 부릅니다. 그들은 비난이 아니라 동정을 받아야 한다고 내가 느끼기 때문입니다. 우리의 노예 신분 때문에 그들은 완전한 지식을 얻을 수 있는 기회가 없었기 때문입니다. 그런데 이제 우리는 자유를 얻게 되어서 모든 사람이 주제넘게 나서게 되었는데, 심지어 16세의 남녀 학생이 자신을 어떤 이즘과 일치시키고 지도자로 나설 수 있게 되었습니다. 이들은 영국인들이 우리에게 물려준 불화(*disunity*)의 불에 부채질해왔습니다. 그들은 그 불꽃을 통제할 수 없음을 곧 알게 될 것입니다. 우리가 해야 할 바는 우리의 무지한 대중에게 적합한 것을 찾아내고 그에 따라서 행동하는 것입니다. 예를 들면, 우리는 곡물이 필요합니다. 우리나라의 청년들이 농사 기술을 배우고 더 많은 식량을 생산하는 데 몰두한다면 다툴 시간도 없을 것이며, 나라는 번영하게 될 것입니다.

공산주의자들과의 대담, 《딜히만 간디지》
권 1, 142~143면 ; 《전집》 97 : 141

11. 국가 없는 사회를 향하여

283) 실정(*Misrule*)보다는 무정부 상태

이 편지[102]는 명백하게 출판을 염두에 둔 것이다. 페닝턴 씨는 연배에 비해서 위대한 근면과 그가 믿는 대의명분을 진지하게 주창한 덕분에 늘 존경을 받아 마땅하다. 쿠마랍파 교수는 자신을 잘 돌볼 수 있다. 그는 촌락에 살고 있으므로 쉽게 만날 수 없다. 그러나 그가 페닝턴 씨의 사실에 대해서 어떤 답을 갖고 있는지는, 나 자신의 경험으로 말할 수 있다. 페닝턴 씨와 같은 친구들이 생산해 낼 수 있는 '사실들'의 대부분은 사실일 수도 있지만, 내셔널리스트들이 도달한 결론에 영향을 미치지는 않는다. 그런 사실들은 거기에서 도출되었다고 하는 여러 추론을 정당화하는 것도 아니다. '제비 한 마리가 왔다고 여름이 되는 것은 아니다.' 비옥한 토지 2~3에이커에 높은 가격이 지불되었다고 해도, 그것이 인도 아대륙의 일반적인 번영을 증명하는 것은 아니다. 번영을 누리는 개별적인 사실들이 있긴 하지만, 전체 인도의 일반적 빈곤이라는 엄연한 사실은 그대로 성립한다. 인도의 촌락을 한 번이라도 걸어 본 사람이라면 직접 두 눈으로 이 빈곤을 볼 수 있을 것이다.

팍스 브리태니커는 유익한 작전이 아니다. 어떤 사유지 주인이 그 사유지를 외부 침입으로부터 보호하고 거기에 거주하는 노예들로 하여금 서로 싸우지 못하게 하고, 주인의 이익을 충분히 유지할 만큼

102 페닝턴(J. B. Pennington)은 쿠마랍파(J. C. Kumarappa)가 지은 '공공재정과 우리의 빈곤'이라는 장들을 비판했다. 이 장들은 〈영 인디아〉지(1929. 11. 28~1930. 1. 23)에 연재되었다. 페닝턴은 팍스 브리태니커에서 인도가 얻을 수 있는 여러 이익을 지적하고, 독립선언에 대해서 의혹을 표시했다.

규칙적으로 일을 시킨다고 해보자. 팍스 브리태니커가 인도에 대해서 갖는 가치는, 위의 사유지에 거주하는 노예들이 그 사유지에 대해서 갖는 가치와 똑같을 것이다. 이 상상 속의 사유지에 있는 노예들은, 자신의 위치에 대한 의식이 성장하게 된 후 다른 선택이 없다면, 노예신분 대신에 무정부 상태(*anarchy*)를 선호할 것이다. 마찬가지로 나에게 다른 선택지가 없다면, 나는 기존의 통치와 널리 소문난 평화 대신 무정부 상태를 선호할 것이다. 악정(*bad rule*)보다는 무통치(*no-rule*)가 분명 낫다. '나를 가장 존경하고 싶어하는' 친구들에게는, 나에 대한 그들의 애정을 언제나 존중하지만, 그 애정을 나의 내면의 목소리(*the Inner Voice*)에 대한 순종과 일치하여 간직할 수 없다면, 나는 기꺼이 그 애정을 버리고 가야 한다는 것만을 말할 수 있다. 내가 내 혼을 잃어야 한다면 온 세상의 존경을 받는다고 해도 그것이 나에게 무슨 이익이 될 것인가?

무통치 대 악정, 〈영 인디아〉, 1930. 3. 6 ; 《전집》 48 : 395

284) 국가와 이상적 사회질서

1934. 11. 9/10

질문 …카디가 단순히 인도주의적인 일이어야 할까요. 아니면 그것을 정치교육의 도구로 주로 사용해야 할까요? 우리의 경험에 따르면, 궁극 목표가 마음에 선명하게 그려지지 않는다면, 그 목표는 쉽게 시시한 일로 타락하고 맙니다.

답변 카디와 정치조직, 이 두 가지 이슈는 절대로 분리되어야 합니다. 여기에 혼란이 있을 수 없습니다. 카디의 목표는 인도주의적입니다. 그러나 인도에 관한 한 그 결과는 굉장히 정치적일 수밖에 없을 것입니다.

구세군(*the Salvation Army*)은 민중에게 신에 대해서 가르치려고 합니다. 하지만 그들은 빵을 갖고 왔습니다. 가난한 자에게 빵은 신이기 때문입니다. 이와 마찬가지로 우리는 카디를 통해서 민중의 입에 빵을 넣어 주어야 합니다. 우리가 카디를 통해서 민중의 나태를 깰 수 있다면, 그들은 우리에게 경청하기 시작할 것입니다. 정부가 무슨 사업을 하든, 그것은 촌민들에게 먹을 것을 좀 남겨 줄 것입니다. 우리가 민중에게 음식을 줄 수 없다면, 그들이 왜 우리의 말을 경청해야 합니까? 우리가 그들 자신의 노력을 통해서 할 수 있는 일을 가르쳤을 때, 그들은 우리의 말을 경청할 것입니다.

그러한 신뢰는 카디를 통해서 가장 잘 형성될 수 있습니다. 카디 프로그램을 실행해나가는 동안, 우리의 목표는 순전히 인도주의적인 것, 즉 경제적인 것이어야 합니다. 우리는 일체의 정치적 고려를 철저하게 배제해야 합니다. 그러나 카디는 중대한 정치적 결과를 낳을 수밖에 없는데, 그러한 현상은 막을 수도 개탄할 필요도 없을 것입니다.

질문 우리가 자본주의에 대항하여 지역적이며 구체적인 이슈들에 대한 작은 전투를 촌락에서 시작하고, 그 전투를 카디의 방법 대신 민중을 강화하는 수단이나 그들 사이에 협력하는 마음을 키우는 수단으로 사용할 수 없었습니까? 양자 사이에 선택의 여지가 있다면, 우리는 어느 것을 선호해야 합니까? 우리가 한편으로 예컨대 이자율 감면이나 농업 생산물의 할당량의 증가를 위해서 고리대금업자나 지주에 대해서 반대 투쟁하고, 다른 한편으로는 카디와 관련하여 우리가 촌락에서 성취한 모든 일을 희생해야 한다면, 우리는 무엇을 해야 합니까? 이때 전자가 카디에 의한 조직보다 촌민들에게 자신감을 더 많이 심어 준다고 가정하고 말입니다.

답변 당신이 질문의 마지막에 부가한 것은 큰 단서조항입니다. 지역적이며 구체적인 이슈에 대해서 자본가들과 맞서 투쟁하는 것이, 비폭력 캠페인에 필요한 결의와 용기를 형성할 가능성을 높게 할 것인지에 대해서 나는 말할 수 없습니다. 그러나 내가 만일 그 점을 당신에게 양보한다면, 당신이 설정한 상황에서 카디는 아마 희생되어야 할 것입니다. 나는 실천적인 사람이고 비폭력 방법의 전문가로 자처합니다만, 그런 나로서는 자의식과 힘을 얻도록 대중을 훈련하기 위해서 그런 종류의 일에 관심을 갖지 말라고 충고해야겠습니다.

우리는 비폭력적 방법으로 스와라즈를 위해서 투쟁합니다. 인도의 여러 지역에서 많은 일꾼이 당신이 묘사한 지역 투쟁에 참여하게 된다면, 인도 전역의 민중은 꼭 필요한 때 스와라즈를 위한 투쟁에서 공동전선을 펼 수가 없을 것입니다. 시민불복종이 대규모로 실시되기 전, 민중은 시민적인 복종이거나 자발적인 복종의 기술을 배워야 합니다. 정부에 대한 우리의 복종은 공포에 기인한 것이고, 그 공포에 대한 우리의 반응은 폭력 자체이거나 아니면 그것과 같은 부류인 비겁함입니다. 그러나 카디를 통해서 우리는 그들이 자신들의 힘으로 설립한 기관에 대한 시민적 순종의 기술을 가르칩니다. 그 기술을 배운 경우에만 그들은 비폭력적인 방식으로 파괴하고 싶은 것에 대해서 성공적으로 불복할 수 있습니다. 이 때문에 우리가 비폭력적 비협조의 성공적인 실행을 위해서 필요한 조건에 맞게끔 대중을 교육하기 위해서는, 모든 일꾼들에게 투쟁력을 다방면의 전투에 낭비하지 말고 평화적인 카디 작업에 집중하라고 충고하는 바입니다. 대중 자신의 착취와 함께, 피켓 들기를 통한 외제 직물의 불매운동은 쉽게 폭력화할 수 있습니다. 카디의 사용을 통한 비폭력적 비협조는 가장 자연스럽고 절대적으로 비폭력적입니다.

질문 사랑이나 비폭력은 모든 유형의 소유나 착취와 양립할 수 있습니까? 만일 소유와 비폭력이 함께 갈 수 없다면 당신은 토지나 공장의 사적 소유의 유지를 불가피한 악으로 옹호하시는 겁니까? 물론 이 악은 개인들이 소유 없이 살아갈 만큼 성숙하거나 교육받을 때까지는 지속될 것입니다. 만일 그것이 불가피한 단계라면, 국가가 모든 토지를 소유하는 것, 그리고 그 국가를 대중의 통제 아래 두는 것이 더 낫지 않겠습니까?

답변 사랑과 독점적 소유(*exclusive possession*)는 절대 함께 갈 수 없습니다. 이론적으로 완전한 사랑이 있는 곳에서는 완전한 무소유가 있어야 합니다. 육신은 우리 최후의 소유물입니다. 그래서 어떤 사람이 인류에 대한 봉사로 죽음을 맞이할 각오가 되어 있고 자신의 육신을 버린다면, 그때 비로소 그는 완전한 사랑을 할 수 있고 철저하게 무소유를 실천할 수 있을 것입니다.

그러나 그것은 오로지 이론적으로만 진실입니다. 실제의 삶에서 우리는 완전한 사랑을 하기가 어렵습니다. 소유물로서 육신이 언제나 우리에게 남아 있기 때문입니다. 사람은 항상 불완전하게 남아 있을 것이고, 완전하게 되기 위해서 노력하는 것이 언제나 그의 본분이 될 것입니다. 그래서 사랑이나 무소유에서의 완전함은 우리가 살아 있는 한 성취할 수 없는 이상이지만, 우리는 그것을 위해서 부단히 노력해야 합니다.

돈을 가진 사람들은 이제 수탁자처럼 행동하고 자신들의 부를 가난한 자를 위해서 갖도록 요청받습니다. 여러분은 신탁관리가 법적인 허구라고 말할 수도 있습니다. 그러나 민중이 그것에 대해서 부단히 성찰하고 그것에 따라서 살기 위해서 노력하면, 지상의 삶은 현재보다 훨씬 더 많은 사랑에 의해서 통치될 것입니다. 절대적인 신탁관리는 점에 대한 유클리드의 정의처럼 추상이라서 마찬가지로 얻을 수 없습니다. 그러나 우리가 그것을 얻기 위해서 있는 힘을 다해서 노력한다면, 다른 어떤 방법에 의한 것보다 지상에 평등의 상태를 실현하는 쪽으로 더 진보할 수 있을 것입니다.

질문 만일 당신이 사유재산이 비폭력과 부합하지 않는다고 말한다면, 왜 사유재산을 참고 있습니까?

답변 그것은 돈을 벌지만 그 소득을 인류의 이익을 위해서 자발적으로 사용하지 않는 사람들 때문에 인정할 수밖에 없는 양보입니다.

질문 그렇다면 왜 사유재산을 국가 소유(*State-ownership*)로 대체하여 폭력을 최소화하지 않습니까?

답변 국가 소유는 사적 소유(*private ownership*)보다는 낫습니다. 그러나 그것 역시 폭력 때문에 반대해야 합니다. 만일 국가가 폭력으로 자본주의를 억압한다면, 국가는 폭력 자체의 소용돌이에 휘말릴 것이고, 어떤 경우에도 비폭력을 발전시키지 못할 것입니다. 국가는 집중되고 조직된 폭력의 모습을 보여줍니다. 개인은 혼이 있지만 국가는 혼이 없는 기계로서, 국가 자체의 존재를 의존하고 있는 폭력에서 절대로 그 자체를 떼어낼 수 없습니다. 따라서 나는 신탁관리의 교의를 선호합니다.

질문 구체적 사례를 검토해 봅시다. 한 예술가가 자신의 그림 몇 점을 아들에게 남겨 주었는데, 그 아들은 그림들의 국보적 가치를 알아보지 못하고 그것들을 팔거나 훼손해서, 이제 국가는 한 사람의 우둔으로 말미암아 귀중한 것을 상실하게 되었다고 가정해 봅시다. 만일 그 아들이 당신이 기대하는 그런 의미의 수탁자가 절대 될 수 없다고 확신하게 되면, 그리고 국가가 최소한의 폭력으로 그림들을 압수한다면 당신은 그 일이 정당화될 수 있다고 생각합니까?

답변 예, 국가는 실제 그것들을 압수할 것입니다. 그리고 국가가 최소한의 폭력을 행사한다면 압수 행위는 정당화될 수 있을 것으로 나는 믿습니다. 그러나 국가가 자체와 의견을 달리 하는 사람들에 대해서 과도한 폭력을 행사할 공포는 항상 있습니다. 당사자들이 수탁자들처럼 행동한다면 나는 굉장히 기쁠 것입니다. 그러나 만일 그들이 그렇게 행동하지 못한다면, 국가를 통해서 최소한의 폭력을 행사함으로써 그들에게서 소유물을 박탈해야 한다고 나는 믿습니다. 그 때문에 나는 원탁회의에서 기존 이익 일체가 검토되어야 하고, 필요한 경우 몰수를 명령할 수 있으며, 이 경우 사안에 따라서 보상 여부가 결정된다고 말했던 것입니다.

내가 개인적으로 선호하는 것은 국가의 손에 권력을 집중하는 것이 아니라, 신탁관리의 의미를 확대하는 일입니다. 사적 소유의 폭력이 국가 폭력(*the violence of the State*)에 비해서 덜 유해하다는 것이 내 견해이기 때문입니다. 그러나 국가 소유가 불가피하다면, 나는 최소한의 국가 소유를 지지합니다.

질문 그렇다면 선생님, 당신은 사람들이 습관에 의해서가 아니라 자기 방향성이나 의지에 의해서 더 많이 살아간다고 믿는데, 사회주의자들은 사람들이 의지에 의해서가 아니라 습관에 의해서 더 많이 살아간다고 믿으므로, 여기에 당신과 사회주의자들 사이의 근본적 차이점이 있다고 해도 될까요? 만일 그것이 이유라면 왜 당신은 자기교정을 위해서 분투하는 반면, 그들은 사람들이 타인을 착취할 욕망을 행사하지 못하게 하는 제도를 만들려고 합니까?

답변 나는 사람들이란 실제로 습관으로 살아간다는 점을 인정하면서도, 사람들은 의지를 발휘하여 살아가는 것이 더 좋다고 생각합니다. 나는 사람들이 착취를 최소한으로 줄일 수 있을 정도까지 자신들의 의지를 단련시키는 것이 가능하다는 점 역시 믿습니다. 나는 국가 권력의 강화를 최대의 공포심을 갖고 바라보고 있습니다. 국가가 착취를 최소화함으로써 외관상 선을 행하는 것처럼 보이지만, 그것은 모든 진보의 뿌리에 놓인 개체성(*individuality*)을 파괴함으로써 인류에게 최대의 위해를 가하고 있기 때문입니다. 우리는 사람들이 신탁관리를 받아들인 수많은 사례에 대해서 알고 있습니다. 그러나 국가가 가난한 자들을 위해서 실제로 활동했던 사례에 대해서는 단 한 건도 모르고 있습니다.

질문 당신이 가끔 인용하고 있는 신탁관리의 사례들은 무엇보다도 당신 개인의 영향력에 기인한 것이 아니었습니까? 당신과 같은 스승은 드뭅니다. 그래서 사람들에게 필요한 변화를 도모하기 위해서는, 당신과 같은 인간들의 우연적인 강림에 의존하는 것보다 어떤 조직체를 믿는 것이 더 낫지 않을까요?

답변 내 경우는 일단 제외합시다. 당신은 모든 위대한 스승들의 영향력이 그들의 인생보다 더 오래 살아남았다는 점을 기억해야 합니다. 마호메트, 붓다 또는 예수와 같은 예언자들의 가르침 안에는 영원한 부분이 있었고, 당대의 필요와 요구를 충족시키기 위한 부분도 있었습니다. 오늘날 종교 실천에 이렇게 많은 왜곡이 있는 유일한 이유는, 우리가 그들 가르침 안의 일시적인 부분으로 영원한 부분을 따라잡으려고 노력하기 때문입니다. 그러나 그런 점을 도외시한다면, 당신은 이들이 세상을 떠나고 난 뒤에도 이들의 영향력이 우리를 지탱해왔다는 점을 알 수 있을 것입니다. 더구나 내가 반대하는 것은 국가와 같이 힘(*force*)에 기초한 조직체입니다. 자발적인 조직체가 있어야 합니다.

질문 예, 선생님. 그렇다면 당신의 이상적 사회질서는 무엇입니까?

답변 나는 사람은 각자 이 세상에 일정한 자연적 성향(*natural tendencies*)을 타고 태어난다고 믿습니다. 각자는 자신이 극복할 수 없는 분명한 한계를 갖고 태어납니다. 이런 한계에 대한 조심스런 관찰에서부터 바르나 법칙은 도출되었습니다. 그 법칙은 일정한 성향을 지닌 사람들의 행위에 일정 영역을 정해줍니다. 이것은 일체의 무가치한 경쟁을 피하게 해줍니다. 바르나 법칙은 사람들의 한계를 인정하지만 귀천의 차별은 받아들이지 않습니다. 하지만 그 법칙은 각 개인에게 자신의 노동의 열매를 보장해 주는 반면, 그가 이웃에 압박을 가하는 것을 막아줍니다.

이 위대한 법칙은 타락했고 악평을 듣게 되었습니다. 그러나 나는 이 법칙의 의미가 충분히 이해되고 실행될 경우에만 이상적 질서가 전개될 것이라고 확신합니다.

질문 당신은 고대 인도에서 4개의 바르나 사이에 경제적 지위와 사회적 특권에 있어서 많은 차이점이 있었다고 생각하지 않으십니까?

답변 그것이 역사적으로 사실일 수 있습니다. 그러나 그 법칙의 잘못된 적용이나 그 법칙에 대한 불완전한 이해가 그 법칙 자체를 무시하는 것으로 나가서는 안 됩니다. 우리는 부단한 분투에 의해서 우리에게 물려진 유산을 풍요롭게 해야 합니다. 이 법칙은 인간의 의무를 결정합니다. 권리는 의무의 합당한 수행에서 나옵니다. 의무를 무시하고 권리를 주장하거나 오히려 권리를 불법 행사하는 것이 오늘날의 풍조입니다.

질문 당신이 바르나아슈라마를 부활하고 싶다면, 가장 신속한 방법인 폭력을 왜 선호하지 않습니까?

답변 그런 질문은 일어날 까닭이 없습니다. 의무에 대한 정의와 의무 수행은 폭력을 완전 배제합니다. 의무에 대한 언급 없이 권리를 주장할 때, 폭력은 필수적인 것이 됩니다.

질문 우리는 진리가 그 성격상 궁극적으로 제한되어 있다는 것을 알고 있으므로, 진리추구를 우리 자신들에게만 한정하고 세상에 강요하지 말아야 되는 것이 아닙니까?

답변 당신은 진리를 그런 식으로 제한하려고 해도 할 수 없을 것입니다. 진리의 모든 표현은 그 안에 전파의 씨앗을 갖고 있습니다. 이는 태양이 그 빛을 숨길 수 없는 것과 같습니다.

니르말 쿠마르 보세[103]와의 대담,
〈힌두스탄 타임스〉, 1935. 10. 17 ; 《전집》 65 : 364

---

103 〔역주〕 Nirmal Kumar Bose(1901~1972) : 인도 콜캇타 출신의 학자 방랑인, 교수, 카디 운동에도 참여. 1934년 간디를 만난 이래 간디 사상의 좋은 해석가가 되었다.

285) 계몽된 무정부 상태

내 의견으로 정치력은 우리의 궁극 목표가 아니다. 그것은 사람들이 자신들의 전반적인 향상을 위해서 사용해온 수단 중의 하나이다. 국민의 대표자들을 통해서 국민의 삶을 통제하는 힘이 정치력이다. 국민의 삶이 스스로 통제될 정도로 완벽하게 되면 대표자들은 불필요하다. 그렇게 되면 각자가 모두 자신의 통치자가 되는 계몽된 무정부 상태(*state of enlightened anarchy*)가 될 것이다. 그는 자신의 행위가 이웃의 복리를 방해하지 않게끔 처신하게 될 것이다. 이상 국가에서는 하등의 정치제도도 없고 따라서 정치력도 없다. 그 때문에 소로는 고전적인 선언에서 적게 다스리는 정부가 최선의 정부라고 말했던 것이다.

계몽된 무정부 상태 : 정치적 이상(H.), 〈사르보다야〉, 1939. 1 ; 《전집》 74 : 502

286) 분산화와 계획

판츠가니, 〔*1945. 6. 19* 이전〕

질문 아그라왈(Agrawal)[104] 교수가 언급하듯이 간디 프로그램과 별도로 '간디 플랜'이란 것이 존재합니까? 플랜은 일정한 목표들을 얻기 위한 시간표가 그 안에 꼭 있어야 합니다. 당신은 그런 플랜을 짠 적이 없지 않습니까?

답변 나에게는 간디 플랜도 간디 프로그램도 없습니다. 그러나 만일 친구가 '간디'란 용어를 사용하는 것을 내가 반대하면 그것은 너무 현학적이 될 것입니다. '플랜'이란 용어에 대한 당신의 반대는 원칙적

---

104 슈리만 나라얀(Shriman Narayan)을 지칭. 그의 《자유 인도를 위한 경제적 발전에 대한 간디 계획》은 1944년 출판되었다.

으로 타당합니다. 하지만 그 반대에 어떤 실질은 없다고 말하고 싶습니다.

질문 간디 프로그램의 기초는 분산화(*decentralization*)입니다. 그러나 플랜의 핵심은 집중입니다. 플랜과 간디주의가 함께 갈 수 있습니까?

답변 나는 플랜의 핵심이 집중이라고 하는 견해에 찬성할 수 없습니다. 분산화는 집중과 마찬가지로 플랜에 진력해야 하지 않겠습니까?

질문 아그라왈 교수는 경제계획이 최소한의 국가통제를 필요로 한다고 말합니다. 하지만 그가 전개하는 플랜은 가장 작게 다스릴 정부를 염두에 두는 것이 절대 아닙니다. 왜냐하면 국가 행위(*State action*)가 늘 강조되고 있기 때문입니다. '정부의 책임은 대단히 크다.' 통신, 공공의 건강, 교육, 장사와 교역, 은행업무와 화폐 등은 불가피하게 국가가 통제해야 할 것입니다. 그리고 그 플랜은 핵심적이며 기초적인 대규모 산업들의 국유화를 지지합니다. 이와 같이 서로 부합하지 않는 생각들이 어떻게 어울립니까?

답변 인도의 촌락들에 경제적으로 득이 되는 모든 산업과 수공업을 최대한 분산한다는 생각과, 전체적으로 보아서 인도에 필수적인 대규모 핵심 주요 산업을 집중시키거나 국유화한다는 생각 안에, 나는 어떤 불일치도 간파하지 못하고 있습니다. 아그라왈 교수는 현재의 상황에서 사례들을 지적했습니다. 우리가 독립을 얻고, 현 도시산업의 자리에 촌락산업이 득세하게 되면, 그런 일을 볼만큼 살아온 사람들 — 당신과 내가 그러기를 바라지만 — 은 다른 분위기, 즉 훨씬 건전한 분위기를 맞이할 것이고, 오늘 아그라왈 교수와 우리가 어둡게 보고 있는 것을, 우리는 밝게 보게 될 것입니다. 오늘날 모든 것이 외국에 의해서 통제되고 있습니다. 내일 국가는 민중에 의해서 통제될 것인데(그것 자체로 극히 중대한 변화입니다만), 만일 아그라왈 교수의 플랜(이 말을 사용하게 된 것을 용서하십시오)이 열매를 맺는다면, 국가통제(*the State-control*)가 크게 보인다고 해도 실제 최소가 될 것은 명백합니다. 인도의 중심을 지배하는 70만 개의 촌락들을, 그리고 촌락들의 이익을 위해서 필요한 몇 개의 읍을 가진 저 촌락들을 당신의 마음속에 투사해 보십시오.

질문 간디 프로그램은 본질적으로 인력의 최대 이용을 보증해 주는 촌락 공동체의 부활입니다. 그것은 점진적 과정입니다. 물론 촌락 산업화가 전후 인도의 여러 문제 때문에 필수적이 된 산업의 국유화(*nationalization of industries*)에 보완물이 되는 것으로 만족하지 않는다면, 간디 프로그램은 확정적인 국가 계획을 반대하지 않겠습니까?

답변 당신은 내 이름으로 수립되어 있는 프로그램을 정확하게 묘사했습니다. 당신은 국유화라는 용어를 현재의 배경에서 떼어낸 뒤 난처한 문제를 제기했습니다. 나는 당신이 시각을 바꿔서 새로운 촌락의 배경에서 그 용어의 내용을 검토해 주시기를 바랍니다. 그 이상(理想)은 우리의 현대화된 마음에 너무 포괄적입니다. 내 이상은 결코 실현될 수 없는 완전한 백일몽일 수 있습니다. 하지만 그렇다고 말하는 것은 그저 논점을 교묘하게 피하는 것입니다. 우리는 단 한 세대 안에 이른바 어제 불가능했던 일이 오늘 가능하게 되는 것을 목격했습니다.

질문 최근 대기업가들은 정부를 큰 소리로 비판하고, 그들이 정부를 지지했지만 정부는 그들에게 빵부스러기만 줌으로써 거짓말을 했다고 책망한 바 있습니다. 당신은 그런 대기업가들에게 강력하게 항의했습니다. 대기업가들은 자신들의 이익을 위해서 국민회의를 착취하는데도, 그런 대기업가들을 돕는 일에 대해서 국민회의 자체가 반대하지 않는다는 대답이 나왔습니다. 당신은 그런 착취를 중지시킬 수 없습니까?

답변 국민회의는 그 자체가 대기업가들에 의해서 변화를 겪는 대신 대기업가들을 나라에 유용한 것으로 변화시키기를 바라고 있습니다. 국민회의는 그래서 여태 대기업가들에 대해서 결코 반대해온 적이 없었습니다. 미래에도 반대하지 않기를 나는 바랍니다. 당신이 언급한 나의 강력한 항의는, 대기업가들이 종내 대중의 이익을 촉진하려고 한다면, 올바른 노선에 있어야 한다는 점을 보여주는 것입니다. 오늘날 그들은 어느 정도 외국의 지배자들에 봉사하면서, 스스로 그들의 탁자에서 떨어지는 빵부스러기를 얻을 뿐입니다. 그것은 불행한 일입니다. 그러나 모든 사람들이 같은 생각을 하지는 않을 것이고 같지도 않을 것입니다. 비폭력에는 강요(*coercion*) 대신 상호간에 회심(*conversion*)이 있습니다.

P. 라마찬드라 라오와의 대담, 〈더 힌두〉, 1945. 6. 23 ; 《전집》 87 : 260

287) 국가 없는 사회의 건설

뉴델리, *1946. 9. 6*

슈리 샹카를라오 데오(Shri Shankarrao Deo)가 다음과 같이 적고 있다.

> 한때 자신들을 사탸그라히(진리파지자)라고 불렀던 자들이 장관이 되면서 군과 경찰을 사용해야 한다고 하는 일에 대해서, 사람들은 이상하게 생각합니다. 그들은 그것이 아힘사—강령으로 받아들였

든 정책으로 받아들였든 — 의 위반이라고 느끼고 있습니다. 그들이 옳아 보입니다. 국민회의 장관들이 보여주는 신념과 실천 사이의 모순은 우리의 일꾼들을 혼란에 빠뜨리고 있으며, 그 장관들은 국민회의 내부 비판자들과 그 모순을 악용하려는 국민회의 외부 비판자들에 직면하기가 어려울 것입니다.

국민회의의 아힘사는 대체로 약자의 아힘사였습니다. 이것은 현재 인도에서 주도적인 여건 아래에서 유일하게 가능했던 일입니다.… 아힘사를 오직 정책으로서만 인정하고 권력의 지위를 받아들이는 사람들에 대해서 반대할 만한 이유가 없다는 점을 나는 용인합니다. 그래서 많은 국민회의 의원이 정부의 지위를 받아들였고, 당신은 그러도록 허락했습니다.… 그러나 우리가 아힘사를 통해서 권력을 획득했다면, 아힘사를 어떻게 실행하면 정부는 불필요한 것이 될까요? 만일 당신이 하나의 길을 제시해 주지 않으면, 사탸그라하는 우리가 추구하는 목적을 위해서는 불충분한 수단으로 간주될 것입니다.

위의 질문에 대한 대답은 쉽다고 생각한다. 나는 얼마 전부터 '진리와 비폭력'이란 두 말이 국민회의 헌법에서 제거되어야 한다고 말해왔다. 그 두 말의 제거 여부와 관계없이 우리 자신들이 진리와 아힘사에서 제거된 것이 분명하다는 전제하에서 우리가 움직인다면, 우리는 특정 행위의 옳고 그름을 독자적으로 판단할 수 있을 것이다.

우리가 행정을 하면서 군대나 경찰을 계속 사용하는 한, 영국인들이나 다른 외세 — 그 세력이 국민회의의 손에 있든 아니면 다른 사람들 안에 있든 관계없이 — 에 계속 굴종해야 할 것이라는 점에 대해서 나는 확신한다. 국민회의 장관들이 아힘사에 대한 신앙이 없다고 해보자. 그리고 나아가서 힌두, 무슬림 그리고 여타 사람들이 군대나 경찰로부터 보호를 구한다고 가정해 보자. 그 경우 그들은 계속 보호를 받을 것이다. 그렇다면 아힘사의 신봉자이면서 동시에 군대로부터 도움을 청하기를 좋아하지 않는 국민회의 장관들은 퇴임할 것이다. 이것은 민중이 다툼을 스스로 해결하는 법을 배우지 못하는 한 깡패주의가 지속될 것이고, 우리는 우리 안에 아힘사의 진정한 힘을 결코 생성하지 못할 것임을 의미한다.

이제 문제는 그런 힘을 생성할 수 있는 방법에 대한 것이다. 나는 이 문제에 대해서 8월 4일자의 〈하리잔〉지에 게재한 내 답장, 아메다바드 발 편지에 대한 내 답장에서 대답했다. 우리가 우리 심정에 사랑을 품고 용감하게 죽을 수 있는 힘을 기르지 않는 한, 우리는 우리 안에 용감한 자의 비폭력을 발전시킬 수 없다.

이상사회에서는 국가 권력이 존재할 것인지, 아니면 국가 없는(*Stateless*) 사회가 될 것인지 하는 질문은 쓸데없는 질문이라고 생각한다. 우리가 만일 그런 사회 건설을 위해서 계속 노력한다면, 그것이 어느 정도까지는 실현될 것이며 그만큼 민중은 이익을 얻을 것입니다. 유클리드가 직선은 폭이 없다고 정의했지만, 어느 누구도 그와 같은 선을 그리는 데 성공하지 못했으며 앞으로도 결코 성공하지 못할 것이다. 하지만 우리는 그와 같은 직선을 상정하기만 해도 기하학에서 진보할 수 있다. 이것은 모든 이상에 대해서도 사실이다.

하지만 우리는 그런 국가 없는 사회가 세상 어디에도 존재하지 않는다는 점을 기억해야 한다. 만일 그런 사회가 가능하다면, 인도에서 최초로 수립될 수 있을 것이다. 그런 사회를 건설하기 위한 노력들이 인도에서 시도되었기 때문이다. 우리는 그런 지고의 영웅적 행동을 아직은 보여주지 못했다. 유일한 길은 그것을 믿는 사람들이 모범을 보이는 것이다.

국민회의 장관들과 아힘사(H.), 〈하리잔〉, 1946. 9. 15 ;
〈하리잔 세박〉, 1946. 9. 15 ; 《전집》 92 : 183

288) 세계연맹, 민주주의, 라마라즈야

뉴델리, *1947. 7. 4*

형제자매들이여,

어떤 사람들은 일어난 일, 일어나고 있는 일 그리고 우리가 곧 얻으려는 자치령 지위가 라마라즈야로 이어질 것인지를 나에게 물어옵니다. 그런 질문을 던지는 사람들은 보통 빈정대는 사람입니다. 나는 이 모든 것이 라마라즈야로 이어진다고 말할 수 없음을 인정합니다. 내가 목격하는 모든 징후는 라마라즈야에 반대하고 있습니다. 나라는 쪼개져 버렸고 두 개의 자치령이 생기게 될 것입니다. 그리고 만일 이 둘이 상대방에게 적개심을 품는다면, 우리는 어떻게 라마라즈야의 수립을 기대할 수 있을까요? 물론 자치령 지위는 영국인들에 대한 복속을 의미하는 것은 아닙니다. 그것은 독립만큼이나 좋습니다. 그러나 영연방 내의 다른 자치령들은 어느 정도 같은 인종으로 구성되어 있습니다. 인도는 동양에 있으므로 어떻게 자치령이 될 수 있겠습니까? 만일 세상의 모든 나라들이 그런 자치령이 되기라도 한다면 그것은 다른 문제가 될 것이며, 라마라즈야가 수립될 수도 있을 것입니다. 그러나 이미 일어난 사태는 인도를 라마라즈야 곧 신의 나라로 인도하지 못할 것입니다. 영국 정부는 원래 권력을 인도인의 손에 1948년 6월 30일까지 이양하려고 했습니다. 하지만 이제 그들은 신속하게 빠져나오면 나올수록 더 좋겠다고 결정해 버렸습니다. 그러나 그들이 어떻게 그렇게 할 수 있습니까? 그래서 그들은 자치령의 지위를 분리된 인도에 부여하면 아무 위험이 없겠다는 결론에 도달했습니다. 그렇게 되면 그들은 우리와 여전히 관계를 유지할 것이기 때문입니다.

나는 인도가 우물 바깥세상에서 일어나는 일을 모르고 있는 우물 안의 개구리가 되기를 원치 않습니다. 자와할랄과 다른 지도자들은 우리가 어떤 나라에 대해서도 적대적이지 않을 것이라고 말했습니다. 우리는 영국인을 포함한 모든 사람들과 우정을 나눌 것입니다. 그렇다면 그들은 세계연맹(*world federation*)을 원하는 것입니까? 내가 '아시아교섭대회'(*the Asian Relations Conference*)에서 연설했듯이, 세계연맹은 실현가능하며, 그 경우 각 나라는 군대를 유지할 필요가 없을 것입니다. 오늘날 어떤 나라들은 자신들을 민주주의적이라고 묘사하고 있습니다만, 단순히 민주주의자라고 말한다고 해서 민주주의자가 될 것은 물론 아닙니다. 민중이 다스리는 곳에 군대가 왜 필요하겠습니까? 군대가 통치하는 곳에서는 민중이 통치할 수 없습니다. 군대들에 의해서 지배되는 국가 간의 세계연맹이란 있을 수 없습니다. 독일과 일본의 군사 독재정권(*military dictatorships*)은 여러 나라를 속여서 자신들과 우호 관계를 만들려고 했습니다. 그러나 기만은 오래가지 않았습니다. 오늘날 나는 주위를 돌아보지만 어디에서도 라마라즈야를 찾을 수가 없습니다.

사람들은 오늘날 횡행하고 있는 칼과 총탄의 통치가 32년 동안의 진리와 비폭력에 관한 내 가르침의 결과가 아니냐고 묻습니다. 그렇다면 이것은 32년 동안 내가 거짓과 위선으로 득세해왔음을 의미합니까? 그것은 나에게서 아힘사의 가르침을 흡수했던 수백만 명의 사람들이 32년 이후 돌연 거짓말쟁이와 살인자가 되었음을 의미합니까? 나는 우리의 아힘사가 약자의 아힘사임을 인정했습니다. 그러나 실제로 약함과 아힘사는 동행할 수 없습니다. 그래서 그것은 아힘사가 아니라 수동적 저항이라고 불러야 합니다. 그러나 수동적 저항은 오직 약자를 위한 것이지만, 내가 주창했던 아힘사는 약자의 아힘사가 아니었습니다. 그렇다면 수동적 저항은 능동적 무장 저항(*active and armed resistance*)의 준비 단계입니다. 결과적으로 민중이 자신들의 심정에 품어 왔던 폭력은 이제 갑자기 분출되었습니다.

우리의 수동적 저항은 완전한 실패가 아니었습니다. 우리는 자유를 거의 얻었습니다. 우리가 오늘날 목격하는 폭력은 겁쟁이의 폭력입니다. 용감한 자의 폭력과 같은 것도 있습니다. 만일 대여섯 명이 전투에 가담하게 되어서 칼에 찔려 죽는다면, 그 안에 폭력은 있지만 그것은 용감한 자의 폭력입니다. 그러나 1만 명의 무장한 사람들이 비무장한 사람들이 살고 있는 촌을 습격하여 그들을 처자식과 함께 살육한다면 이는 겁쟁이의 폭력입니다. 미국은 일본 위에 원자탄을 투하했습니다. 그것은 겁쟁이의 폭력입니다. 용감한 자들의 비폭력은 지켜볼 만한 가치가 있습니다. 나는 죽기 전에 그런 비폭력을 보고 싶습니다. 이를 위해서 우리는 내면적 힘이 있어야 합니다. 그것은 독특한 무기입니다. 민중이 비폭력의 아름다움을 깨달았다면, 그동안 잃었던 모든 생명과 재산은 결코 그냥 허비된 것이 아닐 것입니다.

민중이 내가 지난 32년 동안 그들에게 전달하려고 노력해왔던 아힘사의 가르침을 배웠다면, 현재 음식과 의복의 배급은 필요 없었을 것입니다. 우리가 음식과 의복을 소비하는 데 사려 깊게 생각했다면, 인도에 그 어느 것도 부족하지 않았을 것입니다. 민중이 진실하게 살고 상대방을 돕기를 배웠다면, 공무원의 공무를 쳐다볼 필요도 없었을 것입니다. 고 몬터규 씨는 공무를 융통성 없는 구조라고 묘사했습니다. 공무원들은 자신을 민중의 종복으로 간주하지도 않고, 민중에 봉사하기 위해서 고용된 것도 아닙니다. 그들이 여기에 있는 것은 외세에 의한 통치를 어떻게든 굴러가도록 하기 위해서입니다. 그들은 사무실에 편히 앉아서 토민병을 통해서 명령을 하달합니다. 우리가 만일 스스로 굳게 서서 공무에 대한 의존을 포기하기를 배운다면, 오늘날 인도에는 배급할 필요도 공무의 필요도 없을 것입니다. 행정을 보기 위해서 일정한 종류의 공무원이 필요한 것은 분명합니다. 세월이 흘러서 공무원들이 변하여 민중에 봉사하기 위해서 행정을 본다면, 진정으로 민주주의적인 체제가 생기게 될 것입니다.

기도모임에서의 연설(H.), 《프라르타나 프라바찬》
권 1, 217~220면 ; 《전집》 95 : 395

289) 부 적

〔*1947. 8*〕

나는 당신에게 부적 하나를 주겠습니다. 당신이 의심이 들 때마다, 또는 자아(*the self*)라는 것이 당신에게 너무 무겁게 느껴질 때마다 다음 시험을 적용해 보시오. 당신이 보았던 사람들 가운데 가장 가난하고 가장 연약한 사람의 얼굴을 기억해내십시오. 그리곤 당신이 내딛으려고 생각한 발걸음이 그에게 도움이 될지를 자문해 보십시오. 그가 그것으로 뭐라도 얻을 수 있을까? 그것이 그로 하여금 자신의 삶과 운명에 대한 통제력을 회복하게 해 줄까? 달리 말해서 그 발걸음이 배고프고 영적으로 굶주린 수백만 명의 사람들로 하여금 스와라즈로 인도해 줄까?

그렇게 되면 당신은 의심과 함께 당신 자신이 녹아 버리는 것을 발견하게 될 것입니다.

M. K. 간디[105]

메모, 복사본에서, 《마하트마》
(*Mahatma*) 권 8, 89면 ; 《전집》 96 : 427

---

105 서명은 데바나가리와 벵골 문자로 되어 있다.

290) 내 메시지

1947. 9. 5

내 인생이 나의 메시지이다.

간디

샨티 세나 달[106]에게 보낸 메시지,
〈힌두스탄 스탠더드〉, 1947. 9. 7 ; 《전집》 96 : 460

106 이것은 벵골어로 쓰여 샨티 세나 달('평화군')의 서기였던 데브토슈 다스 굽타(Devtosh Das Gupta)에게 주어졌는데, 그때 그는 간디를 방문하고 있었다. 간디는 '평화군'을 축복하면서, 앞길을 막을 수도 있는 어떤 불리한 여건에 대해서도 용감히 맞서라고 말했다.

생전의 마지막 모습 (1948)

암살 직전에도 간디는 평소와 마찬가지로 비를라 하우스 기도모임에 참석하기 위해서 걸어가고 있었다.
힌두-무슬림 간의 화해를 촉구하는 단식으로 두 조카손녀의 부축을 받을 정도로 몸은 쇠약해졌지만
표정은 환하게 웃고 있는 간디는 마치 지상에서의 아름다운 이별을 예감하는 듯이 초연해 보인다.

간디의 장례 행렬 (1948)

수많은 군중이 운집한 가운데 간디의 유해가 알라하바드를 통과하고 있다. 이로써 간디의 몸은 비록 세상을 떠났지만 그의 위대한 혼은 인류 역사에 스며들어 아직까지 면면히 이어져오고 있다.

간디 연보

1869	출생	10. 2	모한다스 카람찬드 간디는 구자라트 카티아와르 포르반다르의 바이샤 가문에서 출생. 포르반다르, 라즈코트와 바나크네르 주 수상인 카람찬드 간디와 그의 네 번째 처 푸틀리바이 사이에서 세 아들 중 막내로 태어나다.
1876	7세		부모와 함께 라즈코트로 가다. 12살 때까지 그곳에서 초등학교 다님. 고쿨다스 마칸지의 딸 카스투르바이와 약혼하다.
1882	13세		카스투르바이 마칸지와 결혼.
1884	15세		육식과 무신론을 실험.
1888	19세	봄	장남 하릴랄 출생.
		9. 4	소속 카스트 장로들의 반대를 무릅쓰고 유학차 영국으로 항해.
		11. 6	런던 이너템플 법학원 등록.
1889	20세	11	신지학회 소속의 블라바츠키와 애니 베전트를 만나다. 《바가바드 기타》, 《아시아의 빛》, 산상수훈을 읽다.
1890	21세	9. 19	런던 채식주의자협회 집행위원이 되다.
1891	22세	3. 26	런던 신지학회 준회원으로 등록하다.
		6. 10	변호사 자격 취득하다.
		6. 11	런던 고등법원에 등록하다. *
		6. 12	인도로 항해하다.
1892	23세	봄	차남 마니랄 출생.
		5. 14	카티아와르에서 법률사무소 개업을 위한 허가 취득. 성공적으로 업무를 수행하지 못하고, 라즈코트에서 법률문서 작성자로 정착.

* 〔역주〕 영어 원전에는 고등법원 등록일이 6월 10일로 되어 있지만 《전집》의 연보에 따라 6월 11일로 바로잡았다. 연보 3면 참조.

1893	24세	4	다다 압둘라 회사의 법률 고문으로 남아프리카로 항해하다.
		6	프리토리아의 객차에서 쫓겨나다. 인종차별에 대한 비폭력 저항을 결심하다.
		7	크루거 총장 자택 인근의 보도에서 구타당하지만 공격자 고소를 거부하다.
1894	25세	4	종교 서적을 공부하다. 여기에는 성경, 코란, 톨스토이의 《하나님의 나라는 너희 안에 있느니라》가 포함되어 있다.
		8. 22	나탈 인도 국민회의를 조직하다.
		9. 3	유럽인 변호사들의 반대를 무릅쓰고 나탈과 트란스발 고등법원에 변호사로 등록하다.
1895	26세	4	더반 인근의 트라피스트회 수도원을 방문하다.
		5	인도 이민법안 내의 재계약 조항에 반대하며 나탈 의회와 리폰 경에 호소하다.
		12. 6	〈인도인 선거권: 남아프리카 거주의 모든 영국인들에게 보내는 호소문〉을 발행하다.
1896	27세	6. 5	인도로 항해하다. 남아프리카 거주 인도인을 위해 여러 집회에서 연설하다.
		11. 30	가족과 함께 남아프리카로 항해하다.
1897	28세	1. 13	더반에 도착, 폭도의 공격을 받다.
		1. 20	공격자 기소하기를 거부하다.
		5	3남 람다스 출생.
1898	29세		차별법률에 관련하여 지방 당국 및 대영제국 당국자에게 청원서를 제출하다.
1899	30세	12.	보어전쟁에 참전하기 위해 인도인 위생병 부대를 조직하다.
1900	31세	5. 22	4남 데브다스 출생.
1901	32세	10. 18	가족과 함께 인도로 항해하다.
		12. 27	남아프리카에 대한 결의안을 인도 국민회의에 제출하다.
1902	33세	2	캘커타에서 고칼레와 함께 1개월 지내다. 라즈코트에서 변호사업 실패, 봄베이로 옮겨 법률업무에 착수하다.
		11. 20	트란스발의 반아시아인 법안에 대항하는 인도인들의 운동을 지지하라는 부름에 응하여 가족과 함께 남아프리카로 돌아오다.
1903	34세	2	트란스발 대법원 변호사로 등록하다. 요하네스버그 법률사무소를 개소하다.
		6. 4	주간지 〈인디언 오피니언〉을 창간하다.

1904	35세	10	러스킨의 《나중에 온 이 사람에게도》를 읽다.
		12	더반 인근에 피닉스 정착촌을 설립하다.
1905	36세	5	타밀어를 배우기 시작하다.
		8. 9	나탈 인도인들에 대한 인두세 징수 법안의 수정을 요구하다.
		8. 19	벵골 분리에 대한 연합된 반대를 요구하고 영국 제품 불매운동을 지지하다.
1906	37세	5. 12	인도 자치를 주창하다.
		6~7	줄루반란 때 위생병 부대에서 봉사. 브라마차르야 서약을 하다.
		9. 11	요하네스버그 소재 제국극장에서 열린 아시아인 등록 법안의 철회를 요구하는 대규모 집회에서 연설하다.
		10. 3	영국 정부에 탄원하기 위해 영국으로 항해하다.
		11. 7	의회 의원들에게 연설하다
		12	남아프리카로 돌아오다.
1907	38세	1~2	《윤리적 종교》에 대한 8개의 논문을 집필하다
		7. 14	인도인에게 재등록하지 말도록 요청하다.
		7. 31	수동적 저항의 중요성에 대해 설명하다. 총파업이 실시되다.
		12. 28	피켓시위에 대한 재판에서 스스로 변론하고 48시간 이내에 트란스발을 떠날 것을 명령받다. 나중에 정부 광장에서 열린 집회에서 연설하다.
1908	39세	1. 10	'수동적 저항'이란 말 대신에 '사탸그라하'라는 말을 사용하다. 2개월 금고형을 선고받다. 다른 모든 사탸그라히들과 함께 1월 31일 석방되다.
		2. 10	미르 알람 칸(Mir Alam Khan)과 다른 파탄인들의 공격을 받고 거의 목숨을 잃을 뻔하다. 병석에서 그 공격자들을 용서해야 한다고 호소하고, 아시아인들에게 자발적으로 지문날인을 하도록 요구하다.
		8. 16	대규모 집회에서 연설하고 등록증명서의 추가 소각을 부추기다.
		8. 23	요하네스버그에서 대규모 집회가 소집되어 등록증명서를 소각하다. 간디의 공격자였던 미르 알람과 다른 파탄인들이 자신들의 과오를 인정하고 '최후까지 싸우기'로 결의하다.
		10. 7	등록증명서 없이 트란스발에 들어가려다가 폴크스루스트에서 체포되다. 2개월간의 징역형에 처해지고, 12월 12일에 석방되다.
1909	40세	1. 16	등록증명서를 제시하지 못하여 폴크스루스트에서 다시 체포되다. 추방당하자 돌아왔고 다시 체포되었으나 보석으로 풀려나다.
		2. 25	폴크스루스트에서 같은 죄목으로 체포되어 3개월 금고형에 처해지다. 5월 24일 석방되다.

		6. 23	영국으로 항해하다.
		7. 10	런던에 도착하다. 엠프틸 경의 도움으로 유력한 영국인 지도자들을 교육하려 하다.
		11. 13	남아프리카로 돌아오다. 도중에 《힌드 스와라즈》를 집필하고 톨스토이의 〈어느 힌두교도에게 보내는 편지〉를 번역하다.
1910	41세	4. 4	톨스토이에게 《힌드 스와라즈》를 보내다.
		5. 8	톨스토이는 수동적 저항이 인도와 인류에게 아주 중요하다는 대답을 해오다.
		5. 30	헤르만 칼렌바흐가 제공한 1천 1백 에이커의 땅에 톨스토이 농장을 설립하다.
1911	42세	4. 22	스뮈츠는 사탸그라하 운동을 중지한다는 조건으로 인도인들의 요구 사항을 수락하다.
1912	43세	10. 22	고칼레가 케이프타운에 도착하다. 간디는 5주간의 여행 기간 동안 수행하다. 유럽식 복장과 우유를 포기하고 식사를 생과일과 견과로 한정하다.
1913	44세	4	카스투르바이가 사탸그라하 투쟁에 참여하다.
		9. 15	사탸그라하가 재개되다. 12인의 남성과 카스투르바이를 포함한 4인의 여성이 더반을 출발하여 폴크스루스트로 향하다.
		9. 23	카스투르바이가 다른 사탸그라히들과 함께 체포되다. 3개월 징역형을 선고받다.
		10. 28	1,700인의 사탸그라히들을 뉴캐슬로부터의 행진에서 지도하다.
		11. 6	2, 221인의 행군자와 함께 폴크스루스트 국경에서 체포되고, 다른 사람들은 월경하다.
		11. 7	폴크스루스트에서 보석으로 석방되고 2, 037인의 행군자들의 행군에 참여하다.
		11. 8	스탠더튼에서 체포되어 신원 확인 이후 석방되다. 행군 계속되다.
		11. 9	티크워스에서 체포되어, 밸푸어로 이송되다.
		11. 11	파업을 선동했다는 죄목으로 둔디에서 9개월 징역형을 선고받다.
		12. 18	석방되다. 석방부터 타결에 이르기까지 간디는 1일 1식 하고 계약 노동자의 복장을 하다.
1914	45세	1. 13	스뮈츠 장군과 협상 개시, 1월 22일 중재안에 도달하다.
		1. 22	스뮈츠 장군과의 협상타결 이후 사탸그라하를 중지시키다.
		7. 18	인도로 가는 도중 런던으로 항해하다. 남아프리카를 영영 떠나다.
		8. 6	제 1차 세계대전 발발 이틀 후 영국에 도착하다.

		8.8	영국인과 인도인 친지들이 세실 호텔에서 환영회를 열어 주었다. 진나, 랄라 라즈파트 라이, 사로지니 나이두가 참석자 중의 일부였다.
		8.13	런던 거주 인도인 학생들의 위생병을 조직하다.
		12.19	건강 악화로 인도로 항해하다. 벵골어를 배우기 시작하다.
1915	46세	1. 9	봄베이에 도착, 위생병 봉사로 카이저-이-힌드 금메달을 수상하다.
		3. 3	고칼레 죽음을 애도하기 위해 푸나 집회에 참석하다.
		4. 7	리쉬케슈에 가고, 스와르가 아슈람을 방문하다.
		5. 20	아메다바드에 사탸그라하 아슈람(나중에 사바르마티 아슈람으로 알려짐) 을 개설하다.
		9	사탸그라하 아슈람에 불가촉천민 가족을 받아들이다.
1916	47세		인도와 미얀마를 여행, 3등 열차를 이용하다.
		2. 6	베나레스 대학에서 연설하다.
		10. 21	아메다바드에서 개최된 봄베이 지역대회에서 간디는 진나를 의장으로 선출하기를 제안하다.
		12. 26	러크나우 인도 국민회의에 참석하다.
		12. 29	러크나우에서 열린 전인도 공용문자와 공용어대회를 주재하다.
1917	48세		물레를 사용하여 수직의 천을 대규모로 생산하려는 생각이 마음에 자리 잡기 시작하다.
		4. 10	참파란에서 인디고 농장 노동자들의 문제를 다루기 시작, 8월 노동자의 결의안을 이끌어내다.
		8. 31	마하데브 데사이에게 "당신 안에서 내가 원하는 사람을 찾았다"고 말하다.
		10. 3	참파란 위원회는 농장주들과 협상에 도달하다.
1918	49세	2. 20	봄베이에서 바기니 사마즈 연례집회의 의장이 되고, 여성교육에 대해 연설하다.
		2. 22	아메다바드 직물공장 노동자를 위해 사탸그라하 운동을 지도하고, 3월 18일 협상을 타결하다.
		3. 22	나디아드에서 케다 사탸그라하를 개시하고, 6월 29일 성공적으로 마무리하다.
		4. 27	델리에서 열린 총독의 전쟁협의회에 참석하고, 그 협의회에서 힌두스타니어로 연설하다. 영국군을 위해 모병을 위한 여행을 하다.
		11. 14	구자라트 스와데시 상점을 개점하다.
1919	50세	2. 24	부왕에게 사탸그라하 선서에 대해 통지하다.
		3	사탸그라하 소책자 제 1호를 발간하고, 거기에 소로를 인용하다.
		3.19	마드라스 노동조합 집회에서 연설하고, 와디아가 의장을 맡다.
		4.6	전인도 사탸그라하 운동, 즉 전국적인 하르탈(파업) 을 시작하다.

		4. 7	등록 없이 〈사탸그라히〉 지 제 1호를 발간하다.
		4. 10 ~12	델리로 오는 길에 펀자브에 들어오지 말란 명령에 불복, 체포당하다. 봄베이로 다시 호송되는 도중 여러 마을에서 폭력이 잇따르다.
		4. 13	암리차르에서 대학살이 발생하다.
		4. 14	사흘 동안의 참회를 위한 단식을 시작하다. 롤래트 법안에 반대하는 사탸그라하 운동을 지도하다. 자신의 '히말라야만큼 큰 오산'에 대해 고백하다. 펀자브 지역에 계엄령 선포되다.
		4. 18	사탸그라하운동을 중지시키다.
		9	〈나바지반〉 지 편집인을 맡다.
		10	〈영 인디아〉 지의 편집인을 맡다.
		11. 4	암리차르의 골든 템플에서 영접을 받다.
		11. 24	델리에서 전인도 킬라파트 집회를 주재하다.
1920	51세	4. 2	라빈드라나트 타고르가 사바르마티 아슈람을 방문하다.
		8. 1	부왕에게 편지를 보내고, 카이저-이-힌드 금메달, 줄루반란, 보어전쟁에서 받은 메달을 반납하다.
		8. 31	일평생 카디를 착용하겠다고 선서하다.
		9. 8	인도 국민회의 특별회의가 펀자브와 킬라파트에서의 과오에 대한 수정을 보장하기 위해서 간디가 제안한 비협조 프로그램을 수용하다.
		12	나그푸르 국민회의가 합법적이며 평화적인 방법을 통한 스와라즈 성취를 국민회의의 목표로 선언하는 간디 결의안을 수용하다.
1921	52세	3. 30	간디는 비자야나가람에서 힌디어를 인도 공용어로 삼자고 호소하다.
		4	인도에 2백만 개의 물레를 설치할 프로그램을 개시하다.
		7. 31	외제 천에 대한 전면적 불매운동을 지도하다. 봄베이에서 거대한 외제 천 소각(燒却) 을 지도하다.
		10. 31	매일 물레질하기로 서약하다.
		11. 19	집단 간의 폭동에 항의하기 위해 5일간 단식하다.
		12	대규모 사탸그라하 캠페인 시작, 국민회의가 전폭적으로 지지하다. 수많은 국민회의 지도자들이 체포되다.
1922	53세	2. 4	차우리 차우라에서 폭동 발생하다.
		2. 12	폭력에 대한 항의의 표시로서 5일간의 단식을 시작하다. 사탸그라하 운동 계획을 포기하다.
		3. 10	선동 혐의로 사바르마티에서 체포되다. 6년형을 언도받다.
1923	54세	11. 26	교도소에서 《남아프리카에서의 사탸그라하》의 집필을 시작하다.
1924	55세	1. 12	맹장 수술을 받다.

		2. 4	교도소에서의 석방을 명령받다.
		2. 12	자신에게 노벨 평화상을 추천하는 의회 결의안을 제출하지 말도록 마호메드 야쿠브에게 요청하다.
		5. 18	교도소에서의 석방 이후 최초로 대중 앞에 등장하여 봄베이에서 거행된 석가탄신기념식의 의장이 되다.
		9. 17	힌두 · 무슬림 일치를 위해 21일간의 단식을 시작하다. 10월 8일 단식을 중지하다.
1925	56세	2. 15	라즈코트에서 민족학교와 자이나교도 호스텔을 시작하다.
		7. 2	캘커타의 키드포레에 바크르-이-이드 절(節)에 폭동이 발생하다. 간디는 아불 칼람 아자드와 함께 소요 지역을 방문하고 두 집단을 진정시키다.
		9. 22	전인도 직조인연합회를 창립하다.
		11. 7	매들레인 슬레이드(미라벤)가 사바르마티 아슈람에 들어오다.
		11. 24	아슈람 거주자들의 비행 탓에 7일간의 단식을 선언하다.
		11. 29	《나의 진리실험 이야기》의 집필을 시작하다.
1927	58세	1~11	카디를 위해 북부 인도와 남부 인도를 널리 순회하다.
		11	스리랑카를 방문하다.
1928	59세	2. 12	바르돌리 농민들이 사탸그라하 행위로 세금납부를 거부하다. 간디는 8월 6일 성공적 해결에 주도적 역할을 하다.
		12	자치령 지위가 1929년 말까지 부여되지 않는다면, 독립을 선호한다는 결의안을 캘커타 국민회의에 제출하다.
1929	60세	2. 3	《나의 진리실험 이야기》를 완성하다.
		3. 4	외제 천 소각 행위로 체포되었으나 개인적으로 인정되어 석방되다.
		8. 20	국민회의 의장직을 사양하고 대신 자와할랄 네루를 추천하다.
		12. 27	라호르 국민회의에서 인도의 완전독립을 선언하다.
1930	61세	1. 26	자신이 준비한 독립선언이 인도 전역에 선포되다.
		3. 12	사바르마티에서 단디까지 소금행진을 시작하다.
		4. 6	단디 해안에서 소금법을 위반하다. 인도 전역에서 사탸그라하를 개시하다.
		4. 18	치타공에서 폭력이 발생하다.
		5. 5	카라디에서 체포되다. 재판 없이 예라브다에 수감되다. 인도 전역에서 하르탈이 실시되다. 이 해 말까지 10만 명 이상이 수감되다.
1931	62세	1. 26	여타 국민회의 지도자들과 함께 석방되다.
		3. 4	간디 · 어윈 협정이 체결되다.
		4. 8	암리차르에서 집단주의에 대한 해결책을 시크교도와 논의하다.

8. 2 치누바이 마다브랄의 가족 사원을 아메다바드 거주 불가촉천민에게 개방하다.

9. 12 원탁회의에 참석하고 영국 지도자들을 만나 인도의 완전 독립의 필요성을 천명하기 위해 런던을 방문하다.

9. 26 면화 산업의 대표자들과 대담하다.

9. 27 브래드포드 미취업 노동자들의 대표단을 영접하다.

10. 9 마담 몬테소리를 만나다.

10. 23 이튼 대학 집회에서 연설하다.

10. 24 옥스퍼드 학감들에게 강연하다.

11. 6 조지 버나드 쇼 부부가 간디를 방문하다.

12. 14 스위스에서 로맹 롤랑을 방문한 다음 인도로 항해하다.

1932 63세 1. 4 국민회의 운영위원회가 사탸그라하 재개에 대한 간디 결의안을 수용한 뒤 봄베이에서 체포되어, 예라브다 교도소에 수감되다.

9. 20 불가촉천민을 위해 힌두교도와 불가촉천민을 분리시킨 분리 선거구에 항의하여 죽기를 각오하고 단식을 시작하다.

9. 24 간디의 면전에서 상층 카스트와 하층 카스트 사이에 예라브다 협정이 체결되다.

9. 26 단식을 끝내다.

1933 64세 2 수감 중 하리잔봉사회를 창설하고 〈하리잔〉지를 창간하다.

5. 8 '자신과 동료들의 정화를 위한' 단식을 시작하다.
교도소에서 석방되다.

5. 9 사탸그라하 운동을 6주간 중단할 것을 선언하고, 정부에 법령을 철회하기를 요청하다.

5. 29 단식을 시작한 지 21일 이후 중지하다.

7. 26 아메다바드 사탸그라하 아슈람의 해산을 선언하다.
33인의 동료와 함께 라스로 행진할 채비를 하다.

8. 1 제한 명령에 대한 불복으로 체포되어 1년간의 금고형을 선고받다.

8. 16 수감되어 있는 동안 불가촉천민을 위해 일하기를 허용받지 못하자 단식을 시작하다. 나흘 뒤 병원으로 이감되다.

8. 23 교도소에서 무조건 석방되다.

1933~ 11~ 하리잔을 위해 북인도와 남인도를 널리 여행하고, 이 여행의 마지
1934 65세 6 막 1개월은 도보로 여행하다.

6. 25 자신을 죽이려는 폭탄 세례를 모면하다.

9. 17 촌락산업의 발전, 하리잔 봉사, 기초기술 교육에 종사하기 위해 10월 1일부터 정치에서 은퇴하겠다는 결정을 선언하다.

10. 24 전인도 촌락산업협회를 창설하다.

		10. 30	국민회의에서 사임하다.
1936	67세	4. 30	인도 중앙지역 내 와르다 인근의 세바그람에 정주, 본부로 삼다.
1937	68세	10. 22	와르다 교육대회를 주재하다.
1938	69세	2. 3~5	와르다 국민회의 운영위원회에 참석하다.
		10	서북 변경주를 순회하다.
1939	70세	3. 3	지방 통치자가 행정 개혁을 하겠다는 약속의 준수를 보장받기 위해 라즈코트에서 죽기를 각오하고 단식을 시작하다. 부왕의 개입으로 3월 7일 단식을 끝내다.
		7. 23	히틀러에게 편지를 쓰다(전달되지 못하다).
1940	71세		국민회의 운영위원회에 자주 참석하여 적극적 역할을 하다.
		10	사탸그라하 주제에 대해 사전 검열하려는 당국의 요구에 대해서 〈하리잔〉지와 다른 연대 주간지들의 발간을 중지하다.
		10. 17	제2차 세계대전에 인도가 참전을 강요받자 이에 항의하는 부분적 시민불복종운동을 개시하다.
1941	72세	12. 13	《건설적 프로그램: 그 의미와 위상》을 완성하다.
1942	73세	1. 18	〈하리잔〉지와 다른 주간지들을 재개하다.
		3. 27	뉴델리에서 스태퍼드 크립스를 만나다. 후에 크립스의 제안을 '만기가 지난 수표'로 선언하다.
		8. 8	'인도를 떠나시오' 운동을 시작하다.
		8. 9	체포되어 푸나의 아가 칸 궁전에 구금되다.
		8. 15	마하데브 데사이가 아가 칸 궁전에서 심장병으로 별세하다.
1943	74세	2. 10	정의에 호소하기 위해 21일간의 단식을 시작하다.
1944	75세	2. 22	푸나의 교도소에 있을 때 카스투르바이가 별세하다.
		5. 6	건강악화로 교도소에서 석방되다. 건설적 프로그램에 헌신하다.
		9. 9~27	진나와의 회담을 시작했으나 27일 결렬을 선언하다.
1945	76세	3. 17	비노바 바베와 키쇼렐랄 마슈루왈라를 세바그람 아슈람의 자신의 계승자로 지명하다.
		6. 25	심라대회에 참석하다.
		12. 19	샨티니케탄에서 C. F. 앤드루스 기념병원의 기공식을 거행하다.
1945~		12~	벵골과 아삼 지방을 순회하다.
1946	77세	1	
		1~2	불가촉천민제 반대와 힌두스타니어 학습을 위해 남인도를 순회하다.
		2. 10	〈하리잔〉지와 다른 연대지를 다시 발행하기 시작하다.
		4	델리에서 각료사절단과의 정치 회담에 참석하다.
		5. 5~12	심라대회에 참석하다.
		6. 23	부왕이 제의한 잠정 정부에 참여하지 말도록 국민회의에 권고하다.

		6. 24	각료사절단을 만나다.
		6. 29	델리를 떠나서 열차편으로 푸나로 가다. 도중에 열차를 탈선시키려는 시도가 있었다.
		7. 7	봄베이 국민회의 집회에서 연설하다.
		8. 16	무슬림연맹이 요구한 '직접 행동'의 결과로서 캘커타에서 4일간의 폭동이 발생하다.
		8. 27	'벵골의 비극'의 반복 가능성에 대해 경고하는 전문을 영국 정부에게 보내다.
		10. 15	무슬림연맹이 잠정 정부에 참여하다.
		11	폭동이 휩쓸고 간 동벵골을 4개월간 도보로 순회하다.
1947	78세	1. 2	"칠흑 같은 어둠이 내 주위를 감싸고 있다"고 말하다.
		1. 3~29	도보 순회를 위해 스리람푸르를 떠나다. 비하르주에서 폭동의 영향을 받은 지역을 순회하다.
		3. 29	인도 최후의 부왕인 마운트배튼 경이 인도에 도착하다.
		4. 1~2	델리의 아시아교섭대회에서 연설하다.
		4. 15	진나와 함께 집단 간의 평화를 위해 합동호소문을 발표하다.
		5. 5	인도 내부의 분열이 불가피하다는 점을 부인하다.
		6. 2	부왕의 분할정책이 드러나다. 국민회의 운영위원회가 이를 수용하다.
		6. 6	모든 현안들에 대해 국민회의와 우호적으로 해결하도록 진나를 설득해 주도록 요청하는 편지를 마운트배튼에게 보내다.
		6. 12	국민회의 운영위원회에서 연설하다.
		8. 15	영국령 인도가 두 개의 자치령으로 분리되다. 영국 통치에서의 해방을 기뻐하면서도 인도의 분리를 개탄하다. 힌두교도와 이슬람교도의 대규모 이동과 함께 광범위한 폭력이 발생하다.
		9. 1	캘커타에서 죽을 각오로 단식을 시작하다. 나흘 이후 지역 평화가 회복된 이후 단식을 중단하다.
1948	79세	1. 13	집단 간의 일치를 위해 뉴델리에서 단식을 시작하다.
		1. 17	중앙 평화위원회 구성, '평화 선서'를 결정하다.
		1. 18	단식을 종료하다.
		1. 20	비를라 하우스에서 폭탄이 폭발하다.
		1. 30	저녁기도모임으로 가던 중 암살자의 총탄을 맞다. 합장하고 용서의 자세를 보이면서 입술로 '헤이 람, 헤이 람'이라는 말과 함께 이승을 떠나다.

용어해설

abala	약한
abhyasa	지속적인 에너지, 실수(實修)
achara	삶의 방식
achhut	불가촉의
adharma	비도덕적, 부정의
advaita	불이(不二), 일원론
ahimsa	불상해, 비폭력, 무해, 죽이거나 상해하려는 의지의 포기, 일체의 모진 신구의(身口意) 금지, 비강제
ahimsadharma	아힘사를 실천하는 일
akarta	무행위자
akash	공간, 에테르
akhadas	특정 분파의 사두의 센터
akrodha	분노에서의 자유
amanitvam	절제
amrit	감로수
ananda	지복, 환희
anasakti	사심 없음, 사심 없는 행위
anasakti yoga	사심 없는 행위의 요가(훈련)
anekantavada	자이나교의 실재의 다면성 이론
anekantavadi	아네칸타바다를 믿는 자
angarakhun	비교적 엷은 천으로 만든 꼭 끼이는 상의

antyaja	불가촉천민
aparigraha	무소유, 포기
artha	정치, 국가이유, 이익, 물질적 복리
arya	문자대로 하면, '거룩한 자' 또는 '고귀한 자' 원래는 리쉬(聖仙)의 직위명으로서 이들은 아르야마르가, 즉 고상한 길을 걷는 자들이었다.
asan	자리
ashram	영적인 공동체 또는 집단
ashram(a)	인생의 단계
asteya	불투도(不偸盜)
asura	악마
asuri	악마
asvad	미각의 통제
atman	보편적 자아
avatar(a)	문자적으로 '하강' — 신격의 성육화
bahadur	용감한, 강력한, 주권을 가진
bania	상인과 농부 카스트
bansi	크리슈나가 분 것과 같은 대나무로 만든 피리
bapu	글자 그대로는 '아버지', 애정과 존경을 표시하는 말
bhajan	귀의의 찬송 또는 찬가
bhajan bhavan	바잔을 부르기 위해 사람들이 모이는 장소
bhajanavali	귀의의 찬송 또는 찬가집
bhaji	익힌 채소
bhakti	신에 대한 귀의 · 신앙 · 숭배
bhakti yoga	신앙 · 귀의 · 숭배의 길
bhang	인도 대마, 마취제로 사용됨
bhangi	청소와 동물 사체 처리와 관련된 카스트 일원
bhavan	거주처
bhumi	땅이나 흙
brahmachari	brahmacharya의 수행자, 순결의 모범
brahmacharya	충실, 순결, 인생의 4단계 중 첫째

brahmin	브라만 또는 바라문, 네 카스트 중 처음에 속하는 자 주요 임무는 베다 공부와 희생제사의 수행이다.
buddhi	분별, 도덕적 분별력
chaitanya	보편 의식(意識)
chakra	원, 바퀴
chandala	청소부, 불가촉천민
chapati	밀가루로 만든 얇고 납작한 발효하지 않은 빵
charkha	물레
charpai	끈으로 달아맨 침대
chawl	공동주택
chit	지식, 의식
chitta	마음, 순수지각
dacoit	산적, 강도
daivi sampad	신적 계통
dana	보시, 자선
darshan(a)	글자 그대로는 '관점', 철학사상의 학파
dastur	파시교 사제
daya	자비
deva	어근 div '빛나다'의 파생어, 천상의 존재
dharma	의무, 정의, 도덕법, 사회적 개인적 도덕, 자연법, 자연적 책무
dharmaksetra	정의 곧 다르마의 평원
dhed	청소부 카스트
dhoti	허리둘레를 감는 천 조각, 허리감개
duragraha	비행(非行)을 고수함
duragrahi	비행을 고수하는 자
dwadashamantra	12음절의 만트라
ekadashi	음력의 한 달을 둘로 나눈 것 중의 11일째, 자기정화를 위해 사용됨
fakir	무슬림 고행자, 탁발 수도사
gadi	쿠션

gandharva	천상의 존재
gayatri	《리그 베다》에서 태양신에게 바쳐진 가장 거룩한 노래
gazal	페르시아 기원의 서정시 스타일의 시작(詩作)
ghee	버터기름
goonda	무뢰한, 깡패
goraksha	암소 보호
goseva	암소에 대한 봉사
goshala	우사(牛舍), 외양간
grahasthya[garhasthya]	인생 중 두 번째, 즉 가주기
grihastha	가장, 가정생활
gunas	우주적 에너지의 양상들, 성질 또는 속성, sattva(明性), rajas(動性), tamas(暗性)
guru	영적 스승과 안내자
harijan	글자 그대로는 '신의 아들', 간디가 불가촉천민에게 부여한 이름
hartal	보이콧, 파업, 작업 중지
hathayogi	신체적 고행과 요가 기술을 통해 영적 경지를 성취하려는 자
himsa	상해, 폭력
hundi	어음
id	이슬람교도에게 거룩한 날
itihasa	역사, 사건들의 기록
jatiya sarkar	카스트 권위〔자〕
jehad	이슬람교에서 말하는, 불신자들에 대한 성전
jiva	개인적 영혼
jnana	지혜, 지식
jnana yoga	지식의 길
kaliyuga	암흑기 또는 투쟁기
kalmah(kalama)	이슬람교도의 신앙 고백
kama	욕망, 쾌락, 인간의 연정과 행복
karma	도덕법칙, 윤리적 인과와 도덕적 응보의 법칙, 인과론, 행위
karmabhumi	의무의 땅

karma yoga(karmayoga)	사회적 행위를 통한 영적 자각
karma yogin	karma yoga의 수행자
karta	행위자
khadi(khaddar)	수직의 천
kirpan	시크교도들의 작고 굽은 칼
klesha	고뇌, 번뇌
kosha	용어해설
krodha	분노, 화
kshatriya	두 번째 또는 전사계급의 일원
kutchery	시내, 읍내
lakh(lac)	10만
lathi	경찰이 사용하는 철이 박힌 대나무 막대기
lila	유희, 놀이
lobha	탐욕〔한역불전에서는 주로 탐(貪)으로 번역〕
mada	자만
mahajan	지도자
maharshi	위대한 현자
mahatma	위대한 영혼
mahayajna	큰 희생제사, 큰 희생(제사)
mahavakya	글자 그대로는 '위대한 말씀'
mantra	거룩한 음절 또는 주문
maulana	학식이 있고 존경받는 무슬림
maulvi	유식한 무슬림 성직자
maund	무게 단위
maya	우주적 미망의 베일, 외관, 환(幻)
mircha	푸르거나 붉은 매운 고추
moha	원초적 무지와 미망〔한역불전에서는 주로 치(痴)로 번역〕
moksha	해탈, 해방, 깨달음, 영적인 자유와 구속(救贖), 구원
mukta purusha	해탈한 존재
mukti	해탈
mulla	무슬림 종교 지도자

mumukshu	목샤(즉 현상적 존재로부터의 해탈) 추구자
muni	침묵의 성자
nai talim(na yee talim)	신교육
namasudras	벵골 출신의 하리잔 카스트
neti, neti	글자 그대로는 '이것이 아니다, 이것이 아니다' —상대적 진리를 부정하기 위한 철학적 훈련
nirguna	속성이 없는
nirvana	연생된 존재에서의 해방, 열반
niyamas	yama-niyama를 볼 것
niyoga	남편 이외의 남자에 의한 수태
padarthakosha	용어색인과 해설
panchama	'제5의 카스트', 즉 불가촉천민의 일원
panchayat	5인 촌락위원회
panchayat raj	판차야트에 의한 통치
pandal	연단
papayoni	죄의 소생, 모든 죄인들 가운데 최고 악질
paparaj	외국인에 의한 통치
paradeshi	외래의
paradharma	타인의 의무
Parameshwar(a)	최고의 자아, 유일한 실재
paramatman	최고의 자아
parayan	음송(吟誦), 찬송
paricharya	봉사, 시중
parigraha	취(取), 집착
patel	구자라트 지방의 한 집단 또는 하위 카스트
phoongy	미얀마의 불교승려
pinjrapole	축사 울타리
pir	무슬림 전통 내의 성자
prabhatiyan	신도가 동이 트기 전 하루를 시작하면서 부르는 찬송
prakriti	물질, 자연
prathana	기도, 자기 정화

pravritti	세상에서의 행위의 길, 전진함
prayaschitta	속죄
puja	헌공, 귀의의 대상에게 바치는 숭배와 거룩한 영광
purna swaraj	완전 자치, 전면적 독립
purnavatara	신성의 완전한 성육화, 완벽한 아바타르
purushartha	거룩한 인간의 전형, 인생의 4가지 목표 중의 하나
purushottama	완전한 인간, 보편적 인간
raj	왕국, 통치, 정권
rajas	정염, 동성, gunas를 볼 것
rajya guru	최고의 스승
ramanama(ramanam)	라마 신의 이름을 욈
ramarajya	라마의 통치, 황금기, 이상적 형태의 정부, 지상에서의 신국
ramdhun	라마를 찬미해서 노래함
ratnachintamani	여의주
rattan	지팡이
ravania	심부름꾼
rishi	현자
rotli	발효시키지 않은 납작하며 둥근 빵
rta	우주의 희생제의적 도덕 질서
ryot(raiyat)	인도 농민
ryotwari	토지세 제도
sadhak	진리추구자
sadhana	영적인 훈련
sadhu	고행자, 은둔자
saguna	속성이 있는
samaj	종교적이거나 세속적인 협회
samanaya	종합
samatva	같은 모양, 모든 상황에서의 평정심
samsara	윤회전생
sanatan(a)	영원한

sanatana dharma	영원한 진리
sanatani	베다 전통의 충실한 추종자
sandhya	글자 그대로는 '새벽' 또는 '해질 녘' 하루 중의 그 시점과 관련된 푸자(헌공)
sanghatan	집단주의, 특정 지파나 집단에의 충성
sangh(a)	자발적 집단
sannyasa	포기
sannyasi	세상을 포기한 사람
saptapadi	글자 그대로는 '일곱 발걸음', 7개의 혼인서약
sardar	주로 시크교도에게 사용되는 경칭
sarvodaya	보편적 복지, 사회선, 공공 이익
sat	상주하고 실제적인 옳음, 스스로 존재하는 본질
satsang	종교적 담화〔《전집》에서는 '종교 모임'으로 번역〕
sattva	진리, 선, 순수, gunas를 볼 것
sattvik guna	진리, 선, 순수의 성질, gunas를 볼 것
satya	진리, 참, 존재하는, 타당한, 신실한, 순수한, 효과가 있는
satyagraha	비폭력 저항, 가차 없이 진리를 추구하는 일, 진리의 고수
satyagrahi	사탸그라하를 행하는 사람
satyanarayana	신으로서의 진리, 진리의 형태로 드러난 신
seva(k)	봉사
shastra(s)	힌두교 경전
shastri	신학자, 학자
shatavadhani	동시에 백 가지 일에 주목할 수 있는 사람
shraddha	제사일
shuddhi	의례적 청결, 배타성
shudra(sudra)	하인 또는 비천한 카스트
siddha	영적 깨달음을 얻은 자
sloka(shloka)	시구
smriti	구두로 전수된 전통적 설명, 기억을 의미하는 smriti에서 나왔다. 힌두교도들의 의례집, 천계(天啓)로 여겨지는 sruti보다는 덜 거룩하다.

svadharma	자기가 선택한 운명 또는 책무
swadeshi	자족, 자조, 애국
swaraj(swarajya)	자유, 자치, 정치적 독립
syadvada	오직 상대적 술어부여만 가능하다는 자이나교의 교리
syadvadi	syadvada를 믿는 자
tabligh	종교적 정화
takli	물레
taluk(a)	도시나 시골에서 보통 아주 분명히 구분되는 구역
tamas	타성, 혼돈, 암성, gunas를 볼 것
tamasha	유희, 소극(笑劇)
tapas	고행, 속죄
tapascharya	명상과 고행
tapasya	타파스의 실수(實修)
tapovana	명상을 위한 암자
tasbih	무슬림 염주
thana	읍사무소, 경찰서
thugs	보통 약탈·강도·살인하던 침입자
til	깨
tilak(a)	이마 위의 상스러운 점
topi(topee)	(차양용) 모자.
tulsi	향신료용 나륵풀
ulema	이슬람교의 학자, 코란 전문가
upas	독성을 지닌 나무
vaid(ya)	의사, 아유르베다의 실수자(實修者)
vairagya	무관심의 태도
vaishnava	비슈누 신 귀의자, 귀의의 모범
vakil	법률인
vaishya	상인 카스트
vanaprastha	인생의 제3단계, 삼림에 거주하는 단계 또는 은둔자의 단계
vanik(vania)	bania를 볼 것
varna	카스트

varnashram(a)	사회를 4계급과 인생의 4단계로 구분하는 것
vedia	사실주의자
vibhuti	영적인 힘
videshi	외래의
vidyapith	교육기관
viman(a)	비행기
vina	현악기의 일종
vanik(vania)	bania를 볼 것
vrata	서약, 엄중한 결의 또는 영적 결정, 신적 의지 또는 명령.
yajna	희생제사, 희생(제사)
yama-niyama, yamas	도덕적 주요 금계(禁戒)로 아힘사(비폭력), 사탸(진리), 아스테야(불투도), 브라마차르야(순결), 아파리그라하(무소유)가 있으며, 니야마(勸戒)로는 샤우차(*shaucha* : 육신의 정결), 산토샤(*santosha* : 만족), 타파(*tapa* : 고행), 스와드야야(*swadhyaya*: 경전공부), 이슈와라프라니다나(*Ishwarapranidhana*: 신의 의지에 순종함)가 있다.
yoga	영적 훈련, 신과의 합일, 방편
yogabuddhi	카르마 요가, 박티 요가, 즈냐냐 요가의 종합을 통한 영적 지식
yogi(n)	영적 훈련을 따르는 자
yuga	연대, 시대
yuga dharma	당대의 종교

참고문헌

1. 1차 자료

전집

《간디 전집》(*The Collected Works of Mahatma Gandhi*)(90권), 뉴델리: 인도 정부 출판국, 나바지반, 1958~1984.

간디 저서

《힌드 스와라즈》(*Hind Swaraj*), 나바지반, 1938.

《남아프리카에서의 사탸그라하》(*Satyagraha in South Africa*).

《나의 진리실험 이야기》(*The Story of My Experiments With Truth*) 권 1, 마하데브 데사이 역, 아메다바드: 나바지반, 1927(권 2, 1929).

《건설적 프로그램: 그 의미와 위상》(*The Constructive Programme: Its Meaning and Place*), 아메다바드 : 나바지반, 1941.

《아슈람 행동 규율》(*Ashram Observances in Action*), 아메다바드: 나바지반, 1955.

《기타에 대한 강론》(*Discources on the Gita*), 아메다바드 : 나바지반, 1960.

《건강 도우미》(*A Guide to Health*), 마드라스 : S. 가네산, 1921(아메다바드: 나바지반, 1967).

간디가 편집한 잡지

〈인디언 오피니언〉(*Indian Opinion*), 나탈, 남아프리카(1903~1914).
〈영 인디아〉(*Young India*), 아메다바드, 인도(1919~1932).
〈나바지반〉(*Navajivan*), 아메다바드, 인도(1919~1931).
〈하리잔〉(*Harijan*), 아메다바드, 인도(1933~1948).

간디 저술 선집

《미라에게 보낸 바푸의 편지》(*Bapu's Letters to Mira*) (1928~1948), 아메다바드 : 나바지반, 1949.
《철저한 스와데시》(*Cent Per Cent Swadeshi*), 마드라스; G. A. 나테산, 1933.
《간디지의 대화》(*Conversations of Gandhiji*) 1, 찬드라샹카르 슈크라 편집, 봄베이 : 보라 & Co., 1949.
《간디지의 대화》(*More Conversations of Gandhiji*) 2, 찬드라샹카르 슈크라 편집, 봄베이 : 보라 & Co., 1950.
《델리 일기》(*Delhi Diary*), 아메다바드 : 나바지반, 1948.
《카디의 경제학》(*The Economic of Khadi*), 아메다바드 : 나바지반, 1941.
《윤리적 종교》(*Ethical Religion*), 마드라스 : S. 가네산, 1922.
《평화주의자를 위하여》(*For Pacifists*), 아메다바드 : 나바지반, 1949.
《예라브다 만디르로부터: 아슈람 서약》(*From Yeravda Mandir: Ashram Observances*), V. G. 데사이 역, 아메다바드 : 나바지반, 1932.
《간디지와 정부 간의 편지, 1942~1944》(*Gandhiji's Correspondence with the Government*), 아메다바드 : 나바지반, 1945.
《고칼레 : 나의 정치적 구루》(*Gokhale My Political Guru*), 아메다바드 : 나바지반, 1958.
《힌두 다르마》(*Hindu Dharma*), 아메다바드 : 나바지반, 1950.
《사탸그라하 아슈람의 역사》(*History of Satyagraha Ashram*), 마드라스 : G. A. 나테산, 1933.
《내가 꿈꾸는 인도》(*India of My Dreams*), 아메다바드 : 나바지반, 1947.
《마니벤 파텔에게 보낸 편지》(*Letters to Manibehn Patel*), 아메다바드 : 나바지반, 1963.
《라즈쿠마리 암리트 카우르에게 보낸 편지》(*Letters to Rajkumari Amrit Kaur*), 아메다바드 : 나바지반, 1961.

《훈육의 수단》(*The Medium of Instruction*), 바라탄 쿠마랍파 편집, 아메다바드 : 나바지반, 1954.
《영국인들에 보내는 호소》(*My Appeal to the British*), 뉴욕 : 존데이 회사, 1942.
《'내 사랑하는 아이' : 에스더 패링에게 보낸 편지》(*My Dear Child : Letters to Esther Faering*), 아메다바드 : 나바지반, 1956.
《평화와 전쟁에서의 비폭력》(*Non-Violence in Peace and War*), 아메다바드: 나바지반, 1부, 1945 (2부, 1949).
《롤래트 법안과 사탸그라하》(*The Rowlatt Bills and Satyagraha*), 마드라스 : G. A. 나테산, 1919.
《사르보다야》(*Sarvodaya*), 아메다바드 : 나바지반, 1951.
《사탸그라하》(*Satyagraha*), 아메다바드 : 나바지반, 1951.
《서한집》(*Selected Letters*), 아메다바드 : 나바지반, 1962.
《자제와 탐닉》(*Self-Restraint v. Self-Indulgence*), 아메다바드 : 나바지반, 1947.
《내가 생각하는 사회주의》(*Socialism of My Conception*), 봄베이 : 바라티야 비드야 바반, 1957.
《연설과 저서》(*Speech and Writings*), 마드라스 : G. A. 나테산, 1933.
《간디식 자본주의자에게》(*To a Gandhian Capitalist*), 봄베이 : 힌드 키타브스, 1951.
《아슈람 자매들에게》(*To Ashram Sisters*), 아베다바드 : 나바지반, 1952.
《나중에 온 이 사람에게도》(*Unto This Last*), 아메다바드 : 나바지반, 1951.
《불가촉》(*Untouchability*), 아메다바드 : 나바지반, 1954.
《여성과 사회정의》(*Women and Social Justice*), 아메다바드 : 나바지반, 1942.

2. 2차 자료

Andrews, C. F. Mahatma, *Gandhi's Ideas*, London : George Allen, 1929.
______, *Gandhi : His Own Story*, New York : The Macmillan Company, 1930.
______, *Mahatma Gandhi at Work*, New York : The Macmillan Company, 1931.
Ashe, Geoffrey, *Gandhi: A Study in Revolution*, London : Heinemann, 1968.
Birla, G. D., *In the Shadow of the Mahatma*, Bombay : Orient Longmans, 1955.
Bondurant, Joan, *Conquest of Violence*, Berkeley : University of California

Press, 1965.

Brown D. M., *The White Umbrella : Indian Political Thought From Manu to Gandhi*, Berkeley : University of California Press, 1958.

Brown, Judith, M., *Gandhi's Rise to Power : Indian Politics* 1915~1922, Cambridge : Cambridge University Press, 1972.

______, *Gandhi and Civil Disobedience : The Mahatma in Indian Politics* 1928~1934, Cambridge : Cambridge University Press, 1977.

Catlin, George, *In the Path of Mahatma Gandhi*, London : Macdonald & Co., 1948.

Charpentier, Marie Victoire, *Gandhi*, Paris : Édition France-Empire, 1969.

Datta, Dhirendra Mohan, *The Philosophy of Mahatma Gandhi*, Madison: University of Wisconsin Press, 1961.

Desai, Mahadev, *Gandhiji in Indian Villages*, Madras : S. Ganesan, 1927.

______, *Gandhiji in Ceylon*, Madras : S. Ganesan, 1928.

______, *The Story of Bardoli*, Ahmedabad : Navajivan, 1929.

______, *The Nation's Voice*, Ahmedabad : Navajivan, 1932.

______, *The Gita According to Gandhi*, Ahmedabad : Navajivan, 1946.

Desai, Valji Govindji, ed., *The Diary of Mahadev Desai*, Ahmedabad : Navajivan, 1953.

Dhawan, G., *The Political Philosophy of Mahatma Gandhi*, Ahmedabad : Navajivan, 1951.

Diwakar, R. R., *Satyagraha : Its Technique and Theory*, Bombay : Hind Kitabs, 1946.

Diwan, Romesh, Lutz, Mark, *Essays in Gandhian Economics*, New Delhi: Gandhi Peace Foundation, 1985.

Doke, J. J., *M. K. Gandhi : An Indian Patriot in South Africa* (introduction by Lord Ampthill), London: The London Indian Chronicle, 1909.

Elwin, Verrier, *Mahatma Gandhi*, London : Golden Vista Press, 1932.

Erikson, Erik H., *Gandhi's Truth*, New York : Norton, 1969.

Fischer, Louis, *The Life of Mahatma Gandhi*, New York : Harper & Brothers, 1950.

Gandhi, Manubehn, *The Miracle of Calcutta*, Ahmedabad: Navajivan, 1959.

______, *Last Glimpses of Bapu*, Delhi : Shiva Lal Agarwala, 1962.

George, S. K., *Gandhi's Challenge to Christianity*, London : Allen & Unwin, 1939.

George, Richard B., *The Power of Non-Violence*, Ahmedabad : Navajivan, 1938.

Horsburgh, H. J. N., *Non-Violence and Aggression*, London : Oxford University Press, 1971.

Hunt, James D., *Gandhi in London*, New Delhi : Promilla, 1978.

Huttenback, Robert A., *Gandhi in South Africa: British Imperialism and The Indian Question, 1860~1914.* Ithaca : Cornell University Press, 1971.

Iyer, Raghavan N., *The Moral and Political Thought of Mahatma Gandhi*, New York : Oxford University Press, 1973. Galaxy Paperback, 1979. Second edition, Santa Barbara: Concord Grove Press, 1983.

______, *Utilitarianism and All That*, London : Chatto & Windus, 1960. Second edition, Santa Barbara : Concord Grove Press, 1983.

______, *Parapolitics : Toward the City of Man*, New York, Oxford : Oxford University Press, 1979. Second edition, Santa Barbara : Concord Grove Press, 1985.

Kripalani, J. B., *Gandhian Thought*, Bombay : Orient Longmans, 1961.

______, *Gandhi : His Life and Thought*, New Delhi : Publications Division of the Government of India, 1975.

Kytle, Calvin, *Gandhi, Soldier of Non-Violence : His Effect on India and the World Today*, New York : Grosset & Dunlap, 1969.

Lanza Del Vasto, Joseph J., *Gandhi to Vinoba : The New Pilgrimage* translated from the French by Philip Leon, London : Rider, 1956.

Leys, Wayne, & Rao, P. S. S. R., *Gandhi and America's Educational Future*, Carbondale : Southern Illinois University Press, 1969.

Maurer, Herrymon, *Great Soul*, New York : Doubleday, 1948.

Muzumdar, Haridas T., *Gandhi Versus the Empire*, New York : Universal Publishing Co., 1932.

Naess, Arne, *Gandhi and the Nuclear Age*, Totowa : Bedminister Press, 1965.

Nag, Kalidas, *Tolstoy and Gandhi*, Patna : Pustak Bhandar, 1950.

Namboodiripad, E. M. S., *The Mahatma and the Ism*, New Delhi : People's Publising House, 1958.

Nanda, B. R., *Mahatma Gandhi*, London : Allen & Unwin, 1958.

Nikam, N. A., *Gandhi's Discovery of Religion : A Philosophical Study*, Bombay : Bharatiya Vidya Bhavan, 1963.

Ostergaard, Geoffery, *Nonviolent Revolution in India*, New Delhi: Gandhi Peace Foundation, 1985.

______, & Currell, M., *The Gentle Anarchists*, Oxford: Clarendon Press, 1971.

Panter-Brick, Simone, *Gandhi Against Machiavellism : Non-Violence in Politics*, translated by D. Leon, London : Asia Publishing House, 1966.

Payne, Robert, *The Life and Death of Mahatma Gandhi*, New York : E. P. Dutton & Co., 1969.

Polak, H. S. L., Brailsford, H. N., Pethick-Lawrence, Frederick, *Mahatma Gandhi*, London : Odhams Press, 1949.

Polak, Millie Graham, *Mr. Gandhi: The Man*, Bombay: Vora & Co., 1950.

Power, Paul F., *Gandhi on World Affairs*, Washington : Public Affairs Press, 1960.

Prabhu, R. K., & Rao U. R., eds., *The Mind of Mahatma Gandhi*, Ahmedabad : Navajivan, 1967.

Prasad, Rajendra, *Satyagraha in Champaran*, Ahmedabad : Navajivan, 1949.

Pyarelal, *The Epic Fast*, Ahmedabad : Mohanlal Maganlal Bhatt, 1932.

______, *Mahatma Gandhi : The Last Phase*, Ahmedabad : Navajivan. Volume Ⅰ, February 1956. Volume Ⅱ, February 1958.

______, *Mahatma Gandhi : The Early Phase*, Ahmedabad : Navajivan, 1965.

Radhakrishnan, S., ed., *Mahatma Gandhi : Essays and Reflections*, London: Allen & Unwin, 1938.

______, *Mahatma Gandhi: 100 years*, New Delhi : Gandhi Peace Foundation, 1968.

Ramachandran, G., & Mahadevan, T. K., eds., *Gandhi : His Relevance for Our Times*, Bombay : Bharatiya Vidya Bhavan, 1964.

Rao, V. K. R. V., *The Gandhian Alternative to Western Socialism*, Bombay : Bharatiya Vidya Bhavan, 1970.

______, *Reflections on 'Hind Swaraj' by Western Thinkers*, Bombay : Theosophy Company, 1948.

Reynolds, Reginald, *To Live in Mankind: A Quest for Gandhi*, London : Andre Deutsch, 1951.

Rolland, Romain, *Mahatma Gandhi*, London : Allen & Unwin, 1924.

Rothermund, Indira, *The Philosophy of Restraint*, Bombay : Popular Prakashan, 1963.

Sharma, Jagdish, *Mahatma Gandhi : A Descriptive Bibliography*, New Delhi: S. Chand & Co., 1955.

Sharp, Gene, *Gandhi as a Political Strategist*, Boston : Porter Sargent, 1979.

Shirer, William Laurence, *Gandhi : A Memoir*, New York : Simon & Schuster, 1979.

Shukla, C., *Gandhi's View of Life*, Bombay : Bharatiya Vidya Bhavan, 1954.

Spratt, Philip, *Gandhism : An Analysis*, Madras : Huxley Press, 1939.

Tendulkar, D. G., *Mahatma*, 8 volumes, New Delhi : Publications Division of the Government of India, 1951~1954.

______, *Gandhi in Champaran*, New Delhi : Publications Division of the Government of India, 1957.

Watson, Francis, & Brown, Maurice, eds., *Talking of Gandhiji*, Calcutta: Orient Longmans, 1957.

찾아보기 (용어)

ㄱ

ㅂ

ㅅ

ㅇ

ㅈ~ㅊ

ㅋ~ㅌ

ㅍ

ㅎ

서명

찾아보기 (인 명)

ㄱ~ㄹ

ㅁ~ㅂ

ㅅ~ㅊ

ㅋ~ㅎ

엮은이 _ 라가반 이예르 (Raghavan Iyer, 1930~1995)

인도 마드라스 출생이다. 봄베이와 옥스퍼드대학에서 교육받았고, 18세에 최연소 봄베이대학 강사가 되었으며, 1956년 옥스퍼드 맥달런대학에서 박사학위를 취득하였다. 1956년 옥스퍼드에서 8년간 도덕 · 정치 철학을 가르쳤으며, 옥스퍼드 성 안토니대학에서 정치학 펠로 겸 강사를, 오슬로대학, 가나대학, 시카고대학에서 교환교수를 역임하였다. 그는 1965년 퇴임할 때까지 정치학 교수를 역임하였다. 1971년에서 1982년까지 로마클럽 회원, 미국 법 · 정치철학회 회원, 국제간디학회와 신플라톤학회 회원 등을 역임하기도 했다. 1975년에서 1989년까지 〈헤르메스〉(*Hermes*) 지 편집장을 역임하면서, 인간성의 영적 재생에 대한 절대적 헌신 그리고 지혜의 스승들의 존재에 대한 불굴의 확신을 전파하였다. 신지학회 운동 그리고 부상하는 '인간의 도시'를 위해 50여 년간 헌신한 다음 1995년 6월 20일 산타바바라에서 영면했다. 저서로는 본 번역의 텍스트를 포함하여 《마하트마 간디의 도덕 · 정치사상》(*The Moral and Political Thought of Mahatma Gandhi*, 1973), 《초(超) 정치학: 인간 도시를 향하여》(*Parapolitics: Toward the City of Man*, 1977), 《미래의 사회》(*The Society of the Future*, 1977), 《신지학회 교과서》(*Theosophical Texts*, 1984) 등이 있고, 이외에도 수많은 단편적인 글을 남겼다.

옮긴이 _ 허우성 (許祐盛, 1953~)

서울대 철학과 및 동 대학원 철학과를 졸업하였다. 미국 하와이대학 대학원에서 철학전공 박사학위를 취득하였으며(1988), 미국 뉴욕주립대학 객원교수(한국연구재단 강의파견 교수, 1998), 일본 교토대학 종교학 세미나 연구원, 도쿄대학 외국인연구원, 미국 UC 버클리대 방문교수, 한국일본사상사학회 회장, 〈불교평론〉 편집위원장, 일본국제문화교류센터 해외연구원을 역임했으며, 현재 경희대부설 비폭력연구소 소장, 경희대 철학과 교수로 재직 중이다. 저서로는 《근대 일본의 두 얼굴: 니시다 철학》, 《간디의 진리 실험 이야기》 등, 논문으로 "니시다 철학의 양이(攘夷) 적 성격", "제국에 맞서기: 니시다와 만해", "思惟と知覺-西田幾多郎と朴鍾鴻は身體を持った主體であるのか", "간디, 이토, 안중근: 문명의 충돌", "내셔널리즘은 진리와 화(和)의 적이다", "자유주의의 밖에서: 간디에서 이토를 넘어서 롤즈까지", "붓다는 의분(義憤)을 어떻게 보았는가?", "The Philosophy of History in 'Later' Nishida: A Philosophic Turn", "Gandhi and Manhae", "Empires en conflict: le bouddhisme selon Manhae" 등이 있으며, 역서로는 《인도인의 길》, 《초기불교의 역동적 심리학》, 《분노》 등이 있다.